자아초월심리학 핸드북

Harris L. Friedman · Glenn Hartelius 편저
김명권 · 김혜옥 · 박성현 · 박태수 · 신인수 · 이선화 · 이혜안 · 정미숙 · 주혜명 · 황임란 공역

The Wiley-Blackwell Handbook of Transpersonal Psychology
by Harris L. Friedman and Glenn Hartelius

역자 서문

자아초월심리학에 관한 광범위한 안내서인 『자아초월 심리학과 정신의학』(학지사)은 2008년에 번역되었다. 이 책은 이후 많은 사람을 자아초월심리학transpersonal psychology으로 인도하는 계기를 만들었다. 그 외에 정인석 교수의 저서 『트랜스퍼스널 심리학』(대왕사, 1998), 정성덕 교수의 역서 『자아초월 정신치료』(중앙문화사, 2006; 원서 Transpersonal Psychotherapy, Seymour Boorstein, 1996, Basic Books) 그리고 『영성지향 심리치료』(최영민 등 역, 하나의학사, 2008; 원서 Spiritually Oriented Psychotherapy, 2005, APA) 또한 같은 공헌을 하였다. 그러나 이후 세월이 많이 흘렀고 『자아초월 심리학과 정신의학』의 원서 『Textbook of Transpersonal Psychiatry and Psychology』도 출간된 지 23년이나 지났다. 이 책은 이 분야의 탁월한 종합서임에도 불구하고 자아초월심리학 이론의 여타의 각론들을 충분히 담아내지 못한 아쉬움이 있었다. 그래서 이 분야의 각종 주제들을 담아낸 이 책 『자아초월심리학 핸드북Handbook of Transpersonal Psychology』(Wiley Blackwell, 2013)의 출간은 적절한 것이었다.

특정 기성 종교를 갖기는 어렵지만 영적인 특성을 가진 사람들이 많이 있다. 그들은 자신의 영적인 특성과 궁극의 의미와 목적을 확인할 방법을 찾기 위해 긴 방황의 시간을 갖는다. 이 영적 도상에는 그릇된 위험 요소가 많아서 이들은 그 과정에서 쓰라린 시행착오를 겪고 상처로 얼룩지게 된다. 영적 우회, 전/초 오류, 영적 방어들과 공격적인 영성, 영적 물질주의, 병적인 영성집단 그리고 거짓된 영성 지도자의 횡포 등이 그것이다. 그래도 끝내는 올바른 길을 찾았다면 그는 복 있는 사람이겠지만, 현실은 별로 그렇지 않은 것 같다. 영적인 현상들은 언어와 이 합의된 현실과 소위 '논리와 합리성'의 세계를 넘어서 있기 때문에 그 개념 정립과 상호 소통이 어렵고, 따라서 영적 추구자들은 자신들의 삶과 체험들을 어떻게 이해하고 어떤 지도를 받아야 할지 몰라 방황한다. 전통적인 수행과 종교는 정서적인 측면(정서 및 충동의 억압, '그림자')에 대한 깊은 이해가 부족하거나 전혀 없다. 영적 위기를 겪는 사람들은 답을 찾지 못한 채 무력감이나 무망감 속에서 영적 상승의 기회를 잃거나 심한 경우는 끝내 약물치료로 인도되고 더 악화되기 십상이다.

이러한 점에서 자아초월심리학의 출현은 구원과 같은 것이다. 자아초월심리학의 주창자들은 인본주의 심리학의 한계를 극복하고 앞에서 언급한 유사한 요구들을 충족시키기 위해 이 학문을 정립하기 시작했다. 우리에게도 익숙한 에이브러햄 매슬로Abraham Maslow나 스탠 그로프Stan Grof 등을 중심으로 시작한 이 학문의 발전은 희망적으로 보였으나, 안타깝게도 이것에 관심을 기울이는 사람들은 아직 많지 않다. 미국심리학회에서 분과로 인정받지 못하고 있을 뿐 아니라, 국내 유관 학계에서의 인지도와 세력 또한 미미하다. 거기에는 여러 가지 이유가 있겠으나 무엇보다도 자아초월과 영성의 영역을 종교의 측면이 아니라 과학의 측면에서 탐구하려는 자의 수가 적기 때문이라고 생각된다. 진정한 자아초월의 세계를 추구하는 사람들의 비율은 불과 1% 정도이며, 그들의 힘은 전체의 6% 정도에 불과하다고 윌버Ken Wilber는 추정한다.

이들은 종교라는 권위와 신앙에도 의존하길 싫어하는 사람이며, 영성과 인간성을 함께 존중하여 자신의 자아초월적 영적 특성을 합리적으로 이해하고 고양시킬 수 있는 방법을 추구하는 사람들이다. 일군의 이들은 함께하는 동료들이 적고 이해받기 어렵기 때문에 외로운 사람들이라고 생각한다. 그래도 이제는 세상이 바뀌어 명상은 정신건강의 세계적인 보편적 언어가 되었고, 불교를 과학의 입장에서 탐색하려는 시도가 강하며, 나아가 현대를 '영성의 시대'라고 부르기도 한다. 이러한 맥락에서 자아초월과 영성에 관한 방대한 주제들을 망라하고 있는 이 책의 한국어 출간은 깊은 영적인 특성을 지니고 있는 우리 민족에게는 큰 의미가 있다.

본인은 우리나라 사람들이 정말로 영적인 특성을 많이 갖고 있는 사람들이라는 것을 최근 몇 년간 Grof가 개발한 트랜스퍼스널 숨작업transpersonal breathwork(트숨, 그로프의 홀로트로픽 숨작업holotropic breathwork)을 시행하면서 실감하게 되었다. 주로 개인적 무의식(그림자) 영역을 체험하는 서양인과는 달리 한국인은 상대적으로 초월적 의식 영역의 체험 비중이 훨씬 큰 것을 자주 목격하고 있다. 많은 한국인이 자신의 그 엄청난 무의식적 영성 영역을 간과하거나 이것의 비틀린 내적 현상들을 겪어 내며 힘겹게 살고 있어, 그 고통과 방황과 혼돈을 보는 것이 가슴 아프다. 영성과 자아초월적 특성의 본질을 정확히 이해하지 못하는 경우에 벌어지는 폐해가 심각하기 때문에 우리는 먼저 이 특성을 제대로 이해해야 할 것이다. 따라서 영성과 자아초월 현상에 관한 심도 있는 정보들이 담겨 있는 이 핸드북과 같은 학술적인 안내서가 필요하다.

최근에 자아초월심리학에 관심을 두기 시작한 사람에게 나는 이 책과 함께 『자아초월심리학과 정신의학』(학지사, 2008)을 함께 보길 권한다. 이 둘은 현재로선 자아초월심리학과 심리치료에 관한 최고의 입문서이다.

이 번역서에선 특별히 언급해야 할 용어들이 있다. 먼저, 이 책에서 가장 많이 나오는 단어 중 하나인 'psychedelic'에 관한 것이다. 이것은 부정적인 의미의 '환각제幻覺劑'로 번역되고 있을 뿐 아니라, 이에 해당하는 용어는 hallucinogen으로 따로 있고, psychedelic은 이 분야에선 심리치료의 강력한 도구로 활용되고 있기 때문에 다르게 번역되어야 한다고 보았다. 이 책에선 원래의 의미를 살려서 심혼心魂 · psyche의 드러남del(현현顯現 또는 현재顯在)을 촉진하는 물질, 즉 '심현제心顯劑'라는 용어를 새롭게 만들어 사용하였다. 이런 결정에 대해선 여러 전문가와 상의하는 과정을 거쳤다. 심현제의 자아초월 및 심리치료적 의미에 대해서는 19장, 25장에서 상세하게 다룬다. 그리고 psyche는 '정신'보다는 '심혼'으로, 'transformation'은 '변형'보다는 '변용變容'으로 번역하였다.

이 책은 자아초월 지향의 심리학자와 심리치료자는 물론 다양한 분야의 심리학자, 상담(심리)전문가와 임상심리전문가, 정신과 의사 및 정신의학자, 사회복지사, 성직자와 종교인 그리고 여러 형태의 수련과 수행을 행하는 영적 추구자들이 자아초월 및 영적 체험을 이해하는 데 큰 도움이 되리라고 본다.

이 책의 공동 번역을 흔쾌히 수락해 주시고 좋은 번역을 해 주신 역자 선생님들께 깊이 감사드린다. 혼자서는 엄두도 못 내지만 같은 방향을 바라보는 선생님과 도반들이 함께하였기에 해낼 수 있는 일이었다. 특히 『자아초월 심리학과 정신의학』에 이어, 이 책의 최종적인 완성을 위해 함께 노력해 주신 박성현 교수님께 깊이 감사드린다. 때로 많은 양의 챕터들에 압도되어 있는 나의 짐을 박 교수님은 기꺼이 덜어 주셨다. 독자들의 편의를 위하여 참고문헌 중 국내 역서들을 특별히 꼼꼼하게 추려 주신 신인수 선생님께도 감사드린다. "외롭지만 묵묵히 자신의 길을 걸어가다 보면, 옆에 함께 걷고 있는 도반들이 있음을 알게 되리라……."

2016년에 시작한 이 책의 번역은 같은 해에 시작하게 된 3년간의 트랜스퍼스널 숨작업 트레이너 과정 그리고 『켄 윌버Ken Wilber의 통합영성』(학지사, 2018) 번역과 맞물리게 되면서 늦어져 이제야 빛을 보게 되었다. 이 책의 번역서가 한국에 없는 것보다는 늦더라도 출간되는 것이 낫다는 심정으로, 번역의 완성이 늦어지는 세월을 버텨 내었다. 불평 없이 기다려 주신 공동 역자님들께 고마움을 전한다.

이 책의 번역 과정은 다음과 같았다. 먼저 공역자들이 일차 완성한 것을 공역자들끼리 서로 바꾸어서 확인하는 교차 번역 과정을 거쳤으며, 그 후 박성현 교수와 본인이 전체적으로 완성도를 높이는 작업을 두 차례 가졌다. 이 과정에서 전체 내용의 매끄러움을 위하여 원래 공역자의 허락 없이 번역 내용을 일부 수정하였음을 이 자리를 빌려 깊이 양해를 구하는 바이다. 챕터와 역자의 수가 많은 관계로 매 수정마다 해당 역자의 허락을 받고 수정한다는 것이 현실적으로 불가능하였기 때문이다.

많은 사람이 볼 것도 아닌, 이 방대한 책의 출판을 결단하신 학지사 김진환 사장님께 말로 표현하기 어려운 감사의 마음을 전한다. 또한 이 책의 완성을 위해 불철주야 애써 주신 학지사 편집부 김준범 부장님을 비롯한 편집부 선생님들께 심심한 감사를 드린다.

이 책이 건강한 영성을 추구하는 이들에게 빛나는 등대가 되기를, 그리고 영성과 심리의 통합을 추구하는 연구자들에게 작은 거름이 되기를 희망한다. 이러한 작은 디딤돌 하나가 우리의 진정한 영성과 자아초월의 단계인 노란색(통합적)과 청록색(전체적) 밈meme으로의 진입을 도와주리라 믿는다.

2020년 3월

대표 역자 김명권

추천사

나는 자아초월심리학의 방대한 문헌에 익숙해지길 원하는 사람들을 위한 추천사를 써 달라는 부탁을 자주 받는다. 그러나 현대에는 사람들이 참고할 수 있는 단일한 자료는 없다—그러한 자료들을 한 권의 책으로 묶어 보려는 마지막 노력이『자아초월심리학과 정신의학Transpersonal psychiatry and psychology』[1](Scotton, Chinen, & Battista, 1996)이었는데, 이것은 이미 출간된 지 20년이나 되어 버렸다. 따라서 이 핸드북은 하나의 자원 안에 자아초월심리학을 개관하고 정의하는 다양한 관점과 주제를 결합함으로써 이 영역의 개관을 원하는 모든 사람을 위해 유용한 중요한 틈새를 채워 준다.

많은 사람이 자아초월심리학을 정의하려고 시도해 왔다. 몇 개의 분야에서는 자아초월심리학 그 자체를 정의하는 데 많은 노력을 기울여 왔다. Hartelius, Caplan과 Rardin(2007)은 이 분야가 시작된 후 35년 동안 사용된 160개의 정의를 조사하여 세 가지 주요 주제를 발견하였다. 첫째, 자아초월심리학은 일반적으로 하나로 정의되는데, 이것은 전통적인 '나'를 초월하도록 시도하는 수련 방법과 열망뿐 아니라, 일반적으로 정의되는 자아의 범위를 넘어서는 의식의 상태와 인간 발달의 단계를 탐색한다. 이것은 지성intellect뿐만 아니라, 부분 지역 및 지구 전체, 생태 시스템 및 우주에 위치한 온전히 체화된whole embodied 사람을 고려하는 통합적 혹은 전체론적holistic 접근으로 정의된다. 또한 이것은 개인적 및 집합적 차원에서 인간 변용의 역동을 고려한다.

자아초월을 정의하려는 나의 접근은 '실재'와 보다 더 완전히 만나려는 의도로 귀결되는 경험을 가리킨다. 여기서 실재 안에서의 정체감은 일상적인 한계를 넘어 보다 넓고 깊은 삶의 측면들을 망라하기(Krippner, 2002) 위해 확장되는데, 이것은 Friedman(1983)의 자아-확장 구성 개념construct of self-expansiveness과 유사하다. 나는 이것을 경험자의 의식과 그의 문화적 맥락 모두에 종속되는 것으로 본다. 자아초월심리학은 자아초월 연구의 여러

---

1) Bruce W. Scotton, B. W, Chinen, A. B. & Battista, J. R. (2008). 자아초월 심리학과 정신의학 (Transpersonal psychiatry and psychology). (김명권, 박성현, 권경희, 김준형, 백지연, 이재갑, 주혜명, 홍혜경 역). 서울: 학지사.

다양한 것 중의 하나로서 과학에 근거하며, 가장 병리적인 것으로부터 가장 성스러운 것까지 망라하며, 인간 행동과 경험의 전체성을 통합하는 패러다임을 제공한다. 과학으로의 자아초월심리학을 이해함에 있어서 나는 James(1912, 1976)의 급진적 경험주의radical empiricism가 유용함을 발견하게 되었는데, 그는 다음과 같이 정의하였다. "급진적이 되려면 경험주의는 직접 경험하지 못한 요소를 구조에 포함시켜서는 안 되며, 직접 경험한 어떠한 요소도 배제해서도 안 됩니다"(p. 22). 그러나 과학은 자아초월을 이해하는 단 하나의 접근은 아니다. 그것은 많은 다른 인식론들이나 혹은 신체, 감정, 직관 및 자아초월-변칙적인 경험들에 의존하는 '인식의 방법들'이 있기 때문이다. 이들 모두는 전통적 과학의 진가도 모르고 아직 인정하지 않는 체험적 영역들에 접근할 수 있다(예를 들면, Anderson & Braud, 2011).

자아초월심리학이 특별한 기회를 가질 수 있는 한 영역은 이러한 인식의 방식들과 과학의 전통 간의 새로운 연결을 발전시키는 작업이다. 예를 들면, 상태-특정과학을 발달시키는 것이 가능할 수 있다는 Tart(1972)의 제안을 고려해 보는 것이 그것이다.

이 핸드북의 장章들은 자아초월심리학을 함께 조명하는 넓은 범위의 관점을 망라하고 있다. 이 분야의 많은 창립 세대는 은퇴하고 있다. 몇몇은 은퇴했거나 작고했다. 이 작업은 이 영역 내에서 여전히 선배 학자들의 학문정신을 종합하며, 후배 학자들의 열망과 에너지를 묶어 준다—종종 같은 장章 안에서. 이런 방식으로 그것은 이 분야를 만든 사람들의 지혜를 뽑아낼 뿐 아니라, 자아초월심리학의 미래를 가져올 새로운 세대와 같이 책임 있는 역할을 공유할 것이다.

이 중요한 책은 다가올 세대의 규범으로서 자아초월심리학의 이정표 역할을 할 것이다. 이 책은 아직 상당한 노력이 요구되는 영역들을 알려 줄 뿐 아니라, 많은 성공을 반영한다. 자신이 자아초월심리학자라고 인정하는 범위는 다양하며, 모든 관점이 일치하지는 않지만 집합적으로는 그들이 여기에 함께 모여 자아초월심리학을 구성하는 전체 영역을 보여 준다. 자아초월심리학은 이 핸드북의 편집자인 Harris Friedman과 Glenn Hartelius의 공로에 감사한다. 이들이 여러 장章을 풍부하게 모아 놓았기에 이 분야의 다양성을 알고 싶어 하는 사람들에게는 이 책이 출발점의 역할을 할 수 있을 것이다. 이전의 그 언제보다도 자아초월 관점은 심리학 분야를 통합할 뿐 아니라, 인류의 우주와의 근본적인 연결을 이해함에 있어서도 고무적인 틀을 제공할 것이다. 이 핸드북은 그러한 노력을 더욱 증진시키고 있다.

- Stanley Krippner

서문

자아초월심리학의 전망(그리고 위험성)

자아초월심리학transpersonal psychology이라는 용어는 언어적 요소를 포함한 서로 다른 세 가지 아이디어—심리학psychology, 자아개인 · personal, 초월trans—의 병렬로 볼 수 있다. 심리학으로서, 자아초월심리학은 개인individual—흔히 그 환경과는 완전히 구분되는 하나의 단일한 생물학적 관 속에 구현된 정서affect, 인지cognition, 행동behavior의 고립된 결합체—에 대한 과학적 이해와 적용에 중점을 둔다(Friedman, 2002 참조). 개인의 특성이 기계론적으로 나눠질 수 있다는 개념은 보다 전체론적holistic 이해를 위해 분명 다시 생각해야 한다. 이는 개인의 생물학적 측면이 개인의 여러 상호 관련된 맥락으로부터 떨어져 있는 것과는 달리, 정서, 인지, 행동은 개인 안에서 분리될 수 없기 때문이다. 인간이 만약 공기와 같은 물리적 필요, 아기에게 주어지는 양육과 같은 사회적 필요 등의 지지 기반으로부터 고립된다면 분명 살아남지 못할 것이다. 더 나아가, 개인에게 시공간을 넘어 연속성을 부여하는 것, 개인을 다른 개인과 차별화시키는 것은 바로 개인의 성격적인personal 측면 또는 성격personality의 일반적인 정의라 할 수 있다. 성격에 대한 연구는 심리학의 핵심적인 분야이다. 하지만 오랫동안 여러 다양한 관점이 개인에 대한 통일된 관점을 이루기 위해 시도해 왔음에도 불구하고 이에 대한 이해는 아직 일치되지 않았다(John, Robins, & Pervin, 2008). 이러한 관심사들은 (시간에 따른 발달을 포함한) 개인 내적 측면, (다양한 공간에서의 사회적 · 문화적 측면을 포함한) 대인관계 측면 그리고 생물학적 차이점과 같은 다양한 측면과 관련되어 있는데, 이 모든 것은 인간 중 한 개인personal의 배경으로서의 역할을 한다. 이는 Murray와 Kluckhohn(1953)의 유명한 인용문 "모든 사람EVERY MAN은 어떤 면에서는, ① 모든 사람과 같고, ② 어떤 이들과 같고, ③ 누구와도 같지 않다."에 적절히 반영되어 있다. 이때 이러한 혼합물 속에 '~너머beyond'를 뜻하는 접두사 trans-를 집어넣으면 그 혼란스러움이 더욱 가중된다. 접두사 trans-가 personal에 붙으면 개인적인 것이 불완전한 것임을 의미하여 이것이 다소 결격사유임을 암시하게 된다. 또한 여기서 넘어설 필요가 있는 사람이 정확히 누구인지, 그 사람이 가야 하는 너머가 어디인지에 대한 수수께끼가 발생한다. 자아초월심리학에서 이 '너머'는 이른바 더 높은 상태의 의식 그리고 가능한 영적 영역을 경험하는 것(또는 경험하려 하는 것)과 관련되어 있는데, 두 가지 모두 짐작건대 개인을 넘어서는 것일 것이다. 하지만 trans라는 접두사의 또 다른 의미에 따르면, trans는 사람과 다른 세상을 나누는 경계를 이어 주는 다리, 심지어는 사람과 초-개인적super-personal 또는 초자연적이라고 해석될 수 있는 자아초월 가능성 간의 경계를 이어 주는 다리를 의미하는 것으로 볼 수 있다(영성이라는 용어에 내포된 가능한 정령들에서와 같이; Lindeman, Blomqvist, & Takada, 2012). 여기서 설득력 있게 설명될 수 없고, 신God 또는 비인원성non-duality으로밖에 설명되지 않는 궁극적인 신비, 그게 아니라면 달리 설명될 수 없는 어떤 이정표로밖에 기능하지 못할 극단적인 가능성이 존재한다. 그래서 인습적인 전통적 심리학 내에서 개인을 고립된 존재로 보는 개념에 결함이 있을 때, 성격을 구성하는 것들이 모호할 때, 그리고 접두사 trans가 의미하는 바가 부적절하게 서술되었을 때 자아초월심리학을 논리적으로 논의하는 것은 삼중三重의 난제이다.

우리(Hartelius, Caplan, & Rardin, 2007)는 내용 분석을 통해 이전에 발표되었던 자아초월 개념들을 기본적 주제들로 압축해 보았다. 첫 번째는 '전체로서의 우주'를 포함한 모든 것과 자기self 사이의 복잡한 상호 관련성을 인식함으로써 일반적인 자아ego 개별성separateness을 넘어선 '자기self'에 중점을 둔다. 두 번째는 영적 · 자아초월 측면을 강조하면서 가장 포괄적인 틀을 활용한 통합적인 접근법에 집중하여 자기를 이해하려 한다. 세 번째는 자아초월 관점을 개인과 시스템 변화 과정에 적용함으로써 변용transformation을 강조한다. 이 세 가지 주제는 점진적으로 발달해 나가면서 서로를 보강시키는 역할을 한다.

자아초월심리학을 이해하는 또 다른 방법은 역사적으로 이해하는 것이다. 자아초월심리학은 옛 학파들이 해체되고 그것을 대체할 만한 새로운 심리학이 나타나지 않았던 혼란기에 등장했다. 바로 그 직전에 등장했던 인본주의 심리학 운동은 심리학에서의 두 지배적 이론인 정신분석과 행동주의를 따르길 거부했던 심리학자들에 의해 시작되었는데, 그들은 인간 존재에 보다 전체론적으로 접근하는 데 중점을 둔, 이른바 제3의 세력을 만들어 내었다. 그러나 어떤 사람들에게는 인본주의적 저항이 여전히 적절하지 못하였고, 따라서 상대적으로 독립된 개체나 전체로서의 개인에게 초점을 맞춘 인본주의적 관점의 한계를 거부하는 결과를 초래하였다. 또한 이는 인간중심에 집중하기보다는 가장 큰 개념의 전 우주의 일부로서 개인에게 초점을 맞춘 보다 넓고 깊은 관점으로 나아가는 결과를 초래했다. 이 개척자들은 인본주의 심리학이 불러일으킨 변혁의 정도에 불만을 느꼈고 보다

'더 많은 것'을 추구하였다. 하지만 여기서 '더 많은 것'은 명확하지 않다. 가령, 자아초월심리학은 여전히 진행 중인 작업이며 반세기가 지난 지금도 여전히 그 정체성을 찾고 있는 중이다.

그래서 자아초월심리학에서의 주요 관심사는 정의를 내리는 문제와 관련되어 있다. 아마도 자아초월심리학은 발견되거나 구성되어야 할 새로운 패러다임—이에 대한 정의가 보다 잘 설명되기 위한 전제 조건인—을 기다리는 중이며, 아직 충분한 성숙기에 이르지 못했기 때문에 이에 대한 적절한 정의를 내리기는 어려울 것이다. 하지만 아무리 포괄적인 관점으로 바라본다 하더라도, 자아초월심리학을 함축적으로 요약하기는 힘들 것이다. 이것은 지도가 땅을 완벽하게 똑같이 표현해 내지 못하는 것과 비슷하다.

하나의 접근법으로서 자아초월심리학에 대하여 일반적으로 말할 수 있는 것은 이것이 체계적인 과학적 방법론의 사용을 지지하지만 마음mind과 무관한 세계(또는 정신을 분리해서 생각하는 세계관)에 대한 형이상학적 가정을 비판한다는 것이다(Braud & Anderson, 1998; Anderson & Braud, 2011; Tart, 2004). 이와는 대조적으로, 현상론, 포스트모던, 전통주의자, 페미니스트, 참여적 방식의 프레임과 같은 또 다른 종류의 가정적 틀이 반영되어 있는 연구 질문에 과학적 방법론이 적용될 수 있다는 주장도 있다. 좋은 연구는 연구 목적에 적합한 방법론을 필요로 한다. 예를 들어, 소금의 구조를 확인하기 위해 소금을 물에 녹이는 사람은 없다. 왜냐하면 소금은 물에 녹기 때문이다. 즉, 방법론은 질문의 목적에 방해가 될 뿐이다. 비슷한 일이 가정적 프레임assumptive frame에 대해서도 일어난다. 예외적 경험과 능력이 실제 세계에 대한 모더니즘적 가정 아래에서 보고될 때, 이것은 말도 안 되는 망상적 믿음이나 이례적인 일로 치부되기 때문이다.

데카르트Descartes를 잇는 현대 서양철학에서는 마음mind과 물질matter이 기본적으로 분리되어 있다고 가정한다. 심리학에서도 자연스레 인간의 마음이 뇌를 기반으로 한 이유는 모르지만 자기 자신을 인식하는(Grof, 1983 참조) 생물학적 정보처리 시스템 그 이상은 아니라고 여기게 되었다. 만약 역사적으로 보고된, 그리고 최근까지 보고된 그러한 맥락 안에서 만족스럽게 설명되지 않는 방대한 양의 인간 경험과 능력이 아니었다면, 그러한 인식은 적절한 것이었을 수도 있다. 때때로 마주하게 되는 이러한 깨달음은 개인의 삶을 변용시키고 사회 전체를 변화시킨다. 또한 현대 서구의 실제 세계에 대한 가정이 과연 적절한지에 대한 의문을 불러일으킨다.

현대인의 관점에서 이례적으로 보이는 인간의 경험과 능력을 연구하는 초심리학parapsychology에서는 그러한 현상이 망상만은 아니라는 꽤 실질적인 증거들을 내놓고 있다. 이 과정에서 초심리학 연구자들은 이중맹검법과 같은 혁신적인 방법들을 발달시킴으로써 과학적인 방법론들에 점차 다가가고 있다. 만약 그러한 이례적인 일들을 뒷받침해 주는 연구 결과가 타당하다면, 이는 실제 세계가 모더니즘에서 설명하는 것보다 훨씬 더 크고 깊을 수도 있음을 시사한다.

만약 실제 세계에 대한 서구의 인식이 보다 확장될 수 있다면, 이 예외적이고 이례적인 예외적 인간 경험과 능력들—이 중 몇몇은 실증적 증거에 의해 잘 뒷받침되는—은 모더니즘적 가정이 어떤 점에서 결핍되어 있는지에 대한 실마리를 제공할 수 있을 것이다. 그렇지만 만약 모더니즘의 원리 체계가 연구 자체에만 치중된다면(Mahner, 2012 참조), 이례적인 현상의 측면들은 선험적인 것으로 치부될 수밖에 없을 것이며, 그것들로부터 얻을 수 있는 지식 또한 잃게 될 것이다. 사실상 형이상학적인 가정에 반하는 증거들은 그 증거가 과학에 근거하더라도 가정에 반한다는 이유로 허용되지 않는다. 마치 자기 자신을 사퇴하게 만드는 명령을 판사 스스로 하지 않는 것처럼 말이다. 좋은 과학을 하려는 관점에서 봤을 때, 이는 형이상학적인 관점의 중요한 연구들이 활용되는 것을 가로막는 요소로 작용한다.

자아초월학자들은 지식의 경계를 확장시키고, 이것이 어떻게 만들어졌는지에 대한 연구를 추구한다. 이 연구에는 모더니즘적 형이상학이 제시하는 현실 세계와는 동떨어져 있을지도 모르는 현상에 대한 것이 포함되어 있다. 아직 자아초월적 접근은 단지 환원주의적 철학의 틀 속에서 이례적인 일들anomalies을 연구하는 것에서 좀 더 나아가고 있을 뿐이다. 그것은 비일상적 현상들을 보다 효과적으로 이해할 수 있도록 세심하게 구성된, 그리고 엄격하게 평가된 가정적 틀을 찾는 것이다.

비환원적non-reductive 준거 틀의 한 예는 현상학이다. 현상학은 현실에 대한 특정한 추정에 기초한 철저한 검토의 진실성과는 상관없이 경이로운 경험에 대해 서술한다. 또 다른 예는 전통주의적 틀로서 불교심리학 또는 요가심리학 등을 제안한다. 이러한 것들의 한 변형으로서 항존주의자 틀perennialist frame이 있는데, 여러 문화에서 나타나는 우주에 숨겨져 있지만 존재론적으로 실제하는 측면을 반영하는 다양한 영적 인식론과 관계가 있다. 그 표현에 있어서는 다양하지만, 포스트모더니즘에서는 이 세상을 우리가 지각하고 있는 사물로 나누는 것은 각각의 고유한 성격에 따른 것이 아니라 지각하는 사람의 자의에 의한 것이라는 견지를 가지고 있다. 페미니즘적 · 참여적 접근은 실제 세계가 상호 주관적인 속성을 가지고 있다고 강조하고 있으며, 그 연구자들 또한 살아 있는 관계적 과정 속에 있는 한 참가자로서 강조하는 경향이 있다. 여기서 주관성은 실제 세계의 기초로 여겨지며, 객관적 영역에 반대되는 성질은 아니다.

자아초월 접근에서는 다양한 준거 틀 내에서 인문학의 다양한 측면 또는 심리학에 대한 연구를 추구한다—이는 가끔 다양한 방법의 이해라고 불린다(예를 들면, Braud, 2006). 자아초월은 기존의 과학이 엄격히 실증적일 것을 요구하는 동시에 형이상학적 틀을 내세운다는 점에서 그들을 비판한다. 동시에 모더니즘적 틀이 넓은 범위의 연구 주제들을 뒷받침할 수 있는 단순하고 실용적이라는 것 또한 받아들이고 있다. 자아초월에서는 포스트모더니즘 연구와의 접점을 찾아 그 방법론을 잘 활용하고 있다. 하지만 많은 자아초월학자들이 심리학과 같은 보다 과학적인 분야에서 엄격히 환원적인 접근법으로 옮겨 가거나, 경험적 현상과 같은 존재론적 실제를 포기할 준비가 되어 있지 않다는 면에서 포스트모더니즘에 대한 표현에도 뚜렷한 차이가 존재한다.

자아초월 접근은 어떤 의미에서도 반실재론적anti-realist이지 않다. 마음과 무관한 세계(또는 마음을 분리해서 생각하는 세계관mind-independent reality)에 대한 형이상학적 가정을 비평한다는 것이 꼭 마술적 사고를 받아들인다는 의미는 아니다. 엄격한 이원론이나 무비판적인 융합이 아니더라도 마음과 자연 간의 관계를 특징짓는 데 다양한 방법이 존재한다. 자아초월심리학은 현실을 생각하는 다른 방법들과 일치하는 연구 문제 및 방법론을 추구함으로써 철학적으로뿐만 아니라 실증적으로 이러한 탐구의 최첨단에 참여할 수 있는 기회를 가지고 있다.

이 안내서를 집필하는 데 있어 우리의 소망은 자아초월심리학의 여러 분야를 적절하게 정의하려는 노력에서부터 출발하였다. 편집자로서, 그리고 이 책의 몇몇 장章의 집필자 및 공동 집필자로서 정의 내리는 것에 대한 각자의 접근 방식에 대해 공유할 것이지만, 최고의 방법이 무엇인가에 대해 항상 의견을 같이하지는 않는다. 하지만 편집자로서 우리는 이 안내서를 쓰는 데 함께해 준 많은 집필자가 제공해 준 정보를 가까이에 머무르는 것에 관심을 두고 있다. 우리는 이 다양한 장으로부터 기본적인 주제나 공통점을 끌어내는 것보다는 다양한 관점을 제시해 줌으로써 자아초월심리학에 포함된 여러 접근과 내용이 자명하게 드러나기를 바란다. 한때 자아초월 운동의 지도자였으나 이제는 아닌 유명한 철학자 켄 윌버Ken Wilber는 우리 중 한 명(2002년경 Friedman과 나눈 개인 대화)에게 "매해마다 자아초월을 정의하는 대회가 열리는데, 그때마다 이기는 사람은 아무도 없다."라고 말한 적이 있다. 아마도 전체적으로 볼 때 이 책은 올해 그 대회에 참가한 것인지도 모른다.

이 책은 우리 저자 중 한 사람인 Friedman이 자아초월심리학 박사 과정 안에서 박사 논문 연구를 수행하면서 겪은 노고를 높이 인정하면서 시작한다. 그러나 이러한 상황은 그 후 수십 년이 지났어도 전혀 변화하지 않았다. 이것은 이 책의 제1장, 즉 '위난으로부터의 구원—자아초월심리학을 정의하기'에 실려 있으며, 제1장의 저자는 이 책의 공저자 중 한 명인 Hartelius와 Geffen Rothe 그리고 Paul J. Roy이다. 이 책의 제I부는 수많은 자기초월심리학의 정의를 단순화하기 위한 시도로 저술되었다. 이것은 자아초월심리학이 정확하게 무엇인지 누군가가 호기심을 갖고 물어볼 때 공유할 수 있다. 그 이상의 정의를 분명히 하려는 시도는 역사적인 관점에서부터 시작해야 한다. 즉, Michael Daniels는 '자아초월 관점의 전통적 기원, 역사 그리고 진화'에 대해서, 그리고 그다음 장에선 우리 두 저자와 James Pappas가 함께 쓴 '영성심리학에 대한 소명—자아초월심리학은 전향해야만 하는가?'에 관해 논의하였다. 이 장에서 우리는 종종 그 추종자들에게서조차 오해되고 있는 영성심리학과 내용에 있어서 꽤 중복되는 자아초월심리학을 유지할 가치가 무엇인지에 대해 논의하였다. 자아초월심리학이 처음 구축될 때 영성이란 용어는 심리학에서 금기시되던 용어였으나, 반면 지금은 널리 수용되고 있으며, 이 분야가 덜 알려지고 논란이 많은 용어를 고수해야 되는 이유에 대해 묻는 것은 타당한 것이다. 마지막으로, 이 장에서 Harald Walach는 '자아초월심리학 비판과 그 너머: 자아초월심리학의 미래—의식의 과학과 문화'를 메타-이슈에 대한 성찰과 자아초월심리학의 가능한 위험 요인으로 제시하였다. 그는 책임감 있는 학문에서는 필수적인 자기-비평을 함께 제시하였다. 이들 네 개의 장은 이 책의 자아초월심리학 서론을 구성한다.

제II부는 자아초월 이론으로서 자아초월심리학 운동의 핵심인 이론적 관점을 제공한다. Stanislav Grof는 가장 영향력 있는 자아초월심리학의 창설자이며 매우 개인적인 제목을 가진 다음의 내용을 제시하였다. '심리학의 재조명과 재탄생—의식 연구의 반세기 유산'이 그것이다. 여기서 그는 자신의 독특한 이론적 관점은 물론 이 운동이 시작된 이래 이에 참여했던 내용들을 소개하였다. Albert P. Garcia-Romeu와 자아초월 운동의 선구자 중 한 사람인 Charles T. Tart는 '변성의식 상태와 자아초월심리학'에 초점을 두었다. 그들은 일상적으로 경험되는 의식 상태는 많은 잠재적 상태의 단지 하나의 표본에 불과하고, 소위 높은 의식 상태들은 많은 사람이 자아초월심리학의 주된 초점을 바라보는 방식이라는 입장을 제시하였다. Alan G. Vaughan은 '융, 분석심리학 그리고 자아초월심리학'에서 Jung의 저작에 대한 소개를 하였는데, Jung은 이 운동의 주요 선구자임에도 여전히 현대에서 영감과 창조성의 근원이 되고 있다. Brant Cortright는 다음에 '통합심리학'을 제시하였는데, 이것은 또 한 명의 자아초월적 선각자인 Sri Aurobindo의 통찰에 힘입어 동양과 서양의 심리영성적 관점의 통합에 초점을 맞추었다. Allan Combs는 '초월과 포함—자아초월심리학에 대한 Ken Wilber의 공헌'에서 자아초월심리학에 미친 또 다른 주요한 기여자들에 관한 복잡 미묘한 세계관을 나누어 주었다. 우리 저자 중 한 명(Hartelius)은 Jorge N. Ferrer와 함께 '자아초월철학—참여적 전환'에서 자아초월심리학 내에서 초기의 이론적 틀의 난제들을 피하는 상대적으로 최근의 접근에 대해 구체화하였다. 다음 장에서는 우리 중 한 명(Friedman)이 자아초월심리학 내에서 전통적 과학을 사용하는 것의 중요성에 대해 '과학적 구성 개념으로서의 자아초월적 자기확장'을 하나의 과학적 접근으로서 예시하면서 논술하였다. 제II부의 마지막은 B. Les Lancaster의 '신경과학과 자아초월'로서 여기서는 자아초월심리학과 과학 간의 관계에 대해 심화하였다.

제III부는 **자아초월 방법론**에 집중되어 있다. Rosemarie Anderson과 William Braud는 '자아초월 연구와 미래의 방향'에서 독특한 방법적 도전들에 관해 개관하였다. Charles D. Laughlin과 Adam J. Rock은 '신경현상학—뇌와 경험에 관한 실험 연구와 비교문화적 연구의 향상'에 관한 독특한 자아초월적 연구 관점을 나누어 주었다. 다음에 Douglas A. MacDonald와 우리 중 한 명(Friedman)은 '자아초월, 영성 구성 개념의 양적 평가'를 비전통적 자아초월 자료에 적용되는 전통적 심리학적 방법 사용의 한 가지로 제시하였다. 우리 중 한 명(Friedman)은 '자아초월심리학에서 과학의 역할—중간-범위 이론middle-range theory의 유용성'에 대해 논의하였다. 제III부를 정리하면서 Douglas A. MacDonald는 '과학으로서 자아초월심리학의 철학적 배경'에 대해 논술하였다.

제IV부는 **자아초월 경험**에 초점을 맞추었다. 첫 시작은 Genie Palmer와 Arthur Hastings의 'EHEs을 인식하고, 이해하며, 인정하기'인데, 이것은 언제나 자아초월심리학의 주된 초점이 되어 왔다. 예외적 경험의 하나의 유형은 James Fadiman과 Andrew Kornfield에 의한 '심현제[1]-유도 체험'으로, 이것은 자아초월 운동을 특별히 사로잡았다. 자아초월 분야의 많은 논의에서 중요시 여겼던 예외적 경험의 또 다른 유형은 Cheryl Fracasso와 Bruce Greyson 그리고 저자 중 한 명인 Friedman에 의한 '근사近死체험과 자아초월심리학—근사체험자에 대한 조력을 중심으로'이다. 다음은 Jenny Wade의 '자아초월적 성 경험'으로, 이것은 종종 초월적 본질에 대한 심오한 경험을 유발한다. 제IV부의 마지막 장은 Adam J. Rock, Lance Storm, Harvey J. Irwin 그리고 Julie Beischel의 '초超심리학'이다.

제V부는 **변용, 치유 및 복지를 위한 자아초월적 접근**이다. Jacob Kaminker와 David Lukoff의 '정신건강과 정신질환에 관한 자아초월적 관점'은 자아초월심리학의 또 다른 중심적 관심이 되어 왔다. Douglas A. MacDonald, Roger Walsh와 Shauna L. Shapiro는 '명상—실증적 연구와 앞으로의 방향'을 저술했는데, 자아초월 연구의 많은 부분이 여기에 집중되어 왔다. Thomas B. Roberts와 Michael J. Winkelman은 '심현제가 유도한 자아초월 경험과 치료 및 그 함의가 자아초월심리학에 주는 시사점'을 저술했는데, 이것 역시 자아초월 연

---

1) psychedelic: 1957년 오스먼드Humphry Osmond는 환각제라는 뜻의 hallucinogen가 정신장애를 연상시킴으로써 그는 psychedelic이란 용어를 만들어 내었는데, 이것은 고대 그리스어의 '정신'과 '드러냄(현재顯在)'의 합성어로서 우리 내면의 깊은 정신을 드러내 보여 준다는 의미를 갖는다. 하지만 국내에서는 환각제라고 부름으로써 전적으로 부정적인 의미로 왜곡되어 사용되고 있다. 따라서 이 책에서는 용어의 원래 의미를 살려 심현제心顯劑로 번역한다[권정기 역(2017). 지각의 문. 김영사. p. 20 참조].

구의 중요한 부분이 되어 왔다. Don H. Johnson은 '소마틱치료의 자아초월적 차원'에서 자아초월심리학으로 언제나 불리지는 않지만 자아초월 체험을 달성하기 위해 많은 전통과 가깝게 연대를 맺고 있는 다양한 수련을 제시하였다. Ian E. Wickramasekera II는 '최면과 자아초월심리학—내면으로부터의 부름에 대한 답'에서 최면은 자아초월 상태에 들어가기 위해 다른 전통들뿐 아니라, 서양에서도 인정받는 방법으로 간주되어 왔다고 저술하였다. Daniel Deslauriers는 '꿈과 자아초월심리학'에서 꿈 작업은 자아초월 체험들과 작업하고, 이를 이해하기 위해 오랫동안 사용되어 왔던 또 다른 방법으로 제시하였다. Kim A. Bella와 Ilene A. Serlin은 '표현과 창조적 예술치료'를 치유 목적을 위해 특별한 상태에 들어가기 위한 또 다른 방법으로 제시하였다. Kathleen Wall, Fabrice Nye와 Eric FitzMedrud는 자아초월적 관점으로부터 긍정적인 변화를 촉진하기 위해 연구해 왔던 '통전적인 심리영적 수행들'을 제시하였다. John V. Davis, Theodore Usatynski와 Zvi Ish-Shalom은 '다이아몬드의 길'에서 자아초월심리학에서의 또 다른 주요 인물인 A. H. Almaas에 대해서 저술하였다. 제V부의 마지막은 Vitor Rodrigues와 우리 중 한 명인 Friedman이 '자아초월심리치료'에 대해 저술하였는데, 이것은 자아초월 운동에서 항상 중요한 관심을 받아 왔다. 이 장의 다른 절들과 함께 여기선 자아초월심리학이 적용되는 많은 방식을 잠깐 보여 주고 있다.

이 책의 마지막 제VI부에서는 자아초월적인 연구들을 다루는데, 여기서는 자아초월심리학을 다양한 학문과 관점에 폭넓게 연결시키고 있다. John V. Davis와 Jeanine M. Canty는 '생태심리학과 자아초월심리학'에서 이 운동의 한 핵심 측면은 인간적 관점에서 다른 생명의 형태와 지구와 관련된 관점으로 넘어가는 데 있다고 저술하였다. Christine Brooks, Kendra Ford와 Anne Huffman은 '자아초월심리학에 대한 페미니스트와 문화의 기여도'에서 여성과 유색인종의 목소리가 종종 이 운동에서 드러나지 않는다고 저술하였다. Donald Rothberg와 Katherine E. Coder는 '범위 넓히기—자아초월적인 사회 참여의 출현'에서 개인 내면의 심리영성적 발달에 초점을 둠으로써 사회적 관계와 사회적 차원이 개인 내에서 내재화되는 방식들에 대한 관심을 배제하고 있다고 지적하였으며, 자아초월심리학이 종종 우리 세계에서의 참여를 무시한다고 저술하였다. G. Frank Lawlis는 '고대의학에서 나온 현대의 기적—자아초월적인 의학 접근들'에서 치유에 관한 독창적인 고대의 기여를 인정하는 부분에 초점을 맞추었다. 다음으로 Lisa Herman은 '자아초월적 경험과 예술—쇼베 동굴에서 월가 점령 시위까지'에서 자아초월심리학을 보완하는 또 다른 관점을 보여 주었다. 이 절의 마지막 장에서 Nancy Rowe와 William Braud는 '자아초월 교육'에서 주요 현대적 기관들에 대해 초점을 맞추었다.

이 책이 그렇듯이, 우리의 서문도 정의를 내리는 것과 관련된 문제로 시작하였다. 그 문제들 중 상당수는 자아초월심리학의 넓은 지평선 속에서, 그리고 이 집합적인 연구와 탐색들 속에서 해결되지 않은 채 남아 있다. 비록 자아초월심리학이 무엇인지에 대한 복잡성을 감소시키기는 어렵다 할지라도, 우리는 이 책에 실린 글들이 자아초월심리학의 면면을 잘 보여 주는 방식으로서 전체를 조망할 수 있기를 바란다.

또한 이 안내서가 여러 면에서 불완전하듯, 우리가 다루는 내용의 범위에 빠진 부분 또한 많다는 것을 인정한다. 그중 하나로, 강력한 아이디어들이 선의로 쓰일 수도 있지만 사악한 의도에 끌어들여질 수 있다는 것뿐만 아니라, 자아초월심리학이 어떤 방식으로 오용될 수 있는지 염려하였고, 스승구루 · guru의 제자 학대, 영적 우회spiritual bypass의 많은 경우를 생각하게 되었다. 자아초월 이데올로기처럼 보이는 것과 연관 있는 전체주의 나치의 잔혹한 행위들처럼 극단적인 예들이 그림자처럼 숨어 있다. "약이 되는 것은 독이 되기도 하는데, 그 효능은 한쪽으로도, 그리고 양쪽으로도 사용될 수 있다."라는 말이 있다. 자아초월심리학도 그러하다.

지면이 부족하여 책에 싣지 못했던 또 다른 영역은 자아초월심리학적 통찰을 제공해 준 종교적 전통과 자아초월심리학 간의 관계에 대한 것이다. 이 종교적 전통들은 깊이와 폭면에서 현대 자아초월심리학을 능가하곤 하기 때문에 그러한 종교적 경험을 추구하기 위해 자아초월심리학을 공부하는 것은 아주 오랜 세월 동안 갈고닦아 온 전통을 추구하는 것에 대한 대체제가 될 수 없다. 하지만 전통을 실천하는 것에는 항상 어떤 짐이 따라오는데, 이들은 현대적 관점에서는 바람직하지 않은 것일 수도 있다. 예를 들어, 현대과학의 관점에서 보았을 때에는 시대에 뒤처진 것일 수 있는 형이상학적 개념을 강요하는 것이라든지, 여성의 종속 또는 신체의 더럽혀짐과 같이 현대인의 관점에서는 용납될 수 없는 가치를 강요하는 것 등이다. 이 점에서 자아초월심리학은 비교종교학 연구와 같이, 보다 심오한 방식으로 전통으로부터 얻을 수 있는 것들을 배우는 동시에 전통을 비판적으로 바라볼 수 있도록 해 준다. 결과적으로, 자아초월심리학은 위대한 영적 전통으로부터 배우지만 그것들을 무비판적으로 받아들이지 않으며, 그렇기 때문에 자아초월심리학은 결코 종교가 될 수는 없다.

이 책에 포함되지는 않았지만 밀접한 관련이 있으면서 타당한 자아초월심리학의 영역들이 많이 있다. 이 안내서에서 포함되지 않은 영역들로서 서양의 풍부한 초월주의transcendentalist 전통, 동서양을 융합하려고 한 신지학theosophy과 같은 많은 제설諸說 혼합주의syncretistic 운동들을 생각해 볼 수 있다. 또한 분쟁 조정뿐만 아니라 조직과 경영에 대한 자아초월심리학의 시사점을 생각해 볼 수 있는데, 최근 이와 관련된 문헌들이 등장하고 있다(예를 들면, Law, Lancaster, & DiGiovanni, 2010). 세계 평화를 위협하는 것 중 하나가 바로 양립할 수 없을 것 같은 서로 상이한 세계관으로부터 발생하는 갈등들이다. 이러한 갈등들은 자아초월심리학에서 제안하는 중요한 관점들에 의해 조정될 수 있을 것이다.

마지막으로 언급할 것은 자아초월심리학이 대두시킨 근본적인 주제들과 관련된 투쟁이다. 여기에는 무엇을 인식할 것인지(즉, 존재론ontology), 이것이 어떻게 인식되는지(즉, 인식론epistemology)에 대한 질문 그리고 가장 근본적으로 인식의 과정과 결과로부터 분리될 수 없는 대상으로서 인식하는 주체가 누구인지에 대한 질문(즉, 자기the self)이 포함된다. 자아초월심리학의 존재론적 위치는 모든 것을 물질에 국한시키고 의식을 뇌활동과 동일시해 버리는 소박 유물론naive materialism에 대항한다. 자아초월심리학의 인식론적 위치는 변화하는 의식 상태가 어떻게 지식에 영향을 미치는지 탐색하는 것과 같이 인식하는 다른 방법들을 추구한다. 또한 보다 근본적으로 자아초월심리학은 인식하는 주체를 철저히 탐색한다. 자아초월심리학은 우리 자신과 세계에 대한 미지의 가능성에 열린 자세로 전통적인 세계관 그리고 인습적인 과학의 도그마의 기저를 이루는 근본적인 가정들에 대해 질문한다. 이런 의미에서 자아초월심리학은 이성적으로 또는 경험적으로 알려져 있지 않은 곳으로 나아가며, 여전히 신비로 가려져 있지만 매우 중요하다고 할 수 있다.

이러한 질문들을 던짐으로써 자아초월심리학은 관심을 받지 못했던 여러 분야의 연구를 개척하였다. 흥미롭게도 주류 심리학은 자아초월심리학이 등장한 이후로 상당히 성장하였으며 자아초월심리학이 최초로 탐색하였던 영역들을 수용하였다. 예를 들어, 의식에 대한 연구는 지금에야 타당한 것이 되었지만 자아초월심리학에서 처음으로 의식에 대해 탐색했을 때 이것은 금기로 여겨졌다. 이와 같이 주류 심리학이 다른 문화권에 대해 폄하할 때, 자아초월심리학에서는 동양의 영적 주장들에 대해 존중하며 진지하게 탐색하였다. 다른 문화권에 대한 이러한 존중은 현재 주류 심리학에서 흔히 볼 수 있는 것이 된 다문화주의multiculturalism를 앞당겼다. 또한 자아초월심리학은 융통성 없는 과학적 방법론의 한계에 도전하였고, 심리학에 있어서 정량적quantitative 접근의 패권이 점차 질적이고 혼합적 방법으로 이동하도록 '패러다임의 변화'를 이끌었다. 이러한, 그리고 또 다른 방법들로 자아초월심리학은 주류 심리학을 긍정적인 방향으로 이끄는 데 앞서 왔다.

하지만 자아초월심리학에서 제안하는 많은 것을 아직 주류 심리학에서는 받아들이지 않고 있다. 예를 들어, 의식의 변성 상태altered states of consciousness에서 연구가 진행되는 상태-특정과학state-specific sciences의 제안(Tart, 1975)은 여전히 주류 심리학에서 너무 급진적인 것으로 받아들인다. 하지만 이러한 접근법은 서양의 문화적 틀 안에서는 쉽게 이해되지 못할 예외적인 경험처럼, 어떤 특정 상태에 있는 인간을 연구하는 단 하나의 타당한 방법일

지도 모른다. 많은 전통적인 명상 체계에서 더 높은 수준의 의식을 탐색하는 데 숙달되려면 많은 시간과 노력이 소요된다. 또한 이러한 관습은 천 년이 넘는 시간 동안 그들의 문화적 맥락 속에서 실험되고 공유되어 온 내적 관찰을 통해 점진적으로 개선되어 왔다. 이러한 것들이 타당한 실증적 데이터들을 구성하는데, 다만 서양 문화에서 사용되는 것과는 다른 방법으로 과학에 접근한다. 서구에서의 명상 연구가 초보자들에게 단기적인 훈련을 통해 명상하는 것을 가르치는 것을 고려했을 때, 이는 생애에 걸쳐 습득된 고유의 정신적인 전통에 기반한 수천 년의 누적된 문화적 지식과는 상반되는 것이다. 결과적으로 이러한 종류의 복잡하고 섬세한 보기 드문 현상을 연구하는 데에는 인습적인 과학에서 사용되는 피상적인 적용법보다 대안적 방법이 적당할지도 모른다. 이러한 측면에서 자아초월심리학은 인식하는 주체로서의 자기self에 대한 것뿐만 아니라, 존재론과 인식론에 대한 변화된 가정과 관련하여 인간과학 방법론을 개척하였다. 하지만 여전히 다양한 전통으로부터 배워야 할 것들이 많이 남아 있다. 물론 자아초월심리학에서는 어떤 고정된 믿음에 대한 체계에 구속되지 않으므로 보다 자유롭게 연구 및 탐구할 수 있다는 면에서 장점이 있다.

자아초월심리학은 종교심리학에 대해서도 장점을 갖고 있다. 예를 들어, 주로 유대-그리스도교의 유일신 전통에서 파생된 종교심리학과는 다르게 다양한 영적 전통으로부터 정보를 취할 수 있다. 종교심리학은 또한 경험 자체를 연구하는 것보다는 인구 통계학적인 요인들과 같은 외부 요인에 대해 연구하는 데 보다 중점을 두고 있다. 이 주류 종교심리학은 편협한 문화적 지역주의를 여전히 함유하고 있으며, 자아초월심리학은 그러한 문화적 함정을 피할 수 있는 창조적인 방법들을 제공한다. 하지만 자아초월심리학은 소위 이국적인 전통들에 너무 심취하거나, 가끔은 그것들을 여과 없이 모두 수용해 버리고 '이국적인 토착민처럼 살려고' 함으로써(Friedman, 2009) 그 자신의 문화적 함정에 빠지는 경향이 있음을 주의해야 한다. 이러한 면에서 진짜 전통으로부터 배우는 것도 중요하지만 과학적 접근법—대략적으로 해석하더라도—을 유지하는 것 또한 중요하다.

이러한 한계에도 불구하고 이 시공간의 한 시점에 발표되는 안내서로서 우리는 이 책이 자아초월심리학의 가치를 명료화하고 촉진시키는 목적에 잘 부합하길 바란다. 또한 우리는 자아초월심리학이 현실성이 부족하다는 염려에 대하여 단순히 난해하게 접근하길 바라지 않는다. 그보다 자아초월심리학이 모든 이를 존중하고 그들에게 이로운 방법으로 인류의 적응을 촉진하는 데 실증적으로, 그리고 폭넓게 명료화되고, 실험되고, 적용될 수 있는 깊은 통찰력을 제공하길 바란다.

- Harris L. Friedman과 Glenn Hartelius

차례

제 III 부 자아초월 방법론

제 IV 부 자아초월 경험

제 V 부 변용, 치유 및 복지를 위한 자아초월적 접근

제 VI 부 자아초월적인 연구들

제 I 부

자아초월심리학의 소개

제1장 위난으로부터의 구원
– 자아초월심리학을 정의하기

제2장 자아초월 관점의 전통적 기원, 역사 그리고 진화

제3장 영성심리학에 대한 소명
– 자아초월심리학은 전향해야만 하는가?

제4장 자아초월심리학 비판과 그 너머: 자아초월심리학의 미래
– 의식의 과학과 문화

제 1 장

위난으로부터의 구원[1)]
- 자아초월심리학을 정의하기

Glenn Hartelius, Geffen Rothe, Paul J. Roy

자아초월심리학은 이 분야에 대해 실용적이고 지속성이 있으며 전 세계적인 관심을 불러일으킬 수 있는 간결한 정의로부터 혜택을 받을 수 있다. 개인 성장 산업, 대안적 건강 분야, 대중적인 영성 운동, 생태학적 지속 가능성의 비전 분야에 영감을 준 문화적 세력들과 제휴하고 있는 가장 발전된 학문 영역일 수 있지만, 자아초월심리학은 이러한 분야들 내에서 지명도가 거의 없다. 자아초월심리학 분야의 정체성을 더 세련되게 정립하기 위해 이 분야에 새로운 이름을 붙이는rebranding 과정이 필요할 수 있다. 이를 통해서 자아초월심리학의 도움으로 촉진되어 온 광대한 문화적 추세 속에서 이 분야가 좀 더 효과적이고 인정받는 참가자로서 공헌할 수 있게 될 것이다.

어떤 연구 영역의 속성과 정의 그 자체에 대한 의문이 제기되는 학문 분야는 거의 없다. 생물학은 살아 있는 유기체에 관한 연구이고, 문학은 더 깊은 연구의 가치가 있다고 여기는 작품에 관한 학문적 연구이다. 경제학, 법학, 공학, 천체 물리학 등 대부분의 경우에 어떤 분야의 이름은 그 분야의 내용에 관해서 이해하기 쉬운 개요를 제공해 준다. 상담심리학, 군대심리학, 실험심리학 등 심리학 내에서도 그 하위 분야들은 이름에 의해서 쉽게 구

1) A brand from the burning: 위난危難으로부터의 구원. 영국의 감리교회의 창시자인 John Wesley가 어릴 적 신의 뜻으로 구원받은 사건을 일컫는 데에서 유래된 말로, Wesley의 전기에서 같은 제목을 사용하였다.

분이 가능하다. 그러나 자아초월심리학은 쉽게 이해될 수 있는 이름이나 연구 영역으로 확립되는 호사를 누리지 못하고 있으며, 아직도 이 분야를 명확하고 논리 정연한 방식으로 정의하기 위해서 애쓰고 있는 실정이다.

이러한 상황이 발생된 이유는 자아초월 프로젝트(이 프로젝트의 한 부분이 자아초월심리학이다.)가 단순한 작업이 아니고, 심리학에 영성을 추가하는 작은 노력만으로 이루어질 수 있는 작업이 아니기 때문이다. 이는 인간으로서의 우리 자신과 세계를 재정의해 보려는 야심찬 노력이라 할 수 있다. 자아초월 프로젝트는 종교 전통의 고압적 태도나 과학의 객관적 시각에 의해 제한되지 않는 방식으로 우주를 이해하기 위한 목적에서 출발한 프로젝트인 것이다. 자아초월적 접근은 과학과 영성 모두가 존중받을 수 있는 새로운 비전을 찾고 있다. 이런 이유로 자아초월심리학 분야에 대해 만족스러운 정의를 하려면 그 주제 영역을 단순히 묘사하는 데에서 한 걸음 더 나아갈 필요가 있다. 변화된 비전을 전달하면서 그 안에서 주제 영역이 고려되어야 한다.

자아초월심리학 문헌에는 이 분야를 정의하고자 하는 많은 노력이 담겨 있는데, 그중에는 지난 20년 동안 보다 포괄적인 개요에 도달하려는 목적을 가지고 발표된 정의에 대해 검토하려는 몇몇 체계적인 노력이 포함된다(Hartelius, Caplan, & Rardin, 2007; Lajoie & Shapiro, 1992; Shapiro, Lee, & Gross, 2002). 그러나 이들 중 가장 자세하게 조사한 최신의 연구에서조차도 심리학의 다른 분야에 명명된 간결하고 명확한 정의를 만들어 내는 데에는 실패했다. 이 장에서 우리는 초기의 연구 결과에서 좀 더 핵심을 추출해 내서 자아초월심리학에 대해 간결하고 쉽게 이해할 수 있는 정의를 만들어야 할 필요성이 있다는 점을 논의할 것이다. 그리고 자아초월심리학의 특징을 묘사하는 세 가지 용어—**자기-확장**self-expansiveness**의 심리학, 전인적 인간**whole-person**의 심리학, 변용적**transformative **과정의 심리학**—뿐만 아니라, 이 용어들이 나타내는 측면을 자아초월심리학의 현재 위상과 연결하는 간결한 정의를 제시할 것이다.

앞에 나열한 이 분야의 특징에 덧붙여서 자아초월심리학이 일반적인 학문으로서의 타당성을 가진다는 점을 지지하는 긍정적인 증거가 제시될 것이다. 이 분야 내의 주요 학술지에 대한 분석에 근거해서 보면 경험적 연구와 양적 연구 방법을 좀 더 사용하고, 북미 지역을 넘어서는 다른 지역의 학문적 목소리들을 점점 더 많이 포함하며, 여성 학자의 출현이 증가하는 방향으로 나아가는 점진적인 경향성이 있음이 나타났다.

자아초월심리학 분야를 정의하기

자아초월심리학에 대한 첫 번째 공식적 정의는 1968년 Sutich에 의해서 발표되었고, 1969년부터 1983년까지 『자아초월심리학 학술지Journal of Transpersonal Psychology: JTP』에 발표된 다양한 연구에서 '연구 목적의 진술Statement of Purpose'을 위한 근거로서 반복적으로 인용되었다(Lajoie, Shapiro, & Roberts, 1991). 이 정의는 주로 인간이 가진 상위 단계의 욕구, 가치, 상태, 잠재력에 초점을 두었다. Lajoie와 Shapiro(1992)는 1968년에서 1991년 사이에 출간된 문헌에 나타난 자아초월심리학에 대한 40가지의 정의를 제시했다. 주제 분석에 근거하여 저자들은 자아초월심리학이 '인간성의 가장 높은 잠재력'과 '의식의 통합적 · 영적 · 초월적 상태들'(p. 91)을 연구했다고 제안했다. Shapiro(2002) 등은 1991년과 2002년 사이에 출간된 문헌에서 부가적으로 80가지의 정의를 제시했고, 가장 빈번하게 다루어진 주제는 자아초월과 영성에 관련된 것이라고 결론지었는데, 이는 10여 년 전 Lajoie와 Shapiro가 제시한 정의와 밀접하게 연결된다. 이들의 작업에 근거하여 자아초월심리학은 기본적으로 자아를 넘어서 의식의 더 높은 상태를 획득하려는 인간의 잠재력에 더 큰 관심을 가진다고 할 수 있다.

앞에서 말한 것 대부분을 포함하여 1968년부터 2003년까지 출간된 자아초월심리학의 160가지의 정의를 주의 깊게 재분석한 결과, 마음의 고양된 상태를 통한 자아초월에 초점을 맞추는 것은 이 분야에 대한 특징 설명에 제시된 세 가지 주제 중 하나에 불과하다는 사실을 발견했다(Hartelius et al., 2007). 이 연구에서는 자아초월심리학에 대한 정의들로 이루어진 전집corpus을 의미 단위로 나누고, 그 의미 단위들의 반복되는 연관성을 통해 발견된 관계의 패턴 안에서 주제들이 드러나도록 하는 분석 방법을 사용하였다. 이러한 발견은 정의들을 분석한 이전의 연구들보다 이 분야에 대해서 좀 더 넓은 이해를 나타내고 있는데, 이런 관점은 주요 학자들의 문헌으로부터 자아초월심리학 분야에 대한 포괄적인 윤곽을 잡아 보려 했던 1980년의 Boucouvalas의 노력과 일치하는 것으로 밝혀졌다.

Hartelius 등(2007)에 따르면, 연구된 정의들을 세 가지 주제로 분류할 수 있다. 그것은 **자아-너머의**beyond-ego**심리학**, **통합적**grative / **전체론적**holistic**심리학** 그리고 **변용**transformation**의 심리학**이다. 자아-너머의 심리학은 내용에 있어서 자아초월적인 경험에 초점을 둔다. 여기에는 신비주의의 다양한 형태, 초심리학 현상, 근사near-death체험,[2] 유체

---

2) 근사체험에 대해서는 이 책 제20장에서 다루고 있다.

이탈out-of-body과 같이 의도적인 수련이 요구되지 않는 경험에서 일어나는 것뿐만 아니라, 샤머니즘이나 명상과 같이 의도적인 수련에서 기인하는 인간의 예외적인 경험이 포함된다. 이들은 초월, 절정, 합일과 같은 다양한 경험으로 이끌 수도 있고, 자비와 이타주의 같이 자아-너머의 것으로 보일 수 있는 여러 단계 또는 자질로 이끌 수도 있다. 이 후자의 것들은 인간 잠재력의 최적의 발달 수준과 연관되는데, 여기에는 상위 의식, 발달된 자아 성숙도, 그러한 잠재력을 반영하는 숭고한 가치, 의미, 목적 등이 포함된다. 자아초월심리학의 시작 단계에서는 이러한 자아-너머의 측면이 이 분야의 지배적인 초점이 된다. 『JTP』(1969~1973; n=40)의 초기의 다섯 권의 논문에 대한 주제 분석은 이 주제와 관련된 요소들을 100% 포함했다는 것을 보여 준다. 몇십 년 후(1999~2003; n=46)에도 『JTP』의 논문 중 93%에서 여전히 자아-너머의 주제를 포함하고 있다.

자아초월심리학은 통합적/전체론적 추구로서 자아뿐 아니라 더 큰 맥락에서 정신 현상을 면밀히 조사한다. 여기에는 전체로서 살아 있는 신체, 치료적 관계, 사회적 및 생태적 상황 또는 인간보다 더 큰 존재의 모체matrix와 같은 것들이 포함된다(Hartelius, 2007). 자아초월심리학은 전체론적·다문화적·통합적·총체적 접근을 통해서 더 넓은 맥락을 포괄하는 심리학이다. 이 주제는 초기 몇 년(1969~1973) 동안 『JTP』의 단지 25%의 논문에서만 나타났지만, 1999년에서 2003년 사이에 출간된 논문들 중에서는 78%나 되는 비율을 차지했다. 『JTP』에 실린 논문들 내에서 이런 주제가 의미 있게 더 자주 나타났다는 점은 자아초월 분야가 성숙해짐에 따라 자아초월심리학을 이런 방식으로 정의하고 사용하는 경향이 보편화되었다는 사실을 말해 준다.

자아초월심리학은 변용에 대한 심리학으로서 전통적인 성적 성숙과 인지적 성숙을 넘어서는 심리영적인 발달, 자기실현 그리고 기타 변용적인 성장의 형태에 대해 연구한다(Hartelius, 2007). 여기서 자아초월은 자아 너머의 심리학에 포함된 내용이나 전인적 심리학의 확장된 맥락뿐 아니라, 더 큰 잠재력을 향해서 인간 발달을 촉진하는 힘 또는 촉매라는 의미를 담고 있다. 여기에 더하여 자아초월심리학은 이 분야의 발견들이 윤리적인 사고와 행동, 자비로운 사회적 행동, 인류에 대한 봉사 등의 측면에 어떻게 적용될 수 있는지 또는 심리학, 교육, 사업과 같은 영역에서의 변용에 어떻게 적용될 수 있는지에 대해서 고려한다. 이러한 주제는 1969년에서 1973년 사이에 『JTP』에 실린 논문들의 28%에서만 나타났으나 1999년부터 2003년 동안에는 74%의 논문들에서 나타났다.

이 세 가지의 주제는 160가지의 정의들(n=1395)에서 확인된 전체 의미 단위들의 91%를 대표하고, 자아초월심리학의 주제 영역과 관련된 의미 단위들의 100%를 대표하는 것으로 드러났다(Hartelius, 2007; n=1270). 이러한 분석에 근거하여 Hartelius와 동료들은 이 분야에 대해 다음과 같은 정의를 제안했다.

> 자아초월심리학은, ① 자아를 넘어서는 현상을 연구하는 심리학의 접근 방법으로서, ② 통합적/전체론적 심리학의 맥락에서, ③ 인간의 변용을 이해하고 육성하기 위한 체계를 제공한다(p. 145).

아마도 그 시점까지 자아초월심리학 분야의 가장 간결하고 포괄적이며 경험적으로 근거가 있는 정의로서 이러한 노력은 자아초월심리학이 자신을 정의할 수 없는 이유로 인해 죽은 학문이라고 주장했던 비평가들에 대해 이 분야가 실제로 일관성 있는 학문 분야임을 증명하려는 시도라고 할 수 있다(예를 들면, Wilber, 2000).

비록 그러한 점을 알린 앞의 정의와 분석은 자아초월심리학의 정체성을 좀 더 개선하는 데 있어서 한 걸음 더 진보한 것처럼 보일 수도 있지만, 그 결과는 심리학의 기타 하위 부문들에서 표현될 수 있는 더 명료한 정의들과 비교해 볼 때 여전히 다루기 어렵고 모호하다(예를 들면, 교육심리학 또는 종교심리학 등과 비교해 볼 때). 물론 이 학문들 또한 주요한 비일관성과 부조화를 지니고 있긴 하지만, 그러한 하위 학문들의 일반적인 요지는 대부분의 사람에게 자아초월심리학보다는 덜 혼란스러운 것처럼 보인다. 세 가지의 분리된 측면(각각은 그 자신의 측면에 대한 설명이 또한 필요하다.)의 용어로 이 분야를 나타낸다고 해서 자아초월심리학에 대해 쉽게 손에 잡히는 이해를 제공할 수 있게 되는 것은 아니다. 효율적으로 설명하려면 자아초월심리학의 비전을 구성하는 보다 핵심적인 요소들을 포착해야 하고, 세 가지의 주제는 단순하고 명료한 언어로 표현된 구성 요소를 통해 이해될 수 있다.

자아초월심리학의 새로운 브랜딩

브랜딩branding이란 대중의 마음에서 어떤 상품을 정의하고 구별할 수 있는 이름을 만들어 내는 과정이고, **브랜드 가치**(여기서는 브랜드brand라고 언급한다.)란 그 상품을 발전시키는 명성이다(Clifton et al., 2009). 브랜드를 확립한다는 것은 특정 상품에 대한 인식을 생성해 내는 것뿐만 아니라, 그 상품과 사람들의 삶과의 관련성을 증명할 수 있으며 그들의 개인적 가치와 열망에 공명할 수 있는 용어들로 그 상품을 표현해 내는 것을 포함한다(Bedbury & Fenichell, 2002). 브랜딩이란 학문적 기획보다는 상업적 기획과 더 흔하게 연관되어 있지만, 그것은 또한 성공적인 학문 분야의 한 측면으로 인식된다(Moore, 2010).

예를 들면, 고古인류학paleoanthropology이라는 브랜드는—한때 이 학문은 선사시대의 인간에 대한 연구라는 다소 모호한 부문이었다—Jean M. Auel이 쓴 인기 소설 때문에 엄청난 혜택을 받았다(Ruddick, 2009). 비록 사실에 비춰 볼 때 부적절하다고 몇몇 사람에게 비판받고(Fagan, 1987), 로맨티스트라고 묘사되거나(Stableford, 1995), 논란의 소지가 많은 사실의 확장(Ruddick, 2009)이라고 묘사되기도 했지만, Auel은 고인류학의 과학적 발견들을 현대 독자들—특히 소설의 주요 독자층인 여성들—이 공감할 수 있는 선사시대의 이야기로 각색해 냄으로써 선사시대의 소설이라는 장르를 변형시키는 데 성공했다. 이러한 방식으로 Auel은 그 분야의 '**브랜드 타당성**brand relevance과 **브랜드 공명성**brand resonance'을 증가시켰다(Bedbury & Fenichell, 2002, p. 3). 그녀의 책은 4천 5백만 부가 넘게 출간되었고(Collett-White, 2011), Auel은 분명히 서양 문화의 많은 부분에서 고인류학이라는 학문이 광범위하게 더 잘 드러날 수 있고 이해될 수 있도록 만들었다.

이와는 대조적으로, 자아초월심리학은 브랜딩이라는 도전에 직면하고 있는 분야의 한 예라 할 수 있다. 이 분야의 접근법은 비과학적이고(Kurtz, 1991; Shermer, 2002), 반과학적이고, 비현실적이며, 반사회적이고, 권위주의적이며, 절대론적이고, 독단적이고, 위험한 것이며(Ellis, 1986, 1989), 심리학적으로 부적절하며(Ellis & Yeager, 1989; May, 1986), 그 자체를 적절하게 정의할 수 없거나(Wilber, 1989) 그 방법론을 적절하게 정의할 수 없다(Friedman, 2002)는 등등의 이유로 비판받아 왔다. 이런 비판들 중 많은 부분은 격렬한 반응들을 이끌어 냈지만(Cunningham, 2007; Hartelius et al., 2007; Wilber, 1989), 이 분야의 지지자들이 믿는 것처럼 깊은 중요성을 지니고 있다는 점을 더 폭넓은 대중들에게 전달하는 데 있어서 자아초월심리학이 그다지 성공적이지 못했다는 것은 분명하다.

비록 자아초월심리학을 이 분야의 모든 학자가 충분히 만족할 만한 간결한 구절로 이루어진 정의로 정확하게 요약하는 것은 불가능할지도 모르지만, 이 장에서는 세 가지의 간결한 특징에 대해 조사해 볼 것이다. 첫 번째는 이 분야를 자기-확장의 심리학으로 정의하고, 두 번째는 인간 존재에 대한 변용적 · 전인적 접근으로, 세 번째는 변용적인 과정의 심리학으로 정의한다. 정의는 그 특성상 선택적이고 축약적일 수밖에 없는데, 이 세 정의는 학문 공동체와 더 넓은 사회 모두에서 이 분야의 브랜딩에 기여할 수 있는 하나의 정의에 점차 접근해 가기 위해 제시한 것이다. 또한 이 세 정의는 그것들 모두를 표현할 수 있는 간결한 정의에 대한 논의를 위한 예비적인 시도라고 할 수 있다.

자기-확장의 심리학

인본주의 심리학은 1950년대에 그 당시 우세했던 행동주의적 접근과 정신분석적 접근에 대한 반작용으로 나타났는데, 이러한 접근들은 인간 정신에 대해 제한적이며 질병 중심적인 관점—건강, 성장, 인간 잠재력, 공감, 내적 의미, 목적, 경험 등을 배제시킨 관점—을 제공한다는 비판에 근거한 것이다(Jourard, 1966; Rogers, 1963a). 외부에서 관찰할 수 있는 행동 또는 무의식적 수준에서 일어나는 충동은 현재-순간의 삶을 통해서 스스로를 창조하는 전인적 인간과 관련될 때에만 의미를 갖는다. 자아초월심리학은 여기에 더하여 전인적 인간은 자기의 개인적 경계를 넘어서는 가치, 비전 그리고 경험과 같은 더 많은 것을 포함한다고 주장했다(Maslow, 1968, 1969).

초기에는 자아초월심리학이 주로 "인간 본성의 더 넓은 확장farther reaches of human nature"(Maslow, 1969, p. 1)의 심리학으로서 기능했는데, 이는 개인적 자아를 넘어서는 자기의 측면들과 관련되는 의식 상태, 발달 단계, 수련, 열망 등으로 이해되었다(Hartelius et al., 2007). Friedman(1981, 1983, 이 책에서)이 제시하는 자기-확장self-expansiveness의 개념은 비록 자아초월심리학 분야의 이러한 전통적 이해에 근거하고 있지만, 또한 통합적/전체론적 기획으로서, 그리고 변용의 심리학으로서 자아초월심리학을 틀 지우는 정의에도 적합할 수 있다(Hartelius et al., 2007). 이 분야를 자기-확장의 심리학으로 간주해 보면, 다음과 같다.

> 자아초월심리학은 현재의 지금-여기에 묶인 고립된 개인으로서만 자기를 이해하는 것이 아니라, 타인, 자연 또는 모든 시공간을 포함하여 확장할 수 있으며, 세상의 더 큰 측면을 구현할 수 있는 자기를 연구한다. 이렇게 변화된 경계는 비일상적 의식 상태로 반영될 수 있다.

이러한 관점에서 영적·신비적·초월적 경험의 특징을 갖는 변성의식 상태altered states of consciousness는 망상적 왜곡이 아니라, 전통적인 자기의 한계를 넘어서 확장된 자기와 관련된 지각과 경험으로 이해할 수 있다.[1] 즉, 나와 나 아닌 것 사이의 경계는 시간적으로는 앞뒤로, 공간적으로는 안과 밖으로 변화된다. 이러한 변화된 상태에서 신비주의자나 열망하는 자aspirant는 일상적인 자기의 감각으로 보는 세상과는 다른—때로는 황홀할 정도로, 또는 무서울 정도로 다르게—세상을 파악하게 된다. 이러한 적용은 명백하게 초기 자아초월심리학의 관점과 주제 영역을 나타내는데, 인습적인 자아경계를 넘어서는 자기의 역량을 연구하는 것으로 자아초월심리학을 이해했다.

Friedman에 따르면(이 책에서), 자기에 대한 이런 관점은 다음과 같은 James(1890)의 통찰에 근거한다. 개인을 정의하는 데 사용되는 경계는 잠재적으로 모든 것을 포괄하는 자기all-encompassing Self 위에 놓인 임의적인 한계일 뿐이다. 자기가 인습적인 경계를 넘어서 확장될 수 있다는 관념은 자기가 사회와 세계에 관계적으로 상호 연결되어 있다는 사실을 함의한다. 확장된 자기의 경험은 자기와 타인 그리고/또는 세계가 이런 방식으로 상호 연결되어 있다는 감각을 종종 불러일으킨다. 이것은 정확하게 통합적/전체론적 접근으로 정의되는 자아초월심리학의 영역이다—Hartelius 등(2007)에 의해 기술된 세 가지의 주요한 정의 중 두 번째 주제이다.

일상적인 자기의 감각을 넘어서 확장하는 이런 경험은 그 신기함(의심할 바 없이 이러한 느낌은 일어나지만) 때문이라기보다는 그 경험이 가져다주는 "치유적이고 발견적인 잠재력"(Grof, 2003, p. 52)—세상에서의 의미, 목적, 소속감을 촉진시키는 능력—때문에 추구된다. 그러므로 자기-확장의 심리학은 이러한 경험뿐 아니라 변용적인 능력과도 연관된다. 이것은 자아초월심리학을 정의하는 세 번째 주요 방식의 핵심이다(Hartelius et al., 2007). 자기-확장 개념은 자기 개념이나 정체성이 좀 더 확장될 수 있는 역량을 묘사하지만, 변용을 설명할 수 있는 역동적인 원리를 명시적으로 포함하지는 않는다. 그러나 자기-확장 개념은 적절한 성숙과 개인적 통합이 동반된다면 자기의 감각의 더 많은 확장이 바람직하다는 점을 함축하고 있다.

자기-확장 개념은 변용적인 과정을 충분히 반영하지는 못하지만, 과학적 측정이 가능하다는 장점을 가지고 있다. 이 책에서 Friedman은 자기-확장이 자아초월심리학의 핵심 개념을 정의하는 것 이상의 역할을 할 수 있다고 제안했다. 그는 심리치료의 여러 접근법이 서로 다른 자기-확장의 수준에서 운용된다는 관점에서 볼 때, 다양한 심리치료 간의 관계를 이해하는 방법으로 자기-확장이 사용될 수 있다고 주장했다. 예를 들면, 인지행동치료는 자아초월 또는 융의 심리치료보다 더 낮은 자기-확장의 수준에서 기능하는 것으로 볼 수 있다.

전인적 인간의 심리학/다-학제적인 학문의 지향

자기가 인습적인 경계를 넘어서 확장이 가능하다면, 그리고 자아초월심리학이 일상적인 자기의 경험을 넘어서는 그러한 측면을 연구한다면, 이것은 단지 몸과 마음을 포함할 뿐만 아니라 세상 안에서의 관계와 위치성situatedness을 포함한다는 의미에서 전인적 인간을 이해할 필요가 있다는 점을 시사한다. 이 분야의 저자들 중 한 명인 Paul Roy는 가장 큰 자아초월 교육기관(이전에 자아초월심리학 연구소Institute of Transpersonal Psychology였던 소피아Sofia 대학)에서 여러 해 동안 지도자로 역할을 해 왔다. 그 분야에 몰두했던 많은 시간 동안 그는 통합적/전체론적 주제뿐 아니라 다른 차원들도 포괄하면서 자아초월심리학의 정의를 정교화하는 작업을 해 왔다. 그의 정의는 다음과 같다.

> 자아초월 연구는 인간 삶의 사회적 · 공동체적 차원뿐만 아니라 영적 · 초월적 차원까지 우리가 살고 있는 지구 생태계 맥락 안에 있는 모든 것을 포함하는 인간 존재와 인간 경험에 대해 연구하는 전인적이고 변용적인 접근이다.

이 정의는 자아초월심리학이 아니라, 심리학보다 더 넓은 접근으로서의 자아초월 연구에 대한 것이라고 볼 수 있다. 즉, 이것은 상호 연결된 세상의 맥락에서 인간의 삶을 연구하는 전체론적 관점이다. 만약 전인적인 심리학을 연구하고자 한다면, 정신이라는 것이 몸, 공동체, 환경과 분리되어 기능하는 별개의 것이 아니라 상호 연결된 전체의 한 측면일 뿐이라는 점이 곧 분명해진다(Hartelius, 2006)—이 전체의 측면 중 어떤 하나라도 이해하기 위해서는 반드시 전체가 관여되어야만 한다. 자아초월은 그래서 필연적으로 심리학 이상의 것이다. 그것은 또한 다학제적인 학문적 지향orientation(Boucouvalas, 1999)이어야 한다—이는 자아초월 연구로 일컫는 지향이다(Wilber, 1995a; Friedman, 2002).

학제 간 연구를 강조하는 이 분야의 특성은 Boucouvalas(1980)가 이 분야의 초기 연구들을 정리한 작업에서 확인한 바 있다. 그 당시에 자아초월인류학이 이미 존재했고(Schwartz, 2000), 자아초월 접근이 또한 다른 학문 영역에도 적용될 수 있다는 점이 분명해졌다. 예를 들면, 사회학(Walsh, 1993), 사회 참여(Rothberg & Coder, 이 책에서), 교육(Rowe & Braud, 이 책에서), 의학(Lawlis, 이 책에서), 경영(Schott, 1992), 법학(Scoglio, 1998), 예술(Herman, 이 책에서), 문학(Kalaidjian, 1991), 철학(Hartelius & Ferrer, 이 책에서; Wilber, 1995a), 생태학(Fox, 1990) 등이 있다. 여기에 덧붙여서 심리학 분야에 좀 더 밀접하게 관련된 연구 영역들도 있다. 그것은 살아 있는 신체를 연구하는 신체심리학somatic psychology(Johnson 참조, 이 책에서), 개인적 정신이 자연과 상호 연관되어 있는 방식을 연구하는 생태심리학(Davis & Canty 참조, 이 책에서), 그리고 문화심리학(Brooks, Ford, & Huffman, 이 책에서)이다.

전인적 · 변용적 접근은 광범위한 각도의 렌즈를 제공함으로써 일상적인 자기감을 넘어 확장하는 경험과 이러한 경험의 변용적인 잠재력을 포함할 수 있게 하며, 자아초월심리학을 정의하는 데 사용되는 다른 주요 주제들을 설명할 수 있게 한다. 비록 자아초월적 접근의 범위가 너무 넓긴 하지만, 거대grand이론(Wilber, 1995b, 1996, 1998)의 범위는 이론적 맥락에 포함된 각 측면의 이해에 대한 요구(Hartelius & Ferrer, 이 책에서), 그리고 중간범위 이론mid-range theory의 개발에 대한 요구(Friedman, 이 책에서)로 인해 조절되어 왔다. 후반부에 제시되긴 하겠지만, 이 분야에서 실험적 작업에 대한 강조가 점차 증가하고 있는 것으로 보인다. 이것은 자아초월 지향의 발전에 작용하고 있는 두 가지 역동이 있다는 점을 시사한다. 그것은 확장된 탐구의 범위와 특정 탐구에 대한 더 초점화된 접근이다.

변용적 과정의 심리학

과정으로서의 변용은 이 분야에서 초기에 고려되었던 변용의 상태나 단계와는 명확히 구분되며, 한 발달 단계에서 또 다른 단계로 나아가는 단순한 진보 이상의 것을 함축하고 있다. 과정으로서의 변용을 제기한 초기의 연구자는 Vaughan(1979)이었다. 그녀는 자아초월심리치료가 내용, 맥락, 과정으로 구성되어 있다고 제안했다. 내용은 자아와 성격의 일상적 한계를 넘어서는 내담자의 경험을 나타내고, 맥락은 치료자의 가치, 신념, 의도에 의해 표현된다. 과정은 고정된 풍경 내에서 한 단계에서 다른 단계로 움직이는 것뿐 아니라, 그러한 움직임에 관여하는 자기의 변화로 구성된다. 이 여정의 초기에 자기는 자신을 둘러싼 환경에 대한 힘을 획득하려고 노력하는데, 왜냐하면 자기는 스스로를 세계와 구분되는 것으로 이해하기 때문이다. 나중에는 매우 다른 종류의 자기가 '자신이 상호 조건화된 관계의 그물로서 존재하며, 개인은 존재의 모든 것과 절대적으로 연결되어 있다는 사실'(Vaughan, 1979, p. 106)을 깨닫게 된다.

변용적 과정은 단순히 어느 한 장소 또는 단계에서 다른 곳으로의 움직임만 일어나는 것이 아니라, 그 움직임의 일부로서 풍경, 목적지 그리고 여행자의 변화가 일어나는 여정이다. 여기에 대해 다음과 같이 말할 수 있다.

> 변용적 과정의 심리학으로서의 자아초월은 개인적 마음, 인간 공동체 그리고 우주 자체를 창조적인 자기표현과 자기창조에 끊임없이 참여하고 있는 상호 연결된 살아 있는 시스템으로 이해한다.

변용적 과정은 최상의 인간 잠재력(Vaughan, 1982)을 추구하는 심리학적인 자기실현(Maslow, 1943, 1958)뿐만 아니라, 의미 있는 목표(비록 그러한 목표가 그 과정 자체로부터 구분되지 않을 수도 있지만)를 향해 목적 지향적으로 진화 중인 살아 있는 과정(Neville,

2007)으로서 세계를 이해하려는 철학과 우주론을 환기시키는 용어이다. 심리학에서 이러한 종류의 변용적 과정은 개성화(Jung, 1939, 1969), 정신통합(Assagioli, 1965), 형성 경향성(Rogers, 1978, 1980), 실현 경향성(Rogers, 1963b), 오토포이에시스autopoiesis(Maturana & Varela, 1980), 홀로트로픽holotropic(Grof, 1998, 2003), 의식의 진화(Combs, 1995; Wilber, 1979) 등의 용어로 불렸다. 그러나 이런 원리들은 종종 심리학적일 뿐만 아니라 우주론적이라고 간주되어 왔다. Rogers(1978)는 형성 경향성을 개인도 함께 참여하고 있는 우주의 특성이라고 가정했다. Maturana와 Varela(1980)는 오토포이에시스를 모든 살아 있는 시스템의 특징으로 보았다. Wilber(1979)와 Combs(1995)는 의식의 개인적 진화 과정이 우주를 추동하는 충동의 소우주적 반영이라고 이해했다. 철학에서 이것은 되어 감의 지속적인 과정ongoing process of becoming으로서 우주를 상상하는 과정철학자들의 영역이다(Ferrer, 2008; Gendlin, 1997; Whitehead, 1979). 개인은 더 큰 변용적 과정의 참가자로 이해된다.

과정철학의 관점은 서양의 철학적 유산과는 근본적으로 다른데, 왜냐하면 실재가 개별의 물질로 만들어지지 않고 변화의 과정으로 만들어졌다는 점을 사실로 상정하기 때문이다(Whitehead, 1979). '물체들things'은 더 큰 안정성을 지닌 임시적 상태에 있는 과정이다. 내가 오늘 아침에 먹은 스크램블 에그는 어제의 스크램블 에그가 아니고, 일단 먹었으면 더 이상 스크램블 에그도 아니고, 설사 먹지 않았다 해도 똑같은 스크램블 에그로 남아 있지 않을 것이다.

비록 이렇게 불안정한 상태는 어떤 확실성도 허락하지 않을지 모르지만, 과정 그 자체는 신뢰할 수 있다(Gendlin, 2006). 이러한 관점은 아드바이타 베단타Advaita Vedanta[3]에서 이야기하는 창조된 현실의 본질은 환상이라는 가르침과 공통점이 많다(Whitfield, 2009). 이 비이원론 힌두학파는 진흙으로 빚은 도자기에 관해 전통적으로 내려오는 이야기를 전해주는데, 그 도자기는 과거에는 형태가 없는 진흙이었을 뿐이고 미래에는 그저 파편 조각들이 될 뿐이라는 내용이 담겨 있다. 그러므로 진흙 도자기라고 하는 어떤 지속적인 '것thing'이 존재한다는 관념은 환상이다. 이 전통에 따르면, 이런 형태와 영속적인 변형의 궁극적인 신성한 근원은 오직 신뢰할 수 있는 브라만일 뿐이다. 신성한 궁극을 향한 역사적인 영적 진화에 관점을 가졌던 Aurobindo(1990)와는 다르게, 아드바이타 베단타학파는 변화의 과정에 영적인 의미가 있다고 보지 않았다는 점은 유의해야 한다.

3) 아드바이타: 산스크리트어로 불이론, 비이원론을 뜻하며, '아드바이타 베단타학파'라고도 부른다. 7세기 인도 철학자 가우다파다가 설립하여 8세기경 샹카라가 체계화했다. 이원론이란 없으며, 비이원론만이 궁극적인 진리라는 이론 체계를 가졌다. 또 우주적 원리로서 절대자(브라만)와 개인적 원리로서의 자아(아트만)가 둘이 아니라 동일한 하나의 존재라는 범아일여 사상을 강조했다(역주).

이러한 점을 고려한다면 자아 너머의 심리학으로서 이 분야가 연구해 온 예외적 인간 경험은 **변용적 과정의 표지**markers of transformative process로 이해될 수 있다. 그러한 현상들이 단지 이상한 것이 아니라 인간성의 계발되지 않은 잠재력의 증표로 인정될 때 의미와 중요성을 얻을 수 있다. 이러한 범주의 인간 경험에 대해 일반적으로 묵살해 버리는 이유는 많은 주류 심리학 내에 변용적 과정에 대한 개념이 결여되어 있기 때문이다. 다른 말로 하면, 변용적 과정은 자아 너머의 심리학으로서의 자아초월과 일치할 뿐만 아니라 자아 너머 현상의 중요성을 높이는 핵심적 맥락을 제공한다.

이와 같이 자아초월심리학은 통합적/전체론적 심리학으로 볼 수 있는데, 왜냐하면 인간의 마음은 몸과 공동체 그리고 세계라는 천들이 서로 얽혀서 짜여진 것이라고 이해하기 때문이다. 이 네 가지 모두는 **변용적 과정의 모체**matrix of transformative process 내에서 불가분하게 연결되어 있다. 다른 말로 하자면, 우주는 광활하고 외로운 공간 내에서 단지 법칙을 따르는 생명 없는 입자들로 만들어진 것이 아니라, 관계의 지속적인 활동 속에서 상호 연결된 살아 있는 시스템이다. Berry(1996)는 "우주는 객체들의 집합이라기보다는 주체들의 교감이다."라고 말했다. 마음과 자연은 분리된 것이 아니라(Bateson, 1979), 서로 다른 측면들이 얽혀 있는 자기조직화 과정이며(Maturana & Varela, 1980; Whitehead, 1979), 각각은 다른 것 안에 내포되어 있다(Gendlin, 1997). 마음이 상호 연결된 과정의 **모체**matrix로서의 실재의 맥락 안에 있다고 보기 때문에 전체론적인 접근은 자아초월심리학의 핵심적인 요소가 된다. 실재는 **변용적인** 과정으로 이해되기 때문에 자아초월심리학은 동양적 · 서양적 · 토착적 · 신비적 · 과학적 통찰을 넓고 포괄적이며 효과적인 인간심리학으로 통합하려고 애쓰면서 세계의 위대한 영적 전통들과의 관계 안에서 자신을 이해한다.

세 번째로, 자아초월심리학은 변용의 심리학으로서 이해될 수 있는데, 이는 **변용적 과정의 참가자**로서 인간을 연구하는 심리학이다. 만약 세계가 상호 연결되어 있으며 진화하고 있는 전체라면, 개인은 그러한 과정 속에 있는 권능을 부여받은 행위자이다—개인은 자비, 분별력, 차이의 인정과 같은 상위의 인간 가치와 열망에 따라서 개인적 · 대인관계적 · 사회적 변화를 주의 깊게 조성해 내려고 노력하는 능력을 가지고 있다(Institute of Transpersonal Psychology, 2011).

변용적 과정의 이 세 측면을 더 잘 묘사하기 위해 자아초월 이론 내에 그것들을 위치시키는 것이 도움이 될 수 있다. Grof(2003)는 자신이 **홀로트로픽 상태**라고 부른 치유와 개인적 변용을 증진시키는 비일상적 상태를 확인해 왔다. 그러한 상태는 서양과 비서양 문화 모두에서 문헌으로 기록되어 온 수행(Hunt, 2010)과 유사한 기능을 할 뿐 아니라, 인간 사회를 더 큰 진화적 힘과 제휴시키는 데(Grof, 2000) 도움이 될 수 있다. 홀로트로픽 상태는 다양한 문화와 전통에서 알려진 영적인 또는 신비적인 상태와 동일시되어 왔고, 직관, 초감각적 지각, 창조적 영감의 배양, 타인, 자연 그리고 인간 존재 이상의 것들과 교감하는 경험, 때로는 통찰이나 심리 정서적 치유와 결부되어 있다(Grof, 2003). 홀로트로픽 상태의 역동은 자기-확장의 특징을 띤다—즉, 자기가 더 큰 확장된 실재와 동일시함에 따라 자아는 약화된다(Friedman, 1981, 1983). 홀로트로픽 상태는 변용적 과정의 표지로 쓰일 수 있는 본보기이다. 그 상태는 Tart(1975, 2008)가 제안한 것처럼, 일상적인 마음의 상태에서는 불가능한 가치 있고 상태 특정적인 지식state-specific knowledge을 생성해 낼 수 있는 변성의식 상태와 비교할 만하다.

Ferrer(2002, 2008)는 영적인 경험과 발달에 대한 연구를 **참여철학**participatory philosophy 내에 위치시킬 것을 주장해 왔다. 참여철학에서—정의에 의하면, 어떤 유일한 권위적인 authoritative 참여적 관점participatory view이란 있을 수 없다—실재는 계속 변화하며 자기변용적인 관계적 과정의 모체self-transforming matrix of relational process라고 본다. 이렇게 상호 연결된 움직임 내에서 전일성wholeness과 영적 완성을 향해서 여행하고 있는 모든 개인과 공동체는 그들 자신의 독특한 위치에서 여정에 참여하고 있는 것이다. 그들의 경로는 미리 정의된 어떤 영적 조망 속에서 항해하는 과정이라기보다는 삶의 더 큰 실재들과 계속 진행되는 관계를 맺으면서 나아가는 교섭의 과정이다. 타인 그리고 다른 전통과의 대화는 여기에 새로운 관점을 덧붙일 수 있지만, 거기서 어떤 일반론을 이끌어 낼 수 있을지라도 그것은 그저 가볍게 다루어져야 할 것이다. 왜냐하면 그것은 영구적인 구조를 가지지 않으면서 역동적이고 계속 진화하는 상호 주관적 과정에서 유추한 추상적 개념일 뿐이기 때문이다.

Aurobindo(1990), Gebser(1972, 1949/1986), Wilber(Combs, 1995, 이 책에서)는 개인과 사회가 자신을 신성한 궁극으로 이끄는 진화적 힘의 손아귀 안에 있다고 이해했다. **의식의 변용**은 단지 발달적인 성숙만이 아니라, 더 높은 힘의 영향 아래에 있게 됨에 따라서 참여하는 주체(개인적 또는 집단적)의 정체성 자체가 근본적으로 재조직되는 과정이다. 이러한 학자들의 관점으로 보면, 여러 전통은 그 외부 형태에 있어서 다양하게 보일지 모르지만 그 조직화 패턴의 전개 과정은 불변이며, 단일한 신성을 향한 진화적 영적 경로는 매우 명료하다(Schuon, 1953/1984).

Washburn(1995)의 모델에서 자아는 그가 '역동적 기반dynamic ground'이라고 부른 정신의 창조적 근원에서 출현한다. 변용의 여정에는 역동적 기반에서 개성화를 위해서 자아가 나아갈 때 외부를 향한 여정과 어느 정도의 통합을 성취했을 때 그 근원과의 밀접한 관계 속으로 되돌아오는 여정이 포함된다. Washburn이 자신을 위치시킨 영역인 정신역동 이론은 외부로의 여정을 묘사했다. Washburn에게 있어서 영적 전통들은 역동적 기반과의 깊게 변화된 관계로 돌아가는 과정을 통한 갱신renewal을 가르치고 배양한다. 그는 개인적 변용의 과정이란 개인을 탄생시키고 유지시키는 역동적 모체와 진화하는 관계를 맺는 것으로 정의했다.

이러한 이론적 접근 각각은 다양한 방식으로 변용적 과정의 서로 다른 측면들을 반영한다. 어떤 접근은 **변용**의 과정을 강조하고, 다른 접근은 변용의 맥락과 본질로서의 **과정**을 좀 더 명료하게 반영한다. Wilber와 Aurobindo의 접근은 변용을 발달이 축적되어 가는 **상승적인** 진화 과정ascending process of evolution으로 바라보았다. Grof와 Washburn의 다른 접근은 성장의 초기 단계에서 상실했던 자기의 측면을 회복하기 위해 회귀하는 **하강**descending의 과정으로 변용을 가정해 왔다(Daniels, 2005). 그들의 공통점은 인간을 상호 의존적이고 진화하는 세계 속에서 진화하는 주체로 바라보았다는 점이다.

자아초월심리학은 인본주의 심리학과 함께 개인을 가장 단순한 행동, 가장 기본적인 동기, 가장 물질적인 구조, 목적 없는 물리적 황무지에 존재하는 생물 기계로 환원시키는 심리학에 대한 반작용으로 나타났다. 이와는 대조적으로 자아초월적 접근은 상호 연결된 전체에 인간이 참여하고 있다는 증거로서 특정한 비일상적 상태가 있다고 보는데, 이 전체는 보이지는 않지만 때때로 깊이 느낄 수 있는 궁극의 지점을 향하여 목적 지향적으로 진화하고 있다. 과학의 언어로 표현되었거나 영성의 언어로 표현되었거나 간에 삶을 절실한 의미로 채워 주는 것은 바로 이러한 진화 과정의 현존을 지각하는 것이다. 그렇게 되면 심리치료와 같은 치유적 중재는 전일성을 향한 개인적 열망을 더 큰 진화적 흐름에 맞추는 데 초점을 두게 된다.

자아초월심리학 분야를 리브랜딩하기

자아초월심리학 분야에 대한 이 세 가지의 특징은 자아초월심리학에 대한 그간의 정의들 내에서 발견된 주제들의 서로 다른 측면을 반영하고 강조하고 있으며, 더 폭넓은 대중에게 좀 더 명료하고 호소력 있게 이 분야를 제시하는 데 도움이 될 수 있다. 게다가 이 분야에 대한 더 나은 기술descriptions은 이 분야와 관련 있는 대중적 운동들과 다리를 놓을 수 있는 간결한 정의definition를 위한 기반이 될 수 있다. 그러한 정의를 고려하기 전에 여기서 제시된 특징 각각은 고유의 특별한 장점을 가지고 있다는 점을 주목해야 한다.

예를 들면, 자아초월을 자기-확장의 심리학으로 정의하는 것은(그 또한 관련된 설명이 필요하겠지만) 실무 분야뿐만 아니라 과학적으로 접근 가능한 방법이 될 수 있다는 장점을 지닌다. 이 정의는 이 분야의 고유한 주제 영역이 무엇인가를 강조하며, 이는 주류 학문에서 자신을 정의하는 방식과 유사하다. 신체를 포함한 자기 개념의 확장은 대안적 건강 분야와 잘 맞는다. 자연 세계와의 확장된 동일시는 건강한 환경적 가치들을 증진시키고(Hoot & Friedman, 2011), 우주 전체를 포함하는 자기감의 확장은 현대 영성 운동의 비전과 일치한다.

전인적 · 변용적 접근으로 자아초월을 묘사하게 되면 자아초월심리학의 독특한 비전과 가치를 간단하면서 효과적인 방식으로 전달할 수 있게 된다. 게다가 이 정의는 개인이 공동체와 상호 연결되어 있고 서로 어우러져 세상을 구성하게 된다는 사실을 말해 준다. 이는 자연스럽게 자아초월 연구의 더 큰 학문적 지향성을 시사하며, 심리학을 넘어선 많은 주제에 대한 전체론적 시각을 보여 준다. 전인적 인간에 대한 관심은 균형 잡힌 삶을 촉진시키는 개인 성장 산업과 잘 어울린다. 그것은 또한 전인적 인간을 다루고자 하는 대안적 건강 분야와 일치한다. 전인적 변용은 영성에 대한 대중적 관념들과 조화를 이룰 수 있으며, 개인이 세상과 긴밀한 연결 속에 있다는 점을 고려하는 것은 생태학적 지속 가능성ecological sustainability을 증진시킬 수 있다.

자아초월을 변용적 과정의 심리학으로 간주하는 것은 자기실현과 인류에 대한 자비로운 봉사를 촉진시키는 개인적 · 사회적 변용에 대한 관심을 강조한다. 이것은 또한 근대적 · 탈근대적 사고를 넘어서 과정에 근거한 모델과 과학을 추구하는 새로운 철학과 방향을 같이한다. 변용에 대한 강조는 개인 성장 산업과 대중적인 영성 산업의 핵심과 직접적으로 공명한다. 치유가 전인성을 개발하는 변용적인 과정으로 이해될 때, 그것은 또한 보완적 · 대안적 건강 개념과의 연관성을 찾을 수 있고, 지구의 거주자들뿐 아니라 지구 자체를 치유하는 데에도 광범위하게 적용될 수 있다.

요약 정의 이러한 세 가지 특징 각각에 내포된 풍부한 의미들을 서로 연결하여 구성한 쉽고 접근 가능하며 간결한 정의의 한 가지 예는 다음과 같다.

> 자아초월심리학은 상호 연결되어 있으며, 진화하고 있는 세계와 긴밀한 관계 안에 있는 전인적 인간의 변용을 위한 심리학이다. 그것은 영적, 신비적, 기타 예외적인 인간 경험들(이 경험들은 그러한 맥락 속에서 의미를 획득한다.)뿐만 아니라 자기-확장적 상태에 특별한 관심을 쏟는다.

Maslow(1968)의 강한 흥미를 처음 불러일으켰던 절정 경험에서 Grof(1973)의 심현제psychedelic, 영적(Daniels, 2005), 신비적(Lukoff & Lu, 1988), 예외적(Palmer & Braud, 2002) 그

리고 기타 자아 너머의 경험들(Walsh & Vaughan, 1993)에 대한 연구에 이르기까지 자아초월학자들은 이러한 조우가 실재의 심오한 측면과의 관계일 수 있고(Ferrer, 2008), 그러한 관계는 삶을 변화시킬 정도의 영향력을 가질 수도 있다는(Doblin, 1991) 견해를 가졌다. 자아초월심리학은 개인과 더 큰 세계는 밀접하게 연관되어 있으며, 이러한 상호 연결성이 직접적으로 경험되었을 때에는 변용적인 힘을 가질 수 있다고 가정한다.

이것이 사실이라면 자기와 세계 사이의 밀접한 관계는 개인의 심리영적 발달 이상의 잠재적인 함의를 갖는다. 만약 이것이 사실이라면 아마도 세계는 법칙을 따르는 물질의 조각들이 아니라, 인간이 참여하는 스스로 조직하는 살아 있는 시스템일 것이다(Maturana & Varela, 1980). 마음과 자연은 분리되어 있지 않고(Bateson, 1979) 같은 옷감으로 짜여져 있으며, 창조적 진화를 위한 상호 보완적인 힘을 가진 공동의 참가자이다(Hartelius & Ferrer, 이 책에서). 이런 관점에서 개인을 세계에 이어 주는 정서적인 연결감은 또한 공유된 운명 속에 놓여 있는 우리를 서로 묶어 주며, 각 사람의 행복을 가장 큰 관심사로 만든다.

이 정의는 자아초월심리학을 변용적인 전인적 접근으로서, 그리고 변용적 과정의 심리학으로서 특징지을 뿐 아니라, Hartelius 등(2007)이 발견한 통합적 / 전체론적이고 변용적인 주제들을 반영할 수 있다. 이 정의는 비일상적 경험에 보다 초점을 둔 자아초월 분야의 전통적인 용어는 덜 강조한다. 우리는 비일상적 경험에 초점을 둔 접근이 이 분야를 학문으로서 확장시키는 것이 아니라 특정 주제로 한정시킨다는 점을 주장할 것이다. 더 나아가서 자아초월적 경험에 중요성을 부여하는 해석적 맥락 없이는 그러한 경험은 신기한 것 또는 이례적인 것 이상의 의미를 가질 수 없게 된다.

자아초월심리학은 그 의미를 파악하기 위해서는 항상 어떤 설명을 필요로 하는 것 같다. 그러나 이 분야의 세 가지 측면 모두와 그러한 측면들의 보다 발전된 특징을 설명할 수 있는 간결한 설명은 더 많은 대중에게 이 분야를 좀 더 이해할 수 있도록 도울 수 있을 것이다. 이러한 목표를 향해서 자아초월심리학의 특정 측면들이 시간이 지나면서 어떻게 발전되어 왔는가에 관한 연구 결과를 지금부터 제시하겠다.

자아초월심리학 내의 동향

특정 학문 분야는 그것이 기술되는 방식뿐 아니라 어떤 형식을 취하고 있는가에 의해서도 정의된다. 다음은 자아초월심리학 내의 세 가지 동향에 대한 증거를 제시하는 연구들이다. 광범위하게는 경험적 연구, 특히 양적 연구가 꾸준하게 증가하고, 북미 이외의 학자들의 연구가 더 많이 포함되고 있으며, 여성 학자들의 참여가 증가하고 있다. 여기에 제시한 세 가지 연구는 자아초월이라는 용어가 포함된 두 가지의 학술지에 실린 개관 연구에 근거하였다. 그것은 『자아초월심리학 학술지JTP』『국제 자아초월 연구 학회지International Journal of Transpersonal Studies: IJTS』이다.

연구 1

인본주의 심리학처럼, 자아초월심리학은 경험적인 작업보다는 이론적 구성 개념을 명료화하는 데 일반적으로 좀 더 심혈을 기울여 왔다. 자아초월심리학 내에서 시간이 지나면서 실험적 작업이 어떤 역할을 해 왔는지 살펴보기 위한 목적으로 『JTP』가 창립된 1969년부터 2009년까지, 그리고 『IJTS』의 초판이 나온 1980년부터 2009년에 걸쳐서, 이 시기에 출간된 논문에 대한 개관을 실시하였다.

방법 두 가지 학술지에 실린 논문들 중 논평editorials과 개관reviews 논문을 구분한 이후, 이론적 논문과 경험적 논문을 분류하였다. 후자는 양적/질적 또는 혼합 방법 연구로 세분하였다.

결과와 논의 JTP가 출간된 첫 해(1969)의 연구 결과들은 구분하여 따로 분석했고, 나머지는 10년 단위—1970년에서 1979년, 1980년에서 1989년 등과 같이—로 묶었는데, 이는 쉽게 이해될 수 있도록 10년 단위로 묶어서 이 분야 내에서 출간된 경험적 논문들의 비율이 증가하는 양상에 어떤 변화가 있는지를 추적하기 위한 목적이었다.

1969년에서 2009년 사이에 『JTP』나 『IJTS』에 실린 모든 기준을 충족하는 논문들 중에서 (n=654) 13%가 경험적인 것으로 밝혀졌다. 두 학술지 모두 시간이 지나면서 경험적 논문의 수가 점점 더 증가하는 경향이 있다는 점이 입증되었는데, 『JTP』는 『IJTS』보다 경험적 논문의 비율이 조금 더 많았다. 종합해 보면, 이 분야 내에서 전문적인 문헌이 중요한 몫을 차지하고 있다는 점을 시사하며, 경험적 연구의 역할이 꾸준하게 증가하는 것을 볼 수 있다. 전체에서 차지하는 비율을 보면, 경험적 논문들은 1969년에 나온 논문들(n=10)의 0%를 차지하였고, 1970년에서 1979년 사이에 나온 논문들(n=87)의 4%, 1980년에서 1989년 사이에 나온 논문들(n=175)의 12%, 1990년에서 1999년 사이에 나온 논문들(n=185)의 15%, 2000년에서 2009년 사이에 나온 논문들(n=197)의 17%를 차지하였다. 이는 경험적 연구들이 여전히 매우 소수이기는 하지만 자아초월심리학 내에서 그 중요성이 점점 커지고 있다는 것을 말해 준다.

초기부터 2009년까지(n=85)『JTP』나『IJTS』에 실린 경험적 논문들 중에서 대부분(57%)은 질적 연구였다. 양적 연구는 경험적 연구의 31%를 차지했고, 혼합 방법 연구는 단지 11%였다. 시간이 지나면서 질적 논문의 비율은 변동하였으나 어떤 뚜렷한 추세를 보이지는 않았다. 혼합 방법 연구는 1970년대 동안 경험적 연구의 43%를 차지하였으나 2000년에서 2009년 사이에 단지 6%로 감소하였고, 양적 논문은 1970년대의 14%에서 2000년대에는 39%로 증가하였다. 이 연구는 이 분야에서 질적 연구가 오랜 기간 선호되었지만, 양적 연구 역시 점진적으로 지지를 얻고 있다는 사실을 보여 준다.

연구 2

자아초월심리학은 북부 캘리포니아에서 창립되었고, 오늘날까지도 이 분야 학자들의 상당수가 북미 지역에서 일한다. 다른 지역 출신의 학자들이 이 분야에서 어떤 역할을 하고 있는지 알아보기 위해서 연구 1에서 조사했던 것과 동일한 표본의 논문들에 대해 개관 연구를 실시하였다.『JTP』또는『IJTS』의 창립 날짜로부터 2009년까지 이 학술지들에 실린 모든 요약 논문에 대한 개관을 살펴보자.

방법 연구 1에서 조사한 논문 저자들에 대한 지리적 위치를 사용해서 7개의 지리적 영역 중 하나에 저자들을 할당하였다. 바로 북미, 남미, 유럽, 중동, 아프리카, 아시아, 오스트랄라시아 Australasia[4]이다. 각 논문에는 n=1의 값을 부여했고, 다수 저자에 의해 쓰인 논문의 각 저자에게는 논문에 대한 기여도에 따라 적절한 부분값을 부여하였다.

결과와 논의 연구 결과는 두 학술지에서 북미 지역 이외의 저자에 의한 참여가 시간이 지날수록 증가한다는 점을 보여 주었다. 1970년대에 나온 논문들(n=87) 중 100%가 북미 지역의 저자들에 의해 쓰인 것이었다. 이 수치는 1980년대(n=175)와 1990년대(n=185)에 나온 논문에서는 70%로 감소했고, 2000년대(n=197)에는 65%였다. 국제적인 학술지로서『IJTS』에는 북미 이외 지역의 저자들이『JTP』보다 꾸준하게 더 많이 나타났다.『IJTS』에 실린 북미 지역 저자들의 비율은 실제로 1980년대의 36%에서 2000년대의 52%로 오히려 증가하였는데, 이는 학술지의 본부가 호주(1981~1992)에서 하와이(1993~2002)로, 그 후

---

4) 오스트랄라시아: 오스트레일리아, 태즈메이니아, 뉴질랜드 및 그 부근의 남태평양 제도를 통틀어 이르는 말. 오세아니아의 서남부를 이른다.

에 미국 본토(2003~현재)로 이전했다는 사실을 부분적으로 반영하고 있는 것 같다. 그러나 종합해 보자면, 이러한 결과는 이 분야의 핵심적인 저술에 북미 이외 지역의 저자들의 참여가 점점 더 늘어나는 추세를 명백히 보여 주고 있다. 이런 추세와 불일치하는 결과는 1969년에 나타났는데, 90%가 북미 저자였다. 그러나 이러한 결과는 작은 표본(n=10) 중 북미 이외 지역의 저자가 한 명이 포함되어 나타난 것이다.

북미 이외 지역 저자들의 그룹에서 나타난 경향을 보면, 시간이 지나면서 유럽 저자들에 의한 참여가 크게 증가하였는데, 1970년대(n=87)에 나온 논문들 중의 비율은 0%였다가 2000년대(n=197)에 나온 논문들의 20%를 차지하게 되었다. 동시에 오스트랄라시아 저자들의 참여는 1980년대(n=175)의 논문들 중 26%로 높은 비율이었다가 2000년대에 나온 논문들 중에는 단지 5%뿐이었다. 1980년대에 오스트랄라시아 지역 저자들이 높은 비율을 차지한 것은 1981년에 오스트레일리아에 창립된 『오스트레일리아 자아초월심리학 학술지Australian Journal of Transpersonal Psychology』의 영향에 기인한 것일 수 있고, 그 후 1993년에 하와이-본부 『IJTS』로 바뀌면서 그 비율이 감소한 것으로 보인다.

연구 기간 동안 『JTP』와 『IJTS』에 실린 전체 논문 중(n=654)에서 단지 4%만이 남미, 중동, 아프리카, 아시아 등지의 저자들이었다. 이것은 현재 자아초월심리학이 제1세계 나라에서 훨씬 더 큰 영향을 미치고 있으며, 세계의 더 많은 문화와 사회로부터 들리는 목소리를 통해서 이 학문 분야가 더 풍부해질 필요가 있다는 점을 시사한다.

연구 3

2007년 논문에서 Hartelius 등(2007)은 자아초월심리학 분야가 출현한 처음 20년 동안 『JTP』에 실린 논문들 중 여성 저자들의 비율이 12%만을 차지했다는 사실을 발견했다. 1998년부터 2003년 동안 『JTP』에서 여성 저자들의 비율은 25%로 증가했다. 이 연구는 초기 연구를 업데이트하였으며, 연구 1과 연구 2처럼 『JTP』와 『IJTS』의 초판부터 2009년까지 발표된 논문들을 조사하였다.

방법 두 학술지가 출판된 연도에 따라서 저자들의 이름을 집계하였다. 초기 연구에서처럼 저자들의 성별을 구분하였다. 각 논문은 n=1의 값을 할당했고, 다수 저자에 의한 논문에서는 각 저자에게 적정한 부분값을 할당하였다.

결과와 논의 연구 이 연구의 결과는 『JTP』에 실린 저자들만 조사했던, 그리고 특정 연도들만 표본으로 조사했던 초기 연구의 결과와 대체로 일치하였다. 이 연구는 2009년까지(2009년을 포함해서) 모든 연도에 대해서 개관을 했다. 1969년만 따로 분리해 본다면, 작은 표본(n=10) 내에서 여성 저자의 비율은 0%였다. 1970년대에는 출간된 모든 논문(n=87) 중 14%가 여성들이었다. 이것은 1980년대(n=175)에 나온 논문들 중 18%로 증가했고, 1990년대(n=185)의 19%, 2000년대(n=197)의 23%로 증가했다.

10년 단위로 살펴보았을 때, 여성 저자들의 가장 큰 증가는 『JTP』에서 1990년대와 2000년대 사이에 일어났다. 1990년대(n=93) 동안 실린 논문의 21%에서 2000년대(n=93)에는 33%로 여성 저자들의 비율이 증가하였다. 이러한 변화는 자아초월심리학 분야 내에서 성별의 다양화를 향해서 나아가는 또 다른 긍정적 변화와 동시에 일어났다. 2000년도에 『JTP』의 첫 번째 여성 편집자가 선출되었다.

결론

자아초월심리학은 이례적으로 복잡한 도전을 받아 왔다. 어떤 학자들은 예외적인 인간 경험을 현대의 과학적 방법을 사용하여 조심스럽게 연구하려는 시도를 도전이라고 생각하였다. 과학적 방법은 이러한 경험을 가능한 한 축소시켜 버리기 때문이다. 또 다른 학자들은 모든 생명의 친밀한 상호 연결을 이해할 수 있는 자아초월적 비전이라는 변화된 렌즈를 통해서 주의 깊고 비판적으로 세상을 이해하는 일을 하고, 이런 입장과 양립할 수 있는 과학적 작업을 확장하는 방법을 찾는 일을 한다—과학적 방법을 수용하면서, 그러나 과학적 방법에 종종 수반되는 법칙을 따르는 입자들로 생명이 구성된다고 가정하는 철학을 거부하면서(Grof, 1983)이다.

연구 전략이 무엇이든지 간에 자아초월심리학은 세계를 활기차고 살아 있으며 지성적인 공동체로 바라보는 공유된 비전을 갖고 있다. 그것이 무의식적 마음의 통찰이든, 신체의 지혜든, 인간 문화 내에서 축적되어 온 문화적 보고든, 생태계의 적응적 능력이든지 간에 자아초월적 접근은 세계 속에서 잔물결을 일으키며 흐르고 있는 살아 있는 과정들에 대해 더 깊은 지식을 얻으려면 존경과 겸손의 마음을 지니고 탐구에 참여해야 한다는 점을 이해한다.

주석

1 Friedman(1981, 1983, 이 책에서)의 구성 개념은 경험되는 자기self-as-experienced보다는 자기 개념self-concept에 초점을 둔다. 경험되는 자기는 측정하기가 매우 어렵기 때문에 자기 개념은 자기 경험으로부터 얻은 정보에 의해 구성될 것이라는 가정을 하는 것으로 보인다—이는 무형의 것을 그것에 대한 인지적 신념에 기초하여 측정하려는 전략이다.

참고문헌

Aurobindo, S. (1990). *The psychic being(Soul: Its nature, mission, evolution).* Wilmot, WI: Lotus Light.

Berry, T. (1996). Ethics and ecology. Paper presented to the Harvard Seminar on Environmental Values (April 9). Retrieved from www.csco.ca/

Boucouvalas, M. (1980). Transpersonal psychology: An outline of the field. *Journal of Transpersonal Psychology, 12*(1), 37-46.

Boucouvalas, M. (1999). Following the movement: From transpersonal psychology to a multidisciplinary transpersonal orientation. *Journal of Transpersonal Psychology, 31*(1), 27-39.

Brooks, C., Ford, K., & Huffman, A. (this volume). Feminist and cultural contributions to transpersonal psychology (Chapter 34).

Clifton, R., Ahmad, S., Allen, T., Anholt, S., Barwise, P., Blackett, T., . . . Smith, S. (2009). *Brands and branding.* New York, NY: Bloomberg Press.

Collett-White, M. (2011, March 29). Jean Auel concludes prehistoric saga with 6th book. *Reuters: UK Edition.* Retrieved at http://uk.reuters.com/article/2011/03/29/artsjeanauel-earthschildren-idUKLDE72R1KB20110329/

Combs, A. (1995). *The radiance of being: Complexity, chaos, and the evolution of consciousness.* St. Paul, MN: Paragon House.

Combs, A. (this volume). Transcend and include: Ken Wilber's contribution to transpersonal psychology (Chapter 9).

Cunningham, P. (2007). The challenges, prospects, and promise of transpersonal psychology. *International Journal of Transpersonal Studies, 26*(1), 41-55.

Daniels, M. (2005). *Shadow, self, spirit: Essays in transpersonal psychology.* Exeter, UK: Imprint Academic.

Davis, J. V., & Canty, J. M. (this volume). Ecopsychology and transpersonal psychology (Chapter 33).

Doblin, R. (1991). Pahnke's "Good Friday Experiment": A long-term follow-up and methodological critique. *Journal of Transpersonal Psychology, 23*(1), 1-28.

Ellis, A. (1986). Fanaticism that may lead to a nuclear holocaust: The contributions of scientific counseling and psychotherapy. *Journal of Counseling and Development, 65*(3), 146-151.

Ellis, A. (1989). Dangers of transpersonal psychology: A reply to Ken Wilber. *Journal of Counseling and Development, 67*(6), 336-337.

Ellis, A., & Yeager, R. J. (1989). *Why some therapies don't work: The dangers of transpersonal psychology*. Amherst, NY: Prometheus Books.

Fagan, B. M. (1987). Life with Ayla and her friends: Jean Auel and the new phenomenon of Ice Age fiction. *Scientific American, 256*(6), 132-135.

Ferrer, J. N. (2002). *Revisioning transpersonal theory: A participatory vision of human spirituality*. Albany, NY: State University of New York Press.

Ferrer, J. N. (2008). Spiritual knowing as participatory enaction: An answer to the question of religious pluralism. In J. N. Ferrer & J. H. Sherman (Eds.), *The participatory turn: Spirituality, mysticism, religious studies* (pp. 135-169). Albany, NY: State University of New York Press.

Fox, W. (1990). Transpersonal ecology: "Psychologizing" ecophilosophy. *Journal of Transpersonal Psychology, 22*(1), 59-96.

Friedman, H. (1981). *The Self-Expansiveness Level Form: A conceptualization and measurement of a transpersonal construct*. Ann Arbor, MI: Dissertation Abstracts International. (UMI No. 8117150)

Friedman, H. (1983). The Self-Expansiveness Level Form: A conceptualization and measurement of a transpersonal construct. *Journal of Transpersonal Psychology, 15*, 37-50.

Friedman, H. (2002). Transpersonal psychology as a scientific field. *International Journal of Transpersonal Studies, 21*, 175-187.

Friedman, H. (this volume). The role of science in transpersonal psychology: The advantages of middle-range theory (Chapter 16).

Friedman, H. (this volume). Transpersonal self-expansiveness as a scientific construct (Chapter 11).

Gebser, J. (1972). Foundations of the aperspectival world. *Main Currents, 29*, 2.

Gebser, J. (1986). *The ever-present origin*. (N. Barstad and A. Mickunas, Trans.). Athens, OH: Ohio University Press. (Original work published 1949)

Gendlin, E. T. (1997). *A process model*. Spring Valley, NY: Focusing Institute.

Gendlin, E. T. (2006, November). *In having one shape, the truth is more, but it isn't a shape*. Keynote address, Psychology of Trust and Feeling Conference, Stony Brook University, New York.

Grof, S. (1973). Theoretical and empirical basis of transpersonal psychology and psychotherapy: Observations from LSD research. *Journal of Transpersonal Psychology, 5*(1), 15-53.

Grof, S. (1983). East and West: Ancient wisdom and modern science. *Journal of Transpersonal Psychology, 15*(1), 13-36.

Grof, S. (1998). Human nature and the nature of reality: Conceptual challenges from consciousness research. *Journal of Psychoactive Drugs, 30*(4), 343-357.

Grof, S. (2000). *Psychology of the future: Lessons from modern consciousness research*. Albany, NY: State University of New York Press.

Grof, S. (2003). Implications of modern consciousness research for psychology: Holotropic experiences and their healing and heuristic potential. *The Humanistic Psychologist, 31*(2-3), 50-85.

Hartelius, G. (2006). All that glisters is not gold: Heterophenomenology and transpersonal theory. *Journal of Consciousness Studies*, *13*(6), 81-95.

Hartelius, G., Caplan, M., & Rardin, M.-A. (2007). Transpersonal psychology: Defining the past, divining the future. *The Humanistic Psychologist*, *35*(2), 135-160.

Hartelius, G., & Ferrer, J. N. (this volume). Transpersonal philosophy: The participatory turn (Chapter 10).

Herman, L. (this volume). Transpersonal experience and the arts: From Chauvet Cave to Occupy Wall Street (Chapter 37).

Hoot, R. E., & Friedman, H. (2011). Connectedness and environmental behavior: Sense of interconnectedness and pro-environmental behavior. *International Journal of Transpersonal Studies*, *30*(1-2), 89-100.

Hunt, H. (2010). Consciousness and society: Societal aspects and implications of transpersonal psychology. *International Journal of Transpersonal Studies*, *29*(1), 20-30.

Institute of Transpersonal Psychology. (2011). *Catalog*. Palo Alto, CA: Author.

Johnson, D. H. (this volume). Transpersonal dimensions of somatic therapies (Chapter 26).

Jourard, S. (1966). The "awareness of potentialities" syndrome. *Journal of Humanistic Psychology*, *6*(2), 139-140.

Jung, C. G. (1939). *The integration of the personality*. Oxford, UK: Farrar & Rinehart.

Jung, C. G. (1969). *The collected works of C. G. Jung* (Vol. 9, Part 1, The archetypes and the collective unconscious; 2nd ed.). Princeton, NJ: Princeton University Press.

Kalaidjian, W. (1991). Transpersonal poetics: Language writing and the historical avant-gardes in postmodern culture. *American Literary History*, *3*(2), 319-336.

Kurtz, P. (1991). *The transcendental temptation*. Buffalo, NY: Prometheus Books.

Lajoie, D., & Shapiro, S. I. (1992). Definitions of transpersonal psychology: The first twenty-three years. *Journal of Transpersonal Psychology*, *24*(1), 79-98.

Lajoie, D., Shapiro, S. I., & Roberts, T. B. (1991). A historical analysis of the statement of purpose in The Journal of Transpersonal Psychology. *Journal of Transpersonal Psychology*, *23*(2), 175-182.

Lawlis, G. F. (this volume). Modern miracles from ancient medicine: Transpersonal medicine approaches (Chapter 36).

Lukoff, D., & Lu, F. G. (1988). Transpersonal psychology research review topic: Mystical experience. *Journal of Transpersonal Psychology*, *20*(2), 161-184.

Maslow, A. H. (1943). A theory of human motivation. *Psychological Review*, *50*(4), 370-396.

Maslow, A. H. (1958). A dynamic theory of human motivation. In A. H. Maslow (Ed.), *Understanding human motivation* (pp. 26-47). Cleveland, OH: Howard Allen.

Maslow, A. H. (1969). The farther reaches of human nature. *Journal of Transpersonal Psychology*, *1*(1), 1-10.

Maturana, H., & Varela, F. (1980). Autopoiesis and cognition: The realization of the living. In R. S. Cohen & M. W. Wartofsky (Eds.), *Boston studies in the philosophy of science*, (Vol. 42). Dordrecht, The Netherlands: D. Reidel.

May, R. (1986). Transpersonal or transcendental?. *The Humanistic Psychologist, 19*, 87–90.

Moore, R. M. (2010). The rising tide: "Branding" in the academic marketplace. *Change: The Magazine of Higher Learning, 36*(3), 56–61.

Neville, B. (2007). What kind of universe? Rogers, Whitehead and transformative process. *Person-Centered & Experiential Therapies, 6*(4), 271–285.

Palmer, G., & Braud, W. (2002). Exceptional human experiences, disclosure, and a more inclusive view of physical, psychological, and spiritual well-being. *Journal of Transpersonal Psychology, 34*(1), 29–61.

Rogers, C. R. (1963a). *Actualizing tendency in relation to "motives" and to consciousness.* Lincoln, NB: University of Nebraska Press.

Rogers, C. R. (1963b). Toward a science of the person. *Journal of Humanistic Psychology, 3*(2), 72–92.

Rogers, C. R. (1978). The formative tendency. *Journal of Humanistic Psychology, 18*(1), 23–26.

Rothberg, D., & Coder, K. E. (this volume). Widening circles: The emergence of transpersonal social engagement (Chapter 35).

Rowe, N., & Braud, W. (this volume). Transpersonal education (Chapter 38).

Ruddick, N. (2009). *Fire in the stone: Prehistoric fiction from Charles Darwin to Jean M. Auel.* Middletown, CT: Wesleyan University Press.

Schott, R. L. (1992). Abraham Maslow, humanistic psychology and organization leadership: A Jungian perspective. *Journal of Humanistic Psychology, 32*(1), 106–120.

Schuon, F. (1984). *The transcendent unity of religions.* Wheaton, IL: Theosophical Publishing House. (Original work published 1953)

Schwartz, S. A. (2000). *Boulders in the stream: The lineage and founding of the Society for the Anthropology of Consciousness.* Society for the Anthropology of Consciousness/American Anthropological Association. Retrieved from www.sacaaa.org/history.asp

Scoglio, S. (1998). *Transforming privacy: A transpersonal philosophy of rights.* Westport, CT: Praeger.

Shapiro, S. I., Lee, G. W., & Gross, P. L. (2002). The essence of transpersonal psychology. *International Journal of Transpersonal Studies, 21*, 19–32.

Stableford, B. (1995). Origin of man. In J. Clute & P. Nicholls (Eds.), *The encyclopedia of fiction* (pp. 894–895). New York, NY: St. Martin's Press.

Sutich, A. J. (1968). Transpersonal psychology: An emerging force. *Journal of Humanistic Psychology, 8*(1), 77–78.

Tart, C. T. (1975). *States of consciousness.* New York, NY: Dutton.

Tart, C. T. (2008). Accessing state-specific transpersonal knowledge: Inducing altered states. *Journal of Transpersonal Psychology, 40*(2), 137–154.

Vaughan, F. (1979). Transpersonal psychotherapy: Context, content, and process. *Journal of Transpersonal Psychology, 11*(2), 101–110.

Vaughan, F. E. (1982). The transpersonal perspective: A personal overview. *Journal of Transpersonal Psychology, 14*(1), 37–45.

Walsh, R. (1993). The transpersonal movement: A history and state of the art. *Journal of Transpersonal Psychology, 25*(2), 123-139.

Walsh, R., & Vaughan, F. (1993). *Paths beyond ego (the transpersonal vision).* New York, NY: Jeremy P. Tarcher/Putnam.

Washburn, M. (1995). *The ego and the dynamic ground: A transpersonal theory of human development* (2nd ed., Rev.). Albany, NY: State University of New York Press.

Whitfield, C. (2009). *The Jungian myth and Advaita Vedanta.* Chennai, Tamil Nadu, India: Arsha Vidya.

Wilber, K. (1979). A developmental view of consciousness. *Journal of Transpersonal Psychology, 11*(1), 1-21.

Wilber, K. (1989). Let's nuke the transpersonalists: A response to Albert Ellis. *Journal of Counseling and Development, 67*(1), 332-335.

Wilber, K. (1995a). An informal overview of transpersonal studies. *Journal of Transpersonal Psychology, 27*(2), 107-129.

Wilber, K. (2000). Waves, streams, states and self-A summary of my psychological model (Or, outline of an integral psychology). Appendix C: The death of psychology and the birth of the integral. Retrieved from http://wilber.shambhala.com/html/books/psych_model/psych_model1.cfm / xid,7345/yid,3040482

번역 출판

Assagioli, R. (1965). *Psychosynthesis: A collection of basic writings.* New York, NY: Psychosynthesis Research Foundation. (김민예숙 역. 정신통합: 원리와 기법에 대한 편람. 울산: 춘해대학출판부, 2003).

Bateson, G. (1979). *Mind and nature: A necessary unity (Advances in systems theory, complexity, and the human sciences).* New York, NY: Hampton Press. (박지동 역. 정신과 자연. 서울: 까치, 1990).

Bedbury, S., & Fenichell, S. (2002). *A new brand world: 8 principles for achieving brand leadership in the 21st century.* New York, NY: Viking/Penguin Putnam. (정지영 역. 브랜드 발전소. 경기: 이레, 2005).

James, W. (1890). *The principles of psychology.* New York, NY: Henry Holt. (정양은 역. 심리학의 원리 1, 2, 3. 서울: 아카넷, 2005).

Maslow, A. (1968). *Toward a psychology of being.* Princeton, NJ: Van Nostrand. (정태연, 노현정 역. 존재의 심리학. 서울: 문예출판사, 2005).

Rogers, C. R. (1980). *A way of being.* New York, NY: Houghton-Mifflin. (오제은 역. 칼 로저스의 사람-중심 상담. 서울: 학지사, 2007).

Shermer, M. (2002). *Why people believe weird things.* New York, NY: Henry Holt. (류운 역. 왜 사람들은 이상한 것을 믿는가: 뉴에이지 과학, 지적 설계론, 미신과 심령술… 우리 시대의 사이비 과학을 비판한다.

서울: 바다출판사, 2007).

Whitehead, A. N. (1979). *Process and reality: An essay in cosmology* (corrected ed.; D. R. Griffin & D. W. Sherburne, Eds.). New York, NY: Free Press. (오영환 역. 과정과 실재: 유기체적 세계관의 구상. 서울: 민음사, 2003).

Wilber, K. (1995b). *Sex, ecology, spirituality: The spirit of evolution*. Boston, MA: Shambhala. (김철수, 조옥경 역. 성 생태 영성[가제]. 서울: 학지사, 근간).

Wilber, K. (1996). *A brief history of everything*. Boston, MA: Shambhala. (조효남 역. 모든 것의 역사. 경기: 김영사, 2015).

Wilber, K. (1997). *The eye of spirit: An integral vision for a world gone slightly mad*. Boston, MA: Shambhala. (김철수, 조옥경 역. 켄 윌버의 아이 오브 스피릿: 영적 관조의 눈. 서울: 학지사, 2015).

Wilber, K. (1998). *Marriage of sense and soul: Integrating science and religion*. Boston, MA: Shambhala. (조효남 역. 감각과 영혼의 만남: 새천년 영성의 시대를 위한 과학과 종교 통합의 길. 경기: 범양사, 2007).

제 2 장

자아초월 관점의 전통적 기원, 역사 그리고 진화

Michael Daniels

자아초월과 자아초월심리학

자아초월transpersonal(개인을 넘어 또는 통해서)이라는 용어는 일상적인 자기-의식적 자각을 초월한 상태에서의 경험, 과정, 결과를 지칭하는 것으로, 어떤 더 크고 좀 더 의미 있는 실재와 연결되거나 함께하고 있다는 느낌과 관련되어 있다(Daniels, 2005). 자아초월적 경험은 심원한 인간관계의 경험이나 자연을 향한 인간의 본질적 연계성에 대한 깨달음처럼 비종교적인 형태를 포함하기는 하지만, 자아초월은 종종 영성 그리고 종교적 경험의 영역과 동등한 것으로 취급된다. 비록 이 외에도 여러 현상이 인간 영성의 표현으로 이해될 수 있지만 자아초월이란 용어가 더 선호되는데, 그 이유는 영성과 관련하여 일반적으로 어떤 논의를 동반하고 다니는 형이상학적이고 종교적인 선입견들을 피하기 위해서이다(Daniels, 2005; Walsh & Vaughan, 1993). 자아초월 관점의 중심 가정은 자아초월 현상이 전형적인 자아중심적 존재에서 어떤 궁극적이고 더욱 만족스러운 또는 가치 있는 상태로의 근본적인 **변용**transformation을 포함한다는 것이다. 다른 말로 하자면 자아초월에는 매우 규범적normative이며 구원론적soteriological or salvific인 의제가 있다(Caplan, Hartelius, & Rardin, 2003; Daniels, 2005; Ferrer, 2002, 2011; Hartelius, Caplan, & Rardin, 2007).

자아초월심리학transpersonal psychology은 심리학의 한 분파로, 자아초월 현상과 정신적 · 사회적인 변용과 연관된 형태들에 대한 탐구를 전문적으로 다룬다. 부분적으로는 자아초월심리학이 종교적인 현상 그 이상을 포함하기 때문에 자아초월심리학은 **종교심리학**psychology of religion 같은 것은 아니다(Fontana, 2003; Hood, Hill, & Spilka, 2009; Wulff, 1997). 또한 종교심리학이 비록 경험적 **기술**description에 초점을 두면서 종교적 경험과 행동에 대해 심리학적인 **분석**analysis을 하는 경향이 있음에도 불구하고 자아초월심리학은 분명하게 **규범적인**normative 학문이다. 다시 말하자면, 자아초월심리학은 인간 변용의 필요성을 직접적이고 선도적으로 설명하고 촉진시킨다.

규범적 접근에 내재된 한 가지 위험은 타당한 근거나 합리적인 정당성이 미미하거나 없는 신념이나 실천 체계를 촉진한다는 의미에서 관념론적ideological으로 될 수 있다는 것이다(Daniels, 2011). 이러한 위험을 강조하면서 일부에서는 자아초월심리학을 단순히 또 다른 뉴에이지의 맹신, 일시적 유행 또는 이교 집단으로 취급하거나 그것을 단지 신앙의 한 지파로 치부해 둔 채 외면해 왔다(예를 들면, Ellis & Yeager, 1989). 학문 분야에서 활동하는 일군의 자아초월심리학 연구자들(예를 들면, Daniels, 2011; Friedman, 2002, 2005)은 학술과 연구의 측면에서 과학적 접근을 하려는 명확한 헌신을 통해 관념적 선입견과 사실 무근의 소문이 갖는 위험을 최소화하기 위해 노력해 왔다. 불가피한 부분이라 할지라도, 이와 같은 관점을 가진 학자들은 엄격하고 과학적인 절차들에 입각하여 다양한 비과학적인 **자아초월심리학**(Daniels, 2011)과 공식적인 학문 분야로서의 자아초월심리학을 구분하려 노력한다. 비과학적인 자아초월심리학이란 불교심리학, 카발라 심리학, 점성술 심리학 등이며, 심리학적인 설명 양식을 취하지 않는 더욱 광범위한 자아초월 운동이나 자아초월 연구의 분야들도 마찬가지로 비과학적으로 취급한다(Boucouvalas, 1999; Daniels, 2005, 2011; Friedman, 2002; Walsh & Vaughan, 1993). 이런 접근들로는 신학, 철학, 종교적 연구, 민속적 전통, 뉴에이지 사상과 함께 인류학, 신경과학, 약리학, 경제학, 정치학 그리고 사회학 같은 학문 분야에서 이루어진 자아초월 연구들까지를 포함한다.

과학적 학문으로서 자아초월심리학을 정의하는 것을 모든 현상을 물질적 · 기계적 혹은 엄격한 합리적 설명으로 환원하는 실증주의적 시도인 **과학주의**scientism와 혼동해서는 안 된다. 자아초월적 현상은 본래적으로 미묘하고 정의하기 어려운 것이다. 따라서 자아초월심리학에서 선호하는 설명 양식은 물리학이나 생리학적 구성 개념이나 모델보다는 심리학적 개념과 모델을 요구하는, 즉 이해와 설명을 강조한다는 점에서 **해석학적**hermeneutic 이다(Daniels, 2005). 바꾸어 말하면 자아초월심리학은 자아초월적 현상에 대한 인간적 의미를 설명하는 데 초점을 두며, 심리학적 담론을 사용하여 목적을 달성하려 한다. 이런 표현은 자아초월심리학자들이 자아초월적 경험에 대해 신경학적 상관관계를 조사하는 뇌과학 분야의 연구에서 배울 것이 없다는 의미가 아니고, 뇌의 변화 과정에 대한 지식은 자아초월적 경험에 대한 주관적인 **특질**을 설명할 수 없을 뿐 아니라 그 당사자에게 그 의미와 중요성을 설명할 수 없다는 뜻이다(Lancaster, 2004; Velmans, 2000).

자아초월심리학의 규범적이고 구원론적인 의제는 순수과학보다는 **응용**의 측면을 가장 중요하게 여긴다는 의미를 가지고 있다. 자아초월심리학자는 자아초월 현상과 그에 연합된 변용의 과정을 **이해**understanding하는 것뿐만 아니라 자아초월의 **실현**realization에도 관심을 갖는다. 이런 관점에서 자아초월심리학은 몰가치적이고 결정론적인 **행동의 자연과학**natural science of behavior적 측면보다는 가치 지향적이고 책임감 있는 **행위의 정신과학**moral science of action적 측면을 강조한다(Shotter, 1975). 이는 자아초월심리학이 변용의 범주에 대해서 탐구하는 것뿐만 아니라 변용을 초래하는 것에 대해서도 관심을 가져야만 한다는 것을 의미한다. 자아초월심리학이 변용에 관해 조사하는 대상으로는 연구자, 일반 개인, 더 광범위한 지역사회 그리고 궁극적으로는 세계이고, 가능하다면 우주적 수준까지이다.

자아초월심리학의 기원

자아초월이란 용어가 비교적 최근의 신조어라 하더라도(Hastings, 1999), 자아초월적 현상은 적잖은 영적 수행자, 신비주의자 그리고 신학자들에 의해 수천 년 동안 알려져 왔고 연구되어 왔다. 과학적 자아초월심리학의 초기 형태는—어쩌면 특별하게는 불교 이론과 수행법 같은—종교적 접근법으로 이해하는 것이 가능하다. 그러나 일반적으로 자아초월적 이해에 대한 대부분의 종교적 접근법은 사실적 지식보다는 전통의 권위에, 탐구보다는 믿음의 가치에, 그리고 심리학적 개념보다는 신비주의적이고 형이상학적인 개념에 근거한 지식에 입각해 있다(Daniels, 2005, 2011).

현대 **자아초월심리학**은 미국의 탁월한 심리학자인 William James(1842~1910)의 연구에서 학문의 가장 분명한 근원을 찾는데, 이는 그가 1905년 하버드 대학교 강의 요강에 자아초월trans-personal이라는 영어 용어를 사용한 최초의 학자로 알려져 있다는 것만으로서는 아니다(Taylor, 1996a). 1901년에서 1902년 사이에 에든버러 대학교에서 행한 자연 종교natural religion에 대한 기포드 강의Gifford Lectures(1902년 『종교적 경험의 다양성The Varieties of Religious Experience』으로 출판) 시기에 그는 종교적 현상에 대한 심리학적 분석을 통해 종교적 문제를 연구했다. James(1912)가 논한 그 연구는 과학적 심리학의 진정한 주제이자 내적 정신 상태와 과정에 대한 관찰을 아우르는 '급진적 경험주의radical empiricism'를 사용한 탐구로 여겨진다(Taylor, 1996b 참조).

James는 또한 심령 연구psychical research에 대한 저명한 선구자이기도 하다. 그는 인격이 육체적인 죽음과 함께하는가 아닌가와 같은 많은 종교적 문제를 이해하는 데 있어 심령 연구가 중요하다고 보았다(Murphy & Ballou, 1961). 그의 종교적 경험에 대한 관심은 Emanuel Swedenborg의 신비주의 교의, 미국 초월주의American transcendentalism, 신지학, 기독교 신비주의, 수피즘, 불교, 베단타 그리고 요가 등에서 영향을 받았다(Taylor, 1996b). 마찬가지로 그는 자신이 행한 정신에 작용하는 아산화질소laughing gas에 대한 연구에서도 영향을 받았으며(James, 1882, 1898), 주로 이러한 약물로 유발된 실험의 결과(Nelson, 2002)에서 James(1902, 1960)는 다음과 같은 결론을 도출했다.

> 우리가 말하는 일상적인 깨어 있는 의식, 합리적인 의식은 특정한 의식 유형의 하나일 뿐이다. 일상의 의식이 있는 반면, 반투막에 의해 그것과는 분리된 곳에 완전히 다른 의식의 잠재적 형태가 놓여 있다(pp. 373-374).

James는 기포드 강의(1901)를 진행하던 해에도 캐나다 정신의학자인 Richard M. Bucke(1837~1902; Bucke, 1901, 2001)가 저술한 『우주 의식Cosmic conscious-ness』(생명을 부여받은 존재로서 우주에 깊이 연결되는 경험)가 고귀하고 기쁨을 주는 에피소드에 대하여 감화력이 강한 책을 발간했다. Bucke는 Walter Whitman의 친구이자 전기 작가로서 우주 의식이 '나의 영혼My Soul(미국 초월주의자의 상위 영혼 또는 우주적 영성)'에 대한 Whitman의 개념에 대해 직접적인 경험적 입증을 제공해 주었다는 것과 모든 종교의 근원은 이러한 우주적 경험에서 온다는 것을 믿었다. 신지론자인 Bucke는 **영원의 철학**perennial philosophy 교리, 즉 모든 종교는 인간 영혼의 본질적 신성을 인정하는 공동의 경험적 구조와 교의상의 심층적 구조를 공유한다는 믿음에 대한 초기 옹호자였다(Huxley, 1947).[1]

정신분석적 동향은 20세기 초반의 심리학적 이론을 지배하였다. 프로이트Sigmund Freud는 종교적이고 영적인 경험에 접근하는 것에 대해서 타협하지 않는 환원주의자의 입장을 고수하였고, 종교적 충동이란 무의식적인 갈등과 불건강한 심리적 투사의 현시라는 관점을 취하였다. 반면, 한때 Freud의 측근이자 동료였던 스위스의 분석심리학자인 C. G. Jung(1875~1961)은 영적 경험을 본질적으로 신경증의 발현으로 치부하는 Freud를 강하게 비난하였다. Jung 자신의 영적이고 심령적인 체험과 1913년 Freud와의 결별 후에 경험한 무의식에 대한 극적인 신비 경험(Jung, 2009)은 Jung의 심리적 발달과 사고에 깊은 영향을 미쳤다. 결과적으로 그는 영적 충동을 인류의 자아초월적überpersonlich **집단 무의식**collective unconscious 안에 존재하는 본질적으로 건강한 **원형**archetypes(경험의 보편적 형태)의 현시와 투사로 보게 되었다. Jung의 분석심리학(예를 들면, Jung, 1966, 1967, 1969, 1991; Jacobi, 1968; Storr, 1991)에서 인간 삶의 근본적인 목적은 **개성화**individuation이다—본질적으로 충만한 인간미와 심리적 통합을 위한 심리영적 탐색, 자기Self 원형의 실현을 제시하는 것이다. Jung은 인간 정신psyche이 선천적으로 대립을 해소하고 무의식과 의식의 내용을 통합하기 위해 창조적으로 노력하는 성장 지향적growth-orientated 경향성(**초월적 기능**transcendent function)을 가지고 있다고 믿었다. 따라서 Jung은 개성화 과정이 초월적 기능을 키움으로써 촉진될 수 있으며, 그 방법으로 심리영적 변용의 과정을 나타내는 꿈 묘사, 상징, 신화에 대한 창조적이고 상상력을 구사하는 작업들을 제시했다.

정신분석적 동향에서 받은 또 다른 중요한 영향은 이탈리아의 정신과 의사인 Roberto Assagioli(1888~1974)의 연구였다. Jung과 마찬가지로 Assagioli는 평생 동안 영성, 신비주의 그리고 초자연적 현상에 관심을 가졌다. 라자 요가raja yoga의 연구가이자 비밀 신지론자 교사인 Alice Bailey(Firman & Gila, 2002)와 Assagioli는 **정신통합**psychosynthesis이라 불리는 심리 발달과 치료의 이론과 실제적 체계를 개발했는데(Assagioli, 1993), 이는 영적 전통에 정신분석적 발견을 통합하려는 시도에서 인간 경험의 영성적 차원을 명시적으로 포함하였다. Assagioli는 Jung의 집단 무의식에 대한 개념이 무의식 영역의 '상위higher'와 '중간middle' 그리고 '하위lower'의 차이를 적절하게 구분하지 않는다고 지적하였다(pp. 17-18). Assagioli에 의하면, 심리적 발달은 세 가지 영역 모두의 탐구와 통합(종합synthesis)을 포함한다. 특히 상위의 무의식에 대해 그는 신비 체험, 높은 직관과 포부, 도덕적 의무, 이타주의, 동정심, 비범한 재능 그리고 깨달음 등의 원천이라고 보았다(Assagioli, 1991, 1993; Firman & Gila, 2002). 정신통합은 자아초월 탐구와 통합에 도움이 되는 것으로 명상과 시각화를 포함한 다양한 실제적 기술을 주장하였다. 상위의 무의식에 대한 작업과 개인의 더 높은 본성과 목적을 이해하는 것을 배우는 데 있어서 Assagioli(1991, 1993)는 개인이 **아트만**Atman(힌두Hindu **우파니샤드**Upanishads의 우주적 자기 또는 영혼)에 해당하는 상위의 자기Higher Self(자아초월적 자기 또는 영적 자기)를 체험하고 표현한다는 것을 믿었다. 그 결과, 한 개인은 **개인적 정신통합**personal psychosynthesis(개인적 자아에 입각한 잘 통합된 성격의 성취)을 넘어 영적 또는 **자아초월적 정신통합**transpersonal psychosynthesis(상위의 자기에 개인적 자아를 통합)으로 옮겨 간다.

20세기 초기와 중기에 유럽에서 정신분석적 동향이 지배적이었던 반면, 같은 시기에 미국 심리학에서는 Edward Thorndike, John B. Watson 그리고 뒤늦게는 B. F. Skinner의 행동주의가 우세하였다. 동물과 인간 **행동**에 초점을 두는 행동주의는 내적 · 영적인 경험을 무시하였고, 종교적 행동에 특별한 의미를 두지 않았다. 결과적으로 행동주의는 영성과 내면의 심리적 발달 영역에 대해 관심을 갖는 것과는 관계가 없어 보였다. 감각적 환원주의와 행동주의의 좁은 관점에 대한 반발(Freud학파의 정신분석 관점에 대해서도 같은 이유임.)로 소위 말하는 **인본주의 심리학의 제3세력**third Force of humanistic psychology이 20세기 중반 미국에서 나타났는데, 선구적인 연구를 한 학자로는 순수academic심리학 분야의 Abraham Maslow(1908~1970; 예를 들어, 1954, 1970, 1962, 1968)와 심리치료 및 상담 분야의 Carl Rogers(1902~1987; 예를 들어, Rogers, 1951, 1961, 2004)이다. 인본주의 심리학은 1961년『인본주의 심리학 학술지Journal of Humanistic Psychology』를 발간하고 그다음 해에 인본주의 심리학회Association for Humanistic Psychology: AHP를 창립하면서 공식적으로 확립되었다. 인본주의, 현상학 그리고 실존주의에 근간한 인본주의 심리학은 인간의 합리성, 작인作因, 긍정적인 내적 경험, 정신건강 그리고 개인적 잠재력의 충만한 실현(자기실현self-actualization)을 강조하고 추구한다. 또한 인본주의 심리학은 그동안 주류 심리학에 의해 일반적으로 간과되었거나 소홀히 다루어진 '상위higher'의 인간 경험에 대한 관심을 회복시키는 데에도 목적이 있다. 여기에는 사랑, 공감, 창의성, 직관, 신비 체험, 이타주의 그리고 자비 등이 포함된다. Maslow는 자기실현을 하는 사람들에 대한 연구(Maslow, 1962/1968, 1954/1970, 1973)에서 초월 경험에 대한 많은 보고를 발견하였는데, 그 경험은 자기를 망각하는 절정과 환희의 순간을 포함하여 정의, 통합, 아름다움 그리고 완전함과 같은 우주적 초월 가치를 실현하고자 하는 강력한 '초동기적metamotivational' 욕구였다. Maslow는 영적 경험과 동기의 실재를 인지하면서도 그 자신이 무신론자였기에 초월적이고 변용적 현상을 인간의 보편적(생물학적biological) 본성의 표현으로 해석하였다(Daniels, 2005). 유사하게 Carl Rogers도 행복, 선 그리고 성취를 향한 충동을 종교적이거나 형이상학적으로 해석하기보다는 전적으로 인간적인 것(생물학적biological-심리적psychological-실존적existential)으로 표현하였다. 실로 Rogers는 종교(특히, 그에게 가장 친근했던 개신교 전통protestant tradition에 대해서)를 인간 안녕human well-being에 강력한 부정적인 영향을 미치는 것으로 보았다(Rogers, 1961/2004).

두 사람 모두 생물학적-인본주의적-실존적 관점biological-humanist-existential perspective을 취했지만, Maslow와 Rogers의 작업에서 드러나는 영적 동기와 경험의 중요성에 대한 인식의 차이로부터 나온 긴장은 해결되지 않은 큰 숙제로 남아 있다. 인본주의 운동의 일부에서는 종교적이고 영적인 사고가 인본주의 심리학으로 잠식해 들어오는 것으로부터 자신들을 분리하려는 시도를 계속해 왔음(예를 들면, Schneider, 1987)에도 불구하고, 다른 집단에서는 영적 관심사를 통합하고 활성화하는 것을 지속적으로 탐구해 왔다. 사실 이것은 영적 문제들에 좀 더 분명하게 초점을 맞추려는 욕구였으며, 이는 실존적이고 심리치료적 관심사를 엄격하게 추구하려 했던 인본주의 심리학을 떠나려는 의도를 갖고 심리학에서 **제4세력**forth force이 필요하다는 초기의 제안이 나온 이유였다(Grof, 2008; Hastings, 1999). 이 결과 1960년대 후반, Maslow는 그의 동료들인 Stan Grof, Anthony Sutich, Miles Vich 등과 함께 제4세력을 위한 **자아초월심리학**이란 용어를 제안했다. 이런 세력의 실현을 돕기 위해 Anthony Sutich가 편집장을 맡은 『자아초월심리학 학술지Journal of Transpersonal Psychology』가 1969년에 발간되었고, 1972년에는 모체인 자아초월심리학회Association for Transpersonal Psychology: ATP가 창립되었으며 그다음 해에 첫 번째 학회를 열었다(Grof, 2008; Sutich, 1969, 1976; Vich, 1990; Walsh, 1993). 자아초월심리학으로부터 인본주의 심리학을 분명히 구별하고자 하는 일부가 드러낸 우려에도 불구하고, 그런 분명한 분리는 결코 일어나지 않았다. 예를 들면, 『인본주의 심리학 학술지Journal of Humanistic Psychology』는 자아초월 주제에 대한 논문 발표를 지속하고 있고, 동시에 AHP와 ATP는 많은 사업을 정기적으로 공동 후원하고 있다. 2007년에 AHP와 ATP는 그들의 연계를 축하하고 강화하기 위해 합동 행사를 개최했는데, 그 두 자매 조직은 현재 할인 요금으로 공동의 전문가 멤버십을 제공하고 있다(AHP perspective, 2007 / 2008, p. 3).

1960년대의 사회적 · 문화적 발달은 자아초월심리학이 취할 방향에 영향을 주었다. 여기에는 북미와 유럽의 많은 젊은이 사이에 확산된 심현제psychedelic 사용이 포함된다. 약물 사용이 여가 활동이나 반체제적 대안적 삶의 양식과 정체성을 일치시키는 방법보다는 좀 덜하지만 일부에서는 메스칼린mescaline 그리고 다른 심현제들이 영적 의식의 효과적인 상태를 촉진시키는 것으로 보았다. 1954년 초반에 영국 작가인 Aldous Huxley는 『지각의 문The doors of perception』[1]에서 메스칼린이 인간 의식의 확장에 가치 있는 보조제일 수 있다는 것을 주장하였다. 마찬가지로 1950년대와 1960년대에 체코의 정신과 의사인 Stan Grof는 알코올 중독과 약물 중독의 치료에서 LSD의 임상적 사용을 개척하였다. Grof(2000)는 LSD 경험을 **홀로트로픽**holotropic(전체성 지향)이라 칭했으며, 그의 연구에서 홀로트로픽 경험을 하는 접근법과 작업으로 사람들이 더 훌륭한 자기이해와 심리적 치유를 성취할 수 있다는 것을 제시하였다. 또한 Grof는 특별히 LSD의 과용량 사용 시 사람들이 풍부하고 이례적인 다양한 자아초월 경험을 자주 보고하는데, 시공간, 자기감각 그리고 마음과 물질 간의 일상적인 구분까지도 극적으로 변화된다는 것을 발견하였다. James가 아산화질소로 행한 실험에서 결론을 냈던 것처럼 Grof도 LSD가 사람들에게 일상의 의식에는 일반

1) Huxley, A. (2017). 지각의 문-천국과 지옥. (권정기 역). 경기: 김영사. (원전은 1954년에 출판).

적으로 드러나지 않는 자아초월적 실재를 경험할 수 있게 한다고 믿었다. 1970년대에 미국에서 LSD의 사용이 연방정부 차원에서 금지된 후 Grof는 아내 Christina와 함께 개발한 기법을 사용하여 홀로트로픽과 자아초월 경험을 유도할 수 있다는 것을 발견하였다. 그 기법은 **홀로트로픽 호흡작업**[2] holotropic breathwork이라 불리는 것으로, 강력하게 환기를 시키는 음악과 신체 작업에 변성호흡altered breathing을 결합한 긴 회기를 포함한다(Grof, 2000).

아마도 자아초월 경험의 이해에 있어 Grof의 심현제-홀로트로픽psychedelic-holotropic 접근이 만들어 낸 가장 중요한 기여는 자아초월 경험의 엄청난 범위, 풍부함 그리고 다양성에 대한 확인일 것이다. 자아초월 경험들은 우주 의식이나 다른 전통적 범주인 신비적 혹은 종교적 경험을 포함하지만 여기에만 국한된 것은 아니다. 많은 사례에서 그것들은 세포 구조의 의식이나 다른 시공간의 체험과 같이 분명한 영적 특질을 갖고 있지 않으며, 초자연적 현상의 전 영역을 포함하는 것으로 보인다(Grof, 1988, 2000).

그러나 많은 사람은 **영성**spirituality이 자아초월의 가장 전형적인 특질이라 여길 것이다. 심현제 운동이 절정에 달했던 시기인 1960년대에 미국과 유럽에서는 동양 종교—특히, 힌두교와 불교—와 동양의 명상 형식에 대한 관심이 폭발적이었다. 이런 관심의 대부분은 Jack Kerouac, Allen Ginsberg 그리고 William Burroughs를 포함한 1950년대의 비트족Beat Generation 작가들에 의해 발화되었는데, 이들의 사회와 영적 자유에 대한 급진적인 사상은 유럽의 낭만주의 시인들, 미국의 초월주의 그리고 불교의 선 사상에서 영향을 받은 것이었다. 영국의 철학자이자 작가인 Alan Watts 역시 그의 책 『선禪의 길The Way of Zen』(1957)과 『동양과 서양의 심리치료Psychotherapy East and West』(1961)를 통해 동양철학(특히, 불교)에 대한 서양의 상당한 관심을 일으켰다. Watts의 안내에 따르면, 많은 서양인은 전통적인 서양 종교에서 결여된 실제적이고 심리학적인 정교함 그리고 직접적인 영적 경험과 심리학적인 성장을 위한 잠재력을 동양의 가르침이 보장해 주는 것으로 본다. 동양철학은 Sri Aurobindo(예를 들면, 1970, 1990), Ram Dass(예를 들면, 1971), 그리고 Chögyam Trungpa(예를 들면, 1973) 등과 같은 작가와 지도자들의 영향력을 통하여 그 시대의 대중적 대항 문화에 흡수되었을 뿐만 아니라, 점차적으로 학문적인 자아초월심리학에서도 중요한 위치를 차지하게 되었다. 비록 힌두교와 불교가 자아초월심리학의 이론과 연구에 가장 명백하게 영향을 미치고 있었다 할지라도, 카발라, 기독교 신비주의, 구르지예프Gurdjieffian 철학, 샤머니즘, 도교, 신지학 그리고 신이교주의neopaganism를 포함한 다른 종교적-신비주의 가르침도 또한 받아들였다(Daniels, 2005).

---

2) 국내에서는 '트숨(트랜스퍼스널 숨작업)'으로 불림.

자아초월심리학의 발달

1960년대 초반부터 Micheal Murphy와 Richard Price에 의해 1962년 캘리포니아 빅서에 설립된 에살렌 연구소Esalen Institute(www.esalen.org) 같은 전위적인 '성장 센터'에서는 명상과 다른 개인 변용의 방법들을 교육하기 시작했는데, 여기에는 참만남 집단, 심리극, 게슈탈트치료, 요가, 홀로트로픽 호흡작업 그리고 신체작업 등이 포함된다(Goldman, 2012). 이런 센터들은 곧 **인간 잠재력 운동**human potential movement의 근거지가 되었다—여러 방면에서 변용적 접근과 기술에 대한 확산적이고 풍요롭고 절충적인 혼합들이 인본주의와 자아초월심리학에 대한 실제적이고 경험 지향적인 측면을 보여 주었다. 특히 에살렌은 초창기에 Gregory Bateson, Joseph Campbell, Buckminster Fuller, Stan Grof, Aldous Huxley, Timothy Leary, George Leonard, Abraham Maslow, Fritz Perls, J. B. Rhine, Carl Rogers, Will Schutz, Paul Tillich 그리고 Alan Watts를 포함한 어마어마한 진행 팀을 끌어들였다.

자아초월에 대한 진지한 학문적 · 전문적인 관심은 인본주의-자아초월 대학원과 치료 훈련 프로그램의 개설을 통한 발달과 함께 더욱 더 공식적으로 구축되었다. 이는 초창기인 1951년 샌프란시스코에서 미국 아시아 연구 학술원The American Academy of Asian Studies이 Louis Gainsborough에 의해 설립되고, Alan Watts와 Haridas Chaudhuri를 교수로 임용하면서 시작되었다(Subbiondo, 2011). Chaudhuri는 방글라데시의 통합철학자이자 Sri Aurobindo(1872~1950)라는 유명한 인도의 통합요가 지도자의 전직 동료였다. 1968년에 Chaudhuri는 캘리포니아 아시아 연구소California Institute of Asian Studies: CIAS라는 학술 연구소를 열었고, 1980년에 이 학교는 그 이름을 캘리포니아 통합 연구소California Institute of Integral Studies: CIIS로 변경하였다(CIIS, 연도 없음; Subbiondo, 2011). 근래에 이 기관에서는 자아초월과 그에 관련된 분야에 대한 광범위한 공인된 교육 프로그램을 제공하고 있다. 그 후 자아초월심리학의 연구 또는 대학원 훈련 프로그램은 다수의 다른 교육기관들에 의해 개발되어 왔는데, 그 기관들로는 미국의 자아초월심리학 연구소(현재 소피아 대학교), 존 에프 케네디 대학교, 나로파 대학교, 세이브룩 대학교 등과 영국의 리버풀 존 무어스 대학교, 치체스터 대학교, 노샘프턴 대학교 등이다. 덧붙여서 자아초월에 기반을 둔 심리치료 훈련은 증가하고 있는 개인 센터들에 의해서도 제공되고 있는데, 여기에는 융학파, 정신통합요법, 불교 또는 통합적 관점 등을 취하는 것들이 포함되어 있다.

현재 다수의 학술 연구지(한층 더 대중적인 정기 간행물뿐만 아니라)는 자아초월심리학 분야의 연구 출간을 전문적으로 다룬다. 여기에는 『인본주의 심리학 학술지Journal of

Humanistic Psychology』『자아초월심리학 학술지Journal of Transpersonal Psychology』『국제 자아초월 연구 학술지International Journal of Transpersonal Research』『리비전ReVision』『자아초월심리학 리뷰Transpersonal Psychology Review』(영국 심리학회지의 자아초월심리학 분과) 그리고『자아초월 연구 학술지Journal of Transpersonal Research』가 포함된다. 자아초월심리학 연구는 종종 종교적 연구, 초심리학parapsychology, 의식 연구, 상담과 심리치료, 임상심리학, 정신의학 그리고 긍정심리학과 같은 관련 학문의 연구지에 발표되며, 마찬가지로 더욱 특화된 연구지로, 예를 들면 꿈 연구dream research나 근사체험near-death 연구를 주제로 한 출판물에도 나타난다. 몇몇의 출판사 역시 자아초월심리학에 관한 책을 전문적으로 출판한다. 그중에 주목할 만한 출판사로는 SUNY 출판사 SUNY Press와 Shambhala 출판사가 있다.

1969년 공식적인 설립 이후 자아초월심리학 분야의 연구와 이론은 몇 가지 주요 관심 영역에 초점을 맞추어 왔다.

1. 자아초월심리학의 본질과 역할 그리고 다른 학문 영역과의 관계에 대해 보다 신중한 정의 내리기(예를 들면, Caplan et al., 2003; Daniels, 2005; Ferrer, 2002; Hartelius et al., 2007; Lajoie & Shapiro, 1992; Walsh & Vaughan, 1993).

2. 자아초월심리학의 규준 의제와 주요 주제에 적합한 인식론과 연구 방법론에 대한 특성화와 개발(예를 들면, Anderson & Braud, 2011; Braud & Anderson, 1998; Ferrer, 2002).

3. 자아초월 의식에 대한 경험적 연구(예를 들면, Murphy & Donovan, 1997; Tart, 1990).

4. 자아초월 상태, 과정 그리고 사건에 대한 이론적 모델의 창출과 평가(예를 들면, Ferrer, 2002; Washburn, 1994, 1995; Wilber, 1977, 1995, 2000, 2006).

5. 심리치료, 상담 그리고 정신의학에 대한 자아초월 접근법의 개발과 평가(예를 들면, Boorstein, 1996; Cortright, 1997; Sperry & Shafranske, 2004).

6. 자아초월을 탐구하는 개인과 집단을 위한 효과적인 방법과 실제적인 지침의 개발(예를 들면, Ferrer, 2003; Leonard & Murphy, 1995; Murphy, 1992; Wilber, Patten, Leonard, & Morelli, 2008).

자아초월심리학은 또한 자기 분야에서의 다양한 성공적인 성과에 대해 권위 있는 심리학 조직들로부터 승인과 수용을 얻으려 노력해 왔다. 이에 대한 하나의 중요한 동기는 연구 자금을 기대하는 것으로, 이는 자아초월 주제에 대해서 재원을 얻기가 어려웠기도 하였으며 승인과 수용이 있으면 더 쉽사리 재원을 확보할 수도 있기에 그런 것이다. 자아초월심리학이 미국심리학회American Psychological Association 안에서 분리된 분과로 인정받으려는 시도가 현재까지는 성공적이지 않지만, 그럼에도 불구하고 자아초월심리학의 다양한 측면이 미국심리학회의 다른 분과들에서 발표되고 있는데, 주로 인본주의 심리학 분과인 32분과와 종교와 영성심리학 분과인 36분과에서이다. 그러나 1996년 영국심리학회British Psychological Society는 자아초월심리학만의 학술적 분과 설립을 승인하는 첫 번째 전문 심리학회가 되었다(www.transpersonalpsychology.org.uk).

자아초월심리학의 관점들: 역사적 분석

자아초월과 영성을 어떻게 확실하게 이해하고 정의할 것인가에 대한 질문은 자아초월심리학자들의 주의를 지속적으로 끌고 있다(Cunningham, 2007; Daniels, 2005; Fontana, 2003; Hartelius et al., 2007). 현재는 이 분야에서 보편적으로 수용되는 입장은 없는데, 최소한 이는 기존 심리학회가 자아초월심리학에 대해 충분한 인식을 얻을 수 있는 논의의 진행이 어려웠다는 것으로 설명할 수 있다. 그보다는 네 가지 구별되는 관점을 확인할 수 있다(Lancaster, 2004).[2]

종교적 관점 자아초월과 영성을 세속의 존재를 초월하는 신성한 실재와 우리의 관계에 기초해서 이해한다(예를 들면, 신, 브라만, 지존, 절대자, 법Dharma, 도道, 위대한 영Great Spirit).

심리학적 관점 자아초월 경험과 행동을 잠재적인 심리적 과정이 드러나는 것으로 본다. 예를 들면, 이런 관점은 사회심리학적 · 인지적 · 정신역동적 그리고 신경신학적neurotheological 접근을 포함한다.

인본주의 / 실존주의 / 여성주의자 관점 영성을 개인이 자신과 다른 사람들에 대한 더욱 심오하고 진솔한 이해 그리고 관계를 개발하는 과정에서 경험하는 인간의 근본적 측면이라고 보았다.

생태학적 관점 이 관점은 자연계(생명, 다른 종, 하나의 지구, 우주)에 대한 개인의 영적인 연결 그리고 윤리적 책임에 초점을 둔다.

이런 여러 다른 관점을 고려하는 하나의 방법은 자기와 영적인 것에 관한 인간 사고의 중요한 역사적 발달에 그것들을 연관시키는 것이다. 다양한 저자가 기원전 800년과 기원전 200년 사이에 발생한 인간 의식의 근본적 변화에 대해 제시해 왔다(예를 들면, Armstrong, 2006; Hick, 1989; Jaspers, 1949/1977; Jaynes, 1993; Tarnas, 1991; Daniels, 2005, 2009). 이 시기는 인간의 자기 자신에 대한 이해와 자연과 초자연, 양자에 대한 그들의 관계 면에서 심오한 **전환기**(또는 혁명)를 수반하였는데, 이 시기를 **차축시대**axial period라 부른다(Jaspers, 1949/1977 이후). 현재까지 차축시대는 **전-차축**pre-axial시대(기원전 900년 전 시기)와 **후-차축**post-axial시대(대략 서력기원common era에 상응하는)를 나누는 분기점을 표현한다. 후-차축을 이해하는 것은 차축시대에 처음으로 나타난 통찰을 성찰하는 것이기 때문에 일군의 저자들(예를 들면, Armstrong, 2006)은 차축과 후-차축 시대 사이를 분명하게 구분하려 하지 않는다.

전-차축 종교는 영적 대상(초자연적인), 자연, 인간 세계가 상호 침투적이며 상호 의존한다는 인식에 기초한 물활론, 샤머니즘, 마술적인 믿음과 관습으로 특징짓는다. 전-차축 사회는 자연 그리고 영들the spirits과 함께 조화를 이루며 공동으로 살아가는 것의 중요성을 강조한다. 종교의 기능은 자연, 인간 그리고 초자연적 질서를 유지하는 것으로 보았고, 이에 따라 종교적 실천의 목적은 파괴된 질서를 회복하는 것이었다(의례, 제물, 마술 그리고 청원 기도를 포함하는). 가장 주목할 만한 것으로 전-차축 종교는 진보 또는 진화에 대한 분명한 개념을 갖고 있지 않았다. 변화(조수의 간만, 계절, 천체의 움직임 그리고 동물의 이주에서 관찰된 것 같은)는 순환적 과정이라고 이해하였고, 이 순환은 정해진 것 그리고 규칙 그 자체였다. 예측할 수 없는 변화가 발생할 시(예를 들면, 지진, 전염병, 기근)에는 공동체 내에서 금기가 지켜지지 않았거나 또는 외부로부터의 악의적인 주술적 공격으로 인해 세계 질서의 교란이 나타난 것으로 이해하였다. 여기서 공동체의 종교적 지도자(주술사, 사제 또는 여사제)는 공동체 안의 범죄자 또는 외부의 적을 밝혀내고, 그리고 노한 영들을 달래거나 또는 어떠한 주술적 공격에 대항하여 방어하고 격퇴하기 위해 취할 적절한 조치를 확보할 의무가 있었다. 또한 전-차축 사회에서는 **개성**individuality 또는 분리된 자기에 대한 분명한 (현대적) 개념이 없다는 것을 아는 것이 중요하다. 공동체 안에서 각 개인은 완수해야 하는 주어진 역할을 가지며 모든 것이 지속적인 생존과 공동체의 안녕을 확보하기 위한 집단적 책임이었다.

전-차축시대 동안 몇 가지 중요한 종교적 관념이 우위를 차지하였다. 첫 번째로 선사시기의 어느 시점이냐를 불문하고 여성적 원리(다산, 모성애, 양육)에 대한 중요한 강조가 있어 왔다. 일부 연구자(예를 들면, Gimbutas, 1982)에 의해 제시된 여신에 대한 보편적 숭배가 많았다는 내용은 논쟁적인 문제이다. 다산多産, 돌봄과 양육에 대한 이런 여성적 원리의 강조와 일치하는 세계는 상호 연결과 상호 의존의 한 연결망으로 이해된다. 또한 그것 자체로서 성스러운 것인데, 왜냐하면 그것이 영적 왕국과의 연결, 의존 그리고 관계 그 자체이기 때문이다. 따라서 전-차축 종교는 본질적으로 감각적 경험, 쾌락, 자연적 성장, 건강 그리고 풍부함을 즐기면서 삶을 긍정하는 것이었다.

차축시대 동안에 이 모든 것은 급속하게 변하였는데, 근동과 유럽, 인도, 중국 그리고 일본에서 확립된 철기시대Iron Age 문화가 도래하던 기원전 800년경에 시작되었다. 차축(철기시대)시대에는 금속 제조 기술의 발달이 나타났으며, 동시에 농업, 사회 체제, 예술적 표현 그리고 종교적 신념과 실천에서도 근본적인 변화가 일어났다. 그 이후에 인간의식에 있어서 '위대한 변용Great Transformation'이 나타난 것으로 볼 수 있는데(Armstrong, 2006), 가장 극명한 예는 유대교 예언자들Jewish Prophets(기원전 800~400년), 붓다Buddha(기원전 563~483년), 공자Confucius(기원전 551~479), 노자Lao Tse(통상적으로 공자와 동시대의 인물), 소크라테스Socrates(기원전 469~399년), 그리고 카필라Kapila(연대 미상, 통상적으로는 힌두이즘 안에서의 상키아Samkhya 철학의 창시자)의 철학들이다.

차축철학은 신성, 자연 그리고 사회에 대한 새로운 관계 안에서 인간을 이해했다. 특별히 **진보**progress와 **정복**conquest에 대한 개념이 기초를 이루게 되었다. 가장 발달된 형식에서 보면, 이런 개념은 **개별화**individuality에 대한 강조와 관련된다. 이런 방식에서는 진보와 정복이 어떤 **구원과 완전을 향한 개인적인 영웅적 원정**individual heroic quest for salvation and perfection으로 이해되었다—이런 생각은 전-차축 관점에서는 이해되지 않는 것이다. 정복 역시 아마도 고차원적인 지성과 영성적 자질(합리성, 자기지식, 훈육, 공정, 윤리적 자각, 자비 그리고 공감)을 배양하는 것을 통하여 개인의 육체적(동물적) 욕구와 불완전성을 극복하고 통제하고 억누르는 것을 포함하는 것으로 이해되었다. 또한 중요한 것으로서 자기개발 같은 것은 투쟁과 **고난**suffering의 과정을 포함한다고 보았다(Armstrong, 2006).

개인적 정복 영웅에 대한 이런 강조와 함께 차축철학이 이 시기 (그리고 그 후) 동안에 사회적 그리고 정치적 정복 그리고 타인에 대한 진압(과 고난)을 정당화하는 데 때때로 사용되었다는 것은 놀랄 일이 아니다. (철기시대의 발생과 함께) 차축철학이 당시에 (그리고 종종 그 이후로도) 힘, 용기, 통제, 합리성, 공정 그리고 군대식 훈육을 본질적인 **남자다운**masculine 미덕으로서 인식하고 이상화했다는 것을 또한 주목해야 할 것이다.

인간(또는 아마도 남자들의) 의식의 이러한 변화는 그들을 지지하는 사회적 체제와 통념에 상응하는 조치를 취하는 것과 마찬가지로, 자연에 대한 인식과 종교의 기능에 대해서도 근본적인 수정을 이끌었다. 중요한 변화의 일부는 〈표 2-1〉에 정리해 놓았다.

표 2-1 전-차축과 차축 사상에서 사회적, 신화적 그리고 종교적 요소

전-차축	차축
부족 사회:공동체	가부장제: 귀족 정치
공유: 공동 재산	소유: 사적 소유
상호 -의존co-dependence	개인주의
수평적 조직heterarchy	위계적 조직hierarchy
사회적 기능	영웅의 원정heroic quest
금기: 관습	규칙: 법
사회적 순응	개인적 훈육personal discipline
상호 통제	개인 통제
상호 의존자co-dependents	지도자(인간과 '초월자')
유지	완성
안정	진보
치유자: 주술사	현자: 성인
마술	신비주의
마음-몸 합일	마음-몸 분리
현실주의	이상주의
비합리적 지식	합리적 지식
다수의 영(다신론)	하나의 영(일신론)
다양한 길	(한 가지) 길
선을 베푸는 여신	지배하는 신
여성 전형	남성 전형
어머니	아버지
치유	구원
열정	냉정dispassion(자비compassion)
편안함: 즐김	투쟁: 고난
내재(편재)	초월
충만	공
환상적 경험	무형상 깨달음

Armstrong(2006)이 훌륭하게 제시해 놓은 바에 의하면, 차축 주제는 모든 주요한 현대(후-차축) 세계의 종교의 중심부에 놓여 있다. 여기에는 아브라함 종교Abrahamic religions(유대교, 기독교, 이슬람교), 불교, 힌두교(특별히 베단타와 상키아), 유교, 도교, 자이나교, 시크교, 조로아스터교가 포함된다. 이 종교들은 영성에 대한 현대적 사고를 주도하기 때문에 차축과 후-차축 주제는 자아초월심리학에서도 우위를 차지하고 있으면서 명상, 영성적 훈련, 깨달음, 자유 의식, 영적 '지도자', '상위의 자기'에 대한 획득, 초월 그리고 실현의 수준과 단계를 지속적으로 강조하고 있다는 것은 놀랄 만한 일이 아니다.

다른 후-차축 종교들의 신성에 대한 독특한 관점이 다양하다 하더라도(예를 들면, 아브라함 종교Abrahamic religions는 단일한 최고 절대자의 존재를 믿는 데 반하여, 불교의 대부분의 형태는 유신론의 개념을 거부한다.) 거기에는 다는 아니지만, 주요 후-차축 종교의 대부분이 만든 어떤 공통의 존재론적 가정이 있다. 이런 이유로 인해 기저하고 있는 영속적인 후-차축철학을 확인하는 것이 가능한 것이다(Huxley, 1947). 이런 공통적인 후-차축 존재론의 중심은 오직 진실한 실재는 영Spirit이고, 따라서 궁극적으로 영은 하나라는 관점이다. 더 나아가 영을 현 세계의 최초의 근원(창조자)으로 이해하며 감각적 경험으로 아는 세계는 의존적 · 이차적 실재라는 것을 암시한다. 바꾸어 말하면 이것은 두 가지 존재론적 실재가 있다는 가정으로 이어진다. 첫 번째는 절대적 · 일차적인 영의 실재, 두 번째는 상대적인 · 의존적인 현상적 세계의 실재(그리고 경험)이다.

자아초월 발달의 세 가지 방향성

이들 존재론적 가정은 영적 구원을 향한 길이란 이전의 일상적, 상대적, 거친, 물질적 또는 감각적 자각의 상태로부터 절대 의식의 궁극적 실현과 영과의 합일을 향하도록 인간 의식을 정제하는(완성하는) 것이라는 후-차축 종교의 구원론적soteriological(구제하는salvific) 의제를 온전히 뒷받침한다. 이 구원론적 의제는 Wilber(예를 들면, 1995, 1996)가 자아초월 사상에서 **상승하는 흐름**ascending current이라고 칭해 온 것을 가리키는 것이다(Daniels, 2005 참조). 이 상승하는 흐름의 사상은 '상위의' (절대적인) 영적 의식의 성취를 위한 (상대적인, 나타난 세상에 대한) 영적 초월의 길을 지지한다. 이와 같이 삶의 목적은 현상적 세계(상키아철학에서의 **프라크리티**Prakriti)의 일상적 · 감각적 경험에 대해 탈동일시하는 것이며, 그리고 영적 의식 (상키아철학에서의 **푸루샤**purusha) 쪽인 초월적 · 절대적 실재에 대해 동일시하는 것이라는 다른 세계에 대한 전망을 제시한다. 나아가 본질적으로 개인주의적인 입장을 취하는 것은 차축, 후-차축 사상을 함축하는 것으로, 의식의 정화를 통한 영적 변용의 길은 절대적 완성을 향한 개인의 (영웅의) 원정에서 각 개인이 취해야 할 어떤 것으로 보았고, 이는 불충분한 · 상대적인 · 환상적인 경험에 대한 정복을 포함한다.[3]

그러나 여기에는 후-차축 사고에서 확인할 수 있는 또 다른 구원론적 입장이 있는데, 이는 보다 세속적 · 내재적 관점을 나타내는 것으로 Wilber(예를 들면, 1995, 1996)가 **하강하는 흐름**descending current이라고 지칭해 온 것이다. 진보, 진화, 구원 그리고 변용에 대한 차축의 강조점은 인간이 경험하는 현시되는 세계에 적용된다. 영적 의식에 대한 초월적 상태의 개인적인 성취보다는 세상에서의 긍정적 변화와 다른 사람들을 향한 공감과 연민의 발달 그리고 봉사의 길에 더욱 그 초점을 둔다. 하강하는 흐름의 관점에서 현시된 세상(현재가 부정적이고 악의적이라도)은 적극적인 영적으로 동기화된 중재를 통하여 그 자체가 완전하게 될 수 있는 것이라고 보았다(개인과 집단 양쪽에서).

어떤 측면에서 후-차축 하강하는 흐름은 중요한 전-차축 관심사(예를 들면, 공동체, 상호 성 그리고 내재적 영성)를 유지하고 있는 것으로 이해되며, 그렇기 때문에 상승하는 흐름보다는 덜 혁명적이지만, 더 발달한 후-차축 관점을 나타내는 것으로 보인다. 예로 Wilber(1995, 1996)는 차축과 후-차축 시대 동안에 발생한 종교적 그리고 철학적 사고의 변화는 상승하는 흐름과 하강하는 흐름에 대한 효과적인 **통합**integration으로 나타난다고 주장해 왔다. 이것은 개인적 깨달음과 타인에 대한 자비 양쪽에 대한 붓다의 관점 또는 열정을 길들이는 것과 사회적 정의 양자에 대한 플라톤Plato의 사상 또는 개인적 훈육과 사회적 질서의 유지라는 양쪽의 중요성에 대한 공자의 사상을 말한다고 할 수 있다. Wilber(1995, 1996)에 따르면, 상승하는 흐름과 하강하는 흐름이 분리되기 시작한 것은 역사에서 더 나중의 시기로서 궁극적으로는 '단순한 상승' 또는 '단순한 하강'이라는 일차원적 '평지flatland' 철학과 종교라는 결과를 초래했다(예를 들면, Wilber, 1995, p. 341; 1996, pp. 11-12, 243ff.). 예를 들면, **영지**靈智**주의**Gnosticism와 좀 더 후기의 **카타르파**Catharism는 단순한 상승 관점을 보이는 반면, 자연낭만주의와 과학적 물질주의자는 단순한 하강하는 흐름에 대한 다른 형태를 보여 준다. Wilber에 의하면, 이런 일차원의 관점들은 상승주의자와 하강주의자 사이의 많은 사상적 전쟁으로 몰아갔으며 이는 과거 수세기 동안 증명되었고 현재에도 요란하게 지속되고 있다(예를 들면, 종교와 과학 간 또는 기성 종교와 토속 종교 간 또는 인본주의-실존주의와 자아초월적 관점 간). Wilber에 따르면, 이런 비생산적인 전쟁에 대한 해결은 종교적 그리고 철학적 관점의 발달을 향해 작업을 하는 것으로, 이는 상승하는 흐름과 하강하는 흐름을 재통합할 수 있는 역량이다. 실로 이것은 Wilber 자신의 통합 의제에서 하나의 중요한 측면인데, **통합 연구소**라는 그의 두뇌 집단의 작업으로 제시되었다(예를 들면,

Wilber, 2006; http://integralinstitute.org 참조).

상승과 하강의 영적 기류에 대한 Wilber의 구분이 많은 점에서 유용한 지침임에도 불구하고 그런 정리법에는 다소의 어려움이 있는데, 특히 하강류를 고려할 때이다. 첫 번째로, 하강이라는 용어는 다소 경멸적으로 보일 수 있다. 실로 이 용어는 조악한 이론상의 입장을 암시하기 위해 Wilber가 종종 사용하곤 했는데, 예를 들면 '복고적-낭만주의'와 같이 과거회귀적인 사람들에 대한 그의 묘사이다(Wilber, 1995, 1996). 두 번째로, 하강류는 종종 지나치게 포괄적으로 보인다는 것으로, 예를 들면 방법적 측면에서 자아초월에 대한 융학파, 심현제-홀로트로픽, 여성주의 그리고 생태학적 접근을 포함하는 것으로 보인다(Daniels, 2009). 마지막으로, 하강이라는 용어의 의미는 본질적으로 불분명함과 모호함을 갖는다. 어떤 종류의 하강을 의미하는 것인가? 무엇이 하강인가?

필자는 하강류에 대한 일반적인 정체성은 실제로 두 가지의 근본적으로 다른 구원론적 입장이 융합해 있다고 주장해 왔다(Daniels, 2009). 이것은 다음과 같이 규정할 수 있다.

1. 심층심리학적 관점
2. 관계적 참여 관점

본질적으로 심층심리학적 관점은 자아초월 발달이 영적으로 규정될 수 있는 무의식적 자료의 탐색과 통합을 포함한다고 주장한다. 이런 측면에서 이 접근은 Assagioli(1991, 1993), Firman과 Gila(1997), Grof(예를 들면, 1988, 2000) Jung(예를 들면, 1966, 1967, 1969, 1991), Hillman(1977), Washburn(예를 들면, 1994, 1995) 그리고 Smith(2003)의 이론들 또한 일부의 신이교주의neopagans의 실천과 해석으로 실증되었다(Adler, 2006).

대조적으로 관계적 참여 관점에서 자아초월 발달은 타인과 세상에 대해 영적 연결이 실현되고 표현되는 것을 포함한다고 주장한다. 이런 접근을 위한 기본적 토대는 자기 자신의 개별화 또는 개인적 영성 발달에 대한 자기중심적인 관심사를 넘어서서 다른 사람, 다른 종 그리고 더 큰 세상을 향한 헌신과 책임을 가진 온전한 참여를 향한 움직임의 중요성이다. 이와 같은 관계적 참여 사고는 토착적 영성(예를 들면, Harner, 1980; Kremer, 1998), 여성주의 영성(예를 들면, Brooks, 2010; Chittister, 1998; Starhawk, 1999; Wright, 1995, 1998), 자아초월 생태학(예를 들면, Fox, 1995; Naess, 1973), 관계적 영성(예를 들면, Achterberg & Rothberg, 1998; Wade, 2004; Welwood, 1991) 그리고 Ferrer(예를 들면, 2002, 2011; Ferrer & Sherman, 2008)의 참여 비전vision(자기-중심성self-centeredness으로부터의 해방, 함께 창조하는 참여cocreative participation)에서 나타난다.

심층심리학적 관점과 관계적 참여 관점 간의 분명히 다른 차이점 때문에 그동안 필자가 제안해 온 것(Daniels, 2009)은, 하강이라는 용어는 심층심리학적 접근에 국한되어야만 한다는 것이다(이것은 명확하게 무의식의 심층 속으로 내려가는 것을 암시하고 있기 때문이다). 이와 대조하여 필자는 관계적 참여 관점은 확장extending의 은유를 사용하는 것이 더 나은 표현이라는 것을 제안한다. 왜냐하면 그것은 순수한 자기참조적인 입장에서 다른 사람과 더 큰 정치적, 경제적 그리고 생태학적인 체계를 포함하는 쪽으로 도덕적이고 영적인 관심의 범위를 외부로 확장하는 것을 포함하기 때문이다(Friedman, 1983; 자기-확장성self-expansiveness의 개념과 비교하라).

이런 구별의 함의는 상승, 하강 그리고 확장이라는 세 가지의 구원론적 접근을 확인하려는 것인데, 이들은 각각 서로 다른 가치와 관점을 표현하고 있다(〈표 2-2〉 참조). 그럼에도 불구하고 (Wilber 이후) 이런 접근법들을 흐름currents으로 용어화했는데, 나는 이들을 자아초월 발달의 측면에서 갈라지고 분리된 흐름으로 보기보다는 **역동적 방향성**dynamic vectors으로 보는 관점이 더 적절하다고 본다(Daniels, 2009). 이 세 가지 접근을 지향하는 세력들의 결합과 통합에 대한 가능성은 더욱 명백해지고 있는데, 이는 사람들이 오직 한 가지 지류에서만 헤엄치려 한다는 가정을 피하려는 것이다.

표 2-2 자아초월 발달의 세 가지 방향성

	상승	하강	확장
은유	높이	깊이	넓이
중심어	깨달음	개성화	참여
중요 미덕	지혜: 믿음	통합: 희망(확신)	자비: 자선(사랑)
전통	종교	심리학	인본주의
탐구 영역	상위의 마음: '초의식'	무의식: 역동적 기반	인간: 세상
자아관	'하위의' 자기	부분적 정신 체계	자아중심: 인간중심주의
초월	'하위의' 본성	정신적 분열	자기-중심성
합일	자기와 신성	의식과 무의식	자기와 타인

〈표 2-2〉에서 볼 수 있는 것처럼 각각의 방향성은 자아-초월의 서로 다른 길을 옹호하고 있다(넓게는 자아초월적 발달의 특징을 증명하는 것으로 여겨지는). 이런 관점에서 세 가지의 방향성은 우리가 자아중심성을 넘어 나아가야 할 주요한 방향을 명백하게 나타낸다([그림 2-1] 참조).

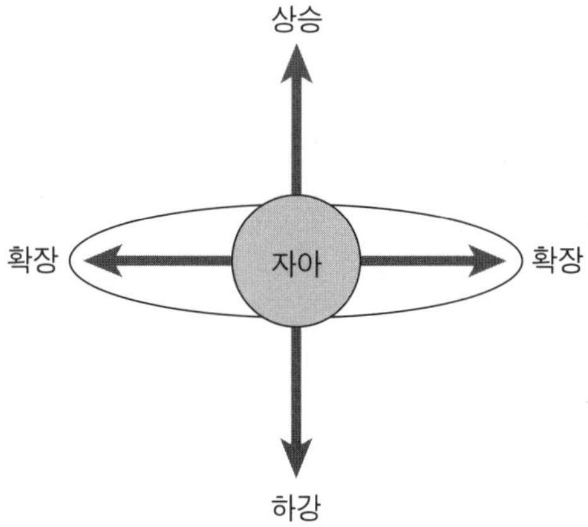

[그림 2-1] 자아초월의 세 가지 방향성

통합적 관점을 향하여

방향성 모델 뒤에 숨겨진 가정은, 진실로 **통합적**integral 자아초월 관점은 세 가지의 구원론적인 방향성 모두를 인식하고 받아들이는 것이 필요하다는 것이다. 나아가 방향성 모델은 특정한 자아초월 접근이 이런 통합적 관점에 가까이 가는지에 대해 그 수준을 평가하는 연구 지침으로도 사용될 수 있다(Daniels, 2009 참조, 분석이 제시되어 있음). 많은 자아초월 접근이 세 방향성의 모든 측면을 내재적으로 인식하고 있음에도 불구하고 단지 몇 가지 접근만이 모든 방향성(통합적)을 명시하고 있으며, 또 그렇다 할지라도 하나 또는 두 가지의 특별한 방향성에 대한 강조를 지속하고 있다. 통합적 관점에는 Assagioli, Aurobindo, Ferrer, Grof, Washburn 그리고 Wilber의 접근법이 확실하게 포함되어야 한다. 그러나 다양한 수준에 대해서 이러한 관점들이 자아초월 발달의 세 가지 방향성 모두를 **개념적으로**conceptually 인식한다 할지라도 그들 중 어떤 것이 진실로 모든-방향성, 통합적 구원론(수련practice)을 지원할 능력이 있는가에 대한 중요한 문제는 여전히 남아 있다. 통합이라는 측면에서 Aurobindo의 통합요가Integral Yoga(1970, 1990; Chaudhuri, 1965), Wilber의 통합적 생활 수련Integral Life Pratice(Wilber et al., 2008), Leonardo와 Murphy의 통합적 변용 수련Integral Transformative Practice(1995) 그리고 Albareda와 Romero의 전인적 통합Holistic Integration(Ferrer, 2003)은 중요한 발달을 제시한다고 할 수 있다.

필자의 의견으로 모든-방향성이 있는 자아초월 이론과 실제를 위해서는 상승, 하강 그리고 확장 관점과 구원론의 결합(그리고 조화를 이루는)이 필요하다. 그러기 위하여 모든-

방향성 접근은, ① 지혜와 믿음(상승), ② 심리적 통합과 희망(하강), 그리고 ③ 자비와 자선(확장)의 촉진을 통하여 자아중심주의의 극복이라는 본질적인 자아초월 작업을 증진시켜야 할 것이다. 그러나 각 방향성에서 표현되는 미덕이 중요하고 모든-방향성의 미덕이 통합적 실천에서 양성되어야만 한다고 하더라도, 확장 방향성의 미덕이 우선되어야 한다는 강력한 논거가 있다. 예를 들면, 자비와 자선의 확장은 영성을 위한 현실적 · 실천적 강조점일 뿐만 아니라 영적 자기애spiritual narcissism라는 자아초월의 경로에서 나타나는 일상적이고 방심할 수 없는 독이 분명하고 효과적인 해독제를 준비해 주기 때문이다(Walach, 2008).

자아초월심리학을 향한 도전

지난 수십 년 이상 자아초월심리학에서 얻은 분명한 성취가 학술적인 면에서는 위기에 처해 있다고 말한다면 과장일 수도 있다. 그러나 문제와 도전은 분명하게 존재한다(Cunningham, 2007; Daniels, 2011). 이것은 학문의 내면과 외면에서 명백하다. 내적으로 자아초월심리학에는 당파성과 잦은 갈등이 존재한다. 외적으로 자아초월심리학은 주류 심리학에서 상대적으로 고립되어 있다. 의식 연구, 종교심리학 그리고 긍정심리학 같은 동종 접근으로부터도 마찬가지이다. 자아초월 분야에서 연구 또는 대학원 훈련을 위한 외부 자금은 확보가 어렵다. 슬프게도 자아초월심리학 분야의 학문적 프로그램은 상위 기관에 의해 항상 잘 지원되는 것이 아니며, 어떤 경우에는 폐지되기도 한다. 이 외에 자아초월심리학자를 위한 심리치료 훈련이나 개인 코칭, 경력을 쌓을 기회는 상대적으로 제한적이다. 특히 공공 부문에서 개인이 학문적 경력이나 임상, 직업 또는 교육심리학 같은 응용 전문직에 자아초월적 관심이나 활동을 포함하는 것이 곤란할 수 있다.

외적인 도전에 대처하는 것은 쉽지 않을 것인데, 특별히 현대의 전 지구적인 세계 경제와 정치 환경에서 그렇다. 그러나 진보는 자아초월심리학이 이면에 견지하고 있는, 또는 스스로 만든 모래상자 안에 가두어 놓고 있는 어떤 태도나 가정에 좀 더 주의를 기울이는 것을 통하여 만들어질 수 있다(Marien, 1983). 특히 필자는 자아초월심리학이 덜 편협하고, 덜 소중하고, 덜 확실하고, 덜 자기애적인 태도를 가질 것을 시급하게 호소하고 싶다. 자아초월 영역에서 필자는 더 많은 호기심, 더 많은 '모른다'는 태도, 더 많은 심사숙고, 더 많은 여성의 목소리, 더 많은 대화 그리고 더 많은 연구research를 보고 싶다.

'모래상자 증후군sandbox syndrome'에 대한 Marien(1983)의 비판은 인본주의 심리학과 자아초월심리학에서 현실-세계 적절성의 결핍이 종종 보인다는 것이다—인간 향상을 향해서 자칭self-proclaimed의 사명을 갖는다는 것이 다소 역설적이다. 광범위한 영역에서 사회적 · 정책적 적절성에 대한 이런 결핍은 오랫동안 자아초월심리학에서 우세를 점하고 있는 상승-개별적-자기애적 의제를 반영한 것일 수 있다. 예를 들면, 의식 상태에 대한 탐구 그리고 개인적 영적 성취에 대한 수준 올리기에 대한 입장을 지나치게 강조하며 지속하는 것이다(Ferrer, 2002와 비교하라).

자아초월심리학이 성장하고 현실성도 적절하게 갖추려 한다면 모래상자 밖으로 나오는 것은 필수적이다. 이것을 위하여 필요한 것은 현실적인 비전과 용기라는 양자이다. 자아초월심리학의 여러 중요하고 전문적인 응용(예를 들면, 임상, 교육 그리고 조직적 상황)을 위해 부언하자면 자아초월심리학은 광범위한 사회-정치적 범위 안에서 연계된 참가자일 뿐만 아니라 다른 학문들과 대화하면서 제공할(받을) 많은 것을 가지고 있다(Rothberg, 2008과 비교하라). 자아초월심리학은 소외, '도덕성 타락', 난무하는 물질주의 그리고 생태계 파괴와 같은 더 광범위한 사회적 문제의 해결을 추구하는 것뿐만 아니라 종교 간 대화, 종교적 관용 그리고 상호 간 이해를 촉진하는 것을 돕는 일에서 중요한 역할을 담당할 수 있다.

주석

1 나는 모든 네 가지 관점의 협력을 위한 Ferrer(2002)의 참여적 접근을 이해한다.

2 Huxley(1947)의 지적에 의하면, 이런 존재론적 가정은 아마도 불교, 베단타 그리고 상키아(동양 쪽에서) 그리고 그노시스주의, 신플라톤주의, 유대교와 기독교 신비주의(서양 쪽에서)에서 가장 명료하게 확인할 수 있다.

3 어떤 경우에 그노시스주의에서, 예를 들면 이런 구원론적 의제는 현세의 물질적 세계는 타락하고 사악하다는 입장에 근거하고 있다.

참고문헌

Achterberg, J., & Rothberg, D. (1998). Relationship as spiritual practice. In D. Rothberg & S. Kelly (Eds.), *Ken Wilber in dialogue: Conversations with leading transpersonal thinkers* (pp. 261-274). Wheaton, IL: Quest Books.

Adler, M. (2006). *Drawing down the moon: Witches, druids, goddess-worshippers, and other pagans in America* (Rev. ed.). New York, NY: Penguin.

AHP Perspective (2007/2008, December/January). ATP and AHP got married in San Francisco. *AHP Perspective*, p. 3.

Assagioli, R. (1991). *Transpersonal development: The dimension beyond psychosynthesis*. London, UK: HarperCollins.

Assagioli, R. (1993). *Psychosynthesis: The definitive guide to the principles and techniques of psychosynthesis*. London, UK: Thorsons.

Aurobindo, S. (1970). *The life divine*. Pondicherry: Sri Aurobindo Ashram. (Original work published 1939-1940)

Aurobindo, S. (1990). *The synthesis of yoga* (6th ed.). Silver Lake, WI: Lotus Light Publications. (Original work published 1948-1955)

Boucouvalas, M. (1999). Following the movement: From transpersonal psychology to a multidisciplinary transpersonal orientation. *Journal of Transpersonal Psychology, 31*(1), 27-39.

Braud, W. G., & Anderson, R. (1998). *Transpersonal research methods for the social sciences: Honoring human experience*. Thousand Oaks, CA: Sage.

Brooks, C. (2010). Unidentified allies: Intersections of feminist and transpersonal thought and potential contributions to social change. *International Journal of Transpersonal Studies, 29*(2), 33-57.

Bucke, R. M. (2001). *Cosmic consciousness: A study on the evolution of the human mind*. Bedford, MA: Applewood Books. (Original work published 1901)

California Institute of Integral Studies (n.d.). History of CIIS. Retrieved from http://www.ciis. edu/About_CIIS/CIIS_at_a_Glance/History_of_CIIS.html

Caplan, M., Hartelius, G., & Rardin, M. A. (2003). Contemporary viewpoints on transpersonal psychology. *Journal of Transpersonal Psychology, 35*(2), 143-162.

Chaudhuri, H. (1965). *Integral yoga: The concept of harmonious and creative living*. London, UK: George Allen & Unwin.

Chittister, J. D. (1998). *Heart of flesh: A feminist spirituality for women and men*. Grand Rapids, MI: Eerdmans/Novalis.

Cortright, B. (1997). *Psychotherapy and spirit: Theory and practice in transpersonal psychotherapy*. Albany, NY: State University of New York Press.

Cunningham, P. F. (2007). The challenges, prospects, and promise of transpersonal psychology. *International Journal of Transpersonal Studies, 26*, 41-55.

Daniels, M. (2005). *Shadow, self, spirit: Essays in transpersonal psychology*. Exeter, UK & Charlottesville, VA: Imprint Academic.

Daniels, M. (2009). Perspectives and vectors in transpersonal development. *Transpersonal Psychology Review, 13*(1), 87-99.

Daniels, M. (2011, September 17). Retrospective and challenges for transpersonal psychology. Keynote paper presented at the British Psychological Society Transpersonal Psychology Section 15th Annual Conference, Cober Hill, Scarborough. Retrieved from http://www.youtube.com/watch?v=FBidl7xfHl8

Dass, R. (1971). *Be here now*. San Cristobal, NM: Lama Foundation.

Ellis, A., & Yeager, R. J. (1989). *Why some therapies don't work: The dangers of transpersonal psychology*. New York, NY: Prometheus Books.

Ferrer, J. N. (2002). *Revisioning transpersonal theory: A participatory vision of human spirituality*. Albany, NY: State University of New York Press.

Ferrer, J. N. (2003). Integral transformative practice: A participatory perspective. *Journal of Transpersonal Psychology, 35*(1), 21-42.

Ferrer, J. N. (2011). Participatory spirituality and transpersonal theory: A ten-year retrospective. *Journal of Transpersonal Psychology, 43*(1), 1-34.

Ferrer, J. N., & Sherman, J. H. (2008). *The participatory turn: Spirituality, mysticism, religious studies*. Albany, NY: State University of New York Press.

Firman, J., & Gila, A. (1997). *The primal wound. A transpersonal view of trauma, addiction, and growth*. Albany, NY: State University of New York Press.

Fontana, D. (2003). *Psychology, religion, and spirituality*. Leicester, UK: BPS Blackwell.

Fox, W. (1995). *Toward a transpersonal ecology*. Albany, NY: State University of New York Press.

Friedman, H. (1983). The Self-Expansiveness Level Form: A conceptualization and measurement of a transpersonal construct. *Journal of Transpersonal Psychology, 15*(1), 37-50.

Friedman, H. (2002). Transpersonal psychology as a scientific field. *International Journal of Transpersonal Studies, 21*, 175-187.

Friedman, H. (2005). Problems of romanticism in transpersonal psychology: A case study of Aikido. *The Humanistic Psychologist, 33*(1), 3-24.

Gimbutas, M. (1982). *The goddesses and gods of old Europe: Myths and cult images* (Rev. ed.). Berkeley, CA: University of California Press.

Goldman, M. (2012). *The American soul rush: Esalen and the rise of spiritual privilege*. New York, NY: New York University Press.

Grof, S. (1988). *The adventure of self-discovery*. Albany, NY: State University of New York Press.

Grof, S. (2000). *Psychology of the future: Lessons from modern consciousness research*. Albany, NY: State University of New York Press.

Grof, S. (2008). Brief history of transpersonal psychology. *International Journal of Transpersonal Studies, 27*, 46-54.

Harner, M. (1980). *The way of the shaman*. New York, NY: Harper & Row.

Hartelius, G., Caplan, M., & Rardin, M. A. (2007). Transpersonal psychology: Defining the past, divining the future. *The Humanistic Psychologist, 35*(2), 1-26.

Hastings, A. (1999). Transpersonal psychology: The fourth force. In D. Moss (Ed.), *Humanistic and transpersonal psychology: A historical and biographical sourcebook* (pp. 192-208). Westport, CN: Greenwood Press.

Hick, J. (1989). *An interpretation of religion: Human responses to the transcendent*. Basingstoke, Hampshire, UK & New York, NY: Palgrave.

Hillman, J. (1977). *Re-visioning psychology*. New York, NY: Harper Perennial.

Hood, R. W. Jr., Hill, P. C., & Spilka, B. (2009). *The psychology of religion: An empirical approach* (4th ed.). New York, NY: Guilford Press.

James, W. (1882). The subjective effects of nitrous oxide. *Mind*, *7*, n.p. Retrieved from http://www.erowid.org/chemicals/nitrous/nitrous_article1.shtml

James, W. (1898). Consciousness under nitrous oxide. *Psychological Review*, *5*, 194-196.

Jaspers, K. (1977). *The origin and goal of history*. Westport, CT: Greenwood Press. (Original work published 1949 [German])

Jaynes, J. (1993). *The origin of consciousness in the breakdown of the bicameral mind*. London, UK: Penguin Books.

Jung, C. G. (1966). *Collected works of C. G. Jung* (2nd ed.; R. F. C. Hull, Trans.). In *Two essays on analytical psychology* (Vol. 7). London, UK: Routledge. (Original works published 1917, 1928 [German])

Kremer, J. W. (1998). The shadow of evolutionary thinking. In D. Rothberg & S. Kelly (Eds.), *Ken Wilber in dialogue: Conversations with leading transpersonal thinkers* (pp. 239-258). Wheaton, IL: Quest Books.

Lajoie, D. H., & Shapiro, S. I. (1992). Definitions of transpersonal psychology: The first twenty-three years. *Journal of Transpersonal Psychology*, *24*(1), 79-98.

Lancaster, B. L. (2004). *Approaches to consciousness: The marriage of science and mysticism*. Basingstoke, Hampshire, UK, & New York, NY: Palgrave MacMillan.

Leonard, G., & Murphy, M. (1995). *The life we are given: A long-term program for realizing the potential of body, mind, heart, and soul*. New York, NY: Jeremy P. Tarcher/Putnam.

Marien, M. (1983). The transformation as sandbox syndrome. *Journal of Humanistic Psychology*, *23*(1), 7-15.

Maslow, A. H. (1973). *The farther reaches of human nature*. Harmondsworth, Middlesex, UK: Penguin.

Murphy, G., & Ballou, R. O. (1961). *William James on psychical research*. London, UK: Chatto & Windus.

Murphy, M. (1992). *The future of the body: Explorations into the further evolution of human nature*. New York, NY: Jeremy P. Tarcher/Putnam.

Murphy, M., & Donovan, S. (1997). *The physical and psychological effects of meditation: A review of contemporary research with a comprehensive bibliography, 1931-1996* (2nd ed.). Petaluma, CA.: Institute of Noetic Sciences.

Naess, A. (1973). The shallow and the deep, long range ecology movement: A summary. *Inquiry*, *16*, 95-100.

Nelson, C. A. P. (2002). The artificial mystic state of mind: WJ, Benjamin Paul Blood, and the nitrous-oxide variety of religious experience. *Streams of William James*, *4*(3), 23-31.

Rogers, C. R. (1951). *Client-centered therapy: Its current practice, implications and theory*. London, UK: Constable.

Rothberg, D. (2008). Connecting inner and outer transformation: Toward an expanded model of Buddhist practice. In J. N. Ferrer & J. H. Sherman (Eds.), *The participatory turn: Spirituality, mysticism, religious studies* (pp. 349-370). Albany, NY: State University of New York Press.

Schneider, K. J. (1987). The deified self: A "centaur" response to Wilber and the transpersonal movement. *Journal of Humanistic Psychology, 27*(2), 196–216.

Shotter, J. (1975). *Images of man in psychological research*. London, UK: Methuen.

Smith, H. (2003). *Cleansing the doors of perception: The religious significance of entheogenic plants and chemicals* (3rd ed.). Boulder, CO: Sentient Publications.

Starhawk. (1999). *The spiral dance: A rebirth of the ancient religion of the Great Goddess* (20th anniversary ed.). New York, NY: HarperCollins.

Subbiondo, J. L. (2011). CIIS and American higher education. *Integral Review*, *7*(1), 11–16.

Sutich, A. J. (1969). Some considerations regarding transpersonal psychology. *Journal of Transpersonal Psychology*, *1*(1), 11–20.

Sutich, A. J. (1976). The emergence of the transpersonal orientation. *Journal of Transpersonal Psychology*, *8*(1), 5–19.

Tarnas, R. (1991). *The passion of the Western mind: Understanding the ideas that have shaped our world view*. New York, NY: Crown.

Tart, C. T. (Ed.). (1990). *Altered states of consciousness* (3rd rev. ed.). New York, NY: Harper.

Taylor, E. (1996b). *William James on consciousness beyond the margin*. Princeton, NJ: Princeton University Press.

Velmans, M. (2000). *Understanding consciousness*. London, UK: Routledge.

Vich, M. A. (1990). The origins and growth of transpersonal psychology. *Journal of Humanistic Psychology*, *30*(2), 47–50.

Wade, J. (2004). *Transcendent sex: When lovemaking opens the veil*. New York, NY: Simon & Schuster/Pocket.

Walach, H. (2008). Narcissism: The shadow of transpersonal psychology. *Transpersonal Psychology Review*, *12*(2), 47–59.

Walsh, R., & Vaughan, F. (1993). On transpersonal definitions. *Journal of Transpersonal Psychology*, *25*(2), 199–207.

Walsh, R. N. (1993). The transpersonal movement: A history and state of the art. *Journal of Transpersonal Psychology*, *25*(3), 123–139.

Washburn, M. (1994). *Transpersonal psychology in psychoanalytic perspective*. Albany, NY: State University New York Press.

Washburn, M. (1995). *The ego and the dynamic ground* (Rev. ed.). Albany, NY: State University of New York Press.

Watts, A. (1957). *The way of Zen*. London, UK: Thames & Hudson.

Welwood, J. (1991). *Journey of the heart: Intimate relationship and the path of love*. London, UK: Mandala.

Wright, P. (1995). Bringing women's voices to transpersonal psychology. *ReVision*, *17*(3), 3–10.

Wright, P. A. (1998). Gender issues in Ken Wilber's transpersonal theory. In D. Rothberg & S. Kelly (Eds.), *Ken Wilber in dialogue: Conversations with leading transpersonal thinkers* (pp. 207–236). Wheaton, IL: Quest Books.

Wulff, D. H. (1997). *Psychology of religion: Classic and contemporary* (2nd ed.). New York, NY: John Wiley & Sons, Ltd.

번역 출판

Anderson, R., & Braud, W. (2011). *Transforming self and others through research: Transpersonal research methods and skills for the human sciences and humanities*. Albany, NY: State University of New York Press. (서광, 문일경, 서승희 역. 자아초월 연구방법론: 명상심리학, 불교상담, 영성심리학 연구. 서울: 학지사, 2019).

Armstrong, K. (2006). *The great transformation: The world in the time of Buddha, Socrates, Confucius and Jeremiah*. London, UK: Atlantic Books. (정영목 역. 축의 시대: 종교의 탄생과 철학의 시작. 서울: 교양인, 2010).

Boorstein, S. (Ed.). (1996). *Transpersonal psychotherapy* (2nd ed.). Albany, NY: State University of New York Press. (정성덕, 김명권 등 역. 자아초월 정신치료. 서울: 중앙문화사, 2006).

Firman, J., & Gila, A. (2002). *Psychosynthesis: A psychology of the spirit*. Albany, NY: State University of New York Press. (이정기, 윤영선 역. 정신통합: 영혼의 심리학. 서울: 씨아이알, 2016).

Huxley, A. (1947). *The perennial philosophy*. London, UK: Chatto & Windus. (조옥경 역. 영원의 철학: 모든 위대한 가르침의 핵심. 경기: 김영사, 2014).

Huxley, A. (1954). *The doors of perception*. New York, NY: Harper. (권정기 역. 올더스 헉슬리 지각의 문 / 천국과 지옥. 경기: 김영사, 2017).

Jacobi, J. (1968). *The psychology of C. G. Jung: An introduction with illustrations* (7th ed.) London, UK: Routledge & Kegan Paul. (설영환 역. [C.G.융] 심리학 해설. 서울: 선영사, 2007).

James, W. (1912). *Essays in radical empiricism*. New York, NY: Longmans, Green.(정유경 역. 근본적 경험론에 관한 시론. 서울: 갈무리, 2018).

James, W. (1960). *The varieties of religious experience: A study of human nature*. London, UK: Fontana. (Original work published 1902). (김재영 역. 종교적 경험의 다양성. 서울: 한길사, 2000).

Jung, C. G. (1967). *Collected works of C. G. Jung* (2nd ed.; R. F. C. Hull, Trans.). In *Symbols of transformation* (Vol. 5). London, UK: Routledge. (Original work published 1912 as *Psychology of the unconscious: A study of the transformations and symbolisms of the libido, a contribution to the history of the evolution of thought* [German]). (정명진 역. 무의식의 심리학: 우리도 모르게 우리를 지배하고 있는 무의식의 세계를 탐험하다. 서울: 부글북스, 2015).

Jung, C. G. (1969). *Collected works of C. G. Jung* (2nd ed.; R. F. C. Hull, Trans.). In *Psychology and religion*: West and East (Vol. 11). London, UK: Routledge. (Original work published 1938 [German]). (한국융연구원, C. G. 융 저작번역위원회 역. 융 기본 저작집. 4, C. G. 융 지음, 인간의 상과 신의 상. 서울: 솔, 2002; 이은봉 역. 심리학과 종교. 서울: 창, 2010).

Jung, C. G. (1991). *Collected works of C. G. Jung* (2nd ed.; R. F. C. Hull, Trans.). In *Part 2. Aion: Researches into the phenomonology of the self* (Vol. 9). London, UK: Routledge. (Original work published 1951 [German]). (김세영, 정명진 역. 아이온: 어딘가에서 잃어버린 자기를 찾아서. 서울: 부글북스, 2016).

Jung, C. G. (2009). *The red book: Liber novus* (S. Shamdasani, Ed. & Trans.). New York, NY: Norton. (German with English translation). (김세영 역. Red Book. 서울: 부글북스, 2012).

Maslow, A. H. (1968). *Toward a psychology of being* (2nd ed.). Princeton, NJ: Van Nostrand. (Original work published 1962). (정태연, 노현정 역. 존재의 심리학. 서울: 문예출판사, 2005).

Maslow, A. H. (1970). *Motivation and personality* (2nd ed.). New York, NY: Harper & Row. (Original work published 1954). (오혜경 역. [에이브러햄 매슬로의] 동기와 성격: 끝이 없는 인간 욕구에 관한 고찰. 경기: 북이십일, 2009).

Rogers, C. R. (2004). *On becoming a person: A therapist's view of psychotherapy*. London, UK: Constable & Robinson. (Original work published 1961). (주은선 역. 진정한 사람되기: 칼 로저스 상담의 원리와 실제. 서울: 학지사, 2009).

Sperry, L., & Shafranske, E. P. (2004). *Spiritually oriented psychotherapy*. Washington, DC: American Psychological Association. (최영민, 조아라, 김민숙 역. 영성지향 심리치료. 서울: 하나의학사, 2008).

Storr, A. (1991). *Jung*. New York, NY: Routledge. (이종인 역. [지성의 역사, 인간의 탐구] 융. 서울: 시공사, 1999).

Taylor, E. (1996a). William James and transpersonal psychiatry. In. B. W. Scotton, A. B. Chinen, & J. R. Battista (Eds.), *Textbook of transpersonal psychiatry and psychology* (pp.21-28). New York, NY: Basic Books. (박성현, 권경희, 김준형, 백지연, 이재갑, 주혜명, 홍혜경 역. 자아초월 심리학과 정신의학. 서울: 학지사, 2008).

Trungpa, C. (1973). *Cutting through spiritual materialism*. Boston, MA: Shambhala. (이현주 역. 초걈 트룽파의 마음 공부. 경기: 열림원, 2004).

Watts, A. (1961). *Psychotherapy East and West*. New York, NY: Pantheon Books. (강석헌 역. 동양과 서양의 정신치료. 서울: 하나의학사, 2004).

Wilber, K. (1977). *The spectrum of consciousness*. Wheaton, IL: Quest Books. (박정숙 역. 의식의 스펙트럼. 경기: 범양사, 2006).

Wilber, K. (1995b). *Sex, ecology, spirituality: The spirit of evolution*. Boston, MA: Shambhala. (김철수, 조옥경 역. 성 생태 영성[가제]. 서울: 학지사, 근간).

Wilber, K. (1996). *A brief history of everything*. Boston, MA: Shambhala. (조효남 역. 모든 것의 역사. 경기: 김영사, 2015).

Wilber, K. (2000). *Integral psychology: Consciousness, spirit, psychology, therapy*. Boston, MA: Shambhala. (조옥경 역. [켄 윌버의] 통합심리학: 의식 · 영 · 심리학 · 심리치료의 통합. 서울: 학지사, 2008).

Wilber, K. (2006). *Integral spirituality*. Boston, MA: Integral Books. (김명권, 오세준 역. 통합영성: 근대와 탈근대 세상에서 종교의 놀라운 새 역할. 서울: 학지사, 2018).

Wilber, K., Patten, T., Leonard, A., & Morelli, M. (2008). *Integral life practice: A 21st-century blueprint for physical health, emotional balance, mental clarity and spiritual awakening*. Boston, MA: Integral Books. (안희영, 조효남 역. [건강, 웰라이프, 그리고 영적 성장을 위한] 켄 윌버의 ILP. 서울: 학지사, 2014).

제 3 장

영성심리학에 대한 소명
- 자아초월심리학은 전향해야만 하는가?

Gleen Hartelius, Harris L. Friedman, James D. Pappas

자아초월심리학은 일부 초기 인본주의 심리학자들에 의해 기초가 형성되었는데, 그들은 우주적 관점 안에서의 인간 존재의 위치를 간과해 온 인간-중심 심리학의 한계뿐만 아니라 전통적 심리학(그 당시 지배적이던 행동주의와 정신분석의 세력)에 대해 불만족스러워했던 집단이었다. 이런 새로운 시도 동안 적절한 이름을 찾던 중 **영성**spirituality이란 용어는 너무 논란의 여지가 있다는 것을 포함하여 여러 가지 이유로 이 집단의 창시자들에게 거부당했다. 같은 시기에 "창립 초기에 임시 명칭이었던 자아초월심리학이 영적 차원에 대한 인간 경험에 관심을 갖게 되었다"(Helminiak, 2008, p. 161). 이것은 과학적 학문으로서 종교와 영성으로부터 거리를 두면서 자신의 정당성을 널리 쌓아 온 경험주의를 통해서 면밀하게 알 수 있는 것에만 그들의 영역을 제한해 온 심리학에 대한 하나의 갈등이었다. 심리학의 하위 학문으로 보이는 자아초월심리학은 영성이라는 용어를 대치할 그 자체로서 식별될 수 있는 것을 찾아왔다. **자아초월**transpersonal이란 더 애매한 용어는 영성이 지녀 왔던 편견과 형이상학적인 인상을 주지 않는다는 이유 때문에 의도적으로 선택되었다. 그러나 최근 몇 년간 영성이란 용어는 수용되었을 뿐만 아니라 전통적인 심리학에서도 부흥기를 맞고 있다(예를 들면, Miller & Thoresen, 2003). 동시에 자아초월심리학은 1960년대의 잔재 그리고 그 도취적 시기의 잔재와 같은 어떤 것으로 알려져 오고 있다(예를 들면, 심현제 연구; Friedman, 2006). 많은 사람에게 이 용어는 의미 없이 단순히 전해진다. 이런 역설적인 진전에서 영성과 연합된 낙인으로부터 이 분야를 떼어 놓으려던 초기의 노력을 촉진하던 조건은 역전되었고, 이것을 인지하게 되었을 때 처음에는 금기시되었던 영성은 광범위하게 수용되면서 상승하고 있는 반면, 자아초월이란 용어는 지금 그 자체가 지니고 있던 바로 그 편견으로 인해 고통받고 있다.

이런 현상으로 새롭고 더 수용적인 영성이란 용어에 대한 호의 속에서 자아초월 용어는 버려지는 쪽으로 흘러왔다. 예를 들어, 소피아 대학은 최근까지 **자아초월심리학 연구소**라는 이름을 썼는데, 그 기관의 명칭보다는 표어적인 어구로서 자아초월 용어를 유지하고 있다. 이 대학이 아직까지는 자아초월심리학 영역에서 철학 박사Ph. D. 학위 과정의 프로그램을 제공하고 있다 할지라도, 동반 학문인 심리학 박사Psy. D. 학위 프로그램에서는 자아초월심리학에 대해 언급하고 있지 않다. 반면에 이 과정은 "특정 종교와 관계가 없는 영성과 종교적 신념과 실제의 세계를 이해하는 것을 임상심리학자가 되기 위한 훈련에 통합하는" 프로그램의 존재로서 그 영역을 기술하고 있다(http://www.sofia.edu/academics/resphd/clinical.php 참조). 부연하자면, 최초의 중요한 자아초월 단체인 자아초월심리학회ATP에서는 소피아 대학과 함께 지난 수년 이상 '영성과 심리학 학술대회'(http://www.itp.edu/conference2012/index.php 참조)를 공동으로 주최해 왔는데, 거기서도 자아초월이란 용어는 전혀 드러나지 않았다. ATP가 지원하는 『자아초월심리학 학술지Journal of Transpersonal Psychology』와 더불어 ATP에서는 그들의 기관과 학술지의 명칭에서 자아초월이란 용어(또는 자아초월 용어에 덧붙이는 것)를 사용하기보다는 영성이란 용어를 채택할 것을 심각하게 고려해 왔다(David Lukoff과 나눈 개인 편지에서, 2008년쯤). Wilber와 같은 하위 분야의 몇몇 선구적인 인물은 자아초월심리학에 대한 연줄을 끊고 있다.

같은 시기에 영성은 심리학의 다양한 영역에서 관심을 받고 있다. 영적spiritual 심리학 또는 영성심리학에 대한 소명은 최소한 지난 20년 동안 증가하고 있으며(예를 들면, Benner, 1989), 21세기 초에는 이런 현상들이 훨씬 늘어나고 있는 것으로 나타났다(Helminiak, 2001a, 2001b, 2005, 2008; Miovic, 2004; Sperry & Mansager, 2007; Steinfeld, 2000). 어떤 저자들은 영적 심리학이 이미 분리된 하나의 독립체인 것처럼 언급하고 있다(예를 들면, Helminiak, 2005, 2008; Miovic, 2004; Steinfeld, 2000). 또 한 가지는 심리치료(예를 들면, Avants, Beitel, & Margolin, 2005; Bienenfeld & Yager, 2007; Bolletino, 2001; Lukoff & Lu, 2005; Mansager, 2002; Pargament & Saunders, 2007)와 의학적medical 치료(예를 들면, Ai, Seymour, Tice, Kronfol, & Bolling, 2009; Johnston & Yoon, 2009; Koenig, 2010)에서 영적 주제를 언급하는 것의 중요성에 대한 인식의 증가이다. 부언하자면, 여기에는 영성심리학에 대한 다

량의 연구 논문(예를 들면, Kapuscinski & Masters, 2010; Pargament & Sweeny, 2011)과 최근까지 영성심리학에 대한 연구를 완강히 거부해 온 **미국심리학회**APA와 같은 많은 보수적인 주류 심리학 출판계에서 발간된 저서(예를 들면, Plante, 2009; Sperry & Shafranske, 2005)에서조차도 존재하고 있다. 어쩌면 이런 수용의 성장을 가장 상징하는 것으로서 종교심리학이 근래에 영성을 포함하기 위해(DeAngelis, 2008) APA 내에서 자체 분과 이름을 바꾼 것일 수 있는데, 이들은 효과적으로 자신들의 영역을 요구하고 있다.

이것은 한 가지 분명한 질문을 제기한다. 자아초월심리학은 불분명한—지금은 시장성이 덜한—명칭하에서 본질적으로는 영성심리학인가? 만약 자아초월이란 이름 아래서 영성을 의미하고 있다면 그것은 이름 그 자체가 아니다. 정녕 영성이 중요하다면 왜 자아초월이란 이름에 매달리고 있는가? 영성이란 용어에 대한 반감은 소실되었으며, 현재는 심리학 내에서 호의적이고 영성은 번창하고 있다(Helminiak, 2005). 동시에 자아초월은 소외 또는 시들어 가는 관심 또는 그 양쪽의 고통을 느끼고 있을 수도 있다. 어떤 전환 행동이 자아초월심리학을 정의하는 것을 더 쉽게 만들고, 그리고 그 사명을 이해하는 것을 더 단순하게 만들 수 있으며, 그렇게 되면 자아초월심리학이 끊임없이 직면해 온 정체성 도전을 어느 정도 해결할 수 있다(Hartelius, Caplan, & Rardin, 2007). 현대의 수요를 더 잘 채우는 반면, 이 단어를 사용하는 원고가 외면당할 수도 있는 일부 주류 출판사 그리고 하위 학문과 연합된 지원자들을 고용하지 않거나 또는 정년 보장을 거부하기도 하는 주류 대학들 안에 있는 자아초월이라는 용어에 대한 현행의 편견 또한 피할 수도 있다.

그들 자신이 자아초월심리학과 강력하게 제휴하고 있다고 생각하는 사람들에게는 이런 상황이 정체성 위기로 이해될 수 있다. 심리학의 광범위한 영역에서 영성에 대한 급속한 수용이 심리학의 하위 학문으로 확인된 자아초월심리학에게는 죽음의 전조일 수도 있다. 반면, 이 상황은 자아초월심리학에게 기회를 제공할 수도 있는데, 이는 자아초월심리학이 창립 이후 계속해서 인간 영성에 대한 연구에 참여해 왔기 때문이다. 본 장의 저자 중 한 명은 최근 논문에서 "인본주의 심리학을 위한 사망 기사를 쓰기에는 시기상조"(Friedman, 2011)라는 것을 주장하고 있지만, 자아초월심리학을 위한 사망 기사가 지금이 적당한지 아닌지에 대해서는 열린 질문으로 고려해 볼 수 있다. 우리의 희망은 자아초월 용어에 남겨진 많은 맥동脈動이 아직 있는지, 그리고 자아초월심리학이 그의 명칭을 유지하면서 적응하고 번영할 중요한 잠재력을 보유하고 있는지 이 책에서 입증하려는 것이다.

자아초월심리학과 영성의 맞물림

자아초월심리학의 내용 영역은 영성 연구와 틀림없이 연결되어 왔다. 영성은 자아초월심리학의 많은 정의 안에 명백하게 포함되어 있다(예를 들면, Lajoie & Shapiro, 1992). Hartelius 등(2007)에 의해 일찍이 수합된 자료를 이 장을 위해 검토한 결과, Hartelius 등이 연구에서 수집한 자아초월심리학에 대한 정의 160개에서 영성 용어와 다양한 그와 같은 어원의 말은 109개가 나타난다. 게다가 자아초월심리학이 전통적인 심리학적 사고에 기여해 온 많은 가치는 영성이라는 용어의 사용을 통해서였다. 예를 들어, 그 중요한 공헌 중의 하나는 어떤 심리적 응급 상황을 정신병리적이나 위기라기보다는 영적인 것으로 재정의한 것이다(Grof & Grof, 1989). 이런 중요한 획기적 발전은 주류 정신건강 권위 조직에게 종교 또는 영성 문제의 범주를 미국정신의학회의 진단 및 통계 편람Diagnostic and Statistical Manual에 포함하도록 안내하였다. 이와 같은 자아초월 관점의 유지가 옹호되더라도(Turner, Lukoff, Barnhouse, & Lu, 1995) 자아초월 용어는 사용되지 않았다. 마찬가지로 현대심리학에서 가장 인기 있고 빠르게 성장하는 연구 영역의 하나는, 특히 마음챙김mindfulness으로 변형되어 알려진 명상에 초점을 두고 있다. 명상 연구는 자아초월심리학자들에 의해 개척되었으나 아직 자아초월 용어가 그 주제에 대해 발전해 가는 학문이라고는 말하기 어렵다(MacDonald, Walsh, & Shapiro, 이 책에서).

영성심리학이란 무엇인가

자아초월심리학이 또 다른 명칭하에서 실제로는 영성심리학이라고 불리든지 간에 먼저 심리학에서 최근에 사용되는 바로 그 영성의 개념적 범위에 대한 설명이 있어야만 한다. 심리학 안에서 영성 용어의 사용은 보다 최근이고 아직 진화 중이기 때문에, 우리는 종교로부터 영성을 분리하는 것으로 시작하고자 한다.

종교적인 개념적 범위

종교는 신념, 가치, 상징, 행동의 집합을 공적으로, 그리고 사적으로 나타내는 한 방법이며 신성하다고 생각되는 것과 관련된 실천으로 이해될 수 있다. 종교적 표현은 전형적으로 문화에 기초하며 일반적으로 제도화되어 있다. 단지 사적으로 유지될 때조차 그들은 내재화되어 왔다고 할 수 있는 공유된 사회적 합의에 놓여 있다. Richards와 Bergin(2000)은 종교적 존재는 신념, 느낌 그리고 실천에서 일맥상통하는 것이고, 이는 아주 일반적으로 "개인적으로뿐만 아니라 제도적으로, 그리고 분파적으로" 드러나며, 그리고 종교적 표현은 "분파적인, 외적인, 인지적인, 행동적인, 의례적인 그리고 공적인" 쪽을 향하게 된다고 제안했다(p. 5).

종교의 문화적 원인에 관해서 이들은 개인이 신성에 대한 그들의 관계를 전통적으로 표현해 온 절차와 기술을 포함하고 있다는 것이다. 주요한 세계 종교들에서 그들은 카리스마적인 창설자에 의해 주장된 것으로 표현되는 사상들에 의해 일반적으로 안내를 받게 된다. 즉, 불교의 **사성제**Four Noble Truths는 싯달타 고타마Siddhartha Gautama의 명상적 발견에 귀인하며, 기독교의 **신약**New Testament은 예수 그리스도Jesus Christ와 연관된 계시에 귀인한다. 이런 맥락에서 종교의 도구적 요소는 어떤 표현 형식을 통한 개인과 신성 사이에 존재하는 '결속' 또는 '관계'이다. 이는 기도의 방식과 같은 외적인 실천이든 내적인 것이든 사회적으로 공유된 신념의 체계이다. 더군다나 그것은 종종 공동체를 통해 개인을 결합하는 한 원천이며, 이런 의미에서 개인은 신성에 대해서와 마찬가지로 서로 함께 결합하는데, 불교의 **승가**Sangha 그리고 기독교의 교회 같은 것이다. 이것은 라틴어 **종교**religios와 그 어원이 일치한다. **종교**는 '결합하는'을 의미하는 ligo란 용어에 기초하며, "인간-힘-보다 더 위대한 어떤 것과의 결속"(National Institute for Healthcare Research, 1998, p. 15)을 시사한다. 이는 또한 산스크리트Sanskrit의 유사 표현인 **요가**Yoga와 일치하는데, 요가 역시 '결속하는' 또는 문자 그대로 말하자면 한데 묶는 것을 의미한다.

종교의 실체적 측면 종교에 대한 현대적 관점은 Zinnbauer, Pargament 그리고 Scott(1999)에 의해 제시된 바와 같이, 그 개념을 종종 **실체적**substantive(즉, 종교가 제시하는 것, 동기적 원천의 용어로서) 그리고 **기능적 측면**functional aspects(즉, 종교가 하는 것, 지원 체계를 제공하는 것에 대한 용어로서)으로 나눈다. **실체적 성질**은 종교적 행위에 참여하는 것에서 관찰되는데, 구조화된 기도, 명상, 예배, 찬양 또는 의식으로 이들은 개인의 외적인 종교적 표현(즉, 독실함 또는 신앙심)을 구성하고, 그리고 일반적으로 공유하는 문화적 지식에 깊게 결부되어 있다. 이는 "이런 전후 관계에서 드러나는 종교는 문화적으로 요구되는 초인적 존재에 대한 문화적인 상호 교류 양상을 구성하는 제도"(p. 96)라는 Spiro(1966)의 의견과 일치한다. 그렇지만 불교같이 어떤 경우에는 신성을 신성함에 대한 개인의 관련성으로 이해할 수도 있다. 그러나 비인간적인 측면을 전형적으로 신격화하는 것은 아니다

(일부 불교 지파는 부처와 다른 신들을 본질적으로 신격화함에도 불구하고 불교에서의 다른 지파들은 신들을 단지 비-궁극적 존재로 인식한다). 이런 관점에서 종교는 사회적 의례(예를 들면, 예배와 기도를 위해 규정된 장소에 참석하는 것)와 같은 요소들로 만들어진 하나의 **제도적 과정**institutional process이며, 개인에게 신념, 태도 그리고 실천의 체계를 망라하는 역할을 부여한다. 이런 의례들이 개인의 내적 헌신 또는 신앙심의 다른 심층적 지표의 정도를 직접적으로 나타내는 것이 아님에도 불구하고, 이런 행동들은 종교에 대한 방법론적 그리고 사상적 합의에 대한 개인적 관련성을 보여 준다. Wulff(2003)는 종교란 "협소하고, 독단적인 신념과 의무적인 종교적 관례 그 이상은 아니다."(p. 47)라고 주장함으로써 이 점을 강조하였다. 문화적-결속을 위한 단체에 제한된 개인의 헌신이란 용어 안에서 종교에 대한 이런 개념화는 공동체의 기대에 부응하는, 그리고 개인적인 소득을 위한 기회들 사이에서 외적인 요소에 의해 우선 동기화되는 것으로 보일 수 있는데, 홀로 체험하고 실천할 때조차도 그렇다.

이런 종류의 개념은 Allport(1950)의 선구적인 연구에서 그 선례를 가지고 있다. Allport는 목적 달성을 위한 수단으로서의 종교와 종교 그 자체로 중요한 것 사이를 분리하기 위해 정신측정 관점을 가지고 종교를 연구한 첫 번째 사람이다. 그가 처음에 **미숙한 종교적 감성**immature religious sentiment과 **성숙한 종교적 감성**이란 용어를 사용했다 할지라도 그는 용어들을 **외재적인**extrinsic 그리고 **내재적인 종교적 지향**intrinsic religious orientation으로 바꾸었는데, 각각 교회에 다니는 사람과 교회에 다니지 않는 사람에 대한 종교적 완고함과 선입견의 우세를 연구한 것이다. 미숙한 종교적 감성은 마술적 사고(예를 들면, 어떻게 서구의 기독교 어린이들이 산타 클로스Santa Claus를 알고 종종 사회화되는지)에, 간청을 사용하는 기도(예를 들면, 신으로부터 개인적인 은혜를 얻으려는)에, 종족 본성의 사고(예를 들면, 내집단內集團의 우월감으로 이끄는 민족중심적인 종교적 신념들)에 연계되어 있을 수 있다. 대조적으로 성숙한 종교적 감성은 개인의 종교에 봉사하려는 진실한 목적에, 특별히 "그것 자체의 가치를 인정하여 바람직한 모든 것에 숨어 있는 가치"에 동기화되어 있을 수 있다(Allport, 1961, p. 301). Allport에 의하면, 미성숙한 종교와 성숙한 종교 간의 주요한 차이로 전자는 개인의 자기중심 또는 아마도 가족, 종족 또는 다른 사회적으로 한정된 동기를 드러내는 데 반해, 후자는 개인의 보다 보편적인, 거장다운 동기master motives에 대해 시사하는 바가 많다. 다른 말로 하자면 자기중심적 동기는 종교의 외면화된 측면externalized aspects으로 이기적인self-serving 목적을 가리키며, 반면에 거장다운 동기는 종교의 내면화된 측면internalized aspects으로서 믿음을 섬기는 의도를 표명한다.

이런 구별의 관계에 대해 Allport(1961)는 **외적으로**extrinsically, 그리고 **본질적으로 지향**

된intrinsically oriented 종교적인 개인을 구분했는데, 전자는 물질적인 이득을 얻기 위한 수단으로 종교적으로 동기화된 존재이고, 후자는 그것 자체로서의 가치에 종교적으로 동기화된 존재이다. Allport에 따르면, 많은 종교적 감성이 외재적이며 이 외재적 접근은 종교적 표현의 더 깊은 의미, 즉 신성과의 관계성을 훼손할 수 있다. 결과적으로, 외적으로 지향된 종교적 개인은 이른바 종교의 의도된 기능을 받아들일 수도 또는 그렇지 않을 수도 있고(Allport, 1966), 그리고 어떤 하나의 종교가 오직 진실한 종교라는 경직된 편협함과 근본주의자의 관념까지 소유하고 있을 수 있다. 이것은 아마 어떤 사람은 본질적으로 개인적으로 또는 사회적으로 보상을 얻으려는 것 같은(Genia, 1993) 유용성에 대한 관심(Burris, 1994) 때문에 종교를 추구하는 경향이 있다는 사실과 관련되어 있다. 대조적으로 본질적으로 지향된 종교적인 개인은 종교의 특성을 통합하기를 강조한다. 왜냐하면 그들은 도구적 수단으로서 그것을 사용하기보다는 종교적으로 살려는 진실한 필요에 의해 동기화되어 있기 때문이다(Allport, 1966). 본질적으로 지향된 개인은 확대, 선입견을 버리고 겸손, 자비 그리고 사랑을 통해 더 깊은 의미를 찾는 것에 대한 증오 역시 버릴 수 있다. 그런 사람들의 거창다운 동기는 다른 종교적 표현들 속에서 내면화된 목적과 믿음, 그것을 최대한 채우기 위해 종교적으로 사는 데 있다. 그러나 본질적으로 지향된 개인은 그들 자신의 종교에 매우 깊게 헌신하게 되는데, 이런 의미에서는 또한 근본주의자가 될 수 있다. 이는 그들이 다른 종교를 존중할 수 없어서이다. 이는 그들이 그들 자신의 종교적 지향에 따르도록 타인을 조종하려는 시도를 더 할 수 있는데, 아마도 현혹하려는 데까지 이어질 수 있다(Burris, 1994).

종교의 기능적 측면 종교의 기능적 자질은 존재론적인(예를 들면, 실존, 존재, 실재 그리고 신성의 참된 본질에 관한) 그리고 인식론적인(예를 들면, 목적, 의미 그리고 실현을 이해하는 것에 관한) 쟁점에 대한 관심을 말한다. 그것은 또한 집단 응집력의 증가 같은 사회에 대한 종교의 다양한 효과를 다룬다. 만약 이런 기능적 측면이 언급되지 않고 남겨진다면, 예를 들어 종교적 실제가 외면화된 제도적인 표현(예를 들면, 신성에 대한 개인의 의미에 깊게 연결되지 않는 신념과 실천)을 고수하는 것에만 기초한다면, 개인은 충족되지 않은 존재론적 그리고 인식론적 욕구로 좌절을 경험할 수 있다. 따라서 Pargament(1997)는 다음과 같이 주장하였다.

> 종교에 대한 이런 접근은 종교가 개념과 실제의 집합보다 더한 어떤 것이라는 의미를 담고 있다. 확실히 그것은 삶의 가장 심층적 문제와 관계가 있다. 그것은 또한 다양한 전통에서 종교에

대한 연구와 개인이 아닌 집단 또는 문화를 위한 혁신적 접근을 시작한다. 그것은 궁극에 대한 직면에 할애되어야 한다(pp. 27-28).

따라서 종교의 외면화된 측면은 그것의 내면화된 측면처럼 의미에 대한 중요한 감지된-가치를 제공하지 못한다. 특별히 현대의 세속화된 환경에서 종교적 단체라는 것은 공허하게 보일 수도 있다.

영적인 개념적 범위

다음을 지적하는 것은 중요하다. 전통적으로 영성과 종교는 밀접하게 맞물려 있으나 다른 현대적 세력과 마찬가지로 다문화주의의 성장과 함께 이런 전통적인 연결은 점차로 약해지고 때로는 분리되어 왔다. 예를 들어, 동질의 문화에서는 사람들이 대체로 타당한 것으로 수용된 종교적 단체를 통하여 영적 실현을 얻은 것에 반해, 다양한 종교가 경쟁하는 이질적인 문화에서는 사람들이 그들 자신의 영적인 의미를 종교적 영역과 분리할 더 많은 기회를 갖는다. 이것이 종교와 영성의 차이로 재개념화되었으며, 현대 서구에서는 이 두 가지의 분리가 증가하고 있다. 특히 종교의 범주는 영성의 측면을 포함할 수 있으나 영성을 배제한 종교 또한 있을 수 있는데, 이는 마치 종교가 다양한 사회문화적 현상을 끌어안으면서도 특별히 영성과 관련되지 않을 수 있는 것으로, 그냥 제도적 규준에 순응하는 것과 같은 것이다(예를 들면, 사회화를 위한 목적으로 교회에 참석하는 것). 종교의 비영성적 측면은 내적 의미가 결여된 외적인 장식품으로 표현되는데, 종종 광적인 신앙심이라 불린다. 반면, 영성은 전적으로 종교의 교리 안에 둘러싸여 있는 것은 아니다. 많은 경우 비종교적 방법에서 영적 실현을 발견할 수 있는데, 자연과의 소통 또는 제도적 지침 밖의 실천들에 종사하는 것을 통해서이다. 종교적 구성과 분리된 개인적 명상이 이것의 한 예일 수 있다. 밀접하게 관련된 이 두 가지 용어가 꼭 일치하지 않는다는 사실은 영성이란 용어를 사용하는 데 있어 어떤 부정확함을 수반한다—이것은 많은 저자에 의해 지적되었다(예를 들면, Pedersen, Lonner, Draguns, & Trimble, 2007; Stifoss-Hanssen, 1999; Zinnbauer et al., 1997).

영성이 어떻게 종교의 영성과 관련되는지, 그리고 영성의 개념적 영역을 명료화하는 것은 자아초월심리학과 비교하기 위해 영성심리학에 부여된 과제를 간소하게 한다. 명료화를 위한 한 가지 유익한 접근은 영성의 다른 측면에 대한 다양한 측정을 시도하고 그것을 일반적인 요소로 정제한 MacDonald(2000)의 경험적 연구이다. 그러나 이런 노력은 단지 연구자들이 현대에 영성이라고 부른 것을 정의한 것일 뿐이며, 반드시 그 개념에 대해 더 나은 의미를 밝힌 것은 아니다. 영성에 대한 어법은 빠르게 변하고 있다. 이런 점에서 Pargament(1999)는 다음과 같이 말했다.

> 종교와 영성의 의미는 진화하고 있는 것으로 보인다. 종교는 광대역broadband 구성—제도와 개인 그리고 좋은 것과 나쁜 것 양쪽을 포함하는 일체—으로부터 인간 잠재력을 제한하고 억제하는 협대역narrowband 제도적 구성으로 이동하고 있다. 다른 한편, 영성은 인간 가능성의 최대화를 호소하는 독자적 표현을 하면서 종교로부터 분화되어 가고 있다(p. 3).

Koenig(2010)은 근래에 종교심리학에 대한 관점에서 그가 영성 용어를 사용할 때의 의미를 정의했다.

> 내게 영성은 신성과의 연결로 인해 모든 다른 것—인본주의, 가치, 도덕 그리고 정신건강—과 구별되는 것이다. 초월자는 자기의 밖에 있는 것 그리고 또한 이미 자기 안에 있는 것으로, 서양적 전통에서는 신God, 알라Allah, 하셈[1]HaShem 또는 상위의 힘이라 불리고, 동양적 전통에서는 궁극적 진리Ultimate Truth 또는 실재Reality, 비슈누Vishnu, 크리슈나Krishna 또는 부처라 부른다. 또한 영성은 비록 종교를 넘어서 확장된다 할지라도 초자연이나 종교와 밀접하게 연결되어 있다. 영성은 초월자the transcendent를 향한 추구를 포함한다(pp. 116-117).

Greer와 Roof(1992)는 어떻게 일부 사람들이 오직 '제도적 권위'만 따르는 대신 '자기 안의 작은 목소리'에 귀 기울임으로써 자기 자신의 종교적 권위를 얻게 되는지를 논의하였다(p. 346). 이런 종교 유형은 아마도 영성이란 용어에 의해 더 잘 표현되는 어떤 것으로 방향을 바꾼다. 이와 같은 특성의 배경은 어떤 교구의 종교적 지향점에 대해 일맥상통하지 않는 종교적 존재 방식에서 나타나는 것일 수도 있지만, 그보다는 개인의 독특한 종교적 세계관을 개발하여 정돈된 것 그리고 개인적인 묵상의 통합인 것이다. 달리 말하자면 개인이 어떤 특정 종교와 제휴했다고 하더라도 그들은 인가된 방법에 반드시 제한받지는 않으며, 그러기는커녕 그들의 종교를 살아가는 또는 인가된 방법 대신 그들의 영성을 표현하는 그들 자신의 방법을 개발할 수 있다. 이는 신성에 대한 자각에 개인화된 종교적 연계를 만드는 것을 통하여 실존적 쟁점을 해결하는 것을 포함할 수 있다(예를 들면, 죽음과

---

1) 유대교 신의 이름.

고독 같은 문제에 대한 대처를 방해할 수 있는 목적, 의미, 희망의 결핍).

비종교적 측면에서 영성을 정의하기

서구적 맥락에서 성스러운 어떤 것과 연결된다는 것은 신-중심의 방식 안에서만 존재를 이해한다는 것에 국한되지만 만약 영성이 진정으로 하나의 보편적인 인간 현상이라면 그것은 신-중심 전통보다는 그 이상을 포함해야만 한다(Helminiak, 2008). 역사적으로 영성이란 용어는 신성한 형상, 신에 합당한 생명력과 초자연적인 힘을 기술한 유대-기독교 문헌의 성직자 언어에 선례들이 있다. 이것은 그리스(정신, 영혼pneuma)와 라틴(숨spiritus)의 어원학상의 어근으로부터 진화했다. 영성은 숨 또는 생명 또는 아마도 더 적절한 것으로 생명 호흡의 힘life breathing force을 의미한다. 서구심리학에서 영성은 종종 개인화된 종교 또는 '종교적 경험의 주관적 측면'으로 표현된다(Hill & Pargament, 2003, p. 64). 그러나 일반적으로 아직은 신과의 관계로서 또는 최소한 상위의 힘에 대한 어떤 개념으로 이해되는데, 그 이유는 이 용어가 지배적인 서구 유대-기독교 전통 안에서 둥지를 틀어 왔기 때문이다. 따라서 영성이란 용어는 우세한 종교적 개념과 아니면 종교적 실천과 맞물려 왔다. 신-중심적 접근은 서구에서 대부분의 종교심리학에 스며들어 있는데, 영성에 초점을 맞출 때조차도 그렇다. 따라서 특정한 문화적 맥락 안에서의 영성에 관한 정의는 영성을 축소하며, 다른 방식으로 우주와 상호 연계성을 경험한 사람들 또는 한때의 영성으로, 그리고 아직은 무신론 또는 불가지론으로 그들 자신을 선언하는 사람들을 제외한다(Smith, 2001).

영성에 대한 폭넓은 설명

영성이란 용어는 진화하고 있으며, 신과의 결합 또는 그 밖에 지정된 신성한 것 그 이상을 포함한다. 그보다 거기에는 다른 것들과의 소통의 경험, 공동체 또는 자연과의 연결, 신성함으로 인식된 온전한 세상과의 상호 연결감조차 있을 수 있다(Stifoss-Hanssen, 1999). 상호 연결감은 실존적 구조 그 이상으로 고립된 개인으로부터 밀접한 관계의 공동체 그리고 우주까지 확장된 실존의 경험 구조로서 변형의 과정이 잇따라 일어난다. 어떤 편협한 시야에 머물기보다는 더 광대하고 더 오래 지속되는 양쪽 모두의 주변에 대한 자기의 이런 상호 연결감은 자아초월 과정이며, 이는 아마도 Friedman(1983; Pappas & Friedman, 2007)이 자기확장성self-expansiveness이라 칭한 것과 비슷하다. 이는 Walsh와

Vaughan(1993)의 관점과도 일치하는데, 그들은 자아초월심리학은 "개인과 사적인 것 너머(초월하여trans) 인류, 생명 정신Psyche 그리고 우주의 광범위한 측면까지 포함하는"(p. 3) 자기인식의 확장에 기초한다는 것을 강조했다.

서구에서 종종 사용하는 용어로서의 영성은 신성하거나 더 높은 어떤 것 그리고 더 넓고 더 영원한 어떤 것과 기능적 · 내재적인 연결을 점점 더 개인적으로 경험하는 것 그리고 양쪽에 대한 변용적 효과의 결과를 나타내는 것이다. 비록 조직화된 종교가 개인의 영성 경험을 표현하는 한 방법으로 보인다 할지라도(Spaeth, 2000), 오직 그 하나만이 방법인 것은 아니다. 점점 더 종교에서 분리된 영성이 나타나고 있는데, 이는 반드시 초자연적인 개념에 의존하는 것은 아니고 제도적 종교의 자취 그리고 다른 주된 문화적 중재 접근으로부터 더욱 분리되어 있을 수 있다. 종교적 그리고 영성적 용어가 상당히 중첩되어 있다는 것은 분명하지만, 그럼에도 불구하고 그들을 구별하는 것은 가능하다(Stifoss-Hanssen, 1999; Zinnbauer, Pargament, Cole et al., 1997). 역사적으로 서구에서 이를 항상 구별해 왔던 것은 아니었다. "(20세기에) 종교분리론의 상승 그리고 신성에 대한 개인적 경험의 방해물로서의 종교적 제도에 대한 대중의 각성" 이전에는 이 두 용어가 거의 동의어였다(Zinnbauer et al., 1997, p. 550; Turner et al., 1995 참조). 그러나 다시 이 두 용어의 의미는 개인과 공동체의 영성적 요구가 변화하면서 점차적으로 갈라지고 있는 것으로 나타났다.

이런 추세는 종교보다는 영성으로서 자기를 확인하고자 하는 개인이 점점 늘어나는 북미에서 분명한데(Saucier & Skrzypinska, 2006), 미국에서의 연구가 이를 뒷받침하고 있고(Hout & Fischer, 2002), 캐나다에서의 연구 결과에서도 마찬가지이다(Pappas, 2003). Richards와 Bergin(2000)은 다음과 같은 방법으로 종교와 영성 간의 구분을 정리하였다.

> 만약 종교적 실천과 경험(예를 들면, 기도를 드리는 것, 의례에 참석하는 것, 경전을 읽는 것)이 한 개인에게 신 또는 초월적 영적 존재에 대해서 더한 친밀감과 연결감을 느끼게 돕는다면 그 실천 또는 경험은 본질적으로 영적인 것이다. 이런 것 없이 실천 또는 경험이 종교적인 것만이라면 그것은 영성적인 것이 아니다(p. 5).

영성과 종교성이 중첩되고 양자가 유익한 것일 수 있는 반면, 그들은 건강과 같은 긍정적인 결과물을 촉진하는 데 있어서는 아주 다른 방식으로 작동할 수 있다(예를 들면, 종교적 제휴는 사회적 지원을 제공할 수도 있지만 개인적 영성은 그렇지 않을 수도 있다). Wink, Dillon과 Fay(2005)는 영성이 종교적 제도 밖에서 체험되고(신, 더 높은 권위, 자연과의 신성한 연결) 실천(개인화된 기도, 동양의 명상, 중심화, 여행하기를 통하는 것)될 때 자율적인 또는 건강한 자기애와 연합하는 것을 발견했는데, 소위 "개인적 독립, 높은 자기-포부 그리고 사회적 압력에 대한 내성"이다(p. 154). 그들의 연구에 따르면, 영성은 자아 허약이나 과도한 과민성보다는 자아 강도 또는 자율성과 연합되는 경향이 있다.

영성에 대한 심리학은 두 가지에 초점을 두는 것으로 보이는데, 이는 성스러운 어떤 것과의 연결에 대한 직접적인 경험과 더 큰 세계에 상호 연결된 것 같은 자기감sense of self이며, 마찬가지로 이런 경험의 통합적이고 변용적인 효과 또한 포함한다. 이런 점에서 보면 두 가지로 구분되는 영성심리학이 있는 것으로 보이는데 그중 하나는 더욱 현실적인 방식에서 상호 연결감에 초점을 두는 것으로, 이는 자아초월심리학이 근본적으로 관심을 가지는 것과 매우 유사하게 보인다. 예를 들면, 약 35년 이상의 기간 동안 출판된 자아초월심리학에 대한 160가지의 정의에 대한 연구에서는 그 내용들이 세 가지 주요한 주제에 대해 일치한다는 것을 발견했다. ① 자아를 넘어서는 심리학, 즉 자아에 기초한 자기보다는 어떤 상위의 것에 대한 사적인 체험을 개인이 경험하는 것 또는 그에 대한 열망에 관한 현상을 연구하는 것이다. ② 통합적/전체론적 심리학으로 서로 연결된 우주의 한 부분으로서의 인간 개인에 대한 연구이다. 그리고 ③ 변용적transformative 심리학 또는 어떻게 인간이 개인적으로나 집단적으로 그들의 상위 잠재력을 얻을 수 있는지에 대한 연구이다(Hartelius et al., 2007). 이런 주제들은 서로 연결된 그리고 속세적인 영성의 독특한 특성에 매우 일치한다. 그러나 이런 영성 개념과는 전혀 다른 설명이 있는데 이는 어떤 특정한 종교적 전통과 친밀하게 연결되는 것이다. 이것 또한 Krippner와 Sulla(2000, p. 67)가 영성과 자아초월 경험 간의 차이를 설명하는 것과 관련되는데, 두 가지는 동의어라는 것을 부정하면서 자아초월 경험은 "한 사람의 정체감이 그의 일상적인 한계를 넘어서서 확장되어 나타나는 것"으로 제한하는 것이다. 이 점에 있어서 자아초월심리학과 상호 연결감 또는 다른 자연주의적 개념(영성을 포함하지 않는 개념 또는 다른 초자연적인 신념들)을 다루는 방식으로 영성을 재정의하는 영성심리학에 대한 접근들은 강력하게 제휴하고 있고, 아마도 자아초월심리학과 동의어라고도 할 수 있다.

자아초월 용어가 추가한 가치

자아초월심리학이 역사적으로 영성이란 용어를 사용함으로써 발생할 수도 있는 편견을 피하기 위해 선택된 것을 고려하면서, 그리고 이 영성이란 용어가 현재 엄청난 시장성을 제공하고 자아초월 용어를 넘어서는 다른 이득을 준다면, 자아초월심리학이란 용어를 유지할 정당성은 무엇인가? 만약 이 용어를 지켜야 할 정당성이 있다면 어떻게 영성과 자아초월심리학은 서로를 존중하면서 자기 위치를 정해야 하는가?

심리학 내에서 영성 용어를 소개하는 것에 대한 문제

한 가지 접근법은 심리학 내에서 영성 용어를 사용하는 것으로부터 발생할 수 있는 문제를 고려하는 것이다. Moberg(2002)는 영성이 사상들과 경합하는 것에 준거하여 다르게 정의되고 해석된다고 주장하였는데 반해, Belzen(2009)은 영성에 대한 심리학의 이런 활성화에서 다양하게 감추어진 의제를 지적하였다. 다른 말로 하자면 영성심리학들은 어두운 측면들을 가지고 있는데, 이는 영성심리학들을 활성화하려는 일군의 사람들이 그들 자신의 종교적 의제와 사상을 과학적 심리학의 영역에 삽입하려는 시도를 한다는 것이다. 실제로 신앙에 기초한 그리고 다른 비과학적인 신념들을 가진 사람들이 심리학에서 영성이란 용어를 사용할 것에 대해 호소한 부분은 초자연—어떤 존재를 예배하는 또는 우주의 자연 질서로부터 분리된 힘에 대한 문자 그대로의 의미—이라 칭할 수 있는 사실에 근거하고 있다. 이런 종류의 영성심리학들은 자아초월심리학과는 분명하게 다르다. 그리고 비록 이런 집단의 호소가 심리학의 관심 영역을 넓힐 수 있다 할지라도 그것은 장기적인 측면에서 확실히 심각한 문제의 원인이 될 수 있다. 더욱 현실적이고 덜 초자연적인 영성심리학에 대한 접근들은 자아초월심리학과 더욱더 제휴할 수 있다.

심리학에서 영성 용어를 사용하는 것에 대한 잠재적이고 현실적인 문제의 한 예로 이 학문의 교육기관이 포함된다. 현재 미국 내에서 APA가 인정하는 임상 또는 상담심리학 박사과정 프로그램은 아주사 태평양 대학교Azusa Pacific University, 바이올라 대학교Biola University, 풀러 신학 대학교Fuller Theological Seminary, 조지 폭스 대학교George Fox University, 리젠트 대학교Regent University 그리고 휘턴 대학교Wheaton College를 포함한 6곳인데, 이들 지향점은 분명히 기독교이다(Narramore, 연도 없음). 이들은 기독교적 관점을 가지고 심리학의 실천을 배우는 과정에서 성서의 말씀Biblical scriptures에 심리학을 통합할 것을 강조하였는데, 그들은 학생들에게 영적 성장이라 칭하는 양육 또한 강조하였다. 이런 분명한 종교적 프로그램은 그들 자신을 영적이라고 교묘하게 말하는데, 어떻게든지 이런 방식으로 APA의 승인을 통하여 합법성을 얻기 위해 시도해 왔다. 반면, 일군의 학자들은 심리학 훈련 프로그램 내에서 영성의 역할에 대해 더 면밀한 전문적 심리학의 관점이 급박하게 필요하다는 것을 지적하였지만(예를 들면, Hage, 2006), 전문 영역에서 이런 심층적 변화에 대해서 알려진 것은 거의 없다. 비록 기독교인 프로그램의 훈련 효과에 대한 연구가 일부 있다 하더라도 이 분야에서 이런 접근을 허락한 것에 대한 전반적인 결과에 대해 알려진 것은 거의 없다(예를 들면, Walker, Gorsuch. Tan, & Otis, 2008).

이것은 심리학 학문에서는 새로운 영역으로서, 지금까지는 과학이나 실천으로서의 심리학에 종교적이고 영적인 접근이 결합되는 것을 면밀하게 회피해 왔다. 단순한 믿음이 아닌 과학에 근거하는 한 우리는 영적 논제의 다양성에 대해 다문화적 민감성을 갖는 것에 초점을 맞춘 훈련과 실제가 보장되어야 한다고 생각한다. 그러나 핵심적인 것은 기독교도 성경과 같은 단일 종교의 권위가 아닌 것은 심리학적 훈련과 실제를 위한 기반으로 받아들여져야 한다는 것이다. 실로 이 주제는 여섯 가지 프로그램 이외에도 미국 내에 전문적 심리학 프로그램을 제공하는 많은 다른 교파적 대학이 존재하므로 상당히 확산되어 있다. 그리고 무조건적 억지가 아니라면 이것은 종종 최소한 어떤 제한적 상황을 포함하고 있다. 예를 들어, 가톨릭 대학들에서 지원받는 프로그램은 종교적 기초에 입각하여 어떤 실천을 이단(예를 들면, 피임법 사용과 임신 중절 찬성 입장)으로 생각할 수도 있고, 그리고 명백하진 않더라도 주제들의 상대적 이득과 결함에 대한 개방적 토론을 금지할 수 있다. 심리학 내에 종교와 영성을 혼합하는 것은 많은 풀리지 않는 난제를 야기한다. 심리학이 심리학 그 자체의 존재로서 어떤 교파의 종교적 입장을 끌어안는 것을 허락하는 것에는 위험이 존재하는데, 이는 불가피하게 일부 관점에 특권을 주고 다른 것에는 불리하게 할 수 있기 때문이다. 종합적으로 우리는 과학적 학문과 전문성을 가진 심리학 내에서 기독교도 신학의 응용 지원을 제공할 수 있는 과학적 정당성은 없다고 본다. 영성 용어의 이중 사용은 영성을 가장한 종교의 오용을 받아들이는 데 문을 열어 놓는 것이고 또한 무차별적인 방법으로 과학과 종교를 혼합한 이들 교구학파의 확산을 반영하는 것이다.

자아초월학자들이 기독교를 넘어서서 동양의 접근법을 선호한다 하더라도 이런 우려는 어느 정도 남아 있다. 예를 들어, 불교는 종종 하나의 과학으로 특징지어져 왔지만 아직도 그것은 다양한 믿음에 기초한 입장을 유지하고 있고(예를 들면, 인과응보의 윤회설에 대한 믿음), 이는 과학으로서의 심리학 밖에 존재한다(Friedman, 2009 참조). 과학의 다양한 원리를 따르지 않는데 과학적인 것으로 불교의 가르침을 무비판적으로 받아들이는 것은 심각한 범주 오류일 수 있다. 이런 우려는 또한 어떻게 자아초월심리학이 전반적인 인간 존재에 대한 연구를 종교적 그리고 영적 전통의 다양성에 의해 유지되어 온 관점들과 전반적으로 일치하는 맥락 안에 두려고 노력할 것인지에 더 광범위하게 적용된다. 이는 그 자체로서 타당한 심리학의 존재로서 그런 전통을 수용하지 않고 도리어 이런 전통을 광범위한 과학적 또는 학문적 맥락 안에서 고려하는 것을 포함하는 것이 중요하다.

우리는 자아초월심리학이 다문화적 세계에서 더 적절한 과학적 방식으로 영성에 대해 증가하는 심층적 질문에 답하는 데 열중하는 것이 적합하다는 입장이며, 이는 그들의 접근법을 뒷받침하는 것으로서 어떤 단일한 영성적 접근을 받아들이는 것이 아니다(Friedman, 2002). 이런 의미에서 자아초월심리학은 종교적 그리고 영적 관점에서와 마찬가지로 기독교와 불교 양자의 인식에 대해서도 자유롭게 비판한다. 이것은 또한 그들에 대해 제한된 것 없이 광범위하게 설명하는 과학적 접근들을 통하여 그들로부터 배우고 그들을 더 발전시킬 수 있다.

덧붙이자면 초자연적 존재supernatural(예를 들면, Keenig, 2010)를 포함하여 영성을 정의하는 것은 문제를 야기하는데, 그 이유는 과학으로서의 심리학은 매우 개방적이고 광범위한 방식이라 하더라도 오직 자연적인natural 것만을 다룰 수 있기 때문이다(Friedman, 2002). 영성 용어 그 자체는 정령spirits을 내포하며 불가피하게 비물질적 실체(예를 들면, 신들deities)를 포함하는데, 이는 경험주의의 체제 밖에 존재하는 것으로 과학적 활동의 범위를 한계짓고 제한한다. Friedman(2002, 이 책에서)은 과학으로서의 심리학은 오직 자연적 관심사에 적용할 수 있는 것이며 초자연적 관심사는 아니라고 주장해 왔다. 따라서 영성에 대한 이러한 접근은 데카르트철학파의 한 유형 안에서 그 위치를 차지하는데, 즉 영혼으로부터 물질을 분리하는 것이다. 영성심리학이 영성을 연구하고 적용하는 데 연루된 다양한 난제를 피할 수 있는 한 가지 방법은 영성과 관련된 행동, 신념 그리고 감정의 복잡성에 대해 그 초점을 유지해야 한다는 것이다. 또한 영성 그 자체는 과학적 방법으로 직접 접근할 수 있는 것이 아니라는 것도 인정해야 한다. 이것은 MacDonald(2000, 이 책에서)가 영성 그 자체를 연구하고 있다는 어떤 주장도 피하면서 영성의 '표현'을 연구하기 위해서 자아초월적 접근을 사용한 명확한 전략이다. 우리 중 한 사람(Friedman, 1983, 이 책에서) 역시 그가 진행 중인 자아초월심리학 연구에서 유사한 전략을 사용하였다. 부언하자면 MacDonald와 Friedman(2002)은 영성에 대한 논리적인 과학적 연구 프로그램이 어떻게 철학적이고 방법론적인 유익함으로 개념화될 수 있고 추진될 수 있는지를 함께 약술했다.

이런 입장이 영적이고 신비적인 경험에 대한 현상학을 더 잘 다룰 수 있는 후기 기독교도 구조의 발달과 방법을 통해 과학의 범위를 확대할 가능성을 부인하는 것은 아니다. 그러나 그런 접근법들은 아직은 발달의 초기 단계에 있으며, 그 접근법들이 널리 채택될 수 있기 전에 그 가치를 입증할 필요가 있다. 이런 과정은 우리 중 한 사람(Hartelius, 2006, 2009; Hartelius & Ferrer, 이 책에서)이 적극적으로 추구하고 있는 전략이다.

끝으로, 우리는 심리학에 영성을 포함시키는 것이 이 용어가 시장성에 유리하다는 단지 그런 긍정성을 제공한다는 생각에 도전하는 것이 중요하다고 생각한다. 이것은 경외감 같은 그런 개념과는 모순되는데, 이는 긍정적인 정서뿐 아니라 우주의 압도적인 측면을 마주하는 데서 오는 공포의 느낌을 포함한다(Bronner & Friedman, 2011). 유사하게 영성은 종종 복지wellness와도 혼동되는데, 그것은 마치 영성의 가치를 심오한 함의에 두지 않고 질병 발병률 감소에 두는 것 같기 때문이다(Migdal & MacDonald, 인쇄 중). 영성은 또한 다수의 개념을 포함하고 있는데, 이는 보다 정밀하게 실험할 수 있는 주류 심리학 내에서는 매우 입에 맞지 않는 것들이다. 영성을 측정하는 MacDonald(2000)의 경험적 접근법은 다섯 가지 공통적 요소들이다. 이 중 하나는 쟁점이 되고 있는데, 소위 영성의 초심리학적 차원이라 불리는 것이다. 물론 모든 종교적 전통이 그들의 비일상적인 측면(예를 들면, 가톨릭의 기적에 대한 준거는 개인이 성인으로 추대될 것을 요구함, 초능력siddhis에 대한 힌두교의 개념, 영적 세계를 방문하는 것에 대한 무속의 개념)을 갖고 있다. 주류 심리학이 종종 초심리학에 대해 불편해하는 것을 감안한다 해도, 이런 면은 서구 유대-기독교 종교의 많은 지지자가 그들 전통의 기적을 초심리학적 현상으로 간주하는 것에 대해 불행해할 것 만큼이나, 영성을 단지 매력적인 어떤 것으로 심리학적으로 숙고하는 것을 잠재적으로 복잡하게 한다.

영성과 자아초월심리학 간의 관계 명료화

이제 영성과 자아초월심리학 간의 관계를 명료화해야 할 것 같다. 만약 이들이 단순히 동의어라면 그 용어에 매달리는 것은 단지 전통에 대한 완고한 집착이 될 수 있다. 확실히 이 장을 쓰고 있는 우리 세 명 모두는 용어에 대해 애착을 갖고 있으며 그것의 사용이 폐기되는 것을 보면 한탄을 할 것이지만, 이것만이 용어를 유지하려는 근거는 아니다. 그 대신에 만약 충분한 가치가 있다면 용어가 유지되는 것을 볼 수 있을 것이고, 그러면 이 장에서 논의한 핵심 질문에 답할 수 있게 될 것이다. 즉, 영성심리학이란 용어가 자아초월심리학을 대신해야만 하는 것인가? 그 하나는 자아초월이란 용어를 대신 사용하여 피할 수 있는 것처럼, 영성이란 용어를 사용하는 데는 위협성이 있다고 생각한다. 교파적 전통에 의해 APA 승인 훈련 프로그램이 채택되는 것이 그 예이다.

그러나 좀 더 긍정적인 측면에서 우리는 자아초월심리학이 자아초월에만 제한되어 있지 않고 영성을 포함하는 것으로 본다. 이 두 가지를 동일시하는 것은 자아초월 접근을 크게 손상시킬 수 있으며 자아초월 전망의 중요한 측면을 제거해 버릴 수 있다. 자아초월 운동은 정신과 우주에 대한 새로운 시각을 만드는 영성과 과학 양자를 끌어들이길 추구하는데, 한 가지는 어떤 종교적 그리고 영성적 전통의 고유한 분파주의로 고민하지도 않고 또한 다른 한 가지는 Maslow(1969a)가 인간 본성의 더 큰 역량이라 부른 것에 전혀 적합하지 않고 편협하게 적용되는 자연과학철학으로도 고민하지 않는 것이다. 이와 같은 전환적인 맥락에서 개선안은 심리학에 적용되고, 그리고 아마도 다른 학문들에도 마찬가지로 적용될 것이고 나름의 모양새를 형성할 수 있다(Walsh, 1993; Walsh & Vaughan, 1993). 또 한편으로는 만약 자아초월심리학이 영성심리학의 정체성을 취한다면, 최근 분위기에서 영성의 성공에도 불구하고 그것은 최소한의 존재론적 지위를 영성과 종교적 경험 양쪽에 부여할 만한 학문적이고 정책적인 틀 안에 위치해 있어야만 한다. 하지만 자아초월심리학은 종교적 그리고 영적 전통을 단순히 회고하는 것만이 아닌 기회를 제공할 뿐만 아니라, 그것의 적용은 물론 새로운 접근의 창조를 탐구하려는 혁신적 방식을 기대하게 하는 기회를 제공한다. 영성심리학이 현재의 문제에 도전하는 작은 기회를 갖는데 반해, 자아초월적 과제는 영성보다는 넓고 깊은 측면에서 더욱 근본적인 소명을 갖는다. Maslow(1969b)가 『자아초월심리학 학술지』에 발표할 인상적인 논문을 쓸 때, 그는 과학적 방법을 받아들여 과학자로서 저술했다. 지금까지도 그는 객관주의 철학에 도전하는 데 사용될 수 있는 확실한 방법을 보여 주었고, 과학을 형성해 나가는 것이 가치가 있다는 것을 보여 주었다. 그는 인본주의 전통을 넘어서서 인류의 비전을 일견한 인본주의자로서 영적이고 신비주의적인 지혜의 거대한 강물에 인본주의를 재통합하면서 저술했다. Maslow는 현대적 사상modernist에 기초한 과학과 사회에서 심오한 전환을 하는 하나의 혁명을 선포했다. 이와 같은 혁명은 수천의 다른 이름으로도 계속 진행되고 있으며, 자아초월주의, 생태심리학, 신체심리학, 여성주의, 대체 의학 그리고 수백의 다른 학문들 안에서 만들어지고 있다. 전통을 지향하면서 단순히 과거를 돌이켜 보는 것에 자아초월심리학을 제한하는 것은 이런 잠재력을 포기하고 거부하는 것일 수 있다.

자아초월심리학은 창립 이후 40여 년이 넘었다. 자아초월에 주어진 비전의 중요성과 그것이 제안하는 혁명의 심오성을 감안할 때, 자아초월심리학이 그 짧은 기간 동안 광범위하게 수용되지 못했다는 사실은 놀랄 만한 것도 아니고 그리 실망스러운 것도 아니다. 심리학의 자아초월 관점은 '편협한 관념론 속에 빠진 과학의 왜곡'인 과학주의에 찬성하지 않고도 비판적 사고 그리고 과학의 방법론적인 신중성과 제휴하는 기반을 제공한다(Friedman, 2002, p. 178). 그것은 다음과 같은 기초에 근거하여 "인간[인류](Maslow, 1969b, p. 6)에 관한 새로운 상"을 추구한다. 그 근거란 모더니즘에 의해 제한되거나 포스트모더니즘에 의해 부식됨이 없이 엄격하며, 전통의 구조들에 의해 제재받음 없이 낙관적인 것이다. 그것이 종교적이거나 영성적으로 불리든 혹은 순진한 낭만주의라는 이름으로 불리든 상관없다. 주류 심리학에 포함된 영성에 대한 설명과는 대조적으로 자아초월심리학은 전통에 호소한다—특히, 그것이 특정한 종교적 전통에 관련된 것일 때—자아초월 관점은 진보적이고, 그리고 지속적인 정교화 과정에 있다.

결론

영성 연구에 대한 광범위한 수용은 심리학 그리고 심리치료자가 영적인 문제와 투쟁하는 내담자를 더욱 폭넓고 자애롭게 대할 것을 도와줄 사람에게는 가치 있는 확장일 뿐만 아니라 이론, 연구 그리고 응용을 위해 새로운 길을 여는 것이다. 이런 점에서 심리학 학문에 적합한 곳 어디서에나 영성 연구는 환영받는 존재이다. 그러나 이것이 어두운 면이 간과된 이상화된 형태로만 제시되어선 안 된다는 점이 매우 중요하다. 전통을 개종시키려는 좀 더 감추어진 의제에 영성을 마음대로 사용하는 것과 같은 잠재적 남용은 금물이며, 영감적인 외경심뿐만 아니라 소름 끼치게 지독한 것이 될 수 있는 가능성을 포함하여 그 전체적인 범위(예를 들면, Bonner & Friedman, 2011)가 인지되어야만 한다. 마찬가지로 영성은 단순히 진부한 것만은 아닌 상상 가능한 가장 심층적이고 최고로 심오한 논제인 것이다. 우리는 심리학에서의 영성적 접근이, 전통적으로 이루어진 과학적 접근(예를 들면, Friedman, 2009)을 통해서든 어쩌면 부활된 후기 데카르트철학의 접근(Hartelius, 2009)을 통해서든지 간에 통합적으로 이런 주제들을 다루는 자아초월 관점 안에서 가장 적합할 것이라고 믿는다. 자아초월심리학에 대한 양쪽 설명은 영성심리학에 대한 관심 분야를 위해 적절하고 지지적인 기반을 제공한다. 세속성 그리고 비-초자연적 상호 연결을 강조하면서 영성에 접근하는 것으로 정의된 측면에서 영성심리학의 주요한 특성은 자아초월심리학에서 인정된 세 가지 주된 명료한 주제에 매우 잘 맞는다(Hartelius et al., 2007).

결과적으로, 우리는 영성이 전적으로 분리된 학문으로서보다는 자아초월 영역 안에서 또는 밀접하게 연계되어 연구하는 분야로서 개발되어야만 한다고 결론짓고자 한다. 예를 들어, 영성심리학에 밀접하게 관련된 학문은 자아초월 연구의 거대한 영역 안에서 그 위치를 찾을 수 있는데, 특히 영성에 대한 접근들의 일부에서 전통적인 과학의 범위 밖에 존재하는 초자연적 개념을 포함하는 한에 있어서는 더욱 그렇다. 그러나 자아초월심리학이란 용어를 영적 심리학이나 영성심리학이란 용어로 대체시켜 포기하는 것은 막대한 손실로 보인다. 자아초월심리학은 많은 전통에서 영적으로 보는 것과 관련된 초월적 경험을 나타낼 잠재적 방법을 제공할 뿐만 아니라 개인을 넘어서는, 그리고 과학적으로 연구될 수 있는 경험, 어쨌든 자아초월, 비-초월의 연속을 다루는 방법을 허용한다(Friedman, 이 책에서). 초월적 경험은 어떤 합의된 방법 내의 실재로서 이런 사건들에 대한 존재론적인 수용 없이 그들 안에서 성장한 결과물로, 그들의 표현을 연구함으로써 수행될 수 있다(MacDonald, 2000). 자아초월심리학은 여러 면에서 다른 논제의 다양성을 다루는 방법을 제공하는데, 이는 자아초월심리학을 위한 사망 기사를 쓰기에는 시기상조라는 반향적인 결론으로 우리를 이끈다. 또한 자아초월심리학이 적절하게 발달한다면 이 용어는 어떤 더 훌륭한 사용법을 얻게 될 것이다.

참고문헌

Ai, A. L., Seymour, E. M., Tice, T. N., Kronfol, Z., & Bolling, S. F. (2009). Spiritual struggle related to plasma interleukin-6 prior to cardiac surgery. *Psychology of Religion and Spirituality*, *1*(2), 112-128.

Allport, G. (1950). *The individual and his religion: A psychological interpretation*. New York, NY: Macmillan.

Allport, G. (1961). *Pattern and growth in personality*. New York, NY: Holt, Rinehart, and Winston.

Allport, G. (1966). The religious context of prejudice. *Journal for the Scientific Study of Religion*, *5*, 447-457.

Avants, S. K., Beitel, M., & Margolin, A. (2005). Making the shift from "addict self" to "spiritual self": results from a stage I study of spiritual self-schema (3-S) therapy for the treatment of addiction and HIV risk behavior. *Mental Health, Religion, and Culture*, *8*, 167-177.

Belzen, J. (2009). Studying the specificity of spirituality: Lessons from the psychology of religion. *Mental Health, Religion & Culture*, *12*(3), 205-222.

Benner, D. G. (1989). Toward a psychology of spirituality: Implications for personality and psychotherapy. *Journal of Psychology and Christianity*, *8*(1), 19-30.

Bienenfeld, D., & Yager, J. (2007). Issues of spirituality and religion in psychotherapy supervision. *The Israel Journal of Psychiatry and Related Sciences*, *44*(3), 178-186.

Bolletino, R. C. (2001). A model of spirituality for psychotherapy and other fields of mind-body medicine. *Advances in Mind-body Medicine*, *17*(2), 90-107.

Bonner, E., & Friedman, H. (2011). A conceptual clarification of the experience of awe: An interpretative phenomenological analysis. *The Humanistic Psychologist*, *39*, 222-235.

Burris, C. (1994). Curvilinearity and religious types: A second look at intrinsic, extrinsic, and quest relations. *International Journal for the Psychology of Religion*, *4*, 254-260.

DeAngelis, T. (2008). Div. 36 brings spirituality into research and practice: Growth and change within the division mirrors society's evolving thoughts about religion. *Monitor on Psychology*, *39*(11), 60.

Friedman, H. (1983). The Self-Expansiveness Level Form: A conceptualization and measurement of a transpersonal construct. *Journal of Transpersonal Psychology*, *15*, 1-14.

Friedman, H. (2002). Transpersonal psychology as a scientific field. *International Journal of Transpersonal Studies*, *21*, 175-187.

Friedman, H. (2006). The renewal of psychedelic research: Implications for humanistic and transpersonal psychology. *The Humanistic Psychologist, 34*(1), 39-58.

Friedman, H. (2009). Xenophilia as a cultural trap: Bridging the gap between transpersonal psychology and religious/spiritual traditions. *International Journal of Transpersonal Studies, 28*, 107-111.

Friedman, H. (2010). Is Buddhism a psychology? Commentary on romanticism in "Mindfulness in Psychology". *The Humanistic Psychologist, 38*, 184-189.

Friedman, H. (2011). It's premature to write the obituary for humanistic psychology. *Journal of Humanistic Psychology, 51*(4) 424-427.

Friedman, H. (this volume). Transpersonal self-expansiveness as a scientific construct (Chapter 11).

Genia, V. (1993). A psychometric evaluation of the Allport-Ross I / E scales in a religiously heterogeneous sample. *Journal for the Scientific Study of Religion, 32*, 284-290.

Greer, B., & Roof, W. (1992). "Desperately seeking Sheila": Locating religious privatism in American society. *Journal for the Scientific Study of Religion, 31*, 346-352.

Grof, S., & Grof, C. (1989). *Spiritual emergency: When personal transformation becomes a crisis.* New York, NY: Jeremy P. Tarcher.

Hage, S. (2006). A closer look at the role of spirituality in psychology training programs. *Professional Psychology: Research and Practice, 37*(3), 303-310.

Hartelius, G. (2006). All that glisters is not gold: Heterophenomenology and transpersonal theory. *Journal of Consciousness Studies, 13*(6), 81-95.

Hartelius, G. (2009). Participatory empiricism: Toward a phenomenological-empirical science for human psychology. *Dissertation Abstracts International* 70(07) 0392B (UMI #3367157).

Hartelius, G., Caplan, M., & Rardin, M. A. (2007). Transpersonal psychology: Defining the past, divining the future. *Humanistic Psychologist, 35*(2), 1-26.

Helminiak, D. A. (2001a). Rejoinder and clarifications on Helminiak's (2001) "Treating spiritual issues in secular psychotherapy". *Counseling and Values, 45*(2), 237-251.

Helminiak, D. A. (2001b). Treating spiritual issues in secular psychotherapy. *Counseling and Values, 45*(2), 163-189.

Helminiak, D. A. (2005). A down-to-earth approach to the psychology of spirituality a century after James's *Varieties. The Humanist Psychologist, 33*(2), 69-86.

Helminiak, D. A. (2008). Confounding the divine and the spiritual: Challenges to a psychology of spirituality. *Pastoral Psychology, 57*, 161-182.

Hill, C., & Pargament, K. (2003). Advances in the conceptualization and measurement of religion and spirituality. *American Psychologist, 58*, 64-74.

Hout, M., & Fischer, C. (2002). Why more Americans have no religious preference: Politics and generations. *American Sociological Review, 67*, 165-190.

Johnstone, B., & Yoon, D. P. (2009). Relationships between the brief multidimensional measure of religiousness/spirituality and health outcomes for a heterogeneous rehabilitation population. *Rehabilitation Psychology, 54*(4), 422-431.

Kapuscinski, A. N., & Masters, K. S. (2010). The current status of measures of spirituality: A critical review of scale development. *Psychology of Religion and Spirituality, 2*(4), 191-205.

Koenig, H. (2010). Spirituality and mental health. *International Journal of Applied Psychoanalytic Studies*, *7*(2), 116-122.

Krippner, S., & Sulla, J. (2000). Identifying spiritual content in reports from ayahuasca sessions. *International Journal of Transpersonal Studies*, *19*, 59-76.

Lajoie, D. H., & Shapiro, S. I. (1992). Definitions of transpersonal psychology: The first twenty-three years. *Journal of Transpersonal Psychology*, *24*(1), 79-98.

MacDonald, D. A. (2000). Spirituality: Description, measurement and relation to the five factor model of personality. *Journal of Personality*, *68*(1), 153-197.

MacDonald, D. A. (this volume). Philosophical underpinnings of transpersonal psychology as a science (Chapter 19).

MacDonald, D. A., & Friedman, H. L. (2001). The scientific study of spirituality: Philosophical and methodological considerations. *Biofeedback*, *29*(3), 19-21.

MacDonald, D. A., Walsh, R., & Shapiro, S. (this volume). Meditation: Empirical research and future directions (Chapter 24).

Mansager, E. (2002). Religious and spiritual problem V-Code: An Adlerian assessment. *The Journal of Individual Psychology*, *58*(4), 374-387.

Maslow, A. (1969a). The farther reaches of human nature. *Journal of Transpersonal Psychology*, *1*(1), 1-9.

Maslow, A. (1969b). New introduction: Religions, values, and peak-experiences (new edition). *Journal of Transpersonal Psychology*, *1*(1), 83-90.

Migdal, L., & MacDonald, D. A. (in press). Clarifying the relation between spirituality and well-being. *Journal of Nervous and Mental Disease*.

Miller, W. R., & Thoresen, C. E. (2003). Spirituality, religion, and health: An emerging research field. *American Psychologist*, *58*(1), 24-35.

Miovic, M. (2004). An introduction to spiritual psychology: A review of the literature, East and West. *Harvard Review of Psychiatry, March/April,* 105-115.

Moberg, D. (2002). Assessing and measuring spirituality: Confronting dilemmas of universal and particular evaluative criteria. *Journal of Adult Development*, *9*(1), 47-60.

Narramore, B. (n.d.). Christian graduate programs in psychology. Narramore Christian Foundation (n. p.). Retrieved from http://www.ncfliving.org/counselor_training.php

National Institute for Healthcare Research. (1998). *Scientific research on spirituality and health: A consensus report*. (A report based on the scientific progress in spirituality conferences). Rockville, MD: John Templeton Foundation.

Pappas, J. (2003). A construct validity study of the self-expansiveness level form: A multitrait-multimethod matrix and criterion approach. *Dissertation Abstracts International*, *64*(01), 1545B (UMI No. 3085713).

Pappas, J., & Friedman, H. (2007). The construct of self-expansiveness and the validity of the transpersonal scale of the self-expansiveness level form. *The Humanistic Psychologist*, *35*(4), 323-347.

Pargament, K. (1997). *The psychology of religion and coping: Theory, research, practice*. New York,

NY: Guilford Press.

Pargament, K. (1999). The psychology of religion and spirituality? Yes and no. *International Journal for the Psychology of Religion, 9*(1), 3-16.

Pargament, K., & Sweeney, P. J. (2011). Building spiritual fitness in the army: An innovative approach to a vital aspect of human development. *American Psychologist, 66*(1), 58-64.

Pargament, K. I., & Saunders, S. M. (Eds.). (2007). Special issue on spirituality and psychotherapy. *Journal of Clinical Psychology, 63*(10).

Pedersen, P., Lonner, W. J., Draguns, J. G., & Trimble, J. E. (Eds.). (2007). *Counseling across cultures* (6th ed.). Thousand Oaks, CA: Sage Publications.

Plante, T. G. (2009). *Spiritual practices in psychotherapy:Thirteen tools for enhancing psychological health*. Washington, DC: American Psychological Association.

Richards, S., & Bergin, A. (2000). Toward religious and spiritual competency for mental health professionals. In S. Richards & A. Bergin (Eds.), *Handbook of psychotherapy and religious diversity* (pp. 3-26). Washington, DC: American Psychological Association.

Saucier, G., & Skrzypinska, K. (2006). Spiritual but not religious? Evidence of two independent dispositions. *Journal of Personality, 75*, 1258-1292.

Smith, H. (2001). *Why religion matters: The fate of the human spirit in an age of disbelief.* New York, NY: Harper San Francisco.

Spaeth, D. (2000). Spirituality in history taking. *Journal of the American Osteopathic Association, 100*, 641-644.

Sperry, L., & Mansager, E. (2007). The relationship between psychology and spirituality: An initial taxonomy for spiritually-oriented counseling and psychotherapy. *The Journal of Individual Psychology, 63*(4), 359-370.

Spiro, M. (1966). Religion: Problems of definition and explanation. In M. Banton (Ed.), *Anthropological approaches to the study of religion* (pp. 85-126). London, UK: Tavistock.

Steinfeld, G. J. (2000). Spiritual psychology and psychotherapy: Is there theoretical and empirical support?. *Journal of Contemporary Psychotherapy, 30*(4), 353-380.

Stifoss-Hanssen, H. (1999). Religion and spirituality: What a European ear hears. *The International Journal for the Psychology of Religion, 9*(1), 25-33.

Turner, R. P., Lukoff, D., Barnhouse, R. T., & Lu, F. G. (1995). Religious or spiritual problem: A culturally sensitive diagnostic category in the DSM-IV. *Journal of Nervous and Mental Disease, 183*, 435-444.

Walker, D., Gorsuch, R., Tan, S., & Otis, K. (2008). Use of religious and spiritual Interventions by trainees in APA-accredited christian clinical psychology programs. *Mental Health, Religion & Culture, 11*(6), 623-633.

Walsh, R. (1993). The transpersonal movement: A history and state of the art. *Journal of Transpersonal Psychology, 25*(2), 123-139.

Walsh, R., & Vaughan, F. (1993). On transpersonal definitions. *Journal of Transpersonal Psychology, 25*(2), 199-207.

Wink, P., Dillon, M., & Fay, K. (2005). Spiritual seeking, narcissism, and psychotherapy: How are they related?. *Journal for the Scientific Study of Religion*, *44*, 143-158.

Wulff, D. (2003). The psychology of religion: An overview. In E. Shafranske (Ed.), *Religion and the clinical practice of psychology* (pp. 43-70).Washington, DC: American Psychological Association.

Zinnbauer, B. J., Pargament, K. I., Cole, B., Rye, M. S., Butter, E. M., Belavich, T. G.,··· Kadar, J. L. (1997). Religion and spirituality: Unfuzzying the fuzzy. *Journal for the Scientific Study of Religion*, *36*(4), 549-564.

Zinnbauer, B., Pargament, D., & Scott, A. (1999). The emerging meanings of religiousness and spirituality: Problems and prospects. *Journal of Personality*, *67*, 889-919

번역 출판

Lukoff, D., & Lu, F. (2005). A transpersonal-integrative approach to spiritually-oriented psychotherapy. In L. Sperry & E. P. Shafranske (Eds.), *Spiritually oriented psychotherapy* (pp. 177-206). Washington, DC: American Psychological Association. (최영민, 조아라, 김민숙 역. 영성지향 심리치료. 서울: 하나의학사, 2008).

Sperry, L., & Shafranske, E. P. (2005). (Eds.), *Spiritually oriented psychotherapy*. Washington, DC: American Psychological Association. (최영민, 조아라, 김민숙 역. 영성지향 심리치료. 서울: 하나의학사, 2008).

Wilber, K. (2000). *Integral psychology: Consciousness, spirit, psychology, therapy*. Boston, MA: Shambhala. (조옥경 역. [켄 윌버의] 통합심리학: 의식 · 영 · 심리학 · 심리치료의 통합. 서울: 학지사, 2008).

제 4 장

자아초월심리학 비판과 그 너머: 자아초월심리학의 미래

- 의식의 과학과 문화

Harald Walach

자아초월심리학이 태동한 지 거의 반백 년, 초기 운동에 학문적이고 전문적인 외관을 부여했던 『자아초월심리학 학술지Journal of Transpersonal Psychology』가 창간된 지 정확히 43년이 되는데, 이제는 멈춰 서서 질문을 해야 할 시점이다. 자아초월심리학 운동이 진정 성취한 것은 무엇인가? 만약 영향을 끼친 것이 있다면 자아초월심리학이 심리학, 연구, 임상 현장의 적용, 상담 그리고 교육에 학문적으로 기여한 것은 무엇인가? 만약 있다면 구조적으로 변한 것이나 개량된 것은 무엇인가? 이러한 질문 중 많은 것이 과장되었고, 오히려 실망스럽게도 부정적으로 답해야 한다는 것을 쉽게 알 수 있을 것이다. 자아초월심리학은 기존 심리학계를 개혁하는 임무를 띤 새로운 세력으로 자신의 위치를 잡으려고 노력했지만, 지금까지 진정으로 성공하지는 못했다. 미국에 있는 세 개 내외의 사립 대학원과 훈련기관 그리고 처음 두 곳에서 시작했지만, 지금은 하나만 남은 영국의 대학원 과정을 제외하고는 내가 알기론 확인할 수 있는 구조적 영향은 없다. 전통심리학은 자신의 궤도를 따라 전진해 왔지만, 학교의 대규모 공공 기금에 의해 지원되는 자아초월심리학 교수직이나 영향력 있는 기금 교수직은 거의 없다. 교육 또는 조직심리학과 같은 교과는 새로운 교수직과 학과를 통해 성공적으로 뿌리를 내렸지만, 자아초월심리학은 그렇지 못한 상태이다. 그것은 왜 그런가? 심리학 교과과정은 지난 수십 년 동안 변화하였다. 새로운 과정들이 추가되었고, 새로운 논제와 주제들이 흡수되었으며, 그들의 중요성을 인정받았다. 심리학 내의 새로운 과학 분과들은 그들 자신의 독특한 학문적 특성을 보여 주는 것에 성공했는데, 그것은 학술적 소통의 창구, 각종 학회, 회합 등을 통해서 자신의 지적 업적을 입증한 것이다. 자아초월심리학은 심리학 내의 다른 분과들에 비해 별로 성공적이지 못했다. 자아초월심리학 콘퍼런스가 존재하지만 거기서 발표되는 연구 결과가 기사나 표제로 나오는 것은 드물다. 과연 무엇이 잘못된 것일까?

자아초월심리학 그리고 임상적 상담 영역에서의 영적 접근법들과 기법들—좀 더 넓은 맥락에서 구성해 보면—은 현장의 전문가들에게 인기가 있고 또 다수가 따뜻한 환영을 하고 있지만, 학술 발표에는 전혀 반영되지 않고 있다. 독일의 사례 두 가지를 들어보자. 13년 전에 독일어 학술지인 『자아초월심리학과 심리치료Transpersonal Psychology and Psychotherapy』(현재는 『의식과학 학술지Journal for Consciousness Science』)가 창간되어 대략 1,500명의 구독자가 있어서 비교적 괜찮은 발행 부수를 유지해 왔는데, 이는 전문지들, 예를 들어 정신신체의학이나 임상심리학보다 더 많은 것이다. 이것은 임상가들의 관심을 증명한다. 그러나 자아초월심리학을 최소한 일부분이나마 대표하는 대학 과정은 놀랄 정도로 드물다. 독일에서 현재 박사 논문을 지도하는 데 필요한 자격을 지닌 대학 교수는 오직 세 명 뿐이다. 이들은 이 영역에서 논문을 출판한 기록을 갖고 있고, 새로운 학생들을 받는 데 관심을 가지고 있다.

우리는 최근 법정 상환 체계statutory reimbursement system하에서 일하고 있는 909명의 독일 심리치료자들을 대상으로 서베이를 실시하였다(Hofmann & Walach, 2011). 그들의 내담자 중 22%는 영적 문제나 주제를 언급하였고, 치료자의 66%는 대학 또는 대학원 훈련이 이러한 주제에 대해 좀 더 주의를 기울여야 한다고 말했다. 응답자의 3분의 2는 그들 자신이 최소한 한 번은 영적 경험을 했다고 말했고, 36%는 그러한 경험을 매우 자주 또는 반복적으로 했다고 말했다. 이것은 실무적 차원에서 영적 주제에 대해 관심이 있다는 것을 보여 주는데, 이러한 주제가 환자나 치료자에게 똑같이 밀접한 관계가 있기 때문이다. 그러나 삶의 이러한 현실이 교육과 연구라는 학문적 구조 속으로 들어가는 길을 찾지는 못했다. 자아초월심리학은 이러한 현장 전문가들을 위해 학문적인 목소리를 내는 데 성공했는가?

거리를 두고 냉정한 시각으로 보았을 때 하나의 학문 분야로서의 자아초월심리학의 성공은 미미한데, 너그럽게 보아도 그렇다. 해당 영역의 비평가는 분명히 다음과 같이 말할 것이다. "자아초월심리학은 하나의 학문적-과학적 분과로서 실패했다. 자아초월심리학은 자신의 가치를 증명하지 못했고, 그러므로 사라질 것임에 틀림없다." 만약 영성이 학문의 영역에서 다루어지고 심리학의 한 영역으로 확립될 수 있도록 자아초월 및 영적 현상에 대한 학문적 연구의 미래를 정립하고자 한다면, 자아초월 기획의 역사, 즉 불충분한 점과 실패를 비판적으로 평가하고, 자아초월심리학에 퍼부어진 비평을 경청하고, 자아초월심리학을 위한 잠재적 기회들을 평가하기 위하여 주류 과학에서 충분히 언급되지 않은 비평을 이해할 필요가 있다.

이 장에서 나는 자아초월심리학을 건설적으로 비평하고자 한다. 하나의 분과 학문으로서의 심리학의 역사와 그 하위 영역으로서의 자아초월심리학의 역사와 근원을 간략히 살펴보고자 하는데, 이는 충돌 지점과 새로운 출발이 가능한 지점을 이해하기 위한 것이다. 이어서 나는 몇몇 비평과 미해결 과제를 지적하고 미래에의 조망을 전개할 것이다. 나는 자아초월심리학을 괴롭히는 몇몇 문제를 제거하기 위하여 심리학의 창시자들이 처음 의도했던 노선, 즉 William James와 Franz Brentano가 추구했던 심리학, 의식의 과학—그리고 문화—에 따라서 자아초월 기획을 철저하게 재수정할 것을 제안한다. 나는 임상 훈련을 받고 자아초월 훈련, 정신통합psychosynthesis, 선禪 명상을 통한 오랜 영적 수행, 독일 자아초월심리학 및 심리치료협회의 창립자 중 한 명으로서의 경험 등 다양한 경험을 한 학문적 역량이 있는 교수이자 연구자이고 또한 자아초월심리학과 의식 연구에서 대학원 학위를 제공하는 영국 대학 중 한 곳의 전직 교수이자 학과장이었던 경험이 있는 유리한 위치에서 이 작업을 수행한다. 나는 또한 과학에 대한 확고한 헌신을 통해 이를 수행하였는데, 나는 과학적 접근이야말로 인류의 성공적이고 평화로운, 유일하고 진정한 국제적 협력의 수단이라고 열정적으로 믿기 때문이다. 동시에 나는 과학이 만약 오늘날 인류가 당면한 의제agenda의 문제 해결에서 성공적이고 도움이 되고자 한다면, 자아초월심리학의 등장을 이끈 몇 가지 문제를 과학이 진지하게 다룸으로써 과학의 영역과 인식체계적인 입장paradigmatic stance을 확장할 필요가 있다고 믿는다.

역사적 접근

현재 상황을 이해하기 위해선 역사를 토대로 한 분석이 유용하다. 따라서 전반적인 심리학의 역사와 자아초월심리학의 역사를 간략히 살펴보는 것이 적합하다. 대부분의 심리학 교재와는 불일치하겠지만 나는 과학 분과로서의 심리학의 시작을 1866년으로 추정한다. 이 해는 젊은 철학 교수이자 신학자이며 사제였던 Franz Brentano(1838~1917)가 뷔르츠부르크 대학에서 자신의 입장을 변호했던 바로 그 해이다. 유명한 논제 중 하나는 다음과 같다. "철학의 진정한 방법은 오직 자연과학의 방법뿐이다"(Wehrle, 1989, p. 45).

Brentano가 의미한 바는, 철학은 경험적이고 실험이 가능해야 한다는 것이다. 1871년에 그는 비엔나 대학의 철학 교수직에 부임할 예정이었다. 그는 경험철학에 대한 그의 해석이 심리학에 대한 새로운 과학과 연구가 될 것임을 명확히 했다. 그는 또한 정신psyche의 법칙을 이해하기 위해서는 철저하고 신중한 내성內省을 통해 진행해야 할 것임을 제안하였다. 같은 시기에 그는 자신의 사생활에서의 기행으로 곤란에 처했다. 1869년에 그는 교황 무오설Papal Infallibility에 대항하는 독일 주교 회의의 문건을 기초하는 책임을 진 사제였는데, 교황 무오설은 1870년에 선포되었다. 이러한 일로 인해 Brentano는 교회를 떠나야 했다. 이에 더하여 그는 비엔나에서 은행업을 크게 하는 어느 유대인의 상속녀와 사랑에 빠졌고, 그녀와 결혼하길 원했다. 가톨릭이 지배하던 비엔나에서 유대인 여인과 결혼하려는 신앙을 저버린 사제는 하나의 끔찍한 스캔들이었다. Brentano는 물러나서 작센주로 이주하여 거기서 결혼을 하고, 돌아와서 다시 지위를 되찾고자 했다. 하지만 그는 그렇게 할 수 없었는데, 그 이유는 오스트리아 황제가 대학의 임명 문서에 서명하기를 거부했기 때문이다. 그래서 Brentano는 자신의 학문적 지위를 되찾지 못했고, 작업을 완수할 수 없었다. 그는 자신의 중요한 작업을 결코 저술할 수 없었고, 그가 남긴 영향은 간접적인 것이 되었다. Freud는 그의 강의를 들었고, 심리적 내용을 이해하고 심리 법칙을 도출하기 위해 Brentano의 가르침을 토대로 내적 해석학적인 방법을 실행했다(Merlan, 1945, 1949). Edmund Husserl은 자신의 현상학을 전개하는 데 Brentano에게서 영감을 얻었다(Husserl, 1919). 이와 유사하게 Stumpf는 게슈탈트Gestalt 심리학을 개발했고(Stumpf, 1919), 인지학의 창시자인 Steiner도 그와 함께 연구했다(Steiner, 1921). Brentano 자신은 깊은 영성을 지닌 사람이었는데, 그는 가톨릭 전통에서 관상기도contemplation라 부르는 것에 매일 전념하였고, 영적 세계와 학문적 세계를 조화시킬 수 있는 방법을 항상 갈구했으나 명백히 성공이라고 판정할 만한 성과를 얻지는 못했다(Stumpf, 1919; Tiefensee, 1998).

심리학이 탄생한 연도로 종종 언급되는 것은 1879년이다(Lück, 2002). 이것은 Wilhelm Wundt(1832~1920)가 라이프치히 대학에서 자신의 심리학 실험실을 개설한 해이다. 이곳은 곧 전 세계 심리학자들에게 호기심의 대상이 되었다. William James와 Stanley Hall은 방문한 학자들 중 일부일 뿐이다(Brent, 1993). 잘 알려지진 않았지만 이 장의 주제와 관련하여 중요한 의미를 지니는 Wundt의 생애에서 중요한 사건이 있었다(Kohls & Benedikter, 2010). 대략 1877년 즈음에 라이프치히에서 물리학 교수였던 Johann Karl Zöllner는 강령술mediumistic 실연을 연구하는 데 흥미를 갖게 되었는데, 이는 그러한 실연이 영적 차원이 물리학에 통합될 수 있다는 그의 제4의 이론을 증명해 줄 것이라 생각했기 때문이다. 미국인 영매인 Henry Slade는 유럽 일대를 여행하면서 흥미로운 묘기들을 실연하였다. 주위로 흘러 다니는 탁자, 공중에서 맴도는 의자, 알기 불가능한 정보를 맞추는 것 등등이었다. 할레Halle[1)]의 논리학 교수인 Hermann Ulrici는 그러한 모임에 대해 기록하였는데, 심령술spiritism이 과학적 차원에서 지극히 중요하다는 결론을 내렸다. 그는 자신의 주장을 지지하기 위하여 여러 방면의 저명한 교수들을 언급하였는데, 그 가운데 Wilhelm Wundt가 있었다. Wundt는 격노했다(Wundt, 1879). 이제 탄생하려고 하는 심리학이라는 학문을 사기성이 있는 과학적으로 의문스러운 영매의 실연과 연관시키는 것이 매우 위험하다는 것을 그는 곧 깨닫게 되었는데, 이는 그러한 것이 학문적 체계 내에 확립되도록 하는 새로운 분과 학문의 역량을 위협할 수도 있기 때문이었다. 기존의 확립된 과학에 합류하기 위한 시도하에서 비과학적인 초超심리학적 현상들과의 접촉은 어떤 희생을 치르더라도 피해야 할 것이었다. 그래서 Wundt는 최면술에 대한 자신의 책에, 자신의 심리학 교재 제2판 서문에, 그리고 그 이후의 모든 저술에 그와 같은 연구에 대한 명확한 경고와 금지를 삽입하였다(Kohls & Benedikter, 2010).

Sigmund Freud(1856~1939)는 비술occult이나 자아초월적 현상에 무관심했던 사람으로 종종 잘못 인용되곤 한다(Simmonds, 2006). 이는 겉보기에는 확실히 진실이지만 그는 사실 예지몽豫知夢에 상당한 관심이 있었고, 그가 전이transference라고 불렀던 내담자의 마음 상태에 대한 직감에 관해서도 그는 천리안clairvoyance과 어떤 유사성을 갖는 것으로 보았다(Freud, 1922, 1925). 개방적이고 수용적인 주의attentive 상태에 대해 Freud가 묘사한 것은 Husserl이 주장한 현상학적 의식과 상당히 유사하다. Husserl과 Freud 둘 다 Brentano의 가르침에 자극을 받았다. 그러나 Freud는 과학의 인정을 얻기 위해 싸우고 있었고, 엉터리 치료나 비교祕敎와 관련되는 것은 정신분석의 종말이 되리라는 것을 알았다. 그래서 그는 과학적 논리에 입각한 맹세를 했다. "영적 주제들은 결코 다루지 않겠다. 여전히 허약한 꽃과 같은 정신분석을 위험에 빠트리지 않기 위해서이다." 그러고 나서 그 대가의 유산인 정신분석은 종교와 자아초월적 경험이라는 흙탕물에서 깨끗하게 빠져나왔다.

Carl Gustav Jung(1875~1961)에 대해서 우리는 Jung 자신이 겪은 영적 경험들을 빼고는 이해할 수 없다(Shamdasani, 1994, 1995, 1998a, 1998b, 2003, 2005). 1913년에 그는 유럽 전반에 걸쳐 피의 홍수가 닥치는 유명한 비전을 보았다. 이것은 그로 하여금 이러한 비전이 떠오르게 했던 적극적 상상active imagination이라는 과정을 개발하도록 고무하였는데, 그는 그것들을 탐사하였고, 거기서 다시 빠져나와 기술하였다. 이러한 탐사의 결과는 『붉은 책The Red Book』에 기술하고 그렸는데, 아주 최근에야 편집되었다(Jung, 2009). 그의 비전이

1) 독일 라이프치히 서북쪽에 있는 도시.

몇 년 뒤인 제1차 세계대전(1914~1919) 중에 일어날 일들에 대한 매우 강력한 예지적 직관들이었다는 것을 그는 나중에야 이해하게 되었다. 그는 그 전쟁이 발발했을 때 행복했다고 실제로 기술하였는데, 그것은 그의 비전이 옳다는 것을 증명해 주었고 또 자신이 정신이상이 아니라 천리안을 가졌다는 것을 스스로 믿도록 해 주었기 때문이다(Jung, 1967). 그 이후의 그의 모든 발견—집단 무의식, 개인의 정신적 삶을 구조화하는 역동적 원형들, 발현되는 전체를 향한 발달 라인들의 분투 등등의 개념들—은 그의 초창기 비전의 전개로 볼 수 있다. Jung의 심리학에서 영적이지 않은 어떤 구성 요소를 발견하기란 어려울 것이다. 하지만 심리치료에서 영향력 있는 학파를 창시한 것을 제외하고 Jung의 심리학이 성취한 것은 무엇인가? 학문 주류는 Jung의 심리학 대부분을 무시해 왔다.

Willian James(1842~1910)는 미국 심리학의 창시자로 유명하다(James, 1981, 1984, 1985). 그의 급진적 경험주의는 Brentano가 심리학에 대해 규정했던 '과학적 방법'과 유사하다. 그 시대의 두드러진 철학적 체계들 중 그의 실용주의적이고 독단적이지 않은 접근법은 매우 유연해서 종교적 경험, 임상적 현상 그리고 의식의 흐름에 대한 연구와 같이 상이한 영역들을 수용할 수 있었다. 사실, 심리학에 대한 정의 중 가장 훌륭하고 내 생각에 여전히 유효한 것은 예일 대학의 철학 교수였던 George Trumbull Ladd를 인용한 James(1984)에게서 나온다. "심리학에 대해 Ladd 교수가 가장 훌륭하게 정의하였는데, 의식의 상태에 대한 기술이자 설명이 바로 그것이다"(p. 9).

Brentano, Wundt, James, Freud 그리고 Jung—심리학의 가장 중요한 창시자 다섯 명—은 모두 자아초월적 경험에 개방적이었다. 최소한 초기에는 그러했다. Wundt와 Freud는 뒤에 돌아서서 그러한 현상에 대한 연구를 금지하였다. Jung은 영적 주제에 대해 공개적으로 지지하였다. Brentano는 암묵적으로 지지했으나 개인적 이유들로 영향력을 행사하는 데 실패하였다. James는 행동주의 운동에 의해 곧 그 지위를 상실하였다.

Brentano에 의해 시작된 작업은 비엔나에서 Brentano의 철학 교수직을 승계한 Ernst Mach와 그의 동료들, 즉 Neurath, Schlick, Carnap 등에 의해 철학 분야에서 계속되었는데, 이들은 뒤에 비엔나학파를 형성하고 매우 영향력 있던 신실증주의 운동의 윤곽을 그려 냈다(Smith, 1994). 몇몇의 상당히 혁신적인 생각들—명확하고, 논리적으로 분석 가능하며, 실증적으로 지지할 만한 주장을 고수하기, 과학을 인류에게 유용하게 만들기, 정밀한 조사와 합의에 대해 진정으로 열려 있지 않은 그 어떤 것도 버리기—을 제외하고는 신실증주의자들은 그들이 '형이상학'으로 간주하는 것들에 대한 명확한 반대를 공개적으로 밝혔다. 그들은 형이상학을 공론空論에 빠진 철학의 한 유형이며, 그러한 공론은 실증적 증거가 없는 전제前提에 기초한 것으로 치부했다. 그들은 종교와 영적 주제들을 반대했는데, 그러한 주제들을 비과학적이고 구태의연한 사고방식에 관련된 것으로 보았기 때문이다.

실증주의자들은 전통적인 철학은 과거의 일부분이고 영성과 종교에 대한 모든 연구가 그러하다고 생각했다. 그와 같은 주제들은 전혀 과학의 영역에 속하지 않았다. Raimund Popper[2] 또한 비엔나에서 훈련받고 교육을 받았지만 신실증주의자들과 결별하고 그 자신의 모델, 즉 비판적 합리주의를 주창하면서 가정에 대한 실증적 반증을 옹호하였다. 그러나 한 가지는 그의 경쟁자들과 일치하였다. 형이상학은 접근 금지였는데, 단순히 형이상학 또는 종교에서 실증적으로 반론될 수 있는 그 어떤 주장도 이끌어 낼 수 없다는 것이 그 이유이다—실제로 좀 더 정확히 하자면, 형이상학은 나중에 실증적으로 검증될 수 있는 생각들의 훌륭한 원천이 될 수도 있지만, 형이상학은 검증이 가능하지 않기에 형이상학 그 자체는 비과학적이라고 Popper는 생각했다.

영국에서는 Bertrand Russell이 신실증주의 운동과 어느 정도 유사성을 지닌 철학을 공식화했다. 대략 비슷한 시기에 미국에서는 행동주의 운동이 번성하기 시작했다. 이러한 모든 운동을 관통하는 공통된 맥락은 직접적으로 관찰할 수 있는 현상, 복잡한 현상에 대한 단순한 분석, 실재의 어떠한 근원적이거나 심층적인 구조의 부정, 저 세상, '상위의' 또는 '초월적인' 그 어떠한 것도 과학의 기획의 시야에 끌어들이길 거부한 것 등이다.

복잡하기 짝이 없는 역사를 단 몇 쪽에 축소한 이 투박한 그림에 대해 사상사 전문가들에게 용서를 구한다. 자아초월심리학이 떠오르게 된, 그리고 자아초월심리학이 직면해야 할 역사의 거시적 흐름을 이해하기 위해 이러한 작업을 하였다. 이러한 거시적 흐름은 다음과 같은 교의敎義로 압축할 수 있다.

1. 과학적-실험적 방법을 지식을 얻는 최고의 접근법으로 수용하기

2. 복잡한 내적 현상을 이해하기 위하여 객관적인 관계들에 대한 분석을 사용하기, 즉 물질의 상호작용하는 힘들에 대한 분석

3. 외부에서의 관찰, 즉 3인칭 단수 관점을 상호 주관적으로 합의적인 지식을 산출할 수 있는 최고이자 유일한 조망으로 고수하기

4. 관찰하거나, 분석하거나, 여타 실증적으로 접근할 수 없는 실체에 대한 언급을 회피하기

---

2) Karl Raimund Popper(1902~1994). 오스트리아 태생의 영국의 철학자. 『열린 사회와 그 적들』로 유명하다.

5. 신비스러운 사상, 비의, 종교적 개념과 가르침은 과학과는 서로 용납되지 않고 조화될 수 없으므로 그것들에 대한 언급을 회피하기

이러한 역사에 대한 개요를 본다면 자아초월심리학에 대한 하나의 거대한 비판을 공식화할 수 있을 것이고, 내가 실수가 아니라면 이 영역에서 이러한 비판이 적용되지 않을 저자는 한 명도 없을 것이다.

그 누구도 이러한 역사적 유산을 실제로 진지하게 다루지 않았다. 자아초월심리학자들은 심리학에서의 과학적 접근법—그 자체가 여전히 굉장히 젊은 분과로서 형성 중에 있는—과 초월적 현상에 대한 실용적인 개념은 고사하고 영성에 대한 전통 및 현대의 개념, 영적 경험 사이에 메꿔야 할 깊고 깊은 분열을 전혀 이해하지 못해 왔다. 자아초월주의자들은 발생 초기의 심리학 영역을 역사적으로 이해하는 대신 지나치게 실증주의적이고 과학적이며 환원주의적이라는 것과 중요한 인간 경험을 고려하지 않는 것에 대하여 심리학을 꾸짖었다. 이것은 확실히 진실이지만, 비판하길 원하는 사람이 실제로 평가하고자 하는 것에 대한 철저한 이해에 도달한 연후에야 그 어떠한 비판도 누군가가 들어 줄 수 있고 또 들어 줄 것이다. 그 누구도 이와 같은 역사적인 이해를 성취하고자 실제로 노력한 적이 없는 것 같다(내가 여기서 강조하고자 하는 것은 **역사적인** 것에 있는데, 역사에 근거한 이해 없이는 어떠한 체계적 이해도 반쪽짜리에 불과하기 때문이다).

이것은 나의 첫 번째 예언이다. 이 영역이 이러한 유산을 충분히 실현하고 활로를 제공함으로써 영적인 그리고 자아초월적인 경험과 주제들이 통합 및 연구될 수 있도록 하고, 동시에 하나의 분과 학문으로서의 심리학의 역사적인 유산에 진실하게 머무는 것을 해낼 수 없다면 이 영역은 들을 귀를 찾을 수 없을 것이다.

나는 가장 심층적이고 인식체계적인paradigmatic 문제는 다음과 같은 것이라고 믿는다. 심리학은 자신의 궤도를 선택함으로써 그 자신에 해당하는 특정 형태의 세계 모형을 형성해 왔다. Pepper(1942)는 그와 같은 암묵적이고 묵시적인 전제를 세계 가설world hypotheses이라고 불렀다. Collingwood(1940/1998)는 그러한 것을 절대적 전제라고 불렀다. 그것은 **전제**인데, 과학이라는 체제는 그것 없이는 작동하지 않기 때문이다. 그것은 **절대적**인데, 그것은 모든 분과에 스며 있고 근본적이기 때문이다. 더 중요하게는 그것은 암묵적이고, 개방적이고, 합리적인 토론이나 담론이 없다는 것이다. 그것은 통일성 있는 체계 형성과 과학적인 훈련이 특징이지만, 그러한 전제에 대한 숙고는 훈련 그 자체의 일부가 되지는 않는다. 더 중요하게는 Collingwood가 말한 그러한 전제는 실제로는 합리적으로 토론해서 채택되는 것이 아니다. 그보다는 특정한 시기의 문화적 배경에서 유래하는 것이다. 심리

학의 경우, 그것은 내가 지금까지 묘사한 것과 같은 운동과 문화적 전제 조건에서 유래한다. 그것은 공격과 비판에 대해 비교적 면역성을 지닌 전제를 만들어 내는데, 그러한 공격과 비판이 또한 암묵적이거나 절대적인 전제에 대해 더 나은 구조를 제공하지 않는 한 그러하다. Thomas Kuhn은 Collingwood를 본뜨고 그의 생각을 활용하여 '인식체계paradigm'라는 용어를 만들어 냈는데, 그것은 어떤 분야를 형성하는 전제, 규칙, 가정 등의 조합과 같은 것을 가리킨다(Kuhn, 1955).

어떤 문제에 대한 논쟁이 어떤 인식체계 **내**에서 일어나면 그러한 갈등을 해결하기 위하여 그 인식체계에 의해 제공되는 방법론이 존재한다. 이러한 처방이 인식체계 **간** 논쟁에 대해 작동하지 않게 되면 거기서 두 가지 암묵적 전제가 우선권을 갖기 위해 싸우게 된다. 자아초월심리학은 양쪽 캠프 모두에 속한다. 나는 창시자들의 그와 같은 몇몇 주장에 대해 읽었는데, 이 영역의 대다수는 단지 이상한 규칙을 더하면서 과학이라는 거대한 게임의 일부가 되기를 단순히 원해 왔고, 그 게임을 원래 그대로 유지하려고 한다. 하지만 또한 한편으론 일군의 강력한 집단이 있는데, 그들은 '반反과학적'으로 또는 '환원주의'에 반대하는 또는 과학이 수행되는 방식에 반대하는 것으로 보이는데, 뭔가 다른 접근을 하길 원한다. 암묵적으로 그들이 하고 있는 것은 주류 과학과 심리학의 인식체계적인 가정에 도전하는 것이지만, 자신들이 하고 있는 것에 대해 진정 명료히 알고 있는 것 같지는 않다. 이것은 예를 든다면, 누군가가 초월적 실재에 대한 자아초월적 경험이 그와 같은 실재와 무언가 관련이 있다고 말할 때의 경우처럼 항상 확실히 그러하다. 이것은 단순히 "그것은 진실인가 아닌가?"의 문제가 아닌데, 진실인가 거짓인가에 대한 결정을 내리기 위해 현재의 인식체계에 의해 제공되는 방법들—예를 들면, 실험적 방법—은 이와 같은 경우에 적용되지 않기 때문이다.

나아가서, 최소한 자아초월의 기획은 사실 암묵적으로나 명시적으로나 **과학과 과학의 기획이 수행해 온 전체 역사와 방법론의 조합에 대한 도전**인 것이다. 요점은 이것이다. 당신은 약 400kg의 고릴라와 가느다란 막대기로 맞서지 않는다. 고릴라는 당신을 비웃거나 당신의 막대기를 간단히 분질러 버릴 것이다. 만약 당신이 전체 역사와 전통, 현대심리학의 학문적 이해에 도전하길 원한다면 당신의 병기를 강화하고 당신이 하고 있는 것이 무엇인지를 아는 것이 좋을 것이다. 자아초월심리학자들은 자신들이 무엇을 하고 있는지 아는 게 정말 드물어 보인다. 주류의 관점에 도전하기 위하여 필요한 것은 주류가 작동하고 있는 전제에 대해 철저하게 이해하고, 이러한 전제에 대해 심원한 비평을 하며, 주류 관점의 지지자들에게 그들이 참으로 무엇을 하고 있는지에 대해 재고할 충분한 이유가 실제로 될 수 있는 정말, 정말 좋은 데이터를 제공하는 것이다.

이 중 어떤 것도 일어나지 않았다. 주류에 대한 자아초월 방면의 비평은 부드럽기만 했고 그리 깊지 못했다. 유물론적 환원주의보다 자아초월 인식체계를 채택할 근거로 제공된 데이터는 잘해야 일화적인 것이었고, 자아초월 접근법에 동반하는 대안적 철학의 구조는 자주 혼란에 빠졌다. 따라서 주류 과학의 인식체계적인 기초에 대한 자아초월심리학의 비판적 영향력은 잘해야 '흥미로운' 것이었고—영국에서 보기에—성가실 게 없는 것이었다.

주류 심리학의 토대에 도전함 없이 자아초월심리학자들이 주류 심리학의 방법을 사용하여 그러한 분야 내에서의 담론에 영향을 끼치는 데 기여한 실증적 근거는 무엇이 있는가? 심리학자들이 생각하고 작업하는 방식에 영향을 끼쳐 온 주요 소통 장소의 한 곳에서 출판된, 선택적으로 반복 가능한, 실험적이고 실증적인 데이터가 생각나는가? 정확히 말하자면, 40년 이상의 활동에서 모을 수 있는 것은 많지 않다. 확실히 초超심리학자들은 보통과 다른 데이터들을 풍부하게 생산해 냈는데, 때로는 예지가, 때로는 염력이, 때로는 원거리 투시가 일어날 수 있다는 것을 입증하였다(Walach & Schmidt, 2005). 하지만 비평가들을 설득할 수 있는 실제 반복 가능한 데이터는커녕 그것이 어떻게 일어날 수 있는지에 대한 이론적 합의가 전혀 존재하지 않는다(Alcock, 2003). 유일하게 일관적인 영역은 최근 급증하고 있는 명상 연구 영역이다(Ott, Hölzel, & Vaitl, 2011). **마음챙김에 기초한 스트레스 감소**Mindfulness Based Stress Reduction[3]의 교범화된 체계가 갖는 임상적 함의는 다수의 출판물을 생산해서 이러한 방식이 폭넓게 제공되도록 이끌었다(Grossman, Schmidt, Niemann, & Walach, 2004). 우울 재발 방지를 위한 **마음챙김에 기초한 인지치료**Mindfulness Based Cognitive Therapy[4](Williams, Teasdale, Segal, & Kabat-Zinn, 2007)는 영국 국립건강국에서 공식 채택까지 하였다. 그러나 이것이 자아초월심리학자들의 성취라고는 할 수 없다. 하지만 그것은 최소한 어느 정도 영적으로 영감을 받은 활동과 연구가 만들어 낸 유일하게 실제적으로 인지할 만한 영향이다. **그로프 홀로트로픽 호흡작업**Grofian Holotropic Breathwork은 대략 비슷한 기간 동안 진행되었다(Grof, 1988, 2008). 다채로운 목록의 이익과 변용적 효력으로 널리 옹호되고 많은 이가 훈련을 받고 있지만, 잔인한 법칙이 작동하기 시작하는 것을 우리는 관찰할 수 있다. 당신이 과학이라는 게임의 규칙을 따르면서 당신의 가치를 증명하기 위하여 과학적 방법들을 사용하지 않는 한 당신의 눈에 보이지 않을 것이다. **홀로트로픽 호흡작업**에 대한 과학적 연구에서 최소한 동료 연구자가 리뷰한 논문으로 출판된 것은 다섯 손가락으로 셀 수 있다(Holmes, Morris, Clance, & Putney, 1996; Spivak, Kropotov, Spival,

---

3) 'MBSR'로 축약해서 불리는 이 프로그램은 화학자인 John Kabat-Zinn이 선 명상과 요가 등을 결합하여 개발한 것이다. 그는 숭산 스님의 제자로 알려져 있다.

4) 'MBCT'로 축약해서 불린다.

& Sevostyanov, 1994). 이러한 것들 중 그 어떤 것도 **홀로트로픽 호흡작업**이 아무것도 하지 않는 것, 크게 틀어 놓은 음악을 듣기만 하는 것, 여러 날 동안 계속해서 동반자와 함께 누워 이야기를 하는 것보다 임상적으로 우수하다는 걸 보여 주는 진지한 시도는 아니다. 그와 같은 작업에서 이루어지는 경험은 과학적 조사로 시험할 수 없는 것이라고 생각할 수도 있는데, 아마도 그건 진실일 것이다. 하지만 임상적 효과는 만약 그 무엇이라도 있다면 존재할 것이다. 그러한 효과들을 증명하는 것은 어떤 전체로서의 그 개념에 대한 수용 가능성에 상당히 유익할 것이다. 통합과 변화에 대한 가장 큰 장애물 중의 하나는 이렇듯 과학이라는 게임에 참여하는 것을—어떤 실질적인 것도 포기하지 않고 쉽게 참여할 수 있을 때조차도—내켜 하지 않는 것에 있다.

따라서 자아초월심리학은 지금까지 다음의 두 가지에서 실패했다. 주류 과학의 암묵적 토대, 즉 절대적 전제 또는 인식체계적인 가정에 제대로 도전하는 데 실패했고, 따라서 자신의 논점을 실제적으로 증명하지 못한 것이고, 그리고 자아초월적 경험, 자아초월적 접근법 또는 자아초월적 방법들이 전통적인 그것들보다 더 훌륭하다는 것에 대한 충실한 실증적 증거들을 제공하는 데 실패했다. 여기서 강조점은 '충실한solid'에 있다. 확실히 여기저기에 많은 데이터와 연구가 있다. 하지만 이들 대부분은 예비 연구이고, 규모가 작고, 고립되었고, 또 널리 읽히는 학술지에 출판되지 않았다. 그것들은 옳음이라는 깊은 잠을 확실히 방해하지 않는다.

새롭게 창안된 자아초월심리학이, 자신의 접근법이 진실로 혁신적이고 사람들을 변용시켜서 그들의 보다 높은 잠재력에 접근하도록 돕는다는 것을 왜 다른 이들에게 설득하지 못하는가를 이해하기 위해서는, 자아초월심리학에 대한 영적 실증주의가 어떻게 논의되어 왔는지 그리고 관련된 인식론적 문제들에 대해서도 돌아보는 것이 또한 중요하다.

자아초월심리학에 대한 영적 실증주의와 인식론의 문제

자아초월심리학의 몇 가지 초기 개념은 영계靈界 · spiritual realm가 존재하고, 이는 초월적이지만 내적 경험과 영적 수련 또는 명상 훈련을 통해 접근이 가능하다는 것이었다(Fontana, 2003; Soudková, 2002; Walsh, 1999; Welwood, 2002). 암묵적으로 대부분은 불교의 가르침과 맥락을 같이하여 만들어진 것으로 보인다. "명상 방석에 앉아서 적정한 경전을 낭송하고, 전념하며, 수행을 계속하라. 그러면 그대 스스로 직접 보게 될 것이니." 이렇듯 그것은 명확해 보인다. 과학과 유사하게 무엇을 하면 실재의 본성에 대한 어떤 경험이나 통찰이 올 것이라는 그런 처방이 존재한다. Wilber(1997, 1998)와 Walsh(1999) 그리고 다른 이들의 초기 글들은 그러한 관점을 제안하였다. Ferrer(1998, 2000, 2002)는 이것을 가리켜 영적 실증주의spiritual positivism라 이름 붙였다. 그러한 이름을 붙임으로써 그는 전통적 실증주의의 오류와 유사한 오류를 빗대어 말한 것이다. '저기 밖에' 실재가 있는데, 그것은 관찰자에게서 완전히 독립적이고 그것을 관찰하기 위해 사용되는 도구들에 대해 중립적이라는 가정이 바로 그것이다. 실재를 특정한 조망에서 접근할 수 있다는 것, 실재는 특정 조망에서만 그 자신을 드러낸다는 것 그리고 이러한 실재가 진실로 무엇인가 하는 것에 대한 합의에 도달하는 것이 상당히 어렵다는 것을 과학이 이해하는 것은 고통스러운 과정이었다. 이것은 어떤 초월적이고 영적인 실재에 대해서는 더욱더 그러하다. 초월적이고 영적인 실재들이 확인 가능하고 또 접근 가능하다고 진술하는 사람은 모두 기껏해야 대단히 순진하고 아마도 단순히 틀렸을 것이다. 왜 그런가?

객관주의의 문제

과학 이론에 대한 다양한 관점에서 볼 때, 쉽게 관찰될 수 있는 순수한 객관적 실재라는 개념은 위험한 단순화라는 것이 아주 명확하다. 이러한 실재가 관찰자에게 어떻게 나타나는가는 사용된 도구, 채택된 이론적 조망 그리고 관찰이 이루어지는 저변의 목적에 종속된다. 밤하늘을 바라보는 누군가에게는 무수한 별들이 보이겠지만, 이는 빛 공해가 시계를 흐리는 곳에서 관찰하지 않을 때에만 그러하다. 강력한 망원경을 사용하는 이에게는 이러한 밤하늘이 상당히 다르게 보인다. 전파 또는 X-선 망원경을 사용하는 이에게는 역시 또 다르게 보인다. 이론이 없는 이들은 이러한 도구들을 사용해서 그 어떤 유익도 얻지 못할 것이고 당연히 많은 것을 보지 못할 것이다. 거의 모든 '현실'에 대해서도 이것은 똑같이 진실이다. 생각해 보면 세균은 어떤 질병을 일으키고, 따라서 최소한 그중 일부는 병원균임이 분명해 보인다. 하지만 인간으로서 우리의 피부, 우리의 장腸, 우리의 구멍들은 무수한 그들의 집이 된다. 우리 배설물의 1세제곱 센티미터에는 수십 억 개의 세균이 있다. 세균의 관점에서 볼 때 우리는 그들이 성장하기에 기름진 땅이 되는데, 이는 '진짜' 토양이 곡식을 키우는 기질substrate · 基質[5]인 것과 같다. 오직 우리가 최종적으로 조율한 면역과정이 혼란될 때만이 우리가 정상적으로 초대한 세균들에 의해 고통받을 것이다. 통상적 환경하에서는 우리에게 눈에 띄지도 않던 어떤 것들이 갑자기 병원균이 되는가? 그건 확

5) ① 효소와 작용하여 화학 반응을 일으키는 물질, ② 세포의 배경을 이루고 세포를 그 안에 싸고 있는 세포 사이에 있는 물질.

실히 같은 '것'이다. 그렇지 않은가? 그건 그렇기도 하고, 그렇지 않기도 하다. 그것은 외부에서 그것의 특성을 기술하기 위해 사용할 수 있는 모두 동일한 기술어記述語—유전 암호화, 표면 수용기 그리고 항유전 잠재력—를 이끌어 낸다. 하지만 한쪽 현실의 **맥락에서**, 예를 들면 건강한 유기체인 것이 **다른 쪽의 맥락에서는** 뭔가 다른 것, 말하자면 면역 기능을 제대로 발휘하지 못하는 유기체일 수 있다. 여기서 이것은 갑자기 다른 환경하에 있지 않은 어떤 것이 **된다**. 따라서 어떤 것인지 아닌지, 그리고 그것이 무엇인지는 맥락에 달려 있다. 상호 의존적인 생기生起나 생성의 교의敎義를 언급한 것은 단지 불교철학 전통만이 아니다. 서구에서도 이따금 우세했던 어떤 것이고, 그러한 주제의 가장 탁월한 대변자 중 하나가 철학자 Leibniz이다.

지난 50년이 넘는 세월 동안 한 복잡한 논쟁이 단순한 실증주의에 대한 반박으로 이어졌는데, 이 실증주의는 '오직' 관찰하고, 기술하고, 지도로 만들어야 할 정적靜的 · static 실재가 저쪽 바깥에 있다고 믿는다. Hanson의 용어를 사용하자면, 모든 관찰은 '이론 의존적 theory-laden'이라는 것을 과학철학자들이 인정하게 되었다(Suppe, 1977). 실증주의에 대한 Pepper의 비판은 정확히 우리는 어떤 배경 이론 없이는 가장 단순한 것조차도 관찰할 수 없다는 통찰에서 나왔다. 아무런 이론도 갖고 있지 않다면 무엇을 찾아볼 것인지, 지각 영역에서 지각된 모든 것을 어떻게 의미 있는 전체로 조직화할 것인지 또는 그러한 것들의 관계를 어떻게 해석할 것인지에 대한 아무런 단서도 가질 수 없을 것이다. 의미는 지각된 것에서 추출되는데, 그것에는 의미가 먼저 스며들어 있기 때문이다. 인간으로서 우리는 일반적으로 우리가 저 밖에 있다고 생각하는 실재를 구성한다. 현대 신경과학은 흥미로운 새로운 용어를 도입했는데, 그것은 뇌의 암흑 에너지brain's dark energy[6]이다(Raichle, 2006). 그것은 두뇌활동의 약 95% 정도는 뉴런 간의 교통에 관여하고, 오직 2%에서 5% 정도만이 말초신경—즉, 감각 기관들—에서 뇌로의 교통량이다. 간단히 말하면, 입력은 뇌가 다루는 활동 중 가장 작은 양에 해당된다. 뇌의 주요 임무는 세상에서 기대하는 것에 대한 표상 이미지를 생성하는 것으로 보인다. 감각의 입력은 필요한 교정을 위해 이러한 표상을 세밀히 살피기 위해 사용되는 것 같다. 다시 말해서, 우리는 세상을 있는 그대로 지각하는 것이 아니라 그 대신 세상이 어떻게 움직이리라는 것에 대해 우리가 기대하는 대로 세상을 구성하고, 그러고 나서 들어온 정보를 우리가 어떻게 다루는가에 기대어 이러한 기대를 강하거나 약한 정도로 수정한다.

개인에 대해 진실인 것은 인간 공동의 기획인 과학에 대해서도 진실이다. 세상에 대한

6) 암흑 에너지는 원래 만유인력과 정반대되는 힘으로, 우주 팽창을 가속화하는 힘으로 천문학에서 먼저 사용된 용어이다.

시종일관한 그림은 이용할 수 있는 과학 이론들에 따라서 구성된다. 실증적 정보는 이러한 그림을 정교하게 만드는 데 사용되거나, 만약 그 정보가 우리의 기대와 너무 많이 상이하면 그것을 수정한다. 만약 동시대의 세계관과 조화될 수 없는 너무 많은 정보가 축적되면 몇몇은 세상에 대한 새로운 이미지를 구성하기 시작한다. 만약 그것들이 성공한다면 새로운 모형을 사용하는 것이 가능할 것이다. 이것은 인식체계의 전환paradigm shift에 해당된다.

그런데 이것이 우리가 매일 세상을 재구성한 것에 대해 진실이라면, 그리고 만약 이것이 물질적 세상을 과학적으로 구성한 것에 대해 진실이라면 영적 과학에게 이것은 무엇을 의미하는가?

내적 경험과 인식론의 문제

확실히 어떤 자아초월적 '지식'도 그것의 근원으로서의 어떤 내적 상태나 지각 그리고 지시 대상물referent로서 직접 지각될 수 없는 어떤 것—'초월적인 것들' '전체인 것들' '영적인 것들' '도道' '법[진리]Dharma' 등 그 밖에 사용되는 명칭이 무엇이든지—에 관련되는 것이어야만 할 것이다. 만약 여기서 무엇이 일어나고 있는지 분석할 수 있다면 지각과 유사한 어떤 과정을 구성하는 것이 진정 가능할 것이다. 그것은 정확히 Brentano와 James가 그것, 즉 의식의 경험에 대한 내적 지각을 바라보는 방식이었다. 하지만 지각된다는 것은 무엇인가? '지각되는 것은 무엇이든 거기에 존재한다'는 실증주의 공식을 단순히 적용할 수 있는가? 몇몇은 그들의 자아초월적 묵상 속에서 '영' '요정' 또는 '악마'를 지각하고, 몇몇은 '신'을 지각한다고 말하고, 몇몇은 그것이 어떤 신성한 직관이라고 말하고, 몇몇은 그것을 공空이라 부르고, 다른 이들은 그것이 실제로는 공이 아니고 다른 무엇이라고 말하는 등등의 사실을 어떻게 다루고 있는가? 여기서 당신은 그 문제를 알 수 있을 것이다. 그것은 외부 세계에 대한 지각과 유사하다. 오직 좀 더 복잡할 뿐이다. 외부 세계 속에서 인간은 비교적 안정적인 합의 영역을 공유하는데, 거기서는 대부분의 경우 "문이 닫혀 있는데, 그 문을 지나가길 원한다면 당신은 그 문을 열 필요가 있다."와 같은 단순한 사실에 대해서 동의하는 것이 가능하다. 좀 더 복잡한 경우에는 합의를 도출하기 위해 사용할 수 있는 과학적 방법, 즉 500년 이상 동안 성숙하고 발달해 온 방법이 있다.

하지만 심리적인 내적 경험이라는 내적 영역에서는 비교할 만한 것이 존재하지 않는다. 이러한 경험의 지시 대상물은 당연히 볼 수 없고 오로지 '경험적으로'만 접근이 가능한데, 적어도 그렇다면 이러한 실재에 대한 접근은 어떤 문화적 합의 밖에서는 보통 발생하지 않는 어떤 단순한 것은 확실히 아니다. 따라서 불교도들이 명상을 할 때 그들은 '법'이나 '공'을 경험하는 것 같고, 또는 만약 그들이 어떤 특정 선맥禪脈에 속한다면 '참나'를 경험할 수도 있겠다. 카르멜회의 수녀들이 명상을 하고 내적 경험을 할 때 그들은 보통 그리스도나 성모 마리아 또는 그들 자신의 전통에서 나온 뭔가 종교적으로 틀 지워진 다른 실재를 경험한다. 그와 같은 경험들을 비교하는 것도 가능할 수 있을 텐데, 예를 들면『내면의 성Inner castle』[7]에 기록된 카르멜회 소속의 아빌라의 성 테레사Saint Theresa of Avila와『아비담마Abidhamma』[8]에 기록된 경험들을 비교할 수 있을 것이다. 하지만 그것이 실제로 테레사가『아비담마』의 경험을 했다는 것을 의미하는가 또는 그것이 그러한 경험을 한 모든 불교도와 승려가 실제로 테레사가 **내면의 그리스도**Inner Christ라고 불렀던 것을 경험했다는 것을 의미하는가? 어느 것이 다른 것보다 더 낫거나 더 진실하다고 얘기할 수 있는 척도는 없다. 자아초월심리학이 동양 편향을 상당히 갖고 있다는 것이 자주 목격되어 왔다(Friedman, 2002, 2005, 2009, 2010). 어쨌든 그 경험의 지시 대상물이 실제로 무엇인지, 그리고 그것을 어떻게 기술하고 명칭을 부여하고 논의할 것인지를 판정할 척도가 없다는 것은 매우 명백하다.

다르게 말하면, 내적 경험은 모호하지 않은 실재로 가는 순수하고 단순한 접근로가 아니다. 그와 반대로 내적 경험은 상당히 모호하고 불투명하며 가설에 의존한다. 물론 개념이 들어갈 수 없는 전前개념적 경험과 같은 것이 있다고 누군가는 주장할 수도 있다. 몇몇은 Gebser의 철학을 좇아 이것을 앎의 '비非범주적a-categorical' 유형이라고 불렀다(Atmanspacher & Fach, 2005; Hinterberger, 2011). 확실히 이것이 진실이긴 하지만, 이러한 실재와 그 성격에 대한 의견의 교환을 시작하기 위해서는 범주와 언어를 사용하는 것이 필요하고, 이러한 것들은 문화와 역사와 언어에 의존한다. 따라서 팔레스타인의 서기 20년 무렵의 어떤 종교적 구도자의 영적 경험은 아마도 유대인 배경의 문화, 기대, 정치적 상황 등등에 영향을 받았을 것이고, 역사상의 고타마 붓다Gautama Buddha가 아마도 북인도에서 경험을 했던 기원전 700년[9] 무렵의 인도 브라만의 문화와 쉽게 비교할 수는 없을 것이다. 또한 유대 랍비인 역사적 예수Jesus의 영적 경험은 아마도 아빌라의 테레사의 경험과

7) 아빌라의 테레사가 하나님의 음성을 들으며 받아 쓴 것을 토대로 작성했다고 전해지는 문헌. 황혜정 역(2011). 내면의 성: 아빌라의 테레사. 요단출판사.

8) 阿毘達磨(아비달마) 【범】 abhidharma 【팔】 abhidhamma 불교의 경전을 경 · 율 · 논으로 나눈 가운데 논부(論部)의 총칭. 곧 부처님의 설법을 경, 경을 조직적으로 설명한 것을 논이라 함. 논을 아비달마라 하며, 대법(對法)이라 번역. 대법이란 지혜를 말함. 지혜는 진리를 대관(對觀)하는 것이므로 논부를 아비달마라 함. 아비담(阿毘曇)은 현장 이후의 번역. – 온라인『불교사전』(운허 저, 동국역경원 편찬)

9) Gautama Buddha의 생몰연대는 기원전 563～483 또는 480～400으로 추정된다.

는 달랐을 것이다. 아빌라의 테레사는 16세기 스페인의 철저한 그리스도교 문화의 영향 속에 있던 어느 수녀원에서 살았던 그리스도교 수녀였다. 선불교 수련을 하러 가는 어떤 불만스런 그리스도교인은 여전히 서구의 뿌리와 문화가 자신의 마음뿐만 아니라 유전자 속에도 새겨져 있을지언정, 어떤 경험을 한다면 그 역시 어떤 다른 경험을 할 것이다.

그와 같은 경험에 지시 대상물이 존재하지 않는다고 말하는 것은 아니다. 어떤 비범주적인 영적 핵심 경험과 같은 것이 존재할 수 있는데, 하지만 그것이 이해되고 표현되기 위해서는 문화적 체제와의 관련이 필요하다(Forman, 1998, 1999). 그러나 설사 존재한다 하더라도 단순하고 쉬운 접근은 없고, 가장 중요하게는 단지 그 경험을 '기술하는' 것이 경험된 '실재'와 무관한[10] 기술이 될 것이라고 생각하는 것은 완전히 순진한 것이다.

과학의 교의인 "x를 취해서 y를 행하라. 그리하면 z를 얻을 것이다."는 숙련된 과학자에게도 까다로운 것이다. 다수의 반복 검증 실패와 논쟁이 이것을 증명하는데, 과학은 오직 끝없는 고투와 논쟁을 통해서만 공유하는 물질적 세상에 대한 합의적 이해를 창조하는 데 성공한다(Schmidt, 2009). 영적 교의인 "앉아서 y를 하라. 그리하면 z를 경험할 것이다." 는 훨씬 더 까다롭다. 이것은 영적 실재가 접근하기에 더 까다롭기 때문인 것으로 보이고, 또 이러한 실재의 '진정한' 본성에 대한 담론은 과학의 담론보다 역사적으로, 문화적으로, 지리적으로 훨씬 더 분열되어 있기 때문이다. 더 중요한 것은 그것이 과학이 지난 500년 동안 정립해 온 그런 비판적 방법론을 결여하고 있다는 것이다. 아주 확실하게 유일한 명제 하나가 여기에 있다. 순진한 영적 실증주의는 십중팔구 택할 수 있는 최악의 이론적 배경이라는 것이다. 여전히 이것은 자아초월심리학이 존재했던 지난 첫 40여 년 동안 자아초월심리학이 이 논제에 도입했던 배경, 바로 그것이다. 이 분야의 사람들 중 오직 소수만이 여기 있는 과제에 대해 대처는커녕 이해 정도에 그친 것 같다.

그러나 여기에 또 다른 우리가 마주해야 할 훨씬 더 심층적인 과제가 있다. 그것은 의식이란 실제로 무엇인가 하는 존재론적 과제인데, 이는 철저히 유물론적인 주류 과학과 정반대에서 마주한 것이다. 이 문제는 다음과 같은 것이다. 세상에서 궁극적 실재는 '오로지' 물질이고, 의식은 물질의 난해한 질서에서 도출된 것이라면 의식은 이차적 현상이다. 그것이 어떻게 실재로의 직접적 접근로를 가질 수 있겠는가? 어떻게 내적 경험이 어떤 체계의 단지 한가한 놀이가 아닌 그 무엇일 수 있는가? 영적 경험이 어떤 별난, 덧없는 정신적 허상이 아니고 실재에 대한 실제적인 경험이라고 할 만한 어떤 개념적 · 철학적 · 인식론적 근거가 있는가? 자아초월심리학은 내적 경험이 어떤 인식론적 타당성을 지닌다고

10) 또는 '지시 관계가 없는'.

단순히 가정하지만, 자신이 행진해 나아가고 있는 극도로 난해한 존재론적 바탕에 대한 어떠한 이해도 결여하고 있다. 내가 과학의 주류가 옳다고 제안하고 있는 것은 아니다. 내가 제안하는 것은 다수의 과학자가 갖고 있는 훌륭한 입론立論들arguments에 대해 고려하지 않고서, 그리고 이러한 주류의 입장에 대해 먼저 철저한 논박을 하지 않고서 자기 자신만의 존재론과 인식론을 즐기는 것은 비전문가적이라는 것이다. 달리 말하면, 우선 존재론에 대한 토론과 어떤 상황하에서 내적 경험이 가능한가 하는 문제에 대한 토론 없이는 인식론이나 이러한 경험에서 오는 지식을 모으는 것이 어떻게 가능한가에 대해 토의할 수 없다는 것이다. 내가 아는 한 아주 소수만이 이러한 논제를 다루었고, 이 문제에 대해 필수적인 이해를 갖춘 사람은 거의 없다.

앞으로 존재론의 문제를 좀 더 명확하게 개략적으로 기술하고 나서 몇 가지 입론과 가능성이 있는 해법을 제시하고, 그다음에 자아초월심리학이 그러한 미래의 도전과제들에 왜 맞서 오지 않았는지, 하지만 혹시 어떻게 맞설 수 있을지에 대해 토의하고자 한다.

존재론의 문제

과학적 세계관은 자연과학이 작동하고 또 뉴턴 이래로 작동해 온 방식 밑에 있는 가정의 조합에 대한 약칭으로서 우주에서 물질이 더 중요한, 아마도 유일하게 '실재하는' 것이라는 가정에 입각해 있다.

과학적 세계관의 장을 연 사람이 프랑스의 철학자 데카르트(1596~1650)임을 누구도 부인하지 않을 것이다. 그는 자신의 책 『인간에 대한 논문Traité de l'homme』(Descartes, 1664/2003)에서 두 가지 혁명적인 생각을 제안했다. 하나의 생각은 물질은 연장延長되고extended, 단단한solid 것이지만 그 자체에는 어떠한 생명 원리도 결여한 것으로 묘사하면서 정신의 영역mental realm에서 물질을 분리하는 것이고, 정신mind은 연장되지 않지만 생명의 원리로서 활동적인 것으로 주장하였다. 그것으로 그는 아리스토텔레스가 이미 언급했던 것을 그저 체계적으로 기술했을 뿐이다. 새로운 것은 데카르트가 아리스토텔레스Aristotle와는 달리 두 개의 분리된 영역을 생각했다는 것이다. 이것은 후대의 인문학과 자연과학의 분리를 위한 기반을 놓은 것이고, 후자는 물질과 관련된 수수께끼를 푸는 데 주로 바쳐졌다. 데카르트의 두 번째 혁명적인 생각은 모든 살아 있는 존재를 동물과 인간의 몸도 똑같이 기계적 자동장치automatons로 기술한 것이다. 그 시대의 기계적인 시계장치나 장난감의 은유를 써서 그는 생각의 방향을 바꾸었는데, 만약 인간 기술이 아주 우아하게 움직이는 기계로 된 시계장치를 만들어서 생리적 운동을 모방할 수 있다면 기계로서의 생리적 몸을 생각 못할 이유가 있는가 하는 것이었다. 이러한 생각은 17세기의 사고방식에는 매우 이질적인 것이었지만 점차적으로 과학자들의 상상력을 사로잡았고, 생리적 몸을 기계적으로 취급할 수 있는 토대를 깔았다. 데카르트의 이러한 생각은 중요한 결과를 가져왔고, 우리는 지금 그러한 생각이 성취된 세계를 보고 있다. 자연의 기계화라는 생각이 인식체계적 틀 속에 더해지면서 이러한 움직임은 대세가 되었다. 그것을 정신 그 자체까지 확장하는 것은 마찬가지로 논리적인 것이었다. 데카르트가 생리 현상에 대한 기계적 취급에서 정신을 분리했지만, 그의 후계자들은 기계의 은유를 정신에까지 연장하였다.

지난 수십 년간 목격한 것은 의식과 정신mind의 철학에 대한 데카르트적 계획이 연장된 결과이다. 정신은 또한 기계로 간주된다. 현대의 뇌과학은 "두뇌 속에서 보이는 것은 사실 정신의 작동이다."라는 가정 위에서 작동하고 있다. 어떤 사람들은 정신mind이 출현해서 어떤 분리된 실체entity가 될 수 있다고 말하는데, 이 실체는 물질적 기질基質, 즉 두뇌에 어떤 원인적 영향을 끼친다는 것이다. 어떤 사람들은 정신의 작동과 두뇌의 작동을 같은 것이라고 생각한다. 어떤 사람들은 물질적 기질은 타당성이 없고 뉴런에 의해 실행되는 기능만이 타당하다고 가정하는 뉴런의 존재 간의 기능적 관계를 주로 연구한다. 사실 주류 과학은 이러한 인식체계를 따르고 있는데, 즉 정신을 궁극적으로 정신의 생리적 기질—대체적으로는 신경계 그리고 특정해서는 두뇌—과 동일시하거나 그 기질에 원인적으로 의존하는 기계류로 개념화한다.

그와 같은 관점은 의식을 이차적 존재로 만든다. 이와 같은 관점이 진실이라면 의식은 언제나 물질의 작용보다 뒤늦게 발생한다—그리고 이것은 의식의 인과적 관련성에 대해 현금現今의 토론에서 활용되고 있는 정확히 바로 그 입론argument이다. 의식적으로 경험되는 행동하고자 하는 충동은 뉴런의 선행자antecedents가 훨씬 전에 그 행동에 대해 결정한 것처럼 결국은 경험될 따름이다(Burns, 1999; Libet, 1999; Wegner & Wheatley, 1999). 궁극적으로 의식적 자아conscious self는 그 모든 목적이 체계의 생존을 보장하는 것인 극도로 복잡한 뉴런 기계에 의해 창조된 하나의 허구이다. 생존을 위해서는 환경 내에 있는 대리자로서의 체계의 표상과 마찬가지로 환경의 표상을 갖는 것이 유용하다. 하지만 궁극적으로 자아는 텅 비어 있고 또 그렇게 나타나는데, 표상하는 특성이 표상되는 그 체계에 대해 '불투명'하기 때문이다. 그것이 불투명하지 않았다면 표상의 효과성을 다시 방해할 끝없는 역행이 계속해서 일어날 것이다(Metzinger, 2003).

확실히 이러한 관점에서는 이차적이고 인식론적으로 타당하지 않은 감각을 제외하고는 '내적 경험' 과 같은 것이 존재하지 않는다. 이러한 '내적 경험'은 오직 뉴런 기계의 어떤 상태에 해당될 뿐이고, 그러한 상태는 일반적으로 세상의 지식과는 관련성이 없다. 영적 전통들이 주장하는 것—영적 수행을 통해 떠오르는 내적 경험이 세계에 대한 어떤 것을, 오직 다른 것, 즉 내적 조망에서 우리에게 말해 줄 수 있다는 것—은 현대의 과학적 관점에서 볼 때 터무니없는 것이다. 현대적 관점은 그러한 것을 반대할 것인데, 경험된 것이 무엇이든, 즉 누군가 어떤 좋은 내적 경험—근사체험近死體驗,[11] 천국의 지복 경험, 초월적 실재의 경험, 그 밖의 무엇이든지—을 했을 때, 그것은 언제나 신경 체계의 상태에 대한 하나의 반영일 뿐 그 외의 어떤 것도 아닌 것으로 보기 때문이다. 신경 체계가 죽음에 가까운 어떤 상황에 의해 긴장하고 있다면 신경 체계는 그 체계의 죽음을 그 자체에게 즐거운 것으로 만들기 위하여 어떤 달래는 경험을 창조할 것이다(Marsh, 2010). 만약 신경 체계가 대다수의 영적 수행에서와 같은, 또는 홀로트로픽 호흡작업이 유도하는 지속적으로 호흡이 항진되고 흥분된 상태와 같은 그런 어떤 박탈 상태에 있다면 이상한 표상들을 창조할 것이다. 이러한 이상한 표상들을 그 어떤 현실에 관련짓는 것은 과학적 오류이다. 그와 같은 경험들은 적응적일 수도 있는데, 그 경험들은 어떤 심리적 스트레스 후에, 말하자면 의미와 목적의 위기 이후에 또는 생명을 위협하거나 심리적으로 위협적인 상황 이후에 체계가 그 자체를 재구조화하도록 도울 수도 있다. 그러나 이러한 경험들이 실재와 뭔가 관련이 있는 것으로 추정하는 것은 잘해야 어리석은 것이고, 최악으로는 과학적으로 터무니없는 것이다.

솔직히 말하면, 자아초월심리학자들이 그와 같은 의식이 어떻게 그 자신만의 인식론적 관계를 실재와 맺을 수 있는지에 대하여 똑같이 굳건한 이론을 제공하지 못한다면 그들은 그 문제에서 실패하고, 더 나아가 그 누구도 소중히 여기지 않을 해법을 제공하는 그런 사람들로 여겨질 것이다. 그와 같은 이론을 제공하기 위해서는 존재론에 대해 어느 정도 진지한 사색을 할 필요가 있다. 이것은 과학적 기초에 새로운 인식체계의 옵션을 제공하는 기획과 다름없는데, 이 옵션은 데카르트적 관점에서 따라온 기계적 관점과는 별개로 새로운 기반platform으로서 기여할 수 있을 것이다. 여기서 실수하지 마라. 어떤 예외적이고 기이한 데이터—샤먼의 여정, 근사체험 연구, 홀로트로픽 호흡작업, 초심리학적 실험들 등에서 온—에 대한 순진한 참조는 그렇지 않을 것이다. 인식 체계와 이론은 언제나 데이터보다 강하기 때문이다. 앞에서 지적했듯이, 인간은 예언적이고 이론적인 동물이다. 우리는 세계에 대한 이론을 형성하고 그 이론을 복제하는데, 우리가 항로를 변경하도록 강요당할 때까지 그렇게 한다. 그것은 과학에서도 똑같이 진실이다. 여기저기 산재한 다수의

---

11) near-death experience: 임사체험臨死體驗이라고도 불리는데, 국내 관련 연구자인 최준식은 이 경험이 실제 죽음이 아니라 죽음 가까이 갔던 경험이기에 근사체험이라는 표현을 사용하고 있다. 그의 저서『죽음, 또 하나의 세계: 근사체험을 통해 다시 생각하는 죽음』(2006) 참조. 근사체험에 대해서는 이 책 제20장에서도 다루고 있다.

예외적 데이터는 그 누구도 성가시게 하지 않겠지만, 이 많은 데이터가 어떤 이상한 의식 모델과 상관없이 어떻게 해석될 수 있는가에 대해서 이상한 논문을 쓰기를 원하는 사람들에게는 예외이다.

지금까지의 도전에 대한 자아초월의 대답

내가 보기에 이 중대한 문제를 아무도 진정 이해하고 있지 않은 것처럼 보인다. 자아초월심리학자들은 의식이 어떤 특권적 지위를 갖고 있다고 주장하기를 단순하게 계속하고 있는데, 이러한 특권적 지위가 주류 과학의 노력과 어떻게 통합될 수 있는가에 대한 언급을 하지 않으면서 그렇게 하고 있다. 어떤 이들은 단순히 그 수레바퀴를 돌리려고 노력했거나 또는 만약 누군가 그 제안을 진지하게 취급하고자 했다면, 그리고 그 토론을 그것이 1850년 무렵에 있던 그 상태로 되돌리고자 하는 것이었다면 그 시기는 피히테Fichte, 셸링Schelling 그리고 헤겔Hegel의 저술들이 토론되던 시기이고, 정신활동이 모든 것의 주된 원천이라는 생각이, 현대식 표현으로는 '의식'이 하나의 과학적 옵션이었던 시기이다. 역사적 관점을 싫어하는 사람도 있겠으나, 역사에 대해 한 가지 아주 명확한 것이 있는데, 그 수레바퀴를 뒤로 돌리는 것은 거의 불가능하다는 것이다. 독일철학자이자 철학적 해석학의 창시자인 Gadamer(1975)에 의해 소개된 'Wirkungsgeschichte'[12]—생각이 창조한 영향의 역사—의 원칙은 여기서 중요한데, 일어난 것에는 항상 어떤 의미가 있다는 것이다. 달리 말하자면, '의식은 일차적이고, 물질은 이차적'이라는 이상주의적 입장이 19세기 중반의 자연과학자들에 의해 왜 포기되었는지 그 이유가 있다. 나의 개인적 해석은 그 점에 대해서는 셸링, 헤겔, 피히테가 의도했던 관념론적 철학이 아마도 베단타Vedanta 유형의 대부분의 철학을 포함해서 물질을 이해할 수 있는 풍부한 개념을 허용하지 않는다는 사실에서 그 이유를 발견할 수 있다. 물론 이러한 상황을 애도하거나 개탄할 수 있겠으나, 그렇게 하는 것이 그것을 원 상태로 돌리지는 않는다. 과학 공동체—과학자들, 그중에서 가장 존경받고, 가장 지성적이며, 가장 유력한 개인들—가 물질에 대한 건실한 분석을 허용하면서 의식의 문제를 보류하는 어떤 인식체계 모형을 따르는 것이 더 중요하고, 더 결실이 풍부하다는 것을 어느 시점에 결정했다는 것을 수용하는 것이 시작할 지점이다.

이렇게 보류된 것은 지금 동일한 선상에서 매우 시급한 연구 분야의 하나로 바뀌었다.

---

12) 영향사影響史: 저자가 독일어를 본문에 그대로 표기한 관계로 여기서도 그 뜻을 반영함.

학문으로서의 심리학은 그러한 도전에 응해 왔고, 과학이 사용하는 것과 같은 동일한 인식체계의 가정들을 사용하면서 움직이고 있다. 이것은 자아초월심리학이 참여할 수 있었던 곳이다. 그러나 자아초월심리학이 암묵적으로―개방적 토론 없이, 그리고 정말 훌륭한 입론 없이―주류 과학과 완전히 다른 가정들을 사용하면서 인류를 위해서, 심리학을 위해서, 그리고 인간 경험을 통합하는 데 있어서 아마도 더 나을 것이라고 진술할 수 없다는 것은 확실하다. 하지만 이것이 실제 일어난 일 그대로이고, 최소한 자아초월 운동의 대부분에서 그러했다. 관념론의 가정―즉, 의식이 일차적이고 물질은 이차적이라는―에서 출발한 심리학은 물질을 일차적인 것으로 보는 유물론의 가정에서 출발한 심리학―대부분의 행동주의자, 인지주의자 그리고 신경과학적 접근법들이 가정하듯이―이 가능한 것과 같은 방식으로 가능한 것이라고 가정했다. 이러한 가정은 확실히 가능하지만 비효과적인데, 엄청난 출판물과 다수의 반박하는 주장에도 불구하고 거시적 관점에서 발견된 것은 비효과성이다.

내가 주장컨대, 이러한 비효과성의 원인은 아무도 존재론의 문제를 진정으로 다루고 핵심적인 문제, 즉 왜 우선적으로, 그리고 어떻게, 특히 다른 관점이 생산될 수 있는가에 대해 논쟁한 적이 없다는 데 있다. 단순한 이원론적 주장은 그렇지 않을 것이다. 대체 어떻게 분리된 기질, 즉 정신―또는 의식―이 완전히 다른 기질, 즉 물질에 영향을 주는지와 같은 데카르트의 수수께끼는 아직까지 풀린 적이 결코 없다. 과학은 고르디안의 매듭 Gordian knot을 오컴의 면도날Ockham's razor로 자름으로써 그 문제를 옆으로 제쳐 놓았고, 요컨대 "정신은 잊어라. 어쨌든 그것은 물질에 불과하거나 물질이 조직화한 결과로서 생긴 어떤 것이다."라고 말한다.

가능한 대안에 대한 간략한 묘사

나는 어떻게 가능한 대안이 작동할 것인지 간략히 윤곽을 그릴 수 있을 따름이고, 흥미를 가진 독자는 우리의 주요한 논문들을 보기 바란다(Atmanspacher, Römer, & Walach, 2002; Römer & Walach, 2011; Walach, 2005; Walach & Römer, 2000, 2011). 어떠한 영적 주장―따라서 자아초월심리학의 주장 역시―과 주류 과학 사이의 최소한의 공통 영역은 내가 몸-마음 상호작용에 대한 상보주의相補主義 모형이라고 부르는 것이다. 그것은 양자역학의 창시자 중 한 명인 닐스 보아Neils Bohr에 의해 처음 소개된 개념인 상보성complementarity이 자연, 존재론 그리고 인식론에 똑같이 기본적인 원리라는 가정에서 출발한다(Bohr, 1937). 상보성은 어떤 실체, 환경 또는 어떤 복잡한 실재조차 같은 시점에 모순처럼 보이는 두 개의 진술을 적용하는 것으로, 결국 묘사될 수 있다는 것이다(Atmanspacher & Primas, 2006). 이것이 양자역학의 초기 이론가들이 양자의 성질에 대해 발견한 것이다. 예를 들면, 당신은 양자의 운동량을 기술하고 정확히 측정할 수 있다. 그러나 그때 당신은 양자의 위치에 대한 정보를 잃게 된다. 당신은 양자의 위치를 측정할 수 있지만, 그러나 그때 당신은 그 양자의 운동량에 대한 모든 정보를 잃게 된다. 여전히 두 가지, 즉 위치와 운동량은 어떤 입자의 특성을 기술하는 데 필요하다. 고전, 즉 뉴턴 물리학에서는 같은 실체에 대해 위치와 운동량을 각각 독립적으로 측정하는 것이 가능한데, 즉 총에서 나온 총알에 대해 궤도와 영향력을 예측할 수 있는데, 이러한 것은 양자역학에서는 더 이상 가능하지 않다. 어떤 양자 입자의, 말하자면 광자의 위치와 운동량은 그 입자의 특성을 기술하는 데 둘 다 필요하다. 양자역학에서 여전히 그것들은 상보적인데, 그것은 상호 배타적인 측정 장비를 요구하기 때문이다. 기술적으로 말하면, 정준定準 · canonica 또는 상보 변수—가장 잘 알려진 것들은 위치와 운동량, 시간과 에너지—와 상보성이라 불리는 것들은 양자역학의 기초적인 토대이다(Kim & Mahler, 2000). 그것들은 더 이상 단순화할 수 없는데, 최소한 현재 가장 널리 수용되는 공통의 개념적 틀에서는 그렇다. 그것들은 하이젠베르크 불확정성 관계Heisenberg uncertainty relationship의 원천이고, 양자계量子界의 이상한 행동의 특성을 설명한다. 그것들 중 두 가지는 여기서 언급할 가치가 있다.

1. 양자역학에서 측정 행위는 측정되는 실체에 영향을 끼친다. 위치가 측정된다면 그 실체 역시 변화한다. 오직 뉴턴 물리학만이 측정되는 것에 어떠한 영향도 끼치지 않고 측정치를 얻는다. 또는 그보다는 측정에 대한 영향이 무시될 수 있는 상태로 측정치를 얻을 수 있다.

2. 양자역학에서 상보 변수는 얽힘entanglement을 또한 규정짓는다(Nadeau & Kafatos, 1999). 또는 달리 말하면 얽힘은 상보성의 어떤 특별한 사례인데, 다시 말하자면 전체계全體界에 대한 기술인 전역 변수global variable와 계界 안의 요소 기술자記述子인 국소 변수local variables 사이의 상보성이다. 예를 들어, 두 개의 광자가 있는 어떤 계에서 광선 분리 검파기에서 하향 변환을 하여 한 개의 광자에서 상관관계가 있는 두 개의 광자를 생성하면서 두 광자는 하나의 계에서 두 원소를 형성한다. 이 계—파동이 전파되는 국면—의 공동 양극화는 전역 변수이다. 개별 광자 양극화는 국소 변수들이다. 그것들은 전역 변수에 대해 상보적이다. 즉, 그들의 기술記述은 상호 배타적이다. 수학적 용어로 한다면 양극화는 직각orthogonal이다. 계는 전역 변수—각角 운동량spin

> 0—와 국소 변수—직각 양극화들—둘 다에 의해 기술되어야 하고, 국소 및 전역 기술 둘 다 고전적 논리틀에서는 명확하게 양립 불가하거나 상호 배타적이다. 이것이 양자역학에서 하나의 방정식으로 기술되는 하나의 계에 속하는 두 개의 광자가 왜 '얽히는지', 즉 비非국소적으로 상호 관계하는지 그 논거가 된다. 하나의 입자를 측정하여 그 결과로서 각角 상향spin up을 발견하게 되면 다른 입자가 하향down된 것을 즉각 알게 될 것이다. 이것은 당신이 두 개의 광자를 멀리 떨어뜨려 놓고서 어떠한 전령 입자도 둘 사이를 여행해서 한쪽의 측정치 중 하나의 결과를 다른 입자에게 전달할 수 없도록 정확히 동시에 측정하더라도 진실이다. 이것이 이러한 상관관계가 종종 특수상대성 이론에서 사용된 기술적技術的 용어로 비국소적non-locally이라 불리는 이유인데, 이 이론에서 빛은 우주에서 최고의 속도를 갖고 있고, 따라서 빛의 광선에 의해 연결된 우주의 모든 부분은 국소적으로 연결되었다고 말한다. 양자 얽힘 실험과 같은 것에서의 입자들은 국소적으로 연결되어 있지 않은데, 그것은 빛 입자들이 측정 장치들 사이의 거리를 여행할 수 없기 때문으로, 그래서 이 상관관계는 비국소적이라 불린다(Cushing, 1989; Mermin, 1989; Wessels, 1989).

이렇듯 이론적으로 예측된 양자계의 행동은 반복적으로 실증적 검증이 되어 왔고, 또 그와 같은 얽힘은 목격되어 왔으며, 상관관계가 실제로 비국소적이라는 것을 확실히 하는 거리를 떨어뜨리고 장치를 사용한 경우에도 그러하였다(Salart, Baas, Branciard, Gisin, & Zbinden, 2008).

어떤 양자 특성properties이 그와 같이 바로 양자계와 관련 있다는 것은 이제 잘 알려져 있고 또한 적절한 이해에 매우 중요하다(Tegmark, 2000). 하나의 양자 특성으로서의 얽힘은 입자들 그리고 환경과 상호작용하면서 매우 빠르게 사라진다(Yu & Eberly, 2009). 이것은 또한 왜 인간 관찰자들이 주로 고전적 방식으로 움직이는 세상을 목격하는지에 대해 밝혀준다(Römer, 2011).

그럼에도 불구하고, 양자역학의 개념적 구조와 틀을 사용하는 것은 여전히 이해될 수 있을 것이다. 이것이 우리가 좀 더 일반적인 이론, 즉 **양자일반 이론**generalized quantum theory을 형성하면서 해 온 것인데, 우리가 합의한 이 이론은 모든 종류의 체계와 온갖 구성의 체계에 적용이 가능하다(Atmanspacher, Filk, & Römer, 2006; Atmanspacher et al., 2002; Römer & Walach, 2011). 그것이 진실하고 실용적인지의 여부는 현 시점에서 논쟁적인 것으로 남아 있지만, 나는 일반적인 합리적 타당성과 선험적인 판단력a priori reason 그 이상의 것을 주장하지는 않을 것이다. 이 선험적인 판단력은 계들의 구성 간의 구조적 상사相似와 유사類似 · structural similarity and analogy하다(Baianu & Poli, 2011; Gernert, 1989; Zeleny, 1981). 이것은 결국 매우 오래된 생각이지만 체계 이론systems theory에 의해 다시 검토되었는데, 체계가 어떻게 형성되어 있는가에 대한 몇몇 추상적 원리는 체계의 모든 수준에서, 즉 원자에서 분자, 유기체, 은하수에서 볼 수 있다고 주장한다. 같은 맥락에서 양자 이론에 대한 우리의 일반화는 체계의 상사의 어떤 원리들이 체계의 모든 수준에서 아마도 관찰될 수 있으리라고 주장하는 것이다.

상보성은 인식론 및 다른 영역에서 역할을 수행했던 닐스 보아가 이미 알아챘던 것인데, 그때 그는 예를 들면 궁극적으로 세계 전체는 상보성의 원리에 의해 지배되는 것 같다고 생각했다(Bohr, 1997; Rosenfeld, 1963). 우리는 이 생각을 받아들였고, 본질적 측면에서 보면 이 생각은 헤라클레이토스Heraclitus[13]까지, 그러나 확실하게는 17세기의 스피노자Spinoza까지 거슬러 올라갈 수 있고, 이는 스피노자와 동시대의 동료 철학자인 라이프니츠에 의해 다른 형태로 수용되었고, 그는 그 생각에 좀 더 다른 해석을 제공했다. 우리는 정신과 물질, 의식과 두뇌를 한 실체, 즉 인간 존재의 두 상보적 기술로서 개념화하는 것이 효과적이라고 주장했다(Walach & Römer, 2011). 그것들은 서로에게로 환원될 수 없기에 상보적이다. 완전한 기술을 위해서는 둘 다 필요하다. 그리고 그것들은 궁극적이다—즉, 매우 사변적인 것을 제외하고는 둘 다를 설명할 수 있는 그 어떤 존재도 알려진 것이 없다. 예를 들면, 우리는 여전히 근원적인 실재, 즉 존재를 정신과 물질 두 가지 모든 방식으로 산출하는, Jung이 unus mundus—하나의 세계—라고 불렀던 통일된 전체가 있다고 주장할 수도 있다(Atmanspacher, 2003; Atmanspacher & Primas, 2006). 하지만 그것은 매우 사변적이고 이 수준의 개념화에서는 불필요하다. 필요한 것은 둘 다 궁극적으로 동등한 존재론적 무게감이 있어서 서로에 대해 어느 쪽도 다른 쪽에 대해 '일차적'이거나 '우월하지' 않다는 것을 인정하는 것이다. 그보다는 그것들은 동반하여 발생하는 것 같고, 인간 존재를 이해하기 위해서 필요한 것으로 보인다.

최근 오히려 강력한 몇몇 논리적 요소가 제기되었는데, 여전히 충분히 경청하지 않고 있다(Hoche, 2008). 그 요소들은 정신적 개념에서 물질적 개념으로 또는 그 반대로 변이變移하는 것이 범주를 침해하고 심각한 범주 오류를 일으킨다는 것을 명확하게 보여 준다. 따라서 마음-몸 또는 의식-두뇌 문제에 대한 상보주의적 해법은 합리적 제안으로 보이고, 이 해법은 잘 알려진 물리학 원리를 사용하여 추론한다는 것과 비환원주의적non-reductionist이라는 점에서 그럴듯한 토대 위에 있다고 나는 주장하겠다. 이 해법은 의식에

---

13) B.C. 540(?)~470(?). 그리스의 철학자.

그 자체의 지위를 허락하고, 따라서 잠재적으로 그 자체의 인식론적 역할 역시 허용한다. 의식이 만약 물질과 함께 상호 일차적co-primary이라면 세계, 즉 외부 경험을 이해하기 위하여 감각을 통한 방법을 가질 뿐만 아니라 의식, 즉 내적 경험을 통한 방법 또한 갖게 될 수도 있다. 달리 말한다면, 내적 및 외적 경험은 그렇게 되면 세계와 관계하는 두 가지 상보적 양식이 된다.

우리는 또한 우리 모델에서 얽힘을 일반화하였다. 이것은 앞에서 사용한 일반적 기술記述에서 자연스럽게 따라온다. 우리는 다수의 입론과 상술詳述을 다른 곳에 제출하였고 (Römer & Walach, 2011; Walach & Römer, 2011), 따라서 여기서는 간단히 소개하겠다. 정신은 양자계에 전형적인 것으로 양자역학에서 알려진 몇 가지 필요조건을 실제로 충족시킨다. 예를 들면, 만약 어떤 심리적 상태를, 이를테면 내성內省에 의해서 '측정'하면 그 상태는 그와 동시에 변화된다. 이것은 우리가 어떤 양자 기술의 몇 가지 필요조건을 충족시키는 어떤 실체를 가까이에 갖고 있다는 명확한 암시이다. 우리는 서로 상보적인 정신적 및 육체적 상태를 생각할 수 있는데, 하지만 전역계 기술global systemic description, 즉 전인全人 · whole person의 기술에 대한 상보적인 기술의 예로서도 또한 그러하다. 달리 말하면, 적정한 정신적 및 육체적 상태 사이에 어떤 일반화된 얽힘 유형이 또한 지속되고 있다고 우리는 추정하고 싶다. 따라서 일반화된 얽힘은 '기제mechanism'를 제공할 텐데, 비록 비국소적인 것이지만 어떤 신호 표시도 일어나지 않으면서 그 기제는 정신적 및 육체적 계를 통합한다. 그러고 나서 또한 정신적 상태가 왜 육체적 상태에 대한 원인이 될 수 있는지가 명확해진다. 또한 인간 단위들, 즉 개별 인간이 고전적인 신호 없이 작동하는 어떤 상승 작용synergism으로 비국소적으로 다시 통합되는 계들systems을 어떻게 형성할 수 있는가를 합리적으로 생각할 수도 있다. 뛰어나게 조화된 공연을 보여 주는 발레 댄서들, 오케스트라 또는 합창단과 같은 예술 집단의 매우 잘 조율된 협동이 좋은 예가 될 수 있다.

그다음에 이것[14]은 자아초월심리학이 의지할 만한 토대를 제공할 수 있고, 또한 주류와의 어떤 최소한의 합의를 촉진할 수도 있다. 물질에 대해 상보적인 것으로서의 의식은 그 자신의 힘으로, 의식에 대한 인식론적 접근을 통해 실재에 이르는 것을 허락한다. 일반화된 얽힘으로 가는 단계는 결코 의존적인 것도 아니고 그런 조건의 결과도 아니지만, 그것은 자연스럽게 일어나는 단계로서 일단 그것을 수용하게 되면 양자역학의 그 원리들—반복하지만 원리들이다. 물리학이 아니라—은 세계와 폭넓은 관련성을 가질 수도 있다. 하지만 나는 그것을 여기에 남겨 두고자 하는데, 우리가 대단히 논쟁적인 영역으로 들어

14) 상보주의적 해법.

갈 것이 명확하기 때문이다. 나는 한 가지를 보여 주기 위하여 이러한 것을 묘사해 왔다. 주류 과학에서 제공하는 이론적 구조들을 사용하고, 그것들을 확장함으로써 영적 영역에서 또는 자아초월심리학 영역에서 다루는 현상들을 통합하는 것이 가능하다는 것이다 (Walach, 2011).

미래로 가는 네 가지 길

여기서부터 앞으로 나아갈 몇 가지 선택이 있는데, 모두가 시도되었던 것이고 어느 정도의 성공도 있었다.

1. 주류의 발전과 대립하라. 그리고 자아초월심리학이 제공할 수 있는 것이 훨씬 더 많다고, 가라앉고 있는 타이타닉호를 버리고 작은 뗏목들로 옮겨 타야 한다고 주장하라. 타이타닉호는 가라앉고 있지 않을 뿐더러 뗏목들은 어디에도 도달하지 못했다.

2. 완전히 다른 존재론을, 예를 들면 비교적 오래된 관념 체계들 중 하나 또는 동양의 체계들 중 하나를 제공하도록 노력하라. 그리고 그것들이 영적 경험들을 수용하기에 더 잘 연구되었다고 주장하라. 오직 극소수의 사람들만이 뭔가 주목할 만한 가치로운 것이 있다고 믿고 있다.

3. 과학의 인식체계의 토대에 도전하지 않고 내버려 두라. 그리고 그것이 받아들인 방향과 방법을 수용하면서 이렇게 말하라. "자, 여러분, 그것을 좋아하든 않든 여러분이 과학적으로 하지 않는다면 여러분은 영향력을 발휘할 수 없을 것이고, 여러분은 진지한 고려의 대상이 되지 않을 것입니다."

4. 새로운 인식체계의 토대들을 과학에 제공하려고 노력하라. 그리고 과학이 지금까지 택했던 방법들을 수용하라. 그러나 과학이 준비해 놓은 무기, 개념적 토대들 그리고 이론적 도구들을 활용하여 그것의 범위를 확장하라. 이것은 내가 앞에서 묘사하려고 노력했던 것이고, 이것이 가장 결실이 풍부하고 가장 강력하면서도 통합적인 접근법이라고 내가 생각한다는 것은 말할 필요도 없겠다.

첫 번째 방법은 많은 자아초월주의자transpersonalists가 해 온 것이다. 그들은 자신의 작은 우주와 그들 자신의 뗏목을 창조했는데, 그것들 중 몇몇은 꽤 편하게 느껴진다. 나는 홀로트로픽 호흡작업 또는 약물을 통한 의식의 변성 상태를 둘러싸고 일어난 많은 작업을 그러한 범주 속에 넣고 싶다(Griffiths, Richards, Johnson, McCann, & Jesse, 2008; Krippner & Sulla, 2000; Shanon, 2002). 이러한 작업 중 일부는 과학적 방법론을 사용함으로써 주류와의 관계를 맺으려고 노력하고 있다. 이것이 처음의 중요한 단계가 될 수 있겠지만 충분하지 않을 수 있는데, 여전히 좀 고립된 섬이나 뗏목 같은 맥락에서 그것이 일어나고 있기에 그러하다.

두 번째 방법은 자아초월심리학을 향한 일부 원대한 접근법들이 시도한 것이다. 나는 Wilber의 시도를 여기로 분류하고 싶다. 만약 그 개념적 토대가 과학사에서의 문제들에 대해 역사적인 측면에서 좀 더 자각했다면 그런 함정들을 피할 수 있었을 것이다. 내가 방금 지적했듯이 이러한 시도는 제대로 작동하지 않는데, 그것이 역사적으로 형성된 전제조건들과 실제적이고 당대적인 이론화의 유형들을 무시하고 있기 때문이다. 영적 훈련과 과학 간의 병렬은 너무도 순진하게 액면 그대로 수용되고 있고, 과학이란 무엇이고 어떻게 작동하는가에 대한 이해는 과학적 배경 이론에 대해 시대에 뒤떨어진 이해에서 너무 많이 이루어지고 있다. 궁극적으로, 그러한 토론에 영향을 줄 수 있는 유일한 수단은 바로 동료들에 의해 검토되는 주류 학술지에 의견들을 출판해서 주류의 논쟁에 뛰어드는 것이다.

앞의 두 접근법은 담론의 하위 문화와 특별한 우주를 창조하는 것과 종종 관련 있는데, 이러한 것들은 나머지 세계와는 연결되어 있지 않고, 그것들이 나머지 무리들이 하고 있는 것보다 필경 훨씬 더 나은 것이라는 사실에서 그들 자신만의 정의定義와 이해를 도출해 낸다. 이것은 자기애적 동기이고, 내 생각에는 그 전체 영역이 가진 커다란 문제이다(Walach, 2008). 거기서 창시자와 지도자들은 중요한 사람이라고 느낄 수 있고, 이러한 해석을 지지하는 추종자들을 모집하고, 궁극적으로 문제를 해결하는 것을 돕지도 않고 우리의 시각을 전진시키지도 않는 어떤 자기애적 공모에 계속 제한시킨다. 나의 관점에서 이러한 일이 일어나고 있다는 명확한 표시는 내집단內集團 중 특별한 모임이 깊이 있게 이해하고 있지 않은 것처럼 보이는 '타자들'에게서 자신들을 분리할 때에는 언제든 그러하다. 자아초월심리학의 역사와 현재는 이런 모습으로 가득 차 있다.

세 번째 방법은 두 가지 특징이 있다. 한 가지 특징은 자연과학의 주류 과학적 토대에 의존하면서 심리학을 하나의 자연과학으로 범주화하는 것이다. 그와 같은 접근법 내에서 자아초월적 측면들, 자아초월적 개입법들 또는 자아초월적 신념과 같은 자아초월적 구성 개념을 측정하기 위한 측정도구를 포함한 과학적 방법을 사용할 수 있다(Friedman, 1983, 2002, 2009; Friedman & MacDonald, 2002; Kohls & Walach, 2008; MacDonald, LeClair, Holland, Alter, & Friedman, 2002). 다른 특징은 인문학적 접근을 사용하고 문화 연구cultural studies 영역 내에서 생산되는 토론에 더욱 의존하고 있다는 것이다. 여기에는 **자아초월 연구**transpersonal studies라는 명칭이 붙었다(Friedman, 2002). 이것은 확실히 가능한 접근법이고 제도 학문 내에서 활동하는 몇몇 저자는 이것을 활용하고 있다(Lancaster, 2000, 2004, 2011).

네 번째 방법은 우리가 시작한 것이고, 나는 당연히 최선의 것이라고 주장하고 싶다. 그것은 아마도 틀림없이 약간 더 분투를 요하고 어려운 것이지만, 내가 보기엔 영향력을 창조하는 유일하게 가능하고 전진적인 방법이다.

그렇다면 어떻게 그것은 가능할 것인가? 핵심은 **의식**에 대한 **과학**과 **문화**라고 나는 생각한다.

의식에 대한 과학과 문화를 향하여

자아초월심리학을 위한 동반자는 당연히 의식에 대한 과학을 확립하려고 노력하는 사람 모두 다이다. 지금, 여기, 유물론의 가정에서 출발한 주류가 지배하고 있다. 일이 이렇게 된 것은 다른 대부분의 다른 주장을 했던 사람들이 떠났기 때문이다. 나는 이러한 주류의 관점에 도전이 필요하다고 본다. 지금까지의 도전은 그 울타리 뒤편의 멀리 떨어진 곳에서 일어난 것이다. 그것은 개방된 곳에서 이루어질 필요가 있다. 그것은 주류의 소통 장소 안에서 저술하고 출판하는 것을 의미하고, 적절한 논제들에 대해 토론하는 것을 의미한다. 결국은 공통된 주제들이 있기 때문이다. 의식을 어떻게 이해할 것인가, 어떤 개념들이 유용한가 그리고 공통된 기반은 어디에 있는가.

실용적 관점에서 볼 때 공통된 기반은 의식에 대한 문화culture이다(Metzinger, 2006). 정보기술이 기하급수적으로 증가하는 현대 세계에서 인지적 수용력은 혹사를 당해서 그 한계에 다다랐다. 더 이상 들어오는 정보량을 다룰 수 없게 된, 그리고 인지적 수용력이 과부하된 정보에 의해 불구가 된 무능해진 개인들이 곧 전염병 수준으로 증가할 것이다. 당연히 자아초월심리학과 영적 전통들의 영토—명상, 긴장을 완화하고 정신을 집중하는 기술들—인 수행을 통해 의식을 계발하는 길이 아마도 여기서 구원의 믿을 만한 수단이 될 것이다. 이곳이 이론과 실천이 만날 곳이고, 변용적 수행이라는 생각이 효과를 발휘할 곳이다(Hartelius, Caplan, & Rardin, 2007). 이렇게 공통의 실천적 기반이 존재한다.

이러한 주제들은 또한 부조화의 영역들—개념적이고 철학적인 주제들—이 배경으로 옮겨 가게 하여 어떤 실천적 해법들이 뚜렷해지게 만든다. 이것은 토론에 완전히 다른 선회를 가져올 수 있다. 자아초월심리학이 수행하는 것은 의식에 대한 연구와 문화로 정의될 수도 있을 것이다. 매우 흥미로운 것은 의식의 신경과학적 토대와 의식에 대한 신경인지적 모형을 연구하는 연구자들은 비록 엄격하게 유물론적 관점에서이기는 하지만 한 가지를 깨달았다. 두뇌는 의식이라는 정의하기 어려운 현상에 대한 기질인데, 그 자체가 활동 중인 의식에 의해서 개조되고 바뀐다는 것이다. 단지 저글링하는 방법을 배우는 것으로 일주일 내에 두뇌의 각 영역의 두께가 변한다는 것이다(Driemeyer, Boyke, Gaser, Büchel, & May, 2008). 같은 맥락에서 모든 활동은 두뇌, 즉 우리의 의식 그 자체에 대한 기질에 피드백을 하는 효과를 가질 것이다. 달리 말하면, 의식 그리고 의식이 어떻게 지휘되는가는 그것 자체의 실재에 대한 물질적 토대를 변화시킬 것이다. 이것은 명상의 결과가 보여 주고 있다. 명상가는 명상을 하지 않는 사람들과는 다른 두뇌 구조를 갖고 있다(Ott et al., 2011). 만약 영적 수련을 따르는 것이 사람들의 삶에, 어려움과 고통·병환과 질병을 겪는 그들의 경험에 영향을 주게 된다는 것을 실증적으로, 그리고 인정받는 방법론에 의해 보여 주는 것이 가능하다면 자아초월심리학은 중요한 차이를 만들어 낼 것이다. '영성' '영적인' '종교' '종교성', 이 모든 것은 그들에게 어떤 종파적 장場을 갖고 있는데, 만약 '의식의 문화'라는 용어로 이러한 전문용어들을 대체한다면 그 기획은 과학의 취지와 제휴하게 된다. 과학의 통찰과 능력을 동력화함으로써 그것은 분리된 위치에서 벗어나 움직이는 것이 가능하게 된다. 그렇게 하는 것은 여전히 사람들에게 그들 자신의 개인적인 신념이나 믿음 체계를 유지하도록 허락할 것이다. 그것은 종교를 폐기하지 않을 것이고 영성을 부정하지 않을 것이다. 이러한 것이 일단 일어나게 되면 자아초월심리학을 창시한 선조들의 비전은 실현될 것이다. 심리학은 더 포괄적인 학문이 될 것이고, 현재 인지할 수 있는 수준을 넘어서는 성장에 대한 사상을 도입하고 있을 것이다.

참고문헌

Alcock, J. E. (2003). Give the null hypothesis a chance: Reasons to remain doubtful about the existence of PSI. *Journal of Consciousness Studies*, *10*(6-7), 29-50.

Atmanspacher, H. (2003). Mind and matter as asymptotically disjoint, inequivalent representations with broken time-reversal symmetry. *Biosystems, 68*, 19-30.

Atmanspacher, H., & Fach, W. (2005). Akategorialität als mentale Instabilität. In W. Belschner, H. Piron & H. Walach (Eds.), *Bewusstseinstransformation als individuelles und gesellschaftliches Ziel* (pp. 74-115). Münster, Germany: Lit-Verlag.

Atmanspacher, H., Filk, T., & Römer, H. (2006). Weak quantum theory: Formal framework and selected applications. In A. Khrennikov (Ed.), *Quantum theory: Reconsiderations of foundations—American Institute of Physics, conference proceedings* (pp. 34-46). New York, NY: Melville.

Atmanspacher, H., & Primas, H. (2006). Pauli's ideas on mind and matter in the context of contemporary science. *Journal of Consciousness Studies, 13*(3), 5-50.

Atmanspacher, H., Römer, H., & Walach, H. (2002).Weak quantum theory: Complementarity and entanglement in physics and beyond. *Foundations of Physics, 32*, 379-406.

Baianu, I. C., & Poli, R. (2011). From simple to highly-complex systems: A paradigm shift towards non-Abelian emergent system dynamics and meta-levels. In B. Iantovics (Ed.), *Conference proceedings: Understanding intelligent and complex system* (pp. in print). Alba Iulia, Romania: Acta Universitatis Apulensis.

Bohr, N. (1937). Causality and complementarity. *Philosophy of Science, 4*, 289-298.

Bohr, N. (1997). *Collected works. Foundations of quantum physics I 1926-1932* (Vol. 6). Amsterdam, The Netherlands: North Holland.

Brent, J. (1993). *Charles Sanders Peirce. A life*. Bloomington, IN: Indiana University Press.

Burns, J. E. (1999). Volition and physical laws. *Journal of Consciousness Studies, 6*(10), 27-47.

Collingwood, R. G. (1998). *An essay on metaphysics* (Rev. ed.). Oxford, UK: Clarendon Press. (Original work published 1940).

Cushing, J. T. (1989). A background essay. In J. T. Cushing&E. Mcmullin (Eds.), *Philosophical consequences of quantum theory: Reflections on Bell's theorem* (pp. 1-24). Notre Dame, IN: University of Notre Dame Press.

Descartes, R. (2003). *Treatise of man* (*Traité de l'homme*) (Thomas S. Hall, Trans.). Amherst, NY: Prometheus Books. (Original work published 1664).

Douglas-Klotz, N. (1999). *The hidden gospel. Decoding the spiritual message of the Aramaic Jesus.* Wheaton, IL: Quest Books.

Douglas-Klotz, N. (2002). Beginning time: A new look at the early Jewish/Christian ritual time. *Cosmos: Journal of the Traditional Cosmological Society, 18*, 1-7.

Driemeyer, J., Boyke, J., Gaser, C., Büchel, C., & May, A. (2008). Changes in gray matter induced by learning—revisited. *PLoS One, 3*(7), e2669.

Ferrer, J. N. (1998). Speak now or forever hold your peace: A review essay of Ken Wilber's *The marriage of sense and soul: Integrating science and religion. Journal of Transpersonal Psychology, 30*, 53-67.

Ferrer, J. N. (2000). The perennial philosophy revisited. *Journal of Transpersonal Psychology, 32*, 7-30.

Ferrer, J. N. (2002). *Revisioning transpersonal theory: A participatory vision of human spirituality.*

Albany, NY: State University of New York Press.

Fontana, D. (2003). *Psychology, religion, and spirituality*. Malden, MA: BPS Blackwell.

Forman, R. K. C. (Ed.). (1998). *The innate capacity: Mysticism, psychology, and philosophy* Oxford, UK: Oxford University Press.

Forman, R. K. C. (1999). *Mysticism, mind, consciousness*. Albany, NY: State University of New York Press.

Freud, S. (1922). Dreams and telepathy. In J. Strachey & A. Freud (Eds.), *The standard edition of the complete psychological works of Sigmund Freud* (Vol. 18, *Beyond the pleasure principle, group psychology and other works,* pp. 192-220). London, UK: Hogarth Press.

Freud, S. (1925). Some additional notes on dream interpretation as a whole. In J. Strachey & A. Freud (Eds.), *The standard edition of the complete psychological works of Sigmund Freud* (Vol. 19, *The ego and the id and other works,* pp. 123-138). London, UK: Hogarth Press.

Friedman, H. L. (1983). The Self-Expansiveness Level Form: A conceptualization and measurement of a transpersonal construct. *Journal of Transpersonal Psychology*, *15*, 37-50.

Friedman, H. (2002). Transpersonal psychology as a scientific field. *International Journal of Transpersonal Studies*, *21*, 175-187.

Friedman, H. (2005). Problems of romanticism in transpersonal psychology: A case study of Aikido. *The Humanistic Psychologist*, *33*, 3-24.

Friedman, H. (2009). Xenophilia as a cultural trap: Bridging the gap between transpersonal psychology and religious/spiritual traditions. *International Journal of Transpersonal Studies*, *28*, 107-111.

Friedman, H. (2010). Is Buddhism a psychology? Commentary on romanticism in "Mindfulness in Psychology." *The Humanistic Psychologist*, *38*, 184-189.

Friedman, H. L., & MacDonald, D. A. (2002). Toward a working definition of transpersonal assessment. In H. L. Friedman & D. A. MacDonald (Eds.), *Approaches to transpersonal measurement and assessment* (pp. 123-140). San Francisco, CA: Transpersonal Institute.

Gadamer, H. G. (1975). *Wahrheit und Methode. Grundzüge einer philosophischen Hermeneutik*. Tübingen, Germany: Mohr (4. Aufl.).

Gernert, D. (1989). The formation of hierarchical structures as a key to self-organization. In G. J. Dalenoort (Ed.), *The paradigm of self-organization* (pp. 60-72). London, UK: Gordon & Breach.

Griffiths, R. R., Richards, W. A., Johnson, M. W., McCann, U. D., & Jesse, R. (2008).Mysticaltype experiences occasioned by psilocybin mediate the attribution of personal meaning and spiritual significance 14 months later. *Journal of Psychopharmacology*, *22*(6), 621-632.

Grof, S. (1988). *The adventure of self-discovery*. Albany, NY: State University of New York Press.

Grof, S. (2008). Brief history of transpersonal psychology. *International Journal of Transpersonal Studies*, *27*, 46-54.

Grossman, P., Schmidt, S., Niemann, L., & Walach, H. (2004). Mindfulness based stress reduction and health: A meta-analysis. *Journal of Psychosomatic Research*, *37*, 35-43.

Hartelius, G., Caplan, M., & Rardin, M. A. (2007). Transpersonal psychology: Defining the past, divining the future. *The Humanistic Psychologist, 35*, 1-26.

Hinterberger, T. (2011). Bewusstseinswissenschaften—Grundlagen, Modelle und Visionen. *Bewusstseinswissenschaften—Transpersonale Psychologie und Psychotherapie, 17*(2), 11-30.

Hoche, H.-U. (2008). *Anthropological complementarism. Linguistic, logical, and phenomenological studies in support of a third way beyond dualism and monism*. Paderborn, Germany: Mentis Verlag.

Hofmann, L., & Walach, H. (2011). Spirituality and religiosity in psychotherapy—A representative survey among German psychotherapists. *Psychotherapy Research, 21*, 179-192.

Holmes, S. W., Morris, R., Clance, P. R., & Putney, R. T. (1996). Holotropc breathwork: An experiential approach to psychotherapy. *Psychotherapy: Theory,Research, Practice, Training, 33*, 114-120.

Husserl, E. (1919). Erinnerungen an Franz Brentano. In O. Kraus (Ed.), *Franz Brentano: Zur Kenntnis seines Lebens uns seiner Lehre* (pp. 151-167). München, Germany: Beck.

James, W. (1981). *The works of William James: The principles of psychology*. Cambridge, MA: Harvard University Press.

James, W. (1984). *The works of William James: Psychology: Briefer course*. Cambridge, MA: Harvard University Press.

James, W. (1985). *The works of William James. The varieties of religious experience*. Cambridge, MA: Harvard University Press.

Jung, C. G. (1967). *Memories, dreams, reflections* (A. Jaffé, Ed.). London, UK: Collins.

Jung, C. G. (2009). *The red book: Liber novus*. (S. Shamdasani, Ed.). New York, NY: Horton.

Katz, S. T. (Ed.). (1983). *Mysticism and religious traditions*. New York, NY: Oxford University Press.

Kim, I., & Mahler, G. (2000). Uncertainty rescued: Bohr's complementarity for composite systems. *Physics Letters A, 269*, 287-292.

Kohls, N., & Benedikter, R. (2010). Origins of the modern concept of "Neuroscience." Wilhelm Wundt between empiricism and idealism: Implications for contemporary neuroethics. In J. Giordano & B. Gordijn (Eds.), *Scientific and philosophical perspectives in neuroethics* (pp. 37-65). Cambridge, UK: Cambridge University Press.

Kohls, N., & Walach, H. (2008). Validating four standard scales in spiritually practicing and non-practicing samples using propensity score matching. *European Journal of Assessment, 24*, 165-173.

Krippner, S., & Sulla, J. (2000). Identifying spiritual content in reports from Ayahuasca sessions. *International Journal of Transpersonal Studies, 19*, 59-76.

Kuhn, T. (1955). *The structure of scientific revolutions*. Chicago, IL: University of Chicago Press.

Lancaster, B. L. (2000). On the relationship between cognitive models and spiritual maps: Evidence from Hebrew language mysticism. *Journal of Consciousness Studies, 7*(11-12), 231-250.

Lancaster, B. L. (2004). *Approaches to consciousness: The marriage of science and mysticism*. Basingstoke, UK: Palgrave Macmillan.

Lancaster, B. L. (2011). The hard problem revisited: From cognitive neuroscience to Kabbalah and back again. In H. Walach, S. Schmidt, & W. B. Jonas (Eds.), *Neuroscience, consciousness and sprituality* (pp. 229-251). Dordrecht, The Netherlands: Springer.

Libet, B. (1999). Do we have free will? *Journal of Consciousness Studies*, *6*, 47-57.

Lück, H. E. (2002). *Geschichte der Psychologie. Strömungen, Schulen, Entwicklungen* (3. überarb. Aufl. ed.). Stuttgart, Germany: Kohlhammer.

MacDonald, D. A., LeClair, L., Holland, C. J., Alter, A., & Friedman, H. L. (2002). A survey of measures of transpersonal constructs. In H. L. Friedman & D. A. MacDonald (Eds.), *Approaches to transpersonal measurement and assessment* (pp. 15-79). San Francisco, CA: Transpersonal Institute.

Marsh, M. N. (2010). *Out-of-body and near-death experiences: Brain-state phenomena or glimpses of immortality?* Oxford, UK: Oxford University Press.

Merlan, P. (1945). Brentano und Freud. *Journal of the History of Ideas*, *6*, 375-377.

Merlan, P. (1949). Brentano and Freud—a sequel. *Journal of the History of Ideas*, *10*, 451-452.

Mermin, N. D. (1989). Can you help your team tonight by watching on TV? More experimental metaphysics from Einstein, Podolsky, and Rosen. In J. T. Cushing & E. Mcmullin (Eds.), *Philosophical consequences of quantum theory:Reflections on Bell's theorem* (pp. 38-59). Notre Dame, IN: University of Notre Dame Press.

Metzinger, T. (2003). *Being no one: The self-model theory of subjectivity*. Cambridge, MA: MIT Press.

Metzinger, T. (2006, January). Der Begriff einer "Bewusstseinskultur." *e-Journal Philosophie der Psychologie,* n.p.

Nadeau, R., & Kafatos, M. (1999). *The non-local universe: The new physics and matters of the mind*. Oxford, UK: Oxford University Press.

Ott, U., Hölzel, B. K., & Vaitl, D. (2011). Brain structure and meditation: How spiritual practice shapes the brain. In H. Walach, S. Schmidt, & W. B. Jonas (Eds.), *Neuroscience, consciousness and sprituality* (pp. 119-128). Dordrecht, The Netherlands: Springer.

Pepper, S. C. (1942). *World hypotheses: A study in evidence*. Cambridge, UK: Cambridge University Press.

Raichle, M. E. (2006). The brain's dark energy. *Science*, *314*, 1249-1250.

Römer, H. (2011).Why do we see a classical world? In *Contributions to the Symposion inHonour of Basil Hiley, Helsinki, Finland, November 2010.*

Römer, H., & Walach, H. (2011). Complementarity of phenomenal and physiological observables: A primer on generalised quantum theory and its scope for neuroscience and consciousness studies. In H. Walach, S. Schmidt, & W. B. Jonas (Eds.), *Neuroscience, consciousness and spirituality* (pp. 97-107). Dordrecht, The Netherlands: Springer.

Rosenfeld, L. (1963). Niels Bohr's contribution to epistemology. *Physics Today*, *16*(October), 47-54.

Salart, D., Baas, A., Branciard, C., Gisin, N., & Zbinden, H. (2008). Testing spooky actions at a distance. *Nature*, *454*, 861-864.

Schmidt, S. (2009). Shall we really do it again? The powerful concept of replication is neglected in the social sciences. *Review of General Psychology*, *13*, 90-100.

Shamdasani, S. (1994). Introduction: Encountering Hélène. Théodore Flournoy and the genesis of subliminal psychology. In S. Shamdasani (Ed.), *From India to the planet Mars: A case of multiple personality with imaginary languages* (pp. xi–xliv). Princeton, NJ: Princeton University Press.

Shamdasani, S. (1995). Memories, dreams, omissions. *Spring, 57,* 115–137.

Shamdasani, S. (1998a). From Geneva to Zürich: Jung and French Switzerland. *Journal of Analytical Psychology, 43,* 115–126.

Shamdasani, S. (1998b). Introduction: Jung's Journey to the East. In S. Shamdasani (Ed.), *The psychology of kundalini yoga. Notes of the seminar given in 1932.* London, UK: Routledge.

Shamdasani, S. (2003). *Jung and the making of modern psychology: The dream of a science.* Cambridge, UK: Cambridge University Press.

Shamdasani, S. (2005). *Jung stripped bare—by his biographers, even.* London, UK: Karnac.

Shanon, B. (2002). Ayahuasca visualizations: A structured typology. *Journal of Consciousness Studies, 9*(2), 3–30.

Simmonds, J. G. (2006). The oceanic feeling and a sea change: Historical challenges to reductionist attitudes to religion and spirit from within psychoanalysis. *Psychoanalytic Psychology, 23,* 128–142.

Smith, B. (1994). *Austrian philosophy. The legacy of Franz Brentano.* Chicago, IL: Open Court.

Soudková, M. A. (2002). The origins and development of transpersonal psychology: An American perspective. *Studia Psychologica, 44,* 175–200.

Spivak, L. I., Kropotov, Y. D., Spival, D. L., & Sevostyanov, A. V. (1994). Evoked potentials in holotropic breathing. *Human Physiology, 20,* 17–19.

Steiner, R. (1921). Franz Brentano: Ein Nachruf. In R. Steiner (Ed.), *Von Seelenrätseln.* Berlin, Germany: Philosophisch-anthroposophischer Verlag.

Stumpf, C. (1919). Erinnerungen an Franz Brentano. In O. Kraus (Ed.), *Franz Brentano: Zur Kenntnis seines Lebens uns seiner Lehre* (pp. 85–149). München, Germany: Beck.

Suppe, F. (Ed.). (1977). *The structure of scientific theories.* Urbana, IL: University of Illinois Press.

Tegmark, M. (2000). Importance of quantum decoherence in brain processes. *Physics Review, E 61,* 4194–4206.

Tiefensee, E. (1998). *Philosophie und Religion bei Franz Brentano (1838–1917)* (Vol. 14). Tübingen, Germany: Franckegg.

Walach, H. (2005). The complementarity model of brain-body relationship. *MedicalHypotheses, 65,* 380–388.

Walach, H. (2008). Narcicissm: The shadow of transpersonal psychology. *Transpersonal Psychology Review, 12*(2), 47–59.

Walach, H. (2011). Neuroscience, consciousness, spirituality—questions, problems and potential solutions: An introductory essay. In H. Walach, S. Schmidt, & W. B. Jonas (Eds.), *Neuroscience, consciousness and spirituality* (pp. 1–21). Dordrecht, The Netherlands: Springer.

Walach, H., & Römer, H. (2000). Complementarity is a useful concept for consciousness studies: A reminder. *Neuroendocrinology Letters, 21,* 221–232.

Walach, H., & Römer, H. (2011). Generalized entanglement: A nonreductive option for a phenomenologically dualist and ontologically monist view of consciousness. In H. Walach, S. Schmidt, & W. B. Jonas (Eds.), *Neuroscience, consciousness and spirituality* (pp. 81-95). Dordrecht, The Netherlands: Springer.

Walach, H., & Schmidt, S. (2005). Repairing Plato's life boat with Ockham's razor: The important function of research in anomalies for mainstream science. *Journal ofConsciousness Studies, 12*(2), 52-70.

Walsh, R. (1999). *Essential spirituality. The 7 central practices to awaken heart and mind.* New York, NY: John Wiley & Sons.

Wegner, D. M., & Wheatley, T. (1999). Apparent mental causation. Sources of the experience of will. *American Psychologist, 54*, 480-492.

Wehrle, J. M. (1989). *Franz Brentano und die Zukunft der Philosophie. Studien zur Wissenschaftsgeschichte und Wissenschaftssystematik im 19. Jahrhundert* (Vol. 15). Amsterdam, The Netherlands: Rodopi.

Welwood, J. (2002). *Toward a psychology of awakening: Buddhism, psychotherapy, and the path of personal and spiritual transformation.* Boston, MA: Shambala.

Wessels, L. (1989). The way the world isn't: What the Bell theorems force us to give up. In J. T. Cushing & E. Mcmullin (Eds.), *Philosophical consequences of quantum theory: Reflections on Bell's theorem* (pp. 80-96). Notre Dame, IN: University of Notre Dame Press.

Wilber, K. (1997). *The eye of spirit: An integral vision for a world gone slightly mad.* Boston, MA: Shambala.

Wilber, K. (1998). *The marriage of sense and soul: Integrating science and religion.* New York, NY: Random House.

Williams, M., Teasdale, J., Segal, Z., & Kabat-Zinn, J. (2007). *The mindful way through depression: Freeing yourself from chronic unhappiness.* New York, NY: Guilford Press.

Wundt, W. (1879). *Der Spiritismus. Eine sogenannte wissenschaftliche Frage. Offener Brief an Herrn Prof. Dr. Hermann Ulrici inHalle.* Leipzip, Germany: Verlag Wilhelm Engelmann.

Yu, T., & Eberly, J. H. (2009). Sudden death of entanglement. *Science, 323*, 598-601.

Zeleny, M. (Ed.). (1981). *Autopoiesis. A theory of living organization.* New York, NY: Elsevier.

번역 출판

Gadamer, H. G. (1975). *Wahrheit und Methode. Grundzüge einer philosophischen Hermeneutik.* Tübingen, Germany: Mohr (4. Aufl.). (이길우, 이선관, 임호일, 한동원 역. 진리와 방법 1, 2: 철학적 해석학의 기본 특징들. 경기: 문학동네, 2012[개정판]).

James, W. (1981). *The works of William James: The principles of psychology.* Cambridge, MA: Harvard University Press. (정양은 역. 심리학의 원리 1, 2, 3. 서울: 아카넷, 2005).

James, W. (1984). *The works of William James: Psychology: Briefer course.* Cambridge, MA: Harvard University Press. (정명진 역. [한 권으로 읽는] 심리학의 원리. 서울: 부글북스, 2018).

James, W. (1985). *The works of William James: The varieties of religious experience*. Cambridge, MA: Harvard University Press. (김재영 역. 종교적 경험의 다양성. 서울: 한길사, 2000).

Jung, C. G. (1967). *Memories, dreams, reflections* (A. Jaffé, Ed.) London, UK: Collins. (이부영 역. C. G. Jung의 회상, 꿈 그리고 사상. 경기: 집문당, 2012).

Jung, C. G. (2009). *The red book: Liber novus* (S. Shamdasani, Ed. & Trans.). New York, NY: Norton. (김세영 역. Red Book. 서울: 부글북스, 2012).

Kuhn, T. (1955). *The structure of scientific revolutions*. Chicago, IL: University of Chicago Press. (김명자, 홍성욱 역. 과학혁명의 구조. 서울: 까치글방, 2013[제4판]).

Shamdasani, S. (1998b). Introduction: Jung's Journey to the East. In S. Shamdasani (Ed.), *The psychology of kundalini yoga. Notes of the seminar given in 1932*. London, UK: Routledge. (정명진 역. 쿤달리니 요가의 심리학: 요가 수행법을 심리학으로 해석하다. 서울: 부글북스, 2018).

Walsh, R. (2000). *Essental spirituality: The 7 central practices to awaken the heart and mind*. New York, NY: John Wiley & Sons. (김명권, 문일경, 백지연 역. 7가지 행복 명상법. 경기: 김영사, 2007).

Welwood, J. (2002). *Toward a psychology of awakening: Buddhism, psychotherapy, and the path of personal and spiritual transformation*. Boston, MA: Shambhala. (김명권, 주혜명 역. 깨달음의 심리학: 불교, 심리치료 그리고 개인적 • 영적 변용의 길. 서울: 학지사, 2008).

Wilber, K. (1997). *The eye of spirit: An integral vision for a world gone slightly mad*. Boston, MA: Shambhala. (김철수, 조옥경 역. 켄 윌버의 아이 오브 스피릿: 영적 관조의 눈. 서울: 학지사, 2015).

Wilber, K. (1998). *Marriage of sense and soul: Integrating science and religion*. New York, NY: Random House. (조효남 역. 감각과 영혼의 만남: 새천년 영성의 시대를 위한 과학과 종교 통합의 길. 경기: 범양사, 2007).

Williams, M., Teasdale, J., Segal, Z., & Kabat-Zinn (2007). *The mindful way through depression: Freeing yourself from chronic unhappiness*. New York, NY: Guilford Press. (차재호 역. 우울증을 다스리는 마음챙김 명상. 서울: 사람과책, 2013).

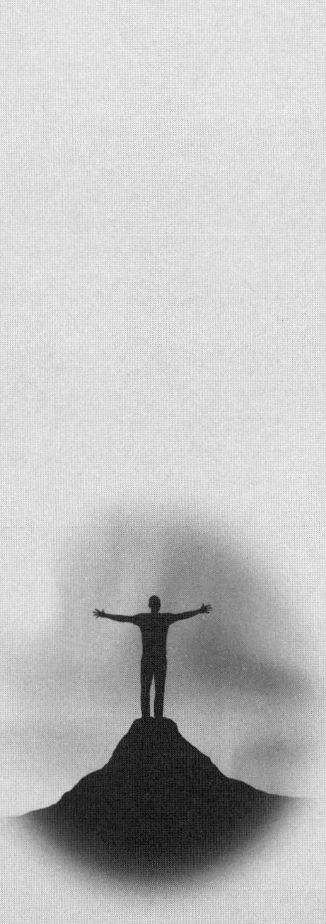

제 II 부

자아초월 이론

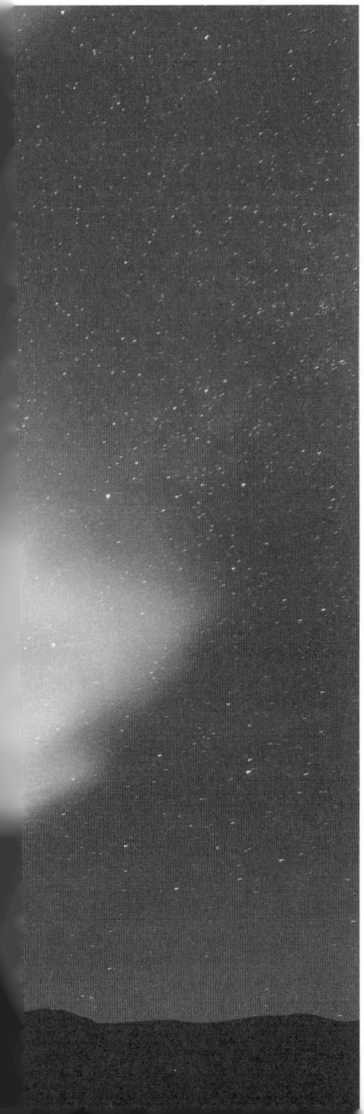

제 5 장

심리학의 재조명과 재탄생
- 의식 연구의 반세기 유산

Stanislav Grof

1962년 20세기의 가장 영향력 있는 철학자 중 한 사람인 Thomas Kuhn은 선구적인 그의 저서『과학혁명의 구조the structure of scientific revolutions』를 출간했다. 15년 동안 과학의 역사에 대한 철저한 연구를 기초로 그는 다양한 과학 분야에서 우주에 대한 지식 발달이 통상 추측하는 것처럼 자료를 점차 축적하여 이전보다 더 정확한 이론을 계통적으로 조직화하는 과정이 아니라는 것을 입증할 수 있었다. 대신에 그는 우주에 대한 지식 발달이 명백히 순환적인 특성이 있으며, 이는 우리가 이해하고 심지어는 예측할 수 있는 특정한 단계와 특징적인 역동을 가진다는 것을 보여 주었다.

이것을 가능하게 한 Khun 이론의 중심 개념이 바로 **패러다임**paradigm이다. 패러다임은 어떤 한 특정 역사 시기의 공동체 멤버들이 함께 공유한 믿음, 가치, 전문성의 형태라고 정의할 수 있다. 패러다임은 새로운 관찰에 의해 기존의 기초 가정들이 심각하게 도전받을 때까지 과학자들의 사고와 연구 활동을 지배한다. 이전의 패러다임이 설명할 수 없는 현상에 대해 혁신적이고 새로운 관점과 해석 방식이 등장함으로써 패러다임의 위기가 시작된다. 그리고 마침내 그 대안들 중의 하나가 필요한 요구 사항들을 만족시키며 새로운 패러다임을 형성하고 다음 시대의 과학의 사고를 지배하게 된다.

역사적으로 패러다임 전환의 가장 유명한 예는 프톨레마이오스Ptolemaic의 천동설 체계가 코페르니쿠스Copernicus, 캐플러Kepler, 갈릴레오Galileo의 태양중심설로 대체되었고, 화학에서는 베허Becher의 플로지스톤설phlogiston theory이 라부아지에Lavoisier와 돌턴Dalton에 의해 전복되었으며, 물리학에서는 뉴턴Newton 물리학의 패권이 약화되고 상대성 이론과 양자물리학 이론이 탄생하였던 20세기 초반 30년의 개념적 대격변이라고 할 수 있다. 패러다임 전환이 주류 학문 공동체에게 심각한 충격으로 다가오게 된 이유는 주류 학문 공동체의 구성원이 지배적인 패러다임을 실재의 정확하고 명확한 기술로 오인했기 때문이다. 그래서 양자-상대성 물리학이 도래하기 직전인 1900년에 Lord Kelvin은 100년이 넘는 시간 동안 "이제 물리학에서 새롭게 발견될 것은 아무것도 없다. 남아 있는 과제는 보다 정확한 측정뿐이다."라고 선언했던 것이다(Jahn, 2001, p. 22).

지난 50년 동안 현대의 의식 연구들은 다양한 '이례적anomalous' 현상의 본질에 대한 진실을 드러내 보여 주었다. 이례적 현상에 대한 경험과 관찰은 현대 정신의학, 심리학, 심리치료에서 일반적으로 인정되었던 인간 정신의 본성과 차원, 정서적 및 정신신체적 장애의 기원 그리고 효과적인 치료 기제에 대한 기반을 약화시켰다. 이러한 많은 관찰 결과는 너무나 급진적이며, 실재와 인간 본성, 의식과 물질의 연관성과 관련한 유물론적 과학의 기본적인 형이상학적 가정들에 대해 의문을 제기한다.

이 장에서 나는 50년 이상의 탐구로부터 현존하는 과학 패러다임에 심각한 도전을 주고 있는 **홀로트로픽**holotropic이라고 명명한 비일상적 의식 상태의 한 유형에 대한 관찰을 요약할 것이다. 본 주제에 들어가기 전에 이 논문 전반에서 사용하는 **홀로트로픽**이라는 용어에 대해 설명할 것이다. 여러 해 동안 나의 주요 관심사는 비일상적 의식 상태에서의 치유와 변용, 진화의 잠재성, 인간의 정신과 실제의 본성, 의식의 새로운 변혁을 위한 원천적 정보 같은 엄청난 가치들을 탐사하는 것이었다.

이러한 관점에서 '변성의식 상태altered states of consciousness'(Tart, 1969)라는 용어를 주류 임상가들과 이론가들은 보통 부정확하게 사용하였는데, 자신과 세계를 경험하는 '올바른 방법correct way'을 왜곡하거나 불공평하게 한 편만을 강조하였기 때문이다. (구어口語와 수의과 전문용어에서 '변성alter'은 개나 고양이의 거세를 의미하는 데 사용되었다.) 다소 완화된 용어인 '비일상적 의식 상태'가 너무 일반적으로 사용되는 것은 이 원고의 주제와 관련하지 않은 넓은 영역의 조건들을 포함하고 있기 때문이다. 여기에는 전염성 질병, 종양, 알코올 남용이나 뇌의 순환과 퇴행성 질환에 의한 미세한 섬망deliria이 포함된다. 변성의식은 지적 기능의 혼미와 장애, 그리고 차후의 기억 상실과 연관되어 있다. 그런 것들은 임상적으로는 중요하지만 치유적이고 발견적인 잠재력은 부족하다.

'홀로트로픽'이라는 용어는 이론과 실제 모두에서 매우 중요한 것으로서 많은 종류의 비일상적 의식 상태에 관한 것이다. 그 상태는 초심初審 샤먼들이 그들의 입문 위기 시기와 이후에 그들의 내담자를 치유 목적으로 유도할 때 경험하는 것이다. 고대와 원주민의 문화는 천년 동안 그들의 통과 의례와 치유 의례에 이 상태를 사용하였다. 이것은 모든 시대의 신비가들과 죽음과 재탄생에 관한 고대 신비적 의례 입문자들에 의해 묘사되었다. 변성의식 상태로 유도하는 절차들이 개발되었고, 이것은 세계의 위대한 종교들—힌두교, 불교, 자이나교, 도교, 이슬람교, 유대교, 조로아스터교, 기독교—에서도 사용되었다.

공동체 사람들이 의례와 영적인 목적을 위하여 그 상태를 이끌어 낼 수 있는 다양한 절차인 **신성을 위한 기술**technologies of the sacred을 개발하기 위해 바쳤던 시간과 에너지를 생각하면 고대와 원주민 문화에서 홀로트로픽 상태의 중요성을 짐작할 수 있다. 그 방법으로는 다양한 방식의 드럼, 타악기, 음악, 찬팅, 리듬 있는 춤, 호흡의 변화 그리고 특별한 형태의 의식 촉진 같은 것들이 혼합된다. 동굴이나 사막, 북극의 빙하나 고산에서, 그리고 더 나아가서 사회적으로 또는 감각적으로 소외시키는 것 역시 비일상적 상태로 인도하는 중요한 방법들이다. 그 목적을 위해 사용한 극도의 생리적 개입은 단식, 수면 박탈, 탈수증을 포함해 강력한 하제下劑, 정화, 심각한 고통을 가하기, 신체 절단 및 대량의 방혈 등이 있었다. 심현제心顯劑 · psychedelic 식물을 사용한 의례는 치료적이고 변용적인 비일상적 의식 상태를 이끌어 내는 데 가장 효과적인 방법이다.

내가 이 의식 상태의 특유한 성질을 알았을 때, 현대 정신의학이 이론적으로나 실제적으로 그런 중요 경험에 관한 특별한 영역이나 용어를 갖고 있지 못하다는 것은 믿기 어려운 일이었다. 왜냐하면 그것이 '변성의식 상태'로 구분될 만한 가치가 있고 심각한 정신질환의 표현으로 보아서는 안 된다고 강하게 느꼈기 때문에, 나는 그것을 **홀로트로픽**으로 부르기 시작했다. 그야말로 복합적인 이 언어는 '전체wholeness를 지향하는' 혹은 '전체를 향해 움직이는'(그리스어 holos = 전체와 trepo / trepein = 어떤 쪽으로 움직이거나 어떤 방향에서) 것을 의미한다. 홀로트로픽이라는 말은 신조어이지만 그것은 항상 태양 쪽으로 움직이는 식물의 본성을 통상 **해굽성**heliotropism이라는 용어로 사용하는 것과 관련이 있다.

홀로트로픽이라는 이름은 자신이 정말 누구인지 존재적으로 완전히 확장된 경험을 하지 못하며, 단지 단편적 일상 의식 상태에 있는 보통의 서양인을 놀라게 할지 모를 무언가를 제안한다. 의식의 홀로트로픽 상태란 영국 철학가이며 저술가인 Watts(1961 / 1974, p. 24에서 강조해 덧붙인)가 상기하였던 것처럼 우리가 '피부-캡슐에 쌓인 자아'가 아니라는 것을 인식하도록 돕는 잠재력을 갖고 있지만, 최근의 분석에서는 인간이 우주의 창조적 원리와 동등하다고 본다. 아니면 프랑스 고생물학자이며 철학자인 Pierre Teilhard de Chardin을 따라 그의 진술을 사용하면 "우리는 영적 경험을 가진 인간이 아니라, 인간 경험을 가진 영적 존재이다"(예를 들면, Covey, 2000, p. 47).

이 놀라운 아이디어는 새로운 것이 아니다. 고대 인도의 우파니샤드Upanishads는 '나는 누구인가?'라는 질문에 "Tat tvam asi."라고 대답했다. 이 간결한 산스크리트 문장은 말 그대로 "당신은 그것이다Thou art That". '그것that'은 신성Godhead을 말한다. 이는 우리가 '명색名色 · namarupa'[1]—이름과 형상(몸/자아)이 아니라 가장 깊은 우리의 정체성은 가장 내밀한 존재(아트만Atman)—안에 신성한 불꽃과 함께하며, 궁극적으로 우주(브라만Brahman)를 창조한 숭고한 보편적 원리와 동일하다는 것이다. 신과 함께인 인간의 정체성은 모든 위대한 영적 전통에서 신비의 중심에 있는 궁극의 비밀이다. 그래서 그 원리의 명칭은 도道, 붓다, 시바(카시미르 시바파), 우주적 그리스도Cosmic Christ, 플레로마Pleroma(충만/완전함),[2] 알라와 다른 많은 것이다. 홀로트로픽 경험은 우리의 진정한 정체성과 우주적 위치(Grof, 1998)를 발견하게 하는 잠재성을 갖고 있다. 그 경험은 때로는 소소한 확장으로 나타나고 또 어떤 때에는 획기적인 돌파구의 형태로 일어난다.

20세기 후반의 심리치료는 강력한 체험 기법의 발달과 심현제에 관한 탐구로 홀로트로픽 상태를 고대의 치유자들과 문맹 이전의 문화로부터 근대 정신의학과 심리치료로 이동시켰다. 이 기법에 개방적이고 실제로 사용하는 치료자는 홀로트로픽 상태의 놀라운 치유 잠재력을 확인하고, 의식과 인간 정신 그리고 실재의 본성에 대한 혁명적인 새로운 정보를 제공해 주는 금맥으로서 이 기법의 가치를 발견할 수 있었다. 나는 1956년에 정신의학 공부를 시작하며 LSD-25 실험에 자원했을 때, 홀로트로픽 상태에 관한 괄목할 만한 특성을 인식하였다. LSD의 약물 효과와 강렬한 스트로보 섬광閃光 · stroboscopic light 노출(뇌파의 '동조화entraining' 또는 '변주driving'로 불리는)이 결합된 실험 동안, 나는 우주 의식에 압도되는 경험을 하였다(Grof, 2006).

그 경험은 내가 평생 홀로트로픽 상태에 관심을 갖도록 나의 내면의 영감을 불러일으켰고, 그 영역에 대한 탐구는 내 평생의 열정적 관심사이며 직업인 동시에 사명이 되었다. 이후로 내 임상과 탐구 활동의 대부분을 홀로트로픽 상태의 치유적 · 변용적 · 학습적 · 발견적 및 진화적 잠재성을 체계적으로 탐구하는 데 보냈다. 의식 탐구에 바친 반세기는 나에게 발견을 위한 비범한 탐구와 자기발견의 시간이었다. 나는 초기 몇십 년간 체코슬로바키아 프라하의 정신의학 연구소에서 최초로 심현제를 이용한 심리치료를 시행하였고, 이후에는 미국에 마지막까지 있었던 심현제 연구 프로그램에 참여하기 위해 볼티모어

1) 십이연기의 하나로, 이름은 있으나 형상이 없는 마음과 형체가 있는 물질을 말하며, 정신적인 것을 '名', 물질적인 것을 '色'으로 나타냄.

2) 영지주의 이론.

의 메릴랜드 정신의학연구센터MD에 있었다. 1975년 이후 아내 Christina와 나는 캘리포니아 빅서에 있는 에살렌 연구소와 함께 개발한 치유와 자기-탐구를 위해 강력한 방법인 **홀로트로픽 호흡작업**[3]을 시행하였다. 수년 동안 우리는 Christina와 내가 심리영적 응급 혹은 '영적 응급spiritual emergencies'이라고 불렀던 자발적으로 일어나는 비일상적 의식 상태를 겪고 있는 많은 사람을 도왔다(Grof & Grof, 1989; Grof & Grof, 1991).

심현제 치유에서 홀로트로픽 상태는 LSD, 실로사이빈,[4] 메스칼린,[5] 트립타민이나 암페타민 유도제 같은 향정신성 작용 물질을 투여하여 일으킨다. 홀로트로픽 호흡작업에서 빠른 호흡, 환기시키는 음악, 에너지를 방출시키는 몸작업bodywork 등을 혼합하여 진행하면서 의식은 변화된다. 영적 응급spiritual emergencies에서 홀로트로픽 상태는 일상생활 중에 자연스럽게 일어나는데, 그 원인은 잘 알려져 있지 않다. 만일 우리가 그것들을 잘 이해하고 지지한다면 그러한 경험은 놀라운 치유와 변용 그리고 심지어 진화의 잠재력마저 지니게 된다.

나는 의식의 홀로트로픽 상태와 연관하여 직접적으로 많은 훈련을 하며 접해 왔다. 오랫동안 인류학자들과 정보를 교환하고, 페요테peyote, 아야와스카ayahuasca(브라질산産으로 심현제 작용이 있는 음료가 채취됨.) 실로사이브psilocybe 버섯 같은 심현제 식물을 복용하거나, 세계 곳곳의 원시 문화의 성스러운 의식儀式에 참석하였다. 여기에는 다양한 민족인 북미인, 멕시코인, 남미인, 아프리카인 등의 주술사 및 치유자들과의 접촉이 포함된다. 나는 위빠사나, 선禪, 밀교, 싯다 요가, 탄트라, 기독교 베네딕토회를 포함하여 다양한 영적 수련원의 대표자들과도 광범위한 접촉을 하였다.

또한 나는 죽음학thanatology의 발달이나 임사체험과 죽음 및 임종의 심리적·영적 측면을 연구하는 젊은 학파 등을 아주 가깝게 추적하였다. 1960년과 1970년대에 나는 암으로 죽어 가는 사람들을 위한 심현제 치료 효과를 탐구하는 대규모 연구 계획에 참여하였다. 나는 의식의 홀로트로픽 상태를 유도하는 경험적 치유의 강력한 형태를 개발하고 시행하는 심리학자들과 연구실에서 의식 탐구를 하는 선구자들 그리고 우리 시대의 훌륭한 정신의학자와 초심리학자들의 연구를 개인적으로 알고 경험하게 되는 특혜를 누렸다.

홀로트로픽 상태에 대한 최초의 경험은 지적으로, 감정적으로 내게 모두 어려웠고 도전

---

3) 국내에서는 초월영성상담학회 고문인 김명권 교수를 중심으로 홀로트로픽 호흡작업과 동일한 내용의 **트랜스퍼스널 숨작업(트숨)**이 시행되고 있다. 현재 국내에서 여러 상담(심리)학 및 임상심리학 전문가들을 중심으로 28명이 독일 프라이부르크에 본부를 두고 있는 **의식 탐사와 심리치료를 위한 국제 연구소**에서 3년 과정(2018~2021)으로 트숨 트레이너 과정을 밟고 있다.

4) 멕시코산産 버섯에서 얻어지는 심현제.

5) 선인장에서의 추출물.

적이었다. 심현제에 관한 임상 및 실험실 연구 초기에 매일 이에 관한 경험과 관찰들이 쏟아졌으나 나의 의학적 · 정신의학적 수련은 아직 이를 위한 준비가 되어 있지 않았다. 사실상 나는 의학 수련에서 얻었던 과학적 세계의 조망 맥락에서는 불가능하다고 간주될 만한 것들을 경험하고 마주하고 있었다. 그러나 그 예측 불가능한 것들은 항상 일어나고 있다. 나는 이것을 나의 논문들과 책에서 '이례적 현상anomalous phenomena'이라고 묘사하였다(Grof, 2000, 2006).

1990년대 말, 내 책을 편찬하였던 뉴욕 주립대SUNY 출판부의 편집장인 Jane Bunker가 내게 전화를 하였다. 그녀는 내게 나의 연구로부터 얻은 관찰들을 한 권의 책으로 요약하고 이미 출간된 책들에 대한 소개서로 제공해 줄 수 있는지 물었다. 그녀는 현재의 과학 이론이 설명할 수 없는 나의 연구 경험과 관찰에 특히 초점을 맞출 수 있는지 질문하였고, 내 생각들을 정리하여 혁명적인 발견들을 설명할 필요가 있다고 제안하였다. 이것은 어려운 주문이었지만 대단한 기회였다. 나의 70번째 생일이 거의 다가왔고, 새로운 세대의 촉진자들이 홀로트로픽 호흡작업을 전 세계에서 실천하고 있었다. 그 수련 모듈에서 가르칠 자료를 제공하는 안내서는 필요했고, 이것은 그것을 제공할 기회였다.

얘기를 나눈 결과, 신중히 검토한 제목은 『미래의 심리학Psychology of the Future』이란 책이었다. 건강과 질병에 관한 인간 정신과 의식에서의 파격적인 수정본은 다음과 같은 범주들로 구분되었다.

1. 의식의 본질과 그것의 물질과의 연관성
2. 인간 심혼의 지도 제작cartography
3. 정서 및 정신신체 장애의 구조
4. 효과적인 치유 기제들
5. 심리치료와 자기-탐사 전략
6. 인간 삶에서의 영성의 역할
7. 심리학에서 원형적 점성학의 중요성

이 모든 영역에 대한 생각을 바꾸지 않는다면 심인성 정서 및 정신신체 장애와 이해와 치유는 피상적이고 불만족스럽고 미완성인 채로 남게 될 것이다. 정신의학과 심리학은 영성의 본질과 기원에 대해 진정으로 이해할 수 없을 것이며, 인간 정신과 사물의 보편적인 구조 안에서 그것이 작용하는 중요한 역할을 인식하지 못할 것이다. 그러므로 이러한 검토는 인간의 종교사와 의례와 영적인 것—샤머니즘, 통과 의례, 죽음과 부활에 관한 고대의 신비스런 작업 그리고 세계의 위대한 종교들—을 이해하는 데 본질적인 것이다. 사고의 근본적인 전환이 없이는 잠재적 치유와 체험적으로 아주 유용한 경험('영적 응급')을 정신증으로 오진하고 억제적인 약물로 다루게 된다. 그리고 홀로트로픽 상태를 탐구한 경험과 관찰 결과를 현대과학의 패러다임에 따르면 일어나지 말아야만 하는 '이례적 현상'으로 혼란 속에 남겨 놓는다. 정신건강 전문가들도 현재의 진단 체계로는 정신병적으로 보이는 강력한 경험에 의해 매개되는 심현제의 치료적 영향력을 받아들이기 어려워한다. 주류 임상가와 학자들은 심현제를 실험적 정신증experimental psychoses, 정신증 유도 약물, 환각제 등의 용어로 묘사한다. 이러한 견해는 정신의 깊은 역동성과 밀접하게 관련된 표현인 홀로트로픽 체험의 본질을 알아볼 능력이 없다는 것을 반영한다.

홀로트로픽 상태와 연관된 체험 현상(놀라운 동시성 현상들과 같은)뿐 아니라 연구 경험과 관찰에 놀라 저항하였던 내 최초의 관점에서 볼 때, 그것이 나타내 보여 주는 변화로 인해 학술 단체들이 강한 저항을 보인다고 해도 그렇게 놀라운 것은 아니다. 그것은 당연한 일이며, 불가피한 개념적 재검토를 통해 근본적 본질을 자세히 살펴 고려해야 할 것이다. 보수적 학문과 임상적 흐름에서 전문가들은 '지도map와 영토territory'를 혼동하는 경향이 있으며, 정신건강과 질병에 있어서 인간의 정신과 의식에 관한 현재의 이론들을 실재에 관한 단정적이고 정확한 기술로서 바라보고 있다(Bateson, 1972). 여기서의 문제는 임시 가설ad hoc hypotheses로 알려진 사소한 덧대기 작업이 아니라, 근본적이고 정밀한 수준의 검토이다. 결과적으로, 개념의 대변동은 물리학자들이 20세기 초 30년 동안 뉴턴주의로부터 양자-상대성 물리학으로 이동하기를 강요당했을 때 직면해야 했던 물리학의 본질과 범위에 대한 혁명적인 변동과 비견될 수 있다. 사실 내가 제안하고 있는 개념의 변화는 물리학에서 이미 일어났던 물질세계에 대한 급진적으로 변화된 이해 방식의 논리적인 보완이라고 할 수 있다.

과학의 역사에는 권위적인 패러다임에 도전했던 개인들의 사례가 아주 많다. 전형적으로 그들의 아이디어는 본래 무지의 산물이나 부족한 판단력, 가짜과학, 사기 혹은 정신이상으로 기각되었다. 나는 지금 내 생애의 90대를 살고 있고, 이는 연구자들에게 자신의 전문 영역을 논평하고 탐구한 결론을 요약하는 시기이다. 홀로트로픽 상태를 연구한 50여 년의 시간 동안—나와 자아초월을 지향하는 많은 동료는—인간의 정신과 의식을 근본적으로 새롭게 이해하기 위해 많은 지지적 증거를 축적하였고, 나는 논란이 많은 특징들을 완전히 이해하는 새로운 비전을 전체적으로 설명하기로 결정하였다. 이 새로운 발견이 유물론과학의 가장 기초적인 형이상학의 가정에 도전한다는 사실 때문에 그것들을 거부할 충분한 이유가 되어서는 안 된다.이 새로운 비전이 반박되는가 아니면 수용되는가는 궁극적으로 홀로트로픽 상태에 대한 편견 없는 미래의 연구를 통해 결정되어야 한다.

의식의 본질과 물질의 연관성

현재의 과학적 세계관에 따르면, 의식은 물질적 작용에 수반하는 현상이며 뇌 안의 복잡한 신경생리학의 과정으로부터 나오는 것으로 추정하고 있다. 이 논지는 합리적 의심을 넘어 증명된 분명한 사실로서 엄청난 권위를 부여받은 채로 제시되었다. 그러나 자세히 살펴보면 그것은 현대의 의식 탐구의 발견들과 실제로 모순되며, 사실에 의해서 지지받지 못한 기초적 형이상학적 가정이라는 것을 알 수 있다.

한편에선 뇌의 해부학, 생리학 및 생화학과 다른 한편에 있는 의식의 상태 사이에는 깊은 상관관계가 있음을 보여 주는 충분한 임상 및 실험 증거들이 있다. 그러나 그 발견은 실제로 의식이 뇌에서 만들어진다는 것을 명백하게 증명하지 못한다. 뇌에 관한 진보적 연구에 기초한 정교한 이론조차—의식 문제의 해결은 분자와 거대분자 수준에서 뇌세포 미세관微細管의 양자적 과정을 이해하는 데 있다(Hameroff, 1987)는 Stuart Hameroff의 제안 같은 것—물질과 의식 사이의 어마어마한 간격에 다리를 놓고 어떻게 물질적 과정이 의식을 만들 수 있는가를 설명하는 데 있어 크게 미흡하다.

의식의 물질 기원설은 우주에서 물질이 우선한다는 형이상학적 가정에 기초하여 명백하고 자명한 사실로 당연시된다. 사실상 과학의 전체 역사에서 그 누구도 어떻게 의식이 물질적 과정에 의해 발생될 수 있는지 그럴듯한 설명을 제공한 적도, 그 문제에 실행 가능한 접근을 제안한 적도 없다. 예를 들면, Crick(1995)의 책『놀라운 가설: 영혼의 과학적 탐구The astonishing hypothesis: The scientific search for the soul』의 겉표지에는 아주 흥미로운 약속을 하고 있다. "노벨상을 수상한 과학자, 의식을 설명하다."

Crick(1995)의 '놀라운 가설'은 그의 책 초반부에 간단히 진술되었다. "당신, 당신의 기쁨과 슬픔, 당신의 기억과 야망, 당신의 개인 정체성에 대한 감각과 자유는 사실 광대한 신경 세포의 배열과 그들의 분자들이 결합된 활동이며, 그 이상이 아니다"(p. 3). 의식의 문제를 간략화한 그 책의 서두에서 Crick은 의식을 광학 개념의 문제로 좁혔다. 그는 시지각visual perception이 시신경구를 통한 망막에서 후두하後頭下의 대뇌피질까지의 시각 체계 내에 생리학, 생화학 및 전기 과정과 관련이 있음을 보여 주는 인상적인 실험 증거를 상정하였다. 마치 의식의 문제가 만족스럽게 해결된 듯이 그 논쟁은 거기서 끝이 났다.

실제로 이것은 문제의 시작이다. 정확히 무엇이 뇌에서의 생화학과 전기 과정을 인간으로서의 우리가 완벽한 색깔과 삼차원의 공간에 투사하여 관찰하면서 대상을 합리적으로 복사한 의식 경험으로 변화시킬 수 있다는 것일까? **현상**Phenomena—사람이 그것들을 지각하는 것 같은—과 **실체**noumena—그들이 실제로 본질적으로 자기 자신(물자체物自體 · Dinge an sich)인—사이의 관계는 Kant(1999)가 명백하게 설명한 것처럼 만만치 않은 문제였다. 과학자들은 답을 찾을 수 있는 곳이 어디인가라는 문제에 매달리면서 뇌의 물질 과정에 노력을 집중하고 있다. 더 중요한 신비스러운 문제—어떻게 뇌 안의 물질 과정이 의식을 낳는가—는 어떠한 관심도 받지 못하였는데, 그것은 이해하기도, 해결하기도 어렵기 때문이다.

이 주제와 관련하여 채택한 서구과학의 태도는 유명한 수피의 이야기와 닮아 있다. 어느 어두운 밤 풍자적 수피 인물인 나스루딘Nasruddin이 전등 밑을 기어 다니고 있었다. 그의 이웃이 이 광경을 보고 그에게 "무엇을 하고 있나? 뭔가를 찾고 있는가?" 하고 물었다. 나스루딘이 열쇠를 잃어버렸다고 하자 이웃이 도와주었다. 얼마 동안 함께 노력하였지만 찾을 수 없게 된 이웃 사람은 혼란스러워하며 명확히 해야겠다고 생각했다. 그는 "그걸 못 찾겠는걸! 여기서 잃어버린 것이 확실해?" 하고 물었다. 나스루딘은 머리를 가로저으며 어둠 속을 손으로 가리키며 "여기가 아니라 저기야!"라고 대답했다. 이웃 사람은 어리둥절해져서 다시 물었다. "그런데 왜 저기가 아니라 여기서 그걸 찾고 있는 거야?" 나스루딘은 "왜냐하면 여기가 밝으니까 우리가 볼 수 있잖아. 저기는 어두우니까 우리는 거기서 그것을 찾을 수 없지!"라고 답했다.

이와 비슷하게 유물론적 과학자들은 체계적으로 의식의 기원에 관한 문제를 회피하는데, 그 이유는 그들의 개념적 틀 안에서는 그 수수께끼를 해결할 수 없기 때문이다. 의식이 자연스럽게 뇌의 산물이라는 아이디어는 완벽히 임의적인 것은 아니다. 그 지지자들은 자신의 입장을 지지하기 위해 보통 신경학, 신경외과학, 정신의학으로부터 매우 구체적인 엄청난 임상적 관찰 자료들을 참조한다. 뇌와 의식에 관한 해부학과 신경생리학 그리고 생화학 사이의 밀접한 연관성의 증거는 의심의 여지없이 너무나도 강력하다. 문제가 되는 것은 상정된 증거의 성격이 아니라 그 관찰이 묘사한 결론이다. 형식 논리에서 이러한 형태의 오류는 **불합리한 추론**non sequitur이라고 부르며, 결론이 그것의 전제에 위배되는 주장이 이에 해당한다. 비록 실험 자료에서 의식이 뇌 안의 신경생리학 및 생화학 과정과 밀접하게 연관되어 있다고 명백하게 보여 준다고 해도, 그들은 의식의 근원적 본질과는 거의 관련이 없다.

간단한 비유는 TV와 TV 프로그램의 연관성이다. 여기서의 상황은 아주 더 분명한데,

그것은 인간이 만든 시스템이고 작동 방식을 잘 알고 있기 때문이다. 화질이나 소리와 같은 TV 프로그램의 최종 수신은 TV세트의 적절한 기능이나 그 부품들의 통합성에 긴밀하게 의존해 있다. 다양한 부분이 제대로 기능하지 않으면 프로그램의 질에 아주 뚜렷하고 분명한 변화가 일어난다. 그것들 중 어떤 것은 형태와 색깔, 소리를 왜곡시키고 채널들을 교란시킨다. 의식 내에서의 변화를 진단도구로 사용하는 신경학자처럼, TV 기술자는 이러한 이상 상태의 원인을 TV세트나 부품의 불량으로부터 찾으려고 할 것이다. 문제가 확인되면 불량 부품을 수리하거나 교체하여 문제를 해결할 것이다.

TV 기술의 기초 원리는 잘 알려져 있기 때문에 TV세트는 단순히 프로그램을 중계할 뿐 프로그램을 만드는 것이 아니라는 점은 명백하다. 어떻게 그것이 프로그램을 창조하는지 알기 위해 TV세트의 트랜지스터, 중계 장치, 회로 등을 자세히 살펴보고 검토하고 모든 전선을 분석하는 것은 터무니없는 짓이다. 이러한 잘못 판단한 노력을 분자, 원자, 아원자 수준까지 한다고 해도 특정 시간에 미키마우스 만화, 스타트랙 연속물 또는 헐리우드 고전 영화가 화면에 나타난 이유의 열쇠는 전혀 찾지 못할 것이다. TV세트의 기능과 프로그램의 우수함 사이에 밀접한 연관성이 있다는 사실은 프로그램의 전체 비밀이 반드시 그 세트 안에 있다는 것을 의미하지는 않는다. 그러나 이것은 정확히 전통적인 유물론과학이 뇌와 의식과의 연관성에 대해 비슷한 자료들에서 끌어낸 것과 같은 결론이다.

더 충분한 증거는 정확히 그 반대를 시사한다. 즉, 특정 상황하에서 의식은 그것의 물질적 기반으로부터 독립적으로 작동할 수 있으며, 뇌의 능력 그 이상에 이르는 기능을 수행할 수 있다. 이는 자발적으로 혹은 많은 촉진적인 상황—즉, 샤먼의 최면 상태, 심현제 회기, 영적 수련, 최면, 체험적 심리치료, 특히 임사체험—에서 일어날 수 있는 유체-이탈 경험을 통해 가장 명확하게 예시될 수 있다. 모든 상황에서 의식은 신체로부터 분리되어 감각 능력은 남아 있으면서 자유롭게 여러 가깝고 먼 곳으로 이동한다. 검증 가능한 유체이탈 경험이 특별히 흥미로운데, 환경에 대한 자각이 정확하다는 것을 몇몇의 경우에서 독립적인 검증으로 확인할 수 있기 때문이다. 임사체험 상황에서 실제적 유체이탈 경험은 뇌의 구조적인 문제로 인한 선천적인 맹인들에게서도 일어날 수 있다(Ring & Cooper, 1999; Ring & Valarino, 1998). 그리고 자아초월 현상의 많은 다른 유형은 이전에 뇌에 받아들이거나 기록되지 않은 다양한 우주의 양상에 대한 명확한 정보를 전달할 수 있다(Grof, 2000).

유물론 입장의 과학자들은 의식이 뇌의 신경생리학 과정의 산물이라는 확실한 증거를 산출해 낼 수 없었다. 그들은 의식이 몸과 신체적 감각으로부터 독립적으로 존재하고 기능할 수 있다는 방대한 관찰들을 심지어는 조롱하고 무시하고 오역함으로써 자신들의 확신을 유지해 나갈 뿐이었다. 의식에 대한 증거는 초심리학, 인류학, LSD 연구, 체험적 심리치료, 죽음학, 자발적으로 일어나는 홀로트로픽 의식 상태에 대한 연구(영적 응급; Grof & Grof, 1989)에서 나타났다. 이 모든 분야의 지식은, 인간의 의식은 (주류 과학에 의해 이해된) 뇌가 기능할 수 없는 많은 방식으로 기능할 수 있고, 존재의 일차적이고 나아가 환원할 수 없는 측면이라는 것을 명백하게 보여 주는 영향력 있는 자료를 축적하고 있다—의식은 물질과 동등한 수준이거나 아니면 물질보다 상위 수준일 수 있다.

인간 심혼의 지도 제작

정통 이론의 정신의학과 심리학은 Freud가 묘사한 것처럼, 개인 무의식과 산후postnatal 전기傳記 · biography에 한정된 인간 정신 모델을 사용한다. Freud에 따르면, 인간의 심리 역사는 태어난 후 시작하며, 태어난 아기는 깨끗한 **백지 상태의 마음**을 갖고 있다. 우리의 심리적 기능은 생물학적 본능과 태어난 이후의 삶—양육의 질, 배변 훈련 성향, 다양한 심리성적 트라우마, 초자아의 발달, 오이디푸스 콤플렉스의 삼각관계, 후기 삶의 갈등과 트라우마적 사건들—이 만든 영향 사이의 상호작용에 의해 결정된다. 이 관점에 의하면, 우리가 어떤 사람이 되고 어떻게 심리적으로 기능하느냐 하는 것은 태어난 이후의 개인적인 대인관계와 관련한 역사에 의해 결정된다.

프로이트학파에서 개인 무의식은 본질적으로 생후의 역사—우리가 잊어버리고, 수용할 수 없는 것으로 거절하고 억압한 것들의 저장소—에서 비롯한다. 정신의 지하 세계(Freud가 **이드**id라고 불렀음.)는 원초적 본능의 힘에 의해 지배되는 영역이다. 의식과 무의식 사이의 관계를 묘사하기 위하여 Freud는 유명한 물에 잠긴 빙산의 이미지를 사용하였는데, 그것은 전체 심혼psyche으로 추정되는 것이 사실은 물의 표면 위로 보이는 빙산의 일부처럼 작은 부분이라는 것이다. 정신분석은 빙산의 잠긴 부분과 비교할 수 있는 심혼의 많은 더 큰 부분이 무의식이라는 것을 발견하였고, 그것이 우리가 모르는 사이에 우리의 사고 과정과 행동을 지배한다고 하였다.

이후 역동적 심리치료는 핵가족 내의 대인관계 역동과 대상관계 발달의 문제를 병인론에 추가하는 공헌을 하였지만(Bateson, Jackson, Haley, & Weakland, 1956; Blanck & Blanck, 1974, 1979; Satir, 1983; Sullivan, 1953), 배타적으로 생후 삶에 대해서만 강조한다는 점에서 Freud의 정신분석과 동일한 관점을 공유하고 있다. 우리가 어떤 사람이 되고 어떻게 심리적으로 기능하는가는 우리가 태어난 이후에 일어난 일에 의하여 결정된다. 그러나 자발적으로 일어나는 것뿐 아니라 심현제와 약을 사용하지 않는 다양한 방법에 의해 유도되는 홀로트로픽 의식 상태 작업에서 이 모델은 철저하게 부적합한 것으로 판명되었다. 그 상태에서 일어나는 모든 현상을 설명하기 위하여 우리의 인간의 정신 차원에 대한 이해는 극적으로 수정되어야 한다. 전통심리학이 공유하는 **생후 전기적 수준** 이외에 새로 확장된 지도 제작은 두 가지의 커다란 추가 영역을 포함하고 있다.

첫 번째 영역은 생물학적 탄생의 트라우마와 밀접하게 연관되기 때문에 우리는 **주산기** perinatal에 주목할 수 있다. 무의식의 이 영역은 태아가 일련의 탄생 과정 단계에서 일어난 모든 감정과 신체 감각을 포함한 경험의 기억을 담고 있다. 이 기억은 네 개의 단계로 구별되는 경험을 형성하고, 그 각각은 분만의 단계들과 연관되어 있다. 나는 그것들을 **주산기 기본 매트릭스**Basic Perinatal Matrices: BPM I-IV라는 용어로 정하였다.

BPM I은 분만 시작 바로 이전인 후기 태내advanced prenatal 상태 기억으로 구성된다. BPM II는 자궁이 수축하는 출산 과정의 첫 단계 과정과 관련되지만, 자궁경관子宮頸管은 아직 열리지 않았다. BPM III는 자궁경관이 확장한 후에 탄생을 위한 고통을 반영한다. 그리고 마지막으로 BPM IV는 탄생 자체로 세상에 출현하는 기억을 담고 있다. 이들 매트릭스의 내용은 태아 상태의 기억에 제한되지 않는다. 각각의 매트릭스는 역사적이고 원형적인 집단 무의식의 영역에 선택적으로 개방되어 있으며 유사한 경험적 특징을 가진 주제들을 포함하고 있다. 주산기 기본 매트릭스의 현상학적이고 역동적인 세세한 묘사는 나의 다양한 출판물에서 찾아볼 수 있다(예를 들면, Grof, 1975, 2000).

학술적 정신의학의 공식적인 입장은 생물학적인 탄생이 기억에 기록되지 않으며 심리적 외상을 구성하지 않는다는 것이다. 출생의 기억 가능성을 부정하는 통상적 이유는 신생아의 대뇌피질이 경험을 전달하고 상황을 기록할 만큼 충분히 성숙하지 않았다는 것이다. 더 자세히는 대뇌피질 신경 세포의—미엘린myelin이라 불리는 지방질 보호막이 완벽하게 덮이는—**수초화**髓鞘化 · myelinized가 아직 이루어지지 않았다는 것이다. 놀랍게도 이러한 논쟁은 출생 즉시 따라오는 돌봄의 시간에 대한 기억의 존재와 중요성을 부정하는 데 사용되지는 않는다. 구강기와 '긴밀한 유대bonding'—탄생 후 즉시 엄마와 아기가 서로 마주보고 신체 접촉을 하는 것에 대한 심리적 경험의 중요성—는 일반적으로 주류 산부인과 의사, 소아과 의사 그리고 소아 정신과 의사에 의해 인정되고 승인되고 있다(Kennel & Klaus, 1998; Klaus, Kennell, & Klaus, 1995).

수초화 논쟁은 논리적 모순이며, 다양한 종류의 과학적 증거와 갈등 중에 있다. 예를 들면, 대뇌피질을 전혀 갖고 있지 않은 유기체 안의 기억의 존재가 인정되었다. 2001년 오스트리아 태생 미국인 신경과학자인 Kandel(2001)은 신생아보다 비교할 수 없을 정도로 더 원초적 유기체인 바다 민달팽이sea slug 군소Aplysia dactylomela의 기억 기제 연구[6]로 노벨생리학상을 수상하였다. 신생아가 태어난 것을 인식하지 못하고 그 사건에 관한 기억을 형성할 능력이 없다는 주장은 또한 태아가 주산기 단계에서 극도로 예민하다는 것을 이미 보여 주는 광범위한 태아 연구와 충돌한다(Tomatis, 1991; Whitwell, 1999). 이러한 증거를 고려해 볼 때, 주류 전문가의 입장에서 가장 그럴듯한 설명은 생물학적 탄생의 공포스러운 기억으로 인한 심리적 억압과 저항으로 인해 탄생 과정을 기억하지 못한다는 것이다.

새로운 지도의 두 번째 초전기超傳記 · transbiographical 영역은 **자아초월**transpersonal 영역이라고 부르는 것이 가장 적절하다. 그것은 이 영역이 신체/자아의 경계와 보통의 선형적인 시간 제약 그리고 삼차원 공간을 초월한 다양하고 풍요로운 의식 경험을 포함하기 때문이다. 이와 같은 초월은 다른 사람, 다른 집단, 다른 삶의 형태, 심지어 무기물계의 존재와도 경험적 동질화를 이끈다. 시간의 초월은 조상과의 인종적인 · 집단적인 · 계통 발생적인 · 카르마적인 기억에 접근할 수 있게 허용한다. 자아초월 경험의 또 다른 범주는 스위스 정신과 의사 Jung(1968)이 원형이라고 불렀던 집단 무의식의 영역이다. 이 영역은 신화적 인물과 주제 그리고 모든 문화와 시대, 심지어 우리가 지성으로 인식하지 못하는 것들이 잠복해 있는 곳이다.

가장 높이 도달한다면 개인의 의식은 우주의 창조 원리, 우주 의식Cosmic Consciousness, 우주심Universal Mind과 하나가 될 수 있다. 어쩌면 홀로트로픽 상태에서 가능한 가장 심원한 경험은 초우주적Supracosmic이고 메타우주적Metacosmic인 공Void, 태고의 공Primordial Emptiness 그리고 의식 그 자체인 무Nothingness와의 동일시이다. 공은 역설적 본성을 지니며, 그것은 어떤 구체적 형태가 없다는 의미에서 **비어 있지만**vacuum 또한 모든 창조의 잠재적 형태를 담고 있다는 의미에서는 **충만한 공간**plenum이다.

나의 책에는 계층적 방식이 아닌 철저히 현상학적인 자아초월 경험들이 분류되어 있다. 힌두교와 불교 문학, 그리고 Ken Wilber가 인도의 사료史料에 기초하여 쓴 저서들은 자아초월 경험에서 일어난 다양한 의식 수준을 명시한 계층적 접근을 안내하고 있다. 심리영적psychospiritual 발달 지도를 구성하기 위하여 Wilber는 고대의 영적 문학, 주로 베단타 힌두이즘과 소승불교와 대승불교 양편으로부터 자료를 모아 사용하였다. 내가 보유한 자료는 유럽 국가의 많은 나라와 북남미, 오스트레일리아 현대인들의 임상적 관찰에서 얻은 것이고, 나는 이것에다 일본과 인도 동부의 경험적 그룹과 함께한 경험들을 보완하였다. 자료의 출처가 이렇게 다름에도 불구하고, 그 경험들은 Wilber가 기술한 영적 진화 수준

---

6) 대형의 바다 민달팽이 군소를 이용한 실험으로, 시냅스 가소성의 원리를 밝힘.

과 매우 유사했기 때문에 내가 분류한 자아초월 경험을 Wilber식의 방식으로 배열하는 것이 어렵지 않았다(예를 들면, Wilber, 1980).

나의 연구는 Wilber의 발달에 대한 설계 안에 포함된 대부분의 실제 경험에 실험적인 증거를 제공하였다. 그것은 또한 Wilber가 설명한 고대의 영적 출처에 대한 묘사가 현대 인류와 깊은 관련이 있다는 것을 보여 주었다. 그러나 Wilber가 다양한 심리영적 발달 수준에 사용한 본보기들이 다소 불충분하고 불완전하게 섞여 있기 때문에 나의 홀로트로픽 상태에 대한 연구에서 얻은 관찰을 그의 구조에 통합하기 위해서는 상당한 조정과 추가가 요구된다.

Wilber(1980)의 켄타우로스 후기 영적 영역은 낮은 정묘subtle 수준과 높은 정묘 수준, 낮은 원인causal 수준과 높은 원인 수준 그리고 궁극ultimate 또는 절대absolute 수준을 포함하고 있다. 그에 따르면, **의식의 낮은 정묘** 또는 **아스트랄-심령**astral-psychic **수준**은 켄타우로스Centaur 수준의 성취를 넘어 몸과 마음으로부터 의식이 분화된 정도에 의해 특징짓는다.

Wilber(1980)의 용어에서 아스트랄 수준은 "기본적으로 유체이탈 체험, 오컬트occult 지식, 오라auras, 진정한 마술, '아스트랄 여행' 등을 포함하고 있다"(p. 67). Wilber의 심령적psychic 수준은 다양한 사이psi 현상, 예를 들어 ESP, 예지, 투시, 염력 등을 포함한다. 그는 또한 여기에서 파탄잘리경을 언급했는데, 이 경전은 정묘 수준에 포함되는 모든 초상적paranormal 힘, 마음이 물질을 지배하는mind-over-matter 현상 또는 **실지**悉地 · siddhis[7](Patanjali, 1990) 등을 기록하고 있다. **높은 정묘 영역**의 의식은 일상적 마음으로부터 완전히 분화되어 '초자기overself' 또는 '초심overmind'(Wilber, 1980, p. 68)으로 불리는 상태가 된다. Wilber는 이 영역에 높은 종교적 직관과 영감, 신성한 빛의 비전, 들리는 계시audible illumination, 더 높은 존재들—영적 안내자, 천사의 존재, 이쉬타데바ishta-devas, 선정禪定-붓다Dhyani-Buddhas, 신 원형God archetypes—을 포함시켰다. 그는 이러한 존재들을 인간 존재의 높은 원형적 형상으로 보았다.

정묘 수준처럼 원인 수준도 더 높거나 낮은 수준으로 세분될 수 있다. Wilber는 **낮은 원인 영역**이 **유상삼매**savikalpa samadhi, 궁극적인 신의 체험the experience of final God, 존재의 바탕the ground, 본질 그리고 정묘 영역에서 만났던 모든 원형적이고 더 낮은-신이 발현되는 근원으로 알려진 의식 상태에서 나타난다고 지적했다. **높은 원인 영역**은 "전면적이고 완전한 초월과 무형의 의식, 끝없는 광휘로의 해방"을 포함한다(Wilber, 1980, p. 72). 이 맥락에서 Wilber는 힌두교의 **무상삼매**nirvikalpa samadhi와 소승불교의 **생각의 멈춤**nirodh 그리고 선

---

7) 밀교密敎에서 수행으로 얻은 완성과 성취를 의미하는 본존의 경지에서의 초월적인 능력을 말함.

불교의 십우도의 여덟 번째 단계를 언급하였다.

Wilber의 마지막 **절대**absolute 수준의 의식은 자신의 **본성**original condition과 **여여함**Suchness(tathagata)으로 깨어나고, 동시에 그것은 조대粗大 · gross, 정묘subtle, 원인causal 수준의 모든 것이다. 주시자와 주시 대상 사이의 구별은 사라지고 전체로서의 세계 과정the entire World Process은 어떤 것도 존재하기 이전의 시간과 공간에서 매 순간 자신의 존재를 드러낸다.

내가 보유한 자료에 기초한 위계적 분류에서 나는 낮은 정묘 또는 아스트랄-심령 수준 안에 물질세계의 요소가 들어 있지만 일상적 지각과는 근본적으로 다른 방식의 정보를 제공하는 경험들을 포함시켰다. 여기에는 무엇보다 초심리학자들(그리고 일부 죽음학자와 치료자들)이 전통적으로 연구해 온 유체이탈 경험, 아스트랄 여행, 초감각적 지각 현상, 예지, 투시와 같은 경험들이 속한다. 나는 또한 물질적 실재와 밀접하게 연결어 있지만 일상적 의식에서는 접근할 수 없는 차원을 드러내는 현상 체험을 추가하였다. 여기에는 정묘적 또는 에너지적 신체, 에너지 통로(**나디**nadis[8] 또는 **경락**經絡 · meridians), 에너지 장(오라), 에너지 센터(**차크라**chakras) 등이 포함된다. 특히 이 맥락에서 관련되는 것은 탄트라 문헌에서 발견되는 **교차점**crosspoints의 개념인데, 이는 보이는 실재와 보이지 않는 실재 사이의 다리를 의미한다(Mookerjee & Khanna, 1977).

나는 또한 나의 의식의 지도에서는 나타나지만 Wilber가 언급하지 않은 몇 가지 중요한 자아초월 경험을 낮은 정묘 수준에 포함하였다. 여기에는 다양한 시공간에서의 조상과의ancestral 인종적 · 집단적 · 계통 발생적 · 카르마적 경험뿐 아니라 다른 사람들, 동물, 식물, 무기無機물질, 무기적 과정과의 경험적 동일시가 포함된다. 나는 초감각적 채널에 의해 전달된 이 모든 경험이 여기에 포함된 현상들에 대한 정확하고 새로운 정보의 통로를 제공하고 있다는 것을 이전의 출판물에서 설명하였다(Grof, 1975, 1985, 1987, 2000).

나는 또한 Hans Driesch가 고안했고, Jung(Addison, 2009)이 차용한 용어를 사용하여 **유정신작용**類精神作用 · psychoid이라고 부르는 경험 범주를 나의 분류에 추가하였다. 이 경험 범주는 정신 내적 경험이 외부 세계(더 나은 표현으로는 합의된 현실)의 상응하는 변화와 연합되는 상황을 포함한다. 유정신작용 경험은 Jung(1972a)의 동시성과 마법 의식ceremonial magic부터 염력, 마음이 물질을 지배하는 현상 또는 **실지**(Grof, 1987)까지 폭넓은 영역을 망라한다.

나의 지도에서 높은 정묘 수준에 할당할 수 있는 자아초월 경험의 범주들은 신성한 빛

8) 에너지 통과를 위한 관 모양의 신체 기관.

과 공현公顯, epiphany의 비전, 다양한 지복과 분노의 원형적 형상과의 만남, 영적 안내자나 초인적 존재와의 대화, 샤먼적인 강력한 동물과의 접촉, 우주적 상징의 직접적인 파악, 종교적이고 창조적인 영감의 에피소드('프로메테우스적 깨달음'; Grof, 2000, p. 67)들을 포함한다. 원형적 존재의 비전이나 그들과의 경험적 동일시는 우주적 형상(예를 들면, 대모 여신 the Great Mother Goddess)이나 특정한 문화적 발현(예를 들면, 동정녀 마리아, 이시스Isis, 키벨레 Cybele, 파르바티Parvati 등)[9]으로 표현될 수 있다.

수년간 나는 높고 낮은 원인 영역과 절대 영역을 경험한 사람들과 심현제와 홀로트로픽 호흡작업을 함께하는 영예를 가졌다. 그리고 나는 이 범주에 자격이 있다고 믿을 만한 정도의 개인적 경험도 하였다. 나의 분류에서 이 범주의 삽화들은 조물주Demiurg, 우주 의식, 절대 의식, 초우주적이고 메타우주적인 공의 체험으로 기술되었다.

자아초월 경험의 존재와 본질은 물질과학의 일부 기본 가정들과 충돌한다. 자아초월 경험은 모든 물리적 경계의 임의적인 본질과 상대성, 우주의 비국소적 연결성, 알려지지 않은 방식과 채널을 통한 교신, 물질적 하부 구조가 없는 기억, 시간의 비선형성, 모든 살아 있는 유기체 그리고 심지어 무기물질과 연합된 의식과 같은 부조리해 보이는 관념들을 함의하고 있다. 많은 자아초월 경험은 태양계의 시작, 지구의 형성, 유기체의 등장, 신경계의 발달 그리고 호모사피엔스 출현 이전의 시간으로부터 소우주와 대우주 모두로부터의 사건들, 인간의 감각으로는 정상적으로 도달할 수 없는 영역들을 포함한다.

일원론의 물질적 세계관을 고수하는 주류 학자들과 의사들에게는 자아초월 경험의 진정성과 존재를 부정하거나 이례적 현상의 부류로 그들을 격하시키는 것 이외에 다른 선택권이 없다. 그러나 자아초월 경험에 과학적인 개념적 틀을 제공하고, 새로운 혁명적 세계관 안에 그것을 통합하고자 하는 진지한 시도들이 있어 왔다. 세계에서 가장 유명한 체계 이론가이며 다학제 간 과학자이자 철학자인 Ervin Laszlo(1993, 1999, 2003, 2004a, 2004b)는 지적인 역작tour de force과 일련의 저서에서 천체물리학, 양자-상대성 물리학, 생물학 그리고 자아초월심리학을 포함한 광범위한 학문들을 탐색했다. 그는 이러한 학문들이 설명하지 못하는 광범위한 현상들, 모순적인 관찰들, 패러다임적인 문제들을 지적했다. 20세기 과학의 혁명적인 진보를 묘사하면서 그는 현재 많은 과학의 영역들을 괴롭히는 이례적이고 역설적인 문제들에 대한 훌륭한 해결책을 제시했다. Laszlo는 그의 연결성connectivity 가설에 의해 이를 성취했는데, 이 가설의 핵심 토대는 그가 사이-장psi-field이라고 부른 존재

9) 이시스: 고대 이집트의 풍요의 여신, 키벨레: 프리지아의 대지의 여신, 파르바티: 힌두교, 시바Shiva의 아내인 자비의 여신.

로서 보다 최근에는 **아카식 장**Akashic field[10](Laszlo, 2003, 2004b)으로 다시 명명했다.

Laszlo는 아카식 장을 모든 창조의 원천이자 현상 세계에서 일어났던 모든 사건을 홀로그래픽 형태로 기록하여 보유하고 있는 아양자subquantum의 장으로 기술했다. 그는 이 장을 현대 물리학에서 등장한 **양자 공백**quantum vacuum(또는 더 나은 용어인 **양자 충만**quantum plenum)의 개념과 동일시하였다(Laszlo, 2003, 2004b). Laszlo의 연결성 가설은 신비스러운 자아초월 경험에 대해 과학적 설명을 제공하였다. 자아초월 경험에는 다른 사람들, 다른 종과의 경험적 동일시, 집단 의식, 전생 경험, 텔레파시, 천리안과 다른 심령 능력, 유체 이탈 경험, 아스트랄 투시astral projection, 초우주적이고 메타우주적 공의 체험 등을 포함하는 현재와 다른 역사적 기간과 나라로부터의 에피소드를 경험할 가능성과 같은 것을 포함하였다.

자아초월 경험의 많은 이해할 수 없는 특성을 설명할 수 있는 대안적인 개념 체계는 영국의 수학자이자 논리학자, 철학자인 Alfred North Whitehead의 과정철학process philosophy이다(예를 들면, Whitehead, 1978). Whitehead의 형이상학 체계는 특히 흥미로운데, 그것은 물질과의 관계에서 근본적인 형이상학의 위치에 관심을 두기보다는 중심적인 초점을 경험이나 마음에 두었기 때문이다. 과정철학에 따르면, 우주의 기본 요소는 견고한 물질이 아니라 그의 전문용어에서 **현실적 계기**actual occasion라고 부른 순간의 경험a moment of experience이다. 우주는 아원자 입자에서 인간의 영혼까지 실재의 모든 수준에서 경험적 활동의 셀 수 없는 불연속적인 폭발로 구성된다. 자아초월심리학의 의식 연구와 Whitehead 철학의 관련성은 Buchanan(2001, 2002, 2005), Griffin(1989, 1996), Quiring(1996), Gibson(1998, 2006, 2010) 그리고 Maxwell(2011)의 저서에서 찾아볼 수 있다.

홀로트로픽 의식 상태 연구에 반세기 이상의 시간을 보내면서 나는 존재론적으로 실재하는 자아초월의 경험이 존재한다는 것과 자아초월 경험이 형이상학적 사색이나 인간의 상상력 또는 뇌 안에서 일어나는 병리적 과정의 산물이 아니라는 것을 확신한다. 내가 사용하는 존재론적 실재라는 용어는 주관적인 실재의 감각을 느낄 수 있는 경험뿐 아니라 그 내용이 존재나 실재의 본질적 혹은 핵심적 특성을 드러내는 것으로 보이는 경험까지 포함한 범주를 의미한다. 자주 그래 왔던 것처럼, 모든 자아초월 경험을 환상이나 원시적 미신 혹은 정신질환의 산물로 일축해 버리는 것은 잘못이다.

그렇게 일축하려고 하는 사람들은 이런 경험들이 과거에 다양한 민족, 문화 그리고 역사 속에서 지속적으로 기술되어 왔는지에 대해 그럴듯한 설명을 해야 할 것이다. 이들은

10) 의식 변화로 뇌는 양자 파동의 장 속에 홀로그래픽 형태로 정보를 수신하는데, 이 양자 파동의 장은 우주의 기초가 되며, 이 우주 정보의 장을 '아카식 장Akashic field'이라고 함.

또한 이러한 경험들이 다양한 심현제 작업, 체험적 심리치료, 명상과 같은 체계적인 영적 수련, 임사체험, 자발적인 심리영적 응급과 같은 다양한 환경하에서 현대인들에게도 일어나고 있다는 사실을 설명해야만 한다. 자아초월 경험의 다양한 유형의 사례와 기술을 포함한 자아초월 영역의 상세한 논의는 나의 다양한 출판물에서 찾아볼 수 있다(예를 들면, Grof, 1975, 1987, 2000).

이렇게 광대하게 확장된 심혼 모델의 관점에서 심혼을 빙산으로 비유한 Freud의 이야기를 빌려 말한다면, Freud가 정신에 대해 발견한 모든 것은 물 위에 드러난 빙산의 일각일 뿐이다. 홀로트로픽 상태의 연구는 비범한 이탈자인 Otto Rank와 Jung은 예외이지만, Freud와 그의 추종자들이 도외시했던 빙산의 잠겨 있는 엄청난 부분을 발견하고 탐구할 가능성을 만들었다. 아일랜드의 신랄한 유머를 사용하는 것으로 유명한 신화학자 Joseph Campbell은 다음과 같이 Freud를 비유했다. "프로이트는 고래 위에 앉아서 물고기를 잡고 있었다"(Tarnas, 1991, p. 423).

정서 및 정신신체 장애의 성격, 기능 그리고 구조

기질적器質的 문제에 기인하지 않는(심인성psychogenic 정신병리) 다양한 정서 및 정신신체 emotional and psychosomatic장애를 설명하기 위하여 전통적인 정신과 의사들은 개인 무의식과 생후의 전기에 한정된 피상적인 심혼 모델을 사용하였다. 이 모델은 이러한 조건들이 원가족 안에서의 다양한 정서적 트라우마와 대인관계적 역동의 결과로서 유아기와 아동기에 기원이 있다고 본다. 이러한 장애의 깊이와 심각성이 최초의 정신적 충격 시점에 달려 있다는 것에 대해 역동적 심리치료 학파들은 대개 동의하는 것으로 보인다.

그러므로 고전적인 정신분석에 따르면, 알코올 중독의 근원, 마약 중독, 조울증은 리비도 발달의 구강기에서 찾을 수 있고, 강박증은 항문기에 근원이 있으며, 공포증과 전환 히스테리는 남근기와 오이디푸스와 엘렉트라 콤플렉스 시기에 초래된 트라우마의 결과이다(Fenichel, 1945). 이후 정신분석은 발전하여 몇몇의 더 깊은 장애—자폐적 및 공생적 유아 정신증, 자기애적 성격장애 그리고 경계성 성격장애—를 어린 시절의 대상관계 혼란과 연결시켰다(Blanck & Blanck, 1974, 1979). 앞에서 내가 언급한 것처럼, 이러한 이론은 정서장애의 뿌리가 심혼의 더 깊은 곳에 닿아 있다고 이해한 랑크학파와 융학파 치료자들에게는 적용되지 않는다.

앞의 결론은 주로 언어적 방법을 사용한 심리치료자의 관찰에서 나왔다. 심인성 장애에 대한 이해는 통상의 언어적 치료에서는 접근하기 어려운 무의식 수준인 홀로트로픽 상태를 포함하는 방법을 적용할 경우에 근본적으로 변화한다. 홀로트로픽 작업의 초기 단계는 정서 및 정신신체 문제와 유의미하게 연결된 초기 유아기와 어린 시절과 관련한 트라우마 자료를 전형적으로 드러내고 그 근원을 보여 준다. 그 드러나는 과정이 지속되면서 더 깊은 무의식의 층들과 문제의 부가적 근원이 심혼의 주산기 수준과 자아초월 수준에서 드러난다.

홀로트로픽 상태에서 다양한 작업 방법—심현제 치유, 홀로트로픽 호흡작업, 재탄생rebirthing 그리고 원초치료primal therapy[11)]나 자발적 영적 응급을 경험한 사람들의 심리치료—은 정서 및 정신신체적 문제가 탄생 이후 외부에 의한 심리적 외상 사건으로 그 원인을 설명하기에는 부적합하다는 것을 보여 준다. 나의 경험에서 무의식의 내용은, 특히 내가 응축된 경험 체계System of Condensed Experience 또는 COEX **체계**라는 용어로 명명한 다양한 역동적인 응축된 집합constellations을 형성한다(Grof, 1975, 2000).

전형적인 COEX 체계는 유사한 정서나 신체 감각을 공유하는 여러 겹의 무의식 자료로 구성되어 있다. COEX 체계의 구성 요소들은 심혼의 다양한 수준으로부터 온다. 더 피상적이고 접근 가능한 층들은 유아기, 아동기 그리고 이후 생활에서의 정서적 또는 신체적 트라우마 기억을 담고 있다. 더 깊은 수준에서 각각의 COEX 체계는 대략 탄생의 특정 국면—특정 BPM의 기억—과 연결되는데, 이 매트릭스는 관련된 정서와 신체적 느낌의 성격에 달려 있다. 예를 들면, 만일 COEX 체계의 주제가 희생이라면 이것은 BPM II일 것이며, 강력한 대항자나 성적 학대에 대항한 싸움이라면 BPM III와 연결될 것이다. 깊이 만족하고 충만한 상황의 기억으로 구성된 긍정적인 COEX 체계는 BPM I이나 BPM IV와 연결된다.

정서적 또는 정신신체적 장애의 기초가 되는 COEX 체계의 가장 깊은 뿌리는 자아초월 영역의 심혼이다. 그것은 조상, 인종, 집합적·계통 발생적 기억, 평생 동안의 경험('과거의 삶의 기억들'; Grof, 2000, p. 238)과 다양한 원형적 주제의 형태들이다. 예를 들면, 분노와 기질적인 공격성에 관한 치유작업은 특정 지점에서 호랑이나 검은 표범과의 경험적 동일시 형태를 취할 수 있다. 또는 심각한 반사회적 행동의 근원은 악마적demonic 원형일 수 있고, 공포의 최종 해결책은 과거의 삶의 경험을 재체험하고 통합하는 형태가 될 수 있다.

COEX 체계의 전반적 구조는 임상 사례를 통해 가장 잘 나타난다. 심인성 천식으로 고통받는 사람은 홀로트로픽 호흡작업에서 그장애의 근저에 놓인 강력한 COEX 체계를 발

---

11) 유년기의 근원적으로 억압된 감정을 상기/해방시켜 불만/분노 등을 발산(비명 등)시키는 심리치료.

견할 수 있다. 이 체계의 전기적인 부분은 일곱 살 때 거의 익사할 뻔했던 기억이나 서너 살 무렵 오빠에 의해 반복적으로 목이 졸린 기억, 두 살 때 백일해나 디프테리아로 심각하게 질식되었던 기억으로 구성되어 있을 것이다. COEX에 주산기가 기여한 예를 들면, 출생 시 목에 탯줄이 감겨 죽을 뻔했기 때문에 나타난 질식 경험일 수 있다. 이와 같은 호흡 장애의 전형적인 자아초월의 근원은 이전에 목이 매달리거나 목이 졸린 경험일지도 모른다. 부가적인 본보기들을 포함한 COEX 체계와 다양한 형태의 정신병리학 형태에 관한 자세한 논의는 나의 초기 출판물 몇몇에서 찾아볼 수 있다(Grof, 1975, 1987, 2000).

효과적인 치유 기제들

전통적 심리치료는 심리적 방어 기제의 약화, 꿈이나 신경증적 징후들로부터 과거를 재구성, 지적 · 정서적 통찰의 획득, 전이의 분석 그리고 대인관계에서의 교정적 경험의 획득 등과 같이 전기傳記적 자료 수준에서 작업하는 치료적 기제만을 인정한다. 홀로트로픽 의식 상태와 관련된 심리치료는 주산기와 자아초월 수준으로의 퇴행을 통해 치유와 인격 변용을 위한 매우 효과적이고 다양한 기제를 제공한다. 이러한 기제들은 유아기, 아동기, 생물학적 탄생, 주산기, 전생 기억으로부터의 트라우마 기억의 재체험과 원형적 자료의 출현, 우주적 합일 체험 등을 포함한다.

나는 캘리포니아 빅서에 있는 에살렌 연구소에서 아내와 내가 촉진했던 워크숍에 참석한 노르베르트Norbert라는 사람의 이야기로 이러한 치료의 역동성을 묘사할 것이다. 워크숍 초기에 노르베르트는 엄청난 고통의 원인이며 삶을 우울하게 하는 왼쪽 어깨와 가슴 근육의 심각한 만성 통증을 호소하였다. 엑스레이를 포함한 여러 번의 의학적 검사는 문제에 대한 어떤 유기체적 단서도 발견하지 못하였고, 시도했던 모든 치료는 실패로 끝났다. 지속적인 마취 주사는 잠시의 약물 효과 기간에만 통증을 완화시킬 뿐이었다.

노르베르트의 호흡작업 시간은 길었고, 매우 역동적이었다. 체험 나눔 시간에 그는 자신의 경험에 세 개의 다른 층이 있다고 묘사하였으며, 그 모두는 자신의 어깨 통증과 관련이 있고 질식과 연관된다고 하였다. 그는 가장 표층적인 수준에서 거의 목숨을 잃을 뻔하였던 아동기의 충격적 상황을 재경험하였다. 그는 7살 때 친구들과 바닷가에서 터널을 만들려고 모래를 파고 있었다. 터널이 만들어졌을 때, 그 내면을 탐색하러 노르베르트는 안으로 기어 들어갔다. 다른 아이들이 주위에서 뛰는 바람에 터널이 무너지면서 그는 그만 묻혀 버렸다. 놀란 아이들이 소리쳤고, 어른들이 도착해 그를 구할 때까지 그는 거의 죽을 만큼 숨을 쉴 수 없었다.

호흡작업이 깊어졌을 때 노르베르트는 격렬하고 공포스러운 증상을 다시 체험하였으며, 이것은 그의 생물학적 탄생의 기억을 되살렸다. 태어날 때 그의 어깨는 어머니의 골반뼈 뒤에 오랜 동안 걸려 있었기 때문에 나오기가 쉽지 않았다. 앞의 질식 사건과 왼쪽 어깨의 심한 통증에 관한 이 에피소드는 나눔 시간에 공유되었다.

작업의 마지막에 노르베르트의 경험은 극적으로 변했다. 그는 군복과 말을 보게 되었는데, 그 자신이 치열한 전투에 참여했다는 것을 인식했다. 그는 그 전투가 영국 크롬웰시대에 벌어졌던 전투 중 하나였다는 것을 알 수 있었다. 어느 순간 그는 왼쪽 어깨에 극심한 고통을 느꼈고, 창에 찔렸다는 것을 알았다. 말에서 떨어져 그의 몸 위를 달리고 있는 다른 말들에 의해 짓밟히면서 가슴이 으스러지는 것 같은 경험을 하였다. 그의 부러진 흉곽은 괴로움과 고통의 원인이었고, 폐를 채우고 있던 피로 숨을 쉴 수 없었다.

극한의 고통스러운 시간 후에 노르베르트의 의식은 죽어 가는 몸에서 분리되어 전쟁터 위로 솟구쳐 새의 시야로 그 광경을 관찰했다. 그가 이전 생애의 자신으로 인식하게 된 심각한 부상을 당한 군인의 죽음에 이어 노르베르트의 의식은 현재로 되돌아와 자기 몸과 다시 연결되었고, 오랜 기간의 괴로움 이후 처음으로 통증이 없는 자신의 몸을 발견하게 되었다. 이 체험이 가져온 통증의 경감은 영구적인 것이었다.

심리치료와 자기-탐사 전략

현대 심리치료의 가장 놀라운 측면은 가장 근본적인 쟁점에 관해서는 동의가 되어 있지 않고 수많은 의견 차이를 보이는 서로 경쟁적인 많은 치료적 접근이 있다는 것이다. 인간 정신의 차원들은 무엇이고, 그것의 가장 중요한 원동력은 무엇인가? 증상들은 왜 일어나며, 그 의미는 무엇인가? 내담자가 치료에 가져온 주제 중 어떤 것이 중요하고, 어떤 것은 덜 관련되는가? 어떤 기법과 전략이 내담자의 정서적 · 정신신체적 및 대인관계 기능을 교정하고 개선하기 위해 사용되어야 하는가? 여기에는 학파들만큼이나 많은 대답이 있다.

전통적인 역동적 심리치료의 목표는 일반적으로는 인간 정신을, 구체적으로는 특정 내담자의 심혼을 지적으로 이해하는 것이고, 이러한 지식을 효과적인 치료 기법과 전략의 개발을 위해 사용한다. 많은 현대 심리치료의 주요 도구는 치료자가 내담자에게 그나 그녀의 생각, 감정, 행동의 '진정한' 또는 '실제의' 의미를 알려 주는 '해석'이다. 이 방법은 꿈, 신경증적 증상, Freud(1914/1960)가 '실수失手 행위Fehlleistungen'라고 명명한 실언이나 작은 실수 같은 일상의 사소하게 보이는 행동의 분석을 폭넓게 사용한다. 해석이 흔히 적용되는 다른 영역은 치료자를 향한 다양한 무의식의 느낌과 태도의 전이를 포함한 대인관계 역동이다.

치료자는 주어진 상황에 가장 적합한 해석이 무엇인지, 해석의 적합한 시간이 언제인지를 결정하는 데 많은 노력을 기울인다. 그 내용에서 아무리 '정확한' 해석이라도 내담자가 준비되기 전에 너무 빨리 제공한다면 소용없거나 해로울 수 있다. 이러한 심리치료의 접근에 심각한 결함은 다양한 학파에 속한 개인치료자가 같은 심리적 내용이나 행동을 아주 다른 기준으로 보기 때문에 다양하고 모순된 해석을 제공할 수 있다는 것이다. 나는 정신분석 훈련에서 이런 재미있는 사례를 들려 주겠다.

신출내기 정신과 의사로서 나는 약 7년 이상 한 주에 3번 관련된 분석 수련을 받고 있었다. 나의 분석가는 테오도르 도수코프Theodor Dosužkov 박사로, 그는 체코슬로바키아 정신분석협회 회장이며, 체코 정신분석가의 노스터Nostor[12]였다. 분석 시기에 도수코프 박사는 60대였고, 그의 정신분석 대상자들—젊은 정신과 의사들—사이에서는 그가 분석 시간에 가끔 잠이 든다는 것이 알려져 있었다. 도수코프의 이러한 습관은 학생들에게 재미있는 농담 대상이었다.

개인 정신분석 수련 시간 이외에 도수코프 박사는 학생들이 책이나 기사에 대한 관점을 공유하고 사례의 역사를 토의하고 정신분석 이론과 실제에 관해 질문할 수 있는 세미나를 진행하였다. 이 시간 중에 한 참석자가 '순수하게 이론적인' 질문을 하였다. "분석 중에 분석가가 잠에 떨어지면 무슨 일이 일어납니까? 만일 내담자가 자유연상을 계속하면 치료는 계속되는 겁니까? 치료 과정에 방해가 되나요? 프로이트학파의 분석에서 비용은 중요한 수단이니까 내담자는 그 시간 동안의 상담비를 환급받아야 합니까?"

도수코프 박사는 그런 상황이 정신분석에서 일어날 수 있다는 것을 부정할 수 없었다. 그는 분석 대상자들이 자신의 약점에 대해 알고 있다는 것을 인식하고 있었고 답변은 해야만 했다. "그런 일은 일어날 수 있습니다." 그가 말했다. "때때로 당신은 피곤하고 잠이 들 것이며, 전날 잠을 잘 못 잤거나 감기에서 회복 중이어서 신체적으로 너무 피곤하였을 것입니다. 그러나 만일 당신이 이런 일을 오랜 기간 하였다면 당신은 '육감sixth sense' 같은 것이 발달하였을 것이고, 얘기되는 그것이 관련 없는 것일 때에만 잠에 빠져들 것입니다. 내담자가 아주 중요한 어떤 것을 말할 때에는 깨어나서 바로 거기에 있을 것입니다!"

도수코프 박사는 또한 노벨상 수상자인 러시아 심리학자 파블로프Pavlov의 열렬한 숭배

12) 그리스 전설에 나오는 필로스의 왕으로, 건전한 판단과 친절한 성격 때문에 사람들로부터 존경과 사랑을 받았던 영웅임.

자였다. 개 실험을 통해 뇌 연구를 한 파블로프는 수면이나 최면 동안 일어나는 대뇌피질의 억제에 대한 많은 글을 썼다. 그는 억제된 뇌피질 안에 간혹 '깨어 있는 지점waking point'이 있다는 것을 발견했다. 그의 흥미로운 사례는 소란스런 소음 중에서도 잠을 잘 수 있지만 아이의 신음소리가 들릴 때에는 바로 깨어나는 어머니였다. 도수코프 박사는 "그것은 파블로프가 썼던 그의 어머니와 똑같은 상황입니다." "충분한 경험을 쌓는다면 잠에 빠질 때에도 내담자와 연결을 유지할 수 있습니다."라고 설명했다.

그러나 도수코프 박사의 설명에는 분명히 결함이 있었다. 치료자가 내담자의 이야기에서 중요하다고 생각하는 것은 자신의 훈련과 개인적 편향을 반영한다. 만일 내가 프로이트학파 대신 아들러, 랑크 또는 융 학파의 치료자들과 작업하였다면 그들은 그들의 수련과 판단에 따라 나의 이야기가 '중요한' 어떤 것을 담고 있는 순간에 깨어날 것이다. 그렇지만 깨어나는 시간은 학파에 따라 다를 것이다.

심층심리학파들 사이에는 개념적 차이가 크기 때문에 어떤 학파가 인간 심혼의 건강과 질병에 관하여 더 정확한 이해를 제공하는가에 대한 질문은 자연스럽게 발생한다. 심리치료에서 정확하고 적합한 때의 알맞은 해석이 중요 요소라는 것이 사실이라면 다양한 학파의 성공적인 치유에 커다란 차이가 있다고 생각해 볼 수 있다. 그들의 치료 결과들은 정규 분포 곡선Gaussian curve 위에 그릴 수 있을 것이다. 정신을 가장 정확히 이해하고 알맞은 해석을 하는 학파의 치료자가 가장 우수한 결과를 낳을 것인 반면, 덜 정확한 개념적 틀을 가진 학파에 속한 치료자는 정규 곡선의 하향descending 부분에 분포될 것이다.

나는 어떤 특정 심리치료 학파가 다른 것보다 더 우수하다는 것을 보여 주는 심리치료 결과에 의해 측정된(Frank & Frank, 1991) 과학적 연구를 알지 못한다. 만일 그런 것이 있다면 그 차이가 학파들 간이라기보다는 오히려 학파 내에서 발견된다. 그러한 차이는 개별 치료자들의 다양한 기술 때문이다. 각각의 학파에는 더 나은 치료자와 서툰 치료자가 있다. 또한 치료 결과는 해석의 정확성과 적합한 시간, 전이에 대한 정확한 분석, 침묵의 효과적 사용 그리고 다른 특정한 개입법과 같이 치료자가 시행하고 있다고 생각하는 것과는 거의 관계가 없다. 아마도 성공적인 치료는 지적인 탁월함과는 관련이 없고 과학적 언어로 묘사하기 어려우며—그것은 치료자와 내담자 사이의 '인간적인 만남의 질'—내담자가 처음으로 다른 사람에 의해 무조건 수용받는 느낌 또는 내담자가 치료 과정에서 느끼는 희망 같은 것이다.

심리치료의 이론과 실제의 합의의 부족으로 인한 혼란으로 정서 및 정신신체 장애를 가진 내담자는 동전을 튕겨 올려 심리치료 학파를 선택해야 할지도 모르겠다. 그나 그녀가 치료에 가져온 문제에 대해 각각의 학파는 다른 설명을 하며, 그것을 극복하기 위한 방법에 있어서도 다른 기법들이 제공된다. 이와 비슷하게, 수련을 찾고 있는 신출내기 치료자가 특정 치료 학파를 선택할 때, 그 선택은 학파의 가치보다 지원자의 성격personality에 대해 더 많은 것을 말해 준다.

많은 심리치료 학파의 문제는 그들이 심혼의 어떤 특정 수준의 역동성은 정확히 묘사해 내지만 다른 수준의 현상을 이해하는 데는 부족하며 자신의 개념 체계 내에서만 그것을 해석하려고 한다는 것이다. 예를 들면, Freud의 체계는 출생 후의 전기와 개인 무의식에 한정되어 있다. 그는 출생 불안이 모든 미래 불안의 형판이 될 수도 있다고 생각한 짧은 기간을 제외하고는 출생의 엄청난 중요성을 인식하지 못했다. 또한 Freud는 집단 무의식의 존재를 인정하지 않았으며, 자신의 협소한 생리학적/전기적 모델의 관점에서 원형적/신화적이고 초심리학적인 현상을 해석하려고 하였다. 출생 외상의 심리적 중요성을 발견한 Rank는 그것을 주산기 역동의 파생물로 묘사하며 신화적이고 영적/종교적 주제에 대하여 설명하였다. 역사적이고 원형적인 집단 무의식의 광대한 영역을 발견하고 묘사하였던 Jung은 출생 외상의 심리적 중요성을 알지 못하였다. 그는 Richard I. Evans 박사와의 인터뷰에서 Rank의 이론을 웃으면서 기각하였다. "오, 출생은 외상이 아닙니다. 그건 누구나 태어난다는 사실이죠"(Segaller, 1957).

효과적인 심리치료 체계는 심혼의 모든 수준을 알고 존중해야 한다. 탐구되는 심혼의 내용은 회기가 진행되면서 드러나며, 내담자 자신의 심리적 과정과 무의식의 역동에 의해 결정된다. 치료자는 내담자가 드러내는 어떠한 무의식적 수준—전기적 · 주산기적 · 자아초월적—도 포괄할 수 있는 폭넓고 충분한 개념적 틀을 가지고 있어야 하며, 각 수준의 모든 경험을 지지할 수 있어야 한다(Vaughan, 1993).

홀로트로픽 의식 상태의 치유 잠재력을 사용한 치료는 심리치료의 언어적 기법의 성가신 문제를 피하게 하며, 내담자의 이야기와 관련된 것을 결정하여 '알맞은' 해석의 선택에 도움을 줄 수 있다. 이 접근이 실제로 제공하는 대안적 방법은 Jung이 최초로 그 개요를 보여 주었던 치료 과정에서의 몇몇 아이디어를 확인시켜 준다. Jung(1966)에 따르면, 심혼을 순전히 지적으로 이해하여 효과적인 심리치료 기법을 끌어내는 것은 불가능하다. Jung은 심혼이 뇌의 산물이 아니며 두개골에 담긴 것이 아니라는 것을 노후에 깨달았다. 그는 모든 존재에 스며든 우주의 창조적이고 생산적인 원리(우주혼anima mundi)로 심혼을 이해하기 시작하였다. 각 개인의 개별적인 정신은 이 불가해한 우주적 매트릭스로부터 끊임없는 간섭을 받는다. 우주혼과 개인 심혼 사이의 경계는 절대적이지 않으며 서로 스며들 수 있고, 홀로트로픽 상태에서 초월할 수 있다. 지성은 정신의 일부 기능으로서 사람들이 일상의 상황에 적응하는 데 도움을 줄 수 있지만, 그 자체로 정신을 이해하고 조작할 수 없으며, 존재의 가장 깊은 신비를 헤아리지 못한다.

Hugo(1863)는 『레미제라블Les Misérables』에서 그것을 아름답게 이야기하였다. "**바다보다 더 웅장한 광경은 하늘이고, 천국보다 더 숭고한 광경은 영혼의 내면이다**"(p. 127, 강조 첨부). Jung은 심혼이 심오한 신비라는 사실을 인식하고 엄청난 존경심을 가지고 거기에 접근하였다. 그에게 심혼이란 무한히 창조적이라는 것이 분명하였고, 내담자의 심리적 과정을 수정하는 데 사용할 수 있는 어떤 공식으로 묘사할 수 있는 것이 아니었다. 그는 치료를 위하여 지적인 구조와 외적인 개입을 사용하는 것과는 분명히 다른 대안적 전략을 제안하였다.

Jung에 의하면, 심리치료자가 할 수 있는 것은 지지적인 환경을 창조하여 심리영적 변용이 일어날 수 있도록 하는 것이다. 이것은 연금술의 과정을 가능하게 만드는 밀폐된 용기容器와 비교될 수 있다. 그다음 단계는 의식의 자아와 내담자의 더 높은 측면인 자기Self 사이에 접촉을 중재할 방법을 제공하는 것이다. 이 목표를 위한 Jung의 도구 중 하나는 **적극적 명상**active imagination이었는데, 그것은 꿈을 기억하며 회고하는 분석이라기보다는 분석가의 카우치couch[13] 위에서 꿈을 지속하면서 **발생 당시의 상태**statu nascendi(탄생의 상태; Franz, 1997과 비교하라.)에서 꿈을 분석하는 것이다. 이것은 Freud가 몇 달이나 몇 년 전의 꿈을 기억하여 해석하는 것과는 차이가 있다. 자아와 자기의 소통은 주로 상징적 언어의 수단을 통해 일어난다. Jung 자신의 언어로, 적극적 명상은 "**말하자면, 의식의 문턱 바로 아래에 있는, 확충되었을 때 자발적으로 의식적인 마음으로 침입하려고 하는 무의식의 산출물들에 대해**"(Jung, 1972b, p. 68) 무의식과 의식적으로 대화하는 과정이다. 이런 종류의 작업에서 치유는 훌륭한 통찰이나 치료자의 해석의 결과가 아니라, 오히려 치료 과정은 내담자의 심혼 내면으로부터 인도된다.

Jung의 이해에서 **자기**Self는 집단 무의식 안의 중심 원형이며, 그것의 기능은 개인을 체제와 조직과 완전함으로 인도하는 것이다. Jung은 이러한 움직임을 가장 높은 합일을 향한 **개성화 과정**individuation process이라고 말했다. 치료와 자기-탐구를 위하여 홀로트로픽 상태를 사용하는 것은 근본적으로 Jung의 관점을 확인해 주며 그와 유사한 전략을 따른다. 작업 촉진자는 보호적이고 지지적인 환경을 마련하고 내담자가 홀로트로픽 상태로 들어가도록 돕는다. 변성의식 상태가 한번 일어나면 치유 과정은 내담자의 고유한 내적인 치유의 지혜로부터 안내되고, 촉진자의 임무는 일어나는 모든 것을 지지하는 것이다. 이 과정은 그날의 회기에서 처리할 수 있는 정도의 강렬한 정서적 방출을 동반한 무의식적

---

13) 정신 분석에서 피분석자는 장의자couch에 누워서 분석을 받음.

자료를 자동적으로 활성화시킨다.

홀로트로픽 상태에서 심혼과 몸은 통합적인 자기-조직화와 자기-치유 체계로서 함께 기능하는 역량을 발휘한다. 따라서 치료자와 촉진자는 내담자의 과정 안에서 무엇이 '중요하며', 무엇이 사소한 것인가를 결정하기 위한 헛수고를 할 필요가 없다. 그들은 단순히 매순간 자발적으로 일어나는 것이 무엇이든 그것을 지지하며, 그 과정은 내담자의 내면으로부터의 지혜에 의해 인도된다는 것을 신뢰하며, 내담자의 내면의 지혜는 어떤 심리치료 학파의 전문적 수련에서 얻은 지적 이해도 능가한다는 것을 믿는다. 워크숍과 훈련에서 내담자와 참가자는 COEX 체계, BPM, 원형과 같은 용어를 사용하겠지만, 이것은 자발적으로 일어나는 모든 것에 대해 직접적이고 체험적으로 참여하는 것을 의미할 뿐 촉진자에 의한 해석은 제공되지 않는다.

인간 삶에서의 영성의 역할

서양에서 과학의 주요 철학은 일원론적 유물론이다. 다양한 과학적 학문은 우주의 역사를 물질 발달의 역사로 묘사하고, 측정할 수 있고 무게를 달 수 있는 것만을 실재로 받아들인다. 생명, 의식 그리고 지성은 물질 과정의 우연한 부산물처럼 여긴다. 물리학자와 생물학자, 화학자들은 감각으로는 접근할 수 없는 실재의 차원의 존재를 인정하지만—본질상 물질적인 것으로 현미경이나 망원경, 특별하게 고안된 기록 장치나 실험실에서의 실험과 같은—다양한 감각의 연장도구를 사용하여 탐구되고 밝혀질 수 있다.

이와 같은 우주에서는 영성 같은 것을 위한 자리는 없다. 신의 존재, 비물질적 존재가 거주하는 보이지 않는 실재의 차원, 사후 의식의 생존 가능성, 환생이나 카르마 개념은 동화책이나 정신병리학에나 실릴 내용으로 격하되어 버린다. 정신의학적 관점에서 볼 때, 그런 현상을 심각하게 받아들이는 것은 물질주의적 과학, 미신 그리고 원초적인 마술적 사고에 관한 발견들에 대해 무지하다는 것을 의미한다. 만일 지성적인 사람이 신이나 여신을 믿는다면 그들은 자신의 부모가 전능한 존재라는 단순하고 유치한 이미지로부터 벗어나지 못한 것이며, 자신을 천국이나 그 너머로 투사하고 있는 것이다. 신화적 존재와의 만남과 원형적 영역의 방문을 포함하여 영적 실재와의 직접적인 경험은 심각한 정신질환인 정신증의 발현으로 간주되어 버린다.

홀로트로픽 상태의 연구는 종교와 영성의 문제에 새로운 빛을 던져 주고 있다. 새로운 이해의 열쇠는 홀로트로픽 상태에서 세계의 위대한 종교들에 영감을 준 것들—신, 다양한 신성, 악마적 존재의 비전, 무형의 존재와의 조우, 심리영적 죽음과 재탄생의 에피소드, 천국과 지옥의 방문, 전생 체험 그리고 그 밖의 많은 것—과 매우 유사한 풍부한 경험을 만날 수 있다는 점이다. 현대의 연구는 이런 경험들이 공상이나 뇌를 괴롭히는 병리적 과정의 산물이 아니라 집단 무의식으로부터 원형적 자료의 발현으로서 인간 심혼의 본질적이고 타당한 요소임을 의심의 여지없이 보여 주었다. 비록 이런 신화적 요소들이 체험적인 자기-탐구와 내성을 통해 정신 내적으로 접근할 수 있다 해도, 그들은 존재론적으로 실재이며 객관적인 존재를 갖고 있다. 개인적 공상이나 정신병리적인 상상의 산물로부터 자아초월 경험을 구별하기 위하여 융학파는 이 영역을 **심상적**imaginal 영역으로 불렀다.

심상의 세계mundus imaginalis라는 용어를 최초로 사용했던 프랑스 학자이자 철학자, 신비가인 Corbin(2000)은 이슬람의 신비 문헌 연구에서 이 개념에 대한 영감을 얻었다. 이슬람교의 신지론자神智論者들은 심상의 세계—감각의 세상에 존재하는 모든 것은 심상의 세계의 유사체를 갖고 있다—를 '**광대무변의 세계**alam a-mithal' 또는 '**제8기후대**氣候帶 · the eight climate'[14]라고 불러 '제7기후대'나 전통적인 이슬람의 지리적 영역과 구별하였다. 심상의 세계는 영역과 차원, 형태와 색깔을 갖고 있지만, 그것은 물리적 물체와 같이 감각으로 지각할 수 있는 것이 아니다. 그러나 이 영역은 모든 면에서 물질적 세계가 감각 기관에 의해 지각되며, 여러 사람의 합의적 검증에 의해 증명될 수 있는 경험인 것만큼 완전하게 존재론적으로 실재한다. 자아초월 경험과 사건의 존재론적 실재는 그들의 참여적 본질participatory nature을 인식하고 강조한 이론들에 의해 지지된다(Ferrer, 2002; Tarnas, 1991, 2006).

이러한 관찰의 관점에서 종교와 과학이 지난 수세기 동안 싸워 온 격전은 지금 터무니없고 완전히 불필요한 것으로 보인다. 진정한 과학과 진실한 종교는 같은 영역에서 경쟁하지 않는다. 과학과 종교는 경쟁이 아닌 상호 보완적인 상대로서 실재에 대한 두 가지 접근 방식이라고 할 수 있다. 과학은 측정하고 무게를 달 수 있는 영역인 물질적 세계의 현상을 연구하는 반면, 진실한 영성과 진정한 종교는 홀로트로픽 의식 상태에서 나타난 것과 같은 심상의 세계에 관한 경험적 지식으로부터 영감을 얻는다. 종교와 과학 사이에 존재하는 갈등은 양편의 근본적인 몰이해를 반영한다. Wilber가 지적한 것처럼, 만일 과학과 종교 영역이 적절히 이해하고 훈련할 수 있다면 그 양쪽에는 갈등이 될 만한 어떤 것도 없다. 만일 갈등이 일어난다면 그것은 '사이비 과학'과 '사이비 종교' 간에 벌어지고 있을 개연성이 크다(Wilber, 1999, p. 170). 그 둘의 명백한 불일치는 한 편이 심각하게 다른 쪽을

14) 제8기후대는 실재와 허구가 공존하는, 인간이 상상력을 통해 도달할 수 있는 세계를 의미함.

이해하지 못하기 때문이며 또한 그들의 미심쩍은 훈련 방식을 드러내는 것과 같다.

영적 문제에 대한 적절하고 타당한 판단을 할 수 있게 하는 유일한 과학적 시도는 홀로트로픽 상태를 연구하는 의식 연구이다. 왜냐하면 이 문제에 대한 전문적인 견해는 심상의 영역에 대한 풍부한 지식을 필요로 하기 때문이다. 획기적인 에세이 『천국과 지옥』에서 Huxley(1959)는 천국과 지옥 같은 개념이 LSD나 메스칼린 같은 심현제 물질이나 다양한 강력한 비非약물 기법에 의해 유도된 비일상적 의식 상태 동안 체험된 정신 내적 실재를 반영한다고 주장했다. 과학과 종교 사이에 보이는 갈등은 저 너머의 거처가 물리적 우주 안에 위치하고 있다는 잘못된 믿음에 기초한다—그것은 성간 우주에 있는 천국, 지구 표면 어딘가 감추어져 있는 이상향 그리고 지구 안의 지옥이다.

천문학자들은 전체 천공天空을 주의 깊게 탐구하고 지도화하기 위하여 허블 우주 망원경Hubble Space Telescope[15] 같은 엄청나게 정교한 기구를 만들어 사용하였다. 이러한 노력의 결과로, 하프를 연주하는 천사들과 성인들로 충만한 천국과 신을 발견하는 일은 실패하였고 오히려 그런 영적 실재가 존재하지 않는다는 것을 입증하였다. 이와 비슷하게 행성 표면의 모든 영역을 지도화하고 목록을 만들면서 탐험가들과 지리학자들은 범상치 않은 아름다운 자연의 많은 지역을 찾아냈지만, 그것 중 아무것도 다양한 종교의 영적 경전에 나타난 이상향과는 들어맞지 않았다. 지질학자들은 지구의 중심이 고체와 액상의 니켈과 철의 층으로 구성되어 있으며 태양의 표면 온도보다 뜨겁다는 것을 발견했지만, 그것이 악마가 거주하는 동굴이라고 하기에는 어려웠다.

반면에 홀로트로픽 상태에 대한 현대의 연구는 Huxley의 통찰을 강력하게 지지하는 증거들을 보여 주었다. 그들은 천국, 이상향, 지옥이 존재론적 실재이며, 모든 인간이 특정한 환경하에서 경험할 수 있는 분명하고 중요한 의식 상태라는 것을 보여 주었다. 천상·낙원·지옥의 비전visions은 샤먼 입문 위기와 여러 형태의 영적 위기뿐 아니라 근사 상태, 신비 체험, 심현제를 사용하는 내적 여정에서의 경험에 내재하는 측면이다. 내담자들은 종종 신, 천국, 지옥, 원형적 신, 악마적 존재, 심리영적 죽음과 재탄생의 경험에 대하여 정신과 의사에게 이야기한다. 그러나 심혼에 대한 부정확하고 피상적인 모델 때문에 정신과 의사들은 이러한 경험을 알려지지 않은 병인의 병리적 과정에 의한 정신질환의 발현으로 일축해 버린다. 정신과 의사들은 이러한 체험의 매트릭스가 집단 무의식의 깊은 곳에 존재한다는 것을 깨닫지 못하고 있다.

다양한 종류의 홀로트로픽 상태에서 일어나는 놀라운 자아초월 경험 내용은 개인

15) 지구 궤도를 도는 미국 NASA의 천체 관측 망원경.

의 지적 지식이 아닌 것들을 포함하며, 세상 어딘가의 문화적 신화에서 나온 것일 수 있다. Jung(1967, 1968)은 환자들의 꿈과 정신증에서 일어나는 신화적 주제들을 연구하면서 이러한 놀라운 사실을 발견하였다. 그는 관찰에 기초하여 인간 심혼이 프로이트학파의 개인 무의식뿐 아니라 전체 인류 문화유산의 저장소인 집단 무의식에 접근한다는 것을 깨달았다. 그러므로 비교比較 신화적 지식은 개인의 관심이나 학문적 활동보다 중요하다. 그것은 체험적 치료와 자기-탐색을 하고 있는 사람들에게는 아주 중요하고 유용한 지표이며, 그들의 여정을 지지하고 동반하는 사람들에게도 필수적인 도구이다(Grof, 2006).

더 깊은 심혼 수준인 집단 무의식에서 나온 경험은 Jung이 **신성한 힘**numinosity이라고 언급한 특성을 갖고 있다. **누미노제**numinous—Rudolf Otto가 최초로 사용한—라는 말은 비교적 새롭고 중립적이기 때문에 불확실한 맥락에 사용되어 잘못 인도하기 쉬운 '종교적, 신비적, 마법적, 신성한, 성스러운'과 같은 다른 유사한 표현보다 선호된다. 자아초월 경험에 적용된 **신성한 힘**이라는 용어는 Otto(1917 / 1957)가 '**전율의 신비**mysterium tremendum'(예를 들면, p. 12), '**매혹적인**fascinans'(예를 들면, p. 52) 그리고 '**완전히 다른**wholly other'(예를 들면, p. 25) 등의 용어로 기술했던 일상적인 의식 상태에서는 흔하게 경험할 수 없는 비범한 특성에 대한 직접적 인식을 묘사한 것이다. 이러한 용어들은 자아초월 경험이 실재의 더 높은 질서와 신성한 영역에 속해 있다는 의미를 분명하게 전달하고 있다.

심상imaginal 영역이 존재론적인 실재라는 관점에서 보면, 영성은 인간 심혼의 아주 중요하고 본질적인 차원이며 영적인 탐구는 타당하고 완전히 정당화될 수 있는 인간의 노력이다. 이러한 노력은 개인적 체험에 기초한 진정한 영성을 위해 추구되어야 하지 기성 종교의 이념과 교리를 지지하기 위한 것이 아니라는 점을 강조해야만 한다. 과거의 많은 유사한 논의에서 절충되어 왔던 몰이해와 혼란을 막기 위하여 영성과 종교 사이에는 명확한 구분이 있어야 한다.

영성은 개인과 우주 사이에 아주 특별한 종류의 관계를 의미하며 본질적으로 개인적인 일이다. 그에 비하여 기성 종교는 절이나 교회의 지정된 장소에서 행해지는 제도화된 집단활동으로, 영적 실재에 대한 개인적 경험이 있을 수도 없을 수도 있는 임명된 관료들의 시스템이다. 종교가 조직화되기 시작할 때 흔히 영적인 원천과의 연결성을 상실하고, 인간의 영적 욕구를 충족시키는 것이 아니라 착취하는 세속적인 기관으로 전락하고 만다.

조직화된 종교는 권력, 통제, 정치, 돈, 소유, 다른 세속적인 일을 추구하는 데 초점을 두는 위계적인 체계를 만드는 경향이 있다. 이런 상황하에서 종교적 위계는 그 구성원의 직접적인 영적 체험을 싫어하고 막는 경향이 있는데, 구성원이 독립성을 키우면 효과적으로 통제할 수 없기 때문이다. 그런 경우에 진정한 영적 생활은 오직 신비주의 분파, 수도

회, 열광적인 종파 내에서만 지속된다. 영성에 마음을 열어 내재적이거나 초월적인 신을 경험한 사람들은 세계의 위대한 종교의 신비주의 분파 안에 또는 그들의 주류 기관이 아닌 수도회 내에서 발견된다. 깊은 신비 체험은 종교들 사이의 경계를 허물고 그들 사이에 깊은 연결성을 드러내는 경향이 있으나, 반대로 기성 종교의 독단주의는 다양한 신념의 차이를 강조하며 적대감과 적개심을 불러일으키는 경향이 있다.

기성 종교의 교리가 문자적으로 해석될 때 과학이 기계론적이며 물질주의적인 모델을 사용하는가, 아니면 새롭게 등장하는 패러다임에 기초해 있는가와는 무관하게 과학과 근본적인 갈등 상태에 놓인다는 것은 일반적으로 의심의 여지가 없다. 그러나 진실한 영적 경험에 기초한 진정한 신비주의를 조사해 보면 상황은 상당히 다르다. 위대한 신비 전통들은 과학자들이 물질세계에 대한 지식을 얻기 위해 사용한 비판적 접근과 유사한 방법으로 인간 의식과 영적 영역에 대한 광대한 지식을 축적하였다. 여기에는 자아초월 경험의 유도, 체계적인 자료 수집, 간주관적인 타당화와 같은 방법론을 포함한다.

실재의 다른 차원과 마찬가지로, 영적 경험도 주의 깊고 개방적인 태도를 가진 과학적 연구의 검증을 받을 수 있다. 자아초월 현상과 자아초월 현상이 보여 주는 세계에 대한 물질주의적 이해에 대한 도전을 편견 없고 엄격하게 연구할 때에만 신비적 체험의 존재론적 지위에 대한 다음과 같은 비판적 질문에 답할 수 있다. 자아초월 현상이 다양한 영원의 철학과 자아초월심리학에서 주장한 것처럼 존재의 기본적 측면에 대한 더 깊은 진실을 드러낼 수 있는가, 그렇지 않다면 그것은 서구 물질주의적 과학이 본 것처럼 미신, 환상, 정신질환의 산물인가?

주류 정신과 의사는 신비 체험과 정신증적 경험을 구분하지 못하여 그 모두를 정신질환의 발현으로 본다. 종교를 전면적으로 거부하면서 정신과 의사는 원시적인 민속적 믿음이나 종교 경전의 근본주의적 문헌 해석을 수세기의 체계적인 정신에 대한 내적 탐구에 기초한 정교한 신비 전통이나 위대한 동양의 영적 철학과 구분하지 못한다. 현대 의식 연구에서는 심상적 영역의 객관적 존재에 대한 명백한 증거를 제시함으로써 신비적 세계관과 동양의 영적 철학 그리고 토착 문화의 특정 신념까지 중요한 형이상학적 가정들을 입증하였다.

심리학에서 원형적 점성학16)의 중요성

50년 이상의 의식 탐구에서 가장 놀라운 나의 경험은 원형적 점성학의 비범한 예측력을 발견한 것이다. 다방면의 과학적 훈련 때문에 점성학에 관하여 나는 초기에 지극히 회의적이었다. 행성과 항성이 의식 상태와 어떤 관계에 있을 것이라는 아이디어는 세상의 사건들을 고사하고 숙고하기에도 너무 터무니없고 가당찮아 보였다. 그 가능성을 수용하는 데까지는 수년이 걸렸고 수천 개의 확실한 관찰이 이루어졌는데, 그것은 현실의 본질에 대한 기초적인 형이상학적 가정에 근본적인 수정이 필요한 변화였다. 이 주제를 둘러싼 논란을 고려해 볼 때, Richard Tarnas가 치밀하고 획기적인 연구에 기초한 세 권의 주목할 만한 책을 출판하지 못했다면 나는 여기서 점성학을 논의하지조차 못했을 것이다. 그것은 바로『서구 정신의 격정The passion of the western mind』(Tarnas, 1991),『깨우는 자 프로메테우스Prometheus the awakener』(Tarnas, 1995),『우주와 심혼Cosmos and psyche』(Tarnas, 2006)이다.

릭Rick과 함께 나는 30년 이상 홀로트로픽 상태와 점성학의 연관성을 탐구하였다. 나의 중요한 임무는 심현제 회기, 홀로트로픽 호흡 워크숍과 훈련, 신비적 경험, 영적 위기, 정신증적 혼란 등으로부터 흥미로운 임상적 관찰을 수집하는 것이었다. 릭의 중요한 초점은 홀로트로픽 의식 상태에서의 점성학 양상에 관한 것이었다. 이 협조로 우리는 자연과 시간, 홀로트로픽 의식 상태의 내용, 개인의 경험과 관련된 행성 통과 간의 체계적 연관성에 대하여 확실한 증거들을 얻었다.

점성학과 홀로트로픽 상태에 대한 탐구 사이에 어떤 비범한 연관성이 존재한다는 최초의 조짐은 생물학적 탄생 단계와 연관한 경험적 패턴인 네 개의 주산기 기본 매트릭스BPMs에 대한 나의 진술이 놀랍게도 점성가가 태양계의 네 개의 외행성을 연결한 네 개의 원형과 유사한 것을 보여 준다는 릭의 깨달음으로부터 왔다. 그것은 BPM I은 해왕성, BPM II는 토성, BPM III는 명왕성, BPM IV는 천왕성과의 관계성이다. 임상적 관찰에 기초한 BPM 현상학의 기술은 내가 점성학에 대해 그 어느 것도 알기 이전에 수년 동안 독립적으로 만든 것임을 강조하는 것이 중요하다.

더 놀라운 것은 홀로트로픽 상태에서 이 매트릭스와 경험적으로 직면하는 것이 관련된 개인이 상응하는 행성의 중요한 통과가 일어날 때 정기적으로 일어난다는 발견이었다. 수년간 릭과 나는 수천의 특별한 관찰에 의해서 이 사실을 확인할 수 있었고, 더 나아가 홀

16) 통과 점성학Transit Astrology: 행성들이 천궁도天宮圖를 통과할 때 그 이동을 해석하는 기법으로, Grof가 개인의 출생 천궁도를 해석할 때 사용함.

로트로픽 상태에서의 다른 많은 경험 양상과 점성학의 연관성이 발견되었다. 이 경탄할 만한 명확한 연관성 때문에 점성학—특히, 통과 점성학—은 의식 연구에 매우 유용한 도구로 판명되었다.

이것은 방대하고 아주 중요한 주제이며, 나는 이 글의 맥락에서 그것을 자세하게 평가할 수는 없다. 관심 있는 독자들은 나의 홀로트로픽 상태와 원형적인 점성학에 관한 글(Grof, 2009, 출판 중)에서 더 많은 정보를 찾겠지만, 이 괄목할 만한 발견에 관한 적합한 논의는 전문적인 점성가가 쓴 별책이 필요할 것이다. 그러나 자발적이거나 유도된 홀로트로픽 상태의 본질과 타이밍 그리고 통과 점성학 간의 관계에 대한 나의 현재의 이해에 관하여 이 지점에서 몇 마디 말을 해도 될 만큼 나는 과거 30년 동안 충분한 증거들을 보아왔다.

홀로트로픽 의식 상태로 들어간 개인의 경험은 그들의 탄생 천궁도natal charts를 통과하는 분명한 시간에 형성된 행성의 원형적 장場에 의하여 알려지고 조율된다는 것이 반복적으로 관찰되었다. 이것은 원형적 특성과 상응하는 내용을 가진 COEX 체계를 선택적으로 활성화시킨다. 이 COEX는 외부 환경의 지각뿐 아니라 내면의 경험을 통제한다. 나타나는 무의식의 내용은 전기적 · 주산기적 요소 그리고 매우 창조적인 방식으로 결합된 원형적 특징을 수반하는 자아초월적인 요소들로 구성된다. 이 과정의 깊이와 강도는 관련된 원형 에너지의 힘과 홀로트로픽 상태와 함께 이전의 많은 경험에 의존한다.

비록 이 짧은 요약이 점성학에 관하여 사전 지식이 없는 독자들에게 너무 충격을 받지는 않기를 바라지만, 나는 이 관찰들을 증명하거나 논박하기 위해 경험 많은 점성가들이 자신의 연구를 수행하도록 고취되기를 바란다. 최근 새로운 연구를 시행하는 미국의 몇몇 주요 대학에서 심현제 연구에 있어서 놀라운 르네상스가 일어나고 있다. 홀로트로픽 호흡 워크숍은 세계의 많은 나라에서 가능하며, 홀로트로픽 상태에서의 자발적인 삽화들은 매우 풍부하다. 그러므로 이 글의 결론을 증명하거나 반증하는 데 관심 있는 독자들은 그것을 위해 충분한 연구 자료를 찾을 수 있다.

나의 견해로는 원형적 점성학은 의식 탐구에 있어선 오랫동안 찾아왔던 결정적인 열쇠Rosetta stone[17]이다. 그것은 현재, 과거, 미래의 자발적이고 유도된 양쪽의 홀로트로픽 상태의 내용과 성격을 이해하는 열쇠를 제공한다. 그러나 놀라울 정도로 정확한 점성학의 예견은 원형적으로 예측되는 것이지 구체적으로 예측되는 것은 아님을 강조하는 것이 중요하다. Richard Tarnas의 선구적 연구에 의하여 예시된 원형적인 것들의 두드러진 특성 중

17) 로제타 석石: 불가사의한 것을 이해하는 중요한 열쇠.

하나는 그들의 복잡한 **다면적 가치**multivalence이다. 각 원형과 원형적인 조합은 풍부한 의미의 스펙트럼을 가지며, 동시에 자기 고유의 특별한 본질을 유지한다. 예를 들면, 비록 토성과 해왕성이 각각 넓은 범위의 의미를 갖고 있지만, 경험 있는 점성가는 이러한 원형들 중의 하나와 연관된 어떤 본질적 요소를 다른 것의 본질과 혼동하는 일은 결코 없을 것이다.

50년 이상의 탐구로부터 얻은 나의 결론에 기초하여 이 글에 요약한 개념의 검토는 심층심리학의 세계에 이론적인 명확성을 가져왔고 경쟁적인 학파들의 다양한 자세를 통합하는 데 도움이 되었다. 또한 이것은 그 학파들이 수용했던 심리치료 기법, 즉 내담자 심혼의 자기-치유와 자기-조직화 지능의 혼란스런 다양성에 현격하게 다른 대안을 제공하고 있다. 최근 서구과학에서 일어나고 있는 패러다임의 전환이 성공적으로 완성되었을 때, 안내한 것처럼 원형적 점성학과 결합시킨 홀로트로픽 상태를 이용한 신뢰할 수 있는 작업은 정신의학, 심리학, 심리치료에서 가장 유망한 동향 중 하나로 등장하게 될 것이다.

학계가 마침내 자아초월심리학의 기본적인 입장들을 수용할 때 자아초월심리학을 하나의 분리된 분야로 볼 필요는 없게 될 것이다. 새로운 정보에 대한 초감각적인 접근은 자아초월 경험의 어떤 범주와 연관해서도 일어날 수 있기 때문에 텔레파시, 천리안clairvoyance, 예지력, 투시력 또는 원격 보기remote viewing 같은 ESP가 일어나는 일부 현상에 초점을 두는 특별한 분야인 초심리학parapsychology 역시 필요 없게 될 것이다. 미래의 심리학은 인간 심혼을 모든 차원에서 이전에 가정했던 것보다 제한 없이 크고 보다 비범한 능력을 가진 전체로서 연구하게 될 것이다.

참고문헌

Addison, A. (2009). Jung, vitalism and "the psychoid": An historical reconstruction. *Journal of Analytical Psychology, 1*, 123-142

Bateson, G., Jackson, D., Haley, J., & Weakland, J. (1956). Towards a theory of schizophrenia. *Behavioral Science*, 1, 251-264.

Blanck, G., & Blanck, R. (1974). *Ego psychology I: Theory and practice*. New York, NY: Columbia University Press.

Blanck, G., & Blanck, R (1979). *Ego psychology II: Psychoanalytic developmental psychology*. New York, NY: Comumbia University Press.

Buchanan, J. H. (1994). Universal feeling: Whitehead and psychology. *Dissertation Abstracts International*, *55*(04), 0665b(UMI#9424802)

Buchanan, J. H. (2001). *Cosmic consciousness in a process cosmology*. Paper presented at the 86th Annual Congress of the International New Thought Alliance, Las Vegas, NV.

Buchanan, J. H. (2002). *Grof and Whitehead: Visions of a postmodern cosmology*. Atlanta, GA: Helios Foundation.

Buchanan, J. H. (2005, October). *Openness: Spirituality in a process psychology*. Paper presented at the Conference on Science and Spirituality, Wuhan, China.

Corbin, H. (2000). Mundus imaginalis, or the imaginary and the imaginal. In B. Sells (Ed.), *Working with images* (pp. 71-89). Woodstock, CT: Spring.

Covey, S. R. (2000). *Living the 7 habits: The courage to change*. New York, NY: Free Press.

Fenichel, O. (1945). *The psychoanalytic theory of neurosis*. New York, NY: Norton.

Ferrer, J. (2002). *Revisioning transpersonal theory: A participatory vision of human spirituality*. Albany, NY: State University of New York Press.

Frank, J. D., & Frank, J. B. (1991). *Persuasion and healing: A comparative study of psychotherapy*, Baltimore, MD: Johns Hopkins University Press.

Gibson, L. (1998, August). *Whitehead, LSD, and holotropic experience*. Paper presented at The Center for Process Studies, Claremont, California.

Gibson, L. (2006, July). *Holotropic breathwork as process psychotherapy*. Paper presented at the International Whitehead Conference, University of Salzburg, Austria.

Gibson, L. (2010). Whitehead and Grof: Resolving the ontological ambiguity of Jung's archetypes metaphysically and practically. *Tattva, Journal of Philosophy*, *2*(1), 91-97.

Griffin, D. R. (1989). *Archetypal process: Self and divine in Whitehead, Jung, and Hillman*. evanston, IL: Northwestern University Press.

Griffin, D. R. (1996, March). *Whitehead as a Transpersonal Philosopher*. Paper presented at the Transpersonal and Process Thought Conference, Esalen Institute, Big Sur, California.

Grof, C., & Grof, S. (1991). *The stormy search for the self: A guide to personal growth through transformational crises*. Los Angeles, CA: Jeremy P. Tarcher.

Grof, S. (1975). *Realms of the human unconscious: Observations from LSD research*. New York, NY: Viking Press. (Republished as LSD: Doorway to the numinous. Rochester, VT: Inner Traditions, 2009)

Grof, S. (1985). *Beyond the brain: Birth, death, and transcendence in psychotherapy*. Albany, NY: State University of New York Press.

Grof, S. (1987). *The adventure of self-discovery*. Albany, NY: State University of New York Press.

Grof, S. (2000). *Psychology of the future*. Albany, NY: State University of New York Press.

Grof, S. (2009). Holotropic research and archetypal astrology. *Archai: The Journal of Archetypal Cosmology*, *1*(1), 50-66.

Grof, S. (in press). An archetypal astrological analysis of holotropic states in psychedelic sessions and spiritual emergencies: Two case studies. *Archai: The Journal of Archetypal Cosmology*.

Grof, S., & Grof, C. (1989). *Spiritual emergency: When personal transformation becomes a crisis*. Los Angeles, CA: Jeremy P. Tarcher.

Hameroff, S. (1987). *Ultimate computing*. Amsterdam, The Netherlands: Elsevier.

Jahn, R. G. (2001). 20th and 21st century science: Reflections and projections. *Journal of Scientific Exploration, 15*(1), 21-31.

Kandel, E. R. (2001). The molecular biology of memory storage: A dialogue between genes and synapses. *Science, 294*, 1030-1038.

Kennel, J. H., & Klaus, M. (1998). Parental bonding: Recent observations that alter perinatal care. *Pediatrics in Review, 19*(4-12).

Klaus, M., Kennell, J. H., & Klaus, P. H. (1995). *Bonding: Building the foundations of secure attachment and independence*. Reading, MA: Addison Wesley.

Laszlo, E. (1993). *The creative cosmos*. Edinburgh, UK: Floris Books.

Laszlo, E. (1999). *The interconnected universe: Conceptual foundations of transdisciplinary unified theory*. Singapore, Republic of Singapore: World Scientific

Laszlo, E. (2003). *The connectivity hypothesis: Foundations of an integral science of quantum, cosmos, life, and consciousness*. Albany, NY: State University of New York Press.

Laszlo, E. (2004a). Cosmic connectivity: Toward a scientific foundation for transpersonal consciousness. *International Journal of Transpersonal Studies, 23,* 21-31.

Laszlo, E. (2004b). *Science and the akashic field: An integral theory of everything*. Rochester, VT: Inner Traditions.

Maxwell, G. (2011). Archetype and eternal object: Jung, Whitehead, and the return of formal causation. *Archai: The Journal of Archetypal Cosmology, 3*, 51-71.

Mookerjee, A., & Khanna, M. (1977). *The tantric way*. London, UK: Thames & Hudson.

Otto, R. (1957). *The idea of the holy: An inquiry into the non-rational factor in the idea of the divine and its relation to the rational*. London, UK: Oxford University Press. (Original work published 1917)

Quiring, J. (1996). Transpersonal psychology and process thought. *Process Perspectives, 20*(1), 6-7.

Ring, K., & Cooper, S. (1999). *Mindsight: Near-death and out-of-body experiences in the Blind*. Palo Alto, CA: William James Center for Consciousness Studies.

Ring, K., & Valarino, E. (1998). *Lessons from the light: What we can learn from the near-death experience*. New York, NY: Plenum Press.

Segaller, S. (Director). (1957). *Jung on film* (An interview with Dr. Richard I. Evans, August 5-8, Zurich, Switzerland). Segaller Films.

Sullivan, H. S. (1953). *The interpersonal theory of psychiatry*. New York, NY: W. W. Norton.

Tarnas, R. (1991). *The passion of the Western mind: Understanding the ideas that have shaped our world view*. New York, NY: Ballantine.

Tarnas, R. (1995). *Prometheus the awakener: An essay on the archetypal meaning of the planet Uranus*. Woodstock, CT: Spring.

Tarnas, R. (2006). *Cosmos and psyche: Intimations of a new worldview*. New York, NY: Viking Press.

Tart, C. T. (1969). *Altered states of consciousness: A book of readings*. New York, NY: John Wiley & Sons.

Tomatis, A. A. (1991). *The conscious ear: My life of transformation through listening*. Barrytown,

NY: Station Hill Press.

Vaughan, F. (1993). Healing and wholeness: Transpersonal psychotherapy. In R. Walsh & F. Vaughan (Eds.), *Paths beyond ego: The transpersonal vision* (pp. 160-165). Los Angeles, CA: Jeremy P. Tarcher.

von Franz, M.-L. (1997). *Alchemical active imagination*. New York, NY: C. G. Jung Foundation Books.

Whitwell, G. E. (1999). The importance of prenatal sound and music. *Journal of Prenatal and Perinatal Psychology and Health, 13*(3-4), 255-262.

Wilber, K. (1980). *The atman project*. Wheaton, IL: Theosophical.

번역 출판

Bateson, G. (1972). Form, substance and difference. In G. Bateson (Ed.), *Steps to an ecology of mind* (pp. 423-440). San Francisco, CA: Chandler. (박대식 역. 마음의 생태학. 서울: 책세상, 2006).

Crick, F. (1995). *The astonishing hypothesis: The scientific search for the soul*. New York, NY: Scribner. (김동광 역. 놀라운 가설: 영혼에 관한 과학적 탐구. 서울: 궁리, 2015).

Freud, S. (1959). *Inhibitions, symptoms, and anxiety. J. Strachey (Ed., & Trans.),The standard edition of the complete psychological works of Sigmund Freud* (Vol. 20, pp. 75-175). London, UK: Hogart Press. (Original work published 1926). (황보석 역. 억압, 증후 그리고 불안. 서울: 열린책들, 1997).

Freud, S. (1960). *The psychopathology of everyday life*. Harmondsworth, UK: Penguin. (Original work published 1914). (이한우 역. 일상생활의 정신 병리학. 서울: 열린책들, 2003).

Grof, S. (1998). *The cosmic game: Explorations of the frontiers of human consciousness*. Albany, NY: State University of New York Press. (김우종 역. 코스믹 게임: 인간 의식의 심층에 감추어진 존재의 비밀. 서울: 정신세계사, 2008).

Grof, S. (2006). *When the impossible happens: Adventures in non-ordinary realities*. Louisville, CO: Sounds True. (유기천 역. 초월의식: 환각과 우연을 넘어서. 서울: 정신세계사, 2018).

Hugo, V. (1863). *Les mis´erables*. New York, NY: Carleton. (레미제라블. 다수 번역본 존재하여 서지사항 생략).

Huxley, A. (1959). *The doors of perception and heaven and hell*. Harmondsworth, UK: Penguin Books. (권정기 역. 올더스 헉슬리 지각의 문 / 천국과 지옥. 경기: 김영사, 2017).

Jung, C. G. (1966). *The practice of psychotherapy*. In *The collected works of C. G. Jung* (Vol. 16, 2nd ed.). Princeton, NJ: Princeton University Press. (한국융연구원, C. G. 융 저작번역위원회 역. 융 기본 저작집. 1, C. G. 융 지음, 정신 요법의 기본 문제. 서울: 솔, 2001).

Jung, C. G. (1967). *Symbols of transformation*. In *The collected works of C. G. Jung* (Vol. 5; 2nd ed.). Princeton, NJ: Princeton University Press. (정명진 역. 무의식의 심리학: 우리도 모르게 우리를 지배하고 있는 무의식의 세계를 탐험하다. 서울: 부글북스, 2015).

Jung, C. G. (1968). *The archetypes and the collective unconscious*. In *The collected works of C.*

G. Jung (Vol. 9, Part 1; 2nd ed.). Princeton, NJ: Princeton University Press. (한국융연구원, C. G. 융 저작번역위원회 역. 융 기본 저작집. 2, C. G. 융 지음, 원형과 무의식. 서울: 솔, 2002).

Jung, C. G. (1972a). Synchronicity: An acausal connecting principle. In *The structure and dynamics of the psyche* (pp. 417-420), *The collected works of C. G. Jung* (Vol. 8; 2nd ed.). Princeton, NJ: Princeton University Press. (한국융연구원, C. G. 융 저작번역위원회 역. 융 기본 저작집. 2, C. G. 융 지음, 원형과 무의식. 서울: 솔, 2002).

Jung, C. G. (1972b). The transcendent function. In *The structure and dynamics of the psyche* (pp. 67-91), *The collected works of C. G. Jung* (Vol. 8; 2nd ed.). Princeton, NJ: Princeton University Press. (한국융연구원, C. G. 융 저작번역위원회 역. 융 기본 저작집. 2, C. G. 융 지음, 원형과 무의식. 서울: 솔, 2002).

Kant, I. (1999). *Critique of pure reason*. Cambridge, MA: Cambridge University Press. (순수이성비판. 다수 번역본 존재하여 서지사항 생략).

Kuhn, T. (1962). *The structure of scientific revolutions*. Chicago, IL: University of Chicago Press. (김명자, 홍성욱 역. 과학혁명의 구조. 서울: 까치글방, 2013).

Patanjali. (1990). *The yoga sutras of Patanjali* (C. Chapple & Yogi Ananda Viraj, Trans.). Delhi, India: Sri Satguru. (빠딴잘리의 요가쑤뜨라: 스와미 싸치다난다에 의한 번역과 주석. 서울: 동문선, 2006).

Satir, V. (1983). *Conjoint family therapy*. Palo Alto, CA: Science & Behavior Books.(홍성화, 안향림 역. 가족치료. 서울: 나눔의집, 2001).

Watts, A. (1961). *Psychotherapy East and West*. New York, NY: Pantheon Books. (강석헌 역. 동양과 서양의 정신치료. 서울: 하나의학사, 2004).

Whitehead, A. N. (1978). *Process and reality: An essay in cosmology* (Gifford Lectures delivered in the University of Edinburgh during the session 1927-1928, Corrected ed.). D. R. Griffin & D. W. Sherburne (Eds.). New York, NY: Free Press. (오영환 역. 과정과 실재: 유기체적 세계관의 구상. 서울: 민음사, 2003).

Wilber, K. (1999). *Marriage of sense and soul: Integrating science and religion*. New York, NY: Broadway Books. (조효남 역. 감각과 영혼의 만남: 새천년 영성의 시대를 위한 과학과 종교 통합의 길. 경기: 범양사, 2007).

제 6 장

변성의식 상태와 자아초월심리학

Albert P. Garcia-Romeu, Charles T. Tart

서구 문화에서 오랫동안 변성 상태를 대대적으로 거부한 것을 고려해 볼 때, 변성의식 상태를 탐구하는 현대의 연구자들은 미지 영역의 선구자로 자신을 생각할 것이다. 그러나 우리 조상들은 변성의식을 판독하고 이해하려 노력하는 오늘날의 학자들처럼 그 영역을 탐험하였다. 변성의식 상태의 다양한 양상은 역사, 고고학, 문화인류학, 종교 연구, 철학, 심리학, 신경과학을 포함한 많은 영역에서 연구되어 왔다. 자세히 검토하기에는 변성 상태에 관한 연구 영역이 매우 넓기 때문에, 여기서는 이 장이 허락한 공간 안에서 핵심적인 부분만을 제공할 것이다.

우선 관련한 주요 용어와 개념에 대한 기초적 정의로 시작한다. 그리고 고대 그리스의 엘레우시스 제전Eleusinian mysteries[1)]과 다양한 문화에 속한 샤먼의 관행에서처럼, 참가자들의 이익을 위한 변성 상태를 유도하기 위해 고안한 고대의 의례를 돌아봄으로써 변성의식 상태의 역사적 역할을 제시할 것이다. 이후에는 몇몇 20세기 사상가들이 공헌한 내용을 요약할 것이다. William James 같은 선구적 심리학자는 일찍이 1902년에 변성의식 상

1) 그리스에서 시행한 대지(농업, 곡식)의 여신 데메테르Demeter를 받드는 신비적 의례를 말하며, 엘레우시스 비교秘敎는 고대에 존재하였던 종교들 중 하나로, 심현제心顯劑를 사용하여 사후 세계의 비전vision과 마법적인 요소들을 포함하였고, 그 때문에 영향력을 오래 지속하였던 것으로 알려짐.

태의 연구를 위한 초기의 이론 구조framework 개발을 도왔다. 그럼에도 불구하고 1960년대에 이르러서야 현대심리학은 의식이라는 주제와 의식 상태에 대한 연구를 본격적으로 고려하기 시작했다. 이런 흐름에 따라 Charles Tart와 Stanislav Grof 같은 연구자들은 현대심리학적 패러다임 내에서 변성 상태 연구의 자리를 만들고, 상태-특정적 과학state-specific science과 임상적 개입을 주창하는 작업을 시작했다. 이러한 접근의 중요한 공헌 중 하나는 과학적 연구를 위한 적절한 자료로서 주관적인 일인칭 경험을 포함한 것이었다.

연구자들은 변성 상태 연구 초기에 현대의 컴퓨터 기술과 뇌영상neuroimaging 방법을 사용하여 의식과 변성 상태의 상관관계에 대해 더 깊이 탐구할 수 있었다. 이러한 변화는 의식 탐구의 르네상스를 야기하였고, 변성 상태에 관한 연구는 최면, 무아지경 상태trance, 꿈, 명상에서부터 신비적이고 초월적인 경험, 심현제心顯劑 · psychedelic나 다른 약물에 취한 상태, 유체이탈, 근사체험 그리고 다른 이례적인 경험에 이르기까지 넓고 다양한 범위의 경험을 포함하며 확장되었다. 이와 같은 다양한 상태의 공통점은 무엇인가? 구별할 수 있는 주요 특징은 대상자들이 평상시의 깨어 있는 의식과 두드러진 질적 차이나 변화를 느끼는 경험의 종류들을 묘사하였다는 것이다. 이 장에서는 지금까지의 변성의식 상태에 관한 발견들과 주요 학제 간의 이론들을 제시하고 미래 연구를 위한 방향을 제안할 것이다. 변성의식 상태를 분석하기 전에 변성 상태의 강렬함과 힘을 상기하기 위해 캐나다 의사 Bucke(1901/1969)의 이야기를 들어 보자. 이 사건은 1872년에 일어났고 객관성을 유지하기 위해 3인칭 시점에서 기록된 것이다.

그의 나이 36세가 시작되는 이른 봄이었다. 그는 친구 두 명과 『워즈워드Wordsworth』와 『셸리Shelley』, 『키이츠Keats』와 『브라우닝Browning』, 특히 『휘트먼Whitman』을 읽으며 저녁을 보내고 있었다. 친구들과 그는 자정쯤에 헤어져 이륜마차(이것은 영국의 도시에 있었다.)를 타고 오랜 시간을 돌아가는 길이었다. 그는 저녁에 친구들과 읽고 이야기한 것들을 상기하면서 그 아이디어와 이미지들과 밀려드는 감정에 깊이 잠기면서 마음이 고요하고 평온해졌다. 그러한 고요 상태에서 그는 거의 수동적인 향유에 젖어 있었다. 갑자기 어떤 예고도 없이 그의 주위가, 말하자면 불꽃색 구름에 덮여 버렸다. 잠시 동안 그는 거대한 도시에 갑작스런 큰 화재로 인하여 생긴 불빛이라고 생각했지만, 얼마 후 그 빛이 자신 안에 있다는 것을 알았다. 그리고 엄청난 기쁨과 즐거운 느낌이 그를 에워쌌고, 형언할 수 없는 지적인 깨달음illumination이 함께 동반하였다. 그의 뇌에서는 언제나 삶을 밝게 비추던 신성한 광휘Brahmic Splendor의 번개 같은 번쩍임이 한순간 일었고, 그의 가슴에는 천국을 맛본 이후로 늘 남아 있는 신성한 축복의 이슬이 한 방울 떨어졌다. 자신이 믿지 않았던 것들 사이에서 그는 우주가 죽어 있는 것이 아니라 살아 있는 실재라는 것, 인간의 혼은 불멸

> 하며, 우주는 모두의 선을 위하여 모든 것이 함께 일한다는 것, 세상의 근본 원리는 바로 우리가 사랑이라고 부르는 것이며, 결국에는 모든 사람의 행복이 절대적으로 분명하다는 것을 보고 알았다. 그 깨달음은 이전의 몇 달이나 수년의 연구보다 오래 지속되었으며, 단 몇 초 만에 엄청난 것을 배웠고, 어떤 학습에서도 배울 수 없는 많은 것을 배웠다고 그는 주장했다… 깨달음 자체는 짧은 순간이었지만 그 효과는 영원히 소멸되지 않는 것이었고, 그는 그 순간에 보고 깨달았던 것을 잊을 수 없었다. 그는 그것을 잊으려 하지도 않았고 할 수도 없었으며, 자기 마음에 나타났던 진실을 의심하지도 않았다(pp. 9-10).

이러한 경험들은 자아초월심리학의 중심에 있으므로 가능한 한 이런 자아초월 경험을 산출하고 조절하기 위하여 이해하고 배우는 것은 중요하다.

주요 용어의 정의

의식

의식consciousness이란 무엇인가? 이 질문은 수천 년 동안 철학자, 과학자 그리고 다른 사상가들의 마음을 사로잡았다. 마음을 연구한 현대철학자 Chalmers(1995)는 "의식은 정신과학에서 가장 이해할 수 없는 질문을 제기하고 있다. 우리가 의식을 경험하는 것보다 더 상세하게 알 수 있는 것도 없지만 그보다 더 설명하기 어려운 것도 없다."라고 기록하였다(p. 200). 이 진술을 참고해 보면, 이 장에서 중요한 근원적 개념인 의식, 의식의 상태, 변성의식 상태에 관하여 중요한 종합적 발견을 검토하기 이전에 의식에 대해 좀 더 조심스럽게 기술할 필요가 있다.

의식 자체는 논란을 일으키는 용어이며, 어떤 정의든 기껏해야 잠정적이다. 정말로, 정의하는 행위 자체는 의식 전체의 한 작은 부분이다. 그렇다면 누가, 어떻게 그 작은 부분이 전체를 만족스럽게 정의할 것으로 기대하겠는가? 그러나 이 토론의 목표에서 의식은 대상자가 내면과 외면 현상 양편을 경험하고 인식하는 것과 관련되어 있다. 이 현상은 외부 대상인 사건과 다른 모든 자극에 대한 지각뿐 아니라 내면의 감각, 지각, 사고, 감정, 자기감각 등을 포함하며 아무것도 제한하지 않는다. 의식을 이해하고 정의하는 중요한 문제는 어떻게 외견상 뇌 같은 '외적인' 대상이 주관적인 내적 상태를 경험하거나 생산할 수 있는지를 명확히 하는 것이다. 이러한 고려는 이 토론의 범위 밖에 놓여 있다. 그러나 많은 저술가는 이 주제에 흥미를 가진 독자들을 위해 그것을 다루려고 노력하였다(예를 들면, Baars, 1997; Blackmore, 2004; Chalmers, 1996; Combs, 2009; Dennett, 1991; Searle, 2004).

의식 상태와 변성의식 상태

더 나아가, 만일 의식이 주관적인 인식과 내 · 외적 현상의 경험과 관련이 있다면 의식 상태는 경험을 구조화시킬 수 있을지도 모르는 스펙트럼 방식과 연관된다. Tart(1975)는 개별적 의식 상태를 "심리학적 구조의 유일하며 역동적인 패턴이나 형태"라고 정의하였다(p. 5). 개별 의식 상태의 고전적인 예는 깨어 있는, 꿈꾸는, 깊은 잠, 도취 상태, 최면 그리고 성공적으로 유도된 명상 상태 등 몇 개의 개념이 포함되어 있다. 이러한 기초에서 Tart는 사람이 대부분 매일의 생활에서 활동하는 보통의 깨어 있는 상태인 "의식의 기저 상태"(p. 5) 와 대비되는 '변성 상태'를 정의할 것을 제안하였다. 이 보통의 깨어 있는 상태는 꿈을 꾸거나 특정량의 알코올에 영향을 받은 상태 같은 것과는 질적으로 뚜렷이 다르다. 그러므로 이 전형적인 기저 상태와 질적으로 다른 경험의 교체된 패턴이나 형태를 변성의식 상태Altered States of Consciousness: ASC라고 부른다(Tart, 1969/1990). 규범적 기저선에 대한 탈근대적 비판에 비추어 볼 때, 변성의식 상태를 대안적 상태alternate states로 부르는 것은 특정한 기저선에 특권을 부여하지 않게 된다(Rock & Krippner, 2007).

의식의 변성 상태는 문명의 시작 이래 다양한 방법으로 활용되고 탐구되었다(Ustinova, 2011). 그러나 서구에서는 ASC에 관해 20세기 초부터 심리학의 조망으로 진지하게 연구하기 시작했다. 다음은 역사 속에서 변성 상태의 역할과 관련하여 발견된 것에 대해 설명하고, ASC의 연구에서 정의한 20세기 심리학의 기초 연구에 관해 논의하며(Grof, 1975; James, 1902/1929; Tart, 1969/1990), 오늘날까지 정신생물학과 신경과학 영역에서 연구한 변성 상태의 개념적 해석으로 나아갈 것이다.

변성 상태의 역사

선사시대

역사적 관점에서 고고학과 인류학에서 발견한 것들은 시간과 문화를 가로질러 변성 상태에 대한 현대적 이해에 공헌하였다. 선사시대의 사람들은 일상생활에 관하여 기록을 남겨 놓지 않았지만, 동굴 벽화 같은 문화 유물은 구석기와 신석기 시대의 생활과 정신에 관한 매혹적 통찰을 제공한다. 변성 상태에서의 시각적 형상화에 대한 신경심리학과 동굴 벽화를 연구한 현대 인류학 자료에 의존하여 Lewis-Williams(2002)는 초기의 동굴 벽화(약 15,000년 전)가 변성 상태와 관련한 이미지에 강한 영향을 받았다고 주장하였다. 지그재그와 나선형 같은 특정한 기하학적 디자인은 많은 고대 유적에 나타나 있고, 피로나 무아지경 상태와 같은 ASC 동안에는 눈 안쪽에 특유한 영상들이 있어 변성 상태와 인류 종족 최초의 창조적인 노력이 연결되어 있을 가능성이 있다. 유사하게 Ustinova(2011)는 3만 년 전까지 돌아가 새-뼈 피리bird-bone pipes 같은 고대의 악기 발견을 인용하여 "이미 선사시대에 음악과 춤이 의식을 조절하는 데 사용되었을 개연성이 높다."라고 언급하였다(p. 49).

어떤 이론가들은, 특히 심현제 버섯 같은 정신에 변화를 주는 식물에 의해 발생된 의식의 변성 상태가 선사시대에 사용된 인간의 언어와 상징의 진화에 중요한 역할을 하였을 것이라고 추론했다(McKenna, 1992). 정신에 작용하는 식물의 사용은 기원전 4000년 전 메소포타미아와 지중해 연안에서 맥주나 와인 같은 알코올 음료 생산뿐 아니라 유럽 주변의 다양한 신석기 유적에서 양귀비와 대마 씨hemp seed의 발견에서도 증명된 것처럼, 아마 기원전 4200년에서 6000년의 시기로 되돌아갈 수 있을 것이다(Ustinova, 2011).

고대 그리스

고대 그리스의 종교와 문화 생활은 ASC의 역사적 중요성에 통찰을 제공한다. 고대 그리스의 신들 중 주요 인물인 디오니소스Dionysus는 기원전 1500년 전으로 돌아가면 포도주와 도취의 신으로 추앙받던 제우스Zeus의 아들이었다(Kerényi, 1976). 디오니소스 숭배는 춤과 음악뿐 아니라 와인과 벌꿀 술로 유도된 광기의 의례와 연관된다. 의례의 기법은 참석자들의 금기를 저하시키는 수단으로 제공되어 신의 영spirit이 그들의 몸을 소유할 수 있도록 도취 상태를 만들었다(Kerényi, 1976). 디오니소스 숭배와 신화에 대한 전문적 탐구에서 Otto(1965/1981)는 그 현상을 "와인은 끝없이 넓은 신의 본성의 비밀과 놀라움을 가져온다. 디오니소스를 믿는 순간은 살아 있고, 그 독실함은 술에게서 배울 수 있으며, 그가 누구인지를 정말로 더 깊게 인식할 수 있게 된다."라고 설명하였다(pp. 147-148).

풍요의 여신 데메테르Demeter와 관련한 엘레우시스 제전은 ASC의 잠재적 연관성과 함께 고대 그리스의 또 다른 분명한 측면을 대표한다. 그 의례는 지역의 가장 중요한 종교 모임으로 간주되었고, 거의 2,000년 동안 지속적으로 시행되었다(Bowden, 2010). 특히 엘레우시스인들의 제전은 아테네 가까이의 엘레우시스 도시에서 기원전 1700년 전에 추수감사절로서 기념되었고, 이는 삶을 극적으로 변화시켰다. 이 의례와 관련하여 McKenna(1992)는 다음과 같이 기록하였다.

> 엘레우시스에 참여한 사람들은 자기 여생에 강력한 기억으로 남을 만한 전혀 예기치 못한 변용의 입문식 동안에 무언가에 취하였고, 그들은 무언가를 보았다(p. 133).

그 이름에 걸맞게 엘레우시스 제전의 분명한 특징은 몇몇의 유명한 사상가가 환각 유발제가 혼합되어 있다고 가능성을 제기하였더라도 그것을 확인하기는 어렵다(Wasson, Hofmann, & Ruck, 1978).

샤머니즘

역사에서 고대의 그리스가 변성 상태를 사용한 유일한 전례는 아니다. 사실 ASC의 몇몇 형태를 이용한 의식이나 관습은 다수의 고대 문화에 널리 퍼져 있다. 콜롬버스가 들어오기 이전 멕시코와 남아메리카 사람들에게 아야와스카에서 페요테 선인장의 섭취나 정신에 변화를 주는 식물 사용의 증거는 아주 많다(Schultes & Hofmann, 1992). 구석기시대까지 거슬러 올라가면 그런 풍습들이 아시아, 아프리카, 유럽, 북미와 남미 등에서 다양한 형태로 존재하지만, 샤머니즘은 시베리아 초기에 다문화적인 현상이었다(Price, 2001).

Walsh(2007)가 샤머니즘을 다음과 같이 유용하게 종합하여 정의했어도 그것은 많은 방식으로 정의할 수 있다. “샤머니즘은 자발적으로 변성의식 상태에 들어가 많은 경우에 공동체를 부양하기 위하여 다른 영역으로 여행하며 다른 존재들과 만나는 자신 혹은 자신의 영을 경험하는 수행자들(샤먼들)의 전통이다”(pp. 15-16). 샤먼들의 의례는 매우 다양하며, 음악과 춤, 정신에 변화를 주는 식물 섭취 등이 있었다(Winkelman, 2011). 식물 의학의 사용이 다양한 문화에 널리 퍼져 있었다는 발견에 대해 민족 균류학자[2] Wasson(1959)은 “성스러운 버섯이나 다른 자연적 심현제는 세상의 모든 성찬Holy Suppers 에 기본 요소가 아니었겠는가?”라고 언급하였다(p. 333). Wasson(1968) 또한 인도의 베다 종교 전통(기원전 약 1400년경)에서 추앙받았던 소마soma라고 부르는 도취시키는 식물 생성물이 환각 유발적인 특성을 갖고 있다고 이야기하였다(McKenna, 1992; Wasson, 1968).

2) 균류학: 문화 및 사회에서 환각성의 식균食菌 및 기타 갖가지의 균류菌類 사용을 연구하는 학문.

요가와 명상

고대 문화에서 정신에 변화를 주는 식물 사용 이외에 힌두교와 초기 불교 안에 요가와 명상의 발달은 최소한 기원전 400년경으로 거슬러 올라간다(Shear, 2011). 이 훈련은 먼저 수련생들을 정화하는 방법으로, 그리고 높은 영적 상태와의 합일을 돕기 위해 사용되었다(Feuerstein, 1998). Shear(2011)는 이 동양의 전통은 "정신활동이 모두 사라지고 고요해지며, 일상 의식 상태에서의 모든 경험 내용과 무관하게 내면의 근원적 본질이 명료하게 경험된다."라고 진술하였다. 명상과 요가 수련은 변성의식으로 인도하기 위해 의도적으로 고안된 고대의 기술로서 역사 기록에 나타나 있다.

영과 악마적 빙의

서구에서 중세 시기(기원후 약 5~15세기) 동안 인기를 얻었던 ASC에 대한 설명에는 영과 악마적 빙의, 심지어는 현재까지 여러 문화 안에서 여전히 받아들이고 있는 믿음 같은 것들이 있다(Sluhovsky, 2011). 성서의 에스겔Ezekiel 같은 구약 예언자들의 비전을 해석하고 이해하기 위해 비슷한 틀을 차용한 것은 놀라운 일이 아니다(Ustinova, 2011). ASC의 역사에 관한 깊은 논의가 이 장의 범위를 벗어날지라도 관심 있는 독자들은 그 주제에 대해 Cardeña와 Winkelman(2011a)이 편집한 종합적인 책을 참고하기 바란다. 그러나 최소한 고대 후기(기원후 약 2~8세기)까지 ASC를 둘러싸며 가장 많이 퍼지고 알려진 것은 실제로 창조적이고 종교적이고 영적이었으며, 특히 치유나 변용의 목적으로 변성 상태를 불러일으켰다는 점을 인식해야 한다.

20세기 심리학에서의 변성의식 상태

William James

의식의 본질에 대한 심리학적 연구가 시작되면서 변화가 있기는 했으나(James, 1902/1929), ASC에 대한 연구는 최면, 영매, 약물에 의한 도취 등의 영역으로 제한되어 있었다(Cardeña & Alvarado, 2011). 특히 James의 급진적 경험주의와 일인칭 경험 연구는 다른 사람들의 연구와 함께 ASC를 탐구하는 데 풍성한 기반을 제공하였고, 여기에는 신비적 경험과 약물로 유도된 상태 경험이 포함되었다(James, 1902/1929).

여러 면에서 이 작업은 마음과 의식 연구에서 경색된 유물론적 관점으로부터 벗어나 과학적 세계관 내에 일인칭적인 주관적 경험을 재통합함으로써 현재 전개되고 있는 과학혁명의 토대를 제공했다(Beischel, Rock, & Krippner, 2011; Kuhn, 1962/1970; Tart, 1972, 2009).

1901년과 1902년에 에든버러에서 있었던 종교 체험의 다양성에 관한 영향력 있는 강의에서 James는 신비주의를 설명하면서 개인적인 아산화질소 중독 경험에 대해 논하였다. James(1902/1929)는 그 인상적 경험을 다음과 같이 발언하였는데, 이는 서구심리학의 기록에서 의식의 변성 상태와 관련해 가장 자주 인용되는 감동적인 진술이다.

> 평상시에 깨어 있는 의식인 합리적 의식은 의식의 특별한 한 형태이며, 그 모든 것은 아주 얇은 막에 의해 분리되어 있지만 전혀 다른 잠재적 의식 형태로 놓여 있다. 우리는 그 존재를 알지 못한 채 생활하지만, 거기에 필요한 자극을 주고 약간 닿기만 하여도 적용과 조정이 가능한 명확한 정신 형태로 아주 완벽하다. 우주의 전체성을 신뢰하지 못하면 의식의 다른 형태들을 그냥 묵살해 버리고 말 것이다(pp. 378-379).

이 발언에서 가장 중요한 것은 당시의 주류적 관점들이 ASC를 그저 도취, 이상, 병리적인 것으로 간주했지만, 그에 직접 반대를 보이며 James가 ASC 상태의 가치를 주장한 것이다.

지각의 문

초기의 획기적인 작업에도 불구하고 심리학은 20세기 후반까지 의식과 ASC를 광범위하게 일축해 버렸다. 이는 대부분의 심리학에 행동주의 패러다임이 인기가 있었기 때문이며, ASC는 과학자들이 직접 관찰할 수 없기 때문에 그들의 담론에서 정신과 의식의 현상을 없애려고 한 것이다(Watson, 1924/1958). 그럼에도 불구하고 호기심 있는 지식인들은 변성 상태가 제공한 전망에 관하여 지속적으로 탐구하였다. 특히 Huxley(1954)의 저서인 『지각의 문The doors of perception』은 ASC의 잠재력에 대한 대중적 관심을 전환시킨 출발점이 되었다.

Huxley는 아주 다양한 현상에 관심을 가진 저술가이자 사회 비평가였고, 1954년에 천연 심현제 식물 피요테 추출물에서 합성 생산된 메스칼린으로 자신을 실험하고, 그 결과를 출판하였다. 그는 자신의 경험을 "모든 것이 내면의 빛으로 반짝이는 세상 그리고 그

의미의 무한함"이라고 상세히 묘사했다(p. 20). 메스칼린에 의하여 야기된 이상한 정신세계와 의식의 특이한 변화에 대한 그의 생생한 묘사는 사람들에게 열광적인 관심을 불러일으켰다. 1943년의 알버트 호프만Albert Hoffman 박사의 LSD의 발견과 저술은 앞으로 1960년대에 있을 ASC 인식에 대한 훨씬 더 넓은 문화적 변화의 전조였다.

1960년대

1960년대는 사회문화적 환경의 광범위한 격변기였다. 베트남 전쟁에 대한 계속되는 갈등, 시민권과 여성해방 운동, 히피의 반-문화의 탄생은 그 시기 미국에 나타난 주목할 만한 흐름이었다(Chinen, 1996a). 서구 외의 지역에서 생겨난 영적 전통에 대한 관심과 마리화나와 심현제의 인기 상승은 대중을 대상으로 한 ASC 연구를 부채질하였다. 즉, 광범위한 사회적 변화와 함께 학문 세계 또한 서서히 변화하고 있었다.

탈근대주의 철학은 인류가 과학적 방법을 사용하여 하나의 객관적 진리를 발견할 수 있을 것이라는 아이디어에 의문을 제기하였다(Chinen, 1996b; Smith, 1982). 양자물리학의 발전(Battista, 1996)뿐 아니라 철학으로부터의 상대주의와 구성주의 같은 원리(Smith, 1982; Wilber, 1995) 그리고 컴퓨터과학은 과학적 혁명에 대하여 이야기하였다(Kuhn, 1962/1970). 사회과학과 실존주의와 인본주의 그리고 후기의 자아초월심리학파는 행동주의자들의 모델에서 멀어져 전반적으로 의식, 특히 ASC에 대하여 더 나아간 연구 방향을 인도하였다(Chinen, 1996a). 당시 Maslow(1962/1968), Tart(1969/1990, 1972, 1975) 그리고 Grof(1975) 같은 심리학자들은 서구 패러다임 내에서 변성 상태를 연구하면서 이제까지 전례가 없던 것들을 본격적으로 만들어 내기 시작했다.

Abraham Maslow

당시의 병리를 기초로 한 심리학 모델들의 한계성을 보고 실망한 Maslow는 더 높게 기능하는 개인 쪽으로 연구의 초점을 바꾸었다. Maslow는 인본주의와 자아초월심리학의 발달에 중요한 인물로서 개별적 인간 경험의 중요성, 신비적이며 영적인 경험의 타당성, 다른 존재와 세상과 함께하는 자기의 상호 연결성 그리고 자기-변용을 위한 잠재성을 인식하였다(Hartelius, Caplan, & Rardin, 2007). 그의 작업은 "더 높은 수준으로 성숙하며 건강하고 자기-충족에 이른 사람들"이라고 그가 정의한 '자아를 실현한 사람들'과 관련한 것으로 높이 발달하려는 인간의 동기와 가치에 대한 연구이다(Maslow, 1962/1968, p. 71).

Maslow의 연구(1962, 1962/1968)는 더 높은 발달 단계(즉, 자아실현)를 향하여 사람들을 자극하는 절정 경험의 중심 역할을 암시하였다. Maslow에게 절정 경험은 "지고의 행복과 충만의 순간"(1962/1968, p. 73)이었고, 그것은 심미적이고 신비적이며 창조적이고 또한 통찰적인 경험 현상을 포함하였다. 이러한 주관적 변화 경험과 함께 최상의 기능에 관한 연구 지향은 심리학으로 하여금 인간 발달에서의 의식의 역할과 ASC의 잠재적 가치를 재고하도록 하였다.

Charles Tart

심리학에서 변성 상태의 타당성을 확립한 또 다른 주요 사상가는 Tart(1969/1990, 1972, 1975)이다. 1960년대 초기에 변성의식은 파편적인 연구가 이루어졌을 뿐 광범위하게 수용되거나 통일된 패러다임을 갖지 못해 여전히 모호한 개념이었다. 다양한 의약 물질에 의한 도취, 최면, 꿈, 명상과 같은 주제들이 연구되었지만, ASC의 다른 부류들처럼 이 현상에 대한 이해는 여전히 초기 단계였다(Tart, 1969/1990). 1967년에 Tart는 『변성의식 상태Altered states of consciousness: A book of readings』라는 책을 발간하여 그것을 이해시키려 하였다. 거기에 진술된 것처럼 저자의 목표는 "인간은 변성의식 상태에 과학적으로 접근할 수 있으며, … 이것을 연구 가능한 영역으로 만들어 탐구하도록 자극하고, 이 정보는 대중을 교육하기 위해 펴져 나가야 하는 것"이었다(Tart, 1969/1990, p. 8).

이 책의 출판과 함께 '변성의식 상태'라는 용어는 학문적 어휘로 널리 전파되었고, 이후 경험의 분류와 연구 영역을 정의하는 데 사용되었다. 이 책의 서론에 인용된 고전적인 작업 중의 하나는 다음의 방식으로 ASC를 정의하였다.

> 다양한 생리학적 · 심리학적 · 약물학적 조작이나 물질에 의하여 유도된 어떤 정신 상태(들)는 개인 자신(또는 그 개인을 객관적으로 관찰하는 사람)에 의해 또렷하게 깨어 있는 일반적인 규준 의식으로부터 일탈된 심리 상태라는 것을 주관적으로 인식할 수 있다(Ludwig, 1966, p. 225).

이러한 기조에 따라 Tart(1975)는 의식 상태의 체계 모델a systems model of states of consciousness을 소개하였다. 그것은 일찍이 언급한 것처럼, ASC를 유도하는 과정을 실험하고, 의식 상태를 구분하며, 기초적인 중심 개념을 정의함으로써 ASC 연구를 위한 초석을 놓았다. 더욱이 Tart(1972, 1973)는 **상태 특정 과학**state specific sciences의 개발을 제안하면서 과학적 방법의 근본적인 확대를 주장하였고, 의식의 기본적 본질을 완벽하게 탐구하기 위해 다양한

ASC 훈련을 받은 관찰자들이 과학적으로 연구를 시행할 수 있고, 그렇게 해야 한다고 제의하였다.

초기의 심현제 연구

ASC 영역을 정의하는 또 다른 주요 작업은 심현제에 대한 초기 연구이다. Grof와 Pahnke 같은 과학자들은 LSD와 실로사이빈psylocybin 같은 물질을 사용한 환각 경험의 특성을 조사하는 획기적인 실험을 하였다(Grof, 1975; Pahnke, 1963; Pahnke, Kurland, Unger, Savage, & Grof, 1970). 그 작업은 전근대 사회에서 ASC를 사용했던 방식에 따라 심현제 물질을 주의 깊게 조절하며 처치함으로써 강렬하고 오래 지속되는 종교적 · 신비적 체험 못지않은 유익한 체험을 촉진할 수 있다는 것을 보여 주었다(Doblin, 1991; Grof, 1975; Pahnke, 1963).

하버드 대학교에서 실행한 성 금요일 실험Good Friday Experiment으로 알려진 고전적 연구에서 Pahnke(1963)는 신비적 경험을 일으키는 실로사이빈 효과를 위해 무작위 대조군의 이중은폐double-blind[3]실험을 실시하였다. 팀의 연구자들은 실로사이빈이나 활성위약活性假藥(즉, 홍조 같은 신체적 영향력을 가져오는 니코틴 산)을 성 금요일 교회 전례에 참석한 20명의 신학생에게 투여하여 그들의 경험 특성을 묻는 설문조사와 인터뷰를 시행하였다. Pahnke는 실로사이빈을 투여받았던 참가자들이 통제집단 사람들보다 더 의미 있는 신비 경험을 한 것을 알아냈다. 또한 Pahnke(1963) 연구의 25년 추적 연구에서 Doblin(1991)은 "실험집단 참가자들이 만장일치로 그때의 성 금요일 실로사이빈 경험을 진실로 신비적인 특성을 가진 것으로 경험했고, 그들의 영성생활에서 최상의 정점 중 하나로 받아들였다"(p. 13)는 것을 발견하였다.

초기의 심현제 연구에 대한 다른 회고 분석은 그것의 잠재적 가치를 더 입증하였다. 예를 들면, 중독치료나 창의적 능력 증진 같은 것이다(Krebs & Johansen, 2012; Krippner, 1985; Strassman, 1995). Grof(1975)는 심현제에 대하여 "그것은 부적합해 보이지 않고 의학을 위한 현미경이나 천문학을 위한 망원경처럼, 심리학과 정신의학을 위한 잠재적 중요성이 과장되지 않았다."라고 서술하였다(pp. 32-33). 그러나 환각 유발에 관한 많은 연구는 최근까지도 일반적으로 지지받지 못하며 인간을 대상으로 한 심현제 연구는 불법으로 간주되

3) 이중은폐 실험 / 맹검법double-blind test은 실험자와 실험 대상자 모두 주관적 편향에 영향을 받지 않도록 하기 위해 실험자도 자신이 무엇을 테스트하는지를 가리는 것을 말함. 예를 들면, 의약품 개발에서 플라세보 효과를 막기 위해 환자와 의사 모두 그 약이 가짜인지 진짜인지 모르도록 함.

어 화합물의 사용과 오용을 둘러싼 법과 정치적 이슈 아래 수십 년 동안 금지되었다. 다행스럽게도 그 몇십 년 후 기본 메커니즘과 관련 물질의 혜택에 대한 합법적 연구는 다시 진행 중에 있다(Addy, 2012; Fadiman, 2011; Griffiths & Grob, 2010; Griffiths, Richards, McCann, & Jesse, 2006; Grob et al., 2010; Parrott, 2007).

변성 상태 연구의 성장

James(1902/1929)와 Tart(1969/1990, 1972), Grof(1975) 같은 인물들이 선구적으로 변성 상태 영역을 정의하면서 여러 연구자와 이론가 또한 ASC 탐구에 관심을 갖게 되었다. 변성 상태에 대한 정신생물학적 연구를 검토하면서 Vaitl 등(2005)은 "ASC에 대한 이제까지의 증거는 대부분 (실험과 관찰에 의해) 입증될 수 있는 것이지만, ASC에 대한 지배적인 모델은 아직 없다."라고 진술하였다(p. 99). ASC의 성격을 정의하고 의식의 본질과 관련한 논란은 아직도 학계에서 진행 중이다(Revonsuo, Kallio, & Sikka, 2009; Rock & Krippner, 2007). 그러나 지난 수십 년 동안 많은 연구 발견들이 축적되고 있다.

과학적 진보와 엄격한 연구는 ASC 연구를 확립하는 데 도움을 주었다. 이러한 연구들로는 질병과 부상(Avner, 2006), 수면과 꿈(Kokoszka & Wallace, 2011; LaBerge & Gackenbach, 2000), 최면(Kallio & Revonsuo, 2003), 명상(Cahn & Polich, 2006; Walsh, 1996), 신비적이고 초월적인 경험(Beauregard, 2011; Griffiths et al, 2006), 근사체험NDEs(Greyson, 2000), 유체이탈 경험OBEs(Blackmore, 2004; Blanke & Arze, 2005) 등이 있다. 15년 전 Walsh(1996, p. 167)는 명상의 단일 효과에 1,500개 이상의 출판된 연구물을 조사하면서 ASC 연구의 다양한 영역에서 축적된 많은 양의 정보에 대한 참조 틀을 제공하였다. 다음 부분에서는 이제까지 중요 영역에서 발견한 것들을 간략히 개관할 것이다. 이 주제에 관한 더 자세한 정보를 원한다면 Vaitl 등(2005)의 연구와 Cardeña와 Winkelman(2011b)을 찾아보기 바란다.

수면과 꿈

잠자는 것과 꿈꾸는 것은 대부분의 사람에게 정기적으로 일어나는 익숙하고 통상적인 경험이기 때문에 ASC 논의의 시작점에서 흔하게 언급된다. 잠은 뇌 안의 신경전달물질과 호르몬과 생리 기능 주기에 의해 조절되는 생물학적 현상으로 자연스럽게 일어나며,

보통 주변에 대한 의식이 상실되고 느린 심장 박동과 호흡을 포함해 생리적 변화 패턴이 잘 정립되어 있다(Kokoszka & Wallace, 2011). 잠자며 꿈꾸는 동안 뇌의 심전기의 생리학적 활동을 탐구한 연구자들은 수면 주기에 몇 개의 주요 단계가 있다는 것을 확인하였다. 그것은 입면의 시기(깨어 있는 상태에서 잠으로의 이행), 1～4단계의 수면(비-렘수면non-REM sleep), 급속한 안구 운동 수면REM(Aserinsky & Kleitman, 1953) 그리고 잠에서 깨기 전 반의식 상태의 시기(잠에서 깨어남으로 이동)이다. 사람들은 보통 렘수면 동안에 일어난 꿈을 대부분 기억하며, 매일 밤 약 네댓 번의 비-렘과 렘 수면 사이의 주기를 보인다(Barušs, 2003).

꿈은 ASC의 또 다른 고전적 형태를 대표한다. 꿈꾸는 사람은 이상하고 복잡하고 때로는 의식의 노력 없이 생성된 것으로 보이는 풍경이나 사건, 이야기를 경험한다(Vaitl et al., 2005). 꿈이 어떻게 왜 있는지에 관하여서는 아직 합의에 도달하지 못하였지만, 거기에 내재된 의미나 결핍, 신경 기저와 관련한 다양한 관점들이 제기되었다(Barušs, 2003; Freud, 1900/1950; Hobson, 1988; Taylor, 1998). 그럼에도 불구하고 꿈은 ASC 분야에서 의미 있게 탐구될 수 있는 실제적인 영역으로 남아 있다. 꿈의 한 특정 단계인 자각몽lucid dream은, 특히 꿈과 의식의 본성에 대해 흥미로운 경험을 보여 준다. 즉, 자각몽 중에 "우리는 꿈을 꾸고 있다는 것을 명백하게 인식한다"(LaBerge & Gackenbach, 2000, p. 152). 그리고 일상의 깨어 있는 의식과 아주 똑같이 의식이 아주 명료하고 생생하다(Tart, 1983, 1984). 이러한 명료함은 꿈을 꾸고 있는 사람에게 일상에서보다 더 큰 통찰과 꿈의 내용을 통제할 수 있는 능력을 제공한다. 그러나 일상적인 꿈속에서 '이건 꿈이야.'라는 생각을 했다고 해서 반드시 자각몽을 창조하는 명료한 의식으로의 변화가 일어나는 것은 아니다. 잠과 꿈에 관한 이론과 연구로 수많은 서적이 출판되었지만 아직도 많은 것이 이해되지 못하고 있다. 유용한 과학적 문헌의 논평은 Harnad(2000)를 찾아볼 수 있다.

최면

18세기 초로 거슬러 올라가 보면 최면은 ASC 문헌에서 복잡하지만 의미 있는 주제였다. 행동주의 관점에서 최면은 최면술사가 자동적인 암시의 수용이나 수면과 유사한 상태로 참가자를 유도하는 의례적 행위로 정의된다. 다른 연구자들은 최면을 피암시성의 증가로 특징짓는 ASC의 일종으로 본다(Beischel et al., 2011). 실제로 두 접근 모두 최면이 참가자의 반응에 의존한다는 면에서 사실이다(Tart, 1970a). 최면술사는 참가자의 믿음, 지각, 행동 같은 것을 변화시키도록 유도하며, 때로는 아주 고통스러운 자극에 대한 예민성을 엄청나게 감소시키는 유도가 가능하다(Barber, 1998).

최면은 다양하게 연구되었고, 고통의 완화와 심리치료 개입을 보조하는 치료로 이용되며 임상에서 매우 의미 있는 유용성을 보여 주고 있다(Barber, 1998; Lynn, Kirsch, Barabasz, Cardeña, & Patterson, 2000). 그러나 최면의 결과와 현상은 참가자 개인의 성향에 따라 악명 높을 정도로 다양하며 일관되고 반복적인 결과를 일으키기는 어려운 것으로 나타났다(Farthing, 1992; Pekala & Kumar, 2000). 더 나아가 최면의 기초 메커니즘과 상태는 ASC처럼 아직 논란의 여지가 많다(Barušs, 2003; Blackmore, 2004; Kallio & Revonsuo, 2003). 임상과 연구 도구로서 내재된 가치 때문에 최면은 앞으로 더 연구될 것이며, 분명히 자아초월 경험을 유도할 수 있는 뚜렷한 잠재성을 가진 것으로 보인다(Tart, 1970b).

명상

명상 절차는 폭넓고 다양하여 구분이 쉽지 않기 때문에 문헌을 통해 명상을 논하기에는 상당한 혼란이 따른다. 서로 다른 명상 절차는 특정한 명상적 ASC를 유도할 수도, 그렇지 못할 수도 있기 때문에 여기서의 진술은 명상에 관한 매우 일반적인 것들이다. 최면에서처럼 명상은 의도적으로 유도된 상태이다(Shear, 2011). 이전에 언급한 것처럼, 요즘의 연구들이 다양한 기법의 효과를 살펴보고 스트레스 감소 같은 치료적 관점에서 명상의 효과를 알아본다고 할지라도, 명상 기법은 명백히 아주 오래된 영적 전통에 근간을 두고 있다(Barnes, Bloom, & Nahin, 2008).

현대적 관점에서 Barrows와 Jacobs(2002)는 명상을 "주의의 자기조절"(p. 12)이라고 정의하고, 명상에서의 집중과 마음챙김의 형태를 구별하는 데 주목하였다. 집중 명상은 호흡의 감각이나 촛불, 명상가에 의하여 반복되는 특별한 소리인 만트라 같은 한 개의 자극에 주의를 집중한다(Vaitl et al., 2005). 마음챙김 명상 기법은 사고와 지각과 정서를 포함하여 "현재 진행되는 마음의 내용과 과정에 지속적인 비반응적 주시"를 한다(Samuelson, Carmody, Kabat-Zinn, & Bratt, 2007, p. 255). 집중 명상과 마음챙김 명상 기법이 성공적으로 진행될 때에는 일상적인 깨어 있는 의식 상태와는 명백히 다른 생리적이고 현상학적인 변화를 나타내며(Cahn & Polich, 2006), 최근에는 전통 의학과 심리치료에 유용한 보조 기법으로서 점점 더 많이 적용되고 있다(Barnes et al., 2008).

건강과 관련한 명백한 혜택 이외에도 자기감the sense of self의 변화는 명상의 주요 특징 중의 하나이다(명상 수행은 어떤 회기에서 ASC를 유도할 수도 그렇지 않을 수도 있다). Cahn과 Polich(2006)는 규칙적인 명상 수련의 결과를 "개인의 신체와 정신적 내용에 대해 집중

하는 것이 아니라 확장된 자기경험으로의 전환을 유도하는 것”(p. 181)이라고 보고하였다. 이는 더 높은 의식 상태를 구축하는 수단으로서의 명상을 지지하는 것으로, 동양의 영적 전통이 추구하는 목표를 따르고 있다(Shear, 2011). 명상의 방법과 효과에 대한 연구들이 추진력을 얻으면서 점점 더 확실해지는 증거는 장기적인 명상을 통해 개인의 시공간적 주의 기능과 인지와 정서가 향상된다는 것이다(Hodgins & Adair, 2010; Kozhevnikov, Louchakova, Josipovic, & Motes, 2009; Sahdra et al., 2011).

신비적이고 초월적인 경험들

종교적 신비 체험에 관한 연구에서 James(1902/1929)가 시도한 기초 작업의 발자취를 따라 현대의 연구자들은 지속적으로 초월적 특성을 가진 유사 경험과 현상들을 조사하고 분석해 왔다(Beauregard, 2011; Garicia-Romeu, 2010; Levin & Steele, 2005; MacLean, Johnson, & Griffiths, 2011; Waldron, 1998). Levin과 Steele(2005)은 초월적 경험을 “존재의 근원과의 융합이나 동일시를 인식하는 것”(p. 89) 그리고 “전형적으로 인간이 물리적 신체와 심리사회적 경계를 뛰어넘는 존재라는 지각이 일어난다.”라고 기록하였다. 이러한 경험은 모든 문화에서 일어나는데, 자발적으로 일어날 뿐 아니라 환각 물질의 섭취나 개인적 위기 상태, 기도, 단식, 자연에서의 야외활동을 포함하여 많은 촉발 자극으로부터 일어날 수 있다(Beauregard, 2011). 신비적 · 초월적 경험은 성격의 긍정적인 변화를 포함하여 심오한 정신적 변용을 일으킨다(MacLean et al., 2011; Waldron, 1998). 이러한 발견은 자기-초월을 안녕과 생태적 자각의 증가로 연결시키는 다른 체험들과 함께(Garcia-Romeu, 2010; Levin & Steele, 2005) 신비적이고 초월적인 경험이 미래의 ASC 연구에서 필수적인 역할을 할 것이라는 점을 시사한다.

유체이탈과 근사체험

ASC에 대한 지금까지의 논의가 충분하고 철저하지는 않지만, 이 분야와 관련하여 검토해 온 주제들 이외에도 몰입(Csikszentmihalyi, 1990)과 해리(Tinnin, 1990)와 같은 다양한 ASC들이 활발하게 연구되어 오고 있다. 추가적인 정보를 얻기 원하는 독자라면 Cardeña, Lynn과 Krippner(2000), Cardeña와 Winkelman(2011a, 2011b)의 연구를 참고하기 바란다.

ASC에 대한 개관은 유체이탈Out-of Body Experience: OBE과 근사체험Near-Death Experience: NDE에 대해 간단히 제시하면서 마무리하려 한다. 유체이탈 경험은 개인이 신체 밖에 존재하는 느낌이라고 할 수 있는데, "몸으로부터 나와 떠오르거나 여행하는 것"(Beischel et al., 2011, p. 115), 더 광범위하게는 물리적 신체와는 다른 곳에 있으며, 그리고 자기를 살펴봤을 때 깨어 있는 의식과 필적할 만한 명료한, 몽환 상태가 아닌 의식 상태를 분명히 보유하고 있는 것을 지각하는 경험으로 정의할 수 있다(Tart, 1968). 다양한 사람을 대상으로 한 연구에서는 환상에 빠지기 매우 쉬운 사람들의 경우 88% 정도의 높은 유병률을 발견했지만, 일반인들의 경우 대략 10~15%가 유체이탈 경험을 하는 것으로 추정되었다(Alvarado, 2000). 보통 유체이탈을 겪은 개인들은 죽음의 공포가 감소된 것을 포함하여 긍정적인 영향을 보고하였다(Alvarado, 2000). 신비적 · 초월적 경험과 유사하게 유체이탈 경험은 자발적으로 또는 심현제의 영향으로, 그리고 근사체험과 함께 일어날 수 있다(Blackmore, 2004).

Greyson(2000)은 근사체험을 "죽음에 임박하거나 극심한 신체적 · 정서적 위험 상황에 처한 개인에게 전형적으로 일어나는 초월적이며 신비한 요소를 가진 엄청난 심리적 사건"이라고 정의하였다(pp. 315-316). 근사체험은 '평화의 느낌' '신체 분리' '빛 속으로 들어가는' 경험을 포함하여 선구적인 연구자 Moody(1975)의 작업에서 발견된 중요한 특징뿐 아니라, 죽음에서 살아난 느낌이 전형적인 특징이다(Blackmore, 2004, p. 360). 유체이탈과 함께 근사체험은 영적 성장, 타인에 대한 관심의 증가, 죽음에 대한 두려움 감소 등을 포함하여 높은 변용의 경험이 일어나는 것으로 보고되었다(Greyson, 2000).

유체이탈처럼, 근사체험은 일상의 깨어 있는 상태와 같은 명료한 의식 속에서 시작될 수 있다. 그러나 지각과 인지가 일상 의식과 너무 다르기 때문에 적합하게 언어로 묘사하기가 어렵다는 경험자들의 보고에서 볼 때, 근사체험은 전형적인 ASC의 경험이다. 근사체험과 유체이탈 경험은 다양한 문화와 역사 안에서 일어났으며(Blackmore, 2004), ASC의 개념 체계와 높게 관련된 영역으로서 현재까지 지속적으로 연구되고 있다.

결론

문헌 검토를 통해 Vaitl 등(2005, p. 100)은 ASC를 19개 이상의 종류로 분류했는데, 여기에는 오르가슴, 굶주림, 정신증 같은 매우 폭넓고 다양한 현상들이 포함된다. (문헌에서는 매우 흔하게 실제 ASC 경험과 ASC를 유도할 수 있는 사건이나 과정 간에 혼동이 있다는 점을 주의하라.) 그럼에도 불구하고, 이 연구가 변성의식의 모든 스펙트럼을 완전하게 보여 주고 있지는 않다. 한 잔의 커피를 마시거나 강렬한 정서 상태에 빠지는 것과 같은 경험이 온건한 형태의 ASC를 유발할 수도 있다. Baumeister(1991)의 작업을 인용하면서, Aronson(2008)은 다음과 같이 기술했다.

> 열정적인 사랑은 여러 면에서 마리화나나 알코올이 야기하는 것과 유사한 변성의식 상태이다. 그러나 이 상태가 분명히 자극적이기는 하지만, 누군가가 장기적이고 원대한 영향을 가진 결정을 하려고 할 때 있어야 할 최상의 상태는 아니다(p. 390).

비슷하게, 음악을 듣거나 춤을 추는 것 또한 다양한 ASC를 유도한다(Fachner, 2011). 이런 이유로 이 장에서는 ASC의 보다 두드러진 특징을 갖는 일부 영역들만을 검토했다.

ASC 연구의 다양한 갈래를 고려하면서 몇몇 연구자는 ASC를 통합적인 이론 구조 안에서 보다 폭넓게 분류하려고 시도하였다. 예를 들면, Fischer(1971)는 샤먼의 황홀경과 같은 에르고트로픽ergotropic[4)](즉, 각성된aroused) ASC와 그에 대비되는 명상과 같은 트로포트로픽trophotropic(즉, 고요한calm) 상태를 제안했다. 이와 유사하게, Dittrich (1998)는 변성의식의 세 가지 주요 차원으로 대양적 무한함oceanic boundlessness, 자아소멸의 두려움dread of ego dissolution, 비전적 재구조화visionary restructuralization를 도출한 국제적인 ASC 연구를 이끌었다. Vaitl 등(2005)은 네 가지 차원의 ASC 기술 체계로 활성화activation, 자각 기간awareness span, 자기-자각self-awareness, 감각 역동sensory dynamics을 제시했다. Wilber(2000, 2006)는 조대粗大 · gross, 심령psychic, 정묘subtle, 원인causal, 비이원nondual 상태로 구성되는 ASC의 다층 수준 체계를 제안했다. 이 체계는 개인의 독특한 심리적 발달을 설명하며, 특정 방법에 의한 ASC 경험을 해석하는 기구로 사용된다. 이들 체계 모두 도움이 될 수 있지만, ASC의 실제는 현존하는 이론적 구조가 담아낼 수 있는 것보다 훨씬 더 다양하고 복잡하다.

이러한 이론에 더하여 다른 연구자들은 정신현상학, 신경현상학, 신체현상학 같은 ASC와 관련된 주관적이고 객관적인 양면의 현상을 더 효과적으로 조사할 수 있는 새로운 방법론의 채택을 제안하고 있다(Hartelius, 2007; Pekala, 1985, 1991; Varela, 1996). 이런 접근 방법들 그리고 이러한 류의 다른 접근 방법들은 심리 평가나 뇌영상 기술 같은 외적인 객관적 측정을 내적인 1인칭 상태와 결합시킴으로써 Chalmers(1996)가 적절히 이름을 붙인 의식의 난제에 따른 어려움들을 해결하려 시도한다. 이러한 노력에도 불구하고, ASC 분

4) 우리 몸의 부교감신경이 긴장하면 순환계활동이 진정되면서 다음 활동을 위해 에너지를 축적하는데, 이를 트로포트로픽trophotropic 상태라고 하며, 한편 교감신경이 활성화되면 흥분이 고조되거나 그 에너지 사용을 위한 지원 태세가 되는데, 이를 에르고트로픽ergotropic 상태라고 한다. 인간의 신체는 낮에 에르고트로픽 상태로 활동을 쉽게 하고, 밤에는 트로포트로픽 상태가 되어 에너지를 축적함.

야는 경험적 발견들을 포괄할 수 있는 폭넓게 수용되는 설명이 거의 없는 채로 활발한 토론과 담론이 계속되는 영역으로 남아 있다. 그럼에도 불구하고, 학문 영역을 넘나드는 학자들의 탐구와 대화는 ASC의 복잡성과 역동성에 대한 보다 큰 이해를 제공하고 있다. 이러한 계속되는 작업을 통해서 변성 상태의 연구 분야는 ASC의 핵심 현상에 대한 보다 통합된 이해를 향해 계속 전진할 것이다.

미래의 연구는 기술적이고 이론적인 진보로부터 혜택을 받을 것이다. ASC는 인류가 "전체론적 지각과 직관, 특별한 형태의 전-자기 동일시special forms of pre-self identification, 비언어적 지식, 강렬한 정서적 관여와 초연함"(Winkelman, 2011, p. 39)과 연결될 수 있는 능력을 설명해 오고 있기 때문에 ASC의 잠재적 가치를 밝히는 것은 현재 연구의 최우선 과제로 남아 있다. Tart(1972)가 제안한 상태-특정 과학의 확립을 향해 나아가는 것 그리고 ASC를 이해하고 인류의 진보를 위해 이러한 상태를 활용하기 위한 연구자의 훈련은 앞으로의 통합적 과제로 남아 있다. 더 나아가 만일 단면적 차원monophasic(즉, 보통의 깨어 있는 의식에만 가치를 두는 것)으로부터 다면적 차원polyphasic을 지향하도록 현대 서구 문화의 변화를 희망한다면 ASC의 존재와 쓰임과 가능한 이익에 대한 교육이 착수되어야 하며, ASC 스펙트럼은 사회의 궁극적인 진보를 위한 도구로서 사용될 수 있다(Laughlin, McManus, & d'Aquili. 1990; Whitehead, 2011). 이러한 목적을 위하여 사람들이 안전하고 건설적으로 ASC를 경험할 수 있는 문화적 맥락과 기반 구조를 창조함으로써 미래를 전망하는 것이 중요하다. 이것은 유사 이래 ASC를 탐구해 온 종으로서 우리가 인간으로 공유해 온 유산을 영예롭게 하는 것이다.

참고문헌

Addy, P. H. (2012). Acute and post-acute behavioral and psychological effects of salvinorin A in humans. *Psychopharmacology, 220*(1), 195-204. doi:10.1007/s00213-011-2470-6

Alvarado, C. S. (2000). Out-of-body experiences. In E. Cardeña, S. J. Lynn, & S. Krippner (Eds.), *Varieties of anomalous experience; Examining the scientific evidence* (pp.183-218). Washington, DC: American Psychological Association.

Aserinsky, E., & Kleitman, N. (1953). Regularly occurring periods of eye motility and concomitant phenomena during sleep. *Science, 118*, 273-274.

Avner, J. R. (2006). Altered states of consciousness. *Pediatrics in Review, 27*(9), 331-338.

Baars, B. J. (1997). *In the theater of consciousness: The workspace of the mind.* New York, NY: Oxford University Press.

Barber, J. (1998). The mysterious persistence of hypnotic analgesia. *International Journal of Clinical and Experimental Hypnosis, 46*(1), 28–43.

Barnes, P. M., Bloom, B., & Nahin, R. L. (2008). Complementary and alternative medicine use among adults and children: United States, 2007. *National Health Statistics Reports, 12*(12), 1–23.

Barrows, K. A., & Jacobs, B. P. (2002). Mind-body medicine: An introduction and review of the literature. *The Medical Clinics of North America, 86*(1), 11-31.

Barušs, I. (2003). *Alterations of consciousness: An empirical analysis for social scientists.* Washington, DC: American Psychological Association.

Beauregard, M. (2011). Transcedent experiences and brain mechanisms. In E. Cardeña & M. Winkelman (Eds.), *Altering consciousness: Multidisciplinary perspectives* (Vol.2, Biological and psychological perspectives, pp. 63–84). Santa Barbara, CA: Praeger.

Beischel, J., Rock, A. J., & Krippner, S. (2011). Reconceptualizing the field of altered consciousness: A 50-year retrospective. In E. Cardeña & M. Winkelman (Eds.), *Altering consciousness: Multidisciplinary perspectives* (Vol. 1, *History, culture, and humanities*, pp. 112–135). Santa Barbara, CA: Praeger.

Blackmore, S. (2004). *Consciousness: An introduction*. New York, NY: Oxford University Press.

Blanke, O. & Arze, S. (2005). The out-of-body experience: Disturbed self-processing at the temporo-parietal Junction. T*he Neuroscientist, 11*(1), 16–24.

Bowden, H. (2010). *Mystery cults of the ancient world.* Princeton, NJ: Princeton University Press.

Bucke, R. M. (1969). *Cosmic consciousness: A study in the evolution of the human mind.* New Hyde Park, NY: University Books. (Original work published 1901).

Cahn, B. R., & Polich, J. (2006). Meditation states and traits: EEG, ERP, and neuroimaging studies. *Psychological Bulletin, 132*(2), 180–211. doi:10.1037/0033-2909.132.2.180

Cardeña, E., & Alvarado, C. S. (2011). Altered consciousness from the age of enlightenment through mid-20th century. In E. Cardeña & M. Winkelman (Eds.), *Altering consciousness: Multidisciplinary perspectives (Vol. 1, History, culture, and the humanities*, pp. 45–72). Santa Barbara, CA: Praeger.

Cardeña, E., Lynn, S. J., & Krippner, S. (Eds.), (2000). *Varieties of anomalous experience: Examining the scientific evidence*. Washington, DC: American Psychological Association

Cardeña, E., & Winkelman, M. (Eds.). (2011a). Altering consciousness: *Multidisciplinary perspectives (Vol. 1, History, culture, and the humanities).* Santa Barbara, CA: Praeger.

Cardeña, E., & Winkelman, M. (Eds.). (2011b). *Altering consciousness: Multidisciplinary perspectives (Vol. 2, Biological and Psychological perspectives).* Santa Barbara, CA: Praeger.

Chalmers, D. J. (1995). Facing up to the problem of consciousness. *Journal of Consciousness Studies, 3*(1), 200–219.

Chalmers, D. J. (1996). *The conscious mind.* New York, NY: Oxford University Press.

Combs, A. (2009). *Consciousness explained better: Towards an integral understanding of the multifaceted nature of consciousness.* St. Paul, MN: Paragon House.

Dittrich, A. (1998). The standardized psychometric assessment of altered states of consciousness (ASCs) in humans. *Pharmacopsychiatry, 31*(Suppl 2), 80–84.

Doblin, R. (1991). Pahnke's "Good Friday experiment": A long-term follow-up and methodological critique. *Journal of Transpersonal Psychology, 23*, 1-28.

Fachner, J. C. (2011). Time is the key: Music and altered states of consciousness. In E. Cardeña & M. Winkelman (Eds.), *Altering consciousness: Multidisciplinary perspectives (Vol. 1, History, culture, and the humanities*, pp. 355-376). Santa Barbara, CA: Praeger.

Fadiman, J. (2011). *The psychedelic explorer's guide: Safe, therapeutic and sacred Journeys.* Rochester, VT: Park Street Press.

Farthing, G. W. (1992). *The psychology of consciousness*. Engelwood Cliffs, NJ: Prentice-Hall.

Feuerstein, G. (1998). *The Yoga tradition: Its history, literature, philosophy and practice*. Prescotto, AZ: Hohm Press.

Fischer, R. (1971). A cartography of ecstatic and meditative states, *Science, 174*, 897-904.

Garcia-Romeu, A. P. (2010). Self-transcendence as a measurable transpersonal construct. *Journal of Transpersonal Psychology, 42*(1), 26-47.

Greyson, B. (2000). Near-death experiences. In E. Cardeña, S. J. Lynn, & S. Krippner (Eds.), *Varieties of anomalous experience: Examining the scientific evidence* (pp. 315-352). Washington, DC: American Psychological Association.

Griffiths, R. R., & Grob, C. S. (2010). Hallucinogens as medicine. *Scientific American,* December, 77-79.

Griffiths, R. R., Richards, W. A., McCann, U., & Jesse, R. (2006). Psilocybin can occasion mystical-type experiences having substantial and sustained personal meaning and spiritual significance. *Psychopharmacology, 187*, 268-283.

Grob, C. S., Danforth, A. L., Chopra, G. S., Halberstadt., A. R., McKay, C. M., Greer, G., & Hagerty, M. (2010). Pilot study of psilocybin treatment for anxiety in patients with advanced-stage cancer. *Archives of General Psychiatry, 68*(1), 71-78. doi: 10.1001/archgenpsychiatry.2010.116

Grof, S. (1975). *Realms of the human unconscious: Observations from LSD research*. New York, NY: Viking Press.

Harnad, S. (Ed.). (2000). Sleep and dreaming [Special issue]. *Behavioral and Brain Sciences, 23*(6).

Hartelius, G. (2007). Quantitative somatic phenomenology: Toward an epistemology of subjective experience. *Journal of Consciousness Studies, 14*(12), 24-56.

Hartelius, G., Caplan, M., & Rardin, M. A. (2007). Transpersonal psychology: Defining the past, divining the future. *The Humanistic Psychologist, 35*(2), 135-160.

Hobson, J. A. (1988). *The dreaming brain*. New York, NY: Basic.

Hodgins, H. S., & Adair, K. C. (2010). Attentional processes and meditation. *Consciousness and Cognition, 19*, 872-878.

Kallio, S., & Revonsuo, A. (2003). Hypnotic phenomena and altered states of consciousness: A multilevel framework of description and explanation. *Contemporary Hypnosis, 20*(3), 111-164.

Kerényi, C. (1976). *Dionysos: Archetypal image of indestructible life*. (R. Manheim, Trans.). Princeton, NJ: Princeton University Press.

Kokoszka, A., & Wallace, B. (2011). Sleep, dreams, and other biological cycles as altered states of consciousness. In E. Cardeña & M. Winkelman (Eds.), *Altering consciousness: Multidisciplinary perspectives (Vol. 2, Biological and psychological perspectives*, pp. 3-20). Santa Barbara, CA: Praeger.

Kozhevnikov, M., Louchakova, O., Josipovic, Z. & Motes. M. (2009). The enhancement of visual-spatial efficiency through Buddhist deity meditation. *Psychological Science, 20*(5), 645-653.

Krebs, T. S., & Johansen, P. O. (2012). Lysergic acid diethylamide (LSD) for alcoholism: Meta-analysis of randomized controlled trials. *Journal of Psychopharmacology, 26*(7), 994-1002. doi:10.1177/0269881112439253

Krippner, S. (1985). Psychedelic drugs and creativity. *Journal of Psychoactive Drugs, 17*, 235-245.

LaBerge, S., & Gackenbach, J. (2000). Lucid dreaming. In E. Cardeña, S. J. Lynn, & S. Krippner (Eds.), *Varieties of anomalous experience: Examining the scientific evidence* (pp. 151-182). Washington, DC: American Psychological Association.

Laughlin, C. D., McManus, J., & d'Aquili, E. G. (1990). *Brain, symbol and experience: Toward a neurophenomenology of human consciousness*. Boston, MA: Shambhala.

Levin, J., & Steele, L. (2005). The transcendent experience: Conceptual, theoretical, and epidemiological perspectives. *Explore, 1*(2), 89-101.

Lewis-Williams, D. (2002). *The mind in the cave*. London, UK: Thames & Hudson.

Ludwig, A. M. (1966). Altered states of consciousness. *Archives of General Psychiatry, 15*, 225-234.

Lynn, S. J., Kirsch, I., Barabasz, A., Cardeña, E., & Patterson, D. (2000). Hypnosis as an empirically supported clinical intervention: The state of the evidence and a look to the future. *International Journal of Clinical and Experimental Hypnosis, 48*(2), 239-259.

MacLean, K., Johnson, M., & Griffiths, R. (2011). Mystical experiences occasioned by the hallucinogen psilocybin lead to increases in the personality domain of openness. *Journal of Psychopharmacology, 25*(11)., 1543-1461.

Maslow, A. H. (1962). Lessons from the peak experiences. *Journal of Humanistic Psychology, 2*, 9-18.

McKenna, T. (1992). *Food of the gods: The search for the original tree of knowledge, a radical history of plants, drugs, and human evolution*. New York, NY: Bantam Books.

Otto, W. F. (1981). *Dionysus: Myth and Cult*. (R. B. Palmer, Trans.). Dallas, TX: Spring. (Original work published 1965)

Pahnke, W. N. (1963). Drugs and mysticism: An analysis of the relationship between psychedelic drugs and the mystical consciousness (Unpublished doctoral dissertation). Harvard University, Cambridge, MA.

Pahnke, W. N., Kurland, A. A., Unger, S., Savage, C., & Grof, S. (1970). The experimental use of psychedelic (LSD) psychotherapy. JAMA, *The Journal of the American Medical Association, 212*(11), 1856-1863.

Parrott, A. C. (2007). The psychotherapeutic potential of MDMA (3, 4 methylenedioxy methamphetamine): An evidence-based review. *Psychopharmacology, 191*(2), 181-193.

Pekala, R. J. (1985). A psychophenomenological approach to mapping and diagramming states of consciousness. *Journal of Religion and Psychical Research*, 199-214.

Pekala, R. J. (1991). *Quantifying consciousness: An empirical approach*. New York, NY: Plenum Press.

Pekala, R. J., & Kumar, V. K. (2000). Operationalizing "trance" 1: Rationale and research using a psychophenomenological approach. *American Journal of Clinical Hypnosis, 43*(2), 107-135.

Price, N. (Ed.). (2001). *The archaelogy of shamanism*. London, UK: Routledge.

Revonsuo, A., Kallio, S., & Sikka, P. (2009). What is an altered state of consciousness? *Philosophical Psychology, 22*(2), 187-204.

Rock, A. J., & Krippner, S. (2007). Does the concept of "altered states of consciousness" rest on a mistake? *International Journal of Transpersonal Studies, 26*, 33-40.

Sahdra, B. K., MacLean, K. A., Ferrer, E., Shaver, P. R., Rosenberg, E. L., Jacobs, T. L., & Saron, C. D. (2011). Enhanced response inhibition during intensive meditation training predicts improvements in self-reported adaptive socioemotional functioning. *Emotion, 11*(2), 299-312. doi:10.1037/a0022764

Samuelson, M., Carmody, J., Kabat-Zinn, J., & Bratt, M. A. (2007). Facilities mindfulness-based stress reduction in Massachusetts correctional facilities. *The Prison Journal 87*(2), 254-268.

Schultes, R. E., & Hofmann, A. (1992). *Plants of the Gods: Their sacred, healing and hallucinogenic powers*. Rochester, VT: Healing Arts Press.

Shear, J. (2011). Eastern approaches to altered states of consciousness. In E. Cardeña & M. Winkelman (Eds.), *Altering consciousness: Multidisciplinary perspectives* (Vol. 1, *History, culture, and the humanities*, pp. 139-158). Santa Barbara, CA: Praeger.

Sluhovsky, M. (2011). Spirit possession and other alterations of consciousness in the Christian western tradition. In E. Cardeña & M. Winkelman (Eds.), *Altering consciousness: Multidisciplinary perspectives* (Vol. 1, *History, culture, and the humanities*, pp.73-88). Santa Barbara, CA: Praeger.

Smith, H. (1982). *Beyond the post-modern mind*. New York, NY: Crossroads.

Strassman, R. J. (1995). Hallucinogenic drugs in psychiatric research and treatment. *Journal of Nervous and Mental Disorders, 183*, 127-138.

Tart, C. T. (1968). A psychophysiological study of out-of-the-body experiences in a selected subject. *Journal of the American Society for Psychical Research, 62*, 3-27.

Tart, C. T. (1970a). Self-report scales of hypnotic depth. *International Journal of Clinical and Experimental Hypnosis, 18*, 105-125.

Tart, C. T. (1970b). Transpersonal potentialities of deep hypnosis. *Journal of Transpersonal Psychology, 2*, 27-40.

Tart, C. T. (1972). States of consciousness and state-specific sciences. *Science, 176*, 1203-1210.

Tart, C. T. (1973). State-specific sciences. *Science, 180*, 1006-1008.

Tart, C. T. (1975). *States of consciousness*. New York, NY: E. P. Dutton.

Tart, C. T. (1983). Lucid dreaming. *Dictionary of Psychology*. Oxford, UK: Basil Blackwell.

Tart, C. T. (1984). Terminology in lucid dream research. *Lucidity Letter, 3*(1), 4-6.

Tart, C. T. (Ed.). (1990). *Altered states of consciousness: A book of readings* (3rd ed.). New York, NY: John Wiley & Sons, Ltd. (Original work published 1969).

Tart, C. T. (2009). *The end of materialism: How evidence of the paranormal is bringing science and spirit together.* Oakland, CA: New Harbinger.

Tinnin, L. (1990). Mental unity, altered states of consciousness and dissociation. *Dissociation, 111*(3), 154-159.

Ustinova, Y. (2011). Consciousness alteration practices in the West from prehistory to late antiquity. In E. Cardeña & M. Winkelman (Eds.), *Altering consciousness: Multidisciplinary perspectives (Vol. 1, History, culture, and the humanities,* pp. 45-72). Santa Barbara, CA: Praeger.

Vaitl, D., Birbaumer, N., Gruzelier, J., Jamieson, G., Kotchoubey, B., Kübler, A., & Weiss, T. (2005). Psychobiology of altered states of consciousness. *Psychological Bulletin, 131*(1), 98-127. doi:10.1037/0033-2909.131.1.98

Varela, F. J. (1996). Neurophenomenology: A methodological remedy for the hard problem. *Journal of Consciousness Studies, 3*(4), 330-349.

Waldron, J. L. (1998). The life impact of transcendent experience with a pronounced quality of noesis. *Journal of Transpersonal Psychology, 30*(2), 103-134.

Walsh, R. (2007). *The world of shamanism: New views of an ancient tradition.* Woodbury, MN: Llewellyn.

Wasson, R. G. (1959). Division of Mycology: The hallucinogenic mushrooms of Mexico. An adventure in ethnomycological exploration. *Transactions of the New York Academy of Sciences, 21*(4) Ser. II, 325-339. doi:10.1111/j.2164-0947.1959.tb00681.x

Wasson, R. G. (1968). *Soma: Divine mushroom of immortality.* New York, NY: Harcourt Brace Jovanovich.

Wasson, R. G., Hofmann, A., & Ruck, C. (1978). *The road to Eleusis: Unveiling the secrets of the mysteries.* New York, NY: Harcourt Brace Jovanovich.

Watson, J. B. (1958). *Behaviorism.* Chicago, IL: University of Chicago Press. (Original work published 1924).

Whitehead, C. (2011). Altered consciousness in society. In E. Cardeña & M. Winkelman (Eds.), *Altering consciousness: Multidisciplinary perspectives* (Vol. 1, *History, culture, and the humanities,* pp. 181-202). Santa Barbara, CA: Praeger.

Winkelman, M. (2011). Shamanism and the alteration of consciousness. In E. Cardeña & M. Winkelman (Eds.), *Altering consciousness: Multidisciplinary perspectives (Vol. 1, History, culture, and the humanities,* pp. 159-180). Santa Barbara, CA: Praeger.

번역 출판

Aronson, E. (2008). *The social animal* (10th ed.). New York, NY: Worth Publishers. (박재호 역. 인간, 사회적 동물: 사회심리학에 관한 모든 것. 서울: 탐구당, 2014).

Battista, J. R. (1996). Contemporary physics and transpersonal psychiatry. In. B. W. Scotton, A. B. Chinen, & J. R. Battista (Eds.), *Textbook of transpersonal psychiatry and psychology* (pp.21-

28). New York, NY: Basic Books. (박성현, 권경희, 김준형, 백지연, 이재갑, 주혜명, 홍혜경 역. 자아초월 심리학과 정신의학. 서울: 학지사, 2008).

Baumeister, R. (1991). *Meanings of life*. New York, NY: Guilford Press. (김성일, 김혜주 역. 인생의 의미. 서울: 원미사, 2010).

Chinen, A. B. (1996a). The emergence of transpersonal psychiatry. In. B. W. Scotton, A. B. Chinen, & J. R. Battista (Eds.), *Textbook of transpersonal psychiatry and psychology* (pp. 21-28). New York, NY: Basic Books. (박성현, 권경희, 김준형, 백지연, 이재갑, 주혜명, 홍혜경 역. 자아초월 심리학과 정신의학. 서울: 학지사, 2008).

Chinen, A. B. (1996b). Western analytical philosophy andtranspersonal psychiatry. In. B. W. Scotton, A. B. Chinen, & J. R. Battista (Eds.), *Textbook of transpersonal psychiatry and psychology* (pp. 21-28). New York, NY: Basic Books. (박성현, 권경희, 김준형, 백지연, 이재갑, 주혜명, 홍혜경 역. 자아초월 심리학과 정신의학. 서울: 학지사, 2008).

Csikszentmihalyi, M. (1990). *Flow: The psychology of optimal experience*. New York, NY: Harper & Row. (최인수 역. 미치도록 행복한 나를 만난다. 서울: 한울림, 2004).

Dennett, D. C. (1991). *Consciousness explained*. Boston, MA: Little, Brown. (유자화, 장대익 역. 의식의 수수께끼를 풀다. 경기: 옥당, 2013).

Freud, S. (1950). *The interpretation of dreams* (A. A. Brill, Trans.). New York, NY: Random House. (Original work published 1900). (꿈의 해석. 다수 번역본 존재하여 서지사항 생략).

Huxley, A. (1954). *The doors of perception*. New York, NY: Harper. (권정기 역. 올더스 헉슬리 지각의 문 / 천국과 지옥. 경기: 김영사, 2017).

James, W. (1929). *The varieties of religious experience*. (Original work published 1902). (김재영 역. 종교적 경험의 다양성. 서울: 한길사, 2000).

Kuhn, T. (1962). *The structure of scientific revolutions* (2nd ed.). Chicago, IL: University of Chicago Press. (김명자, 홍성욱 역. 과학혁명의 구조. 서울: 까치글방, 2013).

Maslow, A. (1968). *Toward a psychology of being* (2nd ed.). New York, NY: D. Van Nostrand. (Original work published 1962). (정태연, 노현정 역. 존재의 심리학. 서울: 문예출판사, 2005).

Moody, R. A. (1975). *Life after life*. Covington, GA: Mockingbird Books. (주진국 역. 다시 산다는 것: 사후 생존이라는 현상에 관한 보고. 서울: 행간, 2007; 서민수 역. 삶 이후의 삶. 서울: 시공사, 1995).

Searle, J. R. (2004). *Mind: A brief introduction*. New York, NY: Oxford University Press. (정승현 역. 마인드. 서울: 까치글방, 2007).

Taylor, J. (1998). *The living labyrinth: Exploring universal themes in myths, dreams, and the symbolism of waking life*. Mahwah, NJ: Paulist Press. (이정규, 고혜경 역. 살아 있는 미로: 신화·꿈·상징의 원형을 통한 삶의 탐색. 서울: 동연, 2009).

Walsh, R. (1996). Meditation research: The state of the art. In B. W. Scotton, A. B. Chinen, & J. R. Battista (Eds.), *Textbook of transpersonal psychiatry and psychology* (pp. 167-175). New York, NY: Basic Books. (박성현, 권경희, 김준형, 백지연, 이재갑, 주혜명, 홍혜경 역. 자아초월 심리학과 정신의학. 서울: 학지사, 2008).

Wilber, K. (1995). *Sex, ecology, spirituality: The spirit of evolution*. Boston, MA: Shambhala. (김철수, 조옥경 역. 성 생태 영성[가제]. 서울: 학지사, 근간).

Wilber, K. (2000). *Integral psychology: Consciousness, spirit, psychology, therapy*. Boston, MA:

Shambhala. (조옥경 역. [켄 윌버의] 통합심리학: 의식 · 영 · 심리학 · 심리치료의 통합. 서울: 학지사, 2008).

Wilber, K. (2006). *Integral spirituality*. Boston, MA: Integral Books. (김명권, 오세준 역. 통합영성: 근대와 탈근대 세상에서 종교의 놀라운 새 역할. 서울: 학지사, 2018).

제 7 장

융, 분석심리학 그리고 자아초월심리학

Alan G. Vaughan

주로 독일어로 쓰기는 했지만, 자신의 저술에서 '초월transpersonal'이라는 개념을 처음 사용한 사람은 Jung이었을지도 모른다. Jung의 번역가들과 편집자들은 그의 글의 영어 번역본들에 가끔 그 개념을 포함시켰다. 그의 책 『분석심리학에 대한 두 논문』(Jung, 1966a, pp. 64-79)에서 '초월'이라는 개념에 대해 구체적으로 언급하고 있는 '개인 무의식과 집단 (또는 초월) 무의식'이라는 글을 발견할 수 있다. Jung은 또한 인간의 감정 안에 있는 미지의 것, 치료 과정에서 환자를 압도했던 그 미지의 것에 대한 표현으로 마법사와 악마라는 신화적 인격체를 언급했다. 치료 과정에서 그는 "이 특성은 언제나 '초월 혹은 집단 무의식의 내용이 투사된 것'임을 시사한다."라고 말하며 초월에 대해 직접적으로 언급했다(Jung, 1966a, p. 150). Jung이 의도적으로 그 구체적인 개념을 사용했든 그러지 않았든 또는 그의 번역자들과 편집자들이 그 개념을 쓸 것을 선택했든 그러지 않았든 간에 그가 집단 무의식, 원형과 같은 심리학에 대한 자신의 접근법을 현대의 자아초월심리학과 일정 부분 호환할 수 있는 것으로 생각했다는 점은 분명하다.

Jung(1966b)은 Freud의 정신분석과 Adler의 개인심리학을 모두 받아들인 분석심리학이라는 심리학에 대한 그의 독특한 접근법을 주창했다. Jung과 Adler는 둘 다 Freud의 내부 핵심층 초창기 멤버였으며, 종내에는 자신들의 고유한 학파를 만들기 위해 둘 다 Freud와 결별했다. Jung의 분석심리학은 개성화에 대한 메타심리학으로 볼 수 있는데, 개성화란 집단 무의식과 관계가 있는 의식이 내면을 향해 여행하는 것을 통해 사람마다 원래의 자신으로 되어 가는 과정을 뜻한다. Jung은 "인간이 심리적으로 개인이 되어 가는 과정, 즉 하나의 독립된, 나눌 수 없는 통합체 또는 완전체가 되어 가는 과정"을 시사하기 위해 개성화라는 단어를 사용했다(Jung, 1968a, p. 490). 개성화는 자기the self의 발견과 관계가 있다. 다시 말해, 의식의 한정된 자아영역과 무의식 사이의 의식적인 대화에 관여하는 것을 통해 의식과 이보다 더 큰 집단 무의식을 발견할 수 있다. 자기는 구조적으로는 개인 무의식과 집단 무의식으로 구성되어 있다.

개성화를 향한 이 여정에서 무의식은 상징과 이미지, 정서, 감각, 신화적인 이야기 등 태고의 언어로 자아에 대해 말하며, 이 모든 것은 꿈, 상상과 환상, 적극적 시각화를 통해 나타난다. 자아의 과제는 무의식의 언어를 배우고, 의식의 제한된 영역을 확장하며, 심혼psyche의 총체적 측면에서 자율성을 발휘한다. 집단 무의식은 모든 살아 있는 인간 경험에 대한 잠재력의 원형 또는 전성前成 사이코이드psychoid pre-formation[1]를 포함하며, 대개 고대로부터 영속적으로 진화한 본능으로 인식되었다. 원형은 전형적인 이해의 방식으로 생각할 수 있다(Jung, 1968a, p. 4). 인류 공동체와 관련하여 자기를 알아가는 것과 개성화를 향한 여정은 분석적인 심층 심리치료를 통해 촉진된다. 분석적인 심층 심리치료 과정에는 정신 또는 자기의 영적 · 창조적 차원 그리고 범문화적 형태의 다양한 창조적 표현에 대한 역사 기술적 확충historiographic amplification을 포함한다.

Jung의 초월에 관한 관심의 기원

Jung은 어렸을 때부터 초월적인 것에 관심이 많았다. 그는 스위스 개혁 교회의 평범한 시골 목사인 Paul Achilles Jung의 넷째 아들로 태어났다. Paul의 아내인 Emilie Preiswerk는 초자연적인 현상을 볼 수 있는 영매로 알려졌다. 친가와 외가 양쪽의 삼촌들도 모두 성직자였다. 따라서 종교는 Jung의 경험에 큰 역할을 했다. 그는 어렸을 때 내향적이었으며, 적극적 명상과 환상 보기, 영적인 영역과 상상의 영역에 관심을 가졌다. 이런 것들은 그가 의학 교육을 받는 동안, 그리고 그 이후의 삶을 사는 동안에도 줄곧 계속되었던 관심사이다. 그는 사촌인 Helene Preiswerk와 함께 초월적인 비술秘術 · occult 현상에 대해 조사

1) 집단 무의식의 깊은 층을 이루는 정신과 물질이 융합된 상태. Jung은 UFO를 대표적인 사이코이드 현상으로 보았다.

했는데, 그것은 그가 바젤 대학에서 의학 박사 학위를 받는 데 필요한 학위 논문의 주제가 되었다. Jung은 환상과 트랜스 상태, 교령회, 환상, 영매 등에 대한 Helene의 경험에 관심이 있었다. 이 글은 후에 출판되었는데, 1902년에 「소위 신비 현상의 심리학과 병리학에 대해」라는 논문으로 『전집』에 실린 것이 그것이다(Jung, 1975, pp. 3-88).

Jung은 어릴 때부터 그리스도교의 교리와 종교의 의미, 신에 대한 아버지의 믿음에 의문을 가졌다. 영성, 상징과 상징주의의 내면 세계는 번성하는 상업주의와 산업주의 그늘 아래로 밀려난 제도 종교와 마찬가지로 그의 주요 관심사였다. 신비주의와 신비 체험에 관한 그의 어릴 적 관심사를 회고한 유명한 자서전들이 출판되었는데, 『기억, 꿈, 회상』(Jung, 1961)과 『죽은 이에 대한 7가지 설교』(Jung, 1961, 부록) 그리고 더 최근의 것으로 『레드 북』(Shamdasani, 2009)이 있다.

Jung은 Breuer와 Janet의 영향을 받았으며, 정신의학 부문의 경력을 쌓기 시작한 초기에는, 특히 Freud의 영향을 받았다. 그러나 최근 연구에 따르면, 무의식에 대한 Jung의 생각은 Freud보다는 Carl Gustav Carus로부터 더 많은 영향을 받았다고 한다. Carus는 내과 의사였는데, 무의식을 영혼의 핵심적인 기반으로 정의했다(Shamdasani, 2009). Jung이 개념화한 무의식의 심리학은 Carus로부터 유래되었을 수 있다. 그러나 Jung은 라이프니츠 Leibniz, 칸트Kant, 셸링Schelling, 쇼펜하우어Schopenhauer, 하트만von Hartmann 등 철학자들로부터도 영향을 받았다. Nietzsche와 Burckhardt의 저작들 역시 Jung에게 간접적으로 영향을 끼쳤다. 의식의 절대적인 기반은 무의식으로 구성되어 있다는 것, 그리고 "태고의 기반으로서의 무의식은 분화된differentiated 것이 아니라 보편적universal이다."라는 것은 다름 아닌 Schelling의 통찰이었다(Shamdasani, 2003, pp. 164-165).

Jung은 Freud(1900/1913)의 책 『꿈의 해석』을 1900년에 읽었다(Jung, 1961). 그리고 1903년에 Jung 고유의 임상 실습과 연구, 독서를 통해 의식과 의식보다 더 깊고 넓은 무의식 영역 사이의 관계에 대한 이해를 발전시켰다. 무의식의 영역은 꿈과 방어 기제로서의 억압을 포함하고 있었다. 1907년 Jung은 Freud의 동료가 되었다. 그는 경우에 따라서 성에 관한 트라우마가 억압의 존재를 설명할 수 있다는 Freud의 의견에 동의했다. 그러나 주원인이 성 문제를 포함하고 있지 않은 신경증과 관련된 사례들도 있다는 것 또한 믿었다. Jung이 1913년까지 6년 동안 Freud의 동료로 있으면서 임상 사례들을 공유할 때, Freud는 신경증의 원인으로 성과 관련된 것 이외의 어떤 것도 인정하지 않았다. 그것은 Jung에게 중요한 문제가 되었다. Jung은 Freud가 독단적인 신조dogma에 담겨 있는 그 자신의 권위를 진리보다 더 중요하게 여긴다고 믿었다. Jung은 그러한 신조에 대해서는 관용적이지 못했고, 그의 부정적인 아버지-아들 콤플렉스를 자극하여 표면화되었다. 그리고 결국 Freud와 결별하게 되었다. 이 결별의 주요한 부분은 영성에 대한 Freud의 입장과 관련이 있다. Jung은 Freud가 영성을 단순히 억압된 성으로 축소시켜 버린 것을 좋아하지 않았다. Jung은 문화가 인위적인 유물이며 억압된 성의 결과일 뿐이라는 관점을 받아들일 수 없었으며, 건강, 안녕well-being, 창의성, 행복, 영성, 미학, 사회관계, 목적, 의미 등은 태어날 때부터 있었던 원형적 잠재력으로서 삶에 없어서는 안 되는 것들이라고 생각했다. 인간으로 하여금 개성화 또는 최적의 발달 단계로 나아가게 하는 리비도 에너지의 원천은 심혼Psyche이라고 Jung은 생각했다. 그의 관점에 따르면, 정신은 성 에너지를 포함하고 있으며, 창의적 표현뿐 아니라 인간의 파괴적 본질까지 포괄하는 것이다. Jung은 성격과 개인의 관계는 문화와 집단의 관계와 같다는 것을 이해하기 시작했으며, 연구와 저술 작업은 물론 임상 실습에서도 자신의 내면에서 경험했던 것과 같은 집단 무의식에 관한 생각과 경험, 비교 신화학, 상징 등에 더 이끌리기 시작했다. 1913년 9월에 Jung과 Freud는 마지막으로 만났다. 그 후 얼마 지나지 않아 Freud는 자신의 관점과 Jung과 Adler의 관점이 서로 양립할 수 없다는 것을 강조하는 논문을 출판했다(Alexander & Selesnick, 1966).

Jung은 Freud와 결별한 후 공적인 삶에서 물러나 이른바 창조적인 고통의 기간a period of creative illness으로 들어섰다(Ellenberger, 1981). 극도로 내향적이던 이 시기에 Jung은 개인 노트에 글을 쓰기 시작했는데, 그것이 편집된 형태로 발간된 것이 최근에 출판된『레드북』이다(Shamdasani, 2009). 그 노트에는 이 변용 기간에 대한 자전적인 연구, 자신의 이론을 위해 모델을 구성하고 기초를 만드는 작업 그리고 평생 동안 연구하고도 아직 남아 있는 문제에 대한 안내 등이 포함되어 있다. 무의식과 자신과의 대화라는 맥락에서 자신의 공상과 환상, 꿈을 탐구하는 방법으로 적극적 명상, 회화, 소묘, 집필을 활용하면서 Jung은 자신의 이론으로 진화해 가게 될 생각을 확산하고, 질문하고, 확인하기 위해 은유와 초문화적인 상징을 사용하기 시작했다. 1921년 그는 자신의 책『심리학적 유형』(Jung, 1921/1923)의 출판과 동시에 이 8년간의 기간으로부터 세상에 모습을 드러냈다. 이 책은 파괴적인 적대감을 해소하고, 자신의 생각과는 달랐던 Freud와 Adler의 성격 이론의 관점을 수용하기 위한 그의 노력이 담긴 것이다(Douglas, 2000). 그가 만든 유형학 체계는 각 유형이 리비도 또는 정신 에너지를 경험하고 세상에 반응하는 서로 다른 방법들에 대한 인정과 설명이다. Jung은 연금술과 비교 신화학에 대한 연구를 계속했다(Campbell, 1971). 비교 신화학은 Jung의 원형 이론의 본질과 특성을 분명히 보여 준 데 반해, 연금술은 정신분석학에서 경험될 수 있는 변용의 본질과 무의식의 본질, 무의식의 언어를 거론했다.

분석심리학: Jung의 성격 이론

Jung의 성격 이론은 복잡하기는 하지만, 몇 가지 핵심적인 구성 개념과 연관된 개념의 역동적인 관계를 통해 만들어진 구조에 기반을 두고 있다. 1888년 의학 영역에서 정신분석운동이 출현한 이래 정신의학의 새로운 하위 전문 분야의 주변부에서 정신분석은 신경학, 인류생물학과 관련된 인간의 성격과 정신 상태를 설명하기 위해 형이상학적인 언어를 차용했다. 어떤 단어는 종교와 철학에서, 또 어떤 것은 문화인류학과 같은 사회과학에서 빌려 왔다. Jung이 무의식과의 조우로부터 모습을 드러냈을 때, 내부와 외부의 심리학적 경험의 연관성에 대한 것은 물론 정신의 자율 통제 역동, 자아와 자기의 대화, 원형의 본질과 콤플렉스 이론, 서양 문화가 정신에 미친 영향, 개인과 집단의 성격 발달과 관련된 문화의 역할에 대한 그의 생각과 글은 보다 분명해져 있었다. 그의 주된 관심사는 강신술spiritualism과 초상 현상paranormal, 신비주의, 비술occult 현상에 집중되어 있었다.

Freud는 정신의 구조와 기능에 대한 자신의 학설을 보충하기 위해 그 학설들을 정신해부학과 생리학이라고 은유적으로 언급하면서 메타심리학 개념을 사용했다. 메타심리학은 직접 관찰할 수 있는 독립체가 아닌 이론적 관념으로 구성되어 있다. 그것은 심혼이 마치 구체적인 구조를 갖추고 있는 것처럼 심혼에 대한 토론을 허용하는 허구의 언어로, 심혼이 어떻게 작동하는지에 대한 이해를 돕는 효과적인 모형을 만들기 위한 한 방법으로 간주되었다. 상징적 혹은 가상적 모형은 현실의 구체적이고 측정 가능한 측면을 대표하는 것이 아니라 추론적이고 체험적인 것으로 보였다. Jung은 자신의 분석심리학 이론을 이런 Freud의 방식으로 계속 발전시켰다. 그는 인간의 기능과 생명의 존재 이유, 삶의 의미에 대한 새롭고 혁신적인 사고를 확장하고 확대시킨 이론을 제공했다. 그것은 인간 특유의 생물학과 문화 환경적 역사기록학 양쪽의 공통적인 모체matrices에 기반했다. Jung의 콤플렉스 이론의 주요한 취지를 이해하기 위해서 몇 가지 핵심 단어의 정의에 초점을 맞출 필요가 있다.

심혼Psyche Jung은 단어를 사용할 때 마음mind이나 심적心的 · mental보다 심혼과 심령psychic을 더 선호했다. 일반적으로 정신은 전체 정신 기관, 즉 의식뿐만 아니라 무의식까지 나타내는 반면, 마음mind은 전적으로 의식적이고 자아 영역의 범위에 있는 정신mental 기능의 측면을 나타내는 데 사용되기 때문이다.

의식 Jung이 의식consciousness에 관한 자신의 생각을 쓴 글들은 다음과 같다.

의식이 실제로 무엇인지를 생각해 보면, 우주에서 일어나는 사건이 동시에 내면의 이미지를 생성한다는 사실에 대한 극단적인 경이로움에 깊은 인상을 받는다. 그것을 의식되었다고 한다(1961, p. 382).

의식은 확실히 스스로 창조되지 않는다. 그것은 알 수 없는 깊은 곳으로부터 솟아난다. 어렸을 때에는 서서히 깨어나며, 전 생애 동안 매일 아침 무의식적인 상황에서의 깊은 잠으로부터 일어난다. 의식은 태고의 무의식의 자궁으로부터 매일 태어나는 아이와 같다(1968a, p. 935).

Jung의 관점에서 의식은 개인 무의식과 집단 무의식으로 나누어진다. 개인 무의식은 집단 무의식과 문화적인 환경 간의 상호작용의 산물로 그 안에서 개인은 발달한다. 개인 무의식은 자아 의식을 통해 들어왔거나 지나갈 것 모두를 포함하고 있다. 과거의 사건들에 대한 기억은 개인 무의식에 저장되는데, 일반적으로 의지나 외부 자극에 의해 의식에 접근할 수 있다.

콤플렉스와 개인 무의식

콤플렉스는 생각과 경험에 대한 감정적 반응이다. 콤플렉스는 개인 무의식의 기능적인 단위이다. 이것은 신경증이나 정신증이 있는 사람들에게 적용되는 것처럼 건강한 사람에게도 적용된다. Jung은 콤플렉스를 건강한 마음을 이루는 핵심적인 부분으로 간주했다. 콤플렉스는 자율적이며 의식과 독립해서 무의식적으로 작동할 수 있는데, 예를 들어 청각 혹은 시각적 환각, 트랜스 상태의 영매를 제어하는 비전이나 영들 또는 다중성격과 같은 현상에서 발생할 수 있다. 콤플렉스는 의식을 쉽게 불안하게 만들고 혼란에 빠뜨릴 수 있다.

집단 무의식

본능과 원형은 함께 집단 무의식을 형성한다. 개인 무의식과 달리 이 단계의 무의식은 개인적이고 독특한 내용이 아니라 보편적이고 규칙적으로 발생하는 것들로 구성되어 있기 때문에(Jung, 1972a) Jung은 집단 무의식이라고 불렀다. Jacobi(1973)는 이것을 다음과 같이 설명했다.

> 이른바 개인 무의식은 개인의 삶에서 비롯된 것으로, 잊혀지고 억제되고 억압되고 부지불식간에 지각되는 내용이다. 반면, 집단 무의식은 두려움, 위험, 우월한 힘에 대항하는 투쟁, 아이와 부모의 관계, 증오와 사랑, 탄생과 죽음, 빛과 어둠의 원리의 힘 등과 같이 역사적 시기나 사회, 민족 집단과 관계없이 태초 이후 지금까지의 보편적인 상황에 대한 인류의 전형적인 반응의 저장소이다(p. 10).

Jung은 몇몇 주요 저작에서 개인 무의식과 집단 무의식을 구별하면서 무의식에 대해 다음과 같은 말로 분명히, 그리고 함축적으로 언급했다. 예를 들면, 무의식에 대해 그는 다음과 같이 서술했다.

> 이론적으로는 의식의 영역에 한계를 설정할 수 없다. 의식은 무제한으로 확장할 수 있기 때문이다. 그러나 경험적으로 의식은 미지의 것에 직면하면 언제나 한계를 만난다. 무의식은 우리가 알지 못하는 모든 것으로 구성되어 있다. 따라서 그것은 의식 영역의 중심인 자아와 관련되어 있지 않다. 미지의 것은 두 그룹의 대상으로 나누어진다. 외부에 있으면서 감각으로 경험할 수 있는 것과 내면에 있으면서 즉각 경험할 수 있는 것이 그것이다. 첫 번째 그룹은 외부 세계에 있는 미지의 것으로, 두 번째 그룹은 내면 세계에 있는 미지의 것으로 구성되어 있다. 우리는 후자를 무의식의 영역이라고 부른다(1968b, p. 1).

원형

원형은 집단 무의식 안에 거주한다. 원형은 의식을 구조화하며, 모든 문화와 시대에 걸쳐 인간이 환경과 상호작용하면서 경험한 것에 대한 잠재력을 보유하고 있다. Jung은 원형에 대하여 다른 식으로『전집』에 썼다. 다음의 인용은 원형에 대한 이해를 도와준다.

> 원형 자체는 비어 있고, 순수한 형식이며, 선험적으로 주어진 표상의 가능성이다. 표상 자체는 유전되지 않으며, 오직 형식만으로 존재한다. 그러한 점에서 표상은 모든 면에서 본능에 상응하며 그것은 형식 안에서 결정된다. 본능의 존재는 그들이 구체적으로 나타나지 않는 한 원형의 존재로만 입증될 수 있을 뿐이다(1968a, p. 155).

후기 융학파이자 분석가인 Haule(2011a)은 Jung의 독창적인 저작과 언어 원형에 대한 사례를 바탕으로 다음과 같이 원형의 현대적 정의를 제시했다.

> 언어 원형에 대한 연구에서 우리는 원형이 무엇인가에 대하여 최소한 9개의 요소를 열거할 수 있다.
>
> ① 원형은 어떤 종species의 보편적인 패턴이다.
> ② 의미 있는 인식, 상상력 그리고 행동 패턴이다.
> ③ 원형은 밀접히 관련되어 있는 종의 행동과 닮았다.
> ④ 우리가 (아마도 멸종되었을) 원래의 조상 종을 찾을 수 있도록 유전 계통의 추적을 가능하게 한다.
> ⑤ 원형은 뇌 영역, 호르몬 등 인식의 가능한 생리적 변화를 수반한다.
> ⑥ 호르몬과 자율신경계가 개입한 결과, 원형들은 보통 매우 감성적이며 심지어 신비로운 것으로 경험된다.
> ⑦ 원형 그 자체는 비어 있는 프로그램으로, 그것을 채워 줄 삶의 경험을 필요로 한다.
> ⑧ 이 채우는 과정은 지역적이고 문화적인 삶의 방식에 따라 뇌 회로를 형성한다.
> ⑨ 그 결과, 신화적이라는 의미에서 원형적인 이미지와 기대는 항상 특정한 문화의 형태를 취한다.

Jung의 이론 구조에서 종의 특정한 경험에 대한 잠재성으로서의 원형과 콤플렉스의 내용인 살아 있는 경험 사이에는 기능적인 관계가 있다.

콤플렉스 이론과 원형

따라서 콤플렉스는 원형이 개인 심혼과 집단 심혼 그리고 문화 환경에 자신을 드러내는 수단이다. 콤플렉스는 정서적 감동 또는 감정적 반응을 공유하는 것을 통해 함께 묶인 연관된 생각들의 집단이다. 콤플렉스는 의식적인 경험과 행동에 역동적인 영향력을 행사한다(Stevens, 1991). 콤플렉스는 양극성, 즉 긍정적인 것과 부정적인 것을 가지고 있는데, 양극성은 좋은 어머니 콤플렉스와 나쁜 어머니 콤플렉스처럼 원형에 대한 인간 경험의 질에 의해 조건화된다. 각 콤플렉스의 심장부 또는 중심에는 집단 무의식, 태고의 이미지나 원형의 핵심이 있다. 콤플렉스가 원형의 의인화된 측면이라는 점에서 원형과 콤플렉스 사이에는 밀접한 기능적 관계가 존재한다. 콤플렉스는 원형이 자신을 드러내는 수단이며, 개인 심혼 내에서 경험된다. 또한 후기 융학파의 최근 사상(예를 들면, Singer & Kimbles, 2004)에 따르면, 문화 콤플렉스는 민족적 집단 심혼 안에서 경험된다.

Jung은 신경증과 트라우마를 다음과 같은 방식으로 강조하면서 콤플렉스 이론의 현상학과 임상적 관점에 대해 언급했다.

> 콤플렉스는 트라우마의 영향 또는 양립할 수 없는 어떤 경향 때문에 떨어져 나간 정신의 조각이다. 연상 실험이 증명하듯이 콤플렉스는 의지의 의도에 개입하며, 의식적 실행을 방해한다. 콤플렉스는 기억장애를 가져오고, 연상의 흐름을 막는다. 그것은 자기만의 법칙에 따라 나타나고 사라진다. 그것은 일시적으로 의식을 사로잡을 수 있으며, 무의식적인 방식으로 말과 행동에 영향을 미칠 수 있다. 한마디로, 콤플렉스는 독립적인 존재인 것처럼 행동하는데, 특히 마음이 비정상적인 상태에서 분명한 사실이다. 정신 이상자들에게 들리는 음성에서 콤플렉스는 개인 자아의 성격을 띨 수도 있다. 이는 자동적 글쓰기와 유사한 방식을 통해 자신을 드러내는 영spirit의 특징과 비슷하다(1972b, p. 253).

자아와 페르소나

분석심리학 이론에서 자아는 인지 감각 기능 안에 드러나는 의식의 초점이다. 자아는 문화적 상징들을 해독하고 수용 가능한 행동 규범에 적응하는 데 주력함으로써 경험의 주체와 객체 영역을 중재한다. 페르소나는 자아의 외면이다. 즉, 자아의 공적인 관계를 확고하게 한다. Jung에게 페르소나는 한 인간이 수행하는 역할이며, 사람들에게 어떻게 보이고 받아들여지고 싶은지 알려야 하는 책임이 있다. 사회적 성공은 페르소나의 특성에 달려 있다. 갖추어야 할 최상의 페르소나는 달라지는 사회 상황에 융통성 있게 적응하면서 동시에 그 이면에 있는 자아의 특징을 잘 반영하는 것이다. 발달적으로 인간의 성장 과정에서 페르소나는 부모와 교사, 코치, 매니저의 기대에 부응하고자 하는 욕구로부터 발달한다.

그림자

그림자는 페르소나에서 나타나는 특징과는 반대되는 특징을 가지고 있다. 성격의 이 두 측면은 서로 보완하며 균형을 잡는다. 그림자는 페르소나의 가식을 보상하며, 페르소나는 그림자의 반사회적인 경향을 보상한다. 그림자는 무의식이지만 끊임없이 나타나며, 역동적으로 활성화된 상태를 유지한다. 그것은 자아가 거부한 면면들을 지니고 있다. 자아는 그런 내용의 그림자를 가지고 있다는 것이 끔찍하거나 고통스럽다. 무의식적인 그림자는 개인과 집단 차원에서 인종차별주의, 성차별주의, 노인차별주의 그리고 모든 다른 주의들isms처럼 다른 사람들에 대한 부정적인 투사의 기초가 된다.

자기

자기는 다양한 원형 가운데 주 원형이라고 할 수 있다. 자기는 생애 주기의 매 단계에 걸쳐 삶의 청사진을 실행하고, 개인의 환경이 허락하는 한 최선의 적응을 가져와야 하는 책임이 있다. 자기는 삶 속에서 그 자신의 실현을 추구하고자 하는 타고난 특징이 있다는 점에서 목적론적이며 존재론적인 기능이 있다. 자기의 목표는 온전함 또는 개성화이다(집단과는 별개인 고유의 자기가 되는 것). 자기는 생물학에 뿌리를 두고 있기는 하지만 영과 영혼의 신비로 끌고 가기도 한다. 자아는 의식이 집착하고 있는 것만 공유할 수 있지만, 자기는 훨씬 더 넓은 존재의 경험 영역에 접근할 수 있다. Jung(1966a)은 이에 대해 다음과 같이 언급했다.

> 양quantity으로서의 자기는 의식적인 자아의 상위 수준의 범주이다. 자기는 의식뿐만 아니라 무의식적인 심혼도 수용한다. 따라서 자기는 우리 모두이기도 한 인격이다. 우리가 자기의 의식에 근접하게라도 닿을 수 있을 것이라는 희망은 거의 없다. 왜냐하면 우리가 아무리 많은 부분을 의식화한다고 해도 규정할 수 없고, 확인할 수 없는 자기 전체에 속하는 무의식적인 양이 언제나 존재할 것이기 때문이다(1966a, p. 274).

자아-자기 축

자아-자기 축은 자기와 자아 사이의 대화이다. 그 축은 개인 또는 집단 무의식으로부터 나오는 정보에 의미를 부여하는 분화된 자아의 역량 혹은 능력에 달려 있다. 무의식으로부터의 정보는 (개인적이든, 원형적이든) 꿈, 환상, 창조적인 생각과 산출물 등의 형태로 나타난다. 일반적으로 그 축은 심층 심리치료 또는 분석을 통해 함양되지만 영적 훈련과 초문화적인 지혜 전통 등 다른 원천으로부터 함양되기도 한다.

개성화

Jung은 전체 생애 주기를 자기the self가 집행하고 항상적으로 조절하는 지속적인 과정 혹은 변형으로 보았다. 그는 각 인간의 삶의 과정은 인간이 아닌 다른 종(그는 이들을 우리의 동식물 형제자매로 보았다.)에서 관찰되는 단계들의 진화론적인 확장이라고 추론했다. 개성화individuation는 모든 살아 있는 존재가 애초부터 예정되어 있던 것으로 되어 가는 생물학적인 과정의 표현이다. Jung은 개성화를 다음과 같은 방식으로 설명했다. "나는 인간이 심리적으로 하나의 독립된 개인이 되는 나눌 수 없는 통합체 또는 완전체가 되어 가는 과정을 나타내기 위해 개성화라는 개념을 사용한다"(Jung, 1968a, p. 275).

대극 이론과 초월적 위치

변증법의 현상학에 기초하여 대극opposites의 결합은 전체를 만든다. 어떤 것이 의식되든지 간에 그것의 대극은 무의식 속에 존재하기 때문이다. 전체는 의식과 무의식이다. 초월적 위치는 변증법적인 의식의 확장을 통해 달성되며, 대극적 의식의 긴장을 파악하고, 조화시킬 수 있고, 자신의 삶의 주기를 갱신하기 위해 스스로 대극을 창조할 수 있는 새로운 위치와 태도, 즉 제3의 관점을 만들어 낸다.

Jung과 자아초월심리학

Freud는 생물학적 심리학의 틀 내에서 임상 사례 연구 방법을 활용해 정신분석 이론을 발전시켰다. Adler는 Jung과 함께 이 이론 영역과 체계를 확장하기 위해 노력했다. 아들러는 가족의 중요성과 개인 안에 있는 권력 의지, 가족 구조 내에서의 힘의 역동의 중요성을 발견했다. 이와는 대조적으로 Jung은 자신의 원형과 집단 무의식 이론에서 인간 종의 집단적인 가족에 대한 초문화적이고 역사 기술적이며 초월적인 관점을 제공했다. 『변용의 상징』이라는 책의 출판과 함께 Jung(1967)은 인간이 유전적으로 진화된 동물과 종족의 본질과 혈통을 포함하고 있는 여러 겹의 의식을 가진 영적인 존재라는 생각을 발전시켰다. 그는 리비도 혹은 창의적 생명 에너지의 변용은 생물학적이고 사회적인 욕구만이 아니라 초월적이고 존재론적이며 목적론적인 의제도 포함한다고 단언했다.

그의 책 『원형과 집단 무의식』은 장기간에 걸쳐 저술된 논문집인데, 이 책에서 Jung

(1968a)은 심혼의 삼위일체 수준triune levels에 대하여 논쟁했다. 가장 심원한 존재인 근본 정신은 초월적 영역이라고 할 수 있는 집단 무의식의 상징적 표현을 지시하고 처리하며 의미를 만든다. 더욱이 Jung은 거의 모든 자신의 작업에서 이 다양한 차원을 직간접적으로 탐구했다. 예를 들면, 세계 종교와 지혜 전통, 영적 훈련 그리고 다른 여러 문화적 유형에서 초월적인 것이 나타나기 때문에 그는『심리학과 종교: 동양과 서양』(1978)에서 그것을 상세하게 분석했다. 그는『전환기의 문명Civilization in transition』(1978)에서도 사회 형태의 변화 속에서 나타나는 초월적 현상을 탐구했다. 그는『인간, 예술, 문학에 나타난 영혼The spirit in man, art, and literature』(1971)에서도 초월적인 것을 다루었으며, 꿈 작업에 대한 많은 논문에서 꿈의 초월적 특징을 알아차리기 위해서는 꿈의 개인적이고 수동적인 특징을 넘어서는 것이 중요하다고 지적했다.

성격에 대한 Jung의 심리학 이론과 분석은 다양한 심리학 영역에서 보이는 것처럼 자아가 주도하는 환상이 아니라, 정신의 초월적 특성과의 솔직하고 겸허한 대화를 위해 자아의식을 소환하는 것이다. 이것은 꿈 작업과 신비 체험, 적극적 명상, 몸 작업 등을 포함한다(Hollis, 2012). 초월에 대한 Jung의 관심을 깊이 이해하기 위해 Hollis는 다음의 두 가지 점을 강조하였다(Hollis, 2012).

① 개인으로서 우리는 우리가 알든지 모르든지 간에 실제로 언제나 인류의 초월적 역사 안에 존재한다. 그리고 이 역사적이고 동시대적인 역동적인 힘은 우리에게 영향을 주고, 우리를 감동시키며, 우리의 형태를 만든다.

② 전반적인 영적 빈곤, 전통의 쇠퇴, 물질적 자본주의 체제와 비종교적인 대리물이 실패하는 시대에 신비를 경험할 수 있는 개인의 역량은 직접적으로는 모더니즘의 혼란스러운 늪에서 벗어나는 길뿐 아니라, 심리적 성장과 개인적 영성을 향한 길 또한 제공한다.

Jung은 자신의 연구와 임상 실험, 저술, 융 분석가들에 대한 훈련과 함께 강신술, 초상적이고 비술적인 현상, 상징주의, 종교심리학에 주된 관심을 가졌다. 이러한 Jung의 주요 관심사들은 전반적으로 정신역동심리학에 대하여, 그리고 특별히 자아초월심리학에 대한 연구의 중요성을 강조하고 있다. 비록 실질적인 창립자는 아니라 하더라도 Jung이 자아초월심리학의 주요한 선구자 중 한 명이었다는 것은 부인할 수 없다.

자아초월심리학에 대한 Washburn의 접근

Washburn은 Jung의 심층심리학 전통 내에서 작업해 온 저명한 자아초월 이론가이다. 그는 Jung이 무의식이라고 불렀던 역동적 기반dynamic ground과의 관계 안에서 자아가 존재한다고 생각했다. 그는 자아초월심리학을 심리학의 하위 분야가 아니라 인간 본질의 종합적 이해를 목표로 한 다학제적 연구라고 규정했는데, 여기에는 정신역동, 발달 및 인지 심리학, 대상관계 이론, 종교와 철학이 포함된다. 이와 같이 그는 자아초월 이론이 심리학 분야를 넘어서는 자아초월 영역에 대한 견해를 확장한다고 주장했다. 그는 자아초월 이론은 그 특성상 통합적이며, 다양한 원천으로부터 구성 개념들을 빌려온 것으로 보았다. 융 이론의 구조, 특히 그의 무의식, 원형, 콤플렉스, 자아-자기 축, 신비주의와 연금술, 영적 전통과 지혜 전통, 역사기록학, 신화학, 종교, 철학, 예술, 상징과 상징주의, 문화인류학에 대한 범문화적 비교 연구는 Washburn의 이론적 접근의 기반에 중요한 역할을 했다. 이 모든 것은 분석 이론의 구조에서 매우 중요하며, Washburn의 자아초월 이론에 대한 다각적인 접근의 토대가 된다.

Washburn(2003)의 역동적이며 변증법적인 패러다임은 감춰져 왔으나 보다 높은 초월의 단계에서 회복되고 통합될 수 있는 삶의 깊은 원천들에 초점을 맞추어 왔다. Washburn(1988)은 세 단계triphasic 모델(전자아pre-egoic, 자아egoic, 초월자아trans-egoic)을 제시했다. 이 모델은 감각적 · 역동적-관계적 · 변증법적 관점을 포함한다. 그는 정신분석적 자아심리학, 대상관계 이론 그리고 Erick Erikson, Heinz Hartmann, Margaret Mahler 등 후기 고전 정신분석학의 작업 등이 공헌한 바가 크다고 여겼지만(Washburn, 1988, pp. 2-7), 그의 사상에 가장 큰 영향을 끼친 원천은 Freud와 Jung이었다. Washburn이 시도한 이론적 접근으로부터 제기된 문제들은 자아초월심리학에서 매우 중요하다. 그는 "나는 Freud와 여러 다른 정신역동 이론의 대표적인 학자들은 물론 Jung으로부터 많은 것을 차용해 왔다. 그러나 이들 사상가에게 많이 의지하면서도 그들 중 어느 누구도 추종하지 않았다. 오히려 나는 나 자신의 길을 갔다."(p. 7)라고 말했다.

Washburn(1988, 2003)의 전자아, 자아 단계 이론은 정신역동적 발달 이론을 통합하고 있지만, 세 번째 자아초월 단계는 집단 무의식 또는 역동적 기반과 영적 발달을 통합함으로써 자아초월 이론에 명백하게 공헌하고 있다. Washburn은 정신이 양극적 구조, 즉 비-자아non-egoic 또는 물리-역동적 극physico-dynamic pole과 자아egoic 또는 정신적 자아의 극mental-egoic pole으로 구성되어 있다고 보았다. 전 생애 동안 두 극 사이에는 변증법적 관계가 있다. 비-자아는 에너지, 리비도 또는 영, 감각적인 육체적 삶, 본능, 자연스러운 감정, 상상적인 자동상징 인지imaginal autosymbolic cognitions, 비시간적 경험nontemporal experience으로 구성되어 있다. 자아 또는 정신적 자아의 극은 자아와 개성, 내면의 반성적인 정신적 삶, 문화적으로 세련된 성격, 자기통제와 계획적인 의지, 관념적인 조작 인지와 시간적인 지속 경험을 포함한다. 그의 3단계 발달 모델은 신생아 상태의 전자아 단계와 자아, 자아초월 단계를 포함하고 있다.

전자아 혹은 신생아 단계에서 자아의 극은 비-자아의 극으로부터 아직 분화되지 않았다. 자아는 Jung이 집단 무의식이라 명명했던 역동적 기반의 분화되지 않은 역동적 모체 안에 활성화되지 않은 정신적 가능성으로 존재한다. 전자아 단계에서 자아의 극은 비-자아의 극으로부터 분화를 시작하지만, 여전히 약하며 미발달된 상태이다. 새로 태어난 자아의식은 물리역동적 혹은 계통 발생적phylogentic 힘에 의해 지배를 받는다.

자아 단계에서 자아는 비-자아의 극으로부터 확고히 독립하지만, 최초의 억압original repression에 의해 비-자아의 극으로부터 스스로를 분리시키는 것을 통해서만 가능하다. 비-자아의 극은 갇히고 묻힘으로써 역동적인 무의식the dynamic unconscious이 된다. 반면, 자아는 비물질적인 생각하는 존재로서의 데카르트적 자아가 된다. 자기성selfhood이 전개되면서 비자아의 극은 의식으로부터 소외되며, 비-자기not-self로 강등된다. 그것은 이드id 또는 억지된 비자아의 극이다. 자기성이 전개될 때, 신체자아body-ego가 역동적 기반으로부터 분화하며, 자아의 극은 신체자기 혹은 신체자아와 동일시되지만 그것은 잘 정의된 완전한 자기는 아니다. 역동적 기반의 한 측면과 동일시하면서 신체자아는 기저의 태고적 자기underlying primordial self로서의 자기성의 특징을 갖게 된다.

초월자아 단계 동안 자아의 극은 더 높은 수준으로 통합되는데, 역동적 기반 안에 있는 비-자아 극에 다시 뿌리를 내린다. 영으로서 역동적 기반의 힘은 절대 권력을 가지고 있으며, 자아는 그 힘의 지배를 받는다. 이 역동적 기반은 자아의 극이 활성화되기 이전부터, 그리고 자기성이 출현할 때부터 이미 존재해 온 원시적 근원이다. (Jung의)[2] 자기the self가 전개되는 단계에서 자아는 역동적인 기반에 뿌리내려서 연결되며, 왕인 영의 충성스러운 신하가 된다.

이 각각의 발달 단계는 자아가 역동적 기반을 향하여 초월을 위한 회귀 또는 퇴행하는 과정을 포함한다. 이러한 퇴행에서 자아의 발달과 분화에 반드시 필요하다고 여겨지는 최초의 억압은 무너지고, 자아는 비-자아의 극과 재결합한다. 자아는 갇혀 있던 비-자아의

2) 괄호의 내용은 역자가 첨가함.

소생하는 힘을 경험한다. 이로써 영 안에서의 재탄생regeneration in spirit이 일어날 수 있다. 비-에고non-egoic의 잠재력에 저항하는 것을 포기한 자아는 이러한 잠재력과 다시 연결됨으로써 역동적 기반 또는 영의 힘에 의해 재탄생하게 된다. 정신의 양극 차원의 통합은 이와 같이 경험될 수 있다. 재통합 과정에서 양극의 자원들은 보다 높은 형태로 융합되며, 진정한 양극 체계로 통합된다. Washburn은 영으로서의 역동적 기반의 힘이 주인이 되고, 자아가 이를 받아들이는 상태를 진정한 하나 안의 둘two-in-one 또는 **대극의 통합**coincidentia oppositorium으로 생각했다.

결론

Washburn의 자아초월 이론과 Sonu Shamdasani의 확장된 분석 이론extended analytical theory(2003)에서처럼, 융학파 학자들의 연구는 계속되고 있다. 특히 Jung의 『레드 북』(2009)이 최근에 출판되면서 다시 관심을 모으고 있으며, 더 오래된 책이지만 출판되지 않았던 Jung의 저작들을 가까운 미래에 필레몬Philemon 재단에서 출판할 것으로 기대한다. Jung의 이론은 자아초월심리학을 포함하여 신경과학, 애착 이론 그리고 임상 실습(Haule, 2011a, 2011b; Knox, 2003; Stevens, 2003; Wilkerson, 2006), 동시성과 과학(Haule, 2011a, 2011b), 문화적 콤플렉스(Singer & Kimbles, 2004), 비교신화학과 원형 이론(Bolen, 1984, 1989; Bynum, 1999; Campbell, 1971; Edinger, 1972; Vaughan, 1980, 2010, 2013), 정치적 정신political psyche(Samuels, 1993) 그리고 세계관 등 다양한 학문 분야에서 계속해서 폭넓은 관심을 받고 있다. 특히 Washburn의 책(2003)은 Wilber와 자신의 이론 간의 차이를 비교하고 화해를 추구함으로써 자아초월심리학에서의 구조적인 계층적 패러다임(Wilber, 1996, 1998)과 자신의 나선역동적 관점spiral dynamic perspective 사이의 대화를 진전시켰다. Jung의 저작은 자아초월심리학에 선구적으로 공헌했으며, 현재까지도 자아초월심리학 분야에서 계속 영향력을 끼치고 있음은 물론 자기 고유의 분야에서도 열렬한 추종자들을 보유하고 있다.

참고문헌

Alexander, F., & Selesnick, S. (1966). *The history of psychiatry*. New York, NY: Harper & Row.

Bolen, J. (1984). *Goddesses in every woman: A new psychology for women*. New York. NY: Harper & Row.

Bolen, J. (1989). *Gods in everyman: A new psychology of men's lives and loves*. New York, NY: Harper & Row.

Bynum, E. B. (1999). *The African unconscious roots of ancient mysticism and modern psychology*. New York, NY: Teacher's College Press.

Campbell, J. (Ed.). (1971). *The portable Jung*. New York, NY: Viking Press.

Ellenberger, H. (1981). *The discovery of the unconscious*. New York, NY: Basic Books.

Haule, J. (2011a). *Evolution and archetype. In Jung in the 21st century* (Vol. 1). New York, NY: Taylor & Francis.

Haule, J. (2011b). *Synchronicity and science. In Jung in the 21st century* (Vol. 2). New York, NY: Taylor & Francis.

Jung, C. G. (1966a). *Two essays on analytical psychology* (R. F. C. Hull, Trans.). InThe collected works of C. G. Jung (Vol. 7, 2nd ed.). Princeton, NJ: Princeton University Press.

Jung, C. G. (1966b). *The practice of psychotherapy* (R. F. C. Hull, Trans.). In *The collected works of C. G. Jung* (Vol. 16, 2nd ed.). Princeton, NJ: Princeton University Press.

Jung, C. G. (1971). *The spirit in man, art, and literature* (R. F. C. Hull, Trans.). In *The collected works of C. G. Jung* (Vol. 15, 2nd ed.). Princeton, NJ: Princeton University Press.

Jung, C. G. (1972a). On the nature of the psyche. 5. Conscious and unconscious. (R. F. C. Hull, Trans.). In *The structure and dynamics of the psyche* (pp. 184–190), *The collected works of C. G. Jung* (Vol. 8, 2nd ed.). Princeton, NJ: Princeton University Press.

Jung, C. G. (1972b). *The structure and dynamics of the psyche* (R. F. C. Hull, Trans.). In *The collected works of C. G. Jung* (Vol. 8). Princeton, NJ: Princeton University Press.

Jung, C. G. (1975). *Psychiatric studies* (R. F. C. Hull, Trans.). InThe collected works of C. G. Jung (Vol. 1). Princeton, NJ: Princeton University Press.

Jung, C. G. (1978). *Civilization in transition* (R. F. C. Hull, Trans.). InThe collected works of C. G. Jung (Vol. 10, 2nd ed.). Princeton, NJ: Princeton University Press.

Knox, J. (2003). *Archetype, attachment, analysis: Jungian psychology and the emergent mind*. New York: Routledge.

Samuels, A. (1993). *The political psyche*. New York, NY: Routledge.

Shamdasani, S. (2003). *Jung and the making of modern psychology: The dream of a science*. Cambridge, UK: Cambridge University Press.

Shamdasani, S. (Ed.). (2009). *The red book*. New York, NY: W. W. Norton.

Singer, T., & Kimbles, S. (2004). *The cultural complex: Contemporary Jungian perspectives on psyche and society*. New York, NY: Brunner-Routledge.

Stevens, A. (1991). *On Jung*. London, UK: Penguin Books.

Stevens, A. (2003). *Archetype revisited*. Toronto, Canada: Inner City Books.

Vaughan, A. (1980). A study of the transition of African American and African males from youth into young adulthood. In A. Kiev, W. J. Muya, & N. Sartorius (Eds.), *Future of mental health services: Proceedings of a conference on the future of mental health services, Nairobi, Kenya, August 14-18, 1979* (pp. 146-159). Amsterdam, The Netherlands: Elsevier/North Holland.

Vaughan, A. (2010). *One world: Reflections on concepts of the emergent self, global citizenship and global culture*. Seattle, WA: Linkage.

Vaughan, A. (2013). Yoruba Orisha in archetypal transference and counter transference phenomena. Unpublished manuscript.

Washburn, M. (1988). *The ego and the dynamic ground*. Albany, NY: State University of New York Press.

Washburn, M. (2003). Transpersonal dialogue: A new direction. *Journal of Transpersonal Psychology, 35*(1), 1-19.

Wilber, K. (1998). *The essential Ken Wilber*. Boston, MA: Shambhala.

Wilkerson, M. (2006). *Coming into mind: The mind-brain relationship: A Jungian perspective*. New York, NY: Taylor & Francis

번역 출판

Douglas, C. (2000). Analytical psychology. In R. Corsini & D. Wedding (Eds.), *Current psychotherapies* (6th ed.; pp. 113-147). Belmont CA: Brooks/Cole. (김정희 역. 현대 심리치료. 서울: 학지사, 2004).

Edinger, E. (1972). *Ego and archetype*. Boston, MA: Shambhala. (장미경 역. 자아발달과 원형: 정신 발달 과정과 삶의 의미 창조. 서울: 학지사, 2016).

Freud, S. (1950). *The interpretation of dreams* (A. A. Brill, Trans.). New York, NY: Random House. (Original work published 1900). (꿈의 해석. 다수 번역본 존재하여 서지사항 생략).

Jacobi, J. (1973) *The psychology of C.G. Jung* (8th ed.). New Haven, CT: Yale University Press. (설영환 역. C. G. 융 심리학 해설. 서울: 선영사, 2007).

Jung, C. G. (1923). *Psychological types* (H. G. Baynes, Trans.). New York, NY: Harcourt, Brace. (Original work published 1921). (정명진 역. 심리 유형. 서울: 부글북스, 2019).

Jung, C. G. (1961). *Memories, dreams, reflections* New York, NY: Pantheon Books. (이부영 역. C. G. Jung의 회상, 꿈 그리고 사상. 경기: 집문당, 2012).

Jung, C. G. (1966). *The practice of psychotherapy*. In *The collected works of C. G. Jung* (Vol. 16, 2nd ed.). Princeton, NJ: Princeton University Press. (한국융연구원, C. G. 융 저작번역위원회 역. 융 기본 저작집. 1, C. G. 융 지음, 정신 요법의 기본 문제. 서울: 솔, 2001).

Jung, C. G. (1967). *Symbols of transformation* (R. F. C. Hull, Trans.). In *The collected works of C.*

G. Jung (Vol. 5; 2nd ed.). Princeton, NJ: Princeton University Press. (정명진 역. 무의식의 심리학: 우리도 모르게 우리를 지배하고 있는 무의식의 세계를 탐험하다. 서울: 부글북스, 2015).

Jung, C. G. (1968a). *The archetypes and the collective unconscious* (R. F. C. Hull, Trans.). In *The collected works of C. G. Jung* (Vol. 9, Part 1; 2nd ed.). Princeton, NJ: Princeton University Press. (한국융연구원, C. G. 융 저작번역위원회 역. 융 기본 저작집. 2, C. G. 융 지음, 원형과 무의식. 서울: 솔, 2002).

Jung, C. G. (1968b). *Aion: Researches into the phenomenology of the self* (R. F. C. Hull, Trans.). In *The collected works of C. G. Jung* (Vol. 9, Part 2, 2nd ed.). Princeton, NJ: Princeton University Press. (김세영, 정명진 역. 아이온: 어딘가에서 잃어버린 자기를 찾아서. 서울: 부글북스, 2016).

Jung, C. G. (1969). *Psychology and religion: West and East* (R. F. C. Hull, Trans.). In *The collected works of C. G. Jung* (Vol. 11, pp. 558-575, 2nd ed.). Princeton, NJ: Princeton University Press. (한국융연구원, C. G. 융 저작번역위원회 역. 융 기본 저작집. 4, C. G. 융 지음, 인간의 상과 신의 상. 서울: 솔, 2002) (이은봉 역.『심리학과 종교』. 서울: 창, 2010).

Jung, C. G. (2009). *The red book: Liber novus* (S. Shamdasani, Ed. & Trans.). New York, NY: Norton. (German with English translation). (김세영 역. Red Book. 서울: 부글북스, 2012).

Wilber, K. (1996). *A brief history of everything*. Boston, MA: Shambhala. (조효남 역. 모든 것의 역사. 파주: 김영사, 2015).

제 8 장

통합심리학

Brant Cortright

통합integral심리학은 1930년 인도의 심리학자 Indra Sen이 Aurobindo의 통합요가와 통합철학에서 나온심리학을 설명하기 위하여 만든 용어이다(Sen, 1986). Aurobindo는 베단타의 여러 갈래의 흐름을 전체로 화합하여 통합시킨 인도의 현자로서 서구에서 교육을 받았으며, 탄트라를 의식의 진화에서 영적인 비전으로 종합하였다. 그는 인간 내면의 심리적이고 영적인 의식의 요소들에 풍부하고 확장된 현상학적 설명을 제공하여 심리학에 광범위한 영향을 끼쳤다. 이 장은 Aurobindo의 심리적이고 영적인 사유에 대하여 개관하며, 어떻게 그것이 서구심리학에 의미 있는 조직 모델을 제공하게 되었는지 살펴볼 것이다(Aurobindo, 2007, 2012).

Aurobindo는 1872년에 인도에서 태어났으며, 7세부터 21세까지 영국에서 교육을 받았고, 케임브리지 대학교를 졸업한 후 1950년 사망할 때까지 인도에 거주하였다(Heehs, 2008). 일찍이 정치에 나가 인도의 독립운동을 이끌려 하였던 그는 요가와 영성의 방향으로 전환하였다. 1908년 깨달음 이후 그는 급격한 영적 성장을 이루어 열반Nirvana과 비인격적 자기the impersonal Self 또는 아트만Atman을 깨닫게 되었고, 이어 인격적인 신성the Personal Divine과 개인적 영혼the individual soul에 대한 인식에 도달함으로써 최고의 깨달음을 이루었다. 그는 자신 안에 인도India와 세상의 중요한 두 개의 영적 흐름에 대한 깨달음의 열쇠를 결합하였는데, 그것은 곧 인격적인 신(주류는 기독교, 유대교, 이슬람 그리고 인도의 바그티 전통들)과 인격을 갖지 않은 신(불교, 불이일원론不二一元論 베단타Advaita Vedanta,[1] 도교)을 말한다. 그는 후기 저작에서 대부분의 영적 전통이 한쪽 편의 깨달음에 멈추어 있으며, 세계의 다양한 종교가 신성의 어떠한 측면이 가장 '궁극'인가에 대해 경쟁을 계속해 오고 있다고 지적했다. Aurobindo는 영적 깨달음의 두 차원을 융합했고, 신성의 한 편에 특권을 부여하지 않았던 요기였다. 통합요가는 신성을 동등하게 인격적이며 비인격적인 존재로 이해하는데, 이는 개인 고유의 영적 정체성이 개인적인 것과 비개인적인 차원을 갖고 있는 것과 같다.

Aurobindo는 서구 교육을 받으면서, 특히 물질세계의 탐구와 과학과 같은 서구의 발견에 큰 영향을 받았다. 그는 먼저 인도의 영적 전통에 서구의 진화 이론을 결합하였다. Aurobindo에게 Darwin의 진화의 발견은 중차대한 것이었지만, 그것은 그저 빙산의 일각일 뿐이었다. 그가 언급한 진화의 진짜 이야기는 종족이나 신체적인 형상의 발달이 아니라 의식의 진화였다. 의식의 진화는 표면에 드러나지 않는 내면의 과정이다. 의식이 진화할 때 그것이 성장하는 것을 표현하려면 새로운 몸, 새로운 종족, 새로운 형상을 필요로 한다.

비록 나중에는 산스크리트어보다 영어를 점점 더 많이 사용하였지만, Aurobindo는 그의 통합철학에서 신을 묘사하며 인도 전통 용어인 브라만을 사용하였다. 중심 아이디어는 브라만이 물질을 창조하기 위해 '빅뱅'을 통해 스스로를 형상 속으로 던짐으로써 (내화involution) 이 우주를 창조했다는 것이다. 존재sat, 의식chit 그리고 지복ananda[2]이라는 용어로 가장 잘 묘사된 브라만은 먼저 의식의 가장 밀도 있는 형태인 물질을 창조하였다. 비록 물리적인 세계가 의식이 없이 '죽은 물질'로 보인다 할지라도 Aurobindo에게 물질은 잠이나 마비 같은 종류의 보이지 않는 의식이며, 진화적 충동을 담고 있는 무의식이다. 물질이 서서히 형성되고 의식의 다음 단계인 생명 또는 활력vital principle이 나타난다. 단세포 생물에서 최초로 식물이 나오고 생명이 더 복잡해짐에 따라 다음 단계의 진화가 이루어졌고 정신이 출현하였다. 통합철학에 따르면 동물은 가장 기초적인 정신을 갖고 있지만, 그것은 감각에 갇혀 있는 것이다. 인간만이 언어를 통해 정신이 나타났고 자기-반성적인 사고 능력을 갖게 되었다.

---

1) 힌두교의 베단타학파 중의 하나로, 브라만의 존재를 주장하고 현상계現象界는 무지에 바탕을 둔 환영幻影이라고 설명함.

2) 동양에서 궁극적인 진리를 '사트-치트-아난다sat-chit-anand'라고 정의할 때, 유일한 실재sat인 브라만神, 자발적인 앎을 뜻하는 브라만의 빛인 의식chit 그리고 브라만의 본질인 지복ananda를 뜻한다. 즉, 인간의 참자아는 궁극적인 실재이자 순수 의식이며, 그것을 직접 체험하는 상태가 바로 지복이라는 것이다.

의식 내에 세 가지—몸body, 마음heart, 정신mind—의 발달과 함께 Aurobindo는 세상은 영Spirit의 출현이라는 의식의 다음 단계의 발달을 준비하고 있다고 믿었다. 나타난 영은 세상에 자신을 표현하기 위하여 몸과 마음과 정신을 도구로 사용한다. 의식이 성장하면서 표현 능력이 더 발달할 때, 영을 통한 영혼의 축복과 사랑과 평화는 세상에 빛을 발산한다. 영혼이 신의 진화적 충동에 보조를 맞추면 확장되는 의식은 세계에 대해 더 큰 능력과 힘을 갖고 참여하게 된다. 인도의 전통에서 신은 놀이를 위하여, 릴라lila[3]를 위하여 이 세상을 창조하였고, 시바Shiva는 그의 춤을 통해 세상을 현현케 하며 충만하게 자신을 표현하면서 순수한 기쁨으로 춤을 춘다. 영이 나타날 때 세상은 영의 놀이터가 되고, 신의 빛, 사랑, 기쁨, 평화를 대지에 내리는 더 큰 발달의 기회를 갖게 된다.

이러한 과정에서 영은 도구를 변화시킨다. 활력원리가 물질을 변화시키고(생체 조직은 비활성 물질과는 전혀 다르다), 마음원리가 물질(동물 조직은 식물 조직과 다르다.)과 활력원리를(활력을 감정과 느낌으로 변환시킨다.) 변화시키듯, 영의 원리는 이전 단계의 몸, 마음, 정신을 더 높은 공명을 가진 보다 완벽한 자신의 도구로 변화시킨다. 이 변용은 Aurobindo가 초정신화supramentalization라고 불렀던 것이다. 그는 이것이 지구 위에, 우리의 삶에 더 위대한 질서를 가져올 것이라고 믿었다. 그 삶은 영적 일치, 우주적인 사랑과 지혜, 분리되고 공격적이며 불화를 일으키는 에고ego로부터의 자유이다. 이것이 지금 일어나고 있는 진화 수준의 특성이다.

의식의 진화에서 한 가지 중요한 특징은 의식 발달을 지속해야 한다는 필요성이다. 왜냐하면 의식 발달이 박테리아에서 깨달은 현자로 그냥 뛰어오르는 것이 아니기 때문이다. 오히려 의식 발달은 천천히 단계적으로 질서 있는 성장을 통하여 이루어지며, 거기에는 두 가지가 요구되는데, 그것은 진화의 성장을 경험하는 데 필수적인 영혼soul과 윤회reincarnation이다. 발달하는 의식은 진보하면서 많은 다른 몸과 형상과 표현이 필요하다. Aurobindo에게 윤회는 이론적으로 필요한 개념일 뿐 아니라 특정한 종류의 내관內觀과 의식 발달을 통해 확인할 수 있는 영적 사실이었다. 유사하게, 진화하는 영혼은 진정한 영감을 지니고 명상적이고 영적인 수련을 하는 모든 사람에게서 발견될 수 있는 현상학적 실재였다. 영혼은 우리 안에 있는 진화의 요소이고, 각 개인에게 영혼이 나타난다는 것은 의식 진화의 전환점이 된다.

인간의 진화 수준 초기로부터 이어진 오랜 기간 동안에 영혼은 몸과 마음과 정신의 외면도구outer instruments를 강화building up하는 역할을 한다. 감각이 사람을 밖으로 향하도록

3) 릴라: 신의 놀이인 우주의 창조를 의미함(힌두교).

끌어당기면 많은 사람이 실재의 외면적이고 피상적인 모습에 빠져 길을 잃는다. 그러나 의식이 진화하면 사람은 내면으로 돌아서기 시작하며, 내면 세계의 풍요—평화, 현존, 사랑, 지혜, 지복—를 드러낸다.

진화는 방황과 많은 실수를 동반하며 천천히 무의식적으로 시작된다. 진화가 진척되면서 더 의식적이 된다. 더 의식적이 될 때 진화의 속도도 빨라진다. 의식 진화의 가속화는 영적 수련(요가)에 달려 있다. Aurobindo(2007)의 명언 "모든 삶이 요가이다."라는 말은 그의 걸작인 『요가의 종합 The synthesis of yoga』의 부제였다. 그것은 모든 삶이 무의식적인 요가 unconscious yoga로 시작될지라도, 그것은 점진적인 자기 발견과 성장의 과정이라는 것이다. 진정한 영적인 삶은 진화를 의식할 때 시작되고, 개인은 자기 내면의 진화적 충동과 함께 조율할 수 있게 된다. 개인을 내면의 영적 삶으로 돌려놓은 영혼은 영혼의 성장이 그 개인의 삶에 중대한 영향을 줄 수 있는 지점에 도달하였다는 신호를 보낸다. 내면의 기쁨과 연민, 깊은 평화 그리고 내적 일치를 발견하면서 개인의 내면 세계가 열릴 때 외부 세계와의 관계 또한 변화한다.

Aurobindo의 통합철학은 영원의 철학의 현대적 진술statement이다. 몇몇 자아초월 이론가가 영원의 철학을 비판했을지라도(Ferrer, 2000, 2002; Rothberg, 1986), 영적 경험을 포함하는 종합적인 모델a comprehensive framework로서 통합철학을 대체해 견줄 만한 것은 없다. Smith(1976)는 학술적 연구를 통해 영원의 철학에서 말하는 실재의 네 가지 차원을 열거하였는데, 그것은 물질계the physical plane, 중간계the intermediate plane, 천상계the celestial plane(인격적인 신) 그리고 무한계the infinite plane(비인격적인 신)이다. 이것은 영성의 다양한 형태를 폭넓게 포함하고 있다. 어떤 평론가들은 '가장 궁극적인 실재'가 인격적인가, 비인격적인가에 대해 경쟁을 계속하고 있지만(Wilber, 1995), Aurobindo의 통합철학은 인격적인 신과 비인격적인 신을 동등하게 보았다.

인도의 많은 비평가가 Aurobindo를 "모든 시대의 가장 위대한 베단타철학가"로 칭송하고 있지만, 수십 년간 그가 실행한 존재의 내면 세계the inner world of being에 대한 탐구는 매우 비범하고 세밀한 정신의 지도를 탄생시켰다. 통합요가에서 나온 의식의 지도는 서구심리학이 초점을 두어 왔던 에고와 무의식을 넘어선다. 동양의 다른 사상가들과 유사한 맥락에서 Aurobindo가 강조한 것은 이러한 발견들을 개인의 고유한 경험을 통해 증명하는 것이었다. 그것은 단순히 의식의 내면 상태나 높이를 읽어 내는 것으로는 충분치 않으며, 내면의 수련 과정을 통하여 개인이 스스로 인간 의식의 우주적 요소를 증명해 낼 수 있느냐 하는 것이다.

통합요가는 인간 의식을 네 수준으로 보았다. 첫 번째는 몸과 마음과 정신의 표면을 구성하는 외면 의식the outer consciousness으로, 서구심리학이 깊이 탐구한 분야이다. 두 번째는 내면inner 또는 정묘한subtle 몸, 마음, 정신이다. 세 번째는 진정한true 몸과 마음과 정신으로 불린다. 네 번째는 중심적 존재the central being로서 개인적 영혼과 아트만 또는 불성의 두 개의 측면으로 구성된다.

외면의 몸과 마음과 정신은 더 세분하여 간단히 살펴볼 것이다. 중요한 것은 최근까지 서구심리학—외부로부터 시작하여 내면을 보는—이 여기에 멈춰 있었다는 것이다. 자아초월심리학이 도래하기까지 서구심리학은 거의 의식의 표면에 나타난 것에만 고정되어 있었다. 이와 반대로, 동양과 영성심리학은 내면으로부터 시작하여 외부를 본다. 심리학에서의 이러한 접근은 의식의 진정한 토대가 영적이라는 것을 분명히 확인해 오고 있으며, 이는 극히 최근까지 서구심리학이 알지 못했던 것이다.

Aurobindo에 따르면, 의식의 두 번째 수준은 내면의, 혹은 정묘한 몸, 마음, 정신으로 구성되어 있다. 의식의 내면 수준은 자각이 크게 확장된 차원이다. 내면의, 혹은 정묘한 몸은 에너지 몸과 오라 장auric field, **차크라**(표면 유기체the surface organism를 구성하는 일곱 개의 에너지중심), 정묘한 지각과 신체적인 몸 밖을 여행하는(유체이탈 경험out-of-body experiences) 능력으로 구성된다. 신체적인 몸은 정묘한 신체적인 몸의 통전성the integrity에서 오는 결과이다. 예를 들면, Aurobindo는 질병은 오라 장의 구멍이나 찢겨진 틈으로 들어오며 시작된다고 주장하였다. 시간이 흐르면서 이와 같은 에너지의 붕괴는 외면의 몸에 질병 상태를 일으킨다. 이것은 현대의 몇몇 투시안을 가진 사람clairvoyant이 동의하는 질병 이론이다(Brennan, 1993; Myss, 1988). 내면의 정서나 마음은 우주적인 느낌의 파동이 움직이고 소용돌이치는 정묘한 세계에 열려 있다. 이러한 느낌 중 어떤 것은 그것을 자신의 것으로 받아들이는 개인에게 들어온다. 다른 것은 스쳐 지나가거나 아주 작은 영향을 미친다. 중간계는 좋거나 나쁘거나 간에, 개인에 영향을 미치려고 하는 존재들과 힘들이 거주하는 곳이다. 이 세계에 대한 개방은 심혼the psyche을 분리되고 닫혀진 환경이 아니라 보다 공개적인 공간a public space으로 만든다. 이 공간에서의 영향은 수행과 의도가 없는 대다수의 사람이 경험하기에는 신비하고 매우 정묘한 것이다. 내면의 정신은 대부분의 사람이 동일시하는 아주 작은 뇌에 갇혀 있지 않은 훨씬 더 큰 정신의 공간에 개방된다. 이와 같이 확장된 내면 정신은 우주 정신의 파동과 사고에 개방된다. Aurobindo에 의하면, 개인이 경험하는 것의 족히 반은 외부로부터 온 것이지만, 개인은 대체로 생각, 느낌, 충동, 영감 등의 근원을 자각하지 못한다.

내면 존재가 열린 세계는 신과 더 가까이 있지만, 그것은 외면의 물리적 세계와 영 사이의 중간계를 형성한다. 중간계는 빛과 어둠, 천사와 악마, 선과 악이 혼재된 세계이다. 중간계는 신에게 더 가까이 있으면서 또한 진화에 적대적이어서 통합요가에서 적대적인 힘이라고 칭하는 어둠의 힘과도 더 가까이 있다. 자신의 진정한 본질에 더 가까워지기 위해서는 내면의 더 깊은 수준으로 갈 필요가 있다. 진정한 정신, 진정한 마음, 진정한 몸은 의식의 세 번째 수준이며, 그것은 자신의 신적 본질과 밀접하게 연결되어 있다. 이 수준은 몸과 마음과 정신 각 영역의 아트만을 표현한다. 그것은 내면의 목격자 또는 관찰자 의식으로 비인격적인 신성과 관련된 몸, 마음, 정신 각 영역의 본질적 차원을 나타낸다.

가장 내밀한 존재는 영성이며, 영성은 인격적 측면과 비인격적 측면 두 가지로 구성된다. 가슴 **차크라** 뒤 내면의 인격적인 신personal divine being인 영혼이 놓여 있다. 이것은 개인의 영적 개성spiritual individuality이며, 수많은 생애를 거쳐 발달한 개인 고유의 영혼이다. 영혼의 본질은 내재된 축복과 기쁨, 깊은 평화, 빛과 비전 그리고 사랑이다. 이 사랑은 모든 사람과 창조물 그리고 창조가 내적 일치를 이루는 느낌이며, 외적 환경에 의해 좌지우지되지 않는다. 정신은 진화를 시작하고 삶의 경험을 통해 발달한다. 각 생애 후 영혼은 지난 생의 영적 깨달음을 통해 성장을 도모하며, 진화가 계속될 수 있도록 윤회를 준비한다. 영혼은 본질이 진리인 신으로부터 왔기 때문에 언제나 정확한 인도를 받는다. 영혼은 삶에서 진정한 진화의 안내자이며, 전적으로 믿을 수 있는 지혜의 확실한 근원이다. 자신의 영혼을 일깨우고, 일상에서 기쁨과 사랑과 평화와 빛을 경험하고, 내면의 안내를 이용하는 것은 통합요가와 통합심리학이 추구하는 중심 목표이다.

개인의 영적 본질의 또 다른 부분은 아트만 또는 자기Self(불교에서 불성이라고 부르는)이다. 이는 브라만과 하나인 비인격적 영성의 측면이다. 그러므로 이 영성의 본질은 브라만의 것과 같이 존재sat, 의식chit, 지복ananda이다. 아트만은 진화를 넘어선 존재이다. 아트만은 진화하지도 진화의 놀이에 들어가지도 않으며, 생명의 모든 부분을 동등하게 돌보는 광대하고 무한한 평화 안에 영원히 상주한다.

대부분의 종교가 하나 혹은 다른 하나의 깨달음에 멈춰 있었던 반면, 통합요가는 영적 본질의 양면의 깨달음을 목표로 하며 신의 양쪽 측면을 결합한다. 이것이 생명의 진화적 관점이기 때문에 우리 안에 있는 진화의 요소이자 의식 변용의 수단인 진화하는 영혼에게 특별히 중요하다.

각자의 정체성 수준에 따라 세상은 존재한다. 대부분의 사람의 정신은 감각을 따라 외부로 이동하여, 다만 외면의 몸과 마음과 정신 또는 유기체와 동일시한다. 그러나 내관이나 명상 과정을 통해 내적 지각을 훈련하고 정화시킬 수 있으며, 더 넓고 깊고 광대한 영역의 의식을 드러내기 위해 내면의 세계를 외면의 표면적 정체성과 분리하는 베일을 찢어버릴 수 있다. 이러한 관점에서 영성은 단순한 믿음의 문제가 아니라, 오히려 적절한 조건을 만났을 때 나타나는 경험적 실재이다. 이때 표면의 정신은 정화되어 사고와 감정의 혼란과 잡음은 조용해져서 평화와 고요의 상태가 되고, 존재의 더 깊은 영역으로 들어갈 수 있게 된다. 내면 세계가 열릴 때, 많은 종교가 수천 년 동안 선언해 왔던 자신의 영적 정체성과 신성의 실재를 발견할 수 있게 된다.

Sen은 심리학에서 통합요가의 중요성을 깨달은 최초의 심리학자였다. 1930년대부터 1970년대까지 여러 전문적 저서와 저술에서 그는 진화하는 영혼(Aurobindo는 이것을 '심혼적 존재psychic being' 또는 '심혼적 중심psychic center'이라고 불렀다; 1997~2012)을 심리학에서 가장 중요한 요소로 강조했다. Sen은 처음에 Freud의 초기 저술들이 도움이 되기는 하지만 심혼을 이해하기에는 충분하지 못하다는 것을 보여 주려고 노력하였다. 이후 그는 융심리학으로 전환하여 Jung의 핵심 원형인 자기the Self가 심혼적 존재에 상응한다고 제안하였지만, Jung의 이해는 이론적인 반면 통합심리학은 영혼에 대한 실제 경험과 깨달음에 근거를 둔다고 주장했다. Jung(2009) 자신의 심혼과의 깊은 관여를 고려한다면, 이러한 비판은 유연해질 필요가 있지만 이론적 지식과 경험 간의 명확한 구별은 필요하다.

통합심리학에 대해 최초로 저술한 서구의 심리학자는 Arya Mahoney였다. 그는 심리치료를 받는 내담자에게 통합요가 기술을 사용한 실험에 대한 일련의 논문을 발표하였고, 이를 모아 『영혼의 연금술Alchemy of the soul』(Mahoney, 2007)이라는 책을 출간하였다. 통합요가와 철학의 통찰을 서구심리학에 이식한 다른 서구의 저술가로는 Dalal(2001)이 포함되는데, 그는 엄청난 양의 Aurobindo 저술 『전집』을 출간하고 그의 요가심리학을 상세히 설명하였다. Cornelissen(Cornelissen, Misra, & Varma, 2011) 또한 통합심리학에 관한 여러 편의 논문과 통합심리학적 특징을 가진 인도심리학에 대한 두 권의 책을 출판하여 그 영역을 발전시켰다.

통합심리학 영역의 또 다른 주요 저자인 Cortright는 여러 편의 논문과 『통합심리학Integral psychology』(2000, 2002, 2004, 2005a, 2005b, 2007, 2011)을 출판하여 서구심리학과 통합요가의 통합을 설파했다. 이러한 접근으로부터 Aurobindo의 의식의 지도는 모든 서구심리학을 통합하는 하나의 조직 모델framdwork이 되었다. 그와 같은 전인적인 통합적 모델은 분명 서구심리학이 시초부터 놓치고 있던 것이었다.

통합심리학은 의식이 네 겹의 차원으로 구성된다는 Aurobindo의 통찰에 의해 시작되었다. 그것은 외면 존재(몸, 마음, 정신), 내면 존재(내면적 또는 정묘한 몸, 내면의 마음, 내면의 정신), 진정한 존재(진정한 몸, 마음, 정신), 그리고 중심 존재(진화하는 영혼과 아트만 또는 불성)이다. 역사적으로 서구심리학의 영토는 외부 존재에 있었지만, 이와 같은 가장 표면적인 정신의 영역에서조차 서구심리학은 폭넓은 이론과 학파를 양산하였고, 심혼을 이해하기 위한 이러한 시도들은 경쟁적인 관점들을 펼치고 있다. Aurobindo의 외면 존재에 대한 세분화는 몸-마음-정신 조직에 대한 서구심리학의 통찰을 이해하는 세련된 방식을 제공한다.

통합심리학에서 정신 수준은 신체적 정신, 정서적 정신 그리고 엄밀한 의미의 정신mind proper으로 세분된다. 세 부분의 구분은 근대의 신경과학이 발견한 삼위일체 뇌the triune brain와 상응하며, 그것은 고대의 파충류의 뇌는 신체와 생리적인 체계를 관장하고, 포유류의 정서적인 뇌와 대뇌 변연계는 느낌 반응을 맡으며, 신피질은 가장 최근 진화에 첨가된 것으로 추상적 사고, 언어, 자기반성 능력을 담당한다. 인지행동심리학과 함께 대부분의 현대의 학문적인 심리학 연구는 정신 수준에 초점을 두고 있다. 내면을 향한 첫 단계는 생각('자기-대화self-talk')이 정서 생활에 영향을 미치는 방식과 인지를 변화시키는 방법을 이해하여 우울증과 공포증에서 성격장애에 이르는 정신적 문제들에 성공적으로 대처함으로써 증상을 감소시키도록 사람들을 돕는 데 초점을 두고 있다. 치료의 효과를 확인하는 많은 연구 증거가 있으며, 그러한 개입 수준은 서구심리학의 발달에 지대한 영향을 주었다.

그러나 심리치료를 찾는 많은 사람은 이러한 접근이 더 완전한 변용을 추구하는 데 매우 제한적이라는 것을 발견한다. 심혼psyche을 이해하고 변화시키기 위해서는 더 깊은 심층심리학적 접근으로 전환할 필요가 있다. Freud의 중대한 아이디어를 기반으로 하여 탄생한 심층심리학은 무의식에 대한 믿음과 현재 의식과 합리적 통제 너머에 있는 심혼의 힘을 이해하는 것을 강조한다. 심층심리학에서는 감정을 심혼을 이해하는 핵심적인 요소로 본다. 여기서 또 다시 많은 학파는 갈피를 잡을 수 없을 정도로 복잡한 이론들을 생산해 왔다. 그러나 이러한 이론들은 통합요가의 통찰을 기반으로 일관성 있는 전체로 통합될 수 있다. Aurobindo는 정서적 존재the emotional being를 세 개의 수준으로 구분하였다. 그것은 하위 정서 수준(본능적인 본성과 동물적인 유전으로 구성된 것), 중간 정서 수준(현 시대 대부분의 사람이 해당되며, 자기-존중과 관계에 대한 염려로 구성된 것) 그리고 상위 정서 수준(이미지, 창조성, 상상력의 정신화된 특성mentalized quality을 띠는)이다. 이 세 수준의 정서적 존재의 구분은 어떤 가치를 부여한 것이 아니라 단순히 각 수준의 진동 주파수를 언급한 것이라는 점을 주의해야 한다. 하위 정서는 높은 진동 주파수를 가진 상위 정서나 정신 수준과 비교하여 더 느리고, 더 밀도 있는denser 주파수를 가진다. 정서적 존재를 세 겹으로 구분한 것은 정신분석의 세 개의 주요 발달을 이해하고 통합하는 방식을 제공한다.

하위 정서 수준은 Freud의 고전적 정신분석과 부합한다. Freud의 사고에서 첫 번째 발달 단계는 본능과 충동에 의해 움직이는 본능에 충실한 무의식의 측면에 초점을 두고 있다. Freud는 심혼에서 두 개의 중요한 본능을 찾아냈는데, 그것은 성과 공격성이다. 심혼의 본능적인 부분은 세상을 그러한 렌즈를 통하여 보고, 모든 사람과 사건은 이러한 본능적 관심사에 의해 채색된다. 처음 본 이 사람은 잠재적 파트너인가 경쟁자인가, 안전한가 위험한가? Freud가 성적 욕망과 공격적 본능이 어떤 것인지 최초에 잘못 이해했다고 하여도 동물적 욕망은 인간 유산의 일부이며, 심리적 삶에서 그들의 역할은 결코 의심할 수 없다.

중간 정서 수준은 현대 정신분석에 상응한다. 이것은 지금까지 Freud의 초기 본능 모델을 포괄해 온 심혼의 관계relational 모델이다. 자기self는 주로 **관계적**relational(Freud가 처음 생각했던 것처럼 본능적이 아니라, 오히려 본능은 인간의 더 기초적인 관계적 본성에 형태와 방향을 준다.)이다. 자기는 관계 매트릭스 안에서 출현하며, 애착 패턴, 자존감의 정도, 자기-응집 대 분열의 취약성 정도와 같은 문제들을 포함하여 자기와 자기가 관계 맺는 세계는 심리학 연구의 중심에 놓여 있다. 나는 나를 성장시키며, 있는 그대로의 나를 보는 사람들과 관계하고 있다고 느끼는가, 아니면 내가 필요로 하는 정서적 만족을 얻고 진정한 내가 아닌 보여지는 나를 유지하기 위해 진실하지 않은 가짜 자기를 내어 놓아야만 하는가? 자신을 좋게 느끼고 세상에 의미 있고 만족할 만한 방식으로 참여할 수 있다고 느끼는가, 아니면 자신의 가치를 확신하지 못하고 자신의 재능과 소원해졌다고 느끼는가? 이것은 자기 심리학, 대상관계, 애착 지향 학파, 대인관계 학파, 가족 체계가 초점을 두는 영역이다. 이것은 또한 대부분의 사람이 가장 많은 시간을 보내는 수준으로 보인다.

상위 정서 수준은 **심상적**imaginal이며, Jung의 분석심리학과 상응하고 환상과 상상의 영역을 포함한다. 여기서 지배적인 요소는 상징과 이미지이다. 이것은 창조성의 원천(통합요가에 따르면, 개인의 내적 존재)에 가장 가까운 수준으로, 꿈, 심상화, 창조성의 탐구는 이 수준에 이르는 관문이다.

모든 심층심리학 학파가 심혼에 있어 정서와 정서 조절의 중요성을 지적하고 있지만, 정신분석은 직접적으로 여기에 초점을 둔다. 그러나 통합요가에 따르면 정신분석은 신체의 중심 역할을 놓쳤는데, 그것은 정서가 신체 경험을 통해 나타나기 때문이다. 신체 경험과 정서의 밀접한 관계는 인본주의적-실존주의 심리학의 가장 심오한 발견 중의 하나이다. 인본주의적-실존주의 심리학파에는 게슈탈트치료와 다른 실존주의 학파들(May, Angel, & Ellenberger, 1958; Perls, Hefferline, & Goodman, 1951), 포커싱(Gendlin, 1981), 생체에너지학bioenergetics(Lowen, 1975), Wilhelm Reich의 신체 연구에 의해 영감을 받은 모든 신체치료somatic therapies—Carl Roger의 내담자-중심치료도 이 접근을 기반으로 하고 있다(Rogers, 2004)—가 포함된다. 이 학파들은 심리적 상처가 자기구조의 형태와 결합에 대한 방어뿐 아니라, 현재의 감각적 실재로부터 벗어나려는 해리적 움직임 때문에도 발생한다는 것을 발견했다. 이 모든 학파는 자신의 유기체적 · 신체적 실재가 일어나는 지금 여기로 돌아오는 것을 중요한 치유적 과정으로 본다.

그러므로 이와 같은 몸, 마음, 정신의 구조는 서구심리학의 핵심 요소들에 대한 통합적인 조직 모델을 제공한다. 그러나 통합심리학은 한 걸음 더 나아간다. 거기에는 내면 존재(내면의 몸body, 마음heart, 정신mind), 진정한 존재(진정한 몸, 마음, 정신) 그리고 모든 중심 존재의 가장 깊은 존재(영혼과 아트만)가 있다.

가장 깊은 의식의 중심은 인간 존재의 영적 기반이며, 의식의 진정한 토대이다. 앞에서 언급한 것처럼 이것은 아트만(또는 불성)으로 구성되며, 아트만은 브라만과 함께 진화하지 않은 자신의 정체성이다. 아트만을 깨닫는 길은 마음챙김 수련으로 가능하다. Aurobindo는 **경험**, **깨달음**realization, **변용** 간의 차이를 강조하였다. 경험이 영적 가능성의 새로운 지평을 열지만 그것은 일시적이다. 깨달음은 영원하며, 의식의 새로운 차원으로 지속적인 접근을 허용한다. Aurobindo(2012)에 따르면, 그것은 대부분의 종교가 멈춰 있는 곳이다. 깨달음의 문제는 그것이 외면의 본질에 급진적인 영향을 미치지 않는다는 것이다. 그것은 외면의 몸, 마음, 정신이 접촉은 했지만 근본적으로 변화하지 않은 가운데 얻어지는 내적인 자유이다. 그러나 변용은 내면의 깨달음을 정신, 마음 그리고 몸의 모든 세포로 전달한다. 변용이 일어나기 위해서는 아트만뿐 아니라 영혼의 깨달음이 필요하다. 아트만은 형태를 취하지 않지만 영혼은 몸, 마음, 정신과 연결되기 때문이다.

진화하는 영혼은 인간 존재의 진정한 자기이며, 우리 각자를 고유한 자신이 되게 만든다. 영혼은 시간을 통해 고유한 신성의 표현으로 발달해 가는 영원한 가능성이다. 영혼의 목소리는 자주 몸의 요구, 마음의 충동과 욕망, 정신의 끊임없는 생각과 이미지가 만들어내는 소음과 소란 속에 묻힌다. 그러나 영혼은 여러 생애에 걸쳐 천천히 자신의 외면의 본질을 정화하면서 인간 존재에 적극적인 영향력을 미치고, 마음의 중심으로부터 방사되는 실제적인 깨달음을 얻는 단계에 이를 때까지 할 수 있는 최선을 다해 이러한 장애를 뚫고 자신을 표현하고자 분투한다.

모든 존재와 창조를 위한 영혼의 무한한 사랑이 동트기 시작할 때, 영혼의 축복과 기쁨과 깊은 만족이 존재를 휘저을 때, 신에 봉사하는 영혼의 빛과 평화와 영감이 경험되기 시작할 때, 삶은 극적으로 변화한다. 추구하는 것이 어떠한 외적인 만족으로도 채워질 수 없다는 것이 명백해진다. 개인이 신성과의 내적 합일을 열망하면 외부의 환경과 관계는 신성의 완성을 향한 여정을 도와준다.

내면의 안내를 신뢰하는 것은 통합심리학의 특징이다. 그러나 영혼의 오류 없는 인도는 자아의 욕망과 두려움에 의해 쉽게 간과된다. Aurobindo에 따르면, 영혼은 생각이 아니라 본질적인 느낌을 통해 소통한다. 영혼은 개인이 영혼의 길에서 벗어났을 때에는 불편함으로 경고를 하며, 진실한 길을 걸을 때에는 편안함, 따뜻함, 사랑과 '올바름'의 느낌을 통해 영혼의 길을 가고 있다는 확신을 준다. 그러나 에고의 욕망과 영혼의 열망을 식별하는 배움은 평생의 작업이다(적어도). 심리치료는 이러한 과정을 촉진하는 데 도움이 될 수 있다.

통합적 심리치료 접근은 두 가지 목적을 지닌다. 첫 번째는 몸을 갖고 태어난 모든 인간이 경험하는 정서적 상처와 고통을 치유하는 것이고, 두 번째는 자기 내면의 깊은 안내자를 일깨워 자신의 진정한 중심(진화하는 혼)을 자각하는 것이다. 정서적 상처의 치유는 통합심리학에서 또 다른 중요한 개념인 **자성**自性 · Svabhava과 관련된다. **자성**은 자신의 본질 또는 진정한 존재를 의미한다. 이것은 서구심리학에서 진정한 자기the authentic self에 상응한다. 심층심리학의 다른 학파들은 다양한 방식으로 이와 같은 타고난 잠재성을 언급한다. 게슈탈트치료는 유기체적 지혜, Jung은 자기Self, 정신분석과 실존주의 저자들은 실제 자기the real self, 진정한 자기the authentic self, 참자기the true self 등을 언급했으며, 이들은 잘못된 초기 가족 체계에 대처하기 위해 모든 사람이 아동기에 형성할 필요가 있었던 거짓 자기the false self 또는 방어적으로 구성된 자기와 대비된다. 아우로빈도 심리학의 관점에서 개인은 본질적 혹은 핵심적 자기인 **자성**에서 깨달음을 향한 확실한 개념을 얻는다. **바가바드 기타**Bhagavad Gita[4]는 자기의 본질을 따르면 가장 높은 영적 깨달음으로 인도하지만, 진정한 자기가 아닌 길을 따르면 영적 발달에 해롭다고 말한다(Sargeant, 1984; 3장 35를 보라). 통합심리학의 중심 목적은 자기의 방어 구조를 무너뜨리고 그곳에 진정한 자기의 완전한 출현을 돕는 것이다.

전통적인 치료에서처럼, 통합심리학의 목표는 무의식적인 방어와 초기의 상처와 트라우마에 대해 작업하고, 친밀감, 자존감, 자율성, 현실 참여의 능력을 증가시켜 진정한 자기의 출현을 허용함으로써 자아의 응집력과 통합을 추구한다. 전통적 치료가 보통 한 개의 목표—예를 들면, 더 나은 정서 조절 능력이나 안전한 애착 또는 현실 참여—에 머물러 있지만, 통합심리학은 모든 치료의 목표를 제한된 것으로 보며 몸, 마음, 정신의 각 수준에서 충분히 기능하는 목표를 갖고 이들 모든 수준의 통합적 발달을 추구한다. 의미 있고 창조적인 작업, 깊은 친밀감, 구체화된 자기-지식을 가진 진정한 자기의 탄생을 넘어 통합심리학은 진화하는 영혼에 의한 표면적 본질의 정화를 추구한다. 심혼적psychic 중심 또

---

4) 바가바드 기타Bhagavad gita: 베다Veda, 우파니샤드Upanishad와 함께 힌두교의 3대 경전 중의 하나.

는 진화하는 영혼은 대부분의 내담자가 경험할 수는 없겠지만, 자신의 내적 안내자를 신뢰하는 느낌은 일반적으로 경험할 수 있다. 영혼의 영향력이 커질 때 어떤 내담자는 자신의 깊은 영혼의 본질을 경험하고 인식하지만, 다른 내담자는 그것을 언뜻 느낄 뿐이다.

응집력 있는 표층적 자기와 표층적 존재의 영적 또는 영혼의 정화는 통합심리학의 두 가지 목표이다. 영혼의 정화가 진행되면서 외면 존재의 진동이 변용되고, 내면의 영혼의 빛과 사랑에 더 감응하게 된다. 삶의 영적인 관점은 영혼과의 의미 있고 깊은 관계를 이끈다. 관계, 특히 친밀한 관계는 우리 존재의 모든 네 차원인 신체적 · 정서적 · 정신적 · 영혼 또는 영적 차원에서 공명이 이루어지면 생생하고 활력이 넘치게 된다. 현재의 진화 수준에서 대부분의 관계는 하나 또는 두 개의 차원에서만 활력을 보인다. 자아초월 영역이 열리기 전, 대다수의 사람은 신체적 · 정서적 · 정신적으로 어느 정도 마음이 통하는 사람들과만 만족감을 느낀다. 그러나 진화가 진전되면서 사람들은 외적 관계만으로는 만족을 덜 느끼게 된다. 내면의 영혼은 내면의 빛과 영혼의 불꽃을 추구하는 사람들과의 영적 교감을 열망한다. 그러한 유대감 있는 사람을 만났을 때, 친밀한 관계는 새로운 수준에서 영혼과 연결되어 외면적 관계로는 가능하지 않은 깊은 공유와 공명을 나눌 수 있게 된다.

일, 관계, 자기-돌봄, 다이어트, 운동, 놀이 이 모두는 외면의 삶이 점차 내면을 따르면서 영혼의 영향 아래에 놓이게 된다. 몸, 마음, 정신과 같은 인간의 도구적 본질은 영혼이 유입되고 고상하게 변화되며 각자가 가진 최상의 가능성을 발휘하게 된다. Aurobindo가 예측했듯이, 통합적인 변용은 세계 안에서 신성한 능력을 점점 더 표현하고 드러낼 것이다.

참고문헌

Aurobindo, S. (1997-2012). *The complete works of Sri Aurobindo* (37 Vols.). Pondicherry, India: Sri Aurobindo Ashram Trust

Aurobindo, S, (2007). *The synthesis of yoga*. Pondicherry, India: Aurobindo Ashram.

Aurobindo, S, (2012). Letter on yoga-I. *The complete works of Sri Aurobindo*. Ponticherry, India: Sri Aurobindo Ashram Trust.

Cornelissen, M, Misra, G., & Varma, S. (Eds.). (2011). *Foundations of Indian psychology: Theories and concepts* (2 Vols.). New Delhi, India: Pearson Education.

Cortright, B. (2000). An integral approach to spiritual emergency. *Journal of Counseling and Guidance, 15*, 12-17.

Cortright, B. (2002). Integral pschotherapy as existential Vedanta. In M. Cornelissen (Ed.),

Consciousness and its transformation (pp. 65–79). Pondicherry, India: All India Press.

Cortright, B. (2004). The meeting of East and West. In K. Joshi, M. Cornelissen, & A. Gupta (Eds.), *Consciousness, Indian psychology and yoga*. New Delhi, India: Indian Council of Philosophical Research.

Cortright, B. (2005a). Psychotherapy as the practice of discriminative awareness or Raja Yoga. In G. Shankar (Eds.), *Psychotherapy, yoga and spirituality*. New Delhi, India: Jahdamba.

Cortright, B. (2005b). Yoga and psychotherapy. In G. Shankar (Eds) *Psychotherapy, yoga and spirituality*. New Delhi, India: Jahdamba.

Cortright, B. (2007). *Integral psychology*. Albany, NY: State University of New York Press.

Cortright, B. (2011). An integral approach to our psychic centre. In M. Cornelissen, G. Misra, & S. Varma (Eks.), *Foundations of Indian psychology: Theories and concepts* (pp. 198–210. Delhi, India: Pearson Education.

Dalal, A. S. (Ed.). (2001). *A greater psychology*. Los Angeles, CA: Tarcher.

Ferrer, J. N. (2000). The perennial philosophy revisited. *Journal of Transpersonal Psychology, 32*(1), 7–30.

Ferrer, J. N. (2002). *Revisioning transpersonal theory: A participatory vision of human spirituality*. Albany, NY: State University of New York Press.

Heehs, P. (2008). *The lives of Sri Aurobindo*. New York, NY: Columbia University Press.

Lowen, A. (1975). *Bioenergetics*. New York, NY: Penguin Books.

Mahoney, A. (2007). *Alchemy of the soul*. Nevada City, CA: Blue Dolphin Press.

May, R., Angel, E., & Ellenberger, H. (Eds.). (1958). *Existence*. New York, NY: Basic Books.

Myss, C. (1988). *The creation of health*. New York, NY: Three Rivers Press.

Perls, F., Hefferline, R., & Goodman, P. (1951). *Gestalt therapy*. New York, NY: Julian Press.

Rogers, C. (2004). *On becoming a person*. London, UK: Constable.

Rothberg, D. (1986). Philosophical foundations of transpersonal psychology. *Journal of Transpersonal Psychology, 18*, 1–34.

Sen, I. (1986). *Integral psychology*. Pondicherry, India: Sri Aurobindo Ashram Press.

Smith, H. (1976). *Forgotten truth*. New York, NY: HarperCollins.

번역 출판

Brennan, B. (1993). *Light emerging*. New York, NY: Bantam Books. (김경진 역. 빛의 힐링: 몸과 마음의 치유.상, 하, 전인적인 치유로의 여행. 서울: 대원출판, 2003).

Gendlin, E. (1981). *Focusing*. New York, NY: Bantam. (김성준 역. 상처받은 내 마음의 소리를 듣는 심리 치유: 포커싱. 서울: 팬덤북스, 2017; 손혜숙 역. 내 마음 내가 안다. 서울: 아름드리미디어, 2000).

Jung, C. G. (2009). *The red book: Liber novus* (S. Shamdasani, M. Kyburz, & J. Peck, Eds. & Trans.). New York, NY: W. W. Norton. (김세영 역. Red Book. 서울: 부글북스, 2012).

Sargeant, W. (Trans.). (1984). *Bhagavad gita*. Albany, NY: State University of New York Press. (바가

바드 기타. 다수 번역본 존재하여 서지사항 생략).
Wilber, K. (1995). *Sex, ecology, spirituality: The spirit of evolution*. Boston, MA: Shambhala. (김철수, 조옥경 역. 성 생태 영성[가제]. 서울: 학지사, 근간).

제 9 장

초월과 포함
- 자아초월심리학에 대한 Ken Wilber의 공헌

Allan Combs

많은 위대한 사상가처럼 Ken Wilber를 이해하기 위해서는 그의 아이디어가 시간에 따라 어떻게 발전해 왔는지를 살펴보는 것이 필요하다. Wilber는 자신의 작업 역사를 나누어 Wilber 1기, Wilber 2기 등 약 5개의 단계로 구분하였다(Wilber, 2006b). 그럼에도 불구하고 Wilber가 자주 인용한 '초월과 포함transcend and include'은 그의 사상의 전반적인 궤도를 놀라우리만큼 잘 묘사하였다(Wilber, 2000a, p. 9). 이러한 맥락에서 그는 언제나 자아초월의 수준을 상승시키는 심리학적이고 영적인 발달에 관심을 가졌다. 특히 이 주제는 Wilber 3기 저서에서 많이 다루어졌다. Wilber 4기와 Wilber 5기로 나아가면서 그는 더 확장되고 포괄적인 철학적 세계관을 확립하기 위한 노력을 기울였다.

다음에서는 자아초월심리학에 대한 그의 접근의 전반적인 영향을 살펴보면서 Wilber의 다섯 단계를 시간적 순서에 따라 제시하였다.

Wilber 1기: 낭만적 시기(1975~1979)[1]

❍ 주요 저서

『의식의 스펙트럼The Spectrum of Consiousness』[1)](1977)

『무경계No Boundary』[2)](1979)

1970년대 후기 심리학자들의 공동체 안에 지적인 활기를 불어넣었던 『의식의 스펙트럼』(Wilber, 1977)과 『무경계』(Wilber, 1979)의 영향력을 평가하는 것이 요즘에는 쉽지 않을 수도 있다. 그 시기는 패러다임의 전환기였다. Thomas Kuhn의 『과학혁명의 구조The structure of scientific revolutions』가 1962년 이후 출판되었지만 이때 더 주목을 받게 되었다. Gary Zukav의 『춤추는 물리Dancing wu li masters』(1979) 같은 인기 있는 책, Joseph Chilton Pearce의 『우주 알의 균열Crack in the cosmic egg』(1973) 그리고 Fritjof Capra의 『물리학의 도道, Tao of physics』[3)](1975)는 Wilber의 앞의 두 책과 나란히 아주 많이 팔렸던 책들이다. 엄청나게 소문이 나며 사태는 변화하고 있었다. 이 모든 것에도 불구하고 캘리포니아를 넘어 자아초월심리학에 대해 뭔가 알고 있는 심리학자들은 아직도 매우 적다. 예를 들면, 1970년대 말기에 나는 미주리주에 살고 있었는데 그 전체 주에서 내가 자아초월심리학회의 유일한 회원이었다.

그 시기에 심리학은 상징적으로만이 아니라 문자 그대로 세 개의 주요 진영으로 나누어져 있었다. 그것은 소위 첫 번째 세력인 행동주의가 Burrhus F. Skinner가 활약한 시기에 학문계를 지배하고 있었다(Hastings, 1999). 두 번째 세력은 Sigmund Freud, Carl Jung, Erik Erikson 등의 정신분석심리학이 포함되었다. 여기에는 학계 이외에 독립된 기관이나 개인적 개업으로 활동하였던 많은 의학 박사가 있었다. 세 번째 세력인 인본주의 심리학은 Abraham Maslow, Carl Rogers, Rollo May와 다른 몇몇 사람이 선봉에 서서 이루어졌다. 이 분파들 사이의 적대감은 현실적인 일이었다. 특히 행동주의자들은 노골적으로 무례하지는 않았지만 예의가 없었다. Maslow는 자신의 브랜다이스 대학에서 존경받지 못하였고, 그의 학생들은 다른 교수들로부터 자주 모욕을 당했다.

1970년대 후기 Wilber의 첫 번째 서적은 아주 중요하였는데, 그것은 단 한 개의 이론적

1) 박정숙 역. 범양사.
2) 김철수 역. 정신세계사.
3) 현대물리학과 동양사상. 이성범 역. 범양사.

조직 모델 또는 '스펙트럼'으로 전체 심리학계를 정리하였다. 자아초월심리학은 인본주의 심리학, 서부 해안의 인간 잠재성 운동, 동방의 지혜 탐구의 초기부터 그야말로 모든 심리학의 주요 학파들의 사상과 실제를 모두 껴안을 만큼의 충분히 커다란 컨테이너로 변하였다. 대부분의 고매한 체하는 학파들은 신임을 받지 못한 이방인으로 Wilber에 반대하였지만, 많은 심리학자와 다른 학자들을 포함한 지적인 대중에 의해 그는 널리 알려졌다. 문과대학에서 학생들을 가르치고 있던 당시의 내 경험이 전형적이다. 나는 오랜 기간 학생들을 도우면서 심리학계의 갈등을 감지하고 있었다. 각각의 심리학이 서로 옆에 나란히 제자리를 차지하며 함께 놓일 수 있는 스펙트럼을 창조하면서, 마치 테이블 위에 놓인 카드들처럼 그들 모두를 펼칠 수 있는 지도를 마침내 나는 갖게 되었다.

그 이후로는 과거에 그랬던 것처럼 단지 파편적 지식 분야로 심리학을 볼 여지가 사라졌다. 이러한 넓은 지식의 영역을 가로지른 개념화는 Wilber 작업에서 지속되는 특징이다. 1990년대(다음을 보라.) 중반 Wilber 3기가 시작되면서 그는 인간을 이해하는 모든 영역을 확장하여 철학의 영역으로 나아갔다.

그러나 1970년대 말 Wilber(1977)의 스펙트럼 이론의 근거는 누군가가 심리학을 구성하는 많은 서로 다른 세력들을 마침내 이해했다는 사실보다는 훨씬 덜 중요해 보였다. 마치 그것이 충분치 않은 것처럼 Wilber는 동양의 심리학으로부터 변성의식 상태에 대한 아이디어를 포함시켰다. 이것은 지루하였던 학계의 청중들로부터 높이 평가받으려는 것은 아니었지만, 격식에 매이지 않은 명쾌한 문체로 쓰인 그의 저서는 그런 종류의 질문에 대해 답을 찾고 있었던 사람들의 엄청난 호응으로 즉시 인정받았다. 당시의 상황이 대단히 변한 것은 아니었지만 Wilber는 학계의 전문가들보다 폭넓은 지적인 독자들에게 더 칭송을 받았다. 그러나 에살렌 연구소의 공동 창설자인 Michael Murphy가 자주 언급한 것처럼, 진보는 하나가 사장死藏될 때 이루어진다(2010년 6월 4일의 개인 대화). Wilber의 저서는 영예로운 대접을 받고 있지는 않지만, 여전히 많은 학문적 추종자로부터 읽히고 있다.

스펙트럼

Wilber가 처음 두 책에서 설명한 의식의 스펙트럼의 기본 아이디어는 베단타철학의 전통적인 존재 수준 또는 '덮개sheaths'[4](Wilber, 1977, 1979)로 설명된 인간 본질의 동양적 사

4) 베단타철학은 인간 품성의 발현을 위한 심리적인 면과 관련하여 5가지의 덮개sheath / 층kosha으로 세분(육체적 감각욕구층, 생명력의 층, 감각적 마음의 층, 지성층, 행복의 층)하였고, 인간의 마음을 조대체(육체, 身), 정묘체(에너지체, 氣), 원인체(정신체, 心)의 세 가지로 봄.

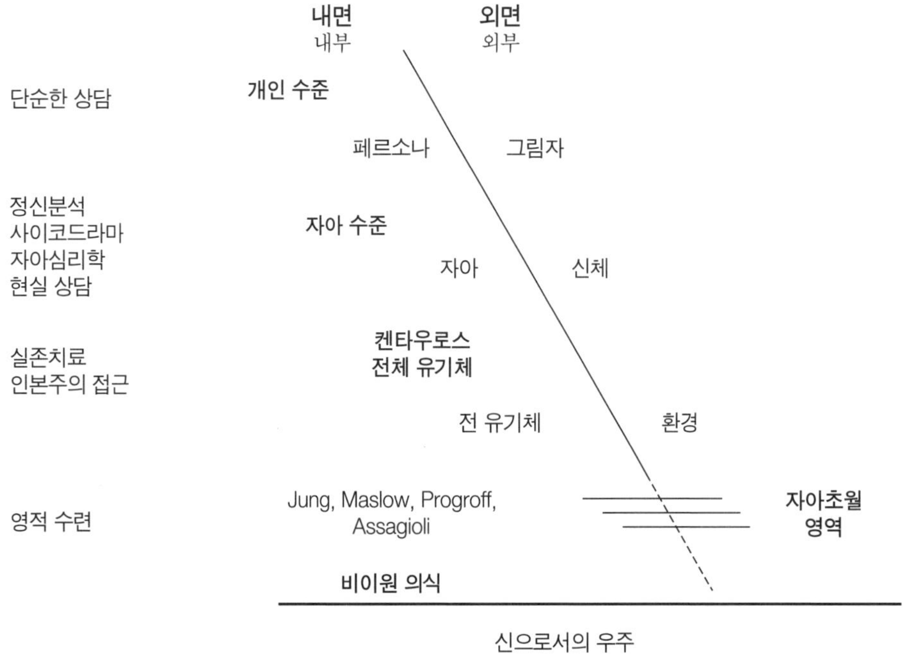

[그림 9-1] 『무경계』(Wilber, 1979)에서 제안한 심리치료와 의식의 스펙트럼

고에 기본 바탕을 둠에도 불구하고 상당히 단순한 편이다. Wilber는 서구의 신비주의와 불교의 아이디어를 가져와 스펙트럼을 조직화하는 대단한 작업을 수행했다. 그 결과, 존재의 본질적 바탕 또는 무형의 비이원 의식이 환경 대 전체 유기체,[5] 신체 대 자아, 그리고 그림자 대 페르소나에 의한 연쇄적 분열로 축소된 연속적인 심리학적 구조를 그릴 수 있었다. 각각의 단계는 개인 안에 또 다른 단계로 내면 세계를 축소시켰고, 먼저 외부 세계로부터 그다음으로는 그림자 부분에서 소외되었다. 이러한 단순한 연쇄적 환원은 개인의 정체성을 지속적으로 수축시켰고, 궁극에는 그의 내면을 페르소나, 지나치게 의식하는 성격과 낮 동안의 의식의 빛에서 쫓겨난 정신생활인, Jung(1939)의 용어에 의하면 내면의 전 존재를 표현하고 있는 그림자로 분열하게 되었다.

스펙트럼의 중요성은 광범위한 심리학의 다양성과 심리치료 방법을 묶은 것이다(Wilber, 1977, 1979). 이것은 현재 시점의 저술에서도 자아초월 이론의 독특한 특징이며, Wilber가 초기부터 비상한 관심을 기울였던 논거이다. 『무경계』(Wilber, 1979)에서의 [그림 9-1]을 면밀히 살피면 각각의 수준에 대한 심리치료 형태의 예가 나타나 있다.

5) 유기체는 실험심리학의 실험에서 피험 대상이 동물이었을 때 사용하였던 용어이지만, 최근에는 인간 존재의 몸과 정신, 의식과 무의식의 모든 것과 관련하여 사용되고 있으며, 인본주의 심리학자인 Carl Rogers에 의해 대중화됨.

이러한 심리치료는 그림자와 페르소나 이슈를 다루는 단순 상담에서부터 자아심리학 수준의 다른 치료와 정신분석 그리고 유기체(또는 실존적) 수준의 실존주의와 인본주의치료까지 매우 다양한 형태의 범위를 갖는다.

Wilber의 스펙트럼은 동양철학뿐 아니라 서양의 다양한 비전秘傳 · esoteric 전통을 함께 포함시켜 합일 의식으로 인도하는 일련의 자아초월 수준을 구성하고 있다. 자아초월 수준으로 잘 알려진 서구심리학의 연속체 위에 놓은 것은 급진적인 움직임이었으며, Wilber 모델에서 가장 중요한 작업 중의 하나이다. 이것은 젊은 학문인 자아초월심리학 영역에서 매우 중요한 움직임으로, 이전에 이례적인 것으로 생각했던 동양의 의식 개념과 신비 상태를 익숙한 서양 모델의 성격, 정신mind, 의식과 함께 논의하는 조직 모델로 옮겨 왔기 때문이다.

Wilber는 이것을 특히 『무경계』(1979)에서 비전철학의 합일unity을 가리키는 고대의 사상인 **영원의 철학**the perennial philosophy과 관련하여 상세하게 설명하였다. 1945년 Aldous Huxley는 모든 종교의 뿌리에서 발견한 일련의 기본 주제를 설명하기 위해 고대의 문구(**영원의 철학**philosophia perennis)를 현대적으로 개작했다. 여기서 가장 중요한 것은 모든 존재의 근원과 인간 의식의 근본 바탕인 신성한 실재a divine reality의 개념이다. 신비한 우주적 합일감을 기술하면서 Wilber(1979)는 다음과 같이 말했다.

> 이 숭고한 정체성의 경험은 아주 널리 펼쳐져 있으며, 이러한 정체감을 설명하려는 교리들은 '영원의 철학'이라는 이름을 얻었다. 모든 주요 종교—힌두교, 불교, 도교, 기독교, 이슬람교, 유대교—의 중심에는 이런 종류의 경험과 지식이 있다는 증거가 아주 많으며, 우리는 '종교의 초월적인 합일'과 근본 진리의 일치성을 당당히 말할 수 있다(p. 3).

여기서 인간 본성의 내적 진실에는 계층 구조가 있다는 초기의 사상이 Wilber의 생애를 통해 정교하게 확장되고 성장하고 있음을 볼 수 있다. 나중에 그는 이 조직 모델 내에 전체 우주를 개념화하였지만, 이 지점에서 그는 다양한 인간 경험의 구조를 어떻게 구성해야 할지 고심하였다. 미래에 그는 우주가 세속적 존재와 천상의 존재의 위계 속에 수직적으로 조직된다는 우주에 대한 기독교와 더 오랜 사상을 언급하면서 이러한 조직을 **존재의 대사슬**the great chain of being로 부르고, 인간 존재의 내면 구조를 위계적으로 조직화한 Aurobindo의 사상을 자신의 모델에 받아들이게 되었다(Aurobindo, 1971; Sobel & Sobel, 1984).

합일의 상실

초기 두 권의 저서에서 Wilber(1977, 1979)는 진화evolution에 대해 드물게 이야기하였지만, 그 후 논의에서 진화에 관한 초기의 사유를 선보였고 진화는 곧 그의 사상의 중심이 되었다. 본래의 합일된unified 의식은 점차 분열되어 점점 더 작은 조각으로 파편화되며, 이는 많은 종류의 아픔과 고통을 야기한다. 각각의 고통의 상태는 그에 걸맞은 고유한 치료 형태를 필요로 한다. 이러한 의식의 분열 과정은 유아적인 존재의 합일unity 상태로부터 전개되는 진화의 경로를 분명히 보여 준다. 여기에는 또한 본래의 합일 상태로의 회귀에 대한 부름calling이 있다.

심리학의 저명한 이론들은 동기에 관한 기본적인 관념을 갖고 있다. 고전적인 Freud 이론에서 동기는 리비도 에너지의 방출이고, 궁극적으로는 죽음의 최종적인 침묵 상태를 향하고 있다. Maslow에게서 동기는 더 적절하고, 충족하는 방향을 향한 충동이며, 궁극적으로는 자기실현적 삶의 추구이다. 삶의 후반기에 Maslow(1971)는 초월을 향한 부름을 자신의 모델에 추가하였다. Wilber(1980a)는 초월을 향한 충동을 인식하였지만 자신의 책 『아트만 프로젝트The Atman project』에서 그것을 본래의 합일로 회귀하려는 부름으로 재구성하였다. 그는 곧 그것을 진화적인 성장과 변용의 모델 속에서 다시 재구성했다.

Wilber 2기: 전 생애에 걸친 진화, 전-초 오류와 의식의 역사적 진화(1980~1982)

❍ 주요 저서

『아트만 프로젝트The Atman Project: 인간 발달의 자아초월적 관점』(1980a)
『에덴을 넘어Up from Eden: 인간 진화의 자아초월적 관점』(1981)[6)]

진화라는 용어는 Wilber 초기의 두 권의 책, 『의식의 스펙트럼』(1977)과 『무경계』(1979)의 어디에도 나타나지 않는다. 그러나 Wilber 2기에서 진화 사상은 심리적 성장과 발달 그리고 인간의 역사를 가로질러 의식 변용의 지도를 그리는 은유로서 그의 중심 개념이 되었다. 이후 진화 사상은 그의 이론의 중심으로 지속되고 있다.

6) 조옥경 역. 한언.

Wilber가 의미하는 **진화**는 명확히 무엇일까? 그는 전통과학을 아주 잘 이해하고, 자신의 전체 저작을 통해 과학적 발견과 잘 확립된 과학 이론을 액면 그대로 받아들이는 경향이 있었다. 예를 들어, 때로 그가 잘못 오인하여 한통속으로 묶이기도 했던 많은 '신패러다임 저술가'와 달리 그는 의식과 양자물리학, 물질세계를 넘어서는 마음의 영향 등과 같은 기상천외한 주장을 하지 않았다. 실제로, 그는 그와 같은 대부분의 주장에 대해 매우 비판적이었다(예를 들면, Wilber, 2006a). 그럼에도 불구하고, 다양한 담론 공동체에서 진화라는 용어는 다양한 의미를 갖는다. 이러한 다양한 의미의 범위는 사회적 · 개인적 가치의 역사적 변화에서부터 과학적 사고의 역사적 진보, 다윈주의와 신-다윈주의를 포함하는 생물학적 종의 진화에까지 이른다. 비록 Wilber가 신-다윈주의 같은 이론이 과잉 확장되어 그것이 설명한다고 주장하는 모든 것을 설명하지 못하고 있다고 비판해 왔지만, 그는 자신이 이러한 주장의 어떤 것에도 반대한다는 입장을 취하지 않았다는 것을 이해하는 것이 중요하다(Wilber, 1995).

그러나 Wilber는 전통 학문으로부터 확립된 진화의 개념을 사용하지 않았으며, 자기 고유의 진화에 대한 견해를 갖고 있었다. 1996년판『아트만 프로젝트』에서 그는 다음과 같이 썼다.

> 인간의 발달 과정— 전반적인 진화—은 전의식에서 자기-의식과 초의식으로, 전개인에서 개인과 초개인으로, 전이성에서 이성과 초이성으로, 시간 이전에서 시간과 초시간으로, 즉 영원으로 나아가는 것이다(p. 8).

앞의 관점에서 심리적 성장이란 그것이 개인에 대한 것이든 아니면 인간 문화의 역사에 대한 것이든 간에 모두 진화로 설명될 수 있다. 그러나 이러한 진화의 개념은 일반적인 생물학적 개념이라기보다는 합일 의식의 성취를 향해 전개되는 진보적인 움직임이라는 점을 주목할 필요가 있다.

Wilber가 후속 작업에서 여러 차례 지적한 것처럼, 그의 진화 개념은 20세기의 위대한 인도 요가 성자인 Aurobindo의 저작에서 명확히 기술된 영적 진화에 대한 생각과 매우 부합된다(예를 들면, Wilber, 2006a). 그것은 또한 20세기 독일의 문화 역사가 Gebser(예를 들면, Gebser, 1972, 1949/1986)가 묘사한 인간 의식의 역사와도 잘 들어맞는다. Aurobindo와 마찬가지로 Gebser 또한 Wilber에게 가장 큰 영향력을 미친 인물이다. Aurobindo의 사상은 이 책 제7장에서 자세하게 설명하였기 때문에 여기서는 다루지 않겠다. 그러나 Gebser의 사상은 다음에서 상세히 설명할 것이다.

이성의 수준을 넘어선 진화에 대한 새로운 강조에도 불구하고, Wilber 스스로 강조해 왔던 점에 있어서 Wilber 2기는 Wilber 1기와 비교해 극적으로 다르지는 않다(Wilber, 1997, pp. 153-154 참조). 이것은 그가 **진화**를 처음 말하기 전 그리고 이후 줄곧 진화에 대해 계속 말하기 전에 그의 첫 두 책(Wilber, 1977, 1979)에서 **퇴화**involution에 대해 길게 말했던 이유를 설명해 준다.

퇴화

Wilber가 사용한 퇴화라는 용어는 영의 내재나 운동을 의미하는 고대의 관념이다. 예를 들어, 이 용어는 Aurobindo(1990)의 저작에서 발견되고, 인도의 철학자이자 역사가인 Coomaraswamy(1947)가 기술한 바 있으며, 이 두 사람 모두 Wilber에게 친숙했던 인물이다. 퇴화라는 관념은 영이 스스로를 투사하거나 하강함으로써 다양한 존재의 수준 속에 스며들고 마침내 스스로를 상실한다는 것이다. Aurobindo와 마찬가지로 Wilber(1980a, 1981)에서도 진화는 퇴화의 과정과 반대의 과정으로서 영이 점진적으로 다시 스스로를 드러내고 발견한다는 의미로 사용한다. 이것은 개인과 역사 안에서 의식의 성장과 변용의 깊은 토대이다. 역사적 맥락에서 이것은 헤겔Hegel, Georg Wilhelm Friedrich과 독일 낭만주의를 연상시키는 관념이다. 실제로, 헤겔을 언급하면서 Wilber(1981)는 『에덴을 넘어Up from eden』에서 "그의 그림자는 모든 페이지에 드리운다."(p. 314)라고 썼다. 보다 최근에 그는 다음과 같이 말했다.

> 이전의 퇴화의 힘에 대한 관념은 매우 성공적이지 않았지만, 왜 먼지가 모여 시를 쓸 수 있게 되었는가를 설명하기 위해 시도해 온 Darwin 진화론의 불가해한 난제에 많은 도움이 되었다(1999, p. 12).

특히 Aurobindo(1980)는 베단타의 힌두교 사상에서 발견되는 전통적인 존재의 수준에 기초하여 유사한 관념을 제안했다.

개인 진화의 여러 수준

이 기간 동안 Wilber(1980a)는 그의 초기 스펙트럼 모델을 확장하여 자그마치 17개 수준으로 세분하였고(〈표 9-1〉 참조), 『아트만 프로젝트』의 부록에서 그 수준들을 광범위한 현대심리학뿐 아니라 신비주의와 Aurobindo의 저술 그리고 여러 전통의 불교와 힌두교 사상 체계의 개념들과도 비교하였다. 기초 개념들을 다양한 범주에 세분하고 다른 사상 체계와 나란히 비교하는 경향은 Wilber 작업의 대표적인 특징이 되었다.

표 9-1 발달의 수준들, 『아트만 프로젝트』(Wilber, 1980a)에서

무극적pleromatic(구별이나 의식이 없는 미분화 이전의 혼돈 상태) 우로보릭uroboric(자기세계 안에서의 아주 미세한 미분화된 의식 상태) 차축車軸의-몸axial-body(본능적 충동과 쾌락의 원리에 의한 신체적 자아 단계)
기의-몸氣体pranic-body(생명체를 존재하게 하는 힘이 있는 단계) 형상形象의-몸image-body 구성원으로서의 인식membership-cognition(소속된 집단의 언어와 규범을 익히면서 자아정체성 확립의 시작 단계) 초기 자아early egoic/personic 중기 자아middle egoic/personic 후기 자아later egoic/personic
성숙한 자아mature Ego(자아의식의 확립으로 가치관이 형성되는 단계)
생물 사회적 대역biosocial 켄타우로스centaur(반인반마, 인간의 신체와 마음이 조화를 이루어 본능 통제가 가능한 통합된 자아의 단계)
하위 정묘low subtle(물리적 · 생리적 한계를 넘어서기 시작하는 심령의 단계)
상위 정묘high subtle(종교적 직관/영감/원형적/신성을 통찰하는 초월적 통찰 상태의 단계)
하위 원인low causal(성장/통합/초월 과정 속에 점점 고차원적인 통일성으로 궁극의 '신' 안의 자기근원으로 환원되는 의식 상태의 단계) 상위 원인high causal(일체의 형상을 초월하여 무형의 의식으로 지복/광명/환희/열반/광휘가 존재하는 단계)
궁극ultimate(순수 절정/진여眞如/깨달음만이 있는 완벽한 통합, 심우도의 입전수수入鄽垂手의 단계)

* 〈표 9-1〉의 괄호 안의 설명은 모두 역자 주이다.

Wilber가 엄청나게 다양한 정보를 조직해 내고, 그것들을 성공적으로 종합해 내는 것에 대해 사람들이 경이로움을 느끼는 것은 놀라운 일이 아니다. 이러한 그의 능력이야말로 그의 독자뿐 아니라 비평가들에게도 지속적으로 흥미를 불러일으키는 질문이다. 답은 아마도 그의 엄청난 독서량과 기억력일 것이다. 이런 능력 이외에도 그는 종합의 재능을 가졌다. 그의 친구 Crittenden(2001)에 따르면, 그는 어떤 분야를 사실상 대표하는 학자들에 의해 수용되는 가장 보편적인 개념을 탐구함으로써 그 분야의 지식에 접근한다. Crittenden은 종교의 예를 들었다. 모든 종교가 동의하는 것은 무엇인가? 예수 그리스도는 전 인류의 구세주인가? 확실히 아니다. 신성한 존재로서 신은 우주의 창조자이자 통치자인가? 그것도 아니다. 궁극적인 신성이나 창조 원리가 존재하는가? 아마도 그럴 것이다. Wilber는 이와 같은 상위의 개념을 가져와서 다양한 다른 영역을 가로질러 포괄할 수 있는 보다 상위의 원리를 추구하며, 폭넓은 적용과 수용 가능성이 있는 일반 원리를 찾았다.

전-초 오류

Wilber 1기와 2기의 가장 뚜렷한 차이는 전-초 오류pre-trans fallacy 개념이다(Wilber, 1980b). 그것은 간단하지만 강력한 개념으로, 유아적 또는 전-자아적 경험을 진보된 자아초월적 경험과 융합시키는 오류를 말한다. [그림 9-2]는 이 개념을 묘사하고 있다.

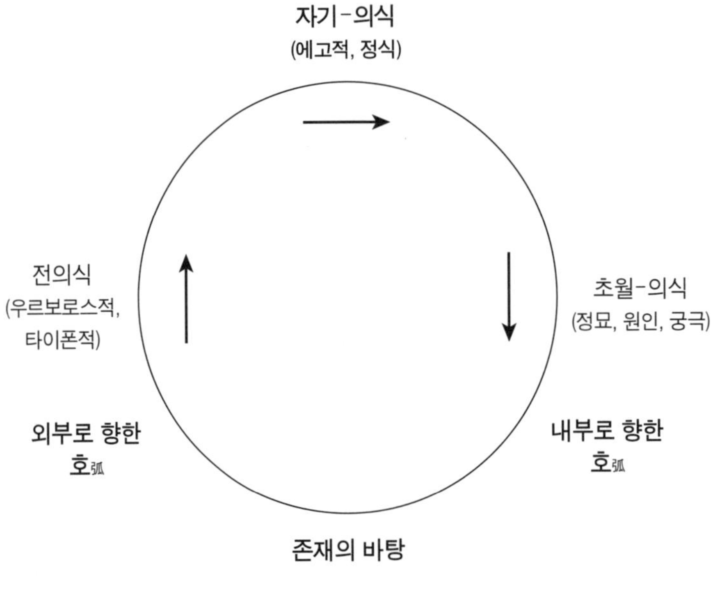

[그림 9-2] 『아트만 프로젝트』(Wilber, 1980a)에서 제안한 일반적인 삶의 주기

이것은 『아트만 프로젝트』(Wilber, 1980a)에서 가져온 삶의 주기 모형으로, Wilber 1기와 유사해 보이지만 원으로 그려져 있다. 아래쪽 유아기에서 시작하여 삶은 왼편의 위쪽과 바깥쪽을 향해 움직이며, '깜짝, 웡웡거리는 혼란'(James, 1890/1981, p. 462)의 유아적 상태로부터 아동기와 청소년기를 거쳐 완전한 성인 자아의 발달로 향한다. 성장이 지속된다면 개인은 오른편의 아래쪽으로 일련의 자아초월 상태를 통하여 영과의 합일을 향해 귀환

한다.

전-초 오류는 전-자아적pre-egoic 경험이나 행동을 초월-자아적인trans-egoic 것으로 오인할 때 발생한다(Wilber, 1980b). 예를 들면, 유아기와 아동기의 경험이 실제로는 단순히 전-자아적이고 전-개인적이지만 종종 낭만적으로 영적인 것으로 받아들인다. 다른 말로 하면 자아가 없는 것은 자아를 초월한 것과 같지 않다. Wilber가 처음 이 생각을 제안했을 때, 많은 비평가는 아동기 영성의 진실성에 대한 그의 거부 때문에 몹시 격앙되었다. 그러나 Wilber는 자신의 의견을 고수하면서 2006년의『통합영성Integral spirituality』[7]에서 그 주제를 다시 상세하게 논의했다.

전-초 오류는 미국 문화에서 많은 사례를 찾아볼 수 있다. 특히 Wilber(2006a)는 광란의 춤으로부터 돌고래와의 수영과 주말의 '샤머니즘'까지 모든 것을 영적인 것으로 동일시하는 뉴에이지 문화를 비판했다. 비슷한 맥락에서 Wilber(1983b, 1995)는 전-초 오류를 범한 몇몇 심리학자를 지목했다. 여기에는 Jung이 포함되었는데, Jung은 비합리적이고 미분화된 상태를 영적인 또는 후-자아적post-egoic 경험으로 오인하였다. 반대로 Freud는 진실한 신비 경험을 유아적이고 전-자아적인 것으로 오해했다. Wilber는 후-자아적 경험에 대한 환원주의적 태도가 오랫동안 심리학과 정신의학을 지배해 왔다는 점을 지적했다.

흥미롭게도, 전-초 오류가 Wilber 2기 사상에서 중요한 역할을 하였음에도, 그 용어는『아트만 프로젝트』(1980a)나『에덴을 넘어』(1981) 어디에서도 발견되지 않는다. 그것은 1980년『리비전 저널ReVision Journal』에 '전-초 오류'(1980b)라는 간단한 제목으로 처음 등장하였다.

변용 대 변환

『아트만 프로젝트』(1980a)에서 Wilber는 처음으로 **변용**transformation과 **변환**translation의 명확한 구분을 제안하였다. 생각해 보면 이것은 상식적인 개념이다. 개인의 변용은 의식이나 자기의 심층 또는 형성 구조deep or formative structures가 적절하게 변화할 때 성장을 향해 '상향' 이동한다. 이것은 동일 수준에 머물면서 다른 표현 양식을 통해 이동하는 방식과 구분될 필요가 있다. 전자는 구조적 성장인 반면, 후자는 구조는 동일한 수준에서 표현 양식이 변화하는 것이다. Wilber는 이에 관해 상당히 일반적인 용어를 썼지만, 후에 Wilber 3기에서 그는 발달의 특정 라인에 대해서도 동일한 아이디어를 적용했다.

---

7) 김명권 · 오세준 역. 학지사.

일례로, Kohlberg(1981)의 유명한 도덕 발달 단계를 고려해 보자. 외부의 권위를 따르는 도덕적 사고를 하는 사람이 동성애 결혼을 반대하는 교회에 속해 있다고 가정해 보자. 그렇다면 그는 그 교회의 도덕 관점을 채택할 확률이 크다. 그러나 만일 그가 다른 이유로 인해 나중에 그런 결혼을 승인하는 교회의 일원이 된다면 그의 관점 또한 변하기 쉽다. 이것은 그가 더 높고 관용적인 도덕적 사고의 구조를 받아들여 근본적인 변용을 경험하였기 때문이 아니라, 단지 그의 권위의 근원이 형태를 바꾼 것뿐이며, 그런 결혼을 승인하는 그의 도덕적 추론에서 변환이 일어났을 뿐이다.

Jean Gebser: 의식과 문화의 역사

1981년 Wilber는『에덴을 넘어: 인간 진화의 자아초월적 관점』에서 인간의 의식에 관한 역사 이론을 형성하면서 새로운 영역으로 접어들었다. 거기서 그는 20세기 중반의 독일 문화 역사가이며 시인인 Gebser(1972, 1949/1986)의 학문을 받아들였다. 다양한 언어에 능통한 Gebser는 역사, 문화, 예술을 폭넓게 섭렵하였고, 20세기 중반의 많은 위대한 인물과 개인적으로 친분이 있었다(Feuerstein, 1987; Thompson, 1998). 그의 가장 중요한 발견은 20세기 초반의 과학, 수학, 법학, 예술 그리고 다른 영역에서도 부상하는 새로운 의식 형태를 깨달으면서 시작되었다(Gebser, 1949/1986). 이 새로운 의식의 열쇠는 '조망 의식perspectival consciousness'(p. 19)이라고 그가 칭했던 르네상스 이후의 인간 경험을 지배하였던 융통성 없는 경계로부터의 탈출이다. 가장 간략하게 예를 들면, 그는 Picasso의 예술, Rilke의 시, Heisenberg의 물리학 이 모든 것이 시간과 공간과 자신의 감각조차도 가변적이고 전체론적인 새로운 **의식 구조**를 가리키고 있다는 신선한 가변성fluidity을 발견한 것이다. Gebser는 이 새로운 경험 형태를 **통합의식**integral consciousness이라고 불렀다.

새로운 의식의 출현을 알아차린 Gebser는 인간 역사의 오랜 기간을 고려해 연구하면서 현실을 경험하고 해석하는 다른 방식을 나타내고 있는 각각의 시기에서 우세했던 몇 개의 다른 의식 구조를 발견하고 믿게 되었다(예를 들면, Feuerstein, 1987). 그는 연속적으로 펼쳐지는 5개의 구조를 제시하였다. 많이 겹치지만 각 시기마다 한 개의 특별한 구조가 대부분의 사람의 경험에 두드러지게 나타났다. 여기서 5개의 구조를 간략하게 설명하겠다.

태곳적archaic **의식 구조** 이것은 완벽한 인간 경험이 최초로 생겨나기 이전에 존재하였던 과도기적 의식 구조에 Gebser(1949/1986)가 붙인 이름이다. 그는 과거와 지금의 엄청난 시간 차이와 그 시기를 대표할 만한 유물도 없기 때문에 그에 대해 우리가 아는 것은 거의 없다고 하였다. 그러나 그는 영장류의 선조로부터 최초의 인간이 출현하였을 때 과도기가 있었다고 믿었다.

홍미롭게도, 그 출현 시기는 20세기 중반 Gebser 이후에도 심도 있게 연구되었고, Wilber가 1981년『에덴을 넘어』를 쓴 이후 태곳적 의식에 대한 매우 풍요로운 이야기가 오늘날에도 회자되며 많은 학자가 그에 관해 연구하고 있다(예를 들면, Donald, 1991; Mithen, 1996).

마법적magical **의식 구조** 마법적 의식 구조는 세상을 마법적인 힘이라는 용어로 해석한다(Gebser, 1949/1986). Feuerstein(1987)은 그 원리의 특징을 자아 없음egolessness이라고 하였다. 자아 없음은 그룹이나 부족과 하나가 된 정체성을 말한다. 그것은 어떤 위치가 다른 것으로 대체될 수 있다는 중점적 지각point-centered perception을 하며('공감적 주술sympathetic magic'[8]에서처럼), 공간과 시간을 유동적인 것처럼 경험하고(텔레파시와 동시성synchronicity이 혼합), 인간의 삶이 자연의 경험과 엮여 있고, 마법을 통하여 힘을 수련하고 경험할 수 있다는 것이다.

지금 Wilber의 '초월과 포함'이라는 주제와 일치되게 각 의식 구조는 역사가 앞으로 전진하고 보다 새로운 구조가 영향력을 갖게 될 때조차 인류에게 남아 있다. 예를 들면, 음악과 율동은 마법적 구조와 밀접하게 연관되어 오늘날까지 사람들의 정서를 자극하는 힘이 있으며, 그들을 일상을 넘어 상상의 영역으로 이동시킨다. 병리적 측면에서 마법적인 사고는 아직도 슬픔과 갈망 상태에 있는 사람들에게 흔히 있는 것들이다. 반대로, 어떤 때에는 뉴에이지 작가들과 영화 제작자들에 의해 사랑과 부富의 길로서 과시된다. 흥미롭게도 Freud(1936/1987)의 억압, 투사, 반동형성 같은 고전적 방어 기제는 마법적 조작에 심각하게 의존해 있다.

신화적mythical **의식 구조** 의식 구조는 "삶의 목적은 무엇인가?" "사후에는 무슨 일이 일어나는가?" "세상은 어떻게 창조되었는가?"와 같은 기본적 질문에 대해 어떤 답을 하는가에 따라 특징지을 수 있다(Combs, 2002). 오늘날까지도 마법적인 문화는 마법적이고 마술적인 창조 역사를 이야기한다. 신화적 창조 역사는 신과 여신들의 웅장한 서술에서 비롯되며, 마법적인 문화의 지역적인 정령들과 달리 전체 우주를 지배하고 있다. 약 12,000년 전에 일어난 농업혁명은 밤과 달과 지구와 연결된 풍요의 여신들을 최초로 널리 숭배

8) 어떤 사물/사건이 공감작용에 의하여 다른 것에 영향을 줄 수 있다는 믿음을 바탕으로 함.

하는 문화를 일으켰다(예를 들면, Cunliffe, 2011; Thompson, 1981). 유사有史 초기에는 하늘과 태양과 연관한 남성 신들male gods이 여신들을 대신하였다(예를 들면, Thompson, 1981). 예를 들면, 남성 신들은 이집트, 메소포타미아, 그리스의 웅장한 신화적인 만신전과 게르만 신화에서 나타났다. 유사한 신화적 체계는 인도와 중국에서도 발달하였다(Duiker & Spielvogel, 2010).

의식의 신화적 구조는 이야기와 시가詩歌 그리고 풍부한 상상의 세계와 연관되어 있다. 대부분의 위대한 종교에는 그런 이야기가 있고, 그 이야기가 제공하는 염원에 따라 살아가는 사람들에게 의미를 부여한다. 비종교인들도 자주 개인의 이야기나 신화를 가지며, 그것은 그들의 삶에 목표가 되기도 한다(Feinstein & Krippner, 1988).

정신적mental 의식 구조 Gebser(1949/1986)는 각각의 역사적 구조가 이전 것보다 더 우수하고 연속적으로 향상한다는 것을 생각하지 못하였다. 실제로 그는 역사의 현재 순간을 지배하는 현대적 정신 구조가 어떤 점에서는 이 모든 의식 구조 중 가장 제한적인 것이라고 느꼈다. 정신적 의식은 그리스와 이후 로마의 철학자들에게서 시작되었으나, 현대의 정신적 의식은 예술가들, 건축가들, 작가들이 처음 조망 의식을 획득했던 르네상스 시기에 시작되었다. 후자의 정신적 의식은 조망에 있어 개인 관찰자를 고정된 위치에 놓았고, 머릿속의 고정된 주관적 위치에 있는 것처럼 보이는 자아를 강화했다. 이는 자신의 중심을 가슴속에서 발견한 것처럼 보이는 신화적 의식과는 반대된다.

여기서 정신적 구조는 오늘날의 현실을 이해하는 지배적인 방식이기 때문에 그에 대한 자세한 묘사는 필요치 않다. 그것은 추론과 논리의 기능에 달려 있다. 예를 들면, 오늘날 어떤 사람이 샤먼이나 종교 치유자를 찾을지 모르지만, 만일 질병이 아주 심각하다면 현대의 대부분의 사람은 보통 과학적으로 잘 알려진 의료진을 찾아갈 것이다. 이것은 얼마나 현재 사회가 신뢰를 정신적 구조에 두고 있는지를 보여 주는 예이다.

Gebser(1949/1986)는 각각의 의식 구조에는 고유의 강점과 약점이 있다고 생각했다. 정신적 구조의 과학적이고 지성적인 성취에는 의문의 여지가 없지만, 계몽주의 초기에는 Gebser가 **비율**ratio의 예를 들어 언급한 세세한 것들에 대한 논쟁이 많았다. 그것은 부분적으로 정신적 구조가 전체를 점점 더 작은 조각으로 분할하여 쓸데없는 사소한 논쟁으로 이끌었기 때문이다. 그러므로 그는 정신적 구조 그 자체 내에 전체를 세분하여 사소화시키는 근원이 있다고 느꼈다. 그는 골치 아프게 따지는 논쟁이 현대 세계의 많은 문제의 뿌리라고 생각하였다.

통합적integral 의식 구조 Gebser(1949/ 1986)의 주장에 따르면, 통합적 구조는 20세기의 전환기에 출현하였지만 인간의 지배적인 의식 구조가 되기까지는 수백 년이 걸릴 수도 있다. 그가 예측했던 대규모의 갈등은 21세기 초기의 정치계에서 나타나고 있다. 독일의 철학자이며 녹색당의 지도자인 Bahro(1994)는 오늘날 세계의 주된 정치적 분열은 서로 다른 분리된 의식 구조에 따라 일어난다고 지적했다.

Gebser는 우선 피카소Pablo Picasso와 클레Paul Klee의 그림에서 통합적 의식 구조를 인식했다. 거기에는 다양한 관점이 통합적인 전체로서 동시적으로 나타났고(Feuerstein, 1987), Rainer Maria Rilke의 시詩에서 시간은 유동적인 경험의 질을 나타낸다. 완전히 발달한 통합적 의식은 세상을 정묘하거나 '투명한' 빛 같은 것으로 경험하며, 역설적으로 그것은 이전의 경험 구조에서보다 더 실제이고 확실하다. Gebser는 동양의 철학자들과 비교하지 않으려 하였지만, 그는 통합의식과 선禪 · Zen의 견성見性 · satori의 기본적인 유사성에 주목하였다.

Gebser와 Wilber 우리는 Gebser의 견해에 대해 더 말할 수 있지만(예를 들면, Combs, 2002, 2003, 2009), 여기서 중요한 것은『에덴을 넘어』(1981)에서 처음 나타나고 Aurobindo와 함께 현재까지 Wilber에게 영향을 주고 있는 그의 영향력을 이해하는 것이다. Gebser의 의식 구조에 대한 간단한 스케치만 보더라도, 그것이 Wilber의 전 생애 진화의 아이디어에 어떤 영향을 미쳤는지 쉽게 알 수 있다. 이러한 영향은 발달심리학의 언어로 더 명쾌하게 진화를 설명한 Wilber 3기에 이르러 더 명백해진다. 간단히 말해, Gebser의 인간 의식의 역사에 대한 개요는 바로 개인의 발달적 역사의 반영에 다름 아니다. 합의점을 찾지 못한 하나의 논점은 통합적 의식의 본질에 관련된 것이다.

이미 본 것처럼, Wilber(2000a)의 개인 의식의 진화 모델은 성인 자아의 발달을 넘어 몇몇의 자아초월 단계를 포함한다. 반면, Gebser(1949/1986)는 통합적 구조의 등장을 최종적인 완성의 단계로 간주하였다. 나의 견해로는 이러한 차이에 대한 두 가지의 설명이 있는데, 둘 중 어떤 설명도 다른 설명을 배제하는 것은 아니다(Combs, 2009). 첫 번째 설명은 Gebser는 심리학적으로 훈련된 사람이기는 하지만, 본질적으로 자신이 본 것만을 기록하는 문화역사가라는 점이다. 다른 설명은 Wilber는 Gebser가 하나의 구조로 본 상위의 개인적 발달에서 여러 단계를 보았다는 것이다. 예를 들어, Gebser(1949/1986)는 14세기의 Meister Eckhart나 15세기 쿠사의 Nicholas와 같은 역사적 인물이 이미 통합적 의식을 달성했다고 제시했지만, 비공식적인 그들의 저작물들은 그들이 매우 높은 의식 수준을 경험했다는 것을 시사한다. 이와 다르게 피카소나 클레와 같은 인물들이 비록 Gebser의 통합적 의식의 사례에 포함된다고 하더라도, 그러한 심원한 의식 상태를 경험했는가는 의문이다. 그들이 Gebser의 의미에서 통합적 의식을 경험했다 해도, 그들은 Wilber가 기술한 상위의 의식 구조를 지속적인 수준에서 경험했다고 할 수 없다.

Wilber 3기로 넘어가기 전에 이 장이 Wilber의 작업에 대판 비판을 검토하기 위한 목적이 아니라는 점을 지적하고 싶다. 전-초 오류의 개념과 결합된 그의 의식 진화 모델은 그가 해 왔던 어떠한 작업보다도 인신공격적인 비판을 불러일으켰다. 문제의 핵심이 무엇인가를 여기서 정확히 찾아내기는 어렵지만, 부분적으로 이러한 비판의 대부분은 그의 작업을 주의 깊게 읽지 않은 사람들이 충분한 지식 없이 맹렬하게 논박하는 것으로 보인다. 그러나 Wilber가 샤먼과 같은 원시 문화를 경멸한다는 통속적인 관념이 있는 것 같다. Wilber가 구석기시대를 제외하고는 원시 문화나 현대의 샤먼에 대해 별반 관심을 보이지 않았기 때문에 그러한 비난은 근거가 없어 보인다. 그러나 현대의 샤먼들뿐 아니라 많은 현대의 부족민이 구석기의 조상들과 전혀 같지 않다는 것을 고려해 볼 때 이것은 매우 복잡한 주제이다(Combs & Krippner, 2003). 어떤 경우든 이것은 Wilber가 설명해 온 주제는 아니다.

Wilber 3기: 발달 라인, 병리적 스펙트럼, 새로운 패러다임의 시작(1983~1993)

❍ 주요 저서

『아이 투 아이: 새로운 패러다임의 탐색Eye to eye: The quest for the new paradigm』[9](1983a)

『켄 윌버의 신: 초월적 사회학의 개설A sociable god: A brief introduction to a transcendental sociology』[10](1983b)

『양자 문제: 세계의 위대한 물리학자들의 신비한 저술들Quantum questions: Mystical writings of the world's great physicists』(1984c)

『의식의 변용: 의식의 발달에 관한 전통적 · 명상적 시각Transformations of consciousness: Conventional and contemplative perspectives on development』[11](1986)

『세상에서 가장 아름다운 용기Grace and grit』[12](1991)

---

9) 조효남 역. 대원출판사.

10) 조옥경 역. 김영사.

11) 조효남 · 안희영 역. 학지사.

12) 김재성 · 조옥경 역. 한언.

Wilber 3기에서는 발달 라인developmental lines을 소개하는데, 『켄 윌버의 신』(Wilber, 1983b)에서 최초로 논의되었다. 발달 라인은 개인의 발달이 몇 개의 다른 경로를 따라 다른 비율로 진행된다는 개념이다. 예를 들면, 한 사람이 도덕 발달에는 평균적으로 성장하고, 수학이나 음악적 기술은 아주 빠르며, 예술적인 판단에서는 느리게 성장할 수 있다는 것이다. 결과적으로 서로 다른 사람들은 서로 다른 능력의 분포와 서로 다른 유형의 지능을 가지는 것이 일상적인 사실이다. 인격의 전반적 성장과 발달 라인은 개인의 정체성과 조직화의 중심인 핵심 자기-체계core self-system에 의해 조정된다.

현재 라인의 개념은 발달심리학에 잘 알려져 있다. 예를 들면, Piaget(1952; Flavell, 1963)는 다양한 지적 영역에서 서로 다른 성장율을 언급하기 위해 격차décalage라는 용어를 사용하였다. 그럼에도 불구하고, Wilber에게 이것은 발달과 인지심리학의 연구로부터 직접적으로 얻은 것이기 때문에 중대한 전환에 해당된다. 이전의 폭넓은 범위의 학문적 자료에도 불구하고, Wilber는 심리학 영역의 주류 발달 연구보다는 신-분석적 자아 이론neo-analytic ego theory이나 Freud와 Jung과 같은 정신의학적 이론에 의지하는 경향이 있었다. 발달 라인을 소개하면서 그는 그러한 발달 연구에 집중하며 주목하기 시작하였다. 이에 따라 성격 유형과 같은 개인차의 다른 차원들에 대해 인식하게 되었다. 그가 라인이나 유형을 깊게 탐구하지는 않았지만, 개개인의 중요한 정체성의 특징으로 수준, 라인 그리고 유형을 이야기하게 되었다.

정신병리와 치료 유형

이 시기는 Wilber에게 발달 수준과 정신병리 유형에 대한 초기의 사고를 지속적으로 발전시키는 지극히 생산적인 시기였다. 1984년에 발표된 두 편의 논문(Wilber, 1984a, 1984b)과 1986년의 『의식의 변용』(Wilber, Engler, & Brown 1986)에서 그는 이 주제를 심도 있게 논의하면서 각 발달 단계에 따른 주요 정신병리 유형과 치료 양식을 제안하였다. 이것은 다음의 〈표 9-2〉에서 볼 수 있다. 이것은 자아발달과 정신병리학 문헌에 기초하고, 가장 높은 발달 수준에서 일어날 수 있는 장애와 치료법에 관한 중요한 고찰을 제공한 학술적인 작업이었다.

표 9-2 발달 수준의 분기점과 병리적 특징 및 치료 양식, 『의식의 변용』(Wilber et al., 1986)에서

자기발달의 분기점	병리적 특징	치료 양식
궁극의 (F-10)		
원인의 (F-9)	원인적 병리	현자의 길
정묘한 (F-8)	정묘적 병리	성인의 길
심령의 (F-7)	심령적 장애	요기의 길
실존적인 (F-6)	실존적 병리	실존 치료
형식-반성적인 (F-5)	신경증적 정체성	내관內觀 · introspection
규칙/역할 마음 (F-4)	각본script 병리	각본 분석
표상적-마음 (F-3)	정신 신경증	폭로 기법
환상-정서적 마음 (F-2)	자기애-경계선적 장애	구조화-건립 기법
감각 신체적		
미분화 매트릭스 (F-1)	정신증	생리적/안정 요법

각각의 주요 단계는 의식 변용 또는 다음 단계로 성장하는 자기의 이정표인 '분기점'에 의해 구분된다. 개인의 수준과 변환에 대한 자세한 내용은 이 장의 범위를 넘어서는 것이지만, 나는 이 작업이야말로 Wilber가 자아초월심리학뿐 아니라 일반심리학 분야에 가장 크게 공헌한 점이라고 생각한다. 여기서 체계적인 방식으로 조직화된 Wilber의 주요 발달 단계, 정신병리가 발생하는 방식 그리고 각 병리에 대한 치료 양식을 볼 수 있다. 이 모델들이 전적으로 맞는다는 것은 아니지만 이 모델은 광범위한 심리 현상을 훌륭히 조직화하였고, 상세한 논의와 탐구를 위한 풍부한 자료를 담고 있다. 이후 이 아이디어가 실제로 심리학자들의 사고에 얼마나 영향을 주었는지는 모르지만, 저자의 개인적 경험에 비춰 본다면 그 영향이 작지 않은 것만은 분명하다.

새로운 패러다임

1983년부터 1993년까지의 기간 동안 Wilber는 지식을 이해하고 획득하는 방법인 다양한 인식론에 대해 심도 있게 탐구하기 시작했다. 예를 들면, 그는 『아이 투 아이Eye to eye』(Wilber, 1983a, pp. 2-3)에서 성聖 Bonaventure의 '세 가지 앎의 눈three eyes of knowing'에 관해 썼다. 그것들은 다음과 같다.

1. 육신의 눈(독백적 / 감각 영역 / 신체적 인식)
2. 마음의 눈(대화적 / 지성 영역 / 합리적 인식)
3. 영의 눈(초논리적 / 초월 영역 / 내면적 인식)

이 각각은 지식 획득의 다른 영역과 다른 인식론을 반영한다.

이 지점에서 각각의 강점과 약점을 포함하여 이 세 가지 앎의 눈에 대한 올바른 이해는 이후 Wilber의 **인식론적 다원주의**epistemological pluralism와 **통합방법론적 다원주의**integral methodological pluralism 아이디어에 대한 전조가 되었다.

Wilber 4기와 5기 그리고 그 이후: 온상한, 온수준 (1995년~현재)

❍ 주요 저서 『성, 생태, 영성Sex, ecology, spirituality』(1995) 『영의 눈The eye of spirit』(1997)[13)] 『감각과 영혼의 만남The marriage of sense and soul』[142)](1998) 『통합심리학Integral psychology』[15)](2000a) 『모든 것의 이론A theory of everything』[16)](2000b) 『통합영성Integral spirituality[17)](2006a; 온우주 3부작The kosmos trilogy 중 2부와 전 세계의 다양한 지역 웹Web에서의 테러리즘의 여러 얼굴The many faces of terrorism).

1995년『성, 생태, 영성Sex, ecology, spirituality』(자주『SES』로 통용)의 출판은 Wilber의 작업에서 주요한 전환점이 되었다. 그의 이전의 저서인『아이 투 아이Eye to eye』(1983a)에서도 분명하지만, 이 지점에서 그가 철학자가 되었다는 것은 의문의 여지가 없다. Wilber는 1980년대 초에 이미 자신이 자아초월심리학자로 언급되기를 원하지 않았고(Wilber, 2012), SES에서 그의 사상의 요지는 광범위한 철학적 체계를 세우는 방향으로 이동했다.

13) 김철수 · 조옥경 역. 학지사.
14) 조효남 역. 범양사.
15) 조옥경 역. 학지사.
16) 김명권 · 민회준 역. 학지사.
17) 김명권 · 오세준 역. 학지사.

『SES』(Wilber, 1995)는 전체 우주를 홀론의 체계로 새롭게 구상했으며, 객체적 차원과 주체적 차원을 포함한다. Wilber에 따르면, 하나의 홀론은 어떤 더 큰 과정이나 구조의 부분이면서 동시에 자체적으로 하나의 전체 과정이나 구조를 가지며, 차례로 그것은 더 큰 홀론의 부분이 된다. 역으로 말하면, 하나의 홀론은 보다 작은 과정이나 구조로 구성되며, 차례로 그것은 더 작은 홀론들로 구성된다. 현대의 시스템과학과 유사한 이 아이디어는 Koestler가 그의 마지막 저서 『야누스: 요약Janus: A summing Up』[18](1979)에서 부분적으로 제안했던 것이다. 제목은 두 얼굴을 가진 신을 말하고 있는데, 한 얼굴은 더 크고 포괄적인 구조를 향해 있으며, 다른 얼굴은 그 구조 안에 포함된 더 작은 구조를 향해 있다. Wilber(1983a)는 이미 이 아이디어를 『아이 투 아이』에서 간단히 소개하였다. SES와 이후 출판 저서에서 그는 이 개념을 Leibniz의 단자론單子論 · Monadology[19](1714/2012)에 비견할 만한 포괄적인 체제inclusive régime로 격상시켰다. 실제로, SES에서 Wilber는 Leibniz와 단자monads의 본질에 대해 매우 많은 언급을 했다.

『SES』(Wilber, 1995)에서 발전시킨 아이디어로부터 나온 사고 체계를 탐구하는 것은 이 장의 범위를 벗어난다. 그러나 한 가지 중요한 아이디어는 모든 홀론이 네 개의 차원 또는 네 개의 측면을 갖고 있다는 개념이며, [그림 9-3]의 사상한 도표로 표현된다. 각 홀론은 왼편의 두 상한에 나타난 주관적인 내적 실재를, 오른편의 두 상한에 나타난 객관적인 외적 실재를 포함한다. 위쪽의 두 상한은 홀론의 단수나 개인 측면을 나타내고, 아래쪽의 두 상한은 복수 또는 사회적 측면을 나타낸다. 예를 들면, 사람을 홀론으로 볼 때 그는 경험하는 내면 영역(좌상)이 있고, 동시에 더 큰 경험의 공동체(좌하)의 일부이다. 비슷한 방식으로 그는 신체적 몸(우상)을 가지며, 그것은 다른 몸들의 공동체(우하)의 일부이다. 좌상 영역의 탐구 분야는 현상학과 여러 심리학이, 좌하 영역은 언어학과 해석학이, 우상 영역은 행동주의와 객관적 과학이, 우하 영역은 시스템과학이 담당한다. 그러나 이러한 예들은 엄청나게 복잡하고 포괄적인 이론적 틀의 표면을 건드린 것에 불과하다. Wilber(2006a)의 『통합영성』에서는 이 체계를 더 확장하여 네 개의 상한 각각에 내면과 외면을 포함한다. 예를 들면, 좌상상한의 '내면의 내면interior of the interior'은 '날것의raw' 경험을 나타낸다. 예를 들면, 치통의 느낌이나 오렌지의 맛과 같은 경험이다. 동시에 좌상상한의 내면의 외

---

18) 야누스Janus: 혁명적인 홀론 이론으로 인간 정신의 진화, 창조성, 병리에 관한 생명과학의 검증 내용. http://blog.naver.com/yy0380/130179746963(2017. 3. 11.검색)

19) Leibniz는 단자론單子論에서 과학, 수학 등의 논리를 펼치며 우주와 단일 개체들의 기본 단위에 대해 논하였는데, 다음의 두 가지를 접목시켰다. 1) 세계와 단일 개체의 변화를 유도하는 기본 단위는 비물질적이고 미묘하여 인지하기 어렵다. 2) 물리적 변화는 마음의 고유한 활동 기능을 생성한다. 『마음이란 무엇인가』. 송죽. http://blog.naver.com/kym4951/150133723372(2017. 3. 11.검색)

[그림 9-3] 각 상한의 내면과 외면을 보여 주는 사상한,『통합영성Integral Spirituality』(Wilber, 2006a)에서

면exterior of the interior은 내면의 관찰자의 관점, 또는 Wilber의 용어로 '느낌의 표정the look of the feel'을 나타낸다.

이렇게 완성된 체계는 Wilber가 개인을 발달 수준뿐 아니라 사상한의 틀 안에서 평가할 수 있게 하였다. 이 체계는 AQAL 또는 '온상한 온수준All Quadrants All-Levels' 모델이라고 부른다(예를 들면, Wilber, 2000b). 개인의 의식 상태, 발달 라인, 성격 유형을 종합함으로써 Wilber가 비공식적으로 '우주적 주소kosmic address'라고 부른 것을 생성할 수 있다.

이 시기에 Wilber는 또한 방법론적 문제에 상당한 주의를 기울여서 **통합방법론적 다원주의**integral methodological pluralism(Wilber, 2006a)와 관련된 일련의 고찰들을 제시했다. 이 방법론적 고찰의 함의를 여기서 설명하기는 어렵지만, 핵심적으로 AQAL 구성 방식에 나타난 다중 조망multiple perspectives에 기초한 종합적인 범위의 탐구 방식을 제안하고 있다.

자신의 초월과 포함의 법칙에 따라『통합심리학』에서 Wilber(2000a)는 새로운 AQAL 모델과 관련하여 이전의 많은 아이디어를 재구성하고, 개인의 성장과 변용에 관한 질문들을 계속하여 조사했다.『통합심리학』(Wilber, 2006a)에서 그는 AQAL 모델의 함의를 완전한 '탈-형이상학적' 세계관을 이끈 일련의 관점으로 상세히 논의했다. 탈-형이상학은 현대의 유럽 철학자들, 특히 Habermas[20](예를 들면, 1985)가 제안한 아이디어이다.

그동안 Wilber는 발달에 대한 초기 아이디어를 계속 진전시켰다. 『통합영성』(Wilber, 2006a)에서 그는 Wilber-Combs 격자lattice를 소개하였다. 이는 Wilber 2기와 전-초 오류 이후 독자들을 혼란하게 했던 문제를 해결하는 개념이다. 이것은 아이의 경험은 언제나 전-자아적이므로 아동기 영성에 대한 어떠한 주장도 전-초 오류의 예로 간주되어야 한다는 것을 함축한다.

Wilber-Combs 격자

아동기 영성의 문제는 상위 수준 발달에 도달하지 못한 사람들이 일시적이지만 정묘한 의식이나 '더 높은' 상태의 강력한 영적 경험을 보고하는 설명하기 어려운 사실에 관한 것이다([그림 9-4] 참조). Wilber의 초기 모델에 따르면, 이러한 상위의 의식 상태는 진보된 자기발달 수준과 동일시되었다. 이런 사고방식에서는 아이들이나 보통의 젊은이들 또는 지능 발달이 늦은 사람들에게는 진정한 영적 경험이 불가능하다. Wilber와 Combs(이 논문의 저자)는 이 수수께끼의 해결책을 각각 개별적으로 제시했다. Wilber(2006a)의 『통합영성』과 나의 책 『더 깊은 의식에 대한 이해Consciousness explained better』(Combs, 2009)에 해결책이 자세히 설명되어 있다. Wilber-Combs 격자에 대한 아이디어는 Wilber의 『SES』(1995)와 나의 『존재의 광채The radiance of being』(Combs, 2002)에서 시험적으로 탐색되었다.

이것은 지금은 분명한 해결책으로 보이지만, 많은 '분명한' 아이디어처럼 사실에 대한 증거가 입증된 이후에 비로소 명백해졌다. 간단히 말하면, 사람들은 저절로 일어나는 Maslow(1962, 1971)가 절정 경험이라고 이름 붙인 더 높고 신비로운 의식 상태를 경험하지만, 일상 의식으로 돌아왔을 때 사람들은 자신의 발달 구조를 통해 자신의 경험을 해석한다. 아이가 그러한 경험에 깊게 감동할 수 있지만 아이의 언어로 그 경험을 해석할 것이다. 개인 성장의 어떤 수준에 있든 간에 사람들은 예기치 않게 일시적인 신비 체험이나 절정 체험을 하며 그러한 경험에 대한 광범위한 보고가 있다.

20) Habermas는 현대철학을 '형이상학 이후의 사유'라 하였고, 그것은 철학의 형이상학적 근본 패러다임의 한계에 도달하면서 '언어학적 전환'에 의하여 이루어진 철학이다. 그는 '형이상학에로의 회귀'라는 철학 운동으로 새로운 지반의 형이상학 재건을 위해 노력하였다. 신승환(2009). 탈형이상학적 사유의 의미. 하이데거 연구 20집, 43-72.

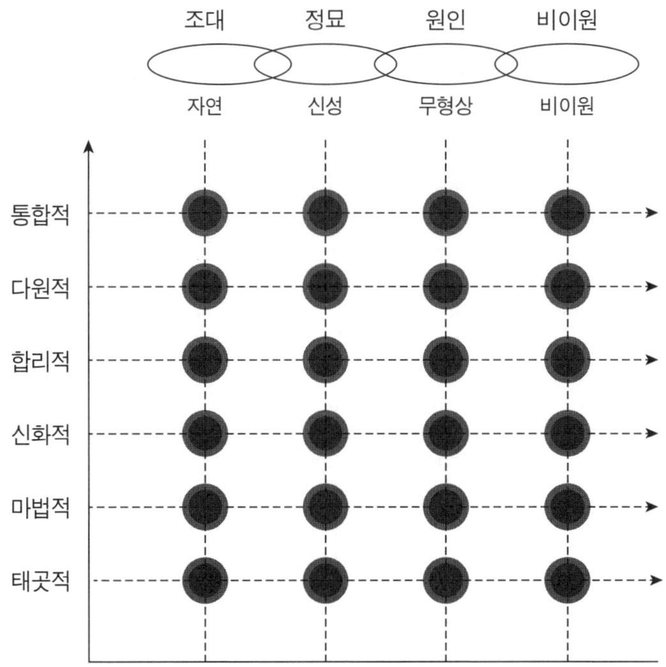

[그림 9-4] Wilber-Combs 격자, 『통합영성』(Wilber, 2006a)에서

요약: 자아초월심리학에 대한 Wilber의 유산

훌륭한 과학 이론의 가장 중요한 기능 중의 하나는 그 분야를 구성하고 있는 개별적인 사실과 관찰을 조직화하여 그 영역의 지도를 제공함으로써 탐구하는 분야의 중요한 연구들을 요약하는 것이다. Wilber의 초기 저작들은 세세한 부분에서 맞거나 틀리거나 간에 일반심리학 분야는 물론 자아초월심리학에 매우 큰 공헌을 하였다. 1980년대의 대부분의 기간 동안 Grof(1975, 1985, 1988)의 심혼psyche의 홀로트로픽 모델만이 의식에 관한 주요 자아초월 이론이었다. 그러나 이 모델은 성장의 단계나 치료 유형을 정교화하지도, 광범위한 지식의 영역들을 통합하지도 못했다. 1980년대 말 자아초월 경험에 대한 Washburn(1988)의 대안적인 관점이 있었지만, Grof의 홀로트로픽 모델처럼 Wilber 작업의 특징이라고 할 수 있는 광범위한 주제들에 대한 통합적 설명을 제공하지 못했다. 현대 이론가인 Ferrer(예를 들면, 2002)는 사회적이고 역사적인 맥락을 강력하게 강조하는 자아초월 경험에 대한 탈근대적 관점을 제공하였지만, Wilber가 자신의 저작에서 다루어 온 순수한 심리학적 주제들의 범위에는 다다르지 못했다.

Wilber의 초기 저작들은 자아초월심리학의 전통적인 심리학 이론에 견줄 만한 동양적 사고를 포함한 이론적 맥락을 제공함으로써 자아초월심리학 분야에서 거의 전례가 없었을 정도의 폭넓은 관심을 일으켰다. 이러한 방식으로 Wilber는 심리학 영역에 중요한 도움을 제공해 왔다.

주석

1 모든 날짜는 근사치임.

2 유기체organism는 실험심리학의 실험에서 피험 대상인 동물을 지시할 때 사용하였던 용어이지만, 최근에는 인간 존재의 전체성, 즉 몸과 정신, 의식과 무의식을 언급하기 위해 인본주의 심리학자인 Carl Rogers에 의해 대중화되었다.

참고문헌

Aurobindo, S. (1971). *Letters on yoga* (Vols. 1-3). Pondicherry, India: All India Press.

Aurobindo, S. (1980). *The synthesis of yoga*. Pondicherry, India: Sri Aurobindo Ashram Press.

Aurobindo, S. (1990). *The life divine*. Wilmot, WI: Lotus Light.

Bahro, R. (1994). *Avoiding social and ecological disaster: The politics of world transformation*. Bath, UK: Gateway Books.

Combs, A. (2002). *The radiance of being: Understanding the grand integral vision, Living the integral life*. St. Paul, MN: Paragon House.

Combs, A. (2003). Inner and outer realities: Jean Gebser in a cultural/historical perspective. *Integrative Explorations: Journal of Culture and Consciousness, 7-8*, 22-34. Also available at http://www.cejournal.org/GRD/Realities.htm

Combs, A. (2009). *Consciousness explained better: Towards an integral understanding of the multifaceted nature of consciousness*. St. Paul, MN: Paragon House.

Combs, A., & Krippner, S. (2003). Process, structure and form: An evolutionary transpersonal psychology of consciousness. *International Journal of Transpersonal Studies, 22*, 47-60.

Coomaraswamy, A. K. (1947). *Time and eternity*. Ascona, Switzerland: Artibus Asial.

Cunliffe, B. (2011). *Europe between the oceans: 9000 BC-AD 1000*. New Haven, CT: Yale University Press.

Donald, M. (1991). *Origins of the modern mind: Three stages in the evolution of culture and cognition*. Cambridge, MA: Harvard University Press.

Duiker, J. D., & Spielvogel, J. J. (2010). *The essential world history. To 1800* (6th ed., Vol. 1).

Stamford, CT: Wadsworth.

Feinstein, D., & Krippner, S. (1988). Personal mythology: *The psychology of your evolving self.* Los Angeles, CA: Jeremy P. Tarcher.

Ferrer, J. N. (2002). *Revisioning transpersonal psychology.* Albany, NY: State University of New York Press.

Feuerstein, G. (1987). *Structures of consciousness: The genius of Jean Gebser.* Lower Lake,CA: Integral.

Flavell, J. H. (1963). *The developmental psychology of Jean Piaget.* New York, NY: Van Nostrand.

Freud, A. (1987). *The writings of Anna Freud* (Vol. 2, Ego and the mechanisms of defense). Madison, CT: International Universities Press. (Original work published 1936).

Gebser, J. (1972). Foundations of the aperspectival world. *Main Currents, 29*, 2.

Gebser, J. (1986). *The ever-present origin.* (N. Barstad & A. Mickunas, Trans.). Athens, OH: Ohio University Press. (Original work published 1949).

Grof, S. (1975). *Realms of the human unconscious: Observations from LSD research.* New York, NY: Viking Press.

Grof, S. (1985). *Beyond the brain: Birth, death, and transcendence in psychotherapy.* Albany, NY: State University of New York Press.

Grof, S. (1988). *The adventure of self-discovery: Dimensions of consciousness and new perspectives in psychotherapy and inner exploration.* Albany, New York, NY: State University of New York Press.

Hastings, A. (1999). Transpersonal psychology: The fourth force. In D. Moss (Ed.), *Humanistic and transpersonal psychology: A historical and biographical sourcebook* (pp. 192-208). Westport, CN: Greenwood Press.

Jung, C. G. (1939). Conscious, unconscious, and individuation (R.F.C. Hull, Trans.). *Collected works of C. G. Jung* (Vol. 9, Part 1, pp. 275-289). Princeton, NJ: Princeton University Press.

Kohlberg, L. (1981). *Essays on moral development* (Vol.1). San Francisco, CA: Harper & Row.

Maslow, A. (1971). *The further reaches of human nature.* New York, NY: Viking.

Pearce, J. C. (1973). *Crack in the cosmic egg: Challenging constructs of mind and reality.* London, UK: Lyrdbird Press.

Piaget, J. (1952). *The origins of intelligence in children.* New York, NY: Basic Books.

Sobel, J., & Sobel, P. (1984). *The hierarchy of minds: The mind levels.* New York, NY: Vantage Press.

Thompson, W. I. (1981). *The time falling bodies take to light: Mythology, sexuality, and the origins of culture.* New York, NY: St. Martin's Press.

Thompson, W. I. (1998). *Coming into being: Artifacts and texts in the evolution of consciousness.* Basingstoke, UK: Palgrave Macmillan.

Washburn, M. (1988). *The ego and the dynamic ground.* Albany, NY: State University of New York Press.

Wilber, K. (1980a). *The atman project: A transpersonal view of human development.* Wheaton, IL: Quest. (2nd ed. published by Quest, 1996)

Wilber, K. (1980b). The pre/trans fallacy. *ReVision Journal, 3*(2), 51-73.

Wilber, K. (1984a). The developmental spectrum and psychopathology, Part I: Stages and types of pathology. *Journal of Transpersonal Psychology, 16*(1), 75-117.

Wilber, K. (1984b). The developmental spectrum and psychopathology, Part II: Treatment modalities. *Journal of Transpersonal Psychology, 16*(2), 137-166.

Wilber, K. (1999). *The collected works* (Vol. 2, *The atman project; Upfrom Eden*). Boston, MA: Shambhala.

Wilber, K. (2006b, June 6). *What we are, that we see*. Retrieved August 11, 2012, from http://www.kenwilber.com/blog/show/46

Wilber, K. (2012). *On critics, Integral Institute, my recent writing, and other matters of little consequence: A Shambhala interview with Ken Wilber* [Part 1: The demise of transpersonal psychology]. Retrieved August 11, 2012, from http://wilber.shambhala.com/index.cfm//#interview

번역 출판

Capra, F. (1975). *Tao of physics: An exploration of the parallels between modern physics and eastern mysticism*. Berkeley, CA: Shambhala. (김용정, 이성범 역. 현대 물리학과 동양사상. 경기: 범양사, 2006).

Crittenden, J. (2001). Foreword in K. Wilber, *The eye of spirit: An integral vision for a world gone slightly mad* (pp. vii-xii). Boston, MA: Shambhala. (김철수, 조옥경 역. 켄 윌버의 아이 오브 스피릿: 영적 관조의 눈. 서울: 학지사, 2015).

Habermas, J. (1985). The theory of communicative action. Boston: Beacon Press. (이강수 역. 커뮤니케이션 행위이론. 서울: 나남출판, 1994).

Huxley, A. (1945). *The perennial philosophy*. New York, NY: Harper & Row. (조옥경 역. 영원의 철학: 모든 위대한 가르침의 핵심. 경기: 김영사, 2014).

James, W. (1981). *The principles of psychology*. Cambridge, MA: Harvard University Press. (Original work published 1890). (정양은 역. 심리학의 원리 1, 2, 3. 서울: 아카넷, 2005).

Koestler, A. (1979). *Janus: A summing up*. New York, NY: Vintage. (최효선 역. 야누스: 혁명적 홀론이론. 서울: 범양사출판부, 1993).

Kuhn, T. (1962). *The structure of scientific revolutions*. Chicago, IL: University of Chicago Press. (김명자, 홍성욱 역. 과학혁명의 구조. 서울: 까치글방, 2013).

Leibniz, G. (1714/2012). *The monadology*. Seattle, WA: Createspace. (배선복 역. 모나드론 외: 신, 세계, 모나드를 말하다. 서울: 책세상, 2007).

Lovejoy, A. O. (1960). *The great chain of being: A study of the history of an idea*. New York, NY: Harper. (차하순 역. 존재의 대연쇄: 한 관념의 역사에 대한 연구. 서울: 탐구당, 1984).

Maslow, A. (1962). *Toward a psychology of being*. Princeton, NJ: Van Nostrand. (정태연, 노현정 역. 존재의 심리학. 서울: 문예출판사, 2005).

Mithen, S. (1996). *The prehistory of the mind*. London, UK: Thames & Hudson. (윤소영 역. 마음의 역사: 인류의 마음은 어떻게 진화되었는가?. 서울: 영림카디널, 2001).

Wilber, K. (1977). *The spectrum of consciousness*. Wheaton, IL: Quest Books. (박정숙 역. 의식의 스펙트럼. 경기: 범양사, 2006).

Wilber, K. (1979). *No boundary: Eastern and Western approaches to personal growth*. Los Angeles, CA: Center Publications. (김철수 역. 무경계: 나는 누구인가에 관한 동서고금의 통합적 접근. 서울: 정신세계사, 2012 / 무우수, 2005).

Wilber, K. (1981). *Up from Eden: A transpersonal view of human evolution*. Garden City, NY: Anchor-Doubleday. (조옥경, 윤상일 역. 에덴을 넘어. 서울: 한언, 2009).

Wilber, K. (1983a). *Eye to eye: The quest for the new paradigm*. New York, NY: AnchorDoubleday. (김철수 역. 아이 투 아이: 감각의 눈 · 이성의 눈 · 관조의 눈. 서울: 대원출판, 2004).

Wilber, K. (1983b). *A sociable God: A brief introduction to a transcendental sociology*. New York, NY: New Press. (조옥경, 김철수 역. [켄 윌버의] 신: 당신이 성장할 때 신도 진화한다. 경기: 김영사, 2016).

Wilber, K. (Ed.). (1984c). *Quantum questions: Mystical writings of the world's great physicists*. Boston, MA: Shambhala. (공국진, 박병철 역. 현대 물리학과 신비주의. 서울: 고려원미디어, 1990).

Wilber, K. (1991). *Grace and grit: Spirituality and healing in the life and death of Treya Killam Wilber*. Boston, MA: Shambhala. (김재성, 조옥경 역. 세상에서 가장 아름다운 용기. 서울: 한언, 2006).

Wilber, K. (1995). *Sex, ecology, spirituality: The spirit of evolution*. Boston, MA: Shambhala. (김철수, 조옥경 역. 성 생태 영성[가제]. 서울: 학지사, 근간).

Wilber, K. (1996). *The atman project*. Boston, MA: Shambhala.

Wilber, K. (1997). *The eye of spirit: An integral vision for a world gone slightly mad*. Boston, MA: Shambhala. (김철수, 조옥경 역. 켄 윌버의 아이 오브 스피릿: 영적 관조의 눈. 서울: 학지사, 2015).

Wilber, K. (1998). *Marriage of sense and soul: Integrating science and religion*. New York, NY: Random House. (조효남 역. 감각과 영혼의 만남: 새천년 영성의 시대를 위한 과학과 종교 통합의 길. 경기: 범양사, 2007).

Wilber, K. (2000a). *Integral psychology: Consciousness, spirit, psychology, therapy*. Boston, MA: Shambhala. (조옥경 역. [켄 윌버의] 통합심리학: 의식 · 영 · 심리학 · 심리치료의 통합. 서울: 학지사, 2008).

Wilber, K. (2000b). *A theory of everything: An integral vision for business, politics, science, and spirituality*. Boston, MA: Shambhala.(김명권, 민회준 역. [켄 윌버의] 모든 것의 이론. 서울: 학지사, 2015).

Wilber, K. (2006a). *Integral spirituality*. Boston, MA: Integral Books. (김명권, 오세준 역. 통합영성: 근대와 탈근대 세상에서 종교의 놀라운 새 역할. 서울: 학지사, 2018).

Wilber, K., Engler, J., & Brown, D. (1986). *Transformations of consciousness: Conventional and contemplative perspectives on development*. Boston, MA: Shambhala. (조효남, 안희영 역. 의식의 변용: 의식의 발달에 관한 전통적 · 명상적 시각. 서울: 학지사, 2017).

Zukav, G. (1979). *Dancing Wu Li masters: An overview of the new physics*. New York, NY: William Morrow. (김영덕 역. 춤추는 물리: 새로운 물리학의 조망. 서울: 범양사 출판부, 1981).

제10장

자아초월철학
- 참여적 전환

Glenn Hartelius, Jorge N. Ferrer

자아초월심리학이 창립된 이후 두 개의 중요한 철학적 패러다임인 영원주의永遠主義·perennialism[1]와 참여주의participatory가 이론의 여지없이 존재해 왔다. 자아초월심리학에는 다양한 이론적 지향이 있지만 상세하게 자신의 철학적 배경을 명확히 전개한 것은 거의 없다. 분명한 대안철학의 부재로 인해 자아초월적 탐구의 맥락은 실재를 객관적 세계와 합리적 마음 간의 관계로 제한하는 근대철학으로 되돌아가고 말았다. 이러한 틀 안에서는 자아초월적 발달에서 중심적인 영적이고 비일상적인 경험은 생물학적이거나 화학적 불균형에 의해 일어난 정상적 의식의 왜곡에 지나지 않게 된다. 따라서 세계의 위대한 신비주의자들과 영적 스승들의 '통찰insight'은 병리적인 것으로 간주되어 버린다(Leuder & Thomas, 2000). 영적 전통의 지혜를 설명하는 자아초월 이론은 환상에 근거한 소망적인 상상에 불과하다(Ellis & Yeager, 1989). 그러므로 하나 이상의 설명력 있는 철학적인 틀을 갖는 것은 자아초월적 접근의 성공에 필수적이다.

우선 이론적 지향과 철학적 틀 사이의 구별이 필요하다. 영원의 철학을 소개한 이후 자아초월심리학에 미친 영원의 철학의 영향력을 논쟁해 왔던 비평들을 소개하겠다. 영원주

1) 영원주의perennialism: 시공을 초월한 불변의 진리를 포함한 고전과 대화하여 인간 지성의 발달을 목표로 하는 사상. https://ko.wikipedia.org/wiki/(위키백과, 2017. 3. 10. 검색)

의자의 접근과 참여철학의 공적인 논쟁에 기인하여 이 두 접근의 관계를 약술하겠다. 또한 이러한 배경에서 참여철학이 자아초월 프로젝트를 위한 적절한 그릇이 될 수 있다는 점을 검토하겠다.

철학 그리고 이론적 지향

철학과 이론적 지향을 명확히 구분하기 위해 자아초월 이론을 개발한 자아초월학자들의 연구를 간단히 검토하는 것이 유용하다. 여기에는 자아초월심리학에서 중요한 이론가들인 Abraham Maslow, Stanislav Grof, Charles Tart 등의 이론이 포함된다.

자아초월심리학의 설립자 중 한 명인 Maslow는 심리학계에서 매우 위대한 위상을 가졌으나, 자아초월심리학의 창립 발표 2년 후인 1970년(Hoffman, 2008)에 사망하였다(Sutich, 1968). Maslow의 많은 과학적 연구는 영장류와 인간의 행동과 동기에 관한 것이었고, 표준적인 과학적 방법론에 의해 시행되었다(예를 들면, Maslow, 1943, 1954; Maslow & Harlow, 1932). 자아초월심리학의 창립에 참여할 때까지 그는 철학적 변동의 흐름을 인식하고 있었고(Maslow, 1969), 심리학에 적용된 과학적 객관주의에 대한 비판(Maslow, 1966)과 대안적인 심리학 패러다임의 기본 원리 모두(Maslow, 1962/1999)를 명료하게 표명했다. 그는 연구에서 주체-객체의 이분법과 정서적 거리두기를 가정하는 비인간적 태도가 허구이며 왜곡을 일으킨다는 점에 대한 염려를 표현했고, 이러한 문제의식이 인간 연구에서 중요하게 도입될 필요가 있다고 느꼈다(Maslow, 1961). 그러나 그의 자아초월 영역에서의 짧은 활동 기간으로 인해 근대적인 틀에 대한 영향력 있는 철학적 대안을 구성하는 면에서는 한계가 있었다.

Grof(예를 들면, 1975/1996, 1985, 2003)는 자아초월심리학의 초기에 가장 중요한 경험적 데이터라고 할 만한 것들을 이 신생 분야에 제공하였다. 그의 연구는 LSD의 심리치료적 효과의 가능성에 관한 것이었다. 2,600회기가 넘는 보고서의 검토에 기초하여 Grof(1973)는 의식의 다층 모델을 구성했는데, 이는 넓게는 정신역동 이론 내에 위치하며, 가장 가깝게는 Rank[2](1929)의 출생 외상 작업과 관련된다. Grof의 초기 이론들이 대부분 질적 데이터의 해석에 기초하여 구성되었음에도, 정신역동심리학은 일반적으로 자신의 이론을 중

2) 정신분석 이론을 전설/신화/예술/창조성의 연구로 확대하고, 불안신경증의 원인을 출생할 때 경험하는 심리적 외상이라고 설명함. 『출생의 외상과 정신분석의 중요성Das Trauma der Geburt und seine Bedeutung für die Psychoanalyse』(1924)을 출간함(http://100.daum.net/encyclopedia/view/b05r4130a 2017. 3. 10. 검색).

거에 기반한 과학적 심리학으로 간주한다(예를 들면, Borden & Clark, 2012; Shedler, 2010). 이 점에서 Grof의 초기 작업은 대안적인 철학을 필요로 하지 않았다. 나중에 보다 넓은 영적이고 문화적인 맥락 내에 심현제psychedelic 연구의 발견들을 자리매김하려고 했을 때, Grof(예를 들면, 1983, 1998)는 초월주의transpersonalism 내에 널리 퍼져 있던 영원주의 철학을 채택했다(Lahood, 2007a와 비교하라).

최면과 초심리학parapsychology은 Tart(예를 들면, 1964, 1966)의 초기 연구의 분야였으며, 연구는 근대과학의 영역 내에서 수행되었다. Tart(1971)는 과학적 방법이 객관적 데이터에만 적용될 수 있다는 관념을 거부하면서 변성의식 상태의 개념을 구성했다. 철학적 작업에서 한 걸음 떨어져 있는 동안에도 그는 과학적 방식 안에서 체험적인 지식의 사용을 허용할 수 있는 지식철학의 필요성을 인식했다. 그는 과학의 방법론이 전통과학에서 다루는 합리적인 의식 상태와 마찬가지로 변성의식 상태에도 적용될 수 있음을 주장하면서 상태-특정적 과학state-specific sciences의 필요성을 주창하였다(Tart, 1972, 2000). 이 중요한 통찰은 현상학적-경험적 과학에 대한 접근으로서 Varela(1996)의 신경현상학과 Hartelius(2007, 2009)의 소마틱 현상학에 영향을 주었다. 지대한 철학적 함의를 가진 개념을 개발하였지만, Tart는 자신이 제안한 상태-특정적 과학과 같은 시도를 담아낼 만한 철학적 용기容器를 제공하지는 못했다.

영원의 철학

철학을 시도한 최초의 자아초월 이론가는 Wilber(예를 들면, 1975)이다. 그는 심리학과 영원의 철학을 융합했다. 영원주의 철학은 많은 형태를 갖고 있는데, 그 원인은 영적 전통들이 본질적으로 단일한 영적 궁극을 향한 여정을 표현하기 위해 문화적으로 다양한 언어와 상징을 사용하기 때문이다(Ferrer, 2000a, 2002). 이는 단일한 진리는 모든 전통의 근저에 있으며, 모든 길의 목적이라는 것을 의미한다. 이러한 관념의 초기 형태는 "알렉산드리아 필로Philo의 신플라톤주의Neoplatonism나 성인 오거스틴Augustine의 플라톤 사상과 기독교의 통합" 같은 사상에서 발견된다(Ferrer, 2000a, p. 8). 영원의 철학은 16세기 가톨릭 학자인 Agostino Steuco가 처음으로 명명했는데, 그는 Marsilio Ficino, Pico della Mirandola, Nicolas de Cusa와 같은 초기의 저자들로부터 유사한 개념을 끌어왔다(Schmitt, 1966). 최근에 이러한 접근은 Guenon(2001)과 Schuon(예를 들면, 1953/1984) 같은 전통주의 학자들에 의해 발전되었으며, Blavatsky(1888/1978), Vivekananda(1947) 그리고 가장 유명한

Huxley(1945)와 같은 사람들에 의해 대중화되었다.

Ferrer(2000a)는 서로 다른 유형의 다섯 가지의 영원주의 사상을 확인했다. 가장 단순한 또는 **기본적인 형태**는 "영적 발달을 위한 오직 하나의 길과 하나의 목적이 있다."(p. 10)라는 사상이다. **비교주의자**esotericist[3] **형태**는 많은 종교적 길이 있지만 단일한 영적 또는 신비적 목적을 갖는다는 점을 인정하였다. **조망주의자**perspectivist **형태**는 보다 많은 복잡성을 인정하며, 다양한 영적 전통에서 많은 길과 많은 목적이 있으나 이들 모두는 "동일한 존재의 바탕 또는 궁극적 실재의 다양한 관점, 차원 또는 표현"을 반영한다고 믿었다(Ferrer, 2000a, p. 10). 이와 밀접하게 관련된 **유형론적**typological **형태**는 "다양한 전통을 아우르는 제한된 수의 신비주의 유형이 있으며… 이들은 단일한 종류의 영적 체험이나 궁극적 실재의 다채로운 표현 또는 발현"(Ferrer, 2000a, p. 11)이라는 관념을 포함하였다. 마지막으로, **구조주의자**structuralist **형태**는 많고 다양한 신비적 길과 목적이 있다는 점을 수용하지만, 이것들을 보편적인 심층적 구조를 반영하는 다양한 표면 구조로 간주하였다.

Wilber(예를 들면, 1981)는 발달심리학과 영적 진화를 결합한 영원주의 철학의 구조주의자 버전을 자아초월심리학에 도입하였다. 이 관점에서 보면 인간은 선험적인 일련의 **의식 구조**들을 통해 영적으로 진화하며, 각각의 의식 구조는 이전 수준들을 초월하면서 포함한다. 이 접근은 관대하고 포괄적인 태도로 서로 다른 사상 전통들 간의 긴장을 완화하는 통찰적이고 매력적인 방식이다. Wilber(예를 들면, 1987, 1993, 2003, 2006)는 자신의 모델을 보다 정교화하는 작업을 해 오고 있다. 대략 1975년 무렵부터 최근까지 영원의 철학은 자아초월적 접근 내에서 지배적인 철학적 패러다임이 되고 있는 것으로 보인다(Ferrer, 2000a; Rothberg, 1986).

그러나 주의 깊게 검토를 해 보면 영원의 철학은 문제가 많은 가정과 결론을 포함하고 있다. Ferrer(2000a, 2002)는 다섯 가지의 문제점을 확인했다. 가장 중요한 문제는 **객관주의**objectivism로서 다양한 영적 전통이 단일한 영적 질서의 반영물이라는 점을 입증하기 위해 신성the divine은 객관적인 의미에서 필수적으로 실제적real이어야 한다. 표현하는 방식은 다를지라도 진리 그 자체는 영적 수련자의 문화적이거나 심리적 위치에 영향을 받아서는 안 된다. 사용된 언어와 무관하게 힌두교, 불교 또는 기독교의 수행자는 깊은 수준에서 신성을 향한 동일한 개인 변용의 여정을 따를 것이다—의미 있는 영적 다원성(또는 다양성)을 제거하고 모든 전통을 단일한 영적 궁극에 굴복시켜 수렴하도록 강요하는 이와 같은 사고는 몇몇 변형된 영원주의자 철학에서 선호하는 방식과 유사하다.

---

3) 비교秘敎 또는 밀교密敎 · Esotericism/Esoterism는 비밀한 교의를 가진 소수로 구성된 그룹, 특별한 비전적秘傳的 지식이나 특별한 사항에 관심을 가진 사람들에 의해 이해되고 공유되는 정보를 말함.

동시에 진리를 담지하는 이와 같은 일관성을 위해 신성한 질서는 객관적으로 실재해야 하지만, 그러한 질서는 객관적으로 지각되거나 위치를 차지하거나 측정될 수 없다. 그것의 존재는 영적 이해, 다양한 영적 그리고 특별히 신비적 전통으로부터의 비교 설명을 통해 직관적으로 파악된다. 이것은 추가적인 상호 연관된 세 가지의 가정을 이끈다. **본질주의**[4)]esstntialism는 영적 전통들 간에 공통적인 것은 보다 근본적이며 가장 큰 설명력을 갖는다는 것이며, **선험적인 철학적 태도**a priori philosophical stance는 **비이원적 일원론의 형이상학**nondual monistic metaphysic을 포함한다(즉, 세계의 표면적인 모습 아래에 단일한 시간과 형상을 초월한 숨겨진 실재가 있으며, 이는 역설적으로 세계와 같다는 믿음; Ferrer, 2000a). 다른 말로 하면 영원주의는 다양한 전통의 기저에 단일한 진리가 있다는 가정을 갖고 시작하며, 이것이 진실이라는 것을 입증하기 위해 여러 전통의 유사성의 증거를 수집한다. 세밀하게 조사해 보면 이러한 증거가 하나의 진리 모델one-truth model을 지지하지 못하기 때문에, 많은 경우 다양한 방식으로 걸러지고 분류되어 원하는 결론에 적합하게 보일 수 있다. 이는 **편협하고 독단적인**intolerant and dogmatic 결론을 이끌 수 있다. 예를 들어, 비이원적인 궁극적 신성을 가정하지 않는 영적 전통들은 진리의 파악에 있어 열등하고 피상적이며 불완전한 것이 될 수밖에 없다. 또한 다양한 전통으로부터의 자료를 해석하는 데 있어 영원주의자의 원리에 도전하는 사람들은 생각이 비뚤어졌고, 통찰이 부족하며, 중요하지 않은 부류로 간주된다.

이러한 다섯 가지의 결함에 더하여 Ferrer(2002)는 영원주의에 대한 세 가지의 구체적인 비평을 제기했다. 첫째, 가장 분명한 것은 다양한 신비 전통으로부터의 유사한 설명들이 비교되면 될수록 그들은 더 달라 보일 수 있으며(Ferrer, 2011a), 이는 동일한 영적 진리가 세계의 모든 영적 전통의 근저에 있다는 것을 주장하기 어렵게 만든다(Ferrer, 2002). 둘째, 공개적 관찰로는 관찰되지 않고, 측정할 수 없으며, 접근이 불가능함에도 불구하고 객관적인 실재의 영역을 주장하는 것은 합리적으로 의심스럽다. 깊은 내적 체험을 통한 실재와의 만남의 방식이 객관적이고 경험적인 연구가 될 수 있다는 주장은 매우 불편하기조차 하다. 이러한 입장은 비판적 사고에서는 방어할 수 없는 객관성에 대한 정의를 요구한다. 셋째, 영원주의자 모델은 필연적으로 주체와 객체가 경험적으로 분열되어 있다는 입장을 고수한다. 초월적으로 객관적인 신성이 지각되는 것은 개인적인 주관적 경험을 통해서이다. Ferrer(2002)는 이들을 각각 **영원주의**perennialism, **내적 실증주의**inner empiricism, **경험주의**experientialism에 대한 비평으로 제안했다.

---

4) 본질주의는 임의의 인식 대상의 종류가 존재한다고 할 때, 하나의 인식 대상이 해당 종류에 속하기 위해 필히 부합하는 일련의 성격/본질의 지정이 가능하다고 주장하는 신념. https://ko.wikipedia.org/wiki/(2017. 3. 24. 검색)

철학적으로 영원주의의 더 큰 문제는 주체와 객체가 분리되어 있다는 데카르트적 세계관을 갖고 있다는 점이다. Ferrer(2002)는 이것을 **교묘한 데카르트주의**subtle Cartesianism라고 명명했다. 실제로 데카르트적 이원주의와 유사한 어떤 것이 영원주의자 관점을 위해서 필수적으로 보인다. 신성한 질서가 객관적이지 않고 영적 추구자의 개별적으로 조건화된 주관성과 분리되어 있지 않다면 불변성을 유지할 수 없고, 내적인 경험적 탐구의 대상이 될 수도 없으며, 단일한 궁극적 영적 진리의 전체적인 관념이 논리적으로 유지될 수도 없다. 영원주의자 관점이 중세 기독교 문화에서 합리적 철학과 영적 권위 간의 분리가 일어난 이후 등장했다는 사실은 중요한데, 이는 이원주의적 가정이 영원철학의 관점에서 본질적으로 보이기 때문이다—그러나 영원철학의 이원주의는 복잡하고 정교하다.

통합철학: 가능한 대안?

자아초월심리학에 제공한 Wilber(예를 들면, 1975, 1981, 1993)의 초기 철학이 영원주의라는 것은 분명하지만, 이러한 용어를 그의 후기 작업에도 적용할 수 있는가를 질문하는 것은 타당하다. 여기에서의 문제는 Wilber의 통합철학의 발달 모델이 자아초월적 개념들을 위해 가능한 대안적 틀을 제공할 만큼 충분히 다른가이다. Wilber(예를 들면, 1997, 1998, 1999, 2000a)는 스스로 영원철학의 어떤 형태들을 비판했다. 그는 더 낮은 사고의 진화적 단계와 영적 발달을 배열한 자신의 통합 모델을 비판한 비평가들이 자신의 사상에 대한 오해에 근거하여 공격을 하고 있다고 주장했으며(예를 들면, Wilber, 2000b), 1980년대 중반 이후 스스로를 영원철학과 동일시하지 않는다는 것을 은연중에 내비쳤다(Wilber, 2012). 그러나 비평가들과 옹호자들 모두 비슷하게 계속해서 그의 작업을 영원주의의 한 버전으로 생각했으며(예를 들면, Ferrer, 2011a; Rowan, Daniels, Fontana, & Walley, 2009), 전하는 바에 따르면 그가 영원주의와의 동일시를 그만둔 이후에도 오랫동안 영원주의 접근을 칭송해 왔다(예를 들면, Wilber, 2000b). 영원주의자 사상에 대한 그의 대안은 그가 통합적 탈-형이상학integral post-metaphysics이라고 부른 것이었다(예를 들면, Wilber, 2006). 문제는 통합적 탈-형이상학이 영원주의의 이점을 잃지 않으면서 그것의 단점들을 효과적으로 극복하고 있는가이다.

Wilber(2006)에게 탈-형이상학적 사고는 (진화의 전진을 통한) 선험적인 존재론적 의식 구조를 대체한다. 의식 구조는 신성을 향해 되돌아가는 진화의 과정을 통해 인간에 의해 집단적으로 구성된 존재와 앎의 여러 수준을 가지며, 따라서 이러한 진화의 수준들 자체는 역동적이고 진화하는 중이다. 진화의 수준들이 상대적으로 안정적이라면 이는 그것들이 '온우주적 습관Kosmic habits'(p. 240) 때문이지 비역사적이고, 미리 주어졌거나 플라톤적인 원형이기 때문은 아니다. 의식의 진화적 구조에 대한 재정의를 통해 Wilber는 영원주의의 철학적 한계를 극복했다고 주장했다.

그러나 Wilber가 이러한 온우주적 습관의 존재론적 지위를 좌상상한(내면-개인)으로 이동시켰을 때, Wilber(2006)는 그의 의도와는 상관없이 영적 실재를 개인의 내적 영역에 배치함으로써 명백히 영적 실재를 개인적 경험으로 **환원**시켰다(Ferrer, 2011a와 비교하라). 이러한 책략은 Schleiermacher(1799/1996)가 영적 진리를 근대와 탈근대의 비판으로부터 보호하기 위해 영적 실재를 내면의 개인적 경험으로 격하시킨 방식과 놀랍도록 유사하다. Wilber(2006)는 이러한 동기와 전략을 명백히 표현하였다.

> 전근대 전통의 본질을 대표하는 존재의 대사슬… 은 거의 전적으로 좌상상한에 놓여있는 실재와 현상을 다루고 있다(p. 44).

이것이 격하로 보일지도 모른다는 것을 분명히 인식하여 Wilber(2006)는 계속해서 다음과 같이 말했다.

> 이것은 부정적으로 깎아내리는 말이 아니라 긍정적인 설명이다. 이 사람들은 천재성과 강렬함으로 그 영역(즉, 개인 내면의 주관성)을 탐구하여 통달한 능숙한 현상학자들이었다. 그러나 위대한 전통들은… 다른 상한들에 대하여 정말로… 알지 못하였다(p. 44)

Wilber는 자신의 동기에 있어 격하의 장점에 대한 자신의 믿음을 명백히 밝혔고, 종교 수행자들이 자신의 개인적 주관성의 깊이를 탐험하는 현상학자들이었다고 분명히 진술했다.

그러나 Wilber의 전반적 사상의 맥락에서 그의 의도를 보다 관대하게 이해해 보는 것은 가능하다. 주관성에 의해 Wilber(예를 들면, 1977)는 주관적이지도 객관적이지도 않은 단일한 실재의 주관적 측면을 계속해서 언급하고 있지만, "**그것은 주관적, 객관적으로도 접근할 수 있다**"(p. 47, 원문에서 강조). 나중에 그의 온상한 온수준 모델All-Quadrant All Level model: AQAL에서 Wilber(예를 들면, 2000a)는 현상들이 개인적·집단적으로도 접근될 수 있다고 결론지었다. 사상한은 "개인과 사회의 외면과 내면"을 포함한다(Wilber, 1995, p. 120). 좌상상한은 내면-개인(주관적인 내면), 우상상한은 외면-개인(객관적인 외면), 좌하상한은 내면-집단, 우하상한은 외면-집단을 가리킨다(Wilber, 2000a, p. 62의 [그림 5] 참조). 이 사상한은 각 **홀론**holon을 구성하는 **네 개의 가닥**four strands이며, 홀론은 세계를 구성하는 기본 구조이다(Wilber, 1995). 네 측면(가닥, 사상한)의 모습은 그것의 뒤에 놓여 있는 보다 깊고, 단일하며, 형상이 없는, 비이원적 실재를 반영한다. 보다 깊은 실재가 이 사상한을 통해 나타날 때, 각 상한은 전체의 부분적인 반영일 뿐이므로 왜곡은 필연적이다. 동시에 각각의 가닥은 "밀접하게 관련되며, 다른 모든 가닥과 상호 의존한다. 그러나 어떤 것도 … 다른 것들에 환원될 수 없다"(Wilber, 1995, p. 120). 네 가닥 또는 사상한의 상호 의존성은 비이원적 자각이 이들의 기저가 된다는 그의 입장을 반영하며, 사상한 모두의 실체는 분리될 수 없는 통합적 전체이다. 이러한 논리를 맥락으로 취한다면 사상한은 어떤 의미에서 기저하는 비이원적 기질基質을 통해 서로 연결되어 있으며, 따라서 영적 진리를 특정 상한에 배치하는 것은 Wilber의 모델 내에서는 필연적으로 영적 진리를 그 상한에 환원시키지는 않는다—왜냐하면 그 상한 자체는 기저하는 비환원적인 비이원적 자각의 환원이라기보다는 오히려 비이원적 자각을 향한 렌즈나 입구이기 때문이다.

이와 같은 상당히 자유로운 해석의 한 가지 문제는 Wilber가 이러한 해석을 분명하게 제공하지 않았기 때문에 그의 이론에 대해 이러한 방식의 독법을 거의 틀림없이 적용하게 된다는 것이다. 그러나 보다 심각한 문제는 누군가가 이러한 논리를 Wilber의 작업에 광범위하게 적용한다면 어떻게 환원주의가 조금이라도 가능할 수 있는가를 이해하기가 매우 어렵다. Wilber는 우상상한의 객관적 렌즈만을 사용해 실재에 접근하는 근대주의 과학을 지속적으로 비판해 왔다(예를 들면, 1995, 2000b; 내면이 없는 외면의 세계, **평원**flatland). 그러나 영적 진실을 거의 배타적으로 좌상상한에 배정하는 Wilber의 방식이 크게 보아 환원주의가 아니라면, 세계에 대한 객관주의자의 접근 또한 환원주의가 아니다.

그러나 핵심 문제는 영적 실재와 개인적 주관성의 영역과의 관계에 관한 Wilber의 진술을 엄격하게 혹은 관대하게 해석하느냐의 문제가 아니며, 그의 초기 사상에서 반복된 의식 구조가 선험적인 것이라는 사실에 국한된 것도 아닌데, 이는 Wilber(2006) 스스로가 의식 구조의 선험성pre-givenness을 거부하고 탈-형이상학적인 입장으로 선회했기 때문이다. 문제는 Wilber의 사상한이 그 아래에 놓인 단일한 비이원적 실재의 표현이며, 실재는 사상한을 통하지 않고서는 드러나지 않는다는 점이다(예를 들면, Wilber, 2000a). 정의에 의하면 하나의 실재는 드러난 세계의 이면에 있는 차원이지만, 또한 세계와 하나인 형이상학적 구성 개념이다(Ferrer, 2011a; van Inwagen, 1998과 비교하라).

Wilber(2006) 자신이 언급했던 것처럼, 형이상학은 비판적 사고의 맥락에서는 살아남을 수 없다. 숨겨진 차원에 대한 철학적 호소는 일련의 수학적 계산에 "따라서 기적이 일어난다."라고 읽는 하나의 단계를 삽입하는 것과 유사하며(Harris, 1994, p. 1), 재판 절차에서 비밀스런 증거와 같은 것이다. Wilber(2006)는 형이상학을 구체적이고 제한적인 용어로 정의했는데, 그것은 인간이 세계를 감각 자료에 기반하여 마음에서 구성된 구조로 경험하기보다는 있는 그대로의 세계를 경험한다는 칸트Kant 이전의 믿음과 같은 것이다. 이후 그는 그와 같이 협소한 방식으로 정의된 형이상학을 넘어섰다. 칸트의 비판 또한 정확히 그와 같은 협소한 형이상학적 입장에 대한 것이었다. 대신 그는 마음에 표상된 드러난 세계(또는 현상phenomena) 이면에 객관적인 물자체things-in-themselves의 세계(또는 본체noumena)가 있다는 것을 사실로 상정했다. Wilber의 작업이 칸트 이전의 형이상학을 극복했음에도, 여전히 칸트의 형이상학적 이원주의를 벗어나지 못했다.

Wilber(2006)의 통합적 탈-형이상학은 여전히 깊고 핵심적으로 형이상학적이다. 그의 모델은 실재의 사상한(내면-개인, 내면-집단, 외면-개인, 외면-집단)이 보다 깊은 비이원적 실재의 통합적 측면들로 기능하는 한에서만 의도된 방식으로 작동한다. 그러나 이 시간과 형상을 초월하는 실재는 형이상학적 구성 개념임이 분명하다—그것은 세계의 드러난 모습 이면에 놓인 보다 깊은 실재라는 의미에서 형이상학적이다(Ferrer, 2011a; van Inwagen, 1998). 이러한 실재는 그것을 파악하기에 충분히 진화된, 그리고 자신의 경험을 Wilber의 사고와 일치되는 방식으로 해석하는 개인의 사적이고 주관적인 경험을 통해서만 접근이 가능한 것으로 보인다. 이러한 비이원적 형이상학적 개념 그리고 보편적인 영적 발달과 진화의 정점으로서 비이원적 깨달음은 그의 첫 번째 책(Wilber, 1977) 이래 그의 작업의 중심이 되어 왔으며, 계속해서 그의 가장 최근의 책(Wilber, 2006)에서도 중심적인 주제가 되고 있다. 이는 그의 작업이 본질적으로 여전히 영원주의라는 것을 알려 준다(Ferrer, 2011a, 2002와 비교하라).

이와 같은 형이상학적 주장이 없다면, 사상한은 더 이상 숨겨진 비이원적 전체가 발현된 측면들이 아니다. 그것들은 단지 실재의 분리된 네 개의 조각일 뿐이다. 그의 개인적-집단적 범주들은 철학적으로 논쟁거리가 되지 않으며, 주관과 객관으로 양분된 세계에 배분될 뿐이다. 내면과 외면 차원을 조화시키는 어려운 철학적 문제를 풀기 위해 주장할 수 있는 그것들의 뒤에 놓인 또 다른 실재란 없다. 이러한 상황이라면 Wilber(2006)는 "전근대 (영적) 전통들의 값을 매길 수 없는 심오한 진리"(p. 46)를 좌상상한으로 격하시켰을 때, 그는 영성을 주관적인 허구의 것으로 묵살해 버린 근대주의의 비판을 실질적으로 따른 것이다.

형이상학적 맥락을 제거해 버린다면 이러한 움직임은 영성은 전적으로 인간에 의해 구성되는 주관적 경험의 일종이라는 Wilber의 근대주의에 대한 프로젝트의 중심적 요소를 포기하는 것으로 보일 수 있다. 그러나 이러한 영성에 대한 개념은 중세 기독교회와 같은 제도에 의해 사회적 차원에서 부과된 것이라기보다는 내면으로부터의 집단적 압력에 의해 피할 수 없이 만들어진다. Popper[5](1994)의 사상을 이어 Ferrer(2002)는 이러한 현상을 '틀의 신화myth of the framework'라고 비판했다. 틀의 신화란 "신비주의와 종교 수행자들은 자신들의 문화와 개념적 틀의 수인囚人들이며, 따라서 영적 지식은 언제나 그러한 틀을 통해 조형되거나 걸러질 수밖에 없다."라는 의미이다(Ferrer, 2011a, p. 9).

그러므로 Wilber 체계가 여전히 형이상학과 영원주의를 포함하고 있을 경우, 그의 체계는 비판적 사고의 면밀한 검토를 견뎌 내지 못한다. 대신 그의 체계의 핵심인 형이상학적 주장을 포기할 경우, 그의 체계는 근대주의와 탈근대주의의 뿌리에 놓여 있는 데카르트적 문제를 다룰 수 없다. 어떤 방식이든 그는 현대의 비판적인 사고의 맥락에서 인간 영성의 중요성을 성공적으로 방어하지 못하였다. 현대 사회의 도전과 마찬가지로, Wilber의 도전 또한 데카르트 딜레마의 진퇴양난에 사로잡혀 실재의 주관적이고 객관적인 영역을 결합시키지 못하였으며, 따라서 두 영역 모두 제한될 수밖에 없었다. 이러한 어려움에 대한 응답으로서 참여적 사고는 완전한 탈-데카르트적 대안으로 등장했다.

참여철학

자아초월 사상에 등장해 이른 시간에 상당한 설득력을 얻고 있는 대안은 Ferrer(예를 들면, 2000b, 2001, 2002, 2008a, 2010, 2011b; Ferrer & Sherman, 2008a)와 그 밖의 연구자들(예를 들면, Heron, 1992, 2006; Kelly, 2008; Kremer, 1994; Tarnas, 1991)이 발표한 참여철학participatory philosophy이다. 이 접근은 데카르트적 이원론에 대한 실질적인 반박 논리를 제공하고 있기 때문에 영성에 대해 보다 효과적인 맥락을 제공한다. 언급한 바와 같이, 주체-객체 분리에 대한 비판은 자아초월 프로젝트의 초기에 Maslow가 제기한 바 있다.

현대과학을 뒷받침하는 철학의 뿌리는 데카르트René Descartes(1596~1650)로부터 시작되었다. 그는 물질은 공간에서 연장extension되는 성질을 갖지만 의식이 없으며, 반면 마음(또는 영혼)은 의식은 있으나 공간에서의 연장성이 없다고 주장했다(Hatfield, 2008). 마음과

---

5) Karl Popper(1902~1994, 사상: 비판적 합리주의Critical Rationalism, 상호작용론Interactionism)는 그의 과학과 비과학의 구별인 '구획 기준의 문제'에서 "구획의 문제는 진리의 문제와 구별된다. 거짓으로 밝혀진 이론도 과학적 가설의 성격을 지닐 수 있다."라고 하였음. 한편 그는, 사회 전체의 구조는 결코 파악될 수 없는 것이라고 주장하며, 사회를 하나의 전체로 통제하고 개조하려는 전체주의자들을 비판하였음.

물질이 완전히 분리된 실재의 영역에 존재한다는 서구적 가정은 이로부터 출발했다. 물질은 마음이 비어 있는 것으로 이해되고, 마음은 물질세계와 완전히 분리된 것으로 보이기 시작했다. 이러한 사고방식은 데카르트 이후 데카르트적 이원론으로 불린다.

이와 대조되는 참여적 사고는 세계를 지속적으로 스스로를 공동 창조cocreating하는 데 관여하고 있는 역동적이고 개방된 살아 있는 체계로 이해한다(Ferrer, 2011b). 이러한 결론은 자아초월적 관점으로부터 얻은 통찰에 직접적으로 기초한 것으로서 서구적 사고의 변용적인 도약의 결과이다. 초기 서구철학은 지식을 이성적인 마음과 객관 세계 간의 관계로 이해했다. 이성은 마음이 객관적인 정보를 수집하는 데 있어 중립적인 주체가 될 수 있게 한다. 이는 계몽주의시대의 활기 넘치고 순진한 객관주의에 연료를 제공한 관점이다. 결국, 이 관점이 제공한 것은 절대적인 지식이 가능할지도 모른다는 감질나게 하는 전망이다.

이러한 전망에 대한 칸트의 비판은 탈근대주의를 향한 오랜 발달의 시작점이었다. 그는 마음이 지각하는 것은 감각적 데이터와 마음의 내재적 범주innate categories의 상호작용에 기초한 정신 현상이라고 이해했다. 마음은 실제 세계처럼 보이는 이미지를 만들지만 그것은 대개가 마음 안에서 구성되는 것일 뿐이다. 객관 세계는 본질적으로 지각의 범위 밖에 놓여 있다. Nietzche(1967)의 유명한 글에 의하면, 세계는 동일한 상황이 완전히 정반대의 방식으로 해석될 수 있는 곳으로서, 따라서 "사실이란 없다"(p. 47). 마음은 객관 세계의 관찰자가 아니라 주관성 안에 갇혀 있다.

이 두 가지 대안 모두에서 마음은 완전히 다른 차원에서 객관적 실재를 관찰하거나 또는 객관적 실재로부터 격리된 것으로서 인간의 마음은 물질세계로부터 상당히 분리된 어떤 것이다. 서구 낭만주의 철학 전통의 통찰을 기반으로 하여(Sherman, 2008; Tarnas, 1991과 비교하라), 참여철학은 탈근대주의를 넘어서는 세 번째 대안을 제공했다. 마음과 자연은 필연적으로 동일한 천 안에 짜여 있다(Bateson, 1979와 비교하라). 이것이 사실이라면 인간의 마음은 생명 없는 세계에서 표류하는 고립된 주관성의 캡슐이 아니다. 오히려 마음은 세계와 동일한 것으로 구성된다. 의식은 어떤 형태 속에서 기초적인 물질의 물질성을 향해 완전하게 하강한다(Chalmers, 1995; De Quincey, 1994; Heron, 1992). 마음은 마음을 통해 세계를 알 수 있기 때문에 세계는 스스로를 알 수 있다(Tarnas, 1991; Velmans, 2008).

현대 인간은 코페르니쿠스Copernicus에 의해 물리적 세계에서 자신의 중심성이, 칸트에 의해 세계에 대한 자신의 직접적인 앎의 능력이, 다윈Darwin에 의해 자신의 생물학적 유일성이 박탈되었다(Tarnas, 1991). 폐쇄된 세계에서 질식할 것 같은 생물학적이고 결정론적인 힘 안에 갇힌 인간은 자신의 운명을 의식적으로 목격하는 불운을 가진 무기력한 인질에 불과해 보였다. 인구 압력이 일어났고, 과학적 진보는 신성한 힘의 역할을 근절시켰으며, 세계는 진화적인 우성을 확인하려는 원초적 투쟁을 보여 주는 두 개의 전쟁으로 빠져들었다. 문명화는 핵전쟁을 통해 스스로를 절멸시키려는 듯이 보였다. 그러나 바로 이런 순간에 심층심리학은 인간의 가장 깊은 곳으로부터 우주 안의 인류에게 새로운 생명을 주는 장소를 낳는 정신psyche을 열어 보이기 시작했다(Tarnas, 2006과 비교하라).

Freud의 정신 모델은 자아를 무의식의 대양에서 떠오른 작은 빙산으로 시각화했다. Jung의 관점에서 자아가 무의식 속으로 충분히 깊게 따라간다면 전체 세계가 되는 섬으로 그려진다. 개별적인 마음은 그 자체가 우주와 밀접하게 연결된 일부이다. 그러나 자신을 생명의 공동체와 연결하는 대양을 헤엄치는 법을 잊어 버렸기 때문에 개별적인 자기라는 섬 위에서 소외를 느낀다. 무의식적인 마음의 영역이 회복될 때, 세계와의 관계는 변용된다. 인간은 더 이상 생명력 없는 객체 세계에서 홀로 방황하지 않으며, 주체 공동체로 귀향하여 환영받을 것이다(Berry, 1996).

서구 사회에서 자아의식을 넘어서는 인류의 정신을 회복하는 과정은 자아초월심리학, 인본주의 심리학 그리고 심층심리학의 작업이었고, 대중적인 수준에서는 초월주의자transcendentalists, 비트 세대beat generation, 히피, 뉴에이지 운동 등이 일어났다. 명상이나 자연과의 교감communion with nature, 심현제psychedelics와 같은 자기탐구와 변용적 수련을 통해 최근의 세대들은 근대주의가 폐쇄하고 탈근대주의가 환상으로 묵살했던 문을 열기 위해 분투하고 있다. 이 문은 생명 그 자체의 창조적이고 영감 어린 현존과 교감하는 통로이다.

Stanislav Grof의 작업과 같이, 심층의 정신과 세계 간의 실질적인 경험적 연결을 제공하는 것이 자아초월 연구이다. Grof(예를 들면, 1983)의 작업은 사람들이 더 깊은 무의식으로 들어가는 과정을 그리기 위해 수천 개의 LSD 회기 기록을 사용했다. 사람들은 처음에는 프로이트 이론에서 보여 주는 무의식 수준으로 들어가고, 생물학적 탄생과 관련된 거대한 원형적 트라우마를 재경험한 후, Jung이 기술한 집단적 무의식 영역과 일치하는 경험으로 확장되었다(Grof, 1983, 1985, 1998; Tarnas, 1991). 약물로 유도된 생물학적 탈억제 상태를 통해(Carhart-Harris et al., 2012와 비교하라.) 개인은 생물학적 뿌리를 갖고 원형적인 패턴을 가진 무의식적 역사를 회복하는데, 이는 "인간의 몸을 포함한 자연 그 자체는 원형의 보관소이자 그릇이다. 즉, **자연의 과정은 원형적 과정이다**."라는 것을 암시하였다(Tarnas, 1991, pp. 427-428). 심층의 마음mind은 원형적 과정에서 몸의 생물학적 기원에 가까워지는 것으로 보인다.

이러한 원형들은 고정된 선험적인 구조도 아니며, 집단적 인류에 의해 구성된 것도 아니고[Wilber(2006)가 제안했던 것처럼], 예정된 궁극을 향한 진화적 진보를 위한 형판templates

도 아니다(Ferrer, 2002, 2008a와 비교하라). 그것들은 수천 가지 형태를 통해 자신을 발현하고자 충동하는 억제할 수 없는 신비의 산물이다. 드러난 형태들은 무엇의 결과물이라기보다는 영원히 전개되는 해방의 과정 안에 있는 참가자로서의 자신이다. 신비가 전개될 때 그것을 돌이켜 보면 진화적인 전진으로 보일 수 있다. 그러나 과거의 궤적을 미래로 투사하는 것은 지속적인 세계의 생성 안에 내재된, 열려 있고 풍성하며 창조적인 활력을 놓치는 것이다.

자아초월심리학은, 특히 이와 같은 정신psyche의 심층으로의 여행이 세계의 위대한 영적 전통들에 있는 신비의 길과 많은 부분에서 일치한다는 것을 인식하고 있다. 참여적 관점에서 보면 이러한 여러 전통의 길은 동일한 길의 여러 양상이 아니며 동일한 목적을 향해 이끄는 것도 아니다(Ferrer, 2002, 2008a와 비교하라). 영성은 개인과 공동체가 자신의 세계의 전체 또는 더 큰 부분이나 더 큰 존재와의 관계를 발견하기 위한 충동으로 더 폭넓게 정의될 수 있다. 더 큰 존재는 자연적인 것일 수도 유신론적인 것일 수도 있으며, 인격적일 수도 비인격적일 수도 있다. 그러나 자아가 생명의 직물 속으로 짜여 들어갈 때, 자아는 특권적이고 중립적인 위치로부터 모든 세계 또는 모든 세계의 영성을 본다고 믿었던 상상의 힘을 상실한다. 자아는 더 이상 멀리서 전체의 그림을 감상할 수 있는 관찰자가 아니다. 자아는 캔버스의 일부이며, 캔버스 위에 위치해 있다. 자아는 경험과 공감적인 대화를 통해 자신의 위치를 확장할 수는 있지만(Friedman, 1983과 비교하라), 자신의 위치성locatedness을 벗어날 수는 없다(Haraway, 1988과 비교하라). 이러한 위치성은 자아 자신의 소속belonging의 본질이며 동시에 생명력과 한계의 본질이기도 하다.

모든 사람의 경험이 고유unique한 것은 부분적으로 그들의 위치성이 고유하기 때문이다. 나는 아내의 옆자리에 서서 어떤 사건을 공유하고 있을 수 있다. 그러나 그녀가 나의 오른편에 있다면 나는 그녀의 왼편에 있게 된다. 이것은 우리 각자의 경험에 있어 최소한의 차이를 만들어 낼 것이다. 생물학, 성gender, 신념, 공동체, 문화 그리고 지리학 등 이 모두는 위치성의 측면들로 이해될 수 있으며, 한 개인의 위치성은 모든 관계 속에 스며들어 있다. 이것은 자신의 전체 세계 또는 세계의 보다 큰 측면과의 영적 관계에서도 진실이다. 누군가가 자신의 특정한 위치성이 스며든 **독특하고 한정된 관점으로부터** 모든 영적 전통들이 어떻게 서로 어울릴 수 있는가를 기술하고자 한다면, 이는 **특권적인 관점으로부터** (전형적으로 영원주의의 경우가 그렇다.) 모든 전통이 어떻게 단일의 궁극적 차원과 관련된 실재 안에 있는가를 보려고 주장하는 것과는 매우 다르다. 이것은 참여적 관점에도 역시 적용되며, 참여적 사상가들이 보편적인universal 것이 아니라 필히 상황적인situated 것으로 그들의 주장을 제기하는 이유이며, 참여적 관점은 절대적 진리의 객관적인 표현이 아니라 전 지구적인global 대화를 위해 영의 창조적이고 해방적인 공헌점들을 제공한다(예를 들면, Ferrer, 2002; Ferrer & Sherman, 2008a).

Ferrer(2002, 2008a; Ferrer & Sherman, 2008a)는 영적 경험과 자아초월적 현상의 이해를 위한 맥락을 제공하기 위해 참여적 틀을 사용해 왔다. 근대와 탈근대의 맥락에서 영적 · 신비적 과정은 전적으로 개인의 주관성 안에서 일어나는 것으로 생각된다. 그것들은 본질적으로 관계적이라기보다는 사적이며, 따라서 존재론적인 실체를 갖지 못한다. 그러한 경험이 당신을 기분 좋게 만들 수는 있지만, 그것은 정원에 있는 바위나 제라늄이 실제하는 방식으로는 실제일 수 없다. 이와 대조적으로, 참여적 관점에서 영적 · 신비적인 경험은 **참여적 사건**으로서 존재론적으로 실제인 영적인 힘과 존재와의 만남을 함께 창조한다. 이러한 경험은 사적인 마음 안에서 만들어지는 것이 아니라 공유된 세계 안에서 일어나는 어떤 것이다. 이러한 경험은 **개인에게** 일어나는 것이 아니라 세계와 자기가 함께 창조하는 행위로서 Ferrer(2008a)가 **참여적 상연**上演 · participatory enaction으로 부른 과정이다. 자기와 세계, 부분과 전체는 지속적으로 서로를 변용시키는 참여의 과정 속에서 서로를 조형한다.

이러한 이해의 바탕에서 영적 · 신비적 경험은 존재론적으로 실제이며 고유하다. 이러한 만남 속에서 일어난 각 전통은 그 자신의 독특한 특징을 배태한다. 가장 넓은 의미에서 영성을 인간의 염원과 체험 그리고 표현의 한 영역으로 인식할 수 있다. 이것은 사랑의 언어와 예술 못지않은 창조적 다양성이 만개한 풍부하고 다양한 영역으로서 가장 미묘한 공통성에로의 환원조차도 거부한다. 영적 전통들을 "동일한 대양으로 흘러가는 강들"(Ferrer, 2002, p. 144)로 기술하는 것은 영적 충동의 순전하고 풍부한 창조성을 정당하게 표현한 것이 아니다. "많은 해변을 가진 대양"(p. 133)으로 상상하는 것이 보다 적절할 것이다. 이 은유에서 대양은 공통의 선험적인 영적 실재가 아니라 자아중심주의, 분열dissociation 그리고 생태-사회적 불평등을 극복하는 존재론적 가능성을 공동 창조할 수 있는 인간의 공유된 능력으로 이해되어야 한다.

다양한 전통의 흐름이 어우러질 때, 참여적 태도는 각 개인과 공동체가 자신의 특별한 통찰과 공헌을 제공하는 방식에 대한 상호 존중을 강조한다(Ferrer, 2010, 2011b). 각 전통이 보여 주는 이상적이거나 선험적인 실재의 구성이 얼마나 훌륭한가에 따라 다양한 영적 전통을 순위 매기는 대신, Ferrer는 세 가지 기준에 의해 전통들이 평가되어야 한다고 제안했다. 그 전통이 자신의 구성원을 나르시즘과 자기-중심성으로부터 얼마나 자유롭게 하는가(자아중심성 검증), 그 전통이 전인적인 발달을 얼마나 촉진하는가(분열 검증), 그 전통이 "생태적 균형, 사회 경제적 불평등, 종교적 그리고 정치적 자유, 계급과 성 평등 그리고 다른 기본적 인간 권리"를 얼마나 효과적으로 촉진하는가(생태-사회적-정치적 검증; Ferrer, 2011b, p. 7; Heron, 2006과 비교하라.)이다. 그런데 이러한 해방적인 특질의 평가는 '느슨한 영적 보편주의relaxed spiritual universalism'(Ferrer, 2008a, p. 156) 내에서 제안되었다. 느슨한 영적 보편주의는 궁극적인 합일의 신비를 구제할 뿐 아니라 여러 문화에 걸친 영적 전통들의 질적 차이를 새로운 존재론적 위계의 수단으로 사용하지 않고 허용한다. 잠재력으로 가득 찬 영적 전통들이 가리키는 신비는 다양한 존재론적 방향을 향해 창조적으로 전진하고 있기 때문에 정적인 위계를 위한 도구로 사용될 수 없다.

결론

Wilber의 모델은 자아초월심리학의 가장 저명한 창립자인 Maslow가 사망하였을 때, 그 신생 분야를 양성하기 위해 필요한 철학적 용기容器 · container를 제공하였다. 철학의 수준에서 Wilber 체계의 취약성이 그가 자아초월적 접근에 엄청나게 유용하고 명료한 개념들을 기여했다는 사실을 흐리게 해서는 안 된다는 것을 주의해야 한다. 폭넓은 대중적인 독자를 가진 작가로서 그는 여전히 많은 사람에게 영감을 주고 있다는 사실 또한 그렇다. Wilber의 모델은 한 사람에 의해 구축된 지금까지의 영원주의 체계 중 가장 정교한 체계라고 할 수 있으며, 그의 작업은 중요한 성취를 이룬 것으로 존중되어야 마땅하다.

그렇기는 하지만 참여적 전환participatory turn은 탈-데카르트적 철학의 맥락을 요구하는 다른 접근과 마찬가지로 자아초월심리학에 새로운 방향을 제공한다. 2002년 참여철학의 공식적인 첫 발표 이래 많은 자아초월 그리고 종교학자가 이를 열렬히 받아들였다(Ferrer, 2011b; Ferrer & Sherman, 2008b; Lahood, 2007b 참조). 참여철학은 영적 수련을 위한 접근으로 설명되었고(Ferrer, 2003, 2008b), 대학원과 통합교육에 적용되었으며(예를 들면, Ferrer, 2011c; Ferrer, Romero, & Albareda, 2005; Nakagawa & Matsuda, 2010), 우주론의 개요를 제시했고(Adams, 2010), 경험론empiricism의 재-정의를 위한 출발점으로 사용되었다(Hartelius, 2009). 참여철학은 Gendlin(1997)의 내면의 철학a philosophy of the implicit에 관한 과정 모델 안에서 생활세계의 현상학적 개념 안에서(예를 들면, Luft, 2011), 인본주의적-실존적 현존의 개념 안에서(예를 들면, Schneider, 2010), 그리고 다른 많은 연구자의 연구에서 학문적인 접촉점으로 발견된다. 영적 경험과 영적인 앎을 이해하는 비-위계적이며 해방적인 접근으로서 참여철학은 끊임없이 펼쳐지는 생명과 우주에 참여하는 경험을 공유하기 위한 대화에 모두를 초대한다.

참고문헌

Adams, W. W. (2010). Nature's participatory psyche: A study of consciousness in the shared earth community. *The Humanistic Psychologist, 38*(1), 15-39. doi:10.1080/08873261003635708

Berry, T. (1996, April 9). Ethics and ecology. Paper presented to the Harvard Seminar on Environmental Values.

Borden, W., & Clark, J. J. (2012). Contemporary psychodynamic theory, research, and practice: Implications for evidence-based intervention. In T. L. Rzepnicki, S. G. McCracken, & H. E. Briggs (Eds.), *From task-centered social work to evidence-based and integrative practice: Reflections on history and implementation* (pp. 65-87). Chicago, IL: Lyceum Books.

Carhart-Harris, R., Erritze, D., Williams, T., Stone, J., Reed, L., Colasanti, A., & Nutt, D. (2012). Neural correlates of the psychedelic state as determined by fMRI studies with psilocybin. *Proceedings of the National Academy of Science (PNAS), 109*(6), 2138-2143. doi:10.1073/pnas.1119598109

Chalmers, D. J. (1995). Facing up to the problem of consciousness. *Journal of Consciousness Studies, 2*(3), 200-219.

De Quincey, C. (1994). Consciousness all the way down? An analysis of McGinn's critique of panexperientialism. *Journal of Consciousness Studies, 1*(2), 217-229.

Ellis, A., & Yeager, R. J. (1989). *Why some therapies don't work: The dangers of transpersonal psychology*. Buffalo, NY: Prometheus Books.

Ferrer, J. N. (2000a). The perennial philosophy revisited. *Journal of Transpersonal Psychology, 32*(1), 7-30.

Ferrer, J. N. (2000b). Transpersonal knowledge: A participatory approach to transpersonal phenomena. In T. Hart, P. Nelson, & K. Puhakka (Eds.), *Transpersonal knowing: Exploring the farther reaches of consciousness* (pp. 213-252). Albany, NY: State University of New York Press.

Ferrer, J. N. (2001). Towards a participatory vision of human spirituality. ReVision: *A Journal of Consciousness and Transformation, 24*(2), 15-26.

Ferrer, J. N. (2002). *Revisioning transpersonal theory: A participatory vision of human spirituality*. Albany, NY: State University of New York Press.

Ferrer, J. N. (2003). Integral transformative practice: A participatory perspective. *The Journal of Transpersonal Psychology, 35*(1), 21-42.

Ferrer, J. N. (2008a). Spiritual knowing as participatory enaction: An answer to the question of religious pluralism. In J. N. Ferrer & J. H. Sherman (Eds.), *The participatory turn: Spirituality, mysticism, religious studies* (pp. 135-169). Albany, NY: State University of New York Press.

Ferrer, J. N. (2008b). What does it mean to live a fully embodied spiritual life? *International Journal of Transpersonal Studies 27*, 1-11.

Ferrer, J. N. (2010). The plurality of religions and the spirit of pluralism: A participatory vision of the future of religion. *International Journal of Transpersonal Studies, 28*, 139-151.

Ferrer, J. N. (2011a). Participation, metaphysics, and enlightenment: Reflections on Ken Wilber's recent work. *Transpersonal Psychology Review, 14*(2), 3-24.

Ferrer, J. N. (2011b). Participatory spirituality and transpersonal theory: A ten-year retrospective. *Journal of Transpersonal Psychology, 43*(1), 1-34.

Ferrer, J. N. (2011c). Teaching the graduate seminar in comparative mysticism: A participatory integral approach. In W. Parsons (Ed.), *Teaching Mysticism* (pp. 173-192; American Academy of Religion Series). Oxford, NY: Oxford University Press.

Ferrer, J. N., Romero, M. T., & Albareda, R. V. (2005). Integral transformative education: A participatory proposal. *The Journal of Transformative Education, 3*(4), 306-330.

Ferrer, J. N., & Sherman, J. H. (2008a). Introduction: The participatory turn in spirituality, mysticism, and religious studies. In J. N. Ferrer & J. H. Sherman (Eds.), *The participatory turn: Spirituality, mysticism, religious studies* (pp. 1-78). Albany, NY: State University of New York Press.

Ferrer, J. N., & Sherman, J. H. (Eds.). (2008b). *The participatory turn: Spirituality, mysticism, religious studies*. Albany, NY: State University of New York Press.

Friedman, H. (1983). The self-expansiveness level form: A conceptualization and measurement of a transpersonal construct. *Journal of Transpersonal Psychology, 15*(1), 37-50.

Gendlin, E. T. (1997). *A process model*. New York, NY: Focusing Institute. Retrieved from http://www.focusing.org/gendlin/docs/gol_2202.html

Grof, S. (1973). Theoretical and empirical basis of transpersonal psychology and psychotherapy: Observations from LSD research. *Journal of Transpersonal Psychology, 5*(1), 15-53.

Grof, S. (1983). East and West: Ancient wisdom and modern science. *Journal of Transpersonal Psychology, 15*(1), 13-36.

Grof, S. (1985). *Beyond the brain: Birth, death and transcendence in psychotherapy*. Albany, NY: State University of New York Press.

Grof, S. (1996). *Realms of the human unconscious: Observations from LSD research*. London, UK: Souvenir Press. (Original work published 1975)

Grof, S. (1998). Human nature and the nature of reality: Conceptual challenges from consciousness research. *Journal of Psychoactive Drugs, 30*(4), 343-357. doi:10.1080/02791072.1998.10399710

Grof, S. (2003). Implications of modern consciousness research for psychology: Holotropic experiences and their healing and heuristic potential. *The Humanistic Psychologist, 31*(2-3), 50-85.

Guenon, R. (2001). *The collected works of Rene Guenon* (J. R. Wetmore, Ed.; 23 vols.). Hillsdale, NY: Sophia Perennis.

Haraway, D. (1988). Situated knowledges: The science question in feminism and the privilege of partial perspective. *Feminist Studies, 14*(3), 575-599. doi:10.2307/3178066

Harris, S. (1994). *Chalk up another one: The best of Sidney Harris*. New Brunswick, NJ: Rutgers University Press.

Hartelius, G. (2007). Quantitative somatic phenomenology. *Journal of Consciousness Studies, 14*(12), 24-56.

Hartelius, G. (2009). *Participatory empiricism: Toward a phenomenological-empirical science for human psychology. Dissertation Abstracts International*, 70(07) 0392B (UMI #3367157).

Hatfield, G. (2008). Rene Descartes (E. N. Zalta, Ed.). *The Stanford encyclopedia of philosophy*. Stanford, CA: Metaphysical Research Lab/Center for the Study of Language and Information.

Heron, J. (1992). *Feeling and personhood: Psychology in another key*. London, UK: Sage.

Heron, J. (2006). *Participatory spirituality: A farewell to authoritarian religion*. Morrisville, NC: Lulu Press.

Hoffman, E. (2008). Abraham Maslow: A biographer's reflections. *Journal of Humanistic Psychology, 48*, 439-443. doi:10.1177/0022167808320534

Kelly, S. (2008). Participation, complexity, and the study of religion. In J. N. Ferrer & J. H. Sherman (Eds.), *The participatory turn: Spirituality, mysticism, religious studies* (pp. 113-133). Albany, NY: State University of New York Press.

Kremer, J. (1994). *Looking for Dame Yggdrasil*. Red Bluff, CA: Falkenflug Press.

Lahood, G. (2007a). The participatory turn and the transpersonal movement: A brief introduction. ReVision: *A Journal of Consciousness and Transformation, 29*(3), 2-6. doi:10.3200/REVN.29.3.2-6

Lahood, G. (Ed). (2007b). The participatory turn, Part 1 and 2 [Monograph]. ReVision: *A Journal of Consciousness and Transformation, 29*(3-4).

Leuder, I., & Thomas, P. (2000). *Voices of reason, voices of insanity*. Philadelphia, PA: Routledge.

Luft, S. (2011). *Subjectivity and lifeworld in transcendental phenomenology*. Evanston, IL: Northwestern University Press.

Maslow, A. H. (1943). A theory of human motivation. *Psychological Review, 50*(4), 370-396. doi:10.1037/h0054346

Maslow, A. H. (1954). The instinctoid nature of basic needs. *Journal of Personality, 22*, 326-347. doi:10.1111/j.1467-6494.1954.tb01136.x

Maslow, A. H. (1961). Are our publications and conventions suitable for the personal sciences? (Comment). *American Psychologist, 16*(6), 318-319. doi:10.1037/h0039674

Maslow, A. H. (1966). *The psychology of science: A reconnaissance*. New York, NY: Harper & Row.

Maslow, A. H. (1969). The farther reaches of human nature. *Journal of Transpersonal Psychology, 1*(1), 1-9.

Maslow, A. H., & Harlow, H. F. (1932). Comparative behavior of primates: II. Delayed reaction tests on primates at Bronx Park Zoo. *Comparative Psychology, 14*(1), 97-107. doi:10.1037/h0072093

Nakagawa, Y., & Matsuda, Y. (Eds.). (2010). *Integral approach: Integral Transformative Inquiry*. Kyoto, Japan: Institute of Human Sciences, Ritsumekian University.

Nietzche, F. (1967). *The will to power* (W. Kaufmann, Ed.). New York, NY: Random House.

Popper, K. (1994). The myth of the framework. In M. A. Nottumo (Ed.), *The myth of the framework: In defense of science and rationality* (pp. 33-64). New York, NY: Routledge.

Rank, O. (1929). *The trauma of birth*. New York, NY: Dover. (Original work published 1924 [German]).

Rothberg, D. (1986). Philosophical foundations of transpersonal psychology. *Journal of Transpersonal Psychology, 18*(1), 1-34.

Rowan, J., Daniels, M., Fontana, D., & Walley, M. (2009). A dialogue on Ken Wilber's contribution to transpersonal psychology. *Transpersonal Psychology Review, 13*(2), 5-41.

Schmitt, C. (1966). Perennial philosophy: Steuco to Leibniz. *Journal of the History of Ideas, 27*, 505-532. doi:10.2307/2708338

Schneider, K. J. (2010). An existential-integrative approach to experiential liberation. *The Humanistic Psychologist, 38*(1), 1-14. doi:10.1080/08873261003635815

Schuon, F. (1984). *The transcendent unity of religions*. Wheaton, IL: Theosophical. (Original work published 1953)

Shedler, J. (2010). The efficacy of psychodynamic psychotherapy. *The American Psychologist, 65*(2), 98-109. doi:10.1037/a0018378

Sherman, J. H. (2008). A genealogy of participation. In J. N. Ferrer & J. H. Sherman (Eds.), *The participatory turn: Spirituality, mysticism, religious studies* (pp. 81-112). Albany, NY: State University of New York Press.

Sutich, A. (1968). Transpersonal psychology: An emerging force. *Journal of Humanistic Psychology, 8*, 77-78. doi:10.1177/002216786800800108

Tarnas, R. (1991). *The passion of the Western mind: Understanding the ideas that have shaped our world view*. New York, NY: Ballantine Books.

Tarnas, R. (2006). *Cosmos and psyche: Intimations of a new world view*. New York, NY: Viking.

Tart, C. T. (1964). A comparison of suggested dreams occurring in hypnosis and sleep. *International Journal of Clinical and Experimental Hypnosis, 12*(4), 263-289. doi:10.1080/00207146408409114

Tart, C. T. (1966). ESPATESTER: An automatic testing device for parapsychological research. *Journal of the American Society of Psychical Research, 26*, 256-269.

Tart, C. T. (1971). Scientific foundations for the study of altered states of consciousness. *Journal of Transpersonal Psychology, 3*(2), 93-133.

Tart, C. T. (1972). States of consciousness and state-specific sciences. *Science, 176,* 1203-1210. doi:10.1126/science.176.4040.1203

Tart, C. T. (2000). Investigating altered states on their own terms: State-specific sciences. In M. Velmas (Ed.), *Investigating phenomenal consciousness: New methodologies and maps*. (pp. 255-278). Amsterdam, The Netherlands: John Benjamins.

van Inwagen, P. (1998). The nature of metaphysics. In S. Laurence & C. MacDonald (Eds.), *Contemporary readings in the foundations of metaphysics* (pp. 11-21). Malden, MA: Blackwell.

Varela, F. (1996). Neurophenomenology. *Journal of Consciousness Studies, 3*(4), 330-349.

Velmans, M. (2008). Reflexive monism. *Journal of Consciousness Studies, 15*(2), 5-50.

Wilber, K. (1975). Psychologia perennis: The spectrum of consciousness. *Journal of Transpersonal Psychology, 7*(2), 1-21.

Wilber, K. (1987). The spectrum model. In D. Anthony & K. Wilber (Eds.), *Spiritual choices: The problems of recognizing authentic paths to inner transformation* (pp. 327-348). St. Paul, MN: Paragon House.

Wilber, K. (1993). The great chain of being. *Journal of Humanistic Psychology, 33*(3), 52-65. doi:10.1177/00221678930333006

Wilber, K. (2003). Waves, streams, states, and self: An outline of integral psychology. *The Humanistic Psychologist, 31*(2-3), 22-49. doi:10.1080/08873267.2003.9986925

Wilber, K. (2006). *Integral spirituality: A startling new role for religion in the modern and postmodern world*. Boston, MA: Shambhala.

Wilber, K. (2012). On the nature of post-metaphysical spirituality: Response to Habermas and Weis. Retrieved from http://wilber.shambhala.com/html/misc/habermas/index.cfm (Original work published 2001 as Vom Wesen einder postmetaphysische Spiritualit¨at, *Transpersonale Psychologie und Psychotherapie, 7*(2), 33-49)

번역 출판

Bateson, G. (1979). *Mind and nature: A necessary unity (Advances in systems theory, complexity, and the human sciences)*. New York, NY: Hampton Press. (박지동 역. 정신과 자연. 서울: 까치, 1990).

Blavatsky, H. P. (1978). *The secret doctrine* (3 vols.; B. de Zirkoff, Ed.). Wheaton, IL: Theosophical. (Original work published 1888). (임길영 역. 비경: 우주발생론 [상]. 서울: 신지학, 1999).

Huxley, A. (1945). *The perennial philosophy*. New York, NY: Harper & Row. (조옥경 역. 영원의 철학: 모든 위대한 가르침의 핵심. 경기: 김영사, 2014).

Maslow, A. (1968). *Toward a psychology of being*. Princeton, NJ: Van Nostrand. (정태연, 노현정 역. 존재의 심리학 . 서울: 문예출판사, 2005).

Schleiermacher, F. (1996). *On religion: Speeches to its cultured despisers* (R. Crouter, Trans.). Cambridge, UK: Cambridge University Press. (Original work published 1799). (최신한 역. 종교론: 종교를 멸시하는 교양인을 위한 강연. 서울: 대한기독교서회, 2002).

Swami Vivekananda (1947). *The complete works of Swami Vivekananda* (8 vols.). Hollywood, CA: Vedanta Press. (양수환 역. 아름다운 영혼의 가르침. 서울: 책과나무, 2014).

Wilber, K. (1977). *The spectrum of consciousness*. Wheaton, IL: Quest Books. (박정숙 역. 의식의 스펙트럼. 경기: 범양사, 2006).

Wilber, K. (1981). *Up from Eden: A transpersonal view of human evolution*. Garden City, NY: Anchor-Doubleday. (조옥경, 윤상일 역. 에덴을 넘어. 서울: 한언, 2009).

Wilber, K. (1995). *Sex, ecology, spirituality: The spirit of evolution*. Boston, MA: Shambhala. (김철수, 조옥경 역. 성 생태 영성[가제]. 서울: 학지사, 근간).

Wilber, K. (1997). *The eye of spirit: An integral vision for a world gone slightly mad*. Boston, MA: Shambhala. (김철수, 조옥경 역. 켄 윌버의 아이 오브 스피릿: 영적 관조의 눈. 서울: 학지사, 2015).

Wilber, K. (1998). *Marriage of sense and soul: Integrating science and religion*. Boston, MA: Shambhala. (조효남 역. 감각과 영혼의 만남: 새천년 영성의 시대를 위한 과학과 종교 통합의 길. 경기: 범양사, 2007).

Wilber, K. (1999). *One taste: The Journals of Ken Wilber*. Boston, MA: Shambhala. (김명권, 민회준 역. 켄 윌버의 일기. 서울: 학지사, 2010).

Wilber, K. (2000a). *Integral psychology: Consciousness, spirit, psychology, therapy.* Boston, MA: Shambhala. (조옥경 역. [켄 윌버의] 통합심리학: 의식 · 영 · 심리학 · 심리치료의 통합. 서울: 학지사, 2008).

Wilber, K. (2000b). *A theory of everything: An integral vision for business, politics, science, and spirituality*. Boston, MA: Shambhala.(김명권, 민회준 역. [켄 윌버의] 모든 것의 이론. 서울: 학지사, 2015).

제 11 장

과학적 구성 개념으로서의 자아초월적 자기확장

Harris L. Friedman

거대이론과 미시-이론mini-theory의 덫을 피하기 위한 방법으로 의미 있는 '중간 범위 자아초월심리학 이론Mid-Range Transpersonal Psychology Theory: M-R TPT'을 확립할 필요성이 있다는 점에 대해 나는 이전에 주장한 적이 있다(Friedman, 2002, 이 책에서). 자기확장self-expansiveness(Friedman, 1981, 1983)은 이러한 목적을 위해서 유용한 여러 자아초월적 개념과 구성 개념 중 하나이다. 이 장에서 나는 자기확장이라는 구성 개념을 다소 상세히 설명할 것인데, 이 구성 개념이 어떻게 조작 가능하게 될 수 있는지에 관한 내용과 구성 개념의 타당성과 유용성 둘 다를 지지하는 몇몇 실험적 발견 및 그것이 미래에 미칠 영향 등을 포함할 것이다. 더불어 이 하나의 구성 개념을 더 넓은 맥락 내에 자리 잡게 만들 수 있으려면 자아초월심리학을 과학 및 응용 분야로서 발전시키기 위해 필요한 기타의 자아초월적 개념들과 구성 개념들을 체계적으로 개발하고 연구해야 한다는 점에 대해서 논의할 것이다.

과학적 구성 개념으로서의 자기확장

자기확장의 구성 개념은 나 자신의 경험에서 유래되었는데, 나는 이 구성 개념을 서술하기 위하여 개인적인(그러나 비과학적인) 데이터로서 내 경험을 사용했다. 나는 이 구성 개념을 만들어 낼 당시에 나 자신을 '심현제psychedelic를 연구 목적으로 경험하는 사람psychonaut'으로 간주했는데, 왜냐하면 유용한 심현제들을 적절히 복용하여 촉진되는 다양한 명상법을 사용하면서 수년간 정기적으로 깊은 내면 탐구에 참여해 왔기 때문이다. 나 자신의 몇몇 자아초월적 경험을 이해하는 데 도움이 되었기 때문에 나는 자기확장의 구성 개념을 발전시켰다. 그리고 자아초월심리학을 위해 매우 필요한 과학을 확립하는 방법으로서 M-R TPT를 개발하는 데 적절할 뿐만 아니라, 다른 이들을 위해서도 유용할지 모른다고 생각했기 때문에 이 연구를 하기로 선택했다. 나는 또한 자신을 심현제를 연구 목적으로 경험하는 사람으로서 얻은 나 자신의 내적 통찰들에 대한 외적 타당성을 시험해 보기를 원했는데, 이는 소위 과학의 경쟁적 영역이라는 좀 더 큰 외부 경험의 합의된 세계로 이러한 관념들 중 하나를 가져오는 모험이었다. 마지막으로, 나는 박사 학위를 취득하기 위해서 자아초월적이지만 실험적인 논문을 쓰고 있었고, 이 구성 개념을 측정하기 위해서 자기-보고 방식을 사용하는 것이 상대적으로 성취하기 쉬워 보였다(나중에 돌아보니 순진한 생각이었지만).

나는 특히 이 분야의 연구에서 만연하는 '신을 중심으로 하는' 가정들과 같은 형이상학적 추론 없이 자아초월적 접근을 개념화하고 조작화할 수 있는 방법으로서 자기확장이라는 구성 개념을 고안해 내는 작업을 시작했다(즉, 대부분의 영적인 개념과 자아초월적인 개념의 측정은 종교적인 가정들에 기반을 두고 있다. 특히 신성의 개념을 포함할 때; MacDonald & Friedman, 2002 참조). 이러한 방법에 근거하기 때문에 자기확장은 초자연적인 어떤 것에 기반을 두고 있지 않지만, 그럼에도 불구하고 구성 개념으로서의 자기확장은 사람들이 영성을 보는 관점과 유사한 개념들에 근접할 수 있다. 그리고 자기확장의 측정 방법들은 영성에 대한 몇몇 측정 방법과 중요한 방식으로 겹친다(Papas & Friedman, 2007, 2012).

자기확장은 지금-여기의 현재에서 고립된 개인적 경계에 한정되어 상대적으로 좁게 자기 개념이 해석되는 관점에 근거할 수도 있고 또는 타인들과 자연, 심지어는 자아초월적으로 구성된 정체성—모든 존재와 경계 없는 동질성을 허락하는 데까지 자기 개념이 확장되는 정체성—을 포함하는 데까지 확장될 수 있는 관점에 근거할 수도 있다. 나는 두 가지 차원(공간적 차원과 시간적 차원) 내에서 임의대로 그려진 세 가지 수준(자아personal 수준, 중간 수준, 자아초월적transpersonal 수준)을 거쳐서 일어나는 과정으로 자기확장을 나타내었다. 공간적 차원은 수축이나 확대의 특성을 포함하는 반면, 시간적 차원은 과거와 미래라는 특성으로 구성된다. 이것들은 구성 개념의 다양한 묘사에서 구두로 표현되었을 뿐만 아니라, 다음의 지도([그림 11-1] 참조)에서 그래프로 표현되어 있다. 이런 면에서 볼 때, 공간과

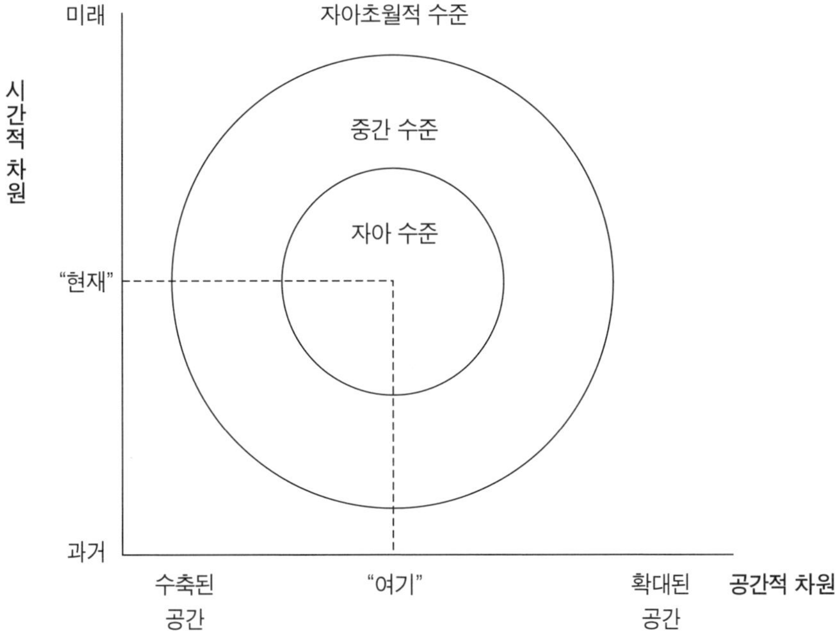

[그림 11-1] 자기확장의 원지도, Friedman(1981,1983).

시간을 넘어서는 초월의 가능성은 지도의 바깥을 차지하는데, 지도가 끝나는 지점 너머의 영역을 의미할 수 있다.

자아초월적 자기확장은 자기라는 관념에 초점을 두지만, 그러나 자기의 한 가지 측면, 즉 자기 개념에만 단지 초점을 둔다. 그러므로 그것은 '나$_{I}$' 또는 직접적으로 경험되는 대로의 자기에 초점을 두지 않고, 오히려 대상(나-아닌 것으로 보여지는 다른 모든 것과 비교할 개인에게 특별하게 그려질 뿐인 하나의 대상; James, 1890)으로서 보여지는 '나$_{me}$'에 초점을 둔다. ' 자기'는 심리학의 역사 속에서 주요한 역할을 해 왔는데, 왜냐하면 자기-정체성의 수준을 구조화함으로써 개인 자신의 경험들을 통합하는 데 기본 토대가 될 뿐만 아니라(Pederson, 1994), 많은 심리학적 주제의 기본적인 조합 토대가 되기 때문이다(Leary & Tangney, 2003). 경험된 대로의 자기라는 개념은 의식 그 자체와 동일할 수 있고, 어느 모로 보나 초월성만큼이나 모호한 형이상학적 개념으로, 이는 관련된 과학적 노력에 반하는 것이 되어 버린다(Frager & Fadiman, 2005). 그러나 이야기와 기타 형태의 기억들로 암호화된 개인의 경험들을 지속적으로 기록하는 상징적 기록기라고 할 수 있는 자기 개념은 생명을 지닌 '자기'에 비교한다면 한계가 있는 구성 개념이다. 나는 자기 개념이 이론적으로나 실험적으로 과학적인 노력에 잘 부합되는 것이지만, 심리학에서의 다른 개념들처럼 잠재적으로 왜곡 가능한 이론들로 조작될 수 있는 개념이라고 보는데(Friedman, 1981, 1983), 왜냐하면 이것은 단지 '나는 누구인가?'라는 질문에 대답할 때 개인이 가진 자기에 대한 여러 태도와 신념의 복합체에 불과할 수 있기 때문이다.

현대심리학이 경험하는 자기를 직접적으로 조사하려고 시도하기보다는 자기 개념을 강조하는 경향이 있어 왔다는 사실은 놀랄 만한 일이 아니다. 현상학적 방법들은 자기가 직접적으로 살아 있는 것이라고 말하는 작은 목소리를 내면서 이런 경향성에 반대하는 시도를 계속해 왔다. 그러나 그러한 현상학적 방법들은 내관을 통해서 얻을 수 있을지 모르는 직접적인 경험들을 어떤 상징적으로 매개된 방법으로 불가피하게 되돌아가도록 만드는데, 이는 본질적으로 자기 개념의 단지 또 다른 형태가 될 뿐이다. 나는 현상학을 아주 가치 있게 보기 때문에 현상학을 하나의 방법론으로 폄하하려는 의도는 아니지만, 현상학적 질문의 주관적인(또는 1인칭 관점의) 산물들이 과학적 과정의 일부가 되기 위해서는 항상 어떤 객관적인(또는 3인칭 관점의) 산물들로 번역되어야 한다는 점을 분명히 하기 위해서이다.

자기 개념에 대한 강조를 덜 하고 살아 있는 자기라는 보다 어려운 주제를 (초월 등과 같은 다른 형이상학적 개념들과 함께) 제외해 놓더라도, 자기확장을 하나의 구성 개념으로 발전시키는 데에는 여전히 많은 장애물이 있었다. 예를 들면, 자기 개념을 묘사하기 위해 사용된 용어들에 많은 혼란이 있어 왔는데, 그 결과 수많은 단편적 문헌에서 이런 점이 나타났다(Byrne, 2002). 이 중에는 ' 자기'라는 접두사를 너무 많은 접미사와 결합하는 것도 포함되는데, 몇 가지 예를 들자면 -구성(Marx, Stapel, & Muller, 2005), -정의 (Robbins, Pis, & Pender, 2004), -존중감(Esposito, Kobak, & Little, 2005), -지식(Lieberman, Jarcho, & Satpute, 2004), -정체성(Webb, 2004), -인식(Weiss & Amorose, 2005), -표상(Reinert, 2005) 등이 있다(이것은 단지 몇 가지 예를 언급한 것에 불과하다). 자기 개념을 전체로서 접근하기 위해 합의된 방법이 아직 주류 심리학 내에 정립되어 있지 않지만(Chen, Chen, & Shaw, 2004), 나는 자기확장이라는 구성 개념이 그러한 통합을 위한 기회를 제공할 수 있다고 제안한다.

이에 덧붙여서 자기 개념을 바라보는 많은 관점이 있다. 예를 들면, 개인적인 접근과 관계적인 접근 사이의 차이가 종종 언급된다(Markus & Kitayama, 1994). 나는 이를 분리할 수 없는 동전의 양면과 같다고 본다(즉, 인간 개인은 사회적 맥락에서 분리될 수 없으며, 인간 사회의 시스템은 개별적 구성원을 통해서만 존재한다). 그러므로 그것의 보완물을 고려하지 않고서 각각의 요인만을 언급하는 것은 전체성이라는 측면에 있어서 부족하다고 볼 수 있다. 자기 개념에 대한 또 다른 관점들은 해부학 및 생리학적 측면에 대해 강조하는 생물학적 관점(Lieberman et al., 2004), 비인간적인 환경과의 관계성에 대해 강조하는 생태학적 관점(Bragg, 1996) 그리고 개인의 과거 및 가능한 미래적 측면에 대한 자기 개념의 관련성을 강조하는 시간적 관점(Newby-Clark & Ross, 2003) 등이 있다. 또한 자기 개념의 도덕적(Lewis, 2003) 그리고 예술적(Vispoel, 1995) 구성 요소들과 같이 주목을 받아 온 특수한 측면들이 많이 있다. 자아초월심리학에 깊은 관계가 있지만 서양심리학에서 자주 간과되어 온 자기 개념의 한 측면은 영성인데(Poll & Smith, 2003), 많은 문화적 전통에서 영성은 자기 개념을 이해하는 데 중심적이라고 간주된다(예를 들면, 아시아 인디언; Friedman, MacDonald, & Kumar, 2004). 자기 개념의 일부로서 영성을 포함하는 것은 반드시 영성을 구체화시키는 것이 아니라, 영성을 정의할 때 단순히 영성에 대한 사람들의 믿음과 태도가 중요하다는 점을 다루는 것뿐일 수 있다. 이러한 접근은 그들의 믿음과 태도의 대상이 되는 것의 존재론적인 상태를 여전히 제외시킬 수 있다. 예를 들면, MacDonald(2000)는 그의 선구적인 작업에서 영성을 측정하는 다양한 방법으로 구성된 보편적 네트워크를 조합해 냈지만, 그 결과로 나온 5요인 접근이 영성 그 자체보다는 영성의 표현들만을 측정했다고 분명히 밝혔다(즉, MacDonald는 영성을 그 자체로 개념화하고 측정하는 데 요구되는 어려운 존재론적인 문제들에서 옆으로 비켜선 것이다. 내가 좀 더 규정하기 힘든 자기보다는 단지 자기 개념이라는 부분에만 초점을 맞추는 것처럼).

자기 개념에 대한 이러한 수많은 관점에 더하여(지금까지 단지 그중 몇 가지밖에 언급되지 않았다), 나는 자아초월적 자기확장을 새로운 관점으로 덧붙였다(Friedman, 1981, 1983). 자아초월적 자기확장은 자기에 대한 감각이 분리된 단자처럼 보이는 개인적 자기를 넘어서서(초월해서 'trans') 확장될 수 있다는 사실에 근거한다(즉, 자기 개념은 본질적으로 가변성이 있는 것으로, 개인이 자신을 누구로 보는지의 한 부분으로서 세상의 측면들을 규정할 수 있는 정도에 의해서 좌우되는 것이다). 의식의 지속적 변화 상태('I')보다는 좀 더 안정적인 특성('me')이라는 자기 개념의 필터를 통해서 이해되기는 하지만, 자기와 세상 사이의 경계는 유동적이다. 하나의 특성으로서 이것은 자신의 정체성에 대한 감각이나 세상의 여러 측면(자아초월적 측면들을 포함한)과의 상호 연결에 대한 감각에 있어서 서로 다른 여러 개인 간에 다양하게 나타날 수 있다. James(1890)가 말한 자기에 대한 통찰을 따르면서 Maslow(1968)는 자기가 어떻게 보통의 생물학적 · 개인적 · 에고적인 감각을 넘어서 자아초월적인 방향으로 확장될 수 있는지 논의했다. 이와 유사하게 Walsh와 Vaughan(1993)은 자아초월적 경험을 "그 경험 속에서는 정체성이나 자기의 감각이 개인을 넘어서(초월해서) 인류, 생명, 심령 또는 우주 등과 같이 보다 넓은 측면들을 포함하면서 확장된다."(p. 203)라고 묘사했다. 다른 많은 이도 그러한 접근을 강조해 왔으나(Daniels, 2005), 어느 누구도 포괄적인 방식으로 자기 관점의 체계적 기초를 세우지 못했고, 실험적으로 접근 가능하게 만들기 위해서 이에 부합하는 방식을 제공하지도 못했다. 자기 개념에 대한 개인적인 관점과 집단적인 관점이 상호 보완적인 것처럼, 자기 개념의 모든 분야는 그와 같이 상호 보완적이고 심지어 전체성을 위해서는 필수적인 것이며, 이러한 다양한 관점은 자기확장의 구성 개념에 포함될 수 있다고 나는 생각한다.

자기확장의 구성 개념을 만드는 데 있어서 공간과 시간 좌표에 의해 정의되는 지도를 통해서 자아초월적인 측면을 포함한 자기 개념의 이 많은 측면을 이해하는 방법에 나는 특별한 가치를 부여했는데, 이 지도는 나와 나-아닌 것 사이의 경계가 어떻게 그려질 수 있는지를 보여 준다. Hunt(1999)와 다른 많은 이는 시공간이 개념적인 기정사실이고, 아마도 개인의 자기라는 감각을 적절히 추적하기 위해서 방향을 지시할 수 있는 가장 기초적인 범주들일 것이라는 점을 지적했다. 좀 더 구체적으로, 자기확장의 지도는 공간과 시간을 직교하는 방식으로 나타내면서 자기 개념이 묘사될 수 있는 지도를 제공하고 있다. 이를 통해서 시간적으로 과거와 미래를 향해 확장된 자기 개념의 측면뿐만 아니라, 공간적으로 확대된 측면과 축소된 측면을 표현할 수 있는 도식적 방법이 가능하게 된다. 그러므로 이것들은 자아초월적 자기확장을 포함한 자기확장의 측면에서 자기 개념의 경계들을 묘사해 내는 데 사용할 수 있게 된다. 공간적 차원과 시간적 차원이 교차하는 지점은 현재(또는 '지금-여기')를 표시한다. 두 선의 분기점에 의해 정의되는 네 가지 방향으로, 이 교차 지점에서 벗어나면 제한된 자기 개념 사분면들이 있다(즉, 시간적 미래, 시간적 과거, 공간적 축소, 공간적 확대). 각각은 확장된 자기 개념의 가능성을 포함하는데, 이는 개인(즉, 현재에 고립된 유기체로서 존재하는 것처럼 보이는)을 넘어서는 방식으로 각 사분면의 내용과 동일시할 수 있는 성질을 지닌다.

자기확장의 구성 개념과 그 지도는 겉으로 보기에 공통점이 없는 수많은 전통적 접근법을 자기 개념에 통합할 수 있는 방법을 제공했다. 각각의 접근법은 더 넓은 전체의 한 측면으로서 지도상에 위치될 수 있으며, 그 모두가 합해지면 더 큰 전체를 이루게 된다. 중심에서 떨어진 주변부는 자아초월적이라고 보인다. 그것은 개별적/관계적 접근의 이분법을 해소시킬 뿐만 아니라 자기 개념의 생물학적 · 환경적 · 시간적 측면을 통합하는데, 이 각각의 측면은 지도를 통해서 서로의 연관성에 따라 위치가 정해지게 된다. 예를 들면, 확대된 공간적 자기 개념은 환경적인 측면과 관계적인 측면을 둘 다 포함하는 반면, 축소된 공간적 자기 개념은 오직 생물학적 측면들만을 포함한다(즉, 생물학적으로 환원적인 방식으로만 자기 자신을 보는 사람들을 의미한다). 이와 유사하게 과거와 미래의 시간적 확장성은 시간과 관련된 자기 개념의 측면들을 포함하게 된다. 자아초월적 자기확장과 그 지도는 이 모든 관점을 단일한 전체론적 틀 안에 통합한다.

자아초월적 자기확장의 구성 개념은 개인의 자기 개념에 포함되거나 제외된 것에 어떤 절대적인 제한이 없다는 급진적인 가정에 근거하고 있다. 이것은 개인적 자기(개인적 individual의 어원인 'divid'는 나누어지거나 분리되는 것과 관련이 있다.)는 자아초월적으로 확장적인 자기 개념에 의해 포괄되는 시공간 안에 존재하는 것들을 전부 포함하여 존재의 모든 측면과 동일시할 수 있고, 이로써 개인적 자기는 우주에서 나누어지기보다는 전체가 될 수 있다는 점을 의미한다. 이러한 급진적인 관점은 개인의 자기 개념 주위에 놓인 모든 경계는 잠재적으로 가장 큰 **자기**Self(즉, 모든 것을 아우르는 자기의 가장 확장된 감각을 표현하기 위해서 대문자 'S'를 사용하였다.) 위에 놓인 임의적인 제한들일 뿐이라는 James(1890)의 심오한 통찰에서 기인한다. 개인들은 자신의 자기 개념 안에 존재의 완전한 상태인 전체를 포함할 수 있는데, 그때 이것은 더 작은 자기self-개념이 아니라 **자기**Self-개념이 된다. 이것은 초자연적이거나 형이상학적인 주제들(예를 들면, 초월성 같은)의 가능성과 같이, 존재에 대한 어떤 단정을 넘어서는 궁극적인 주제의 가능성을 말하고자 하는 것이 아님을 유의하라. 이렇게 덜 제한된 자기 개념의 확장성은 비록 여전히 자연적인 것에 한정되기는 하지만(즉, 공간과 시간 속에 존재하지만), 우주로부터 분리된 개별적 자기라는 서양 주류의 관념들에서처럼 고립된 하나의 단자라는 제한된 자아의 감각을 초월 또는 넘어선다는 측면에서 문자 그대로 자아초월적이다. 나는 자기 개념의 자아초월적 수준이 '충분히 지금-여기를 넘어서서' 확장될 때—즉, 오직 현재에만 존재하는 고립된 생체계biosystem로서 자기를 인식하는 개인의 지각이 소멸될 때처럼—출현하는 것으로 명시했다(Friedman, 1983, p. 39). 이를 통해서 자기 개념은 공간과 시간 속에 고립된 한 존재로서의 분리성을 넘어서서 잠재적으로 확장하는 것으로 보일 수 있으며, 결국 자기에 대한 모든 전통적인 관점을 포괄할 수 있게 된다(예를 들면, 생물학적 · 생태학적 · 사회적 · 시간적 자기와 같은). 이는 과학적으로 이런 많은 전통적 관점을 통합하고 또한 자연주의적 참조 틀 내에 근거하여 잘 정의될 수 있는 자아초월적 관점을 포함하는 것이 된다.

그러므로 자아초월적 자기확장은 형이상학적이고 초자연적인 가정들에 의존하는 기타의 자아초월적 구성 개념들과는 다른데, 왜냐하면 자기 개념의 묘사를 시간과 공간에 제한하기 때문이다. 이것은 또한 영혼 또는 비이원성과 같은 초자연적이고 형이상학적인 관념들에 호소하는 수많은 종교 및 영적인 접근과도 다르다. 왜냐하면 자아초월적 자기확장의 구성 개념은 이렇게 검증할 수 없는 추측들은 제외하기 때문이다. 비록 자기확장의 지도가 시공간이라는 물질적 세계에 한정되기는 하지만, 원의 둘레를 넘어설지도 모르는 것들이 지도에 표시될 수 있도록 허용하고, 그렇지만 그 영역은 정의되지 않았다는 점을 다시 강조해야 할 것이다. 이런 점에서 초월의 가능성은 함축될 수 있지만, 구체화되지는 않는다.

심리학에서 자아초월적 자기확장의 구성 개념과 유사한 자기 개념에 대한 전통적 접근들이 몇몇 있다. 예를 들면, Aron과 Aron(1986, 1995)은 자신들의 모델에서 자기확장이라는 용어를 사용하였는데, 이 모델에서는 여러 자기가 중첩되는 좀 더 큰 정체성을 구성함으로써 다른 것들을 통합할 수 있는 것으로 자기 개념을 바라본다. 그러나 그들의 접근은 자기확장을 단지 사회적 영역에만 국한시켰다. Mayer와 Frantz(2004)의 자연에 대한 연결성이라는 구성 개념이 자기확장과 꽤 유사하지만, 자기 개념의 확장을 단지 자연이라는 영역에만 국한시켰다. Burris와 Rempel(2010)의 아메바 자기 이론은 또한 자기의 신체적이고 사회적인 부분을 자기확장과 유사한 방식으로 설명하였다. 자기 개념의 다중적인 측면들을 포함하는 몇몇 관점이 또한 출현하고 있는데, 예를 들면 자기의 세 가지 측면, 자기 자신, 타인들과 자연 그리고 초월적인 것들이라는 측면(Meezenbroek et al., 2012)과의 연결성에 대한 최근의 연구가 있다. 그러나 구성 개념으로서의 자기확장은 이러한 모든 다른 접근보다 선행하면서 훨씬 더 복합적이다. 그리고 자기 개념의 이러한 모든 영역을 또한 포괄하면서 초월적인 것을 개념화하는 방법을 독창적으로 제시하였다.

구성 개념으로서의 자기확장의 가치에 대한 많은 논의가 있다. 그중 하나는 자기확장이 주류 심리학 내(Cahn & Polich, 2006)뿐만 아니라 자아초월적 문헌 내(Heimerl & Valentine, 2001)에서도 학술적인 저술에서 자주 참조된다는 점이다. 또한 자기확장의 지도는 유동적이어서 기본적인 형태를 유지하면서도 그 방향이 이동될 수 있다는 점을 언급하는 것이 중요하다. 구체적으로 자아초월적 수준은 시공간 선의 새로운 교차점이 되는 부분으로 뒤바뀌면서 이동할 수 있는데(지금-여기에 개인적 수준이 있었던 부분으로), 반면 개인적 수준은 새로운 주변부가 될 수 있다(Friedman & Papas, 2006 참조). 이렇게 이동 가능한 특성은 기존의 지도들에서도 흔한 일인데, 예를 들면 동일한 영역을 지도에서 나타내기 위해 서로 다른 투영법들projections이 모두 사용될 수 있는 것과 같은데(예를 들면, 지형을 작도할 때 좀 더 널리 쓰이는 메르카토르Mercato식 투영도법[1]에 대한 대안으로 덜 알려진 갈-페터스Gall-Peters식 투영도법[2]이 쓰일 수 있다), 이는 작도되고 있는 영역의 저변에 존재하는 안정성을 입증한다. 다른 말로, 의미의 심각한 손실 없이 이러한 이동이 일어날 수 있다는 점은 이 개념의 신빙성을 더하는 것이다. 게다가 그림의 형태로 작도될 수 있을 뿐만 아니라 언어로도 논의될 수 있기 때문에(이 장에서 쓰여진 것들과 같이), 더욱 많은 신빙성을 가지게 된다. 그러나 구성 개념으로서의 자기확장의 가치를 입증하는 가장 강력한 증거는 계속 중

1) 메르카토르식 투영도법: 지구 위에서 방위가 일정한 선은 모두 직선으로 표시하는 지도 투영법.
2) 갈-페터스식 투영도법: 메르카토르식 투영도법을 보완하여 각 나라 면적의 상대적 비율을 비교적 정확하게 나타낸 작도법.

가하고 있는 실험적 연구들에 기반을 두고 있는데, 이에 대해서는 이 장의 후반에서 논의될 것이다.

자기확장의 작도법作圖法은 또한 여러 참신한 방법으로 다양하게 확장될 수 있다. 예를 들어, 나는 자기확장을 묘사하는 수평적인 또는 편평한 2차원적 접근 방법을 만들었다. 그러나 여기에 또 다른 차원들이 더해질 수 있는데, 예를 들면 시공간 좌표를 다양한 세 번째의 또는 더 높은 차원들로 보충하는 것과 같은 방법이 있다. 또한 내가 출간한 적은 없지만 탐색해 보았던 또 다른 직교의 차원은 Wilber(2001)의 거대이론에서 사용했던 몇몇 발달 단계를 작도하려는 시도처럼 인지적 복합성이라는 수직적 차원을 첨가하는 것이었다. 내가 시도했던 또 다른 접근법은 작도법에 의해 그려진 각각의 수준으로 동일시의 정도를 개념화하는 좀 더 미묘한 방식을 발견하는 것이었다. 나는 이를 각 수준에서 동일시의 통합 정도를 나타내기 위해 지도에서 그 영역들을 음영으로 표시하였다(Friedman, 1984). 그러나 지금까지 나는 단순하게 윤곽을 잡은 기본적 접근에 대부분 머물러 왔는데, 왜냐하면 그것이 좀 더 취급하기 쉽기 때문이다. 하지만 자기확장의 구성 개념을 확장시키기 위한 이 개념의 발전에 수반될 수 있는 더 나은 과학적 방법들을 확립하기 위한 수많은 체험적 길이 분명히 있기를 나는 희망한다.

자기확장 수준 척도

자기확장의 구성 개념은 만약 그것이 실험적으로 증명 가능하지 않다면 단순히 또 하나의 흥미로운 관념이 되고 말 것이다. 자아초월심리학 내에서 양적인 실험논문을 쓰기 위해 나는 자기보고식 접근법들을 사용하기로 선택했다. 그러나 그 당시에는 분명한 자아초월적 측정 방법들이 없었기 때문에 나는 적절한 심리측정도구가 필요했다. 이런 상황은 1975년에 내가 논문을 쓰기 시작한 이후로 변화되었으며, 지금은 자아초월적 연구에 적절한 수많은 측정법이 있지만(MacDonald, Friedman, & Kuentzel, 1999 참조; MacDonald, Kuentzel, & Friedman, 1999; MacDonald, LeClair, Holland, Alter, & Friedman, 1995), 자기확장의 구성 개념에 관련된 모든 장점을 다 가진 측정법은 없다. MacDonald와 나는 그러한 도구들을 사용하는 과학적 자아초월 연구들과 관련된 수많은 중요한 방법론적 주제에 대해서 논의해 왔다. 그리고 과학적인 양적 자아초월 연구의 수행을 위해서는 측정법이 중요함에도 불구하고, 모든 측정법이 한계가 있다는 점에 대해 다음과 같이 강조해 왔다. "신뢰할 만하고 유용한 지식을 얻기 위해서 그러한 접근법들이 성과가 있었다는 점에는 동의한다. 그렇지만 많은 중요한 자아초월적 구성 개념들은 내재하는 스스로의 본질에 의해서 언어화와 개념화 그리고 정확한 측정이 불가능하기 때문에 측정법으로 그 구성 개념들에 내재하는 복잡성 또는 '실제實際 · suchness'를 포착할 수 있다고 우리는 믿지 않는다"(Friedman & MacDonald, 2002a, p. ix). 여기에 덧붙여 자아초월심리학에서 사용된 구성 개념들 중 다수는 과학의 범위 바깥에 있는 것이므로 아마도 자아초월 연구의 영역으로 물러나야 할 것이다.

내 논문을 계획할 당시에는 명확한 자아초월적 측정법들이 없었으므로 나는 구성 개념의 조작화도구로서 자기확장 수준 척도Self-Expansiveness Level Form: SELF(Friedman, 1981, 1983)라는 자기보고식 척도를 만들어 냈다. 이는 18문항으로 구성된 리커르트식 평가 척도로, 평가 방법에 대한 지시 사항을 포함해서 이 두 개의 초기 연구에 실려 있다. SELF는 개인적 현재로부터 공간적 · 시간적 정체성의 다양한 측면에 이르기까지 자기 개념의 확장 수준을 측정하는 방법이다. 대부분의 다른 영적 · 자아초월적 측정법은 형이상학적이고 초자연적인 내용들로 가득찬 주제들에 대해서 질문하지만, 나는 이런 문헌들은 피하려고 노력했다(예를 들면, 기도에 대해 질문하는 것은 기도하는 자가 지향하는 초월적 실체를 불가피하게 함축할 수밖에 없다. 또는 명상에 대한 질문은, 예를 들어 불교와 같이 내재하는 형이상학적 가정이 그러한 종교적 신념 체계 내에 기반을 둔다는 점을 종종 함축할 수 있다). 반면에 SELF는 자기확장을 과학적 구성 개념으로서 틀 짓는 자연주의적 작도법과 일치하는 항목만을 사용한다.

SELF는 자기확장의 세 가지 가능한 다른 수준을 측정한다. 첫 번째는 자아 수준으로, 개인이 현재에서 자신의 자기와 동일시하는 범위를 나타내는데, 예를 들면 행동, 감정, 신체적 몸 그리고 생각 등이 있다. 이 수준은 지금-여기라는 시공간 속에 존재하는 고립된 한 유기체로서의 개인을 강조하는 자기 개념에 대한 서양의 일반적인 접근을 조작 가능하게 만드는 것으로 보인다. 그다음은 중간 수준으로, 자기 개념의 중간 단계 확장성을 나타낸다. 이 수준에서는 하나의 고립된 단자처럼 보이는 개인을 넘어서서 확장하는 관계들과 동일시하게 되는데, 예로 자신의 개인적 과거와 미래뿐만 아니라 신체적 · 사회적 맥락들도 동일시한다. 이것은 사회관계적 · 생태학적 · 생물학적 · 시간적 자아개념self-concept과 같은 다양한 이해와 일맥상통한다. 중간 수준의 항목들은 유년기의 경험들(과거), 시간 속으로 투사된 상상속의 가능한 자기(미래) 그리고 현재의 가족 구성원(확대된 공간), 자신의 심장과 같은 신체의 부분들(축소된 공간) 등과 기꺼이 동일시하려는 의지를 포함한다. 자기확장의 중간 수준은 아직 개념적으로나 실험적으로 적절하게 발전되지는 못했는데, 이 점은 SELF 중간 수준 척도의 현재 존재하는 한계들에 반영된다. 언젠가는 단일변량 척도

보다는 많은 상이한 하위 요인으로 더 발전될 수 있을 것이다(비록 이것은 연구 조사가 필요한 실험적 질문들에 의존하지만, 아직 실행되지는 않은 상태이다).

마지막으로, 그리고 가장 중요하게 SELF는 자기 개념의 자아초월적 측면들을 측정할 수 있는데, 이 측면들은 하나의 고립된 단자처럼 보이는 개인과는 충분히 구분되는 것으로 정의되지만 그러나 다소 떨어진 방식으로 여전히 개인에게 연결되어 있다. SELF에서 자아초월적 항목들은 신체 내의 원자들(극단적으로 축소된 공간), 모든 생명(극단적으로 확대된 공간), 먼 조상들(극단적 과거) 그리고 인간의 형태를 가지지 않을지도 모르는 미래 자손들(극단적 미래) 등과 기꺼이 동일시하려는 의지를 포함한다. 이것들은 개인과 명백하게 연결되는 대상들과의 동일시를 상당히 넘어서는 한에 있어서는 자아초월적이라고 간주될 수 있지만, 여전히 어떤 식으로든 개인과 연결되어 있다. 예를 들면, 내 개인적 과거와 가족이 나와 연결되어 있는 것처럼 내 생각들은 개인으로서의 나와 분명히 연결되어 있다. 그 결과로 이것들은 자아-수준의 항목들이 된다. 그러나 나의 원자들과 너의 원자들은 구분될 수 없고(나의 몸 또는 너의 몸 내부에 위치하는 게 아니면), 인간의 형태를 가지지 않았을지도 모르는 나의 먼 조상들은 또한 당신의 조상들과 구분될 수 없다(비록 이 조상들에게 우리 각자를 연결시키는 유전적 유산들이 당신과 나 각자의 몸에 있다 하더라도). 그러므로 자아초월적 자기 개념의 구성 개념은 심리학에서 자기 개념에 대한 보다 전통적인 기타 접근들을 급진적으로 확장시킨 개념으로서 제시되지만, 여전히 과학의 영역 안에 있다.

내 논문(Friedman, 1981)에서 천 명이 넘는 학생들을 공동 연구자로 포함시키면서 일관성 있게 서로 모이고(즉, 수렴되고), 관련 없는 구성 개념에서 서로 구분되는(즉, 분산되는) 의미 있는 일련의 항목들을 마침내 구축하기 위해 질적 · 양적 · 도표 활용의 전략들을 사용하면서 수년간의 반복적인 과정을 통해서 이 측정법을 구성하였다. 이 모든 과정은 내가 조작 가능하게 만들기를 원했던 구성 개념의 의미를 알기 위해서 추진된 과학적 과정이었다.

이렇게 광범위한 노력이 있었기 때문에 나는 이 과제가 쉬울 것이라고 생각했던 것이 명백히 순진한 예상이었다고 이 장에서 말한 것이다. 이 작업은 실험적이면서도 이론에 근거한 추론들을 둘 다 포함하였다. 나는 또한 SELF의 가장 잘 발전된 두 가지 척도(즉, 자아 수준 척도와 자아초월 수준 척도)는 구성 타당성뿐만 아니라 수용할 만한 신뢰도를 가지고 있다는 점을 입증해 보여 주었다(예를 들면, 자아초월 수준 척도는 지능과 사회적 적응성 같은 신학적으로 무관한 몇몇 구성 개념의 측정과는 구분될 뿐만 아니라, 신비적 경험의 측정과 기타 신학적으로 관련된 구성 개념들과는 정적 상관성이 있었다). 마침내 SELF 자아초월 수준 척도로 그 초기의 표집에서 학생 그룹과 알려진 자아초월 그룹 사이를 구별할 수 있다는 점이 입증되었다.

MacDonald, Tsagarakis와 Holland(1994)는 SELF에 대한 나의 원연구 중 몇몇을 처음으로 반복 시행하였고, 또 다른 관련 측정법과 비교함으로써 나의 발견을 더 확장시켰다. Upton(1998)은 유사한 실험과 확장을 수행하였다. 동료들과 함께 나는 부가적인 타당성과 확장된 연구들에 대해 이러한 맥락의 연구를 지속했는데, 예를 들면 SELF 자아초월 준척도는 성격심리학에서의 5요인 모델과는 실험적으로 구분되며(MacDonald, Gagnier, & Friedman, 2000), 적어도 부분적으로는 인도인 표집에서 반복될 수 있다는 사실을 보여 준 연구 등이 있다(Friedman et al., 2004). 좀 더 최근의 타당성 연구들은 다른 언어들을 사용한 버전과의 비교를 위해서(Papas & Friedman, 2007)뿐만 아니라, SELF 자아초월 수준 척도의 타당도를 위해서 확실한 증거를 찾는 데까지 나아가고 있다. 또 다른 타당성 연구들은 질적인(Feuer, 2009), 그리고 그래픽graphical(Papas & Friedman, 2012) 전략들을 사용했다. 다른 언어들을 사용한 접근법이나 그래픽 형식으로 제시된 접근법에서는 원본 SELF의 변량들을 사용하였는데, 이 두 접근법에서 SELF는 단순히 자기확장의 구성 개념을 조작화하는 하나의 방법일 뿐이라는 점이 분명하다. 그러한 면에서 하나의 구성 개념이 수많은 조작화 과정을 거치는 동안 지속될 수 있고 그것이 의도된 본래의 의미를 유지할 수 있다면, 그 가치가 인정되어야 한다는 사실을 강조하는 것이 중요하겠다. 이는 그 구성 개념이 단지 하나의 방법 또는 몇몇 다른 변덕스런 요인의 산물일 뿐이라는 논의와 반대된다. 이러한 논리는 작도법이 그것의 의미를 잃지 않으면서 이동될 수 있다는 논의와 유사한데(Friedman & Papas, 2006), 이는 자기확장이라는 구성 개념의 견고성을 지지해 준다. 즉, 하나의 구성 개념이 다양한 방법으로 접근될 수 있지만 여전히 그 의미를 간직한다면 그것이 어떤 의미 있는 구성 개념이 될 가능성이 더 높은 것이다. 이와 마찬가지로, 측정법을 타당화시키는 것은 또한 그 측정법이 조작화할 수 있다고 가정되는 그 저변의 구성 개념을 타당화시킨다.

이러한 타당화 연구들에 덧붙여서 다음과 같은 수많은 기타 연구에서 자아초월적 주제들을 탐구하는 데 SELF를 사용해 왔다. 그중 몇 개만 언급하자면, 조직의 리더들(Bursten, 1989), 영적인 수행들(Majeski, 1998), 변용적인 교육(Gaynor, 1999), 창의적 예술 교육(Lindsey-North, 1999), 신체작업(Wang, 2000), 음악가들의 창조성(Guzman, 2003), 과학자들의 세계관(Kuhar, 2005), 에너지작업(Marlowe, 2010), 환경보호 행동(Hoot & Friedman, 2011), 초심리학(Rock, Storm, Harris, & Friedman, 2013) 등이 있다. 이러한 연구들은 M-R TPT를 발전시키는 다양한 가정이 검증된 연구들에서 하나의 변수로서 자기확장을 채택하였다.

또한 현재 SELF는 진행되고 있는 다양한 연구에서 사용되고 있다. 예를 들면, 하버드 대학교에서 수행되는 몇몇 심현제 연구의 결과를 평가하기 위해서 사용되고 있다(Friedman, 2006 참조). 진행 중인 이 연구들은 심현제를 주로 생화학적 물질로서 접근하고 있지만(예를 들면, LSD가 세로토닌 수준에 어떤 영향을 미치는지를 조사하는 것과 같이), 심현제의 가능한 이로운 결과들을 이해하기 위해서 심현제 경험의 자아초월적 측면들이 중요한지 또는 심지어 결정적인지의 여부를 탐구하는 일련의 측정법들에 SELF가 첨가되어 있다. 현재 나와 세계적인 동료들로 구성된 팀은 SELF의 영어 버전과 번역 버전 둘 다를 사용하면서 십여 개가 넘는 나라에서 모아진 자료들에 대하여 대규모의 비교-문화 연구를 진행하고 있는데, 여기에 SELF를 사용하고 있다. 또한 나는 진행 중인 다른 두 가지의 연구 프로젝트에서 자아 수준 척도에 대해 좀 더 면밀하게 살펴보기 시작하였다. 이에 덧붙여서 내가 알고 있는 한 SELF는 현재 십여 개의 탐험적 연구에서 사용되고 있고, 몇몇 다른 연구에서도 고려되고 있는 중이다. 자기확장과 관련 측정법인 SELF가 이렇게 상당한 연구활동들을 생성해 낼 수 있었다는 사실은 과학적 과정에서 중요한 의미를 가진다. 반면에, 크고 작은 이론적 접근들(Friedman, 이 책에서)은 가장 복잡한 삶의 문제에 대해 개인적으로 만족스러운(실험적으로 입증되지 않더라도) '소위' 대답을 찾는 사람들의 상상력을 좀 더 광범위하게 사로잡았을지도 모른다는 사실에도 불구하고, 실제로 많은 연구를 생성해 내는 데에는 별로 성공적이지 못했다. 이 모든 것은 거대이론과 미시-이론이 상대적으로 소멸되어 온 반면, 자기확장의 구성 개념과 SELF는 자아초월심리학 내에 급성장하는 연구 전통을 촉진시키고 있다는 사실을 보여 준다.

M-R TPT를 확립하기 위해 자기확장을 적용할 수 있는 가능성이 크기 때문에 SELF가 이 구성 개념을 조작화할 수 있는 여러 방법 중 하나일 뿐이라는 사실이 재강조되어야 한다. 대안적으로, 자기확장은 기타 많은 처리 과정을 사용하여 조작 가능할 수도 있는데, 그 예로 다음과 같은 것들을 포함할 수 있다. 양적으로(예를 들면, 숫자로 표현된 다양한 대안적 측정 전략을 통해서; Friedman, 1981), 질적으로(예를 들면, 자연적인 언어로 표현된 다양한 범주화 또는 기타 전략을 통해서; Feuer, 2009), 그래픽으로(예를 들면, 그림을 이용하여 표현된 다양한 전략을 통해서; Papas & Friedman, 2012), 그리고 기타 많은 실험적 방식으로(예를 들면, 심리생리학적으로) 조작이 가능하다. SELF는 또한 생태학적 자기확장(Johns, 2004) 그리고 자기확장계 테스트self-expansiveness circles test(Papas & Friedman, 2012)와 같이 수많은 유사한 측정법의 발전을 이끌어 왔다. 또한 SELF가 좀 더 복합적으로 포착해 낼 수 있는 부분들을 측정하려고 하는 많은 측정법이 출현하고 있다. SELF는 영어 버전으로 서로 다른 문화적 맥락들 내에서 사용될 뿐만 아니라(예를 들면, Friedman et al., 2004), 다양한 문화에

서의 연구를 위해 영어 이외의 다른 많은 언어로도 번역되어 오고 있다(예를 들면, Kustner, 2002). 이러한 변량들과 많은 사용법은 이 접근법이 다양하게 많은 연구를 생성할 수 있는 가능성이 있다는 점을 보여 준다.

자기확장의 구성 개념과 측정에 있어서 동일시에 대한 우려

그러나 자기확장에 대해 모든 것이 문제가 없는 것은 아니다. 왜냐하면 동일시의 과정이 자기확장에 있어서 근본적인 것이고, 이 과정은 둘 중 하나라는 절대적인 방식이 아니라 더 미묘한 방식으로 제시될 필요가 있기 때문이다. 리커트 척도를 사용하는 SELF에 의해서 측정될 때에는 개인이 세상의 여러 측면과 동일시할 수 있는 능력에 있어서 단계적 차이가 있는 것으로 나타난다. 그러나 동일시 과정들은 모호하며, SELF에 답하는 사람들은 서로 다른 저변의 가정들을 지니고서 자신의 반응을 결정할지도 모른다. 예를 들면, 동일시는 어떤 것의 의미에 대해 가능한 해석일 수 있는 정확한 등가물을 그 자리에 대신 놓는 것과 반드시 같지는 않다. 만약 내가 소설에서 한 인물과 동일시를 한다면 그 인물의 삶과 비교하여 내 삶의 몇몇 필수적인 측면에서 두드러진 유사성을 관찰하게 될 것이다. 그러나 내가 반드시 전체로서 바로 그 인물이라고 말하지는 않을 것이다. 다른 이들은 이것을 또 다른 방식으로 볼 수도 있고, 그에 따라 다르게 대답할지도 모른다. 특별히 혼란스러운 한 가지 우려는 다음과 같은 가정 위에 내가 자기확장의 구성 개념을 근거하고 있다는 점이다. 광활한 시공간 내뿐만 아니라 과학적으로 표현이 불가능한 방식으로 공간과 시간을 넘어서서 존재하는 모든 것과 동일시하여 자기 개념을 확장할 수 있는 능력이 개인의 완전한 잠재력이라는 범주에 포함된다는 가정이다. 그러나 이것을 보강할 수 있는 동일시의 과정이 내 접근법에서는 구체화되지 않았다.

이는 또한 가능한 광범위한 대상들과의 동일시를 통해서 한 개인에게 더 거대한 자기확장을 고무시키는 데에는 어떤 이점들이 있다는 나의 가정에 대해서 몇몇 우려를 낳을 수 있다. 내 견해로 이는 아마도 '탈동일시disidentification'가 자아초월적 치유와 성장을 추구하는 더 나은 전략이 될 것이라는 반대적인 관점으로 논의될 수도 있다. 자기 개념은 자기를 구성하는 것으로 해석될 수 있는 것이 하나도 남아 있지 않을 때까지 탈동일시의 과정에서 해체될 수 있다. 자기확장에 대한 이러한 대안적 전략이 몇몇 심리치료(Assagioli, 1965)와 몇몇 전통적 명상수행(Maharshi, 2008)에서 사용된다. 그러나 '모든 것'과의 동일시 또는 반대로 '공'으로 이끄는 탈동일시는 극단으로 간다면 결국 동일한 목적지에서 서로 합쳐질지도 모른다고 나는 믿는다. 이것을 명확히 하기 위한 하나의 비유는 기하학적인 원에서 가져올 수 있는데, 원은 그 자신으로 다시 돌아가면서 완성되는 선으로 구성된다. 원 위의 어떤 지점에서 시작하든지 간에 그 원을 끝까지 따라가다 보면 결국 같은 목적지에 도달하게 되는데, 왜냐하면 원은 자신의 곡선을 따라 돌아오면서 그 위의 모든 지점을 포함하기 때문이다. 이와 유사하게 동일시와 탈동일시의 서로 다른 경로들을 따라가는 것은 원의 경로를 따라가는 것과 같이 아마도 결국에는 둘 다 서로 만나게 되며, 마침내 '모든 것' 과 '공'의 등가물로 가게 될 수 있다(지금-여기now-here가 어디에도 없는 곳nowhere과 등가물이 되는 언어 유희의 경우처럼). 이 논의는 가능한 보편적인 의식과 가능한 모든 의식의 부재(초의식적 무superconscious nothingness에서와 같은) 사이의 관계에 대한 철학적 추정을 포함하는데, 이는 과학이 설득력 있게 설명할 수 없는 사변적인 주제이다. 그러나 몇몇 자아초월학자는 자기애narcissism의 형태를 촉진시킬지도 모른다는 우려를 표명하는 것(예를 들면, Louchakova & Lucas, 2007)과 같은 근거에서 자기확장의 구성 개념에 대해 비판적이었기 때문에 이 주제에 대한 설명이 필요하다. 게다가 탈동일시를 촉진하는 수많은 전통을 지지하는 사람들은 자기를 단지 하나의 환상—아마도 심지어 가장 근본적이고 파괴적인 환상—으로 보고, 자기확장이라는 것이 그 환상을 치료하기보다는 오히려 악화시킬지도 모른다는 전제 위에서 결과적으로 자기확장의 가치를 거부한다. 예를 들면, SELF를 사용한 몇몇 연구에서는 특정 인구들 내에서 탈동일시의 그러한 패턴을 발견했는데(예를 들면, Majeski, 1998; 티베트 불교 명상에 참여한 서양인들에 대한 연구에서), 이는 SELF가 이 그룹에 대한 측정법으로는 타당하지 않다는 점을 드러내는 것이다. 이런 점에서 나는 SELF를 채점하는 데 있어서 해석 지침들을 아주 주의 깊게 제시했는데, SELF 사용자들이 탈동일시를 추구하는 사람들의 패턴을 찾아보도록 하고, 자기확장 이외의 자아초월 방식들에서 점수가 높게 나올 수도 있다는 점에서 그들을 자동적으로 제외시키지 말아야 된다는 점을 고려하도록 권고하였다(Friedman, 1983 참조).

동일시에 대한 이러한 문제는 자아초월에서 과학적 탐구를 제한하는 많은 역설 중 단지 하나일 뿐이다. 자기확장의 구성 개념 아래 깔린 이러한 근본 가정 속에 있는 결점들에도 불구하고, 오직 탈동일시를 포함하는 경로만을 배타적으로 따르는 것보다는 더 큰 자기확장을 포함하는 경로를 따르는 것이 적어도 현재의 서양 학문 맥락에서는 단점들뿐만 아니라 이점들도 가지고 있다고 나는 생각한다. 이는 자기가 더 낮은 정체성에서 더 높은 정체성으로 발달해 나갈 때 동일시가 결정적인 역할을 한다는 점을 인정한 Wilber(2001)의 견해와 유사한데, Wilber는 동일시를 수직적 의식 위계의 관점에서 자기가 발전해 나가도록 해 주는 기본적인 과정으로 보았다. 즉, 나는 자기가 축소된 동일시에서 확장된 동일시로 어떻게 발전해 나가는지를 실험적으로 검증하는 것이 중요하다고 생각한다. 이 모든 것은 M-R TPT를 확립할 때 고려되어야 하고, 특히 인류의 발전을 위해서 적용할 때에는 더욱 더 고려되어야 할 사항들이다.

자아초월적 활용: 평가와 치료를 위한 의미

구성 개념의 유용성을 평가하는 또 하나의 방법은 그것이 어떤 실제적인 가치를 가지고 있는지의 여부를 고려하는 것인데, 이는 실용적인 주제이다. SELF는 평가의 목적을 위해서 잠재적으로 유용한 도구를 제공하지만 아직 더 발전되어야 할 필요가 있는 상태인데, 예를 들면 상이한 인구들에 대한 기준을 표준화하는 것과 같은 작업이 더 필요하다. 그런 표준화는 SELF가 어떠한 탐구적인 임상 적용에서도 책임감 있게 사용될 수 있기 전에 필요한 전제 조건인데, 왜냐하면 그런 적용에 내포되는 높은 위험성 때문이다. 그러나 이 척도는 자아초월적으로 개념화된 임상적 작업을 시작하기 위해서 가능한 평가의 경로를 제공해 줄 수 있다. 임상적 세팅 내에서 평가를 위한 SELF의 사용 가능성에 대해서 나는 이전에 쓴 적이 있는데(Friedman & MacDonald, 1997, 2002b), 이는 정신증적 상태로부터 오는—자주 유사하게 나타난다—자아초월적 상태와의 차별적인 진단을 위해서 사용하는 경우를 포함한다(Johnson & Friedman, 2008). 간략히 얘기하자면, 자아초월적 자기 개념을 위해 신뢰할 만하고 타당한 측정도구를 갖게 되는 것은 모든 임상적인 설비에서 현재로서는 이용 불가능한 하나의 차원을 덧붙이게 되는 것과 같다. 그리고 이것은 또한 증거에 기반한 자아초월적 임상 중재법들을 확립하기 위해서 사용될 수 있다. SELF는 또한 조직적 세팅에서와 같은 임상적 영역 바깥에서도 평가의 목적으로 사용될 수 있는 가능성이 넓다(예를 들면, 변용을 일으킬 수 있는 리더를 모집하기 위한 목적과 같이). 인터뷰 방법이나 구성 개념에 근거한 다른 테스트 방법들(예를 들면, 투사법projective test과 심리생리학적 과정들)을 사용하는 것과 같이, SELF 또는 그와 유사한 측정법들을 사용하는 것보다 더 개인적이면서 덜 구조적인 방식들로 자기확장의 구성 개념에 대한 정보를 모을 수 있다. 자기확장이 M-R TPT를 발전시키는 데 사용될 수 있는 많은 잠재적 구성 개념 중 단지 하나일 뿐인 것과 마찬가지로, SELF도 자아초월적 평가를 위해서 사용될 수 있는 자기확장을 조작화하는 하나의 측정법일 뿐이다.

나는 또한 자기확장의 구성 개념에 근거한 자아초월심리치료를 위한 모델을 예비적으로 고안했는데, 이것을 **자기확장치료**Self-Expansiveness Therapy: SET라고 부른다. 이는 다음과 같은 가정하에 운용되는 모델이다. 인간 잠재력의 최적의 발전은 개인의 잠재적 정체성의 모든 측면과 동일시할 수 있는 것으로 정의되는, 다시 말해 아주 자기확장적인 것으로 정의되는 자신에 대한 전체론적인 비전을 가지는 것과 관련되는 가정이다. SET는 자기확장의 구성 개념을 틀 짓는 작도법 전체를 아우르면서 치료에서의 통합적인 접근법을 제공한다. 심리치료라는 말과 대조하여 내가 좀 더 광범위하게 치료라는 용어를 사용했음에 주목해야 하는데, 왜냐하면 자아초월적인 방식으로 전체적이 된다는 것은 단지 심리학적 접근(심리치료에서처럼)으로만 치료하는 것을 의미하지 않으며, 자아초월적 접근법뿐만 아니라 사회적 체계들과 신체적 중재법들을 포함하여 (그 자체로는 심리치료들이 아닌) 수많은 치료적 접근법을 사용한다는 점을 함축하기 때문이다.

간략히 말하자면, 자기확장 작도법의 각 측면은 치료적인 접근과 연결될 수 있다. 현재에서 시작해 보면 지금-여기에 개인을 데려오는 것에 초점을 두는 많은 심리치료가 있는데, 예를 들면 경험되는 신체를 강조하는 게슈탈트치료와 생체에너지학bioenergetics 등이 있다. 행동치료와 인지치료 또한 각각 현재의 행동과 생각에 초점을 두면서 현재를 다루는 치료들이며, 반면 체험적 치료는 정동情動에 초점을 둔다. 우연히도 이것들은 현재에서 자기와의 동일시를 측정하는 SELF의 자아 수준 척도 항목에서 반영된 네 가지 영역들이다(행동적 · 신체적 · 인지적 · 정서적 영역). 그리고 물론 급증하고 있는 마음챙김치료의 영역이 있다.

그러나 개인의 자기 개념이 현재에만 한정되지 않는 것과 같이, 전체론적인 치료 또한 그러한 방식으로 한정되어서는 안 된다. 사실 여러 창조물 중 인간을 특별하게 만든 점에 대하여 우리에게 알려진 한 가지 관점은 자기의 확장적인 감각을 의식하는 능력이다. 시간적 차원과 시각적 유추의 사용 능력이라는 측면에서는 적절하게 계획을 세우기 위해 미래에 일어날 수 있는 일들을 예언하는 '미래 통찰력foresight'을 사용함으로써 앞을 내다볼 수 있는 능력 그리고 과거로부터 교훈을 얻기 위해 '과거 통찰력hindsight'을 사용함으로써 되돌아볼 수 있는 능력 둘 다 중요한 인간의 능력들이다. 공간적 차원의 측면에서 이러한 시각적 유추를 적용하자면 먼 세상의 영역들까지 미치는 '원거리 통찰력farsight'을 가지거나, 개인 안의 내적인 측면들에 대한 '내적 통찰력insight'을 가지는 능력은 또한 중요한 인간의 능력들이다. 이로부터 자기확장의 구성 개념이 의미하는 것은 인간으로서 충분히 전체적으로 되기 위해서는 개인이 단지 현재에만 동일시하지 않고 더 확장적으로 동일시할 필요가 있다는 점이라는 것을 알 수 있다. 기타 생명 형태들이 자기확장적이 되기 위한 우리 인간과 같은 능력을 가지고 있을 뿐만 아니라, 시간과 공간에 이르기까지 자기 자신을 넘어서서 추론할 수 있다는 증거는 없다. 결과적으로, 내적 통찰력, 원거리 통찰력, 미래 통찰력, 과거 통찰력을 사용하여 현재의 한계를 넘어서고 심지어 자아초월적인 현상들과 동일시할 수도 있는 지점에 이르기까지 우리 자신을 개념화할 수 있는 능력은 내 생각으로 우리의 핵심적인 인간성을 구성하고 있다. 현재에서만 살아라, 그것이 존재하는 전부이다—등과 같이 진부한 이야기를 내미는 사람들은 현재라는 것이 확장 가능하고 단지 좁은 지금-여기로만 축소되어서는 안 된다는 사실을 놓치고 있는지도 모른다. 또한 현재가 중요한 의미를 지니는 만큼 시공간 안에서 단 하나의 가능한 지점처럼 보일 수 있을지도 모르지만, 반면 최적으로 발달된 인간들은 시공간 내의 모든 지점을 확장된 자아초월적 정체성의 일부로서 포용할 수 있다.

결과적으로, SET는 얼마나 다양한 치료가 자기 개념과의 관련성에 있어서 인간 잠재력의 완전한 범위를 표시할 수 있는지를 이해하기 위한 방법으로서 하나의 격자판처럼 자기 확장 작도법을 사용한다. 복합적이고 통합적인 하나의 치료적 모델로서 SET는 전체의 단지 일부분만을 다루는 여러 치료법을 포괄한다. 현재에서 잠정적으로 초점을 멀리 확장하는 현존하는 치료들의 예로는 개인의 과거에 초점을 두면서 발달사적 이야기의 이해를 강조하는 정신역동적 치료가 있다. 노인들과의 회상reminiscence치료들 또한 이런 방식으로 볼 수 있으며, 퇴행적 최면과 내면아이 작업도 역시 그러하다. 대조적으로, 현실치료는 미래의 결과에 초점을 두기 때문에 개인의 미래에 초점을 두는 것으로 볼 수 있으며, 진로상담과 더 넓은 생애 계획 접근들도 역시 그러하다. 이러한 미래 지향적 접근법들은 또한 현재로부터 잠정적으로 방향을 이동할 수 있다. 공간적으로 현재에서 초점을 멀리 이동시키는 치료들의 한 예로 바이오피드백은 수축된 공간을 포함하는 주제를 나타내는 접근으로 볼 수 있으며, 인간 신체의 특정 하위 체계들(예를 들면, 심장)을 다루는 작업을 통해 공간적 차원 위에서 내면적으로 들어간다. 이와 유사하게 관계치료들은 확장된 공간을 포함하는 주제를 나타내는 것으로 볼 수 있는데, 그 사람이 강하게 동일시하고 있는 중요한 참조 그룹들 내에서 적용된 어떤 치료라도 이와 마찬가지이다. 이것은 또한 사회적 환경보다는 물리적 환경에 개인을 관련짓는 생태학적 치료들을 포함할 수 있다.

자아 수준을 넘어서서 중간 수준으로 더 들어가지만 아직 자아초월적 수준은 아닌 접근들로 정치적인 치료들(예를 들면, 마르크스주의자)과 여성주의feminist 치료들이 있는데, 이 접근들은 인간의 곤경에 대해 역사적인 분석을 하는 등 크게 확장된 시간적 맥락에서 개인의 심리학적 주제를 다루게 만든다. 이와 마찬가지로, 먼 미래의 시나리오에 대한 계획을 다루는 접근은 아주 확장된 시간적 접근법을 포함하는데, 예를 들면 전통적인 체로키Cherokee 부족들이 사용한 7번째 세대의 계획에 대한 이야기 등과 같은 접근이 있다. 여기서는 부족회의 내의 결정들이 미래의 7세대들을 위한 의미에 근거하여 역사적으로 만들어졌다. 이와 마찬가지로, 전全-지구 환경적 치료들도 크게 확장된 공간적 수준에서 운용되는 것으로 볼 수 있다. 아주 축소된 공간적 수준의 치료들은 세포와 분자적 수준에서의 중재 등과 같은 접근법들이 될 수 있는데, 예를 들면 심리신경면역학과 전통적 아유르베다 의학의 원리를 사용하는 접근들이 있다. 이 접근법들은 단순히 자아 수준이 아닌 것은 분명하지만 그러나 아직 매우 자아초월적인 것도 아닌데, 그래서 나는 이들을 중간 수준에 위치시켰다.

그다음으로 비-초월적인non-transcendent 자아초월 수준이 있다. 축소된 공간적 수준에서는 침술 등과 같은 에너지 치유가 있다. 확장된 공간적 수준에서는 현재로서는 전 지구적인 치유 방법이 존재하지 않는데, 그러나 아마도 우주의 광대함을 숙고함으로써 경외감을 기르는 데 초점을 두는 방법 등과 같은 것이 이런 목적을 위해서 발전시킬 수 있는 중요한 접근법이 될 수 있을 것이다. 이와 마찬가지로 과거와 미래의 시간적 수준에서 우리가 진화해 나가는 과정(또는 적응에 실패해서 무로 다시 되돌아갈 수도 있는 과정) 혹은 인간(또는 생명)의 기원이나 모든 살아 있는 것의 미래에 초점을 맞추는 치료는 현재로서는 없다. 아마도 이런 영역들은 현존하는 치료의 측면에서 볼 때 공백이 있는 영역이기도 한데, 어떤 명상적 수련에 의해서, 그리고 심지어 과학의 연구에 의해서 가장 잘 표명될 수 있을지도 모른다. 이 접근들은 이러한 극단적인 방식으로 우리 자신에 대해 추론할 수 있도록 만들어 준다. 만약 인간들이 자아초월적 방식으로 시공간 안에서 자기 자신을 적절하게 자리매김할 수 있다면 우리의 지구와 지구상의 다양한 서식 생물에 대해서 더 많이 돌보게 되는 것과 같은 행동에 많은 영향을 미칠 수 있을지도 모른다.

그리고 궁극적으로 초월적인 자아초월 수준이 있는데, 여기에 대해서 나는 그 자체로는 아무것도 의미 있게 진술될 수 없다고 생각한다. 그러나 이 수준은 많은 자아초월적 치료와 관련된 것으로 볼 수 있는데, 예를 들면 언어에 의존하지 않고 어떤 중재 없이 체험되는 직접적 경험에 의존하는 깊은 명상적 전통이나 기도 전통이 있다. 그러나 나는 이 접근법들에 대해 더 깊게 논의하지 않을 것인데, 왜냐하면 그것들의 목적은 내가 보기에 형언할 수 없는 성질의 것이고 과학의 범주 밖에 있기 때문이다.

임상심리학자로서 나는 자기확장의 임상적인 영향들에 강한 관심을 가지고 있다. 책임 있는 임상 개업의들은 임상 결과들을 연구하고 임상적인 중재들을 수행할 때 그것들이 가치 있는지의 여부를 확실히 하기 위해 사용할 수 있는 많은 과학적 안내 중의 하나로서 이 구성 개념을 사용할 수 있는데, 이로써 그들은 자아초월적인 과학적 참조 틀을 통해서 자신의 의술을 펼칠 수 있게 된다. 또한 자기확장의 작도법을 사용함으로써 자아초월적 평가와 치료를 통해 얻을 수 있는 결과들에 대하여 더 넓은 관점을 얻을 수 있다. SELF에 의해 제공되는 평가와 SET에 의해 제공되는 치료에 대한 접근법은 현존하는 개념적 체계들을 보완하면서 자아초월적 대안을 제공한다. 또한 자아 수준, 자아초월적 수준 그리고 그 사이에 있는 모든 수준 중 어느 것도 저버리지 않고 모두 인정하는 이런 포괄적인 구성 개념 아래에 다양한 치료법을 통합시킴으로써 더욱 전체적으로 되도록 만들 수 있다. 치료자로서 나는 인간 존재의 모든 범위와 작업하면서 치료를 전체적으로 만드는 것이 필수적이라고 믿는다. 임상가들이 근시안적인 방식으로 사람들을 교정하는 데 초점을 둔다면, 아마도 치료받는 사람들은 단지 파괴를 위해 더 적합한 모습으로 변화되는 결과를 가져올 뿐일 수 있다. 예를 들어, 폭군(예를 들면, 히틀러) 같은 사람이 죄책감과 불안을 다룰 수 있게 도와줘서 그 또는 그녀가 홀가분한 마음이 되어 더 심한 대파괴를 가하게 되도록 만드는 것을 누가 원하겠는가? 최근의 논문(Friedman & Robbins, 2012)에서 나는 미군에서 행해지는 탄성회복력 훈련의 목적에 이러한 잠재적 문제가 있는 것으로 묘사한 적이 있다. 자기확장 작도법을 통해 그려진 방식으로 전체적이 됨으로써 치료법들은 가장 큰 전체에 좀 더 책임 있는 모습으로 만들어질 수 있다. 이는 심지어 인종적 갈등과 같은 더 큰 문화적 딜레마들을 잠재적으로 해결하기 위해서 통합된 기초를 제공할 수도 있는데, 이 영역은 내가 자기확장의 구성 개념을 적용하기 시작한 부분이다(Friedman, 2004 참조; Machinga & Friedman, 출판 중). 그러므로 자아초월적인 임상가들은 세상에 대한 낭만적인 관점을 고수할 필요가 없다(Friedman, 2005 참조). 마찬가지로 점점 더 억압적이고 비인간적인 사회 정책에 사람들을 종속시키는 앞잡이로서 임상가들이 이용될 필요 또한 없다. 자기확장의 구성 개념을 통해서 이러한 삭막한 대안들이 훨씬 더 넓은 관점으로 대치될 수 있는 개념화가 가능하며, 이러한 관점은 자아초월적 방식으로 개인과 더 큰 시스템들을 모두 치유하고(즉, 전체적으로 만들고) 성장시킬 수 있는 방법을 제공한다.

결론적 생각들

자기확장은 인류의 발전을 위한 자아초월적 적용을 더욱 발전시키기 위해서뿐만 아니라, M-R TPT를 확립하고 검증하기 위해서 잠재적으로 유용한 구성 개념으로서 제시되어 왔다. 자기확장은 그 자체로는 이론이 아니지만 다양한 이론을 확립하는 데 사용될 수 있는 하나의 구성 개념이다. 그것은 또한 하나의 모델로도 볼 수 있는데, 왜냐하면 몇 개의 요소를 가진 복합적인 구성 개념이기 때문이다. 자기확장의 가치는 시공간에 기반을 둔 개념화의 명확성과 SELF에 의한 측정법을 사용한 것과 같이 실험적으로 접근 가능한 방식에 있다. 자기확장의 구성 개념을 간략하게 요약하자면, 인간의 방향이 설정되는 가장 기본적인 범주들인 시공간 안에서의 위치를 통해서 자기 개념에 대한 이해를 제공하는 것이다. 이 구성 개념은 개인들이 인지적으로 자신의 삶을 이해하기 위해 만들어 내는 이야기로서 자기 개념에 초점을 둔다. 전통적인 심리학적 이해뿐만 아니라 많은 자아초월적 이해와 일치하면서 자기의 개념은 핵심적인 중요성을 가지는데, 그러나 이 경우에는 실험적으로 접근 가능한 자기 개념으로 알려진 측면에 한정된다. 자기확장은 언어적으로 묘사가 가능하고 시공간의 차원에 근거한 작도법을 통해서도 묘사가 가능한데, 이 작도법에서는 사람들이 자신의 자기에 대한 감각을 수직적이고 위계적인 방식보다는 수평적인 방식으로 어떻게 위치를 잡을 것인지를 묘사하게 한다. 이 지도는 개인이 자기 개념을 지도상의 서로 다른 내용들 위로 확장시키는 동일시의 과정에 전적으로 달려 있다. 지도 그리기 과정에서 동일시를 통해 일어나는 어떤 대상을 향해서도 확장이 가능하므로 자기 개념의 한계들은 정의되지 않는다. 이런 측면에서 최대한으로 확장된 자기의 자아초월적 관점을 표상하는 자기Self는 초월을 향해서 접근할 수도 있다(비록 초월과 그 유사한 개념들이 정의를 넘어서 있고 어떤 지도 그리기 또는 다른 상징적인 과정의 바깥에 있다고 하더라도 말이다). 그러나 시공간 작도법 안에 남아 있는 비-초월적 또는 물질적 표시를 통해서 자아초월성의 가능한 비초월적 측면들을 잠정적으로 나타낼 수 있다.

사람들이 초월성을 복합적인 방식으로 포함하는 전체론적 건강의 모델을 폭넓게 수용하고, 임상적 실천을 포함하지만 거기에만 제한되지 않게 다양한 응용을 시도하는 모습을 상상하는 것은 흥미로울 것이다. 예를 들어, 범죄자들을 다루는 프로그램에서 희생자들에 대한 공감력과 유용한 사회적 역할들의 수용이 가능하도록 이끌기 위해서 확장된 자기 개념의 발달에 초점을 둘 수 있다. 기업의 리더들은 환경 감수성과 사회 정의에 초점을 두는 확장된 자기의 감각을 발전시키도록 고무될 수 있다. 정치가들은 지역 주민 모두를 향한 깊은 공감 그리고 심지어는 세계 평화와 번영을 향한 궁극적인 강조를 포함하는 확장된 자기 개념을 가지도록 기대될 수 있다. M-R TPT를 발전시키는 것은 인류가 처한 가장 중요한 몇 가지 도전을 표명하기 위한 목적으로 특별하게 사용될 수 있고, 자기확장의 구성개념은 여기서 중요한 역할을 할 것이라고 나는 믿는다. 인류 존재를 위협하는 긴급한 우려들에 대해서 형이상학적이고 초자연적인 언어를 피하는 자아초월적 관점으로 설득력 있게 논의하는 것은 구식의 지역주의적 세계관들(특히, 분열을 초래할지도 모르는 관점들)에 근거한 은유를 사용해서 논의하는 것보다 현대 문화 속에서 긍정적으로 더 잘 수용될 수 있는 것처럼 보인다.

기타의 자아초월적 개념들과 구성 개념들에 대해 누적되는 연구들에서 자기확장을 특권화시키기보다는 그 속에 포함시키면서 M-R TPT를 더욱 발전시켜야 한다는 의견을 나는 또한 옹호하는데, 왜냐하면 이 하나의 구성 개념이 반드시 독자적으로 중요성을 가지는 것은 아니기 때문이다(비록 초월성의 더 큰 개념은 그렇다 할지라도). 영성(MacDonald, 2000)과 경외감awe(Bonner & Friedman, 2011)의 표현처럼 자연적인 언어에서 사용된 개념들이 이론들을 확립하고 검증할 수 있는 유사한 기회를 제공할지도 모른다. 그리고 나는 현재 이 접근들 둘 다와 관련된 연구에 참여하고 있다. 또한 가치 있을 수 있는 새로운 구성 개념을 발전시킬 수 있는 충분한 공간이 있다. 아마도 몇몇 거대이론(나는 이것들이 실험적으로 접근 불가능하다고 비판해 왔지만; Friedman, 2002, 이 책에서)은 그들이 가지는 역할에 적합하게 적용해서 실험적 탐구를 잘 받아들이는 방식으로 M-R TPT를 확립하는 데 유용하게 쓰일 수 있다. 주요한 논의점은 이론과 연구 둘 다를 위한 적용을 포함하면서 하나의 과학으로서, 그리고 동시에 하나의 응용 분야로서 자아초월심리학을 발전시키기 위해서는 여러 개념과 구성 개념을 체계적으로 발전시키고 실험적으로 연구하는 작업이 필요하다는 점이다. 이러한 작업은 또한 하나의 자기수련으로서 심리학을 확장시키는 결과를 가져올 수 있을 것이라는 게 나의 희망이다. 자기확장의 구성 개념은 자아초월적 관점을 자기 개념의 전통적인 이해에 논리적으로 연결시키고, 여러 치료를 통합하기 위한 방법과 평가를 위한 기초를 제공하며, 기타 많은 가능한 혜택을 가져온다. 그러므로 자기확장을 주류 접근법들에 첨가된 단지 이례적인 하나의 부가물이라고 보는 차원을 훨씬 더 넘어서서 유의미하게 주류 접근법들을 발전시킬 수 있는 방법으로 보아야 한다. 과학 및 응용 분야의 자아초월학이 인류에 미치는 공헌이 증가하고 있는 추세 속에서 실험적으로 접근 가능한 기타 자아초월 개념들 및 구성 개념들과 더불어서 자기확장은 점점 더 중요한 부분이 될 수 있다.

참고문헌

Aron, A., & Aron, E. (1986). *Love as the expansion of self: Understanding attraction and satisfaction*. New York, NY: Hemisphere.

Aron, A., & Aron, E. (1996). Love and expansion of the self: The state of the model. *Personal Relationships*, *3*, 45-58.

Bonner, E., & Friedman, H. (2011). A conceptual clarification of the experience of awe: An interpretative phenomenological analysis. *The Humanistic Psychologist*, *39*, 222-235.

Bragg, E. (1996). Towards ecological self: Deep ecology meets constructionist self-theory. *Journal of Environmental Psychology*, *16* (2), 1996.

Burris, C. T., & Rempel, J. K. (2010). If i only had a membrane: A review of amoebic self theory.

Social and Personality Psychology Compass, *4*, 756-766.

Bursten, L. (1989). Constructed realities and transformation of consciousness: A holonomic approach. *Dissertation Abstracts International*, *50*(05), 0565B (UMI #8917275).

Byrne, B. (2002). Validating the measurement and structure of self-concept: Snapshots of past, present, and future research. *American Psychologist*, *57*(11), 897-909.

Cahn, B., & Polich, J. (2006). Meditation states and traits: EEG, ERP, and neuroimaging studies. *Psychological Bulletin*, *132*(2), 180-211.

Chen, S., Chen, K., & Shaw, L. (2004). Self-verification motives at the collective level of self-definition. *Journal of Personality and Social Psychology*, *86*(1), 77-94.

Daniels, M. (2005). *Shadow, self, spirit: Essays in transpersonal psychology*. Exeter, UK: Imprint Academic.

Esposito, A., Kobak, R., & Little, M. (2005). Aggression and self-esteem: A diary study of children's reactivity to negative interpersonal events. *Journal of Personality*, *73*(4), 887-905.

Feuer, C. (2009). Exploring the ecological validity of the construct of self-expansiveness and an instrument designed to measure it. *Dissertation Abstracts International*, *70*(08), 0795B (UMI #3368981).

Frager, R., & Fadiman, J. (2005). Personality and personal growth (6th ed.). Upper Saddle River, NJ: Prentice Hall.

Friedman, H. (1981). The construction and validation of a transpersonal measure of self-concept: The self-expansiveness level form. *Dissertation Abstracts International*, *42*(02), 0079B (UMI #8117150).

Friedman, H. (1983). The self-expansiveness level form: A conceptualization and measurement of a transpersonal construct. *Journal of Transpersonal Psychology*, *15*, 37-50.

Friedman, H. (1984, August). *A humanistic-transpersonal theory of personality*. Paper presented at the American Psychological Association Annual Conference, Toronto, Canada.

Friedman, H. (2002). Transpersonal psychology as a scientific field. *International Journal of Transpersonal Studies*, *21*, 175-187.

Friedman, H. (2004). Frameworks for peace: Reframing the conflict in Fiji. *International Journal of Transpersonal Studies*, *23*, 118-124.

Friedman, H. (2005). Problems of romanticism in transpersonal psychology: A case study of Aikido. *The Humanistic Psychologist*, *33*, 3-24.

Friedman, H. (2006). The renewal of psychedelic research: Implications for humanistic and transpersonal psychology. *The Humanistic Psychologist*, *34*(1), 39-58.

Friedman, H. (this volume). The role of science in transpersonal psychology: The advantage of middle-range theory (Chapter 17).

Friedman, H., & MacDonald, D. (1997). Towards a working definition of transpersonal assessment. *Journal of Transpersonal Psychology*, *29*, 105-122.

Friedman, H., & MacDonald, D. (Eds.). (2002a). *Transpersonal measurement and assessment*. San Francisco, CA: Transpersonal Institute.

Friedman, H., & MacDonald, D. (2002b). Using transpersonal tests in humanistic psychological assessment. *The Humanistic Psychologist, 30*, 223–236.

Friedman, H., MacDonald, D., & Kumar, K. (2004). Cross-cultural validation of the self expansiveness level form with an Indian sample. *Journal of Indian Psychology, March*, 44–56.

Friedman, H., & Pappas, J. (2006). The expansion of the personal self and the contraction of the transcendent self: Complementary processes of transcendence and immanence. *Journal of Transpersonal Psychology, 38*(1), 41–54.

Friedman, H., & Robbins, B. (2012). The negative shadow cast by positive psychology: Contrasting views and implications of humanistic and positive psychology on resiliency. *The Humanistic Psychologist, 40*, 87–102.

Gall-Peters projection. (n.d.). In *Wikipedia*. Retrieved from http://en.wikipedia.org/wiki/Gall%E2%80%93Peters_projection

Gaynor, D. R. (1999). Changes in cognitive structure associated with experiences of spiritual transformation. *Dissertation Abstracts International, 60*(05), 0669B (UMI #9932120).

Guzman, C. V. (2003). Creativity, spirituality and self-expansiveness in the process of writing popular music. *Dissertation Abstracts International, 64*(11), 0795b (UMI #311353).

Haimerl, C., & Valentine, E. (2001). The effect of contemplative practices on intrapersonal, interpersonal, and transpersonal dimensions of the self-concept. *Journal of Transpersonal Psychology, 33*, 37–52.

Hoot, R., & Friedman, H. (2011). Sense of interconnectedness and pro-environmental behavior. *International Journal of Transpersonal Studies, 30*(1–2), 89–100.

Hunt, H. (1999). Transpersonal and cognitive psychologies of consciousness: A necessary and reciprocal dialogue. In S. Hameroff, A. Kaszniak, & D. Chalmers (Eds.). *Toward a Science of Consciousness III: The third Tucson discussions and debates* (pp. 449–458). Cambridge, MA: MIT Press.

Johnson, C., & Friedman, H. (2008). Enlightened or delusional? Differentiating religious, spiritual, and transpersonal experience from psychopathology. *Journal of Humanistic Psychology, 48*(4), 505–527.

Kuhar, R. M. (2005). An exploration of the impact of education and engagement in science on scientists' metaphysical beliefs and spirituality. *Dissertation Abstracts International, 66*(09), 0669B (UMI #3182443).

Kustner, U. (2002). Effectiveness of a meditative method of therapy based on Buddhist psychology and practice: A pilot study. *Journal for Meditation and Meditation Research, 2*, 31–47.

Leary, M., & Tangney, J. (2003). The self as an organizing construct in the behavioral sciences. In M. Leary & J. Tangney (Eds.), *Handbook of self and identity* (pp. 3–14). New York, NY: Guilford.

Lewis, Y. (2003). The self as a moral concept. *British Journal of Social Psychology, 42*, 225–237.

Lieberman, M., Jarcho, J., & Satpute, A. (2004). Evidence-based and intuition-based self-knowledge: An fMRI study. *Journal of Personality and Social Psychology, 87*(4), 421–435.

Lindsey-North, J. L. (1999). Fanning the flame: Transforming teachers by fostering transpersonal understandings through the arts. *Dissertation Abstracts International, 60*(03), 0327A (UMI #9923134).

Louchakova, O., & Lucas, M. (2007). Self as the clinical category: Reflections on culture, gender and phenomenology. *Journal of Transpersonal Psychology, 39*, 111-136.

MacDonald, D. A. (2000). Spirituality: Description, measurement and relation to the Five Factor Model of personality. *Journal of Personality, 68*(1), 153-197.

MacDonald, D., & Friedman, H. (2002). Assessment of humanistic, transpersonal and spiritual constructs: State of the science. *Journal of Humanistic Psychology, 42*, 102-125.

MacDonald, D., Friedman, H., & Kuentzel, J. (1999). A survey of measures of spiritual and transpersonal constructs: Part one-research update. *Journal of Transpersonal Psychology, 31*, 137-154.

MacDonald, D., Gagnier, J., & Friedman, H. (2000). The self-expansiveness level form: Examination of its validity and relation to the NEO personality inventory revised. *Psychological Reports, 86*, 707-726.

MacDonald, D., Kuentzel, J., & Friedman, H. (1999). A survey of measures of spiritual and transpersonal constructs: Part two-additional instruments. *Journal of Transpersonal Psychology, 31*, 155-177.

MacDonald, D., LeClair, L., Holland, C., Alter, A., & Friedman, H. (1995). A survey of measures of transpersonal constructs. *Journal of Transpersonal Psychology, 27*, 1-66.

MacDonald, D., Tsagarakis, C., & Holland, C. (1994). Validation of a measure of transpersonal self-concept and its relationship to Jungian and five factor model conceptions of personality. *Journal of Transpersonal Psychology, 26*, 175-201.

Machinga, M., & Friedman, H. (in press). Developing transpersonal resiliency: An approach to healing and reconciliation in Zimbabwe. *International Journal of Transpersonal Studies, 32*(1).

Majeski, R. A. (1998). The relationship of transpersonal self-transcendence, extraversion, openness to experience, and psychological well-being in mature adult female meditators and non-meditators. *Dissertation Abstracts International, 59*(10), 0117B (UMI #9908987).

Markus, H., & Kitayama, S. (1994). A collective fear of the collective: Implications for selves and theories of selves. *Personality and Social Psychology Bulletin, 20*, 568-579.

Marlowe, J. (2010). Quantum mechanics and mysticism: An investigation of transformative experiences in matrix energetics seminars. *Dissertation Abstracts International, 71*(09), 0669B (UMI #3418276).

Marx, D., Stapel, D., & Muller, D. (2005). We can do it: The interplay of construal organization and social comparisons under threat. *Journal of Personality & Social Psychology, 88*(3), 432-446.

Mayer, F., & Frantz, C. (2004). The connectedness to nature scale: A measure of individuals' feeling in community with nature. *Journal of Environmental Psychology, 24*, 503-515.

Meezenbroek, E., Garssen, B., van den Berg, M., Tuytel, G., van Dierendonck, D., Visser, A., & Schaufeli, W. (2012).Measuring spirituality as a universal human experience: Development of the Spiritual Attitude and Involvement List (SAIL). *Journal of Psychosocial Oncology, 30*(2), 141-167.

Newby-Clark, I., & Ross, M. (2003). Conceiving the past and future. *Personality and Social Psychology Bulletin, 29*(7), 807-818.

Pappas, J., & Friedman, H. (2007). The construct of self-expansiveness and the validity of the transpersonal scale of the self-expansiveness level form. *The Humanistic Psychologist, 35*(4), 323-347.

Pappas, J., & Friedman, H. (2012). The importance of replication: Comparing the self-expansiveness level form transpersonal scale with an alternate graphical measure. *The Humanistic Psychologist, 40*, 364-379.

Pederson, D. M. (1994). Identification of levels of self-identity. *Perceptual and Motor Skills*, 78, 1155-1167.

Poll, J., & Smith, T. (2003). The spiritual self: Toward a conceptualization of spiritual identity development. *Journal of Psychology and Theology, 31*, 129-142.

Reinert, D. (2005). Spirituality, self-representations, and attachment to parents: A longitudinal study of Roman Catholic college seminarians. *Counseling and Values, 49* (3), 226-238.

Robbins, L., Pis, M., & Pender, N. (2004). Physical activity self-definition among adolescents. *Research & Theory for Nursing Practice: An International Journal, 18*(4), 317-330.

Rock, A. J., Storm, L., Harris, K., & Friedman, H. (2013). Shamanic-like Journeying and psisignal detection: I. In search of the psi-conducive components of a novel experimental protocol. *Journal of Parapsychology, 76*(2), 321-347.

St. John, D. (2004). *An ecopsychological self: Model and measure*. Ann Arbor, MI: Dissertation Abstracts International.

Upton, J. M. (1998). Measures of personality and transpersonality: Correlations between the "big five" factors of the "NEO PI-R" and five transpersonal inventories. *Dissertation Abstracts International, 59*(05), 0669B (UMI #9833358).

Vispoel, W. P. (1995). Self-concept in artistic domains: An extension of the Shavelson, Hubner, and Stanton (1976) model. *Journal of Educational Psychology, 87*, 134-153.

Walsh, R., & Vaughan, F. (Eds.). (1993.). *Paths beyond ego: The transpersonal vision*. New York, NY: Jeremy P. Tarcher/Putnam.

Wang, L. S.-C. (2000). Using zero-balancing to reveal the connection between physical and psycho/spiritual qualities. *Dissertation Abstracts International, 61*(04), 0669B (UMI #9969182).

Webb, J. (2004). Organizations, self-identities, and the new economy. *Sociology, 38*(4), 719-738.

Weiss, M., & Amorose, A. (2005). Children's self-perceptions in the physical domain. *Journal of Sport & Exercise Psychology, 27*(2), 226-244.

번역 출판

Assagioli, R. (1965). *Psychosynthesis: A collection of basic writings*. New York, NY: Penquin. (김민예숙 역. 정신통합: 원리와 기법에 대한 편람. 울산: 춘해대학출판부, 2003).

James, W. (1890). *The principles of psychology*. New York, NY: Henry Holt. (정양은 역. 심리학의 원리 1, 2, 3. 서울: 아카넷, 2005).

Maharshi. R. (2008). *Who am I?: The teachings of Bhagavan Sri Ramana Maharshi* (24th ed.).

Tamil, India: Sri Ramanasramam (downloaded from http://www.sriramanamaharshi.org/bookstall/downloadbooks.html). (이호준 역. 나는 누구인가. 경기: 청하출판사, 2006).

Maslow, A. (1962). *Toward a psychology of being*. Princeton, NJ: Van Nostrand. (정태연, 노현정 역. 존재의 심리학. 서울: 문예출판사, 2005).

Wilber, K. (2001). *A theory of everything: An integral vision for business, politics, science, and spirituality*. Boston, MA: Shambhala.(김명권, 민회준 역. [켄 윌버의] 모든 것의 이론. 서울: 학지사, 2015).

제12장

신경과학과 자아초월

B. Les Lancaster

기본 원칙들: 해석상의, 그리고 방법론적인 다원론에 대하여

이 장은 자아초월과 연관된 경험들 및 사고 체계들을 이해하는 데 있어서 신경과학이 지금까지 해 왔던 역할 그리고 미래에 하게 되리라고 기대되는 역할에 관한 것이다. 이 의제에 관한 기본 원칙은 자아초월심리학과 연관된 다양한 범위의 접근 중 어디쯤에 신경과학이 포함될 수 있는가라는 질문과 관련된다. 단순히 이 분야에서 최근에 이루어진 학문적 작업들의 제목만 얼핏 살펴보아도 중심적인 주제가 무엇인지 분명하게 알 수 있다. Fingelkurs와 Fingelkurs(2009)는 다음과 같은 질문을 던졌다. “우리의 뇌는 신을 만들어 낼 수 있도록 프로그램되어 있는 것인가, 아니면 우리의 뇌가 신을 감지할 수 있도록 프로그램되어 있는 것인가?” 즉, 성스러운Sacred 것인가, 아니면 신경적인Neural 것인가라는 것이 Runehov(2007)의 책 제목에 들어 있는 직접적인 질문이다. 여기서의 중심적인 전제는 다음과 같다고 볼 수 있다. 만약 뇌가 ‘신을 만들어 낸다면’ 그러한 경험들에 대해서 ‘신성한’ 것은 하나도 없다. 반면에 뇌가 어떤 식으로든 신을 향해서 채널을 맞추고—감지하고—있다면 신성함의 역할이 보증될 수 있는 것이다. 이 장에서 나는 그러한 이분법이 다소 잘못된 것이라는 점과 영성과 신비주의의 이해에 신경과학이 공헌하는 방식에 대해서 자아초월적 관점이 더 풍부한 비전을 제공해 줄 수 있다는 점을 입증할 수 있기 바란다.

〈표 12-1〉은 신경과학의 역할을 맥락화하기 위한 방식인데, 인지적 수준 및 신경심리학적 수준을 따라서 위쪽으로 이동하면서 정신역동적 수준 그리고 결국에는 영적/신비주의적 수준까지 이르는 스펙트럼의 한쪽 끝에 신경과학의 위치를 잡았다. 〈표 12-1〉에서는 의식과 마음에 대한 다양한 접근법을 다음의 세 가지 중요한 주제에 대한 입장에 따라서 그 순서들을 정했다.

- 그 접근법에 관한 지식을 발전시키는 데 있어서 의존하고 있는 해석적 구조들은 무엇인가?
- 어떤 방법들을 채택하는가?
- 깊은 변화 또는 변용이 의식을 연구하는 목적 중에 존재한다는 개념에 대해서 어떤 가치들이 원인이 되고 있는가?

표 12-1 자아초월심리학에 관련된 다양한 접근을 구분 짓는 결정적인 요소

접근	해석적 구조	변용과 관련된 가치	방법
수준 4: 영적/신비적	초월적 체계 • 영spirit/영혼soul • 신성Godhead	궁극	명상적/집중적
수준 3: 정신역동적	정신의 체계 • 자기/에고 • 기타 의식적 및 무의식적 복합체	개별화 치료적	
수준 2: 인지적 & 신경심리학적	인지적 체계/정보적 체계 • 표상 • 구성된 사고패턴	치료적 발달적	해석학적
수준 1: 신경과학적	신경화학적 체계 • 신경활동의 패턴: 뇌 영역 • 신경 내의 구조	단지 '정상'이 되기 위한	과학적

처음의 두 가지 주제들은 그 접근법의 서열을 정하는 데 있어서 중심적인 부분이다. 이 주제들에 대해 일반적인 합의가 있는 곳에서 그 접근법은 하나의 학문적 분야academic discipline로 간주될 수 있다. 어떤 분야든지 합의된 연구의 영역, 합의된 방법 그리고 합의된 해석적 구조를 가지기 마련이다. 이 경우에 연구의 주제는 마음이고, 여기에 나열된 접근법 각각은 〈표 12-1〉에서 주어진 것처럼 서로 다른 해석적 구조의 수준을 사용하

고 있다. 수준 간의 경계가 유동적이라는 점을 고려하자면, 방법론에 있어서는 그렇게 간단하지가 않다(그래서 〈표 12-1〉에서는 화살표로 나타내었다). 예를 들면, 과학적 방법론이 신경과학을 규정하는 전형적인 특징인 반면에, 해석학적hermeneutic 그리고/또는 정관적contemplative 방법에서 유래된 통찰은 과학적으로 유래된 자료를 해석하는 데 있어서 결정적인 역할을 할 수 있다. 오늘날 신경과학을 특징짓는 뇌 기능에 관한 아주 세련된 이미지들이 신경과학적 이론을 결정짓는다는 생각에는 오류가 있다. 마음이 어떻게 작동하는지에 대한 직관적인 아이디어들에 의해 그 이론들이 형성되었으며, 단지 부분적으로만 자료와 이미지에 의해서 형성된 것이다. 앞으로 살펴보겠지만, 이와 유사하게 영적인 전통들은 과학적 방법론의 결실들로부터 혜택을 얻을 수 있으며, 과학적 방법론은 명상적 또는 해석학적 방법과의 상호작용 속에서 운용될 수 있다.

세 번째 주제는 질 높은 존재의 방식을 향한 급진적인 변용이 가능한 인간의 잠재력에 관한 것이다. 영적 및 신비적 전통은 핵심적으로 이 목표를 지향하는데, 이를 전달하기 위해서 깨달음, 구원, 더 높은 합일 등과 같은 용어들을 사용한다. 치료적인 심리학도 이와 유사하게 신경증 등을 극복한다는 측면에서 개인적인 변용이라는 약속을 제공하는 것이다. 이러한 종류의 변용을 성취하는 데 관련된 요인들을 이해하는 것은 자아초월심리학의 핵심이라 할 수 있고, 자아초월학자들 사이에서 아마도 가장 중요한 통합적 요인인 것으로 보인다. 각 저자가 제시한 마음에 대한 모델들이 가지는 장점에 대해서, 그리고 깊은 변화를 촉진시키도록 고안된 다양한 종류의 수련이 가진 상대적 가치에 대해서는 서로 이견이 있을지도 모르지만, 이러한 구원론적 열망들에 대해서는 핵심적으로 진짜인real 어떤 것이 존재한다는 점에는 자아초월 세력 내에 있는 모든 이가 동의한다. 현존하는 목적들에 있어서 핵심적인 부분은 이것이 마음에 대해 지배적인 관심을 가지고 있다는 공통점을 지닌 연구자들을 근본적으로 구분할 수 있는 주제가 되었다는 점이다. 〈표 12-1〉로부터 여러 세부 사항이 파악될 수 있지만, 간략하게 말하자면 신경과학은 자아초월적 지향과는 상충한다고 볼 수 있는데, 이는 신경과학에서 차용하는 용어들이 영성적 지향의 변용에 있어서 잠재적인 가치를 포함하고 있지 않기 때문이다. 예를 들어, 간질 환자의 뇌를 연구하는 것은 어떤 형태의 치료가 가능할 것이라는 희망 때문에 가치가 있는 것으로 보일 수 있는데, 이는 환자가 더 높은 정상성의 정도를 성취할 수 있도록 만들 수 있다. 〈표 12-1〉의 여러 수준을 연결시키기 시작할 때에만 자아초월적 관점에서 좀 더 흥미를 끄는 질문들이 열리기 시작하는데, 예를 들면 측두엽 간질이라는 드문 경우에서 영적인 경험처럼 보이는 현상들이 관찰되는 것에 대한 연구가 있다.

다양한 분야가 〈표 12-1〉의 여러 수준을 연결시킨다. 예를 들어, 인지신경과학은 하위의 두 가지 수준을 통합시키고, 신경정신분석neuropsychoanalysis(Solms, 2000; Solms & Turnbull, 2002)은 하위의 세 가지 수준에 걸쳐진다. 내 관점으로 자아초월심리학을 규정짓는 특징은 마음과 변용의 과정을 이해하려는 접근에 있어서 자아초월심리학이 모든 수준에 걸쳐서 통합한다는 점이다(Lancaster, 2004). 신경과학이 자아초월심리학에 공헌하는 방식들을 묘사 가능하도록 만드는 것은 바로 이 사실 때문이다. 넓은 측면에서 볼 때, 그 공헌은 다음 세 가지의 잠재적인 형태 중 하나를 취한다(Lancaster, 2010). 그것은 바로 특정 영적 수련들의 신경 상관correlates을 식별해 내는 것, 영적 및 신비적 전통에서 전수되어 왔던 마음에 대한 모델들models을 명료화하는 것, 주어진 우주적 위계 내의 상위와 하위 영역 사이에 걸쳐서 존재하는 것이라고 신비적 사고 체계 내에서 사실로 상정된 대응물correspondences에 대한 탐구(대우주와 소우주 사이의 구조와 기능에 있어서의 등가물)이다.

앞의 세 가지 중 첫 번째는 이 영역에서 주된 논의를 지배해 왔다. 그러므로 앞에서 언급된 질문들('성스러운 또는 신경적인?' 등)은 영적인 경험들의 신경 상관을 식별해 내는 연구의 맥락 내에서 질문되어 왔다. 식별해 낼 수 있는 신경 상관이 존재한다는 관찰은 영적인 경험이 뇌에 의해서 생성된다는 것을 의미하는 것일까 아니면 그러한 경험들, 즉 신God 또는 절대적 존재absolute being의 외부적 근원이 실재 존재한다는 가정을 나타내는 것일까? 이러한 연구의 전체 영역에 대해서는 다음 절에서 언급될 것이다. 그러나 이러한 관심의 발단에 있어서 더욱 일반적인 핵심은 앞에서 확인된 두 개의 더 발전되고 뚜렷하게 구분되는 방식(다음에 이어지는 두 절에서 설명될 것이다.)으로 신경과학이 자아초월에 영향을 미친다는 인식이다. 신경적인 것과 성스러운 것 사이의 엄격한 이분법은 이러한 접근들에 비추어서 다소 조절될 수 있다.

영적인 수련의 신경 상관 및 인지적 상관

개인이 영적인 수련에 참여하는 동안 활성화되는 뇌 영역들을 단순히 식별해 내는 것은 그 영역들이 공헌하는 정신적 과정의 종류를 더 구체화할 수 없다면 별로 가치가 없다. 이런 이유로 신경 상관뿐만 아니라 인지적 상관 또한 고려되어야 하는데, 왜냐하면 많은 영적 가르침에서 수련이 지향해야 할 목표들은 심리학자들에 의해 인지적이라고 이해될 수 있는 용어들로 구체화되기 때문이다. 한 예로 불교의 위빠사나 수련을 들 수 있는데, 이 수련은 메타-인지meta-awareness의 한 형태를 발달시키는 것으로 전통적으로 묘사되며(Lutz, Dunne, & Davidson, 2007), 이것의 의미는 수련자들이 정신을 산란케 하는 자극에 의해 자신의 주의가 사로잡히지 않도록 만드는 능력을 발달시키도록 기대된다.

Slagter와 동료들(2007)의 연구에서는 하루에 10~12시간씩 명상하는 석 달간의 위빠사나 집중수행에 참가하기 이전과 참가한 이후에 참가자들의 주의 과실attentional blink에 대해 조사함으로써 이러한 주장을 검증해 보았다. 이 용어가 의미하듯이, 주의 과실이란 눈꺼풀의 깜박임the blink of eyelid에 대한 인지적 등가물이라 할 수 있다. 일련의 시각적 자극들이 연속적으로 나타나는 과정 중에서 두 가지 종류의 시각적 자극이 빠른 속도로 연달아 제시될 때, 첫 번째 자극의 처리 과정에 의해서 두 번째 자극은 종종 무시되어 버린다. 이렇게 무시되는 효과는 약 200에서 500ms[1] 사이의 자극 간 간격이 유지될 경우에 나타난다. 이러한 자극 간 시간의 틀 내에서 자극들이 제시되었을 때 통제집단(초보 명상가들)보다는 집중수행 참가자들 집단에서 두 번째 자극을 감지해 내는 능력이 훨씬 더 증가했다는 사실을 연구 결과에서 볼 수 있다. 이러한 행동적 측정에 덧붙여서 이 연구에서는 시각적 자극에 대한 전기 생리학적 반응들도 조사해 보았다. 집중수행 참가자들은 첫 번째 시각적 자극에 의해 일어난 P3b 파장의 진폭에 있어서 상대적인 감소를 보였다. 유발 전위evoked potential에서의 이 양성파positive wave는 주의 자원의 할당에 관련되는 것으로 생각되며, 두 번째 자극을 감지해 낼 수 있는 능력이 증가한 것은 첫 번째 자극에 쏟아지는 인지적 자원의 수준을 낮추었기 때문에 나타날 수 있다고 연구자들은 제안했다. 이렇게 첫 번째 자극에 쏟아지는 자원들을 감소시키는 것은 위빠사나에 대한 가르침에서 전통적으로 고무되었던 것처럼 '있는 그대로의 주의bare attention'를 기르는 목표와 명확하게 일치한다. 즉, 인지적 및 신경생리학적 용어로 달리 표현하자면 위빠사나 명상은 적어도 이 한 가지 차원에서는 그 가르침에서 성취해야 한다고 말하는 바를 정확하게 성취하고 있는 것처럼 보인다.

주의의 조절에 연결되는 것은 인지적 처리 과정의 습관적인 모드에서 벗어나는 능력이다. 그러한 **인지적 유연성**에서 요구되는 것은 세상의 형상들이 자동적으로 주의를 낚아채는 방식을 극복하기 위해서 자신의 조절 능력을 행사하는 능력이다. 오직 이런 자동성을 약화시키는 것을 통해서만(Deikman, 1966) 주어진 상황에서 개인이 채택하는 접근을 재구성할 수 있게 된다. 부적절한 처리 과정으로 이끄는 그러한 습관적 모드에 관한 전통적인 예로 **스트룹 효과**Stroop effect를 들 수 있다. Stroop(1935)은 색깔 단어('빨강' 같은)를 읽는 능력이 그 단어와 상충되는 색깔의 잉크로 쓰여졌을 때 제대로 발휘되지 못한다는 것을 증명했다(예를 들면, '빨강'이 파란 잉크로 쓰여 있을 때). 스트룹 효과는 심지어 그것을 무시해

1) 1,000분의 1초, millisecond.

버리라고 지시받을 때조차도 눈앞에 있는 색깔이 개인의 주의를 사로잡는다는 사실을 증명하였다.

그러므로 명상이 주의력에 미친다고 주장하는 효과와 관련하여 분명한 질문이 하나 떠오른다. 스트룹 과제에서 방해를 덜 받는 결과로 증명된 것처럼 명상은 인지적 유연성의 증가를 가져오는가? Wenk-Sormaz(2005)의 연구와 Moore와 Malinowski(2009)의 연구는 이 질문에 대해서 긍정적으로 대답했다. Moore와 Malinowski의 연구는 참가자의 마음챙김 척도 점수가 스트룹 과제에서의 정확도와 연관되어 있다는 점과 비명상가들보다는 명상가들이 더 높은 마음챙김 점수를 얻었다는 점을 보여 주었다. fMRI 기술을 사용하여 Kozasa 등(2012)은 스트룹 과제에 반응할 때, 비명상가들과 비교해서 명상가들의 주의가 뇌 영역에서 더 낮은 수준의 활성화와 연관되어 있다는 점을 발견했다. 저자들은 명상 훈련이 좀 더 효과적인 주의력의 조절을 가져왔다고 제안하였다.

자동적인 처리 과정의 또 다른 예는 양안 경합binocular rivalry의 현상에서 발견되었다. 두 가지의 서로 다른 이미지가 양쪽 눈에 동시에 제시되었을 때, 일반적으로 두 가지 중 하나의 이미지만 볼 뿐 한 이미지 위에 다른 이미지가 겹치는 종류의 상은 보지 못한다. 일반적으로, 이때 보이는 이미지는 무작위적으로 교체된다. Carter 등(2005)은 이러한 현상을 티베트 불교승들의 그룹을 대상으로 연구했다. 흥미로운 방법론적 전략에 근거하여 연구자들은 수도승들이 두 가지의 서로 다른 명상 수련에 참여함으로써 그들 자신이 조절하는 대로 행동하도록 했는데, 각 그룹은 양안 경합에 있어서 서로 다른 결과가 나올 것으로 예상되었다. 그중 한 가지는 저자들이 '한 점one-point'이라고 번역한 수련인데, 하나의 사물에 주의를 유지시키고 다른 내적 및 외적 사건에 의한 주의 분산을 감소시키는 수련이었다. 다른 한 가지는 연민심compassion을 개발하고 자애심을 방사하는 수련이었다. 수련의 목적이라는 측면에서 볼 때 분명한 이유로 한 점 명상이 양안 경합 검사에서 더 높은 안정성을 나타낼 것으로 가정되었다. 결과는 실제로 그러했다. 연민심 수련은 지각 안정성의 기저선에 아무런 변화를 가져오지 않았지만, 반면에 원-포인트에서는 수련 후 또는 수련 동안 둘 다의 경우에 50%의 수도승에게서 안정성이 높게 증가하였다.

이렇게 다양한 인지적 효과에 덧붙여서 일정 기간의 수련을 통해서 "긍정적인 기분 및 정서적인 안정성과 부정적인 삶의 사건 및 스트레스에 대한 회복력resilience"을 가지게 해 주는 등과 같이 명상은 정서적 삶에 긍정적인 결과를 가져온다고 보고되었다(Rubia, 2009, p. 2). 많은 연구는 행동주의적 및 사회적 측정법을 사용해서 이러한 효과들을 입증해 왔고 그 결과는 뇌 심상화imaging 기술을 사용한 연구들에 의해서 확인되고 강화되었는데, 뇌 심상화 기술은 정서적 지향의 명상이 정서 관련 처리 과정에서 중요한 역할을 한다고 알려진 뇌 영역들을 활성화시킨다는 점을 보여 주었다. 전문 명상가들이 자애-연민loving-kindness -compassion 명상에 참여하는 동안 정서적 자극에 의해서 활성화되는 뇌 영역들을 연구하였는데, 연구자들은 명상가들의 변연계(섬피질과 대상피질) 영역에서 활성화 수준이 증가되었다는 점을 발견했다(Lutz, Greischar, Perlman, & Davidson, 2009).

이전의 연구(Lutz, Greischar, Richrd, & Davidson, 2004)에서는 티베트식의 연민 명상을 장기간 경험한 사람들이 뇌의 폭넓은 영역들에 걸쳐서 더 높은 통합 수준을 발달시켰다는 점을 보여 주었다. 연구자들은 발화라는 신경 패턴들에서 동시성을 측정하는 EEG 감마 밴드에서의 세기에 대해 연구했다. 통제 그룹과 비교했을 때, 장기간의 수련자들은 명상 동안뿐만 아니라 명상을 시작하기 이전의 기저선에서도 높은 수준의 동시성을 나타내었다. 이 후자의 관찰은 놀랄 만한데, 왜냐하면 그것은 개인의 일반적인 상태에 미치는 명상의 영향력을 나타내기 때문이다. 결국 정기적인 수련의 목적은 단순히 수련 시간 동안에 주어진 상태를 야기시키는 것뿐만 아니라, 오랜 기간에 걸쳐서 수련자를 변형시키는 것이다. 이 연구에서 명상의 목적은 연민의 총체적 상태를 불러일으키는 것이기 때문에 광범위한 뇌 영역들 간의 전역적인 연결이라는 현상을 특별히 연상시키게 된다. 저자들이 제안했듯이, 명상가들의 뇌는 더 합일된 상태로 실제 변용된 것처럼 보인다.

많은 형태의 명상이 추구하는 기본적인 목표는 평정심equanimity의 상태인데, 이 상태에서 개인은 정서적 소란에서 초연해지게 된다. 무념의 자각 상태를 생성시키려고 의도된 요가 명상의 한 형태(사하자 요가Sahaja Yoga)가 이러한 측면에 미치는 효과를 신경생리학적으로 지지해 주는 연구는 참가자들에게 괴로움을 주는 영화 장면을 보여 주는 EEG-기반의 연구에서 비롯되었다(Aftanas & Golosheykin, 2005). 통제집단은 영화 장면에 반응하여 전방피질 영역에서 EEG 감마 동시성synchrony의 증가를 보였는데, 이는 이 영역이 영화 장면에 의해 활성화된 정서와 연관되어 있다는 점을 나타낸다. 이와 비교해 볼 때, 장기 명상가들의 EEG 패턴은 이러한 변화들을 보이지 않았고, 이것은 이 측정에서 어느 정도의 평정심을 성취했다는 점을 의미한다. 현재 마음챙김 수련이 정서적 조절에 미치는 영향을 보여 주는 광범위한 연구들이 있는데, 이는 명상을 통해서 정서적 반응성에 대한 어떤 종류의 조절을 획득함으로써 심리학적 및 신체적 건강에 잠재적인 이득이 있을 수 있다는 점을 나타낸다(Chambers, Gullone, & Allen, 2009).

명상의 다양한 기능적 효과에 덧붙여서 명상이 뇌에 오래 지속되는 실질적인 구조적 변화들을 만들어 낸다는 점에 대해서 보고되어 왔다. Lazar 등(2005)은 비명상가들보다 명상가들에게서 주의력과 연관된 뇌 영역들이 더 두껍게 나타난다고 보고했다. Luders, Toga, Lepore 그리고 Gaser(2009)는 정서적 조절에 관련된 영역에서 회색 물질의 양이 더 많다는 것을 보여 주었다. 그리고 Vestergaard-Poulsen 등(2009)은 호흡 조절과 연관된 하부 뇌간 영역에서 회색 물질의 농도가 더 진하다는 것을 발견했다(Hinterberger, Kohls, Kamei, Feilding, & Walach, 2011). 명상과 연관된 뇌활동에 관한 기타 변화들은 Cahn과 Polich(2006) 그리고 Lutz 등(2008)에 의해 개관 연구되었다. 일반적으로 주의 조절을 목표로 하는 명상은 상위-명령의 실행 기능에 개입하는 것으로 알려진 전두엽 영역의 활성화라는 결과를 가져온다. 그리고 주의력에 특정한 초점을 쏟지 않는 개방적인 관찰 명상은 명상가들이 내적 그리고/또는 외적 사건을 좀 더 일반적으로 관찰하게 하는데, 감각 체계를 통해서 도착하는 신호들을 감시하고 경계하는 데 관련된 뇌 영역들을 활성화시킨다. 인지 기능의 연구와 관련해서 행동주의적으로 앞에서 언급된 것처럼, 뇌 연구에서 얻어진 자료들은 수련에서 전통적으로 그렇게 행하라고 들은 바를 수련이 정확하게 그대로 실행하고 있다는 점을 가리킨다.

그러나 영적인 수련의 좀 더 신비한 측면은 어떠한가? 예를 들어, 신성의 경험에 수반되는 신경부수물neural concomitants을 찾아내는 것이 가능한가? 그리고 만약 이것이 가능하다면 모든 뇌활동의 이러한 패턴들은 그런 신비적 경험에 존재하는가? Beauregard와 Paquette(2006, 2008)는 신과의 합일이라는 신비적 상태를 경험한 카르멜회의 수녀들에 대한 연구를 통해서 이러한 질문들에 접근했다. 명백하게 단순히 연구자들의 뇌 관찰에 적합하기 위해서 그러한 조우를 의지대로 만들어 내는 것은 가능하지 않다. 저자들이 이러한 신비적 상태들을 연구하는 데 있어서 가장 근접할 수 있는 정도는 수녀들이 조우했던 가장 강력한 신비적 경험을 떠올려 다시 체험해 보려고 시도하도록 요청하는 것이었다. 연구 이후의 자가 보고에서 신비적 경험을 측정하도록 고안된 척도들에서 높은 점수가 나왔다는 점을 고려하자면, 그 경험을 다시 기억하는 것이 실제로 중요한 재경험으로 이끌었다는 것이 증명되었다.

Beauregard와 Paquette는 fMRI(2006년의 연구)와 EEG 분석(2008)을 통해서 뇌활동을 측정하였다. 연구에서는 수녀들이 사람과 가장 강력한 조우를 했던 자신들의 경험을 떠올리도록 하는 통제 조건과 수녀들이 신과 함께 있었던 것으로 여기는 조우를 했던 앞서 언급된 조건에서의 기저선들을 따라 비교해 보았다. fMRI 연구에 나타난 뇌활동은 통제 조건과 신비적 조건 둘 다에서 낮아진 자기의 감각과 일치하게 나타났는데, 이는 개인이 다른 존재와 융합하고 있을 때 기대될 수 있는 상태이다(좌측과 우측 상두정엽의 활동 증가). 수녀들이 주관적으로 보고한 평화와 무조건적인 사랑에 관련된 고양된 정서(좌측 미상핵, 좌측 대상) 그리고 상상력(시상피질 영역) 등이다. 흥미로운 특정 관찰에서는 통제 조건과 신비적 조건 사이의 비교에 관심을 두었다. 이 두 가지 조건 사이의 다양한 차이점 중에서 우측의 중측 측두피질에서의 활동이 신비적 조건에서 더 높게 나타났고, 이를 통해 Beauregard와 Paquette는 그러한 활동이 인간 개체보다는 영적인 개체를 접촉했다는 주관적인 감각을 반영한다고 제안하였다.

우측 측두피질의 역할과 관련된 이러한 결론은 EEG 연구에 의해서 더 강화되었는데, 이 연구에서는 통제 조건보다 신비적 조건에서 이 영역에 감마파의 세기가 더 강하게 나타났다는 것을 보여 주었다. 이마뼈 영역에서 세타파가 증가되었다는 또 다른 발견도 있었는데, 이 영역은 평화, 기쁨 그리고 무조건적인 사랑의 감정과 관련이 있는 것으로 연구자들에 의해 해석되었다. 그리고 우반구 영역에서의 장거리 알파파 동시성이 나타났는데, 이는 신비적 조건 동안의 감각 처리 과정의 제어를 반영한 것으로 간주된다.

이러한 연구들은 많은 의문을 대답되지 않은 채로 남겨 두게 된다. 신경심리학적 관점에서 특정 영역의 기능에 대해 제안할 때에는 많은 추정이 포함된다. 예를 들어, 일반적으로 정서와 연관된 활성화에서 나타나는 공통점들을 주목하는 것과 그 활성화의 특정한 한 양상이 무조건적 사랑에 관련된다고 제안하는 것은 상당히 다른 문제이다. 자가 보고를 통해 얻어진 범주들이 뇌의 심상화 자료들에 이용되는 방식에 개입된 순환성의 수준에 대해서 의문이 제기될 수 있다. 이 연구로부터 얻을 수 있는 가장 근거 있는 결론은 영적인 타자other에 대한 신성의 대체물은 뇌에서 뚜렷한 활동 패턴을 생성해 낸다는 결과이다. 그러나 과학적인 자료만으로는 영적인 경험이 그 주관성을 넘어서는 지점까지 가리킬 수 있을지 결정할 수 없다. 하지만 이런 점에도 불구하고, Beauregard와 O'Leary(2007)는 "연구의 증거들은 RSMEs(종교적religious, 영적spiritual 그리고/또는 신비적 경험들mystical experiences)를 가진 이들은 자신의 외부에 존재하는 객관적으로 진짜인 '힘'을 실제로 접촉한다는 관점을 지지한다."(p. 290)라고 하였다.

이러한 것을 자신감의 과잉에서 비롯된 주장이라고 하는 데에는 이유가 있는데, Coles(2008, p. 1954)는 "종교적 경험을 설명하려는 거대한 계획을 구성하기 위해서 부족한 실험들을 과잉 해석한 설명이 재사용되고 있다."라는 점을 고려해 보자면, 신경과학적 연구에 근거하여 신학적 견해를 내리려는 시도는 '당황스러운 것'이라고 언급했다(p. 1954; re: 신경신학Ashbrook, 1984 참조; d'Aquili & Newberg, 1999). 이것은 실험의 질에 대한 지나치게 가혹한 비평일지도 모르지만, 과잉-해석에 대한 부분은 그가 맞다고 볼 수 있다. 게다가 Brandt, Clement, Manning(2010)이 관찰한 것처럼, 종교적 담론의 복잡성이라는 측면 때문에 절대의 경험에 대한 영원주의자들의 개념이라는 우산 아래에 종교적 활동들의 풍부한 다양성을 끼워 맞추려는 노력은 권장할 만한 일이 못 된다. 요약하자면, 신경과학은 영적인 수련들이 적절한 영적 가르침에서 기대할 만한 정서적·인지적 결과와 상응하는 변화들을 생성해 낼 수 있다는 점에 대해서 명백하게 입증하여 왔다. 그럼에도 불구하고, Fingelkurts와 Fingelkurts(2009, p. 312)는 "신경과학적 논쟁은 종교적 경험이나 신의 진정한 본질에 대해서 아무것도 말해 주지 않는다."라고 하였다.

신경과학과 신비주의에서 마음의 모델: 통합의 가능성

다양한 영적 전통과 신비적 전통이 궁극적인 경험들에만 관심을 갖는다고 생각한다면 잘못된 것이다. 마음mind의 본질은 이 전통들에서 중심적인 주제이고, 그러므로 이 마음의 모델들이 신경과학적 자료들과 일치하는 정도에 대해서, 그리고 과학적 자료와 신비적 자료를 통합하는 마음의 모델을 만들어 낼 수 있는 가능성에 대해서 언급할 수 있는 여지가 있다. 서로 다른 전통들은 마음에 대한 이해에 있어서 서로 다른 심리학적 기능들을 강조한다. 불교는 지각의 세부 사항들에 대해서 이야기할 것이 많다. 카발라는 의식의 한계 아래에 있는 사고의 본질을 탐구한다. 수피즘은 상상력에 대한 논의가 풍부하다. 힌두교의 비이원론 베단타학파는 실재를 주관과 객관으로 분리하는 마음의 경향성에 대해서 자세하게 설명한다. 이 모든 경우에 있어서 목표는 이러한 정신적 처리 과정의 기능을 단순히 그 자체를 위해서 구체화시키는 것이 아니라, 변용에 대한 탐구를 더욱 발전시키는 것이다. 정신의 내적인 처리 과정에 대해 알게 됨으로써 존재의 더 높은 상태를 향한 열망을 탐구하는 데 내적인 처리 과정을 이용할 수 있게 된다.

나는 이전에 상좌 불교의 논장 아비담마Abhidhamma에서 언급된 지각의 본질에 관한 통찰에 대해서, 그리고 인지신경과학에서 이해되는 것과 같은 지각의 처리 과정과의 연관성에 대해서 자세히 조사한 바 있다(Lancaster, 1997a, 1997b, 2004). 이 다양한 접근 간의 공통점은 의식의 '순간들'에 대한 그들 각각의 이해에 의해서 전형적으로 보여질 수 있다. 모든 것이 무상하고 계속되는 변화 속에 있다는 중요한 불교의 가르침과 유사하게 아비담마에서는 지각이 일련의 연속적인 의식의 순간들로 해체될 수 있다고 가르친다. 의식은 지속적인 흐름이 아니라 연속적인 순간들로 구성되어 있고, 각 순간은 이전의 사건들에 대한 조건적인 반응으로서 일어나며, 짧게 지속되다가 그러고 나서 해체되며, 순서상 다음에 오는 순간을 조건화시킨다. 의식이 지속적인 흐름이라는 감각은 이 관점에 의하면 환상이다. 아비담마에 따르면, 지각의 정상적 활동은 의식의 17가지 순간으로 구성되며, 이 순간들은 몇 개의 단계로 묶인다. 시각의 예를 사용하면서 Aung(1910/1972, p. 126)은 이 단계들을 다음과 같이 명명하였다.

(첫 번째) 감각들을 파악하는 종류의 의식이… 일어나고 중단된다. 이것 이후에 곧바로 순서에 따라서 시각 의식이 일어나고 중단된다—눈으로 볼 수 있는 물체들만을 보는 의식, 수용 의식이 그것을 수용하며, 조사 의식이 그것을 조사하며, 결정 의식이 그것을 결정한다.

의식의 이러한 순간들은 믿을 수 없을 만큼 짧은 것으로 이해된다. 불교 문헌들에 따르면, 번개가 한 번 번쩍이는 동안에 그런 순간들이 몇백만 개 나타날 수 있다! 그러한 시간 척도(문헌들에서 과장법을 허용한다면)는 지각으로 향해 가는 도중에 일어나는 뇌의 처리 과정들과 동일한 시간-척도에 그 순간들을 놓게 된다. 적어도 지각에 있어서 뇌의 역할에 대한 신경과학적 공식들 중 하나는 불교의 구조와 아주 유사한 점을 지니는데, 왜냐하면 감각적 자료들에 대한 뇌의 처리 과정에서 그러한 연속적인 단계들이 '미세 의식들micro-consciousnesses'을 일으킨다는 점을 사실로 상정하기 때문이다(Zeki, 2003; Zeki & Bartels, 1999). Zeki(2003)는 뇌의 뚜렷한 시각적 영역들에서 일어나는 처리 과정—색깔 정보, 움직임 정보 등등의 처리 과정—이 결국 뚜렷한 미세 의식에서 생기는 것이라고 말했다. 그가 간결하게 표현했듯이, "처리 지점은 또한 지각 지점이다"(p. 214). 그가 말한 핵심은 내성적인 지각과는 반대로 의식은 통합되어 있지 않고, 시공간 내에 분포되어 있는 많은 의식들이 존재한다는 점인데, 이 공식은 불교의 개념과 명백하게 일치한다.

지각에 대한 인지신경과학과 아비담마에서 확인된 구체적 단계들 사이의 더 많은 공통점은 다음과 같이 예시될 수 있다(Lancaster, 1997a, 1997b, 2004).

1. 시각 의식visual consciousness에 대한 아비담마의 단계는 시상피질의 다양한 영역에서의 신경활동들과 일치하는데, 이 활동들을 통해서 시각적 자극들(색깔, 움직임 등)의 구체적 특성들이 특수화된 신경 그룹들 사이에서 발화의 패턴들로 해독된다.

2. 수용 의식recipient consciousness은 (전의식적preconscious)[1] 기억 체계의 개입에 신호를 보내는 신경 반응에서의 진동과 일치한다. 하위 처리 과정 영역들(단계 1)의 신경 체계들은 이전에 경험된 대상과의 연결이 확립되어 있는 상위 영역들의 신경 체계들과 연결된다. 이 하위-상위 연결들은 인지 가능한 지각이 일어나기 위해서 필수적인 과정이다. 간단히 얘기하자면, 개인은 색깔, 형태, 움직임 등등을 단순히 바라보는 것이 아니라 의미 있는 대상들을 바라보는 것인데, 그것들의 의미 있음은 기억의 연결을 통해서만 일어날 수 있다.

3. 조사 의식investigating consciousness은 현재의 시각적 자극(단계 1에서 시각 처리 과정 영역들을 통해서 중재되는 대로)과 공통되는 요소들을 지닌 기억 구조들(기억 심상들)의 활성화와 일치한다.

4. 결정 의식determining consciousness은 감각적 신경활동(단계 1)과 기억으로부터의 산물(단계3) 사이의 결합과 일치한다. 감각적 패턴과 가장 근접하게 들어맞는 기억 심상이 지배적으로 되면서 기타의 경쟁하는 기억 심상들이 억제된다. 이런 의미에서 대상의 의미가 결정된다.

신경 계정neural account에서 이 네 가지의 단계는 서로를 자동적으로 따른다. 감각적 배열에서의 패턴은 상위의 기억-관련 신경 영역들에서 활성화의 특정 패턴이라는 결과를 가져오고, 경쟁하는 패턴들은 지배적인 패턴이 일어남에 따라 억제된다. 불교 도식도 똑같은 점을 나타낸다는 사실에 주목하는 것이 중요하다. 이 네 가지의 단계는 전부—또는—무라는 묶음으로서 온다.

아비담마에서 확인된 두 가지의 지각적 단계가 더 있으나, Aung의 초기 인용에서는 언급되지 않았다. 즉, 흐르는 의식과 기록하는 의식이다. 이것들을 포함해서 신경 계정을 더 완성시켜 보자면,

5. 흐르는 의식running consciousness은 단계 4를 통해서 계속 진행되는 '나-이야기'로 결정된 것들과의 통합과 일치하는데, 이는 결국 매일의 정상적인 의식 상태가 된다. 신경 인지 계정은 나라는 감각이 구성적인 과정을 통해서 일어난다는 점을 인식함으로써 무아라는 불교적 관점(자기라고 하는 어떤 분리되어 있고 안정적인 개체의 부재)과 잘 들어맞을 수 있다. 계속 진행되는 실질적인 나라는 것은 없고, 마음의 추정되는 중심으로서 자기라는 감각을 생성시키는 하나의 이야기일 뿐이다. 이 중심은 인상들의 수용자, 사고의 지휘자 그리고 자유의지적인 행동의 선동자인 것처럼 보인다. 신경과학의 많은 연구는 불교 이론과 일치하면서 그 중심이 이런 것들 중 하나가 아니라는 사실을 증명했다.

6. 기록 의식registering consciousness은 아비담마 문헌들에 의해 확인된 마지막 단계로, 단계 5를 통해서 일어나는 경험이 기억에 저장되는 방식과 일치한다.

아비담마에서 묘사된 것처럼, 이 단계들에 대한 상세 설명을 신경 처리 과정에서의 단계들에 관련시킬 수 있는 증거들과 더불어서 Lancaster(1997a, 1997b, 2004)의 연구에서 발견할 수 있다. 여기서는 일치에 대한 증거가 강하게 제시되었을 뿐만 아니라, 지각의 본질을 이해하는 데 불교적 개념들을 통합하여 신경과학적 자료 그 자체에서 불분명할 수 있는 측면들을 명료화시키고 있다. 따라서 이 자료는 인지신경과학과 불교 사이의 대화를 예시한 것이고, 이는 두 진영 모두에서 관련 개념들을 유의미하게 정제시킬 수 있도록 만들 수 있다.

이 접근을 통해서 영적인 전통 내에서 공포된 통찰들이 신경과학적 자료들과 통합될 수도 있는데, 이는 카발라식 언어 신비주의에 관한 Lancaster(2000, 2004)의 작업과 힌두교 비이원론 베단타학파에서 발전된 포착grasping이라는 정신 과정에 대한 Kaplan(2009)의 분석에 의해 더욱 전형적인 예가 되었다. Kaplan은 주체와 객체의 감각을 확립하는 데 기여하는 정신적 포착의 역할에 대한 비이원론의 분석과 뇌의 두정엽이 자기라는 감각을 확립하는 데 개입하는 방식에 대한 인지신경과학의 관점 사이에 상당한 공통점이 있다는 점에 주목했다. 이런 측면에서 두정엽의 역할에 대한 연구는 객체들이 외적인 공간을 구성하고 있는 세계에서 체화된 주체가 되는 감각을 생성시킨다고 요약할 수 있다. 두정엽은 이런 종류의 객체적 세상과 관련하여 자기 자신을 적절히 위치시킬 수 있게 만드는 데 결정적이다. 흥미로운 점은 이 결정적인 인지적 기술이 어떻게 발달하는가에 관한 것이다. 두정엽이 객체들을 포착할 수 있는 능력에서 중심적 역할을 한다는 관점을 지지하는 신경심리학적 증거들이 많이 있다. 예를 들어, 두정엽이 손상된 환자의 경우 정확한 공간적 위치에서 물체를 향해 손을 뻗어 잡을 수 있는 능력을 상실하게 된다. d'Aquili와 Newberg(1999)는 정확하게 포착할 수 있는 능력은 우리가 당연히 여기는 공간적 지각의 초기 전조라고 했는데, 이를 통해서 자신이 거주하고 있는 뚜렷하게 객체적인 세상과의 관계에서 자기는 스스로의 위치를 알아낼 수 있다.

Kaplan(2009)이 주목했듯이, 이런 신경심리학적 공식은 '포착하는to grasp'이라는 의미를 지닌 산스크리트어 'grah'의 어원에 의해서 이미 예상할 수 있는 것으로 보이는데, 왜냐하면 이 용어는 지각 행위와 관련되고, 지각하는 자와 지각되는 대상, 주체와 객체 사이의 분리에 관련되기 때문이다. 이 어원은 정신적 포착에 의해 확립된 자기감각이 취하는 태도에 대한 명백한 가르침이 된다. 구원론적 관점에서는 그러한 포착이 제한적인데, 왜냐하면 주체와 객체 사이의 분리라는 결과에서 비롯되는 감각은 변용의 과정 위에서 인간의 발전을 방해하는 환상이기 때문이다. Kaplan은 공간적 기능에서 두정엽의 역학에 대한 비이원론적 철학과 신경과학적 이해 사이의 정확한 일치점에 관심을 기울였다. 물리적 포착은 두 가지 접근 모두에서 자기가 외부 세계로부터 분리된 것으로 확립될 때 완전히—발달한 정신적 상태의 기본적인 결정 요인으로 보인다.

Kaplan(2009)은 비이원론 철학의 주요한 측면들을 다음의 세 가지로 요약하였다. 첫 번째로, 인간의 근본적인 문제는 포착하는 자와 포착되는 것이라는 이중성의 출현이다. 두 번째로, 이러한 이중성의 출현은 감각 지각과 연관되어 있다. 세 번째로, 종교적인 삶의 궁극적 목표는 포착하는 자grāhaka-포착되는 것grāhya 사이의 이중성이라는 환상적 본질을 깨달을 때까지 실현될 수 없다. Kaplan은 내가 인식에 대한 아비담마의 관점을 조사한 결과에서 얻은 결론처럼, 비이원론과 인지신경과학이라는 이 두 개의 전통 간에는 "사고의 매혹적인 합류 지점"(p. 262)이 존재한다고 결론 내렸다. 두 전통 모두에서 체화된 자기와 자기 너머에 공간적으로 존재하는 객체들 사이의 근본적인 구별이 마음을 구성하게 되었다는 결론과 포착하는 기능이 이 구별의 뿌리에 자리 잡고 있다는 결론에 이르렀다.

이러한 '사고의 합류 지점'은 단지 매혹적일 뿐만 아니라, 또한 새로운 이해와 생성력 있는 가정들로 이끌 잠재력을 지녔다. 마음에 대한 두 가지 우세한 관점—신경과학적인 관점과 영적인 관점—을 상호 연관 지음으로써 삼각형 분할의 형태를 얻을 수 있게 된다. 두 가지 관점을 사용하는 것은 각각의 관점 하나에 의해서만 얻어질 수 있는 것보다 더 정확한 관점을 세울 수 있게 만든다.

신경과학과 신비철학

영성 수련에 대한 신경과학적 연구를 다룬 이전의 절에서 일반적인 심리학적 목표—예를 들면, 주의 또는 정서의 조절—의 측면에서 수련의 가치를 지지하는 증거들을 보여주었다. 그러나 대부분의 종교에서 기본적인 목표는 상위의, 심지어 천국의 영역들과 존재의 초월적 수준이라는 개념을 수반한다. 이런 형이상학적 개념들이 자아초월심리학에 영향을 주므로 이 마지막 절에서는 이것들과 관련하여 신경과학의 역할을 탐색해 볼 것이다.

주술적 및 신비적 전통에서 인간의 마음에 대한 연구는 소위 더 높은 영역들로의 통찰을 불러일으키는 것으로 이해되었다. "살과 피로 이루어진 '나'로부터 너희는 신성한 하나Holy One의 '나'에 대해서 배울 수 있으니, 그He는 축복받았다."라고 랍비의 문헌에 전한다(창세기 랍바Genesis Rabbah 90: 1; 레위기 랍바Leviticus Rabbah 24: 9). 일치성이라는 원리 때문에 낮은 것은 높은 것을 암시하게 되는데, 신비철학적esoteric인 가르침들의 많은 부분이 이에 기반하고 있다. Corbin(1958/1969)이 수피즘에 대한 그의 연구에서 표현했듯이 “뚜렷하고, 문자 그대로 외적이고, 개방적인 모든 것에 대해서… 감춰 있고, 영적이고, 내적이고, 신비철학적인 어떤 것이 상응해서 존재한다”(p. 78). 그가 언급했듯이, 이 개념은 ‘신비철학주의esotericism와 신비철학적 해석학의 중심적인 상징’이다. 카발라의 주요 문헌인 조하르Zohar의 말씀에서 “신성한 하나the Holy One, 그He는 축복받았으니… 이 세상을 저 높은 곳의 세상과 일치하게 만들었고, 저 높은 곳에 있는 모든 것은 여기 낮은 곳에 그 대응물을 가진다”. 그리고 그는 “저 높은 곳의 패턴에 일치하도록 사람을 만들었으니, 모든 것은 지혜에 따른 것이며, 사람을 이루는 것 중 어떤 부분도 숭고한 지혜에 기반하지 않은 것은 없기 때문이다”(조하르 2: 20a; 1: 186b). ‘저 높은 곳의 패턴’이란 이 세상을 향해서 바라보고 있는 신성의 얼굴을 암시한다. 다른 말로, ‘같은 구조를 공유하고 논리적으로 동등하다는’ 면에서 신과 사람은 동형isomorphic이다(Shokek, 2001, p. 6). Wolfson(2005)의 시적인 구절을 보면 “신, 세상 그리고 인간은 서로서로를 비추면서 함께 얽혀 있다”(p. 32).

영성 수련의 효과에 대해서 탐구하는 신경과학적 연구들은—이전에 개관 연구된 바 있다—뇌가 심리학적 기능의 대리인이라고 상정하고 있는 확립된 물리학주의 인식체계에 들어맞는다. 〈표 12-1〉의 측면에서 볼 때, 수준 1은 수준 4와 연관된 활동이 표현되는 매개체, 즉 영적인 수련에 의해서 불러일으켜진 변화의 운송 수단으로서의 뇌를 탐구한다. 동형주의isomorphism의 신비철학적 교리는 이와 다른 인식체계를 제안한다. 우주적인 원리들을 비추는 거울로서의 뇌이다. 명백하게 여기서의 가정은 물리학주의 인식체계와 연관된 가정과는 다른 체계이다. 더 높은 영역들과 대우주적macrocosmic 원리들이라고 가정되는 것들은 과학의 영역이 아니다. 그러나 자아초월심리학의 가장 중요한 도전은 뇌를 넘어서는 의식 또는 더 높은 영적 실재라는 개념을 과학의 확장된 비전과 상호 연결시킬 수 있는 인식체계를 찾는 것일 수 있다. 그러한 맥락에서 존재의 동형적인 위계 수준에 대한 신비철학적 가르침을 신경과학이 지지할 수 있을 것인지 아닌지와 같은 질문은 상당한 관심의 대상이 된다.

이와 유사하게 이전 절에서 확인한 ‘사고의 매혹적인 합류 지점’이 여기서 분명해진다. 대우주에 대한 핵심적인 카발라식 가르침은 뇌의 중요한 작동 원리와 묘한 유사점을 밝히고 있는데, 특히 이 원리들이 의식에 관계될 때 그러하다(자세한 설명은 Lancaster, 2004, 2011a, 2011b 참조). 요약하자면, 의식과 연관성이 있는 뇌 기능에 있어서 두 가지의 중요한 원리가 있다. 결합binding이란 신경 다발 사이에서 응집성의 생성을 의미하고, 순환 과정recurrent processing이란 상승 경로에서의 활동에 하강 신경 경로들이 미치는 영향을 나타낸다. 이것들과 관련된 것처럼 보이는 카발라식의 가르침은 각각 합일unification과 반영성

reflexivity에 대한 가르침이다.

결합과 합일 사이의 유사성에 관한 한 둘 다 응집성을 확립하는 방법으로 다양한 요소를 연결시키는 것을 포함한다. 뇌 안에서 그것은 다양한 그룹의 신경이 통합하도록 신호를 보내는 진동 발화 패턴들에서의 응집성이다. Malsburg(1997)에 의해서 유창하게 논의된 것처럼, 뇌활동과 관련된 의식의 수준은 그러한 응집성에 결정적으로 의존한다.

> 우리는 의식에 있어서 서로 다른 정도의 마음 상태들을 경험한다. 그리고… 그 차이는 응집성의 정도 또는 순서에 있어서의 차이에 의해 만들어진다… 뇌의 서로 다른 부분들 간의. 그렇다면 가장 높은 의식의 상태를 다른 모든 활동적 과정 중에서 전체적 순서에 의해 특징지어진 상태라고 묘사해 보자… 전체적으로 짝지어진 상태는 서로 다른 모든 것(부분)이 서로에 대해서 위상이 고정된phase-locked 것이라고 할 수 있다(pp. 196-197).

카발라식 가르침과의 유사성은 창조된 위계 내의 서로 다른 수준들 간에 걸치는 응집성이 가장 높은 신비적 상태들을 불러일으키는 것으로 보인다는 점이다.

> '하나됨One'—거기로부터 모든 것을 위로 향하여 하나로 통합시키기 위해서, 모든 것을 하나의 단일한 결합으로 묶기 위한 의지를 높이기 위해서, 두려움 중 의지와 사랑을 엔 소프En-Sof(신의 무한한 핵심)에 이르기까지 점점 더 높게 올리기 위해서. 그리고 그 의지가 모든 수준과 부분으로부터 길을 잃고 헤매지 않도록 하며, 그들이 서로를 충실히 지키기 위해서 그들 모두와 함께 상승하여 모든 것이 엔 소프와 하나의 결합이 되도록 하기 위해서이다(조하르 2: 216b).

반복되는 처리 과정과 반영은 (둘 사이에 적절히 자리매김하기 위해 계속 움직이고 있는 상태인데) 두 가지 모두 상위 수준에서의 활동을 촉발시키는 하위 수준의 활동에 의존하며, 이것은 다시 반대로 하위 수준에서 의도된 효과를 불러일으키도록 작용한다. 신경과학에서 이러한 체계는 뇌의 감각 처리 과정 체계들과의 관계에서 확인되는데, 하위 수준은 감각 자극들의 즉각적인 특성에 관련된 뇌 구조들을 구성하고, 상위 구조들은 기억을 담당한다. 감각 자극의 의미는 반복되는 처리 과정을 통해서 상위 센터들로부터의 활동이 하위 영역들에 영향을 미칠 때, 그리고 결국 의식적인 인식을 가져올 때 결정된다. 사실 Lamme(2006, p. 499)은 그렇게 반복되는 처리 과정이 "의식의 핵심적인 신경 요소"라고 말했다(p. 499). 그가 주장했듯이, "심지어 우리는 의식이란 순환 과정이라고 정의 내릴 수 있다"(p. 499).

신경과학에서의 이러한 발견들과 상관성이 분명하게 드러나기 위해서는 카발라의 비유적인 가르침이 그 문헌들에서 좀 더 이해하기 쉽게 분석되어야 할 필요가 있다. 조하르는 시적인 언어로 핵심적인 가르침을 설명한다.

> 와서 보라. 아래로부터의 충동을 통해서 저 위의 충동이 깨어난다. 그리고 저 위로부터의 충동을 통해서 더 높은 충동이 깨어난다. 그 충동이 램프가 밝혀질 그곳에 도달할 때까지. 그리고 그것은 밝혀졌다… 모든 세상이 그로부터 축복을 받으니… (조하르 1: 244a).

카발라의 중심적인 심상은 인간과 궁극 사이에 존재하는 영역들에 대한 그림을 제시해준다. '아래로부터의 충동'은 인간의 영적인 작업을 통해서 일어나고, 궁극에 도달하기 위한 중간 영역들을 연이어 거치면서 공명을 불러일으킨다. '램프'는 인간권 내로 다시 신성한 유입 또는 '축복'을 부여할 수 있는 하나님의 한 측면을 상징적으로 나타낸다.

우리는 여기서 카발라에서 이해되는 식으로 대우주가 작동하는 근본적인 패턴을 보게 된다. 순환 과정이라는 측면에서 앞서 언급된 의식의 뇌 체계 안에서 이 패턴을 보려면 상상력을 아주 조금만 발휘하면 된다. 감각 자극은 하위 센터들에서 활동을 점화시키는데, 이는 상위 센터에서의 활동을 '깨우게 되고', 이를 통해서 의식의 '축복'을 가져오는 '램프'가 불붙게 되는 것이다.

이전 절에서 더 자세하게 밝힌 바와 같이, 영적인 전통에서 축적된 지혜들이 신경과학의 연구 발견들에 반대되는 결과로 측정되는 테스트를 견뎌 낼 수 있다는 증거가 이러한 간접적인 암시들 내에 존재한다. 아마도 이것은 또 다른 방식으로 표현될 수 있을 것이다. 전 세계의 다양한 가르침을 통해서 마음과 마음의 기관인 뇌에 대해 아주 세련된 관점을 쌓아 올렸던 영적 지혜 및 신비주의적 지혜를 신경과학의 연구 결과들이 따라잡고 있는 중이다. 여기서의 핵심을 더 잘 표현하자면, 영적 전통들에서 오는 통찰과 계시의 열매들이 의식에 대한 과학적 연구들과 혼합되는 것을 통해서 하나의 통합된 입장을 향해 이러한 발견들이 나아간다는 인식이라고 할 수 있다. 영적 전통들은 마음에 대한 지식뿐만 아니라, 변용의 방식에 대한 지식도 가져온다. 과학은 엄격한 조사로 신경과학과 심리학적 측면에서 측정 가능한 주장들을 제시할 권한을 가져온다. 여러 학문의 그러한 융합은 최근 몇 년에 걸쳐서 상당히 발전되어 왔다.

주석

1 용어와 관련된 문제들 때문에 혼란이 일어날 수 있다. 대부분의 신경과학자는 인지적 처리 과정의 아주 빠른 초기 단계들을 전의식적이라고 나타낸다. 그러므로 여기서 언급된 기억활동은 회상의 정상적인 의식 기능이 아닌데, 이것은 이후에 나타난다. 그보다 이 단계는 초기의 인식이 유입되는 자극을 그들이 관련된 저장된 이미지들과 관련시키는 것을 통해서 확립되고 있는 단계라 할 수 있다. 그것은 정상적인 의식적 인식이 일어나기 전에 자극이 망막에 닿는 1,000분의 1초 이내에 일어나고 있다. Zeki(2003)는 미세 의식들micro-consciousnesses—불교적 관점과 아주 잘 들어맞는—에 관한 논의와 함께 사실 이런 측면에서 대부분의 신경과학자와는 보조를 맞추고 있지 않다. 여기서는 왜 불교도들과 신경과학자들이 지각과 같은 마음의 처리 과정에 흥미를 가진 것인지에 대한 서로 다른 이유들을 포함하여 이러한 주제(Lancaster, 2004, 참조) 속으로 더 깊이 들어가지는 않을 것이다.

참고문헌

Aftanas, L. I., & Golosheykin, S. A. (2005). Impact of regular meditation practice on EEG activity at rest and during evoked negative emotions. *International Journal of Neuroscience*, *115*, 893-909.

Ashbrook, J. (1984). Neurotheology: The working brain and the work of theology. *Zygon, 19*, 331-350.

Aung, S. Z. (1972). *Compendium of philosophy* (R. Davids, Rev. & Ed.). London, UK: Pali Text Society. (Original work published 1910).

Beauregard, M., & Paquette, V. (2006). Neural correlates of a mystical experience in Carmelite nuns. *Neuroscience Letters*, *405*, 186-190.

Beauregard, M., & Paquette, V. (2008). EEG activity in Carmelite nuns during a mystical experience. *Neuroscience Letters*, *444*, 1-4.

Brandt, P. Y., Clément, F., & Manning, R. R. (2010). Neurotheology: Challenges and opportunities. *Schweizer Archiv für Neurologie und Psychiatrie*, *161*, 305-359.

Cahn, R., & Polich, J. (2006). Meditation states and traits: EEG, ERP, and neuroimaging studies. *Psychological Bulletin*, *132*, 180-211.

Carter, O. L., Presti, D., Callistemon, C., Liu, G. B., Ungerer, Y., & Pettigrew, J. D. (2005). Meditation alters perceptual rivalry in Tibetan Buddhist monks. *Current Biology*, *15*, R412-R413.

Chambers, R., Gullone, E., & Allen, N. B. (2009). Mindful emotion regulation: An integrative review. *Clinical Psychology Review*, *29*, 560-572.

Coles, A. (2008). God, theologian and humble neurologist. *Brain*, *131*, 1953-1959.

Corbin, H. (1969). *Creative imagination in the Sufism of Ibn Arabi* (R. Manheim, Trans.). Princeton, NJ: Princeton University Press. (Original work published 1958).

d'Aquili, E. G., & Newberg, A. B. (1999). The mystical mind: Probing the biology of religious experience. Minneapolis, MN: Fortress Press.

Deikman, A. J. (1966). Deautomatization and the mystic experience. *Psychiatry, 29*, 324-338.

Fingelkurts, A. A., & Fingelkurts, A. A. (2009). Is our brain hardwired to produce God, or is our brain hardwired to perceive God? A systematic review on the role of the brain in mediating religious experience. *Cognitive Processing, 10*, 293-326.

Hinterberger, T., Kohls, N., Kamei, T., Feilding, A., & Walach, H. (2011). Neurophysiological correlates to psychological trait variable in experienced meditators. In H. Walach, S. Schmidt, & W. B. Jonas (Eds.), *Neuroscience, consciousness, and spirituality* (pp. 129-155). New York, NY: Springer.

Kaplan, S. (2009). Grasping at ontological straws: Overcoming reductionism in the Advaita Vedanta-neuroscience dialogue. *Journal of the American Academy of Religion, 77*, 238-274.

Kozasa, E. H., Sato, J. R., Lacerda, S. S., Barreiros, M. A. M., Radvany, J., Russell, T. A., & Amaro, E., Jr. (2012). Meditation training increases brain efficiency in an attention task. *NeuroImage, 59*, 745-749.

Lamme, V. A. F. (2006). Towards a true neural stance on consciousness. *Trends in Cognitive Sciences, 10*, 494-501.

Lancaster, B. L. (1997a). The mythology of anatta: Bridging the East-West divide. In J. Pickering (Ed.), *The authority of experience: Readings on Buddhism and psychology* (pp. 170-202). Richmond, Surrey, UK: Curzon Press.

Lancaster, B. L. (1997b). On the stages of perception: Towards a synthesis of cognitive neuroscience and the Buddhist *Abhidhamma* tradition. *Journal of Consciousness Studies, 4*, 122-142.

Lancaster, B. L. (2000). On the relationship between cognitive models and spiritual maps: Evidence from Hebrew language mysticism. *Journal of Consciousness Studies, 7*, 231-250.

Lancaster, B. L. (2004). *Approaches to consciousness: The marriage of science and mysticism.* Basingstoke, UK: Palgrave Macmillan.

Lancaster, B. L. (2010). Cognitive neuroscience, spirituality and mysticism: Recent developments. In I. Clarke (Ed.), *Psychosis and spirituality: Exploring the new frontier* (2nd ed.). New York, NY: John Wiley & Sons.

Lancaster, B. L. (2011a). The cognitive neuroscience of consciousness, mysticism and psi. *International Journal of Transpersonal Studies, 30*, 11-22.

Lancaster, B. L. (2011b). The hard problem revisited: From cognitive neuroscience to Kabbalah and back again. In H. Walach, S. Schmidt, & W. B. Jonas (Eds.), *Neuroscience, consciousness, and spirituality* (pp. 229-251). New York, NY: Springer.

Lazar, S. W., Kerr, C. E., Wasserman, R. H., Gray, J. R., Greve, D. N., Treadway, M. T., & Fischl, B. (2005). Meditation experience is associated with increased cortical thickness. *Neuroreport, 16*, 1893-1897.

Luders, E., Toga, A. W., Lepore, N., & Gaser, C. (2009). The underlying anatomical correlates of long-term meditation: Larger hippocampal and frontal volumes of gray matter. *NeuroImage, 45*, 672-678.

Lutz, A., Brefczynski-Lewis, J., Johnstone, T., & Davidson, R. J. (2008). Regulation of the neural circuitry of emotion by compassion meditation: Effects of meditative expertise. *PLoS ONE 3*, e1897. doi:10.1371/journal.pone.0001897

Lutz, A., Dunne, J. D., & Davidson, R. J. (2007). Meditation and the neuroscience of consciousness: An introduction. In P. D. Zelazo, M. Moscovitch, & E. Thompson (Eds.), *The cambridge handbook of consciousness* (pp. 499-551). Cambridge, UK: Cambridge University Press.

Lutz, A., Greischar, L. L., Perlman, D. M., & Davidson, R. J. (2009). BOLD signal in insula is differentially related to cardiac function during compassion meditation in experts vs. novices. *NeuroImage, 47*, 1038-1046.

Lutz, A., Greischar, L. L., Rawlings, N. B., Ricard, M., & Davidson, R. J. (2004). Long-term meditators self-induce high-amplitude gamma synchrony during mental practice. *Proceedings of the National Academy of Sciences of the United States of America, 101*, 16369-16373.

Moore, A., & Malinowski, P. (2009). Meditation, mindfulness and cognitive flexibility. *Consciousness and Cognition, 18*, 176-186.

Rubia, K. (2009). The neurobiology of meditation and its clinical effectiveness in psychiatric disorders. *Biological Psychology, 82*, 1-11.

Runehov, A. L. C. (2007). *Sacred or neural? The potential of neuroscience to explain religious experience*. Göttingen, Germany: Vandenhoeck & Ruprecht.

Shokek, S. (2001). *Kabbalah and the art of being*. London, UK: Routledge.

Slagter, H. A., Lutz, A., Greischar, L. L., Francis, A. D., Nieuwenhuis, S., Davis, J. M., & Davidson, R. J. (2007). Mental training affects distribution of limited brain resources. *PLoS Biology, 5*(6), e138. Retrieved from http://www.ncbi.nlm.nih.gov/pubmed/17488185

Solms, M. (2000). A psychoanalytic contribution to contemporary neuroscience. In M. Velmans (Ed.), *Investigating phenomenal consciousness: New methodologies and maps*. Amsterdam, The Netherlands: John Benjamins.

Solms, M., & Turnbull, O. (2002). *The brain and the inner world: An introduction to the neuroscience of subjective experience*. New York, NY: Other Press.

Stroop, J. R. (1935). Studies of interference in serial verbal reactions. Journal of Experimental Psychology, 18, 643-661.

Vestergaard-Poulsen, P., van Beek, M., Skewes, J., Bjarkam, C. R., Stubberup, M., Bertelsen, J., & Roepstorff, A. (2009). Long-term meditation is associated with increased gray matter density in the brain stem. *Wolters Kluwer Health, 20*, 170-174.

von der Malsburg, C. (1997). The coherence definition of consciousness. In M. Ito, Y. Miyashita, & E. T. Rolls (Eds.), *Cognition, computation, and consciousness* (pp. 193-204). Oxford, UK: Oxford University Press.

Wenk-Sormaz, H. (2005). Meditation can reduce habitual responding. *Alternative Therapies in Health and Medicine 11*, 42-58.

Wolfson, E. (2005). *Language, eros, being: Kabbalistic hermeneutics and poetic imagination*. New York, NY: Fordham University Press.

Zeki, S. (2003). The disunity of consciousness. *Trends in Cognitive Sciences, 7*, 214-218.

Zeki, S., & Bartels, A. (1999). Toward a theory of visual consciousness. *Consciousness and Cognition. 8*, 225–259.

번역 출판

Beauregard, M., & O'Leary, D. (2007). *The spiritual brain: A neuroscientist's case for the existence of the soul.* New York, NY: HarperCollins. (김영희 역. 신은 뇌 속에 갇히지 않는다: 21세기를 대표하는 신경과학자의 대담한 신 존재 증명. 경기: 북이십일[21세기북스], 2010).

제 III 부

자아초월 방법론

제13장 자아초월 연구와 미래의 방향

제14장 신경현상학
– 뇌와 경험에 대한 실험 연구와 비교문화적 연구의 향상

제15장 자아초월, 영적 구성 개념의 양적 평가

제16장 자아초월심리학에서 과학의 역할
– 중간-범위 이론의 유용성

제17장 과학으로서 자아초월심리학의 철학적 배경

제13장

자아초월 연구와 미래의 방향

Rosemarie Anderson, William Braud[1]

과학적 노력으로서 자아초월심리학은 『자아초월심리학 학술지Journal of Transpersonal Psychology』(Sutich, 1969)의 창간호와 함께 희망찬 분위기 속에서 출발하였다. 1969년에서 1980년에 이르는 첫 11년간 『자아초월심리학 학술지』는 Roberto Assagioli, Daniel Goleman, Stanislav Grof, Lawrence Leshan, Abraham H. Maslow 그리고 June Singer와 같은 저명한 심리학자들, Fritjof Capra와 David Bohm 같은 물리학자들, Chogyam T. Rinpoche, Sheikh R. Frager, Roshi J. Kennett, Ram Dass(Richard Alpert), Swami Radha, Tharthang T. Rinpoche 그리고 Brother D. Steindl-Rast와 같은 세계의 영적 전통들의 계보를 잇는 스승들, Ken Wilber와 Alan Watts 같은 철학자들의 논문을 실었다. 이런 논문의 대부분이 이론적인 것임에도, 저자들은 그들의 연구와 영적 수행을 통해 인간 경험의 초월적이고 궁극적인 차원에 대해 배운 것을 반영하고자 했다. 따라서 자아초월심리학은 출발 시점에서부터 통합적인 과학적 학문으로서, 특히 Maslow(1969)가 적절하게 명명한 "인간 본성의 더 나아간 지점farther reaches of human nature"과 관련된 인간 조건에 대한 집단적 이해에 공헌하는 모든 지식과 영적 수행으로 '과학'을 이해해 왔다.

자아초월 연구에서 사용된 연구 방법의 개관

지난 40년 이상의 기간 동안『자아초월심리학 학술지』와『국제자아초월 연구 학술지 International Journal of Transpersonal Studies』에는 이론적인 논문과 경험적인 논문이 혼재되어 있다. 질적 및 양적 모두를 포함한 경험적 연구들은 1970년대에 4%에서 1980년대 12%, 1990년대 15% 그리고 2000년대에는 17%로 증가되었으며, 경험적 연구의 57%는 질적 연구 방법을, 31%는 양적 연구 방법을, 11%는 혼합 연구 방법을 사용했다(Hartelius & Rothe, 2013). 과학적 노력을 하는 대부분의 영역은 시간이 지나면서 이론적인 연구로부터 경험적인 연구로 진행되는 경향이 있음에도, 수십 년의 시간 동안 조작적 용어로 자아초월적 개념을 정의하려는 시도는 어려움을 겪어 왔고 느린 진행을 보이고 있다. 사실 이것은 놀라운 일이 아니다. 이 장의 저자들은 1970년대에 실험심리학자로 훈련받았기 때문에 우리는 자아초월적 현상의 내재적 복잡성으로 인해 결코 엄격하게 측정할 수 없다는 점에 주의를 기울여야 하므로 형이상학적이고 영적인 용어와 경험을 구성 개념과 측정 가능한 현상으로 '번역'하기 위해서는 주의 깊고 서두르지 않는 과정이 필요하다는 것을 이해한다. 따라서 자아초월심리학 분야는 현상, 현상 간의 상호 연결성 혹은 자아초월적이고 영적인 체험이 역사가 전진하듯이 본질적으로 변화하고 있다는 가능성을 폄하하지 않으면서 마음-몸-영의 복잡한 결합을 통합하기 위해 성숙한 메타-이론화meta-theorizing가 언제나 필요하다. 이 장의 이어지는 부분은 자아초월적 현상의 연구에 적용될 수 있는 다양한 연구 방법—주류 방법론과 자아초월적인 방법론 모두—을 설명한다. 그리고 자아초월 연구를 위한 미래의 방향에 대한 권고로 결론을 맺을 것이다.

자아초월 연구의 양적 접근

초월적 체험과 그러한 체험의 인간 발달과의 연관성에 관한 연구는 자아초월 연구의 주된 주제였고, 지금도 그러하다. Braud(1998a, 2011a)는 초월적 체험에 대한 질문 유형을 조직화하기 위해 유용한 틀을 제안했다. 연구자는 특정 체험을 다음과 같은 면에서 탐구할 수 있다. ① 체험 그 자체의 **본질**, ② 체험이 **개념화**되는 방식 및 개념화가 시간에 걸쳐 변화하는 방식, ③ 체험이 전개되고 발달하는 방식, 그것에 동반되는 특징, 체험의 전개나 발달을 촉진하거나 방해하는 조건, ④ 체험의 **결과** 또는 '열매'는 무엇인가가 그것이다. 이러한 네 가지 틀의 질문 유형은 조사하는 주제를 기술하고, 설명하고, 예측하고, 통제하기 위한 과학적 연구의 네 가지 주요 목적에 상응한다. 연구자들은 이러한 각각의 질문과 목적을 설명하는 데 가장 적합한 방법을 개발해 왔다. 양적 연구 방법은, 특히 자아초월 경험의 **과정**과 **결과**를 조사하는 데 효과적이다. 이러한 방법은 특히 앞의 ③과 ④의 주제 및 질문에 유용하다. 이 장에서 우리는 자아초월 연구에서 사용된 주요 양적 및 심리측정적 접근을 기술하고, 그들 각각의 강점, 제한점 및 과제를 보여 줄 것이다.

초월적 체험의 결과 또는 열매를 탐구하기 위해서는 실험, 유사-실험, 단일-피험자 설계가 특히 유용하다. 특히 인과-비교causal-comparative와 상관 설계는 질문과 관련한 과정을 조사하는 데 효과적이다. 이들 다섯 가지의 양적 접근 모두 전형적으로 확립된 심리측정 평가를 활용한다. 자아초월 관련 평가도구에 관한 훌륭한 리뷰는 MacDonald와 그의 동료들이 쓴 일련의 논문에서 찾아볼 수 있다(MacDonald, Friedman, & Kuentzel, 1999; MacDonald, Kuentzel, & Friedman, 1999; MacDonald, LeClair, Holland, Alter, & Friedman, 1995).

자아초월적 관점에서 상관 설계(중다 회귀, 판별 함수, 정준canonical 및 요인 분석을 포함한 이-변인 및 중다-변인 상관)는 어떤 요인들이 자아초월 체험에 영향을 주거나 공변하는지, 그리고 어떤 유형의 사람들 혹은 어떤 유형의 준비가 그러한 경험을 촉진하거나 방해하는가를 파악할 수 있게 한다. 인과-비교 접근(관심 있는 특징들에서 다르다고 이미 알려진 집단들 간의 '인과적' 차이를 탐구하는 집단 통계적 방법) 또한 이런 문제들을 결정하는 데 유용하다. 이러한 설계들의 취약점은 상관 설계의 경우 인과성 결정의 모호성, 인과-비교 설계의 경우 인과적 '방향'의 모호성 그리고 가능한 외재 및 혼입 변인을 확인하고 평가하지 못하는 점 등이다.

실험 및 유사-실험 설계는 특정하게 정의되고 조작된 변인들의 효과와 특정한 유형의 자아초월 체험의 결과를 확신을 갖고 결정할 수 있게 하는 훌륭한 방법이다. 실험 설계의 주된 약점은 측정을 가능하게 하려면 연구되는 사건을 실험실로 가져오기 위해 단순화시켜야 한다는 것이며, 이는 그 사건의 복잡하고 자연스러운 맥락을 제거하여 인공적이고 사소한 발견에 그치게 할 수 있다. 특히 본질적으로 다양한 수준을 갖고 있는 자아초월 및 영적 체험과 관련해서는 이러한 약점이 특별히 부각될 수 있다. 유사-실험 설계의 또 다른 한계는 참가자들의 무선 할당이 이루어지지 않을 경우 확인되지 않은 외재 변인의 영향에 노출될 수 있다는 점이다. 스키너주의자 및 행동 수정 연구에서 사용되는 소위 단일-피험자 설계는 자아초월 연구에서 사용되는 경우가 드물다. 그러나 변인들에 대한 통계적 통제보다는 주의 깊은 실험 설계에 관심을 두는 특성 때문에 이 설계는 명상이나 다양한 영적 수행과 같은 지속적인 자아초월 체험의 성과나 '열매'를 추적하고 결정하는 데 매우 유용할 수 있다. 이 설계의 약점은 한 참가자 혹은 소수의 참가자에게서 발견된 결과를 다른 사람들에게 일반화하기가 쉽지 않다는 점이다.

앞서 다룬 접근들은 조사 연구survey나 행위 연구 방법action research method(연구자는 주의 깊게 자신의 실제 적용 작업practical application work을 연구한다.)으로 보완할 수 있으며, 결과들은 수량화할 수 있다. 메타-분석(유사한 양적 연구들의 많은 발견을 통계적으로 분석하는)은, 특히 유사한 주제에 관한 연구에서 나온 발견들을 종합하는 데 유용하다. 더하여 생리적 및 생의학적 평가나 설계(신체 변인을 측정하기 위한 전문화된 방법과 계측 장치를 사용하는), 초심리학적 평가와 설계(텔레파시, 투시, 예지, 염력 및 직접 치유direct healing와 같은 예외적인 인간 경험과 능력을 탐구하기 위한)와 같은 특별한 양적 접근이 활용될 수 있다.

양적 방법은 '주관적인' 일인칭적 설명 대신 '객관적인' 삼인칭적 설명을 강조한다. 어떤 방법(예를 들면, 실험)은 체험과 사건이 자연스럽게 발생하는 실제 삶의 맥락과는 관련 없는 인공적 맥락에서 사용되는 경향이 있다. 이러한 방법은 연구되는 체험이나 사건을 측정이 용이한 것으로 환원시킴으로써 체험을 과도하게 단순화시키고 사소한 것으로 만들어 체험의 풍부함과 개인적 의미를 잃어버리게 할 수 있다.

자아초월 연구의 질적 접근

자아초월심리학에서 질적 연구 접근은 앞서 언급한 ①과 ②의 질문—자아초월 체험의 본질 그리고 체험이 특히 체험자들에 의해 **개념화**, **해석** 및 **이해**되는 방식—을 조사하는 데 매우 적합하다. 질문 ①은 다양한 기술적인 질적 접근(현상학적, 체험적, 발견적heuristic, 내러티브, 삶의 이야기life stories, 사례 연구, 여성주의 그리고 민족지학적ethnographic 방법)을 사용하여 탐구할 수 있으며, 질문 ②는 다양한 이론적이고 해석적인 접근(메타-이론화, 근거 이론, 해석학적 분석hermeneutic analyses, 텍스트textual 및 담론 분석discourse analyses 그리고 역사 및 기록물 방법)에 의해 설명할 수 있다.

앞의 ①에서 언급한 기술적인 질적 접근법은 참가자의 삶의 세계에서 자연스럽고 자발적으로 일어난 체험을 일인칭적 관점을 통해 참가자 스스로가 감지하고 구성한 자아초월 체험의 의미와 개인적 영향을 설명한다. 앞의 ②에서 언급한 접근법은 연구 조사자에 의해 수행되고 해석되는 것으로서 다양한 연구 발견 간의 패턴을 확인하고 분석, 종합synthesis, 통합integration, 해석 그리고 이론화를 도울 수 있다.

이미 언급한 방법 외에도 많은 새로운 접근법이 제안되고 있으며, 여기에는 체험 연구 방법experiential research method, 협동 탐구cooperative inquiry, 해석적인 현상학적 분석interpretive phenomenological analysis, 참여 연구participatory research 그리고 문화적 접근이 포함된다. 이러한 방법들은 연구 대상자의 직접적인 체험, 목소리 그리고 연구의 모든 단계에서 그들의 충분한 참여를 매우 강조한다.

질적인 방법은 가치 있는 체험에 관해 '주관적인' 일인칭적 설명을 이끌어 내고 기록하는 데 있어서 매우 유용하다. 그러나 질적인 방법은 '객관적인' 삼인칭적 측면과 어떤 요인의 존재 혹은 부재의 **정도**degrees(최근 다양하게 떠오른 주제의 밀도density를 수량화함으로써 가능하기는 하지만)를 중요시하지 않으며, 일반적으로 인과적 결론을 이끌어 내는 것(창의적이고 신중하게 사용한다면 질적인 방법이 **인과성**을 지적하거나 적어도 시사할 수 있다는 점이 거의 인식되지 않고 있지만)을 허용하지 않는다. 또한 질적인 방법은 흔히 연구되는 현상에 대해 이미 알려진 것을 확인하거나 심화하는 결과를 양산한다. 적절하게 수행된다면 질적 설계는 초기의 '렌즈'나 이해를 변화시키고 새로운 이해를 제시할 수 있다. 많은 질적 연구 방법이 이러한 측면을 경시하고 체험의 풍부한 **기술**에 초점을 두기는 하지만, 몇몇 질적 방법은 개념화, 해석 및 이론의 개발을 촉진한다.

양적 및 질적 연구 방법 모두에 대해 유용한 추가 정보는 Anderson과 Braud(2011), Braud와 Anderson(1998) 그리고 Wertz, Charmaz, McMullen, Josselson, Anderson 및 McSpadden(2011)의 논문에서 찾을 수 있다.

혼합 방법과 현대 모델링 방법 연구

연구의 실천은 특정 현상의 연구 및 장기적인 연구 목적에 가장 적합한 방법 및 절차의 사용을 요구하므로 수십 년 동안 다양한 형태의 양적 및 질적 절차가 심리학과 인간과학에서 채택되고 결합되어 왔다. 특히 지난 20년 동안 혼합 방법의 사용에 대한 관심이 폭발적으로 증가해 왔다. 이러한 확장세는 지난 30~40여 년 동안 정교한 질적 방법의 발달이 큰 원동력이 되었다. 잘 개발된 다양한 질적 방법과 절차를 이용하여 양적 방법과 질적 방법의 강점을 결합하는 것은 복잡한 문제를 다루는 데 필요한 광범위한 연구 접근 방법을 제공한다. 양적 및 질적 접근의 결합으로 각자의 강점은 더해지고 약점은 어느 정도 보완된다. 혼합 방법 연구자들은 연구 방법론의 발전에서 혼합적 방법의 연구를 양적 및 질적 방법에 이은 '세 번째 운동'이라고 부른다(Tashakkori & Teddlie, 2003). 개인 연구자도 혼합 방법 연구를 자주 사용하지만, 광범위한 전문적인 연구 지식과 연구 주제에 관한 관점들을 제공하는 학제 간 연구 팀이 주로 활용하고 있다(Creswell & Plano Clark, 2011; National Institutes of Health, 2010).

혼합 방법 연구는 하나의 연구에 양적 및 질적 방법을 단순하게 결합한다는 의미가 아니다. 혼합 방법 연구는 특정 혼합 방법 설계의 선택, 연구 목적에 맞는 결합 방식 및 자료 분석 방식의 논의, 이러한 방법의 사용과 병합, 양적 및 질적 자료의 분석, 다양한 원천으로부터 나온 결과의 해석에 관한 철학적 원리를 제공한다. 혼합 방법 연구자 간에는 다양한 철학적 차이가 존재하며, 여기에는 사회적 구성주의자 세계관, 사회 변화를 촉진하는 변형적 관점(Greene, 2007; Hesse-Biber, 2010; Mertens, 2009), 실용주의적 관점이 포함된다. 이러한 관점들은 연구 문제에 대해 방법론적 '순수성'을 넘는 특별한 관심을 포함하고 있다.

보다 복잡한 설계들이 많이 있다는 것을 인식하고 있지만, Creswell과 Plano Clark (2011)은 네 가지의 기본적인 혼합 방법 설계 유형을 제시했다.

1. 수렴 설계convergent designs: 단일 연구 안에 양적 및 질적 자료가 결합되며 합병된 자료와 결과를 분석하고 비교한다.

2. 순차 설계sequential designs: 연구 주제를 보다 완전히 이해하기 위해 양적 연구에 이어 질적 연구 혹은 그 역방향의 연구를 수행한다.

3. 내장 설계embedded designs: 질적 연구 내에 일부 양적 자료를 수집하거나 혹은 반대로 양적 연구 내에 일부 질적 자료를 수집한다.

4. 다중 설계multiphase designs: 다중 연구는 양적 · 질적 및 혼합 방법 설계를 포함하며, 공동의 목적을 달성하기 위해 매우 장기간 수행한다.

현대 모델링 방법(때로 '새로운 통계학'으로 알려진)은 혼합 방법 접근으로 간주될 수 있다. 이 새로운 통계적 접근 및 이를 수행하는 소프트웨어 프로그램은 코딩할 수 있는 모든 자료—양적 또는 질적—를 분석할 수 있다. 현대 모델링 방법 내의 특정 절차에는 구조 방정식 모델링structural equation modeling, 중다-수준 모델링multi-level modeling, 종단 모델링longitudinal modeling, 성장 커브 모델growth curve models, 베이주 통계 모델링Bayesian statistical modeling 등이 포함된다(Hoyle, 2012; McGrath, 2011). 다양한 근원으로부터 수집된 대규모 자료를 분석할 수 있는 소프트웨어 프로그램은 기대하는 결과의 가능성을 예측한다. 예를 들어, 현대 모델링 모델은 과거 성공한 영화의 특징이나 구성 및 배우의 특징을 기초로 하여 현재의 영화가 대성공을 할 가능성을 예측하기 위해 사용될 수 있다(Gladwell, 2006). 이와 동일한 절차는 건강 분야, 복잡한 사회 문제, 보안 문제와 관련된 감독 패턴, 발달 과정 및 전반적이고 환경적인 트렌드에 대한 종단 분석 등과 관련된 다양한 원천으로부터의 대규모 자료를 분석하는 데 사용할 수 있다.

북미와 유럽의 대학과 기업의 저명한 통계학자들은 이미 현대 모델링 방법의 분석 절차와 소프트웨어 프로그램에 매료되었는데, 이는 공공 기관, 정부, 기업이 이러한 분석으로부터 산출되는 결과 예측으로부터 많은 것을 얻을 수 있기 때문이다. 현대 모델링 방법을 주제로 한 콘퍼런스, 주말 세미나, 여름 학기 훈련 등이 크게 증가하고 있다. 현대 모델링 방법은 진보된 통계적 방법이지만, 대규모의 자료를 신속하게 통합하고 분석할 수 있는 역량 때문에 다가올 몇 년 내에 심리학과 인간과학 연구 방법론의 진화에서 가장 중요한 역할을 할 것으로 보인다. 많은 사람이 이러한 현대 모델링 방법이 자료를—특히, 질적 자료—숫자numerical 혹은 문자 코드textual code로 과잉 단순화하며 해석적 맥락으로부터 분리한다고 비판하지만, 자아초월 현상을 포함한 복잡한 현상의 결과에 대한 가능성을 예측할 수 있는 이러한 방법의 능력이 과장되었다고 할 수는 없다.

자아초월적 연구 접근

1990년대 중반, 세 개의 연구 접근이 지금은 소피아 대학Sofia University이 된 자아초월심리학 연구소Institute of Transpersonal Psychology에서 개발되었다. Rosemarie Anderson은 직관적 탐구를, William Braud는 통합적 탐구를 개발했다. 유기체적 탐구는 Jennifer Clements가 Dorothy Ettling, Lisa Shields, Nora Taylor 그리고 Dianne Jenett의 도움을 받아 개발했다. 세 개의 접근 모두 Braud와 Anderson(1998)에서 소개했다. 10년간의 사용과 절차 수정을 거친 후, 세 접근은 Anderson과 Braud(2011)의 논문에 상세하게 소개되었고, Anderson, Braud와 Clements가 각 장을 썼다. 다음의 내용은 자아초월적 연구 접근에 대한 간단한 개요이다.

직관적 탐구

직관적 탐구intuitive inquiry는 삶에서 중요한 어떤 것에 대한 이해와 연구에서 가장 기본적인 태도는 직관, 자비compassion, 봉사라고 단언한다. 직관적 탐구자들은 앎의 대상what is known으로부터 아는 자the knower, 애호자the lover를 분리하는 유동적이고 도전적인 세계관을 갖고 세계를 인식하며, 연구 주제에 대한 이해뿐 아니라 자신의 개인적인 삶까지도 변용시키는 확립된 이론과 학문을 '파괴하는break set' 통찰을 지향한다. 연구 보고서에서 직관적 탐구의 '이야기tale'는 충분하게fully 기록되며 개인적 · 윤리적 · 집단적 변화를 위한 추진력으로서 미래를 향해 기획된다.

직관적 탐구는 여러 철학적 · 방법론적 접근으로부터 영향을 받았다. 그중 뚜렷이 영향을 준 것으로는 Merleau-Ponty(1945 / 1962, 1964 / 1968)의 체화된 현상학the embodied phenomenology, Schleiermacher(1977)의 성서 해석학the biblical hermeneutics, Gadamer(1976, 1998)의 철학적 해석학, 여성주의자 연구 접근feminist research approaches(Fine, 1992; Nielsen, 1990; Reinharz; 1992), 발견적 연구heuristic research(Moustakas, 1990), Gendlin(1991, 1992)의 '형태 너머의 사고thinking beyond patterns', 토착민들의 직관적이고 체화된 수행을 기술한 여러 학자(Abram, 1996; Luna & Amaringo, 1991; Sheridan & Pineault, 1997)가 포함된다.

해석학적 해석의 다섯 주기

직관적 탐구는 해석학적 주기로 알려진 텍스트의 부분과 전체 간의 해석 과정을 포함한다. 이 방법은 절차적으로 연속적인 다섯 주기의 해석 과정을 통해 연구자의 주제에 대한 이해의 변용을 이끈다. 각 주기는 독특한 특정활동을 포함하고 있으며, 그 절차의 경계 안에서 연구자는 자유롭게 상상하고 탐색한다. 전반적으로, 다섯 주기는 연구자의 직관이 중심적 역할을 하며 탐구의 과정이 전개됨에 따라 통합적인 지적인 이해가 일어난다.

주기 1: 상상의 대화를 통해 연구 주제를 명료화하기 전통적 연구 방식에서 연구자는 일반적으로 관심 있는 영역의 (선행) 연구에 기초하여 연구 주제를 선택한다. 그러나 직관적 탐구에서는 연구 주제가 연구자의 관심과 열정으로부터 떠오른다. 주제를 명료화하기 위해 직관적 탐구자는 자신의 관심사와 관련되고 폭넓게 정의된 텍스트를 선정한다. 주기 1의 텍스트는 사진, 그림, 만다라, 콜라주, 스케치, 상징, 조각, 노래 가사, 영화, 시, 신성한 문서, 경전, 인터뷰 전사물, 꿈 기록 그리고 의미 있고 변용적인 체험에 대한 글 등이 포함된다. 직관적 탐구자들은 주기 1에서 양적인 '텍스트'를 거의 사용하지 않지만, 통계적 발견, 그래프, 경험적 발견에 기초한 숫자 또한 사용될 수 있다.

텍스트가 정해지면 직관적 탐구자는 매일 그 텍스트를 읽고 경청하고 관망하면서 시간을 보내며 상상의 대화 과정을 시작한다. 생각, 관념, 몽상, 대화, 감상, 환상 그리고 통찰을 비-침습적인 태도non-invasive manner로 기록한다. 텍스트와 관련된 이러한 과정은 그것과의 창조적 긴장을 해소시키고, 깊은 흥미를 일으키며, 다룰 수 있고, 분명하며, 초점이 잡히고, 구체적이고, 연구할 수 있다는 가망성의 느낌이 떠오를 때 완료된다.

주기 2: 현존하는 주제 텍스트를 반영하고 예비적인 해석 렌즈를 개발하기 주제에 관한 이론적 · 경험적 문헌의 리뷰를 마친 후, 연구자는 주기 2에서 이러한 문헌들로부터 일련의 텍스트를 확인한다. 선정된 텍스트들은 직관적 탐구자가 문헌 속에 이미 존재하는 이해의 범위와 깊이를 포착할 수 있도록 주제에 대한 다양하고 강력한 이해를 제공한다. 이후 다시 상상의 대화를 통해 연구자는 자료 수집에 앞서 연구 주제에 대한 연구자의 이해를 인식하고 명료화하기 위해 텍스트에 시간을 들여 관여한다. 예비적인 해석의 렌즈를 만드는 것은 공식적인 과정보다 창조적 상상이나 브레인스토밍을 사용하므로 일반적으로 빠르고 쉽다. 10개에서 12개 정도의 해석 렌즈라면 주제에 대한 직관적 탐구자의 사전 이해를 포착하기에 충분하다.

주기 3: 자료를 수집하고 자료의 기술적 분석을 준비하기 주기 3은 두 단계로 구성된다. 첫째, 연구자는 원자료 혹은 기록 자료를 수집한다. 둘째, 연구자는 자료에 대한 기술적 분석을 제시하여 독자들이 연구자의 해석을 읽기 전에 자기 나름의 결론을 내릴 수 있게 한다. 독자들이 연구자의 해석을 읽는 것은 주기 4와 5에서 일어난다.

지금까지 직관적 탐구를 사용한 대부분의 연구자는 연구 주제의 정보 제공자로서의 규준을 충족하는 연구 참가자들로부터 수집한 인터뷰나 이야기 형식의 원자료를 수집해 왔다(Coleman, 2000; Dufrechou, 2004; Esbjörn-Hargens, 2004; Manos, 2007; Phelon, 2004; Rickards, 2006; Shepperd, 2006; Unthank, 2007). 기독교 신비주의자들의 참된 기쁨true Joy에 관한 연구에서 Carlock(2003)은 신비주의적 근원의 영적 깊이를 이해하기 위해 역사적인 신비주의자들의 저술들을 선정했으며, Rickards(2006)는 제2차 세계대전의 여성 간첩이 제공한 역사적인 이야기와 글들을 광범위하게 사용했다. 몇몇 연구자는 체화된 글쓰기embodied writing(Anderson, 2001, 2002a, 2002b), 참가자들로부터의 보고서(Dufrechou, 2004; Netzer, 2008; Shepperd, 2006), 참가자들의 예술적 표현 사례들(Hill, 2003; Hoffman, 2004; Manos, 2007; Rickards, 2006)을 수집했다.

직관적 탐구의 주기 3에서는 폭넓고 다양한 분석 절차가 사용될 수 있다. 지금까지 자료의 기술적 분석은 편집된 인터뷰 전사물(Esbjörn, 2003, Esbjörn-Hargens, 2004), 참가자들의 상세한 묘사(Coleman, 2000; Rickards, 2006), 상세한 역사의 묘사(Carlock, 2003), 참가자의 예술 작품 실례와 수반되는 상세한 묘사(Manos, 2007), 담론 분석 더하기 인터뷰 대상자의 이야기(Unthank, 2007), 인터뷰의 공통 주제 더하기 상세한 묘사(Brandt, 2007), 인터뷰의 공통 주제 더하기 예술적 표현(Perry, 2009), 공통 주제 더하기 통합 만다라 예술 작업(Cervelli, 2009) 등을 포함해 왔다. 행위action와 참여 연구participatory research, 사례 연구, 포커스 집단, 민족지학, 근거 이론, 발견적, 내러티브, 경험적인 현상학적 연구의 분석 절차가 마찬가지로 직관적 탐구의 주기 3에 적용될 수 있다. 이러한 자료의 요약 보고는 가능한 한 기술적이어야 하며, 기술 분석을 읽는 독자들이 주기 4의 연구자 해석 이전에 자신의 결론을 내릴 수 있도록 하여야 한다.

주기 4: 해석 렌즈를 개선하고 변형하기 주기 4는 두 단계로 이루어진다. 첫째, 연구자는 주기 3에서 수집한 자료에 대한 개인적인 관여를 통해 주기 2의 렌즈를 개선하고 변형하여 주기 4의 해석 렌즈를 제시한다. 주기 2의 렌즈는 수정되고, 제거되고, 다시 써지고, 확장되는 등 여러 활동이 이루어진다. 연구자는 연구의 결론에서 주제에 대한 보다 발전되고 풍부한 이해에 도달한다. 둘째, 연구자는 주기 2와 주기 4의 렌즈를 비교함으로써 어떤 변화가 있었는가를 분명하게 제공한다.

주기 5: 연구 발견과 문헌 리뷰의 통합 관습적인 연구의 종결 시점과 마찬가지로, 직관적 탐구자는 주기 5에서 주제에 관한 이론적이고 경험적인 문헌으로 되돌아가 연구의 발견에 비추어 문헌들을 재평가한다. 인식론적으로 말한다면, 연구자는 마치 전체 연구를 둘러싼 보다 큰 해석학적 원을 그리듯이 연구 과정으로부터 한 걸음 물러서서 연구 과정의 모든 측면을 새롭게 검토한다.

연구 방법으로서 직관적 탐구의 독특한 점은 직관적 탐구자가 연구의 발견으로부터 나타난 궤적들을 표현함으로써 세계 내의 인간 존재에 대한 새롭고 보다 정련된 방식의 이해를 제안한다는 점이다. 연구자들은 획기적인 통찰을 생성할 것이라는 희망을 품고 문화 전반에 걸쳐 주의를 끄는 주제들을 탐구한다. 암암리에 직관적 탐구는 '미래가 우리에게 요구하는 것은 무엇인가?'를 숙고한다. 그렇게 함으로써 직관적 탐구는 주제에 관한 확립된 과학적 담론을 유지하거나 파괴할 수 있기를 희망한다.

직관적 탐구에 관한 추가 정보는 다음의 논문과 책에서 찾을 수 있다(Anderson, 1998, 2000, 2004a, 2004b, 2011a, 2011b).

통합적 탐구

궁극적 진실은 만일 그러한 것이 있다면 많은 목소리의 조화를 요구한다.

– Carl Jung(1993, p. xiv)

통합적 탐구integral inquiry는 자아초월적이고 영적인 맥락의 주제들을 존중하고 설명하는 하나의 방법으로서 포괄적이고 통합적인 연구 접근이다. 이 접근은 관습적인 연구 접근들이 의도적으로 분리해 온 연구의 측면들을 포함하고 통합한다. 포함과 통합은 세 가지 주요 영역에서 일어난다. 첫째, 연구 회기는 학문적인 지식 획득, 연구 참가자들을 위한 임상적 · 교육적 · 여타의 이득 그리고 연구자 · 연구 참가자 · 연구 보고서를 읽는 독자들을 위한 심리영적 성장과 변용의 가능성을 동시에 제공한다. 둘째, 탐구하는 주제에 대한 폭넓은 이해는 경험의 본질, 주제의 역사와 개념화, 경험을 촉진하거나 방해하는 역동적인 전개 과정, 경험의 결과 혹은 '성과fruits'에 주의를 기울임으로써 가능하다. 셋째, 조사 과정에서 통합적 탐구자는 다양한 상보적인 형태의 앎, 존재, 행위를 경험하고 훈련한다. 여기에는 전통적 · 관습적 · 직관적 · 신체에 기초한, 느낌에 기초한 그리고 '직접적인' 형태의 앎, 일상적 · 비일상적 의식 상태, 자료에 대한 분석적 · 선형적, 비분석적 · 비선형적 방식의 작업, 대안적인 방식으로 결과를 표현하기(주제, 내러티브, 은유, 직유, 상징 그리고 비언어적인 창조적 표현) 등이 포함된다. 통합적 탐구는 양적 · 질적 자료의 수집과 분석 모두를 통합하기 때문에 혼합 방법 접근이라고 할 수 있다.

1990년대에 이 접근법이 개발되었을 때, **통합**이라는 용어는 이미 사용되고 있었고 Aurobindo(1948/2000)의 통합요가나 통합요가심리학, Gebser(1949/1986)의 의식의 통합구조, 나중에는 Wilber(2000)의 통합심리학에서 사용되었다. **통합적 탐구**라는 명칭은 이 세 가지 용례 어디에서도 영감을 받은 것은 아니지만, 이 접근은 이들 다른 관점들과 적지 않게 일치하는 내용을 갖고 있다. 이와 같이 포괄적이고, 다원론적이며, 실용주의적이고, 급진적으로 경험적이고, 유연하고, 개방적인 연구 접근의 본질적 특징은, 간략히 말해 '원칙을 엄밀히 따르는by the numbers' 형식이라고 설명할 수 있다.

1. 목표: 이 접근의 전반적 목표는 지식과 지혜 모두를 얻고 증진시키는 것이다.

2. 기대하는 결과: 통합적 탐구자는 연구 프로젝트에서 두 가지 결과를 추구한다. 연구

주제에 관한 정보(학문적 · 법칙정립적nomothetic 목표) 그리고 관여한 모든 참가자들의 변용이다.

3. 탐구 단계와 방식: 다른 모든 연구 접근과 마찬가지로, 통합적 탐구는 세 가지의 주요한 탐구 단계를 갖는다. 그것은 바로 연구 설계, 자료 수집 및 분석과 해석 그리고 연구 발견물을 독자들과 의사소통하는 것이다.

4. 연구 질문의 유형: 통합적 탐구의 차별적인 특징은 연구 주제에 적용할 수 있는 네 가지의 주요한 연구 질문 유형을 강조한다는 점이다. ① 경험(또는 연구 과정, 조건, 특성 혹은 상태)의 본질이 무엇인가, ② 경험(또는 주제의 다른 측면)은 역사적으로 어떻게 개념화되어 왔으며 연구되어 왔는가, ③ 경험은 어떤 방식으로 전개되고 발전되는가, 경험이 전개되는 단계는 무엇인가, 경험을 촉진하거나 방해하는 것은 무엇인가, 경험과 동반되는 것은 무엇인가, 그리고 ④ 경험의 결과 혹은 성과는 무엇인가이다. 이러한 각각의 질문 유형을 탐색하기 위해 다양한 방법이 사용된다.

5. 탐구의 효용성: 연구 프로젝트를 선택할 때, 통합적 탐구자는 연구의 수행과 발견이 다섯 유형의 프로젝트 '수혜자들'에게 유용한가를 고려한다. 그것은 바로 연구 참가자, 연구자, 최종 연구 보고서의 독자/소비자, 조사자의 학문 분야와 연구 영역 그리고 사회 전체이다.

6. 전인적 참여: 연구 프로젝트의 모든 단계를 통해 연구자와 연구 참가자 모두는 (그리고 연구 보고서의 독자들까지도) 탐구 과정에서 존재의 여섯 가지 측면이 참여하도록 초대된다. 그것은 바로 신체, 정서, 지성, 정신spirit, 관계, 창조적 표현(여섯 가지 주요 측면은, 현재는 소피아 대학으로 바뀐 자아초월심리학 연구소의 전인 교육에 의해 개발되었다)이다.

7. 의도의 초점: 탐구 과정 동안 연구자는 연구 프로젝트의 일곱 가지 측면에 주의와 의도를 두도록 요청된다. 그것은 바로 바른 탐구, 바른 참가자, 바른 표현(연구 참가자의 측에서), 바른 수용right reception(참가자의 제공 자료에 대한, 연구자의), 바른 표현(연구 프로젝트의 독자들에 대한, 연구자의), 바른 수용('소비자'에 의한 연구와 그 발견에 대한), 연구 발견물의 바른 사용과 실천이다.

8. 앎의 양식: 연구 프로젝트의 전 과정을 통해 연구자와 연구 참가자 모두는 (연구 발견의 독자들 또한) 연구 발견에 대한 자신의 지식, 판단, 이해를 증진하기 위해 앎의 여덟 가지 양식을 사용하도록 요청된다. 그것은 바로 감각적 인상, 언어와 사고, 이미지, 느낌, 직관, 변성의식 상태에서의 인식, 감각 및 운동의 자동성sensory and motor automatisms(자동적인 '무의식적' 반응), 초상적 · 직접적 앎의 방식(앎의 대상이 되거나 knowing through being 되어 가는 것을 통한 앎becoming the object of knowing)이다.

9. 영감의 원천: 통합적 탐구자는 협소한 최근의 문헌 조사, 자신이 전공하는 협소한 학문 분야나 연구 영역 내에 있는 자신의 연구 주제에 대한 기존의 발견들에만 관심을 한정하지 않고, 아홉 가지의 부가적 원천에서 정보를 얻도록 요청된다. 그것은 바로 자연과학, 심리학, 사회학, 인류학, 철학, 문학, 예술, 다양한 영적 지혜, 민속 전통, 개인적 및 일화적 증거이다.

10. 발견물의 의사소통: 연구자는 의도했던 독자들과 연구 발견물을 의사소통할 다양한 표현 수단을 사용할 수 있어야 한다. 여기에는 다음의 열 가지 방법이 포함된다. 그것은 바로 통계적 요약, 그림과 그래프, 표, 주제와 핵심 기술, 참가자의 내러티브, 연구자의 기술적 서술, 이미지와 표현예술(전자 형식을 포함하여), 시나 은유 및 상징, 소설, 전문가와 일반 대중을 위한 발표와 퍼포먼스이다.

통합적 탐구가 광범위한 방법, 실천, 원리를 포함하는 방식의 가치를 인정하는 것과 같이, 자아초월심리학과 주류 심리학은 보다 넓은 범위의 강조점들을 포함하기 위해 확장되어야 한다. 이와 같이 확장된 형태의 심리학—**포괄적이고 통합적인 심리학**—은 주류 심리학 내의 모든 학문 분야의 방법, 발견, 이론, 함의와 적용을 받아들여 정보로 사용해야 하며 또한 초심리학, 심령 연구, 영적 지혜의 전통, 인문학, 예술과 같은 인접 연구 분야로부터의 발견을 환영해야 한다. 통합적 탐구에서 예시한 포괄성과 통합은 심리학 이외의 학문 분야에서 실질적인 내용과 접근법을 확장시킬 수 있는 유사 모델로서도 그 역할을 할 수 있다.

통합적 탐구에 관한 추가적이고 상세한 정보는 많은 논문과 서적을 통해 찾아볼 수 있다(Braud, 1994, 1998a, 1998b, 1998c, 2002, 2006, 2011b, 2011c).

유기체적 탐구

유기체적 탐구organic inquiry는 질적 연구의 새로운 접근법으로서 심리영적 성장, 발달과 관련된 사람이나 주제의 연구에 적합한 방법이다. 연구자는 역의 상태liminal[1)]와 영적인 힘spiritual influences과의 협력 속에서 작업하며, 자신의 정신을 연구의 주체적 도구로 사용한다. 연구는 준비, 영감inspiration, 통합의 3단계 과정으로 구성되며, 이러한 과정에 따라 자료 수집과 분석을 진행한다.

이 접근법(처음에는 유기체적 연구로 칭했던)은 1990년대 중반 Jennifer Clements가 Dorothy Ettling, Lisa Shields, Nora Taylor, Dianne Jenett의 지원을 받으며 시작했고, 그들은 신성the sacred을 포함하는 연구 방법을 추구했다. 그 당시, Clements, Ettling, Shields, Taylor, Jenett은 현재는 소피아 대학으로 바뀐 자아초월심리학 연구소의 교수나 박사 과정 학생이었다. 그들은 협력과 상호 의존의 긍정적 가치를 인식하고, 다양성이 분리보다는 평등을 촉진하며, 영적 체험이 합리적 사고의 그림자 속으로 묻혀 들어가지 않는 작업 방식을 찾고자 했다(Clements, Ettling, Jenett, & Shields, 1998, 1999).

유기체적 탐구로 불리는 이유는 이 접근법이 하나의 생명체처럼 변화하는 과정이기 때문이다. 이 접근법은 변용적인 변화를 이끌며, 정보뿐 아니라 마음과 가슴 모두의 변화를 제공하는 변형을 포함하고 있다. 이 접근법은 스토리텔링을 통해 연구자, 참가자, 연구의 독자들을 이러한 변화로 인도하는 과정을 제공한다. 이야기는 독자 스스로 거기에서 변용의 함의를 발견하도록 느낌과 생각의 모든 형태를 활용하여 결과물을 제시한다. 참가자의 개인적 이야기, 참가자가 구성한 이야기composite participant story 그리고 연구자가 연구의 결과로서 변경한 방식의 이야기가 독자에게 제공된다. 연구의 전全 과정을 통해 연구 결과물을 읽는 사람들, 연구자, 참가자 그리고 최종 독자들은 자신, 영Spirit, 타인에게 봉사하는 더 큰 활동을 표지하는 최선의 변용에 민감해지도록 초대받는다.

유기체적 탐구의 가장 중요한 측면은 변용을 강조하는 점일 것이다. 이 접근법은 정신mind뿐 아니라 영, 신체, 느낌을 포함하는 통합적 관점을 갖고 있다. 유기체적 탐구는 자아초월심리학의 다양한 인간 발달 모델과 Jung(1921/1971)에 의해 확인된 심리적 유형 이론의 안내를 받으면서 **변용적 변화**transformative change를 제공하는 특정한 주제들을 다룬다.

---

1) 라틴어로 '문지방limen'을 뜻하는 이 말은 어떤 단계도 속하지 않는 '중간 상태' 혹은 '전이 단계'를 의미한다. Victor Turner(1920~1983)는 아프리카 원주민의 토착 의례에서 시공간의 경계를 통과하여 다른 세계로 이동하는 중간적 상태가 있는 것을 발견하고 이를 '역의 상태'라고 정의하였다(http://sonomad.tistory.com/82 2018. 11. 27. 검색).

변용적 변화는 자아초월적 발달을 향한 인생 행로의 움직임을 제공하는 세계관의 재구조화로 정의된다.

유기체적 탐구는 열려 있는 사람에게는 신성과 인간의 상호작용이 가능하다는 신비 전통의 가정을 포함한다. **역치**liminal 그리고 **역치 영역**liminal realm이라는 용어는 개인의 정신이 유용한 체험을 얻기 위해 닿을 수 있는 에고를 넘어선 상태를 기술하는 것으로서, 에고 상태에서는 거의 지각하기 어려운 상태를 일컫는다. 우리는 에고 너머의 역치를 가로질러 "원형적 영역의 보다 깊은 토대를 보고 경험하고 꽃피울 수 있도록"(Hopcke, 1991, p. 118) 체험을 얻고 귀환하는 것을 배울 것이다. 역치를 넘는 것은 정신을 덜 구조화되고 덜 익숙한 상태로 데려가며, 거기서 체험이 목격되지만 그 체험은 에고에 의해 창조되거나 통제된 것이 아니다. 역치라는 용어는 에고 너머의 보다 중립적인 작용을 가리키기 위해 사용된다.

이 접근법을 사용하는 동안, 연구자는 자신의 이야기 그리고 연구 참가자의 이야기를 갖고 작업한다—이야기란 연구되는 특정한 체험에 관한 이야기를 말한다. 분석은 자료와의 역치 상태에서의 만남liminal encounters에 대한 인지적 통합을 포함하며, 주제에 대한 연구자의 이해와 체험에서의 변용적인 변화(특히, 자기, 영 그리고 봉사를 향한 더 큰 움직임과 관련하여)를 가져올 것이다. 연구자의 이야기는 연구 참가자의 이야기와의 만남이라는 중요한 과정을 통해 변화하게 된다. 이야기는 사고뿐 아니라 느낌을 불러일으키는 수단으로서 주제에 관한 다양하고 심오한 과정을 보여 줌으로써 개별 독자들이 변용적 해석 과정—머리와 가슴 모두의 변용—에 참여하도록 돕는다.

유기체적 탐구에서 타당성은 '이것이 나에게 유익한가?'라는 질문에 답함으로써 평가된다. 연구가 개별 독자에게 영향을 미치는 데 성공했을 때 **변용적 타당성**transformative validity을 확보한다. 이는 독자에게 지배적이었던 이야기가 자기, 영 그리고 봉사의 영역에서 변화가 되었는가를 확인함으로써 가능하다. 초기 독자들의 반응을 통해 연구의 잠재적인 변용의 타당성을 어느 정도 알 수 있을 것이다.

유기체적 이미지 An organic image 유기체적 연구의 특징은 나무가 성장하는 이미지로 그려질 수 있다. 유기체적 탐구의 다섯 가지 주요 특징—신성한, 개인적인, 지하의, 연결된, 변용적인—은 연속적이기보다는 누적적이다. 이들은 정해진 순서라기보다는 동시에 발생한다.

신성한sacred: **토양을 준비하기**preparing the soil 씨앗을 심기 전, 땅이 준비된다. 유사하게 유기체적 접근에 참여하기 전, 신성한 시각을 배양하기 위해 오래된 습관과 기대를 파 엎어야 한다.

개인적인personal: 씨앗을 심기planting the seed 씨앗을 심는 행위는 주제에 관한 연구자의 초기 체험을 묘사한다. 최고의 주제는 열정적인 의미를 가질 것인데, 이 주제가 연구자 자신의 심리 영적 성장의 기회를 제공하기 때문이다.

지하의chthonic: 뿌리가 나타나다the roots emerge 나무뿌리는 의도하는 대로 자라지도 않고 눈에 보이지도 않는 것처럼, 유기체적 탐구는 주관적이고 영적인 원인으로 인해 자기 고유의 비밀스런underground 행로를 따르게 된다. 살아 있는 나무와 같이, 유기체적 탐구 과정은 진화와 변화를 따른다.

연결된related: 나무의 성장growing the tree 참가자의 이야기는 연구의 줄기 이야기와 접목되어 생기를 불어넣는 가지이다.

변용적인transformative: 열매를 수확하기harvesting the fruit 유기체적 탐구의 열매는, 특히 독자들의 변용적인 변화, 마음과 가슴의 변화이다. 유기체적 탐구에 관한 추가 정보는 다음의 자료에서 얻을 수 있다(Clements, 2002, 2004, 2011; Clements, Ettling, Jenett, & Shields, 1998, 1999).

연구자의 준비와 자아초월적 기술

모든 형태의 연구에서—양적 · 질적 · 자아초월적—가장 중요한 연구의 실제적 '도구'는 연구자 자신이다. 이는 연구 주제의 선정에서부터 수집된 자료를 분석하고 해석하며 제시하는 방식에 이르기까지, 연구자의 자질qualitie과 기술skill이 연구 프로젝트의 모든 측면을 결정하기 때문이다. 연구자의 자질을 평가하는 유용한 방식은 연구자의 **준비도**preparedness 또는 **적합도**adequateness에 대해 말해 보는 것이다. 기존의 연구 문헌에서는 연구자의 특질과 기술 그리고 이러한 특질과 기술이 연구 프로젝트에서 어떻게 확인되고 증진되며 적절하게 사용될 수 있는가에 관해 협소한 범위만을 설명하고 있다.

연구법 교재나 연구 사이트에서 전형적으로 다루어지는 기술은 일반적으로 인지적이고 지적인 기술로 제한된다. 여기에는 정확한 관찰, 비판적 사고, 효율적인 문제 해결, 관련 정보의 발견과 평가, 효과적인 자료 분석, 연구 발견을 전문가 동료들과 명료하게 의사소통하기, 조사의 전 과정을 통해 중립적이고 '객관적인' 태도 유지하기 등이 포함된다. 이러한 기술들은 자아초월 연구자의 준비에 있어서 필수적이지만 그것으로만은 충분치 않다. 자아초월적 관련성을 갖는 주제들을 심층적이고 철저하게 조사하기 위해서는 이러한 전통적인 기술들에 더하여 연구 훈련에서는 거의 설명되지 않았던 추가적인 기술이 필요하다.

이러한 기술을 **통합적 연구 기술**integral research skill이라고 부를 수 있는데, 그것은 이러한 기술을 함께 사용할 때 연구 주제에 대하여 보다 완전하고 통합적인 이해를 제공해 줄 수 있기 때문이다. 이것들은 두 가지 이유에서 **자아초월적 연구 기술**transpersonal research skill이라고 부를 수도 있다. 첫째, 이러한 기술은 자아초월과 관련한 영적 지혜의 전통에서 중요한 훈련의 기초를 제공해 왔다. 둘째, 자기-자각의 증대, 정체감의 확장, 세계에 대한 확장된 방식의 앎, 행위 그리고 존재와 같은 자아초월적 의도를 가지고 수행되는 훈련이라면 이러한 훈련은 자아초월적 관련성을 갖고 있다고 할 수 있으며, 이는 일상적인 에고의 기능 방식을 넘어서 있다. 이러한 기술은 훈련을 통해 증진될 수 있으며 연구 프로젝트의 모든 단계에서 활용될 수 있다.

우리는 이 장에서 통합적 혹은 자아초월적 기술 중에서 10가지를 짧게 개관하고, 각 기술이 연구의 여러 단계에서 훈련되고 사용되는 방식을 간단히 기술할 것이다.

의도를 갖고 작업하기working with intention 연구 프로젝트의 모든 단계에 관한 의도(특정 목적을 향해 지향된 주의)의 신중한 구상과 자각 훈련은 연구 목적의 실현을 촉진한다.

침묵하기 그리고 느려지기quieting and slowing 다른 기술의 사용을 위한 무대를 마련하기, 편안함과 고요함, 주의 분산과 '소음'을 줄이기, 구조와 구속을 완화하기, 변화를 허용하기, 연구 대상의 미묘한 측면에 대한 보다 완전한 관찰과 인식을 허용하는 것이다.

주의를 갖고 작업하기working with attention 주의 배분 · 주의 집중 · 주의 옮기기 훈련, 주의 탈자동화, 다양한 정보 형태와 경로에 주의하기, 주의 초점을 변화시키기 또는 주의를 확장하기, 관찰하는 의식을 개발하기. 명상은 실제로 주의를 효율적으로 사용하는 특별한 방식이다.

청각 기술auditory skills 외부와 내부의 소리, 소리 기억sound memories과 소리 상상sound imagination에 대한 보다 완전한 주의를 기울이는 훈련을 하는 것이다.

시각 기술, 심상화, 시각화, 상상visual skills, imagery, visualization, imagination 외부와 내부의 시각과 이미지에 보다 완전한 주의를 기울이는 훈련, 기억 이미지memory images, 시각화, 자발적인 또는 유도된 심상화의 사용, 적극적 상상active imagination, 자율적 상상empowered imagination을 하는 것이다.

운동감각적 기술kinesthetic skills 거칠고 미묘한 움직임gross and subtle movements을 통해 앎, 기억 그리고 앎과 존재의 표현을 훈련을 하는 것이다.

고유 수용기적 기술proprioceptive skills 미묘한 내장과 근육 감각을 인식하고 알아차리는 훈련, 느껴지는 감각felt senses, 느낌, 정서적인 앎과 작업하는 것이다.

직접적인 앎, 직관, 공감적 일체화direct knowing, intuition, empathic identification 앎의 대상과 일체감을 갖기 및 현존, 공감, 교감, 자비, 사랑, 존재, 되어 감becoming, 참여를 통한 앎, 초심리학적 과정parapsychological processes이다.

무의식적 과정과 자료에 접근하기accessing unconscious processes and materials 에고의 통제를 완화하기, 암묵적 앎tacit knowing, 역치적이고 과도적인 조건들liminal and transitional conditions, 부화incubation, 이전에 무의식적 정보를 전달한 매개체에 대한 주의, 무의식적 경향을 확인하는 것이다.

놀이와 창조적 예술play and the creative arts 호기심, 창조성, 통찰력을 기르기, 초심자의 마음을 격려하기, 신기함 및 새로운 조합을 제공하는 것이다. 흥분, 열광, 탐험을 격려한다.

10가지 기술 각각의 체계적 훈련을 위한 체험적 연습과 자아초월 연구의 세 가지 주요 단계—연구 계획과 자료 수집, 자료의 분석과 해석 그리고 연구 발견을 독자 또는 청중과 소통하기—의 사용에 관한 상세한 내용은 Anderson과 Braud(2011)의 연구에서 찾을 수 있다.

마지막으로, 자아초월 연구에서 폭넓게 활용할 수 있는 또 다른 일련의 기술과 도구가 있다. 이것은 Root-Bernstein과 Root-Bernstein(1999)이 기술한 13가지 사고의 도구이다. Root-Bernstein과 Root-Bernstein은 이 도구가 과학, 수학, 인문학, 예술과 같은 다양한 분야에서 창조적인 사람들에 의해 사용되었을 때 갖는 힘을 설득력 있게 증명해 왔다. 그들은 또한 이러한 도구의 더 나은 사용법을 학습하는 방법을 보여 주었다. 그들이 제시한 13가지 도구는 **관찰하기**observing, **상상하기**imaging, **축약하기**abstracting, **패턴을 인식하기**recognizing patterns, **패턴을 형성하기**forming patterns, **유추하기**analogizing, **신체로 생각하기**body thinking, **공감하기**empathizing, **차원적 사고**dimensional thinking, **모델링**modeling, **놀기**playing, **변용하기**transforming 그리고 **합성하기**synthesizing의 과정으로 구성되어 있다.

자아초월 연구의 미래 방향

자아초월 학문과 연구 분야에서 양적 · 질적 · 혼합 방법 접근을 포괄하는 경험적 연구가 점점 더 증가하고 있다. 자아초월 연구의 개요에 대한 소개를 마무리하면서 우리는 다음의 세 가지 권고를 하고자 한다.

1. 자아초월심리학과 자아초월 연구가 인간과학과 인문학의 주류 과학적 대화에 영향을 미치고 싶다면 자아초월 연구자들은 심리학과 인간과학에서 현재 일어나고 있는 방법론적 혁신의 최신 추세를 따를 필요가 있다. 일반적으로, 기술적 자료가 자아초월적이고 영적인 체험의 깊고 미묘한 특성을 더 잘 묘사하기 때문에 대부분의 자아초월 연구자는 질적 접근에 끌리고 훈련한다. 그러나 심리학과 인간과학의 최신 발달 추세를 따르기 위해서 자아초월 연구자들은 양적 및 혼합 방법 접근을 훈련할 필요가 있으며, 적어도 다양한 새로운 통계 분석을 훈련한 양적 연구자들이 포함된 연구 팀에 참여할 필요가 있다.

2. 현재의 방법론적 기준에 맞지 않는 연구 방법, 절차 및 표현이 무엇인지 고려하면서 채택한 연구 방법과 절차가 미래에 사용 가능한 방법이 되도록 해야 한다. 모든 연구 실천은 그 연구가 실시되는 역사적 시기나 사람들에 의해 영향을 받는다. 우리가 현재 사용하는 방법들은 새로운 시대와 환경에 따라 변화할 것이다. 현재 모르는 것이 무엇인지 혹은 어떤 방법이 미래에 요구될 것인가를 안다는 것은 불가능하며, 특히 소수 집단, 토착 문화 그리고 비-서구 문화의 경험에 관한 연구의 경우에는 더욱 그러하다.

3. 많은 자아초월 연구자는 이 분야에서 기존에 확립된 전통을 유지하면서 자아초월적 / 영적인 현상은 이전에 일어났던 것을 포함하고 초월하면서 변화한다는 점을 인식하고 있다. 자아초월적이며 영적인 연구에서 연구자는 적어도 부분적으로는 형언 불가능하고 변화하는 현상을 연구하고 있다. 신비적 현상은 언제나 인간의 이해로는 도달하지 못한다. 따라서 자아초월 연구를 수행함에 있어 관용과 겸손의 정신은 필수적이다. 인간과 전체 의식은 알 수 없는 방식으로 변화할 수 있음을 인정해야 한다. 물론 명확하고 엄격한 연구를 위한 노력과 최선의 연구 방법을 사용해야 한다는 것은 말할 필요가 없다. 그러나 현 시대에 사용 가능한 방법을 활용하여 최선의 엄격성을 추구할지라도, 연구자들이 추구하는 이해는 역사가 진전되어 새로 개발된 연구 방법의 관찰을 통해 변화될 것이다. 심리학과 인간과학 모두에서 연구 방법은 지속적으로 개발되고 있으며 지식의 패러다임은 변화하고 있다. 양적 · 질적 방법 모두에서 새로운 연구 방법과 절차를 훈련하는 것은 매년 쏟아져 나오는 방대한 관련 정보를 고려하면 매우 도전적인 과업이 될 것이다. 그러나 보다 더 도전적인 일은 늘 변화하며 언제나 우리의 이해를 벗어나는 자아초월 현상에 대해 확신을 갖고 연구에 참여한다는 점일 것이다.

주석

1 William Braud는 2012년 5월 13일에 사망했다. 우리는 20년 지기의 친구이자 지성의 동료였다. 이에 대해 감사하며, 나는 자아초월심리학과 내 인생에 미친 그의 많은 공헌이 인정받기를 바란다.

참고문헌

Abram, D. (1996). *The spell of the sensuous: Perception and language in a more-than-human world.* New York, NY: Pantheon Books.

Anderson, R. (1998). Intuitive inquiry: A transpersonal approach. In W. Braud & R. Anderson, *Transpersonal research methods for the social sciences: Honoring human experience* (pp. 69-94). Thousand Oaks, CA: Sage.

Anderson, R. (2000). Intuitive inquiry: Interpreting objective and subjective data. *ReVision: Journal of Consciousness and Transformation, 22*(4), 31-39.

Anderson, R. (2001). Embodied writing and reflections on embodiment. *Journal of Transpersonal*

Psychology, 33(2), 83-96.

Anderson, R. (2002a). Embodied writing: Presencing the body in somatic research. Part I. What is embodied writing? *Somatics: Magazine/Journal of the Mind/Body Arts and Sciences, 13*(4), 40-44.

Anderson, R. (2002b). Embodied writing: Presencing the body in somatic research. Part II. Research Applications. *Somatics: Magazine/Journal of the Mind/Body Arts and Sciences, 14*(1), 40-44.

Anderson, R. (2004a). Guest editor, intuitive inquiry. *The Humanistic Psychologist, 32*(4).

Anderson, R. (2004b). Intuitive inquiry: An epistemology of the heart for scientific inquiry. *The Humanistic Psychologist, 32*(4), 307-341.

Anderson, R. (2011a). Intuitive inquiry: Exploring the mirroring discourse of disease. In F. Wertz, K. Charmaz, L. McMullen, R. Josselson, & R. Anderson (Eds.), *Five ways of doing qualitative analysis: Phenomenological psychology, grounded theory, discourse analysis, narrative research, and intuitive inquiry* (pp. 243-278). New York, NY: Guilford.

Aurobindo, S. (2000). *The synthesis of yoga*. Pondicherry, India: Sri Aurobindo Ashram Press. (Original work published serially 1914-192, and in book form 1948).

Brandt, P. L. (2007). Nonmedical support of women during childbirth: The spiritual meaning of birth for doulas. *Dissertation Abstracts International, 68*(07) 0669B (UMI #3274206).

Braud, W. (1994). *Toward an integral methodology for transpersonal studies*. Working Paper Number 1994-1 of the William James Center for Consciousness Studies, Institute of Transpersonal Psychology, Palo Alto, CA. Retrieved from http://www.inclusivepsychology.com/archives.html

Braud, W. (1998a). An expanded view of validity. In W. Braud & R. Anderson (Eds.), *Transpersonal research methods for the social sciences: Honoring human experience* (pp. 213-237). Thousand Oaks, CA: Sage.

Braud, W. (1998b). Can research be transpersonal? *Transpersonal Psychology Review, 2*(3), 9-17.

Braud, W. (1998c). Integral inquiry: Complementary ways of knowing, being, and expression. In W. Braud & R. Anderson (Eds.), *Transpersonal research methods for the social sciences: Honoring human experience* (pp. 35-68). Thousand Oaks, CA: Sage.

Braud, W. (2002). The ley and the labyrinth: Universalistic and particularistic approaches to knowing. *Transpersonal Psychology Review, 6*(2), 47-62.

Braud, W. (2006). Educating the "more" in holistic transpersonal higher education: A 30+ year perspective on the approach of the Institute of Transpersonal Psychology. *Journal of Transpersonal Psychology, 38*(2), 133-158.

Braud, W. (2011a). *An expanded form of research and disciplined inquiry*. Retrieved fromhttp://inclusivepsychology.com/essays.html

Braud, W. (2011c). Integrating Yoga epistemology and ontology into an expanded integral approach to research. In M. Cornelissen, G. Misra, & S. Varma (Eds.), *Foundations of Indian psychology,* (Vol. 1, pp. 288-311). New Delhi, India: Pearson.

Braud, W., & Anderson, R. (1998). *Transpersonal research methods for the social sciences: Honoring human experience*. Thousand Oaks, CA: Sage.

Carlock, S. E. (2003). The quest for true Joy in union with God in mystical Christianity: An intuitive inquiry study. *Dissertation Abstracts International, 65*(04) 0669B (UMI #3129583).

Cervelli, R. L. (2009). An intuitive inquiry into experiences arising out of the Holotropic Breathwork ® technique and its integral mandala artwork: The potential for self-actualization. *Dissertation Abstracts International, 70*(12) 0669B (UMI #3380360).

Clements, J. (2002). *Organic inquiry: Research in partnership with spirit*. Unpublished manuscript, Institute of Transpersonal Psychology, Palo Alto, CA.

Clements, J. (2004). Organic Inquiry: Toward research in partnership with spirit. *Journal of Transpersonal Psychology, 36*, 26-49.

Clements, J., Ettling, D., Jenett, D., & Shields, L. (1998). Organic research: Feminine spirituality meets transpersonal research. In W. Braud & R. Anderson (Eds.), *Transpersonal research methods for the social sciences: Honoring human experience* (pp. 114-127). Thousand Oaks, CA: Sage.

Clements, J., Ettling, D., Jenett, D., & Shields, L. (1999). *If research were sacred: An organic methodology* (Rev. ed.). Retrieved from http://www.serpentina.com/research-x.html

Coleman, B. (2000). Women, weight, and embodiment: An intuitive inquiry into women's psycho-spiritual process of healing obesity. *Dissertation Abstracts International, 61*(04) 0669B (UMI #9969177).

Creswell, J. W., & Plano Clark, V. L. (2011). *Designing and conducting mixed methods research*. (2nd ed.). Thousand Oaks, CA: Sage.

Dufrechou, J. (2004). We are one: Grief, weeping, and other deep emotions in response to nature as a path toward wholeness. *The Humanistic Psychologist, 32*(4), 357-378.

Esbjörn, V. C. (2003). Spirited flesh: An intuitive inquiry exploring the body in contemporary female mystics. *Dissertation Abstracts International, 64*(06) 0669B (UMI #3094309).

Esbjörn-Hargens, V. (2004). The union of flesh and spirit in women mystics. *The Humanistic Psychologist, 32*(4), 401-425.

Fine, M. (1992). *Disruptive voices: The possibilities of feminist research*. Ann Arbor, MI: University of Michigan Press.

Gadamer, H. (1976). On the problem of self-understanding. In D. E. Linge (Ed. & Trans.), *Philosophical hermeneutics* (pp. 44-58). Berkeley, CA: University of California Press. (Original work published 1962).

Gebser, J. (1986). *The ever-present origin* (N. Barstad & A. Mickunas, Trans.). Athens, OH: Ohio University Press. (Original work published 1949 [German]).

Gendlin, E. T. (1991). Thinking beyond patterns: Body, language, and situations. In B. den Ouden & M. Moen (Eds.), *The presence of feeling in thought* (pp. 25-151). New York, NY: Peter Lang.

Gendlin, E. T. (1992). The primacy of the body, not the primacy of perception. *Man and World, 25*(3-4), 341-353.

Gladwell, M. (2006). So predictable [Video file]. Retrived from http://www.newyorker.com/online/video/2006/10/09/predictable

Hartelius, G., & Rothe, G. (2013). Partial results of research. Manuscript in preparation.

Hesse-Biber, S. N. (2010). *Mixed methods research: Merging theory with practice*. New York, NY: Guilford.

Hill, R. F. (2003). Mountains and mysticism: Climbing in thin air and ransformation. *Dissertation Abstracts International, 64*(10) 0669B (UMI #3110309).

Hoffman, S. L. (2004). Living stories: Modern storytelling as a call for connection. *The Humanistic Psychologist, 32*(4), 379-400.

Hopcke, R. H. (1991). On the threshold of change: Synchronistic events and their liminal context in analysis. In N. Schwartz-Salant & M. Stein (Eds.), *Liminality and transitional phenomena* (pp. 115-132). Wilmette, IL: Chiron.

Hoyle, R. H. (2012). *Handbook of structural equation modeling*. New York, NY: Guilford.

Luna, L. E., & Amaringo, P. (1991). *Ayahuasca visions: The religious iconography of a Peruvian shaman*. Berkeley, CA: North Atlantic Books.

MacDonald, D. A., Friedman, H. L., & Kuentzel, J. G. (1999). A survey of measures of spiritual and transpersonal constructs: Part one-research update. *Journal of Transpersonal Psychology, 31*(2), 137-154.

MacDonald, D. A., Kuentzel, J. G., & Friedman, H. L. (1999). A survey of measures of spiritual and transpersonal constructs: Part two-additional instruments. *Journal of Transpersonal Psychology, 31*(2), 155-177.

MacDonald, D. A., LeClair, L., Holland, C. J., Alter, A., & Friedman, H. L. (1995). A survey of measures of transpersonal constructs. *Journal of Transpersonal Psychology, 27*(2), 171-235.

Manos, C. (2007). Female artists and nature: An intuitive inquiry into transpersonal aspects of creativity in the natural environment. *Dissertation Abstracts International, 68*(07) 0669A (UMI #3270987).

Maslow, A. H. (1969). The farther reaches of human nature. *Journal of Transpersonal Psychology, 1*(1), 1-19.

McGrath, R. E. (2011) *Quantitative models in psychology*. Washington, DC: American Psychological Association.

Mertens, D. M. (2009). *Transformative research and evaluation*. New York, NY: Guilford.

Moustakas, C. (1990). *Heuristic research: Design, methodology, and applications*. Newbury Park, CA: Sage.

National Institutes of Health, Office of Behavioral and Social Sciences Research. (2010). *Best practices for mixed methods research in the human sciences*. Washington, D.C.: Author. Retrieved from http://obssr.od.nih.gov/scientific_areas/methodology/mixed_ methods_research/introduction. aspx

Netzer, D. (2008). Mystical poetry and imagination: Inspiring transpersonal awareness of spiritual freedom. *Dissertation Abstracts International, 69*(08) 0669B (UMI #3316128).

Nielsen, J. M. (Ed.). (1990). *Feminist research methods: Exemplary readings in the social sciences*. Boulder, CO: Westview Press.

Perry, A. (2009). Does a unitive mystical experience affect authenticity? An intuitive inquiry of ordinary Protestants. *Dissertation Abstracts International, 70*(02) 0669B (UMI #3344550).

Phelon, C. R. (2004). Healing presence in the psychotherapist: An intuitive inquiry. *The Humanistic Psychologist, 32*(4), 342-356.

Reinharz, S. (1992). *Feministmethods in social sciences.* New York, NY: Oxford University Press.

Rickards, D. E. (2006). Illuminating feminine cultural shadow with women espionage agents and the dark goddess. *Dissertation Abstracts International, 68*(10) 0669B (UMI #3286605).

Schleiermacher, F. (1977). *Hermeneutics: The handwritten manuscripts.* In H. Kimmerle (Ed.; D. Luke & J. Forstman, Trans.). Missoula, MT: Scholars Press. (Original work published 1819).

Shepperd, A. E. (2006). The experience of being deeply moved: An intuitive inquiry. *Dissertation Abstracts International, 67*(05), 0669B (UMI #3221764).

Sheridan, J., & Pineault, A. (1997). Sacred land-sacred stories. In R. Davis-Floyd & P. S. Arvidson (Eds.), *Intuition: The inside story* (pp. 57-80). New York, NY: Routledge.

Sutich, A. (1969). Some considerations regarding transpersonal psychology. *Journal of Transpersonal Psychology, 1*(1), 11-20.

Unthank, K. W. (2007). "Shame on you": Exploring the deep structure of posttrauma survival. *Dissertation Abstracts International, 68*(07) 0669B (UMI #3270986).

Wertz, F. J., Charmaz, K., McMullen, L. M., Josselson, R., Anderson, R., & McSpadden, E. (2011). *Five ways of doing qualitative analysis: Phenomenological psychology, grounded theory, discourse analysis, narrative research, and intuitive inquiry.* New York, NY: Guilford Press.

번역 출판

Anderson, R. (2011b). Intuitive inquiry: The ways of the heart in human science research. In R. Anderson and & W. Braud (Eds.), *Transforming self and others through research: Transpersonal research methods and skills for the human sciences and humanities* (pp. 1570). Albany, NY: State University of New York Press. (서광, 문일경, 서승희 역. 자아초월 연구방법론: 명상심리학, 불교상담, 영성심리학 연구. 서울: 학지사, 2019).

Anderson, R., & Braud, W. (2011). *Transforming self and others through research: Transpersonal research methods and skills for the human sciences and humanities.* Albany, NY: State University of New York Press. (서광, 문일경, 서승희 역. 자아초월 연구방법론: 명상심리학, 불교상담, 영성심리학 연구. 서울: 학지사, 2019).

Braud, W. (2011b). Integral inquiry: The principles and practices of an inclusive and integrated research approach. In R. Anderson & W. Braud (Eds.), *Transforming self and others through research: Transpersonal research methods and skills for the human sciences and humanities* (pp. 71-130). Albany, NY: State University of New York Press. (서광, 문일경, 서승희 역. 자아초월 연구방법론: 명상심리학, 불교상담, 영성심리학 연구. 서울: 학지사, 2019).

Clements, J. (2011). Organic inquiry: Research in partnership with spirit. In R. Anderson & W. Braud (Eds.), *Transforming self and others through research: Transpersonal research methods and skills for the human sciences and humanities* (pp. 131-159). Albany, NY: State University of

New York Press. (서광, 문일경, 서승희 역. 자아초월 연구방법론: 명상심리학, 불교상담, 영성심리학 연구. 서울: 학지사, 2019).

Gadamer, H. (1998). *Truth and method* (2nd rev. ed. J. Wiensheimer & D. Marshall Trans.). New York, NY: Continuum. (Original work published 1960). (이길우, 이선관, 임호일, 한동원 역. 진리와 방법 1, 2: 철학적 해석학의 기본 특징들. 경기: 문학동네, 2012[개정판]).

Greene, J. C. (2007). *Mixed methods in social inquiry*. San Francisco: John Wiley & Sons. (이진희 역. 사회과학 혼합연구방법의 이론과 실제. 서울: 시그마프레스, 2011).

Jung, C. G. (1971). *Psychological types* (H. G. Baynes, Trans.). In *The collected works of C. G. Jung* (Vol. 6, 2nd ed.). Princeton, NJ: Princeton University Press. (Original work published 1921). (정명진 역. 심리 유형. 서울: 부글북스, 2019).

Jung, C. G. (1993). Foreword. In E. Neumann, *The origins and history of consciousness* (pp. xiii-iv). Princeton, NJ: Princeton University Press. (이유경 역. 의식의 기원사. 서울: 분석심리연구소, 2010).

Merleau-Ponty, M. (1962). *Phenomenology of perception* (C. Smith, Trans.). London, UK: Routledge & Keegan Paul. (Original work published 1945 [French]). (류의근 역. 지각의 현상학. 서울: 문학과지성사, 2002).

Merleau-Ponty, M. (1968). *The visible and the invisible* (A. Lingis, Trans.). Evanston, IL: Northwestern University Press. (Original work published 1964 [French]). (남수인, 최의영 역. 보이는 것과 보이지 않는 것. 서울: 동문선, 2004).

Root-Bernstein, R., & Root-Bernstein, M. (1999). *Sparks of genius: The thirteen thinking tools of the world's most creative people*. Boston, MA: Houghton Mifflin. (박종성 역. 생각의 탄생: 다빈치에서 파인먼까지 창조성을 빛낸 사람들의 13가지 생각도구. 서울: 에코의서재, 2008).

Tashakkori, A., & Teddlie, C. (2003). *Mixed methodology: Combining qualitative and quantitative approaches*. Thousand Oaks, CA: Sage. (염시창 역. 통합연구방법론: 질적 · 양적 접근방법의 통합. 서울: 학지사, 2001).

Wilber, K. (2000). *Integral psychology: Consciousness, spirit, psychology, therapy*. Boston, MA: Shambhala. (조옥경 역. [켄 윌버의] 통합심리학: 의식 · 영 · 심리학 · 심리치료의 통합. 서울: 학지사, 2008).

제14장

신경현상학

- 뇌와 경험에 대한 실험 연구와 비교문화적 연구의 향상

Charles D. Laughlin, Adam J. Rock

우리가 아는 한 인간 실존의 유일한 목적은 미약한 존재의 어둠 속에서 빛을 밝히는 것이다.

- C. G. Jung, 『기억, 꿈, 성찰』

사회과학과 행동과학의 역사에 비추어 볼 때, 신경인식론과 신경현상학 두 가지를 모두 거치지 않은 방법에 대한 논의는 곧 고려할 가치가 없는 것으로 간주될 것이다. 그 이유는 의식이 뇌의 내부 조직의 기능이라고 알려졌기 때문이다(Changeux, 1985; Damasio, 2010; Koch, 2004; LeDoux, 2003; Nunez, 2010; Purves, 2010). 모든 생각, 이미지, 감각, 직관, 지각 그리고 감각적 경험은 뇌의 기관에 의해 중재된다. 그러므로 우리가 알고 있는 것과 관련된 질문이 일어난다. 그것은 우리가 알 수 있는 것과 알 수 없는 것은 무엇인지, 성에 관한 스타일은 어떠한지, 아는 것에 대한 상징적 본성은 무엇인지, 경험의 세계를 어떻게 인식하는지, 그리고 뇌가 조직화하고 발달하는 방법에 대한 정신의 실제적인 의문을 가지고 무의식이 어떻게 상호작용하는지, 그리고 어떤 제한된 요인들이 뇌의 조직화에 의해, 그리고 발달하고 있는 뇌의 물리적이고 사회문화적 환경들에 의해 더 알고자 하는 것을 방해하는지이다(Mesquita, Barrett, & Smith, 2010). 그러므로 우리가 신경현상학 개념의 기원과 의미를 논의하기 전에 의식과 현상학의 개념을 설명하는 것이 바람직하다.

의식과 현상학

많은 철학자(예를 들면, Block, 1995, 2002; Forman, 1996)는 의식consciousness이라는 용어와 관련된 모호함의 상당한 이유가 이 용어가 지니는 다양한 의미에 있다고 주장했다. 보편적으로 받아들이는 정의가 아직 공식화되지는 않았지만, 의식 연구는 일반적으로 일련의 현상에 의해 정의될 수 있다(Wallace & Fisher, 1987, p. 12). 어떤 경우에는 의식 개념의 구성 요소가 무의식적 기능과 관련된 인식(Krippner, 1972), 관심, 인식 및 기억에 이르기까지 다양하다(Farthing, 1992). 이 논문의 맥락에서 우리는 어떤 것을 의식적으로 알아차리는 감각을 의식이라고 한다. 따라서 우리는 의식의 개념에 대한 의식적 각성 측면만을 고려할 것이다.

거의 한 세기 전 Franz Brentano(1838~1917; Brentano, 1874/1973 참조)로부터 인용한 Husserl(1913/1970)은 인간 의식의 구조를 의도적인 것으로 특징지었다. 즉, Husserl의 관점에서 "모든 의식은… 어떠한 것의 의식이다"(Sartre, 1958). 이 문장에서 의식은 무엇에 대한 것(Moran, 2000)에 의해 특징지어진다. 예를 들어, 어떤 사람은 의식적으로 갈망을 알아차릴 수 있다. 비슷하게 『존재와 무Being and Nothingness』에서 Sartre(1958)는 사람들의 의식은 항상 초월적 대상을 지향한다는 관찰 결과를 의미하는 '위치 자기의식'이라는 용어를 만들었다. "나의 실제 의식은 테이블이 있는 바깥쪽으로 향한다. 나의 모든 판단과 실제 활동, 나의 모든 현재의 성향은 스스로를 초월한다. 그들은 테이블을 목표로 두며, 그것에 열중한다"(p. lii).

그 후 Natsoulas(1978)는 의식에 관한 중대한 이론 연구를 통해 Husserl과 Sartre의 주장을 되풀이했다. "의식을 가지고 있는 사람은 그것이 의미하는 바가 무엇이든지 간에 무엇인가에 대한 인식을 포함해야 한다"(p. 910). Rock과 Krippner(2007a, 2007b)는 인지심리학 문헌의 검토를 통해 Husserl의 의도적인 논문에 대한 지지를 주장했다. 즉, 수많은 인지심리학자(예를 들면, Benjafield, 1992; Matlin, 1998; Nairne, 1997; Solso, 2001)는 의식을 물리적 혹은 외부 그리고 현상적 혹은 내부 공간으로 정의했다. 예를 들어, 샤먼 여행 중에 경험할 수 있는 단조로운 드럼 소리에 노출된 실험 참가자를 생각해 보라. 참가자는 시간 지각의 변화, 긍정적 영향의 변동, 향상된 시각적 정신 이미지의 선명도 등과 같은 자극과 관련된 물리적 반응 및 주관적인 경험을 의식적으로 인식한다.

앞서 언급한 **현상적 공간**이라는 용어는 Block(2002)의 현상학에 대한 의식적인 인식을 가리키는 **현상학적 의식**에 대한 개념을 고려함으로써 더 자세히 설명될 수 있다. Block은 경험을 현상학적 의식과 동일시한다. 따라서 현상학적 의식의 속성은 경험적 속성, 구체적 감각, 감정 및 수용의 경험적 속성, 생각, 욕망 및 감정을 구성한다(p. 206). Block의 경우, 본질의 경험적 속성의 총체는 그것을 가지는 것이 어떤 느낌인가(p. 206)이다. 예를 들어, 우리는 초콜릿 밀크쉐이크를 마시는 동안 어떤 경험을 하고 있는지 인식할 수 있다. 즉, 밀크쉐이크를 마시는 것이 어떤 느낌인지 알 수 있다.

Block(2002)과 일치하는 방식으로 Chalmers(1996)는 마음의 현상적 개념이라는 용어를 사용함으로써 의식적 경험을 해석했다. 간단히 말하면, 이러한 마음의 개념은 질적인 느낌이나 질적 요소인 사물을 보는 방식(Dennett, 2002, p. 226)이 특징이다. 예를 들어, 애주가가 술을 마실 때의 알코올 반응에 대한 실험을 생각해 보자. Daniel Dennett의 추론에 따르면 애주가들에게는 시각적인 경험, 즉 술잔에 대한 주관적인 시각적 인식에 의해 맛이나 알코올 반응이 좌우되기도 한다.

유사하게 Dennett(1993)에 의하면 심리학자들과 철학자들은 의식 경험의 모든 구성 요소를 나타내기 위해 포괄적인 의미에서 현상학이라는 용어를 사용했다. Dennett은 세 가지 종류로 현상학을 구분했다. ① 물리적 자극과 관련된 시각적 · 청각적 · 촉각적 감각 등의 외부 세계 경험, ② 백일몽, 내적 독백, 직관, 깨달음 등의 내면 세계 경험, 그리고 ③ 기쁨, 두려움, 통증, 갈증 및 굶주림의 감각 등 감정의 경험이 그것이다. 어떤 이는 갈망의 현상학에서 이러한 세 가지 구분이 당연하다고 주장할 수 있다. 예를 들어, 앞서 설명한 알코올 반응 실험에서 애주가는 알코올 자극의 시각적 · 후각적 · 미각적 그리고 촉감적인 느낌의 형태로 외부 세계 경험을 접하게 된다. 더욱이 술을 마시고 나서의 미래를 의식적으로 상상하는 것같이 이전의 음주 행위를 통한 체득 경험과 나는 술을 좋아한다는 내적 독백이 일어날 수 있다. 마지막으로, 갈증과 갈망이라는 감정의 경험이 일어난다. Dennett의 세 구분이 Block(2002)의 현상적 의식 자산에 대한 개념(즉, 감각, 감정 및 수용의 경험적 속성, 생각, 욕구 및 감정; p. 206)과 함께한다는 것은 명백하다. 예를 들어, Dennett의 외부 세계, 내부 세계 및 감정의 경험 요소는 Block의 감각, 인식 및 감정과 대략 동일하다.

Pekala와 Cardeña(2000)는 현상학은 철학으로 언급되며, 조사 연구 및 좀 더 일반적인 방법으로 경험적 연구(p. 59)를 가리키는 용어라고 제안했다. 이 장의 핵심은 경험적 연구에 있다. 다음 장에서 우리는 살아 있는 경험의 자연 생물학적 기초를 살펴볼 것이다.

신경현상학: 개념의 기원과 의미

1986년 일본 야마나시 대학의 아케다 키요히코Ikeda Kiyohiko 교수는 생물학에서 구조주의의 역할을 논의하기 위해 국제 회의에 Charles Laughlin을 초청했다. 전 세계의 생물학자들은 구조주의 이론을 종의 기원과 다윈 이론만으로는 설명하기 힘든 다른 문제에 적용하기 시작했다. 아케다 교수는 Laughlin의 초기 연구인『생물 유전 구조론』(Laughlin & d'Aquili, 1974)을 읽고, 어떤 면에서 이 번역이 공헌하게 되리라 생각하여 이 이론을 일본어로 번역했다. 생물구조학 워크숍은 1986년 12월 7일부터 11일까지 간사이 의과대학 부속 병원에서 개최되었다. 약 50명의 학자가 학회에 참석했고, 생물학자 굿윈Briand Goodwin, 램버트David M. Lambert, 시바타니Atuhiro Sibatani, 앨더Daid Elder(Sibatani, 1987) 등이 함께하였다.

또한 Francisco Varela도 참석하여 Laughlin의 논문에 상당한 관심을 보였는데, 그 논문은「전적 감각prefrontosensorial의 양극성 원칙: 신경 현상학의 의도에 대하여」였다(Laughlin, 1988). Varela는 신경현상학 이론에 대한 상당한 아이디어를 가지고 있었고, 1989년 Laughlin에게 샴발라 **신과학 도서** 출판 시리즈에 포함될 아이디어를 탐구할 책을 요청했다. Laughlin은 그의 후기 동료인 McManus, d'Aquili와 함께 신경현상학을 연구하기 위해『뇌, 기호, 그리고 경험: 인간 의식』(1990)을 출판했는데, 이후 컬럼비아 대학교 출판부에서 재출판되었다. 무엇보다도 이 책은 위대한 철학자인 Edmund Husserl의 현상학을 탐구했으며, 현상학적 탐구 과정에서 발견된 필수 구조는 보편적 특성인 신경계의 구조에 의해 매개되어야 한다고 주장했다.

Varela는 그 연구에서 신경현상학의 개념을 도출하여 자신의 것으로 만들었다(Varela, 1996, 1999). 예를 들어, "간단히 말하면, 나는 **신경현상학**neurophenomenology이라고 명명한 것을 일반적인 연구 방향을 따라 순차적으로 접근했다. 그것은 살아 있는 경험이며, 자연적인 생물학적 기초는 각각의 의미에 의해 제공된 상호 제약으로 연결되어 있다"(Varela, 1999, p.267). 우리가 아는 한 Varela는 개념이나 접근 방식을 고안한 Laughlin 집단을 신뢰하지 않았다. 그러나 여기서 정말 중요한 부분은 그가 신경현상학 학문을 효과적으로 두 가지 사고의 흐름으로 분열되도록 원인을 제공한 것인데, 한 측면은 단순한 이유로 우리가 **인식신경현상학자**라고 이름 붙인 것이고, 다른 측면은 **문화신경현상학자**[1]이다. 그들은 공정하게 거리를 두고 있으며, 언제나 다른 쪽에 의해 이루어진 작업을 언급하지 않는 것으로 특성화된다. 우리의 견해로는 매우 어리석고 개탄스러운 상황이라 여기서 바로잡기를 희망한다.

신경현상학: 인지신경현상학자

인지신경현상학자들은 주로 Varela(1996, 1999; Rudrauf, Lutz, Cosmelli, LaChaux, & Le Van Quyen, 2003)의 영향을 받은 철학자와 신경과학자로서 Varela의 연구를 요약한 바 있다. 『현상학의 귀화』(Varela, 1997)에서 Varela(1996)는 다음과 같이 상세히 설명했다.

> 한편, 우리는 잘 정의된 신경생물학적 속성을 가진 외적 출현의 과정에 관심을 가지고, 다른 한편으로는 우리의 살아 있는 경험에 가까운 현상학적 묘사에 대해 주의를 기울인다. 우리가 추구했던 순환의 본질은 양측의 상호 제한의 본질과 크게 다르지 않다. 그렇다면 양측의 구체적인 본질은 무엇인가?(p. 305)

Varela에 따르면, 인지신경현상학자들은 마음과 인지신경현상학의 철학이라는 맥락에서 접근을 정의하는 경향이 있다. 신경현상학을 적용하는 심리학자들은 실험적인 연구 경향이 있지만 철학자들은 귀화된 인식론이라는 접근법을 사용한다(Kornblith, 1985). 인지신경현상학자들은 『의식의 구체화』(Thompson, Lutz, & Cosmelli, 2005; Thompson & Varela, 2001), 『자의식』(Lutz, 2007), 『소위 어려운 문제의식의 자발성』(Hanna & Thompson, 1999), 『최면』(Cardeña, Lehmann, Jönsson, & Terhune, 2007), 『화이트헤드 학자의 형이상학』(Marstaller, 2009), 『의식의 자발성』(Hanna & Thompson, 1999), 『3인칭 생물행동학 연구에 관한 1인칭 보고에 관한 문제들』(Lutz & Thompson, 2003; Thompson, 2006) 그리고 『의식의 상호 연관성의 문제』(Noë & Thompson, 2004)를 포함한 여러 관련 분야에서 문제를 연구하였다.

신경현상학: 문화신경현상학자

문화신경현상학자들은 주로 꿈, 감각, 의학 인류학, 상징주의 그리고 초월적 인류학 영역에서 작업하고 있는 인류학자들이다(Laughlin, 1989, 1994). 연구는 거의 항상 자유주의적이고 비실험적이다. 다른 분야와 구분되는 특징이 있다면, 대부분의 주류 철학자 및 심리학자와 달리 문화[2]에 중점을 둔다. 사실 문화와 다문화 비교에 대한 진지한 관심의 부족은 수십 년 동안 심리학계를 지배한 민족중심적 편견이었다. "한편으로 평범한 문화 속에 살고 있는 욕구와 능력이 인간의 주된 성향 중 하나라는 데 일반적으로 동의한다. 다른 한편으로는 학계의 많은 심리학자가 우리의 정신생활의 원칙에서 부수적이며, 종종 피상적인 역할을 문화에 부여하는 것은 어렵다(Cole, 1996, p. 1; Berry, Poortinga, Breugelmans, Chasiotis, & Sam, 2011)."

인류학 분야에 관련하여 신경현상학의 가치는 자연주의적이고 자기성찰적이다. 다문화 비교에서 만나게 되는 다양한 주제에 대한 적용, 문화기술지 연구와 현장에서 직면한 다양한 주제를 다루고 있다. 예를 들어, 『의식』(Laughlin, 1988), 『종교와 영적 수행』(Dornan, 2004; Krippner & Combs, 2002; Laughlin, 1992, 2011; Peters, 2004; Rodd, 2003; Vásquez, 2011; Winkelman, 1996a, 1996b, 2010), 『이론』(Laughlin & Throop, 2006; Laughlin et al., 1990; Peters, 2000; Throop, 2003b), 『경험의 인류학』(Desjarlais & Throop, 2011), 『시간 의식과 문화』(Laughlin, 1992; Laughlin & Throop, 2008), 『꿈과 꿈의 문화』(Kirmayer, 2009; Laughlin, 2011), 『고대 심리의 구조』(Dornan, 2004; Laughlin & Loubser, 2010), 『문화기술지 시대의 본성』(Throop, 2012) 그리고 『치유』(Groisman & Sell, 1996) 등이 있다.

신경현상학들

의식과 신경계 사이의 관계를 확인하는 가장 확실한 방법은 현상학과 신경과학의 방법론을 일종의 신경신호학으로 접목시키는 것이다. 신경현상학은 훈련된 묵상을 통해 확인된 의식의 본질적 특성에 대한 설명과 신경과학에서 발견된 뇌의 구조와 과정 사이의 대화에 의지하는 강력한 방법이다. Laughlin은 신경현상학의 방법을 처음으로 정의했을 때, 후설학파의 초월적 현상학에서 사용된 방법과 경험의 신경생리학에 대한 연구를 결합했다. Husserl의 현상학을 규정하는 이유가 있었는데, 그 개념은 철학에서 매우 추상적인 것으로서 현상학자들의 개념만큼 현상적이었다(Kockelmans, 1967). 하이데거Heidegger와 같은 현상학자들에게 이 개념은 인류 스스로의 경험을 통한 성찰로부터의 배움을 의미한다. 그러나 저자들에게 이 정의는 마치 나무만 보고 숲을 보지 못하는 편협한 현상학이자 철학적 성찰이라고 주장한다. 우리의 관점에서 신경병리학적 연구의 가치는 신경심리학의 진보와 Laughlin과 그의 동료들의 완전한 묵상이라고 불렸던 훈련의 적용에 달려 있다(Laughlin et al., 1990, Chapter 11; d'Aquili, Laughlin, & McManus, 1993). Varela는 Laughlin의 초기 프로그램에서 이 요소를 고수했다. 왜냐하면 그는 d'Aquili, McManus 그리고 Laughlin이 그랬듯이 실제 명상가였기 때문이다. 그는 소박한 현상학보다 더 큰 그림을 구상하고 있었다(Rudrauf et al., 2003). 그 내용은 Husserl, Merleau-Ponty 그리고 Heidegger의 토론(Varela, 1999)에서 찾아볼 수 있는데, 그의 주장을 확인해 보자.

> 그러나 규칙 없는 단순한 자기성찰적 접근법은 해결책이 아니다. 그냥 한번 보는 또는 내면을 보는 것과 같은 태도를 버려야만 한다. 신경현상학은 의식과학의 발전을 위한 새로운 실용적인 도구들로 무장한 연구 공동체를 모으는 것을 의미한다. 이것은 연구 공동체 자체의 스타일과 가치를 변화시키는 요구와 관련이 있다. 다시 말하면, 신경과학 분야의 전문가처럼 연구자 자신도 의식 경험의 현상학 전문가가 되어야 한다. 나의 제안은 정신 경험의 이슈에 관심이 있는 모든 훌륭한 인지적 과학 분야의 학생들이 도제식 학습을 통해 현상학적 실험에 숙달되어야 한다는 의미를 포함한다(Varela & Shear, 1999, p. 2에서 강조).

비록 Laughlin은 불교 신자[3]이지만, 그의 현상학 연구는 Husserl의 **초월적 현상학**transcendental phenomenology 방법에 중점을 두었다. 이것은 Husserl이 **자연적 태도**natural attitude라고 했던 자신의 의식을 판단 유보bracketing 혹은 환원reducing[4]하는 수련에 성공하고, 자아의 본성이 환영이라는 것을 깨달은 훈련받은 명상가가 수행한 자기성찰이었다. 그 후에만 현상학자는 자기의식의 필수 특성을 정확하게 발견하고 신경과학을 통해 이러한 요소를 고려할 수 있다. 이 자연스러운 현상에 대한 수련은 의식의 상태[5]로 이어진다. 이것은 Husserl(1931/1977)이 **현상학적**phenomenologyical 또는 **초월적 에포케**[6]thanscendental epoché 혹은 판단 중지라고 부른 것이다.

현상학적 태도(Husserl, 1931/1977; Koestenbaum, 1967; Miller 1984; Schmitt, 1967)에 대한 추구와 성숙은 놀라움과 경이로움으로, 그리고 문화적으로 수용된 기준 틀의 제약이 상대적으로 없는 인지에 의해 표현된다(Fink, 1981 참조; 마음의 상태에 대한 동양적 관점, Suzuki, 1970 참조). 이 자유는 어딘가에서 벗어나 반응을 요구하는 구술적 태도로부터 현상적으로 추정된 것에 주의를 집중시키기보다는 의식의 대상으로서 의식 요소의 내적 연구를 가능하게 한다(Funke, 1981 참조). 명상은 각기 다른 마음 상태가 구성 요소이며 단일체임을 깨닫게 한다. 또한 성숙한 명상은 순환을 매우 단순하고 느리게 만들어 경험이라는 주체의 원자 수준도 인지하게 한다. 심지어 그것의 픽셀, 시간적 에포케, 대상, 순도, 평행 과정, 경험적 자아의 구성 성질 또는 인식된 자아 혹은 나, 원인과 보이지 않은 원인까지 포함한다.

이것은 매우 중요한 핵심이다. 비록 우수한 신경과학 기술을 사용하더라도 현상학적 데이터는 여전히 불완전하며, 신경현상학 또한 불완전할 뿐만 아니라 오류가 있을 가능성도 높다. 예를 들어, 명상적 생활의 관점에서 저자들 대부분의 인식에 따르면 감각적 데이터는 인식할 수 있도록 픽셀화가 되고, 입자화가 되어 있고, 인지화가 되어 있다(Laughlin, 1992; Laughlin et al., 1990). 다른 말로 표현하자면, 많은 관상 동맥이 특정 감각에 도달할 때가 있는데, 그 안에서 의식 감각에 능숙한 감각 신경계가 점, 과립, 입자, 바인더스, 요드 등과 같은 점point으로 구성되어 있다는 것을 인식할 수 있다. 에포케 이후, 감각체는 감각적인 방식을 통해 지각적・인지적으로 구별할 수 있는 픽셀의 영역으로서, 그리고 감각적인 형태를 통해 사건으로 경험된다. 지각의 기본적인 행동은 펼쳐지거나 흩어지는 점들의 순서 내에서 불변하는 특징의 추상화와 강화에 있다(Gibson, 1979 참조). 우리의 경험에 따르면, 감각의 픽셀화된 본질을 이해하는 것은 시간적으로 실현하기가 가장 쉽지만, 평소와는 다른 소리를 듣고 맛을 음미하는 등 감각을 인식하는 감각 입자로 구성된다. 일단 이 에포케를 깨닫게 되면, 쉽게 감각의 구조를 이해할 수 있다. 또한 감각 분자 픽셀에 대한 집중이 충분한 강도에 도달하면 전체 감각 대상에 대한 인식이 사라진다.

한 이론가가 픽셀화 에포케를 가졌는지 여부는 그가 자신의 의식에 대해 어떻게 경험하고 생각하는지, 의식에 대한 이해가 다른 사람들에게 어떻게 투영되는지에 의해 분명해진다. 예를 들어, 호주 철학자 Chalmers(1996)는 의식의 난제라고 불렸던 것을 명쾌하게 정의했다. 그는 근본적인 신경생리학을 참고하여 정신 기능을 설명한 후, 경험의 사실은 여전히 수수께끼라고 설명했다. "우리의 인지 시스템이 시각 및 청각 정보 처리에 관여할 때, 왜 우리는 진한 파란색의 성질, 알파벳 C의 모양과 같은 시각적 또는 청각적 경험을 하는가? 경험이 육체적인 기반에서 일어난다는 것은 널리 알려져 있지만, 우리는 그것이 왜 발생하는지 잘 알지 못한다. 물리적 과정은 결국 풍부한 내적 삶을 이끄는가?"(Chalmers, 1995, p. 201). 난제에 대한 발표 어디에서도 그는 이상과 같은 에포케를 분명히 밝히지 않았다. 그는 진한 파란색의 부분이 픽셀화가 되어 있고, 자기 두뇌의 인지 작용이 있다는 것을 깨닫지 못했다. 그것은 망막에 부딪히는 전 자기 에너지와 뇌의 상징적 표현이다. 즉, 파란색 픽셀은 전 자기 주파수의 특정 범위를 그 자체로 나타내는 뇌의 방식이다. 모든 **감각적 체험이 뇌의 인지적 행동**이라는 것을 깨닫게 되면 소위 난제가 사라지거나 적어도 더 쉬워지게 된다.

성숙한 묵상contemplation의 필요성

일부 학자들은 주류 현상학의 중요성을 인정하지만, 다른 일부는 그렇게 생각하지 않는다. Varela의 연구를 이어 가는 신경과학자 Lutz(2002)에 따르면,

> 신경현상학적 조사에 구체적이고 엄격한 방법론이 필요하다. 여기서 필요한 것은 인지 프로토콜이나 정신에 대한 지배적인 철학에 퍼져 있는 경험에 관한 '정당한 견해' 태도를 극복하는 것이

다. 서양과 동양의 현상학 전통은 나중에 알 수 있듯이 적절한 실용적인 도구로 선호되었지만 일인칭 관점 접근법이 탐구되고 있다. 그 현상론적 방법론은 현상학적 축소라고 불리는 반사적 인식의 몸짓에 의존한다. 이 방법론적 축소의 목적은 경험에 대한 서술적인 구조적 불변에서 직관을 얻는 것이다(p. 133).

후속 연구에서 Lutz(2007)는 간질 환자의 발작 전에 발생하는 징후 또는 신호를 알아보기 위한 목적으로 실시한 획기적인 프로젝트로서 발작 시작에 대한 자기인식과 인식에 대한 신경생물학의 상호 관계를 연구했다.

반대로, 철학자 Marstaller(2009)는 화이트헤드Alfred North Whitehead의 프로세스철학에 그의 이론을 적용했다. 그는 화이트헤드의 현상학이 신경과학적 발달의 범주를 확장시키는 데 사용될 수 있다고 주장했다. Laughlin은 오랫동안 화이트헤드가 숙달된 묵상가라고 인지했음에도 불구하고(Laughlin, 1973; Laughlin & d'Aquili, 1974), 그의 현상학적 접근이 후설학파나 불교의 다양한 **위빠사나**vippasana로부터 영향을 받았다고는 상상하지 못했다. Marstaller의 논문이 형이상학에 어떤 가치가 있든 현상학계에서 신경현상학의 적용은 급속하게 희석되어 갔다. 신경현상학 초기로의 환원은 스스로 명상가meditators라고 말하는 저자들에 의해서도 명백히 드러날 수 있는데, 그중 Kirmayer(2009)의 연구에서 그는 신경현상학 용어를 악몽에 대한 경험과 신경생물학 간의 관계를 강조하기 위한 일종의 약칭으로 사용했던 것으로 보인다. 실제로 몇몇 저자는 신경현상학 연구에 현상학 훈련의 필요성이 있는지 의문을 제기해 왔다. 철학자 Bayne(2004)은 다음과 같이 썼다.

신경현상학의 중심에는 후설학파가 있다. 그들은 의식의 1인칭 관점을 기술하는 방법이 독창적이고 우월하다고 주장한다. 현상학은 의식 연구에서 사용되는 표준적인 1인칭 방법론과 차이가 있다는 점에서 독특하며, 일반적인 의식 연구에서 사용하는 방법론보다 더 엄격한 접근법이라는 점에서 현상학적 방법이 우월하다고 주장한다. 나는 양쪽 주장에 대해 의문을 가지고 있다. 현상학적 전통에 대한 지식이 제한되어 있기 때문에 조금 망설이며 말하지만, 현상학적 방법이 독창적이지도 우월하지 않다고 생각하는 이유를 설명하겠다(p. 351).

Bayne은 현상학적 방법에 대해 매우 전형적인 무지함을 보였다. 이런 종류의 비판은 철학과 심리학에서 수십 년 동안 거의 항상 현상학적 방법에 대해 훈련받지 않은 학자들과 그 방법을 자극하는 의식의 분명한 상태를 경험하지 않은 사람들에 의해 일반화되었다.

현상학을 논하는 철학자들이 가끔 실수하는 요인은 성숙한 묵상이 일련의 초월적 경험[7]을 통해 인도되어 자기인식과 자아정체감에 되돌릴 수 없는 새로운 변화를 가져온다는 것이다. 이러한 변화는 새로운 방식으로 보는 것으로, 에포케 이전의 주석가들이 직접적인 경험으로부터는 알 수 없었던 방식이다. 그것은 '깨닫기 전에도 장작을 패고, 깨달은 후에도 장작을 팬다'는 선의 격언에서 언급된 것처럼 보는 것에서 차이가 있다.

전통 현상학에서 신경현상학적 접근에도 받아들이는 방법으로서 성장을 위해 적용할 수 있는 의식의 중요한 구조와 관련된 수많은 알아차림이 있다. Varela(1999)와 Laughlin(1992)[8]이 흥미롭게 생각하는 문제 중 하나는 시간 의식의 구조였다. 이것은 현상학자들에게는 매우 흔한 문제였고, Husserl은 그의 저서 『시간 의식 내면의 현상학』(Husserl, 1905/1964; Kortooms, 2002 참조)을 통해 이 주제에 관해 가장 탁월한 연구를 발표했다. Varela와 Laughlin은 후설학파의 환원reduction에 관한 분석을 근거로 삼았는데, Laughlin은 Varela가 다루지 않았던 기간에 대해 논의하였다. 어쨌든, Husserl(1905/1964; Landgrebe, 1981 참조; Miller, 1984)은 지각에 대한 최초의 인상적인 자료가 최근의 인식(과거파지retention), 현재라는 관념의 스트리밍(지금 순간) 및 예상되는 미래(미래 예지protention)에 대한 종합적인 행동으로 통합되는 것으로 보았다. Husserl(1905/1964)에 따르면,

> 오래 지속되는 대상의 연속성은 대상의 다른 시간 지점들이 지속적으로 펼쳐지고 있는 것이다. 새로운 지금은 언제나 그 자체를 나타내기 때문에 각각 과거로 바뀌고, 따라서 선행 점들이 과거로 흘러가는 전체의 연속성은 과거의 깊이로 한결같이 아래로 이동한다. 모든 기본적인 구성적 과정은 바라던 것을 실현할 수 있도록 앞으로 빈틈없이 구성하고 중재하는 보호에 의해 움직인다(pp. 49-50, 76).

시간적 전개의 세 단계는 지각의 시대epoch(판단 보류epoché와 혼동에 유의)를 구성하며 펼쳐지는데, 그것은 과거 파지, 지금의 시점 그리고 무지한 현재이다. Husserl(1905/1964)이 지적했듯이, 과거의 새로운 시대로부터 추상화된 패턴의 추억들 사이의 관계는 의식이 어떻게 작동하는지에 대한 근본이며, 지각적 행동을 중재하는 신경 조직에 대한 기초이다. 이 요소들은 지속되는 대상에 대한 인식과 사건의 연속성에 대한 감각을 만들기 위해 감각 기관에서 일어나고 있는 것을 바로 지금 인식하는 행위이다.

지각시대의 단계는 이론적 차이만이 아니라 현상학적으로도 나타난다. 묵상적 집중

contemplative's concentration을 하는 동안 감각 경험의 흐름은 증가되고 마음의 움직임은 줄어드는 것처럼, 감각적 흐름은 계속되는 진동과 반복적인 흐름으로 나타난다(Dainton, 2006; Damasio, 1999). 지각시대의 미세 구조를 식별할 수 있는 연구를 함으로써 시대 간의 관계, 시대들의 시간적 구속력은 Bloch(1977)가 보편적 시간universal time이라고 부른 시간 의식의 본질과 우주적 본성을 발견할 수 있다. 즉, 특정 문화유산에 관계없이 주관적 삶의 구조의 근간을 이루는 시간의 경험을 통찰할 수 있다. 필수적인 환원의 단계 뒤 무르익은 묵상contemplative은 이 단계에서 자신의 경험에서 펼쳐지는 과정에 들어가게 한다. 감각 중추는 픽셀로 구성되어 있을 뿐만 아니라 깜빡거리는 특징이 있다. 그러나 단순히 감각적인 지점을 이해하는 것보다 인식이 더 난해하다는 것이 특징이다.

예를 들어, 소위 현재 시점[9]은 과거와 미래 간의 지속성 없는 접점이 아니다(Dainton, 2006, p.120). 지각시대는 순간적이지 않다. 묵상가들은 감각적 데이터의 간헐적 흐름뿐만 아니라 패턴 간의 지형적인 관계들(색상, 색조, 조직 관계, 공간, 기하학의 관계 등)이 일어났다가 사라지는 것을 인식한다. 더불어 과거 파지와 미래 예지의 변화를 내포하는 순수한 현재로 환원하기 때문이라는 사실을 알고 있다. 지금까지의 연구 결과에 따르면, 환원에 관하여 인식, 기대, 반응, 기억 등의 모든 방대한 인지와 행위act는 사라진 상태이다. 데이터의 스트리밍(예를 들면, 연설의 경우 화자의 발성에 의해 공기를 통해 전달되는 음파)은 신기원 내에서 동시에 발생하고 사라진다. 이 과정에서 매우 짧은 지속 기간이 분명히 있지만, 현상학적 방법만으로 측정하는 것은 불가능하다. 따라서 지각시대perceptual epochs는 실제로 짤막한 묘사로 설명할 수 있는 개념이 아니다. 그것은 정적인 것도 순간적인 것도 아니다. 그것은 Husserl이 일시적인 대상temporal objects이라고 부르는 것이다. 그것들은 계속 확장하는 경험의 대상이며 제한적이다. 시대를 넘어 지나가는 데이터는 시간을 두고 존재한다. 그러나 어느 한 시대에 발생하는 모든 데이터 또는 패턴은 동시에 경험된다(Pastor, Day, Macaluso, Friston, & Frackowiak, 2004 참조).

따라서 시간적 경험의 조직화는 지각시대를 매개하는 것 외에 뇌의 영역을 포함하는 매우 복잡한 문제이다. 심지어 뇌의 전체가 시간 처리에 관련되어 있다고 말하는 것은 지나친 것이 아닐 것이다. 감각 기관을 선택, 자극, 명령함으로써 일시적으로 의미 있는 행동을 이끄는 뇌의 전두엽피질PFC의 역할에 관한 논의는 다른 곳에서도 이루어졌다(Laughlin, 1988; Laughlin et al., 1990; Pribram, 1971 참조). Laughlin은 현상학적 경험은 전두엽피질PFC에 부과된 의도적 의미의 명령과 지각적 의미의 감각적 명령의 조합에 의해 이루어진다고 주장했다. 전두엽과 감각 신경 구조 사이의 조합의 일부는 중뇌의 중격 해마 센터septo-hippocampal centers에서 진행되는 것으로 보인다. 전두엽피질의 안과 전두엽 투영은 해마를 풍부하게 자극하고, 외측 전두엽 투영은 외측 중격 영역으로 들어간다(Gray, 1982 참조). 이 영역은 2차 감각 영역과 연결되어 있으며, 1차 감각피질의 초기 과정에서 이미 추출된 감각 정보를 받아들이는 것처럼 보인다. 이 모든 과정은 지각시대에 나타나는 대로 그 세계에 따라 행동하고, 의미를 만들고, 발췌하도록 고안되었다. 시간적 인과관계, 공간에서의 지속 시간, 의식의 스트리밍에 대한 일반적인 의미는 모두 지각시대의 기본 구조에 근거한다.

문화신경현상학

다른 접근법들은 인지신경과학적 관점에서 도출할 수 있다. 그러나 논의는 분석에서 문화적 측면이 갖는 차이점으로 바뀔 것이다. 심리학자들은 최근까지 문화가 마음의 기능에 미치는 영향을 소홀히 여기는 경향이 있었다. 소위 전통 주류 과학에서 이루어지는 과학적 방법의 엄격함을 대입하려는 시도에서 심리학자들은 종종 이론 전개 및 경험적 연구에서 과학적 사고를 이행하는 데 어려움을 겪고 있다. 지각, 인지, 기억 등의 전 문화적 구조에 초점을 맞추기 위해 심리학자들은 종종 인간 문화에 대해 지나치게 문화적이며 민족중심적인 이해를 제시하는 과오를 범하기도 한다. 또한 심리학자들은 실험실의 실험에 크게 의존하면서 의식이 일상생활, 특히 서양 이외 민족의 삶에서 구체적으로 드러나는 방식을 너무나도 자주 무시하기도 하였다. 이 사안에 관한 심리학의 실패는 현상학적 경험에 관한 그것보다 더 명백하다.

경험에서 문화의 역할을 소개하기 위해 Laughlin과 그의 동료인 Throop은 **문화신경현상학**cultural neurophenomenology을 개발했다(Laughlin & Throop, 2006, 2008, 2009). 이것은 신경과학적 분석의 결과를 비교문화적 관점으로 통합하는 접근법이다. 이 통합의 접근법이 이루어지기 위해서는 세 가지 조건이 필요하다. ① 신경과학, 특히 신경병리학에 관한 실무지식, ② 판단 중지 후 및 성숙한 명상에 대한 이해, ③ 비교민족학ethnology에 관한 실무지식(Eggan, 1954)이 그것이다. 이 방법을 사용하여 문화적 조건화(즉, 문화화와 사회화)가 어떻게 다른 사람들 사이의 필수 신경 인지 및 지각 구조의 일상적인 표현에 변화를 가져올 수 있는지 알 수 있다. 그 결과, 제임스학파[10]의 방식으로 경험에 뿌리를 두고 개인적 경험에 신경생물학적 · 문화적 영향을 모두 반영할 수 있다는 관점이 제시되었다. 이러한 새로운 언어는 정신적 · 신체적 언어 사이에서 혼돈 없이 개인 경험, 문화 및 외부 현실의 영역 간의 교류를 가능하게 하는 일련의 용어들로 구성되었다.

Husserl의 저서에 이런 방식은 거의 나타나지 않았지만, 그는 의식을 조절할 때 문화가 담당하는 역할에 대해 철저히 인지하고 있었다. 현상에 대한 사람의 자연스러운 태도를 조절하고, 성숙한 현상학으로 발전되기 전에 통합해야만 하는 요소가 바로 문화이다. 더욱이 Husserl의 접근법에 내포된 두 가지 연구 방향이 있다. 하나는 자신의 주관성의 구조를 발견하기 위해 내면을 탐구하는 것이고, 다른 하나는 그 주관성에 대한 역사적 · 문화적 영향을 탐구하는 것이다. 하나는 다른 하나가 없다면 불완전하다. 우리가 문화적 신경현상학이라고 부르는 것은 두 파트의 결합에 근거한다. 실제로 이것은 Husserl(1913/1970)이 그의 유명한 고전인 『**유럽과학과 초월적 현상학의 위기**』에서 정확히 지적한 요점이다. 그는 다음과 같이 주장했다.

> 모든 편견에서 벗어나려는 의지를 지닌 자립적인 철학자들에게 당연히 받아들이는 모든 것이 편견이며, 모든 편견은 전통의 침식으로 인해 발생하는 불확실성이다. 철학이라고 불리는 위대한 과제와 아이디어조차도 마찬가지이다. 철학적으로 간주되는 모든 판단은 이 과제와 관련 있다. 논쟁의 대상이 되는 역사에 관한 묵상은 사실 우리에게 실제로 존재하는 것으로서 우리가 진정으로 찾고 있는 관점에서 자기이해를 목표로 한 가장 깊은 자기반성이다(p. 72).

시간 의식에 대한 문화신경현상학

시간 의식에 대한 신경현상학으로의 회귀는 문화적 구성 요소를 추가하여 이 방법의 비교문화적 적용을 어떻게 진행하는지 보여 줄 것이다. 모든 두뇌 작용은 지각의 시간 차원을 같은 방식으로 처리하는 것으로 나타났다. 두뇌 작용은 최근 순간의 기억을 유지하고 현재 시점(과거 파지)과 미래 시점(미래 예지)을 유지한다. 현재 시점은 감각 신경 중추가 매 초마다 새롭게 존재하고, 감각 분야의 깜빡이는 현상으로 깊은 명상 상태를 나타낼 수 있다. 만일 같은 시점에 데이터가 동시에 존재한다면 동시에 인식된다. 그것들이 지금 다른 시점들에서 존재한다면, 그들은 같은 시간에 발생하는 것으로 인식될 것이다. 이것은 기초적인 인지 행동이며, 선형 시간의 기본 구조이다.

과거 인류학에서는 전통적 민족들의 시간 관념과 서구 사회의 시간 관념이 어떻게 다른지에 대한 논의를 하였다. 이 견해에 따르면, 원시적이라 불리기도 하는 전통적 사람들은 소위 문명인들과 근본적으로 다른 정신을 가지고 있기 때문에 현재에 더 많이 살고, 서양인은 미래에 관심을 가지며 반복되는 주기의 시스템으로 시간을 인식한다(Evans-Pritchard, 1939 참조; Levy-Bruhl, 1923/1966). 서구 사회의 시간 관념은 산업혁명의 산물이며 시계의 발명에 의해 촉진된 것으로 가정되었다. 이와 같은 문화에 대한 이원론적인 설명과 시간 관념은 최근 지나치게 단순하고 경험적이며 부정확한 것으로 논란이 되고 있다(Adam, 1990; Gell, 1992; TenHouten, 2005). 서양의 시간 관념에 대한 순간의 반영은 크리스마스, 부활절, 재향 군인의 날, 생일, 여름휴가, 규칙적인 식사(아침, 점심, 티타임, 저녁, 야식)의 일상, 프로 스포츠 시즌 등의 반복되는 순환과 일주일TGIF, 사계절 같은 개념을 통해 반복하는 삶을 살고 있음을 보여 준다. 마찬가지로, Gell(1992)이 지적한 것처럼 전통 민족이 반복적인 사건의 순환을 인지하고 있다면 작년의 사건과 이전의 같은 종류의 다른 사건을 어떻게 구별할 수 있을까? 그들은 분명히 분별할 수 있는 능력을 가지고 있거나 혹은 역사에 관한 관념이 없을 수도 있다.

따라서 문화는 몇 분, 몇 시간, 몇 년에 걸쳐 기간을 정하는 방식에 영향을 준다. 경험의 다른 측면들과 마찬가지로 시간, 인과 관계, 역사와 관련하여 특정한 관점을 강조하는 세계관을 통해 일상생활을 통합시키도록 조건화된다. 모든 인간은 같은 방식으로 감각적 시간 의식을 경험할 수 있지만, 어떤 대상과 사건이 자신의 인식에 영향을 받는지는 사람마다 다르며 집단마다 다를 수 있다. 시간적 연속성과 순환성의 감각이 개인 역사와 특정 사회의 세계관으로부터 어떻게 결합될 것인가? 가장 중요하고 강력한 영향력은 개인이 속한 사회의 우주론이 될 것이다. 그것은 전설과 신화, 의식과 관념, 세계관을 인식시켜 주는 사람들로서 샤먼, 치유자, 부모, 지도자, 스승, 리더 등을 포함한다.

자각몽의 문화신경현상학

문화신경현상학 접근의 또 다른 예는 자각몽의 경험을 신경생리학적 과정과 관련시키는 것이다. 초월적 경험의 가장 일반적인 요소 중 하나는 꿈, 특히 자각몽lucid dreaming이다. 꿈속에서 실제로 꿈을 꾸고 깨어 있지 않다는 사실을 깨닫는 것이 심리학자들이 정의하는 자각몽이다(LaBerge, 1980, 1985). 일반적으로 급속한 안구 운동REM 상태 중에 꿈을 꾸다가 잠에서 깨어난다(Ogilvie, Hunt, Sawicki, & McGowan, 1978). 수면 실험실 연구에 참여하는 사람들은 명료함lucidity을 유지하고, 운동 조절을 하고, 미리 정의된 신호를 통해 연구원과 의사소통하는 방법을 배운다(LaBerge, Nagel, Dement, & Zarcone, 1981). 이 실험에서 전뇌의 전두엽피질 영역의 급격한 활성화에 의해 자각몽이 이루어진다는 사실을 밝혔다.

인류학적 측면으로 말하자면, 비교문화적 관점에서 명료함lucidity에 대한 일반 심리학적 입장은 상당히 인종중심적인 경향이 있다. 명료함은 서양에서 상당히 난해한 개념이다.

왜냐하면 서양인들은 꿈이나 다른 의식에 대해 거의 관심을 기울이지 않는 유물론적·과학적 사회에서 성장했기 때문이다. 서양인의 꿈에 관한 의식은 아주 이상한 관념과 함께 그것을 미미하게 지각하고 기억하는 경향이 있다. 이것은 의심할 여지없이 꿈의 과정에서 보다 높은 인지 기능의 전두엽피질 매개의 부족에 기인한다. 그러나 지구상의 많은 사회는 꿈이라는 가치를 꿈에서 깨어난 상태만큼이나 현실적인 것으로 간주한다. 따라서 비서양 문화에서는 꿈에 대한 명료함이 일반적이다(Laughlin, 2011). 비서양권에서 자각몽을 꾸는 사람들의 꿈에서 깨어 있는 인식과 꿈 자아에 대한 과민한 의식hyperawareness of the dream ego은 일반적으로 무시되는 경향이 있으므로 수면 실험 연구에서 매우 중요한 통제를 강조한다. 다시 말하면, 문화적 차원은 다양한 종류의 꿈 현상에 영향을 미치고, 대부분의 경우 비서양 문화권의 자각몽을 꾸는 사람들은 이 사실에 대해 당연하게 인지한다. 이러한 문화는 일상적으로 보이지 않는 정신적 차원, 조상과 다른 주체로부터의 정보, 미래에 대한 신성한 통찰력과의 상호작용을 추구하며, 이것들 모두는 일반적으로 서구의 접근법과는 다른 것이다.

결론

신경현상학은 경험의 세계와 신경 외상의 현실 간 의식의 틈을 이해하는 데 매우 중요한 해석과 연구를 동반하는 학문이다(Laughlin & Throop, 2009; Roy, Petitot, Pachoud, & Varela, 1999). 특히 현상학이 경험에 관한 1인칭 시점의 해석이 아닌 성숙한 묵상이라는 점을 인지하는 데 매우 유용하다(Gallagher & Sørensen, 2006). 안타깝게도 전문화된 현상학의 필요성을 잠재우기 위해 몇몇 연구자가 계속 유혹하고 있다. 어떤 경우에는 연구자가 현상학자로서 훈련받았거나 경험하지 못한 환자 및 피험자의 1인칭 시점의 진술에 의존할 때와 같이 별 대안이 없을 것이다. 그러나 후설학파의 초월현상학과 같은 개념을 이해하는 데 선결 조건인 깊은 명상을 배우는 것은 초월적 프로젝트이다. 자신의 자아와 자기를 변용transforming시키지 않으면 깊은 묵상을 할 수 없다. 따라서 이런 종류의 훈련이 주는 어려움이 수행하는 많은 사람에게 저항이 있을 수 있다.

신경과학적 분석에서 유효하게 발생할 수 있는 문제의 영역들을 탐구하는 것은 이제 시작이다. 인지신경학의 경우, 그 접근법은 실험실 또는 임상 연구 절차의 설계에 상당한 변화가 필요하다는 점에서 급진적이다. 문화신경현상학자에게 주어진 도전 과제는 필요한 신경과학 지식을 습득하는 것, 또한 연구팀에 신경과학자를 영입하는 것뿐만 아니라 초월적 접근법을 통해 의식의 다른 차원에 있으면서 비 서양인의 경험에 접근하는 것을 배우는 것이다.

주석

1 후자의 용어는 인류학자 C. Jason Throop에 의해 만들어졌다.

2 비교문화심리학 분야에서 주목할 만한 예외가 있다(Berry et al., 2011; van de Vijver, Chasiotis, & Breugelmans, 2011).

3 Laughlin은 7년 동안 티베트 불교 승려였으며, Namgyal Rinpoche, Kalu Rinpoche, 특별히 위대한 Sakya lama 그리고 그의 스승인 Chogye Trichen Rinpoche와 같은 수많은 탄트릭 스승에게 가르침을 받았다. Varela 역시 불교도였으며, Trungpa Rinpoche의 제자였다.

4 '환원'이라는 의미의 근원은 Husserl에 있다. '회귀' '귀순'의 의미이며, 그의 정의는 본질로의 '회귀'를 뜻하거나 그것들에 대한 인지적 반응을 무시하며 의식적으로 어떻게 보는가를 나타내기도 한다.

5 Rock과 Krippner(2007a, 2007b, 2011, 2012)는 '의식의 상태'는 정확하게 표현하자면 '현상의 상태'라고 주장했다.

6 의식 상태는 전형적으로 '하나 또는 바로 쉽게 인지할 수 있는 정신적 사건'(예를 들면, 지각, 감정, 사고)의 '집합'으로 정의된다. 일반적으로 그러한 의식 상태의 흐름은 의식이 있는 동안에 발생한다"(Natsoulas, 1978, p. 912). '의식 상태'의 개념은 의식 구성 요소에 의해 예증된 의도성의 특성을 유지한다는 것을 관찰할 수 있다. '의식 상태'라는 용어의 정의적인 경계의 맥락에서 의식적 인식은 '초월적 대상'이 정신적 사건의 집합이며, Block(2002)에서 인용한 것처럼 집합의 경험적 성질이 현상학을 구성한다는 것이 분명하다.

그러나 Tart(1975)는 '의식의 상태'와 '의식의 변성 상태'와 같은 용어는 "지금 당장 마음에 있는 것을 의미하기엔 너무 무분별하게 사용되었다."라고 주장했다. 결과적으로 Tart(1975)는 이 용어 문제를 바로잡기 위해 '의식의 이산離散 상태d-SoC'라는 용어를 창조했다. d-SoC는 "환경의 심리적 구조 또는 하위 시스템의 고유한 구성 혹은 시스템으로 정의될 수 있다. 서브 시스템에서의 입력값의 변화에도 불구하고, 인식할 수 있는 시스템으로서의 무결성과 정체성을 유지한다"(p. 62).

Pekala(1985)는 Tart(1975)의 관점에서 d-SoC를 구성하는 것은 이러한 상이한 구조 또는 하위 시스템(즉, 현상학적 요소)의 패턴 또는 구성이라고 주장했다. 반대로, Singer(1977)는 d-SoC를 정의하는 것이 패턴보다는 이 요소들의 강도라고 주장했다. Pekala와 Wenger(1983)는 Tart(1975)와 Singer(1977)의 개념을 통합하여 SoC를 "주어진 시간 동안 주관적인 경험을 특징짓는 관련 현상학적 매개 변수의 특정 강도와 패턴"으로 정의했다(pp. 252-253).

그리스 회의론자들이 사용한 말로 '판단의 보류'라는 의미를 가진다. 판단하는 사람에 따라 그 입장 상태 조건이 각각 다르기 때문에 어떠한 것에도 가장 좋다거나 나쁘다는 판단을 할 수 없다. 진리에 가까이 가기 위해서 판단을 유보한다는 뜻이다.

7 Hartelius, Caplan과 Rardin(2007)은 1968년부터 2002년까지 출판된 문헌 및 동료들로부터 수집한 초월심리학의 160가지 정의에 대하여 주제별로 분석했다. 초월심리학에 대한 정의의 기본 구성 요소를 광범위하게 묶어 주는 세 가지 주제가 분석에서 나왔다. ① 자아를 초월하여, ② 통합적/전체

론적으로, 그리고 ③ 변용적이다. ①에 관해서 '자아'라는 용어는 이드와 초자아 사이의 중재자의 프로이트적 의미에서 사용되지 않고 있다. 대신에 자아는 정확한 시공간의 위치를 가진 자신의 개인적 감각을 가리킨다. 따라서 ①에 대해 초월심리학자들은 자기의 감각이 일상적인 공간적인 한계를 일시적으로 초월하는 경험에 관심이 있음을 제시한다(Friedman, 1983과 비교하라). ②의 관점에서 볼 때, '통합적 / 전체론적'이라는 용어는 초월심리학이 개인의 삶의 맥락 속에서 모든 사람과 관련되어 있음을 시사한다. 그러므로 초월심리학자들은 환원주의의 형태(예를 들면, 생물학적)에 관여하지 않으며, 그들의 자연 세계, 사회집단 등과 분리된 개인을 고려하지도 않는다. ③에 관하여 '변용'이라는 용어는 초월심리학자들이 훈련(예를 들면, 명상)에 집중하면서 그들이 의식적인 상태(예를 들면, 사마디)와 단계(이타주의, 연민, 깨달음)를 달성하게 하는 관행을 통해 궁극적으로 더 긍정적이고 의미 있는 목적을 통해 일상생활과 인류 발전에 기여하는 것에 지대한 관심이 있음을 보여 준다. Hartelius와 동료들(2007)의 결론에서 볼 수 있듯이, 초월적인 경험은 궁극적으로 자아의 초월을 특징으로 하는 긍정적인 변용 경험이다.

8 Varela는 Laughlin의 초기 연구를 인용하지 않았고, 그래서 그는 그것에 대해 알아차리지 못한 것 같다.

9 원래 William James(1890 / 1981)의 용어였다.

10 의식의 인류학에 대한 William James와의 연관성에 대한 내용은 Laughlin과 McManus(1995)를 참조하라. 그리고 의식의 일시적인 구조에 관한 James의 저술의 중요성은 Throop(2003a)을 참조하라.

참고문헌

Adam, B. (1990). *Time and social theory*. Philadelphia, PA: Temple University Press.

Bayne, T. (2004). Closing the gap? Some questions for neurophenomenology. *Phenomenology and the Cognitive Sciences 3*, 349-364.

Benjafield, J. G. (1992). Cognition. Englewood Cliffs, NJ: Prentice-Hall International.

Berry, J. M., Poortinga, Y. H., Breugelmans, S. M., Chasiotis, A., & Sam, D. L. (2011). *Cross-cultural psychology: Research and applications* (3rd ed.). Cambridge, UK: Cambridge University Press.

Bloch, M. (1977). The past and the present in the present. *Man*, *12*(2), 278-292.

Block, N. (1995). On a confusion about a function of consciousness. *Behavioral and Brain Sciences*, *18*, 227-247.

Block, N. (2002).Concepts of consciousness. In D. Chalmers (Ed.), *Philosophy of mind: Classical and contemporary readings* (pp. 206-218). New York, NY: Oxford University Press.

Brentano, F. (1973). *Psychology from an empirical standpoint (Psychologie vom empirischen Standpunkte* (A. Rancurello et al., Trans.). New York, NY: Humanities Press. (Original work published 1874).

Cardeña, E., Lehmann, D., Jönsson, P., & Terhune, D. (2007). The neurophenomenology of hypnosis. *Proceedings of the 50th Annual Conventions of the Parapsychological Association*, 17-30.

Chalmers, D. (1995). Facing up to the problem of consciousness. *Journal of Consciousness Studies*, *2*(3), 200-219.

Chalmers, D. (1996). *The conscious mind: In search of a fundamental theory.* Oxford, UK: Oxford University Press.

Changeux, J.-P. (1985). *Neuronal man: The biology of mind.* Oxford, UK: Oxford University Press.

Cole, M. (1996). *Cultural psychology.* Cambridge, UK: Harvard University Press.

Dainton, B. (2006). *Stream of consciousness: Unity and continuity in conscious experience* (rev. paperback ed.). London, UK: Routledge.

Damasio, A. (1999). *The feeling of what happens: Body and emotion in the making of consciousness.* New York, NY: Harcourt.

Damasio, A. (2010). *Self comes to mind: Constructing the conscious brain.* New York, NY: Pantheon.

d'Aquili, E. G., Laughlin, C. D., & McManus, J. (1993). Mature contemplation. *Zygon, 28*(2), 133-176.

Dennett, D.C. (2002). Quining qualia. In D. Chalmers (Ed.), *Philosophy of mind: Classical and contemporary readings* (pp. 226-246). New York, NY: Oxford University Press.

Desjarlais, R., & Throop, C. J. T. (2011). Phenomenological approaches in anthropology. *Annual Review of Anthropology, 40,* 87-102.

Dornan, J. (2004). Beyond belief: Religious experience, ritual, and cultural neurophenomenology in the interpretation of past religious systems. *Cambridge Archaeological Journal, 14*(1), 25-36.

Eggan, F. (1954). Social anthropology and the method of controlled comparison. *American Anthropologist, 56,* 743-763.

Evans-Pritchard, E. E. (1939). Nuer time reckoning. *Africa, 12*(2), 189-216.

Farthing, G. W. (1992). *The psychology of consciousness.* Englewood Cliffs, NJ: Prentice-Hall.

Fink, E. (1981). The problem of the phenomenology of Edmund Husserl. In W. McKenna, R. M. Harlan, & L. E. Winters (Eds.), *Apriori and world* (pp. 21-55). The Hague, The Netherlands: Martinus Nijhoff.

Forman, R. K. C. (1996). *What does mysticism have to teach us about consciousness?* Revised version of a paper delivered to "Towards a Science of Consciousness 1996" (Tuscon II), April.

Friedman, H. (1983). The self-expansiveness level form: A conceptualization and measurement of a transpersonal construct. *Journal of Transpersonal Psychology, 15*(1), 37-50.

Funke, G. (1981). A transcendental-phenomenological investigation concerning universal idealism, intentional analysis and the genesis of habitus. In W. McKenna, R.M. Harlan & L. E. Winters (Eds.), *Apriori and world* (pp. 71-113). The Hague, The Netherlands: Martinus Nijhoff.

Gallagher, S., & Sørensen, J. B. (2006). Experimenting with phenomenology. *Consciousness and Cognition, 15,* 119-134.

Gell, A. (1992). *The anthropology of time.* Oxford, UK: Berg.

Gibson, J. (1979). *The ecological approach to visual perception.* Boston, MA: Houghton Mifflin.

Gray, J. A. (1982). *The neuropsychology of anxiety.* Oxford, UK: Oxford University Press.

Groisman, A., & Sell, A. B. (1996). Healing power: Neurophenomenology, culture, and therapy of Santo Daime. In M. Winkelman & W. Andritzky (Eds.), *Yearbook of cross-cultural medicine and psychotherapy* (Vol. 4, pp. 279-287). Berlin, Germany: Verlag fur Wissenschaft und Bildung.

Hanna, R., & Thompson, E. (1999). Neurophenomenology and the spontaneity of consciousness.

Canadian Journal of Philosophy, *29*, 133-162.

Hartelius, G., Caplan, M., & Rardin, M. A. (2007). Transpersonal psychology: Defining the past, divining the future. *The Humanistic Psychologist*, *35*(2), 1-26.

Kirmayer, L. J. (2009). Nightmares, neurophenomenology and the cultural logic of trauma. *Culture, Medicine and Psychiatry*, *33*, 323-331.

Koestenbaum, P. (1967). Introduction. In E. Husserl (Ed.), *The Paris lectures* (pp. ix-xxvii). The Hague, The Netherlands: Martinus Nijhoff.

Kornblith, H. (Ed.). (1985). *Naturalizing epistemology*. Cambridge, MA: Bradford.

Kortooms, T. (2002). *Phenomenology of time: Edmund Husserl's analysis of time-consciousness.* Dortrecht, The Netherlands: Kluwer.

Krippner, S. (1972). Altered states of consciousness. In J. White (Ed.), *The highest state of consciousness* (pp. 1-5). Garden City, NY: Doubleday.

Krippner, S., & Combs, A. (2002). The neurophenomenology of shamanism: An essay review. *Journal of Consciousness Studies*, *9*(3), 77-82.

LaBerge, S. (1980). Lucid dreaming as a learnable skill: A case study. *Perception and Motor Skills*, *51*, 1039-1042.

LaBerge, S, Nagel, L., Dement, W., & Zarcone, V. (1981). Lucid dreaming verified by volitional communication during REM sleep. *Perceptual and Motor Skills*, *52*, 727-732.

Landgrebe, L. (1981). *The philosophy of Edmund Husserl*. Ithaca, NY: Cornell University Press.

Laughlin, C. D. (1973). The influence of Whitehead's organism on Murray's personology. *Journal of the History of the Behavioural Sciences*, *9*(3), 251-257.

Laughlin, C. D. (1988). The prefrontosensorial polarity principle: Toward a neurophenomenology of intentionality. *Biology Forum*, *81*(2), 243-260. (Also published In K. Ikeda (Ed.), Foundation of structuralist biology. Tokyo, Japan: Kaimeisha [Japanese]).

Laughlin, C. D. (1989). Transpersonal anthropology: Some methodological issues. *Western Canadian Anthropologist*, *5*, 29-60.

Laughlin, C. D. (1992). Time, intentionality, and a neurophenomenology of the dot. *The Anthropology of Consciousness*, *3*(3-4), 14-27.

Laughlin, C. D. (1994). Transpersonal anthropology, then and now. *Transpersonal Review*, *1*(1), 7-10.

Laughlin, C. D. (2011). Communing with the gods: The dreaming brain in cross-cultural perspective. *Time & Mind*, *4*(2), 155-188.

Laughlin, C. D., & d'Aquili, E. G. (1974). *Biogenetic structuralism*. New York, NY: Columbia University Press.

Laughlin, C. D., & Loubser, J. H. N. (2010). Neurognosis: The development of neural models, and the study of the ancient mind. *Time & Mind*, *3*(2), 135-158.

Laughlin, C. D., & McManus, J. (1995). The relevance of the radical empiricism of William James to the anthropology of consciousness. *Anthropology of Consciousness*, *6*(3), 34-46.

Laughlin, C. D., McManus, J., & d'Aquili, E. G. (1990). *Brain, symbol and experience: Toward a neurophenomenology of human consciousness*. New York, NY: Columbia University Press.

Laughlin, C. D., & Throop, C. J. (2006). Cultural neurophenomenology: Integrating experience, culture and reality through Fisher information. *Journal Culture & Psychology, 12*(3), 305-337.

Laughlin, C. D., & Throop, C. J. (2008). Continuity, causation and cyclicity: A cultural neurophenomenology of time-consciousness. *Time & Mind, 1*(2), 159-186.

Laughlin, C. D., & Throop, C. J. (2009). Husserlian meditations and anthropological reflections: Toward a cultural neurophenomenology of experience and reality. *Anthropology of Consciousness, 20*(2), 130-170.

Levy-Bruhl, L. (1966). *Primitive mentality*. Boston, MA: Beacon Press. (Original work published 1923).

Lutz, A. (2002). Toward a neurophenomenology as an account of generative passages: A first empirical case study. *Phenomenology and the Cognitive Sciences, 1*(2), 133-167.

Lutz, A. (2007). Neurophenomenology and the study of self-consciousness. *Consciousness and Cognition, 16*, 765-767.

Lutz, A., & Thompson, E. (2003). Neurophenomenology: Integrating subjective experience and brain dynamics in the neuroscience of consciousness. *Journal of Consciousness Studies, 10*(9-10), 31-52.

Marstaller, L. (2009). Towards a Whiteheadian neurophenomenology. *Concrescence: The Australasian Journal of Process Thought, 10*, 57-66.

Mesquita, B., Barrett, L. F., & Smith, E. R. (Eds.). (2010). *The mind in context*. New York, NY: Guilford.

Miller, I. (1984). *Husserl, perception, and temporal awareness*. Cambridge, MA: MIT Press.

Moran, D. (2000). *Introduction to phenomenology*. New York, NY: Routledge.

Nairne, J. S. (1997). *Psychology: The adaptive mind*. Pacific Grove, CA: Brooks/Cole.

Natsoulas, T. (1978). Consciousness. *American Psychologist, 33*, 906-914.

Nöe, A., & Thompson, E. (2004). Are there neural correlates of consciousness?. *Journal of Consciousness Studies, 11*(1), 3-28.

Nunez, P. L. (2010). *Brain, mind, and the structure of reality*. Oxford, UK: Oxford University Press.

Ogilvie, R. D., Hunt, H. T., Sawicki, C., & McGowan, K. (1978). Searching for lucid dreams. *Sleep Research*, 7, 165.

Pastor, M., Day, B. L., Macaluso, E., Friston, K. J., & Frackowiak, R. S. J. (2004). The functional neuroanatomy of temporal discrimination. *Journal of Neuroscience, 24*(10), 2585-2591.

Pekala, R. J. (1985). A psychophenomenological approach to mapping and diagramming states of consciousness. *Journal of Religion and Psychical Research, 8*, 199-214.

Pekala, R. J., & Cardeña, E. (2000). Methodological issues in the study of altered states of consciousness and anomalous experiences. In E. Cardeña, S. J. Lynn, & S. Krippner (Eds.), *Varieties of anomalous experience: Examining the scientific evidence* (pp. 47-82). Washington, D.C.: American Psychological Association.

Pekala, R. J., & Wenger, C. F. (1983). Retrospective phenomenological assessment: Mapping consciousness in reference to specific stimulus conditions. *Journal of Mind and Behavior, 4*, 247-274.

Peters, F. H. (2000). Neurophenomenology. *Method & Theory in the Study of Religion, 12*(1-4), 379-415.

Peters, F. H. (2004). Neurophenomenology of the supernatural sense in religion. *Method & Theory in the Study of Religion, 16*(2), 122-148.

Pribram, K. H. (1971). *Languages of the brain*. Englewood Cliffs, NJ: Prentice-Hall.

Purves, D. (2010). *Brains: How they seem to work*. Upper Saddle River, NJ: Pearson Education.

Rock, A. J., & Krippner, S. (2012). States of consciousness or states of phenomenology? In A. E. Cavanna & A. Nani (Eds.), *Consciousness: States, mechanisms and disorders* (pp. 55-65). Hauppauge, NY: Nova Science.

Rock, A. J., & Krippner, S. (2007a). Does the concept of "altered states of consciousness" rest on a mistake?. *International Journal of Transpersonal Studies, 26*, 33-40.

Rock, A. J., & Krippner, S. (2007b). Shamanism and the confusion of consciousness with phenomenological content. *North American Journal of Psychology, 9*(3), 485-500.

Rock, A. J., & Krippner, S. (2011). States of consciousness redefined as patterns of phenomenal properties: An experimental application. In D. Cvetkovic & I. Cosic (Eds.), *States of consciousness: Experimental insights into meditation, waking, sleep and dreams. The Frontiers collection* (pp. 257-278). Paris, France: Springer-Verlag.

Rodd, R. (2003). *Märipa:* To know everything: The experience of power as knowledge derived from the integrative mode of consciousness. *Anthropology of Consciousness, 14*(2), 60-88.

Roy, J.-M., Petitot, J., Pachoud, B., & Varela, F. J. (1999). Beyond the gap: An introduction to naturalizing phenomenology. In J. Petitot, F. J. Varela, B. Pachoud, & J. M. Roy (Eds.), *Naturalizing phenomenology* (pp. 1-80). Stanford, CA: Stanford University Press.

Rudrauf, D., Lutz, A., Cosmelli, D., LaChaux, J.-P., & Le Van Quyen, M. (2003). From autopoiesis to neurophenomenology: Francisco Varela's exploration of the biophysics of being. *Biological Research, 36*, 21-59.

Sartre, J. P. (1958). *Being and nothingness: An essay on phenomenological ontology*. New York, NY: Philosophical Library.

Schmitt, R. (1967). Husserl's transcendental-phenomenological reduction. In J. J. Kockelmans (Ed.), *Phenomenology: The philosophy of Edmund Husserl and its interpretation* (pp. 58-68). Garden City, NY: Doubleday.

Sibatani, A. (1987). On structuralist biology. *Biological Forum, 80*, 558-564.

Singer, J. L. (1977). Ongoing thought: The normative baseline for alternate states of consciousness. In N. E. Zinberg (Ed.), *Alternate states of consciousness* (pp. 89-120). New York, NY: Free Press.

Solso, R. L. (2001). *Cognitive psychology* (5th ed.). Boston, MA: Allyn & Bacon.

Stroud, J. M. (1967). The fine structure of psychological time. *Annals of the New York Academy of Sciences, 138*, 623-631.

Tart, C. T. (1975). *States of consciousness*. New York, NY: Dutton.

TenHouten, W. D. (2005). *Time and society*. Albany, NY: State University of New York Press.

Thompson, E. (2006). Neurophenomenology and contemplative experience. In P. Clayton (Ed.), *The Oxford handbook of science and religion* (pp. 226-235). Oxford, UK: Oxford University Press.

Thompson, E., Lutz, A., & Cosmelli, D. (2005). Neurophenomenology: An introduction for neurophilosophers. In A. Brook & K. Akins (Eds.), *Cognition and the brain: The philosophy and neuroscience movement* (pp. 40–97). Cambridge, UK: Cambridge University Press.

Thompson, E., & Varela, F. J. (2001). Radical embodiment: Neural dynamics and consciousness. *Trends in Cognitive Sciences*, *5*(10), 418.

Throop, C. J. (2003a). Articulating experience. *Anthropological Theory*, *3*(2), 219–241.

Throop, C. J. (2003b). Minding experience: An exploration of the concept of experience in the French anthropology of Durkheim, Lévy-Bruhl, and Lévi-Strauss. *Journal of the History of the Behavioral Sciences*, *39*(4), 365–382.

Throop, C. J. (2012). On inaccessibility and vulnerability: Some horizons of compatibility between phenomenology and psychoanalysis. *Ethos*, *40*(1), 75–96.

van de Vijver, F. J. R., Chasiotis, A., & Breugelmans, S. M. (Eds.). (2011). *Fundamental questions in cross-cultural psychology*. Cambridge, UK: Cambridge University Press.

Varela, F. J. (1996). Neurophenomenology: A methodological remedy for the hard problem. *Journal of Consciousness Studies*, *3*(4), 330–349.

Varela, F. J. (1997). The naturalization of phenomenology as the transcendence of nature: Searching for generative mutual constraints. *Revue de Phénoménologie*, *5*, 355–385.

Varela, F. J. (1999). The specious present: A neurophenomenology of time consciousness. In P. Jean, F. J. Varela, B. Pachoud & J. M. Roy (Eds.), *Naturalizing phenomenology: Issues in contemporary phenomenology and cognitive science* (pp. 266–329). Stanford, CA: Stanford University Press.

Varela, F. J., & Shear, J. (Eds.). (1999). The view from within: First-person methodologies in the study of consciousness (Special Issue). *Journal of Consciousness Studies*, *6* (2–3).

Vásquez, M. A. (2011). More than belief: A materialist theory of religion. Oxford, UK: Oxford University Press.

Wallace, B., & Fischer, L. E. (1987). *Consciousness and behavior* (2nd ed.). Boston, MA: Allyn & Bacon.

Winkelman, M. J. (1996a). Neurophenomenology and genetic epistemology as a basis for the study of consciousness. *Journal of Social and Evolutionary Systems*, *19*(3), 217–236.

Winkelman, M. J. (1996b). Shamanism and consciousness: Metaphorical, political and neurophenomenological perspectives. *Transcultural Psychiatric Research Review*, *33*, 69–80.

Winkelman, M. J. (2010). *Shamanism: A biopsychosocial paradigm of consciousness and healing* (2nd ed.). Santa Barbara, CA: Praeger.

번역 출판

Dennett, D. C. (1993). *Consciousness explained*. London, UK: Penguin. (유자화, 장대익 역. 의식의 수수께끼를 풀다. 경기: 옥당, 2013).

Husserl, E. (1970). *Logical investigations* (Vol. 2). London, UK: Routledge & Kegan Paul. (Original work published 1913). (이종훈 역. 논리 연구 [3책]. 서울: 민음사, 2018).

Husserl, E. (1964). *The phenomenology of internal time-consciousness*. Bloomington, IN: Indiana University Press. (Original work published 1905). (이종훈 역. 시간의식. 서울: 한길사, 1996; 2018).

Husserl, E. (1977). *Cartesian meditations: An introduction to phenomenology*. The Hague: Martinus Nijhoff. (Original work published 1931). (이종훈 역. 데카르트적 성찰. 경기: 한길사, 2016).

James, W. (1981). *The works of William James: The principles of psychology*. Cambridge, MA: Harvard University Press. (Original work published 1890). (정양은 역. 심리학의 원리 1, 2, 3. 서울: 아카넷, 2005).

Koch, C. (2004). *The quest for consciousness: A neurobiological approach*. Englewood, CO: Roberts. (김미선 역. 의식의 탐구: 신경생물학적 접근. 서울: 시그마프레스, 2006).

Kockelmans, J. J. (1967). *Phenomenology: The philosophy of Edmund Husserl*. Garden City, NY: Doubleday. (임헌규 역. 후설의 현상학. 경기: 청계출판사, 2000).

LaBerge, S. (1985). *Lucid dreaming*. Los Angeles, CA: Tarcher. (이경식 역. 루시드 드림: 성공하는 사람들의 비밀스런 꿈꾸기. 서울: 북센스, 2008).

LeDoux, J. (2003). *Synaptic self: How our brains become who we are*. New York, NY: Penguin. (강봉균 역. 시냅스와 자아: 신경세포의 연결 방식이 어떻게 자아를 결정하는가?. 경기: 소소, 2005).

Matlin, M. W. (1998). *Cognition* (4th ed.). Fortworth, TX: Harcourt Brace. (민윤기 역. 인지심리학. 서울: 박학사, 2007).

Suzuki, S. (1970). *Zen mind, beginner's mind*. New York, NY: Weatherhill. (선심초심. 다수 번역본 존재하여 서지사항 생략).

제 15 장

자아초월, 영적 구성 개념의 양적 평가[1]

Douglas A. MacDonald, Harris L. Friedman

지난 30여 년에 걸쳐 과학자, 임상가 그리고 일반 대중들에게 영성과 이와 관련된 현상에 대한 관심이 증가하고 있다. 이러한 관심에 따라 이와 같은 주제를 조사하는 연구가 인상적으로 증가하고 있으며, 영성이나 자아초월심리학과 관련된 다양한 구성 개념을 평가하기 위해 고안된 표준화된 평가도구들의 수가 믿기 어려울 정도로 늘어났다(예를 들면, MacDonald, Kuenztel, & Friedman, 1999; MacDonald, LeClair, Holland, Alter, & Friedman, 1995 참조).

우리는 자아초월 분야에 공헌하는 주제들에 관한 연구를 강력히 지지하지만, 문헌에 대한 피상적인 조사만으로도 두 가지 주목할 만한 부정적 경향이 드러난다. 첫째, 우리는 연구들이 공유하는 측정 방법이나 방법론이 사실상 없다는 점을 발견했다—즉, 많은 연구가 새로운 평가 기법의 개발에 관심을 둘 뿐, 대부분이 현존하는 측정 방법들을 참조하거나 포함하려고 하지 않는다. 결과적으로 영성과 인본주의/자아초월 심리학에서 양적 측정도구가 어떻게 사용되고 있으며, 과학적 지식의 현 상태는 어떠한가에 대한 문헌 조사의 그림은 매우 혼란스럽다.

둘째, 압도적으로 많은 연구와 검사 개발 연구들이 자아초월심리학자가 아닌 많은 수의 전통심리학 분야의 연구자들에 의해 발표되었는데, 여기에는 임상심리학, 사회심리학, 건강심리학, 종교심리학 등이 포함된다. 의학과 간호학 분야 또한 상당히 적극적으로 새로운 검사와 측정도구를 개발하고 있다. 인본주의 심리학이나 자아초월심리학은 성장하고 있는 과학적인 연구 분야에 고려할 만한 공헌을 하지 못하는 것으로 보이며, 떠오르고 있는 긍정심리학 운동의 옹호자들은 인본주의/자아초월 심리학을 과학적 심리학의 영역에서 배제시키기 위한 근거로서 이러한 사실을 들고 있다(예를 들면, Seligman & Csikszentmihalyi, 2000, p. 7 참조).

이 장의 목적은 영성이나 자아초월심리학과 관련되는 구성 개념을 정의하고 측정할 때 양적 평가에 관한 정보를 제시하는 것이다. 이러한 정보를 제공하는 명시적인 목적은 자아초월심리학자들이 접근 가능한 기술을 인식하도록 지원하고, 연구자들이 보다 진지하게 그러한 기술들을 진행 중인 연구 과정에 통합하게 하려는 것이다. 목적을 분명히 하기 위해 이 장은 네 개의 일반 질문으로 구성되었다. ① 자아초월 연구에서 양적 평가의 사용을 지지하는 주장은 무엇인가?, ② 현재 사용 가능한 측정도구의 유형은 무엇인가?, ③ 이러한 측정도구를 사용하여 인간 기능과 영적·인본주의적/자아초월적 개념과의 관련성을 보고하는 경험적 문헌들은 무엇인가?, ④ 자아초월 연구에 관심을 가진 연구자들에 대한 권고 사항은 무엇인가이다.

영적·자아초월적 개념의 양적 평가를 지지하는 주장들

일반적으로 자아초월심리학은 객관적 검증, 형식화된 평가, 전통적인 경험적 연구 방법론을 피해 왔는데, 그것은 이러한 방식들이 환원주의적이며 주관적 인간 경험의 내재적 풍부함, 복잡성 그리고 형언 불가능성을 정당하게 다룰 수 없다고 믿기 때문이다. 이와 같은 자료 수집 전략 대신 현상학적 방법과 같은(예를 들면, Giorgi, 1997; Patrik, 1994; Walsh, 1995) 질적 연구 방법은 살아 있는 세계의 경험에 보다 밀접하게 접근할 수 있게 하는 방법으로 발전해 왔으며, 많은 사람은 질적 연구 방법이 심리학의 세 번째와 네 번째 세력이 주장하는 기본적인 세계관이나 가치와 더 일치한다고 생각해 왔다.

분명히 조작화의 한계(즉, 측정 방식에 따른 구성 개념의 정의)는 상당하며, 우리는 환원주의에 대한 기본적 비판에 대해서도 동의한다. 그러나 우리는 또한 모든 개념적인 앎의 양식은 내재적으로 어느 정도는 환원주의적이라는 점을 주장한다. 우리가 어떤 현상 혹은 의식의 상태에 대한 최선의 이해 혹은 앎의 방식은 그것을 직접 경험하는 것이란 점에 동의함에도 불구하고, 개념적 사고를 통해 그것을 다른 사람과 의사소통한다거나 그러한 경험을 내적으로 처리하려고 시도할 경우, 적어도 어느 정도는 환원주의적이 될 수밖에 없다. 더욱이 우리는 질적 방법론이 전통적인(예를 들면, 심리측정적) 수단을 통해 접근할 수 없는 자료에 대한 조망을 제공하며, 여러 가능한 연구 방법 중에서 중요한 위치를 점하고 있다고 생각한다. 물론 질적 방법론 또한 피할 수 없는 고유의 환원주의적 문제로 인해 어려움을 겪는다. 따라서 우리는 양적 방법과 대부분의 심리측정은 정보를 확보하기 위한 중요한 수단이 될 수 있으며, 오용되고 있는 연구도구로 치부하여 폐기해서는 안 된다고 믿는다. 여기서는 간단히 몇 가지 고려할 만한 점들을 제시할 것이다. 이러한 주제에 관심 있는 독자들은, 이러한 주제를 상세히 다루고 있는 다음의 논문들을 참고하기 바란다(예를 들면, Friedman, 1983; Friedman & MacDonald, 1997; MacDonald, 2011; MacDonald et al., 1995; MacDonald & Friedman, 2001; MacDonald, Friedman, & Kuentzel, 1999; MacDonald, Kuentzel, & Friedman, 1999; MacDonald, Tsagarakis, & Holland, 1994).

첫째, 심리측정과 관련된 조작화와 환원주의 문제는 인본주의나 자아초월적 개념, 이론 경험에만 발생하는 문제가 아니다. 이러한 문제는 모든 분야의 심리학과 사회과학 연구에 존재한다. 그러나 이러한 제한에도 불구하고, 검사의 개발과 적용은 모든 심리과학에서 번성해 왔다. 그 이유는 무엇일까? 그것은 이들이 가진 단점에도 불구하고, 심리측정 검사는 표준화된 방법론을 통해 결과의 비교와 지식의 누적적인 발전을 가능하게 하는 반복 검증할 수 있는 개방적인 정보를 제공하기 때문이다. 이에 따르면, 인본주의와 자아초월 심리학에서 이와 같은 심리측정이 이득이 있는가를 따져 보는 것은 온당한 일이다.

둘째, 많은 문헌이 초월적 의식 상태에 중점을 둠으로써 영적이고 자아초월적인 경험이 이 분야의 전체를 대변하는 듯한 인상을 낳고 있다. 그러나 자아초월심리학이 오로지 경험에만 관심을 두는 학문이 아니라는 점을 지적해야겠다. 자아초월심리학은 이보다 훨씬 더 광범위한 영역을 포함한다. Walsh와 Vaughan(1993, p. 203)만큼 이에 대해 잘 이야기한 사람들은 아마 없을 것이다. 그들은 자아초월심리학을 다음과 같이 정의했다. “자아초월심리학은 자아초월적 경험과 그와 관련한 현상의 연구에 중점을 두는 심리학 분야이다. 이러한 현상에는 자아초월적 경험의 원인, 효과, 관련성, 발달 그리고 이러한 경험과 관련된 (이론) 훈련과 실천 등이 포함된다.” 이러한 정의를 액면 그대로 받아들인다면 이론과 행동의 두 가지 연구 주제는 과학적 자아초월심리학을 정의하는 데 있어서 비-일상적 경험의 탐구만큼이나 핵심적인 요소라는 것을 쉽사리 인정할 수 있을 것이다.

셋째, 경제적(예를 들면, 보험 회사와 같은 제삼자 지불자 관여의 증가) 요인과 법적(예를 들면, 잘못된 치료에 대한 소송의 증가 경향) 요인으로부터 일어나는 서비스 규정에 있어서의 전면적인 변화에 대응하기 위해 심리측정과 공식적인 심리 평가는 심리 서비스 제공자가 임상적 진단과 개입을 정당화하고 타당화하기 위한 일차적인 방법들 중의 하나로 사용되고 있다. Friedman과 MacDonald(1997)는 다음과 같이 기술했다.

> 평가를 내켜 하지 않는 태도를 보이는 것은… 자아초월 임상가들 스스로를 불필요한 위험에 노출시키는 것으로 보인다… (관련된) 이론과 실제의 유용성과 타당성을 설명하는 데 상당한 에너지를 쏟지 않을 경우, 자아초월심리학은 주류 심리학과 과학 공동체와 비교하여 무방비 상태 속에 놓일 수 있다. 자아초월 임상가들은 내담자와의 작업, 자기 직업과 자신의 과학이 갖는 특징과 효과성에 관해 만족할 만한 설명을 내놓지 못하고 있다(p. 106).

다르게 말하면, 사회적 · 정치적 요인으로 인해 자아초월심리학의 실천과 과학 모두는 이론을 검증하고 전문적인 판단을 위해 인정받고 있는 기술을 충분히 사용하지 못함으로써 위험에 처할 수 있다. 이런 맥락에서 심리측정 검사는 과학 공동체와 사회 기관에서 널리 수용되고 있기 때문에 자아초월 이론과 실천의 신뢰성을 높일 수 있는 잠재력을 갖고 있다.

종합하면 인본주의와 자아초월 분야에서 심리측정 검사에 대한 필요성과 가능성은 명백해 보인다. 단순 명료하게 요약한다면 심리측정 검사는 여섯 가지의 구체적인 이득을 자아초월 연구에 제공할 수 있을 것이다. MacDonald 등(1995)은 다음과 같이 기술했다.

> ① 심리측정에 관한 적절한 훈련이 주어진다면 검사는 구성, 사용, 채점, 해석이 상대적으로 쉽다. ② 검사는 상대적으로 단기간에 완료될 수 있으며 개인이나 집단 모두에 실시될 수 있다. ③ 검사는 어떤 구성 개념에 관한 표준화된 측정을 가능하게 하며, 이를 통해 다양한 연구로부터 얻어진 결과들을 보다 쉽게 비교할 수 있고 발견된 결과들을 반복 검증할 수 있다. ④ 검사는 광범위하고 다양한 이론과 현상에 관한 경험적 연구들이 빠른 시간에 누적될 수 있게 한다. ⑤ 검사는 자아초월 이론을 검증하기 위해 사용될 수 있다. 그리고 ⑥ 검사는 자아초월 개념과 주류 심리학 개념 간의 비교를 용이하게 해 준다(p. 175).

이용 가능한 측정도구

문헌 리뷰를 통해 영성과 자아초월 구성 개념을 측정하는 100개 이상의 도구들이 발견되었다(MacDonald et al., 1995; MacDonald, Kuentzel, & Friedman, 1999). 독자들에게 이러한 도구들의 폭과 내용을 알려 주기 위해 〈표 15-1〉에 검사들 중 일부의 리스트를 제시하였다. 제시한 도구들은 각 주제에 관해 대표성을 갖고 있고, 연구에 사용될 가능성이 있다고 우리가 판단한 것이다.

표 15-1 영성 관련 구성 개념에 대한 현존하는 측정도구들의 선정 리스트

영성spirituality
영성 표현 검사Expressions of Spirituality Inventory(MacDonald, 2000)
심리 매트릭스 영성 검사Psychomatrix Spirituality Inventory(Wolman, 1997)
영성 지향 검사Spiritual Orientation Inventory(Elkins, Hedstrom, Hughes, Leaf, & Saunders, 1988)
안녕감well-being
통합 검사Integration Inventory(Ruffing-Rahal, 1991)
정신적 · 신체적 · 영적 안녕감 척도Mental, Physical, and Spiritual Well-Being Scale(Vella-Brodrick & Allen, 1995)
영적 안녕감 척도Spiritual Well-Being Scale(Paloutzian & Ellison, 1982; Ellison, 1983)
체험과 의식experience and consciousness
변성의식 상태 평가 스케줄Assessment Schedule for Altered States of Consciousness(Van Quekelberghe et al., 1991)
자아허용 검사Ego Permissiveness Inventory(Taft, 1969, 1970)
신비 체험 척도Mystical Experiences Scale(Hood, 1975)
의식 현상학 검사Phenomenology of Consciousness Inventory(Pekala, 1982; Pekala, Steinberg, & Kumar, 1986)
신념, 지향 및 정체성beliefs, orientation, and identity
자아집착 지향Ego Grasping Orientation(Knoblauch & Falconer, 1986)
느낌, 반응, 신념 조사Feelings, Reactions, Beliefs Survey(Cartwright & Mori, 1988)
자기-확장 수준 유형Self-Expansiveness Level Form(Friedman, 1983)
자아초월적 학습 지향Transpersonal Orientation To Learning(Shapiro & Fitzgerald, 1989)

〈표 15-1〉에서 본 바와 같이, 우리는 14개의 측정도구를 네 개의 일반 범주로 구분하여 제시했다. 그것은, ① 영성, ② 안녕감, ③ 체험과 의식, ④ 신념, 지향 및 정체성이다. 이러한 범주들은 설명을 위한 목적으로 사용된 것이지 정확하고 신뢰할 만한 분류학적 체계에 따른 것은 아니다. 그럼에도 불구하고, 여기에 포함된 모든 측정도구는 표준화된 지필 검사이다.

영성 범주 영성 범주에 포함된 모든 측정도구는 영성을 다차원적인 구성 개념으로 정의하고 평가한다. 현존하는 측정도구에 대한 지식을 감안하면 영성을 한 가지 구성 요소보다 많은 요소를 포함하는 것으로 개념화하는 것은 예외라기보다는 규칙에 가깝다(즉, 대부분의 도구는 영성을 두 개 혹은 그 이상의 차원으로 구성되었다고 정의한다). 많은 경우, 종교 그리고/또는 종교성은 (대개는) 부주의한 종교와 영성의 혼입에 의하거나 몇 개의 문항 혹은 하위 척도의 형태로 영성 관련 척도에 포함되어 있다.

1. 영성 표현 검사(MacDonald, 2000)

영성 표현 검사ESI는 영성을 다섯 개의 하위 차원 모델로 평가하고 있으며, 98개의 문항으로 구성된다. ESI는 측정 시 발생하는 영성의 실체화reification를 피하기 위해 이와 같은 명칭을 사용했다. ESI의 영성 모델은 영성 관련 구성 개념들의 여러 가지 대표적 측정도구를 요인 분석하여 구성되었다. 본질적으로 다섯 가지 차원은 현존하는 지필 검사에서 묘사하고 있는 영성의 주요 측면(적어도 몇 가지의)을 가장 잘 반영하고 있다. 다섯 차원은 다음과 같다. ① 영성을 향한 인지적 지향cognitive orientation towards spirituality(즉, 영적 신념과 지각), ② 체험적/현상적 차원experiential/phenomenological dimension(즉, 영적 체험), ③ 실존적 안녕감existential well-being, ④ 초상적超常的 신념paranormal beliefs, ⑤ 종교성religiousness이 그것이다.

2. 심리 매트릭스 영성 검사(Wolman, 1997)

PSI는 영성의 '일곱 가지의 명백히 구분되는 범주'(Wolman, 1997, p. 80)를 포함하고 있으며, 105개 문항으로 구성되어 있다. 미국인들에게 영성이 어떤 의미인가를 측정하기 위해 고안되었다. 문항은 종교와 영성 영역에 있는 일반인에서 전문가에 이르는 광범위한 설문조사를 통해 개발되었으며, 700여 명의 참가자 표본에서 얻은 점수 분석을 통해 하위 차원을 분석하였다. 하위 범주는 다음과 같다. ① 높은 힘의 자각awareness of a higher power, ② 영적 활동 또는 실천spiritual activities or practices, ③ 치유작업의 사용use of healing practices, ④ 신체적·정서적 트라우마 경험experience of physical and emotional trauma, ⑤ 신체 자각body awareness, ⑥ 종교적 역사religious history, ⑦ 현재의 종교적 실천current religious practices이 그것이다. PSI의 개발 방법(즉, 사회 조사 연구)은 주목할 만한 가치가 있는데, 그것은 이 검사의 하위 차원들이 다양한 영역(예를 들면, 전통적 그리고 대안적 의학, 간호학, 임상, 건강 혹은 재활심리학, 종교심리학)의 연구자들이 의미 있는 관심을 가질 만한 영성의 측면을 반영하고 있기 때문이다.

3. 영성 지향 검사(Elkins, Hedstrom, Hughes, Leaf, & Saunders, 1988)

이 검사는 서로 다른 문항 수를 가진 9개의 하위 척도로 구성되며, 전체 문항은 85개이다. 하위 척도는 영성의 주요 특징들을 담고 있으며, 이는 관련 문헌에 대한 내용 분석을 통해 연구자들이 확인한 것이다. 하위 척도는 다음과 같이 구성된다. ① 초월적 차원transcendent dimension, ② 삶의 의미와 목적meaning and purpose in life, ③ 삶의 사명mission in life, ④ 삶의 신성함sacredness in life, ⑤ 물질적 가치material values, ⑥ 이타주의altruism, ⑦ 이상주의idealism, ⑧ 비극의 자각awareness of the tragic, ⑨ 영성의 열매fruits of spirituality가 그것이다. 이 도구는 훌륭한 내용 타당도를 확보하고 영성 모델을 평가하는 소수의 도구 중 하나이다(즉, 이 도구의 아홉 가지 구성 요소는 다양한 전문가가 영성 구성 개념의 핵심 요소를 반영한 것으로 인정한다). 더하여 이 검사는 지금까지 전통적인 종교나 종교성과의 혼입을 최소화하기 위해 노력한 최초의 가장 효과적인 영성 척도 중의 하나이다.

안녕감 범주 이 범주에 속한 측정도구들은 모두 긍정적인 기능 상태 그리고/또는 삶의 질에 공헌하는 요인들을 평가하고 있다.

1. 통합 검사(Ruffing-Rahal, 1991)

이 검사는 37개의 문항으로 구성되어 있으며, 노인의 안녕감 통합well-being integration을 측정하기 위해 개발되었다. 이 검사의 개발자는 안녕감 통합을 Jung의 개성화(즉, 심혼의 여러 측면이 자체로 형성하는 의식 분화와 통합)와 동일한 개념으로 사용하였으며, 질문지는 일상에서의 의미의 충만함을 측정한다. 현재까지 많은 연구에서 활용되지는 않았으나, 이 검사는 Jung의 이론과 밀접한 개념을 객관적으로 평가하려는 시도에 있어서 유일무이하다.

2. 정신적 · 신체적 · 영적 안녕감 척도(Vella-Brodrick & Allen, 1995)

30개의 문항으로 구성된 이 척도는 초기의 전인적 삶 검사Holistic Living Inventory (Stoudenmire, Batman, Pavlov, & Temple, 1985)에 기초하고 있으며, 전인적 건강과 안녕의 측정 편의성을 제공한다. 척도 명에서 알 수 있듯이, 이 척도는 정신적 · 신체적 · 영적 안녕감을 평가하는 세 개의 하위 척도로 구성된다. 개발 시점의 심리측정 작업에서 이 검사는 적합한 신뢰도와 타당도를 보였다.

3. 영적 안녕감 척도(Paloutzian & Ellison, 1982; Ellison, 1983)

영적 안녕감 척도SWBS는 문헌에서 가장 많이 사용되는 척도일 것이다. 이 척도는 두 개의 하위 척도를 가진 20문항으로 구성된다. 종교적 안녕감religious well-being과 실존적 안녕감existential well-being이 그것이다. 영적 안녕감에 대한 이 요인 모델은 Moberg(1971;

Moberg & Brusek, 1978)가 제안한 것이다. 그는 영적 안녕감을 수직적 차원(즉, 높은 힘과 관련된 안녕감)과 수평적 차원(즉, 종교적 차원과 독립된 안녕감)으로 개념화했다. 몇몇 모집단의 경우 요인 구조와 점수 분포에서 다소간의 논란이 있지만, 이 검사를 사용한 연구들은 영성과 심리적 기능 간의 관계를 탐색하는 데 있어 이 검사가 매우 훌륭한 가능성을 가지고 있음을 보여 준다.

체험과 의식 범주 이 범주에는 체험과 의식 상태를 평가하기 위해 설계된 측정도구들이 포함된다. 영성 측정도구와 유사하게 이 범주의 모든 측정도구 또한 다차원적이다.

1. 변성의식 상태 평가 스케줄(Van Quekelberghe, Altstotter-Gleich, & Hertweck, 1991)

이 척도는 14개의 하위 척도로 구분되어 있고, 325개의 문항으로 구성되어 있다. 하위 척도는 변성의식 상태 체험의 주요 범주들을 포함한다. ASASC는 비일상적 의식 상태에 대한 종합적 측정을 위해 개발되었다. 하위 척도에는, ① 개인 정보personal data(예를 들면, 인구학적/기술적 정보, 약물 사용이나 의식 변용 훈련 경험을 묻는 문항들), ② 초일상적 정신 과정extraordinary mental processes(예를 들면, 비일상적 사고 훈련), ③ 초심리학parapsychology, 자기 고유의 경험own experiences, ④ 초심리학, 자기 고유의 관점own view, ⑤ 비전esoterics(예를 들면, 점성학, 영적 치유), ⑥ 긍정적 신비 체험positive mystic experiences, ⑦ 부정적 신비 체험negative mystic experiences, ⑧ 상상imagination, ⑨ 꿈dreams, ⑩ 연상dissociation, ⑪ 환시hallucinations, ⑫ 과민감성hypersensitiveness, ⑬ 변화된 시공간 감각changed feeling of time and space, ⑭ 변화change(즉, 비일상적 체험의 장기적인 기능상 효과)가 그것이다. 이 검사가 갖는 포괄성과 종합성은 인상적이며, 연구 목적에 따라 하위 척도 중 일부를 선택하여 사용하도록 권장하고 있으므로 불필요하거나 바람직하지 않은 질문의 사용을 최소화할 수 있다.

2. 자아허용 검사(Taft, 1969, 1970)

이 척도는 자아허용[즉, '성격의 전의식 및 무의식 측면의 (긍정적) 잠재력이 활성화될 수 있도록 자신의 힘을' 포기할 수 있는 에고의 능력; Taft, 1969, p. 36]의 아홉 가지 요인을 측정하는 72개 문항으로 구성된다. 아홉 가지 요인은, ① 절정 체험peak experiences, ② 해리 체험dissociated experiences, ③ 환상의 수용acceptance of fantasy, ④ 초자연적 존재에 대한 믿음belief in the supernatural, ⑤ 자동적 사고automatic thought, ⑥ 인지적 통제의 확신confidence in cognitive control, ⑦ 인지 적응성cognitive adaptability, ⑧ 놀이성 대 내생적 각성playfulness versus endogenous arousal, ⑨ 사회적 자원으로부터의 정서적 각성emotional arousal from social sources이다. 초기

연구(즉, Taft, 1969)에 이어 Taft(1970)는 문항을 다시 요인 분석하여 각 10문항을 가진 8개 하위 척도로 구성된 측정도구로 개정했다. ⓐ 절정 체험, ⓑ 해리 체험, ⓒ 내적 체험에 대한 개방성, ⓓ 초자연적 존재에 대한 믿음, ⓔ 정서적 외향성, ⓕ 내현적 각성, ⓖ 통제된 적응성, ⓗ 지적 통제가 그것이다. 그는 두 번째 분석에서 추가 요인(인지적 퇴행cognitive regression이라고 부르는)을 발견했지만, 개정판에는 포함하지 않았다.

3. 신비 체험 척도(Hood, 1975)

신비 체험 척도M-Scale는 Stace(1960)가 신비 체험에 대한 보고들을 현상학적으로 분석하여 발견한 신비 체험의 아홉 가지 차원 중 여덟 가지(즉, 역설성paradoxicality을 제외한 Stace가 발견한 모든 차원)를 측정하기 위한 도구로서 32개의 문항으로 구성된다. 차원으로는, ① 자아 특성ego quality, ② 합일 특성unifying quality, ③ 내부 주관적 특성inner subjective quality, ④ 시간적/공간적 특성temporal/spatial quality, ⑤ 순수지성적 특성noetic quality, ⑥ 형언 불가성ineffability, ⑦ 긍정 정서positive affect, ⑧ 종교적 특성religious quality이 그것이다. 이 척도는 영적 안녕감 척도 다음으로 연구에서 가장 많이 사용되는 도구이다.

4. 의식 현상학 검사(Pekala, 1982; Pekala, Steinberg, & Kumar, 1986)

의식 현상학 검사(PCI)는 현상적 체험의 12가지 주요 차원을 측정하기 위해 설계된 지필 검사로 53개의 문항으로 구성된다. 여기에는, ① 긍정 정서positive affect, ② 부정 정서negative affect, ③ 변성 체험altered experience, ④ 시각적 심상visual imagery, ⑤ 주의attention, ⑥ 자기-자각self-awareness, ⑦ 변성적 자각altered awareness, ⑧ 내적 대화internal dialogue, ⑨ 합리성rationality, ⑩ 의도적 통제volitional control, ⑪ 기억memory, ⑫ 각성arousal 차원이 포함된다. 이 척도는 의식 현상을 포괄적으로 측정하고 있기 때문에 질적 연구 방법을 대신하거나 보다 이상적으로는 질적 연구 방법을 확장하고자 할 때 사용할 수 있는 적합한 도구로 볼 수 있다.

신념, 지향 및 정체성 범주 마지막 범주에는 보다 절충적이고 다양한 구성 개념을 평가하는 도구들을 포함했다.

1. 자아집착 지향(Knoblauch & Falconer, 1986)

자아집착 지향EGO은 자아의 집착을 측정하기 위해 설계된 측정도구로서 도교적 지향taoist orientation을 평가하는 20개의 참/거짓 문항으로 구성된다. 자아집착이란 "인간 경험의 부정적 측면은 제거하려 하고 긍정적인 측면만을 추구하려는 이원론적 태도" (Knoblauch, 1985, p. 55)로 정의된다. 이러한 개념은 도교의 음양, 무위 및 기와 같은 개념을 치료적으로 적용하면서 개발된 것이다.

2. 느낌, 반응, 신념 조사(Cartwright & Mori, 1988)

이 도구는 로저스Carl Rogers가 설명한 성격 기능의 아홉 가지 주요 측면을 측정하며, 130개의 문항으로 구성된다. 이들의 명칭은, ① 의식적인 주의 집중focusing conscious attention, ② 관계에서의 느낌에 대한 개방성openness to feelings in relationships, ③ 유기체로서의 자기에 대한 신뢰trust in Self as an organism, ④ 충분히 기능하는 사람fully functioning person, ⑤ 사람들과의 불편함을 느끼기feeling uncomfortable with people, ⑥ 열등감과 싸우기struggling with feelings of inferiority, ⑦ 관계에서의 모호함을 느끼기feeling ambivalent in relationships, ⑧ 초월적 경험에 대한 개방성openness to transcendent experiences, ⑨ 종교적-영적 신념religio-spiritual beliefs이 그것이다. 이 측정도구는 로저스가 제안한 핵심 성격 기능을 공식화하고 조작화했다는 점에서 특별하다.

3. 자기-확장 수준 유형(Friedman, 1983)

이 척도는 18개 문항의 검사로, 세 개의 자기-확장 수준에 따라 기술한 자기-개념 모델을 측정하기 위해 고안되었다. 자기-확장은 "자기를 비-자기와 경계 짓는 자기-개념의 과정을 통해 자기의 경계 내에 포함되는 참자기True Self의 양"(Friedman, 1983, p. 38)으로 정의된다. 자기-확장의 세 수준은 자기-개념의 공간적-시간적 범주를 사용하여 도출한다(즉, 시간과 공간 내에 존재하는 것으로 정의된 정체성을 의미함). 자기-개념의 각 수준은 측정도구의 각 하위 척도에 상응한다. 개인적 하위 척도는 지금, 그리고 여기의 정체성 수준과 관련된다. 자아초월 하위 척도는 정체성이 현재의 시공간을 넘어 확장되어 분리된 실체적 자아로서의 자기가 소멸된 상태의 자기-개념을 측정한다. 중간 하위 척도는 개인적이며 자아초월적인 영역의 중간 영역을 포함한다. Friedman은 이 영역을 개념적으로 정립하지는 않았으나, 중간 수준은 자아초월적이라 할 만큼 충분히 확장된 것은 아니지만 개인적 수준을 넘어선 정체감의 확장을 포함하는 자기-개념 수준을 의미한다(예를 들면, 사회적 행동이나 환경과의 동일시). 이 도구는 자아초월적인 정체감 이론을 명시적으로 통합하기 위해 설계된 유일한 검사이다.

4. 자아초월적 학습 지향(Shapiro & Fitzgerald, 1989)

이 측정도구는 개인의 학습과 교육에 대한 태도와 신념이 본질적으로 어느 정도 자아초월적인가를 측정하기 위한 것으로 40개의 문항으로 구성된다. 검사 개발자들은 자아초월적 학습 지향은 영적 성장을 촉진하기 위한 교육 환경의 활용을 지지하는 태도라고 설명한다. 자아초월적인 마음 자세를 가진 사람들은 관습적인 합리적/논리적 양식의 교육을 지양하고 직관적이고 수용적인 양식의 의식을 계발하는 교육에 중점을 둔다. 이 검사는 요인 분석을 통해 네 개의 하위 척도로 구성되며, 각 하위 척도에 10개의 문항이 포함된다. 하위 척도는, ① 학교에서 적용되는 환상 기법fantasy techiques applied in schools, ② 인식론으로 과학보다 선호되는 신비주의mysticism preferred to science as an epistemology, ③ 학교에 적용되는 신비적/오컬트[1]적/초상적 기법mystical/occult/paranormal techniques applied to schools, ④ 초월 의식transcendent consciousness이다. 이 측정도구는 교육에서의 자아초월적 가치 체계의 역할을 탐구하기 위해 교육학 연구자들에 의해 고안되었다. 이 검사는 이러한 종류의 유일한 측정도구이다.

영적 · 자아초월적 측정을 통해 발견되는 과학적 지식

표준화된 측정도구를 사용한 경험적 연구 문헌들은 영성 및 자아초월적 개념과 인간 기능 간의 관계에 대해 무엇을 보고하고 있는가? 영성과 건강 간의 긍정적 관련성에 대한 강력한 증거를 제공하고 있는가? 연구 문헌들에 대해서는 두 가지의 일반적 언급이 가능하다. 첫째, 설득력 있는 경향성의 발견이 어려운 혼란 상태에 놓여 있다. 자아초월 구성 개념의 법칙론적 망nomological net이 공식적으로 개발되지 않았다는 사실 때문에 이러한 작업이 의미 있게 이루어지기가 더 어렵다. 즉, 이미 언급한 바와 같이 어떤 구성 개념의 구성 요소에 관해 측정도구들 간의 합의가 없으며, 따라서 측정의 동등성을 가정할 만한 근거도 없다. 표면상으로는 동일한 구성 개념을 측정한다고 주장하는 검사들이 실제로는 동일한 구성 개념을 측정한다고 가정할 수 없다면 한 검사에서 얻은 결과를 다른 검사를 통해 얻은 결과에 적용하거나 일반화할 수 없다.

두 번째, 사실상 영성과 인간 기능 간의 유의한 관련성을 보고하는 모든 연구에서 효과의 크기effect size가 형편없거나 기껏해야 낮은marginal 수준이다. 예를 들어, 종교성-중독 연구는 다양한 인구학적 집단과 여러 종류의 약물에서 강력한 부적 관련성을 보여 주는 중요한 영역이었다. 그러나 이러한 결과를 조사했을 때, 효과의 크기의 상한선은 .25의 상관

1) occult: 비술祕術, 주술呪術.

아래로 떨어진다는 것이 발견되었다(Connors, Tonigan, & Miller, 1996). 이러한 정도의 상관은 두 변인 간 변량의 6%를 약간 넘는 설명량과 같다. 어떤 발견이 유의하든 그렇지 않든 간에 그것이 점수 변량의 6% 정도를 설명한다면, 그것의 임상적 · 실용적 중요성을 입증하기는 어렵다.

효과의 크기에 대한 고찰에도 불구하고, 영성 및 자아초월 구성 개념과 심리적 및 신체적 기능 간의 관련성을 조사하고 있는 많은 연구에서 경험적으로 지지되는 조직 모델 organizational model을 통해 결과물들을 구조화하고 해석할 수 있다면 보다 이해할 만한 결과를 산출할 것이다. 경험적인 지지에 대한 강조는 중요한데, 이는 그와 같은 조직 모델이 서로 다르게 조작화된 자아초월 구성 개념들이 서로 간에 어떻게 관련되고 영향을 미치는가를 경험적으로 설명할 수 있을 때 비로소 과학적인 가치를 확보할 수 있기 때문이다. 다른 말로 하면, 조직 모델이 구성 개념들의 법칙론적 망의 개발이나 망 내의 핵심적인 구조적 요소들의 확인을 지원하지 않는다면 과학적 견지에서 존재하는 이론적 모델이 발견한 결과를 이해하기 위한 최고의 타당하고 유용한 관점을 제공한다는 것을 결정하기란 실제로 불가능할 것이다. 이와 같은 경험적 요구를 염두에 둔다면 MacDonald(1997, 2000)가 고안한 영성의 다섯 차원 모델은 연구 문헌에 질서를 가져올 수 있는 유력한 후보가 될 수 있다.

ESI를 기술하면서 설명한 바와 같이, MacDonald(2000)는 영성 및 관련 구성 개념에 관한 몇 가지 대표적인 측정도구를 요인 분석하여 5요인 영성 모델을 개발했다. MacDonald는 영성을 자아초월심리학 영역뿐 아니라 관련된 많은 하위 학문들(예를 들면, 초심리학, 종교심리학, 실존심리학) 내에 있는 대부분의 구성 개념을 포괄하는(즉, 그는 본질적으로 영성 연구는 자아초월심리학과 동일한 의미를 가진다는 입장을 취했다.) 상위의 구성 영역으로 접근했다. MacDonald가 제시한 5요인 각각은 광범위한 구성 개념을 설명하는 강력한 공통 차원을 담아내고 있다.

〈표 15-2〉는 조직 체제로서의 가능성을 생각해 보도록 하기 위해 MacDonald의 상관 및 요인 분석 결과에 따라 17개의 검사(또는 검사의 하위 차원들)를 차원별로 분류하여 보여 주고 있다. 〈표 15-2〉를 자세히 살펴본다면, 검사 혹은 하위 검사 분류는 대부분 이론적으로 일관된다는 것을 발견할 것이다. 즉, 어떤 구성 개념을 측정하도록 설계된 도구들은 개념적으로 유사한 요인에 포함될 것이다. 예를 들어, 영적 체험에 관한 측정도구들은 그와 같이 확인된 요인에 속한다. 종교성, 초상적 신념, 실존적 안녕감 측정도구 또한 그렇다. 그러나 몇몇 검사는 이와 동일한 추세에 따르지 않는다. 특히 일반적 영성을 측정하기 위해 고안된 영성 평가 척도와 영성 자기-평가 척도, 그리고 영적 체험을 평가하기 위

표 15-2 요인 분석과 상관 분석 결과에 기초한 영성 측정도구들의 범주화

영성을 향한 인지적 지향cognitive orientation towards spirituality
영성 평가 척도-내면성
영적 지향 검사-초월적 차원을 제외한 모든 하위 척도
죽음 초월 척도Death Transcendence Scale-종교적 양식Religious Mode
내현적-외현적 종교 지향 척도-내현적 종교성
영적 안녕감 검사-주관적 영적 안녕감
체험적/현상적 차원experiential/phenomenological dimension
신비 체험 척도-8가지의 모든 하위 척도
절정 체험 척도
영성 평가 척도-초월
영적 지향 검사-초월적 차원과 삶의 신성함
변성의식 상태 평가 스케줄-긍정적 신비 체험
죽음 초월 척도-신비 체험
자아허용 검사(Taft, 1969)-절정 체험과 해리 경험
실존적 안녕감existential well-being
자아집착 지향
영성 평가 척도-내면성, 초월, 합일 의식, 삶의 목적과 의미
영성 자기-평가 척도
영적 안녕감 검사- 자기-만족
영적 안녕감 척도-실존적 안녕감
초상적 신념paranormal beliefs
초상적 신념 척도-초일상적 삶의 방식Extraordinary Life Forms, 전인지Precognition, 사이 현상에 대한 신념Psi Beliefs, 강신술Spiritualism, 미신Superstitiousness, 마법Witchcraft
자아초월적 학습 지향-신비적/오컬트적/초상적 학습 기법
변성의식 상태 평가 스케줄-초심리학, 자기 고유 신념Own Beliefs 그리고 비전Esoterics
자아허용 질문지-초자연 현상에 대한 신념
종교성religiousness
동-서 질문지East-West Questionnaire-동양의 인간과 영적 존재Man and the Spiritual, Eastern 그리고 서양의 인간과 영적 존재Man and the Spiritual, Western
핵심 영적 체험 지수Index of Core Spiritual Experience
내현적 종교 동기 척도Intrinsic Religious Motivation Scale
신비 체험 척도- 종교적 특성
초상적 신념 척도-전통적 종교 신념
죽음 초월 척도-종교적 양식
내현적 · 외현적 종교 지향 척도-내현적 종교성
영적 안녕감 검사-기독교 신념, 개인적 신앙심, 종교적 냉소주의
영적 안녕감 척도-종교적 안녕감

주. MacDonald(1997)의 표를 개정함.

해 설계된 핵심 영적 체험 지수는 이 척도들의 이론적 토대와 일치되지 않는 것으로 보이는 차원으로 분류된다. MacDonald(1997, 2000)는 이러한 척도들의 내용 조사를 통해 이러한 결과의 원인을 밝혀냈다. 일반적 영성을 측정하는 앞의 두 측정도구는 대부분의 문항이 명시적으로 영적이거나 종교적인 참조 대상 없이 삶의 질이나 자기-지각 기능을 평가하게 되어 있다(예를 들면, 나는 행복하다, 나는 강하다고 느낀다, 나의 삶은 보람이 있다). 이러한 이유로 이 척도들은 실존적 안녕감 차원에 유의하게 분류되는 것이다. 유사하게 핵심 영적 체험 지수는 비-유신론적 영적 체험을 측정하도록 설계되었음에도 불구하고, 문항들은 유신론적 용어와 개념을 강하게 내포하고 있다. 결과적으로 이 척도는 종교성 요인에 부하되는 것이 합리적이며, 따라서 종교성의 차원으로 분류되는 것이 적절해 보인다.

현존하는 영성 및 관련 구성 개념들이 5차원으로 조직되는 실례를 통해 연구자들은 영성이 전통적인 심리학 변인들과 어떻게 관련되는가를 이해하기 위해 이러한 차원들을 적용해 볼 수 있을 것이다. 우리는 이러한 과업을 달성하기 위해 두 가지 접근을 채택할 것이다. 첫째, 우리는 문헌 조사를 통해 각 차원별로 나타나는 경험적 경향성을 간단히 요약해 볼 것이다. 두 번째, ESI를 사용한 경험적 연구(예를 들면, MacDonald, 2000; MacDonald & Holland, 2002a, 2002b, 2002c, 2003)에 기초하여 우리는 MacDonald 모델의 다섯 차원 각각의 경험적 관련성에 관한 대략의 정보를 제공할 것이다.

문헌에서의 연구 동향

영성을 향한 인지적 지향 이 차원은 비-종교적 방법을 통해 표현되는 영성을 말하고 있다. 특히 이 차원은 일상적 기능과 영성의 관계에 대한 신념, 태도, 지각을 구체화하고 있다. 이 차원의 관점에서 문헌을 조사했을 때, 놀랍게도 연구들이 거의 발견되지 않았다. 실제로 무신론에 기초한 영성 개념을 심리적 기능과 관련지어 탐색한 연구는 거의 없다. 이는 종교성과 구분되는 영성 척도 수가 적기 때문에 발생하는 결과로 보인다. 그러나 이 차원에서 높은 점수를 보인 사람들이 높은 수준의 자기-실현과 자아탄력성 그리고 낮은 수준의 우울을 보인다는 몇몇 연구가 있다(예를 들면, Ellason, 1992; Tloczynski, Knoll, & Fitch, 1997; Zainuddin, 1993).

체험적 / 현상적 차원 이름이 함의하는 것처럼, 이 차원은 영적 · 신비적 체험을 포함한다. 불행히도 이 차원에 해당하는 측정도구를 사용한 연구는 영적 체험과 심리적 기능과의 관계에 대해 일관적이지 않은 결과를 제공하였다. 예를 들어, 자기-실현과 성격 변인 간의 긍정적 관련성을 발견한 많은 연구가 있는데, 이러한 결과는 영적 체험이 건강한 자기지향과 관련됨을 시사한다. 그러나 몇몇 연구에서는 이러한 관련성을 지지하지만, 이러한 결과를 반복하는 데 실패한 연구들은 물론 반대되는 결과를 보여 주는 연구들도 있다. 그런데 영적 체험과 측두엽 신호 간의 정적 관련성을 보여 주는 상당히 강력한 발견도 있다(Lukoff & Lu, 1988 참조; MacDonald et al., 1995; MacDonald, Friedman & Kuentzel, 1999).

실존적 안녕감 이 차원은 인간 기능의 실존적 측면과 관련되는 영성의 측면을 포함한다. 보다 구체적으로 말한다면, 여기에는 세 가지의 일반적 요소가 포함된다. 삶의 목적과 의미(어떤 근원으로부터 나오는), 내적 강인성의 느낌과 삶의 기본적 문제들에 대처할 수 있는 자기의 지각, 자신과 일상의 문제들에 대한 편안한 지향이 그것이다. 이러한 영성의 차원을 포함하는 연구는 건강 및 안녕감과는 정적 관련성을, 병리와 포괄적인 역기능과는 부적 관련성을 매우 일관성 있게 보여 준다. 예를 들어, 실존적 안녕감은 우울, 불안 및 적응 문제들과 강력하게 부적으로 관련된다(MacDonald, 2000).

초상적 신념 실존적 안녕감 연구와는 대조적으로, 초상적 신념을 포함하는 연구는 병리 지표나 부정적 측면의 기능으로 생각되는 심리적 변인들과 정적 관련성을 보여 왔다. 예를 들어, 초상적 신념은 정신증적 장애(예를 들면, 정신분열형schizotypy), 외적 통제 소재, 피암시성 및 측두엽 신호를 포함하는 비일상적 사고나 행동 유형과 관련된다고 보고되었다(MacDonald et al., 1995; MacDonald, Friedman, & Kuentzel, 1999).

종교성 MacDonald의 모델에서 종교성은 그 자체의 목적을 위한 종교적 수행 참여나 내현적 종교 지향성을 의미한다. 외현적 종교 지향(즉, 공동체에서 사회적 지위를 얻는 것과 같은 다른 목적을 위한 수단으로 종교를 이용하는 것)이나 제도 종교의 형식적 측면 등은 배제된다. 높은 힘의 존재에 대한 초교파적 신념과 종교 수행(기도, 명상, 종교적 예배 참석을 포함한)이 이 차원의 두 가지 핵심 구성 요소이다. 종교 참여와 정신건강의 관계를 연구한 문헌을 조사한 Gartner(1996)는 종교성과 심리적·신체적 기능이 관련되는 방식은 측정도구의 특성에 따라 다양하다고 보고했다. 특히 직접적인hard 변인들(예를 들면, 행동 관찰, 생리적 지표)은 종교성과 건강 사이에 보다 일관된 정적 관련성을 보인 것에 비해, 간접적인soft 변인들(예를 들면, 심리측정 검사)은 보다 중립적이거나 부적인 관련성을 나타냈다. 그는 이러한 차이를 직접적인 변인들이 종교성과 기능 간의 관계를 보여 주는 보다 객관적이고 정확한 지표인 반면, 표준화된 검사는 건강을 조작화할 때 흔히 종교를 병리적인 것으로 간주하기 때문이라고 설명했다(예를 들면, MMPI와 개인적 지향 질문지Personal Orientation Inventory 모두 역기능의 지표로서 종교 문항을 사용한다). 그럼에도 불구하고, Gartner는 현존하는 연구들의 리뷰를 통해 종교성은 다양한 변인과 다양한 방식의 관계를 보여 준다고 보고했다. 정신건강과의 관련성을 지지하는 증거는 신체적 건강과 죽음mortality, 치료 결과, 결혼 만족도와 이혼, 일반적 안녕감, 반사회적 행동, 우울증에 관한 연구에서 발견되었다. 종교성과 병리의 관련성에 대한 일관된 증거는 권위주의, 교조주의, 모호성의 인내, 피암시성과 의존성, 자기-실현, 측두엽 간질 신호temporal lobe epileptic signs에 관한 연구에서 볼 수 있다. 불안, 정신병, 자존감, 성장애, 편견, 지능/교육에서는 비일관적인 증거가 관찰되었다.

영성 표현 질문지를 사용한 경험적 발견들 하나의 조직 모델에서조차 상당히 모호하고 흐릿한 점들이 존재한다는 것이 간단한 문헌 개관에서 분명하게 보일 것이다. 왜 이와 같은 모호성이 존재하는가? 연구가 전반적으로 형편없이 수행되었기 때문인가? 영성의 다양한 측면이 실제로 다양한 변인 그리고/또는 다양한 모집단과 서로 다른 양상을 만들어 내기 때문인가?

〈표 15-3〉은 MacDonald(1997, 2000), MacDonald와 Holland(2002a, 2002b, 2002c, 2003)의 연구에서 얻은 경험적 발견을 요약해서 보여 주고 있으며, ESI 차원들과 많은 심리적 변인을 포함하고 있다. 〈표 15-3〉에는 ESI와 두 가지 종합적 성격 측정도구(즉, 개정판 NEO 성격 검사NEO-PI-R와 기질 및 성격 검사TCI), 두 개의 병리 측정도구(즉, 미네소타 다면적 성격 검사Minnesota Multiphasic Personality Inventory: MMPI-2와 복합 부분 간질 신호Complex Partial Epileptic Signs) 그리고 두 가지의 추가적인 일반적 관심 변인(즉, 권태 경향boredom proneness과 사회적 바람직성social desirability) 간의 상관 결과를 보여 준다. 모든 자료는 대학생 표본으로부터 수집되었다.

〈표 15-3〉에서 볼 수 있듯이, 몇 가지는 중복됨에도 불구하고 기본적으로 다섯 차원 각각은 모든 측정도구에 걸쳐 차별적인 양상을 보여 준다. 이 차원 중 세 가지는 우리의 문헌 개관과 대체적으로 일관된 결과를 보여 준다. 즉, 실존적 안녕감은 병리에서 신경증 척도들과 가장 명백한 부적 관련성을 보인다. 초상적 신념은 비일상적 사고 과정이나 비-일상적 측두엽활동과의 관련성을 보여 주며, 체험적/현상적 차원은 긍정적 · 부정적 측면의 기능 모두와 양방향적인 양상을 나타낸다.

한편, 나머지 두 개의 ESI 차원들의 연구 결과는 만족스럽지 않다. 종교성의 경우 유의하게 얻은 결과들은 현존하는 연구들과 일치하는 것으로 보이지만, 우울증, 반사회적 행동, 중독(〈표 15-3〉에는 포함되지 않음), 그리고 측두엽 지표들과의 유의하지 않은 관련성은 기존의 결과를 반복하지 않는다. 영성을 향한 인지적 지향은 건강한 성격을 암시하는 TCI 와 NEO-PI-R의 몇 가지 지표와 관련성을 보인 반면, MMPI-2 척도들과는 어떠한 유

표 15-3 영성 표현 질문지의 다섯 차원과 전통적인 심리적 구성 개념들을 측정하는 질문지들과의 주요 상관 결과

ESI 차원	변인 영역		
	성격	병리	기타
영성을 향한 인지적 지향	NEO-PI-R: E, O, A, C TCI: C, NS (−), P, RD, SD, ST	MMPI-2: None CPES: (+)	BPS: (−) Social Desire: (+)
체험적/현상적 차원	NEO-PI-R: E, O TCI: HA (−), P, ST	MMPI-2: Si (−) CPES: (+)	BPS: No relation Social Desire: No
실존적 안녕감	NEO-PI-R: N (−), E, A, C TCI: C, HA (−), P, SD	MMPI-2: Hs (−), D (−), Hy, Pd (−), Pa (−), Pt (−), Sc (−), Si (−) CPES: (−)	BPS: (−) Social Desire: (+)
초상적 신념	NEO-PI-R: O TCI: NS, ST	MMPI-2: Pa CPES: (+)	BPS: No relation Social Desire: No
종교성	NEO-PI-R: A, C TCI: C, NS (−), RD, SD, ST	MMPI-2: Pd (−) CPES: No relation	BPS: No relation Social Desire: (+)

주. NEO-PI-R=개정판 NEO 성격 검사, N=신경증Neuroticism, E=외향성Extraversion, O=개방성Openness, A=친화성Agreeableness, C=성실성Conscientiousness, TCI=기질 및 성격 검사Temperament and Character Inventory, RD=사회적 민감성 보상Reward Dependence, NS=자극 추구Novelty Seeking, HA=위험 회피Harm Avoidance, P=인내력Persistence, C=연대감Co-operativenesS, SD=자율성Self-Directedness, ST= 자기초월Self-Transcendence, MMPI-2 Hs=건강염려증Hypochondriasis, D=우울증Depression, Hy=히스테리Hysteria, Pd=반사회성Psychopathic Deviate, Pa=편집증Paranoia, Pt=강박증Psychasthenia, Sc=조현증Schizophrenia, Si=사회적 내향성Social Introversion, CPES=복합-부분 간질 신호Complex-Partial Epileptic Signs, BPS=권태 경향 척도Boredom Proneness Scale. 볼드체 항목들은 .30 이상의 상관을 나타냄. (+)와 (-)는 각각 정적 및 부적 상관을 의미함. NEO-PI-R과 사회적 바람직성social desirability에 관한 결과들은 MacDonald(2000)에서 가져옴. TCI에 관한 결과들은 MacDonald와 Holland(2002a)에서 가져옴. MMPI-2에 관한 결과들은 MacDonald와 Holland(2003)에서 가져옴. CPES에 관한 결과들은 MacDonald와 Holland(2002b)에서 가져옴. 권태 경향boredom proneness에 관한 결과들은 MacDonald와 Holland(2002c)에서 가져옴.

의한 상관도 얻지 못했으며, 복합-부분 간질 신호와는 정적인 관련성을 보였다.

연구 동향을 살펴볼 때, 영성과 인간 기능에 대해 말할 수 있는 것은 무엇인가? ESI와 그 요인 모델의 안정성을 가정한다면 단지 하나의 결론만을 옹호할 수 있다. 영성과 관련한 자아초월 구성 개념은 단순하게 일방향적인 방식으로 심리적 · 신체적 기능과 관련되지 않는다. 오히려 관련되는 방식은 복잡하고 다방향적이며 구성 개념이 조작화된 방식에 따라 다른 결과를 가져온다는 것이 최선의 설명이다.

미래 연구를 위한 권고

지금까지 토론해 온 것에 비추어 우리는 영성과 인본주의/자아초월 심리학 영역을 과학적으로 탐구하기 위해 심리측정 검사 사용에 관심을 갖는 사람들에게 몇 가지 권고를 하려 한다. 우리는 이들 권고 중 대부분이 실제로 모든 심리학적 연구와 관련된다는 것을 독자들이 인식할 것으로 믿는다. 이 제안 중 몇 가지는 보편적으로 적용 가능한 것이기는 하지만, 우리는 적어도 주류 심리학에서 수행되는 과학적 수준과 동등한 엄격성에 도달하기 위해 자아초월 영역 연구의 확장이나 개정에 필요한 연구 과정의 모든 요소를 분명하게 하는 것이 중요하다고 믿는다.

1. 양적인 방법으로 심리측정 검사를 사용할 때, 연구자들은 관심 구성 개념의 다차원 측정도구 그리고/또는 복수의 측정도구를 포함하여 사용하여야 한다. 이는 대부분의 인본주의 및 자아초월 연구자들이 관심을 갖는 개념이나 현상은 복잡하며, 단일 차원의 검사로는 적절하게 측정하기 어렵다는 사실에 기인한다.

2. 여러 연구에서 동일한 방법과 검사를 지속적으로 적용하는 것이 필수적이다. 연구의 전통과 하위 학문 체계들subdisciplines은 현상/행동을 탐구하는 이론 그리고/또는 방법론의 지속적인 사용을 통해 확립되고 유지된다.

3. 통계적 검증력과 관련된 문제들에 주의를 기울이라. 효과의 크기가 약한 경향 때문에 연구에서 사용되는 변인들의 검증력을 최대한 키우려는 노력이 요구된다. 이것은 표본 크기(큰 표본은 더 큰 검증력을 갖는다), 관심 변인에 민감성을 가진 측정도구의 선정(예를 들면, 직접적인 행동 측정치를 포함하기) 그리고 적절한 통계의 사용을 통

해 이루어질 수 있다.

4. 가능한 혼입 변인이나 공변인에 주의를 기울이고 그것을 설명하기 위해 노력하라. 나이, 성, 민족/문화, 지능과 같은 변인은 다양한 사회적(예를 들면, 사회경제적 지위) 및 사회화 변인들(예를 들면, 교육, 종교/영성의 노출 시기)과 마찬가지로 통제될 필요가 있으며, 그들의 효과가 설명되거나 제거되어야 한다.

5. 결과의 반복 가능성의 증거가 연구에서 제공되도록 노력해야 한다. 즉, 가능할 때마다 연구자는 다양한 표본이나 방법론을 사용한 연구 결과의 반복을 통해 신뢰할 수 있는 경험적 발견을 생산하는 데 초점을 두어야 한다.

6. 검사로부터 나온 정보의 해석에 있어 주의를 기울여야 한다. 검사나 과학적 개념을 실체화하지reify 마라. 결과를 해석하고 보고할 때 그 한계에 대해 민감하게 인식해야 한다(특히, 일반화 가능성과 관련하여). 한 가지 특별한 어려움은 영성과 안녕감의 혼입과 관련한 비판이다(예를 들면, Koenig, 2008). 특히 많은 영성 검사가 영성을 심리적 안녕감의 결과들과 교차-오염시키는 방식으로 영성 구성 개념을 정의하고 측정해 왔다(즉, 많은 검사가 영성의 부분으로 건강wellness이나 긍정적 정서성과 관련된 문항을 포함한다). 나아가, 영성과 안녕감 간의 유의한 연관성을 발견한 연구들은 최소한 관계의 강도가 인위적으로 과장될 수 있기 때문에 주의를 갖고 해석될 필요가 있다.

결론

도입부에서 언급한 바와 같이, 인본주의와 자아초월심리학의 핵심적인 관심 주제들은 과학적 연구 기관을 포함하여 사회의 모든 분야에서 꽃을 피우고 있다. 그러나 한때 경험적 전통에서 금기시되었던 관념들을 수용하고 탐구하는 이 시대에 인본주의/자아초월 심리학이 선도적인 역할을 해야 할 것으로 생각되는 이 시점에서 인본주의/자아초월 심리학은 인정받는 심리학적 연구 방법 수행의 결여로 과학적 발달로부터 소외되고, 심지어 배제되고 있는 실정이다. 우리의 진실한 희망은 연구자들이 여기에 제시한 정보와 논의에 주의를 기울이고 인본주의와 자아초월심리학이 영성과 의식 연구의 선도적인 역할을 다시 할 수 있도록 최선의 노력을 기울이는 것이다.

주석

1 이 장은 MacDonald와 Friedman(2002)의 논문을 개작한 것으로서 2000년 8월 워싱턴 D.C.에서 열린 108번째 미국심리학회 연차 총회에서 발표한 논문에 기초하였다. 이 논문의 한 버전은 SAGE / SOCIETY의 저널에 다음과 같이 출판되었다. MacDonald, D. A., & Friedman, H. L. (2002). Assessment of humanistic, transpersonal, and spiritual constructs: State of the Science. *Journal of Humanistic Psychology*, *42*(4), 102-125. Available at http://online.sagepub.com

참고문헌

Cartwright, D., & Mori, C. (1988). Scales for assessing aspects of the person. *Person Centered Review*, *3*, 176-194.

Connors, G. J., Tonigan, J. S., & Miller, W. R. (1996). A measure of religious background and behavior for use in behavior change research. *Psychology of Addictive Behaviors*, *10*(2), 90-96.

Elkins, D. N., Hedstrom, L. J., Hughes, L. L., Leaf, J. A., & Saunders, C. (1988). Toward phenomenological spirituality: Definition, description, and measurement. *Journal of Humanistic Psychology*, *28*(4), 5-18.

Ellason, J. W. (1992). *Cognitive coping styles associated with multiple personality disorder*. Master's Thesis, Texas Women's University.

Ellison, C. W. (1983). Spiritual well-being: Conceptualization and measurement. *Journal of Psychology and Theology*, *11*(4), 330-340.

Friedman, H. L. (1983). The self-expansiveness level form: A conceptualization and measurement of a transpersonal construct. *Journal of Transpersonal Psychology*, *15*(1), 37-50.

Friedman, H. L., & MacDonald, D. A. (1997). Toward a working definition of transpersonal assessment. *Journal of Transpersonal Psychology*, *29*(2), 105-122.

Gartner, J. (1996). Religious commitment, mental health, and prosocial behavior: A review of the empirical literature. In E. P. Shafranske (Ed.). *Religion and the clinical practice of psychology* (pp. 187-214). Washington, D.C.: American Psychological Association.

Giorgi, A. (1997). The theory, practice, and evaluation of the phenomenological method as a qualitative research procedure. *Journal of Phenomenological Psychology*, *28*(2), 235-260.

Hood, R. W. (1975). The construction and preliminary validation of a measure of reported mystical experience. *Journal for the Scientific Study of Religion*, *14*, 29-41.

Knoblauch, D. L. (1985). Applying Taoist thought to counseling and psychotherapy. *American Mental Health Counselors Association Journal*, *7*, 52-63.

Knoblauch, D. L., & Falconer, J. A. (1986). The relationship of a measured Taoist orientation to Western personality dimensions. *Journal of Transpersonal Psychology*, *18*(1), 73-83.

Koenig, H. G. (2008). Concerns about measuring spirituality in research. *Journal of Nervous and Mental Disease*, *196*(5), 349-355.

Lukoff, D., & Lu, F. G. (1988). Transpersonal psychology research review topic: Mystical experience. *Journal of Transpersonal Psychology*, *20*(2), 161-184.

MacDonald, D. A. (1997). The development of a comprehensive factor analytically derived measure of spirituality and its relationship to psychological functioning. *Dissertation Abstracts International*, *61*(09) 0115B (UMI #NQ52412).

MacDonald. D. A. (2000). Spirituality: Description, measurement and relation to the five factor model of personality. *Journal of Personality*, *68*(1), 153-197.

MacDonald, D. A. (2011). Studying spirituality scientifically: Reflections, considerations, and recommendations. *Journal of Management, Spirituality and Religion*, *8*(3), 195-210.

MacDonald, D. A., & Friedman, H. L. (2001). The scientific study of spirituality: Philosophical and methodological considerations. *Biofeedback Newsmagazine*, *29*(3), 19-21.

MacDonald, D. A., & Friedman, H. L. (2002). Assessment of humanistic, transpersonal, and spiritual constructs: State of the science, *Journal of Humanistic Psychology*, *42*(4), 102-125.

MacDonald, D. A., Friedman, H. L., & Kuentzel, J. G. (1999). A survey of measures of spiritual and transpersonal constructs: Part one-Research update. *Journal of Transpersonal Psychology*, *31*(2), 137-154.

MacDonald, D. A., & Holland, D. (2002a). Examination of the psychometric properties of the Temperament and Character Inventory Self-Transcendence dimension. *Personality and Individual Differences*, *32*, 1013-1027.

MacDonald, D. A., & Holland, D. (2002b). Spirituality and self-reported complex-partial epileptic-like signs. *Psychological Reports*, *91*, 785-792.

MacDonald, D. A., & Holland, D. (2002c). Spirituality and boredom proneness. *Personality and Individual Differences*, *32*, 1113-1119.

MacDonald, D. A., & Holland, D. (2003). Spirituality and the MMPI-2. *Journal of Clinical Psychology*, *59*(4), 399-410.

MacDonald, D. A., Kuentzel, J. G., & Friedman, H. L. (1999). A survey of measures of spiritual and transpersonal constructs: Part two-Additional instruments. *Journal of Transpersonal Psychology*, *31*(2), 155-177.

MacDonald, D. A., LeClair, L., Holland, C. J., Alter, A., & Friedman, H. L. (1995). A survey of measures of transpersonal constructs. *Journal of Transpersonal Psychology*, *27*(2), 171-235.

MacDonald, D. A., Tsagarakis, C. I., & Holland, C. J. (1994). Validation of a measure of transpersonal self-concept and its relationship to Jungian and five factor model conceptions of personality. *Journal of Transpersonal Psychology*, *26*(2), 175-201.

Moberg, D. O. (1971). Spiritual well-being: Background and issues. Washington, D. C.: White House Conference on Aging.

Moberg, D. O., & Brusek, P. M. (1978). Spiritual well-being: A neglected subject in quality of life research. *Social Indicators Research*, *5*, 303-323.

Paloutzian, R. F., & Ellison, C. W. (1982). Loneliness, spiritual well-being and the quality of life. In

L. A. Peplau & D. Perlman (Eds.). *Loneliness: A sourcebook of current theory, research, and therapy* (pp. 224-237). New York: John Wiley.

Patrik, L. E. (1994). Phenomenological method and meditation. *Journal of Transpersonal Psychology, 26*(1), 37-54.

Pekala, R. J. (1982). *The phenomenological of consciousness inventory* (PCI). Thorndale, PA: Psychophenomenological Concepts.

Pekala, R. J., Steinberg, J., & Kumar, C. K. (1986). Measurement of phenomenological experience: Phenomenology of Consciousness Inventory. *Perceptual and Motor Skills, 63*, 983-989.

Ruffing-Rahal, M. A. (1991). Initial psychometric evaluation of a qualitative well-being meaure: The Integration Inventory. *Health Values, Health Behavior, Education, and Promotion. 15*(2), 10-20.

Seligman, M. E. P., & Csikszentmihalyi, M. (2000). Positive psychology: An introduction. *American Psychologist, 55*(1), 5-14.

Shapiro, S. B., & Fitzgerald, L. F. (1989). The development of an objective scale to measure a transpersonal orientation to learning. *Educational and Psychological Measurement, 49*, 375-384.

Stace, W. T. (1960). *Mysticism and philosophy*. Philadelphia, PA: Lippincott.

Stoudenmire, J., Batman, D., Pavlov, M., & Temple, A. (1985). Validation of a holistic living inventory. *Psychological Reports, 57*, 303-311.

Taft, R. (1969). Peak experiences and ego permissiveness: An exploratory factor study of their dimensions in normal persons. *Acta Psychologica, 29*, 35-64.

Taft, R. (1970). The measurement of the dimensions of ego permissiveness. *Personality: An International Journal, 1*(2), 163-184.

Tloczynski, J., Knoll, C., & Fitch, A. (1997). The relationship among spirituality, religious ideology, and personality. *Journal of Psychology and Theology, 25*(2), 208-213.

Van Quekelberghe, R., Altstotter-Gleich, C., & Hertweck, E. (1991). Assessment Schedule for Altered States of Consciousness: A brief report. *Journal of Parapsychology, 55*, 377-390.

Vella-Brodrick, D. A., & Allen, F. C. L. (1995). Development and psychometric validation of the Mental, Physical, and Spiritual well-being scale. *Psychological Reports, 77*, 659-674.

Walsh, R. (1995). Phenomenological mapping: A method for describing and comparing states of consciousness. *Journal of Transpersonal Psychology, 27*(1), 25-56.

Walsh, R. N., & Vaughan, F. E. (1993). On transpersonal definitions. *Journal of Transpersonal Psychology, 25*(2), 199-207.

Wolman, R. (1997). Spirituality: What does it mean to you? *New Age Journal, September/October*, 78-81.

Zainuddin, R. (1993). Needs as determinants of orientation towards spirituality. *Journal of the Indian Academy of Applied Psychology, 19*(1-2), 31-38.

제16장

자아초월심리학에서 과학의 역할
- 중간-범위 이론의 유용성

Harris L. Friedman

자아초월심리학의 발전을 위해서는 과학과 실무의 양 분야에서 단순히 신념이나 신조가 아니라 그 주장을 지지할 수 있는 경험적 증거의 지지가 필요하다(Friedman, 2002). 경험적 관찰로부터 귀납적으로, 현존하는 신념으로부터 연역적으로 혹은 귀추적 과정process of abduction을 통해 직관적으로 접근하든 간에 자아초월적 개념은 과학적 과정의 일부로서 경험적 접근이 가능해야 한다. 이와 관련하여 경험적이란 외적(예를 들면, 시각)으로나 내적(예를 들면, 고유 수용기 감각)인 감각을 통해 경험할 수 있어야 함을 의미한다. 이는 현대 인지심리학자들(예를 들면, Solso, 2001)이 의식을 물리적 · 현상적 공간에 있는 '대상'의 자각으로 이해하는 방식과 같다.

다른 사람들이 입증할 수 있는 합의적인 틀이 제공된다면 이것은 다른 방식의 경험(예를 들면, 적극적 명상의 사용; Jung, 1997)에도 적용할 수 있을 것이다. 공인된 참조 틀은 과학적 조사에서 수집된 자료에 언제나 필요하다. 진실 주장은 반론이 제기될 수 있을 것을 요구한다(검증이 가능하지 않은 신념으로 수용되지 않을 수도, 권위주의적인 도그마로 강요되지 않을 수도 있다). 본질적으로 과학은 적절히 훈련된 관찰자가 과학적 주장을 맹목적으로 수용하는 것이 아니라 반복하여 검증할 것을 요구한다. 과학적 이론은 경험적으로 접근 가능한 이론을 어떤 형태의 구조에 통합하며, 조직 원리(예를 들면, 논리적 · 수학적 ·

생생한 기술)에 기초한 설명 메커니즘(Bunge, 1997)으로서 경험적 데이터를 사용하여 검증 가능한 예측(가설)과 설명을 생성해 낼 수 있는 능력을 제공한다(Jaccard & Jacoby, 2010 참조). 과학적 이론의 성장을 위해서는 경험적 데이터와 이론, 양자의 반복적인 상호작용이 필요하다. 과학적 이론은 경험적 관찰로부터 분리될 수 없으며, 그렇지 않다면 단지 철학적 사색에 불과할 것이다. 이에 반해 전통적 세계관(예를 들면, 점성학 체계)뿐 아니라 현대 종교적 신념(예를 들면, 불교)조차도 경험적 증거에 의지하지 않는 주장으로는 과학의 일부가 될 수 없다. 이전의 글에서 나는 점성학(Friedman, 2002)과 불교(Friedman, 2009, 2010)를 과학으로 묘사하는 것에 대해 비판했다. 나의 견해로 이 둘은 과학이 아니지만, 이들은 여러 가지 방법(예를 들면, 그것들의 신념과 실제를 재구성하여 과학적 이론을 생성함으로써)을 통해 앞으로 과학으로 사용될 수 있다. 과학적 자아초월 이론을 세우기 위한 첫 단계는 이론의 기본 구성 요소로 간주되는 개념들을 조작적(즉, 지정한 절차에 따라 경험적으로 접근 가능한 방식)으로 정의하는 것이다. 이러한 목적을 위해 나는 '자기-확장self-expansiveness'(Friedman, 1981, 1983)이라고 부르는 구성 개념(즉, 과학에서 사용할 수 있도록 특별히 만든 개념의 한 형태)을 개발했다. 이 구성 개념은 자신의 자기감sense of self(즉, 자기-개념)을 둘러싼 경계가 협소하게 수축된 상태로부터 광범위하게 확장된 상태에 이르기까지 다양할 수 있다는 것을 의미한다. 나는 자기-확장 구성 개념이 다양한 자아초월심리학 이론을 생성하고 개발하는 효과적인 방식을 제공할 것으로 생각하고 있지만, 이는 많은 다른 가능성 있는 개념 중의 하나에 불과하다. 이러한 개념들은 앞으로의 더 진보된 증거를 기반으로 한 자아초월심리학의 실천뿐 아니라, 누적되는 연구를 통해 자아초월 이론의 경험적인 개발과 검증을 위한 발견적인heuristic 잠재력을 제공한다.

이론과 과학

자아초월심리학은 전통적인 영적 혹은 민속심리학적 세계관folk psychological worldview을 현대의 과학적 세계관과 일치하는 관점으로 대치하려는 시도로 볼 수 있으며, 경험적 연구를 통해 과학적으로 발전할 수 있다. 특히 이는 경험적 탐구를 수용하는 관점을 취한다는 것을 의미한다. 이러한 방식으로 자아초월심리학은 전통 과학과 영성에 초점을 둔 여타의 수행들을 포괄하고, 경험주의의 장점을 취하면서도 주류로부터 비과학적인 추구로 격하된 심오한 질문들을 여전히 고려하면서 양자를 함께 녹여 내는 시도를 할 수 있다. 또한 과학으로서의 자아초월심리학은 적용에도 중요한 관심을 두는데, 여기서 적용은 경험적으로 지지되는 실천을 의미한다.

이론의 영역

이론을 평가하는 한 가지 방식은 이론의 영역 혹은 그 이론이 설명하고자 하는 현상의 범위를 보는 것이다(Jaccard & Jacoby, 2010). 주요 자아초월 이론들은 '거대이론grand theory'(미시mini 혹은 중간 범위 이론middle range theories으로부터 기술되는; Merton, 1968)의 전통 속에 있다. 이것은 그러한 이론들이 종종 지나치게 많은 것을 설명하려 하며, 그로 인하여 많은 경우 과학적 가치가 결여된 설명이 된다는 것을 의미한다. 이와 같이 과대하게 확장된 자아초월 작업의 예로, Wilber(2001)의 『모든 것의 이론A theory of everything』[1]과 Laszlo(2004)의 『과학과 아카식 장: 모든 것의 통합이론Science and the Akashic field: An integral theory of everything』 두 가지를 들 수 있다. 이 두 작업은 염치없게도 모든 것을 설명한다고 공언하고 있다. 본질적으로 이와 같은 거대 작업이 제공하는 것은 실재에 대한 신화적인 설명이다. 이들은 의미와 목적이라는 가장 큰 질문에 감각적으로 위로가 되는 환상을 제공하지만, 과학의 체계 밖에서만 기능할 수 있다. 이러한 작업은 인류의 출현 이래 모닥불 주변에서 말해 왔던 세계를 설명하기 위한 이야기들과 더 유사하다(그리고 초자연적이고 형이상학적인 인과율을 원용하는 현대의 많은 종교 이데올로기와도 유사하다). 이러한 설명들이 위로뿐 아니라 사회문화적인 적응을 제공할 수도 있지만(즉, 보편적 신념하에 이질적인 집단들을 통합함으로써), 사람들은 자신과 다른 검증될 수 없는 신념을 배척하려고 하기 때문에 이들은 또한 종종 갈등을 불러일으킬 수도 있다. 닫힌 체계로서의 거대이론은 내적 신념에 근거하든 외적 힘에 의해 강요되든 경험적으로 의문을 제기할 수 없으므로 피할 수 없이 권위주의적이다. 프로이트학파의 전통은 거대이론의 한 예가 되는데, 이 전통은 예술사에서 동물 진화에 이르기까지 사실상 모든 것을 설명하기 위해 인과 오류적으로 사용될 수 있으며, 그 주장에 대한 확실한 검증을 할 수도 없다. 이와 대조적으로, 보다 유용한 과학 이론들은 성장을 위한 개방성과 수용성을 필요로 하는 반면, 거대이론은 경험적인 노력을 통한 개선의 기회를 거의 제공하지 않는다. 진화를 지속하여 번성한 정신분석 전통들이 있지만, 이들은 심리학 내에서보다는 인문학이나 다른 비-과학적 학문에서 보다 큰 영향력이 있다. 거대이론은 과학적 침체에 빠져 민속심리학이나 종교와 유사하게 됨으로써 개방적인 질문이 금지되거나 질문하고자 하는 의욕이 상실된다. 자아초월심리학의 시작 이래

1) 김명권 · 민회준 역. 학지사.

지배적이었던 많은 접근은 거대이론이라는 문제를 가지고 있으며, 이로 인해 과학 영역에서 멀어지게 되었다.

아마도 Wilber(예를 들면, 2001)의 광범위한 작업은 이러한 사태를 보여 주는 가장 적합한 사례가 될 것이다. 그의 작업은 대부분 경험적 참조 없이 난해한 언어를 사용한 복잡한 추측으로 짜여 있다. 그런 사유의 토대 위에서 몇몇 경험적 작업이 수행되었다는 것을 부인하는 것은 아니다(예를 들면, Sehrbrock, 2007). 그러나 Wilber의 작업량은 압도적이며 지속적인 개정 작업에 의해 더 큰 문제가 되고 있다(MacDonald, 2007). 독자들은 그의 학문적 박식함에 압도되어 경험적으로 근거가 없는 많은 결론을 수동적으로 안심하고 받아들인다. 여러 비판가 중에서도 Ferrer(2002)는 Wilber의 접근이 가진 문제점을 명확히 지적하였다. 나의 주된 걱정은 전설적인 왕 프로크루스테스Procrustes와 같이, Wilber는 모든 것을 포괄하는 소위 영원의 비전perennial vision을 통해 모든 것을, 그것들이 그의 체계에 맞든 그렇지 않든 간에 보편적 범주 안에 집어넣으려고 시도한다는 점이다(그리고 어떤 것이 잘 들어맞지 않을 때 Wilber는 주저하지 않고 후속적인 조정을 통해 그것이 적합하게 되도록 만들어 버린다). Wilber의 접근은 또한 비이원성과 같은 초자연적이고 형이상학적인 개념을 차용함으로써 경험적 조사를 교묘히 빠져나간다. 나의 견해로 그의 거대이론은 새로운 종교를 향해 변질되어 가고 있으며, 아무리 좋게 보아도 철학적인 작업일 뿐 과학적 노력이라고는 할 수 없다. 심리학을 포함한 어떠한 과학도 철학적 가정에 토대를 두는 것으로부터 완전히 자유로울 수는 없으나, 심리학의 역사는 일련의 경험적 증거를 요구하지 않는 사고에 의존하는 철학으로부터 떨어져 나와 발전한 것이다. 이는 그 자체로 가치 있는 영역인 철학을 폄훼하는 것이 아니라, 자아초월심리학을 포함하는 과학과의 차이를 단순히 설명하려는 것이다. 과학적 자아초월심리학을 발전시키는 첫 단계는 경험적으로 접근 가능하고 검증 가능한 가설을 생성할 수 있는 이론을 개발함으로써 거대이론의 그림자로부터 벗어나는 것이다. 이러한 노력을 통해 기존 이론의 주장에 도전할 수 있고, 새로운 이론의 진화를 촉진할 수 있다.

거대이론의 위험을 피할 수 있는 한 가지 방법은 미시이론mini-theories(Merton, 1968)을 추구하는 것이다. 미시이론은 제한된 맥락 내의 특정 현상을 이해하는 데 초점을 둠으로써 과도하게 큰 일반화를 피하려는 시도이다. 예를 들어, 여러 문화에 걸친 다양한 자아초월 체계를 단일의 보편 구조에 넣어 설명하려는 시도는 억압적이고 식민주의적으로 보일 수 있다. 이에 비해 미시이론은 지역적 맥락 내에서 자아초월 체계들이 서로 다르게 작용하는 방식을 토착심리학적indigenous psychologies으로 설명할 수 있다(Allwood & Berry, 2006). 미시이론은 서로 다른 영적 전통들을 문화 내부의emic(또는 문화 내부자적인insider) 관점에서 이해할 수 있게 하며, 이는 문화 간 만남에 있어 적응적일 수 있다(예를 들면, 특정한 영적 전통에 몰입된 사람들의 관점에서 그 영적 여정을 이해한다는 점에서). 문화인류학자들이 문화 간 연구에 참여할 때 문화 외부의etic(또는 문화 외부자적인outsider) 관점을 포기하고 '토착화되는' 것과 유사한 위험이 자아초월심리학자들에게도 있다. 자아초월심리학자들이 이국적 전통을 받아들여 토착화되는 경우가 흔하며, 그에 따라 과학적인 노력을 포기한다는 것이다(Wallis, 2003 참조). 이러한 현상은 전통적 세계관과 영적 접근 자체를 심리학으로 간주하는 자아초월심리학 내의 잦은 혼동과 관련되는데, 실제로 이들은 과학이 아니라 형이상학적 혹은 초자연적 가정에 기초해 있다(Friedman, 2002, 2005, 2009, 2010). 문화 내부적인 관점을 배양하는 것은 문화 외부적인 관점 유지를 통해 과학적 객관성을 유지하고자 하는 사람들에게 잠재적인 위험이 될 수 있다. 그러나 문화 외부적인 관점이 손상되지 않고 유지될 수 있다면 문화 내부적인 관점을 갖는 것은 유용할 수 있다. 예를 들어, 나는 많은 합기도 수련자가 갖고 있는 신념에 도전하면서 내부자로서 오랫동안 관여해 온 자아초월적 수련에 외부자의 과학적 관점을 들여 왔다(Friedman, 2005).

Ferrer(2002)의 참여적 접근은 모든 영적 전통의 다양성을 그 자신의 언어로 옹호하기 때문에 미시이론을 주장하는 것으로 보인다. 그는 Wilber(예를 들면, 2001)의 거대이론이 갖는 패권적인 방식을 비판하면서 여러 영적 전통의 공통성을 최소화했다. 이러한 미시이론은 문화적 차이를 인식하고 존중하지만, 본질적으로는 유용한 연결성의 발견 가능성을 부정하면서 분리된 저장탑silos을 건설한다. 이는 모든 자아초월 체계가 과학적 이론으로 발전될 수 있는 잠재적으로 의미 있는 형태(즉, 과학적 법칙)로서 충분하지 않다는 오해를 불러일으킬 수 있다. 불행히도 Ferrer의 참여적 접근은 그가 적절하게 비판했던 거대이론과 같이, 자신의 접근을 과학적 접근으로 자리 잡게 하는 전략을 제공하지 못했다. 나는 이러한 접근이 오랜 간-주관 연구inter-subjectivity studies 전통에 포함될 수 있는 것으로 생각하며, 단지 모호한 연구 의제를 조장하는 것으로 보인다(Fuchs & Jaegher, 2009 참조). 유기체적 탐구Organic inquiry(예를 들면, Clements, 2004)는 자아초월심리학 내에서 Ferrer의 참여적 비전과 일치하는 미시이론을 확립하려는 시도의 한 예이다. 이 방법은 자료로부터 일반화된 결과를 추구하지 않으며, 자료-근접 기술 연구data-near descriptive research에서 소위 객관성에 관한 어떠한 고려도 없이 연구자의 완전한 (자아초월적 관점을 포함하여) 참여를 옹호한다. 나는 이러한 형태의 연구 결과들을 저널리즘과 유사하며 해석적이기보다는 기술적이라는 이유 때문에 과학적 전통의 경계선에 놓여 있는 것으로 간주한다(그러나 저널리즘은 그 자체로 가치 있는 노력이며, 확실하게 사회과학과 구별할 수 있는 것도 아니다; Weaver & McCombs, 1980).

이들 두 극단의, 즉 모든 것을 설명하려고 하는 거대이론과 많은 설명을 회피하려는 미시이론 중간에 '중간범위' 이론(Boudon, 1991; Friedman, 2002; Merton, 1968)이 있다. 중간범위 이론은 모든 것을 설명하려고 시도하는 대신 어떤 제한을 가하려고 노력하지만, 사물이 작동하는 방식에 대한 지역적인 맥락에 한정되지는 않고, 모든 것을 거창하게 설명하려 하거나 유용한 설명의 가능성을 초라하게 부정하려 하지 않으면서 지역적 상황들을 통괄하는 규칙성을 발견하여 적정한 일반화를 시도한다. 중간범위 접근은 어느 한편에 특권을 부여하지 않고, 이론과 자료 양쪽 모두의 동등한 중요성을 인정하면서 둘 간의 균형 있는 상호작용에 초점을 두며, 과학적 이론을 개발하기 위한 튼튼한 기초를 제공한다. 이와 대조적으로, 거대이론은 과도하게 자료의 특수성을 배제하여 일반적으로 적용되는 모든 이론one-size-fits-all theory을 만드는 데 중점을 두는 것으로 보이며, 반대로 미시이론은 과도하게 일반화 가능성이 있는 이론의 개발을 배제하고 특수한 자료를 모으는 데 초점을 두는 것으로 보인다. 명백히 나는 중간범위 자아초월심리학 이론Middle-Range Transpersonal Psychology Theory: M-R TPT의 강력한 옹호자이며, 방법론적 다원주의methodological pluralism(Dawson, Fischer, & Stein, 2006; Robbins & Friedman, 2009)와 일치하는 후기 실증주의 인식론(Popper, 1937/2001)을 취하고 있다. 나의 접근은 어떤 존재론적 진실에 정직해야 한다거나 단일의 경험적 방법을 본질적으로 더 낫거나 나쁜 것으로 우월한 지위를 부여하는 주장을 하려는 것이 아니라, M-R TPT가 자아초월심리학을 과학으로 정립하고 자아초월적 실천을 지지하는 데 있어 실용적이라는 것이다.

개념과 구성 개념

M-R TPT를 형성하기 위해 자아초월심리학은 이론으로부터 도출된 가설을 검증하기 위한 조작화할 수 있는 과학적 개념이 필요하다. 이론은 단순하게 말해 개념들 간의 결합이다. 과학적 개념은 더 나은 이론의 형성과 경험적 연구를 이끌 수 있다. 이러한 과정은 과학적 과정을 특징짓는 개방적이고 반복적인 순환을 보여 주며 폐쇄적인 접근과 구별된다. 과학적 전략은 정체가 아니라 진보를 촉진하며, 자아초월심리학을 철학이나 전통적 세계관 및 종교가 아닌 과학으로 자리매김하게 한다(나의 의도는 전통적 세계관, 종교 혹은 철학을 폄하하려는 것이 아니며, 이것들이 더 좋고 나쁘고가 아니라 과학과 다르다는 점을 보여 주려는 것이다). 그러나 특히 중요한 것은 자아초월심리학이 초자연적이며 형이상학적인 접근 방식을 옹호함으로써 과학의 흉내를 내는 뉴에이지 종교가 되려고 시도하지 않는다는 점이다.

결과적으로, M-R TPT의 형성에 우선적으로 필요한 것은 경험적으로 접근 가능한 잘 정의된 개념들을 개발하는 것이다. 개념은 자연 언어에서 수집할 수 있지만, 자연 언어에서 채택한 용어를 사용하여 과학적으로 가치 있는 이론을 형성하는 것은 꽤 쉽지 않은 문제이다. 예를 들어, 자아초월심리학과 관련된 자연 언어 개념 중 하나는 '경외감awe'인데, 이것은 매우 모호한 용어여서 나와 동료들은 최근 질적 방법을 사용하여 이 용어를 명료화하고자 하였다(Bonner & Friedman, 2011 참조). 이러한 방식의 명료화는 자아초월심리학에서 특별히 중요한데, 자연 언어 용어들은 모순적인 전통 어법을 종종 포함하고 있으며, 특히나 초자연적이며 형이상학적 내용이 스며들어 있을 경우 정의하기가 더욱 어려워진다. 또 다른 어려움은 단어의 의미가 시간이 흐르면서 크게 변화되는 경우이다—경외심의 경우, 원래는 압도적인 공포감(예를 들면, 최근 미군의 군사작전명인 '충격과 공포shock and awe'에서 볼 수 있듯)을 의미했던 것이 요즘은 대체로 긍정적인 정서(예를 들면, 도처에서 비속어로 남발되는 '굉장한awesome'이라는 용어가 긍정적인 감탄사로 사용된다.)를 기술하고 있다. 최근 연구에서 Bonner와 나는 이 용어를 M-R TPT 형성에 보다 유용하도록 명료화하고자 했다. 우리의 의도는 이 용어를 조작화하여 나중에 경외감을 포함하는 M-R TPT를 검증하기 위해 사용될 수 있는 경험적 측정도구를 만드는 것이었다. 이러한 방식으로 명료화된 자연 언어 용어는 그것이 무엇을 의미하고 의미하지 않는가를 상세하게 설명하고 명시함으로써 의미의 모호성을 줄일 수 있으며, 그 용어를 조작화할 수 있도록 하여 이론 형성을 보다 유용하게 만든다.

구성 개념은 특별한 형태의 개념으로서 인공적으로 만들어지고(즉, 자연 언어에서 사용되지 않는), 과학적으로 정의된 의미를 가지며, 어떤 실재와 명백히 현실적인 관련성이 없는 상상적인 실체를 나타낼(언급할) 수도 있다. 모호하게 정의된 자연 언어 용어가 갖는 문제를 피하기 위해 구성 개념은 새롭고 더 명확하며 보다 단순한 일상 어법에서는 발견되지 않는 용어로 만들어진다. 이러한 의미에서 과학적 구성 개념은 비록 자연 언어 용어로 표현되었다 하더라도 이론적 목적을 위해 창조된다. 이와 같이 구성 개념은 이론 형성을 위해 사용될 때 어떤 현실적 의미에서 실제여야 할 필요는 없으며, 성급하게 그것을 실체화하는 것을 자제하는 것이 중요할 때가 많다. 이는 구성 개념은 단순히 일시적인 표지place marker로서 나중에 '실제'로 간주될 수 있는 존재론적 지위가 정당화될 수도 있고 또는 그렇지 않을 수도 있기 때문이다. 그러나 과학적 구성 개념은 적어도 경험적인 관찰이 가능함으로써 그러한 지위를 얻을 수 있는 가능성을 가지고 있어야 한다. 소위 '신의 소립자'로 불리는 Higg의 입자boson[2]를 구성 개념의 한 예로 들 수 있다. 이것의 실제 존재는 현재까

2) 히그스 입자: 전기적으로 중성인 불안정한 가상의 입자.

지도 단지 추측에 불과함에도 불구하고(이것의 존재가 최근 경험적으로 입증되었는지의 여부가 많은 논쟁에 휘말리고 있다), 히그스 입자라는 구성 개념은 현존하는 물리학 이론의 보완에 필요한 것으로서 현대 물리학에서 오랫동안 찾고자 했던 것이다(Ellwanger, 2012). 요점은 추측한 대로 발견되기 이전에 히그스 입자는 의미 있는 과학 이론의 형성을 위해 필요했기 때문에 구성되었으며, 이것은 단지 아직 알려지지 않은 것에 대한 표지이며, 이론을 형성하고 검증하기 위해 유용한 허구라는 점이다. 히그스 입자가 초자연적 혹은 형이상학적 영역이 아니라 과학의 영역에서 만들어졌다는 것은, 비록 그 존재를 검증하기 위해 거대한 슈퍼 충돌형 가속기가 건설될 때까지 기다렸어야 했지만 이것이 하나의 구성 개념으로서 경험적인 철저한 조사가 가능할 수 있었다는 점이다. 비이원성non-duality(Wilber, 2001)과 같이 거대이론에서 사용되는 많은 자아초월적 개념은 불가피하게 형이상학적이고 초자연적이다. 이와 대조적으로, 경험과학은 물리적이고 자연적인 현상적인 것(즉, 실증적으로 경험될 수 있는)의 연구로 제한된다. 비이원성과 같이 경험적인 참조 대상이 없는 용어들은 M-R TPT를 개발하기 위한 개념으로 사용하려 할 때 해결할 수 없는 과학적 난제에 봉착하게 한다. 최소한 이러한 용어들의 다양한 의미를 보다 협소한 범주로 특정하려는 시도는 그러한 용어의 경험적 참조 대상의 발견이 불가능함에도 불구하고, 그러한 용어를 자신의 고유한 방식으로 사용해 온 일부의 영적 전통들을 불쾌하게 하는 것 같다.

적절한 자연 언어 개념이 존재하지 않기 때문에 이론 형성과 검증에 유용한 새로운 개념을 창조하는 경우, 이를 구성 개념(즉, 주어진 것이 아니라 구성된 어떤 것)이라고 부른다. 나는 '자기-확장'이란 신조어를 고안했는데(Friedman, 1981, 1983), 이 용어를 사람들이 자신의 자기감(즉, 자기-개념)을 기술할 때 나타나는 경계의 유연성으로 정의했다. 나는 매우 협소한 것에서 상당한 확장에 이르는 범위를 갖는 이러한 경계가 자아초월적 자기-확장의 가능성을 포함한다는 점을 강조했다. (인터넷) 검색 엔진이 나온 이후, 나는 최근 다른 사람들이 이와 동일한 용어를 내가 부여한 의미와는 다른 맥락에서 다른 의미로 사용한다는 것을 발견했다. 나는 M-R TPT를 형성하고 검증하려는 특별한 목적을 위해 이 개념을 구성했다. 자기-확장은 M-R TPT 형성을 위한 최선의 개념(혹은 구성 개념)이라기보다는 경외감과 같이 경험적 검증을 위해 조작화함으로써 M-R TPT 개발을 위한 여러 잠재적인 구성 개념 중 하나일 뿐이다.

자아초월심리학이 과학적이어야 하는 이유

나는 오랫동안 자아초월심리학이 과학적이어야 한다고 주장하였다(예를 들면, Friedman, 1981, 1983). 초기의 '선언문manifesto'(Friedman, 2002)에서 나는 이런 결론에 대하여 많은 주장을 한 바 있으므로 여기서는 간단히 요약하고자 한다. 나는 자아초월심리학이 그 이름에 걸맞게 심리학의 한 하위 분야라는 사실로부터 시작하려 한다. 자아초월심리학은 과학으로 폭넓게 인식되고 있으며, 그로 인한 이득 또한 많다. 자아초월과 심리학이라는 용어를 나란히 병치하는 것은 자아초월심리학이 심리학과 관련되며 인정받는 과학적 노력의 일부가 되어야 한다는 것을 분명히 함의하고 있다. 자아초월심리학을 실천과 관련된 것으로서뿐 아니라 심리학 분과에 속한 학문적 측면으로 이해하는 것은 전문적인 서비스를 찾고 돈을 지불하는 사람들의 눈으로 볼 때 합법성을 제공해 줄 수 있다. 임상 장면에서 전통적 치유(예를 들면, 종교적 전통 내의 초자연적 개입을 요청하는 사람으로부터)나 뉴에이지 치유(예를 들면, 사이비 과학적인 에너지 장치를 사용하는 사람들로부터)를 찾는 내담자들은, 면허를 가진 심리학자를 찾아갔을 때와는 달리 과학에 기초한 동일한 품질 보증이나 전문기술을 명백하게 기대하지는 않을 것이다. 응용심리학자를 표방하는 사람이라면 비록 실제적인 전문기술을 갖고 있지 못하더라도 적어도 어느 정도의 과학적 배경과 훈련을 받았을 것으로 간주될 것이다. 이와 유사하게 어떤 학자가 심리학자로서 연구물을 생산했을 때, 그 생산물이 과학적 기초를 가졌을 것이라고 예상한다. 자아초월심리학이라는 용어를 과학을 배제하고 사용하지만 심리학과 연관된다는 점 때문에 실무와 작업물로부터 이득을 얻는 사람들은 윤리적·법적 위반의 가능성에 지속적으로 노출될 수 있다.

이러한 걸림돌이 기본적인 문제로 놓여 있다는 사실을 넘어서 자아초월심리학이 과학이 될 가능성은 정말로 있는 것일까? 여러 연구자 가운데 Braud(1998)가 이 문제를 제기하고 나는 몇 개의 근거로 그것을 옹호하였지만(Friedman, 2002), 많은 사람이 과학적 자아초월심리학의 가능성을 거부하고 있다. 자아초월의 핵심 측면들은 표현이 불가하고, 일상적 감각을 넘어선 실재를 다루며 모든 개념화를 초월하는 것으로 정의된다. 그러나 과학은 경험주의에 근거해 있으며, 자아초월심리학에서 작용하는 과학적 과정은 이전에 표현이 불가능한 것으로 보이는 것을 실제로 이해할 수 있는 것(감각을 통해 경험적으로 발견할 수 있는 세계와 일치하는)으로 환원시키려는 노력이라고 할 수 있다. 그러나 일상적 실재를 초월한 것으로 보이는 비이원성이나 경험적으로 접근이 불가한 다른 개념들(예를 들면, 영혼)처럼, 명백히 과학의 한계를 벗어난 자아초월의 측면들은 어떠한가? 사람들은 은 연중에 데카르트식의 분리를 통해 자신과 세계를 경험한다. 사람들은 자신과 다른 존재로서 지각된 세계와 자기의 살아 있는 감각을 분리함으로써 자신의 주관적 감각을 객관적 대상과 분리하여 지각하면서 자기감 또한 주관적인 ‘나I’와 객관적인 ‘나me’로 구분한다(James, 1890). 그렇다면 초월적 상태(예를 들면, 비이원성, 합일 의식)는 아는 자와 알려진 것 간의 분리를 포함하여 관습적인 모든 지식의 기초를 거부하고 있다는 점을 고려할 때, 과학적 접근은 이러한 근본적인 분리를 어떻게 다룰 수 있을 것인가? 이러한 질문은 해결하기 어려운 난제로서 나는 자아초월심리학이 초월에 대한 관심의 초점을 포기하지 않는다면 과학적이 될 수 없다는 결론에 이르렀다. 비록 초월을 비과학적인 것으로 간주함으로써 초월에 관한 사색을 불허하는 것이 연구의 폭을 제한하기는 하지만, 나는 이를 자아초월심리학이 과학이 되기 위해서는 필수 불가결하다고 생각한다. 어떤 사람은 이러한 태도를 자아초월심리학의 핵심을 파괴하고 사소하고 하찮은 관심사들만을 연구의 대상으로 남겨 놓는 것으로 볼 수도 있다. 그러나 내가 믿기로 이러한 생각은 거대이론을 가진 자아초월심리학에 대한 지속적인 매혹에 깔려 있는 함정이다. 여기에는 그와 같은 매혹으로부터 기인하는 많은 문제가 포함된다.

이런 함정을 피하기 위해 나는 과학적 노력에서 벗어난 자아초월 내의 영역이 있다는 것을 솔직하게 인정하고 받아들여야 한다고 믿는다. 내가 제안했던(Friedman, 2002) 해결책은 자아초월을 두 개의 구성 요소, 즉 초월적 측면과 비-초월적 측면으로 구분하는 것이다. 이를 통해 과학적 자아초월심리학은 경험적 접근이나 개념화가 가능하지 않은 초월적인 측면에 대해서는 관심을 기울이지 않을 수 있다. 실제로 초월이 존재하는지 아닌지는 (가장 기초적인 존재 상태를 입증할 수도, 부인할 수도 없기 때문에) 확실하지 않지만, 나는 그것을 초자연적이며 형이상학적인 것(즉, 시간과 공간의 바깥에 있는)으로 간주한다. 다시 말하지만, 과학은 오로지 자연적이고 물리적인 것만을 다룰 수 있다.

과학의 근거 중 하나인 개념화는 논리적으로 아는 자와 알려진 것 간의 데카르트적 분리를 요구하는 것으로 보이며, 직접적이고 비매개적인 앎은 개념화될 수 없는 과학의 한도 밖의 또 다른 종류일 수 있다. 어렴풋한 형이상학적이고 초자연적인 주제들을 괄호치기하고bracketing, 대신에 자아초월의 비-초월적 측면에 초점을 맞춤으로써 과학적 자아초월심리학은 발전할 수 있다. 그러나 이것이 초월적인 것이 연구될 수 없다는 것을 의미하지는 않는다. 단지 과학적 노력인 심리학의 외피 아래에서 연구될 수 없다는 것이다. 초월적인 것에 접근하는 것은 제한된 개념이나 자료를 넘어 다른 가능한 비-과학적인 체계나 앎의 방식을 요구하므로, 직접적으로 초월적인 것을 연구하기 위해서는 과학이 포착해 낼 수 있는 이상의 방법을 포함할 수 있다. 내가 지지해 온 이러한 괄호치기는 초월은 명백히 초자연적이며 형이상학적이기 때문에 그것을 과학적 패러다임으로 환원시키려는 노력은 잘못된 접근이라는 인식을 요구한다.

그러나 그러한 괄호치기가 과학적 자아초월심리학이 M-R TPT를 통해 다른 많은 중요하고 핵심적인 자아초월의 관심사들을 다루는 것을 제한하지는 않는다. 오히려 이러한 괄호치기는 자아초월 거대이론 내에 퍼져 있는 형이상학적이고 초자연적인 관념들의 기반을 약화시키며, 동시에 지역적 이해에만 초점을 두는 미시이론들과의 불협화음을 피할 수 있다. 직접적으로 초월을 연구하는 방법들에 대해 암시하는(데카르트식의 분리를 극복한 것처럼 보이는) 주장에도 불구하고 나는 어떠한 성공적인 사례도 본 적이 없으며, 과학적 우세가 유지되는 한 그것이 가능하리라고도 생각하지 않는다(나는 이러한 주장이 잘못됐다고 증명되기를 열렬히 기다리고 있다). 대신에 나는 과학이 불가피하게 이러한 분리를 벗어날 수 없으며, 단지 경험적 현상에 대해서만 연구를 허락하는 제한된 한도 내에서 작동되어야 한다는 사실을 받아들인다. 거대이론은 모든 것을 포괄하는 환상의 구성체construals를 제공함으로써 이러한 분리를 우회하려고 시도하지만, 이러한 구성체는 경험적으로 발견되지 않는다. 반면, 미시이론은 세부적인 것에 밀착함으로써 분리를 인식조차 하지 못한다.

초월을 연구하려는 사람들을 위해서는 종교, 시, 다른 예술적 표현들, 명상, 정관contemplation과 다른 많은 방법을 통한 비-과학적인 접근 방법이 있다. 이 모든 방법은 자아초월 연구의 일부라고 부를 수 있으며, 매우 다양한 비-과학적 자아초월 훈련을 포함할 수 있다(Friedman, 2002). 이러한 시도들은 과학에 비해 본질상 더 가치로운 것도 덜 가치로운 것도 아니며, 단지 과학이 아닐 뿐이다. 이와 유사하게 자아초월 인류학이나 사회학과 같이, 비-심리학적 관점에서 자아초월을 연구하는 많은 다른 과학이 존재한다. 총괄하여 말하면, 자아초월을 연구하는 모든 학문은 자아초월 연구에 포함될 수 있으며 자아초월 연구의 어떤 부분은 과학적으로 볼 수 있는데, 그중의 하나가 자아초월심리학이다. 나의 주장은 자아초월을 어떤 방식으로 연구하고 실천하는 정당한 권리를 배제하려는 것이 아니라, 자아초월 연구에 대한 비과학적 접근들이 심리학의 일부가 아니라는 점을 분명하게 요구하는 것이다. 간단히 말해, 앎의 모든 방식이 과학적인 것은 아니며, 과학적 방법이든 비과학적 방법이든 이 모두는 상대적으로 이로운 점과 불리한 점을 갖고 있다. 이러한 설명은 또한 자아초월심리학을 과학으로 받아들일 수 있는가를 명백히 하자는 것이다. 다시 말하면, 초월은 과학이 성공적으로 다룰 수 있는 경계 밖에 있는 주제이다.

자아초월심리학 연구의 앞으로의 과제는 무엇인가

어떤 사람들은 나의 주장이 초월이라는 주요한 관심사를 포기하고, 자아초월심리학을 사소한 주제들만을 연구하는 학문으로 그치게 하는 것이 아닌가 하고 생각할 수 있다. 그러나 과학이 설령 초월을 다룰 수 없다고 하더라도, 초월적인 것이 아닌 다른 많은 흥미롭고 중요한 주제들을 다룰 수 있다. 자아초월이 초자연적이고 형이상학적이기만 할 필요는 없는데, 이는 과학으로 처리할 수 있는 비-초월적인 자아초월의 영역이 있기 때문이다. 이것이 내가 M-R TPT를 개척하려고 시도하는 이유이다. 예를 들어, 사랑의 체험 동안 자신의 정체성이 타인과 합일되는 느낌은 자아초월적인 자기-확장일 수 있으며, 비-초월적인 자아초월 체험일 수 있다. 즉, 이런 체험이 필수적으로 초자연적이거나 형이상학적인 체험으로 이끄는 것은 아니지만, 고립되고 개별적인 정체감을 넘어서는 체험인 것이다. 두 사람이 정체감에서 합일되지만, 여전히 더 큰 우주 안에서 타자로부터 분리되어 존재한다는 이자적 일체감dyadic oneness은 어떠한 개념화의 가능성도 말소하는 우주 전체와의 비-이원적인 합일 체험과는 같지 않다. 양자 모두가 자아초월적으로 보일 수 있지만, 전자는 비-초월적이며과학적 연구로 다룰 수 있고, 후자는 초월적이며 과학의 시계 밖에 놓여 있는 것이다.

과학의 방법에 관하여 James(1890)는 급진적 경험주의radical empiricism[3]를 제안했다. 이것은 과학으로서의 자아초월심리학에 대한 나의 견해와 일치한다. 예를 들어, 사람들은 일상적으로 세계에 대해 내부적·외부적 관점을 통해 지각하며, 외부와의 경계로서 자신의 피부를 사용하여 세계를 경험한다. 관습적인 과학은 시선을 외부로 향하는 경향이 있지만, 피부 안과 밖 모두에서 일어나는 현상은 과학의 범위 안에 있다. 이러한 과학은 보다 관습적으로 사물과 타인 같은 외부의 자료에 초점을 둘 뿐 아니라, 비록 주관적이고 객관화에 어려움이 있다 하더라도 내적 자료에도 초점을 둔다. 내적 자료는 현상학적 방법뿐 아니라 새로운 기술의 출현에 따라 감각을 확장시키는 뇌파 전위電位 기록 장치electroencephalograph와 같은 과학적 장치를 통하여 얻을 수 있다(Krippner & Friedman, 2009 참조). 과학적 자료는 또한 변성 상태(즉, 서구 문화에서 일상적인 깨어 있는 의식과 대조하여; Tart, 1975 참조)를 포함하여 다양한 의식 상태로부터 수집될 수 있다. 경험적 자료가 되기 위해서 필요한 모든 것을 그 정보가 (잠재적으로) 감각으로 다룰 수 있어야 한다는 것이다.

---

3) 현실 경험은 모든 관계에 있어서의 주관과 객관의 기반이고 근원이라고 하는 William James가 주창한 이론임.

이때 감각은 다양한 의식 상태하에서 기능할 수 있다는 점이 인정될 필요가 있다(예를 들면, 심현제의 영향하에서; Friedman, 2006). 변성 상태로부터 얻은 현상학적 자료가 시간에 걸쳐 동일 연구자에 의해 또는 다른 연구자에 의해 어느 정도의 신뢰성을 갖고 접근할 수 있다면(다시 말하지만, 과학적으로 타당한 관찰이 전제 조건이 된다.) 과학적으로 연구될 수 있다. 그러므로 일상적 의식을 신뢰할 수 있는 방식으로 변성시키는 공통의 훈련을 공유하는 명상 공동체는 과학으로 접근 가능한 경험적 자료를 생산할 수 있을 것으로 보인다. 그러한 공동체의 일부가 초월적 체험으로 기술되는 현상을 경험할 수 있는데, 이러한 것들은 과학이 직접적으로 연구할 수 있는 영역 밖에 있는 것이다(즉, 나는 이러한 직접 체험을 현상적phenomenal이 아니라 본체적noumenal[4]인 것으로 본다). 그러나 과학으로 다룰 수 없음에도 불구하고, 초월적 체험 자체는 개념으로 해석된 기억으로서 과학 연구의 대상이 될 수도 있다. 초월을 경험한 명상자들이 전달한 이야기는 그들의 직접 체험과는 다른 것으로 볼 수 있으므로 그 이야기는 과학을 위한 좋은 자료를 생산할 수가 있다. 이 점에 관해 마지막으로 나는 소위 초월적 체험을 '체험'으로 부르는 것에 대해서조차 편하지 않다는 것을 시인할 수밖에 없다. 이는 초월이라는 용어가 데카르트적 개념의 제한 밖에 놓여 있으며, 심지어 그 용어는 형언 불가성ineffability에 관한 느슨한 은유로 보일 뿐이기 때문이다.

과학의 폭넓은 관점에도 불구하고, 초월 체험을 직접적으로 연구하는 것이 과학의 경계 밖에 있다고 하는 이유는 무엇인가? 현상의 지각은 경험주의의 핵심이며, 가장 단순하게 감각적 입력의 존재 여부를 다루는 신호 탐지 이론과 같이 감각의 차별에 기초한다. 초월적인 영역에서는 소위 물리학의 법칙이 블랙홀의 조건에서 무너져 보이는 것과 유사하게, 이러한 기초적인 식별은 의미 없는 것이 된다. 초월적 현상을 범주화하려는 어떤 시도도 표적을 빗나간 것이며, 그것을 언어나 수학 혹은 도형적 관계와 같은 상징으로 환원하려 할 때 그러한 상징은 '그것'이 아니라 단지 동시에 그것일 수도 아닐 수도 있는 희미한 그림자에 불과할 뿐이다. 비록 어떤 사람이 의미 있는 감각으로 초월적 체험을 했다 하더라도 그것을 개인 한 사람에게 귀인할 수는 없는데, 그것은 그러한 체험을 하는 순간 개인성은 사라지는 것으로 보이기 때문이다. 이와 유사하게 나중에 초월적 체험을 개념화하려는 시도는 필연적으로 그것을 환원적인 용어로 묘사하게 될 것이며, 그것을 기억하려는 시도조차 단지 이원적인 기억 속에서 흐릿하게 번역된 재구성일 뿐이다. 어떤 사람이 초월적 체험을 묘사하기 위해 즉흥적으로 춤을 추거나 노래를 할 수는 있지만, 그러한 자유로운 표현조차 기껏해야 형언 불가능한 체험의 느슨한 번역일 뿐이다. 논리적 일관성과 경험적

4) 칸트철학에서 이성에 의해 사유되는 예지적 대상이나 절대적 실제. 현상과 대비되는 본체本體, 실체, 물物 자체임.

접근 가능성을 요구하는 과학적 체계 내에서 초월이라 불리는 의미 있는 현상을 포착하려는 시도는 쉽지 않다는 것을 넘어 단순히 가능하지 않다는 것이 나의 견해이다.

결론

이 장에서는 거대이론과 미시이론의 대안으로 M-R TPT의 형성에 대한 안내를 개략적으로 설명하였다. M-R TPT를 형성하기 위해서는 구성 개념을 포함하여 경험적으로 접근이 가능하고 자아초월심리학과 관련된 개념의 개발에 강조점을 두어야 한다. 이러한 작업을 위해서는 형이상학적이고 초자연적인 개념을 괄호치기 하는 것이 필요한데, 이러한 개념들은 과학의 시계 밖에 있기 때문이다. 실행 가능한 자아초월심리학은 유용한 이론, 누적되는 연구 프로그램 및 경험적으로 지지되는 응용 실무를 이끌 수 있다. 이러한 목적에 유용하게 활용될 수 있는 한 가지 구성 개념이 자기-확장인데, 이는 다른 장에서 보다 깊이 있게 논의될 것이다(Friedman, 이 책에서). 이 개념은 M-R TPT가 형성될 수 있는 방식에 대한 하나의 구체적인 사례를 제공하기 위하여 소개하였다. 그러나 경외감과 같은 다른 개념들 또한 이런 목적을 위해 유용하게 사용될 잠재성을 가지고 있다.

참고문헌

Allwood, C., & Berry, J. (2006). Origins and development of indigenous psychologies: An international analysis. *International Journal of Psychology*, *41*(4), 243-268.

Bonner, E., & Friedman, H. (2011). A conceptual clarification of the experience of awe: An interpretative phenomenological analysis. *The Humanistic Psychologist*, *39*, 222-235.

Boudon, R. (1991). What middle-range theories are. *Contemporary Sociology*, *20*(4), 519-522.

Braud, W. (1998). Can research be transpersonal? *Transpersonal Psychology Review*, *2*(3), 9-17.

Bunge, M. A. (1997). Mechanism and explanation. *Philosophy of the social sciences*, *27*, 410-465.

Clements, J. (2004). Organic inquiry: Toward research in partnership with Spirit. *Journal of Transpersonal Psychology*, *36*(1), 26-49.

Dawson, T., Fischer, K., & Stein, Z. (2006). Reconsidering qualitative and quantitative research approaches: A cognitive developmental perspective. *New Ideas in Psychology*, *24*, 229-239.

Ellwanger, U. (2012). A Higgs boson near 125 GeV with enhanced di-photon signal in the NMSSM. *Journal of High Energy Physics*, *44*(3), 1-9.

Ferrer, J. (2002). *Revisioning transpersonal theory: A participatory vision of human spirituality.*

Albany: State University of New York Press.

Friedman, H. (1981). The construction and validation of a transpersonal measure of self-concept: The self-expansiveness level form. *Dissertation Abstract International*, *42*(02), 0079B (UMI #8117150).

Friedman, H. (1983). The self-expansiveness level form: A conceptualization and measurement of a transpersonal construct. *Journal of Transpersonal Psychology*, *15*, 37-50.

Friedman, H. (2002). Transpersonal psychology as a scientific field. *International Journal of Transpersonal Studies*, *21*, 175-187.

Friedman, H. (2005). Problems of romanticism in transpersonal psychology: A case study of Aikido. *The Humanistic Psychologist*, *33*, 3-24.

Friedman, H. (2006). The renewal of psychedelic research: Implications for humanistic and transpersonal psychology. *The Humanistic Psychologist*, *34*(1), 39-58.

Friedman, H. (2009). Xenophilia as a cultural trap: Bridging the gap between transpersonal psychology and religious/spiritual traditions. *International Journal of Transpersonal Studies*, *28*, 107-111.

Friedman, H. (2010). Is Buddhism a psychology? Commentary on romanticism in "Mindfulness in Psychology." *The Humanistic Psychologist*, *38*, 184-189.

Friedman, H. (this volume). Transpersonal self-expansiveness as a scientific construct (Chapter 11).

Fuchs, T., & Jaegher, H. (2009). Enactive intersubjectivity: Participatory sense-making and mutual incorporation. *Phenomenological Cognitive Science*, *8*, 465-486. Retrieved from https://www.klinikum.uni-heidelberg.de/fileadmin/zpm/psychatrie/fuchs/Enactive_Intersubjectivity.pdf

Jaccard, J., & Jacoby, J. (2010). *Theory construction and model-building skills: A practical guide for social scientists*. New York, NY: Guilford.

Jung, C. (1997). *Jung on active imagination*. Princeton, NJ: Princeton University Press.

Krippner, S., & Friedman, H. (Eds.). (2009). *Mysterious minds: The neurobiology of psychics, mediums, and other extraordinary people*. Santa Barbara, CA: Praeger.

Laszlo, E. (2004). *Science and the Akashic field: An integral theory of everything*. Rochester, VT: Inner Traditions.

MacDonald, D. A., (2007, March 28).Where's that wascally Wilber? The challenges of hitting a moving target [A review of the book Where's Wilber At?]. *Psycritioues-Contemporary Psychology: APA Review of Books*, *52*(13), Article 5.

Merton, R. (1968). *Social theory and social structure*. New York, NY: Free Press.

Popper, K. (2001). *The logic of scientific discovery*. New York, NY: Routledge. (Originally published in 1937)

Robbins, B., & Friedman, H. (Eds.) (2009). Special issue on methodological pluralism [entire]. *The Humanistic Psychologist*, *37*(1).

Sehrbrock, J. (2007). Preliminary evidence for the effectiveness of integrally informed psychotherapy. *Journal of Integral Theory and Practice*, *2*(1), 40-59.

Solso, R. L. (2001). *Cognitive psychology* (5th ed.). Boston, MA: Allyn and Bacon.

Tart, C. T. (1975). *States of consciousness*. New York, NY: Dutton.

Wallis, R. (2003). *Shamans/Neo-Shamans: Ecstasy, alternative archaeologies and contemporary Pagans*. New York, NY: Routledge

Weaver, D., & McCombs, M. (1980). Journalism and social science: A new relationship?. *Public Opinion Quarterly*, *44*(4), 477-494.

번역 출판

James, W. (1890). *The principles of psychology*. New York, NY: Henry Holt. (Original work published 1890). (정양은 역. 심리학의 원리 1, 2, 3. 서울: 아카넷, 2005).

Wilber, K. (2001). *A theory of everything: An integral vision for business, politics, science, and spirituality*. Boston, MA: Shambhala.(김명권, 민회준 역. [켄 윌버의] 모든 것의 이론. 서울: 학지사, 2015).

제 17 장

과학으로서 자아초월심리학의 철학적 배경

Douglas A. MacDonald

법을 말한다는 것은 실로 말할 만한 법이 없으므로 이를 이름하여 '법을 말한다'고 하느니라.

- 붓다The Buddha

금강경에서 발췌한 붓다의 이 인용문은 과학의 내재된 속성과 작용들을 간명하게 포착하고 있고, 한편으로 과학이 직면하고 있는 근본적인 딜레마를 전하고 있다. 그러나 이 딜레마가 겸손, 정직, 진실함으로 수용되면 과학이 운영되는 견고한 기반을 형성할 수 있다. 그 딜레마는 다음의 순수한 질문으로 제시될 수 있다. '내가 안다고 생각하는 것에 실제로 앎이 있는 것이라고 어떻게 나는 아는가?' 이 질문은 우리가 안다고 생각하거나 혹은 알기를 원하는 어떠한 것에도, 즉 대상, 사람, 경험, 사상, 정서, 체제 심지어는 앎 자체의 과정과 행위에 적용될 수 있다. 달리 말하면, '나의 경험, 상징, 언어, 사상, 추측, 이론 등이 진리를 전달하고 구현한다는 것을 나는 어떻게 아는가?'. 이 질문은 가능한 한 가장 어려운 문제들의 일부를 다루려고 시도하는 자아초월심리학transpersonal psychology에, 특히 적절하다.

이러한 질문의 맥락 안에서 과학은 진리를 결정하고 동시에 진리에의 주장을 검증하는 방법으로 보일 수 있다. 과학의 주된 목표와 목적은 우주와 그 자신의 주변에 있는 모든 것뿐만 아니라 인간이 우주와 인간 자신을 알 수 있다는 것들을 관통하는 매개체로서 공헌하는 것이다. 과학의 필수적이고 역동적인 요소로서 과학은 또한 진리의 속성에 관해 숙고하는 방식이자 자기비판적이고 수정에 개방적인 방식으로 아는 방법이기도 하다. 과학은 고정된 독립체가 아니라, 진리의 주장들을 생성하고, 조사하고, 검증하고, 수정하는 메커니즘을 명료하게 하는 유동적 과정이다. 그리고 과학은 이 과정에 참여하고 배우는 데 시간을 쓰려는 모두에게 개방되어 있다.

전통과학의 간략한 개관

과학의 기원은 서양철학사의 비판적 전통의 시조로 인정받는 고대 그리스 밀레토스 Miletus의 사상가인 탈레스Thales(기원전 640~546)로 거슬러 올라갈 것이다(Leahey, 1987). 많은 사상 체계는 진리에 접근하고 있다고 주장하나 그것을 검증할 수단이 없으며, 오류가 있다고 판단되면 그러한 주장을 수정한다. 이러한 사상의 체계는 지식 기반의 권위가 그 타당도를 결정하는 데 충분한 근거로 여겨지는 종교나 학파와 같은 폐쇄된 체계이다. 이와 대조적으로, 비판적 전통은 현실에 대한 표현과 설명으로 아이디어를 개선하는 방법으로서 합리적인 근거를 모두 갖추고 있다.

비판적 전통의 시작 뒤에 이어지는 시대에서는 지식에 대해 특별한 관심을 가지는 인식론이 철학의 주요 분야로 떠올랐다. 인식론은 세련된 사고 체계의 창안에 의해 참인 지식을 얻을 가능성을 높였는데, 이 사고 체계는 결국 과학의 성장에 기여를 한 방법들의 탄생을 촉진시켰다. 철학사 안에서 본다면 본질적으로 과학은 지식에 대해 이질적으로 보이는 두 접근법의 통합으로 생각될 수 있다. 즉, 진리를 결정하는 수단으로서 추론을 사용하는 합리주의와 경험을 통해서만 지식을 얻을 수 있다고 생각하는 학파인 경험주의의 통합이다. 코페르니쿠스와 케플러와 갈릴레오의 발견들이 중대하고 관측에 합리성을 부여하는 설명 능력을 입증했다 하여도, 이 두 전통의 통합에 있어 최고의 논의는 Immanuel Kant의 저작에서 보일 것이다. 『순수이성 비판』에서 Kant(1771/1996)는 두 접근법에 내재한 한계들, 허용된 이론인 철학 그리고 경험에 의미를 부여하는 근거로서 사용되는 이성에 대해 논했다. 본질적으로 그는 우리 자신과 우주에 대한 우리의 이해를 따르고, 이 이해를 밝혀 주는 정도를 가려내는 시금석으로 경험을 제시했다. Kant의 견해에 따르면, 이론과 경험은 둘 다 서로 영향을 주고받으며 동시에 서로 발전한다. 고립된 채 남겨지면 경험 없는 이론은 단지 형이상학에 불과할 것이고, 이론 없는 경험은 모든 실질적인 의미를 잃을 것이다.

그럼에도 불구하고, 고대 희랍시대부터 현재에 이르기까지 겉으로 보이는 세계와 실재, 즉 실재 그 자체로서의 세계는 같지 않을 수도 있다는 암묵적인 인식이 있어 왔다. 달리 말하면, 우리의 지각과 우리가 지각하는 그 무엇의 참된 본성과 특성 사이에는 사실상 객관적으로 부합하는 점이 없을지도 모른다는 것이다. 예컨대, 플라톤Plato은 사물들이 그것이 실재하는 그대로 알려질 수 없다고 주장했다. 영원한 형상, 이데아로 본 것의 불완전한 근사치로서만 알려질 뿐이라는 것이다. 다른 접근법들인 언어학을 포함한 현상학과 포스트모던철학들(예를 들면, 사회구성주의, 해체주의)은, 경험을 성문화하기 위해 사용하는 기호와 상징들은 결국 경험의 불완전한 묘사라는 논증을 또한 전개해 왔다. 심리학의 후원을 받는 다수의 유명한 이론가(예를 들면, Kelly, 1955; Rogers, 1974; Wertheimer 같은 초기 게슈탈트 심리학자들, 1944; 그리고 Köhler, 1969)는 우리 자신의 주관적 인식과 관계없는 현실에 대한 지식은 불가능할 것이라는 유사한 논의를 내놓았다. 예를 들어, Rogers는 우리가 주관적으로 경험한 분야에 의해 알 수 있는 것이 무엇보다 중요하다고 주장했다. Kelly는 생각과 사고를 구성하는 우리 자신의 구성 개념과 동떨어져서 뭔가를 아는 것은 불가능하다는 전제 위에 구성적 대안주의를 발전시켰다. 그리고 게슈탈트 심리학자들은 심리학적 구조 동일성의 개념을 발전시켰다. 즉, 우리의 경험은 유사하지만 우리 경험 속에서 대상들은 다르다는 것이다. 겉으로 보기에 지식과 지각의 관계에 대한 이러한 견해는 지식 그 자체의 본질과 특징에 대한 아주 기본적인 의문을 제기한다. 지식이 절대적이고 객관적인 어떤 것, 발견되는 그런 것인가? 혹은 많은 포스트모던학파가 주장하였듯이, 지식은 내부 혹은 주관적 과정에서 나온 구성물인 것인가?

과학은 이상하게도 지각의 불확정성의 문제를 받아들이고 생각, 개념 그리고 이론이 경험되고, 반대로 경험이 생각, 개념 그리고 이론이 되는 것을 입증하는 도전을 받아들인다. 과학의 이 문제에 대한 대응은 개념과 이론이 실재할 수도 아닐 수도 있는 경험 속 사물들의 표현이라는 것이다. 그럼에도 불구하고, 개념과 이론은 경험 속에서 일어나는 사건들을 설명하는 능력 속에서 가치가 있다. 이것을 확장하면 심리적 과학의 맥락에서 과학적 지식은 이론과 경험의 상호작용의 산물로서 이해될 수 있다. 이 둘이 서로 부합하는 정도는 과학의 고유한 힘을 반영한다. 이는 경험 속에서 일어나는 사건들을 정확하고 의미 있게 과학이 예측하고 통제하도록 하는 이론의 능력 안에서 가장 일반적이고 흔하게 드러난다. 이 개념이 내포하는 바는, 우리는 우리의 이론과 모델이 우리의 경험과 동일하다는 점을 절대적 확실성을 가지고 증명할 수가 없다는 인식이다. 이와 유사하게 우리의 경험이 우리가 경험하고 있는 모든 것의 있는 그대로의 흠 없는 완벽한 구현이라는 것을 우리는 결코 증명할 수 없다. 지도는 그것이 나타내고 있는 지역이 아니라 단지 근사치의 모델일 뿐이다. 지도의 유용성은 우리가 경험한 그대로 지형 안에서 갈 길을 알려 줌으로써 그 타당성을 확인하는 기초에 있다. 지도와 지도가 나타내는 지역을 혼동한다는 것은, 특히 지도가 지역 그 자체와 동일하다고 가정하는 것을 확신하는 실체화의 오류로 알려져 있다. 과학은 개념과 관념의 실체화에 맞서 스스로를 지키려 한다. 그리고 개념과 경험 간의 적합도를 시사하는 논거가 시간, 장소 그리고 연구자에 따라 변하지 않을 때에만 개념과 경험이 동일하다는 견해가 제기될 것이다.

이러한 지금까지의 논의에 계속 머무르다 보면 또 다른 중요한 고려 사항이 있다. 즉, 과학적 탐구와 이에 따른 지식의 주장들 속에 나타나는 편견과 왜곡의 문제이다. 특히 지난 수십 년 간 우리가 타당한 지식을 가지고 있다고 단언하는 근거가 상황적 · 맥락적 · 개인적 · 사회문화적 그리고 정치적 요인을 포함하는 다양한 요소의 영향을 받았을지도 모른다는 것을 과학은 인지하기에 이르렀다. 과학은 결국 인간의 창조물이며 또한 인간적인 한계이다. 이런 한계점은 불명확과 부정확에서부터 오해와 과도한 일반화까지 망라하는 다양한 어려움을 가져온다. 그러므로 과학은 거짓 주장들을 가려내기 위해 필요하면 과학 지식의 전체에서 삭제하거나 수정하며 스스로 자기검열적이고 자기수정적인 메커니즘을 구축하려고 노력해 왔다. 이러한 메커니즘 가운데는 다음의 것을 목표로 하는 인상적이고 전략적인 장치들이 있다. ① 연구자의 사고에 대한 개인적 동기화와 실수로 인해 과학 연구가 설계되고 실행되는 방법에 편견을 초래할 가능성을 줄이고 결과 자료를 해석해야 한다. 예를 들면, 자료를 얻고 이론이나 자료 그리고 그것들의 해석에 미친 문화적 영향을 찾아내기 위한 시도들, 이런 과정에 선행하는 이론과 데이터의 관계 속에 얽힌 합리적인 규칙에 따르는 이해관계와 선호에 대한 잠재적 갈등을 드러내는 것이다. ② 연구자를 포함한 특정한 상황의 영향, 실험 편향, 결과, 표본 축출상의 편향이 잘못되고 불완전하게 나타난 데이터나 결론으로 이끌지 않도록 해야 하며, 이런 가능성들을 최소화하기 위하여 자료 수집 과정에서 표준화된 접근법을 포함한 철저한 계획을 연구자들이 채택하도록 해야 한다. 즉, 발견한 것에 대한 이론적 기반에 근거한 해석과 이에 대한 영향을 살피는 과정 중에 혼란스럽고 잠재적인 골칫거리에 대해서는 통제하는 반면, 관심 있는 현상에 대한 경험은 친근해 보이고 비교할 수 있고 좋아 보인다. ③ 이론이 경험과 데이터 중 적합한 것을 찾아내도록 하기 위해서 이론을 경험과 데이터와 결부시키는 방법에 대해 엄격한 기준을 가져야 한다. 예를 들면, 이론의 확장으로서 논리적이고 검증 가능한 가설을 발전시키는 것, 데이터에 보다 적합함을 제공하기 때문에 경쟁 가설을 배제하는 것이다. ④ 과학적 과정과 결과를 다른 사람들에게 투명하게 만들어서 독립적인 연구자가 아이디어, 방법 그리고 데이터를 복제하고 확장할 수 있도록 해야 한다. 예를 들면, 연구 결과에 대한 과학계 구성원에 의한 평가와 철저한 검토 등 편견을 최소화하고, 이론과 경험 간에 논리적이고 경험적으로 논증 가능한 연결고리 위에 기초하며, 비판과 수정에 개방적인 이론들을 생산해 내고 검증하려고 시도하는 것 등 일반적인 과학적 접근을 해야 한다.

과학은 철학이자 그 이상이다

인식론적인 노력으로서 과학은 비록 어떤 맥락에서는 가치가 더해지고 있는 경험적 정보가 많이 쌓인 분야이기도 하지만, 검증 불가능한 추정들에 의지하고 있는 철학의 주요 분야로 남아 있다. 이와 같이 과학은 지식을 얻기 위한 유일한 방법이 아니다. 지식의 속성에 관한 과학의 추정과 결론 그리고 이해될 수 있고 평가될 수 있는 주장들에 의한 과정은 타당할 뿐 아니라 유용한 것이기도 하다. 초월심리학의 관점을 포함하여 지식이 무엇이고, 이를 어떻게 얻을 것인가에 대한 여러 개념화 방식이 있다(예를 들면, Tart, 1975 참조; Walsh & Vaughan, 1980; Wilber, 1990, 1995, 2001). 그렇지만 지난 수백 년간 탐구의 많은 분야에서 이루어진 발전들을 고려해 보면 탐구의 어떤 다른 분야에서도 할 수 없었던 것들을 성취해 왔고, 그로 인하여 인식론 가운데 특권적 지위를 누려 왔다는 것을 부인할 수 없다. 표면상으로 실용적인 결과에 근거한 과학의 타당성에 대한 논증은 교육과정과 결합, 과학적 연구의 공적·개인적 펀딩 등을 지원하기 위해 투입된 자원과 메커니즘에 의해 드러났듯이 과학의 지위는 높아지고, 기업, 정부 그리고 대중들에게 도입되기에 이르렀다.

그 특성상 과학은 사회적 사업이다. Kuhn(1970)이 그의 벨트안샤우웅Weltanschauung(즉, 세계관) 분석에서 지적한 바와 같이, 이론의 개발과 방법론을 포함한 과학은 선험적 가정으로부터 유래하고 이에 근거를 두고 있다. 이 선험적 가정은 이론과 방법으로 검증되거나 검증될 수 없지만, 과학이 운영되고 진보하기 위해서 사람들의 공동체 사이에서 합의가 요구된다. 이 가정이 과학의 전통적인 규칙에 의해서는 증명될 수 없다는 것을 강조하는 것이 중요하다. 가정은 이미 정해진 것으로 본다. 알 수 있는 것은 무엇이고, 무엇이 지식이며, 지식이 주장하는 것의 진실성을 획득하고 정당화하기 위해 필요한 것에 동일한 가정을 가지는 집단의 사람들에게 과학은 기반하고 있다. 이러한 특징에 따라 과학과 종교 체계는 그 자체는 의심받지 않으나, 조직적인 의사소통과 사회적 행위를 가능하게 할 기능적 목적을 가진 특정한 공리의 활용에 공통점을 가지고 있다고 주장할 수 있다. Kuhn은 가정의 집합을 전문 분야 행렬이라고 불렀으며, 이것은 공유된 범례, 즉 적절한 방법론을 구성하는 것의 모델과 결합되었을 때 과학의 패러다임을 구성한다. 그가 적절히 지적했듯이, 누군가가 과학의 일부가 되고자 하고 과학에 공헌하는 것으로 알려지기를 원한다면 공유된 범례에 알맞은 방법들을 활용하고 가정들에 동의하는 것이 필요하다.

과학의 패러다임에 관해 50권 이상을 저술한 과학철학자 Bunge(2006)는 인식론적 체계를 과학으로 만들기 위해 어떤 가정들이 필요한가에 관해 잘 정의된 견해를 가지고 있다. 그에 따르면, 과학은 다음과 같은 특징을 지닌 것으로 특성화된다. ① 논리와 합리성의 규칙은 과학적 탐구에서 귀납적 추론을 이끌 뿐 아니라, 확증 연구나 이론을 검증하는 연구에서 데이터와 경험을 해석하는 데 연역적 추론을 이끈다. 그러나 전자의 경우 추론을 정당화하기 위해서 스스로 주장을 펴지는 않는다. 그 이유는 정당화는 실험과 경험주의에 달려 있기 때문이다. ② 언어와 기호 체계는 현상과 추정된 사실을 의미 있게 반영하는 것으로 보인다. 그리하여 과학적 명제들은 그들이 언급하는 사실들과 조화롭게 어울린다. ③ 존재론적 유물론 혹은 자연주의는 "모든 실재하는 것은 에너지를 지닌 물질이다. 그리고 그것들이 지닌 개념은 그것이 참이고 유용하더라도 허구이다."(p. 34)라는 글처럼 알 수 있는 것과 실재하는 모든 것의 근거를 제공한다. ④ 인식론적 실재론은 실재가 불완전함에도 불구하고 실재를 아는 것이 가능하다고 가정한다. 그리고 과학 이론은 실재 세계의 양상을 반영할 수 있다고 가정한다. ⑤ 과학이 사람들과 세계의 안녕well-being에 미치는 영향에 대한 사려 깊은 지적 추구에 균형을 맞추기 위해 대중적 윤리는 중요하다. ⑥ 인식론적 사회주의는 견고한 권위의 명령에 의존하지 않는다. 또한 과학계에 확실히 책임 있는 전문가 집단을 맹목적으로 따르는 것이 아니라 이런 집단에 의해 영향을 받는다. ③을 좀 더 살펴보면 Bunge가 과학의 필수 요소로서 언급했던 네 가지의 부수적인 철학적 특징이 있다. 과학적 지식이 틀리기 쉽고 개선될 수 있다는 믿음인 온건한 회의주의, 모든 가설이 확실히 경험적으로 검증될 수 있고 입증될 수 있다고 믿는 온건한 경험론, 과학적 지식은 경험의 귀납과 연역의 상호작용을 통해 발전한다는 온건한 합리론, 그리고 '알 수 있고 알 가치가 있는 것이 그 무엇이든지 간에 과학적으로'(p. 34) 가장 잘 알 수 있다는 믿음을 의미하는 과학주의가 그것이다. Bunge는 그의 과학철학의 견해를 기존의 학문 분야와 이런 가정들에 지지를 보이고 있는 분야에 적용하였다. 물리학, 화학, 생물학 등 순수과학은 그의 원칙들을 의심의 여지없이 충족시키고, 반면 심리학을 포함하는 사회과학 등의 응용과학은 그중 일부만을 충족시킨다고 결론 내린 것들은 주목할 만하다. 이런 점에서 자아초월심리학은 가장 응용과학적인 분야 중 하나로 남아 있다.

측정, 수량화 그리고 과학

이와 같이 나는 인식론적 체계로서 과학의 본질을 논의해 왔다. 과학의 본질이 단지 진리와 지식에 관한 다면적인 노력으로 보일 수 있음을 설명하였으며, 과학에 대한 많은 풍자적인 묘사와는 상반되게 이론, 모델, 설명 그리고 지식 등 과학의 산물이 어떤 방식으로든 절대적이라는 견해에 동의하지 않는다는 것을 전달하려고 또한 노력했다. 과학의 산물은 근사치이고 표상이다. 이것들은 비판받을 수 있고 수정될 수도 있는 것들이다. 하지만 과학에서 필요한 것은 측정과 수량화의 문제라고 명백히 밝히고 싶다.

측정에 아주 작은 비중밖에 두지 않는 과학에서 쓰이는 연구 방법은 매우 다양하다는 사실에도 불구하고, 현상의 수량화는 자주 과학과 동일시된다. 그러나 지금까지는 과학이 수량화를 요구하는 것이 아니라는 점에 주목해야 한다. 예를 들어, 동물행동학은 경험적 연구의 기초로서 자연의 관찰과 기술에 광범위하게 의존하는 생물학의 한 분야이다. 심리학의 특정 분야를 포함하여 수량화가 의미 있고 체계적인 연구와 지식의 획득에 유일한 연구 방법이 아니라고 생각하는 많은 과학 분야에서 측정이 빠진 질적이고 관찰적인 방법이 사용되고 있음은 매우 명백하다.

하지만 수량화 연구 방법이 많은 과학에서 중요해진 것은 다음과 같은 이유 때문이다. 첫째, 측정은 현상 실체의 근사치를 만드는 데 종종 강력한 도움을 제공한다. 둘째, 데이터를 조직하기 위한 논리 체계로서 수학의 증명된 성공이다. 첫 번째와 관련하여 만약 어떤 것이 측정 가능하다면 그것은 존재론적 상태와 경험적 접근성에 관한 정보를 제공한다. 즉, 이는 수량화가 자연 세계의 일부이고 경험으로 얻을 수 있는 것이라는 것을 의미한다. 게다가 경험적 데이터의 신뢰도를 보장하는 것이 좋다. 그 이유는 측정화의 시스템이 변수를 수량화하기 위해 쓰일 때, 수량화는 그것을 표준화하는 데 도움을 주어 연구들을 서로 비교할 수 있기 때문이다. 두 번째와 관련하여 공식적인 수학 그리고 기하학의 출현 이후, 이러한 체계의 엄밀하고도 우아한 논리는 자연 현상을 설명하고 예측하는 데 도움을 주었고, 그들의 능력을 증명하는 데 성공하였다. 수량적인 방법들은 과학적 패러다임의 두 기본 가정, 즉 자연주의의 패러다임과 진리를 밝히는 논리와 합리성의 효능을 강화하는 데 공헌하였다.

물리학은 과학 분야에서 수량화로 혜택을 입어 온 아마도 가장 사실적인 사례일 것이다. 물질과 에너지의 근본적 속성을 명확히 표현하고자 할 때, 수량화 방법은 물질 변화의 측정에 점점 더 의존하게 된다. 심리학은 또한 측정의 기능으로서 의미 있는 진전을 이루어 왔다. 예를 들어, 논란의 여지는 있으나 과학 분야로서 심리학의 첫 번째 진정한 표현이라 할 수 있는 심리물리학은 물리 현상의 변화를 관찰하였는데, 첫째 법칙, 즉 페히너Fechner의 법칙, 베버Weber의 법칙, 스티븐Steven의 법칙(d'Amato, 1970)을 산출해 내는 과정을 거쳐 심리학적 경험을 수량적으로 조사할 수 있었다. 그 이후, Galton과 Cattell의 저작 덕분에 Cattell은 1890년에 최초의 공식 심리검사를 발전시켰고, 심리측정학은 의식과 인지 그리고 인간의 심리 양상을 규정적이고 의미 있게 측정하는 접근법으로서 창안되었다. 심리측정학은 이전에 과학적 탐구의 범위 밖에 있는 것으로 여겨졌던 현상의 연구를 가능케 하였다(Leahey, 1987).

과학과 자아초월심리학

1960년대 후반에 분리된 연구 분야로서 시작된 이후, 자아초월심리학은 과학에 대한 정체성과 과학과의 관계를 놓고 분투해 왔다. 자아초월심리학의 정의, 비전 그리고 목표를 위해 쓴 다수의 저작 속에서(예를 들면, Hartelius, Caplan, & Rardin, 2007; Lajoie & Shapiro, 1992, 1996; Valle, 1989; Vaughan, 1985; Walsh & Vaughan, 1993), 그리고 전통과학의 자아초월심리학에의 적용 가능성에 관해 제기되는 다양한 비판 속에서 이러한 분투의 흔적을 볼 수 있다. 이러한 노력에는 주류 학자들의 접근보다 자아초월심리학 분야의 의미 있는 연구를 더 가능케 하는 새로운 패러다임들과 새로운 방법에 대한 다양한 연구가 제안되었다(예를 들면, Davis, 2009; Shear, 2007; Tart, 1975; Taylor, 2009; Wilber, 1990, 1995).

따라서 자아초월심리학의 어느 부분은 확립된 과학적 가정들에 부수적으로 더해진 다양한 지위를 가지며, 과학적 방법들이 하위 영역의 통합성을 저해하는 모습을 만들어 내고 있는 입장들을 취하고 있다(Friedman, 2002 참조). 예를 들어, 환원주의를 과학의 근본적인 문제라고 여기는 것은 자아초월심리학자들에게 비교적 흔한 일이다(예를 들면, Wilber, 2001). 과학은 자연주의/물질주의, 합리적 · 언어학적/기호학적 표현주의를 받아들이기 때문에 영적 경험과 같은 개인의 현상을 받아들이는 경향이 있거나 논리적 명제로 축소시키는 경향이 있으며, 이러한 형상의 진정한 본질, 수준, 중요성에 단순히 부합하는 것이 아니라 공정하게 분석하는 입장을 취한다. 개인적 현상이 존재론적이며 최초의 물질적 과정으로 환원될 수 없는 본질과 수준을 보려 하는 한, 적어도 이러한 비판은 이점을 가지고 있다. 하지만 이런 식으로 자아초월 현상을 보는 것은 본질보다 더 실재적인 것이 있다는 가정을 제기하는 것이다. 자아초월심리학에 비판적인 관점에서 그런 가정은 본질주의 자체의 실체보다 더 입증되고 검증할 수 있는 것은 없다는 것으로 보일 수 있다. 게

다가 이런 가정은 아주 다루기 힘든 선험적 환원주의의 문제를 야기한다. 즉, 본질 자체를 포함한 모든 것은 선험적인 원인, 메커니즘, 과정으로 환원된다. 결과적으로, 환원주의의 비판은 자아초월과학을 발전시키는 데 거의 가치를 두지 않는 것으로 보일 수 있다.

양적 방법론들의 사용에 보다 구체적인 또 다른 비판은 경험의 질을 양으로 바꾸는 환원주의와 관계가 있다. Wilber(1990, p. 26)는 다음과 같이 언급하였다. "일단 세계를 경험적 측정과 숫자들로 변환하면 분명 질적 특성이 빠진 세상을 가질 뿐이다." 이 비판은 현상 혹은 작용 양상의 수량화는 보다 전체적인 경험으로부터 멀어지게 할 뿐이라는 점에서 타당해 보인다. 하지만 Wilber의 입장이 내포하는 것은 자아초월 현상의 연구에 질적 방법이 양적 방법보다 적절하다는 가정과 질적 양상의 연구 범위를 계속 넓히려는 이들에 의해 사용되어 온 입장이다(예를 들면, Anderson & Braud, 이 책에서 참조). 질적인 방법의 가능성이나 문제점과는 상관없이 자아초월적이든 아니든 간에 어떤 경험이 언어적 · 상징적 · 이미지적 등의 특정 방식으로 성문화되었을 때, 환원주의를 수반한다는 점을 이해하는 것은 중요하다. 왜냐하면 그것은 그대로 경험된 것을 경험하는 것이며, 단순히 불안정한 전체로부터 왔다고 할 수 없는 방법으로 구상주의적 체계로 들어오려는 영향력을 경험하는 것이기 때문이다.

이것은 또한 자아초월심리학의 구체화reification 문제와 연결된다. 관념, 개념 그리고 이론이 이것들이 밝혀야 할 현실과 뒤섞이는 것은 매우 일반적이며 많은 문제를 야기할 수도 있다. 흔한 예를 하나 들자면, 지능검사가 어떤 절대적 방식으로 지능을 측정할 수 없음에도 불구하고 과학자, 정치가, 교육자를 포함한 많은 사람이 잘못 믿고 있으며, 우리의 삶에 영향을 주는 위험한 내기와 같은 결정에 개인의 능력을 알아보고자 하는 목적의 지능검사와 같은 테스트에 사용한다. 이것은 지능검사와 같은 테스트들이 단지 지능의 모호한 지표들만을 측정할 뿐이라는 사실을 깨닫는 데 실패한 것이다. 그런 테스트들은 일반적으로 제한된 경험적 연구에만 의존하는 단 한 가지의 지능 이론에 근거를 두고 있다. 이와 같이 지능검사는 단지 이론의 운용에 불과하며, 그것이 무엇이든 간에 기껏해야 실제로 지능이 무엇인가에 대한 근사치일 뿐이다. 많은 사례 속에서 자아초월심리학자들은 자아초월적 개념들과 관련된 것을 구체화하는 데에도 참여한다. 진정한 안녕이나 초월 등의 모호한 개념들은 이것들이 존재론적으로 실재하는 것처럼 진짜 실재하는 것과 알 수 있는 것 사이의 근사치가 될 뿐이라는 가능성에 대한 진지한 고찰이 빠진 채 문헌 속에서 논의된다. 그러한 개념들에 합의된 의미가 있는 것으로 순진하게 추정하는 것은 문제가 있다. 그리고 그렇게 닫힌 태도는 과학의 성장 발전과는 반대되는 것이다.

이러한 비판들이 Tart(1969)와 Ferrer(2002)의 견해처럼 모든 자아초월 이론들에 적용되는 것은 아니라는 사실에 주목해야 한다. 예를 들면, Tart는 의식 상태를 개념화하는 방법들을 만들어서 이러한 가정들을 상당히 피했다. 반면, Ferrer는 그런 가정들에 결함이 있고 조심스런 해체가 필요하다고 언급했다. 그렇지만 과학으로서 자아초월심리학이 더 발전하기 위해서는 이러한 종류의 문제들이 주의 깊게 다루어지는 것이 필요하다.

나는 지금까지 설명해 온 과학적 세계관과 이른바 신비주의적 세계관의 관계에 특별히 초점을 두는 것이 중요하다고 생각한다. 신비주의적 세계관은 꼭 같다고 여겨서는 안 될 많은 다양한 전통을 구성하고 있다. 명상적이고 영적인 전통은 하위 학문 분야의 탄생에 중요한 영감을 주었고, 그 이론의 발전에 중요하게 공헌해 왔다. 과학처럼 신비주의적 전통들은 적어도 부분적으로 인식론적 목표의 실현을 지향하는 가정들과 기도와 명상 같은 방법들을 제공한다. 명상과 같은 방법에서 얻고자 겸허하고 진실되게 노력한다면 누구나 어떤 경험을 할 수 있다고 선언하고 있음에도 불구하고, 사실상 모든 신비주의 전통이 신비적 경험과 통찰을 언어로 표현할 수 없고 환원될 수 없다는 점을 받아들이기 때문에, 이런 전통들은 기존의 과학적 관점에서 지식을 보는 견해에 동의하는 것이 드물다. 이러한 신비주의적 세계관들은 과학처럼 지식이나 지식의 획득을 강조하지 않는다. 오히려 있는 그대로를 즉각적인 이해로 아는 것을 강조한다. 그들은 경험적 알아차림을 발전시키려 하는 경향이 있고, 이런 알아차림은 상징, 추상, 사상 심지어는 인간적 특성에도 영향을 받지 않는다. 이런 측면에서 자아초월심리학은 독특한 어떤 것을 과학의 영역에 가지고 올 잠재력이라 할 수 있다. 자아초월심리학은 적절히 맞춰진 이론과 방법들로 있는 그대로를 알고자 하는 신비주의적 열망과 조화를 이룰 수 있는 방법을 지식의 세대에 제공한다. 또한 자아초월심리학은 단지 실재를 반영하는 것에서 실재 자체의 앎에 경험적으로 접근하는 수단이 되는 방법과 이론의 완성을 향해 과학을 움직일 본보기와 틀을 제공할 수 있다. 그러는 동안 자아초월심리학이 기존 과학의 가정과 방법들에 도전하고 반박하는 데 제한은 필요치 않다. 오히려 지식과 경험 사이의 조화를 개선하여 촉진하고 이해하는 방식을 발전시키는 것이 필요할 뿐이다.

어떤 점에서 자아초월심리학은 신비주의적 세계관을 과학적인 방법으로 널리 소개하는 데 이미 성공해 왔다. 명상을 좋은 예로 들 수 있는데, 지난 40여 년 동안 집중적으로 연구된 주제였다(예를 들면, MacDonald, Walsh, & Shapiro, 이 책에서 참조). 또 다른 예로 영성이 있다. 명상meditation처럼 영성spirituality은, 특히 심리학, 간호 그리고 의학에서 지난 수년 동안 믿을 수 없을 정도로 많은 과학적 연구 결과를 낳았고, 이제 건강과 안녕의 중요한 요소로 인식되고 있다. 이 두 영역의 연구는 자아초월심리학에 의해, 자아초월심리학의 지지로 인하여 번성하고 있다.

자아초월과학 미래를 위한 고찰

명상과 영성 연구의 과학적 진전은 과학으로서 자아초월심리학의 가능성을 입증한다. 그러나 이 연구들은 거의 전통적 과학의 틀에 의해 행해진 것이고, 과학적 자아초월심리학 내면의 어려운 도전들과는 실제로 직면하지 않았다. 이런 연구의 진전은 전형적 수준과 방법론적 수준 모두에서 다양한 문제에 대한 주의 깊은 사유를 요구한다. 여기에는 자연주의의 가정, 적합도에 명시된 표상주의의 도전 그리고 심리측정 테스트에 특별한 관심을 가지는 다양한 수량화 방법 등 서로 관련된 세 영역이 있다.

존재론적 유물론은 과학을 위해 필요한 것인가?

적어도 Bunge(2006)에 의해 묘사된 자연주의는 자아초월심리학에 근본적인 문제를 제기한다. 알 수 있는 것의 범위를 단지 물질적이고 활동적인 과정의 일부로 국한함으로써 자연주의는 하위 학문 분야의 핵심에 있는 모든 것을 과학적 연구의 정당화를 위해 근본적으로 걷어 내어 정리해 버리는 것처럼 보인다. 만일 자아초월심리학의 입장이 자연 세계와 인간의 경험과 독립하여 존재하는 실재의 자아초월적 차원이 있다는 것이라면 어떤 과학적인 방식으로 표현하기란 힘든 것이다. 하지만 나는 긍정적인 해결이 가능하도록 이 상황을 재구성하는 탐구 방식에 도달하게 할 다른 가능성이 있다고 생각한다. 독립된 실재의 차원으로서 자아초월적이라는 개념은 본질적으로 형이상학적이고 사실상 관념론자의 것이다. 그리고 대부분의 기성 종교와 신학 체계의 핵심 부분을 구성하는 것이다. 다른 사람들(예를 들면, Friedman, 2002; Helminiak, 2008; Slife, Hope, & Nebeker, 1999)뿐 아니라 나의 연구(MacDonald, 2011a; MacDonald & Friedman, 2001)에서 언급했듯이, 그러한 형이상학적인 입장은 해결할 수 없는 문제를 야기한다. 왜냐하면 그것의 개념과 교의는 검증의 수단으로서 감각이든 그 무엇이든 간에 경험주의에 부합하지 않고 부합할 수도 없기 때문이다. 그 대신 초월transcendent을 경험적인 용어로 보았을 때, 모든 것이 현존하는 신비주의 학파들에 의해 제안된 것이 아니라면 초월적인transcendent 것과 자아초월transpersonal은 단지 모든 인간 경험의 연속체의 확장일 뿐이며, 자연주의와 함께 불편하지 않은 용어로 편안하게 사용될 수 있을 것이다. 이러한 맥락에서 자연주의의 가정은 인간의 경험에 이용 가능한 모든 것은 과학적 연구에 합당한 주제라는 경험주의의 가정에서 보다 잘 해석될 수 있다고 말할 수 있다.

이를 염두에 두고 자연주의가 경험주의로 대체된다면 연구자들은 이론과 해설을 경험에 귀속시키는 데 상당한 분별력을 발휘해야만 할 것이다. 물리학적 · 생물학적 · 심리학적 · 사회적 · 영적으로 인식된 실재의 수준과 이들 간의 영향과 상호작용을 고려한다면, 모든 연구자뿐 아니라 초월 연구자들은 하나 혹은 그 이상의 수준이 연관된 주어진 경험이나 현상에 대해 비교하는 설명들이 연구 계획에 포함되는지 검증받았는지를 확인하는 것이 필요하다. 사실 이것은 이미 심리과학의 일부가 되었다. 특히 개념 모델의 다양성은 경험에 대한 적합한 이유를 합리적으로 증명한다고 한동안 인식되어 왔다. 하나의 모델이 다른 모델보다 우월하다는 것을 입증하기 위하여 모델을 구성하는 변수 속의 변화를 설명하는 동안, 어느 모델이 더 큰 능력을 보여 주는가를 조사하기 위해 경험적으로 검증받는 것이 필요하다.

이런 방식으로 만약 자아초월 연구자들이 초월적transcendent 경험이 초월적 실재를 반영한다는 것과 그러한 실재가 상관관계적 혹은 인과적 영향을 실재의 다른 수준들에 준다는 것을 입증하기 원한다면, 연구자들은 그들의 자아초월적transcendent 실재의 모델에 대하여 경험에 기초한 자료로 설명하는 것이 필요하게 될 것이다. 사실상 사람은 오직 경험을 통하여 세상을 알 수 있기 때문에 모든 데이터는 궁극적으로 경험적이다. 그러한 모델은 물리학적 · 생물학적 · 심리학적 그리고 사회적인 다른 수준에 기초한 전통적 모델들보다 개선된 점을 보이는 것 또한 필요하다. 이것은 아마도 까다로운 작업으로 증명될 것이다. 왜냐하면 물질적 그리고 심리사회적 요인에 근거한 관례적인 설명들은 자연주의의 가정 속에 깊숙이 자리 잡은 다양한 알려진 과정들과 상승 작용으로 자아초월적 모델을 적용할 수 있기 때문이다. 예를 들어, Bunge(2006)는 그의 자연주의에 관하여 세 가지 원칙을 언급했다. 그 원칙들은 과학이 물질적 현상의 조직과 작용을 보는 방법이며, 물질적 실제의 요인들은 다른 것에 기능하고 영향을 미치는 방법을 설명하기 위하여 사용될 수 있다. 이것은 모든 물질적 과정이 지속적인 변화 상태에 있다는 것을 인식하는 역동론dynamism이며, 모든 사물은 시스템이거나 시스템의 일부분이라는 시스템론systemism이다. 그리고 모든 시스템들은 구성 요소들 각각의 기능으로서는 설명될 수 없는 창발적 특성을 가진다는 창발론emergentism이다. 자아초월 연구자들은 초월적 실재의 주장을 근거로 하는 설명들을 발전시키고 검증하는 것이 필요하다. 초월적 실재의 주장은 존재의 초월적 차원의 존재론과 경험적 관련성에 관해 어떤 주장을 하기 위해서 자연주의의 이러한 특징들을 수용하고 있다.

적합도의 문제

과학을 이해하는 한 가지 방법은 개념, 이론, 모델 어느 것이든 과학을 표상과 경험 사이에 적합함을 성립시키기 위한 노력으로 본다. 연구로 얻어진 데이터는 지도와 같은 표상을 펼쳐 놓고 사용하는 것처럼 근거로 사용되는 구체적 경험이다. 지도를 구성하는 기술뿐만 아니라, 연구된 현상의 종류에 의존하면서 인식되고 복제되고 합의될 적합도의 증거를 만들어 내는 능력은 다양할 것이다. 예를 들어, 감각 경험은 비교적 별개의 표상 단어와 그림과 같은 상징이나 기호를 나무들이나 특별한 부분들에 할당하여 사용한다. 본성상 에너지가 있고 유물론적인 이런 종류의 경험인 경우, 할당은 표상하는 상징에 배타적이라는 것을 우리는 종종 추정할 수 있다. 기호나 상징은 다른 것이 아닌 경험하는 한 대상에만 적용된다. 이런 배타성 때문에 우리는 상징에 대한 추론과 논리의 규칙을 대상 간의 관계, 즉 상관이 없거나 공변 혹은 인과 관계 여부를 유도적으로 지정하고, 그런 다음 모은 경험적 데이터에 의해 검증할 수 있는 특정 가설을 만들 수 있다. 현대과학은 세상의 지식을 얻기 위해 선호하는 방식으로 감각적 경험을 용이한 반복 가능성 때문에 우선시하는 경향이 있다. 시간이 경과하여 경험을 통해 가장 손쉽게 재생산될 수 있는 것이 이런 경험 형태이다. 더욱이 경험과 표상된 기호나 상징과 결부된 경험의 대상의 신뢰도에는 상당히 높은 수준의 합의가 이뤄져 있다고 할 수 있다. 이것에 기초한 이론과 높은 적합도를 이루기 위한 감각적 경험에 근거를 둔 연구 능력은 가장 정직한 것이다.

반면, 정신 현상의 경험과 같은 정신적mental 경험은 감각적 경험만큼 신뢰할 만한 것이 아니다. 왜냐하면 이런 경험을 표현하는 데 사용된 상징이나 기호와 경험 간의 일치에 관한 연구자들 간의 합의라는 방식이 필요한데, 심리적 경험들이 일정 시간 동안 같은 경험 속에 있었거나 경험을 했다고 쉽게 공유되는 것이 아니기 때문이다. 달리 말하면, 연구자들이 표상하는 상징/기호와 경험의 내용 간에 별도의 관계를 확고하게 세울 수 없다는 점 때문에 기호/상징과 경험의 관계에 대한 확신이 약해졌다. 이론과 데이터를 연합하여 높은 적합도의 증거를 찾기 위한 연구자들의 수용력은 감각적 자료를 사용하는 연구자들에 비해 또한 약해졌다. 심리과학에 의해 직면함으로써 기호sign와 기의[1]signifed 간의 분명한 관계를 세우는 것의 난점은 정확한 개념들을 만드는 어려움의 원인이 되었고 또한 정확한 개념을 만드는 어려움은 지능, 성격, 정서 등 연구의 영역에서 이론들의 확산의 원인이 되었다. 물리학, 화학, 생물학 등 순수과학 분야에서는 이와 같은 현상이 많이 발견되

1) 기의記意: 기호에 의해 표시되는 개념, 의미.

지 않았고, 그들의 경험주의와 이론의 발전을 감각적 경험에 국한시켰다.

특히 가능한 초월적 경험들과 관련한 자아초월적인 면에서 표상하는 상징/기호와 경험 간에 동의할 만한 연결고리를 만드는 데 연구자들은 더 어려운 상황에 놓여 있다. 왜냐하면 그러한 경험들은 본질적으로 언어적 성문화와 표상화를 넘어서 있는 것으로 보이기 때문이다. 이런 종류의 경험들 속에서 언어, 이론 그리고 경험 간에 적합도를 확립할 수 있는 힘은 어떤 과학적 탐구의 형태라도 갖추려는 시도마저 소용없는 것으로 보일 만큼 줄어든다. 자아초월적 현상에서 기호와 기의 사이의 불확정성indeterminancy이란 사실은 자아초월심리학이 깊은 탐구의 측면에서 과학으로서 진전을 이루는 데 어려움을 주는 주된 원인으로 이해할 수 있다. 명상가 혹은 자신을 영적이라고 보는 사람들이 어떤 전통적인 의미에서 보다 건강한지 아닌지에 대해 살펴보는 것은 비교적 간단하다. 그러나 어떻게 명상이 자아초월적 상태로 이끌 수 있는가와 같은 자아초월 문제를 깊이 살펴보려면, 심지어 연구되고 있는 것이 무엇인가에 대하여까지도 합의하는 데 한계가 있다는 사실이 방해가 된다.

정신적인mental, 특히 자아초월적 경험과 현상들이 직면하고 있는 난점들의 증가에도 불구하고 의미 있는 과학적 연구에 참여하는 것은 여전히 가능하다. 특히 만약 상징의 의미를 다른 상징들과 구분하는 방식으로 정의하는 상징을 포함한 언어라면, 이러한 상징들은 다른 단어들에 의해 표상되는 것으로 환원이 가능하지 않은 경험 속 별도의 뭔가를 표상하는 데 쓰일 수 있다고 주장할 수 있다. 심리학적이고 자아초월적인 경험인 경우, 이러한 경험들의 다양한 특성을 각각 표상하기 위해 설계된 거의 모든 언어 속 단어와 용어들의 방대한 어휘 목록이 있다. 중요하게도 이 견해를 입증하기 위해서 뿐만 아니라(예를 들면, Oxman, Rosenberg, Schnurr, Tucker, & Gala, 1988), 표준화된 측정을 가능케 할 정도로 경험의 상태를 믿을 만하게 측정하고 수량화하는 것이 가능하다는 것을 증명하기 위한 연구들(예를 들면, Back & Bourque, 1970; Bourque & Back, 1968, 1971; MacDonald, 2000a; MacDonald, LeClair, Holland, Alter, & Friedman, 1995)이 수행되고 있다.

초월 연구의 수량화 방법

수량화된 자아초월 분야의 연구는 우리의 관심과 관련 있는 것을 여러 차원에서 정의 내릴 수 있고, 하나하나 열거할 수 있고, 개별적인 경험의 요소를 알아낼 수 있을 때 가능해진다. 이런 요소들의 예로 몇 가지만 명명하자면 다음과 같다. 첫째, 출현 빈도를 들 수 있다. 특정한 기간의 시간 동안 어떤 경험의 유형이 얼마나 자주 일어나는가, 얼마나 자주 어떤 사람이 특정한 행동을 하는가를 측정하는 것이다. 둘째, 동의나 믿음의 강도이다. 어떤 사람이 자신의 특성으로서 경험의 요소를 묘사하는 진술들을 얼마나 강하게 믿거나 동의하는가 하는 문제이다. 셋째, 강렬함이다. 예를 들면, 밝기, 소리, 감정 등과 같은 경험 속 자극의 규모가 얼마나 큰가이다. 넷째, 반응 시간이다. 예를 들면, 과제를 완수하는 데 필요한 시간의 양이다. 다섯째, 문제를 푸는 능력과 같은 정확도이다. 그리고 도전 과제는 다음과 같다. ① 관심이 있는 경험의 요소를 다른 경험의 구성 요소들과 개념적으로 분리될 수 있음을 확신할 때 주의하기, ② 경험의 구성 요소를 표상하는 개념이 경험의 실제 요소와 확실히 연합하도록 보장하기, 즉 연구자들은 개념의 조작이 개념 자체에 합리적인 방법으로 연결되어 있고, 개념이 설명하고자 하는 경험과 연결되어 있는지 확인해야 한다. 또한 모든 조작은 신뢰도과 타당도를 보여 주어야 한다. 이 신뢰도와 타당도를 입증하는 것이 자아초월적으로 적절한 개념들에 대한 측정도구의 발전에 어려움을 주고 있다. 예를 들어, 요즘 영성을 평가한다고 하는 지필식의 자기보고도구들이 숨 막힐 정도로 많이 있다. 하지만 이것들 중 상당수는 다른 문제들뿐만 아니라, 영성과 종교, 안녕(Koenig, 2008; MacDonald, 2006; Meezenbroek, Garssen, van den Berg, van Direndonck, Visser, & Schaufeli, 2010; Migdal & MacDonald, 2013)을 적절하게 분리하지 못하는 문제로 고생하고 있다. 이것은 자아초월심리학의 다른 영역뿐만 아니라 명상 연구 영역(예를 들면, MacDonald, Walsh & Shapiro, 이 책에서 참조)에도 문제가 있음을 증명한다.

다양한 저작 속에서 나는 인본주의적이며 자아초월적 연구에서 심리측정 테스트들의 발전, 타당화 그리고 활용을 지지하는 논의를 전개했고, 사용할 수 있는 수많은 테스트에 대한 정보를 제공했다(Friedman & MacDonald, 1997, 2002, 2006; MacDonald, 2000b; MacDonald & Friedman, 2002, 2009; MacDonald, Friedman & Kuentzel, 1999; MacDonald, Kuentzel, & Friedman, 1999; MacDonald et al., 1995). 이러한 수량화된 평가도구들의 사용에는 많은 이득이 있긴 하지만(MacDonald & Friedman, 이 책에서 참조), 현상학적이고 정신생리학적 접근법을 사용하는 것과 같은 유의미한 자아초월적 데이터를 얻을 수 있는 다른 방법 또한 존재한다.

측정에 적용된 자아초월과학의 예

자아초월심리학 영역에서 나의 과학적 접근이 어떻게 적용되는지 보다 상세히 전달하기 위해 지난 20년간 작업해 온 연구 프로그램을 간략하게 공유하고자 한다. 나 자신의 연구는 단지 하나의 예라고 생각하기 때문에 내 글을 인용하지는 않겠다. 자아초월학계에는 평판이 좋고 모범적이고 과학적 연구를 행하고 있는 Friedman과 같은 학자들이 있다.

내 삶의 많은 기간 동안, 나는 자아초월적/초월적 상태와 의식의 양상에 강하게 매료되어 왔다. 그리고 심리학 연구를 진행해 나가면서 나는 초월 상태를 과학적 탐구에 합당한 주제로 만들 방법들에 대한 탐색으로 점점 더 흥미를 느끼게 되었다. 하지만 광범위한 문헌들을 파고들면서 같은 주제의 비판들과 계속 마주쳤다. 그 비판들은 자아초월 의식은 과학적 연구에 적합하지 않다고 결론을 내리는 듯했다. 주제별로 보면 이러한 비판들의 상당수는 다음과 같은 의견에 중심이 모아졌다. 이러한 현상이 실제로 무엇인가에 대한 합의가 없다는 것, 이러한 것들이 어떻게 유의미한 연구가 되도록 정의할 수 있는가이다. 이런 비판적 견해로 인해 나는 측정, 통계학 그리고 과학적 방법에 관하여 더 연구하였다. 이러한 과정에서 영성과 같은 내재된 자아초월 개념을 연구하는 전통적 방법들을 활용하는 법에 대한 안목이 생겼다. 그리고 과학계에서 지지하는 엄격한 기준들을 만족시킬 것으로 보이는 정의와 측정도구를 창안해 낼 방법을 찾고자 하는 구체적인 욕망이 생겼다.

나의 노력은 세 가지 전제를 가지고 시작했다. 즉, ① 경험할 수 있는 모든 것은 과학적 탐구에 사용할 수 있다(경험주의적 가정). ② 영적 · 자아초월적 문헌 속에서 논의되고 있는 말들이 영성을 묘사하고 설명하는 데 부족해 보임에도 불구하고, 한정된 연구 주제로서 영성을 논할 때 언어의 규범적 용법에 근거하여 단어는 영성과 영적 경험의 근사치적 표상을 제공하는 데 쓰일 수 있다(표상주의적 가정). 그리고 ③ 영성은 단순히 경험적 상태일 뿐만 아니라 영적 경험의 발생과 관련된 인지적 · 정서적 · 행동적 상관관계의 모든 범위를 구체화한다. 무엇이 영적이고, 무엇이 영적인 것이 아닌지를 잘 서술하기 위하여 나의 가정에 추가된 고려 사항으로서 나는 영성이 종교와 초심리학적 현상에 끼치는 영향에 대해 폭넓게 생각해 보았으며, 본질적인 종교성과 초자연적인 현상은 영성의 표제 아래 포함시켜야 한다는 입장을 취하기로 선택했다.

이러한 가정들이 확고해지면서 나의 박사 학위 논문을 구성하는 두 부분의 연구를 완성시키게 되었다(MacDonald, 1997). 이것은 영성의 기술 모델을 만드는 것과 그것을 수량화하여 측정하는 도구를 만드는 것을 목표로 하였다. 첫 번째 연구에서 나는 다양하게 포함된 규준을 사용하여 측정의 대표적인 표본을 고르고, 영성과 이와 관련된 구성 요소들을 평가하기 위해 고안된 사용 가능한 수량화 도구를 재검토해 보았다. 척도는 영성을 어떻게 개념화했는지에 따라 독특해야 하고, 신뢰도와 타당도의 증거를 가지고 있어야 했다. 그래서 나는 충분히 많은 표본(n=534)으로부터 이러한 측정도구들에 대한 반응을 분석했고, 현존하는 테스트에 드러난 대로 영성의 공통적인 서술적 특성을 반영하는 것으로 보이는 적은 수의 잠재된 요소들의 증거를 발견하였다.

나의 견해가 단일 표본에 대한 분석 결과이거나 내가 사용한 특정한 표본의 결과물이 아니었는지를 확인하기 위하여 다음 연구를 진행하였다. 내 연구의 두 번째 단계는 주로 각 요소가 구현된 것을 반영하고, 새로운 테스트의 기초로 해당 항목을 활용하는 원래 테스트 항목을 만드는 것이었다. 그리고 프로젝트의 첫 단계에서 쓰이지 않은 여러 다른 것들과 함께 더 큰 표본집단(n=938)에 주어졌다. 새로운 검사 항목을 분석하여 첫 단계에서 발견된 것들과 매우 유사해 보이는 5요인을 만들어 냈다. 이것을 기초 선택된 항목과 요인 가운데 하나의 신뢰할 만하거나 타당한 측정으로 보이지 않는 재배치되거나 삭제된 항목들에 대한 통계학적인 접근법을 사용했다. 이 과정은 영성 표현 목록ESI(MacDonald, 1997, 2000a)의 탄생으로 이어졌다. 검사 발전의 필수 요인으로 연구의 두 번째 단계는 내적 일관성 분석을 통한 신뢰도 측정과 영성에 차이가 있는 것으로 알려진 두 집단 간의 유의한 차이에 대한 검사 능력뿐 아니라 다른 측정도구들과의 분별적 상관과 수렴을 측정하는 타당도 연구였다. 이 두 연구에서 검사의 심리측정 특성을 강하게 뒷받침하는 것으로 입증했다.

이 연구를 진행하는 동안 나의 출판물(MacDonald, 2000a)에서 나는 나의 가정과 내 방법론의 한계를 분명히 밝히려고 항상 노력해 왔다. 검사 복사본을 원하는 연구자들 모두에게 제공했던 미출판된 나의 검사 매뉴얼(MacDonald, 2000b)에서 ESI가 영성을 측정하는 것이 아니라 그것의 표현이라는 점을 분명히 했다. 즉, 영성 그 자체를 측정하는 것이 아니라 영성일 것이라고 짐작하는 것을 재는 것이다. 나는 영성 자체는 직접적으로 측정할 수 없다고 항상 주장해 왔다. 그럼에도 불구하고, 나의 초기 작업에 근거하여 정신병리(MacDonald & Holland, 2003)를 포함하여 권태 경향(MacDonald & Holland, 2002a), 복합-부분 간질 신호(MacDonald & Holland, 2002b), 공감과 이타주의(Huber & MacDonald, 2012), 안녕(Migdal & MacDonald, 2013) 그리고 일과 조직의 변수(Affeldt & MacDonald, 2010)에 이르기까지 다양한 변인에 대한 영적 구성의 관계를 조사하기 위한 도구로서 ESI를 사용해 왔다. 그리고 ESI는 영적 · 자아초월적 구성체의 다른 측정도구들의 타당성을 검증하는 데 중요하게 쓰여 왔다. 이런 측정도구에는 다음과 같은 것들이 포함된다. 그것은 바로 자기확장 수준 양식(MacDonald, Gagnier, & Friedman, 2000), 자기-초월 차원의 기질과 성격의 목록(MacDonald & Holland, 2002c), 영적 적합도 평가(Kassab & MacDonald, 2011)이다. 게다가 ESI 차원에 기반한 영적 정체성 모델과 같이 발달 이론에 도움을 주었다(예를 들면, MacDonald, 2009, 2011b 참조). 마지막으로, 나는 측정과 그 이면에 있는 요인 모형에 대해 비판적 관점을 유지하였고, 현재 ESI가 다양한 문화와 언어 속에서도 건재한지 알아내고(MacDonald et al., 2013), 양적 뇌파검사QEEG를 통해 측정한 뇌 상태와 이에 해당하는 ESI

구성체들을 탐색하기 위하여(Ikanga et al., 2012) 다수의 연구자와 함께 공동 작업을 하고 있다. 초월 구성 요인의 수량적인 측정으로서 ESI의 창안은 많은 경험적 연구를 촉진시키는 데 효과적이었다는 것을 증명하였으며, 동시에 과학적 자아초월심리학의 견해를 방해하지 않고 연구하였다.

결론

이 장의 첫머리에 인용한 글에서 붓다는 과학적 세계관의 기초를 예견하고 있었다—진리가 있다. 그러나 분명히 말해질 수 없다. 그리고 계속 진리로 남아 있다. 결과적으로 진리의 진정한 전달 수단이나 표현은 그냥 진리의 전달 수단이나 표현으로 불릴 것이다—그리고 진리 자체와 혼동해서는 안 된다. 이것은 내가 심리학 연구자로서 자아초월심리학에 전통과학적 세계관을 적용하기 위한 화해 방법이다. 나는 자아초월심리학을 심리학의 하위 영역으로 접근했다. 심리학의 하위 영역을 의식의 과학적 연구, 특히 의식의 비일상적 상태, 양상, 과정 그리고 다음의 것들을 내용으로 하는 의식의 구성체로 정의했다. ① 본질, 특성, 표현, 기능, 상관, 원인 그리고 결과를 명료히 하기, ② 있는 그대로의 실재를 밝히고, 직접적으로 알 수 있게 하려는 명시적 목표 아래 경험의 표상과 경험 그 자체의 관계를 폭넓게 탐구하는 것을 촉진하기이다. 나에게 수량화된 과학은 진리를 탐구하는 여행을 감행하도록 하는 데 쓸 수 있는 수단이다. 하지만 그것은 단지 수단만이 아니라 가정, 활동이기도 하며, 그리고 수량화된 과학적 결과들이 실재와 경험에 대해 최종적 권위를 지닌 것도 아니다. 예를 들어, 어떤 조건에서는 양적 접근법이 유용할 수 있고, 다른 조건에서는 질적 접근법이 더 유용할 수도 있다. 그러나 탐구의 한 형태로서 넓게 해석되는 과학은 참여적이고, 체계적이고, 엄격하고, 비판적이며, 스스로를 교정하고, 개정에 개방됨으로써 자아초월심리학에 제공하는 것이 많다.

참고문헌

Affeldt, D. L., & MacDonald, D. A. (2010). The relationship of spirituality to work and organizational attitudes and behaviors in a sample of employees from a health care system. *Journal of Transpersonal Psychology, 42*(2), 192-208.

Anderson, R., & Braud, W. (this volume). Transpersonal research and future directions (Chapter 13).

Back, K. W., & Bourque, L. B. (1970). Can feelings be enumerated?. *Behavioral Science*, *15*(6), 487-496.

Bourque, L. B., & Back, K. W. (1968). Values and transcendental experiences. *Social Forces*, *47*(1), 34-38.

Bourque, L. B., & Back, K. W. (1971). Language, society, and subjective experience. *Sociometry*, *34*, 1-21.

Bunge, M. (2006). The philosophy behind pseudoscience. *Skeptical Inquirer*, *30*(4), 29-37.

d'Amato, M. R. (1970). *Experimental psychology: Methodology, psychophysics, and learning*. New York: McGraw-Hill.

Davis, J. (2009).Complementary research methods in humanistic and transpersonal psychology: A case for methodological pluralism. *Humanistic Psychologist*, *37*(1), 4-23.

Ferrer, J. (2002). *Revisioning transpersonal theory: A participatory vision of human spirituality*. Albany: State University of New York Press.

Friedman, H. L. (2002). Transpersonal psychology as a scientific field. *International Journal of Transpersonal Studies*, *21*, 175-187.

Friedman, H. L. (this volume-a). The role of science in transpersonal psychology: The advantages of middle-range theory (Chapter 16).

Friedman, H. L. (this volume-b). Transpersonal self-expansiveness as a scientific construct (Chapter 11).

Friedman, H. L., & MacDonald, D. A. (1997). Toward a working definition of transpersonal assessment. *Journal of Transpersonal Psychology*, *29*(2), 105-122.

Friedman, H. L., & MacDonald, D. A. (2002). Using transpersonal tests in humanistic psychological assessment. *The Humanistic Psychologist*, *30*, 223-236.

Friedman, H. L., & MacDonald, D. A. (2006). Humanistic testing and assessment. *Journal of Humanistic Psychology*, *46*(4), 510-529.

Hartelius, G., Caplan, M., & Rardin, M. A. (2007). Transpersonal psychology: Defining the past, divining the future. *Humanistic Psychologist*, *35*(2), 135-160.

Helminiak, D. A. (2008). Confounding the divine and the spiritual: Challenges to a psychology of spirituality. *Pastoral Psychology*, *57*(3-4), 161-182.

Huber, J. T., & MacDonald, D. A. (2012). An investigation of the relation between altruism, empathy, and spirituality. *Journal of Humanistic Psychology*, *52*(2), 206-221.

Ikanga, J., MacDonald, D. A., McMahon, A., Lilley, S. C., Gedge, E. R., Barbat, S., Switzer, K. A., & Deering, D. E. (2012, February). *Spirituality and resting brain activity in a sample of university students*. Poster presented at the 40th annual meeting of the International Neuropsychological Society, Montreal, Quebec, Canada.

Kassab, V., & MacDonald, D. A. (2011). Examination of the psychometric properties of the Spiritual Fitness Assessment. *Journal of Religion and Health*, *50*(4), 975-985.

Kelly, G. (1955). *The psychology of personal constructs*. New York, NY: Norton.

Koenig, H. G. (2008). Concerns about measuring "spirituality" in research. *Journal of Nervous and*

Mental Disease, *196*(5), 349-355.

Köhler, W. (1969). *The task of Gestalt psychology*. Princeton, NY: Princeton University Press.

Lajoie, D. H., & Shapiro, S. I. (1992). Definitions of transpersonal psychology: The first twenty-three years. *Journal of Transpersonal Psychology*, *24*(1), 79-98.

Lajoie, D. H., & Shapiro, S. I. (1996). Definitions of transpersonal psychology: The first 23 years. In G. H. Jennings (Ed.), *Passages beyond the gate: A Jungian approach to understanding the nature of American psychology at the dawn of the new millennium* (pp. 279-294). Needham Heights, MA: Simon & Schuster Custom Publishing.

Leahey, T. H. (1987). *A history of psychology* (2nd ed.). Englewood Cliffs, NJ: Prentice-Hall.

MacDonald, D. A. (1997). The development of a comprehensive factor analytically derived measure of spirituality and its relationship to psychological functioning. Dissertation Abstracts International, 61(09) 0115B (UMI #NQ52412).

MacDonald, D. A. (2000a). Spirituality: Description, measurement and relation to the Five Factor Model of personality. *Journal of Personality*, *68*(1), 153-197.

MacDonald, D. A. (2000b). *The expressions of spirituality inventory: Test development, validation, and scoring information*. Unpublished test manual.

MacDonald, D. A. (2009). Identity and spirituality: Conventional and transpersonal perspectives. *International Journal of Transpersonal Studies*, *28*, 86-106.

MacDonald, D. A. (2011a). Studying spirituality scientifically: Reflections, considerations, and recommendations. *Journal of Management, Spirituality and Religion*, *8*(3), 195-210.

MacDonald, D. A. (2011b). Spiritual identity: Individual approaches. In S. J. Schwartz, K. Luyckx, & V. L. Vignoles, (Eds). *Handbook of identity theory and research: Domains and categories* (Vol. 2, pp. 531-544). New York, NY: Springer.

MacDonald, D. A., & Friedman, H. L. (2001). The scientific study of spirituality: Philosophical and methodological considerations. *Biofeedback Newsmagazine*, *29*(3), 19-21.

MacDonald, D. A., & Friedman, H. L. (2002). Assessment of humanistic, transpersonal, and spiritual constructs: State of the Science. *Journal of Humanistic Psychology*, *42*(4), 102-125.

MacDonald, D. A., & Friedman, H. L. (2009). Measures of spiritual and transpersonal constructs for use in yoga research. *International Journal of Yoga*, *2*(1), 2-12.

MacDonald, D. A., & Friedman, H. L. (this volume). Quantitative assessment of transpersonal and spiritual constructs (Chapter 15).

MacDonald, D. A., Friedman, H. L., Brewczynski, J., Holland, D., Gubrij, Z., Kumar, S. K. K., & Ikeda, Y. (2013). Spirituality across cultures and languages. Manuscript in preparation.

MacDonald, D. A., Friedman, H. L., & Kuentzel, J. G. (1999). A survey of measures of spiritual and transpersonal constructs: Part one—Research update. *Journal of Transpersonal Psychology*, *31*(2), 137-154.

MacDonald, D. A., Gagnier, J. J., & Friedman, H. L. (2000). The self-expansiveness level form: Examination of its validity and relation to the NEO Personality Inventory-Revised. *Psychological Reports*, *86*, 707-726.

MacDonald, D. A., & Holland, D. (2002a). Spirituality and boredom proneness. *Personality and*

Individual Differences, 32, 1113-1119.

MacDonald, D. A., & Holland, D. (2002b). Spirituality and self-reported complex-partial epileptic-like signs. *Psychological Reports, 91*, 785-792.

MacDonald, D. A., & Holland, D. (2002c). Examination of the psychometric properties of the temperament and character inventory self-transcendence dimension. *Personality and Individual Differences, 32*, 1013-1027.

MacDonald, D. A., & Holland, D. (2003). Spirituality and the MMPI-2. *Journal of Clinical Psychology, 59*(4), 399-410.

MacDonald, D. A., Kuentzel, J. G., & Friedman, H. L. (1999). A survey of measures of spiritual and transpersonal constructs: Part two—Additional instruments. *Journal of Transpersonal Psychology, 31*(2), 155-177.

MacDonald, D. A., LeClair, L., Holland, C. J., Alter, A. & Friedman, H. L. (1995). A survey of measures of transpersonal constructs. *Journal of Transpersonal Psychology, 27*(2), 171-235.

MacDonald, D. A., Walsh, R., & Shapiro, S. (this volume). Meditation: Empirical research and future directions (Chapter 24).

Meezenbroek, E., Garssen, B., van den Berg, M., van Dierendonck, D., Visser, A., & Schaufeli, W. B. (2010). Measuring spirituality as a university human experience: A review of questionnaires. *Journal of Religion and Health*. doi:10.1007/s10943010-9376-1

Migdal, L., & MacDonald, D. A. (2013). Clarifying the relation between spirituality and well-being. *Journal of Nervous and Mental Disease, 201*(4), 274-280.

Oxman, T. E., Rosenberg, S. D., Schnurr, P. P., Tucker, G. J., & Gala, G. (1988). The language of altered states. *Journal of Nervous and Mental Disease, 176*(7), 401-408.

Price, A. F., & Wong, M. (1990). *The diamond sutra and the sutra of Hui-Neng*. Boston, MA: Shambhala.

Rogers, C. (1974). *Toward a science of the person*. New York, NY: Norton.

Shear, J. (2007). Eastern methods for investigating mind and consciousness. In M. Velmans & S. Schneider (Eds.), *The Blackwell companion to consciousness* (pp. 697-710). Malden, MA: Wiley-Blackwell.

Slife, B. D., Hope, C., & Nebeker, R. S. (1999). Examining the relationship between religious spirituality and psychological science. *Journal of Humanistic Psychology, 39*(2), 51-85.

Tart, C. (1969). *States of consciousness*. New York, NY: E.P. Dutton.

Tart, C. T. (Ed). (1975). *Transpersonal psychologies*. New York: Harper.

Taylor, E., (2009). The Zen doctrine of "no-method". *Humanistic Psychologist, 37*(4), 295-306.

Valle, R. S. (1989). The emergence of transpersonal psychology. In R. S. Valle & S. Halling (Eds.), *Existential-phenomenological perspectives in psychology: Exploring the breadth of human experience* (pp. 257-268). New York, NY: Plenum Press.

Vaughan, F. (1985). Transpersonal vision. *ReVision, 8*(1), 11-15.

Walsh, R. N., & Vaughan, F. (1980). *Beyond ego: Transpersonal dimensions in psychology*. LosAngeles, CA: Jeremy P. Tarcher.

Walsh, R., & Vaughan, F. (1993). On transpersonal definitions. *Journal of Transpersonal Psychology,*

25(2), 199-207.

Wertheimer, M. (1944). Gestalt theory. *Social Research*, *11*, 78-99.

번역 출판

Kant, I. (1996). *Critique of pure reason (W. Pluhar, Trans.). Indianapolis, IN: Hackett. (Originally published in 1771).* (순수이성비판. 다수 번역본 존재하여 서지사항 생략).

Kuhn, T. (1970). *The structure of scientific revolutions* (Enlarged edition). Chicago, IL: University of Chicago Press. (김명자, 홍성욱 역. 과학혁명의 구조. 서울: 까치글방, 2013).

Wilber, K. (1990). *Eye to eye: The quest for the new paradigm* (expanded edition). Boston, MA: Shambhala. (김철수 역. 아이 투 아이: 감각의 눈 · 이성의 눈 · 관조의 눈. 서울: 대원출판, 2004).

Wilber, K. (1995). *Sex, ecology, spirituality: The spirit of evolution*. Boston, MA: Shambhala. (김철수, 조옥경 역. 성 생태 영성[가제]. 서울: 학지사, 근간).

Wilber, K. (2001). *A theory of everything: An integral vision for business, politics, science, and spirituality*. Boston, MA: Shambhala.(김명권, 민회준 역. [켄 윌버의] 모든 것의 이론. 서울: 학지사, 2015).

제Ⅳ부

자아초월 경험

제18장 EHEs의 본질에 대한 탐색

– EHEs를 인식하고, 이해하며, 인정하기

제19장 심현제-유도 체험

제20장 근사체험과 자아초월심리학

– 근사체험자에 대한 조력을 중심으로

제21장 자아초월적 성 경험

제22장 초심리학

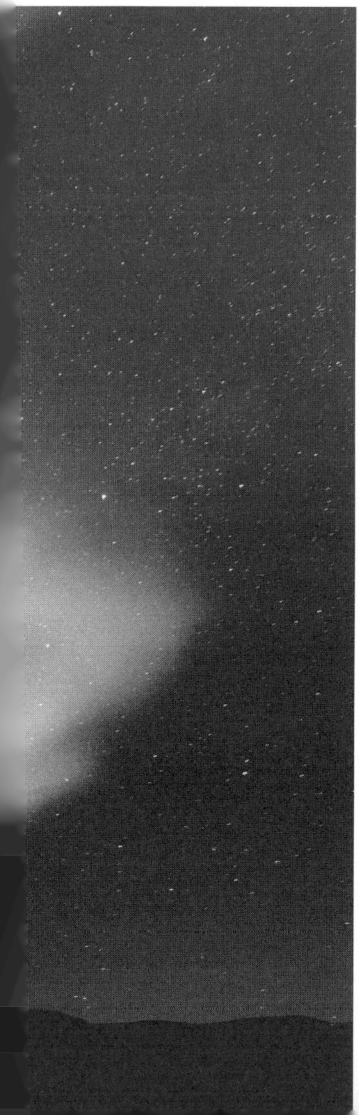

제18장

EHEs의 본질에 대한 탐색

- EHEs를 인식하고, 이해하며, 인정하기

Genie Palmer, Arthur Hastings

다양한 경험은 지구에서 살아가는 인간의 삶을 풍요롭게 해 준다. 이 인간 경험의 연속선의 한끝에는 일상적, 매일의 경험들이 있지만, 다른 한끝에는 특이하고 예외적인 경험이 자리하고 있다. EHEs들은 보통 평범하지 않고, 드물며, 일상에서 벗어난 것들이다. 초심리학 분야는 이것들을 이례적인anomalous 경험이라고 부르며(Cardeña, Lynn, & Krippner, 2000), 이들을 정상적이나 혹은 자연적인 인간의 경험으로 간주하지 않는다. 자아초월심리학 분야는 이러한 경험을 예외적 인간 경험Exceptional Human Experiences: EHEs으로 부르며, 특히 그러한 경험을 하는 삶 속에서 그것들의 의미와 변용적 잠재력에 대해 연구하고 있다. EHEs는 신비 체험, 심령적 경험, 조우遭遇 · encounter 경험, 비범한 죽음-관련 경험, 예외적 인간 수행, 치유 경험, 황폐화desolation와 절망의 밑바닥nadir 체험 그리고 해리 체험이다. 이 장의 목적은 EHEs 경험의 본질을 탐색하고, 무시되고, 저평가되고, 잊혀졌던 이러한 경험의 중요한 삶의 영향들과 이로운 측면을 발견하며, 보석 같은 이러한 인간 경험의 다면적인 본질을 드러내고 발견하는 것이다. 이것들을 우리는 이러한 경험들에 대한 보다 폭넓은 이해에 공헌할 수 있는 이론과 연구 영역의 맥락에서 고려할 것이다.

배경

인류 역사를 볼 때, 꾸준히 EHEs에 대한 기록이 있어 왔다. 이 경험의 본질에 대한 이해는 시간과 함께 변해 왔으며, 이것을 부르는 명칭도 변해 왔다. 20세기 초에는 미국 심리학자이며 철학자인 James(1902/1958)가 종교적 경험에 대해 깊이 있는 저술을 했다. 인간 잠재력 운동이 있던 1960년대에 심리학자 Maslow(1964)는 절정 체험과 이러한 경험이 어떻게 보다 더 자기-실현하는 삶을 살 수 있게 하는지에 대해 광범위한 저술을 하였다. Grof(1973)는 일련의 이러한 경험들을 자아초월적 경험이라고 불렀으며, 이들을 다음과 같이 정의했다. "보통의 자아경계와 시공의 한계를 넘어서는 의식의 확장과 외연과 관련되는 것"(pp. 48-49)이다. 사회학자 McClenon(1994)은 이런 경험들을 경험하는 자의 명백한 기적적이고 은총에 넘치는 속성으로 인한 경이로운 사건이라고 기술하였다. 1990년대 초에 이론가이며 초심리학parapsychology 연구자인 White(1993)는 비범한 인간 경험들을 총망라하여 연구를 시작하였는데, 그것의 범위는 절정이나 신비(최고점)로부터 절망의 밑바닥 혹은 자포자기despair(최하점) 경험까지 이른다. 그는 이런 경험들을 예외적 인간 경험이라고 명명하였다. White의 뒤를 따라 초심리학자이자 자아초월 연구자인 Braud(2003, 2012)는 EHEs와 이것이 주는 삶의 의미와 영향에 대해 광범위한 연구를 하였으며, 이런 경험을 비일상적 초월 경험nonordinary and transcendent experiences이라고 명명하였다. Palmer와 Braud(2002) 및 Braud(2002)의 연구에서 이러한 체험들의 명칭에 관한 완전한 목록을 볼 수 있을 것이다.

드물고 비범하다고 간주됨에도 불구하고, EHEs는 일반 대중에게도 폭넓게 보고되고 있고 예상할 수 있는 것보다 훨씬 흔한 경험으로 고려되는 것 같다. 수많은 연구(Farha & Steward, 2006; Haraldsson & Houtkooper, 1991; Harris Interactive, 2008; Moore, 2005; Newport & Strausberg, 2001; Palmer, 1979; Pew Research Center, 2009; Rice, 2003)가 미국과 다른 나라들에서 이런 경험의 다양성에 대한 믿음을 일관되게 보여 주고 있다. 그러나 EHEs는 여전히 종종—이해되지 않는—비일상적-체험으로 남아 토론이나 공유되지 않고, 심지어 무시되고 두려움의 대상이 되기도 한다.

EHEs란 무엇인가

White(1993)는 그녀의 최초 연구에서 약 100가지 종류의 EHEs를 언급하였는데, 이를 5개의 큰 분류—신비적 · 합일적unitive 경험, 심령적 경험, 조우 경험, 특이한 사망-관련 경험, 예외적 일상 경험—로 구분하였다. 이후 White와 Brown(2000)은 이 목록을 200개 이상의 종류로 확장하였으며, 이를 9개의 유형으로 구분하였다. 전체 목록을 여기서 다시 언급하기에는 너무 양이 방대하며, 해당 경험들이 예시로 논의된 경우에만 다루도록 하겠다. Braud(2012)는 White(1997), White와 Brown(1998, 2000), Palmer(1999)의 연구를 요약하고 정제하였다[초기의 EHEs에 대한 용어, 유형과 하위 유형 정의는 Palmer(1999) 참조; 잠재적인 EE/EHEs의 리스트는 White(2000) 참조].

EHEs의 담화들

본문에서 언급되는 개인적 서술은 이러한 유형의 비일상적인 경험extraordinary experience을 했다고 보고한 사회 각 계층의 개인으로부터 나온 것이다. 간략한 설명을 곁들인 다음의 예시들은 이러한 특별한 경험들의 특성이 어떤 것인지에 대한 단서를 제공해 준다.

자연과 관련된 경험

Dowdall(1998)의 혼합-방법론 연구는 자연과 관련된 EHEs를 보고한 사람들에게 집중하였다. 미국 내 30개 주와 7개 국가로부터의 126명의 참가자가 하나 이상의 이러한 경험을 보고하였다. 결과에 따르면, 많은 환자의 치유 경험에 대한 이야기가 그들이 지구를 보호하겠다고 결심한 것에 영향을 주었다. 한 환자는 그녀의 이혼과 부모의 죽음 이후 그녀의 정원에서 치유됨을 느꼈다고 하였다. Dowdall은 그녀의 연구에서 다루어진 이 사례 및 다른 여러 비일상적 경험이 오히려 평범한 상황에서 발생하였다고 언급하였다. 한 환자는 다음과 같은 내용을 보고하였다.

> 부모님을 여의고, 오랜 결혼 생활을 지지부진하고 엉망인 이혼으로 끝낸 지 얼마 지나지 않았을 때, 나는 50대 중반이었다. 내 앞뜰에는 내가 잘라 버리고 싶어 했던 무성하게 자란 줄고사리 더미가 있었다. 그것은 가늘지만 질긴, 뒤엉켜 있고 굴복하지 않는 거대한 뿌리 그물을 가지고 있

었다. 나는 그 뿌리들을 따라 작업을 해 나가면서, 나의 인생—나의 가족, 나의 선생님, 나의 자녀, 모든 나의 관계—이 변화되는 것을 느꼈다. 나는 나의 창조자, 신비한 힘이 이 모든 일에 깊이 들어와 주관하심[1]을 알았다. 내가 정확히 그 패턴을 이해할 수는 없지만, 이 모든 것이 정해진 대로 된 것이란 것을 알았다. 이제 정원에서 일하고 있는 나의 손은 나의 영혼의 지도자가 되었다. 내가 새들, 나비들, 이웃들, 고양이들, 살아 숨쉬는 우리 모두와 함께 땅을 파고, 가지를 치고, 뿌리를 잘라 내는 동안 우주는 여기 나의 작은 땅에 있었다(Dowdall, 1998, pp. 318-319).

Dowdall의 연구는 최근 지구 환경 위기를 극복하기 위해 사람들이 행동을 할 수 있도록 어떻게 동기 부여를 할 것인가에 대한 수십 년간의 질문에 대하여 언급하였다. 그녀는 만약 공포와 죄의식이 소용없다면 무엇이 소용이 있겠느냐고 반문하였다. 아마도 자연과의 개인적인 연동 그리고 자연과 연관된 경험의 인식과 공유가 최고의 촉발제이자 모든 것의 선생님일 것이다(Dowdall, 1998).

채널링

또 다른 EHEs의 형태는 채널링channeling이다. 이는 물리적 또는 정신적 형태로, 자발적으로 들어오는 정보—예를 들어, 최면 상태에서 말하거나 쓴 내용들 등—를 개인이 받거나 보낸다는 의미이다. EHEs에서 채널링은 메시지가 개인의 자아 외적인 원천으로부터 나왔다는 의미로 해석된다(Hastings, 1991). 제인 로버츠Jane Roberts의 사례를 통해 보다 쉽게 이를 이해할 수 있을 것이다.

제인은 시나 단편(주로 공상과학), 소설을 쓰는 작가였다. 그녀는 심령적이고 초감각적인 인식에 흥미가 많았고, 심령술의 점괘판Ouija Board으로 몇 가지 실험을 하기 시작했다. 놀랍게도 그 점괘판은 다섯 번의 세션 만에 메시지를 뱉어 낼 수 있게 되었다. 네 번의 세션 후 그녀는 마음속에 떠오르는 단어들을 크게 입 밖으로 얘기할 수 있게 되었다. 이후 더 숙련된 다음에 그녀는 자발적으로 완전한 최면 상태에 들어가서 'Seth(그녀의 몸을 통해서 말을 전한다고 알려진 영적 존재)'가 전하는 메시지들을 얘기하곤 하였다. Seth는 그 자신을 다른 현실에 존재하는incarnation '에너지 본질 인격'이라고 표현하였다. 그는 자신을 독립적인 별개의 존재라고 주장하지 않았다. 제인의 남편은 이러한 논의에 대한 기록들을 보관하고 있었다. Seth는 제인을 통해 책을 받아쓰게 하기 시작했다(Hastings, 1991;

1) entertwined의 의역임. 없는 단어로, 원문에도 인터뷰 대상자의 원래 표현대로 기재하였다고 언급되어 있음.

Roberts, 1970, 1974).

Seth의 메시지와 아이디어들을 통해서 제인은 **측면심리학**aspect psychology이라는 모델을 개발하였다. 이는 개개인이 더 큰 의식의 일부분이라는 아이디어였다. 그 큰 의식은 시간과 공간을 초월한 더 거대한 집합체이다(어떠한 사람들은 이것을 영혼soul이라 부를 것이다). 보통 인간들은 이 더 넓은 집합체에 대하여 인식하지 못하고, 전통적인 현실 속에서 정신적인 훈련, 지식, 피드백, 교육을 경험한다. 더 큰 자아는 여러 다른 시간과 현실을 살아가고 있으며 동시적으로 경험된다. 자기 자신도 숙련된 전문 작가인 제인은 채널링을 통해 쓴 Seth의 책들과는 별개로 쓴 책을 통해서 어떻게 개인이 Seth에 의해 논의된 의식 수준을 통합할 수 있는지 제안하였다. 제인은 또한 철학자이자 심리학자인 William James가 다른 쪽의 관점에서 세상을 어떻게 바라볼 것인지에 대해 언급한 책을 썼다(Roberts, 2001). Seth가 가르치는 또 다른 개념은 개인이 살아가고 있는 현실의 가정과 믿음이 어떻게 형성되는가에 대한 세부적인 논의이다. 제인 로버츠의 채널링은 우리가 더 넓은 이해와 의식을 가지게 되는 수단으로 비일상적인 경험들을 활용할 수 있다는 증거를 보여줬다.

유체이탈 경험, 전생 회상past life recall, 기타 EHEs

앤 암스트롱Anne Armstrong의 영적인 체험 사례는 예외적인 경험의 민감도에 대한 사례를 보여 준다(Armstrong & Armstrong, 2010). 그녀는 20대일 때, 자연 발생적spontaneous EHEs라고 생각되는 경험을 하기 시작했다. 그녀는 자신의 몸 밖으로 빠져나와 방의 다른 곳에서 자신의 몸을 관찰하는 경험, 즉 유체이탈out-of-body을 경험하곤 하였다. 이는 그녀를 매우 두려움에 빠지게 하였으며, 곧 죽는 것이 아닌지 걱정하곤 하였다. 그녀의 남편이 말하길,

> 그녀는 지속적으로 그녀의 몸이 단단히 연결되어 있지 않은 것 같음을 느꼈다. 발이 땅에 닿아 있지 않은 것 같이 느껴졌으며, 그녀는 움직이거나 돌았는데 몸은 돌거나 움직이지 않는 경우가 있었다. 또한 그녀는 빈번하게 다른 현실의 존재에 대하여 인지하였으며, 우리의 물리적 세계에 속하지 않은 존재들에 대하여 느꼈다(Armstrong & Armstrong, 2010, p. 40).

앤은 사람들의 감정이나 의식의 깊이를 포함하여 주변 환경에 과민하였다. 그녀는 사람의 마음의 상태를 나타내는 머리 주위의 색깔(아우라aura라고 부름.)을 묘사하였다. 처음에 그녀는 이유 없는 편두통과 두통을 호소하였다. 의학적인 치료는 전혀 효과가 없었다. 그

녀는 결국 심리적이고 심령적인 경험을 표면으로 표출시키는 최면술을 사용하는 치료사를 찾아갔다. 앤과 그녀의 남편은 최면술을 배워 서로를 최면하는 연습을 하였다. 앤은 고대 로마의 전생에서 겪었던 트라우마를 '기억'해 내기 시작했다. 그녀는 자신이 커다란 남자의 몸을 가지고 있고, 고문당하고 살해당하는 것을 느꼈다. 이러한 명백한 기억들을 해제하는 것은 외상적인 반응을 줄이는 것처럼 보였다. 앤은 무의식과 의식을 포함한 다른 사람들의 감정을 느낄 수 있게 되었다. 고통스러운 경험의 해방이 어쩌면 다른 사람의 감정, 반응, 감각을 인식할 수 있는 길을 열어 준 것일 수 있다. 앤은 이러한 정보들의 범람에 압도당하였다. 이러한 정보들은 그녀가 요리할 때나, 잠자려고 할 때나, 대화를 할 때나, 다른 일상적인 활동을 할 때 항상 그녀에게 흘러들어 오곤 했다. EHEs 관련 연구자들(Brown & White, 1997; Palmer, 1979; Palmer & Braud, 2002)과 초심리학자들은 한 가지의 예외적인 경험은 종종 또 다른 경험을 불러들인다고 제안하였다.

결국 그녀는 형세를 역전시켰다. 그녀는 "나는 네가 누구인지 모르고 왜 이런 짓을 하는지도 모르지만, 이런 짓을 그만뒀으면 좋겠다. 나는 이러한 정보들이 항상 내 머릿속에 흘러가는 것을 원하지 않는다. 나는 일을 할 것이고, 내가 원할 때에만 정보들을 받을 것이다. 만약 네가 동의하지 않는다면 나는 너를 멈추기 위해 무슨 짓이든 할 것이다."(1984년 A. Hastings와 나눈 개인 대화)라고 크게 소리쳤다. 앤의 바람은 이루어졌다. 그녀는 사람이나 상황에 의식을 집중할 수 있게 되었고, 심령적 자각을 시작할 수 있게 되었으며, 그녀가 지각한 것을 소통할 수 있게 되었다. 그리고 할 일을 마치면 그러한 것들을 끝낼 수 있게 되었다.

그녀가 최면 세션의 기억들과 관련된 문제들을 해결한 후, 그녀와 짐Jim은 유럽으로 여행을 가서 로마와 이탈리아를 방문하였다. 주변 환경에 대한 그녀의 예민한 감각은 그녀에게 고대의 모습을 보여 주었다. 그녀가 하드리아누스Hadrian의 저택에 방문했을 때, 앤은 "내가 지금 보고 있는 것을 믿을지 모르겠지만, 나는 지금 2,000년 전의 저택의 모습을 보고 있어. 그들이 그때 했던 것 그대로의 사치스러운 파티가 보여."라고 말하였다(Armstrong & Armstrong, 2010, p. 63). 그 후 그들이 다른 빌딩으로 옮기자 앤은 그녀의 몸이 움직이고, 엉덩이가 돌아가고, 하반신이 불편함을 느꼈다. 표지판은 그곳이 도시의 홍등가였던 곳이라는 사실을 알려 주었다. 그들이 호텔에 도착했을때, 그녀는 매우 지쳐 있었고, 하루 종일 성관계를 가진 것 같은 느낌이 들었다고 하였다. 이것은 그녀의 에너지였을까? 그 장소에서 방출된 에너지였을까? 그들은 알지 못했다.

앤은 자신이 뛰어난 능력을 갖고 있다고 주장하지 않았다. 그녀는 모두가 훈련과 연습을 통하여 그들의 심령적인 능력에 접근할 수 있다는 것을 느꼈다. 그녀는 직관을 어떻게 활용할 수 있는지, 쿤달리니를 어떻게 사용하는지를 가르치는 일을 하였으며 관계, 분쟁, 결정에 대하여 그녀와 같은 통찰력을 얻길 바라는 사람들의 심령적 리더로서 역할을 하였다. 각각의 사람이 가지고 있는 심령적 기술은 다 달랐다. 그녀는 "나는 미아를 찾을 능력을 가지고 있지 않습니다."라고 말하였다(1984년 A. Hastings와 나눈 개인 대화).

조우 / 유령apparition과 관련된 경험

Arcangel(2004, 2005)은 미국과, 캐나다 이외 17개국의 지원자들을 대상으로 조우 경험이 미치는 영향에 대한 데이터를 수집하는 목적의 국제 연구를 수행하였다. 5년에 걸쳐 그녀는 거의 600명의 지원자를 조사하였으며, 98%가 어느 정도 그들의 경험에 대하여 편안함을 느낀다고 보고하였다. Arcangel은 조우 경험의 가장 주요한 목적(기능)은 성장을 위한 자극이라는 점을 언급하였다. 여기 시각적 조우 경험을 한 한 사례를 살펴보자. 케이티라는 16살의 소녀는 심각한 차 사고를 경험하고, 친구를 잃었다. 운전자였던 친구는 차에 대한 통제를 잃고 둑과 제방에 충돌하였다(Arcangel, 2005). 차는 경찰이 제조사와 모델을 인지하지 못할 정도로 부서졌고, 어떻게 생존자가 상처 없이 탈출할 수 있었는지 조사관이 궁금해할 정도였다. 케이티는 차가 멈췄을 때, 누군가가 그녀를 차 밖으로 끌어올리는 것을 느꼈다고 보고하였다. 사고 후 혼란스러워 어디로 갈지, 무엇을 할지 알 수 없었을 때 그녀가 사랑했던 최근에 돌아가셨던 할아버지가 눈앞에 나타나 손가락으로 가야 할 곳을 가르켰다. 그녀가 할아버지의 모습을 인지하고 그가 그녀를 돕기 위해 나타났다는 것을 알았기 때문에 그녀는 그의 몸짓을 따라서 갔고, 길을 찾아내어 지나가는 오토바이 운전자에게 도움을 요청하였던 것이다. 파손의 정도를 보자. 그녀의 가족들은 케이티가 부상 없이 탈출했다는 것에 충격을 받았다. 케이티는 그녀의 할아버지가 자신의 중요한 순간들마다 찾아오셨다고 전에도 언급한 적이 있었다.

절정 체험

1971년에 달에 가 본 여섯 번째 사람이 되기 한참 전, 아폴로 14호의 우주인이였던 Edgar Mitchell은 심령적 현상과 연구에 매우 관심이 많았다. 그가 계획했던 달 탐사선과의 텔레파시 실험이 계획대로 되지 않았던 반면, Mitchell(1974)는 대부분의 사람이 경험하지 못할 특별한 사건으로 보상받을 수 있었다.

내가 지구를 바라보면서 느꼈던 첫 번째는 놀라운 아름다움이었다. 어떠한 훌륭한 사진도 이를 제대로 담아낼 수는 없다. 그것은 정말 엄청나게 멋진 파란색과 하얀색 보석이 칠흑 같은 하늘에 펼쳐져 있는 모습이었다. 정말 평화롭고 조화롭고 멋지게 이 우주가 진화해 온 패턴과 딱 맞아떨어지는 것으로 보였다. 이 절정 체험 속에서 신의 존재는 너무나 명백하게 느껴졌고, 나는 우주의 생명체가 단순히 우연의 일치로 확률에 의해 만들어진 것이 아니라는 것을 알게 되었다. 이 사실은 나에게 직접적으로, 이성적으로 다가왔다(p. 29).

그는 그 경험을 다음과 같이 더 묘사하였다.

나에게 있어서 지구를 우주에서 바라보는 것은 종교적 체험이라고 전통적으로 묘사되는 것과 유사한 것이었다. 그 경험은 이 존재의 실체에 대하여 깊은 통찰—인간 내부에서 갑작스럽게 변화하는 그러한 통찰—을 내게 주었다. 나의 생각, 나의 의식은 깊은 곳에서부터 변화하였다. 나는 더 큰 관점에서 지구를 바라본 이 변용적인 경험을 전파해야 한다는 사명감을 느꼈다. 그러나 이후 내 안의 합리적인 나는 이 비합리적인 인지 과정의 유효성에 대하여 인식해야만 했다(p. 34).

자연 발생적인 치유 경험

대안 약품 연구자인 Dossey(2011)는 치유 경험과 관련된 의학 전공자들의 주된 실패에 대하여 지적하였다. "근사近死[2]체험NDEs의 어떤 면은 의약 분야의 지대한 관심을 끌어내야 하는데, 실제로는 거의 관심을 받고 있지 못하다. 어떤 경우, 한 개인을 거의 죽음에 다다르게 한 질병이 일어남과 동시에[3] 사라지거나 그 직후 바로 사라지곤 한다(p. 59). Dossey는 예를 들어 1982년에 근사체험을 한 스테인드글라스 예술가인 베네딕트Mellen-Thomas Benedict의 사례를 다시 언급하였다.

베네딕트는 수술이 불가능한 뇌종양으로 죽어가고 있었다. 그는 화학요법을 제안받았으나 거절하였고, 그가 가진 남은 시간을 알차게 보내고 싶어 하였다. 그는 호스피스를 위한 건강보험이 없어 18개월간 유지되는 호스피스 케어에 들어갔다. 어느 날 새벽 4시 반경에 일어난 그는 그날이 그가 죽을 날이란 것을 알았다. 그는 호스피스 간호사에게 이를 얘기했고, 전에 "죽고 나면 별의별 일들이 다 일어난다."라는 내용을 읽은 적이 있는 그는 시신을 6시간 동안 건드리지 말라고

2) 전에는 임사臨死체험으로 불렀음.
3) 거의 죽음을 체험한 후 깨어났을 때의 의미.

동의를 구하였다. 갑자기 그는 자신이 몸 밖에 있다는 것을 알았다. 그의 눈앞에 여러 가지 광경이 펼쳐졌고, 그가 아는 가장 아름다운 밝은 빛을 보았다. 그것은 만물의 근원 또는 고차원적인 존재로 가는 도관처럼 보였다. 그러고는 그 빛은 인간의 영혼으로 구성된 엄청난 그리고 정교한 만다라로 변하였다. 그는 그의 모든 부정적인 판단들과 그의 동료들에 대한 비판적인 태도가 긍정적이고 희망적인 관점으로 바뀌는 것을 느꼈다. 그는 그 거대한 빛과 대화를 나누었다. 그는 우주 공간에 펼쳐진 의식의 흐름을 탔고, 전 우주를 힐끗 볼 수 있었다. 그는 그가 빅뱅 전의 창조 전 단계에 있음을 느꼈다. 그의 의식은 무한대로 펼쳐졌다. 그는 죽음이란 없고, 영생만이 존재함을 알게 되었다. 이런 확신과 함께 이 모든 과정이 거꾸로 다시 돌려져 그의 몸으로 돌아왔다. 호스피스 간호사는 베네딕트에게 생체 신호가 없음을 확인하였다. 한 시간 반 동안 그녀는 어떠한 정교한 장비로도 맥박이나 혈압, 심장 박동도 감지할 수 없었다. 그녀는 동의한 내용[4]을 존중하였으며, 그의 몸을 홀로 두었다. 그러자 베네딕트는 갑자기 깨어났다. 밖의 불빛을 보고, 베네딕트는 일어나서 그곳으로 가려고 하였으나 침대에서 떨어졌다. 간호사는 소리를 듣고 바닥에 넘어진 그를 발견하였다. 3일 안에 그는 정상으로 돌아왔으며, 그의 삶은 어느 때보다도 행복함을 느꼈다. 그는 퇴원을 할 수 있었다. 3개월 후 친구는 의사에게 재검진을 받아 보라고 하였으나, 나쁜 소식을 듣는 것이 겁난 베네딕트는 이를 처음에는 거절하였다. 그는 결국 제안을 받아들여 후속적인 뇌 스캔이 실시되었다. 의사가 그의 전후 스캔 결과를 비교하고는 "음, 이제 여기 아무것도 없습니다."라고 말하였다. 베네딕트는 밝은 목소리로 "이건 기적인가요?"라고 물었고, 의사는 "아닙니다. 이런 일은 종종 일어납니다. 우린 이걸 자연 회복이라고 부르죠."라고 별 감흥 없이 말하였다.

황폐화desolation / 절망의 밑바닥 경험nadir experiences

홀로코스트 생존자와 관련된 용감하지만 트라우마 관련 얘기들은 매우 많다. Victor Frankl의 절망을 변용transformation으로 바꾼 일화는 잘 알려진 이야기이다. 그러나 일상적인 슬픔/절망 경험에 대한 일화는 접하기가 힘든데, 이는 아마도 이러한 경험들을 깊이 탐구하는 연구자가 매우 적거나 개개인이 그런 힘들었던 얘기들을 공유하고 싶어 하지 않기 때문일 것이다. Rominger(2010)는 그의 연구를 통해 한 환자의 사례를 언급하였는데, 이를 통해 긍정적인 근사체험과 고통스러운 근사체험 간의 유사점 및 차이점 그리고 성장과 변용을 위한 미술 작품의 창의적인 사용에 대하여 살펴보았다. 백인 중년 남성 참가자(찰스라는 이름 사용)는 그의 유년기의 근사체험을 보고하였다. 7세쯤, 찰스는 자전거를 몰

---

4) 6시간 동안 시신을 건드리지 않는다는 동의.

다가 차의 뒤에 충돌하여 차의 부속품이 그의 안구를 뚫고 두개골을 통과하는 사고를 겪었다. 그는 그의 가족이 비명을 지르며 달려와서는 그를 차에 태워 병원으로 데리고 가는 모습을 지켜봤던 것을 기억하였다.

30년 후에도 찰스는 그날의 닥쳐올 어둠, 마음대로 몸을 가눌 수 없었던 느낌, 부모님과 심각한 문제가 생길 것이라는 절망감을 생생히 회상하였다(Rominger, 2010). 찰스는 이 경험 후 그가 죽으면 지옥에 갈 것이라고 여겼으며, 삶에 대하여 이중적인 자세를 가지게 되었고, 청년기에서 초기 성년기까지 많은 문제를 일으켰다. 그는 또한 그의 가족, 교회와 감정적인 거리감을 느꼈다. 연구의 요청 사항의 일부로 찰스는 네 개의 일련의 미술 작품을 그렸는데, 초기에는 검은색으로만 칠해져 있는 그림을 그리고, 후에는 점점 색이 밝아져 어둠과 빛이 조화(그의 말에 따르면, 사랑을 표현한 것이라고 하는)를 이룬 그림을 그리도록 요청받았다. 마지막 그림은 "성난 태풍이 깊은 바다 옆 해변에 남겨 둔 잔해들을 본 후, 이제는 떠오르는 태양을 바라보는"의 메시지를 보여 주는 내용이었다(Rominger, 2010, p. 22). Rominger에 따르면, 찰스의 미술 작품은 내면의 경험을 변용하는 암시로서 작용했다. 그의 실험 참가 덕분에 찰스는 그의 절망적인 경험을 아내와 공유하게 되었고, 이는 그가 그의 가족에게 이 얘기를 처음 털어놓은 것이었다.

이 경험은 오랜 기간 동안 황폐화/절망의 밑바닥 경험으로 남아 있었는데, 이는 찰스가 젊은 시절 그의 경험과 관련하여 가족의 충분한 지원을 받지 못하였기 때문이며, 따라서 그러한 경험을 가족과 공유하지 못하였고 적절하게 이 사건을 극복할 수가 없었다. 연구 과정의 대화와 예술 작품은 그에게 보다 건강하고 긍정적인 결과를 제공해 주었다. 이러한 경험의 핵심적인 측면 그리고 이러한 경험을 EHEs라고 볼 수 있는 이유는 경험자가 사건 이후 수년에 걸쳐 황폐화와 자포자기를 경험하였더라도 이러한 경험이 영구적인 성장과 개발의 촉발제 역할을 하기 때문이다.

다음 절에서는 EHEs와 관련된 이론적인 토대 및 실증 연구를 집중적으로 살펴볼 것이며, 이러한 이론과 연구의 상당 부분은 Braud(2003, 2012)의 논문 및 Palmer(1999), Palmer와 Braud(2002, 2010) 그리고 Braud와 Associates(2007)에서 언급된 것들이다.

이론적인 쟁점들

여러 이론에서 EHEs의 본질에 대한 고찰이 이루어지고 있다. Braud(2012)는 본문에서 언급했던 첫 세 가지 모델 또는 이론을 구분하였고, 그 이론들과 EHEs의 성과, 영향, 결과 또는 후속적인 영향과의 관계에 대하여 강조하였다. 두 가지 추가적인 모델은 이러한 경험들의 영향에 대한 더 깊은 이해를 제공한다.

'EHEs의 과정'

White(1997, 1998a)와 Brown(1998)이 만든 단계적 모델인 EHEs의 과정은 경험에 대한 인식 및 작용을 통해 이례적 경험Anomalous Experience: AE을 예외적 경험Exceptional Experience: EE으로, 다시 의미 있는 예외적 인간 경험으로 성장하고 육성해 가는 과정을 포함한다. 만약 자연 발생적인 AE가 발생한다면 처음에는 대부분 이를 평범한 개인의 의식 또는 개념을 넘어서는 사건이며, 따라서 이 경험을 확장하고자 하지 않는다. 이 단계에서는 경험이 무시당하거나, 잊어버리게 되거나, 해리되거나, 단순한 지적 호기심 수준의 논리적인 이상 현상으로 여겨진다. 그러나 만약 경험자가 AE를 인지하고 그것이 의미하는 바를 찾기 시작한다면 이러한 경험은 EE로 발전할 가능성이 생긴다. 경험에 대하여 더 깊게 파고드는 행위를 통해 EE가 개인의 인생에서 의미하는 바가 더 크고 중요하다는 것을 발견하게 되고, 다른 연관된 경험들도 발견하게 된다. 이러한 과정이 더더욱 깊어질 경우, EE는 EHEs가 되고, 개인의 정체성을 자아-자기ego-self에서 보다 포괄적인 White(1997, p. 89)가 언급한 **전체-자기**All-Self로 바꿀 수 있는 가능성이 생기게 되는데, 이는 개인, 일생, 세계에 대한 새로운 시각을 수반한다. 그리고 이러한 과정은 인류로서의 개인의 진정한 가능성을 실현하는 길로 개인을 인도할 수 있다.

사람의 일생은 개개인이 자신, 그들의 삶 그리고 세계에 대하여 말하는 이야기 또는 담화로 이루어진다. 이러한 이야기들이 긍정적이고 삶을 강화하는 것이든, 부정적이고 삶을 약화시키는 것이든 그러한 담화들은 인생에서 의미를 만들어 내는 방법을 제공한다. 대부분의 담화는 개인이 속한 문화와 현재의 패러다임에 크게 영향을 받게 된다. 담화의 역할은 EHEs의 과정에 있어서 중요한데, 그 이유는 사람이 그러한 경험을 하고 나면 EHEs가 그들의 새로운 삶의 이야기가 되는지, 아니면 버려지고 무시되는지를 의미하는 동의 또는 부정이 그들의 현재의 삶의 이야기를 통해 결정되기 때문이다(White, 1997).

EHE를 달성할 수 있는 유용한 방법은 글쓰기, 특히 White(1998a)가 제안한 EHEs 자서전 기록 방법에 의한 글쓰기이다. 대부분의 전형적인 자서전 글쓰기처럼, 주요 사건을 위주로 삶을 되돌아보는 것 대신 자신의 삶에 깊게 영향을 주었지만 비밀로 간직했던 주관적 경험을 공개하는 것이다. 본질적으로 자기 자신을 깊게 감명시켰던, 그리고 비유적·실제적으로 자신을 평범한 일상으로부터 끌고 나와 지금껏 한 번도 가 보지 못했던 장소로 데려다주었던 인간 경험을 통해 자신의 삶에 대해 바라보고 글을 쓰는 것이다. 이러한 경험들 중 많은 것이 삶에서 긍정적인 행동을 촉구한다. 이러한 경험들에 대한 글쓰기는 이 경험들을 새로운 정체성과 관점으로 통합할 수 있도록 돕는다(White, 1998a).

자기개방의 역할

삶의 경험, 특히 한 사람의 삶에서 비일상적인 사건의 경험을 드러내는 것은 심리치료와 상담 과정에서의 기본이며, 그러한 자기개방의 심리적·신체적 유용함에 대한 실제적인 증거를 제공한다. 몇몇 관점은 자기개방disclosure에 대한 이해를 도와주고 누군가의 EHEs에 대해 작업하는 것의 가치를 알려 줄 것이다.

중요한 삶의 경험, 사건들에 대한 고백, 자기개방, 털어놓음confiding과 관련한 생리적·심리학적 연관에 대해 몇 년간의 연구 끝에 Pennebaker(1995, 1997)는 외상적인 경험—특히 이전에 다른 사람과 공유되지 않았던 경험—에 대한 구두 또는 글로 표현된 자기개방이 건강 및 안녕well-being의 증진과 관련이 있다는 것을 발견하였다. Pennebaker(1995)에 따르면, 치료에서 '자기개방이라는 행동'의 주요한 특성은 경험이 말로 옮겨지는 것 그리고 이 자기개방의 과정 자체가 치료자로부터 받는 피드백보다 가치 있는 반응을 제공할 수 있다는 것이다. 경험을 말로 변환하는 행동은 경험의 동화assimilation를 이끌며, 구조 또는 조직화를 만들어 낸다. Stiles(1995)는 동화가 일어나려면—특히, 힘든 경험에 있어서—시간에 걸친 반복된 자기개방이 필요하다고 인지하였다. Stiles는 "문제를 발견하고 자기 것으로 한 후에야—즉, 지적으로, 그리고 감정적으로 동화되는 과정 속에서—그 문제를 인식하고 표현할 수 있다."(p. 85)라고 주장하였다. 어떤 EHEs들은 처음에는 불쾌하고 괴로운 사건으로 다가올지도 모른다. 이 사건들을 완전히 자기 것으로 만들고 새로운 전체성과 관점으로 동화하기 위하여 점진적으로, 안전하게, 그리고 자주 드러내는 데 시간이 걸린다.

신학자인 Driver(1991)는 죄 또는 범죄를 고백할 때와는 다른 종류의 자기개방self-disclosure, 즉 개인의 믿음 그리고 자기 자신을 드러내는 행동으로서의 자기개방을 설명하면서 '고백적 수행confessional performance'이라는 표현을 사용하였다. 자기폭로self-revelation는 미스테리와 경외감을 수반한다. 고백적 수행에서 믿음은 행동으로 변환된다. 억눌림의 옷장 속에서 빠져나와 어떤 태도를 취하고, 여러 사람에게 공개하는 것이다. 이러한 고백 행위는 어둠 속에 숨겨진 무언가에 빛을 비추는 말하기이다. 또한 자기 자신과 다른 사람에게 진실에 대해 말하는 것이다. 이러한 경험에 대해 고백하고 자신을 드러내는 과정을 통하여 한 사람의 진정한 정체성을 보다 완전하게 알 수 있으며, 그러한 경험의 실제를 감사할 수 있게 된다는 면에서 Driver의 생각은 EHEs를 이해하는 데 있어 타당성을 제공한다.

긍정적 감정의 '확장과 축적' 이론

Fredrickson(2002)의 '긍정적 감정의 확장Broaden과 축적Build 이론'은 지난 20년간 활발히 연구되어 왔으며, 긍정심리학 분야에서 높게 평가되고 있다. 그 전에는 전통적인 실증적 연구가 우리 조상들의 생존을 위한 투쟁 혹은 도피survival-fight or flight에 필수적인 것으로 여겨져 왔던 부정적 감정에 집중하고 있는 동안, 긍정적 감정은 근본적으로 무시되어 오고 있었다(Fredrickson, 2002).

긍정적 감정 또는 '긍정성positivity'은 지속되는 인간 자원을 축적해 주는 확장된 상태의 마음을 뜻한다. 이것은 우리 조상들에게 환경에 대한 지식 또는 스트레스에 대응할 능력과 같은 여분의 신체적 · 심리적 자원을 남겨 줌으로써 그들에게 유익을 끼쳐 왔을지도 모른다(Fredrickson, 2002, 2009).

Fredrickson과 Losada(2005)는 긍정적 감정의 여러 장점을 확인하였다. 그들은 긍정적 감정이 직관과 창조성, 회복률, 면역 기능, 행복, 심리적 성장, 고난에 대한 회복탄력성resilience 등에서의 증가와 같이 사람의 마음 상태와 신체 시스템에 변화를 가져오며, 장수에도 긍정적으로 영향을 끼치는 것으로 결론지었다. 저자들은 부정성에 대한 긍정성 비율(2.9 : 1)을 발견하였다. 이는 선량함goodness, 생성성生成性 · generativity, 성장, 회복탄력성과 같은 인간의 장기적 긍정 기능으로 이끄는 잠재력을 가지고 있다.

Fredrickson(2009)은 긍정성에 대한 연구가 "긍정적 감정의 좋은 점이 무엇인가."라는 수수께끼에 대한 답을 찾도록 해 주었다고 주장하였다(p. 19). EHEs에 대한 작업 역시 "EHEs의 좋은 점이 무엇인가."라는 그와 비슷한 질문을 던진다. EHEs를 인식하고 연구하는 것은 그것을 경험하는 사람에게 그들의 경험을 확장하고, 삶의 스트레스에 보다 잘 대처할 수 있는 기술을 축적할 수 있도록 하는 잠재력을 가지고 있다(Braud & Associate, 2007).

EHEs에서의 욕구 연관 이론

초심리학자parapsychologist Stanford(1974)는 자연 발생적인 사이psi 심령적 현상psychic phenomenon 사건은 욕구need와 관련 있을지도 모르며, 하나의 모델로서 사이-매개도구 반응Psi-Mediated Instrumental Response: PMIR이라는 용어를 제안하였다. Stanford의 욕구-연관 모델에 따르면, 이렇게 자연 발생적으로 일어나는 경험들은 욕구를 경험한 사람이거나 심지어 어떤 비일상적 사건이 그 욕구를 채워 주었다는 인식을 가진 사람의 경우에도 의식적인 지각 없이 일어난다. Ring(1991)은 EHEs에 대한 욕구-연관 관점에 재미있는 시각을 제안하였다. 그는 근사체험을 한 네 사람의 과거를 살펴보았는데, 그 경험을 하기 전 그들의 삶은 깊은 고통과 슬픔으로 가득 차 있었으며, 그들은 그 근사체험이 보상적 선물 또는 놀라운 은총이었다고 보고하였다.

사이psi에 대한 수년간의 연구와 조사 그리고 그의 개인적인 심령 경험에 대한 조사가 있은 후, Braud(1994)는 심령이 욕구와 연관된 상황에서 발생하는 경향이 있으며 그러한 경험은 목적이나 기능으로서 역할을 한다고 주장하였다. EHEs의 욕구 연관적 측면은 그러한 경험의 중요한 의미 발견 이해에 있어 필수적일지도 모른다(Palmer & Braud, 2002). 이 고도로 발단된 물질적인 사회 속에서 소외와 정체성 문제가 범람하고, 많은 사람이 지금껏 충족되지 않았던 욕구와 단절된 감정을 느끼고 있다. EHEs를 존중하고 환영하는 것은 개인을 그들 자신과 타인들 그리고 그들을 둘러싼 세계와 다시 연결할 수 있도록 하며, 그들의 삶 속에 필요했던 의미를 가져올 수 있다.

참여적 사건에서의 자아초월 이론

Ferrer(2002)는 참여적 사건participatory event을 자아초월적 · 영적 경험에 반대되는 것으로 보는 관점에 변화가 필요하다고 주장하였다. Ferrer는 영적 또는 초월적 경험을 더 잘 이해하기 위하여 이것을 **참여적 전환**participatory turn이라고 불렀다. 그는 그러한 경험을 개인적 경험뿐만 아니라 관계, 지역사회, 집합적 정체성 또는 장소에서도 일어날 수 있는 참여적 사건으로 바라보아야 한다고 제안하였다. Ferrer는 참여적 사건—특정한 조건들이 충족되어야 하는 경험적 사건—을 설명하기 위하여 파티나 기념식의 예를 들었다. 영적 · 자아초월적 사건을 단지 인간의 내적 경험에 국한시키지 않음으로써 그러한 경험들은 인간의 경계와 현실을 초월하는 공동 창조된 사건으로서 이해될 수 있다(Ferrer, 2011). EHEs를 이러한 위치에서 바라보는 것은 그 발달 과정에서 또 다른 단계를 제안한다—예외적 경험에서 예외적 인간 경험, 그다음 단계로 참여적 사건이다. 이 마지막 단계에서는 이 사건이 보다 완전하게 그 사람의 영적 성장과 발달, 세계관 속으로 통합된다.

관련 연구 결과들

EHEs에 대한 실증적 연구에 대해 살펴보면 이러한 경험들의 특성을 잘 이해할 수 있는 관련 연구들이 있다. 이 분야는 상대적으로 역사가 짧으므로 연구들이 많지는 않지만, 다음의 연구들은 이러한 삶의 경험이 얼마나 중요하고 의미 있으며 변용적인지를 잘 보여 준다.

영성과 안녕

Kennedy와 Kanthamani(1995)는 그들의 척도 개발 연구에서 초심리학에 흥미를 보였고, 최소 한 번 이상의 초자연적 또는 초월적 경험을 했다고 보고한 120명을 대상으로 조사하였다. 연구 결과, 영적 문제에 대한 관심과 믿음이 증가하였고, 안녕감sense of well-being 또한 증진되었다. 특히 연구 결과에 따르면, 응답자 중 많은 수가 더 위대한 힘이나 존재가 그들의 삶을 보호해 주거나 지켜보고 있다고 믿었으며, 죽음 이후의 삶에 대해 확신하였고, 훨씬 더 영적 또는 종교적으로 변하였고, 죽음을 더 잘 이해하거나 받아들이게 되었다고 하였다. 참가자들은 또한 죽음의 공포, 우울감 또는 불안감, 고립감과 외로움, 미래에 대한 걱정과 두려움이 감소되었다고 보고하였다. 대부분의 참가자는 하나 이상의 심령적 그리고/또는 초월적 경험의 조합으로 인한 긍정적 효과를 보여 주었다. 연구에서 보고된 변화의 정도는 보고된 경험의 숫자와 양의 상관을 보여 주었다. 참가자의 45%는 그들의 경험이 긍정적인 감정과 함께 일시적인 두려움을 야기시켰다고 보고하였으며, 단지 9%의 참가자는 그들의 경험이 긍정적 효과 없이 무서운 경험이었음을 보고하였다.

사회적 관련성

Zangari와 Machado(1996)는 브라질 대학생(이들의 89.5%가 적어도 한 번의 경험을 보고함.) 181명의 일상생활에서 일어나는 심령적 경험의 발생 정도와 사회적 타당성social relevance에 대하여 연구하였다. 보고된 경험의 종류로는 ESP, 시끄러운 유령poltergeist, 유체이탈 경험, 유령, 귀신 출몰haunting, 전생 기억이 있다. 연구는 문화적 측면이 이러한 경험에 대한 사람들의 믿음에 어떤 영향을 주는지를 강조하였다. 브라질은 심령적 사건이 일반적으로 받아들여지는 곳이며, 그러한 경험을 하도록 장려되는 곳이다. 그래서 이러한 경험에 대한 보고가 자연스러운 것으로 여겨진다. 연구에서 참가자의 80%가 심령적 경험을 하였으며, 그 경험이 매우 중요한 방식으로 그들의 삶에 영향을 주었으며 삶을 변화시켰다고 보고하였다. 참가자들은 그러한 경험이 병, 심각한 정서적 위기, 사고 또는 죽음으로부터 자신 또는 다른 사람을 지켜 주었으며, 자기, 인류, 사회, 영적 믿음, 삶의 의미, 죽음에 대한 자신의 태도를 변화시켰다고 보고하였다. 또한 삶의 양식, 학교, 친구, 일, 결혼, 건강에 대한 그들의 결정에 영향을 끼쳤다고 하였다.

촉발 요인, 부수적 현상, 사후 영향

Brown과 White(1997)는 50명의 참가자로부터 수집한 이야기를 통하여 다양한 EHEs의 촉발 요인, 부수적 현상, 사후 영향을 탐색하였다. 연구 결과, 50명의 보고자들은 적어도 하나의 장기적 사후 영향을 보고하였는데, 31명은 그들의 경험이 특별하였고 삶을 바꾸는 것이었다고 하였다. 질적 주제 내용 분석 과정을 통하여 많은 주제와 패턴이 등장하였다. EHEs의 촉발 요인 중 가장 자주 등장한 것은 우울, 영적 위기spiritual emergencies, 누군가의 죽음과 같은 다양한 위기 상황에서의 명상과 기도였다. 그 경험에 수반되는 일의 범위에는 신체적 · 생리적 · 영적 측면이 포함된다는 점이 흥미로운 사실이었다. 신체적으로 가장 자주 등장한 주제는 신체 발광body luminosity, 빛, 색깔, 누군가로부터의 접촉이었다. 생리적으로는 에너지의 유입, 눈물, 무중력 상태weightlessness, 과도한 예민함hyper-acuity이 자주 등장한 주제였다. 심리적으로는 인지적 전환cognitive shift, 경계가 없어짐, 경이로움amazement, 연결감이 자주 등장한 주제였다. 영적 측면에서는 에고의 포기ego surrender, 압도적인 놀라움, 경외감, 기쁨이 자주 등장하였다. 이러한 경험의 사후 영향으로는 세계관의 변화, 태도의 변화, 개인적 성장, 영성에 대한 관심의 증가, 안녕의 증진 등이 등장하였으며, 이는 EHEs의 변용적 특성을 잘 보여 준다.

자기개방과 안녕

Palmer와 Braud(2002)는 실험 설계 및 표준화된 평가와 함께 상관 분석과 질적 주제 분석을 사용하여 EHEs의 다섯 가지 범주의 특성, 수반되는 것, 삶에 대한 영향을 연구하였다. 다섯 가지 범주에는 신비적 · 심령적 · 비일상적 죽음-관련, 조우 그리고 예외적인 정상 경험이 포함된다. EHEs를 다루는 것 또는 드러내는 것의 유익한 결과를 알아보기 위하여 EHEs를 보고한 70명의 미국인 참가자가 개별 또는 심리교육 집단에 선정되었다. 70

명의 참가자는 적게는 2가지, 많게는 101가지, 총 1,715개의 자기개방적 경험을 드러내었다. 심령적 경험이 가장 자주, 죽음과 관련된 경험이 가장 적게 보고되었다. 대다수의 참가자는 신비적/통합적 경험이 그들의 삶에 가장 깊은 영향을 미쳤으며, 가장 이로운 경험이었다고 보고하였다. 빈번한 그리고/또는 심오한 EHEs는 높은 수준의 삶의 의미와 목적, 높은 수준의 영성, '얇은' 또는 투과할 수 있는 경계, 변용적 삶의 변화에 대한 경향성과 중요한 양의 상관관계를 보였다. 자기개방은 삶의 의미와 목적, 긍정적 태도와 안녕, 감소된 스트레스 증상과 중요한 양의 관계를 나타내었다.

연구 참가자들은 '자기개방' 중재를 통해 단지 그들의 경험을 피상적으로 이야기하는 것에서 보다 깊고 보다 확장된 자기개방으로 나아감으로써 그들의 경험을 새로운 방식으로 공유할 기회를 가졌다(Palmer & Braud, 2002). 더 깊은 지각과 자기개방은 그 경험을 둘러싼 어떤 두려움에 대하여 다룰 수 있도록 하였고, 그로 인해 더 긍정적인 의미와 영향에 대하여 발견할 수 있도록 하였다. 질적 데이터에서 볼 수 있는 새로운 주제들은 EHEs에서 중요한 수반물들을 확인해 주었다. 안녕에 대한 측면이 질적 데이터에서 드러났으며, 이는 특성들의 군집cluster 또는 안녕 군집 또는 **건강 신드롬**에 대한 증거들을 제시하였다. 이 그룹에 포함된 것들은 증가된 의미, 개방성 그리고 욕구와 관련된 측면, 자기개방의 유익한 측면들, 증가된 긍정적인 생리적·심리적 태도 그리고 다양한 영성적 측면이다. 변용적 변화에서의 또 다른 주제들도 또한 나타났다.

EHEs의 '확장과 축적'

Braud와 Associates(2007)에서는 Fredrickson(2009)의 긍정적 감정의 확장과 축적 모델과 관련한 두 가지 연구를 새로운 문맥—EHEs의 그것—에서 진행하였다. 먼저, Braud와 그의 연구원들은 144명의 참가자들에 대하여 가상의 일상적 경험을 통제(대조)군으로 하여 가상의 선택된 EHEs를 회상하도록 한 후, 응답자들의 대답이 '확장'—즉, 보다 많고, 광범위하고, 열려 있는—되었는지의 여부를 관찰하는 혼합방법론 연구를 고안하여 수행하였다.

연구는 일상생활 속에서 EHEs를 한다고 보고했던 회상 집단[5]에게서 두 가지 유형의 '확장'을 발견하였다. 상관관계 분석 결과를 통해 첫 번째 유형을 볼 수 있었는데, 응답이 긍정적인 감정과 더불어 보다 넓어지고 확장되고 열린 형태를 가지게 됐다는 것이다. 또한

5) 앞에서 언급한 EHEs를 회상한 집단.

자기-도식화self-schema를 통한 평가는 두 번째 유형을 보여 주었는데, 이는 "자신의 정체성에 대한 보다 넓고 포괄적인 인정인 '확장'"이다(p. 4). 가상의 회상 그룹을 대상으로 한 질적 연구 결과, 보다 자아초월적 · 영적 특성에 열려 있는 응답들을 시사하였는데 이는 Fredrickson(2002)이 제안한 긍정적 감정에 대한 '확장' 가설과 일관되는 것이다.

후속 질적 연구에서는 확장과 축적 모델에서 축적 측면을 영적 EHEs들과 관련하여 탐색하였다. 일상생활에서 자연스럽게 EHEs들을 경험한 50명의 새로운 참가자는 그들의 중요하고 극적이고 또는 심오했던 EHEs들의 특성, 촉발 요인, 부가적 현상, 의미, 사후 효과에 대하여 답하였다. '축적'과 관련된 질문에는 그 EHEs에 대처했던 경험, 부수적 효과, 사후 효과의 영향들이 포함되어 있었다. 연구 결과, 두 세트의 주제가 등장했다. 9가지의 주요 주제는 EHEs가 참가자들이 어떻게 보다 효과적으로 스트레스, 고난, 문제 해결에 대처하도록 도왔는지에 대한 것이었다. 48명의 참가자가 보고한 8가지의 주제 또는 영역에서는 EHEs가 그들의 안녕, EHEs에 의해 가장 많은 영향을 받았다고 보고된 영적 안녕이 증진되도록 도왔다는 점을 잘 보여 주었다.

삶과 일에서의 영향

Palmer와 Braud(2010)는 한 질적 연구에서 심령적 경험을 보고한 **자아초월심리학 연구소**Institute of Transpersonal Psychology(지금의 소피아 대학Sofia University)의 자원 참가자 65명(교직원, 학생, 행정팀, 스태프, 동문)을 대상으로 삶과 일에서의 영향—자아초월적 측면을 포함하여—을 탐색하였다. 참가자들은 최대 3개의 심령적 경험을 보고하였으며, 가장 중요하고 극적이고 의미 있었던 경험 그리고 그것과 관련된 삶과 일에서의 영향에 대하여 서술해 달라고 요청받았다. 총 20가지 유형의 150개의 심령적 경험이 보고되었다. 14가지 유형은 질적 주제적 내용 분석 데이터 결과에서 등장하였다. 연구 결과, 83%는 안녕의 증진(전반적인 신체적 · 생리적 · 영적 행복)을, 71%는 삶에서의 영향(변화된 삶, 삶에 대한 깊은 영향, 가르침을 받게 됨, 삶에서의 교훈, 이후의 삶에 대한 관심에 영향을 미침)을, 66%는 이해의 증진, 자기실현의 촉진, 새로운 자아개념을 보고하였다. 43%는 증진된 성장, 영적 성장, 심리영적psychospiritual 성장을 보고하였다. 또한 심령적 경험에 대한 이해와 확신, 의식과 자각의 증진, 일에 대한 영향, 연결감의 증진, 탐구와 질문의 촉진, 삶에 대한 믿음과 확신의 증진, 실행에 대한 요구, 증진된 사랑과 감사의 느낌, 자기개방 등도 보고되었다. 이 연구는 Fredrickson(2002)의 긍정적 감정에 대한 '확장과 축적' 모델과 EHEs의 역할 간의 관계에 대한 생각을 보다 확장시켰다.

의미 부여meaning making

1982년 Twemlow, Gabbard와 Jones는 339명의 유체이탈 경험자들을 대상으로 대규모 연구를 수행하였다. Gabbard와 Twemlow(1984)는 유체이탈 경험자는 이 경험을 대부분의 경우 사소한 경험으로 여기지 않으며, 목적과 의미를 가지고 있고, 그 효과가 아주 오래 지속되며, 종종 경험자들의 인생에 지대한 영향을 미친다고 강조하였다. 연구 참가자의 과반수가 그들의 인생이 바뀌었다고 보고하였다. 참가자는 일반적으로 경험하는 동안 참착함, 평화로움, 고요함을 느꼈다고 보고하였으며, 그 경험을 통해 즐거움, 자신의 경험을 타인과 나누고자 하는 욕구, 현실에 대한 더 큰 깨달음, 사후 세계의 믿음에 대한 변화와 같은 긍정적인 의미와 영향력을 느꼈다고 하였다. Gabbard와 Twemlow(1984)는 이 연구를 통해 가장 명백한 것으로 참가자들의 유체이탈 경험에 대한 묘사가 절정과 신비적 경험을 암시한다는 점에 주목하였다.

Kennedy, Kanthamani와 Palmer(1994)는 무작위로 선정된 듀크 대학의 학생 500명을 대상으로 설문조사를 통해 그들이 초월적 혹은 영적 경험(평화, 전체 창조물과 합일되는 압도적인 느낌 혹은 성스러운 존재에 대한 강한 내적 감각) 및 심령적 경험, 즉-초능력, 예지precognition, 텔레파시, 마음으로 사물에 영향 주기mind-over-matter 그리고 유체이탈을 한 적이 있는지를 질문하였다. 105건의 응답 중 59%가 이러한 경험이 있다고 응답하였으며, 이 중 41%는 심령적 경험을, 42%는 초월적 경험을 하였다고 답하였다. 초월적 경험을 했다는 응답 중 91%와 심령적 경험을 했다는 응답 중 46%는 그러한 경험이 가치 있다고 여겼다. 구체적으로 이 연구는 한 개인이 이러한 이례적인 경험과 긍정적으로 연관되어 있는 목적과 의미(예술적 창조력을 표현하거나 영적 또는 종교적 믿음을 목격하는 것)를 갖는 데 기여하는 두 가지 요소를 발견하였다. 결과에 따르면, 심령적 또는 영적 경험을 했다고 보고한 학생들은 인생의 의미에 대한 감각이 더 뛰어났으며, 특히 종교적이고 영적인 믿음을 목격한 참가자들은 건강한 라이프 스타일을 보고하는 경향이 있었다.

이례적인 경험의 영향과 의미를 더 깊이 발견하고 이해하기 위해서 Wilde와 Murray(2010)는 그들의 해석 현상학적 분석Interpretative Phenomenological Analysis: IPA을 그들의 질적 접근 방식의 도구로 사용하여 유체이탈 경험과 근사체험을 연구하였다. 이러한 경험을 한 15명의 참가자가 모집되어 인터뷰에 참가하였다. 세 가지의 핵심적인 주제가 연구 데이터를 통해 다루어졌는데, 비일상적인 경험을 공개하는 방법과 기술, 비일상적인 경험을 통합하는 것 그리고 비일상적인 경험의 본질과 자아에 대한 변용적인 효과 또는 영향이다.

비록 몇몇 참가자는 그들의 자연적인 유체이탈 경험을 공개하고 싶은 강한 욕망이 있었지만, 그러한 공개는 가족이나 회사에서 이상하게 비춰지곤 하였으며 참가자들은 어떠한 정보를 누구와 공유해야 하는지 잘 몰랐다(Wilde & Murray, 2010). 몇몇 참가자들에게 이 연구는 그들의 유체이탈 경험을 공개할 수 있는 첫 번째 기회가 되었다. 연구를 통해 이러한 비일상적 경험에 대한 사회의 일반적인 관점과 관련된 중요한 이슈들이 다루어졌다. 참가자들이 그들의 경험에 어떠한 해석을 부여했는지가 이 연구의 중요한 측면이었다. 예를 들어, 한 참가자는 이러한 경험을 아주 가치가 높고 그러한 경험이 '소중하게 간직되고 보호되어야' 하며, '정당화되거나 설명되어서는' 안 된다고 여겼다(Wilde & Murray, 2010, p. 64)

저자는 이러한 경험들이 경험자가 자아에 대한 인식을 발전시키는 데 영향을 줬으며, 또한 행동과 창의적 문제 해결의 새로운 적응적 양식으로 작용하였다고 언급하였다(Wilde & Murray, 2010). 이러한 예상치 못한 경험으로부터 보다 많은 의미를 창출해 내는 과정 속에서 참가자들은 최초의 혼란 상태에서부터 그러한 경험을 긍정적이고 삶을 풍요롭게 해 주는 사건으로 해석하는 자들로 변화해 갔다. 마지막으로, 저자는 이러한 비일상적인 경험을 연구하고 극복해 나가는 일의 의미와 영향이 보다 커져야 한다는 것을 강조하였는데, 이는 이러한 연구가 환자의 경험을 다루는 의료계 또는 심리학자에게 유용할 수 있기 때문이다.

EHEs의 실제적 특성

실제적이고 유용성에 입각한 EHEs의 특성은 이러한 경험들을 반갑고, 귀중하고, 명예롭고, 감사하게 만들어 준다. EHEs는 극적이면서 인생을 바꾸는 영향력을 가질 수 있고, 상대적으로 덜 극적인 EHEs도 일상생활 속에서 동일하게 중요한 역할을 할 수 있다. 물론 여전히 다른 EHEs들은 난해하거나 혹독한 경험일수록 부정적인 측면이나 부정적인 여파를 가질 수도 있다. 이러한 경험들은 두려움을 유발하여 노출되었을 때 공포나 반발을 일으킬 수 있으며, 미치거나 이상해질 수 있다는 두려움, 그러한 경험에 대한 모순된 감정 또는 자신의 현재 정체성이나 세상을 보는 관점에 그러한 경험을 끼워 맞추는 데 어려움을 유발할 수도 있다. 후속적으로 그러한 경험들은 봉인되고 거부되어 비밀로 간직될 수도 있다. 그러한 경험을 극복하고 겪으면서 두려움과 반발에 직면하는 것은 자아의 변용을 일으킬 수 있으며, 자신과 삶, 세상에 대한 관점을 변화시킬 수도 있다. 개인이 EHEs를 극복하여 그것의 긍정적이고 유용한 의미를 찾아내어 의미 있는 해석을 이끌어 내고, 그것의 완전한 가치를 찾아내는 데 도움을 줄 수 있는 여러 접근 방법이 존재한다. 예를 들어, Hastings(1983)는 EHEs에서 발생할 수 있는 공포와 걱정을 극복할 수 있는 심리상담 접근법을 제공하였으며, 이와 함께 이 가치 있고 유용한 경험들을 다루는 실용적인 지혜를 제공하였다. Palmer(1999)는 EHEs의 개방을 장려하고 그것의 잠재적인 의미와 영적인 측면을 강화하기 위한 영적 가이드를 제안하였으며 또한 이를 위한 심리교육적 집단 작업 절차를 제안하였다. White(1998b)가 언급한 EHEs의 자서전 절차는 한 사람의 일생에 걸친 경험을 기록하는 방법을 제공하였다. Pennebaker(2004)의 독특한 글쓰기 절차는 보다 어려운 EHEs에 대하여 글을 쓰는 방법을 제공하였다. Rominger(2010)는 예술에 입각한 절차를 활용함으로써 EHEs, 특히 근사체험을 창의적이고 유용한 방법으로 극복하는 방법에 주목하였다.

역사는 EHEs와 유사한 경험들에 대한 언급이 인간이 언어를 가진 시점 이후 계속 존재해 왔다는 것을 알려 준다. 이러한 경험은 TV 프로그램이나 영화에서 보여 주는 흡입력을 통해 증명되듯이 오늘날의 문화에 명백하게 자리 잡고 있다. 그러나 일상생활을 살아가는 사람들이 이러한 경험을 공개하는 경우는 드물다. 만약 EHEs가 다루어진다면, 이러한 경험들이 중요하지 않다고 설명하기 위해서이거나 이러한 경험 또는 경험자를 판단해 버리기 위한 경우가 많다. White(1997)는 이러한 경험들이 몇몇 중요한 역사적 사건의 배후에 있으며, 이는 중요한 발명, 이론 그리고 발견과 관련된 경우가 많다고 상기하였다. EHEs는 많은 삶을 바꾸었으며, 많은 이를 구하였고, 많은 자를 변용시켰다. 그러한 경험들은 우리가 인간으로서 경험할 수 있는 가장 중요한 경험으로 다루어져 왔다. 따라서 EHEs를 인지하고 이해하는 것은 중요하며, 그러한 경험에 감사하고 건강하고 긍정적인 경험으로 변영시키는 것 또한 중요하다.

참고문헌

Arcangel, D. (2004). The afterlife encounter survey: Phase 1. *Journal of the American Society for Psychical Research, 98*(3-4), 121-145.

Arcangel, D. (2005). *Afterlife encounters: Ordinary people, extraordinary experiences.* Charlottesville, VA: Hampton Roads.

Armstrong, J., & Armstrong, A. (2010). *Awakening the divine within: Kundalini the gateway to freedom.* New York, NY: iUniverse.

Braud, W. (1994). Honoring our natural experiences. *Journal of the American Society for Psychical Research, 88*(4), 293-308.

Braud, W. (2003). Nonordinary and transcendent experiences: Transpersonal aspects of consciousness. *Journal of the American Society for Psychical Research, 97*(1-2), 1-26.

Braud, W. (2012). Health and well-being benefits of exceptional human experiences. In C. Murray (Ed.), *Mental health and anomalous experience* (pp. 107-124). New York, NY: Nova Science.

Braud, W., & Associates. (2007, August). *Extending positive psychology's "broaden-and-build" theory to a spiritual context.* Paper presented at the 115th Annual Convention of the American Psychological Association, San Francisco, CA.

Brown, S. V. (1998). The EHE process: The objective standpoint. In R. A. White (Ed.), *Exceptional human experience: Special issue, background papers II. The EHE Network, 1995-1998: Progress and possibilities* (pp. 51-52). New Bern, NC: Exceptional Human Experience Network.

Brown, S. V., & White, R. A. (1997). Triggers, concomitants, and aftereffects of EHEs: An exploratory study. *Exceptional Human Experience, 15*(1), 150-156.

Cardeña, E., Lynn, S. J., & Krippner, S. (2000). Introduction: Anomalous experiences in perspective. In E. Cardeña, S. J. Lynn, & S. Krippner (Eds.), *Varieties of anomalous experience: Examining the scientific evidence* (pp. 3-24). Washington, DC: American Psychological Association.

Dossey, L. (2011). Dying to heal: A neglected aspect of NDEs. *Explore, 7*(2), 59-62.

Dowdall, S. A. (1998). Roots of the spirit: Interrelationships among ecological actions and attitudes, nature-related exceptional human experiences, spirituality, and well-being. *Dissertation Abstracts International, 59*(05) 0669B (UMI #9833350).

Driver, T. F. (1991). *The magic of ritual: Our need for liberating rites that transform our lives and our communities.* San Francisco, CA: HarperSanFrancisco.

Farha, B., & Steward, G. (2006). Paranormal beliefs: An analysis of college students. *Skeptical Inquirer, 30*(1), 37-40.

Ferrer, J. N. (2002). *Revisioning transpersonal theory: A participatory vision of human spirituality.* Albany, NY: State University of New York Press.

Ferrer, J. N. (2011). Participatory spirituality and transpersonal theory: A ten-year retrospective. *Journal of Transpersonal Psychology, 43*(1), 1-34.

Fredrickson, B. L. (2009). ***Positivity: Top notched research reveals the 3 to 1 ratio that will change your life.*** New York, NY: Random House.

Fredrickson, B. L., & Losada, M. F. (2005). Positive affect and the complex dynamics of human flourishing. *American Psychologist, 60*(7), 678-686.

Gabbard, G. O., & Twemlow, S. W. (1984). ***With the eyes of the mind: An empirical analysis of out-of-body states.*** New York, NY: Praeger.

Grof, S. (1973). Varieties of transpersonal experiences: Observations from LSD psychotherapy. *Journal of Transpersonal Psychology, 4*, 45-80.

Haraldsson, E., & Houtkooper, J. M. (1991). Psychic experiences in the multinational human values study: Who reports them? *Journal of the American Society for Psychical Research, 85*(2), 145-165.

Harris Interactive. (2008). More Americans believe in the devil, hell and angels than in Darwin's theory of evolution: Nearly 25% of Americans believe they were once another person. Retrieved from http://www.harrisinteractive.com/harris_poll/index.asp?PID=982

Hastings, A. (1983). A counseling approach to parapsychological experience. *Journal of Transpersonal Psychology, 15*(2), 143-167.

Hastings, A. (1991). ***With the tongues of men and angels: A study of channeling.*** Fort Worth, TX: Holt, Rinehart and Winston.

Kennedy, J. E., & Kanthamani, H. (1995). An exploratory study of the effects of paranormal and spiritual experiences on people's lives and well-being. *Journal of the American Society for Psychical Research 89*, 249-264.

Kennedy, J. E., Kanthamani, H., & Palmer, J. (1994). Psychic and spiritual experiences, health, well-being, and meaning in life. *Journal of Parapsychology, 58*, 353-383.

Maslow, A. H. (1964). ***Religion, values, and peak-experiences.*** Columbus, OH: Ohio State University Press.

McClenon, J. (1994). ***Wondrous Events.*** Philadelphia, PA: University of Pennsylvania Press.

Mitchell, E. D. (1974). ***Introduction: From outer space to inner space.*** New York, NY: G. P. Putnam's Sons.

Moore, D. W. (2005). Three in four Americans believe in paranormal: Little change from similar results in 2001. *Gallup Poll News Service.* June 16. Retrieved from http://www.gallup.com/poll/16915/Three-Four-Americans-Believe-Paranormal.aspx

Newport, F., & Strausberg, M. (2001). ***Americans' belief in psychic and paranormal phenomena is up over last decade.*** Retrieved April 30, 2010 from http://www.gallup.com/poll/4483/americans-belief-psychic-paranormal-phenomena-over-last-decade.aspx

Palmer, G. T. (1999). Disclosure and assimilation of exceptional human experiences: Meaningful, transformative, and spiritual aspects. *Dissertation Abstracts International, 60*(05) 0669B (UMI #9932122).

Palmer, G., & Braud, W. (2002). Exceptional human experiences, disclosure, and a more inclusive view of physical, psychological, and spiritual well-being. *Journal of Transpersonal*

Psychology, 34, 29-61.

Palmer, G., & Braud, W. (2010). *Psychical experiences and their life and work impacts for members of a professional academic transpersonal community*. Unpublished manuscript.

Palmer, J. (1979). A community mail survey of psychic experiences. *Journal of the American Society for Psychical Research, 3*(3), 221-251.

Pennebaker, J. W. (1995). *Emotion, disclosure, & health*. Washington, D.C.: American Psychological Association.

Pew Research Center. (2009, December). *Eastern, new age beliefs widespread: Many Americans mix multiple faiths*. Retrieved December 23, 2009 from http://pewforum.org/newassets/images/reports/multiplefaiths/ multiplefaiths.pdf

Rice, T. W. (2003). Believe it or not: Religious and other paranormal beliefs in the United States. *Journal for Scientific Study of Religion, 42*(1), 95-106.

Ring, K. (1991). Amazing grace: The near-death experience as a compensatory gift. *Journal of Near-Death Studies, 10*(1), 11-39.

Roberts, J. (1974). *The nature of personal reality*. Englewood Cliffs, NJ: Prentice-Hall.

Roberts, J. (2001). *The afterdeath Journal of an American philosopher: The world view of William James*. Manhasset, NY: New Awareness Network.

Rominger, R. (2010). Postcards from heaven and hell: Understanding the near-death experience through art. *Art Therapy: Journal of the American Art Therapy Association, 27*(1), 18-25.

Stanford, R. G. (1974). An experimentally testable model for spontaneous psi events. *Journal of the American Society for Psychical Research, 68*(1), 34-57.

Stiles, W. B. (1995). Disclosure as a speech act: Is it psychotherapeutic to disclose?. In J. W. Pennebaker (Ed.), *Emotion, disclosure & health* (pp. 71-91). Washington, D.C.: American Psychological Association.

Twemlow, S. W., Gabbard, G. O., & Jones, F. C. (1982). The out-of-body experience: A phenomenological topology based on questionnaire response. *American Journal of Psychiatry, 139*(4), 450-455.

White, R. A. (1993). Working classification of EHEs. *Exceptional Human Experience: Background Papers, 11*(2), 149-150.

White, R. A. (1997). Dissociation, narrative, and exceptional human experience. In S. Krippner & S. Powers (Eds.), *Broken images, broken selves: Dissociative narratives in clinical practice* (pp. 88-121). Washington, D.C.: Brunner-Mazel.

White, R. A. (1998a). The EHE process: The subjective standpoint. In R. A. White (Ed.), *Exceptional human experience: Special issue, background papers II. The EHE Network, 1995-1998: Progress and possibilities* (pp. 49-50). New Bern, NC: Exceptional Human Experience Network.

White, R. A. (1998b). How to write an EHE autobiography. In R. A. White (Ed.), *Exceptional human experiance: Special issue, background papers II. The EHE Network, 1995-1998: Progress and possibilities* (pp. 81-83). New Bern, NC: Exceptional Human Experience Network.

White, R. A. (2000). *List of potential EE/EHEs* (3rd ed.). Retrieved July 1, 2012 from http://www.ehe.

org/display/ehe-pagedc08.html?ID=3

White, R. A., & Brown, S. V. (1998). Classes of EE/EHEs. In R. A. White (Ed.), *Exceptional human experience: Special issue, background papers II. The EHE Network, 1995-1998: Progress and possibilities* (pp. 43-45). New Bern, NC: Exceptional Human Experience Network.

White, R. A., & Brown, S. V. (2000). *Dictionary of EHE-related terms: An experiencer's guide.* Retrieved July 29, 2012 from http://www.ahhh-thelight.com/rw_ehe_terms.htm

Wilde, D. J., & Murray, C. D. (2010). Interpreting the anomalous: Finding meaning in out-of-body and near-death experiences. *Qualitative Research in Psychology, 7*(1), 57-72.

Zangari, W., & Machado, E. R. (1996). Survey: Incidence and social relevance of Brazilian university students' psychic experiences. *European Journal of Parapsychology, 12*, 75-87.

번역 출판

Fredrickson, B. (2002). Positive emotions. In C. R. Snyder & S. J. Lopez (Eds.), *Handbook of positive psychology* (pp. 120-134). New York, NY: Oxford University Press. (이희경 역. 긍정심리학 핸드북. 서울: 학지사, 2008).

James, W. (1958). *The varieties of religious experience: A study of human nature.* New York, NY: Penguin Classics. (Original work published 1902). (김재영 역. 종교적 경험의 다양성. 서울: 한길사, 2000).

Pennebaker, J. W. (1997). *Opening up: The healing power of expressing emotions.* New York, NY: Guilford Press. (김종한, 박광배 역. 털어놓기와 건강. 서울: 학지사, 1999).

Pennebaker, J. W. (2004). *Writing to heal: A guided Journal for recovery from trauma and emotional upheaval.* Oakland, CA: New Harbinger Press. (이봉희 역. 글쓰기 치료. 서울: 학지사, 2007).

Roberts, J. (1970). *The Seth material.* Englewod Cliffs, NJ: Prentice-Hall. (서민수 역. 세스 매트리얼. 서울: 도솔, 2001).

제19장

심현제-유도 체험

James Fadiman, Andrew Kornfield

이 장은 심리학에 대한 자아초월적 접근의 관점에서 심현제가 의식에 어떤 영향을 주는지에 관한 고찰을 담았다. 앞의 질문을 파악하는 데 있어, 특히 자아초월심리학적 관점이 적합한 이유는 이 심리학이 지금껏 변성의식 상태altered states of consciousness에 대해 계속적인 관심을 가져왔을 뿐 아니라(Hartelius, Caplan, & Rardin, 2007; Tart 1975), 심현제[1] 연구에도 다년간 지속된 연관성이 있기 때문이다. 『자아초월심리학 학술지』와 **자아초월심리학협회**의 몇몇 초창기 설립자는 이 분야의 창시 전부터 심현제 관련 연구에 참여했으며, 자신의 세계관에 동조하는 새로운 연구 주제를 밝혀냈다(Roberts & Winkelman, 이 책에서).

반면, 역사상 주류 심리학에서는 이러한 연구 분야와 거리를 두어 왔는데, 그 이유는 아마도 부분적으로는 심현제-유도 효과의 상당수의 보고서가 일반과학에 의해 등한시되고 인정되지 않거나 병리적이라고 여기는 자료를 포함하기 때문이다. 이러한 효과에는 유체이탈의 경험, 의식의 영성적 혹은 초월적transcendent 상태, 자신의 성격과의 탈동일시 그리

1) psychedelic: 1957년 오스먼드Humphry Osmond는 환각제라는 뜻의 hallucinogen가 정신장애를 연상시킴으로써 그는 psychedelic이란 용어를 만들어 내었는데, 이것은 고대 그리스어의 '정신'과 '드러냄(현재顯在)'의 합성어로서 우리 내면의 깊은 정신을 드러내 보여 준다는 의미를 갖는다. 하지만 국내에서는 환각제라고 부름으로써 전적으로 부정적인 의미로 왜곡되어 사용되고 있다. 따라서 이 책에서는 용어의 원래 의미를 살려 심현제心顯劑로 번역한다[권정기 역(2017). 지각의 문. 김영사. p. 20 참조].

고 자연 치유가 있다. 토착 세계에서 심현제의 효과는 점술, 영적 세계, 식물계와의 교신, 초상 현상paranormal phenomenon 전반을 포함한다. 최근 심현제 관련 연구에 대해 주류 심리학이 좀 더 관대해진 자세로 바뀌어 가고 있음에도 불구하고(Friedman, 2006), 여전히 관련 자료와 영향을 진지하게 받아들이기에는 상당히 조심스러워하는 부분이 있다.

심현제 체험의 양상

심현제는 크게 3개의 관련 그룹으로 나뉜다. 가장 많이 연구가 진행된 첫 번째 그룹에는 리세르그산다이에틸아마이드 또는 LSD-25(이후 LSD), 실로사이빈, 메스칼린과 특정 나팔꽃 씨앗, 하와이안 나무장미,[1] 버섯, 피요테 선인장, 산 페드로와 여타를 포함하는 식물과 버섯균류가 포함된다. 두 번째 그룹의 중요 구성물에는 주로 의례儀禮 때 쓰이는 물질인 다이메틸트립타민DMT, 아야와스카ayahuasca와 이보가인ibogaine을 포함한다. 세 번째 그룹에는 '알파베타민'이 있는데, 이렇게 이름 붙인 이유는 이들이 아민 그룹에 속해 있으면서 다방면으로 아직 조사되지 못한 심리적 영향 범위와 발생된 조합의 목록이 끊임없이 확장하고 있음을 의미하기 때문이다(www.Erowid.org, 2012).

심현제는 또한 이들이 속해 있는 화학적 등급에 의해서도 기술될 수 있다. 대다수가 LSD, DMT, 실로사이빈과 같은 트립타민이거나 메스칼린(일종의 홍분제), MDMA(3, 4-메틸렌디옥시-N-메탐페타민)와 2C-B(4-브로모-2, 5-다이메톡시펜에틸아민) 같은 것이다. 비록 몇몇 전문가가 MDMA를 비-심현제 물질로 보고 있지만, MDMA는 지속적으로 영성적이고 치유적인 효과를 가진 다른 심현제와 비슷한 몇 가지의 속성을 보여 준다. 어떤 연구자들은 자연 발생적인 심현제 물질과 화학적 합성 물질로 분류하고, 다른 연구자들은 그 독성 수준에 따라 구별하고 있다. 이 장에서는 첫 번째 그룹과, 특히 LSD 연구에 관해 더 많은 초점을 기울이고자 한다.

심현제 효과

LSD-25는 Hoffman 박사(1979/2005)에 의해 화학적으로 합성된 리세르그산lysergic acid의 25번째 변이물이다. 다른 몇 가지 리세르그산의 동종同種물들은 편두통의 치료와 같은 쓰임으로 산도스Sandoz 제약 회사의 의약품으로 판매되었다. LSD-25는 처음에 관련 동물 실험에서 흥미를 끌 만한 어떤 것도 밝혀내지 못하는 바람에 내팽개쳐지고 거의 잊혀졌다. 1943년 Hoffman은 LSD-25에 대해 재실험할 충동을 느끼고, 실수로 아주 소량을 자신의 몸에 적용해 보게 되었다. 그 나머지는 두말할 필요 없는 역사가 되었다. 한동안 LSD는 세상에서 가장 연구가 많이 진행된 정신의학 약품이 되었다. 이러한 연구를 바탕으로 흡수된 LSD나 첫 번째 그룹의 다른 심현제 물질은 다음 이어질 결과 중 어떤 부분에도 이르게 할 수 있다는 점이 밝혀지게 되었다.

정신증 모델링 이 물질은 정신증적 경험을 일으킬 수 있다(Grof, 2008). Stanislav Grof는 이 특성이 정신건강 종사자들에게 정신증psychosis 환자가 겪는 극심한 공포를 체험할 기회를 주는 데 적용될 수 있다는 점을 제시하였다.

정신건강의 향상 심현제의 사용은 성인 정신건강 클리닉에서 발견되는 만성화된 신경증 유형과 문제들의 경감을 가져온다(Fadiman, 2011; Grof, 2008; MacLean, Johnson, & Griffiths, 2011; Savage, Fadiman, Savage, & Harman, 1964).

만성 알레르기의 경감 또는 제거 Weil(2004)은 가벼운 수준의 LSD 복용 동안 평생 갖고 있던 고양이 비듬dander 알레르기가 치료되었다. 첫 번째 저자는 만성 알레르기의 영구적인 경감 또는 제거에 대한 다른 보고서를 수집하였다. 예를 들어, 여호수아(2011년에 나눈 개인 대화)는 앤드류의 사례에 고무되어 다음과 같이 말했다. "LSD를 섭취한 처음이자 마지막 경험에서 저는 정말 오랫동안 제게 알레르기 반응을 일으켰던 꽃가루에 일부러 노출했어요. 벌판에서 LSD를 복용했고, 꽃과 풀 냄새를 코로 맡으면서 나 자신에게 말했죠. '더 이상 알레르기 반응을 일으킬 필요는 없어.'라고. 정말 알레르기 반응은 일어나지 않았어요. 그날 이후로 더는 알레르기 물질에 대한 반응은 일어나지 않았어요." 앤드류에 의해 고무된 또 다른 사례로 팀(2012년에 나눈 개인 대화)은 다음과 같이 말했다. "저는 심현제 버섯에 대해 놀랄 만한 경험을 했어요. 제가 섭취한 양은 비교적 적습니다(약 1.75g). 명상 도중 저는, 특히 알레르기가 사라지길 '바라면서' 또 알레르기를 '물리쳐서' 몸이 균형을 잡는 부분에 꽤 열심히 집중했죠… 다음 날… 저는 그 전날 밤 굉장한 경험을 했기 때문인지 놀라운 기분을 느끼고 있다는 점에 주목했습니다… 그다음 날에도 계속 같은 기분을 느꼈고, 저는 알레르기 약을 끊게 되었습니다. 오늘까지(그 후로 약 9개월이 지난) 어떠한 약도 필요하다는 생각을 해 본 적이 없으며, 그 어떤 알레르기도 없었어요… 10년간 내내, 그러니까 제 인생의 절반가량을 계속 알레르기로 고통받고 매일 약을 복용했는데, 이건 정말 기가 막히네요."

군발성群發性 **두통** 종종 모든 두통 중 가장 괴로운 것으로 생각되는 군발성 두통cluster headache은 현재까지 이를 방지하는 데 효과적이라고 증명된 어떤 의학치료법도 존재하지 않는다. 그러나 군발성 두통 중에 실로사이빈이나 LSD를 사용한 92%의 개인이 예상되는 두통을 표면적으로는 방지했다는 점이 보고된 바 있다(Sewell & Halpern, 2007; www.Clusterbusters.com).

알코올 중독의 경감 1960년대에 진행했던 관련 연구를 보고한 Hoffer(1970)는 다음과 같은 점에 주목하였다. "한 가지 놀라운 결론은 알코올 중독에 심현제 치료(대량 투여)를 사용한 모든 과학자가 회복에 있어 동일한 비율을 보인다는 것입니다… 약 50%가 절주 상태를 유지하거나 술을 훨씬 덜 마실 수 있게 되었다는 것입니다"(p. 361). 대부분의 관련 연구에서 LSD는 이전 치료법이 수차례 실패한 후, 특히 금주나 절제가 전혀 되지 않는 치료에 저항적인treatment-resistant 나이 든 알코올 중독자들에게 투여되었다. LSD의 합법적 사용이 박탈되기 이전 캐나다 서스캐치원Saskatchewan 지방 공중 보건부에서는 알코올 중독에 있어 LSD 일회 대량 투여 요법은 "더 이상 실험적인 것이 아니며" "처방에 따라 사용되어야 하는" 것으로 여겨야 한다는 점을 분명히 밝힌 바 있다(Unger, 1962, p. 5).

과학의 진보 한 연구에서는 심현제가 빔 조종 선형 가속장치의 개발을 포함해 광자光子의 새로운 형태, 진동 미분음 또는 상업용 건축 디자인에 대한 복잡한 난제에의 창의적 통찰을 생성하는 데 유용하다고 보고했다(Harman, McKim, Mogar, Fadiman, & Stolaroff, 1966). 노벨상 수상자인 크릭Francis Crick과 멀리스Kary Mullis는 자신들의 발견은 부분적으로 LSD 사용 덕분이었다고 했다(Brown, 2013) 크릭은 DNA의 이중적 나선 구조를 공동 발견했으며, 멀리스는 중합효소 연쇄반응PCR이라 불리는 분자생물학에서 가장 폭넓게 쓰이는 기술을 발명했다.

불안의 경감 말기 환자들에게 쓰이는 심현제 치료는 불안을 완화시키는 데 효과가 있는 것으로 보인다(Grob et al., 2011; Grob & Danforth, 2013; Kast, 1970; Kolp, Young, Friedman, Krupitsky, Jansen, & O'Connor, 2007).

신비 체험 심현제 물질은 때때로 심오한 초월적이거나 신비한 체험을 낳는다. 몇몇 사람은 이러한 경험을 자신의 인생에서 가장 중요한 경험으로 생각한다(Doblin, 1991; Griffiths, Richards, McCann, & Jesse, 2006, 2008; Huxley 1954, 1956; MacLean et al., 2011;

Pahnke, 1967).

삶의 질 향상 극소량(가벼운 수준의 복용량의 5분의 1 내지는 10분의 1의 양인 10~20㎍ 정도의 LSD)을 섭취한 개인은 첫 번째 저자에게 감각이나 시각상의 증진이나 왜곡 없이 일상 활동과 자기-자각이 향상되었음을 보고했다. 찰스(Fadiman, 2011; 별도로 기술되지 않는 한 쓰는 필명)가 관찰한 바는 "일어날 것만 같은 일은 Mihaly Csikszentmihalyi가 묘사한 '몰입flow' 공간이… 훨씬 더 쉽게 접근 가능하며, 그 안에 머무를 수 있다는 것이다… 당신은 직업적으로 해야 할 일들을 하고 있고, 심지어 그것을 잘 해내고 있으며, 시간은 빠르게 흐르고 당신은 스스로의 산출물에 기뻐합니다."였다(p. 201).

매들린은 다음과 같이 전했다. "기본량 이하의 복용은… 저의 집중력을 높여 주고, 마음을 열게 하며, 획기적 결과를 얻도록 하여 남아 있는 모든 것을 저의 일상 안에 통합해 주었어요"(Fadiman, 2011, p. 203).

그레이는 "이러한 민감함에서 비롯한 결과 중 하나는 저의 기타 연주가 더 집중되고 기민해졌다는 것입니다… 그 밤 저의 연주는 분명 더욱 정확하게 들어맞았습니다. 더불어 가사를 기억하는 능력이 보통 때보다 눈에 띄게 월등해졌다는 것도 알게 되었죠"(Fadiman 2011, p. 208; 승인 후 실명 사용)라고 말했다.

재넷(19세)은 일기장에 다음과 같이 적었다. "4월 25일: 극소micro의 날. 침착하게 학교 수업 내내 받았던 다양한 정서적 장애물blocks을 들여다보았고, 많은 무의식적 자료가 처리되는 느낌을 받았다"(미출간 보고서).

이러한 다양한 사례를 고려해 볼 때, 분명한 점은 이 물질은 표준 생화학 또는 제약製藥의 약력과는 맞지 않다는 점이다. 심현제 관련 연구진은 제일 먼저 영향을 주는 내·외부적 변수의 특성과 그 장점을 고려해야 할 필요가 있다. 이것들 중 가장 중요한 일은 정서적 그리고 지적 기대('태도set'), 섭취를 둘러싼 신체적이고 정신적인 분위기('환경setting')와 복용량일 것이다.

심현제 작용에 관한 이론들

인간은 본래 이성적인 존재가 아니라는 점은 이제 거의 자명한 사실이 되었다. 어렵게 보이는 쪽과 더 쉽게 보이는 쪽 중 선택을 하라고 한다면 사람들은 당연히 더 쉬운 쪽을 선택한다(Kahneman, 2011). LSD와 같은 물질의 효과성을 설명하는 일의 복잡성을 고려해 본다면 최초 이론이 단지 기존에 존재하는 과학 분야에서 비롯했다는 점은 그리 놀랄 만한 일이 아니다. 예를 들어, 만약 LSD를 단순히 또 다른 조제약의 일종으로 본다면 신체적 변화나 피험자 보고서로부터 관찰될 수 있는 주요 작용 방식을 추측해 볼 수 있을 것이다. 약을 복용하는 사람의 태도나 장소, 시간에 관계없이 아스피린이 열을 낮추고, 구토제가 구역질을 유도하며, 스타틴이 콜레스테롤을 낮추는 것처럼 LSD의 작용도 환자의 기분이나 환경에 상관없이 명백하게 측정될 수 있어야 한다. 이러한 구조 안에서 초창기 LSD에 관한 연구가 진행되었다.

가끔 실험적인 조제약이 실험실이나 병원에서 투여되었다. 약이 투여된 후 효과가 일어나길 기다리다가 냉정하게 환자의 반응을 살피고, 주요한 징후를 측정하며, 혈액을 채취하고, 소변 샘플을 요청하며, 환자에게 특정 과업의 수행을 요청할 수도 있다. 많은 환자에 관한 이 모든 사항을 기록한 후 연구자들은 새로운 물질에 관한 실제적이고 객관적이며 과학적인 분석을 끝마쳤다고 생각하는 것이다. 초창기의 이러한 종류의 실험으로부터 얻은 결과들은 LSD가 환상이나 정신 이상을 일으키는 물질로, 정상적인 피험자의 경우에는 정신 이상의 사건 동안 환자가 겪는 것과 같은 현실 왜곡을 일으킬 수 있다는 이론으로 이어졌다. 일반적으로 실험실이나 병원 환경에서 진행된 연구들에서 정서적 거리감에 대한 민감도의 증가뿐 아니라 6~12시간 동안은 보통 짜증을 내다가 때때로 겁에 질리고 공상에 가득 차고 감각-왜곡 경험을 제시하는 자료들이 만들어졌다. LSD의 몇백 마이크로그램 중 단지 극소 복용량의 효과는 정신증 증상과 연결되어 있는 영역에 들어맞는 것으로 보인다.

되짚어 보면 고양된 민감성에 대해 생소한 상태에 있는 피험자는 전문 의료적인 중립적 태도로 체온과 혈압을 측정하고, 분비액을 추출하며, LSD를 복용한 사람의 일관성 없는 진술을 무시했을 가능성이 있는 병원 직원의 케어에 대해 두려워했거나 편집적paranoid 상태가 되었을 수도 있다. 그러나 이러한 환경에서조차도 몇몇 피험자는 세상 전체가 깜짝 놀랄 만한 아름다움으로 바뀌고 은총과 사랑의 감정으로 압도당했다고 말했으며—그리고 그 당시를 커다란 개인적 통찰의 순간으로 묘사했다. 이 진술들은 주목을 받기는 했지만 약이 가진 효과의 주요한 부분으로 고려되지 않았다. 그것이 약이라고 불린다는 것은 이미 일련의 기대를 갖게 할 수 있으며, 이는 연구자뿐 아니라 피험자도 관찰 결과의 방향에 영향을 미칠 수 있다.

Hoffman(1979/2005)의 첫 번째 계획적인 LSD 체험에서조차 많은 정신증적 특징을 드러내고 있다. 그는 다음과 같이 보고했다.

악마가 나를 덮치고 나의 몸, 마음과 영혼을 손아귀에 넣었다. 나는 악마로부터 내 몸이 벗어나도록 노력하며 벌떡 일어나서 고함을 질렀지만 속수무책으로 다시 주저앉았다… 내 시야에 들어오는 모든 것은 휘어진 거울처럼 너울거리고 왜곡되고 있었다… 시간에 대한 느낌도 전혀 없었다…….

나는 조수에게 의사를 불러 줄 것을 부탁했다…….

나는 내가 미치게 될까 두려웠다. 그리고… 그 절정에서 나는 내가 나의 몸 바깥으로 나오는 느낌을 받았다. 죽게 될 것 같은 느낌이 들었다… 그 너무 힘들었던 체험, 끔찍하게 고통스러웠던 4~5시간이 지나자 기분이 바뀌기 시작했다(pp. 49-51).

그로부터 머지않아 체코의 한 젊은 정신과 의사인 Grof는 정신과 병원실의 한 귀퉁이에 앉은 채로 LSD 1회분을 투여했다. 한편으로 실험자는 섬광閃光 전구가 Grof의 경험에 어떤 변화를 주는지 알고 싶었다. 섬광 전구를 응시하던 Grof(1993)는 주변 환경에 대한 자각을 잃게 되었다.

나는 핵폭발의 진원지에서 나오는 빛 내지는 아마도 동양의 경전에서 말하는 죽음의 순간 우리에게 보이는 초자연적인 광명의 빛에 견줄 수 있을 만한 광휘radiance를 받았다.

이 벼락은 내 몸 바깥으로 나를 튕겨 버렸다. 첫 번째로 나는 인접 환경에 대한 의식을 잃어 갔다. 그러고는 정신병동, 프라하와 마침내 이 행성까지도… 나의 의식은 마치 우주 차원으로 파열되어 가는 듯했다…….

신성은 스스로 현현顯顯하였으며, 나를 20세기의 한 화학자의 시험관에서 생성된 물질을 공산주의 국가에서 시행하는 과학 실험이 한창인 한 현대과학 실험실로 데려갔다(pp. 15-16).

Grof와 다른 이들의 체험 덕분에 점차 이 물질에 대한 다른 평가가 생겨났다. 제약 회사의 여타 종류들과는 다르게 LSD와 같은 심현제 물질의 효과는 피험자의 환경뿐 아니라 정서적 상태와 태도에 크게 영향을 미쳤다. '환경'이란 신체적 환경뿐 아니라 사람의 행동과 태도를 포함한다. 오늘날 일반적으로 받아들이고 있는 이론은 긍정적인 태도와 환경에 대한 숙련된 사용은 대개 긍정적 경험으로 이어진다는 것이다.

Aldous Huxley가 처음으로 심현제를 투여 받을 무렵, 그는 자신의 집에서 편안한 상태였다. 그는 음악을 연주하는 동안 자신을 새로운 느낌과 감각 안에서 이완할 것을 격려하는 안내자, 즉 긍정적인 태도와 환경을 만드는 것에 대한 경험이 있는 심현제 물질 관련 연구자 곁에 있었다. Huxley는 자신이 돌보아지고 있으며, 그 어떤 위험도 없다고 확신하며 그렇게 했다.

우리는 바흐의 B-단조 모음곡과 '음악의 헌정Musical Offering'을 연주했고, 그 경험은 압도적이었습니다. 바흐는 천계天啓입니다. 그 곡의 박자는 바뀐 적이 없어요. 그럼에도 불구하고, 수세기를 흘러도 지속되면서 발현하죠. 예술이라는 매개를 통해 영속하는 창작물처럼… 삼라만상의 불가결한 모든 정당성의 표현처럼……(Horowitz & Palmer, 1999, p. 86).

또 다른 기회에 Huxley는 자신의 누이에게 물었다.

내가 그토록 강렬하게 느꼈던 바를 너도 느껴 봤을까?… 이런 특별한 경험을 가질 수 있는 특권에 대하여 세상 이치에 감사하며 베풀고 싶은 욕망, 압도적인 감사의 마음… 그런 다음 강렬한 자비심이 오지… 그 누구도 다시는 이와 똑같이 느낄 수는 없을 거야(Horowitz & Palmer, 1999, p. 115).

Huxley의 보고서는 수많은 정신치료자와 과학자의 개인적 체험을 근거로 개발된 표준적인 태도와 환경의 요소를 반영하였으며, 이를 통해 환희, 아름다움과 고양된 감각 인식에 대한 경험의 가능성을 극대화하였다. 이러한 '매우 잘 실행된' 상황에서는 Grof가 이야기한 대로 많은 피험자는 개인 수준을 초월한 깊은 영적 체험을 하게 된다(Harman & Fadiman, 2011). 복용량과 의도에 따라 경험은 단순히 수학적 이해를 높이는 것에서부터 적극적으로 트라우마를 극복하는 것과 삶을 변용시키는 합일적unitive이고 신비적인 특성을 드러내는 것에 이르기까지 그 어떤 것도 포함될 수 있다.

유사하게 포르투갈의 붐Boom이나 네바다의 버닝맨Burning Man 같은 축제에서 종종 발생하는 충격적이며 두렵고 심지어 쇠약하게 하는 약물-유도 노출drug-induced exposure의 호전이 가능하다는 사실은 현재 널리 알려져 있다. 이러한 축제에는 매우 잘 훈련된 심현제 관련 가이드가 상시 대기하여 정기적으로 불안을 주는 경험들을 긍정적인 것으로 바꾸어 주고 있으며, 이는 앞서 Hoffman(1979/2005)의 경험에서 소개되었던 바와 같다.

나는 이 이상한 세계로부터 돌아온 후, 나의 세계는… 멋진 세상이… 아주 유쾌한 곳이 되었어요… 내가 눈을 감으면 아름다운 색색의 시야가 펼쳐지죠.

그날 아침 나는 완벽하게 상쾌했어요. 안녕감과 갱생한 삶이 나에게 흘러들었죠. 이후 정원을 거닐 때… 모든 것이 새로운 빛을 띤 채 반짝이며 번뜩였어요(p. 48).

심현제 연구에서 태도와 환경에 대한 주의는 개인적으로, 문화적으로, 다문화적으로 지극히 중대한 일이다. 최근 모든 미국과 유럽의 치료법 연구는 1960년대의 Al Hubbard와 여타의 사람들에 의해 개발된 신체적 환경과 정신적 태도에서 약간 변형된 것을 사용하고 있다(Sherwood, Stolaroff, & Harman, 1962). 남미에서는 페루의 타키와시Takiwasi와 같은 잘 알려진 심현제 치료 센터가 토착치료사와 서양인을 직원으로 두면서 다문화적 구성 요소를 지닌 채 운영되고 있다(많은 수의 토착 그룹은 여전히 전통적 방법을 고수하고 있다; Davis, 1997).

설명 기제

심현제 연구가 지난 40년 이상의 기간 동안 금지되었기 때문에 과학자들은 지금에서야 겨우 심현제 유도 체험 동안과 이후 두뇌에서 일어나는 미묘한 기제를 밝히기 시작했다. 심현제는 뉴런(뇌 세포)의 표면 수용체receptor에 묶임으로써 작용을 하게 된다. 세로토닌 시스템에만 작용을 하는 LSD는 여러 유형의 수용체에 묶여서 홍분하거나 억제 반응을 이끌어 냄으로써 신경전달물질을 모방한다. 다양한 종류의 세로토닌 수용체, LSD가 수용체에 묶이는 방식과 홍분/억제 반응은 LSD를 통해 경험하는 복잡하고 심오한 의식 상태를 설명해 줄 것이다(Nichols, 2004).

영국의 연구진은 기능적 자기공명영상fMRI을 사용하여 실로사이빈psilocycin[2]-유도 심현제 체험의 절정 동안 대뇌의 혈류 변화를 측정했다. 그들은 기대와는 반대로 내측 전두엽피질mPFC과 후방 대상피질PCC에서 혈류량이 감소한 점을 밝혀냈다. 상대적으로 진화의 새로운 두뇌 영역인 전두엽피질은 인간에게 더 발달되어 있고, 주변 세계를 여과하면서 복잡한 사고를 다룬다. 이 두뇌 영역이 닫히면서 피험자들은 그러지 않았더라면 배경에서 그다지 중요하지 않은 것으로 평가절하했을 선명한 감각적 자극을 경험할 수 있었는지도 모른다. 더 흥미로운 사실은 PCC가 자아정체감과 연관된 두뇌의 부분으로서 심현제 효과를 경험하던 중 자아ego가 사라지는 초월적 현상에 대해 보고된 부분을 설명할 수 있을지 모른다는 점이다.

그러나 이러한 소견은 심현제 물질의 영향 아래 있는 동안 일시적 경험을 일으키는 가능한 과정과 연관된다. 설명이 필요한 더욱 의미 있는 현상은 어떻게 단 한 번의 심현제-유도 체험이 성격이나 만성적 정신건강에 주요한 변화와도 같은 지속적인 인지적이고 정

2) 실로사이빈: 가장 대표적인 버섯 종류의 심현제.

서적인 변화를 생성할 수 있을까라는 점이다. 이와 관련된 예로 MDMA 심리치료 이후 치료에 저항적인 외상 후 스트레스장애 증상을 더 이상 보이지 않은 한 군인(Mithoefer, Wagner, Mithoefer, Jerome, & Doblin, 2010), 케타민[2] 1회 투약 후 우울증에서 벗어난 한 교사(케타민은 특정 복용량에 따라 심현제 성분을 갖는다; Hamilton, 2012), 실로사이빈 체험 후 죽음을 받아들이게 된 말기 암 환자(Grob et al., 2011) 또는 실로사이빈으로 삶에서 가장 영적으로 중대한 계기 중 하나를 경험했다는 건강한 일반 여성(Griffiths et al., 2011)이 있다.

앞의 결과는 지적/정서적 기분이나 태도의 바람직한 변화를 유지하기 위해 빈번하게 복용해야만 하는 항-우울제, 벤조디아제핀(안정제의 일종), 암페타민(각성제의 일종) 등과 같은 정신 활성 처방약의 효과와는 완전히 다르다. 처방약을 끊게 되면 변화되었던 특성들은 종종 약을 투여하기 이전 상태로 회귀하게 된다. 여기서 가능성 있는 설명은 그러한 체험이 뇌가 스스로 바뀌는 능력, 즉 신경가소성으로 알려진 두뇌 처리 과정을 활성화했다고 본다. 두뇌가소성과 심현제를 연관시키는 일은 새로운 이론적 전환점을 마련했으며, 이 장에서 제시한 관련 개념화 부분은 매우 참신한 것으로 보인다.

신경과학은 주로 두뇌가 신체적인 인간 행동에 영향을 미치는 방식에 초점을 두고 있다. 예를 들면, 한 사람이 어떤 물체를 잡으려고 할 때 운동 명령 신경의 집합체가 행동전위(신경이 켜지고 꺼지는 방식)를 개시하여 적절한 근육의 움직임과 의도된 행동을 일으키는 것이다. 이와 같은 과정은 어떻게 두뇌가 환경을 구체화하는지와 관련이 있다. 최근 신경과학은 어떻게 **환경과 체험이 두뇌를 형성하는지**에 대해 더 많은 관심을 기울이고 있다(Doidge, 2007). 신경가소성은 인간과 지각력 있는 존재를 만드는 것의 토대가 된다. 그것은 우리의 삶에서 매일 마주하는 사람들, 사건과 상황—환경과의 상호작용에 의해 활성화된다. 이것이 바로 우리가 복잡한 문제를 풀어내고, 예술적 명작을 만들며, 삼라만상의 근원을 깊이 생각하는 이유이다. 이 장을 읽으면서 당신의 어림잡아 천억 개 되는 신경 세포는 세포 하나당 대략 만 개의 시냅스 사이에서 강화하고 약화되며 새로운 연결 고리를 만들기도 하고 오래된 것은 삭제하고 있다. 이러한 과정을 통해 각 사람은 이전에 습득했던 정보를 상기하고 재구성하며 미래의 대안에 대해 평가하게 된다. 서로 연결된 다중 신경 세포는 뇌지도로 불리도록 구성한다(Doidge, 2007).

인간 두뇌 안의 각 신경 세포(또는 뇌 세포)는 나무와 비슷한 생김새를 가지는데, 수상돌기dendrites라 불리는 작은 융기를 의미하는 가지 부분과 종말 단추terminal button를 의미하는 뿌리 부분이 있다. 수상돌기는 정보를 수신하는 기능을 하는 반면, 종말 단추는 신경전달물질의 형태로 다른 신경 세포에 정보를 전달하는 역할을 한다. 신경 세포는 접촉이 아니라 시냅스를 통해 교신한다는 점을 기억하는 것이 중요하다.

홍미롭게도 2,5-디메톡시-4-요오도암페타민이나 DOI는 LSD나 다른 심현제 물질과 비슷한 기제를 갖는 흔하지 않은 심현제 페네틸아민 합성물이라는 점이다. Jones 등(2009)은 단 한 번의 DOI 투약 후 수상돌기의 크기가 빠르게 증가한다는 점을 관찰했다. 이는 수상돌기의 신경 세포들이 시냅스 연결의 잠재적 형태를 더 많이 가진다는 것을 의미한다.

단백질 신경전달물질 수용체의 특정 종류는 시냅스의 장기적인 강화와 약화에 관련된다고 생각된다. 수많은 연구가 이러한 수용체가 LSD, 실로사이빈, DMT와 같은 다양한 심현제 트립타민제의 처방으로 활성화된다는 점을 증명하고 있다(Aghajanian & Marek, 1997, 1999; Puig, Celada, Diaz-Mataix, & Artigas, 2003; Beique, Imad, Mladenovic, Gingrich, & Andrade, 2007). 심현제 합성물이 시냅스가 정상적으로 작동하는 수준 그 이상으로 시냅스의 변화를 촉진한다는 말인지도 모른다.

보고된 바대로, 만약 1회의 심현제 체험이 성격과 정신과 정서건강에 있어 내구력 있는 변화를 가져올 수 있다면 이러한 물질은 새로운 뇌지도 생성을 유일무이하게 촉진시킬 수 있는 것으로 보인다. 이러한 제안이 실험적으로 지지될 수 있는 수준에서 심현제는 **신경가소성 활성체**neuroplasticity activators이다—심현제 물질이 두뇌에서 가장 중요한 조정 처리 과정 중 한 부분을 유의하게 향상시키는 역할을 한다는 점을 시사한다.

Duman과 Li(2012)의 연구는 심현제 영향에 대한 이러한 특성 묘사를 지지하기 위한 예비 증거를 제공했다. 그들의 연구에서 케타민ketamine이 **신경연접생성**synaptogenesis으로 알려진 과정을 통해 신경 세포 사이의 새 시냅스의 형성을 가속화할 수 있다고 설명하였다. Duman은 보고한 신체 관련 자료에서 쥐에게 케타민을 투약한 지 불과 몇 시간 후에 신경연접생성의 증가가 발생한 점을 기술하였다. 신경가소성 활성화는 유용한 설명 기제가 되는 것 같다. 이유는 치료적 심현제 체험 후 주요하고 신속하며 내구력 있는 정신/정서적 변화에 대한 일관된 자료들 때문이다. mPFC와 PCC 두뇌 영역의 스위치를 끔으로써 독특한 신경가소성 사건들이 훨씬 빈번히 일어나는 가능성 자체가 매우 높아지게 된 것이다.

요약과 결론

심현제에 관한 연구는 연구의 새로운 장을 열었다. 초창기 LSD 연구는 세로토닌에 대한 강화된 연구를 이끌었으며—현재까지도 주요한 연구 부분이다—신경심리학의 진보를 계속 이끌어 가고 있다. 이는 생성적 연구generative research라고 할 수 있는데, 그 이유는 이 연구가 심현제의 잠재적인 치료 효과를 설명할 수 있기 때문일 뿐 아니라, 때때로 마음과 뇌에 관한 더욱 유효한 연구로 이어질 수 있는 참신하고 함의성 높은 결과를 내놓기 때문이다. 몇 가지 주요한 관찰 결과는 다음과 같다.

1. **심현제 물질은 체험 자체를 일으키는 것이 아니라 상당히 오랫동안 지속되는 신기한 체험을 촉진하며, 대부분 유익하지만 어느 정도는 해로운 부분이 있다.** 유익한 결과에는 심오한 영적 · 신비적 체험, 불안과 알코올 중독을 포함하는 다양한 정신건강 상태의 개선, 삶의 질 향상과 복잡한 문제에 대한 실용적이고 창조적인 통찰력 함양, 다발성 두통 예방과 만성 알레르기의 경감이나 제거와 같은 신체건강상의 이점과 정신 이상의 본질에 대한 통찰에 있어 가능성 있는 자원 제공을 포함한다.

2. **의식에 관한 연구는 다중 변수를 동시에 관찰하는 상황(맥락)-기반적context-based 연구가 될 필요가 있다.** 심현제 효과에 대하여 단지 한 물질을 격리했기 때문에 그 효과도 격리할 수 있다는 개념은 사라져야 한다는 점은 익히 알려져 있다. 그러나 다수의 초기 연구는 LSD의 효과가 다른 약제들과 마찬가지로 태도와 환경과 같은 요인에 의해 무시해도 될 만큼 아주 미미한 영향을 받고 있다고 보고 있다. 중요 변인으로서 태도와 환경의 대두는 LSD와 유사한 물질들이 감각 센터와 매우 가까운 곳에 있는 시스템에 영향을 주며, 그 결과 더 역동적으로, 더 개별화되고, 덜 기계적인 방식으로 가변한다는 점을 제시하고 있다.

비유하자면, 표준화된 자기보고식 측정의 질문에 응답하는 동안 응답자들의 무성의한 응답 태도는 거의 통제하기가 어려워서, 그렇게 측정한 변수는 연구에 적절하게 사용하기가 어렵다. 유사한 이유로 공연장이나 우림에서 벌어지는 의례 동안 복용한 심현제는 실험실, 치료실 또는 병원에서 복용한 것과 비교해 의미 있게 통제되지 않는다. 심현제 회기 동안 표준화된 복용량이나 수반된 음악이 반드시 유용한 것은 아니다. 심현제에 대한 반응의 가변성 때문에 다변인 접근이 유용할 뿐 아니라 불가피하기도 하다. 가장 단순한 설계에서조차 현저한 변인들이 다중적multiple으로 나타나기 때문이다.

1960년대의 LSD 대량 투여 요법의 치료적 이점을 향상시키기 위해 개발된 6변인 모델이 심현제 연구에 있어 장단기 심현제 효과의 예측과 평가를 뒷받침하기 위한 유용한 도구로 사용되고 있다. 그 변인은 다음과 같다.

태도set(지적 · 정서적 기대감)

환경setting(신체적 · 심리적 상황)

물질과 양(약물과 복용량)

협조자(곁을 지키는 다른 사람)

회기(약효 작용 기간drug active phase 동안 일어나는 일)

상황(피험자의 심리사회적 맥락)

- Fadiman(2011, pp. 14-38, 258, 265에서 요약)

다변인 모델의 안정성을 검증하는 실험은 어느 한 가지 변인의 변화가 그 개입의 특성, 범위, 지속력, 강도와 잔류 효과에 영향을 주는가를 알아보는 것이다.

3. **심현제 물질은 올바르게 사용된다면 자가치유, 예지적 경험, 영적 변화, 종교적 회심과 의식의 변성 상태를 포함하는 의식의 양상을 연구하는 데 소중한 도구가 된다.** 지난 40년간의 연구에 의해 이러한 물질이 어떻게 신체, 정신과 영적 기능에 영향을 미치는지에 대해 이제야 조금씩 이해해 가고 있는 실정이다. 아마도 심현제 관련 연구에는 지금껏 자금이 투자된 적도, 그 어떤 제약 회사에 의해 잠재적으로 수익성이 있다고 여겨진 적도 없기 때문에 어찌 되었든 효과의 전 영역이 연구된 점은 참으로 다행스러운 일이다. 대부분의 다른 강력한 합성물에서처럼 심현제 또한 바람직한 효과와 바람직하지 않은 효과, 덜 현저한 효과와 드문 효과가 있다. 거의 모든 심현제가 아직 합법은 아니지만 널리 사용되고 있고 쉽게 입수도 가능하기 때문에, 비영리단체인 에로위드Erowid는 인터넷-기반 자료 저장소를 만들어 이러한 물질에 대한 자료를 수집하고 완성된 정보를 최대한 이용 가능하게 만들어 놓고 있다. 2012년 6월, www.Erowid.org에서 방문자는 517개의 물질, 합성물과 혼합물에 대한 22,500개의 '짧은 보고서trip report'에 접근할 수 있었다. 비공식적이며 비조직적인 이러한 이야기식의 질적 보고서는 사실 좀 중구난방이긴 하지만, 연구진들이 정보를 얻고 더욱 공식적인 연구에 대한 골격을 잡는 데 도움이 될 기초 자료로서 현재 이용 가능하다.

물질과 인간 체험에 대한 보고서를 검토할 때에는 자료의 왜곡이나 은폐의 가능성에 대해 경계를 늦추지 않는 것이 필수적이다. 심현제 연구에 대한 저항은 이 문제의 한 예이긴 하지만, 드문 사례는 아니다. 아마도 제약 회사의 압도적인 재정적이고 정치적인 권력 덕분에 몇몇 발표된 의학 연구는 수익성 있는 약을 사용함으로써 발생하는 정신적 고통을 무시했을 수도 있다. 한 일례는 말라리아 예방 약품 라리암Lariam의 경우에서 찾아볼 수 있다. 비록 미국이 제약 상품에 있어 주요한 연구의 중심부라고는 하지만, 미국 외부의 연구진에 의해 밝혀진 라리암 사용에 기인한 악몽, 자살 그리고 심지어 살인에 관한 보고서는 해당 약을 생산하는 회사에 의해 부인되거나 묵살되고 있다(Koen, 2009; Nevin, Pietrusiak, & Caci, 2008; www.lariaminfo.org).

4. **신경가소성과 특정 뇌 영역의 억제는 지금까지 불가피했던 연구 결과를 재구성하는 데 가치 있는 개념적 도구가 될 것으로 보인다.** 심현제에 관한 연구는 여전히 기초 단계에 머물러 있다. 유익한 장기적인 심리-정서적 변화 생성의 효과를 설명하기 위한 현대의 초기 노력들은 비슷한 경험을 만들어 내는 다양한 물질에 대한 실험에서 나온 여러 증거를 반드시 종합해야 한다. 이러한 기초 위에서 LSD, 실로사이빈과 케타민을 포함한 이 부류의 심현제는 신경가소성 활성 인자로 기능하며, 신경연접생성을 의미 있게 증가시키고, mPFC와 PCC 같은 복잡한 의식적 사고와 연관된 두뇌 영역의 기능을 억제함으로써 새로운 뇌지도의 발달을 촉진시킨다는 것을 제시할 수 있다. 어떻게 심현제가 뇌와 마음에 영향을 주는지에 관한 이러한 예비적인 결과를 검증하기 위해 훨씬 더 많은 조사가 이루어져야겠지만, 지금껏 관찰된 자료에 맞는 가설을 세우는 것이 앞으로의 연구 방향 설정에 있어 매우 중요한 부분이라 하겠다.

심현제 연구의 차후 방향

이렇듯 관찰에 의거하며 실험적인 심현제과학에 자아초월심리학은 무엇을 제공할 수 있을까? 첫째로, 자아초월심리학의 비-일상적인 상태에 대한 그리고 여러 문화의 영적이고 토착적인 문화로부터의 통찰을 심리학에 가져오는 것에 대한 관심은 심현제 관련 연구에 필수 불가결하게 보일 수 있는 폭넓은 맥락을 제공한다. 마음의 단 한 가지의 상태만이 실체를 반영한다는 서양의 가정은 **단상성**單相性 · monophasic의 문화를 대표한다. 반면에 대부분의 세계 문화는 다양한 의식의 상태가 실재를 인식하는 것에 기여한다는 점을 인정하는 **다상성**多相的 · polyphasic적인 것 같다(Bourguignon & Evascu, 1977; Laughlin, McManus, & d'Aquili, 1990). 예를 들어, Blum(1969)은 274개의 문화 중에서 정신에 영향을 미치는 물질을 사용하지 않는 단 4개의 문화를 찾을 수 있었으며, 이는 향정신성 물질과 이 물질이 촉진한 상태가 인간 문화에 있어 매우 전형적인 특징이라는 점을 제시하였다.

William James와 같은 초창기 심리학자를 제외하고 자아초월심리학은 이러한 현상과 깊이 관여하는 분야에서의 첫 번째 심리학이라 할 수 있다. 선구자적인 공헌자로서 자아초월심리학은 심현제 관련 연구의 향후 발전에 있어서도 가장 중요한 참가자이다. 자아초월심리학은 이러한 임무에 가장 잘 들어맞는데, 그 이유는 이 심리학이 단지 의식의 다양한 상태에 대한 과학적 연구에 관심을 가지고 있어서가 아니라, 표준과학의 단상성單相性 렌즈를 통해서만 심현제 현상 해석을 요구하지 않는 **다상적**多相的 **과학**에 관심을 두고 있기 때문이다(Tart, 1972와 비교하라).

자아초월심리학은 심현제 체험의 다양한 영향에 대한 엄밀한 과학 연구에 기여할 수 있으나 또한 이러한 체험을 망상 이상의 것으로 간주하는 관점에서 연구를 설계하고 해석하도록 도울 수 있다. 이와 같은 관점은 유용한 연구에 있어 필수적이다. 마치 고대 이집트의 상형문자 해독에 있어 그 문자가 이해 가능한 글자 체계라는 가정 없이는 매우 힘들었을 것과 마찬가지로, 심현제 체험에 관한 연구도 이러한 상태를 어떤 고유한 가치로 받아들이지 않는다면 결코 쉽지 않을 것이다.

물론 더욱 정교해진 연구 설계부터 태도와 환경에 대한 더 효과적인 설계와 활용 또한 심현제 체험의 이미 보고된 정신적 · 정서적 그리고 생리적 이점에 대한 확장된 연구와 지금껏 연구되지 않은 매우 다양한 식물과 실험실, 생성 물질에 대한 연구에 이르기까지 향후 발전이 요구되는 특정 분야의 연구가 아직 많이 남아 있다. 연구할 만한 가치가 있는 다른 부분으로는 유희를 위한 장기간의 심현제 사용, 심현제를 활용하는 교회psychedelic churches에서의 장기간 복용 그리고 그와 같은 교회에서의 아동 복용의 영향에 관한 것이다(예를 들면, Doering-Silveria et al., 2005).

더 나아가, 심현제 체험이 더 잘 이해된 이후 심현제 상태는 근사체험, 투시력, 텔레파시와 원거리 치유distant healing(Tart, 2009), 스승 식물plants as teachers(Buhner, 2002; Harpignies, 2007), 비-영장류 문제 해결과 그 함의(예를 들면, 단세포의 점균粘菌류가 미로를 풀 수 있다면 이는 지능의 본질에 관한 문제를 야기할 것이다; Nakagaki, 2001; Narby, 2006), 그리고 신체적 형태가 있거나 없는 인간이 아닌 지적 존재(Tindall, 2008)와 같은 비-일상적인 현상을 체계적으로 조사하는 데 활용할 수도 있을 것이다. 이러한 조사는 다시 원점으로 돌아와 과학적 사회와 인류의 토착적인 뿌리를 다시 연결할 수 있을 것이다.

> 내가 보기엔 당신이 제아무리 유물론자, 합리주의자에 무신론자 학자라 해도 아야와스카ayahuasca와 이보가iboga는 틀림없이 당신을 전 세계 주술사들에 의해 묘사된 형체 없는 존재, 죽은 사람들, 아직 태어나지 않은 사람들, 말하는 동물들과 온갖 것들로 가득 찬 형상形象의 영역으로 데려갈 것이다(Narby, Koumen, & Ravalec, 2010, p. 84).

주석

1 나팔꽃 씨앗과 하와이 나무장미 씨앗은 리세르그산 다이에틸마이드LSD와 가까운 관계인 리세르그산아마이드LSA를 포함한다.
2 다른 모든 항-우울제는 2~6주 기간 이상의 효과를 지니는 것으로 보이지 않는다.

참고 문헌

Aghajanian, G. K., & Marek, G. J. (1997). Serotonin induces excitatory postsynaptic potentials in apical dendrites of neocortical pyramidal cells. Neuropsychopharmacology, 36, 589-599.

Aghajanian, G. K, & Marek, G. J (1999). Serotonin, via 5-HT2A receptors, increases EPSCs in layer V pyramidal cells of prefrontal cortex by anasynchronous mode of glutamate release. *Brain Research*, 825, 161-171.

Beique, J. C., Imad, M., Mladenovic, L., Gingrich, J. A., & Andrade, R. (2007). Mechanism of the 5-hydroxytryptamine 2A receptor-mediated facilitation of synaptic activity in prefrontal cortex. *Proceedings of the NAtional Academy of Science USA*, 104, 9870-9875.

Blum, R. (1969). *Society and Drugs: Social and cultural observations*. San Francisco, CA: Jossey-Bass.

Bourguignon, E., & Evascu, T. L. (1977). Altered states of consciousness within a general evolutionary perspective: A holocultural analysis. *Behavior Science Research*, 12, 197-216.

Brown, D. J. (2013). The new science of psychedelics: *At the nexus of culture, consciousness, and spirituality*. Rochester, VT: Park Street Press.

Carhart-Harris, R., Erritze, D., Williams, T., Stone, J., Reed, L., Colasanti, A, & Nutt, D (2012). Neural correlates of the psychedelic state as determined by fMRI studies with psilocybin.. Proceedings of the National Academy of Science(PNAS), 109(6), 2138-2143.

Davis, W. (1997). *One river: Explorations and discoveries in the Amazon rain forest*. New York, NY: Simon & Schuster.

Doblin, R. (1991). Pahnke's "Good Friday experiment": A long-term follow-up and methodological critique. *Journal of Transpersonal Psychology*, *23*(1), 1-28.

Doering-Silveria, E., Grob, C. S., de Rios, M. D., Lopez, E., Alonso, L. K., Tacla, C., & Da Silveira, D. X. (2005). Ayahuasca in adolescence: A preliminary psychiatric assessment. *Journal of Psychoactive Drugs*, *37*(2), 129-133.

Duman, R., & Li, N. (2012). A neurotrophic hypothesis of depression: Role of synaptogenesis in the actions of NMDA receptor antagonists. *Philosophical Transactions of the Royal Society Biological Sciences*, *367*, 2475-2484.

Fadiman, J. (2011). *The psychedelic explorer's guide: Safe, therapeutic, and sacred Journeys*.

Rochester, VT: Park Street Press.

Friedman, H. (2006). The renewal of psychedelic research: Implications for humanistic and transpersonal psychology. *The Humanistic Psychologist, 34*(1), 39-58.

Griffiths, R. R., Johnson, M. W., Richards, W. A., Richards, B. D., McCann, U., & Jesse, R. (2011). Psilocybin occasioned mystical-type experiences: Immediate and persisting does-related effects. *Journal of Psychopharmacology, 218*, 649-665.

Griffiths, R., Richards, W., McCann, U., & Jesse, R. (2006). Psilocybin can occasion mystical-type experiences having substantial and sustained personal meaning and spiritual significance. *Psychopharmacology, 187*(3), 268-283.

Griffiths, R., Richards, W., McCann, U., & Jesse, R. (2008). Mystical-type experiences occasioned by psilocybin mediate the attribution of personal meaning and spiritual significance 14 months later. *Journal of Psychopharmacology, 6*, 621-632.

Grob, C., & Danforth, A. (2013). Psychedelic psychotherapy near the end of life. In T. Roberts (Ed.), *The psychedelic future of the mind: How entheogens are enhancing cognition, boosting intelligence, and raising values* (pp. 102-117). Rochester, VT: Park Street Press.

Grob, C., Danforth, A., Chopra, G., Hagerty, M., McKay, C., Halberstadt, A., & Greer, G. (2011). Pilot study of psilocybin treatment for anxiety in patients with advanced-stage cancer. *Archives of General Psychiatry, 68*(1), 71-78.

Grob, S. (1993). *The holotropic mind: The three levels of human consciousness and how they shape our lives*. New York, NY: HarperOne.

Grof, S. (2008). LSD psychotherapy. Santa Cruz, CA: Multidisciplinary Association for Psychedelic Studies.

Hamilton, J. (2012). "I wanted to Live": New depression drugs offer hope for toughest cases. National Public Radio.

Harman, W., & Fadiman, J. (2011). A questionnaire study of psychedelic experiences. In J. Fadiman (Ed.), The psychedelic explorer's guide: Safe, therapeutic, and sacred Journey. (pp. 296-302). Rochester, VT: Park Street Press.

Harman, W., McKim, R., Mogar, R., Fadiman, J., & Stolaroff, M. (1966). *Psychedelic agents in creative problem-solving: A pilot study*. Psychological Reports, 19, 211-227.

Harpignies, J. (2007). *Visionary plant consciousness: The shamanistic teachings of the plant world*. Rochester, VT: Park Street Press.

Hartelius, G., Caplan, M., & Rardin, M.-A. (2007). Transpersonal psychology: Defining the past, dividing the future. *The Humanistic Psychologist,* 35(2), 135-160.

Hoffer, A. (1970). Treatment of alcoholism with psychedelic therapy. In B. Aaronson & H. Osmond (Eds.), Psychedelics: The uses and implications of hallucinogenic drugs (pp. 357-366). New York, NY: Doubleday.

Hoffman, A. (2005). LSD: My problem child. Santa Cruz, CA: Multidisciplinary Association for Psychedelic Studies(MAPS). (Original work published 1979 [German])

Horowitz, M., & Palmer, C. (1999). *Moksha: Aldous Huxley's writings on psychedelics and the visionary experience*. Rochester, VT: Park Street Press.

Jones, K. A., Srivastava, D. P., Allen, J. A., Strachan, R. T., Roth, B. L., & Penzes, P. (2009). Rapid modulation of spine morphology by the 5-HT2A serotonin receptor through kalirin-7 sinaling. *Proceedings of the National Academy of Science USA, 106*, 19575-19580.

Kast, E. (1970). A concept of death. In B. Aaronson & H. Osmond (Eds.) *Psychedelics: The uses and implications of hallucinagenic drugs* (pp. 366-381). New York, NY: Doubleday, New York.

Koen, D. (2009, February 11). The dark side of Larium. CBSnews.com. Retrieved from http://www.cbsnews.com/2100-500164_162-538144.html

Kolp, E., Young, M. S., Friedman, H., Krupitsky, E., Jansen, K., & O'Connor, L.-A. (2007). Ketamine-enhanced psychotherapy: Preliminary clinical observations on its effects in treating death anxiety. *International Journal of Transpersonal Studies, 26*, 1-17.

Laughlin, C. D., McManus, J., & d'Aquili, E. G. (1990). *Brain, symbol and experience: Toward a neurophenomenology of human consciousness*. Boston, MA: Shambhala.

MacLean, K, Johnson, M., & Griffiths, R. (2011). Mystical experiences occasioned by the hallucinogen psilocybin lead to increases in the personality domain of openness. *Journal of Psychopharmacology, 29*. doi:10.1177/0269881111420188

Mithoefer, M., Wagner, M., Mithoefer, A., Jerome, L., & Doblin, R. (2010). The safety and efficacy of +/- 3,4-methylenedioxymethamphetamine-assisted psychotherapy in subjects with chronic, treatment-resistant posttraumatic stress disorder: The first randomized controlled pilot study. *Journal of Psychopharmacology, 25*(4), 439-452.

Nakagaki, T. (2001). Smart behavior of true slime mold in a labyrinth. *Research in Microbiology, 152,* 767-770.

Narby, J. (2006). *Intelligence in nature*. New York, NY: Tarcher/Penguin.

Narby, J., Koumen, J., & Ravalec, V. (2010). *The psychotropic mind: The world according to ayahuasca, iboga, and shamanism*. Rochester, VT: Park Street Press.

Nevin, R., Pietrusiak, P., & Caci, J. (2008). Prevalence of contraindications to meflo-quine use among USA military personnel deployed to Afghanistan. *Malaria Journal,* 7, 30. doi:10.1186/1475-2875-7-30

Nichols, D. (2004). Hallucinogens. *Pharmacology & Therapeutics*, 101(2), 131-181.

Pahnke, W. N. (1967). LSD and religious experience. In R. Debold & R. Leaf (Eds.), *LSD, man, and society* (pp. 60-85). Middletown, CT: Wesleyan University Press.

Puig, M. V., Celada, P., Diaz-Mataix, L., & Artigas, F. (2003). In vivo modulation of the activity of pyramidal neurons in the rat medial prefrontal cortex by 5-HT2A receptors: relationship to thalamocortical afferents. Cerebral Cortex, 13(8), 870-882.

Roberts, T., & Winkelman, M. (this volume). Psychedelic induced transpersonal experiences, therapies, and their implications for transpersonal psychology (Chapter 25).

Savage, C., Fadiman, J., Savage, E., & Harman, W. (1964). LSD: Therapeutic effects of the psychedelic experience. *Psychological Reports*, 14, 111-120.

Sewell A, & Halpern, J. (2007). Response of cluster headache to psilocybin and LSD. In M. Winkelman & T. Roberts (Eds.), Psychedelic medicine: New evidence for hallucinagenic substances as treatments (Vol. 1, pp. 98-103). Westport, CT: Praeger.

Sherwood, N., Stolaroff, M., & Harman, W. (1962). The psychedelic experience: A new concept in psychotherapy. *The Journal of Neuropsychiatry, 3*, 370-375.

Tart, C. T. (1972). States of consciousness and state-specific sciences. Science, 176, 1203-1210.

Tart, C. T. (1975). *States of consciousness*. New York, NY: E.P. Dutton.

Tart, C. T. (2009). *The end of materialism: How evidence of the paranormal is bringing science and spirit together*. Oakland, CA: New Harbinger.

Tindall, R. (2008). *The Jaguar that roams the mind: And Amazonian plant spirit odyssey*. Rochester, VT: Park Street Press.

Unger, S. (1962). Apparent results of referrals of alcoholics for LSD therapy. *Report for the Bureau, Saskatchewan Department of Public Health*, 5.

Weil, A. (2004). *The natural mind* (Rev. ed.). New York, NY. Mariner Books.

www.Erowid.org. (2012). *Erowid[website]*. San Francisco, CA: Author.

번역 출판

Buhner, S. (2002) *The lost language of plants: The ecological importance of plant medicines to life on earth*. White River Junction, VT: Chelsea Green. (박윤정 역. 식물의 잃어버린 언어. 경기: 나무심는사람, 2005).

Doidge, N. (2007) *The brain that changes itself: Stories of personal triumph from the frontiers of brain science*. New York, NY: Viking. (김미선 역. 기적을 부르는 뇌: 뇌가소성 혁명이 일구어 낸 인간 승리의 기록들. 경기: 지호출판사, 2008).

Huxley, A. (1954). *The doors of perception*. New York, NY: Harper. (권정기 역. 올더스 헉슬리 지각의 문 / 천국과 지옥. 경기: 김영사, 2017).

Huxley, A. (1956). *Heaven and hell*. London, UK: Chatto & Windus. (권정기 역. 올더스 헉슬리 지각의 문 / 천국과 지옥. 경기: 김영사, 2017).

Kahneman, D. (2011). *Thinking fast and slow*. Farrar, NY: Strauss & Giroux. (이창신 역. 생각에 관한 생각: 우리의 행동을 지배하는 생각의 반란. 경기: 김영사, 2018).

제 20 장

근사체험과 자아초월심리학
- 근사체험자에 대한 조력을 중심으로

Cheryl Fracasso, Bruce Gryson, Harris L. Friedman

근사近死체험Near-Death Experience: NDE의 초월적 성질은 주류 심리학의 한계에 도전하며, 자아초월심리학의 필요성을 지지하고 있다. 서양인들의 보는 것이 '실재'라고 사회화된 바를 반박하는 몇 가지 유력한 특징에 주목하면서 Moody(1975)는 NDE라는 용어를 만들어 인정을 받게 된다. 이것들 중에는 밝은 빛을 보았다든가 터널 속을 떠다닌 것, 생생한 감각적 자각이 있는 채로 유체이탈을 경험했거나 영적인 존재와 사망한 친척, 가족과 친구와의 텔레파시 교신, 삶의 회고(즉, 자신의 삶의 주요 부분을 상기하는 것)가 있으며, 이 모든 것은 거의 또는 임상적으로 사망했다고 여겨졌을 때 일어났다. 게다가 이러한 생소한 경험 후에는 근사체험자NDErs의 삶을 극적으로 또는 영속적으로 바꾸어 놓을 만한 심오한 후속 효과들도 많이 일어났다. NDE는 치료적 개입이 요구되는 심리영적psychospiritual 위기와도 같은 통합-후 문제post-integration issues를 야기한다.

그 후속 효과가 의미심장한 적응 문제를 일으키든 아니든 간에 경험한 초월적 영역이 일반적 합의에 의해 성립된 실재와 완전히 대조를 이루고 있어서, 그 결과 자신들이 경험한 심오한 상태에서 세상을 이해하려 하다가 NDE 경험자들의 기존 세계관이 붕괴될 수 있다. 경험을 형언할 수 없음은 혼란만 가중시킬 뿐이다. 왜냐하면 많은 이가 이러한 자신의 경험을 다른 사람들에게 전달하려고 할 때 언어의 불충분함으로 힘들어하기 때문이다. 이 문제를 종합한 지난 37년의 연구에서 많은 사람이 처음에는 3차원의 공간-시간 규칙에 맞지 않는 색다른 자각 상태를 경험한 것 때문에 스스로가 제정신인지를 자문했으며, 그것이 자신의 경험을 다른 사람과 공유하는 데 주저함을 낳게 되었다는 점을 밝혔다(Duffy & Olsen, 2007; Greyson, 1997, 2005, 2010; James, 2004; Simpson, 2001). 그러나 혼란에 빠지게 된 것은 비단 NDE 경험자뿐이 아니다. 열린 마음으로 이 현상에 대해 연구하는 과학자들 역시 매우 혼란스러워하고 있는데, 그 이유는 이 현상들이 일반적인 물질주의 관점으로부터 너무나 크게 벗어나 있기 때문이다.

이러한 경험이 진짜인지 혹은 뇌가 지어낸 이야기든 아니든 자아초월심리학자들이 결정해야 할 당면 과제는 아닐 것이다. 오히려 우리가 염두에 두어야 할 중요한 사항은 그와 같은 경험이 경험자의 마음속에서는 **실제한** 일이라는 점이다. 수백만 명의 사람들이 NDE 보고에서 모든 나이대, 성별과 문화에 걸쳐 보여 주는 지속적인 특징과 관련된 진상들은 쉽게 묵살할 만한 것이 아니다. 비록 지난 몇십 년 동안 NDE를 설명하기 위해 많은 이론이 제안되었으며 아마도 이렇게 저렇게 '교묘히 변명해' 왔지만, 실지로 각각은 수세기 동안 **왜** 이러한 지속적인 특징들이 종교나 이전의 개인적 또는 영적 믿음과 관계없이 우세한지에 대해서는 고사하고, 보고된 모든 특징을 적절히 설명하기에 태부족하다(관련 이론과 한계점에 대한 개관을 보고 싶다면 Greyson, Kelly, & Kelly, 2009; Greyson, 2010 참조). 이 점이 NDE를 다른 초월적 경험과는 다른 그 자체로 독특한 현상으로 만들고 있기 때문에 그런 식으로 인정받는 것은 어찌 보면 당연한 일이다. 이 장의 목표는 근사체험자들과의 작업을 위해 자아초월심리학자와 초월적 현상에 관심이 있는 이들에게 NDE에 대해 알려진 것과 후속 효과에 대해 더 나은 정보를 제공하는 것이다.

발생률: NDE는 얼마나 자주 일어날까

지난 37년 동안 임상적 위기에서 살아남은 사람 중 많게는 10~40%가 NDE를 보고하고 있으며, 향상된 소생 기술 덕분에 이 수는 더 늘어날 것으로 예상된다(Parnia, Spearpoint, & Fenwick, 2007; van Lommel, van Wees, Meyers, & Elfferich, 2001). 최근 분석에서 Zingrone과 Alvarado(2009)는 발생률이 "후향 연구retrospective studies에서는 35%인 반면, 전향 연구prospective studies에서는 17%"(p. 34)라는 것을 발견했다. 그러나 Simpson(2001)과 다른 학자들(예를 들면, Duffy & Olsen, 2007; James, 2004)은 많은 근사체험자가 '미쳤다'는 낙인이 찍힐까 두려워서 NDE 후 경험에 대해 말하기를 꺼려 할 수도 있기 때문에 실제

NDE 발생은 훨씬 더 높을 것이라는 점을 강조했다.

정확한 NDE 발생률을 얻는 데 존재하는 이러한 한계를 인식하게 되면서 명확한 규준을 사용하여 NDE의 타당성을 확인하기 위해 Greyson(1983)의 NDE 척도가 개발되기 이전의 초기 연구는 약간 더 높은 발생률을 보여 주었다. 예를 들어, Ring(1980)에 의한 전향 연구는 근사近死를 경험했거나 가까스로 소생된 102명의 개인 중 40%가 NDE를 보고한 반면, 1982년에 실시한 갤럽 여론조사(Gallup & Proctor, 1982)에서는 거의 8백만 가까운 사람들이 NDE를 보고했다고 밝혔다(근사의 경험을 했다고 추측할 수 있는 사람들에 의해 보고된 35%와 거의 동등한 수치이다). 또 다른 전향 연구에서 Greyson(1986)은 자살 시도로 병원에 입소한 환자 61명을 조사하여 그중 16%가 NDE를 보고하였음을 밝혔다. 이러한 수치는 의학적 진보가 점점 더 많은 사람을 죽음의 순간에서 소생시킬 수 있음에 따라 계속 상승할 것으로 보인다.

더욱 최근에는 van Lommel 등(2001)이 네덜란드 10개의 병원에서 심장 마비 생존자 344명에 대한 8년간의 전향 연구를 진행하였는데, 이들 중 18%가 NDE를 보고하였으며 12%는 원래 Moody(1975)의 의해 주목받았던 몇 가지 특징 중 핵심적 경험을 보고했다. 비록 이 비율은 초기 조사보다 현저히 낮은 수치이지만, Lommel 등은 NDE의 발생이 심장 마비 이전의 죽음에 대한 두려움, 약, 의식 불명 지속 기간이나 심장 마비의 길이와는 관련이 없다는 점을 밝혀냈다. Parnia, Waller, Yeates와 Fenwick(2001)에 의해 진행된 또 다른 전향 연구에서는 영국 심장 병동의 심장 마비 생존자 63명을 조사하여 그중 11%가 NDE를 보고했다고 밝혔다. 비슷하게 Schwaninger, Eisenberg, Schechtman과 Weiss(2002)는 4년간 심장 마비 생존자 174명을 전수 조사하여 그중 23%가 NDE를 보고했다고 밝혔다. 유사하게 Greyson(2003)은 30개월 동안 제3차 심장치료 입원 병동에 수용된 1,595명을 조사한 전향 연구를 진행하였다. Greyson은 심장 마비에서 생존한 환자의 10%가 NDE를 보고했다고 밝혔다.

인구 통계

지금까지 NDE는 광범위한 인구와 환경에서 보고되어 왔다. 종교(McClenon, 2006a), 인종(Greyson, 2003; McClenon, 2005), 나이(Britton & Bootzin, 2004; van Lommel et al., 2001), 성별(Audain, 1999; Greyson, 1997, 2001, 2003; Parnia et al., 2007) 또는 교육과 사회경제적 지위(Greyson, 1997)에서 발생률의 차이가 발견되지 않았다. 게다가 근사체험자들은 다

양한 척도를 사용했을 때 심리적으로 건강한 것으로 나타났으며(Greyson, 2007; Greyson et al., 2009; Parnia et al., 2007; Wren-Lewis, 2004), 외상 후 스트레스장애PTSD에 대한 임상적 표준이나 DSM-IV-TR에서 설명하는 해리장애의 규준에도 충족되지 않았다(APA, 2000; Christian, 2005; Greyson, 2001, 2007; Morris & Knafl, 2003; Wren-Lewis, 2004). 게다가 NDE는 폭넓게 다양한 의료적 위기, 즉 몇 가지 예를 들면 수술, 심장 마비, 사고/상해, 분만, 알레르기 반응, 급성 또는 불치병, 익사, 군대 전투와 극심한 정서적 스트레스 등에서 보고되고 있다(Britton & Bootzin, 2004; Greyson, 1997, 2001, 2003; Greyson et al., 2009; Moody 1975; Parnia et al., 2001, 2007; Ring, 1980; van Lommel et al., 2001). Morse, Conner와 Tyler(1985)는 NDE를 일으키는 임상적 위기의 유형 간 성별 차이와 아이들에서의 차이를 발견했으나, 아이와 어른에 관련된 보고에서 주요한 특징은 전반적으로 동일했다.

비교문화 연구

NDE의 다수의 특징이 보편적인 현상임을 강하게 피력하는 비교문화 연구로부터 풍부한 자료가 모아지고 있다. 비록 연구에서 문화마다 NDE의 의미를 다르게 해석한다는 점을 보여 주고는 있지만(즉, 빛이나 영적 존재를 자신들의 특정한 종교적 · 영적 관념에 기인하는 것으로 봄), Greyson과 동료들(2009)은 본질적인 특징은 같다는 점을 지적했다(즉, 빛을 본다거나 유체이탈OBE, 삶의 회고, 죽은 영혼/친척/사랑한 이를 본다거나 텔레파시/심령적 능력 고양 등).

예를 들어, 이란에서 진행된 최근 한 연구에서는 이슬람교도인 근사체험자가 서양의 보고와 비슷한 기준들을 보고했다(Fracasso, Aleyasin, Friedman, & Young, 2010). 19명의 참가자 중 62%가 빛과 조우했으며, 53%가 죽음의 가장자리까지 갔지만 '돌려보내졌다'고 보고했고, 42%가 정체를 알 수 없는 목소리를 들었으며, 41%가 삶의 회고를, 37%가 미래의 장면을 보았으며, 32%가 OBE를, 26%가 작고한 친척이나 종교적인 (신성한) 영혼을 보았다고 보고했다. 21%는 작고한 친척이나 (신성한) 영혼의 존재를 감지했다고 보고했다. 유사하게 53%가 이러한 의식 상태에서 텔레파시로 정보를 받고 교신할 수 있으며, 74%가 NDE 체험 이후 심령적 능력이 고양되었다고 보고했다.

다른 연구자들 또한 비슷한 결과를 도출했다. Kellehear(2008)는 2005년 자료에 대한 비교문화 대조를 실시하여 비-서양의 NDE가 서양의 설명과 몇 가지 작은 차이점을 제외하고는 유사점이 많다는 점을 밝혔다. 검토한 문화는 중국, 인도, 뉴질랜드, 하와이, 서부 뉴브리튼, 북미 원주민, 티베트, 괌과 아프리카이다. Kellehear는 비-서양의 NDE가 서양의 NDE에서 공통적으로 보고되었던 것처럼, 작고한 친척이나 초자연적 존재를 만나거나 목격, 순수하고 무한한 지식의 다른 영역에 대한 경험에 대한 보고가 포함되어 있다는 사실을 발견했다. 그에 반해 Kellehear는 대부분의 비-서양 설명에는 터널 경험과 유사한 어둠 속을 떠다녔다는 보고는 있지만, 터널 경험에 대한 보고가 기술되어 있지 않음을 찾아냈다. Belanti, Perera와 Jagadheesan(2008)은 이러한 차이가 경험, 언어 장벽 또는 종교적 신념의 의미를 해석하는 방법에 대한 사회문화적 영향 때문이지 않을까라는 제안을 했다.

흥미롭게도 McClenon(2005)은 노스캐롤라이나에서 수집한 1,832개의 이상한 경험 중 28개의 아프리카계 미국인의 이야기를 분석하여 NDE 요소와 종교적 치유 의식을 비교했다. McClenon은 대다수의 NDE 이야기는 종교 의식보다 더 부정적인 정서를 드러냈다는 점을 보고했다. 이어서 McClenon(2006b)은 중앙아프리카에서 8개의 콩고 NDE를 분석하여 이들 모두가 유체이탈, 순수한 지식의 '다른 영역', 초자연적 존재와의 대화를 보고하고 있다는 점을 밝혀 이후 이러한 경험의 보편성을 더욱 지지하게 되었다. Pasricha(2008)는 인도의 60개 마을(36,100명)에 대한 조사에서 만 명당 네 명꼴로 NDE를 보고했다는 점을 알아냈다. 서양의 NDE에서처럼 Pasricha는 가장 공통적으로 보고한 요소가 밝은 빛, '동굴'에 대한 지각(서양의 설명에서는 주로 터널로 언급되는), 초감각적 경험과 최고의 평화로운 느낌임을 밝혔다. 호주의 NDE에 대한 보고 역시 죽을 뻔 했던 사람들 중에 36%의 발생률을 보였고, 전체 인구에서는 어림잡아 8% 정도가 NDE를 보고했다고 제안했다(Perera, Padmasekara, & Belanti, 2005).

NDE 후속 효과

공통적으로 NDE와 관련된 몇 가지 의미심장한 후속 효과, 즉 15년 아니면 그 이상의 기간 동안 나타나는 것으로 보이는 긍정적인 동시에 부정적인 통합-후 문제가 존재한다는 점 또한 잘 증명되어 있다(Bush, 1991; Christian, 2005; Groth-Marnat & Summers, 1998; Insinger, 1981; Noyes, Fenwick, Holden, & Christian, 2009; Sutherland, 1992). 비록 많은 연구자가 심지어 이러한 힘든 후속 효과마저도 근사체험자가 더 깊은 가치로 통합하려 하면서 오래된 자아의 피상적인 부분을 떨어뜨리는 긍정적인 후속-통합의 성장 기회로 보고 있기도 하지만(Holden. 2009), 상당수의 사례 연구는 임상적 개입을 통해 근사체험자들이 자신의 경험을 일상의 삶과 통합시키도록 도와줄 필요가 있다는 점을 보여 준다. 많은 연구자는 삶의 가치에 있어 급격한 변화 때문에 이혼율이 높아지고(Christian. 2005), (NDE 동안 경험했던 평화로운 영역으로 돌아가길 바라는) 특정 단계 동안 자살을 시도하거나 아마도 친구, 가족 또는 의사들로부터 그 경험이 인정받지 못하는 것 때문에 우울증으로 고통받는다는 점을 밝혔다(Bush, 1991; Groth-Marnat & Summers, 1998; Noyes et al., 2009).

긍정적인 장기 후속 효과

조사에 주로 언급되는 NDE의 긍정적인 장기 후속 효과로는 삶의 목적과 의미에 대한 증대된 감각(Britton & Bootzin, 2004; Greyson, 1996, 1997; Greuson et al., 2009; Moody, 1975; Noyes et al., 2009; Ring, 1980; van Lommel et al., 2001; Zingrone & Alvarado, 2009), 삶 전체에 대한 통일감, 사랑, 자비심(Greyson, 2001; Holden, Long, & MacLurg, 2006; James, 2004; Parnia et al., 2001), 물질적 부 성취에 대한 감소된 관심(Stout, Jacquin, & Atwater, 2006), 더욱 건강하게 먹고자 하는 욕망(채소를 더욱 많이 먹고 붉은 고기는 덜 선호하게 되었다는 보고가 많음), 죽음에 대한 두려움의 감소, 다른 사람에게 봉사하고 싶은 욕구의 증가가 있다(Brumm, 2006; Christian, 2005; Kinnier, Tribbensee, Rose, & Vaughan, 2001; Moody, 1975; Morris & Knafl, 2003; Ring, 1980; Sabom, 1982; Wren-Lewis, 2004). 또한 많은 근사체험자는 카페인, 알코올 그리고 니코틴과 같은 몇몇 음식에서 찾을 수 있는 특정 화학물이나 중독물질 소비에 대한 욕망이 감소했다는 점을 보고했다.

장기적인 통합-후 문제

몇 가지 장기적인 통합-후 문제post-integration issues에서 주로 언급되는 점들로는 그 경험을 자신의 일상생활에 통합하는 문제뿐 아니라 자신의 인생 목적을 찾는 것에 대한 좌절, 진정한 삶의 의미에 대한 혼란, 높은 수준의 우울, 불안, 화가 있다(Christian, 2005; Duffy & Olsen, 2007; Greyson, 2001, 2007; James, 2004; Morris & Knafl, 2003; Olsen & Dulaney, 1993; Simpson, 2001; Wren-Lewis, 2004). 게다가 근사체험자들은 남들과 다르다는 느낌 또는 거부나 놀림을 당할까 하는 두려움에 그 경험에 대해 말하는 것을 꺼리게 됨에 따라 주로 다른 이들로부터의 고립감이 증가된다는 점을 보고하였다(Greyson et al., 2009). Insinger(1981)는 이러한 고립감은 높은 비율의 우울증으로 이어지게 된다는 점을 제시했으며, 이 결과는 이후의 연구들과도 일맥상통한다(Christian, 2005; Greyson, 2007; Greyson & Harris, 1987; Morris & Knafl, 2003; Wren-Lewis, 2004). 하지만 우울증과 불안은 NDE에 대한 정상적인 반응이며, 심오한 후속 효과는 종종 통합되기까지 수년이 걸리기 때문에 병리적 상태는 NDE의 정상적 추이와 결과와는 구별을 할 필요가 있다는 것은 주목해야 할 점이다. 거듭 말하면, 연구에서 근사체험자들은 NDE 경험 이후로 아마도 대인관계에 긴장을 주는 생활 양식 가치의 급격한 변화로 말미암아 상당히 높은 이혼율을 보인다고 밝혔다(Chirstian, 2005; Greyson et al., 2009; Morris & Knafl, 2003; Wren-Lewis, 2004). 이것이 병리의 징후인지 아니면 더욱 건강하고 만족스러운 관계로 향한 과정인지 아직 결론이 나지 않았다. 비슷하게 이러한 그림에 혼란을 더하며 Wren-Lewis(2004)는 긍정적인 삶의 변화는 높은 비율의 개인적인 심적 고통과 공존한다는 점을 밝혀냈다.

Stout 등(2006)에 의해 진행된 한 연구에서 참가들에게 NDE 경험 후 그들의 주요한 투쟁과 도전이 무엇이었는지 물었다. Stout 등은 지속적으로 보고되는 여섯 가지의 주요한 주제가 있다는 점을 찾아냈다. ① 현실의 급격한 변화를 처리하는 것에 대한 어려움, ② 이생으로 되돌아온 것을 받아들이는 것의 어려움, ③ 다른 이들과 자신의 경험을 나누거나 가족이나 친구로부터 이해나 인정의 부재에 대한 어려움, ④ 다른 이들에게 경험을 말할 수 없는 데서 오는 고립감의 증가, ⑤ 강화된 화학적 민감도와 직관 능력에 적응하는 것에 대한 힘듦, ⑥ 삶의 목적을 찾거나 살아 내고, 새로운 영적 가치를 일상생활에 통합시키는 것에 대한 어려움이었다.

다른 통합 문제는 NDE 이후 경계의 소멸에 관한 것이다. Greyson(2007)은 이것이 NDE 중 경험했던 무조건적인 사랑과 '하나됨' 때문일 수 있으며, 이 때문에 개인은 서로 분리되어 있다는 대다수의 믿음에 기초한 사회에 다시 통합하는 데 힘들어지는 것이다. 사실 Greyson은 다수가 이전의 생활과 사고방식으로 돌아갈 수 없어서 그들의 새로운 가치를 이해하지 못하는 가족과 친구들 때문에 몇 가지 적응 문제를 일으킬 수 있다는 점에 주목하였다. 게다가 이러한 통일감과 일체감은 많은 이에게 단지 지적인 믿음이 아니라 오히려 새로운 진실의 핵심 부분이 된다는 점에 주목하는 것은 매우 중요하다.

이 외 문제로는 가족이나 친구의 반응에 관한 것이다. 인정을 해 주지 않고 때때로 믿지 않는 것에 더하여 Greyson(1997, 2007)은 어떤 사람들은 근사체험자들로부터의 초인적인 힘을 기대하며 그들을 숭배하려고 한다는 점을 제시했다. 이 두 극단적인 반응 모두 근사체험자에게는 막대한 압박을 주기 때문에 그 경험을 억압하고 싶은 욕구를 강화하는 동시에 자신이 이해받지 못한다고 느끼게 되는 것이다.

정신건강 연구들

지난 몇십 년에 걸쳐 근사체험자의 정신건강을 평가하기 위해 몇 번의 연구가 진행되었다. 비록 대다수가 높은 수준의 우울과 불안을 경험하지만, 이것은 비상한 일에 대한 정상적인 반응이며, NDE가 때때로 수반하는 심오한 변화는 성공적으로 통합되기까지 몇 년이 걸릴 수도 있다는 점에 주목하는 것은 매우 중요하다. 그러므로 우리는 임상가들이 이점을 잘 고려해 주기를 바라며, 근사체험자에 대한 진단적 분류의 사용은 저지하고 싶다. 미국정신의학회(2000)의 정신장애의 진단 통계 편람(4번판, DSM-TR-IV)에서는 병리적 장애로 볼 수 없는 문제들, 그러니까 여타의 정신진단 분류라기보다 NDE와 그 정상적인 후속효과로 볼 수 있는 문제들에 대하여 V 코드 62.89 부분에 '영성 또는 종교적 문제'라는 특정 진단적 분류를 만들었다(Lukoff, Lu, & Turner, 1998 참조).

해리 및 외상 후 스트레스 장애

연구자들은 일부 근사체험자들이 '내면의 목소리'라고 기술하는 환청이 때때로 일어남을 보고한다는 점을 알아냈다(Bentall, 2000). 그러나 Richard Bentall은 재발성 환청을 보고한 97%의 체험자가 이러한 경험을 긍정적으로 보고 있으며, 근사체험자가 DSM-IV-TR(APA, 2000)에 설명된 해리, 조현병이나 외상 후 스트레스장애의 임상적 기준에 충족되지 않는다는 점을 밝혔다(APA, 2000). Greyson과 Liester(2004)에 의해 진행된 후속 연구에서 근사체험자들은 이러한 경험을 매우 가치 있게 여기며, 그 결과 심리적으로 더 잘 기능한다는 점을 들어 이전과 비슷한 결론을 내렸다.

다른 연구들은 NDE에 뒤따르는 외상 후 스트레스장애PTSD와 해리 증상에 초점을 두고 있다. 194명의 근사체험자로부터 Greyson(2001)은 비-경험자들에 비해 회피 증상보다 침입성 PTSD 증상이 더 높다는 점을 발견했다. Greyson은 회피 행동은 NDE에 의해 발생한 외상과 관련되기보다는 다른 이들과 다르다는 느낌과 인정받지 못하는 느낌과 더욱 관련된 것이라고 제안했다. 이 연구에서는 근사체험자가 심리적으로 건강하며, 정상적인 통제집단과 크게 다르지 않다는 점을 발견했다. 이는 Gabbard와 Twemlow(1984)의 초기 결과와 일치하는 부분이다. 더 최근에 Parnia 등(2007)은 이러한 조사 결과를 확증하고 근사체험자들을 정상적 통제집단에 비교해 PTSD나 해리장애가 유의할 정도로 높게 측정되지 않았다는 점을 보고했다.

하지만 NDE의 고통에 대한 연구가 더 필요한 실정이다. Bonenfant(2001)는 자동차 사고 동안 고통스러운 NDE를 겪은 이후 PTSD로 괴로워하는 6살짜리 소년의 사례를 보고하였다. Bonenfant는 "소년의 부모는 자신의 아들이 NDE 이후 몇 달 동안이나 초조, 불안과 악몽으로 고통받고 있다고 보고했다."(p. 93)라고 언급한다. 이 사례에서 나타난 증상이 자동차 사고의 결과인지, NDE 때문인지 결정하기는 어려울지라도 고통스러운 NDE는 그 후속 효과가 즐거운 NDE 소견과는 다른 심리적 도전 과제인지 아닌지를 결정하기 위해 차후 더욱 조사되어야 할 필요가 있다.

정신분열형 성격장애와 정신증장애

정신분열형 성격장애schizotypal personality disorder와 단기 정신증장애brief psychotic disorders에 관해 말하자면, 연구들은 근사체험자들이 몇 가지 방식에서 차이가 있다는 점을 보여 준다. 정신분열형 성격장애는 폭넓은 대인관계적 결함이 포함된 지각과 인지적 결함이 존재하는 데 비해, 근사체험자들에게서는 그러한 점이 보이지 않았다(Gabbard & Twemlow, 1984; Irwin, 1993; Locke & Shontz, 1983). Lukoff, Lu와 Turner(1995)는 NDE가 스트레스 상황에 바로 뒤따라 일어나는 점, 더불어 발현 전 기능이 양호한 점과 후-NDE의 긍정적 태도에 의해 단기 정신증과 구별될 수 있음을 제시했다.

지금까지 우리의 지식 중 근사체험자를 현재의 학문적 데이터베이스의 그 어떤 정신장애의 기준으로도 맞출 수 있는 연구는 없는 듯하다. 이는 이러한 진단적 범주가 (아마도 NDE 이전에 정신장애를 갖고 있던) 사람들에게는 적용이 불가하다고 말하는 것이 아니라, 오늘날까지 이전 정신장애를 갖고 있던 사람(특히, 정신증적 특성)에 대해 NDE 전후 심리적 기능과 비교하여 적절하게 연구된 적이 없다는 것을 의미한다. 더하여 NDE의 정신증적 후속 효과는 흔하지 않기 때문에 정신증의 이전 심리적 진단은 NDE 자체와는 구별되어야 할 필요가 있다.

어린 시절의 선행 사건과 성격적 특징

Gabbard와 Twemlow(1984)는 NDE가 해리, 몰입, 또는 환상-경향성의 성격적 특성을 지닌 개인에게서 더 잘 일어난다는 점을 제시했다. Gabbard와 Twemlow에 따르면, 몰입 같은 특성은 개인으로 하여금 외부 세상을 차단하고 내부적 특징에 집중하게 하여 외상이나 스트레스 상황에서 NDE를 더 자주 경험하게 만든다는 것이다. 이에 더하여 이 이론은

NDE를 보고한 개인은 공상에 잠기거나 몽상에 빠지기 더 쉬운 경향을 가졌으며, NDE가 단순히 외상이나 스트레스와 같은 고양된 상태에서 일어날 수 있는 심리적 방어라고 제안했다. 그러나 몇몇의 연구가 그와 정반대되는 결과를 내놓았는데, NDE와 환상-경향성 성격 특성 사이의 유의한 관계를 밝히지 못했다(Britton & Bootzin, 2004; Brumm, 2006; Greyson, 2003; Wren-Lewis, 2004).

Ring(1992)은 74명의 근사체험자와 54명의 통제집단을 비교하여 **조우-경향성 성격**the encounter-prone personality(p. 145)이라 불리는 근사체험자들의 몇 가지 어린 시절의 선행 사건을 찾아냈다. Ring은 환상-경향성에서 집단 간 통계적 차이를 발견하지 못했지만, 더 높은 비율의 근사체험자들이 어린 시절에 대체 현실alternate realities에 대한 민감성(p. 127)과 더 많은 심령적 경험을 보고했다. 관련 예로는 밤에 깨어나 심령적 존재를 본 일, 텔레파시 교신, 예감premonition 그리고 다른 초자연적 활동psi-related activity이 있다. Ring은 또한 더 높은 비율의 근사체험자들이 어린 시절에 학대나 외상을 경험했거나 심각한 질병 때문에 스트레스가 많은 어린 시절을 보냈다는 점을 밝혀냈다. Ring은 이전의 외상이나 스트레스가 많았던 어린 시절의 경험은 해리 유형의 증상의 발생을 촉진하며, 이는 비인격감과 몰입 경향성으로 이어지게 되며, 결국 NDE에 더욱 취약하게 된다는 것이다. 우리의 지식에서 이와 같은 소견은 이후 더 조사되지 않은 관계로 이러한 어린 시절의 선행 사건이 더 큰 표본에서 일관성이 있을지 평가하기 위해 차후 연구되어야 할 필요가 있는 영역으로 남아 있다.

치료 시 도전 과제

연구에서는 정신건강 실행자들이 알아두면 좋을 NDE의 후속 효과에 개인 내적인 것과 대인관계적인 것이 있으며, 이 효과는 다양한 단계에서 일어날 수 있다고 지적했다. 주요 문제에는 슬픔, 우울, 이혼, 직업의 변화, 어떠한 이례적인 후유증에 대한 언급(강렬한 민감성 내지는 계속되는 초자연적 현상)과 고통스러운 NDE에 대한 언급(Foster, James, & Holden, 2009)으로 이어지는 비밀 발설에 대한 방어와 다양한 통합 문제를 포함한다.

개방의 장벽

NDE 의뢰인과 작업하는 데 있어 초기 장벽은 스스로가 자신의 정신이 정상인가를 의심하고 정신질환으로 낙인찍힐 것에 대한 두려움 때문에 그 경험에 대해 말하는 것을 꺼리는 것과 관계된다(Duffy & Olsen, 2007; Greyson, 1997; James, 2004; Simpton, 2001). Musgrave(1997)는 51명의 후-근사체험자의 태도를 조사하여 많은 긍정적인 후속 효과 중 76%가 놀림을 당하거나 거부를 당할지 모른다는 두려움 때문에 자신의 경험을 털어놓는 것을 꺼린다는 점을 발견했다. Hoffman(1995a, 1995b)은 50명의 근사체험자들에게서 개방 경향과 욕구를 조사하여 이것들이 단계적으로 발생하는 경향이 있음을 밝혔다. 첫 번째 단계는 NDE를 이해하려는 시도에서 오는 충격과 놀라운 감정을 수반한다. 일단 이 초기 충격이 처리되면 이 경험을 인정받는 것에 대한 욕구가 발생한다. 뒤이어 NDE가 그들의 삶에 미치는 영향이 분명해지기 시작하는데, 자신의 경험의 영적 · 심리적 의미를 적극적으로 탐구하고 싶은 욕구를 동반하게 된다. 마지막 단계는 Sutherland(1992)와 여타의 많은 연구진이 주목한 바처럼(예를 들면, Greyson, 2007; Greyson & Harris, 1987) 이러한 경험을 자신의 삶에 통합하는 방법과 관계되는데, 이는 수년이 걸릴 수 있다.

다른 연구자들은 NDE에 대한 초기 반응이 이어지는 과정과 이후 후속 효과의 결과에 매우 중요한 역할을 하며, NDE가 일어난 순간부터 의뢰자 치료에 대한 팀-중심 접근이 필요하다고 제안했다(James, 2004). NDE가 주로 의료 시설에서 일어나고 있기 때문에 지난 10년간 NDE에 대하여, 그리고 그 경험을 한 의뢰인을 돕는 방법에 중점을 두고 의료 실무자들을 교육시키는 폭넓은 훈련 노력들이 있어 왔다(Duffy & Olsen, 2007; James, 2004; Simpson, 2001). 정신건강 실무자들에 대한 이러한 지침의 교육은 전문가들 간의 정보 교환을 증가시키고, NDE를 겪은 사람들에게는 적절한 치료와 소개/위탁을 제공해 줄 수 있다.

NDE나 어떠한 후속 효과에 대해서도 이야기하기를 꺼리는 의뢰인의 문제를 해결하기 위해 정신건강 실무자들은 의학적 위기에서 살아남은 의뢰자에게 의식이 없는 기간 동안 기억나는 것은 없는지 물어보는 것으로 대화를 시작해서, 그로부터 의뢰인의 개방성을 타진해 볼 수 있다. 게다가 의뢰자가 경험에 대해 말하는 것의 두려움을 줄이기 위해 다른 많은 사람도 비슷한 경험(그들의 경험의 독특성은 평가절하하지 않으면서)을 보고해 왔음을 확신시켜 주고, 이와 같은 현상의 특징들에 대해 의뢰자에게 교육시키기를 권장하고 있다.

심리치료 전략

NDE를 겪은 사람들과 작업을 하는 실무자들에게 권장되는 몇 가지 치료 접근법이 있는데, 이는 주로 의뢰자로 하여금 그들의 경험을 일상생활과 통합시키도록 돕는 것에 집중하고 있다. 비록 이 방법들의 효력을 검증하기 위해 경험적 조사가 더 있을 필요가 있긴 하지만, 다음에 나오는 전략들은 수년간 NDE를 겪은 사람들과 작업해 온 NDE 연구진에 의해 만들어진 것이다(Greyson & Harris, 1985). 다음은 Greyson(1996, 1997, 2007)이 정리한 최근의 전략 목록이다.

NDE 직후 치료 접근

예상치 못한 일에 대한 인정 의뢰자들은 (외상 경험이 일어나리라는 예상을 하지 못했으므로) 준비할 시간이 없었기 때문에 근사체험자들과의 작업에 있어 주요 열쇠는 뜻밖의 그 경험을 인정하는 것이다.

재정향reorientation NDE 직후 의뢰자는 극도로 혼란스럽고 분별을 잃은 상태가 될 수 있다. 따라서 촉각을 자극하는 안정화grounding 기법이 신체 의식을 좀 더 자각하도록 도와줄 수 있다.

명료화와 반영 NDE가 일어난 이유나 의미에 대해 해석하려 하지 말고 그 대신에 주의 깊게 듣고 의뢰인이 그 경험에 대해 명료화하고 숙고할 수 있도록 돕는 것이 좋다.

진단적 분류 NDE 직후, 만약 의뢰자가 또 다른 심리적 장애를 가지고 있는 경우라면 NDE는 그들이 갖고 있던 장애 진단과는 관계되지 않은 별개의 현상이라는 점을 반드시 이해시켜야 한다.

교육 근사체험자와 그의 가족 및 친구에게 NDE 관련 보고서를 제공하여 다른 많은 사람도 이와 같은 경험을 보고해 오고 있으며, 이러한 경험은 이상한 것이 아니라는 점을 주지시킬 필요가 있다. 그러나 그 경험을 '정상화normalizing'한 것이 그 경험의 고유성을 평가절하해서는 안 된다는 점을 확인해야 한다.

희생자 의식victimization 피하기 의뢰자에게 자아(또는 버리기로 선택한 더 피상적인 수준의 오래된 자아the old self)를 잃은 것에 대해 애도하도록 독려함으로써 희생되었다는 감정에서 벗어나도록 하라.

언어화할 수 없는 부분에 대한 표현 의뢰자가 그 경험에 대해 말로 표현할 수 없는 부분을 표현할 수 있도록 최면, 유도 심상이나 예술치료와 같은 비-언어적 치료법을 통해 돕는 것이 좋다.

치료에 대한 지금-여기 접근법 치료에 대해 지금-여기의 접근법을 사용하는 것은 의뢰자가 그 경험을 일상생활에 통합할 수 있도록 도와준다. 그 경험이 무엇을 의미하고 삶에 어떤 영향을 미치는지를 자각하게 도움으로써 스스로 이 경험을 이해하고 성장을 촉진하도록 할 수 있다.

부부나 가족 상담 근사체험자들 사이에 이혼율이 높기 때문에 초기에 가족 구성원에게 근사체험자들이 겪는 급격한 생활 양식의 변화를 이해시키는 부부나 가족 상담을 제공하는 것은 매우 중요하다. 이는 의뢰인이 가족이나 친구로부터 인정과 지지를 얻도록 도와 이혼과 같은 변화를 일으킬 수 있는 이후의 소외감이나 고립감의 발생을 줄일 수 있다.

지지집단 근사체험자들에게 다른 근사체험자들과 함께 문제와 해결책을 찾아보도록 국제 근사체험 연구 단체(IANDS: www.iands.org)와 같은 지지그룹에 대해 알아보도록 하라. 이것은 그 경험이 유별나다는 느낌을 줄이는 데 도움이 될 수 있다.

영적 위기 심리영적 위기를 보이는 사람들에게 마음챙김 명상이나 요가와 같은 안정화grounding 기법이 의뢰자가 지금-여기에 재적응하도록 돕는 데 효과적이라는 점이 밝혀지고 있다. 이와 더불어 명상은 의뢰자가 그 경험을 상기하여 일상생활에 통합하는 방법에서 새로운 통찰력을 얻는 데 도움이 될 수 있다.

장기적 치료 접근

NDE를 겪은 의뢰자와 치료적 관계로 들어서기에 앞서 Greyson(1996, 1997, 2007)은 정신건강 실무자들이 NDE와 그 후속 효과가 치료자 자신의 심리영적 성장에도 영향을 줄 수 있다는 사실을 아는 것의 중요성을 지적했다. 따라서 Greyson은 치료자와 의뢰자가 함께 치료적 관계에서 그들이 갖는 기대는 무엇인지, 바라는 결과는 무엇인지에 대해 의논하는 것이 무엇보다 중요하다고 제안했다. 다음에 몇 가지 유용한 기법이 있다(Greyson, 2007).

치료적 관계의 한계 연구자들은 치료의 시작점에 NDE는 다른 문제와는 차별된다는 점을 분명히 하는 것과 NDE로부터 발생하는 특정 문제를 명료화하는 것이 중요하다는 점을 발견했다. 만약 의뢰자가 다양한 문제를 보인다면 해당 의뢰자가 NDE를 통합하는 것을 도울 때 관심의 상충을 피하기 위해 비-NDE 관련 문제에 도움을 줄 또 다른 치료자에게 해당 의뢰자를 위탁하는 것도 도움이 될 수 있다.

신뢰 의뢰자는 NDE 동안 마주치는 경험과 합의된 현실 사이의 급격한 차이로 인하여 제아무리 민감하고 공감적인 정신건강 실무자라 해도 신뢰하는 데 시간이 더 걸릴 수 있다. 유사하게 치료자가 의뢰자의 경험을 믿는 데 고심할 수 있기 때문에 정신건강 실무자들은 자신의 생각, 느낌과 편견을 알아차리는 일이 절대적으로 필요하다.

회기의 길이와 빈도의 융통성 근사체험자와의 친밀한 관계rapport 형성을 위해서는 객관적이고 분석적인 자세를 조장하는 전통적인 치료 접근법을 완고하게 고수하는 자세는 피해야 한다. 연구자들은 이러한 자세가 단지 의뢰자와의 거리감을 생성하고 의뢰자의 심리영적 성장을 촉진하는 데 방해가 된다는 점을 밝히고 있다. 비슷하게 회기의 길이와 주기는 의뢰자가 형언할 수 없는 생각과 압도적인 정서를 탐구하도록 더욱 유연해져야 한다.

애도 작업 독려하기 NDE가 미치는 생활 양식의 가치, 신념과 태도에 대한 큰 영향 때문에 정신건강 실무자들은 NDE의 결과로 '죽거나' 혹은 급진적으로 바뀐 그들의 자아의 부분에 대해 애도할 수 있도록 도와야 한다는 점이 권장되고 있다.

이례적인 경험 내용에 대한 자유연상 연구자들은 치료자들이 의뢰자가 이례적인 경험 내용에 대해 꿈 분석, 유도 심상, 예술치료 또는 명상과 같은 다양한 수준에서 탐험해 보도록 격려해야 한다고 제안한다. 의뢰자들에게 좌우뇌를 다 쓰도록 독려하는 것은 의뢰자들이 말로 표현할 수 없었던 경험을 설명하도록 돕고, 이들을 통합하는 문제에 대한 통찰을 제공할 수 있다.

인생의 목적 탐구 많은 의뢰자는 되돌아오기 힘들어하며 스스로의 인생 목적을 반문하기 때문에, 새로운 가치를 탐구하는 것은 의뢰자가 통합하기 어려워하던 근원적인 문제를 밝히는 데 도움을 줄 수 있다. 예를 들면, 많은 사람은 그들이 "삶으로 되돌아오기를 선택했다."라고 보고하고 있으며, 그들이 왜 돌아오기로 선택했는지를 조사하는 것은 도움이 될 수 있다. 추가적으로 죄책감과 양심의 가책은 자신의 회귀와 관련되어 있으며, 따라서 의뢰자와 탐구해 볼 중요한 영역이 되는 것이다.

원치 않은 후속 효과에 대한 두려움 탐구 의뢰자가 NDE와 NDE 후속 효과를 구별하도록 돕는 것은 중요하다. 이렇게 함으로써 의뢰자는 NDE 자체에 대한 평가절하 없이 부정적인 후속 효과를 거부하거나 저항하도록 도울 수 있다.

가족 역동 조사 생활 양식의 가치와 신념의 급격한 변경은 가족과 친구와의 관계에 큰 변화를 가져올 수 있으며, 의뢰자들은 소외되고 고립된 느낌을 갖게 된다. 그러므로 몇몇 연구자는 가정방문을 하거나 가족치료를 장려하는 것이 도움이 된다고 밝혔다.

지지집단 비록 의뢰자들이 다른 근사체험자들로부터 인정을 얻는 것이 중요할지라도, NDE의 초월적 특성 때문에 다른 근사체험자들과의 집단치료가 부정적이라면 때때로 이 집단치료가 의뢰자들이 세속적인 문제를 평가절하하도록 부추기게 되어 이후의 문제로 이어질 수 있다. 따라서 치료자들은 의뢰자들이 NDE로부터 배운 점뿐 아니라 지금-여기의 중요성도 재확인할 수 있도록 도와야 한다.

건설적 행동의 장려 일단 의뢰자들이 NDE의 후속 효과를 통합하고 새로운 신념, 가치와 삶의 목적 의식을 내면화하고 나서 다른 이들을 돕도록 하는 일은 매우 중요하다. 근사체험자들과 작업을 해 온 전문가들은, 치료 작업은 의뢰자들이 NDE 동안 경험했던 무조건적 사랑의 감각을 현실화하고, 그것을 다른 사람들과 공유하는 방법을 찾게 되었을 때 비로소 끝나는 것이라고 제안했다. 요약하자면, 근사체험자들이 일상생활로의 통합의 여러 단계를 받아들이고 다른 이들에게 손을 뻗어 도울 수 있게 되면 Greyson(1996, 1997, 2007)은 치료적 관계는 점차 종결이 되어야 한다고 제시했다.

결론

근사체험자들은 빈번하게 그 경험에 의해 영구적이고 강력하게 변화되고, 이는 긍정적이거나 힘든 단기 결과로 이어질 수 있다. 일부는 힘든 단기 결과조차도 긍정적인 장기 결과로 이어지는 NDE 통합-후 과정의 부분으로 본다. NDE의 진실성을 평가절하할 수 있을 정도로 이 현상을 충분히 설명하는 현존하는 과학적 이론이 없기 때문에, NDE는 전통적이고 물질적이기보다는 초월적 견해에서 비롯한 개방성을 필요로 하는 가장 흥미진진한 현상 중 하나로 남아 있다. NDE가 존재론적으로 실재하든 아니든 간에 근사체험자들은 NDE에 의해 깊이 영향을 받는다. 근사체험자들과 작업하는 임상의를 위해 이들을 평가하고 치료하는 데 필요한 몇 가지 지침을 제시했다. 유사하게 NDE와 근사체험자를 연구하는 과학자들도 이 현상의 많은 양상에 의해 크게 영향을 받고 있다. 여러 문화에 걸친 공통적인 NDE 현상은 이 현상이 단지 문화적으로 학습된 기대의 산물이 아니라는 간접적 증거를 제공하고 있다. 우리는 아마도 NDE 연구가 서양 물질주의의 가장 기본적인 가정의 한계를 탐구하고, 그 한계를 넘어서는 초월적 이해를 다지기 위한 가장 흥미로운 영역이라고 생각한다.

참고문헌

Audain, L. (1999). Gender and trauma in the near-death experience: An epidemiological and theoretical analysis. Journal of Near-Death Studies, 18, 35-49.

Belanti, J., Perera, M., & Jagadheesan, K. (2008). Phenomenology of near-death experiences: A cross-cultural perspective. Transcultural Psychiatry, 45(1), 121-133.

Bentall, R. P. (2000). Hallucinatory experiences. In E. Cardeña, S. J. Lynn, & S. Krippner (Eds.), *Varieties of anomalous experience: Examining the scientific evidence* (pp. 85-120). Washington, D.C.: American Psychological Association.

Bonenfant, R. J. (2001). A Child's encounter with the devil: An unusual near-death experience with bogh blissful and frightening element. *Journal of Near-Death Studies*, 20, 87-100.

Britton, W. B., & Bootzin, R. R. (2004). Near-death experiences and the temporal lobe. *Psychological Science*, 15, 254-258.

Brumm, K. (2006). A study of near-death experiences and coping with stress. *Journal of Near-Death Studies*, 24, 153-173.

Bush, N. E. (1991). Is ten years a life review?. *Journal of Near-Death Studies*, 10, 5-9.

Christian, S. R. (2005). Marital satisfaction and stability following a near-death experience of one of the marital partners. Dissertation Abstracts International, 66(11) 0158A(UMI #3196139).

Duffy, N., & Olsen, M.(2007). Supporting a patient after a near-death experience: Recvering from cardiac arrest, your patient reports an out-of-body experience. Do you know how to respond? *Nursing*, 4, 46-48.

Foster, R., James, D., & Holden, J. (2009). Practical applications of research on near-death experiences. In J. Holden, B. Greyson, & D. James (Eds.), *The handbook of near-death experiences: Thirty years of investigation* (pp. 235-258). Santa Barbara, CA: ABC-CLIO.

Fracasso, C. L., Aleyasin, S. A., Friedman, H. L., & Young, M. S. (2010). Near-death experiences in a small sample of Iranian Muslims. *Journal of Near-Death Stdies*, 29, 265-272.

Gabbard, G. O., & Twemlow, S. W. (1984). *With the eyes of the mind: An empirical analysis of out-of-body states*. New York. NY: Praeger.

Greyson, B. (1983). The Near-Death Experience Scale: Construction, reliability, and validity. *Journal of Nervous and Mental Disorders,* 171, 369-375.

Greyson, B. (1986). Incidence of near-death experiences follwing attempted suicide. *Suicide and Life-Threatening Behavior*, 16, 40-45.

Greyson, B. (1997). The near-death experience as a focus of clinical attention. *Journal of Nervous and Mental Disease,* 185(5), 327-334.

Greyson, B. (2001). Post-traumatic stress symptoms following near-death experiences. *American Journal of Orthopsychiatry,* 71, 368-373.

Greyson, B (2003). Incidence and correlates of near-death experiences in a cardiac care unit. *General Hospital Psychiatry*, 25, 269-276.

Greyson. B. (2005). "Flase positive" claims of near-death experiences and "false negative" denials of near-death experiences. *Death Studies*, 29, 145-155.

Greyson. B. (2007). Near-death experience: Clinical implications. *Revista de Psiquitatria Clinica*, 34, 49-57.

Greyson. B., Kelly, E. W., & Kelly, E. F. (2009). Explanatory models for near-death experiences. In J. M. Holden, B. Greyson, & D. James (Eds.), *The handbook of near-death experiences: Thirty years of investigation* (pp. 213-234). Santa Barbara, CA: Praeger/ABC-CLIO.

Greyson, B. (2010). Implications of near-death experiences for postmaterialist psychology. *Psychology of Religion and Spirituality*, 2, 37-45.

Greyson, B., & Harris, B. (1987). Clinical approaches to the near-death experiencer. *Journal of Near-Death Studies*, 6, 41-52.

Greyson, B., & Liester, M. B. (2004). Auditory hallucinations following near-death experiences. *Journal of Humanistic Psychology*, 44, 320-336.

Groth-Marnat, G., & Summers, R. (1998). Altered beliefs, attitudes, and behaviors follwing near-death experiences. *Journal of Humanistic Psychology*, *38*, 110-125.

Hoffman, R. M. (1995a). Disclosure habits after near-death experiences: Influences, obstacles, and listener selection. Journal of Near-Death Studies, 14, 29-48.

Hoffman, R. M. (1995b). Disclosure needs and motives after a near-death experiences. *Journal of*

Near-Death Studies, 13, 237-266.

Holden, J. M. (2009). Veridical perception in near-death experiences. In J. M. Holden, B. Greyson, & D. James (Eds.), *The handbook of near-death experiences: Thirty years of investigation* (pp. 185-211). Santa Barbara, CA: Praeger/ABC-CLIO.

Holden, J. M., Long, J., & MacLurg, J. (2006). Out-of-body experiences: All in the brain?. *Journal of Near-Death Studies, 25*, 99-107.

Insinger, R. M. (1981). The impact of near-death experiences on family relationship. Journal of Near-Death Studies, 9, 141-181.

Irwin, H. J. (1993). The near-death experience as a dissociative phenomena: An empirical assessment. *Journal of Near-Death Studies, 12*, 95-103.

James, D. (2004). What emergency department staff need to know about near-death experiences. *Topics in Emergency Medicine, 26*, 29-34.

Kellehear, A. (2008). Census of non-western near-death experiences to 2005: Overview of the current data. *Journal of Near-Death Studies, 4*, 249-265.

Kinnier, R. T., Tribbensee, N. E., Rose, C. A., & Vaughan, S. M. (2001). In the final analysis: More wisdom from people who have faced death. *Journal of Counselling & Development, 79*, 171-177.

Locke, T. P., & Shontz, F. C. (1983). Personality correlates of the near-death experience: A preliminary study. *Journal of American Soc Psychical Research, 77*, 311-318.

Lukoff, D., Lu, F., & Turner, R. (1995). Cultural considerations in the assessment and treatment of religious and spiritual problems. *The Psychiatric Clinics of North America, 18*(3), 467-485.

Lukoff, D., Lu, F., & Turner, R. (1998). From spiritual emergency to spiritual problem: The traspersonal roots of the new DSM-IV Category. *Journal of Humanistic Psychology, 38*(2), 21-50.

McClenon, J. (2005). Content analysis of a predominantly African-American near-death experience collection: Evaluating the ritual healing theory. *Journal of Near-Death Studies, 23*, 159-181.

McClenon, J. (2006a). Origins of belief in life after death: The ritual healing theory of near-death experiences. In L. Storm & M. Thalbourne (Eds.), *The survival of human consciousness: Essays on the possibility of life after death*. Jefferson, NC: McFarland.

McClenon, J. (2006b). Kongo near-death experiences: Cross-cultural patterns. *Journal of Near-Death Studiees, 25*, 21-34.

Morris, L. L., & Knafl, K. (2003). The nature and meaning of the near-death experience for patients and critical care nurses. *Journal of Near-Death Studiees, 21*, 139-167.

Morse, M. L., Conner, D., & Tyler, D. (1985). Near-death experiences in a pediatric population. *American Journal of Disabled Children, 139*, 595-600.

Musgrave, C. (1997). The near-death experience: A study of spiritual transformation. *Journal of Near-Death Studies, 15*, 187-201.

Noyes, R., Jr., Fenwick, P., Holden, J. M., & Christian, R. (2009). Aftereffects of pleasurable Western adults near-death experiences. In J. M. Holden, B. Greyson, & D. James(Eds.), *The handbook of near-death experiences: Thirty years of investigation* (pp. 41-62). Santa Barbara, CA: Praeger/ABC-CLIO.

Olsen, M., & Dulaney, P. (1993). Life satisfaction, life review, and near-death experiences in the elderly. *Journal of Holistic Nursing*, *11*, 368-382.

Parnia, S., Spearpoint, K, & Fenwick, P. B. (2007). Near-death experiences, cognitive fuction, and psychological outcomes of surviving cardiac arrest. *Resuscitation*, *74*, 215-221.

Parnia, S., Waller, D. G., Yeates, R., & Fenwick, P. (2001). A qualitiative and quantitative study on the incidence, features, and aetiology of near-death experiences. *Resuscitation*, *48*, 149-156.

Pasricha, S. K. (2008). Near-death experiences in India: Prevalence and new features. *Journal of Near-Death Studies*, *26*, 267-282.

Perera, M., Padmasekara, G., & Belanti, J. (2005). Prevalence of near-death experiences in Australia. *Journal of Near-Death Studies*, *24*(2), 109-115.

Ring, K. (1980). *Life at death*. New York, NY: Quill.

Ring, K. (1992). *The omega project. Near-death experiences, UFO encounters, and mind at large*. New York, NY: William Morrow.

Sabom, M. B. (1982). *Recollections of death: A medical investigation*. New York, NY: Harper & Row.

Schwaninger, J., Eisenberg, P.R., Schechtman, K. B., & Weiss, A. N. (2002). A prospective analysis of near-death experiences in cardiac arrest patients. *Journal of Near-Death Studies*, *20*, 215-232.

Simpson, S. M. (2001). Near-death experience: A concept analysis as applied to nursing. *Journal of Advanced Nursing*, *36*, 520-526.

Stout, Y. M., Jacquin, L. A., & Atwater, P. M. H. (2006). Six major challenges faced by near-death experiencers. *Journal of Near-Death Studies*, *25*, 49-62.

Sutherland, C. (1992). *Transformed by the light: Life after near-death experiences*. Sydney Australia: Bantam.

van Lommel, P., van Wees, R., Meyers, V., & Elfferich, I. (2001). Near-death experience in survivors of cardiac arrest: A prospective study in the Netherlands. *Lancet*, *358*, 2039-2045.

Wren-Lewis, J. (2004). The implications of near-death experiences for understanding post-traumatic growth. *Psychological Inquiry*, *15*, 90-92.

Zingrone, N. L., & Alvarado, C. S. (2009). Pleasurable Western adult near-death experiences: Features, circumstances, and incidence. In J. M. Holden, B. Greyson, & D. James (Eds.), *The handbook of near-death experiences: Thirty years of investigation* (pp. 17-40). Santa Barbara, CA: Praeger/ABC-CLIO.

번역 출판

American Psychiatric Association (2000). *Diagnostic and statistical manual of mental disorders* (4th ed., text rev.). Washington, DC: Author. (이근후 등 역. 정신장애의 진단 및 통계 편람. 서울: 하나의학사, 1995; 권준수 등 역. 정신질환의 진단 및 통계 편람: DSM-5. 서울: 학지사, 2015).

Gallup, G., & Proctor, W. (1982). *Adventures in immortality: A look beyond the threshold of death*.

New York, NY: McGraw Hill. (김진욱 역. 사후의 세계. 서울: 문학세계사, 1992; 안길환 역. 죽음 그 다음의 세계. 서울: 명문당, 1994).

Greyson, B. (1996). The near-death experience as a transpersonal crisis. In B. Scotton, A. Chinen, & J. Battista (Eds.), *Textbook of transpersonal psychiatry and psychology* (pp. 302-326). New York, NY: Basic Books. (박성현, 권경희, 김준형, 백지연, 이재갑, 주혜명, 홍혜경 역. 자아초월 심리학과 정신의학. 서울: 학지사, 2008).

Moody, R. A. (1975). *Life after life*. Covington, GA: Mockingbird Books. (주진국 역. 다시 산다는 것: 사후 생존이라는 현상에 관한 보고. 서울: 행간, 2007; 서민수 역. 삶 이후의 삶. 서울: 시공사, 1995).

제 21 장

자아초월적 성 경험

Jenny Wade

성性과 영성의 관계는 자아초월 연구에서뿐 아니라 현대 사회에서 가장 논란의 여지가 많고 가장 제대로 이해되지 못하는 부분 중 하나이다. 수세기 동안 주요한 세계적 종교는 육체적 쾌락의 금기—특히 독신/금욕—를 영성적 염원의 방침으로서 장려해 왔다. 그 연장선상의 끝부분 즈음에서 성은 영성적 경로의 걸림돌로 간주되고, 심하게는 한 개인을 영속적으로 절대자로부터 분리하는 신성 모독으로도 본다. 왜 이 모든 책임이 성에 있는 걸까? 아마도 그 이유는 성이 실제로 성직자, 스승, 약물, 의례, 희생 또는 기부에 대한 필요 없이 누구나 도달할 수 있는 자아초월자가 될 수 있는 출입문이기 때문일 것이다. 인류가 자아초월적 지혜, 환희와 영혼에 직접 도달하는 그 내재적 능력을 소환한다면 무슨 일이 일어나게 될까?

성과 영성 사이의 연결성은 고대 때부터로 알려져 왔다. 그 변용을 일으키는transformative 힘은 세상에서 가장 오래된 기록 중 하나이면서 기원전 2700년경에 살았던 우루크Uruk라는 역사적인 왕에 대한 구전에서 나온 약 4,000년 전에 기록된 『길가메시 서사시The epic of gilgamesh』에 나타나 있다. 거기서 엔키두Enkidu는 인간이기보다는 동물에 가까운 털로 덮인 생명체였는데, 다른 동물들과 함께 방목되었으며 그들과 함께 물웅덩이에서 물을 마셨다. 어느 날 여신은 샴하트라 불리는 신성한 여제에게 사원을 떠나서 엔키두와 황야에서 성관계를 가질 것을 명했다. 일주일간의 성교를 통해 엔키두는 존재의 더 높은 상태를 얻게 되었다.

> 샴하트는 자신의 가슴을 붙잡고, 자신의 성기를 노출했다. 그리고 그는 그녀의 관능에 빠져들었다.
> 그녀는 억제하지 않았으며, 그의 에너지를 받아들였다.
> 그녀는 옷을 펼쳤고; 그는 그녀의 위로 누웠다.
> 그의 육욕이 그녀 위에서 신음했다.
> 여섯의 낮과 일곱 밤 동안, 엔키두는 깨어 있었으며,
> 그리고 그 (신성한) 매춘부 (여제)와 성교를 했다.
> 그녀의 매력을 충분히 즐길 때까지
> 그러나 그가 자신의 동물들에게 주의를 돌리자,
> 영양이 엔키두를 보고 줄행랑을 쳤다,
> 야생동물들은 스스로를 그의 몸으로부터 멀리하였다.
> 그러나 그때 그는 몸을 일으켜 세웠다. 자신의 이해가 확장되었으므로…
> 그 (신성한) 매춘부 (여제)가 엔키두에게 말했다.
> "엔키두여, 당신은 아름답다. 이제 당신은 마치 신과 같이 되었다."
>
> - Kovacs(1989, p. 9)

엔키두는 자아초월적 성 덕분에 인간처럼 똑바로 걷고 지능이 높아졌으며 어느 정도 신성해지게 되었다. 고대 근동the ancient near east[1]은 다른 많은 문화와는 다르게 문명의 부흥과 중앙집권화된 종교적 설립에도 이러한 자아초월적 성 전통을 그대로 보유했다. 숭배자들과 종교 성 의식에 참여하고, 다양한 문화의 의례에서 여신과 신heiros gamos의 신성한 결합을 연기하는 여제들은 당시 외부인들에 의해 잘 이해되지 못했으며, 오늘날에는 훨씬 더 그렇다(Avagianou, 2008; Budin, 2006; Keesling, 2006; Lapinkivi, 2008; Nissinen, 2008; Teppo, 2008; Nyberg, 2008; Pongratz-Leisten, 2008; Rikala, 2008; Roth, 2006; Smith, 2008; Teppo, 2008; Zimmerman, 2008과 비교하라). 풍요 신앙과 아이시스Isis, 판Pan, 이슈타르Ishtar, 키벨레Cybele와 디오니소스Dionysus는 성적 신비학파에서 성스러운 성이 정확하게 무슨 느낌인지 또는 무엇을 의미하는지가 없어진 것이다.

1) 아라비아, 북동아프리카, 동남아시아, 발칸 등을 포함하는 지역.

이는 부적절한 추측을 막지 못했고, 그 결과 오늘날 대부분의 '성스러운 성' '여신 숭배'나 '성스러운 매춘부'라고 주장하는 것들의 대부분은 원래 영적인 구조와 문화의 맥락 안에서 이루어지는 역사적 의식과는 거의 유사성을 보이지 않게 되었다. 비록 이러한 수정론자revisionist의 실행이 오늘날 탐구자들의 강력한 욕구에 부합할는지 모르지만, 영성적 개방을 위한 성의 잠재력에 대해 확신을 가지고 알려진 것들을 왜곡하고 있다. 게다가 그들이 말하는 영성적-성 경험은 특별한 지식을 필요로 하지 않기 때문에 더욱 오도될 수 있다. 성적인 것을 바탕으로 하는 영성적 경험은 무지, 부정과 종교적 억압에도 불구하고 지속적으로 일어나는 억압 불가능한 인간의 역동이다. 오늘날 그것에 대해 논하지 않기 때문에 사람들이 자아초월적인 성 경험을 했을 때 그들은 보통 그것을 이해하는 데 어찌할 바를 모르게 된다. 여타의 자아초월 경험처럼 성적인 경험도 무한한 치유, 삶의 고양, 개인적 변용transformation과 영성적 깨달음에 대한 잠재력을 갖게 된다(예를 들면, Elfers, 2009; Little, 2009; MacKnee, 2002; Wade, 1998, 2000, 2004). 그러나 이 잠재력이 너무나 강력하기 때문에 만약 잘못 이해되고 다뤄진다면 그 결과는 때때로 매우 해로울 수 있다. 심리적 손상, 성적 착취, 역기능적 관계, 심지어는 자살(Bragdon, 1988, 1990; Wade, 2004)까지 이루어질 수 있다. 오로지 자아초월적 성 경험을 올바로 이해하는 것만이 그 경험이 잘 촉진되고 관리되며 경험되어 최선의 긍정적 잠재력이 실현되도록 할 수 있다.

영성과 성에 대한 전설 및 역사 풀이

잘 알려진 전설에 따르면, 프랑스에서부터 시베리아에서 발견된 과장된 가슴, 복부와 엉덩이를 지닌 60여 개의 묘한 구석기시대 여성의 작은 조상彫像인, 소위 비너스 상像은 풍요신앙fertility cult의 '여신'을 나타낸다(예를 들면, Eisler, 1987, 1995; Gimbutas, 1982, 1989, 1991). 이러한 선사시대의 문화유산에 대해 어떠한 점도 확실히 아는 것은 불가능할 뿐더러 이 여신 이론의 비판가들은 농업이 융성하기 전 인간의 (동물과 대비한) 다산에 대한 불건전성을 지적하게 되었고(예를 들면, Tannahill, 1980), 이는 전반적으로 이 이론의 결점을 밝히면서 이러한 많은 여신 이론을 중심으로 하는 모권중심의 수렵-채집 사회에 대한 관념을 훼손시켰다(예를 들면, Eller, 2000; Fleming, 1969; Goodison & Morris, 1998; Hutton, 1991). 서양 종교에서 여성에 대해 느낀 필요는 처녀-어머니-노파의 '삼위 여신' 원형과 많은 이교주의Pagan, 위카Wiccan와 서양의 내밀한 (마법) 의례와 위대한 의식the Great Rite이라 불리는 heiros gamos의 한 형태를 포함한 고대 '여신' 전통이라 알려진 바의 인기가 부활하는 결과를 가져왔다(예를 들면, Wagar, 2009). 이러한 고대 종교의 믿을 만한 증거들은 완전히 실존하지 않았거나 기껏해야 애매모호하다(예를 들면, Avagianou, 2008; Budin, 2006; Keesling, 2006; Lapinkivi, 2008; Nissinen, 2008; Nyberg, 2008; Pongratz-Leisten, 2008; Rikala, 2008; Roth, 2006; Smith, 2008; Teppo, 2008; Zimmerman, 2008). [예를 들어, 시인이자 소설가인 Robert Graves는 자신의 책 『백인 여신The white goddess』에서 '삼위 여신'을 만들어 냈는데, 자신의 상상이 진짜 존재했으리라고는 믿지 않는다는 점을 분명히 하였다(Hutton, 1991, p. 145).]

유사하게 비록 성과 영혼을 별개의 범주로 분리하는 것이 최근의 식민지적으로 유입된 것이긴 하지만, 토착민의 성관계와 영성 사이의 연관성에 대해서는 거의 알려진 바가 없다(예를 들면, Hoppal, 1987; Kehoe, 2000; Vitebsky, 1996). 토착 문화의 다양성을 일반화시키기는 불가능할 뿐만 아니라 사멸한 미개 문화에 대한 정보는 변변치 않게 불충분한 데다 추리에 의존할 수밖에 없다. 현존하는 토착 문화의 대부분은 식민주의로 크게 훼손되어 지식 계보의 직접적 전달이 사라지게 되었으며, 심지어 그러한 개인들도 비밀스러운 내용을 첫 번째로 외부인들과 공유했을 거라고 추정되고 있다(예를 들면, Sigal, 2000, 2011). 좀 더 구현된 종교에 대한 대중적 욕구는 북미 원주민 전통에서 비롯했다고 잘못 주장된 Chuluaqui Quodoushka라 불리는 성적 분파를 포함한(예를 들면, Giago, 1993; Hagan, 1992) 신-샤머니즘의 광범위한 번성을 초래했다(예를 들면, Hoppál, 1987; Kehoe, 2000; Vitebsky, 1996; Walsh, 2007; York, 2003).

보편적으로 주요 동양 종교가 서양보다 더 성을 중심으로 한다는 견해를 갖는 것과 같은 그런 오해들도 이해를 흐리고 있다. 비록 어떤 종교에도 분파적 이례가 있기 마련이지만 대체로 말하면 성의 구현은, 특히 여성에 관한 한 억압되긴 했지만(예를 들면, Anderson & Zinsser, 1988; Spretnak, 1991) 동서양의 세계 종교 모두는 상당한 성적 상징성을 보유한다. 심지어는 관념적으로 여성을 우상시하는 유대인의 신비교, 특정 그노시스교 분파, 탄트라와 도교 같은 전통도 여성을 전체 입문에서 배제하고 남성 구도자의 자기-변용의 도구적 역할로 격하시켰다(예를 들면, McDaniel, 1989).

고대 근동의 종교처럼 힌두교도 시바 신과 샤크티 여신의 수천 가지 형태의 결합이 삼라만상의 모든 종種을 낳은 이 신성한 한 쌍을 현저하게 강조하고 있으나, 육체적 욕구는 인류를 환각의 세계에 묶어 둘 수 있다는 이유로 삼가야 하는 것으로 본다(예를 들면, Courtright, 2006). 가장 고전적인 산스크리트 경전뿐 아니라 니야야, 요가, 베단타 힌두교는 욕구의 소거를 깨달음의 본질이라고 주장한다. 카마수트라the Kama Sutra는 신비한 성 이론이 아니라, 오히려 (구도자와 정반대의) 대부분의 성적 충동에 자유로운 중년 정도 이후의 삶은 영성적 추구에 바칠 준비가 되어 있는 세대주를 위한 실용적인 성관계 지침이라

할 수 있다(Kakar, 1994). 탄트라는 비교적 늦게 '역영성'으로 시작된 요가 수행법으로, 종교적 전통에 반대하여, 특히 금지된 음식이나 음료를 섭취한다거나 성관계를 포함한 불결하거나 배척받는 행위를 하는 등의 금기시되는 행동 참여를 옹호하는 정치적 반란의 일부라 할 수 있다(예를 들면, Courtright, 2006; Parrinder, 1996; Tannahill, 1980; White, 2003). 이러한 행위는 절대자는 도처에서 아무리 하찮은 것에서도 찾을 수 있다는 '미친 지혜crazy wisdom'에 근간을 둔 깨달음의 경로에서 의식화儀式化되었다. 그럼에도 불구하고 전통적인 탄트라에서 상대와의 실제 성행위는 가능한 한 빨리 그만두도록 하는데, 그 이유는 완전한 실현에 이르기 위해 (남성) 수행자가 여성과의 성교 없이 자기 자신만의 성적 에너지를 활성화할 수 있도록 하기 위함이다.

청정도론the Visuddhimagga과 같은 고전의 불교 경전도 마찬가지로 수행자가 육체적 쾌락을 삼가도록 하고 있다. 신실한 수행자들은 수도자가 아니면 독신이 될 것을 기대하며, 실제로 색욕의 휴지休止 정도가 성공적인 구도자임을 나타냈다(Cole, 2006; Faure, 1998; Tannahill, 1980; van Gulik, 1974). 소승불교와 대승불교는 힌두교와 자이나교를 구별하는 같은 종류의 고행을 통합했다(Pagels, 1979). 밀교(토착 티베트와 인도 근원에서 파생한 탄트라의 한 형태)는 구도자가 의례적 성 수행에 참여하기 전에 성교보다는 명상에 관련되는 더 높은 수준의 관조적인 성취를 요구한다(Faure, 1998; van Gulik,1974).

음과 양의 남성적 · 여성적 원리에 기반하고 있는 도교의 성은 긴 성교 기간을 옹호하는데, 그 기간 동안 남자는 필사적으로 사정을 보류하면서 여자의 절정orgasm의 횟수와 지속을 연장하는 것에 목적이 있다. 핵심은 쾌락에 있는 것이 아니고 최대한 남성의 건강 증진과 '장생불사'에 있으며, 이는 여성의 절정 에너지와 윤활성에 의해 공급되고, 대체할 수 없는 생명의 정수로 여기는 정액의 보유에 의해 채워진다고 간주된다(예를 들면, Eskildsen, 1998; Kohn, 1992; Parrinder, 1996; Saso, 1997). 도교의 성적 방식은 독신을 포함하는 수준까지의 고행을 포함할 수 있다(Komjathy, 2007).

요약하면, 서양에서 생겨난 신-탄트라와 신-도교의 형태는 앞에서 언급했던 신-토착과 여신 형태와 유사하며, 유익한 효과를 가질지 모르지만 원래 수행법과도 근소하게 닮아 있다(예를 들면, Komjathy, 2007; Urban, 2000, 2003; White, 2003).

주요한 서양 종교에서 성은 기독교나 회교보다 유대교에서 훨씬 큰 역할을 한다. 오늘날까지 유대교는 또한 여성을 위한 더 제도화된 것을 지니고 있다. 유대인들, 특히 영성 지도자가 되기를 열망하는 남자의 경우 결혼하고 아이를 낳도록 한다(예를 들면, Berger, 2006). 비록 종파마다 얼마나 자주, 얼마만큼 즐겨야 하느냐에 대해 분분하지만 사실 결혼 생활에서 성은 종교적 의무이다(pagels, 1979; Tannahill, 1980). 중세시대에 유대교의 신비적 한 형태인 신비주의Kabbalism가 생겨났으며, 이는 성교를 인간이 우주를 지탱하는 신의 남성성·여성성의 양상에 참여할 수 있도록 하는 강력한 영성적 행위라고 주장했다. 신의 여성적 현현顯顯인 세키나Shekinah는 아내로서 이 세상에 보내진 신의 딸로, 그리고 3대 주신主神: the Divine Mother과 세상의 보호자로 다양하게 여겨진다(Ariel, 1988; Berger, 2006; Hoffman, 1992; Waite, 1960).

기독교는 초기에 독신주의와 고행을 숭배하는 전통으로 갈리기 시작했다. 예수 그리스도는 아내의 불임에 의한 이혼을 금지하고(마태복음, 19장 4~6절), 금욕주의를 영생과 연결하는(누가복음, 20장 34~36절) 등 생식을 제한하는 완화된 수행으로 당시의 주류 유대교와 달랐다. 사도 바울은 더 나아가 금욕주의를 심지어 결혼 중이라 할지라도 구원의 길로서 권고하였다(고린도인에게 보내는 편지 1, 7장 1~35절). 실로 1세기부터 지금에 이르는 기독교의 정설은 성을 신으로부터 인간을 분리시킨 '원죄original sin'의 주요한 부분으로 해석한다—그 죄 자체가 아니라면(예를 들면, Johnson & Jordan, 2006; Ware, 1997; Weisner-Hanks, 2000). 독신 생활과 금욕주의는 기독교에서 긴 역사를 가지고 있다. 소피아와 같은 신의 여성성 양상을 포함한 성적 형상을 항상 구체화해 온 그노시스교와 다른 기독교 신비주의 전통은 크게 박해받아 소멸에 이르렀다. 그들의 신성한 경전(그노시스교의 복음서, 유대인의 위전僞典, 신약 외경과 사해死海 문서를 포함하여)은 정전正典으로 인정되지 못하거나 탄압을 받았다.

대조적으로 성욕은 코란Qu'ran에서 신성하게 여겨지며(예를 들면, 2장 25절, 3장 15절, 4장 57절), 마호메트Mohammed의 성적 기량과 정력의 초자연적 행위는 그의 격상된 신분을 증명한다. 회교도는 기술적으로 성욕을 남자와 여자에 똑같이 존재하는 자연스럽고 건강한 동인動因으로 간주한다. 사실 코란은 영성적 목적을 위하여 금욕주의를 맹세하는 것을 힐난한다(57장 27절). 이후 회교도 학자들은 마호메트의 성性을 경시하였고(Parrinder, 1996), 주류 회교도는 오늘날 회교 문화의 법에 의해 반영되어 있는 것처럼 성적으로 매우 보수적이 되었다. 그러나 일반적으로 말하자면 회교의 신비주의적 형태는 여성성 원리와 성교의 신성화가 매우 풍부했다(Al-Hibri & Habti, 2006). 예를 들면, 명상가 바울Baul은 알라와 마호메트 사이, 알라와 구도자 사이 그리고 구도자와 영성 지도자와의 영성적 관계를 남녀 사이의 사랑에 비유하면서 "그들의 몸은 곧 알라Allah의 사원이며, 그 안에는 쓰여 있지 않은 코란이 있다."라고 말했다(McDaniel, 1989, p. 164).

요약하면, 종교가 얼마나 많이 성을 영성 수행으로부터 분리하려고 했는지에 관계없이 여전히 주류 형태에서 성적 상징을 가지고 있다는 것이다. 음과 양이라는 여성과 남성성의 원리는 모든 창조의 발현에 스며 있는 영성적 영향력으로 생각하는 도교 신자에게 본질적인 부분이다. 인도의 yoni(여성의 질膣)와 lingam(남성의 음경)은 힌두교와 불교 모두에서 물질세계에서 열반(일반적으로 '깨달음')의 존재뿐 아니라 열반이나 세계 영혼Atman 안으로 개인적 영혼이 도착하는 것을 포함하는 여러 수준의 영성을 상징한다. 힌두교와 불교에서 중심을 이루는 만트라인 옴 마니 빠드메 훔om mani padme hum은 연꽃 안의 보석을 의미하는데, 이는 실제로 영성적 실현에 대한 성적인 은유이다. 유대인, 기독교인과 회교도들에게 신성시되는 솔로몬의 성가는 성적 사랑에 대한 도취적이고 솔직한 색정적인 고백이다. 그리스도의 신부the Bride of Christ와 같은 교회는 명백한 성적 은유이다. 이러한 모든 종교의 신비주의적 분파는 솔직하게 성적이지만, 얼마나 문자 그대로 이 상징과 관조적 실행의 어떤 부분이라도 실제 성과 연관되어 있다고 제대로 이해될 수 있을까?

도교의 Fangnei-chi와 I-Shin-po와 같은 고전적인 성 입문서의 모호한 완곡 어법으로 기교를 거의 명확하게 만들어 줄 때조차도 거기서 생성되는 달성 상태는 거의 전해지지 않고 있다. 전달 가능한 전부라 하면 탄트라와 도교 경전을 위한 영성적 토대가 절대자는 인간의 몸과 분리되어 있는 것이 아니라, 신체적 우주 안에 존재해 있다는 점을 유지하고 있다는 것이다. 결과적으로 신체는 영성적 실현을 위한 확실한 매개체가 된다. 고전적인 탄트라와 밀교는 남성성과 여성성의 이원성(느슨하게는, 성)뿐 아니라 다른 이원성도 초월하여 수행자가 비-이원화된 전체가 될 수 있도록 하는 명상 과정을 얻으려 노력한다. 성적 상대를 의미하는 이원성에 의존하는 여타의 우주론과 함께 이러한 전통은 신비주의적 양성체兩性體 종류를 절대자와 가장 가까운 인간의 초상으로 간주한다(예를 들면, Henriques, 1963; Tannahill, 1980; van Gulik, 1974).

오늘날 많은 문화 사이에 공평한 성에 대한 수용이 확대 교류되면서 이러한 유서 깊은 전통에 중심이 되는 이성애적 남-여 관계와 남성성-여성성의 이원성은 몇몇에 의해 문제가 있는 것으로 여겨 왔다(예를 들면, Hutchins, 2002; Sell, 2001). 그러나 신비주의적인 양성체의 개념은 많은 문화에서 성적으로 모호한 제3의 성을 지닌 인간의 제도화된 성스러운 역할로서 구현되었다(Henriques, 1963). 이러한 사람들은 중요한 영성적 실재의 한 양상에 대한 숭배되는 대표자로서 신성한 힘을 갖도록 했다. 예를 들면, 인도의 히즈라hijras와 Jogappas(예를 들면, Bradford, 1983; Nanda, 1993; Piedmont, 1996), 북미 원주민의 Berdaches 또는 두-영혼의 사람들Two-Spirit People(예를 들면, Jacobs, Thomas, & Lang, 1997; Roscoe, 1998; Tafoya, 1992; Zuber-Chall, 2012), 미얀마의 nat kadaws, meinmasha, acault 또는 achauk(Coleman, Colgan, & Gooren, 1992; Ho, 2009)가 있다. 문화에 따라 이러한 사람들은 성 경계를 바꾸기도 하고, 성관계를 하거나 안 할 수도 있었다(예를 들면, 비록 많은 이가 매춘을 포함해 성에 관여하긴 했지만 '진정한' 히즈라는 거세하거나 독신이 될 것이 기대되었다).

대부분의 세계 종교의 주류적 형태들이 다양한 종류의 성적 표현을 금지하거나 영성에 대조적인 것으로 보았다는 점을 고려해 보면, 많은 사람은 성에 대해 수치스럽게 느끼고 영성과의 긍정적인 연관성에 대해 곡해하도록 내면화되어 있다.

오늘날의 성스러운 성

역사적으로 영성적인 성적 전통에 대해 알려진 바가 거의 없고, 이러한 전통에 대한 현대식 개조가 원래의 관례보다 동시대 서양의 감수성을 훨씬 더 많이 지니고 있다면 자아초월적 성에 대해 어떤 합당한 주장이 가능할까? 첫 번째로, 자아초월적인 성은 진정 존재한다. 그리고 두 번째로, 지침, 자아초월적인 성은 종교적 신념이나 특별한 기술이 없이도 그저 일어난다는 것이다. 성 연구는 우연히 아무것도 모르는 사람들에게서 성관계 동안 자연스럽게 자아초월적 경험이 발생한다는 점을 밝혀냈다(예를 들면, Maurer, 1994; Ogden, 2006). 다음의 예가 보여 주고 있다.

> 우리가 사랑을 나눌 때 마치 내가 사라지는 것 같아요. 운동선수들은 몰입*being in the zone*을 얘기하죠. 이것도 마치 몇 시간 동안 몰입하는 것 같아요. 내가 무엇인가를 한다든가, 무엇인가를 일어나게 만들고 있다는 느낌은 아니에요. 어떤 종교에서는 그것을 춤추는 사람이 아니라, 춤 그 자체라고 말하죠. 이건 마치 내가 춤을 추고 있는 것 같아요…….
>
> 그래서 우리가 여기서 얻은 게 뭐죠? 천사 아니면 뭐죠? … 나는 스스로에게 말했어요. 두 사람이 있고, 그들은 신의 사랑에 대한 표시입니다. 이것은 나에게 너무나 새로운 생각이어서 도대체 내가 무엇을 의미하려 하는지도 모르겠습니다. 그렇다면 이건 어디서 비롯한 걸까요? … 아마 신 또는 은총, 아니면 어딘가에서 왔을 겁니다. 심지어 내가 이렇게 말하고 있다는 사실을 믿을 수 없군요. 한때 나는 마르크스주의자였거든요.
>
> \- 알렉스(Maurer, 1994, pp. 456-459)

> 두 사람이 진정으로 하나가 되는 곳에는 결합적인 에너지가 있습니다. 이따금 당신은 그마저도 초월하며 우주와 하나가 됩니다. 때때로 저는 그것을 경험합니다. 마치 커다란 빛과 같지만, 정확하게 설명할 순 없네요… 이건 마치 그 이상의 어떤 것, 자아초월적인 그 무엇인가로 관통하는 출입문 같습니다.
>
> \- 로잔느(Bonheim, 1997, pp. 40-41)

우리가 사랑을 나눌 때, 내 몸이 녹아 버리는 것을 경험하곤 합니다. 그리고 꽃들, 수천 송이의 꽃들이 놓여 있죠. 때때로 우리는 바다 아래에서 물고기처럼 헤엄치는 것 같습니다. 펼쳐지고 녹아내리고 해체되며 흐르는 이 의식을 제외하고는 모든 것이 사라지는 것이죠.

- 한나(Bonheim, 1997, p. 81)

유사하게 자아초월적 경험에 대한 연구에서는 성에 대한 그 원천을 밝혀냈다(예를 들면, Greeley, 1974; Grof, 1975, 1985, 1988, 1998; Hardy, 1979; Kreutzer, 1978; Laski, 1961; Maslow, 1987). 예를 들면, Laski의 '초월적 희열transcendent ecstasy'에 대한 연구(1961)에서는 참가자의 43%가 그들이 성교할 때 초월적 희열이 일어난다는 점을 밝혔다. Maslow(1987)는 성이 그가 절정 경험peak experience이라 부르는 것을 일으킨다는 점을 발견했다.

광대한 지평선이 환상… 엄청난 희열과 경이로움과 경외에로 열리고 시간과 장소에 대한 개념이 사라지며, 마침내는 어떤 극도로 중요하고 소중한 것이라는 확신이 들게 되어서 그 주체는 어느 정도 변용된다(p. 164).

앞의 인용구에서 볼 수 있다시피 성은 신비주의와 관련된 자질과 유사한 자아초월적 특질을 지닌 변화된 상태를 심지어 특별한 지식이 없는 사람 중에도 촉발할 수 있다. 신-탄트라 수행은 비슷한 효과를 이끌 수 있다.

유일한 형태에 대한 느낌은… 움직임으로부터 왔다… 나는 나 자신이 빛, 실재하는 빛과 지복이 되었다고 느꼈다. 우리 둘뿐이었고, 그래서 내가 무엇이냐에 대한 나의 감각은 완전히 그에게 포함되어 있었다.

- 사라(Sokol, 1989, p. 125)

저는 없었어요… 저는 제 아파트 문을 살펴보고는 이렇게 생각했던 기억이 나요. "문설주와 연기 사이엔 차이가 없어."라고. 그 어떤 무엇에도 차이는 없어요… 단지 확연한 차이가 없는 거죠… 저는 그 순간 다시 태어난 것처럼 아니 계속 잠들어 있다가 갑자기 깨어난 것처럼 느껴졌어요… 정말로 저는 그냥 나 자신이 되어 있었고, 그 밖의 모든 다른 사람도 되었어요.

- 트리샤(Feuerstein, 1992, pp. 35-36)

그러나 자아초월적 경험을 일으키기 위한 어떠한 의도적 방식도 수행자가 접근하는 상태의 종류에 영향을 미치거나 제한할 수 있다(Tart, 1972, 1975). 비록 독자적인 일화식의 설명과 소규모 연구에서 한 개인과 커플에게 긍정적인 결과를 지닌 이러한 방법을 사용해 심오한 상태가 실현된다고 제안하긴 했지만, 지금까지 다양한 성-영성적 수행에 대한 체계적인 연구가 이루어진 적은 없었다. 게다가 Bonheim(1997), Feuerstein(1992) 그리고 Sokol(1886, 1989), Kruse(2002)와 Holbrook(2008)은 모두 서양 신-탄트라 수행자에 대한 소규모의 질적 연구를 진행했다. Kruse(2002)의 표본은 10쌍의 커플, 대부분 대졸자이며 나이는 40~73세인 신-탄트라를 1년에서 10년까지 수행해 온 사람들로 이루어져 있었다(다른 인구 통계적 정보는 알 수 없음). Holbrook(2008)의 13명의 표본에는 동일한 신-탄트라 공동체의 11명이 포함되어 있었다. 13명 중에 9명은 여성이고, 10명은 백인이었다. 이러한 대부분 대학교육을 받은 표본집단은 영성적 배경에 대한 두드러진 경향성이 없는 24~59세로 구성되었다(단지 3명만이 영성적 동맹으로 모집되었던 신-탄트라 공동체의 Ipsalu Tantra Kriya Yoga 전통에 이름이 올라가 있다).

사람들이 훈련 없이 성교할 때 자연스럽고 무의식적으로 자아초월적 경험이 일어난다는 점을 밝히는 연구가 더욱 많아졌다. 따라서 이러한 우연한 사건은 특정 수행이나 관념에 의해 무조건적인 인류의 내재적 가능성의 범위를 나타낸다. 연구에 의하면, 그 경험은 그 누구에게나 경고 없이 일어날 수 있기 때문에 아무것도 모르는 사람들은 무슨 일이 일어나고 있는지 이해하지 못할 수도 있고, 그 일에 대해 부당한 의미를 갖다 붙일 수도 있으며, 긍정적이든 부정적이든 간에 그 일에 의해 크게 영향을 받을 수 있다. 관련 연구로는 Bragdon(1988, 1990)의 자아초월적 개방을 촉발하는 성에 대한 분석, 영성적 응급 상황의 더 큰 맥락 안에서의 위기를 포함하여, MacKnee(2002)의 '기독교를 실천하는' 다섯 명의 남성과 다섯 명의 여성의 '심오한 성적 그리고 영성적 조우'에 관한 연구, Wade(1998, 2000, 2001, 2004)의 '평범하지 않은, 신비로운 또는 초월적인 내지는 변성 상태의altered-state 성'을 보고했던 91명의 남자와 여자의 표본을 절정으로 하는 질적 연구의 간행물, Little(2009)의 69명 모두 동성애자인 여성을 표본으로 한 Wade의 혼합집단 연구의 재발행물 그리고 Elfers(2009)의 자신의 자아초월적 성 경험을 지속적인 자가-변성 수련의 기반으로 사용한 4명의 남성과 4명의 여성에 대한 연구가 있다. 이들 중 Wade(2004)의 연구가 나이는 26~70세이고, 그들 중 80%가 백인이며, 86%가 대학 졸업자 또는 그 이상의 학력을 지닌 77명의 이성애, 18명의 동성애 그리고 7명의 양성애 남녀에 대한 가장 광범위하고 이질적인 연구라 할 수 있다. (Scantling과 Browder의 536명의 여성에 관한 1993년 연구는 저자가 '초성超性 · supersex'이라 부르고 있지만 자아초월적 현상에 맞는 부분이 있음에도 불구하고 자아초월적 용어로 논의하는 것을 꺼리고 있는 Tellegen 동화 척도에서 높은 점수를 기록한

68명에 대한 평범하지 않은 경험에 초점을 맞추고 있다.)

이러한 연구들의 조사 결과에 대한 개관은 사람들의 자아초월적 성에의 내재적 능력에 대해 최근까지 알려진 바를 제시하고 있지만, 인구통계학적 정보가 이용 가능한 곳에서 이러한 표본들은 확실하게 배타적인 것은 아니더라도 대부분이 서양인, 주로 미국 백인이며, 이들이 유대-기독교적 사회에 문화적으로 동화된 채 성장했다는 점은 실제로 이러한 전통에서 직접적으로 자란 것이 아니라 할지라도 주목할 필요가 있다. 두 번의 비교적 큰 여성 대상 연구에 대한 회고록(Little, 2009; Scantling& Borwder, 1993)의 결론에서 약간의 성적 편견을 보이고 있지만, 지금까지의 모든 혼합된-성의 연구 결과는 남자뿐 아니라 여자도 같은 경험을 갖는다는 점을 제시하고 있다. 이러한 일반적인 조사 결과는 다음에 요약되었다.

1. 자아초월적 성 경험은 성적 구조나 기교와는 뚜렷한 관련이 없다(Wade, 2004). 이 경험은 만지기 전에도 나타날 수 있고, '그냥' 손을 잡거나 키스를 할 때에도 일어날 수 있거나 성교 후에 커플이 쉬고 있을 때 나타나기도 한다. 주류 기법과 신체 결박-지배-가학피학적 성애(BDSM), 복장 도착倒錯 등등의 덜 전통적인 기술에서뿐 아니라 이성애, 남/여 동성애 성교를 포함한다(Elfers, 2009; Little, 2009; Wade, 2001, 2004). 또한 자위를 하는 동안에도 일어날 수 있다(Bonheim, 1997; Wade, 2004).

2. 자아초월적 성 경험은 남성, 여성의 흥분arousal과 관계된 생리적 차이와는 관련이 없는 것으로 보인다(Elfers, 2009; Holbrook, 2008; Little, 2009; MacKnee, 2002; Wade, 2001, 2004). 다시 말하자면, 남자와 여자는 같은 종류의 경험을 한다.

3. 불연속성의 변성 상태인 오르가슴은 사람들이 기술하는 자아초월적 경험과 동일하지 않고, 그와 혼동되지 않으며, 자아초월적 상태의 원인이 되지도 않는다(예를 들면, Wade, 2004). Wade의 표본에서 오르가슴은 자아초월적 경험 전, 동안 또는 후에 일어나며, 이는 빈번하게 터무니없거나 더 강력한 자아초월적 상태의 희열의 가치를 떨어뜨리는 성가신 일로 간주된다.

4. 성적 학대의 이력은 비록 분열성의 변화된 상태와 관계가 있긴 하지만, 자아초월적 경험을 일으키지 않는다(Wade, 2004). 성적 학대의 이력이 있는 사람들은 자신의 자아초월적 경험을 상당히 다르게 설명하고, 분리 경향성을 포함한 성적 문제를 치유

하는 데 도움이 되는 것으로 본다(Elfers, 2009; Little, 2009; Wade, 2004).

5. 커플 관계의 본질과 자아초월적 경험은 관계가 없다(Wade, 2004). 자아초월적 성은 '진정한 사랑'에 국한되지 않고, '인연meant to be'이라는 신성한 관계에만 제한되지 않으며, 상대가 '단 한 사람the one'이라는 의미도 아니다. 사실 그러한 해석은 극도로 해로울 수 있다. 자아초월적 성 경험은 그 어떤 상황에서도 일어날 수 있다. 하룻밤 섹스 상대, 장기 연애, 혐오하는 파트너와, 그리고 사람들이 자신이 도덕적으로 뭔가 잘못하고 느끼고 있을 때(예를 들면, 불륜이나 금지된 행위와 같은)이다.

6. 성적 자아초월 상태는 참가자들이 영성적 수행 동안 얻은 영성적 신념, 정도 또는 수행의 유형이나 수준을 식별하는 관계를 가지지 않는다(예를 들면, Maurer, 1994; Wade, 2004). 개인의 신념 체계와 자아초월적 경험 사이의 이러한 강력한 모순은 심오한 와해(예를 들면, 사람은 미치게 되는 것을 두려워한다.)를 초래해서 부정적인 결과가 억압이 되거나 생길 수(예를 들면, 절교) 있고, 역으로 삶의 질을 높이는 결과(예를 들면, 영성적 깨어남.)를 일으킬 수 있다. 자아초월적 사건이 개인의 기존 신념 체계와 맞거나 이해하게 되면 그 경험은 신념 체계를 강화하는 경향이 있다(Holbrook, 2008; MacKnee, 2002; Wagar, 2009).

7. 성교 동안 자연스럽게 일어나는 자아초월적 경험의 범위는 만약 현상학적으로 구분이 안 된다면 약물, 최면 상태, 명상 등(예를 들면, Bragdon, 1988, 1990; Little, 2009; Wade, 2001, 2004)과 같은 유인제와 관련된 것들과 변성 상태에 대한 다른 연구자들에 의해 잘 조사된 것(예를 들면, Grof, 1988; White, 1994, 2001)과 같은 것들을 포함한다. 이는 다음에 제한되지 않고 포함한다.

- 다양한 초자연적 현상. 예를 들어 유체이탈, 감각 투시, 텔레파시
- 쿤달리니kundalini(힌두교 요가 수행과 연관된 방언과 여타 현상을 포함한 진기한 에너지와 신체 경험)
- 전생
- 환영. 천사와 악마적 존재를 보는 것을 포함하여
- 채널링과 점령(빙의)
- 다른 말로 여행과 형태 이동shapeshifting. 샤머니즘에서처럼 강력한 동물이나 강력한

안내자와의 관련성을 포함하여

- 자연과 초자연적이고 자아초월적인 관계
- 공空(동양 전통에서의 비이원성 또는 '깨달음')
- 신비적 합일unio mystica(서양 전통에서의 비이원성)

이러한 자아초월적 경험의 다수가 안정화된 전통에서 인정하는 영성적 달성에 대한 현상학적 특징으로 다룬다. 비록 여기서 이 모든 것에 대한 예를 제공하는 것은 불가능하지만, 이 최후의 점은 불교에서 삼매三昧 · Samadhi 또는 열반nirvana의 비-이원적 상태의 양상과 간단한 비교로 설명될 수 있다. 〈표 21-1〉의 왼쪽에는 불교와 비-이원성에 대한 전문가의 원전이, 오른쪽에는 연인(불교도도 명상가도 아닌)이 성교 동안 일어난 일을 기술한 발췌문이 병렬되어 있다. 공간에 대한 이유로 이러한 비교는 단순한 빛의 체험, 공간 영역에 대한 초월과 시간의 흐름이 **영원한 지금**Eternal Now 안으로 붕괴되는 것을 포함한다.

다른 여타의 자아초월적 사건과 마찬가지로 모든 자아초월적 성 경험이 황홀한 것은 아니다(Bragdon, 1988, 1990; Wade, 2004). 무서운 지각 표상表象과 심상이 격한 강렬함으로 나타날 수 있다. 쿤달리니 각성과 연관되는 것과 같은 강력한 에너지의 분열은 충격적이거나 장애를 입힐 수 있다. 비록 고전적인 그리고 신-탄트라 방식이 인간의 몸에 잠재된 에너지의 가능성—무술이나 우연히 떠오른 여타의 수행에 의해 수련할 수 있는 잠재력—을 활성화하도록 고안되어 있지만, 이러한 에너지를 일깨우는 것은 지속적으로 원치 않는 지각을 많이 생성하기 때문에 사람을 신체적으로나 정신적으로 불편하게 만들 수 있다. 성교 동안 일어날 수도 있는 자아ego경계의 붕괴나 위협적인 이미지가 통제할 수 없이 발생하는 일은 심리적 억압과 정신 이상 증상을 일으킬 수 있다. 여타의 다른 자아초월 경험과 마찬가지로, 떠오르는 심상은 성격에 의해 아직 통합되지 못한 무의식적 제재를 의미할 수 있다(Elfers, 2009; Little, 2009; Wade, 2004). 이와 같은 이유로 Wade(2004)는 어떤 상대가 그들의 연인에게서 더욱 자아초월적 경험을 일으킬 가능성이 높은데, 그 이유는 그 관계가 자신을 돌보아 주던 보호자와의 관계와 같은 최초의 성애적 관계를 활성화시키기 때문이라고 제안했다. 두려움을 주는 자아초월적 성 경험은 과소 신고되고 있는지도 모른다.

정확하게 무엇이 자아초월적 성 경험을 일으키는지 알려진 바가 없다—일종의 신의 은총이나 거대한 불가사의의 관여인가? 아니면 특정 기교에 대한 수련의 문제인가? 모든 일화적 증거에 따르면 확실히 고전, 신-탄트라와 신-도교 수행법은 성교 동안 자아초월적 상태를 불러일으키는 데 효과가 있다. 그러한 수행법은 성교에 있어 얼마간의 자연스러운 요소를 정제시킨다. 이는 다소 발레의 기본자세가 인간의 자연스러운 움직임 양상들을 정제해 주는 방식과 비슷하다. 아동 또는 배우지 않은 사람을 포함해서 그 누구도 춤을 출 수 있는 것과 마찬가지로—춤의 전통은 전 세계적으로 나타나 있다—아무나 자아초월적 성 경험을 할 수 있다. 이러한 자발적이고 자연스럽게 일어나는 경험은 수행법으로 특정 전통 속에 형식화되어 각 문화에 걸맞은 형식으로 발전시키고 정제하거나 억압하며 가장 예측 가능한 결과를 만들어 냈다.

예를 들어, (배우지 않은) 성교에 자주 수반하는 반복적 동작과 발성은 트랜스-댄싱trance -dancing과 찬팅chanting 수행에서의 반복적인 동작과 닮아 있다. 상대의 몸에서 특정 부분을 만지는 것과 같은 어느 한 곳의 감각 채널에 대한 반복적인 자극은 영성 수행에서 수련하는 많은 반복적인 행위가 그러는 것과 마찬가지로 그 자극이 사라질 때까지 그 채널에 부담을 주고 압도적일 수 있다. 게다가 성교는 종종 산만한 생각이 없는 높은 수준의 기민성, 단일 지향적 집중력과 신체/정신적 이완의 결합을 포함한다. 예를 들어, 연인의 터치나 연인의 눈을 바라보는 것에 집중이 빨려 들어갔을 때와 같은 경우이다. 이러한 상태는 단지 집중의 대상만 다를 뿐 많은 전통에서 명상을 위해 수련된 것과 같다. Scantling과 Browder(1993)는 자신의 경험에 가장 잘 흡수될 수 있는 여성이 앞에서 언급했던 '초성超性 · supersex'을 경험할 가능성이 가장 높다고 결론 내렸다. 그렇다면 명상과 성이 비슷한 효과를 낼 수도 있다는 사실이 놀랍지 않은가? 가장 명상적인 행로의 기본이 되는 수행인 몰입이 누구나 기를 수 있는 자질이라는 것이다.

신-탄트라와 신-도교적 기법에서 한 가지 공통된 요인—그리고 한 개의 일화적이고 우연히 보고된(Little, 2009; Wade, 2004)—은 성교하는 데 보내는 상당한 시간이다. 커플이 더 길게 관계할수록 자아초월적 경험이 일어날 가능성도 더 높아지는 것으로 보인다. 그러한 경험을 얻는 것에 진중하게 관심이 있는 사람은 자신의 행로에 들러붙어 있는 관념에 관계없이 그 가능성을 높이기 위해 신-탄트라 또는 신-도교 기교 강습을 받는 것이 좋을 수 있다. 이는 믿음이 아니고 우리 안에 내재한 능력으로서, 이러한 경험이 가능하게 만들어 주며 정련을 통해 확대할 수 있다.

이러한 선천적인 자질을 개발하는 수행법은 도움이 될 수 있지만, 이것만으로 그런 경험을 일으킬 수 있다고는 절대로 생각하지 않아야 한다. 세상에 있는 모든 수행법은 단지 그 반대편에 있는 거대한 신비the Great Mysterious로 가는 문을 열어 줄 뿐이다. 즉, 유서 깊은 영성-성 전통이 가르쳐 주는 것처럼, 늘 그 자리에 존재하고 있던 것들을 그저 눈에 보이고 현실적으로 만들어 줄 뿐인 것이다.

표 21-1 광명, 공간 영역의 초월과 영속적 지금으로 시간의 흐름이 붕괴되는 것에 대한 비교

빛	
전문가의 본문	연인의 본문
갑자기 rōshi(선禪 스승), 방, 모든 것이 눈부신 빛의 흐름 속으로 사라졌고, 나는 나 자신이 유쾌하고 이루 말할 수 없는 기쁨 속에 흠뻑 젖어 있다고 느꼈다…잠시 동안 나는 혼자였다. 나 혼자 … 그다음에 rōshi가 시야 안으로 부유했다. 나의 눈과 마주쳤고 우리는 웃음을 터뜨렸다. "얻었다! 알았다! 아무것도, 절대적으로 무엇도 없습니다. 나는 모든 것이고, 모든 것은 아무것도 아닙니다!"(Kapleau, 1989, p. 239)	방 안의 모든 것이 갑자기 밝고 하얀 빛으로 사라졌습니다. 그런 다음 빛의 홍수가 형태로 물러나듯이 갑자기 모든 것이 다시 나타났습니다… 하지만 정말로 물건들 사이에 분리가 되질 않았어요. 침대, 화장대, 창문, 나의 연인, 나 사이에. 물체들이 보통의 모서리를 지니고 있었지만 나는 그 모든 것으로부터 분리되지가 않았죠… 단지 존재만이 있었습니다. 그것은 나의 모든 부분이 되었고, 나도 그 모든 것이 되었습니다. 그저 존재함is-ness이었죠(Wade, 2004, p. 171).
공간적 비-이원성 형상은 공空과 다르지 않고 공空은 형상과 다르지 않다… 공空과 존재는 서로 상보적이지… 대조적이지 않다. 깨우친 존재가 동시에 이 두 양상을 보았다… 공空은 존재의 실체가 없는 비-자기성을 나타내는 용어일 뿐이다(Chang, 1959, p. 45. 원래의 강조).	내가 거기 있었고, 나의 상대가 거기에 있었습니다… 그리고 방 안의 모든 것은 연결되어 있었어요. 우리 사이에 그 어떤 공간도 존재하지는 않았지만, 어떤 견지에서 나는 정말 그녀의 신체 윤곽을 분리된 것으로서 바라보았습니다. 하지만 그건 존재의 충만함 안에 있는 단지 윤곽일 뿐이었죠. 다른 한편으로, 존재는 많은 양의 형태로 가득한 것이 아니라 많은 형태의 출현입니다. 한 견지에서 이것은 정말 사실입니다만 동시에 당신은 그것을 당장 간파할 수도 있는 거겠죠(Wade, 2004, p. 172).
시간적 비-이원성(영속적 지금) 영원은 **영구한 시간**에 대한 인식이 아니라 **완전하게 시간이 없는** 그 자체에 대한 의식이다. 영속의 순간은 시간이 존재하지 않는 순간이다(Wilber, 1979, p. 62). 시간이 흐르는 곳에서 (시간과 실체thing 사이는) 분리되어야 한다. 당신은 오로지 시간이 흐른다고 상상하기 때문에 존재-시간에 대한 진실을 배우지 않는다(Dogen; Kpleau, 1989, p. 311에서 인용됨).	그 순간 모든 것이 그 자리에 있었기 때문에 그 어떤 욕망도 없이, 시간의 흐름도 없이, 경험이 공空: nothingness으로 떨어져 나갔다. 거기엔 그 어떤 욕망도 있을 수 없었는데, 그 이유는 욕망이 있다는 말은 욕망하는 어떤 것, 분리된 어떤 것을 의미하고, 모든 것이 거기에 존재했다. 그 순간 존재하지 않는 것이 없었다. 욕망이란 미래, **저 바깥의** 시간에 바라는 무엇인가가 있음을 말한다. 하지만 시간은 존재하지 않으며, 따라서 **저 바깥**도 존재하지 않는다. 어쨌거나 그냥 시간이 존재하지 않았다(Wade, 2004, p. 174).

자아초월적 성 경험의 효과

여타의 자아초월적 경험과 마찬가지로 자아초월적 성 경험 또한 많은 유익한 잠재력을 지니고 있다. 영성적 깨달음의 길을 추구하는 탄트라나 밀교 또는 건강과 장수를 위해 이러한 수행을 활용하는 도교와 같은 고대 전통을 제외하고 이 종교의 근대적 수정주의자들의 방침이 널리 퍼져 있는데, 그 이유는 이 방침들이 성적 수치심과 억압을 극복하도록 도와주고, 전반적으로 기교와 오르가슴 능력을 향상시키며, 상대와의 더 깊은 연결성 경험과 더 큰 관계 만족도를 일으키고, 영성에 대한 감각을 고양시키며, 개인과 커플 성장을 위한 수단으로서 관계를 제시하며, 크게는 인류 공동체와의 연결성을 높이는 데 도움을 주기 때문이다(Kruse, 2002).

자아초월적인 성적 상태를 불러오기 위해 수행에 참여하지 않는 사람들에 관한 연구에서는 훨씬 광범위한 효과들을 보여 주었다. 이러한 개인들은 일어난 일에 대해 놀라고 관념적으로 성과 성적 현상을 관련지으려 하지 않기 때문에 이들은 준비가 되어 있지 않을뿐더러 지지받지 못한다. 만약 가끔씩 일어나는 자아초월적 현상이 자신들의 신념 체계나, 특히 이 물질적 세계관에 반대되었을 경우 몇몇 이는 그러한 경험을 부인하거나 억압하고 또는 그것을 멈추려고 하거나 스스로가 '미쳐 가고 있는 건' 아닌지 두려워한다(Wade, 2004). 어떤 사람들은 말로 어떻게 설명할 수 없다 하더라도 영Spirit이나 초자연적 현상과의 어떤 연계도 거부한다. 앞에서 언급했다시피, 또 다른 이들은 부정적인 영향을 받게 되기도 한다. Wade(2004)는 자아egoistic구조가 무너진 참가자의 경우 상당히 많은 정신 심리요법이나 예전처럼 기능하도록 도와줄 방법들을 요구한다는 점을 알아냈다. Little(2009)만큼 그녀의 기록 또한 자아초월적 성과 가능한 '높고' 강렬한 연결에 중독된 사람, 자기 스스로의 손상 또는 다른 사람의 것에 중독된 사람들을 포함하고 있다. 또한 관계가 역기능적임에도 상대방을 어찌 되었든 '단 한 사람the one'으로 여기고 그 관계를 '신성시하거나' 유일하다는 신념을 가지며, 자아초월적 성이 일어나는 그 상대에게 집착하는 사람들도 포함한다. 게다가 다른 자아초월적 경험과 마찬가지로 성은 은유적 심상이나 극적인 역학을 통해 무의식적 재료를 의식으로 가져오는 것에 관련될 수 있다. 그러한 일이 일어났을 때 그러한 재재를 작업하는 데 익숙하지 않거나 맥락화시켜서 인식할 수 없는 사람은 그것을 위협적이고 처리하기 어려운 것으로 볼 수 있다.

그러나 대다수는 신-탄트라 수행가에게 인정받는 몇 안 되는 소규모 연구에서 밝혀진 바를 초과한 놀라운 이익들을 보고했다.

- 내적 갈등 해결, 특히 자기-수용과 성sexuality, 성 정체성 그리고 성별gender 문제와 연관된 수치심 감소를 포함하는 개인적인 치유(Elfers, 2009; Little, 2009; MacKnee, 2002; Wade, 2004), 특히 성적으로 학대받았던 관계, 성적 역기능의 해결(Elfers, 2009; Little, 2009; MacKnee, 2002; Wade, 2004) 그리고 개인적 상실에 대한 해결(MacKnee, 2002)을 포함한다.
- 힘의 증진empowerment과 목적성, 새로운 활력을 느끼고 스스로를 돕도록 동기를 주며, 일부는 성sexuality과 영성에 있어 더한 완성을 깨닫는 것을 포함한다(Elfers, 2009; Little, 2009; MacKnee, 2002; Wade, 2004).
- 관계 향상, 특히 방어는 줄어들고 자비심이 증가하여 파트너와의 연결성이 더욱 커지고, 이 점은 더 나아가 전체로서 자연과 환경과의 비-인간관계를 포함하는 다른 관계에까지 확장된다(Elfers, 2009; Little, 2009; MacKnee, 2002; Wade, 2004). 추가적으로 Elfers(2009)는 일부 참가자들이 자아초월적 성 경험 이후 자신의 성적 홍미를 일반화시켜 호색한好色漢이 되기도 한다는 점을 밝혔다.
- 영Spirit이 현실적이며 실재한다는 신념은 다양하게 나타난다(Little, 2009; MacKnee, 2002; Wade, 2004). MacKnee(2002)의 기독교인 대상 표본의 실행에서 이 신념은 신에 대한 확신적 믿음, 신에 대한 더 깊어진 지식, 신에의 신뢰와 이러한 경험을 하게 해준 신의 은총에 대한 깊은 감사의 형태를 보였다. Wade(2004)의 혼합 표본에서 사람들의 경험은 빈번하게 그들의 의식적으로 지니던 신념 체계에 반대되어 결국 영성적 깨달음으로 이어지게 되었다. 일부의 이전에 무신론자에 불가지론자들은 그들의 성 경험의 결과로서 영성 구도자가 되었고, 다른 일부는 자신이 신봉하던 종교에 반하는 자아초월적 경험 이후에 성교 도중 자신들이 인지했던 것에 더 맞는 전통으로 전환했다.
- 개인적 성장, 제한적인 믿음을 폐기하고 역기능적인 행동과 관계를 중지하며 초자연적인 새로운 능력을 발견하는 것을 포함한다(Elfers, 2009; Little, 2009; Wade, 2004).

그 경험과 결과가 긍정적이라고 해석된다 해도 이는 종종 너무 심오해서 해당 개인의 가장 기본적인 가정과 가치에 대항하게 되며, 이는 곧 분열의 결과로 이어진다. 어떤 이들은 그들의 현재 애인, 가족 또는 친구들이 그들의 어쩔 수 없었던 비밀 발설에 대해 경험자 편에서 지지해 주지 않는다는 것을 알게 되었다. 이 점이 관계의 단절, 직업 변경 또는 영성적 구도를 위하여 세속적 추구를 포기하는 일들을 초래한다. 이러한 변화는 두렵거나 도전적인 경험을 했던 연인에 의해 반영된다. 때때로 그들은 너무 정서적으로 동요되어서 그러한 위험한 경험의 반복을 피하기 위한 노력으로 관계나 파트너를 떠나기도 한다. 이후 그 경험을 통합하기 위한 개인적이거나 전문적 노력을 하고, 대개 앞에서 나열되었던 긍정적인 결과와 같은 종류를 동반하더라도 그들의 삶은 자주 어느 정도의 이전 상황들은 뒤로 남겨 둔 채 새로운 방향을 취하게 된다. 어떤 희생을 감수하든 간에 실상 자아초월적 성을 선물로 받아들이는 사람은 모두 자신이 만들어 내는 인생의 변화가 그럴 만한 가치가 있다고 생각한다. 스스로를 표현할 때 강경한 물질주의자이자 무신론자이며, 과학적으로 증명할 수 없는 어떤 것도 용납하지 않았던 한 사람은 자아초월적 성 이후 자신의 삶에 대해 다음과 같이 말하였다.

> 어떠한 과학적 설명도 할 수 없을 거라는 것을 나는 안다. (그 성 경험 이래로) 절정체험과 근사체험, 희미한 감지와 시작opening, 자각과 다른 형태의 신비 체험에 관해 연구해 오고 있다. 이제야 내게 일어났던 일을 이해하게 되었지만 나이가 들어갈수록 불필요한 두려움과 회의로 너무 많이 고통받는 사람들에게 이 경험을 전달하고 싶은 욕구를 느꼈다. 나는 Alan Watts가 '신성한 정신착란divine madness'이라고 명명했던 나쁜 사례를 가졌지만, 절대로 치료받고 싶지 않다. 어느 정도 신비로운 방식으로 나는 신에 의해 감화되었다. 나는 당황스러웠지만, 대부분 나는 나 스스로를 생존케 하는 가장 운 좋은 남자라고 생각한다(Wade, 2004, pp. 73-74).

결론

수세기 동안 주류 종교의 가르침에도 불구하고 성은 더 큰 영성적 잠재력으로 가는 하나의 수단으로서 고대와 토착 문화에서 더 잘 인정받았다. 성은 모든 인류가 가지는 자연스러운 능력이며, 아마도 음악 또는 운동 재능과 같은 어떤 재능과 거의 같은 정도라는 점을 연구는 지적하고 있다. 일부는 완벽한 음조 또는 청력으로 연주하는 능력을 갖고 태어나는 사람이 있는 반면에, 다른 한편은 수업과 지속적인 연습으로 전문 연주자가 될 수 있었다거나, 심지어 상대적으로 음치일 수 있는 사람도 교육으로 소리를 구별하는 법을 배울 수 있다.

자아초월적 성 경험이 만약 일반 사람에게 자발적으로 일어난다면 그들을 매우 두렵고 불안정하게 만들 수 있는데, 특히 그러한 현상이 존재한다는 것에 무지했을 때 그렇다. 하지만 기대, 관념적 신앙 원리나 기술에 의해 조건화되어 있지 않은 경우에는 그러한 경험이 탄트라, 도교나 기타 비슷한 종류의 고의적인 수행에 의해 생성된 것보다 훨씬 더 폭넓게 긍정적이면서 변용적 효과가 생겨날 수 있다. 자아초월적 성 경험을 하게 해 주는 배양 수행법은 몸의 초점이 구체적으로 성관계와 연관된다는 점과 수행이 아주 빈번하게 어느 정도의 파트너링을 포함한다는 점을 제외하고는 여타의 다른 많은 영성 훈련 수행법과 닮아 있다. 인간관계는 매우 자주 복잡해지기 때문에, 비록 다른 한편으로 이 수행은 '세계 종교'의 신비적 행로처럼 형식적이며 인정받는 정신 수행과 같은 종류의 변형, 높아진 가치와 생활 고양을 만들어 내기도 하지만, 영성적 성 수행의 결과는 연결성과 연민을 향상시키는 경향이 있다.

아마도 이 가장 현저한 특징은 물질세계, 특히 구현의 위기와 신체적 욕구에의 반대로 매우 자주 간주되는 영성적 영역을 조화시킬 수 있는 잠재력이다. 커다란 수치심의 원천이자 영성적 모독으로서의 신체에 대한 개념을 포함한 많은 사람이 조화가 불가능한 양극으로 보는 것을 초월하는 이러한 능력은 아마도 경험자의 말로 가장 잘 요약될 수 있을 것 같다. 겨우 두 살 때부터 성적으로 학대받은 경험이 있는 여성인 '콜린'에 따르면, 자아초월적 성이 자신의 인생과 영靈에 대한 감각sense of spirit을 변모시켜 놓았다고 한다.

> 그것은 성*sex*이 정말로 크고, 정말로 광대하며 내가 배워 알고 있는 것보다 훨씬 더 많은 것이 그 안에 존재한다는 느낌을 갖게 했어요. 비단 나에게 일어난 일뿐만 아니라 대중매체와 종교 역시 우리에게 가르쳐 주었던 환영에도 있었습니다.
>
> 성은 완전히 성스럽고, 완전히 신성합니다. 그 어떤 더러움도, 나쁜 점도 존재하지 않죠. 그것은 경이로워해야 하는 어떤 것입니다.
>
> 이것이 우주의 실제로 전부라는 것을 상기시켰죠. 삶이 너무 기쁘고 또 너무나 축복받았다는 느낌이었죠. 성, 나, 신, 이 모든 것은 절대적으로 아름답고, 절대적으로 영성적이며, 벅찬 것입니다. 그저 사랑으로 충만하여…….

참고문헌

Al-Hibri, A, & Habti, R. M. (2006). Islam. In D. S. Browning, M. C. Green, & J. Witte (Eds.), *Sex, maariage, and the family in the world religions* (pp. 150-225). New York, NY: Columbia University Press.

Anderson, B. S., & Zinsser, J. P. (1988). *A history of their own: Women in Europe from prehistory to the present* (Vol. 1). New York, NY: Harper & Row.

Ariel, D. S. (1988). The mystic quest: An introduction to Jewish mysticism. New York, NY: Schocken.

Avagianou, A. A. (2008). Heiros gamos in ancient Greek religion: The human aspect of a sacralized ritual. In M. Nissinen & R. Uro, (Eds.), (Sacred marriages: The divine-human sexual metaphor from Sumer to early Christianity (pp. 145-172). Winona Lake, IN: Eisenbrauns.

Berger, M. S. (2006). Judaism. In D. S. Browning, M. C. Green, & J. Witte (Eds.), Sex, marriage, and the family in the world religious (pp. 1-76). New York, NY: Columbia University Press.

Bonheim, J. (1997). *Aphrodite's daughters: women's sexual stories and the Journey of the soul.* New York, NY: Simon & Schuster.

Bradford, N. (1983). Transgenderism and the cult of Yellama: Heat, sex and sickness in South Indian ritual. Journal of Anthropological Research, 39(3), 307-322.

Bragdon, E. (1988). *A sourcebook for helping people in spiritual emergency.* Los Altos, CA: Lightening Up.

Bragdon, E. (1990). The call of spiritual emergency. San Francisco, CA: Harper & Row.

Budin, S. L. (2006). Sacred prostitution in the first person. In C. A. Faraone & L. K. McClure (Eds.), *Prostitutes & courtesans in the ancient world* (pp. 77-92). Madison, WI: University of Wisconsin Press.

Chang, G. C. C. (1959). *The Practice of Zen. New York*, NY: Harper & Row.

Cole, A. (2006). Buddhism. In D. S. Browning, M. C. Green, & J. Witte (Eds.), *Sex, marriage, and the family in the world religions* (pp. 299-365). New York, NY: Columbia University Press.

Coleman, E., Colgan, P., & Gooren, L. (1992). Male cross-gender behavior in Myanmar(Burma): A description of the acault. *Archives of Sexual Behavior, 21*(3), 313-321.

Courtright, P. B. (2006). Hinduism. In D. S. Browning, M. C. Green, & J. Witte (Eds.), Sex, marriage, and the family in the world religious (pp. 226-290). New York, NY: Columbia University Press.

Eisler, R. T. (1995). *Sacred pleasure: Sex, myth and the politics of the body.* San Francisco, CA: Harper San Francisco.

Elfers, J. (2009). When eros is a god: Cultivating the ecstatic potentials of sexuality as transpersonal development. *Dissertation Abstracts International*, 70(02) 069B (UMI #3344935).

Eller, C. (2000). *The myth of matriarchal prehistory: Why an invented past won't give women a future.* Boston, MA: Beacon.

Eskilden, S. (1998). *Asceticism in early Taoist religion.* Albany, NY: State University of New York Press.

Faure, B. (1998). *The red thread: Buddhist approaches to sexuality.* Princeton, NJ: Princeton University Press.

Feuerstein, G. (1992). *Sacred sexuality: Living the vision of the erotic spirit.* Los Angeles, CA: Jeremy P. Tarcher.

Feuerstein, G. (1998). *Tantra the path of ecstasy.* Boston, MA: Shambhala.

Fleming, A. (1969). The myth of the mother-goddess. World Archaeology, 1(2), 247-261.

Giago, T. (1993, January 27). *Phony Indians. The Baltimore Sun.* Retrieved from http://articles.baltimoresun.com/1993-01-27/news/1993-01-27/news/1993027046_1_cherokee-nation-indian-tribe

Gimbutas, M. (1982). *The goddesses and gods of old Europe.* Berkeley, CA: University of California

Press.

Gimbutas, M. (1991). *The civilization of the goddess*. San Francisco, CA: HarperSanFrancisco.

Goodison, L., & Morris, C. (Eds.). (1998). *Ancient goddesses: The myths and the evidence*. Madison, NJ: University of Wisconsin Press.

Grof, S. (1975). *Realms of the human unconscious*. New York, NY: Viking Press.

Grof, S. (1985). *Beyond the brain: Birth, death and transcendence in psychotherapy*. Albany, NY: State University of New York Press.

Grof, S. (1988). *The adventure of self-discovery: Dimensions of consciousness and new perspectives in psychotherapy and inner exploration*. Albany, NY: State University of New York Press.

Hagan, H. E. (1992, September). *The plastic medicine people circle. Sonoma County Free Press*. Retrieved from http://www.sonomacountyfreepress.com/features/spring-hagan.html

Hardy, A. (1979). *The spiritual nature of man: A study of contemporary religious experience*. Oxford, UK: Clarendon Press.

Henriques, F. (1963). *Prostitution and society: Primitive, classical & oriental*. New York, NY: Citadel.

Ho, T. (2009). Transgender, transgression, and translation: A cartography of nat kadaws: Notes on gender and sexuality within the spirit cult of Burma. *Discourse*, 31(3), 273-317, 396.

Hoffman, E. (1992). *The way of splendor: Jewish mysticism and modern psychology*. Northvale, NJ: Aronson.

Holbrook, L. J. (2008). Psychological characteristics of altered states of consciousness experienced during transcendent sex. *Dissertation Abstracts International*, 69(05) 0669B (UMI #3307969).

Hoppál, M. (1987). Shamanism: An archaic and/or recent system of beliefs. In S. Nicholson (Ed.), *Shamanism* (pp. 76-100). Wheaton, IL: Quest.

Hutchins, L. (2002). Bisexual women as emblematic sexual healers and the problematics of the embodied sacred whore. *Journal of Bisexuality*, 2(2/3), 205-226.

Hutton, R. (1991). *The pagan religions of the ancient British Isles: Their nature and legacy*. Oxford, UK: Blackwell.

Jacobs, S. E., Thomas, W., & Lang, S. (1997). *Two-spirit people: Native American gender identity, sexuality, and spirituality*. Urbana, IL: University of Illinois.

Johnson, L. T., & Jordan, M. D. (2006). Christianity. In D. S. Browning, M. C. Green, & J. Witte (Eds.), *Sex, marriage, and the family in the world religions* (pp. 77-147). New York, NY: Columbia University Press.

Kakar, S. (1994). Ramakrishna and the mystical experience. *Annual of Psychoanalysis*, 20, 215-234.

Kapleau, P. (Ed.). (1989). *The three pillars of Zen* (Rev. ed.). Boston, MA: Beacon.

Keesling, C. (2006). Heavely bodies: Monuments to prostitutes in Greek sanctuaries. In C. A. Faraone & L. K. McClure (Eds.), *Prostitutes and courtesans in the ancient world* (pp. 59-76). Madison, WI: University of Wisconsin Press.

Kehoe, A. (2000). *Shamans and religions: An anthropological exploration in critical thinking*. London, UK: Waveland.

Kohn, L. (1992). *Early Chinese mysticism: Philosophy and soteriology in the Taoist tradition*.

Princeton, NJ: Princeton University Press.

Komjathy, L. (2007). *Cultivating perfection: Mysticism and self-transformation in early Quanzhen Daoism*. Sinica Leidensia (Vol. 75). Boston, MA: Brill.

Kovacs, M. G.(Trans.). (1989). *The epic of Gilgamesh*. Stanford, CA: Stanford University Press.

Kreutzer, C. S.(1978). Whatever turns you on: Triggers to transcendent experiences. *Journal of Humanistic Psychology*, 18(3), 77-80.

Kruse, C. L. (2002) Couples' experiences of sacred sex/ Tantra practices. *Dissertation Abstract International*, 63(02) 0392B(UMI #3042885).

Lapinkivi, P. (2008). The sumerian sacred marriage and its affermath in later sources. In M. Nissinen & R. Uro (Eds.), *Sacred marriages: The divine-human sexual metaphor from Sumer to early Christianity* (pp. 7-42). Winona Lake, IN: Eisenbrauns.

Laski, M. (1961). *Ecstasy in secular and religious experiences*. Los Angeles, CA: Jeremy P. Tarcher.

Little, A. (2009). Beyond the closet and through the doors of perception: The transcendent sexual experiences of 69 women. *Dissertation Abstracts International*, 70(07), 0669B (UMI #3360373).

MacKnee, C. M. (2002). Profound sexual and spiritual encounters among practicing Christians: A phenomenological analysis. *Journal of Psychology and Theology*, 30(3), 234-244.

Maurer, H. (1994). *Sex: An oral history*. New York, NY: Viking.

McDaniel, J. (1989). *The madness of the saints: Ecstatic religion in Bengal*. Chicago, IL: University of Chicago Press.

Nanda, S. (1993). Hijras: An alternative sex and gender role in India. In G. Herdt (Ed.), *Third sex, third gender: Beyond sexual dimorphism in culture and history* (pp. 373-417). New York, NY: Zone.

Nissinen, M. (2008). Song of Songs and sacred marriage. In M. Nissinen & R. Uro (Eds.), *Sacred marriages: The divine-human sexual metaphor from Sumer to early Christianity* (pp. 173-218). Winona Lake, IN: Eisenbrauns.

Nyberg, K. (2008). Sacred prostitution in the Bibical world? In M. Nissinen & R. Uro (Eds.), *Sacred marriages: The divine-human sexual metaphor from Sumer to early Christianity* (pp. 305-320). Winona Lake, IN: Eisenbrauns.

Ogden, G. (2006). *The heart and soul of sex: Making the ISIS connection*. Boston, MA: Trumpeter Books.

Parrinder, G. (1996). *Sexual morality in the world's religious*. Oxford, UK: Oneworld.

Piedmont, O. (1996). The veils of Arjuna: Androgyny in gay spirituality, East and West. Dissertation Abstracts International, 57(06) 0392B (UMI #9633907).

Pongratz-Leisten, B. (2008). Sacred marriage and the transfer of divine knowledge: Alliances between the gods and the king in ancient Mesopotamia. In M. Nissinen & R. Uro (Eds.), *Sacred marriages: The divine-human sexual metaphor from sumer to early Christianity* (pp. 43-74). Winona Lake, IN: Eisenbrauns.

Rikala, M. (2008). Sacred marriage in the New Kingdom of Ancient Egypt: Circumstantial evidence for a ritual interpretation. In M. Nissinen & R. Uro (Eds.), *Sacred marriages: The divine-*

human sexual metaphor from Sumer to early Christianity (pp.115-144). Winona Lake, IN: Eisenbrauns.

Roscoe, W. (1998). *Changing ones: Third and fourth genders in Native North America.* New York, NY: St. Martins.

Roth, M. T. (2006). Marriage, divorce, and the prostitute in ancient Mesopotamia. In C. A. Faraone & L. K. McClure (Eds.), *Prostitutes and courtesans in the ancient world* (pp. 21-39). Madison, WI: University of Wisconsin Press.

Saso, M. (1997). The Taoist body and cosmic prayer. In S. Cloakley (Ed.), *Religion and the body* (pp. 231-247). Cambridge, UK: Cambridge University Press.

Scantling, S., & Browder, S. (1993). *Ordinary women, extraordinary sex: Every woman's guide to pleasure and beyond.* New York, NY: Dutton.

Schimmel, A. (1997). "I take off the dress of the body": Eros in Sufi literature. In S. Cloakley (Ed.), Religion and the body (pp. 262-288). Cambridge, UK: Cambridge University Press.

Sell, I. M. (2001). Third gender: A qualitative study of the experience of individuals who identify as being neither man nor woman. *Dissertation Abstract International*, 62(04) 0669B (UMI #3011299).

Sigal, P. H. (2000). From moon goddesses to virgins: *The colonization of Yucatecan Maya sexual desire.* Austin, TX: University of Texas Press.

Sigal, P. H. (2011). The flower and the scorpion: Sexuality and ritual in early Nahua culure. Durham, NC: Duke University Press.

Smith, M. S. (2008). Sacred marriage in the Ugaritic texts? The case of KTU/CAT 1.23(Rituals and myths of the goodly gods). In M. Nissinen & R. Uro (Eds.), *Sacred Marriages: The divine-human sexual metaphor from Sumer to early Christianity* (pp. 83-114). Winona Lake, IN: Eisenbrauns.

Sokol, D. (1986). Spirituality and sexuality: A phenomenological exploration of transcendental states in sexuality(Tantra, matriarchal, patriarchal, kundali, yoga). *Dissertation Abstracts International*, 47(07) 0392A (UMI #8625587).

Sokol, D. (1989). Spiritual breakthroughs in sex. In G. Feuerstein (Ed.), *Enlightened sexuality: Essays on body-positive sprituality* (pp. 112-140). Freedom, CA: Crossing.

Spretnak, C. (1991). *States of grace: The recovery of meaning in the postmodern age.* San Francisco, CA: Harper.

Tafoya, T. (1992). Native gay and lesbian issues: The two-spirited. In B. Berson (Ed.), *Positively gay* (pp. 253-259). Berkeley, CA: Celestial Arts.

Tannahill, R. (1980). *Sex in history.* New York, NY: Stein & Day.

Tart, C. (1972). States of consciousness and state-specific sciences. *Science.* 176, 1203-1210.

Tart, C. (1975). *States of consciousness.* New York, NY: E. P. Dutton.

Teppo, S. (2008). Sacred marriage and the devotees of Ishtar. In M. Nessinen & R. Uro (Eds.), *Sacred marriages: The divine-human sexual metaphor from Sumer to early Christianity* (pp. 75-92). Winona Lake, IN: Eisenbrauns.

Urban, H. B. (2000). The cult of ecstasy: Tantrism, the New Age, and the spiritual logic of late capitalism. *History of Religions*, 39(3), 268-304.

Urban, H. B. (2003). *Tantra: Sex, secrecy, politics, and power in the study of religion*. Berkeley, CA: University of California Press.

Vitebsky, P. (1996). *The shaman: Voyages of the soul-Trance, ecstasy and healing form Siberia to the Amazin*. New York, NY: Macmillan/Duncan Baird.

Wade, J. (1998). Meeting God in the flesh: Spirituality in sexual intimacy. *Re Vision*, 21(2), 35-41.

Wade, J. (2000). The love that dares not speak its name. In T. Hart, P. Nelson, & K. Puhakka (Eds.), *Transpersonal knowing: Exploring the horizon of consciousness* (pp. 271-318). Albany, NY: State University of New York Press.

Wade, J. (2001). Mapping the courses of heaverly bodies: The varieties of transcendent sexual experience. *Journal of Transpersonal Psychology*, 32(2), 103-122.

Wade, J. (2004). *Transcendent sex: When lovemaking opens the veil*. New York, NY: Paraview Pocket Books.

Wagar, S. (2009). The Wiccan "Great Rite"-Hieros Gamos in the modern west. *Journal of Religion and Popular Culture*, 21(2), 1-38.

Waite, A. E. (1960). *The holy Kabbalah: A study of the secret tradition in Israel as unfolded by sons of the doctrine for the benefit of the elect dispersed through the lands and ages of the greater exile*. New Hyde Park, NY: University Books.

Walsh, R. (2007). *The world of shamanism: New views of an ancient tradition*. Woodbury, MN: Llewellyn.

Ware, K. (1997). "My helper and my enemy": The body Greek Christianity. In S. Cloakley (Ed.), *Religion and the body* (pp. 90-110). Cambridge, UK: Cambridge University Press.

Weisner-Hanks, M. E. (2000). *Christianity and sexuality in the early modern world: Regulating desire, reforming practice*. London, UK: Routledge.

White, D. G. (2003). *The kiss of the Yogini: "Trantric sex" in its South Asian context*. Chicago, IL: University of Chicago Press.

White, R. A. (1994). Exceptional human experience and the more we are: Exceptional human experience and identity. Retrieved from http://ehe.org/display/ehe-pagea229.html?ID=70.

White, R. A. (2001). What are exceptional human experiences?. New Bern, NC: EHE Network. Retrieved from http://ehe.org/display/ehe-page3439.html?ID=6.

York, M. (2003). *Pagan theology: Paganism as a world religion*. New York, NY: New York University Press.

Zimmerman, R. (2008). The love triangle of lady wisdom: Sacred marriage on Jewish wisdom literature?. In M. Nissinen & R. Uro (Eds.), *Sacred marriages: The divine-human sexual metaphor from Sumer to early Christianity* (pp. 243-258). Winona Lake, IN: Eisenbrauns.

Zuber-Chall, S. (2012). Gender and sexuality in indigenous North America, 1400-1850. Choice, 49(5), 957-958. Retrieved from http://search.proquest.com/docview/921022903?accountid=25304.

번역 출판

Eisler, R. T. (1987). *The chalice and the blade: Our history, our future.* San Francisco, CA: Harper & Row. (김경식 역. 성배와 칼. 서울: 비채, 2006).

Gimbutas, M. (1989). *The language of the goddess.* San Francisco, CA: Harper & Row. (고혜경 역. 여신의 언어. 서울: 한겨레출판, 2016).

Greeley, A. M. (1974). *Ecstasy: A way of knowing.* Englewood Cliffs, NJ: Prentice Hall. (조한영 역. 엑스터시의 심리학. 서울: 세진출판사, 1989).

Grof, S. (1998). *The cosmic game: Explorations of the frontiers of human consciousness.* Albany, NY: State University of New York Press. (김우종 역. 코스믹 게임: 인간 의식의 심층에 감추어진 존재의 비밀. 서울: 정신세계사, 2008).

Maslow, A. H. (1970). *Motivation and personality* (2nd ed.). New York, NY: Harper & Row. (Original work published 1954). (오혜경 역. [에이브러햄 매슬로의] 동기와 성격: 끝이 없는 인간 욕구에 관한 고찰. 경기: 북이십일, 2009).

Pagels, E. (1979). *The Gnostic gospels.* New York, NY: Vantage. (하연희 역. [숨겨진 복음서] 영지주의. 서울: 루비박스, 2006).

Pagels, E. (1988). *Adam, Eve, and the serpent.* New York, NY: Random House.(류점석, 장혜경 역. 아담, 이브, 뱀: 기독교 탄생의 비밀. 경기: 아우라, 2009).

van Gulik, R. H. (1974). *Sexual life in ancient China: A preliminary survey of Chinese sex and society from ca. 1500 B.C. till 1644 A.D.* Leiden, The Netherlands: Brill. (장원철 역. 중국 성풍속사: 선사시대에서 明나라까지. 서울: 까치, 1993).

Wilber, K. (1979). *No boundary: Eastern and Western approaches to personal growth.* Los Angeles, CA: Center Publications. (김철수 역. 무경계: 나는 누구인가에 관한 동서고금의 통합적 접근. 서울: 정신세계사, 2012; 서울: 무우수, 2005).

제22장

초심리학

Adam J. Rock, Lance Storm, Harvey J. Irwin, Julie Beischel

초超심리학parapsychology은 Dessoir(1889)가 만든 용어로, 초자연적 또는 표면상 불가사의하다고 생각되는 설명이 불가능한 현상의 영역에 대한 연구를 일컫는다. 이러한 현상에는 초-감각적 지각extra-sensory perception, 염력念力 · psychokinesis, 사후의 삶life after death(또한 의식의 생존으로 알려져 있다—다음에 이어지는 부분에서 이 세 가지 현상은 각각 규정될 것이다.)을 포함한다. 1930년대에 J. B. Rhine이 초심리학이라는 용어를 채택했으며, 그 이후로 줄곧 사용되어 왔다. 비록 몇몇 초심리학자는 심령 연구를 초심리학의 연구 주제이기도 한 사후 연구를 구체적으로 지칭하는 것으로 간주하기도 하지만, 초심리학이라는 용어는 심령 연구psychical research라는 용어를 대체하기에 이른다.

한 현상이 전통적인 과학적 표준의 맥락에서 이해될 수 없을 때, 그 현상의 본질을 설명해 줄 그 어떠한 과학적 규칙이나 법칙 또는 충분히 증명된 이론이 부재하다는 가정하에 그 현상을 초자연적인 것으로 분류한다. Thalbourne(2003)에 의하면, 전통적인 과학자들은 심지어 초자연적 과정을 “물리적으로 불가능하고 인간이나 동물의 능력 영역 밖이다.”라고 보았다(p. 83). 많은 과학자는 초자연적인 현상을 설명할 때 속임수에 불과하다고 하거나 일종의 부주의나 부지불식간에 실험실 실습 중 생긴 인공물쯤으로 여기길 좋아한다(Hansel, 1980). 다른 연구자들은 유의미한 효과를 보고하는 보고서(즉, 우연에 의해 기대되지 않는 결과)가 진정한 과학적 관계를 밝힐 수 없는 통계적으로 창출된(즉, 탐색적인) 과정의 결과일 뿐이라고 믿는다(예를 들면, Hyman, 2010 참조). 그러나 이러한 가정은 끊임없이 도전받아 왔다(예를 들면, Storm, Tressoldi, & Di Risio, 2010a 참조)

초심리학은 유사하게 보이는 예외심리학anomalistic psychology과는 다르다. 예외심리학이라는 용어는 Zusne와 Jones(1982)에 의해 만들어졌으며, 순수한 초심리학보다는 더 넓은 범위의 현상을 다루긴 하지만 여전히 초자연적인 성격 내에 존재하긴 하며, 또한 흔히 불가사의하고, 마법이 관련되거나 미술occult적 과정에 기인하고 있다. 따라서 예외심리학에는 UFO, 점성학 그리고 네스Ness호 괴물과 같은 미확인 생물체와 같은 것들을 포함한다. 게다가 예외심리학은 초심리학에 비해 좀 더 명시적으로 회의적인 경향을 갖고 있다.

초심리학의 실용성 부분은 옹호자나 비판자도 마찬가지로 가지고 있는 관심사이다. 이 문제를 다루고자 Neppe(2005)는 초심리학이 모든 과학적 노력 분야 중 가장 중요한 영역의 하나가 되는 다섯 가지 주요한 이유를 제시했다.

1. 초심리학의 함의는 우리의 세계관을 넓혀 주고, 초심리학의 급진적 구조에서 매우 심오한 의미를 갖는다.

2. 초심리학은 우주론적 이론의 발전을 가능케 하며, 그 결과 새로운 과학적 시도들이 발전할 수 있다.

3. 초심리학의 방법론은 물리과학과 인문과학이 채택할 수 있는 모델로 기능한다.

4. 초심리학은 방법론 문제를 확장시키는데, 초심리학의 주관적 접근법은 그 유용성이 사회과학이나 의학에까지 확장될 수 있기 때문이다.

5. 부분적으로 앞의 설명을 종합하자면, 초심리학은 연구 결과의 내포된 의미가 거의 모든 과학에서 매우 근본적이며 도처에 존재하며 융통성이 있는 것으로 보고 주요한 합리적인 과학적 노력으로 받아들여야 할 것이다(p. 56).

Neppe의 마지막 부분은 초심리학의 연구 결과가 특히 과학이나 인류에 미치는 영향이 광범위하며, 일련의 결과를 가져올 수 있다는 점에서 타당하다고 볼 수 있다. 아마도 이러한 주요 사항들은 더욱 보수적인 학계의 범위와 대중들에게 있어 다소 제한된 태도를 갖도록 조장했을 것이다. 그럼에도 불구하고 초심리학은 공공 기관에서 적용되었고(예를 들면, 미 국방부; McMoneagle, 1997, 2000 참조), 범죄 해결에 긍정적인 성과를 보였으며(Schouten, 1993, 1994 참조), 고고학과 인류학에서 미래의 연구를 자극하고/하거나 유익한 결과를 성취해 왔다(Schwartz, 1983, 2000, 2005 참조). 초심리학 연구 결과가 가진 향후 가능성 있는 응용 부분은 이 장을 통해 더욱 명확해질 것이다.

이 장의 목적은 자아초월과학자, 임상의와 학생들에게 초심리학에 대해 소개하는 것이다. 하지만 관심이 있는 독자는 더욱 포괄적인 조사들을 찾아보길 바란다(예를 들면, Irwin & Watt, 2007).

사이psi의 범주

수년간 초심리학자들은 사이Psi 경험에 대한 분류법(구분 체계)을 만들어 왔다. 지명된 종류의 초자연적 현상(이하 사이Psi)이 뚜렷한 기저 과정을 수반하든지 어떻든지에 관계없이 이 용어들은 초자연적 경험과 실험 절차에 유용하다. 이어지는 세부 항목에서 이러한 전통적 분류법과 명칭이 대략적으로 소개될 것이다.

초-감각적 지각

초-감각적 지각Extra-Sensory Perception-ESP이라는 용어는 Rhine(1934)에 의해 전통적인 과학적 용어로는 설명이 불가능한 마음 또는 두뇌에서 일어나는 어떤 형태의 소통을 가리키기 위해 만들어졌다. Rhine는 또한 '초자연적paranormal 원인' 또는 '초자연적 과정'을 나타내기 위해 Psi('sigh'이라고 발음되는 그리스 글자)라는 약칭 용어를 사용하였다(Thalbourne, 2003, p. 92; Psi는 다음 항에서 기술될 염력念力을 포함한다).[1] 보통의 과학적 설명이 초-감각적 지각이라고 알려진 과정에 기초한 구조나 성질을 기술하는 데 부적절하기 때문에 ESP는 종종 초상 현상으로 고려된다. 이를 근거로 ESP는 또한 초상(또는 예외) 인지cognition로 언급되기도 한다.

ESP는 세 종류의 초자연적 의사소통, 즉 텔레파시telepathy, 투시력clairvoyance 그리고 예지precognition를 포함한다. 텔레파시란 "초자연적으로 다른 의식이 있는 존재의 생각, 감정이나 활동과 관계된 정보 습득"을 가리킨다(Thalbourne, 2003, p. 125). 천리안은 물체나 동시대의 물리적 사건에 관한 정보로, 텔레파시와는 대조적으로 외부적인 물리적 원천으로부

표 22-1 추정된 목표-사건의 특성과 시간적 위치에 따른 ESP의 전통적 3×2 분류법

추정된 목표-사건의 특성	추정된 목표-사건의 시간적 위치		
	과거	현재	미래
정신적인	역-인지 텔레파시	동시적 텔레파시	예지 텔레파시
물리적인	역-인지 천리안	동시적 천리안	예지 천리안

터 직접적으로 끌어낸다고 여기는 정보의 습득"으로 정의된다(Thalbourne, 2003, p. 18). 예지란 "초능력의 한 형태로서 그 목표는 어떤 미래의 사건에 있으며, 보통 현재에 알려진 자료로부터 추론할 수 없는 것"으로 규정된다(Thalbourne, 2003, p. 90).

〈표 22-1〉은 ESP의 목표-사건이 전통적으로 정신적 아니면 물리적인 이 둘로 분류된다는 점을 보여 준다. 〈표 22-1〉에서 시간적으로 말하자면 목표-사건은 과거(즉, 역인지retrocognitive), 현재(즉, 동시성contemporaneous) 또는 미래(즉, 예지)에 있다는 점을 알 수 있다.

비록 메타-분석적 연구(일련의 연구 요약)는 ESP 효과의 불충분성을 종종 논증하고 있지만, 초심리학자들은 ESP가 실험실 환경에서 지속적이며 비교적 논증할 수 있다는 점에 동의하고 있으며, 다음의 연구들에 의해 지지되고 있다. ① Storm, Tressoldi와 Di Risio (2010b)의 전체야Ganzfeld(다음의 설명)에 대해, ② Milton(1998)의 천리안Remote Viewing: RV, 그리고 ③ Steinkamp, Milton과 Morris(1988)의 투시력과 예지에 대해서이다.

아마도 자아초월심리학자들에게 가장 큰 관심사는 ESP에 대한 현상학적 연구일 것이다(Irwin, 1994). Rhine의 아내인 루이자Louisa Rhine를 필두로 일부 초심리학자들은 이러한 경험의 서술적 특징과 경험자의 삶 속의 부분을 알아내기 위해 자연적 ESP 경험에 대한 사례 보고서를 계속 수집해 왔다. 이러한 종류의 연구를 과정-중심이라고 하는데, 그 이유는 이 연구가 초자연적 현상이 존재하는지를 설명하려는 시도보다는 현상학(경험자에 의해 경험된 사건의 방식)에 초점을 두고 있기 때문이다.

염력

염력念力 · psychokinesis: PK이라는 용어는 전통적인 과학적 용어로는 명시될 수 없는 마음-물질 간 상호작용의 형태를 설명하기 위해 Rhine(1934)에 의해 만들어졌다. 보통의 과학적 설명으로는 염력 과정(물체에 대한 정신적 영향력)에 기초한 구조나 성질을 설명하기에 부적절하기 때문에 염력은 종종 초현상적으로 고려되곤 했다. 이를 근거로 염력은 초상적

표 22-2 시간적 위치에 따른 염력의 전통적 분류법

추정된 목표-사건의 성질	추정된 목표-사건의 일시적 위치		
	과거	현재	미래
물리적인	역-행위 염력	동시적 염력	전-행위 염력

(또는 예외적) 작용을 가리킬 수 있다.

〈표 22-2〉는 염력 목표-사건이 어떻게 물리적 사건에 국한되는지를 보여 준다. 〈표 22-2〉로부터 염력 작용이 시간의 장벽을 넘나들 수 있기 때문에 그 효과가 과거, 현재 또는 미래로부터 유도될 수 있다는 점을 알 수 있다.

염력은 또한 미시-염력micro-PK 또는 거시-염력macro-PK으로 분류될 수 있다. 미시-염력이란 도움을 받지 않은 인간의 눈으로는 직접 관찰할 수 없는 염력 효과를 가리키는데(즉, 양자-역학 수준에서 일어나는 효과), 예를 들면 무작위적 사건 생성REG 또는 무작위적 숫자 생성RNG(Radin & Nelson, 1989, 2003 참조)의 이진적binary 출력 특성을 기반으로 하는 염력으로, 교란된 임의적 핵 붕괴라는 관찰 불가능한 아-원자 과정에서 보일 수 있다. 거시-염력은 보통 초자연적 작용이 생물학적 유기체에 미치는 직접적으로 관찰 가능한 효력(예를 들면, 종種의 행동), 주사위를 던져 나온 결과, 염력으로 금속 휘기PKMB 또는 관련 현상들을 가리킨다.

대부분의 메타-분석적 연구들은 PK 효과가 ESP 효과에 비해 보통 약하다는 점을 보이고 있지만, 초심리학자들은 ESP와 마찬가지로 PK가 일관되며, 따라서 실험실 조건에서 비교적 입증이 가능하다는 점에 동의하고 있으며, 이는 다음에 이어지는 연구들, 즉 ① 생명 시스템 간의 직접적인 심적 교류DMIL에 관한 Braud와 Schlitz(1991)의 연구, ② 주사위 던지기 실험에 관한 Radin과 Ferrari(1991)의 연구, 그리고 ③ RNG 실험에 관한 Radin과 Nelson(2003)의 연구에서 나타나고 있다.

의식의 생존

사후死後 생존을 의미하는, 이를테면 유령의apparitional 경험, 근사체험NDEs, 유체이탈OBEs, 환생 경험과 같은 많은 초심리학적 경험이 존재한다. 이러한 경험 중 몇몇은 이 책의 다른 장에서 설명되었다. 결과적으로, 이 단락에서는 영매의 능력으로 흔히 언급되는 명백한 심령과의 의사소통에 초점을 맞추고자 한다.

1세기가 넘은 영매의 능력에 관한 연구에서는 특정 숙련된 영매는 예외적인 정보 수취

AIR 동안 산 사람(착석자sitter라 불리는)의 죽은 가족(육체가 없는 무형無形의 존재discarnates라 불리는)에 대하여 정확하고 특수한 정보를 전달할 수 있어야 한다는 결론을 내렸다. 즉, 그 무형의 존재나 착석자에 대한 사전 지식은 전무한 상태이며, 감각적 피드백이 부재하고, 속임의 수단을 전혀 사용하지 않은 채(Beischel, Biuso, Boccuzzi, & Rock, 2011)로 말이다. 하지만 영매의 능력에 관한 연구 결과(Braude, 2003; Fontana, 2005; Gauld, 1983 참조)는 일괄하여 직접적으로 어떤 초심리학적 기제가 영매에 의하여 AIR에 관련되어 있는지 언급하지 않았다. 즉, 관련 자료가 그것 자체만으로 다음과 같은 복합적인 가설을 지지하고 있다는 것이다. ① 의식(즉, 사후생: 지속되는 존재, 몸으로부터의 분리, 한 개인의 육체적 죽음 후 의식 또는 성격의 최소 부분)의 생존, ② 심령 저장소 가설(즉, 태고부터 모든 정보가 우주 어딘가에 어떻게든 저장되어 있고, 영매는 죽은 자와 소통하는 것이 아니라 그 우주적 저장고에 접근하는 것이다; Fontana, 2005 참조), 그리고 ③ 슈퍼-사이Psi(또한 슈퍼-ESP라고도 불림; Braude, 2003; Fontana, 2005 참조)가 그것이다. 슈퍼-사이이Psi란 산 자와의 텔레파시, 투시력 또는 예지를 통한 정보의 회복을 말하는데, 이는 "통제된 실험실 연구에서 발견할 수 있는 것보다 훨씬 더 정제되고 광범위한 심령적 기능"에 대한 표면적인 요구 조건에 의해 수퍼로 간주된다(Braude, 2003, p. 11). 슈퍼-사이에 대한 설명에서 영매는 복합적인 초자연적 과정을 통해 정보를 받아들이는 것이다.

> 텔레파시에 의해 착석자로부터 (비록 착석자가 그 당시 정보에 대해 의식적으로 생각하고 있지 않더라도), 텔레파시에 의해 어딘가에 있는 사람들의 마음으로부터, 투시적으로 주변 환경으로부터 또는 예지적으로 미래의 어떤 순간으로부터 착석자가 대화 중에 주어졌던 사실들을 확인해 보면 그것이 맞았다는 것을 알게 된다(Fontana, 2005, p. 104).

하지만 이러한 생존 가설 역시 무형의 존재로부터 영매에게로 정보가 전달되기 위해서는 어떠한 초자연적 현상의 형태를 요구한다는 점에 주목하는 것은 중요하다. 사실 "영매가 텔레파시적으로 무형의 존재의 마음을 훑음으로써 그 존재의 마음에 대한 지식을 얻는 것이든지 아니면… 그 무형의 존재가 텔레파시로 영매의 마음에 정보를 보내는 것이다. 어떤 경우든 생명체의 텔레파시는 작용을 한다는 것이다"(Sudduth, 2009, p. 177). Sudduth(2009)는 이것을 '생존 사이psi'라 불렀고, "고도로 정제되고 유효한 종류의 사이psi 기능… 슈퍼-사이psi 가설에 의해 요구되는 사이psi의 종류나 정보와 구분이 안 되는" 것으로 기술하였다(p. 184).

사이-전도psi conducive 촉진 조건

초심리학자들은 초자연적 현상을 효과적으로 유도하는 실험적 과정이나 상황을 밝히려고 많은 연구를 진행해 왔다. 사이psi를 유도해 내는 것을 밝히는 노력은 과정-지향으로 지칭하며, 그들은 어떻게 사이psi가 작용하는지를 이해하는 데 목적을 갖는다. 반면에 증거-지향적 연구는 우연적 확률을 넘는 수행 결과extra-chance performance가 통제된 조건에서 얻을 수 있는가를 보여 주는 것을 목표로 삼는다.

전체야[1)]

Bem과 Honorton(1994)은 "역사적으로 사이psi는 명상, 최면, 꿈과 여타의 자연스럽게 일어나거나 일부러 유도된 의식의 변성 상태"(p. 5)[2]라고 주장했다. 아마도 이 맥락에서 가장 널리 사용되는 기법이 전체야the Ganzfeld이며, 광범위한 용어로는 '동질적 지각 환경'으로 정의될 수 있다(Bem, 1993, p. 102). 특히 전체야는 지각자의 눈을 덮은 반불투명 탁구공을 통해 붉은 빛을 바라보는 것에 의해 만들어지는 구별되지 않는 시야 영역으로 구성되어 있다. 추가적으로 유사한 청각 영역은 지각자가 입체 음향의 흰색 또는 분홍색 소음(즉, 단조로운 치찰음; Bem, 1993)을 들음으로써 만들어진다. 그러므로 발신자(행위자)는 그림이나 영화 대상을 동질적 감각 자극의 전체야 상태에 있는 수신자(지각자)에게 "정신적으로 의사소통하도록"(Milton & Wiseman, 1999, p. 387) 요청받는 과정에서 전체야는 사이psi를 일어나기 쉽게 하는 의식 변성 상태ASC를 유도한다. 만약 수신자가 목표물을 유인물 대신 옳게 고른다면 이를 명중hit이라 부른다. 다섯 가지의 주요 독자적 전체야 메타-분석(Bem & Honorton, 1994; Bem, Palmer, & Broughton, 2001; Honorton, 1985; Storm & Ertel, 2001; Storm, Tressoldi, & Di Risio, 2010b)에서 명중률은 31.6%에서 36.7% 사이(이 중 25%가 경우의 수이다.)에 이른다고 보고하였다.

꿈

연구자들은 꿈 중에 사이psi가 나타나는 것을 의미하는 현재 꿈-사이psi라 불리는 것

1) 전체야全體野 · the Ganzfeld 효과: 장기간 외부의 자극이 차단된 상태에서 감각의 상실을 방지하기 위해 뇌에서 자체적으로 환상이나 환청을 만들어 내는 현상.

을 또한 연구하고 있다. 이 영역은 마이모니데스 꿈 연구소(Ullman, Krippner, & Vaughan, 1974)에서 행해진 연구를 통해 큰 영향력을 지니게 되었다. 많은 사람이 텔라파시적 그리고 전조적 꿈을 보고한다는 생각에서 비롯한 이 분야와 Rhine의 부인인 루이자에 의해 수집된 설명되지 않은 일화성 설명의 방대한 모음은 이러한 경험의 우세성에 대해 주의를 끌었다(Rhine, 1962). 마이모니데스 실험실의 참가자들은 목표 그림의 꿈에 관한 질문을 받고는 실험자들은 도출된 꿈 주제와 목표 재료를 비교했다. 어떤 의미에서 사이psi 과정은 꿈 과정 안에서 압축될 수 있으며, 사이psi의 목표물도 꿈의 내용으로서 심상적 형태 안에 포함되는 것으로 보인다.

Maimonides의 꿈 관련 연구로부터 도출된 결과는 다양한 방법론, 각기 다른 통계 검정 방법과 다양한 목표를 지닌 소규모의 연구자들에 의해 수합된 나머지 꽤나 잡다하며 복잡하다. Storm(2006)은 조심스럽게 다음과 같이 언급했다. “이러한 조사 결과는 ‘평균’ 꿈-사이psi 연구가 사이psi의 명백한 증거를 도출할 수 없을 가능성이 더 높다는 점을 나타내고 있지만, 지난 40년 동안에 걸친 수집물들을 돌아볼 때, 분명히 실험 상황에서 꿈 주제와 목표 재료와의 상관성은 존재한다는 강력한 암시가 있다는 점을 보이고 있다”(p. 146).

명상

명상의 사이psi-전도성을 직접적으로 조사한 소수의 연구가 진행되었으나(예를 들면, Honorton, 1997; Palmer, Khamashta, & Israelson, 1979; Rao, Dukhan, & Rao, 2001; Rao & Puri, 1978; Rao & Rao, 1982; Roney-Dougal & Solfvin, 2006), 그 결과는 일관성이 없었다.

게다가 Steinkamp(2005)가 자신의 양자택일 연구(즉, 개인이 다양한 선택 중에 선택하도록 하는 실험)의 메타 분석에서 지적했다시피, 명상 후 고양된 사이psi 능력은 부분적으로는 정서적 요인의 결과일 수 있다. 예를 들면, 참가자는 명상 후에 더 커진 자존감이 생길 수 있으며, 결과적으로 이러한 믿음은 명상이 도움이 되는 실험자의 신념과 결부될 수 있다. 다시 말하면, 사이psi의 향상이 의식의 상태 때문인 것인지 신념과 같은 어떤 수반되는 요인 또는 둘 다의 결합에 기인하는 것인지(사이psi-전도 변인으로서의 신념에 대한; Lawrence, 1993 참조) 확실하지 않다.

최면 상태

얼마간 연구자는(예를 들면, Honorton & Krippner, 1969; Kumar & Pekala, 2001; Pekala &

Cardeña, 2000)의 주요 초점은 경험자의 초감각적 마음 상태였다. 즉, ESP가 어찌 되었든 해리와 같은 의식의 독특한distinctive 상태와 연관되어 있으며, 그러한 상태는 몽유병, 몰입적 집착 그리고 정신피로와 같은 요인에 의해 초래된다. 경과는 좀 느리게 입증되었지만, 초심리학자들은 최면을 사이psi의 전도체로서 수동적이고 해리적인 상태를 초래하는 잠재적인 실험 절차로 생각했기 때문에 더욱 심각하게 최면을 조사하게 된 것은 필연적이 되었다. 그러나 Stanford와 Stein(1994)의 검토에서 결과는 실험자들의 유형과 성격에 따라 들쭉날쭉했다. 또한 피험자 선발도 일조하고 있다는 점에 주목했다.

이완

명상 또는 이완 상태에서 심령적 상태라고 주장하는 일화와 실험적 보고서는 초심리학자들에게 하나의 연구 방법을 제시했다(예를 들면, Braud & Braud, 1973, 1974). Honorton(1977)은 이완에 관한 문서를 대략적으로 검토하였고, 이완은 '사이psi 수용성을 증진'시킬 수 있다(p. 457)는 암시를 발견하고, 사이psi-전도 조건으로서 이완을 옹호하였다.

Storm과 Thalbourne(2001)는 1946년부터 1992년까지 이완을 치료 조건으로 다루고 있는 21개의 ESP 연구를 수집하였다. 이완 조건에 대한 연구의 52%(n=11)가 비-이완 연구(n=10)와 비교했을 때 훨씬 더 강력한 효과를 만들어 냈다. 즉, 이러한 성공률은 우연에 의해 기대되는 수치에 비해 10배가량 더 높았다.

요약

전체야, 꿈, 명상, 최면 상태와 이완은 모두 표면적으로는 사이psi에 유리한 시험 조건이다. 그러나 최근 초심리학자들(예를 들면, Alvarado, 1998; Braud, 2005)은 이러한 과정들이 정말로 사이psi를 촉진하는지에 대해 의문을 제기하고 있다. 아마도 표본이나 실험자 효과와 같은 다른 요인이 사이psi-전도체일 수도 있고, 시험 조건 자체가 사이psi-조장하는 자질을 내재적으로 가지고 있지 않을 수도 있다는 것이다(Braud, 2005).

사이psi 모델

사이psi가 일어날 수 있는 상황에 대한 실험적인 조사에 근거해서 초심리학자들은 사이psi 과정의 기술을 강구하기 시작했다. 사이psi의 모델이나 이론은 전자기電磁氣 이론(예를 들면, Persinger, 1975), 에너지장 이론(예를 들면, Wasserman, 1956), 관찰 이론(예를 들면, Schmidt, 1975), ESP의 기억 모델(예를 들면, Irwin, 1979) 그리고 다수의 다른 이론들을 포함한다. 이들 모델 중 가장 영향력이 있는 것은 아마도 소음-감소 모델noise-reduction model일 것이며, 이것은 현대 초심리학에서 틀림없이 지배적인 패러다임이다. 이 부분에서는 소음-감소 모델, 사이psi-매개도구적 반응 모델, 결정 증강 이론decision augmentation theory, 심리실천psychopraxia 이론 그리고 심상 구축 모델(초심리학 모델에 대한 포괄적인 검토를 하고자 한다면 Irwin & Watt, 2007 참조)을 간단하게나마 고려해 볼 것이다.

소음-감소 모델

Honorton(1977, 1993)은 내적 인지와 외부적 소음noise 또는 원치 않는 자극에 의해 주로 가려져 있는 일종의 약한 인지적 신호로서 사이psi를 개념화했다. 이를 근거로 그는 사이psi에 관한 소음 모델을 제시하는 데 이르렀다(Honorton, 1974, 1993).

Braud(2002) 또한 정신적 안정에 대한 한 모델에 찬성하며, 그 역시 전체야를 명상 중에 얻어지는 것(즉, 마음의 정지停止 또는 인지적 고요)과 비슷한 ASC로서 기술하였다. Alvarado(1998)의 말로 하자면, Braud(1978)는 “감각적, 지각상의 소음, 육체적이고 자발적인 활동, 정신적 활동… (그리고) ESP 정보를 얻기 위한 과도한 노력”(p. 44)을 포함하는 소리의 가능한 원천들을 언급했다.

이론적으로 앞에서 기술되었던 치료법(즉, 최면, 꿈, 명상과 이완)의 그 어떤 것을 사용하여 ‘신호 대 소리의 비율’(즉, 소음의 감소)을 조절함으로써 추정된 사이psi 정보가 훨씬 더 잘 탐지될 수 있을 것이다. Parker(2005)는 이 모델을 다음과 같이 명료화했다.

> Honorton이 기술한 대로 공통된 특징은 ‘소음’ 내지는 원치 않는 자극 원천의 제거라 하겠다. ‘소음’은 그저 외부적 자극이나 혼란의 원천뿐 아니라, 내적인 잡담을 의미하기도 한다. 목표는 내적 상상력이 자발적으로 나타나도록 마음을 고요히 하는 것이다. 또는 다른 방식으로 표현하자면, 두뇌가 최소한의 수준의 자극과 외부적 원천이 부재할 때 내면으로 향하게 될 것이라는 것이다(p. 73).

사이psi-매개도구적 반응 모델

사이psi-매개도구적 반응 모델The Psi-Mediated Instrumental Response Model: PMIR(Stanford, 1974a, 1974b)은, 사이psi 경험은 개인이 처한 환경에서 스스로의 적응적 필요나 목표 지향적인 욕구를 충족시키고자 일어나는 것이라고 제안한다. 따라서 PMIR 모델에 따르면, 개인이 사이psi 경험이 일어날 수 있는 경향성이나 욕구를 가지는 것이다. 그러나 Stanford는 사이psi-매개 반응을 구성하는 요인들(예를 들면, 감정, 행동, 욕구, 이미지)을 개인이 의식적으로 자각하지 않을 수도 있다고 주장하였다.

결정 증강 이론

결정 증강 이론Decision Augmentation Theory: DAT은, 사람들은 예외적 인지AC나 사이psi를 통해 얻은 정보를 일상적인 입력 정보(예를 들면, 환경에서 얻은 정보; May, Utts, & Spottiswoode, 1995)와 함께 의사 결정 과정으로 통합한다고 주장한다. 이러한 과정은 바람직한 결과로 이끄는 의사 결정에 이를 때까지 계속된다. May와 동료들(1995)은 "통계적 용어로 말하면, DAT는 예외적 인지에 의해 사소하지만, 체계적 편향이 결정 과정에 도입된다는 점을 말하고 있다."(p. 199)라고 주장했다. 다음 질문을 고려해 보자. '우리는 언제 다음 초심리학적 실험을 계획해야 하는가, 그리고 누가 그 실험자가 되어야 하는가?' DAT에 따르면, AC는 바람직한 결과를 낳기 위해서 결정을 편향시킨다.

심리실천 이론

심리실천Psychopraxia이라는 용어는 두 개의 그리스 단어로부터 파생된 것이다. psyche는 영혼, 마음 또는 자아를 의미하고, praxia는 연습(성취한다 또는 초래한다는 의미를 가지는 단어 prattein에서 파생)을 뜻한다. 심리실천 이론(Thalbourne, 2004)은 정상심리학과 초심리학 그리고 운동 행위와 인지를 통합하려고 시도한다. 이를 통해, ① ESP와 PK, 그리고 ② 정상적인 정보 습득과 정상적인 운동 통제 간의 개념적 차이는 제거될 수 있는데, 예를 들면 이는 이 분리된 양편 모두는 행위의 사례들일 뿐이기 때문이다(Storm & Thalbourne, 2000).

심상 구축 모델

Storm과 Rock(2009a, 2011)의 심상 구축 모델Imagery Cultivation Model: IC에 따르면, 정신적 심상 구축의 적극적 인지 과정은 경험자들로 하여금 사이psi 심상의 원천이라고 할 수 있는 인간 정신의 무의식적 영역에 접근하도록 해 준다. IC는 변성된 상태(예를 들면, 샤먼 여행shamanic Journeying[3]) 동안 사이psi 신호는 활성화된 심상 안에 포함되어 있다고 주장한다. 여기서 실험자가 꿈의 주제가 목표 재료와 상응하는지를 조사하는 Maimonides 꿈-사이psi 실험이 생각날 것이다. 따라서 IC는 소음-감소 모델의 정신적 평온에 대한 강조에 대해 도전한다. IC는 최근 경험적 지지를 받고 있다(Storm & Rock, 2009b).

사이psi에 대한 믿음의 심리학

초심리학자와 그 비평가들 모두에게 흥미를 끄는 또 다른 주제는 바로 초자연적 현상에 대한 믿음belief의 본질일 것이다. 많은 초심리학자는 사이psi의 실재성에 대한 그들 자신의 믿음은 타당성 있는 실험적 문헌에 대한 검토에 기반하고 있다고 주장할지 모른다. 다시 더욱 편견이 가득한 눈으로 같은 문헌을 검토해 본 어떤 비평가들은 그들의 사이psi에 대한 불신disbelief은 같은 원천에 근거하고 있다고 주장할지도 모르겠다. 이러한 자기-관찰의 진실성에 관계없이 일반 대중이 가지는 초자연적 믿음은 주로 꽤 다른 유래를 가진다는 사실은 남는다.

그렇다면 왜 사람들은 초자연적 믿음을 받아들이게 되었을까? 표면상의 답은 아마도 믿는 자들은 스스로가 초심리적 경험을 겪었고 이러한 증거를 기반으로 신념을 다졌을 것이다(예를 들면, Coll & Taylor, 2004). 그러나 이러한 견해와는 반대로 사람들에 의해 승인된 사이psi 현상의 대부분은 개인적으로 경험되지 않으며, 게다가 많은 불신자는 비슷한 경험을 했어도 이를 비-초자연적 용어로 이해하기로 결정한다는 것이다(Irwin, 1985). 그래서 믿음은 그 반대보다 훨씬 더 또는 그만큼 초심리학적 경험(해석)에 영향을 줄지 모른다.

고려해 볼 또 다른 요인은 사회문화적 영향력의 기여 부분이다. 한 개인이 가지는 초자연적 믿음의 형태는 가족 내에서의 사회화, 친구집단 과정, 매체에서 초자연적 개념의 전파 그리고 이를테면 학교, 교회, 문화cults(Vyse, 1997)와 같은 여타의 사회적 제도의 맥락 안에서의 (내외적 모든) 교육과 같은 문화적 요인에 의해 강력하게 지배된다. 그러나 왜 한 개인은 이러한 영향력에 민감할 수밖에 없는지, 즉 무슨 요인이 심리적으로 한 개인이 초자연적인 것에 대한 믿음을 발전시키도록 만드는지에 대한 문제가 남는다. 대체로 이 문제에 대해 두 가지의 생산적인 접근이 있어 왔다. 이 각각은 차례로 간단히 기술되고 평가될 것이다(더 포괄적인 분석을 원한다면 Irwin, 2009 참조).

첫 번째 접근을 인지적 결손 가설cognitive deficits hypothesis로 부르는데, 이는 초자연 현상의 신자들이 비논리적, 비이성적, 속아 넘어가기 쉬운 그리고 완전히 우둔하다고(예를 들면, Alcock, 1981) 또는 덜 논란이 되는 용어로는 일상적 사고 과정에서 흔한 내재적 결점이 있다고 보고 있다. 초자연적 신봉자의 지능과 추론 능력에 대한 연구에서는 추론 능력이기보다는 추론 유형style의 요인이 초자연적 믿음과 관계된 주요한 부분으로 떠오르고 있기는 하지만, 어쨌거나 아직 인지적 결손 가설에 대한 명백한 지지를 산출하지 못했다. 따라서 신봉자들은 종종 분석-합리적 추론 유형보다 우선적으로 경험적-직관적인 추론 유형을 사용하며, 불충분한 현실적 검증만으로 사건의 해석에 이르는 경향이 있다(Irwin, 2003).

동시에 믿음이란 개인의 중요한 정신역동적 욕구를 채워 주기 때문에 개인이 믿음을 가지게 된다는 점은 사실상 심리학적 원칙이다. 따라서 초자연적 믿음의 이해를 위해 몇몇 연구자는 이러한 믿음이 제공하는 심리적 기능에 주안점을 두어 왔다. 이러한 견해는 정신역동적 기능 가설psychodynamic functions hypothesis로 알려져 있다. 이러한 맥락에서 삶의 사건이 자신이 통제할 수 있는 능력 안에 있다는 점을 느끼기 위한 필요에 의해 중추적 역할이 이루어진다고 연구는 제안하고 있으며(Blackmore & Troscianko, 1985), 욕구는 아마도 어린 시절에 자신의 삶에 대한 적절한 자율적 통제감을 형성하지 못한 것에 의해 악화될 수 있다(Watt, Watson, & Wilson, 2007). 그렇다면 한 개인에 기저한 초자연적 믿음은 통제에 대한 욕구가 강렬해진 상황에 의해 발생된 스트레스에 의해 활성화된 것일 수도 있다(Dudley, 1999; Irwin, 2009 참조; 추론 유형과 통제 욕구에 관한 초자연적 믿음의 발달에 대한 구체적인 모델을 위한).

초심리학과 자아초월심리학

다수의 초심리학자(예를 들면, Charles Tart, Stanley Krippner, Michael Daniels)는 또한 유명한 자아초월심리학자라는 점은 주목할 만하다. Hartelius, Caplan과 Rardin(2007)은 1968년부터 2002년에 걸쳐 발행된 문헌과 관련 분야의 동료로부터 모인 자아초월심리학의 160가지 설명에 대한 주제 분석을 진행하였다. 분석에서 자아초월심리학의 설명에 대한 기본적 요소를 대체로 포함하는, ① 에고-초월beyond-ego, ② 통합적 · 전체적, 그리고 ③ 변용적 세 가지 주제가 나왔다. ①에 관한 한 에고라는 용어는 이드와 초자아 사이의 중재자에 대한 프로이트적 감각에서 사용되지 않고 있다. 대신 자아는 특정 공간-시간 위치에 대한 자기self의 한 사람의 개인적 감각을 의미한다. 그러므로 자아초월심리학은 한 사람의 자기감sense of self이 보통의 공간적이고 시간적인 한계를 초월하게 한 경험과 관계된다고 ②은 제시하고 있다(Friedman, 1983). 이로부터 통합적 · 전체적이라는 용어는 자아초월심리학이 한 개인의 생활-세계의 맥락 안에서의 전 인간과 연관이 있다는 점을 제안한다. 그러므로 자아초월심리학은 환원주의(예를 들면, 생물학상의)의 형태와 연관되어 있지 않을 뿐더러 자연 세계, 사회집단 등으로부터의 분리로 개인을 보고 있지도 않다. ③에 관한 한 변용적이라는 용어는 자아초월심리학이 개인으로 하여금 보통의 깨어 있는 상태와 비교했을 때 궁극적으로 더 긍정적이고 유의미한 의식적 상태(예를 들면, 사마디) 또는 자기실현과도 같은 발달 단계를 얻도록 하는 수행(예를 들면, 명상)에 주안점을 두고 있다는 점을 제안한다. Hartelius 등(2007)의 연구 결과에서 추정해 보면 궁극적으로 자아초월 경험은 자아의 초월에 의해 특징지을 수 있는 긍정적인 변용적 경험을 말한다.

특히 유용한 한 가지 초월적 지도는 인간 정신에 대한 초월적 차원에 대한 Grof(1975, 1988, 1993)의 지도 제작 방법cartography이다. Grof의 모델은 세 가지의 초월적 범주를 포함한다. 첫째, 합의된 시공간적 현실(즉, 공유된 물리적 세계) 내에서 일어나지만 그 정상적인 범위를 초월한(즉, 시공간적 팽창과 축소) 현상이다. 예지豫知와 역행인지逆行認知는 미래와 과거의 사건 각각을 인지할 수 있도록 하면서 보통의 시간적 경계에 대한 초월을 수반한다. 투시는 사람의 정상적인 시야의 영역 밖에서 동시적인 물리적 사건을 인식하게 함으로써 보통의 공간적 범위에 대한 초월을 포함한다. Grof의 두 번째 범주는 합의된 시공간적 현실을 넘어서서 일어나는 현상을 가리킨다(즉, 예를 들면 사후 세계와 같은 물리적 세계를 넘어서는 차원). 이 범주에 속하는 사이psi 경험은 영매 능력과 NDE를 포함한다. 마지막 범주는 마음mind과 물질matter 간의 차이를 초월하는 유사類似심리적psychoid 성질에서 오는 현상을 나타낸다. Grof(1975, 1988, 1993)는 유사심리적 작용으로서 미시-PK와 거시-PK를 구별했다. 따라서 Grof의 견해에서 많은 초월적 경험은 사이psi 경험이다. 그러나 Daniels(2005)의 의견에서 보자면, 사이psi 경험이 초월적이라고 말할 수 있을 때에는 단지 "그 경험의 효과가 어느 정도 그 개인의 자기감sense of self을 변용시켜 더 넓고 깊은 실재를 포함(pp. 49-50)"해야 한다.

초심리학자에 의해 조사된 현상들이 파악하기 힘들고 어렵다는 점을 고려해 볼 때, 실험이 엄격한 방법론적 통제에 의해 특징지어지는 것은 그 무엇보다 큰 중요성을 가진다. 결과적으로, 대체로 초심리학자는 극도로 좋은 방법론자인 경향이 있다. 초심리학적 방법론이 다른 과학이 채택해야 할 모델로 적용될 수 있다는 Neppe(2005)의 주장을 고려해 보면, 이는 앞에서 진술한 자아초월 경험과 사이$_{\text{psi}}$ 경험 사이의 관계와 결부되어 자아초월심리학은 초심리학과의 대화로부터 이득을 얻을 수 있을지 모른다.

결론

사이$_{\text{psi}}$ 현상의 존재는 심지어 자아초월심리학자들 사이에서까지도 여전히 논쟁거리로 남아 있다(Krippner & Friedman, 2010). 그러나 초심리학은 과학적 노력의 모든 영역 중 가장 중요한 부분의 하나가 될 수 있는 잠재력을 지니고 있다(Neppe, 2005와 비교하라). 사실 사이$_{\text{psi}}$의 본질을 이해하는 것은 우리의 현재 물리주의적 세계관에 대한 철학적이고 과학적인 면에서 급진적인 함축점을 지닐 수 있다. 게다가 만약 많은 초월적 경험이 사실상 사이$_{\text{psi}}$ 경험과 같다고 본다면, 초심리학적 연구가 자아초월의 본질을 밝힐 가능성 또한 가지고 있다는 것이다. 이에 대한 저자의 입장은 초심리학자와 자아초월심리학자가 각각의 하위 학문 분야에 대한 교차적-결합에 참여함으로써 이득을 얻을 것이라는 것이다.

주석

1 사이(그리스 단어 Ψ ='프사이$_{\text{psi}}$'로부터 온)는 ESP와 PK(염력$_{念力}$)의 근본이 되는 단일한 과정을 제안한 Thouless와 Wiesner(1947)에 의해 왔다. 모순적으로 그들은 그리스어 상징$\Psi\gamma$(psi-gamma)과 $\Psi\kappa$(psi-kappa)를 ESP와 PK 각각에 이름 붙이는 데 사용하여 ESP와 PK가 "하나의 과정에서 나온 다른 양상"임을 지적하고자 했다(Thouless & Wiesner, 1947, p. 179).

2 Rock과 Krippner(2007a, 2007b, 2011a, 2012)는 '의식의 변성 상태'를 더 정확하게 '현상의 변성 상태'라고 언급한다고 주장했다.

3 Rock과 Krippner(2011b)는 "샤머니즘은 일련의 기법과 활동으로 아마도 그 수행자들로 하여금 사회 구성원에 의해 쉽게 얻을 수 없는 정보에 접근할 수 있게 해 주어 그들에게 특권적 지위를 제공한다. 이러한 수행자들은 이 집단원의 요구를 충족시키기 위한 시도로 이러한 정보를 사용한다."(p. 7)라고 하였다.

참고문헌

Aarnio, K., & Lindeman, M. (2005). Paranormal beliefs, eudcation, and thinking styles. *Personality and Individual Differences, 39*, 1227–1236.

Alcock, J. E. (1981). Parapsychology: Science or magic? A psychological perspective. Elmsford, NY: Pergamon Press.

Alvarado, C. S. (1998). ESP and altered states of consciousness: An overview of conceptual and research trends. *Journal of Parapsychology*, *62*, 27–63.

Beischel, J., Biuso, M., Boccuzzi, M., & Rock, A. (2011, June). *Anomalous information reception by research mediums under quintuple-blind conditions: Can the mind exist without the body?* 30th Annual Meeting of the Society for Scientific Exploration, Boulder, Colorado.

Bem, D. J. (1993). The ganzfeld experiment. *Journal of Parapsychology, 57*, 101–110.

Bem, D. J., & Honorton, C. (1994). Does psi exist? Replicable evidence for an anomalous process of information transfer. *Psychological Bulletin, 115*, 4–18.

Bem, D. J., Palmer, J., & Broughton, R. S. (2001). Updating the ganzfeld database: A victim of its own success?. *Journal of Parapsychology, 65,* 207–218.

Blackmore, S., & Troscianko, T. (1985). Belief in the paranormal: Probability Judgements, illusory control, and the "chance baseline shift". *British Journal of Psychology, 76,* 459–468.

Braud, W. G. (1978). Psi-conductive conditions: Explorations and interpretations. In B. Shapin & L. Coly (Eds.), Psi and states of awareness (pp. 1–34). New York, NY: Parapsychology Foundation.

Braud, W. G. (2002). Psi-favorable conditions. In V. W. Rammohan (Ed.), *New frontiers of human science* (pp. 95–118). Jefferson, NC: McFarland.

Braud, W. (2005). The farther reches of psi research: Future choices and possibilities. In L. Storm & M. A. Thalbourne (Eds.), *Parapsychology in the 21st century: Essays on the future of psychical research* (pp. 38–62). Jefferson, NC: McFarland.

Braud, W. G., & Braud, L. W. (1973). Preliminary explorations of prsi-conductive states: Progressive muscular relaxation. *Journal of the American Society for Psychical Research, 67,* 27–46.

Braud, W. G., & Braud, L. W. (1974). Further studies of relaxation as a psi-conductive state. *Journal of the American Society for Psychical Research, 68*, 229–245.

Braud, W. G., & Schlitz, M. A. (1991). Consciousness interactions with remote biological systems: Anomalous intentionality effects. *Subtle Energies, 2,* 1–46.

Braude, S. E. (2003). *Immortal remains: The evidence for life after death*. Lanham, MD: Rowman & Littlefield.

Coll, R. K., & Taylor, N. (2004). Probing sciences's beliefs: How open-minded are modern scientists?. *International Journal of Science Education, 26,* 757–778.

Daniels, M. (2005). *Shadow, self, spirit: Essays in transpersonal psychology*. Exeter, UK: Imprint Academic.

Dessoir, M. (1889). Die Parapsychologie. *Sphinx,* 7, 341-344.

Dudley, R. T. (1999). The effect of superstitious belief on performance following an unsolvable problem. Personality and Individual Differences, 26, 1057-1064.

Fontana, D. (2005). *Is there an afterlife? A comprehensive overview of the evidence.* Blue Ridge Summit, PA: NBN.

Friedman, H. (1983). The self-expansiveness level form: A conceptualization and measurement of a transpersonal construct. *Journal of Transpersonal Psychology, 15*(1), 37-50.

Gauld, A. (1983). *Mediumship and survival: A century of investigations.* Chicago, IL: Academy Chicago.

Grof, S. (1975). Realms of the human unconscious: Observations from LSD research. New York, NY: Viking Penguin.

Grof, S. (1988). *The adventure of self-discovery.* Albany, NY: State University of New York Press.

Grof, S. (1993). *The holotropic mind: The three levels of human consciousness and how they shape our lives.* New York, NY: Harper Collins.

Hansel, C. E. M. (1980). *ESP and parapsychology: A scientific reevaluation.* Buffalo, NY: Prometheus.

Hartelius, G., Caplan, M., & Rardin, M. A. (2007). Transpersonal psychology: defining the past, divining the future. *The Humanistic Psychologist, 35*(2), 1-26.

Honorton, C. (1974). State of awareness factors in psi activation. *Journal of the American Society for Psychical Research, 68*, 246-256.

Honorton, C. (1977). Psi and internal attention states. In B. B. Wolman (Ed.), *Handbook of parapsychology* (435-472). New York, NY: Van Nostrand Reinhold.

Honorton, C. (1985). Meta-analysis of psi ganzfeld research: A response to Hyman. *Journal of Parapsychology, 49*, 51-91.

Honorton, C. (1993). Rhetoric over substance: The impoverished state of skepticism. *Journal of Parapsychology, 57*, 191-214.

Honorton, C. (1997). The ganzfeld novice: Four predictors of initial ESP performance. *Journal of Parapsychology, 61*, 143-158.

Honorton, C., & Krippner, S. (1969). Hypnosis and ESP performance: A review of the experimental literature. *Journal of the American Society for Psychical Research*, 63, 214-252.

Hyman, R. (2010). Meta-analysis that conceals more than it reveals: Comment on Storm et al., (2010). *Psychological Bulletin*, 136, 486-490. doi: 10.1037/a0019676

Irwin, H. (1979). *Psi and the mind: An information processing approach.* Metuchen, NJ: Scarecrow Press.

Irwin, H. J. (1985). A study of the measurement and the correlates of paranormal belief. *Journal of the American Society for Psychical Research*, 79. 301-326.

Irwin, H. J. (1994). The phenomenology of parapsychological experiences. In S. Krippner, S. Hart, E. Schneck, M. Ullman, & R. O. Becker (Eds.), *Advances in parapsychological research.* (Vol. 7, pp. 10-76). Jefferson, NC: McFarland.

Irwin, H. J. (2003). Reality testing and the formation of paranormal beliefs. *European Journal of*

Parapsychology, 18, 15-27.

Irwin, H. J. (2009). *The psychology of paranormal belief: A researcher's handbook.* Hatfield, UK: University of Hertfordshire Press.

Irwin, H. J., & Watt, C. A. (2007). An introduction to parapsychology (5th ed.). Jefferson, NC: McFarland.

Krippner, S., & Friedman, H. L. (Eds). (2010). *Debating psychic experience: Human potential or human illusion?.* Santa Barbara, CA: Praeger.

Kumar, V. K, & Pekala, R. (2001). Relation of hypnosis-specific attitudes and behaviors to paranormal beliefs and experiences. In J. Houran & R. Lange (Eds.), *Hauntings and poltergeists: Multidisciplinary perspectives* (pp. 260-279). Jefferson, NC: McFarland.

Lawrence, T. R. (1993). Gathering in the sheep and goats: A meta-analysis of forced-choice sheep-goat ESP studies, 1947-1993. *Proceedings of the 36th Annual Convention of the Parapsychological Association,* 75-86.

May, E. C., Utts, J. M., & Spottiswoode, J. P. (1995). Decision augmentation theory: Toward a model of anomalous mental phenomena. *Journal of Parapsychology,* 59, 195-220.

McMoneagle, J. (1997). *Mind trek: Exploring consciousness, time, and space through remote viewing.* Charlottesville. VA: Hampton Roads.

McMoneagle, J. (2000). *Remote viewing secrets: A handbook,* Charlottesville, VA: Hampton Roads.

Milton, J. (1998). A meta-analysis of waking state of consciousness, free-response ESP studies. In N. L. Zingrone, M. J. Schlitz, C. S. Alvarado, & J. Milton (Eds.), *Research in parapsychology 1993* (pp. 31-34). Lanham, MD: Scarecrow Press.

Milton, J., & Wiseman, R. (1999). Does psi exist? Lack of replication of an anomalous process of information transfer. *Psychological Bulletin,* 125(4), 387-391. doi: 10.1037/0033-2909. 125.4.387

Neppe, V. M. (2005). Why parapsychology is amongst the most important of the sciences. *Australian Journal of Parapsychology, 5*(1), 4-22.

Palrner, J., Khamashta, K., & Israelson, K. (1979). An ESP ganzfeld experiment with transcendental meditators. *Journal of American Society for Psychical Research, 73*(4), 333-348.

Parker, A. (2005). Psi and altered states of consciousness. In L. Storm & M. A. Thalbourne (Eds.), Parapsychology in the 21st century: Essays on the future of psychical research (pp. 65-89). Jefferson, NC: McFarland.

Pekala, R. J., & Cardeña, E. (2000). Methodological issues in the study of altered states and anomalous experiences. In E. Cardeña, J. Lynn, & S. Krippner (Eds.), *Varieties of anomalous experience* (pp. 47-82). Washington D.C.: American Psychological Association.

Persinger, M. A. (1975). ELF waves and ESP. *New Horizons,* 1(5), 232-235.

Radin, D. I., & Ferrari, D. C. (1991). Effects of consciousness on the fall of dice: A meta-analysis. *Journal of Scientific Exploration,* 5, 61-83.

Radin, D. I., & Nelson, R. D. (1989). Evidence for consciousness-related anomalies in random physical systems. *Foundations of Physics,* 19(2), 1499-1514.

Radin, D. I., Nelson, R. D. (2003). Research on Mind-Matter Interaction(MMI): Individual intention.

In W. B. Jones & C. C. Crawford (Eds.), *Healing, intention, and energy medicine: Research and clinical implications* (pp. 39–48). Edinburgh, UK: Churchill Livingstone.

Rao, K. R., Dukhan, H., & Rao, P. V. K. (2001). Yogic meditation and psi scoring in forced-choice and free-response tests. In K. Ramakrishna (Ed.), *Basic research in parapsychology* (2nd ed., pp. 287–306). Jefferson, NC: McFarland.

Rao, K. R., & Puri, I. (1978). Subsensory Perception(SSP), Extrasensory Perception(ESP) and Transcendental Meditation(TM). *Journal of Indian Psychology, 1,* 69–78.

Rao, P. V. K, & Rao, K. R. (1982). Two studies of ESP and subliminal perception. *Journal of Parapsychology, 46*, 185–208.

Rhine, J. B. (1934). Extra-sensory perception. Boston, MA: Bruce Humphries.

Rhine, L. E. (1962). Psychological processes in ESP experiences: II. Dreams. *Journal of Parapsychology, 26*, 172–199.

Rock, A. J., & Krippner, S. (2007a). Does the concept of "altered states of consciousness" rest on a mistake? *International Journal of Transpersonal Studies, 26*, 33–40.

Rock, A. J., & Krippner, S. (2007b). Shamanism and the confusion of consciousness with phenomenological content. *North American Journal of Psychology, 9*(3), 485–500.

Rock, A. J., & Krippner, S. (2011a). States of consciousness redefined as patterns of phenomenal properties: An experimental application. In D. Cvetkovic & I. Cosic (Eds.), *States of consciousness: Experimental insights into meditation, waking, sleep and dreams. The Frontiers collection* (pp. 257–278). Paris, France: Springer-Verlag.

Rock, A. J., & Krippner, S. (2011b). *Demystifying shamans and their world: A multi-disciplinary study*. Exeter, UK: Imprint Academic.

Rock, A. J., & Krippner, S. (2012). States of consciousness or states of phenomenology?. In A. E. Cavanna & A. Nani (Eds.), Consciousness: States, mechanisms and disorders (pp. 55–65). Hauppauge, NY: Nova Science.

Roney-Dougal, S. M., & Solfvin, J. (2006). Yogic attainment in relation to awareness of precognitive targets. *Journal of Parapsychology*, 70(1), 91–120.

Schmidt, H. (1975). Toward a mathematical theory of psi. *Journal of the American Society for Psychical Research, 69*, 301–319.

Schouten, S. A. (1993). Applied parapsychology studies of psychics and healers. *Journal of Scientific Exploration, 7*(4), 375–401.

Schouten, S. A. (1994). An overview of quantitatively evaluated studies with mediums and psychics. *Journal of the American Society for Psychical Research, 88*, 221–254.

Schwartz, S. (1983). Preliminary report on a prototype appled parapsychological methodology for utilization in archaeology, with a case report. In W. G. Roll, R. L Morris, & R. White (Eds.), *Research in parapsychology 1981* (pp. 25–27). Metuchen, NJ: Scarecrow.

Schwartz, S. (2000). *The Alexandria project*. New York, NY: The Author's Guild.

Schwartz, S. (2005). The secret vaults of time. Charlottesville, VA: Hampton Roads.

Standford, R. G. (1974a). An experimentally testable model for spontaneous psi events: I. Extrasensory events. *Journal of the American Society for Psychical Research, 68*, 34–57.

Stanford, R. G. (1974b). An experimentally testable model for spontaneous psi events: II. Psychokinetic events. *Journal of the American Society for Psychical Research, 68*, 321-356.

Stanford, R. G., & Stein, A. G. (1994). A meta-analysis of ESP studies contrasting hypnosis and a comparison condition. *Journal of Parapsychology, 58,* 235-269.

SteinKamp, F. (2005). Forced-choice ESP experiences: Their past and their future. In L. Storm & M. A. Thalbourne (Eds.). *Parapsychology in the 21st century: Essays on the future of psychical research* (pp. 124-163). Jefferson, NC: McFarland.

Steinkamp, F., Milton, J., & Morris, R. L. (1998). A meta-analysis of forced-choice experiments comparing clairvoyance and precognition. *Journal of Parapsychology, 62,* 193-218.

Storm, L. (2006). Meta-analysis in parapsychology: II. Psi domains other than ganzfeld. *Australian Journal of Parapsychology, 6*, 135-155.

Storm, L., & Ertel, S. (2001). Does psi exist? comments on Milton and Wiseman's (1999) meta-analysis of ganzfeld resarch. Psychological Bulletin, 127, 424-433.

Storm, L., & Rock, A. J. (2009a). Imagery cultivation vs. noise reduction: Shamanic-like Journeying as a psi-conductive alternative to the ganzfeld protocol. *Australian Journal of Parapschology, 9*(1), 5-31.

Storm, L., & Rock, A. J. (2009b). Shamanic-like Journeying and psi: I. Imagery cultivation, paranormal belief, and the picture-identification task. *Australian Journal of Parapsychology, 9*(2), 165-191.

Storm, L., & Rock, A. J. (2011). *Shamanism and psi: Imagery cultivation as an alternative to the ganzfeld protocol.* Adelaide, Australia: Hyde Park Press.

Storm, L., & Thalbourne, M. A. (2000). A paradigm shift away from the ESP-PK dichotomy: The theory of psychopraxia, *Journal of Parapsychology, 64*, 279-300.

Storm, L., & Thalbourne, M. A. (2001). Paranormal effects using sighted and vision-impaired participants in a quasi-ganzfeld task. *Australian Journal of Parapsychology, 1*, 133-170.

Storm, L., Tressoldi, P. E., & Di Risio, L. (2010a). A meta-analysis with nothing to hide: Reply to Hyman(2010). *Psychological Bulletin, 136*(4), 491-494. doi: 10.1037/a0019840

Storm, L., Tressoldi, P. E., & Di Risio, L. (2010b). A meta-analyses of free-response studies 1992-2008: Assessing the noise reduction model in parapsychology. *Psychological Bulletin, 136*(4), 471-485. doi: 10.1037/a001957

Sudduth, M. (2009). Super-psi and the survivalist interpretation of mediumship. *Journal of Scientific Exploration, 23*, 167-193.

Thalbourne, M. A. (2003). *A glossary of terms usd in parapsychology.* Charlottesville, VA: Puente Publications.

Thalbourne, M. A. (2004). *The common thread between ESP and PK.* New York, NY: Parapsychology Foundation.

Thouless, R. H., & Wiesner, B. P. (1947). Th psi process in normal and "paranormal" psychology. *Proceedings of the Society for Psychical Research, 48,* 177-196. (Abridged version published in Journal of Parapsychology, 1948, 12, 192-212).

Ullman, M., Krippner, S., & Vaughan, A. (1974). *Dream telepathy.* Baltimore, MD: Penguin Books.

Vyse, S. A. (1997). Believing in magic: *The psychology of superstition*. New York, NY: Oxford University Press.

Wasserman, G. D. (1956). An outline of a field theory of organismic form and behavior. In G. E. Wolstenholme & E. C. P. Millar (Eds.), *Ciba Foundation symposium on extrasensory perception* (pp. 53-72). Boston, MA: Little, Brown.

Watt, C., Watson, S., & Wilson, L. (2007). Cognitive and psychological mediators of anxiety: Evidence from a study of paranormal belief and perceived childhood control. *Personality & Individual Differences, 43,* 335-343.

Zusne, L., & Jones, W. H. (1982). *Anomalistic psychology: A study of extraordinary phenomenon of behaviour and experience*. Hillsdale, NJ: Erlbaum Associations.

제 V 부

변용, 치유 및 복지를 위한 자아초월적 접근

제23장 정신건강과 정신질환에 관한 자아초월적 관점

제24장 명상
– 실증적 연구와 앞으로의 방향

제25장 심현제가 유도한 자아초월 경험과 치료 및 그 함의가 자아초월심리학에 주는 시사점

제26장 소마틱치료의 자아초월적 차원

제27장 최면과 자아초월심리학
– 내면으로부터의 부름에 대한 답

제28장 꿈과 자아초월심리학

제29장 표현과 창조적 예술치료

제30장 통전적인 심리영적 수행들

제31장 다이아몬드의 길

제32장 자아초월심리치료

제 23 장

정신건강과 정신질환에 관한 자아초월적 관점

Jacob Kaminker, David Lukoff

자아초월심리학의 뚜렷한 특징은 영적 위기를 포함한 비일상적 의식 상태에 대한 관심과 수용에 있다. 정신건강의 의학적 모델은 이런 상태를 구분하지 않고 병리적으로 묘사하는데, 이러한 상태는 합의적 현실에서 벗어나 있기 때문에 유별난 것으로 낙인찍을 수도 있지만 잠재적으로 의미 있는 경험일 수 있다. 정신건강에 대한 영성의 중요성은 회복 모델recovery model이 폭넓게 받아들여지게 됨으로써 점점 인정을 받아 가고 있지만(Surgeon General, 1999), 아직도 발전될 여지는 여전히 많이 있다.

자아초월심리학은 이런 의식 상태가 일반 대중에게 매우 흔할 뿐만 아니라(Gallup, 2002), 인간 잠재력의 더 큰 실현으로 인도할 수 있다는(Lukoff, 2007) 의미 있는 증거들을 인식하고 있다. 이러한 경험에 대한 지식은 종교적 · 영적 다양성 문제와 더불어 임상가들이 내담자에게 적절한 길잡이 역할을 하는 데 필수적인 것으로 여겨지며, 이는 또한 임상가 자신의 편향biases에 대한 인식을 제고시킴으로써, 그렇지 않을 경우 이런 편향이 불러올 수 있는 충격을 완화한다(O'Connor & Vandenberg, 2005).

이번 장은 정신건강과 관련된 비일상적인 의식 상태에 대한 자아초월적 관점을 제공한다. 비범한 인간의 상태extraordinary human states의 특성에 관한 자아초월 이론가들 간의 공통점과 차이점에 대한 논의와 함께 이러한 자아초월적 관점이 주류 심리학과 어떻게 관련되는가를 설명한다. 이러한 논의는 인간 경험의 다양성을 허용하는 임상적 관점의 틀 안에서 진행된다.

영성의 병리화

정신건강 관련 전문가들은 역사적으로 모든 형태의 종교와 영성을 무시하고 질병으로 치부해 왔다(Lukoff, Lu, & Turner, 1992). 예를 들어, Freud는 종교를 강박신경증으로 묘사했으며(Freud, 1927/1989), Ellis(1980)는 "(환자들이) 덜 종교적일수록 더욱 감정적으로 건강하게 되는 경향이 있다."라고 주장하였다(p. 637). 이러한 진술은 심리학의 역사를 통해 종교성에 대해 일반적으로 묵살하는 태도가 있었음을 예증한다. 특이한 인간 경험을 병리적으로 보는 강한 경향도 있었다. 진단의 의도가 구조와 편리성을 제공하는 것이지만, 결과는 종종 그와는 반대였다. Nelson(2009)에 따르면 ,

> 정신장애를 질병으로 보는 것은 문제가 있는 사람들의 죄책감을 없애면서 품위를 회복시키도록 고안되었는데, 실상은 이것이 그들의 인간성을 말살시키고, 개개인을 병적이거나 덜 발달된 사람으로 또는 전문가로부터 외부에서 조정되어야 할 필요가 있는 것으로 그려졌다(p. 349).

이런 경향은 느리게 변화하고 있다. 1990년대를 시작으로 점차 활력을 띠며 주류 심리학은 영성과 정신건강의 관계를 인식하기 시작하였다(Nolan, Dew, & Koenig, 2011). 하지만 연구의 초점은 영성과 '우울이나 불안과 같이 상대적으로 덜 심각한' 질병의 관계에 있었으며, "만성 정신증psychosis 같은 심각한 정신적 상태는 거의 조사되지 않았다"(p.384). 이러한 연구의 누락은 영적 수련이나 자발적 상태 모두를 포함한 비일상적 상태가 가질 수 있는 위험과 이익의 가능성에 충분한 주의를 기울이지 못하는 결과를 가져왔다. 문헌 연구에 따르면,

> 이런 결함이 생기는 이유는 다음과 같다. 종교와 영성은 정신질환에 속하는 병리라는 믿음… 정신건강 전문가들 간에 종교와 영성에 관한 관심이나 교육의 부재… 그리고 인간의 고통에 관한 전문가라고 할 수 있는 성직자와 정신건강 전문가들 간에 벌어질 수 있는 내담자 유치 경쟁이 그것이다(Nolan et al., 2011, p. 386).

문헌에 나타난 이러한 견해 차이는 그런 경험들의 공통성이라는 측면에서 볼 때 불행한 일이다. 미국인의 1/3이 넘는 사람이 자신을 전혀 다른 세계로 데려간 강한 종교적 체험을 했다는 일관된 조사 결과가 있었다(Greeley, 1974; Hay & Morisy, 1978). Yamane와 Polzer(1994) 두 사람의 연구에 의하면, 설문조사에 응한 미국인 절반가량이 종교적 연관성이 있는 황홀감religiously-related ecstasy을 경험했다고 밝혔으며, 교파, 지역 및 인종에 따른 의미 있는 차이점이 발견되었다. 이러한 차이점들은 영적 수행의 목적과 그러한 경험을 묘사하는 언어의 다양성으로 설명될 수 있을 것이다. 어쨌든 엄청난 증거들이 자신을 넘어서는 것으로 이해되는 무엇인가에 대한 지각이라는 공통점을 보여 준다.

세상 여러 종교 경전은 황홀감과 환상, 이미지를 포함한 종교적 경험을 묘사한 예언자들의 서술을 포함하고 있는데, 일부 정신건강 전문가들은 이를 병리적인 것으로 잘못 진단할 수 있다. 환청과 환영은 수천 년 동안 종교에서 필수적인 역할을 하였다. 성경에 등장하는 예언자들부터 성인들, 주술사들, 유명한 소크라테스의 목소리 안내자인 데이몬Daemon까지 많은 이야기들이 있다. 현대의 정신과 의사들은 그들 모두를 정신장애를 가진 것으로 소급하여 진단하였다(Leuder & Thomas, 2000).

DSM-IV-TR(APA, 2000)에서는 임상가들이 자신과 다른 사회경제적 또는 문화적 환경에서 살고 있는 사람들의 조현병을 평가할 때, 반드시 문화적 차이를 고려해야 한다고 분명하게 언급하고 있다. "일부 문화에서는 종교적 내용의 환각, 환청은 종교적 경험의 일반적인 부분일 수 있다(예를 들면, 동정녀 마리아를 보거나 신의 음성을 듣는 것)"(APA, 2000, p. 306). 예를 들면, 히스패닉(남미)계 환자들의 환각에 관한 연구에서 Lata(2005)는 전형적으로 정신증적이라 여겨질 만한 현상들이 영적 경험과 연관되어 나타난다는 것을 발견했다. 공통적인 예를 들면, 사랑하는 사람들이나 성인들, 천사들, 예수, 성모 마리아의 비전이 있다.

자아경계의 초월

비일상적인 경험을 질병으로 간주할 가능성은 내용과 결과에도 불구하고 초월적 현상들과 일부 해리성 진단을 비롯한 정신증 간의 공통성에서 기인한다. 이런 공통성 중의 하나는 자아의 평상시 경계를 초월하는 공유된 특징이다. 창조적 추구와 영적 수행은 심리영적인 성장이나 새로운 창조적 가능성을 목적으로 자신의 일반적 경계를 기꺼이 해체하거나 초월하는 노력을 드러낸다(Akkach, 1997; Peters, 1989; Swan, 2008).

유사 이래 창조적 과정에 영감을 주는 정령muse의 이야기가 있었으며(Nachmanovitch, 1991), 영적 전통들은 자발적 환상과 계시의 형태(Kornfield, 1993), 심령적 체험(Caplan, 1999) 그리고 쿤달리니 체험과 같은 영적 각성(Sovatsky, 1999) 등의 형태로 자아경계의 초월을 묘사하였다. 대중문화, 영적 공동체, 예술과 문학 세계의 유명한 인물들은 자아경계의 초월이 자주 일어날 수 있으며, 그러한 체험이 유익할 수 있다는 점을 인정하였다. 자아초월심리학은 긴 역사를 지닌 영적 지혜와 현대과학 간의 차이를 조화시키고자 한다. Newberg, d'Aquili와 Rause(2001)는 자아를 초월하려는 욕구는 기본적인 신경생물학적 필요 요건이라는 의견을 제안하기까지 하였다. 이것은 행복감과 초월적인 경험일 수도 있고 또는 획득된 자기감의 죽음 같은 체험을 경험하면서 공포스러울 수도 있다.

영성은 조현병을 가진 사람들의 대처 기술 증진을 도움으로써 결과적으로 예후를 개선시킨다는 연구 결과가 있다(Shah et al., 2011). 이런 현상에 대한 하나의 설명은 영성이 개별적 인간의 경험을 넘어선 미지의 영역에 대한 지도를 제공한다는 것이다. 다시 말해서, 영성은 정신증을 통해서 언뜻 본 영역을 이해하는 데 도움이 되며, 재통합을 위한 구조를 제공할 수도 있다는 것이다. 이 점에서 낯선 전통들이 훨씬 쉽게 병리로 여겨지기 때문에 영성의 다양성을 이해하는 것은 특별히 도움이 될 수 있다.

다양성 문제

임상 이론에서는 다양성 문제가 중요하게 다루어져 왔지만, 심리학 커뮤니티에서 영적 다양성 문제의 인식은 뒤처져 있었다. Johnson과 Friedman(2008)은 영적 문제의 변별 진단에 있어서 임상가가 가진 가치가 크게 작용한다는 점을 지적했다. 신비 체험의 진단에 영향을 줄 만한 것에는 임상가의 이론적 지향과 영성에 대한 개방성이 포함된다(Allman, de La Roche, Elkis, & Weathers, 1992). Greenberg와 Witztum(1991)에 의하면, 치료사는 내담자의 종교적 전통에 익숙해진 이후에야 그들을 책임감 있게 진단할 수 있다.

O'Connor와 Vandenberg(2005)의 연구는 110명의 다양한 장면에서 뽑은 정신건강 전문가에게 임상적 삽화들을 보여 주었다. 각각의 삽화는 천주교, 모르몬교, 이슬람 국가 같은 다른 종파 출신의 환자를 대표하였다. 참가자들은 무작위로 네 가지 중 하나의 조건에 배정되었으며, 각 조건에는 조금씩 다른 삽화가 제시되었다. 각각에는 "삽화에 나타난 개인의 종교적 신념이 종교적 전통과 통합되어 있는지 여부 그리고 그 결과 다른 위협이나 해가 존재하는지 여부가 기술되어 있었다"(O'Connor & Vandenberg, 2005, p. 610). 그들은 "비

종교적인 임상가들이 종교적인 임상가들보다 병리 현상을 종교적 관념의 탓으로 돌릴 개연성이 더 크다."라는 점을 발견하였다(p. 613). 게다가 병리적 평가는 모르몬교보다는 이슬람 국가가 높았고, 천주교보다는 모르몬교가 높았다. 연구자들이 '기성 종교에 속한 것으로 명백하게 확인되지 않은 믿음들'이라고 명명한 것이 훨씬 더 병리적으로 간주되었다. 끝으로, 임상적으로 더 적절하게 삽화에 해로운 결과가 포함되어 있을 때 병리적 평정은 더 높았다. 이 연구의 결과는 익숙하지 않은 영성에 대해서는 물론 문화적으로 주변적인 종교 전통에 대한 임상가의 편견의 영향을 보여 준다.

정신건강에 관한 자아초월적 관점

일부 자아초월-지향 치료 센터들은 내담자가 경험의 의미를 만드는 능력에 초점을 둔다. Frankl(1959 / 1984)은 자아초월심리학의 지적 선구자로서 의미를 만드는 능력meaning-making이 고통에 당면해도 승리할 수 있게 해 주는 독특한 인간의 특성이라고 믿었다. 이 주제에 관한 그의 발견은 그가 나치 수용소에 억류되어 있던 동안 생긴 일이다. Maslow(1969)의 이 분야에서의 주요 업적은 자기-초월self-transcendence의 개념으로, 이것이 욕구 발달 단계의 정점임을 그는 훗날 이해하게 되었다. 영적 수행에서 경험되는 정신증적 특징들을 포함한 일부 상태는 이러한 자기초월 단계를 조성하는 데 도움을 줄 수 있다. 이 같은 Frankl(1959 / 1984)과 Maslow(1969)의 두 가지 공헌은 비일상적인 상태에 대한 자아초월심리학의 관점의 기반을 만든 것으로 이해될 수 있다.

Freud(1930 / 1961)는 '유아적 무기력'과 '원초적 자기애로의 퇴행'을 나타내는 '대양적 체험oceanic experience'으로 환원시킴으로써 신비 상태에 대한 현대심리학적 설명에 영향을 끼쳤다(p. 21). Freud와 대조적으로, Jung(1952a)과 Underhill(1955)을 포함한 다른 이론가들은 신비 체험을 건강의 징후이자 변용의 강력한 매개체로 보기 시작했다. 게다가 신비 체험을 보고한 사람들이 통제집단과 비교해 정신병리 척도에서 낮은 점수를 얻고, 심리적 안녕 측정치에서 높은 점수를 얻은 연구 결과가 나왔다(Hood, 1974; Hood, Hill, & Spilka, 2009). 자아초월심리학 내에는 비일상적 의식 상태의 특성에 대한 다양한 이해 방식이 있다. 각각의 이해 방식은 정신건강과 정신질환의 이해에 있어 서로 다른 함의를 내포하고 있는데, 여기에는 특히 퇴행 상태의 속성, 영적 성장의 선형적 속성 그리고 정신건강에 대한 주류의 의학적 모델과 관계하는 방식이 포함된다.

자아초월 이론가 중 일부는 Jung의 전통을 이어받아 퇴행적 상태를 통해서 본질적인 어떤 것이 발견된다고 믿는다(Jung, 1952b). Jung과 동시대인인 Assagioli(1965/1989) 또한 자아초월적 경험과 퇴행적 상태를 통한 트라우마의 치유 간에 연관이 있음을 인지했다. Grof와 Grof(2010)는 퇴행의 치유력에 대해 그들과 인식을 같이했다. 그들은 변용을 위하여 이와 같은 상태를 불러일으킬 수 있도록 고안된 **홀로트로픽 호흡작업**holotropic breathwork을 개발하였다. 정신역동적 전통을 따르는 Washburn(1994)은 이러한 종류의 추구를 "초월을 위한 퇴행regression in the service of transcendence"이라고 불렀다(p. 242). 이런 관점에서 상처를 치유하고 영적으로 성장하기 위해서는 의식적으로 퇴행 상태를 탐구하는 것이 중요하다.

Wilber(1980)는 이런 퇴행 상태를 격상시키는 것은 **전/초 오류**pre/trans fallacy를 반영하는 것으로, 퇴행이나 전前-개인적 상태를 영적 지혜를 제공하는 자아초월 상태와 혼동하는 것이라고 논박하였다. Wilber가 비일상적 의식 상태의 가치를 구별할 필요성을 타당하게 지적하였지만, 많은 학자는 구별이 간단하게 될 수 있다는 Wilber의 주장에 대해 논박하였다(Grof, 1998; Schavrien, 2008; Taylor, 2009; Washburn, 1998). 비일상적인 의식 상태에 관한 연구가 성숙해질수록 더욱 실제적인 구별이 가능해질 것이다.

Ingersoll(2002)은 DSM(p. 115)의 '질병 모델'을 피하면서 그 대신 Wilber(1995)의 온상한 온수준All Quadrants All Levels: AQAL 모델을 통해 의식을 바라보는, 진단을 위한 통합적 접근을 제안하였다. 이 모델은 의식을 4상한으로 보는데, 각각은 내적internal 또는 외적external 이면서 개별적이거나 집단적이다. 내재적interior-개인은 (자신) 주관적 경험을 담고 있으며, 내재적-집단은 (우리) 패러다임과 문화를 대표하고, 외재적exterior-개인은 (그것) 두뇌와 신체를 묘사하며, 외재적-집단은 (그것들의) 정부, 사회 시스템 그리고 물리적 환경을 포함한다(Wilber, 2007). 이 상한들 각각에는 인간, 사회 또는 우주적 차원의 진화를 묘사하는 다면적 발달 수준들이 있다. 이 모델은 영적 전통과 의식 모델들 간의 공통성에 대한 Wilber의 이해에서 나온 것이다. Washburn(2003)은 이런 견해를 "성취한 구조적 능력과 역량의 위계를 강조한다는" 점에서 **구조적-위계적**이라고 서술하였다(p. 1).

James(1902/1958), Husserl(1913/1931) 그리고 Valle(1998) 같은 현상학적 접근법을 취하는 학자들은 자아초월 현상의 경험 구조에 초점을 맞춘다. 생생한 경험에 관심을 두며, 해석이나 형이상학적 추측을 가능한 한 배제한다. 객관성을 추구하기보다는 이런 접근법은 외부 물질세계에 대한 중립적인 경험이 가능하다는 것을 부정하는데, 왜냐하면 주관성이 모든 인식에 지대한 영향을 끼치기 때문이다(Polkinghorne, 1989). 조사의 경험적 초점은 물질세계를 관찰하는 것으로부터 객관성보다는 주관성에 초점을 두고, 경험 자체를 있는 그대로 관찰하는 것으로 전환되었다. 자아초월심리학 내부에서 이러한 방식은 전통과학이 외부 객체와 사건을 설명하는 방식에 필적할 만한 시도로 내부 주관적 경험을 조사하고 기술하는 것에 지속적인 관심을 표명하는 것이다(Tart, 2004; Welwood, 1979; Ruzek, 2007과 비교하라). 이런 입장은 대다수 주류 심리학계가, 특히 지난 수십 년간 의식과 경험을 타당한 연구의 대상에서 탈락시켰다는 사실에 대응하여 발생한 것이다. 인본주의 심리학과 공유되는 주관적 경험에 대한 관심은 더 넓은 분야에 중대한 공헌을 하였다.

하지만 과학이 지정한 주관적 범주 내의 인간 경험을 탐구하는 것은 초기의 자아초월 학문이 종종 간과한 그 자신의 문제들을 낳았다. 현대 사상의 주체-객체 분리를 수용하는 근대주의적 사상은 자아초월 연구를 과학적으로 변명의 여지가 없는 위치에 놓았다. 이런 딜레마에 대응하여 Ferrer(2000, 2002)는 현실을 주체와 객체의 두 분류로 나누는 개념에 도전하는 참여적 사상(Skolimowski, 1994; Tarnas, 1991)에 의지할 것을 제안하였다. Ferrer의 참여적 관점(2000; Ferrer & Sherman, 2008)에서는 자아초월 상태와 영적 경험들은 개인적인 망상이 아니라 세상과의 변혁적인 만남이라는 것이다. 왜냐하면 이런 사건들은 정신 내적이거나 어떤 개인에게 한정된 것이 아니며 주객 간의 이원성을 초월하는 것으로, 이런 접근법은—정신의 억압이나 해리된 부분 또는 융학파에서 말하는 의미로 집단 무의식의 측면(Suri, 2011)에서—조현병의 환청 같은 사건들을 잠재적으로 의미 있는 만남으로 재구성하게 한다.

Lukoff(2011)는 예외적 인간의 경험을 가능한 한 병리학적인 문제가 아닌 것으로 간주함으로써 영성의 수용을 주류에 통합할 것을 주장하였다. 이것은 영적 · 종교적 문제가 임상적 주의를 요하지 않는다는 뜻이 아니라, 문제를 정확하게 진단하여 잠재적인 영적심리적 성장을 북돋워 주면서 부당한 오명을 붙이는 것을 피하고 또는 불필요한 정신약물적 처치를 면하게 하는 것이다.

최근 역사의 정신건강 분야에서 가장 의미 있는 변화를 들자면 DSM-IV(정신장애 진단 및 통계 편람)에 **종교적 및 영적 문제**에 대한 V-code를 추가한 것을 꼽을 수 있다. DSM-IV 관련 미국정신의학회 특별 전문 위원회에 의해 받아들여진 이 새로운 범주는 임상에서 빈번하게 발생하는 종교적 · 영적 문제, 정신건강 전문인들에게 제공되는 훈련의 부재, 이런 분야의 임상 실험 및 훈련과 연구에 필요한 진단 범주를 다룬 폭넓은 자료를 문서화하는 제안을 바탕으로 이뤄졌다(Lukoff et al., 1992). Lukoff, Lu와 Yang (2010)은 검토한 자료들을 바탕으로 다음과 같은 범주들을 제안하였다.

- 종교적 문제
  - 믿음의 상실이나 회의감

- 신도 등록, 신행 및 믿음 등에서의 변화(개종을 포함해서)
- 신흥 종교 운동과 컬트
- 생명 위협적인 말기 질병

• 영적 문제
- 이례적인 경험(신비한 경험, 근사 경험, 심령적 경험이나 외계인 피랍 경험)
- 명상 및 영성 수행 관련 경험
- 빙의 경험

이 같은 예외적 현상들의 타당성에 대한 정신건강 전문가들의 믿음과 상관없이 경험의 주관적 진실을 예증하는 현상을 기술할 때 경험자들은 생리적 반응들을 보인다고 연구 결과는 보여 주고 있다(Cardeña, Lynn, & Krippner, 2002; McNally et al., 2004). 그러므로 적절한 치료적 태도는 이 같은 주관적 경험을 존중하면서 일어난 트라우마를 치료하고 체험자가 통찰한 것을 통합하도록 돕는 것이다. 자아초월심리학에서 가장 일반적으로 묘사되는 현상들에서 이런 치료 태도를 요구하는 것은 영적으로 비상사태이다.

영적 응급

영적 응급spiritual emergency은 영적 발현spiritual emergence과는 변별되어야 하는데, 후자는 영적 경험과 세계관의 통합이 천천히 진행되는 반면 전자는 위기crisis의 형태로 나타나며, 정신증과 종종 닮은 의식의 갑작스런 폭발 같은 위기의 형태로 온다(Grof & Grof, 1992). 영적 응급의 생생한 예시는 Lukoff(1991)의 자기-사례 연구의 형식으로 나타났다. 23세의 나이에 Lukoff는 DSM-II 기준에 해당하는 급성 정신분열성 삽화를 겪는 영적 응급을 경험했는데, DSM-IV 기준에 해당하는 환각장애로 유발된 망상장애를 경험했다.

2개월간 Lukoff(1991)는 우주의 비밀들을 발견했고, 스스로가 부처와 예수 모두의 환생이라고 확신하였다. 이것은 처음으로 LSD 약물을 복용하면서 유발된 일이다. 그는 그 경험이 어떻게 시작되었는지 설명했다.

> 나는 자정이 넘자마자 일어났죠. 비록 2시간만 잤지만, 나는 잘 쉬었다고 느꼈으며—실제로, 나는 에너지가 충만했고 다시 일기를 쓰러 가고 싶었습니다. 하지만 먼저 화장실에 잠깐 갔어요.

거기에 있는 동안, 나는 거울 앞에서 나의 반사된 모습을 보았죠. 나는 갑자기 나의 오른팔이 빛나면서 하얀 빛을 내뿜는다는 것을 발견했어요. 내 엄지는 검지를 만지면서 명상하는 부처의 수행 자세를 취했죠. 즉각적으로 이런 징조가 무슨 의미인지 나에겐 분명했어요. 나는 전생에 부처님이었죠. 그러자 또 다른 생각이 들었어요. 부처님은 예수님으로 환생했던 거예요. 고로 나는 또한 예수 그리스도였습니다. 이제 이 순간, 거울 속에 있는 빛을 발하는 이미지는 나의 진정한 목적을 내게 일깨워 줍니다. 다시 한번 인류를 쇠락에서 건져 내라. 나의 일기 쓰기는 사실상 '새 성경책'을 창조하는 것이었는데, 이것은 **신성한 책**으로 만인을 하나의 단일 믿음 체계라는 공동의 거주지 주위로 모이게 하는 성서입니다. 단지 어느 한 사회집단만 통합하는 대신에, 부처와 예수가 했던 것처럼 나의 임무는 싸움 없고 사랑하는 관계로 가득한 사회의 신세계를 창조하는 책을 쓰는 것이었어요(p. 25).

일주일간 지속되었던 가장 격심한 단계에서 그는 거의 잠을 안 자면서 사회과학과 인문학의 저명한 사상가들의 '영혼들'과 대화를 나눴다. 그는 동시대 사람들인 R. D. Laing, Margaret Mead, Bob Dylan 같은 사람들과 이야기를 나눴으며, 더 이상 살아 있지 않은 Jean-Jacques Rousseau, Sigmund Freud, Carl Jung 그리고—당연하게도—부처와 예수와도 대화를 했다. 이런 대화를 바탕으로 그는 47쪽짜리 '성서'를 만들어 이 책으로 새로운 사회를 설계하여 세상의 모든 사람을 통합할 것이라고 기대하였다. 그는 복사된 사본들을 그의 친구들과 가족에게 보내어 그들 역시 깨달음을 얻도록 하였다.

2달이 지나자 그런 과대적 사고가 시들어지면서 Lukoff는 그의 경험에 관한 어떤 관점을 찾고자 Jung과 Joseph Campbell의 저서를 읽기 시작하였다. 그러곤 4년 반 동안 융 분석을 받았으며, 엘크Wallace Black Elk라는 라코타 북미 인디언과 공동 작업을 하면서 그의 체험을 통합하고 그 체험을 자신의 신화로 결합시키려고 하였다. 그는 임상심리학으로 대학원을 마치면서 이런 경험이 샤먼 입문 위기shamanic initiatory crisis의 형태를 경험한 것이라는 사실을 비로소 이해하게 되었다. 오늘날 그는 그가 경험한 것 같은 상태들이 제공하는 영적인 유익함에 대한 인식을 제고하고, 정신건강에서 영성을 병리화하려는 것을 개혁하려는 운동을 앞장서서 이끌고 있다. 만약 그가 당시에 의학 분야의 정신건강 종사자에게 인도되었다면 그의 인생은 아마도 처방약과 입원으로 이어지는, 지금과는 아주 다른 방향으로 흘렀을 것이다.

변별 진단

Jerry(2003)는 "진단은 치료 과정 내내 발생하는 변화와 수정된 진행 사항들의 역동적이며 연속적인 과정이다."라고 하였으나, 치료 방법을 처방하기에 앞서 변별 진단이 필수적이라고 지적하였다. 그에 따르면, "정신증 환자에게 약물과 입원으로 치료하려고 하겠지만, 이는 초월 지향의 내담자에게는 재난적인 치료 과정이 될 것이다."라고 하였다(p. 45). 그렇지만 Perry(1974), Mosher와 Menn(1979) 그리고 Bola와 Mosher(2003)는 제한된 정신약물 처치와 더불어 정신증 환자들의 체험이 갖는 의미를 내담자들이 파악할 수 있도록 도우면서 조현병의 효과적인 치료를 입증하였다.

중독과 금단 증상을 포함한 여하한 약물 관련 원인도 배제해야 할 필요가 있다. 약물로 유발된 경험과 정신증적 분열을 변별적으로 진단하는 것 또한 중요한데, 이들 간에는 유사점과 차이점이 모두 존재한다(Nelson & Sass, 2008). 약물의 변별적 진단이 주요하지만, 환각성 버섯에 들어 있는 유효 성분인 실로사이빈psilocybin의 임상 실험에서는 신비한 경험을 할 때와 유사한 지속적이며 긍정적 효과를 보였다(Griffiths, Johnson, Richards, McCann, & Jesse, 2011). 이러한 자료에 비추어 볼 때 물질로 유발된 경험의 가치는 무시하지 말아야 하지만, 특정 물질에 대한 남용 및 의존성 또한 평가되어야 한다.

병리학적 그리고 영적 경험은 형식과 내용에서 항상 서로 구별될 수는 없지만, 개인은 물론 사회적 맥락에서의 가치와 믿음에 비추어 평가해 볼 필요가 있다. 초월적 경험과 병리적 경험 간에는 유사점들이 존재하지만, 서로 다른 경우의 개념화와 임상적 개입이 불가피한 진단학적 특징들이 있다. 그렇지만 Johnson과 Friedman(2008)은 일반적으로 정신병리가 신비한 경험보다는 더 높은 수준의 기능장애와 골칫거리들을 가져온다고 지적했다.

Lukoff(2005)는 그가 예지력이 있는 영적 경험Visionary Spiritual Experience: VSE이라고 부르는 것과 정신증적 장애들 간의 변별적인 진단기준을 보여 주었다. 정신증적 장애와는 다르게 예지력이 있는 영적 경험VSE은 "양호한 전(前)-단계 기능과 3개월 정도의 극심한 증상의 시작, (a) 정신증적 삽화를 낳는 심리적 압박을 주는 촉발요인들, (그리고) 그 경험에 대한 긍적적이며 탐색적인 태도"를 갖는다(Lukoff, 2005, p. 242). 나아가, 예지력이 있는 영적 경험은 "살인이나 자살 행동의 중대한 위험 요소"가 없어야만 하며, "황홀한 분위기, 새롭게 습득한 지식의 느낌 그리고 영적인 (이는 대부분 정신증적 장애에서는 포함되지 않는) 주제의 망상" 등을 전형적으로 포함한다(Phillips, Lukoff, & Stone, 2009, p. 8).

경험을 진단하는 것을 떠나서 변별 진단의 다른 차원은 종교적 병리학이다. 어떤 이론가들은 그들의 관찰을 진단 모델로 공식화하였다(Spero, 1985; Lovinger, 1996). 이 모델들의 주요 주제는 내담자들의 영성이 그들에게 절망보다는 희망을 더 많이 가져다주며, 그들이 다른 사람들을 그들의 인생으로부터 거리를 두기보다는 더 연결하는 데 도움을 주고 있음을 강조한다는 것으로 단순화할 수 있다.

치료

치료에 있어서 Jerry(2003)는 치료자가 자아초월적 자료를 관심 있게 추적하는지, 아니면 그것이 치료에 있어서 내담자의 목표에 중심이 되는 것으로 추적하는지를 묻는 것이 무엇보다도 중요하다는 것을 관찰하였다. 만약 치료에서 중요해서라면 치료 계획 시 두 개의 질문이 있다. ① "내담자의 심리적/기질적氣質的 · characterological 성격 구조가 그 경험의 해석에 어떤 영향을 주는가?"(Jerry, 2003, p. 50), 그리고

> ② 여러 증상의 나열과 경험에 대한 해석과 태도 가운데 이 심리적 왜곡들 중 어떤 것이 치료에 가장 좋은 재료가 될 것인가? 바꿔 말해서, (예를 들면, 편집증 같은) 경험에 대한 반응성의 성격에 대한 감각을 갖는 것이 스스로를 변화시킬 가능성이 가장 높기 때문에 치료의 초점이 될 것인가?(말하자면 편집증에서 안정감으로, p. 51)

일부 거주형 치료 접근법들은 정신증의 영적 차원을 언급한다. 처음 정신증 삽화를 경험하는 사람들을 위한 융학파를 지향하는 그룹치료시설인 Diabysis를 세웠던 Perry(1974)는 세계의 파멸, 선과 악의 우주적 투쟁, 내담자들이 동일시하는 메시아의 출현, 더욱 사랑스러운 장소로 세계가 다시 태어나리라는 느낌 등의 주제를 발견하였다. Perry는 내담자들이 그들의 정신증적 경험의 상징적인 양상들을 표현하고 탐색하기를 독려했다. 매주 3회 실시하는 치료는 내담자들의 이야기를 듣고 그들의 환각과 환영 안에 담긴 강력하고 영적인 상징들을 해석하도록 도와주는 일로 구성되었다. 약물은 거의 사용되지 않았다. Perry는 극심한 정신증 내담자들이 약물 없이 이틀에서 엿새 만에 논리 정연한 정신 상태가 되었다고 보고하였다. 이전에 정신증 증상 발작을 세 차례 이하로 경험한 사람들의 경우 결과가 더 좋은 것으로 보였다. Diabysis는 1980년에 정신건강제도 내의 예산 삭감으로 인하여 폐쇄되었다.

캘리포니아 산호세에 위치한 소테리아 하우스Soteria House라는 비슷한 프로그램은 이런 모델에 더욱 실증적인 지원을 제공하였다(Mosher & Menn, 1978). 소테리아 하우스는 한 번에 6명의 내담자를 입원시키고 서너 명의 직원이 상주하면서 1971년부터 1983년까지 운영되었다. 이곳 직원들은 정신증적 경험이 성장으로 이어지는 발전 단계이며 신비스런 체험과 믿음의 영적인 요소들을 종종 포함하도록 훈련되어 있었다. 내담자가 6주가 지나도록 상태가 개선되는 조짐이 없을 때를 제외하고는 약물은 대체로 처방되지 않았는데(소테리아에서는 단지 10%의 내담자들만 약물을 사용하였다), 왜냐하면 약물을 제공하는 것은 조현병의 가능한 성장 촉진 과정을 저해할 가능성이 있다고 믿었기 때문이다(Mosher & Menn, 1979).

소테리아의 결과는 전통적 프로그램과 비교되었다. 입원 환자를 위한 지역 정신건강센터에 내원하여 매일 약물요법, 심리치료, 작업치료와 집단치료를 받는다(Mosher, Menn, & Mathews, 1975). 내담자의 체류 기간은 소테리아 쪽이 비교 대상인 프로그램보다 길었지만 (166일 vs. 28일), 대부분의 내담자는 약물 없이 6~8주 안에 회복되었다(Mosher, Hendrix, & Fort, 2004). 최근 소테리아 프로그램에 관한 신중하게 통제된 연구에서 나온 데이터를 메타 분석한 결과, 정신병리, 일, 사회적 역할 기능 등의 영역에서 정신병원에서 치료받은 유사한 내담자들과 비교해 봤을 때 소테리아의 2년간 결과가 더 나은 것으로 판명되었다(Bola & Mosher, 203).

Lukoff는 삶의 영적 측면이 드러난 조현병으로 진단된 환자들을 위한 전인적holistic 프로그램의 개발을 주도하였다(Lukoff, Wallace, Liberman, & Burke, 1986). 그는 효과성 검증을 위하여 12주간의 전인적 건강 프로그램을 사회적 기술 훈련 그룹과 대조하였는데, 참가자는 주립정신병원에 입원한 내담자를 무작위로 양쪽 치료에 임의로 배정하였다. 전인적 프로그램은 매일 요가와 명상을 각각 20분씩 하는 것으로 구성되었다. 내담자들은 또한 매주 한 번 '성장과 조현병' 세션에 참가하여 특별히 그들의 환각과 망상의 영적 차원에서의 긍정적인 점을 살펴보았다. 전반적으로 이 연구는 조현병이 있는 사람들에게 해를 끼치지 않으면서 영적으로 개입하여 혜택을 줄 수 있다는 입장을 어느 정도 지지하였다.

결론

증상을 기술하고 진단을 하는 데 초점을 둔 심리학의 의학적 모델은 이례적이거나 비일상적 인간 경험을 병리적인 것으로 만든다. 이런 의식의 상태의 많은 수가 자아의 경계를 초월하는 것으로 더 잘 이해되며, 위험과 혜택을 동시에 가져온다. 내담자가 그런 경험의 의미를 찾을 수 있도록 도와주는 데 치료적 초점을 두면, 내담자들은 심지어 그들의 삽화 이전의 기능과 비교해도 여러 영역에서 호전되는 모습을 보일 수 있다.

진단은 치료 계획에서 가장 결정적인 첫째 단계이다. 변별 진단 시 약물로 유도되거나, 정신증적이거나 해리 상태를 겪는 것과 영적인 문제들을 식별해야 한다. 이런 것들은 내담자의 가치관과 믿음 그리고 사회적 맥락에 대해 관심을 두고 진단할 필요가 있다. 약물 없이 정신증을 치료하는 것은 극도로 통제된 환경에서는 종종 가능하지만, 이런 유형의 시설 형태는 현재 존재하지 않는다. 이런 접근의 효율성에 대한 대중들의 더 큰 자각은 이런 종류의 치료 센터의 건립에 관한 요구의 인식과 실제적인 자금 조달 양쪽을 키워 주는 것이다.

종교적 영적 믿음과 수행에 대한 지식은 임상 실제에서 중요한 다양성 문제이다. 임상가들이 그들 내담자의 종교적 · 영적 문제, 종교적 전통, 영적 수행에 익숙해져서 편견을 피하며 그들의 심리영적인 성장의 경험을 활용하도록 도와주는 것은 결정적으로 중요하다. 정신건강 커뮤니티가 내담자들에 대한 이런 문제들의 중요성을 받아들이기 시작하면서 임상 훈련 프로그램들은 이런 주제들에 대한 더 많은 교육을 포함하여야 한다.

그들에게 주어진 복지 증진의 잠재성과 알려진 함정을 고려할 때, 영적 수행은 마음의 이해에 관한 심리학, 심리영적 발달 그리고 정신건강 분야의 중심부에 놓여야 한다. 미래의 연구는 전통적인 영적 지혜의 맥락에서 특정 수련의 위험과 혜택에 초점을 맞춰야 한다.

영적 · 종교적 문제에 대한 DSM-IV V-코드는 임상 실제의 영적 다양성에 관한 대중의 인식을 확장시켰다. 더 큰 대중적 수용은 치료를 받고자 할 때, 앞의 이런 주제들이 차선이 아니라 일차적인 이유가 되도록 도울 것이다.

참고문헌

Akkach, S. (1997). The world of imagination in Ibn Arabi's ontology. *British Journal of Middle Eastern Studies*, *24*(1), 97-113.

Allman, L. S., de La Roche, O., Elkins, D. N., & Weathers, R. S. (1992). Psychotherapists' attitudes towards clients reporting mystical experiences. *Psychotherapy: Theory, Research, Practice, Training*, *29*(4), 564-569.

Assagioli, R. (1989). Self-realization and psychological disturbances. In S. Grof & C. Grof (Eds.),

Spiritual emergency: When personal transformation becomes a crisis (pp. 27-48). Los Angeles, CA: Tarcher. (Original work published 1965)

Bola, J. R., & Mosher, L. R. (2003). Treatment of acute psychosis without neuroleptics: Two-year outcomes from the Soteria project. *Journal of Nervous and Mental Disease, 6*, 219-229.

Caplan, M. (1999). *Halfway up the mountain: The error of premature claims to enlightenment.* Prescott, AZ: Hohm Press.

Cardeña, E., Lynn, S., & Krippner, S. (Eds.). (2002). *Varieties of anomalous experience: Examining the scientific evidence.* Washington, D.C.: American Psychological Association.

Ellis, A. (1980). Psychotherapy and atheistic values: A response to A. E. Bergin's psychotherapy and religious issues. *Journal of Consulting and Clinical Psychology, 6*, 635-639.

Ferrer, J. N. (2000). Transpersonal knowledge: A participatory approach to transpersonal phenomena. In T. Hart, P. Nelson, & K. Puhakka (Eds.), *Transpersonal knowing: Exploring the horizon of consciousness* (pp. 213-252). Albany, NY: State University of New York Press.

Ferrer, J. N. (2002). *Revisioning transpersonal theory: A participatory vision of human spirituality.* Albany, NY: State University of New York Press.

Ferrer, J. N., & Sherman, J. H. (2008). *The participatory turn: Spirituality, mysticism, religious studies.* Albany, NY: State University of New York Press.

Freud, S. (1989). *The future of an illusion.* New York, NY: W. W. Norton. (Original work published 1927).

Gallup, G. (2002). *The 2001 Gallup poll: Public opinion.* Lanham, MD: Rowman & Littlefield.

Greenberg, D., & Witztum, E. (1991). Problems in the treatment of religious patients. *American Journal of Psychotherapy, 45*, 554-565.

Griffiths, R. R., Johnson, M. W., Richards, B. D., McCann, U., & Jesse, R. (2011). Psilocybin occasioned mystical-type experiences: Immediate and persisting dose-related effects. *Psychopharmacology, 218*(4), 649-665.

Grof, S. (1998). Ken Wilber's spectrum psychology: Observations from clinical consciousness research. In D. Rothberg & S. Kelly (Eds.), *Ken Wilber in dialogue: Conversations with leading transpersonal thinkers* (pp. 85-116). Wheaton, IL: Theosophical.

Grof, S., & Grof, C. (1992). *The stormy search for self: A guide to personal growth through transformational crisis.* New York: Tarcher.

Hay, D., & Morisy, A. (1978). Reports of ecstatic, paranormal, or religious experience in Great Britain and the United States: A comparison of trends. *Journal for the Scientific Study of Religion, 17*(3), 255-268.

Hood, R. (1974). Psychological strength and the report of intense religious experience. *Journal for the Scientific Study of Religion, 13*(1), 65-71.

Hood, R. W., Hill, P. C., & Spilka, B. (2009). *The psychology of religion: An empirical approach* (4th ed.). New York, NY: Guilford.

Ingersoll, R. E. (2002). An integral approach for teaching and practicing diagnosis. *Journal of Transpersonal Psychology, 34*(2), 115-116.

Jerry, P. (2003). Challenges in transpersonal diagnosis. *Journal of Transpersonal Psychology, 35*(1),

43-59.

Johnson, C. V., & Friedman, H. L. (2008). Enlightened or delusional? Differentiating religious, spiritual, and transpersonal experiences from psychopathology. *Journal of Humanistic Psychology, 48*(4), 505-527.

Lata, J. (2005). *Visual hallucinations in Hispanic clinic patients: A need to assess for cultural beliefs*. San Juan, Puerto Rico: Carlos Albizu University.

Leuder, I., & Thomas, P. (2000). *Voices of reason, voices of insanity*. Philadelphia, PA: Routledge.

Lovinger, R. J. (1996). Considering the religious dimension in assessment and treatment. In E. P. Shafranske (Ed.), *Religion and the clinical practice of psychology* (pp. 327-364). Washington, D.C.: American Psychological Association.

Lukoff, D. (1991). Divine madness: Shamanistic initiatory crisis and psychosis. *Shaman's Drum, 22*, 24-29.

Lukoff, D. (2005). Spiritual and transpersonal approaches to psychotic disorders. In S. G. Mijares & G. S. Khalsa (Eds.), *The psychospiritual clinician's handbook: Alternative methods for understanding and treating mental disorders* (pp. 233-257). New York, NY: Haworth Reference Press.

Lukoff, D. (2007). Visionary spiritual experiences and mental disorders. *Southern Medical Journal, 100*(6), 635-641.

Lukoff, D. (2011). Visionary spirituality and mental disorders. In E. Cardeña & M. Winkelman (Eds.), *Altering consciousness: Multidisciplinary perspectives* (Vol. 1, pp. 301-325). Santa Barbara, CA: Praeger.

Lukoff, D., Lu, F., & Turner, R. (1992). Toward a more culturally sensitive DSM-IV: psychoreligious and psychospiritual problems. *Journal of Nervous and Mental Disease, 180*, 673-682.

Lukoff, D., Lu, F., & Yang, P. (2010). DSM-IV Religious and Spiritual Problems. In J. Peteet & F. Lu (Eds.), *Religious and spiritual considerations in psychiatric diagnosis: A research agenda for DSM-V* (pp. 187-214). Washington, D.C.: American Psychiatric Association Press.

Lukoff, D., Wallace, C. J., Liberman, R. P., & Burke, K. (1986). A holistic health program for chronic schizophrenic patients. *Schizophrenia Bulletin, 6*, 274-282.

Maslow, A. (1969). The farther reaches of human nature. *Journal of Transpersonal Psychology, 1*(2), 1-9.

McNally, R. J., Lasko, N. B., Clancy, S. A., Macklin, M. L., Pitman, R. K., & Orr, S. P. (2004). Psychophysiological responding during script-driven imagery in people reporting abduction by space aliens. *Psychological Science, 15*(7), 493-497.

Mosher, L., Hendrix, V., & Fort, D. (2004). *Soteria: Through madness to deliverance*. Philadelphia, PA: Xlibris Corporation.

Mosher, L., & Menn, A. (1978). Community residential treatment for schizophrenia: Two-year follow-up. *Hospital and Community Psychiatry, 6*, 715-723.

Mosher, L., & Menn, A. (1979). Soteria: An altenative to hospitalization. In H. R. Lamb (Ed.), *Alternatives to acute hospitalization* (pp. 73-84). San Francisco, CA: Jossey-Bass.

Mosher, L., Menn, A., & Mathews, S. (1975). Soteria: Evaluation of a home-based treatment for schizophrenia. *American Journal of Orthopsychiatry*, *6*, 455-467.

Nelson, J. M. (2009). *Psychology, religion, and spirituality*. New York, NY: Springer.

Nelson, B., & Sass, L. A. (2008). The phenomenology of the psychotic break and Huxley's trip: Substance use and the onset of psychosis. *Psychopathology*, *41*(6), 346-355.

Nolan, J., Dew, R., & Koenig, H. G. (2011). The relationship between religiousness/spirituality and schizophrenia: Implications for treatment and community support. In M. Ritsner (Ed.), *Handbook of schizophrenia spectrum disorders* (Vol. 3, Therapeutic approaches, comorbidity, and outcomes, pp. 383-420). New York, NY: Springer.

O'Connor, S., & Vandenberg, B. (2005). Psychosis or faith? Clinicians' assessment of religious beliefs. *Journal of Consulting and Clinical Psychology*, *73*(4), 610-616.

Perry, J. (1974). *The far side of madness*. Englewood Cliffs, NJ: Prentice Hall.

Peters, L. G. (1989). Shamanism: Phenomenology of a spiritual discipline. *Journal of Transpersonal Psychology*, *21*(2), 115-137.

Phillips, R., Lukoff, D., & Stone, M. (2009). Integrating the spirit within psychosis: Alternative conceptualizations of psychotic disorders. *Journal of Transpersonal Psychology*, *41*(2), 61-79.

Polkinghorne, D. E. (1989). Phenomenological research methods. In R. S. Valle & S. Halling (Eds.), *Existential-phenomenological perspectives in psychology: Exploring the breadth of human experience* (pp. 41-60). New York, NY: Plenum Press.

Ruzek, N. (2007). Transpersonal psychology in context: Perspectives from its founders and historians of American psychology. *Journal of Transpersonal Psychology*, *39*(2), 153-174.

Schavrien, J. (2008). Shakespeare's late style and renewal through the feminine: A full spectrum, all-quadrant approach. *Journal of Transpersonal Psychology*, *40*(2), 199-223.

Shah, R., Kulhara, P., Grover, S., Kumar, S., Malhotra, R., & Tyagi, S. (2011). Relationship between spirituality/religiousness and coping in patients with residual schizophrenia. *Quality of Life Research*, *20*(7), 1053-1060.

Skolimowski, H. (1994). *The participatory mind*. London, UK: Arkana.

Sovatsky, S. (1999). *Eros, consciousness and kundalini: Deepening sensuality through Tantric celibacy and spiritual intimacy*. Rochester, VT: Inner Traditions International.

Spero, M. H. (Ed.). (1985). *Psychotherapy of the religious patient*. Springfield, IL: Charles C Thomas.

Surgeon General (1999). *Mental health: A report of the Surgeon General*. Bethesda, MD: Author.

Suri, R. (2011). Making sense of voices: An exploration of meaningfulness in auditory hallucinations in schizophrenia. *Journal of Humanistic Psychology*, *51*(2), 152-171.

Swan, W. (2008). C. G. Jung's psychotherapeutic technique of active imagination in historical context. *Psychoanalysis and History*, *10*(2), 185-204.

Tarnas, R. (1991). *The passion of the Western mind*. New York, NY: Harmony Books.

Tart, C. T. (2004). On the foundations of transpersonal psychology: Contributions from parapsychology. *Journal of Transpersonal Psychology*, *36*(1), 66-90.

Taylor, S. (2009). Beyond the pre-trans fallacy: The validity of pre-egoic spiritual experience. *Journal of Transpersonal Psychology*, *41*(1), 22-43.

Underhill, E. (1955). *Mysticism: A study in the nature and development of man's spiritual consciousness*. New York, NY: Meridian.

Valle, R. S. (Ed.). (1998). *Phenomenological inquiry in psychology: Existential and transpersonal dimensions*. New York, NY: Plenum Press.

Washburn, M. (1994). *Transpersonal psychology in psychoanalytic perspective*. Albany, NY: State University of New York Press.

Washburn, M. (1998). The pre-trans fallacy reconsidered. In D. Rothberg & S. Kelly (Eds.), *Ken Wilber in dialogue: Conversations with leading transpersonal thinkers* (pp. 62-83). Wheaton, IL: Theosophical.

Washburn, M. (2003). Transpersonal dialogue: A new direction. *Journal of Transpersonal Psychology, 35*(1), 23-40.

Welwood, J. (1979). Self-knowledge as the basis for an integrative psychology. *Journal of Transpersonal Psychology, 11*(1), 23-40.

Wilber, K. (1980).The pre/trans fallacy. *Re-Vision, 3*, 51-72.

Yamane, D., & Polzer, M. (1994). Ways of seeing ecstasy in modern society: Experiential-expressive and cultural-linguistic views. *Sociology of Religion, 55*, 1-25.

번역 출판

American Psychiatric Association (2000). *Diagnostic and statistical manual of mental disorders* (4th ed., text rev.). Washington, DC: Author. (이근후 등 역. 정신장애의 진단 및 통계 편람. 서울: 하나의학사, 1995; 권준수 등 역. 정신질환의 진단 및 통계 편람: DSM-5. 서울: 학지사, 2015).

Frankl, V. E. (1984). *Man's search for meaning*. New York, NY: Washington Square Press (Original work published 1959). (죽음의 수용소에서. 다수 번역본 존재하여 서지사항 생략).

Freud, S. (1961). *Civilization and its discontents*. New York, NY: W. W. Norton. (Original work published 1930). (김석희 역[중역]. 문명 속의 불만. 서울: 열린책들, 2004; 성해영 역[직역]. 문명 속의 불만. 서울: 서울대학교출판문화원, 2014).

Greeley, A. M. (1974). *Ecstasy: A way of knowing*. Englewood Cliffs, NJ: Prentice Hall. (조한영 역. 엑스터시의 심리학. 서울: 세진출판사, 1989).

Grof, S., & Grof, C. (2010). *Holotropic breathwork: A new approach to self exploration and therapy*. Albany, NY: State University of New York Press. (김명권 등 공역. 홀로트로픽 숨작업[가제]. 서울: 학지사, 근간).

Husserl, E. (1931). *Ideas towards a pure phenomenology and phenomenological philosophy*. New York, NY: Humanities. (Original work published 1913). (이종훈 역. 순수현상학과 현상학적 철학의 이념들.1-3. 경기: 한길사, 2009).

James, W. (1958). *The varieties of religious experience: A study of human nature*. New York, NY: New American Library of World Literature. (Original work published 1902). (김재영 역. 종교적 경험의 다양성. 서울: 한길사, 2000).

Jung, C. G. (1952a). *Psychology and religion* (R. F. C. Hull, Trans.). In *The collected works of C.*

G. Jung (Vol. 1). Princeton, NJ: Princeton University Press. (한국융연구원, C. G. 융 저작번역위원회 역. 융 기본 저작집. 4, C. G. 융 지음, 인간의 상과 신의 상. 서울: 솔, 2002; 이은봉 역. 심리학과 종교. 서울: 창, 2010).

Jung, C. G. (1952b). *Symbols of transformation*. In *The collected works of C. G. Jung* (Vol. 5). Princeton, NJ: Princeton University Press. (정명진 역. 무의식의 심리학: 우리도 모르게 우리를 지배하고 있는 무의식의 세계를 탐험하다. 서울: 부글북스, 2015).

Kornfield, J. (1993). *A path with heart: A guide through the perils and promises of spiritual life*. New York, NY: Bantam. (이현철 역. 마음의 숲을 거닐다. 서울: 한언, 2007).

Nachmanovitch, S. (1991). *Free play: The power of improvisation in life and the arts*. New York, NY: G. P. Putnam's Sons. (이상원 역. 놀이, 마르지 않는 창조의 샘. 서울: 에코의서재, 2008).

Newberg, A., d'Aquili, E., & Rause, R. (2001). *Why God won't go away: Brain science and the biology of belief*. New York, NY: Ballantine Books. (이충호 역. 신은 왜 우리 곁을 떠나지 않는가. 서울: 한울림, 2001).

Wilber, K. (1995). *Sex, ecology, spirituality: The spirit of evolution*. Boston, MA: Shambhala. (김철수, 조옥경 역. 성 생태 영성[가제]. 서울: 학지사, 근간).

Wilber, K. (2007). *Integral vision*. Boston, MA: Integral Books. (정창영 역. 켄 윌버의 통합 비전: 삶, 종교, 우주, 모든 것에 관한 통합적 접근 방법. 서울: 물병자리, 2008; 경기: 김영사, 2014).

제 24 장

명상
- 실증적 연구와 앞으로의 방향

Douglas A. MacDonald, Roger Walsh, Shauna L. Shapiro

1960년대 후반 독창적인 하위 학문으로 출발한 이래 자아초월심리학은 의식의 상위 양식, 상태, 특성의 표현을 촉진하는 (고대와 현대의) 기법과 수련을 탐구하는 데 적극적으로 관여해 왔다. 총괄하여 명상으로 언급되는 다양한 변용의 방법에 특별한 관심이 두어져 왔다. 명상은 많은 영적 · 종교적 · 신비적 전통의 통합적 수련 체계이다. 실제로 주류 과학자와 임상가들이 매우 의심 섞인 용어로 명상을 보던 시기(예를 들면, Alexander & Selesnick, 1966)에 명상의 철학, 수행, 의미와 더불어 실증적 연구를 촉진하기 위한 명상에 관한 논문들을 『자아초월심리학 학술지Journal of Transpersonal Psychology』(예를 들면, Goleman, 1971, 1972; Osis, Bokert, & Carlson, 1973; Tart, 1971; Timmons & Kamiya, 1970; Trungpa, 1973; Van Nuys, 1971)에서 찾을 수 있다. 현재 명상은 중요한 연구 주제일 뿐 아니라 심리치료 체계와 수련에 점점 더 통합되어 가고 있다(예를 들면, Brazier, 1995; Corsini, 2001; Hayes, Follette, & Linehan, 2004; Kabat-Zinn, 2003; Linehan, 2007; Segal, William, & Teasdale, 2002; Walsh & Vaughan, 1993; Wilber, 2000). 이와 같은 놀라운 발달의 과정에서 자아초월심리학은 명상을 서양심리학에 접목하는 데 있어 중요하고 선구적인 역할을 해 온 것으로 보인다. 이 장에서 우리는 명상에 관해 수행된 연구의 개관을 제공하려고 한다. 명상의 신체적 · 신경학적 영향과 그 상관물에 관한 연구 그리고 명상이 심리적 · 사회적 기능에 미친 효과에 관한 연구들이 주로 제시될 것이다.

명상의 정의

명상 연구에 대한 토론을 시작하기 전, 명상에 대한 기초적인 정의를 제공하는 것이 중요하다. 이것은 간단한 작업으로 보일 수도 있으나, 유사한 목적을 위해 서로 다른 기법들을 사용하는 다양한 명상 수련법이 있기 때문에 수용 가능한 정의에 도달하는 것은 믿을 수 없을 정도로 어려운 일이다. 이에 더하여 전통적인 명상은 독립적인 활동이 아니라 힌두교, 불교, 도교, 유교, 유대교, 기독교, 이슬람과 같은 문화적 배경을 가진 영성과 관련된 보다 큰 신념 체계와 생활 양식의 일부이다. 서구 과학과 심리학에서 명상은 본래의 문화적인 의미 체계로부터 탈맥락화되고 의미 체계로부터 분리되어 연구되고 활용될 수 있는 심리적 기법으로 취급되어 왔다(즉, 명상은 영적 발달에 대한 관심이 제거된 채 세속화된 방식으로 사용된다). 그러나 단순한 기법으로 취급될 때조차도 명상에 대한 공식적인 조작화와 분류를 위한 규준의 필요성이 제기되어 왔다. 이는 존재하는 정의들이 다양한 명상 체계 간의 차이를 설명하는 데 있어 범위와 정확성 모두에서 충분하지 않아 연구의 표준화와 연구 결과를 비교를 하는 데 있어 어려움이 있기 때문이다(예를 들면, Bond et al., 2009; Cardoso, de Souza, Camano, & Leite, 2004). 심리학과 자아초월 문헌에서 명상이 어떤 방식으로 개념화되고 있는가를 보여 주기 위해 〈표 24-1〉에서 지난 50여 년간 여러 연구자가 제안한 다양한 정의를 제시하였다. 모든 경우에서 이 정의들은 개별 연구자가 명상에 대한 일반적 생각을 제시한 것이며, 특정 기법이나 체계에 대한 우위나 선호를 반영하는 것은 아니다.

〈표 24-1〉에서 제시한 정의들은 상당한 유사성과 함께 뚜렷한 차이도 보여 준다. 보다 최근의 정의들은 명상 훈련의 메커니즘, 즉 주의 과정의 의도적 조작을 강조하는 경향이 있다. 또한 많은 정의는 명상 훈련의 목표나 의도된 결과를 참조한다. 그러나 이들 대부분은 표면상 영적인 결과에 대한 명시적인 언급 없이 사람들이 잘 받아들이는 심리적 건강의 측면과 관련되어 구성된다. 이 장을 위해 우리는 Walsh와 Shapiro(2006)가 고안한 정의를 채택할 것이다. 이들은 명상을 "정신 과정을 자발적으로 통제할 수 있도록 주의와 자각 훈련에 초점을 둔 자기-조절 훈련이며, 이를 통해 정신적 안녕과 발달을 촉진하고, 고요함, 명료함, 집중과 같은 능력을 배양하게 된다."라고 정의했다(pp. 228-229). 이 정의의 주요 이점 중 하나는 순수한 주의 훈련으로서의 명상과 호흡 조작이나 신체 자세, 움직임

같은 다른 요소들이 포함된 다른 활동(예를 들면, 요가, 태극권, 기공)과의 차별성을 보여 주며, 시각화, 최면, 심리치료와 같이 자각의 내용과 그러한 내용에서의 변화에 영향을 주는 것에 보다 중심적인 관심을 두고 있다는 점이다.

작업 가설의 확립과 함께 논의가 필요한 또 다른 문제는 다양한 명상 기법에 관한 것이다. 비일상적 의식 상태에 기초하여 명상 체계를 범주화하려는 시도가 있어 왔다(예를 들면, Fischer, 1971; Goleman, 1972, 1988; Naranjo & Ornstein, 1971). 그럼에도 불구하고 아직까지 명상 체계에 따른 특정 목표를 포함하여 명상 체계의 조직화나 유형화에 대한 문제는 실질적인 진전을 이루지 못하고 있다(Walsh & Shapiro, 2006). 과학자와 임상가들은 주의가 관찰 대상에 어느 정도 직접적인가에 따라 명상 기법을 범주화하는 방식을 채택하고 있다. 이에 따라 명상 유형은 집중적 접근(즉, 하나의 대상, 감각, 이미지, 관념에 초점화된 주의) 대 마음챙김 접근(즉, 경험이 일어나는 분야에 비-집착된 주의)으로 구분된다(Cahn & Polich, 2006; Shapiro & Walsh, 2003). 최근의 유사한 구분 방식은 초점화된 주의focused attention와 개방적인 관찰open-monitoring 기법으로 명상 체계들을 나누는 것이다(Lutz, Slagter, Dunne, & Davidson, 2008). 지난 몇 년간 일부 명상 연구자는 세 번째 범주를 생성하는 시도를 해 왔다. Travis와 Shear(2010)는 새로운 유형으로 자동적 자기-초월automatic self-transcending(즉, 자신의 활동을 초월하기 위한 기법)을 제안했으며, 초점화된 주의(베타파나 감마파 활동과 연관되는 것으로 알려진)나 개방적 관찰(세타파활동의 증가와 관련된)과는 대조적으로 자기-초월 기법은 알파파활동의 증가와 관련된다는 실험적 데이터를 제공했다. 다른 연구자들은(예를 들면, Kristeller, 2011) 세 번째 범주로 유도 혹은 지시 명상이 적합하다고 주장했다. 이러한 기법에서는 자기와 의식의 특정 측면에 대한 의미와 조명을 제공하는 내용(예를 들면, 상징, 이미지, 구절, 움직임)이 명상의 초점으로 사용된다. 이러한 새로운 범주가 전문가, 수행자, 연구자들에게 지지와 인정을 얻을 수 있을지는 아직 미지수이다.

표 24-1 심리학과 자아초월 문헌에서 명상의 정의

출처	정의
Naranjo & Ornstein (1971)	"명상은 존재의 한 양식인 현존의 발달과 관련된다. 현존은 개인이 관여하는 어떠한 상황에서도 표현되고 발달할 수 있다"(p. 8).
White(1974)	"… 명상은 깨달음이라는 목적을 위한 수단이다. 명상은 영적 심리학을 배우는 수단이며, 의식 확장의 기법이다"(p. xix).
Wise(1974)	"명상은 관계들이 드러나는 정신 수련이다. 명상은 패턴 인식의 과정으로서 마음은 특정 현상에 일관성을 부여하는 보편성을 인식하기 위해 특정 현상 너머로 초월한다"(p. 69).
Epstein & Lieff(1986)	"명상은 주의 재구조화 과정으로 개념화될 수 있으며, 마음은 분산되지 않고 일련의 변화하는 대상에 집중하기 위해… 훈련될 수 있다. 이러한 지각적 재훈련은 자기감을 영속시키는 빠르게 변화하는 자기-개념에 대한 정교한 조사를 가능하게 한다"(p. 58).
Washburn(1988)	"순수하고 확고부동한 주의 훈련"(p. 143).
Ramaswami & Sheikh(1989)	"… 일상적인 의식 모드를 변화시키고, 인간 성격의 조화로운 재통합을 가져오기 위해 설계된 일련의 기법"(p. 434).
Goleman(1991)	"명상은 자기조절과 주의 습관의 재훈련"(p. 192).
Jevning, Wallace, & Beidebach(1992)	"양식화된 정신 기법… 매우 평화롭고, 고요하며, 고양된 각성, 종종 지복감의 특징을 가진 것으로 자주 기술되는 주관적 경험을 얻기 위한 반복적 훈련"(p. 415).
Shapiro & Walsh(2003)	"명상은 주의와 자각에 대한 일련의 훈련으로 정의할 수 있으며, 일반적으로 심리적 및 영적 안녕감과 성숙을 배양하기 위한 목적을 갖는다"(p. 88).
Cardoso et al. (2004)	"명상은 … ① 특정 기법(분명하게 정의된)을 활용하며, ② 근육 이완, ③ 필수적으로 '논리 이완', ④ 자기-유도 상태를 포함하며, ⑤ 자기-초점 기술을 사용한다"(p. 59).
Cahn & Polich(2006)	"… 특정한 방식의 주의를 통해 정신적 사건에 영향을 주는 몸과 마음을 자기-조절하는 훈련"(p. 180).
Bond et al. (2009)	"명상의 본질은 … ① 정의된 기법, ② 논리 이완, ③ 자기-유도 상태를 활용하는 것이다"(p. 129).
Kristeller(2011)	"명상은 … 자신의 즉각적인 경험에 대해 특정 형태의 주의와 매 순간 비판단적인 자각을 배양하는 인지 과정이다"(p. 201).

연구는 명상의 효과에 대해 무엇을 말하고 있는가

Walsh와 Shapiro(2006)가 언급한 바와 같이, 가장 많이 연구된 두 가지의 명상은 마음챙김mindfulness과 초월 명상Transcendental Meditation: TM이다. 마음챙김은 불교 위빠사나 전통의 맥락 내에서 일반적으로(독보적은 아니지만) 이해되고 있으며, 초월 명상은 힌두 명상 전통에 기초하여 마하리시 마헤쉬 요기Marharishi Mahesh Yogi가 개발한 명상 체계이다. 초월 명상은 집중 명상의 형태로 보이지만, 고급 단계에서는 관찰/주시 요소를 포함한다. 그러나 연구를 잘 살펴보면 적어도 몇몇 연구에서는 상당히 넓은 범위의 명상 기법을 포함하고 있다. 주목할 만한 명상법들로는 사하자 요가, 쿤달리니 요가, 크리야 요가, 라자 요가, 비함암 요가, 기공 명상, 아난다 마르가 명상, 선 명상, 신 명상, 자애 명상, 자비 명상, 에이싱 명상, 안내 명상, 만트라 명상 등이 포함된다. 앞서도 언급했지만, 표면적으로 다양한 명상 체계에 기초한 경험적 연구들의 직접 비교와 통합은 어려운데, 이는 다양한 명상 체계가 동일한 효과를 가져오는가에 대한 경험적으로 확립된 결과가 없기 때문이다(Neumann & Frasch, 2006; Shapiro & Walsh, 2003).

이에 더하여 TM이나 마음챙김과 같은 연구가 많이 이루어진 명상 기법에서조차 연구 참가자의 유형에 따라(예를 들면, 초심자 vs. 숙련된 명상가), 연구의 초점이 실제 수행 동안의 경험 상태인가 아니면 수행으로부터 발생한 생물심리사회적 기능에서의 특질 변화인가에 따라, 그리고 명상 관련 변인의 측정을 포함한 연구 설계의 질에 따라 결과에서 상당한 차이가 나타난다. 실제로 현존하는 연구들을 조사한 연구자들은 연구 결과의 신뢰성을 훼손시킬 수 있는 많은 문제점을 발견했다(Baer, 2003; Cahn & Polich, 2006; Canter & Ernst, 2003; Chiesa & Serretti, 2010; Neumann & Frasch, 2006; Ospina et al., 2008; Walsh & Shapiro, 2006). 이러한 문제들에는 다음과 같은 것들이 포함된다. ① 통계적 검증력과 결과의 일반화 가능성을 감소시키는 작은 표본 크기, ② 선택 편향과 기대 효과와 같은 문제를 일으킬 수 있는 자기-선택적 참가자self-selected participants 사용, ③ 상태나 특질의 변화가 명상 수련으로 인한 것인가를 결정하기 어렵게 만드는 부적절한 통제/비교 집단, ④ 명상의 결과에 영향을 주는 발견되지 않은 체계적인 오류를 야기할 수 있는 형편없는 무작위 시험randomized trials의 사용, ⑤ 미래의 정확한 반복 연구와 처치의 일관성 확보를 저해하는 명상 기법에 채택한 불충분한 기술, ⑥ EEG와 같은 기술의 비일관적인 사용(예를 들면, 여러 연구가 서로 다른 수의 센서를 사용하며, 센서의 위치 또한 표준화되어 있지 않다), 그리고 번역 영상의 적절하지 않은 해상도, ⑦ 반응 편향과 사회적 바람직성과 같은 문제를 일으키는 자기-보고식 평가 및 측정도구의 과도한 활용, ⑧ 명상에 수반되는 심리적 · 생리적 현상을 연구하기 위해 왜곡이나 교란 없이 전통적으로 명상 수행의 결과로 간주되는 상태-특정적 주관적 경험에 접근하는 것의 어려움, ⑨ 명상 수행자들 간의 의미 있는 비교를 가능하게 하는 명상 경험을 표현할 수 있는 신뢰할 수 있는 언어의 불확정성, 그리고 ⑩ 명상의 철학과 기법에 적절한 현상적 상태나 구성 개념의 불충분한 측정이 그것이다. 특별한 언급이 필요한 또 다른 문제로는 번역 영상 연구(예를 들면, fMRI)의 데이터 분석에서 확인된 연구 결과의 의미와 신뢰성에 대한 문제를 들 수 있다(예를 들면, Bennett, Baird, Miller, & Wolford, 2012; Vul, Harris, Winkleman, & Pashler, 2009). 독자들은 명상의 효과에 관한 과학의 결과들에 대해 확고한 결론에 도달하기 위해서는 주의 깊고 비판적인 판단이 요구된다는 점을 인식할 필요가 있다. 많은 비판에도 불구하고, 급증하고 있는 연구는 명상이 인간 기능에 어떤 영향을 미치는가에 관한 이해를 제공한다. 지면의 제한으로 여기서 모든 연구를 상세하게 검토할 수는 없다. 다행히 경험적 연구를 정리하고 검토한 다양한 출판물이 있다(예를 들면, 전반적인 리뷰를 위해 다음을 보라; Andresen, 2000; Murphy & Donovan, 1997; Shapiro & Walsh, 1984, 2003; Walsh & Shapiro, 2006; TM 연구를 위해 Alexander, Rainforth, & Gelderloos, 1991 참조; Alexander, Robinson, Orme-Johnson, Schneider, & Walton, 1994; Alexander, Walton, Orme-Johnson, Goodman, & Pallone, 2003; Canter & Ernst, 2003; 마음챙김 명상을 위해 Baer, 2003 참조; Chiesa, Calati, & Serretti, 2011; Germer, Siegel, & Fulton, 2005; Grossman, Niemann, Schmidt, & Walach, 2004; Kabat-Zinn, 2003; EEG와 뇌 이미지 연구를 위해 Cahn & Polich, 2006 참조; Sedlmeier et al., 2012). 이 장에서 우리는 인간 기능의 주요 영역에 걸친 명상의 효능을 기술하는 데 도움이 될 만한 핵심적인 연구 결과들을 다룰 것이다.

생리적 결과

수십 년 동안, 명상이 수련자들에게 미치는 신체적 · 신경생리적 영향을 확인하기 위한 노력이 이루어져 왔다. 연구 초기에 전통적인 과학 모임 내에서 명상은 단순히 이완 반응을 촉진하는 것으로 알려졌지만(Benson, 1984), 최근의 연구에서는 명상이 상태(즉, 명상 중 일어나는 변화)와 특질(즉, 명상 수련으로부터 일어나는 신체 기능의 지속적인 영향) 모두에서 훨씬 더 많은 생리적 변화를 이끌어 낸다는 점을 제시하고 있다. 예를 들어, 명상은 높은 생리적 휴식, 평온한 상태, 스트레스 반응성의 증진, 안녕감의 지표와 관련되며, 여기에는 심박률과 호흡률의 감소, 낮은 혈장 젖산염plasma lactate과 코르티솔 수준, 심박 변이도의 증가, 피부 저항의 증가, 안정적인 위상 피부의 저항phasic skin resistance이 포함된다(Burg, Wolf, & Michalak, 2012; Mohan, Sharma, & Bijlani, 2011; Shapiro & Walsh, 2003; Zeidan, Johnson, Gordon, & Goolkasian, 2010). 동시에 명상은 뇌 혈류의 증가, 혈장 아르기닌 바소프레신plasma arginine vasopressin의 높은 수준, 빠른 H-반사 회복력을 포함하는 다양한 신경생리학적 지표가 반영하는 자각 능력의 고양을 촉진하는 것으로 보인다(Shapiro & Walsh, 2003). 보다 최근의 연구들에서는 명상이 스트레스 유도 면역 반응을 줄여 주며(혈장 인터류킨6의 감소; Pace et al., 2009), 면역 반응력의 증진과 관련된다는 것을 보여 준다(Tang et al., 2007).

신경학적 발견들을 보다 상세히 살펴보면, Cahn과 Polich(2006)는 유발전위Evoked Potential: EP와 사건-관련 전위Event-Related Potential: ERP 연구를 포함하여 EEG와 영상 해석 연구에 관한 훌륭한 개관과 분석을 제공했다. 여러 연구에 걸쳐 상당한 결과의 불일치가 있음에도 불구하고, 그들의 작업은 상대적으로 일치하는 결과가 발견되는 영역을 확인하는 데 도움을 주었다. 이러한 결과에는 다음과 같은 것들이 포함된다. ① 명상 중 알파파와 세타파의 증가 그리고 전반적인 주파수 감소, ② 휴식 상태에서 숙련 명상가들의 알파파 증가, ③ 낮은 불안과 관련되는 전두 중간선 영역frontal midline area의 세타파 활성화 증가, ④ 명상 수행 중, 그리고 숙련 명상가들의 휴식 중 대뇌 반구 안과 사이 모두에서 알파-세타 가간섭성alpha-theta coherence의 증가, ⑤ 정서 경험과 관련되는 편측화된 (좌-우) 뇌 상태 및 특질 변화, ⑥ 수면 상태의 의식과 관련되지만 명상 상태는 수면 상태와는 다르며, 숙련된 명상가는 꿈꾸는 동안과 숙면 상태를 포함하여 모든 수면 단계 동안 높은 알파파와 세타파를 생산하고 유지하며, ⑦ 명상가는 고주파 감마대역 활성도가 증가하는데, 특히 정서 조절과 관련된 수행 중 증가가 현저하며, ⑧ 유발전위와 사건-관련 전위 연구는 명상이 대뇌피질의 청각 처리 과정을 변화시킬 수 있음을 시사하며(청각 정보에 대한 보다 짧은 반응 잠재기), ⑨ 신경 이미지(예를 들면, PET, SPECT, fMRI) 연구들은 대상회, 전두엽, 안와피질, 상두정엽을 포함하는 명상과 관련된 것으로 보이는 주요 뇌 구조들을 확인했다.

Cahn과 Polich(2006)의 연구 이후, 상당히 많은 EEG, ERP, 신경 이미지 연구들이 발표되어 선행 연구 결과들을 반복하고 확장하였다. 여전히 앞에서 언급한 방법론적 문제들이 있으나, 다음과 같은 명상과 관련된 흥미롭고 확증된 결과들이 보고되고 있다. ① 전두엽에서 반구 간 가간섭성의 증가(Travis & Arenander, 2006), ② 여러 뇌 영역 간의 기능적 연결성의 증진, 가장 주목할 만한 연결은 청각과 내측 시각망(Kilpatrick et al., 2011), 기본-모드 네트워크default-mode network의 여러 구조(예를 들면, 내측 전두엽과 대상엽; Brewer et al., 2011)와 주의 네트워크(Hasenkamp & Barsalou, 2012), 주요 투영projection, 맞교차

commissural, 연상association 경로들의 더 큰 구조적 연결성(Luders, Clark, Narr, & Toga, 2011), ③ 전두피질(Cheng, Borrett, Cheng, Kwan, & Cheng, 2010; Davanger, Ellingsen, Holen, & Hugdahl, 2010), 해마 구조(Engström, Pihlsgard, Lundberg, & Soderfeldt, 2010), 통증에 대한 증진된 반응과 관련된 구조(Zeidan et al., 2011)의 증가된 관여를 포함한 주의 및 정서와 관련된 뇌 영역의 활성화(Brefczynski-Lewis, Lutz, Schaefer, Levinson, & Davidson, 2007), ④ 전두 세타파 활성도의 증가 그리고 이와 동반된 두정엽과 후두엽 영역의 활성도 감소(Baijal & Srinivasan, 2010) 그리고 숙련 명상 수련자에게서 보이는 후두부 감마파의 증가(Cahn, Delorme, & Polich, 2010), ⑤ 일차 체성감각 신피질primary somatosensory neocortex에서의 알파파 변조 증진(Kerr et al., 2011), ⑥ 전-주의적 지각의 증진을 시사하는 청각 부조화 부정성 진폭의 확대larger auditory mismatch negativity amplitudes(Srinivasan & Baijal, 2007), ⑦ 대상회, 경막, 뇌섬엽, 측두회, 측두엽 해마, 안와 전두피질, 시상, 소뇌구, 뇌량, 뇌간을 포함하는 전두피질(즉, 회백질)의 다양한 구조의 양과 밀도의 증가(Grant, Courtemanche, Duerden, Duncan, & Rainville, 2010; Hölzel et al., 2008, 2011; Lazar et al., 2005; Luders, Toga, Lepore, & Gaser, 2009; Luders, Phillips et al., 2012; Pagnoni & Cekic, 2007; Vestergaard-Poulsen et al., 2009), ⑧ 청각 자극에 대한 낮은 자동 반응성과 관련된 P3a 진폭의 감소(Cahn & Polich, 2009), ⑨ 비-명상가들과 비교 시 장기 명상가들은 더 큰 시상 비대칭성을 보이며, 전두엽, 두정엽, 시상부, 피각, 미상핵, 중간뇌를 포함한 다양한 구조에서 뇌 혈류의 증가(Newberg et al., 2010), ⑩ 부정적 정서 시각 자극 노출 상태 시 전두엽 영역에서 정적 사건-관련 전위의 상당한 감소 (Sobolewski, Holt, Kublik, & Wrobel, 2011), ⑪ 비-명상가들과 비교하여 혈장 카테콜아민 수주의 의미 있는 차이(Jung et al., 2012), ⑫ 중심전회, 방추상회, 설상엽, 앞쪽 척추섬에서 뇌회화(즉, 대뇌피질 주름)의 의미 있는 증가(Luders, Kurth et al., 2012)가 그것이다.

요약하면, 전체적으로 고려했을 때 생리학적 연구에서는 명상이 뇌와 신체 기능의 변화에 영향을 주고 있다는 매우 강력한 증거를 제공한다. 연구에서는 명상이 다양한 신체 시스템(예를 들면, 호흡, 호르몬, 혈액 순환 시스템)에서 스트레스 반응 증진, 평온과 이완 상태 및 특질의 증진에 분명한 영향을 미치고 있음을 시사한다. 신경학적으로 현재까지 수행된 연구들 명상이 뇌 구조 활성도의 통합과 조화의 증진, 특별히 집행 기능과 자동 처리 과정(기본 모드 네트워크와 같은)과 관련된 인지적 자원의 조절 능력의 증대, 정서 조절 및 지각 과정의 강화에 영향을 미친다는 점을 지적하고 있다. 신경해부학적으로 최근의 많은 연구에서는 뇌 구조가 크기, 신경 세포 밀도, 형태학적 분포와 조직, 기능 효율성 등에서 실제적으로 변화할 수 있다는 점을 보여 준다.

다음으로, 명상 훈련과 연관된 행동적 · 인지적 · 태도적 · 정서적 · 사회적 효과에 대한 연구들을 살펴볼 것이다.

심리적 · 사회적 결과

Walsh와 Shapiro(2006)가 논의한 바와 같이, 연구 설계상 문제들이 연구 결과에 대한 논쟁을 불러일으키고 있음에도 불구하고 그들은 명상의 가장 주목할 만한 효과로 인지적 이득을 들었다(예를 들면, Canter & Ernst, 2003; 인지적 능력 연구에 대한 전반적인 리뷰는 Chiesa et al., 2011 참조). 연구들은 명상 훈련과 심리적 · 사회적 기능 간의 다양한 관련성을 보여 주고 있다. 여기에는 명상이 지각적 민감성, 학습 능력, 기억, 처리 속도, 집중력, 반응 시간, 운동 기술, 지각된 자기-통제, 학업 수행, 자존감, 공감, 창조성 등의 증가와 관련된다는 연구들이 포함된다(예를 들면, Andresen, 2000; Cranson et al., 1991; Dillbeck, Assimakis, & Raimondi, 1986; Murphy & Donovan, 1997; Shapiro, Schwartz, & Bonner, 1998; So & Orme-Johnson, 2001). 2006년 이전에 보고된 연구들은 명상이 높은 수준의 대인관계 기능, 대처 기술, 결혼 만족, 성숙과 관련되며(예를 들면, 높은 수준의 자아 및 도덕 발달) 또한 성격에서의 긍정적 변화(예를 들면, 특질 불안/신경증의 감소), 자기실현, 영성, 의식의 증진 상태와도 연관됨을 보여 준다(예를 들면, Alexander & Langer, 1990; Alexander et al., 1991; Emavardhana & Tori, 1997; Nidich, Ryncarz, Abrams, Orme-Johnson, & Wallace, 1983; Shapiro & Walsh, 2003; Tloczynski & Tantriells, 1998; Travis, Arenander, & DuBois, 2004; Walsh & Shapiro, 2006).

2006년 이후, 생리적 연구와 유사하게 명상이 영향을 주는 다양한 심리적 · 사회적 변인을 발견하기 위한 많은 연구가 수행되었다. 결과를 간결하게 보여 주기 위해 여기서는 주목할 만한 발견들만을 제시할 것이다. 명상은 다음의 내용들과 관련된다. ① 훈련 동안 반응 억제에서 보이는 바와 같은 자기-조절 능력의 증진 그리고 자기-보고된 사회정서적 기능에서의 향상(Sahdra et al., 2011), ② 정서적 정보의 처리 효율성 강화(Ortner, Kilner, & Zelazo, 2007; Roberts-Wolfe, Sacchet, Hastings, Roth, & Britton, 2012), ③ 시각적 주의 처리(Hodgins & Adair, 2010)를 포함한 주의력 증진(Prakash et al., 2010; Semple, 2010; Van den Hurk, Giommi, Gielen, Spekens, & Barendregt, 2010), 집행 기능 증진(Zeidan, Johnson, Diamond, David, & Goolkasian, 2010), 인지적 유연성의 향상(Moore & Malinowski, 2009) 그리고 상향 정보처리 과정bottom-up processing의 증진(Van den Hurk, Janssen, Giommi, Barendregt, & Gielen, 2010), ④ 부정적 정서, 피로, 정신적 혼란 감소(Zeidan, Johnson,

Gordon et al., 2010), 수면욕구 감소(Kaul, Passafiume, Sargent, & O'Hara, 2010), 지각된 스트레스 감소 및 정서 지능의 향상(Chu, 2010), 낮은 신체화와 불안(Yunesian, Asiani, Vash, & Yazdi, 2008), ⑤ 높고 안정적인 자존감(Burg & Michalak, 2012), 내현적 및 외현적 자존감의 일치성 증가(Koole, Govorun, Cheng, & Gallucci, 2009), 심리적 안녕감 증진(Falkenström, 2010; Josefsson, Larsman, Broberg, & Lundh, 2011; Keune & Forintos, 2010), ⑥ 통증 민감성 감소(Zeidan, Gordon, Merchant, & Goolkasian, 2010), ⑦ 보편성, 박애, 초월, 집단주의 collectivism와 관련된 가치의 증가(Justo & Luque, 2009)가 그것이다.

Sedlmeier 등(2012)은 비-임상 성인 표본을 대상으로 다양한 심리적 변인에 대한 명상의 효과를 조사한 경험 연구들을 메타 분석하였다. 심리적 변인들에는 긍정적 · 부정적 정서, 정서 조절, 공감, 상태 및 특질 불안, 신경증, 지각, 인지, 학습, 주의, 기억, 지능, 마음챙김, 행동, 스트레스, 자기-개념, 자기-실현, 성격, 지각, 안녕감이 포함된다. 595개의 연구 중 방법론적 문제와 이론적 기초가 결여된 대략 75%의 연구를 제거한 후, 그들은 나머지 163개 연구의 평균 총 효과 크기가 중간 크기의 효과를 보였다고 결론지었다(예를 들면, 모든 연구에서 전형적인 효과의 크기는 r = .28 또는 d = .58이었다). Sedlmeier 등은 이러한 결과는 심리치료의 효과성에 대한 메타 분석에서 보이는 효과 크기와 비견할 만하다고 지적했다(예를 들면, Lipsey & Wilson, 1993; Wampold, 2001). 그들은 또한 명상의 효과는 단순한 이완이나 인지 재구조화와 관련해서 설명될 수 없다고 주장했으며, 인지적 변인들과 비교해 부정적 정서를 포함한 다른 변인들의 효과의 크기가 일관성 있게 더 크게 나타났다는 점을 지적했다.

임상적 결과와 개입

지금까지 명상 연구 개관은 대부분 비-임상(즉, 건강한) 참가자들을 대상으로 한 것이었다. 이 장의 첫 부분에 언급한 바와 같이, 명상은 임상적 개입과의 통합이 증가하고 있으며 현재 임상 표본을 대상으로 전통 치료와 결합된 명상이나 명상 기법의 신체적 · 심리적 건강과 병리에 대한 효과를 보여 주는 많은 문헌이 존재한다(예를 들면, 마음챙김에 기초한 인지행동치료).

신체와 정신신체장애에 대한 명상의 효과에 관한 연구들은 명상 훈련이, 특히 스트레스와 관련된 다양한 증상의 완화에 공헌한다는 것을 보여 준다. 여기에는 관상동맥성 심장병, 고혈압과 고콜레스테롤혈증과 같은 심혈관 질환(Olivo, Dodson-Lavelle, Wren, Fang, & Oz, 2009; Schneider et al., 2005), 천식, 말더듬증, 제2유형 당뇨, 본태성 월경곤란, 월경전 불쾌장애(Murphy & Donovan, 1997) 등이 포함된다. 또한 명상은 암 환자의 면역 기능을 긍정적으로 촉진하며 후천성 면역결핍증 환자, 편두통을 포함한 다양한 만성통증 환자, 섬유근육통, 류마티스성 관절염, 암 환자의 통증을 완화시키는 것으로 보인다(Bormann & Carrico, 2009; Carlson, Speca, Patel, & Goodey, 2003; Davidson et al., 2003; Foley, Baillie, Huxter, Price, & Sinclair, 2010; Kabat-Zinn, 2003; Kvillemo & Bränström, 2011; Labelle, Campbell, & Carlson, 2010; Morone, Greco, & Weiner, 2008; Shigaki, Glass, & Schopp, 2006; Wachholtz & Pargament, 2008; Weissbecker et al., 2002; Williams, Kolar, Reger, & Pearson, 2001; Zautra et al., 2008). 더하여, 명상은 건선, 전립선 암, 죽상경화증, 간질과 같은 증상의 치료 효과를 증진시킨다(Kabat-Zinn, 2003; Lansky & St. Louis, 2006; Zamarra, Schneider, Besseghini, Robinson, & Salerno, 1996).

심리치료적 효과와 관련하여 다양한 범주의 정신병리를 가진 사람들이 명상을 통해 이득을 얻는 것으로 보인다. 여기에는 ADHD, 불안, 우울, 자살경향성, 양극성장애, 섭식장애, 불면증, 공황장애 및 공포증, 트라우마장애와 같은 문제들이 포함된다(Barnhofer et al., 2007, 2009; Bormann, Thorp, Wetherell, Golshan, & Lang, 2012; Boteva, 2008; Evans et al., 2008; Farb, Anderson, & Segal, 2012; Kozasa et al., 2008; Kristeller & Wolever, 2011; Lee et al., 2007; Manzaneque et al., 2011; Miklowitz et al., 2009; Miller, Fletcher, & Kabat-Zinn, 1995; Ong, Shapiro, & Manber, 2008; Rosenthal, Grosswald, Ross, & Rosenthal, 2011; Shapiro et al., 1998; Walsh & Shapiro, 2006; Weber et al., 2010; Zylowska et al., 2008). 더하여, 명상 훈련은 재소자와 범죄자의 불안, 공격성, 재범율을 낮추고, 재소자의 약물 사용을 줄이며, 회복된 알코올 및 약물 사용자의 재발 예방을 증진시키는 것으로 보인다(Alexander et al., 2003; Bowen et al., 2006; Gelderloos, Walton, Orme-Johnson, & Alexander, 1991; Himelstein, 2011; Singh et al., 2008; Zgierska et al., 2008). 또한 명상 기반 개입은 지적·발달적 지체가 있는 아이들과 성인들(예를 들면, Black, Milam, & Sussman, 2009; Burke, 2010; Singh et al., 2007, 2011) 그리고 정신질환 환자를 돌보는 사람들(예를 들면, Oken et al., 2010)에게 도움이 되는 것으로 밝혀졌다.

인용한 문헌들이 명상이나 명상-치료 조합이 다양한 건강 문제에 여러 방면으로 효과적이라는 것을 보여 주고 있으나, 어떤 치료 효과는 훈련이 중단될 경우 사라질 수 있으며, 훈련을 지속하고 훈련 규칙을 준수하는 것이 상당히 어렵다는 점을 인식하는 것이 중요하다(예를 들면, de Lisle, Dowling, & Allen, 2011). 초기 연구들에서 처치 완수율과 개입 후 명상 지속율이 의미 있게 높다는 것을 제시하고 있으나[예를 들면, Baer(2003)는 85%의 완수율을 보고하였다; Kabat-Zinn, Massion, Herbert, & Rosenbaum, 1997; Miller et al., 1995; 참가자의 75%가 개입 후 6~48개월 동안 명상을 지속했으며 3년 후 56%가 명상을 지속했다고 보고하였다], 임상 연구자들과 수행자들이 처치 완수나 회기 사이의 명상 훈련을 점검하는 데 소홀하며, 더 나아가 치료에서 명상의 적용과 효과에 관한 주장이 실제로는 아닐 수도 있다는 지적이 있다(Toneatto & Nguyen, 2007; Vettese, Toneatto, Stea, Nguyen, & Wang, 2009).

명상 훈련을 활용하는 데 있어 또 다른 고려 사항은 명상의 부정적 효과 가능성이다. 어떤 처치가 치료적 이득을 제공할 만큼 강력하다면 해를 입힐 가능성 또한 크다는 것은 약물치료에서 잘 알려진 사실이다. 명상도 예외가 될 수 없으며, 어떤 문헌에서는 특히 심각한 기존 병리를 가진 사람들에게 명상이 문제를 일으킬 수 있음을 제안하고 있다(Elmer, MacDonald, & Friedman, 2003; Germer et al., 2005; Grof & Grof, 1989; Kuijpers, van der Heijden, Tuinier, & Verhoeven, 2007; Walsh, 2000; Walsh & Vaughan, 1993; Wilber, Engler, & Brown, 1986). 최근의 신중한 연구들에서는 명상의 적용에 적합하지 않은 내담자의 특성을 확인하기 위한 노력을 시작하고 있다(Dobkin, Irving, & Amar, 2012).

우리의 토론을 건강 문제에서 개입 방법으로 돌려 보면, 이 장의 초반부에서 언급한 대로 전통적인 심리치료 양식과 명상 훈련을 통합하고자 시도하는 상당히 많은 치료 체계가 있다. Walsh와 Shapiro(2006) 그리고 다른 연구자들(Arkowitz & Mannon, 2002)이 밝힌 바와 같이, 이러한 치료 체계는 세 가지 분야로 나눌 수 있다. 이론적 통합, 기법적 절충, 기저하는 공통 요인 탐구가 그것이다. 이론적 통합의 예로는 다이아몬드/리드완Ridhwan, 정신통합, 자아초월, 통합심리학(Walsh & Vaughan, 1993; Wilber, 2000) 그리고 최근에 개발된 마음챙김 통합 인지행동치료mindfulness-integrated cognitive-behavioral therapy(Cayoun, 2011)를 들 수 있다. 공통 치료 요인은 Baer(2003), Kabat-Zinn(2003) 그리고 Walsh(1999, 2000)가 연구하고 제안해 왔다. 그러나 세 가지 분야 중 기법적 절충을 채택한 접근이 가장 큰 성장을 보여 왔다. 이들 대다수는 확립된 심리치료 기법과 마음챙김을 결합하는 방식을 취한다. Kabat-Zinn(2003)의 마음챙김에 기초한 스트레스 감소MBSR, 마음챙김에 기초한 인지치료MBCT, 변증법적 행동치료, 마음챙김에 기초한 예술치료, 수용전념치료, 통제치료control therapy(Dimidjian & Linehan, 2003; Segal et al., 2002; Shapiro & Astin, 1998)가 여기에 포함된다. 서양심리학 외부에서 절충주의를 취하는 치료 체계로는 일본의 모리타 요법과 나이칸 요법을 들 수 있다(Corsini, 2001). 이와 같은 접근법들 상당수가 초기 연구에서 지지를 받고 있으며, MBSR과 같은 체계는 이미 '효과 가능성' 있는 치료로서의 규준을 충족하고 있다(Baer, 2003; Fjorback, Arendt, Ømbøl, Fink, & Walach, 2011; Grossman et al., 2004; Piet & Hougaard, 2011; Sipe & Eisendrath, 2012).

방백傍白 연구와 실제 모두에서 명상 분야가 발달함에 따라 다양한 질문이 야기되었다.

예를 들어, 건강과 안녕의 증진에 경험적으로 확증할 만한 개선을 가져올 수 있는 명상과 치료의 다른 결합 또는 통합 방식이 있는가? 치료와 명상 모두 자각의 증진을 촉진하기 때문에 (Walsh & Shapiro, 2006) 모든 치료가 명상을 포함함으로써 치료적 이득을 얻을 수 있는가? 치료의 보조적 기법이든, 통합적 부분이든 간에 명상이 더 나은 비용-효과적 치료 또는 의료적 활용 면에서 가능성이 있는가? 마지막으로, 명상이 치료적 효과를 보여 온 문제들에 대한 예방적·보호적 훈련으로 활용될 잠재력이 있는가?

앞의 두 질문에 대해 몇몇 문헌은 답을 제시하고 있다. 비용-효과성과 관련하여 의료 실제에 명상을 통합하는 것이 실질적인 보건 의료 비용을 줄일 수 있다는 증거가 있다 (Herron, 2011). 예방 의료의 일환으로 명상의 활용에 관해서는 몇몇 연구가 대규모 시스템(예를 들면, 교육이나 고용 시스템)과 임상 훈련 장면에서 명상을 도입하는 것에 대해 숙고하고 있으며, 심지어 강력하게 주장하고 있다(Bruce, Manber, Shapiro, & Constantino, 2010; Campion & Rocco, 2009; Davis & Hayes, 2011; Deurr, 2004; Shapiro, Astin, Bishop, & Cordova, 2005; Shapiro, Brown, & Astin, 2011; Shapiro, Brown, & Biegel, 2007; Walach et al., 2007; Wisner, Jones, & Gwin, 2010).

예외적인 결과

숙련된 명상 수행자들이 서양 과학과 심리학의 사고로는 불가능한 것으로 여겨졌던 놀라운 능력들을 보여 준 연구들이 있다. 여기에는 의도적인 자율신경계의 조절 능력, 자각몽과 꿈 없는 자각 수면 상태(Mason et al., 1997), 자아-추동 갈등이 제거된 상태와 동반되는 고양된 통합적 인지 능력(Jonte-Pace, 1998; Wilber et al., 1986), 양안 경합과 동작-유도 맹목motion-induced blindness의 통제(Carter et al., 2005), 공감각의 개발과 함양(Walsh, 2005), 강력한 혐오 반응을 유발하는 시각적 자극에 대한 놀람 반응의 완전한 억제와 평정심, 이완, 자비로 반응하는 능력, 판별이 매우 어려운 안면 미세 표정에 대한 정확한 지각 능력(Goleman, 2003)이 포함된다. 마지막으로, 고등 명상 수련에 의해 배양되는 영적 발달은 시디스siddhis 또는 심령적 능력의 발현과 동반될 수 있다고 기술한 힌두철학과 일치하게 최근의 초심리학 메타 분석에서는 초현상학을 믿는 사람들과 마찬가지로 명상가들이 여타의 연구 참가자들과 비교하여 간츠펠트[1] 연구의 자유 반응 실험에서 수행 이득을 얻는다는 것을 발견했다(Storm, Tressoldi, & Di Risio, 2010).

---

1) 간츠펠트Ganzfeld 효과: 전체야 효과로도 불린다(제22장 참조). 장기간 외부의 자극이 차단된 상태에서 감각의 상실을 방지하기 위해 뇌에서 자체적으로 환상이나 환청을 만들어 내는 현상.

모든 명상 체계는 기능상의 효과에 있어서 동일한가

오랫동안 명상 문헌에 등장하는 중요한 문제 중 하나는 서로 다른 명상 체계가 수련자에게 동일한 효과를 가져오는가이다. 이 질문은 실제로 두 가지 형태를 띤다—세속화된 명상 기법이 영적 수련을 위한 명상과 동일한 효과를 가지는가? 또한 서로 다른 명상 체계(예를 들면, TM과 마음챙김)가 동일한 효과를 가지는가?

첫 번째 질문에 대하여, 특히 임상 연구의 경우 출간된 대부분의 주요 연구는 세속화된 명상 방식을 채택하고 있다. 최근의 두 개의 연구는 세속화된 명상과 비교하여 영적 수련 명상의 효과에 대한 명쾌한 설명을 제공하고 있다. 한 연구(Cole et al., 2012)에서, 영적 수련 명상은 세속화된 명상과 비교하여 더 나은 처치 결과를 보였으며, 전이성 흑색종을 가진 환자의 우울증을 더 많이 감소시키고 긍정적 정서를 증가시켰다. 연구자들은 환자들이 영적인 내용이 포함된 명상 프로그램을 더 선호한다고 보고했다. 두 번째 연구에서 Wachholtz와 Pargament(2008)는 편두통의 치료에 대해 영적 수련 명상을 내적으로 초점화된 세속화된 명상, 외적으로 초점화된 세속화된 명상, 근육 이완과 비교했다. 영적 수련 명상은 다른 모든 처치 조건과 비교하여 두통, 불안, 부정적 정서에서 유의한 감소를, 통증 감내력, 자기-효능감, 실존적 안녕감에서는 의미 있는 개선을 나타냈다. 추가 연구가 필요하지만 초기의 연구 결과는 명상이 영적인 맥락 내에서 실행될 경우 더 나은 효과를 가진다는 것을 시사한다.

두 번째 질문과 관련하여, 다른 기법들을 직접 비교한 많은 연구가 등장하고 있다(예를 들면, Lehmann et al., 2012; Levenson, Ekman, & Ricard, 2012; Perlman, Salomons, Davidson, & Lutz, 2010). 건강한 개인들을 대상으로 한 명상의 심리적 효과 연구에 대한 인상적인 메타분석을 수행한 Sedlmeier 등(2012)의 연구는 현존하는 연구가 명상의 다양한 체계에 대해 어떤 결론을 내리고 있는가를 보여 준다. 그들은 다음과 같은 방식으로 나누어 분석을 실시했다. 그들은 다양한 심리적 변인에 대한 명상의 전반적인 결합 효과뿐 아니라 TM, 마음챙김, 기타 다른 접근의 명상 효과를 비교했다. 메타 분석 결과, 세 종류의 명상 체계 간에 의미 있는 총 효과 크기의 차이는 없었으나, 특정한 심리적 기능에 대한 영향에 있어서는 효과 크기의 차이가 있었다. 특히 TM은 부정적 정서, 상태 및 특질 불안, 신경증, 자기-실현, 학습과 기억에 대한 영향에서 가장 높은 효과의 크기를 가진 반면, 마음챙김 명상은 자기-개념과 부정적 성격 특성의 감소에 있어서 가장 높은 효과를 보였다. 이러한 결과를 고려하면, 종류와 무관하게 명상은 심리적 기능에 영향을 미치지만 다른 형태의 명상은 특정 영역의 기능 변화를 촉진하는 데 보다 효과적이라고 말할 수 있다. 결론적으로, 일반인이나 임상 모집단 모두에 대해 명상을 추천할 경우 그들의 문제에 적합한 명상 유형을 신중하게 정할 필요가 있다. Sedlmeier 등 (2012)의 연구에 대한 검증 또한 앞으로 필요하다.

어떻게, 그리고 왜? 명상의 이론

명상이 몸과 마음에 분명하고 측정 가능한 효과를 가진다는 것을 보여 주는 많은 경험적 연구 문헌들과 관련되어 중요한 질문이 등장한다—명상이 어떻게 이러한 변화를 가져오는가? 검증 가능한 구체적 가설을 이끌어 낼 수 있는 일관되고 통합적인 이론의 결여는 명상 연구에 문제를 일으켜 왔으며, 불행히도 대부분의 출간된 연구는 명료한 이론적 기초가 부족하다(Sedlmeier et al., 2012). 그러나 이것이 명상의 작동 방식을 설명하려는 시도가 부족하기 때문은 아니다. Walsh와 Shapiro(2006)에 따르면 세 가지 종류의 설명이 존재하는데, 은유적 · 기계론적 · 과정적 설명이 그것이다.

은유적 설명은 대개의 경우 명상 체계가 근거하고 있는 철학 체계로부터 제공된다. 이러한 방식의 설명에 공통된 고전적 은유로는 중독된 마음의 정화, 환상과 조건화된 마음과 자기로부터의 해방, 도취 상태로부터 마음의 각성, 마음의 혼란을 고요하게 하기, 마음과 자기의 재균형, 내면의 잠재력 실현, 깨달음, 진정한 본성의 인식 등이 있다(Walsh, 1999). 기계론적 설명은 현대과학자들이 주로 제시한다. 마음과 뇌를 기계로 유추한다는 문제의식에도 불구하고, 다양한 심리적(예를 들면, 이완, 노출, 탈민감화, 탈최면, 탈자동화, 정화, 역조건화, 통찰, 자기-감찰, 자기-통제, 자기-수용, 자기-이해), 생리적 메커니즘(예를 들면, 각성 감소, 자동 반응의 조정, 스트레스 면역, 뇌 반구 동기화와 편측성 이동laterality shifts)이 문헌에서 사용되고 있다(Baer, 2003; Cahn & Polich, 2006; Davidson et al., 2003; Murphy & Donovan, 1997; Sedlmeier et al., 2012). 마지막으로, 과정적 설명은 환원적이지 않고(기계론적 설명을 환원적인 방식이라고 비판하는 연구로는 Rosch, 1999; Wilber, 2000 참조), 명상의 여러 수준에서 메커니즘의 상호작용을 수용하는 방식으로 의식과 경험의 특성을 강조한다. Walsh와 Shapiro(2006)는 두 개의 중요한 과정이 명상을 이해하는 데 핵심적임을 지적했다—자각의 정제와 탈동일시가 바로 그것이다.

자각의 정제와 관련하여 그들은 고양된 자각은 모든 명상 수련에서 공통적으로 중요할 뿐 아니라(Walsh, 1999; Wong, 1997), 심리치료와 매우 밀접한 관련성(Perls, 1969; Raskin & Rogers, 1995; Whitmont, 1969)이 있다는 사실을 강조하였다. 탈동일시는 경험의 내용(생각,

느낌, 이미지 등)과 동일시하지 않고 경험이 일어나는 것을 관찰하는 자각의 과정을 말한다. 다양한 이론에서 다양한 이름으로 언급되고 있지만(예를 들면, 탈중심decentration, 탈중심화decentering, 탈집착detachment, 관찰 자기observing self, 상위인지 자각metacognitive awareness, 탈-매몰de-embedding; Martin, 1997; Wilber, 2000), 탈동일시는 개인적 성장과 변용을 위해 필수적인 과정으로 인식되고 있다.

결론과 미래 연구 방향

분명히 명상의 역사, 복잡성 그리고 인간 의식과 기능의 변화에 영향을 주는 효능을 존중하는 명상의 개념화와 연구가 필요하다. 현재의 이론적 · 경험적 노력은 좋은 출발로 보일 수 있지만, 명상에 대한 의미 있고 명료한 이해를 촉진하기 위해서는 필요한 많은 작업이 있다. 지금까지 토론했던 것을 고려하면서 미래 연구에 대한 권고로 이 장을 마칠 것이다.

1. 명상의 본질, 과정 및 효과를 보다 전체적으로 이해하기 위해서는 현재 과학자, 임상가, 명상 수련자가 제공하는 이질적인 이론과 설명을 통합하기 위한 상승적이고 복합적인 명상 모델을 고안하는 데 상당한 주의를 기울여야 한다. 이러한 명상 모델로서 전망 있는 후보의 하나가 Wilber(2000)의 통합 모델이다. 이러한 모델은 엄격한 연구를 위한 의미 있고 정교한 가설을 생성할 수 있을 정도로 구체적이고 명료할 필요가 있다.

2. 방법론적으로 연구 설계에 보다 많은 관심을 기울여야 한다. 여기에는 연구 결과의 예측을 안내하는 바람직한 이론의 활용, 충분한 효과 크기와 결과의 일반화 가능성을 보장하고 이론적으로 연관된 메커니즘, 과정 및 결과를 상세하게 설명할 수 있는 참가자 선정 방식(숙련 명상자 연구의 경우와 같이), 횡단적 및 종단적으로 변화와 효과의 설명을 가능하게 하는 연구 설계의 활용, 명상의 효과를 확립하기 위해 필요한 적절한 비교집단 포함, 단일한 방법론을 사용하는 것은 체계적 편향을 일으킬 수 있으므로 단일 방법론(예를 들면, 자기보고 척도, 해석적 이미징 기법)에 대한 과잉 의존을 피하기, 명상 훈련의 규칙 준수 및 통일성을 확보하기 등이 포함된다. 또한 순수한 주의 훈련 명상이 사용되었는지 혹은 호흡 조작이나 신체 움직임과 같은 추가적인

기법이 더해졌는가를 구분하는 것이 중요한데, 이는 어떤 요소가 특정 변화에 영향을 주는가를 결정하는 것이 어렵기 때문이다.

3. 연구의 반복 검증을 위해 표준화된 평가를 가능하게 하는 명상 이론과 관련된 구성개념의 개발과 타당화에 상당한 노력을 기울여야 한다(명상, 현상학적, 자아초월 연구를 위해 개발된 측정도구들로는 MacDonald, LeClair, Holland, Alter, & Friedman, 1995 참조).

4. 명상에 영향을 미치는 매개, 조절, 맥락 변인과 그러한 변인들(예를 들면, 나이, 성, 민족, 종교 참여와 헌신, 명상 수련 기간, 기대)이 명상에 영향을 미치는 방식에 대해 연구할 필요가 있다. 특히 명상이 수행되는 가치 / 신념 맥락(예를 들면, 영성)과 명상이 작동하는 데 있어 생활 양식의 역할(Walsh, 2011)을 고려하는 것이 중요하다.

5. 명상의 잠재적인 부정적 효과와 특정한 형태의 명상이 가지는 차별적인 효과를 연구하는 것이 필요하다. 이를 통해 명상을 언제, 어떻게, 누구와 함께 사용해야 하는가에 대한 결정을 책임 있게 할 수 있다.

6. 성격, 발달, 성숙의 역할과 영향을 위해 명상 연구의 초점을 확장하는 것이 필요하다. 질병과 병리 치료에서 명상의 잠재적인 가치에 대한 지속적인 연구와 함께 명상이 높은 개인적 · 사회적 기능과 안녕을 어떻게 촉진하는가를 결정하기 위해 명상의 예외적 효과를 조사하는 영역으로 연구가 확장되어야 한다.

참고문헌

Alexander, C. & Langer, E. (Eds.). (1990). *Higher stages of human development*. New York, NY: Oxford University Press.

Alexander, C. N., Rainforth, M. V., & Gelderloos, P. (1991). Transcendental meditation, self-actualization, and psychological health. *Journal of Social Behavior and Personality*, *6*(5), 189-247.

Alexander, C. N., Robinson, P., Orme-Johnson, D. W., Schneider, R. H., & Walton, K. G. (1994). The effects of transcendental meditation compared to other methods of relaxation and meditation in reducing risk factors, morbidity, and mortality. *Homeostasis, 35*(4-5), 243-263.

Alexander, C., Walton, K., Orme-Johnson, D., Goodman, R., & Pallone, N. (Eds.). (2003). *Transcendental meditation in criminal rehabilitation and crime prevention*. New York, NY: Haworth Press.

Alexander, F., & Selesnick, S. (1966). *The history of psychiatry*. New York, NY: Harper & Row.

Andresen, J. (2000). Meditation meets behavioral medicine. *Journal of Consciousness Studies, 7*(11-12), 17-74.

Arkowitz, H., & Mannon, B. (2002). A cognitive-behavioral assimilative integration. In F. Kaslow & J. Lebow (Eds.), *Comprehensive handbook of psychotherapy* (Vol. 4, pp. 317-337). New York, NY: John Wiley & Sons.

Baer, R. (2003). Mindfulness training as a clinical intervention: A conceptual and empirical review. *Clinical Psychology: Science and Practice, 10*(2), 125-143.

Baijal, S., & Srinivasan, N. (2010). Theta activity and meditative states: Spectral changes during concentrative meditation. *Cognitive Processing, 11*(1), 31-38.

Barnhofer, T., Duggan, D., Crane, C., Hepburn, S., Fennell, M. J. V., & Williams, J. M. G. (2007). Effects of meditation on frontal-alpha asymmetry in previously suicidal individuals. *NeuroReport: For Rapid Communication of Neuroscience Research, 18*(7), 709-712.

Barnhofer, T., Crane, C., Hargus, E., Amarasinghe, M., Winder, R., & Williams, J. M. G. (2009). Mindfulness-based cognitive therapy as a treatment for chronic depression: A preliminary study. *Behaviour Research and Therapy, 47*(5), 366-373.

Bennett, C. M., Baird, A. A., Miller, M. B., & Wolford, G. L. (2012). Neural correlates of interspecies perspective taking in the post-mortem Atlantic salmon: An argument for proper multiple comparisons correction. *Journal of Serendipitous and Unexpected Results, 1*(1), 1-5.

Black, D. S., Milam, J., & Sussman, S. (2009). Sitting-meditation interventions among youth: A review of treatment efficacy. *Pediatrics, 124*(3), e532-e542.

Bond, K., Ospina, M. B., Hooton, N., Bialy, L., Dryden, D. M., Buscemi, N., . . . Carlson, L. E. (2009). Defining a complex intervention: The development of demarcation criteria for "meditation". *Psychology of Religion and Spirituality, 1*(2), 129-137.

Bormann, J. E., & Carrico, A. W. (2009). Increase in positive reappraisal coping during a group-based mantram intervention mediate sustained reductions in anger in HIV-positive persons. *International Journal of Behavioral Medicine, 16*(1), 74-80.

Bormann, J. E., Thorp, S. R., Wetherell, J. L., Golshan, S., & Lang, A. J. (2012). Meditation-based mantram intervention with veterans with posttraumatic stress disorder: A randomized trial. *Psychological Trauma: Theory, Research, Practice, and Policy*. Advance online publication. doi: 10.1037/a0027522

Boteva, K. (2008). Mindfulness meditation in patients with mood disorders. Feasibility, safety, and efficacy. *International Journal of Child Health and Human Development, 1*(2), 135-154.

Bowen, S., Witkiewitz, K., Dillworth, T. M., Chawla, N., Simpson, T. L., Ostafin, B. D., ··· Marlatt, G. A. (2006). Mindfulness meditation and substance use in an incarcerated population. *Psychology of Addictive Behaviors, 20*(3), 343-347.

Brefczynski-Lewis, J. A., Lutz, A., Schaefer, H. S., Levinson, D. B., & Davidson, R. J. (2007). Neural correlates of attentional expertise in long-term meditation practitioners. *PNAS Proceedings of the National Academy of Sciences of the United States of America*, *104*(27), 11483-11488.

Brewer, J. A., Worhunsky, P. D., Gray, J. R., Tang, Y., Weber, J., & Kober, H. (2011). Meditation experience is associated with differences in default mode network activity and connectivity. *PNAS Proceedings of the National Academy of Sciences of the United States of America*, *108*(50), 20254-20259.

Bruce, N. G., Manber, R., Shapiro, S. L., & Constantino, M. J. (2010). Psychotherapist mindfulness and the psychotherapy process. *Psychotherapy Theory, Research, Practice, and Training*, *47*(1), 83-97.

Burg, J. M., & Michalak, J. (2012). Achtsamkeit selbstwert und selbstwertstablität/mindfulness, self-esteem, and self-esteem stability. *Zeitschrift für Klinische Psychologie und Psychotherapie: Forschung und Praxis*, *41*(1), 1-8.

Burg, J. M., Wolf, O. T., & Michalak, J. (2012). Mindfulness as self-regulated attention: Associations with heart rate variability. *Swiss Journal of Psychology*, *71*(3), 135-139.

Burke, C. A. (2010). Mindfulness-based approaches with children and adolescents: A preliminary review of current research in an emergent field. *Journal of Child and Family Studies*, *19*(2), 133-144.

Cahn, B. R., Delorme, A., & Polich, J. (2010). Occipital gamma activation during Vipassana meditation. *Cognitive Processing*, *11*(1), 39-56.

Cahn, R., & Polich, J. (2006). Meditation states and traits: EEG, ERP, and neuroimaging studies. *Psychological Bulletin*, *132*(2), 180-211.

Cahn, B. R., & Polich, J. (2009). Meditation (vipassana) and the P3a event-related brain potential. *International Journal of Psychophysiology*, *72*(1), 51-60.

Campion, J., & Rocco, S. (2009). Minding the mind: The effects and potential of a school-based meditation programme for mental health promotion. *Advances in School Mental Health Promotion*, *2*(1), 47-55.

Canter, P., & Ernst, E. (2003). The cumulative effects of Transcendental Meditation on cognitive function: A systematic review of randomized controlled trials. *Wiener klinische Wochenschrift Gesellschaft der Ärzte in Wien*, *115*(21-22), 758-766.

Cardoso, R., de Souza, E., Camano, L., & Leite, J. R. (2004). Meditation in health: An operational definition. *Brain Research Protocols*, *14*, 58-60.

Carlson, L. E., Speca, M., Patel, K. D., & Goodey, E. (2003). Mindfulness-based stress reduction in relation to quality of life, mood, symptoms of stress and immune parameters in breast and prostate cancer outpatients. *Psychosomatic Medicine*, *65*, 572-581.

Carter, O., Presti, D., Callistemon, C., Liu, G. B., Ungerer, Y., & Pettigrew, J. D. (2005). Meditation alters perceptual rivalry in Tibetan Buddhist monks. *Current Biology*, *15*(11), R412-R413.

Cayoun, B. A. (2011). *Mindfulness-integrated CBT: Principles and practice*. New York, NY: Wiley-Blackwell.

Cheng, R. W. F., Borrett, D. S., Cheng, W., Kwan, H. C., & Cheng, R. S. S. (2010). Human prefrontal cortical response to the meditative state: A spectroscopy study. *International Journal of Neuroscience, 120*(7), 483-488.

Chiesa, A., Calati, R., & Serretti, A. (2011). Does mindfulness training improve cognitive abilities? A systematic review of neuropsychological findings. *Clinical Psychology Review, 31*(3), 449-464.

Chiesa, A., & Serretti, A. (2010). A systematic review of neurobiological and clinical features of mindfulness meditations. *Psychological Medicine, 40*(8), 1239-1252.

Chu, L. (2010). The benefits of meditation vis-à-vis emotional intelligence, perceived stress and negative mental health. *Stress and Health: Journal of the International Society for the Investigation of Stress, 26*(2), 169-180.

Cole, B. S., Hopkins, C. M., Spiegel, J., Tisak, J., Agarwala, S., & Kirkwood, J. M. (2012). A randomized clinical trial of the effects of spiritually focused meditation for people with metastatic melanoma. *Mental Health, Religion, & Culture, 15*(2), 161-174.

Corsini, R. (Ed.). (2001). *Innovative psychotherapies* (2nd ed.). New York, NY: John Wiley.

Cranson, R. W., Orme-Johnson, D. W., Gackenbach, J., Dillbeck, M. C., Jones, C. H., & Alexander, C. N. (1991). Transcendental meditation and improved performance on intelligence-related measures: A longitudinal study. *Personality and Individual Differences 12*(10), 1105-1116.

Davanger, S., Ellingsen, Holen, A., & Hugdahl, K. (2010). Meditation-specific prefrontal cortical activation during Acem meditation: An fMRI study. *Perceptual and Motor Skills, 111*(1), 291-306.

Davidson, R. J., Kabat-Zinn, J., Schumacher, J., Rosenkranz, M., Muller, D., Santorelli, S. F., … Sheridan, J. F. (2003). Alterations in brain and immune function produced by mindfulness meditation. *Psychosomatic Medicine, 65*, 564-570.

Davis, D. M., & Hayes, J. A. (2011). What are the benefits of mindfulness? A practice review of psychotherapy-related research. *Psychotherapy, 48*(2), 198-208.

de Lisle, S. M., Dowling, N. A., & Allen, J. S. (2011). Mindfulness-based cognitive therapy for problem gambling. *Clinical Case Studies, 10*(3), 210-228.

Deurr, M. (2004). *A powerful silence: The role of meditation and other contemplative practices in American life and work*. Northampton, MA: Centre for Contemplative Mind in Society.

Dillbeck, M. C., Assimakis, P. D., & Raimondi, D. (1986). Longitudinal effects of the transcendental meditation and TM-Sidhi program on cognitive ability and cognitive style. *Perceptual Motor Skills, 62*(3), 731-738.

Dimidjian, S., & Linehan, M. (2003). Defining an agenda for future research on the clinical applications of mindfulness practice. *Clinical Psychology: Science and Practice 10*, 125-143.

Dobkin, P. L., Irving, J. A., & Amar, S. (2012). For whom may participation in a mindfulness-based stress reduction program be contraindicated? *Mindfulness, 3*(1), 44-50.

Elmer, L. D., MacDonald, D. A., & Friedman, H. L. (2003). Transpersonal psychology, physical health and mental health: Theory, research, and practice. *Humanistic Psychologist, 31*(2-3), 160-181.

Emavardhana, T., & Tori, C. D. (1997). Changes in self-concept, ego defense mechanisms, and religiosity following seven-day Vipassana meditation retreats. *Journal for the Scientific Study of Religion*, *36*(2), 194–206.

Engström, M., Pihlsgard, J., Lundberg, P., & Soderfeldt, B. (2010). Functional magnetic resonance imaging of hippocampal activation during silent mantra meditation. *Journal of Alternative and Complementary Medicine*, *16*(12), 1253–1258.

Evans, S., Ferrando, S., Findler, M., Stowell, C., Smart, C., & Haglin, D. (2008). Mindfulness-based cognitive therapy for generalized anxiety disorder. *Journal of Anxiety Disorders*, *22*(4), 716–721.

Falkenström, F. (2010). Studying mindfulness in experienced meditators: A quasi-experimental approach. *Personality and Individual Differences*, *48*(3), 305–310.

Farb, N. A. S., Anderson, A. K., & Segal, Z. V. (2012). The mindful brain and emotion regulation in mood disorders. *Canadian Journal of Psychiatry*, *57*(2), 70–77.

Fischer, R. A. (1971). A cartography of the ecstatic and meditative states. *Science*, *174*, 897–904.

Fjorback, L. O., Arendt, M., Ømbøl, E., Fink, P., & Walach, H. (2011). Mindfulness-based stress reduction and mindfulness-based cognitive therapy: A systematic review of randomized controlled trials. *Acta Psychiatrica Scandinavica*, *124*(2), 102–119.

Foley, E., Baillie, A., Huxter, M., Price, M., & Sinclair, E. (2010).Mindfulness-based cognitive therapy for individuals whose lives have been affected by cancer: A randomized controlled trial. *Journal of Consulting and Clinical Psychology*, *78*(1), 72–79.

Gelderloos, P., Walton, K., Orme-Johnson, D., & Alexander, C. (1991). Effectiveness of the transcendental meditation program in preventing and treating substance misuse: A review. *International Journal of the Addictions*, *26*(3), 293–325.

Goleman, D. (1971). Meditation as meta-therapy: Hypotheses toward a proposed fifth state of consciousness. *Journal of Transpersonal Psychology*, *3*(1), 1–25.

Goleman, D. (1972). The Buddha on meditation and states of consciousness: II. A typology of meditation techniques. *Journal of Transpersonal Psychology*, *4*(2), 151–210.

Goleman, D. (1988). *The meditative mind: The varieties of meditative experience*. New York, NY: Putnam.

Goleman, D. (Ed.). (2003). *Destructive emotions*. New York, NY: Bantam.

Grant, J. A., Courtemanche, J., Duerden, E. G., Duncan, G. H., & Rainville, P. (2010). Cortical thickness and pain sensitivity in Zen meditators. *Emotion*, *10*(1), 43–53.

Grof, S., & Grof, C. E. (1989). *Spiritual emergency*. Los Angeles, CA: Jeremy P. Tarcher.

Grossman, P., Niemann, L., Schmidt, S., & Walach, H. (2004). Mindfulness-based stress reduction and health benefits: A meta-analysis. *Journal of Psychosomatic Research*, *57*, 35–43.

Hasenkamp, W., & Barsalou, L. W. (2012). Effects of meditation experience on functional connectivity of distributed brain networks. *Frontiers in Human Neuroscience*, *6*(1), Article 38.

Hayes, S. C., Follette, V. M., & Linehan, M. (Eds.). (2004). *Mindfulness and acceptance: Expanding the cognitive-behavioral tradition*. New York, NY: Guilford Press.

Herron, R. E. (2011). Changes in physician costs among high-cost transcendental mediation practitioners compared with high-cost nonpractitioners over five years. *American Journal of Health Promotion*, *26*(1), 56–60.

Himelstein, S. (2011). Meditation research: The state of the art in correctional settings. *International Journal of Offender Therapy and Comparative Criminology, 55*(4), 646-661.

Hodgins, H. S., & Adair, K. C. (2010). Attentional processes and meditation. *Consciousness and Cognition: An International Journal, 19*(4), 872-878.

Hölzel, B. K., Carmody, J., Vangel, M., Congleton, C., Yerramsetti, S. M., Gard, T., & Lazar, S. M. (2011). Mindfulness practice leads to increases in regional brain gray matter density. *Psychiatry Research: Neuroimaging, 191*(1), 36-43.

Hölzel, B. K., Ott, U., Gard, T., Hempel, H., Weygandt, M., Morgan, K., & Vaitl, D. (2008). Investigation of mindfulness meditation practitioners with voxel-based morphometry. *Social Cognitive and Affective Neuroscience, 3*(1), 55-61.

Jevning, R.,Wallace, R. K., & Beidebach, M. (1992). The physiology of meditation: A review. A wakeful hypometabolic integrated response. *Neuroscience & Biobehavioral Reviews, 16*(3), 415-424.

Jonte-Pace, D. (1998). The Swami and the Rorschach. In R. Forman (Ed.), *The innate capacity: Mysticism, psychology, and philosophy* (pp. 137-169). New York, NY: Oxford University Press.

Josefsson, T., Larsman, P., Broberg, A. G., & Lundh, L. (2011). Self-reported mindfulness mediates the relation between meditation experience and psychological well-being. *Mindfulness, 2*(1), 49-58.

Jung, Y. H., Kang, D. H., Byun, M. S., Shim, G., Kwon, S. J., Jang, G. E., Lee, U. S., An, S. C., Jang, J. H., & Kwon, J. (2012). Influence of brain-derived neurotrophic factor and catechol O-methyl transferase polymorphisms on effects of meditation on plasma catecholamines and stress. *Stress: The International Journal on the Biology of Stress, 15*(1), 97-104.

Justo, C. F., & Luque, M. N. (2009). Efectos de una programa meditaci ón en los valores de una muestra de estudiantes universitarios/Effects of a meditation program on values in a sample of university students. *Electronic Journal of Research in Educational Psychology, 7*(3), 1157-1174.

Kabat-Zinn, J. (2003). Mindfulness-based interventions in context: Past, present, and future. *Clinical Psychology: Science and Practice, 10*(2), 144-156.

Kabat-Zinn, J., Massion, A., Hebert, J. R., & Rosenbaum, E. (1997). Meditation. In J. Holland (Ed.), *Textbook of psycho-oncology*. Oxford, UK: Oxford University Press.

Kaul, P., Passafiume, J., Sargent, C. R., & O'Hara, B. F. (2010). Meditation acutely improves psychomotor vigilance and may decrease sleep need. *Behavioral and Brain Functions, 6*, Article 47.

Kerr, C. E., Jones, S. R., Wan, Q., Pritchett, D. L., Wasserman, R. H., Wexler, A., Villanueva, J. J., Shaw, J. R., Lazar, S. W., Kaptchuk, T. J., Litterberg, R., Hämäläinen, M. S., & Moore, C. I. (2011). Effects of mindfulness mediation training on anticipatory alph modulation in primary somatosensory cortex. *Brain Research Bulletin, 85*(3-4), 96-103.

Keune, P. M., & Forintos, D. P. (2010). Mindfulness meditation: A preliminary study on meditation practice during everyday life activities and its association with well-being. *Psihologijske Teme*,

19(2), 373-386.

Kilpatrick, L. A., Suyenobu, B. Y., Smith, S. R., Bueller, J. A., Goodman, T., Creswell, J. D., Tillisch, K., Mayer, E. A., & Naliboff, B. D. (2011). Impact of mindfulness-based stress reduction training on intrinsic brain connectivity. *NeuroImage*, *56*(1), 290-298.

Koole, S. L., Govorun, O., Cheng, C. M., & Gallucci, M. (2009). Pulling yourself together: Meditation promotes congruence between implicit and explicit self-esteem. *Journal of Experimental Social Psychology*, *45*(6), 1220-1226.

Kozasa, E. H., Santos, R. F., Rueda, A. D., Benedito-Silva, A. A., DeMoraes, O., Felipe, L., & Leite, J. R. (2008). Evaluation of Siddha Samadhi yoga for anxiety and depression symptoms: A preliminary study. *Psychological Reports*, *103*(1), 271-274.

Kristeller, J. (2011). Spirituality and meditation. In J. D. Aten, M. R. McMinn, & E. L. Worthington, Jr. (Eds.), *Spiritually oriented interventions for counseling and psychotherapy* (pp. 197-227). Washington, D.C.: American Psychological Association.

Kristeller, J. L., & Wolever, R. Q. (2011). Mindfulness-based eating awareness training for treating binge eating disorder: The conceptual foundation. *Eating Disorders: The Journal of Treatment and Prevention*, *19*(1), 49-61.

Kuijpers, H. J., van der Heijden, F. M., Tuinier, S., & Verhoeven, W. M. (2007). Meditation induced psychosis. *Psychopathology*, *40*(6), 461-464.

Kvillemo, P., & Bränström, R. (2011). Experiences of a mindfulness-based stress-reduction intervention among patients with cancer. *Cancer Nursing*, *34*(1), 24-31.

Labelle, L. E., Campbell, T. S., & Carlson, L. E. (2010). Mindfulness-based stress reduction in oncology: Evaluating mindfulness and rumination as mediators of change in depressive symptoms. *Mindfulness*, *1*(1), 28-40.

Lansky, E. P., & St. Louis, E. K. (2006). Transcendental meditation: A double-edged sword in epilepsy?. *Epilepsy and Behavior*, *9*(3), 394-400.

Lazar, S. W., Kerr, C. E., Wasserman, R. H., Gray, J. R., Greve, D. N., Treatway, M. T., McGarvey, M. M., Quinn, B. T., Dusek, J. A., Benson, H., Rauch, S. L., Moore, C. I., & Fischl, B. (2005). Meditation experience is associated with increased cortical thickness. *NeuroReport: For Rapid Communication of Neuroscience Research*, *16*(17), 1893-1897.

Lee, S. H., Ahn, S. C., Lee, Y. J., Choi, T. K., Yook, K. H., & Suh, S. Y. (2007). Effectiveness of a meditation-based stress management program as an adjunct to pharmacotherapy in patients with anxiety disorder. *Journal of Psychosomatic Research*, *62*(2), 189-195.

Lehmann, D., Faber, P. L., Tei, S., Pascual-Marqui, R. D., Milz, P., & Kochi, K. (2012). Reduced functional connectivity between cortical sources in five meditation traditions detected with lagged coherence using EEG tomography. *NeuroImage*, *60*(2), 1574-1586.

Levenson, R. W., Ekman, P., & Ricard, M. (2012). Meditation and the startle response: A case study. *Emotion*, *12*(3), 650-658.

Linehan, M. (2007). *Dialectical behavior therapy in clinical practice: Applications across disorders and settings*. New York, NY: Guilford Press.

Lipsey, M. W., & Wilson, D. B. (1993). The efficacy of psychological, educational, and behavioral treatment: Confirmation from meta-analysis. *American Psychologist*, *48*, 1181-1209.

Luders, E., Clark, K., Narr, K. L., & Toga, A. W. (2011). Enhanced brain connectivity in long-term meditation practitioners. *NeuroImage*, *57*(4), 1308-1316.

Luders, E., Kurth, F., Mayer, E. A., Toga, A. W., Narr, K. L., & Gaser, C. (2012). The unique brain anatomy of meditation practitioners: Alterations in cortical gyrification. *Frontiers in Human Neuroscience*, *6*, Article 34.

Luders, E., Phillips, O. R., Clark, K., Kurth, F., Toga, A. W., & Narr, K. L. (2012). Bridging the hemispheres in meditation: Thicker callosal regions and enhanced Fractional Anisotropy(FA) in long-term practitioners. *NeuroImage*, *61*(1), 181-187.

Luders, E., Toga, A. W., Lepore, N., & Gaser, C. (2009). The underlying anatomical correlates of long-term meditation: Larger hippocampal and frontal volumes of gray matter. *NeuroImage*, *45*(3), 672-678.

Lutz, A., Slagter, H. A., Dunne, J. D., & Davidson, R. J. (2008). Attention regulation and monitoring in meditation. *Trends in Cognitive Sciences*, *12*(4), 163-169.

MacDonald, D. A., LeClair, L., Holland, C. J., Alter, A., & Friedman, H. L. (1995). A survey of measures of transpersonal constructs. *Journal of Transpersonal Psychology*, *27*(2), 171-235.

Manzaneque, J. M., Vera, F. M., Ramos, N. S., Godoy, Y. A., Rodriguez, F. M., Blanca, M. J., Fernandez, A., & Enguix, A. (2011). Psychobiological modulation in anxious and depressed patients after a mindfulness meditation programme: A pilot study. *Stress and Health: Journal of the International Society for the Investigation of Stress*, *27*(3), 216-222.

Martin, J. (1997). Mindfulness: A proposed common factor. *Journal of Psychotherapy Integration*, *7*, 291-312.

Mason, L., Alexander, C., Travis, F., Marsh, G., Orme-Johnson, D., & Gackenbach, J. (1997). Electrophysiological correlates of higher states of consciousness during sleep in long term practitioners of the Transcendental Meditation program. *Sleep*, *20a*, 201-110.

Miklowitz, D. J., Alatiq, Y., Goodwin, G. M., Geddes, J. R., Fennell, J. V., Dimidjian, S., Dimidjian, S., Hauser, M., & Williams, J. M. G. (2009). A pilot study of mindfulness based cognitive therapy for bipolar disorder. *International Journal of Cognitive Therapy*, *2*(4), 373-382.

Miller, J., Fletcher, K., & Kabat-Zinn, J. (1995). Three-year follow-up and clinical implications of a mindfulness-based intervention in the treatment of anxiety disorders. *General Hospital Psychiatry*, *17*, 192-200.

Mohan, A., Sharma, R., & Bijlani, R. L. (2011). Effect of meditation on stress-induced changes in cognitive functions. *Journal of Alternative and Complementary Medicine*, *17*(3), 207-212.

Moore, A., & Malinowski, P. (2009). Meditation, mindfulness and cognitive flexibility. *Consciousness and Cognition: An International Journal*, *18*(1), 176-186.

Morone, N. E., Greco, C. M., & Weiner, D. K. (2008). Mindfulness meditation for the treatment of chronic low back pain in older adults: A randomized controlled pilot study. *Pain*, *134*(3), 310-319.

Murphy, M., & Donovan, S. (1997). *The physical and psychological effects of meditation* (2nd ed.). Petaluma, CA: Institute of Noetic Sciences.

Naranjo, C., & Ornstein, R. E. (1971). *On the psychology of meditation*. New York, NY: Viking Press.

Neumann, N., & Frasch, K. (2006). Meditation aus neurobiologischer Sicht-Untersuchungsergebnisse bildgebender Verfahren [The neurological dimension of meditation: Results from neuroimaging studies]. *Psychotherapie Psychosomatik Medizinische Psychologie*, *56*(12), 488-492.

Newberg, A. B., Wintering, N., Waldman, M. R., Amen, D., Khalsa, D. S., & Alavi, A. (2010). Cerebral blood flow differences between long-term meditators and non-meditators. *Consciousness and Cognition: An International Journal*, *19*(4), 899-905.

Nidich, S. I., Ryncarz, R. A., Abrams, A., Orme-Johnson, D. W., & Wallace, R. K. (1983). Kohlbergian cosmic perspective responses, EEG coherence and the TM and TM-Sidhi program. *Journal of Moral Education*, *12*(3), 166-173.

Oken, B. S., Fonareva, I., Haas, M., Wahbeh, H., Lane, J. B., Zajdel, D., & Amen, A. (2010). Pilot controlled trial of mindfulness mediation and education for dementia caregivers. *Journal of Alternative and Complementary Medicine*, *16*(10), 1031-1038.

Olivo, E. L., Dodson-Lavelle, B., Wren. A., Fang, Y., & Oz, M. C. (2009). Feasibility and effectiveness of a brief meditation-based stress management intervention for patients diagnosed with or at risk for coronary heart disease: A pilot study. *Psychology, Health & Medicine*, *14*(5), 513-523.

Ong, J. C., Shapiro, S. L., Manber, R. (2008). Combining mindfulness meditation with cognitive-behavior therapy for insomnia: A treatment-development study. *Behavior Therapy*, *39*(2), 171-182.

Ortner, C. N. M., Kilner, S. J., & Zelazo, P. D. (2007). Mindfulness meditation and reduced emotional interference on a cognitive task. *Motivation and Emotion*, *31*(4), 271-283.

Osis, K., Bokert, E., & Carlson, M. (1973). Dimensions of meditative experience. *Journal of Transpersonal Psychology*, *5*(2), 109-135.

Ospina, M. B., Bond, K., Karkhaneh, M., Buscemi, N., Dryden, D. M., Barnes, V., Carlson, L. E., Dusek. J. A., & Shannahoff-Khalsa, D. (2008). Clinical trials of meditation practices in health care: Characteristics and quality. *Journal of Alternative and Complementary Medicine*, *14*(10), 1199-1213.

Pace, T. W., Negi, L. T., Adame, D. D., Cole, S. P., Sivilli, T. I., Brown, T. D., Issa, M. J., & Raison, C. I. (2009). Effect of compassion meditation on neuroendocrine, innate immune, and behavioral responses to psychosocial stress. *Psychoneuroendocrinology*, *34*(1), 87-98.

Pagnoni, G., & Cekic, M. (2007). Age effects on gray matter volume and attentional performance in Zen meditation. *Neurobiology of Aging*, *28*(10), 1623-1527.

Perlman, D. M., Salomons, T. V., Davidson, R. J., & Lutz, A. (2010). Differential effects of pain intensity and unpleasantness of two meditation practices. *Emotion*, *10*(1), 65-71.

Perls, F. (1969). *Gestalt therapy verbatim*. Lafayette, CA: Real People Press.

Piet, J., & Hougaard, E. (2011). The effect of mindfulness-based cognitive therapy for prevention of relapse in recurrent major depressive disorder: A systematic review andmeta-analysis. *Clinical Psychology Review*, *31*(6), 1032-1040.

Prakash, R., Dubey, I., Abhishek, P., Gupta, S. K., Rastogi, P., & Siddiqui, S. V. (2010). Long-term Vihangam yoga meditation and scores on tests of attention. *Perceptual and Motor Skills*, *110*(3,

Pt 2), 1139-1148.

Ramaswami, S., & Sheikh, A. A. (1989). Meditation East and West. In A. A. Sheikh & K. S. Sheikh (Eds). *Healing East and West: Ancient wisdom and modern psychology* (pp. 427-469). New York, NY: John Wiley & Sons.

Roberts-Wolfe, D., Sacchet, M., Hastings, E., Roth, H., & Britton, W. (2012), Mindfulness training alters emotional memory recall compared to active controls: Support for an emotional information processing model of mindfulness. *Frontiers in Human Neuroscience*, *6*, Article 15.

Rosch, E. (1999). Is wisdom in the brain? *Psychological Science*, *10*, 222-224.

Rosenthal, J. Z., Grosswald, S., Ross, R., & Rosenthal, N. (2011). Effects of transcendental meditation in veterans of Operation Enduring Freedom and Operation Iraqi Freedom with posttraumatic stress disorder: A pilot study. *Military Medicine*, *176*(6), 626-630.

Sahdra, B. K., MacLean, K. A., Ferrer, E., Shaver, P. R., Rosenberg, E. L., Jacobs, T. L., Zanesco, A. D., King, B. G., Aichele, S. R., Bridwell, D. A., Mangun, G. R., Lavy, S., Wallace, B. A., & Saron, C. D. (2011). Enhanced response inhibition during intensive meditation training predicts improvements in self-reported adaptive socioemotional functioning. *Emotion*, *11*(2), 299-312.

Schneider, R. H., Alexander, C. N., Staggers, F., Orme-Johnson, D. W., Rainforth, M., Salerno, W., Sheppard, W., Castillo-Richmond, A., Barnes, V. A., & Nidich, S. (2005). A randomized controlled trial of stress reduction in African Americans treated for hypertension for over one year. *American Journal of Hypertension*, *18*, 88-98.

Sedlmeier, P., Eberth, J., Schwarz, M., Zimmerman, D., Haarig, F., Jaeger, S., & Kunze, S. (2012). The psychological effects of meditation: A meta-analysis. *Psychological Bulletin*, *138*(6), 1139-1171. doi:10.1037/a0028168

Semple, R. J. (2010). Does mindfulness meditation enhance attention? A randomized controlled trial. *Mindfulness*, *1*(2), 121-130.

Shapiro, D., & Astin, J. (1998). *Control therapy*. New York, NY: John Wiley & Sons.

Shapiro, S., Astin, J., Bishop, S., & Cordova, M. (2005). Mindfulness-based stress reduction and health care professionals. *International Journal of Stress Management*, *12*(2), 164-176.

Shapiro, S. L., Brown, K. W., & Astin, J. (2011). Toward the integration of meditation into higher education: A review of research evidence. *Teachers College Record*, *113*(3), 493-528.

Shapiro, S. L., Brown, K.W., & Biegel, G. M. (2007). Teaching self-care to caregivers: Effects of mindfulness-based stress reduction on the mental health of therapists in training. *Training and Education in Professional Psychology*, *1*(2), 105-115.

Shapiro, S., Schwartz, G., & Bonner, G. (1998). Effects of mindfulness-based stress reduction on medical and premedical students. *Journal of Behavioral Medicine*, *21*, 581-599.

Shapiro, D. H., & Walsh, R. (Eds.). (1984). *Meditation*. New York, NY: Aldine.

Shapiro, S., & Walsh, R. (2003). An analysis of recent meditation research and suggestions for future directions. *The Humanistic Psychologist*, *31*, 86-114.

Shigaki, C. L., Glass, B., & Schopp, L. H. (2006).Mindfulness-based stress reduction in medical settings. *Journal of Clinical Psychology in Medical Settings*, *13*(3), 209-216.

Singh, N. N., Lancioni, G. E., Manikam, R., Winton, A. S. W., Ashvind, N. A., Singh, J., & Singh, A. D. A. (2011). A mindfulness-based strategy for self-management of aggressive behavior in adolescents with autism. *Research in Autism Spectrum Disorders, 5*(3), 1153-1158.

Singh, N. N., Lancioni,G. E., Winton, A. S. W., Adkins, A. D., Singh, J., & Singh, A. N. (2007). Mindfulness training assists individuals with moderate mental retardation to maintain their community placements. *Behavior Modification, 31*(6), 800-814.

Singh, N. N., Lancioni, G. E., Winton, A. S. W., Singh, A. N., Adkins, A. D., & Singh, J. (2008). Clinical and benefit-cost outcomes of teaching a mindfulness-based procedure to adult offenders with intellectual disabilities. *Behavior Modification, 32*(5), 622-637.

Sipe, W. E. B., & Eisendrath, S. J. (2012). Mindfulness-based cognitive therapy: Theory and practice. *Canadian Journal of Psychiatry, 57*(2), 63-69.

So, K., & Orme-Johnson, D. (2001). Three randomized experiments on the longitudinal effects of the Transcendental Meditation technique on cognition. *Intelligence, 29*(5), 419-440.

Sobolewski, A., Holt, E., Kublik, E., & Wróbel, A. (2011). Impact of meditation on emotional processing: A visual ERP study. *Neuroscience Research, 71*(1), 44-48.

Srinivasan, N., & Baijal, S. (2007). Concentrative meditation enhances preattentive processing: A mismatch negativity study. *NeuroReport: For Rapid Communication of Neuroscience Research, 18*(16), 1709-1712.

Storm, L., Tressoldi, P. E., & Di Risio, L. (2010). Meta-analysis of free response studies, 1992- 2008: Assessing the noise reduction model in parapsychology. *Psychological Bulletin, 136*(4), 471-485.

Tang, Y. Y., Ma, Y.,Wang, J., Fan, Y., Feng, S., Lu, Q., Yu, Q., Sui, D., Rothbart, M. K., Fan, M., & Posner,M. I. (2007). Short-term meditation training improves attention and self-regulation. *PNAS Proceedings of the National Academy of Sciences of the United States of America, 104*(43), 17152-17156.

Tart, C. (1971). A psychologist's experience with transcendental meditation. *Journal of Transpersonal Psychology, 3*(1), 135-140.

Timmons, B., & Kamiya, J. (1970). The psychology and physiology of meditation and related phenomena: A bibliography. *Journal of Transpersonal Psychology, 2*(1), 41-59.

Tloczynski, J., & Tantriells, M. (1998). A comparison of the effects of Zen breath meditation or relaxation on college adjustment. *Psychologia, 41*, 32-43.

Toneatto, T., & Nguyen, L. (2007). Does mindfulness meditation improve anxiety and mood symptoms? A review of the controlled research. *Canadian Journal of Psychiatry, 52*(4), 260-266.

Travis, F., & Arenander, A. (2006). Cross-sectional and longitudinal study of effects of transcendental meditation practice on interhemispheric frontal asymmetry and frontal coherence. *International Journal of Neuroscience, 116*(12), 1519-1538.

Travis, F., Arenander, A., & DuBois, D. (2004). Psychological and physiological characteristics of a proposed object-referral/self-referral continuum of self-awareness. *Consciousness and Cognition, 13*, 401-420.

Travis, F., & Shear, J. (2010). Focused attention, open monitoring and automatic self- transcending: Categories to organize meditations from Vedic, Buddhist, and Chinese traditions. *Consciousness and Cognition: An International Journal, 19*(4), 1110-1118.

Trungpa, C. (1973). An approach to meditation. *Journal of Transpersonal Psychology, 5*(1), 62-74.

Van den Hurk, P. A. M., Giommi, F., Gielen, S. C., Spekens, A. E. M., & Barendregt, H. P. (2010). Greater efficiency in attentional processing related to mindfulness meditation. *Quarterly Journal of Experimental Psychology, 63*(6), 1168-1180.

Van den Hurk, P. A. M., Janssen, B. H., Giommi, F., Barendregt, H. P., & Gielen, S. C. (2010). Mindfulness meditation associated with alterations in bottom-up processing: Psychophysiological evidence for reduced reactivity. *International Journal of Psychophysiology, 78*(2), 151-157.

Van Nuys, D. (1971). A novel technique for studying attention during meditation. *Journal of Transpersonal Psychology, 3*(2), 125-133.

Vestergaard-Poulsen, P., VanBeek, M., Skewes, J., Bjarkam, C. R., Stubberup, M., Bertelsen, J., & Roepstorff, A. (2009). Long-term meditation is associated with increased gray matter density in the brain stem. *NeuroReport: For Rapid Communication of Neuroscience Research, 20*(2), 170-174.

Vettese, L. C., Toneatto, T., Stea, J. N., Nguyen, L., & Wang, J. J. (2009). Do mindfulness meditation participants do their homework? And does it make a difference? A review of the empirical literature. *Journal of Cognitive Psychotherapy, 23*(3), 198-225.

Vul, E., Harris, C., Winkleman, P., & Pashler, H. (2009). Puzzlingly high correlations in fMRI studies of emotion, personality, and social cognition. *Perspectives on Psychological Science, 4*(3), 274-290.

Wachholtz, A. B., & Pargament, K. I. (2008). Migraines and meditation: Does spirituality matter?. *Journal of Behavioral Medicine, 31*(4), 351-366.

Walach, H., Nord, E., Zier, C., Dietz-Waschkowski, B., Kersig, S., & Schüpbach, H. (2007). Mindfulness-based stress reduction as a method for personnel development: A pilot evaluation. *International Journal of Stress Management, 14*(2), 188-198.

Walsh, R. (2005). Can synesthesia be cultivated?. *Journal of Consciousness Studies, 12*(4-5), 5-17.

Walsh, R. (2011). Lifestyle and mental health. *American Psychologist, 66*(7), 579-592.

Walsh, R., & Shapiro, S. L. (2006). The meeting of meditative disciplines and Western psychology: A mutually enriching dialogue. *American Psychologist, 61*(3), 227-239.

Walsh, R., & Vaughan, F. (Eds.). (1993). *Paths beyond ego.* Los Angeles, CA: J. Tarcher.

Wampold, B. E. (2001). *The great psychotherapy debate: Model, methods, and findings.* Mahweh, NJ: Erlbaum.

Washburn, M. (1988). *The ego and the dynamic ground: A transpersonal theory of human development.* Albany, NY: State University of New York Press.

Weber, B., Jermann, F., Gex-Fabry, M., Nallt, A., Bondolfi, G., & Aubry, J. M. (2010). Mindfulness-based cognitive therapy for bipolar disorder: A feasibility trial. *European Psychiatry, 25*(6), 334-337.

Weissbecker, I., Salmon, P., Studts, J. L., Floyd, A. R., Dedert, E. A., & Sephton, E. (2002).

Mindfulness-based stress reduction and sense of coherence among women with fibromyalgia. *Journal of Clinical Psychology in Medical Settings*, *9*(4), 297-307.

White, J. (Ed). (1974). *What is meditation?*. Garden City, NY: Anchor Books.

Whitmont, E. (1969). *The symbolic quest*. Princeton, NJ: Princeton University Press.

Williams, A., Kolar, M. M., Reger, B. E., & Pearson, J. C. (2001). Evaluation of a wellness-based mindfulness stress reduction intervention: A controlled trial. *American Journal of Health Promotion*, *15*, 422-432.

Wise, C. C. (1974). A meditation on meditation. In J. White (Ed.), *What is meditation* (pp. 61-84). Garden City, NY: Anchor Books.

Wisner, B. L., Jones, B., & Gwin, D. (2010). School-based meditation practices for adolescents: A resource for strengthening self-regulation, emotional coping, and self-esteem. *Children & Schools*, *32*(3), 150-159.

Wong, E. (1997). *The Shambhala guide to Taoism*. Boston, MA: Shambhala.

Yunesian, M., Asiani, A., Vash, J. H., & Yazdi, A. B. (2008). Effects of transcendental meditation on mental health: A before-after study. *Clinical Practice and Epidemiology in Mental Health*, *4*, Article 25.

Zamarra, J. W., Schneider, R. H., Besseghini, I., Robinson, D. K., & Salerno, J. W. (1996). Usefulness of the transcendental meditation program in the treatment of patients with coronary artery disease. *American Journal of Cardiology*, *78*, 77-80.

Zautra, A. J., Davis, M. C., Reich, J. W., Nicassario, P., Tennen, H., Finan, P., Kratz, A., Parrish, B., & Irwin, M. R. (2008). Comparison of cognitive behavioral and mindfulness meditation interventions on adaptation to rheumatoid arthritis for patients with and without history of recurrent depression. *Journal of Consulting and Clinical Psychology*, *76*(3), 408-421.

Zeidan, F., Johnson, S. K., Diamond, B. J., David, Z., & Goolkasian, P. (2010). Mindfulness meditation improves cognition: Evidence of brief mental training. *Consciousness and Cognition: An International Journal*, *19*(2), 597-605.

Zeidan, F., Johnson, S. K., Gordon, N. S., & Goolkasian, P. (2010). Effects of brief and sham mindfulness on mood and cardiovascular variables. *Journal of Alternative and Complementary Medicine*, *16*(8), 867-873.

Zeidan, F., Martucci, K. T., Kraft, R. A., Gordon, N. S., McHaffie, J. G., & Coghill, R. C. (2011). Brain mechanisms supporting the modulation of pain by mindfulness meditation. *Journal of Neuroscience*, *31*(14), 5540-5548.

Zgierska, A., Rabago, D., Zuelsdorff, M., Coe, C. M., Miller, M., & Fleming, M. (2008). Mindfulness meditation for alcohol relapse prevention: A feasibility pilot study. *Journal of Addiction Medicine*, *2*(3), 165-173.

Zylowska, L., Ackerman, D. L., Yang, M. H., Futrell, J. L., Horton, N. L., Hale, T. S., … Smalley, S. L. (2008). Mindfulness meditation training in adults and adolescents with ADHD: A feasibility study. *Journal of Attention Disorder*, *11*(6), 737-746.

번역 출판

Benson, H. (1984). *The relaxation response*. New York, NY: Avon. (정경호 역. 마음으로 몸을 다스려라. 서울: 동도원, 2006).

Brazier, D. (1995). *Zen therapy: Transcending the sorrows of the human mind*. New York, NY: John Wiley & Sons. (김용환, 박종래, 한기연 역. 선 치료. 서울: 학지사, 2007).

Epstein, M. D., & Lieff, J. D. (1986). Psychiatric complications of meditation practice. In K. Wilber, J. Engler, & D. P. Brown, *Transformations of consciousness: Conventional and contemplative perspectives on development*. Boston, MA: Shambhala. (조효남, 안희영 역. 의식의 변용: 의식의 발달에 관한 전통적 · 명상적 시각. 서울: 학지사, 2017).

Germer, C., Siegel, R., & Fulton, P. (2005). *Mindfulness and psychotherapy*. New York, NY: Guilford. (김재성 역. 마음챙김과 심리치료: 불교명상과 심리학의 만남. 서울: 무우수, 2009; 서울: 학지사, 2012).

Goleman, D. (1991). Meditation and consciousness: An Asian approach to mental health. In S. Boorstein (Ed.). *Transpersonal psychotherapy* (2nd ed.). Albany, NY: State University of New York Press. (정성덕, 김명권 등 역. 자아초월 정신치료. 서울: 중앙문화사, 2006).

Raskin, N., & Rogers. C. (1995). Person-centered therapy. In R. Corsini & D. Wedding (Eds.), *Current psychotherapies*, (5th ed.; pp. 128-161). Itasca, IL: F. E. Peacock. (김정희 역. 현대 심리치료. 서울: 학지사, 2004 [6판]; 서울: 박학사, 2007 [7판]).

Segal, Z. V., Williams, J. M., & Teasdale, J. D. (2002). *Mindfulness-based cognitive therapy for depression: A new approach to preventing relapse*. New York, NY: Guilford. (이우경, 조선미, 황태연 역. 마음챙김 명상에 기초한 인지치료: 우울증 재발 방지를 위한 새로운 치료법. 서울: 학지사, 2006).

Walsh, R. (1999). *Essental spirituality: The 7 central practices to awaken the heart and mind*. New York, NY: John Wiley & Sons. (김명권, 문일경, 백지연 역. 7가지 행복 명상법. 경기: 김영사, 2007).

Walsh, R. (2000). Asian psychotherapies. In R. Corsini & D. Wedding (Eds.), *Current Psychotherapies* (6th ed., pp. 407-444). Itasca, IL: F. E. Peacock. (김정희 역. 현대 심리치료. 서울: 학지사, 2004 [6판]; 서울: 박학사, 2007 [7판]).

Wilber, K. (2000). *The eye of spirit. In The collected works of Ken Wilber* (Vol. 7.). Boston, MA: Shambhala. (김철수, 조옥경 역. 켄 윌버의 아이 오브 스피릿: 영적 관조의 눈. 서울: 학지사, 2015).

Wilber, K., Engler, J., & Brown, D. (Eds.). (1986). *Transformations of consciousness: Conventional and contemplative perspectives on development*. Boston, MA: New Science Library/Shambhala. (조효남, 안희영 역. 의식의 변용: 의식의 발달에 관한 전통적 · 명상적 시각. 서울: 학지사, 2017).

제 25 장

심현제가 유도한 자아초월 경험과 치료 및 그 함의가 자아초월심리학에 주는 시사점

Thomas B. Roberts, Michael J. Winkelman

심현제[1]와 다른 천연, 혹은 인공합성 물질들synthetic substances은 다양한 자아초월 경험을 유발하는 능력이 있다. 이런 물질을 취함으로써 두드러지게 나타나는 영적으로 연관된 경험으로 인해 심현제는 깊은 영적 경험을 하게 하는 영신제entheogen[2]의 개념으로 발전되었으며, 여기에는 신과 교감하는 내적 경험을 만드는 그들의 잠재성이 반영되었다. 약물에 의해 유발된 자아초월 경험, 자발적으로 유도된 경험 또는 행동적 · 정신적 수련을 통해 발생한 경험 간의 유사성은 인간 본성의 공통적인 생물학적 기초를 증명한다. 이 같은 생물학적 근거는 이들 외인성外因性 물질이, 특히 신경조절물질인 세로토닌serotonin과 같은 신경전달물질과 관련되면서 신경전달물질로 기능할 수 있는 능력을 포함한다. 심현제의 신경인지적 효과는 내생적 · 외생적 신경전달물질과 지각된 현실 특성 간의 관계를 규명할

1) psychedelic: 1957년 오스먼드Humphry Osmond는 환각제라는 뜻의 hallucinogen가 정신장애를 연상시킴으로써 그는 psychedelic이란 용어를 만들어 내었는데, 이것은 고대 그리스어의 '정신'과 '드러냄(현재顯在)'의 합성어로서 우리 내면의 깊은 정신을 드러내 보여 준다는 의미를 갖는다. 하지만 국내에서는 환각제라고 부름으로써 전적으로 부정적인 의미로 왜곡되어 사용되고 있다. 따라서 이 책에서는 용어의 원래 의미를 살려 심현제心顯劑로 번역한다[권정기 역(2017). 지각의 문. 김영사. p. 20 참조].

2) entheogen은 신성 경험을 영접/촉진한다는 의미로 '영신제迎神劑'로 번역한다[권정기 역(2017). 지각의 문. 김영사. p. 20 참조].

신경현상학적인 모델을 요구한다. 이 같은 생물학적 토대는 두뇌 기능의 특성과 정신 작용과의 관계, 그 결과에 따르는 두뇌와 마음의 관계, 특히 감정, 건강 그리고 영성과 같은 개인 경험과의 관계를 이해하는 데 중요한 도구가 된다. 이번 장에서는 심현제로 유발되는 자아초월 경험과 그것이 유발하는 치료 과정 그리고 자아초월 이론에 대한 그것의 의미를 제공한다. 또한 심현제가 가진 약학적 효능을 통해 다양한 심리적·정서적 질병의 특성을 설명할 것이다. 과학과 사회를 위한 심현제의 여러 학문 분야에 걸친 의미를 간단히 짚어 보는 것으로 이 장을 끝맺을 것이다.

도입

자아초월 분야의 선구자이고 LSD의 저명한 연구자인 Grof(2009)는 자아초월 경험을 "자신의 의식이 평소 자신의 경계와 시공간의 한계를 넘어서 확장된 개인적인 느낌"이라고 묘사했다(p.157). Friedman(1983)은 이러한 자아초월 경험의 성격 규정에 더하여 자아-확장성self-expansiveness 수준 또는 정도의 개념을 "**자기 개념**self-conception 과정을 통하여 자아와 비자아non-self로 나누는 경계선 안에 담겨 있는 자아의 양으로 정의된 것"(p. 38)이라고 하였다. Friedman에게 자아초월 차원은 "개인이 드러내는 확장된 자기 개념의 정도와 진정한 경계 없는 자기true unbounded selves 간의 통합을 수용하거나 부정하는 정도를 반영하며"(p. 39) 또한 "보통 개인적 측면으로 인식되는 것을 넘어선 실재의 측면과 동일시하는 정도"를 반영한다(p. 41). 심현제 물질은 대중적 반작용을 야기했지만, 심현제로 유도된 자아초월 경험은 확실히 영적인 성격을 띠었다.

심현제, 영신제 및 자아초월 경험

심현제로 유발된 영적 측면의 경험들은 일군의 심현제를 연구하는 학자들에 의해 **영신제**entheogen라는 단어를, 이 같은 특성을 강조하는 뜻의 용어로 탄생하게 되었으며(Ruck, Bigwood, Staples, Ott, & Wasson, 1979), 이것은 또한 심현제라는 용어가 반문화적 연상 작용을 갖게 하기 때문에 일반 대중에게 적대감을 일으키는 뜻이 함축된 것을 경감해 보려는 시도이기도 했다. 심현제를 영신제로 재구성하는 것은—어원적으로는 신성 경험을 내적으로 생성한다는 의미(theos는 그리스어로 신神이라는 뜻)—개인적 자아를 넘어서 우주와 합일된다는 개념을 나타내고 예시한 것이다. 이런 개인 외적 차원은 entheogen의 그리스어원상 '내면의 신' 또는 '신과 함께 사는'의 의미를 담고 있으며, gen/genesis는 '~이 되는 행동'이라는 뜻이다. Hoffman과 Ruck(2004)은 "entheogen을 복용하면 영적 의미를 갖는 것으로 여겨지는 변성의식 상태를 발생시키거나 촉진시키는 물질"(pp. 111-112)이라고 정의하였다. 따라서 entheogen은 심현적心顯的 · psychedelic이라기보다는 사람들이 신성함을 느낄 때, 영적 경험이 발생할 때, 그리고/혹은 이런 사건들에 대한 영적인 해석이 주어졌을 때와 같은 경우에 사용하는 것으로 한정된다. 이런 구분은 또한 신비 체험에 관한 실증적 조사에서도 나타나는데, Hood(1995)의 신비 체험 척도mystical experience scale는 신성한 느낌a sense of sacredness을 경험한 그룹과 그렇지 않은 그룹으로 나누지만, 양쪽 그룹의 체험 모두를 신비스러운mystical 경험으로 인정한다.

심현제 경험을 모두 자아초월 경험이라고 할 수는 없으며, 자아의 정체성이나 시간 그리고/혹은 공간이 관련되는 위치에서의 명백한 변화에 한해서 사용된다. 벽이 숨쉬고 음악이 자신의 머릿속에서 떠오르는 것 같은 것들은 해당되지 않는데, 그것들은 개인적인 경험일 뿐이다. 하지만 심현제 경험은 자아초월 경험의 넓은 범위를 아우르며, 아마도 거의 모두를 망라할 것이다. Grof(2001)는 원형과 조상의 기억, 종족에 관한 기억과 같은 20여 개가 넘는 자아초월적 경험을 나열하였는데, 『자아초월심리학 학술지Journal of Transpersonal Psychology: JTP』에서는 그들의 자아초월성에서 비롯된 통일감, 시간의 밖에 존재하는 다른 어떤 것과 하나가 되는 느낌 또는 심지어 우주 전체가 되는 느낌 같은 추가적 예들을 포함하고 있다(Lajoie, Shaprio, & Roberts, 1991).

그것이 바로 자아초월의 원래 개념을 제공하는, 개인 정체성을 망라하는 보다 넓은 의미이다. 1970년대에는 현재와 같이 '자아초월적'이란 용어는 **사회적**, **집합적**, **집단** 그리고 **대인관계적** 같은 말들과 거의 동의어였으며, 종종 집단으로 함께 행동하고 상호작용하는 사람들을 나타내는 다른 단어로 인식되곤 하였다. 이 단어들 모두는 개인이란 서로가 상호작용하는 개별적 존재라고 가정한다. 자아초월심리학자들은 이 점을 부정하지 않으나, 분리되었다는 인식은 각자의 마음-신체 상태에 따라 다르다고 강조하며, 더욱 중요한 것은 자아초월적 상태나 경험은 통념적인 개인의 경계를 약화시키거나 지우기까지 한다고 강조한다. 즉, 개인의 경계를 없앤다는 것은—**자아초월적인**—다른 사람들과 상호작용하면서 그 경계를 지키는 것과는 심리적으로 다른 과정으로, 개인 간, 집합적 또는 집단으로 개인적 정체성을 유지하며, 경계를 가진, 분리된 다른 사람과 상호작용하는 것과는 다른 과정이다. 이런 구분은 세월이 가면서 약화되었으며, **자아초월**이란 단어의 대중적 사용의 예를 조사한 Hartelius, Caplan과 Rardin(2007)의 연구에서는 더 넓은 의미들이 늘어나고 있다고 보고하였다. "이 분야의 주요 주제 부분은 세 가지로 정리될 수 있다. 자아 너머의 심리학, 통합적·전인적holistic 심리학 그리고 변용의 심리학"(p. 135)이다.

에고 초월성ego transcendence은 영적 경험을 깊게 하는 심현제의 신성 경험을 촉진하는 entheogenic 효과의 주요 특징으로, 어떤 개인적이고 사적인 자아초월적 영역에 특별히 들어가도록 유발하는 것으로 알려져 있다. 인류학자들과 민속식물학자들(예를 들면, Dobkin de Rios, 1984; Furst, 1972; Harner, 1973; Rätsch, 2005; Schultes & Hoffmann, 1979)은 전 세계적으로 널리 쓰이는 깊은 영적 경험을 하게 하는 약물과 관련된 유사한 심리적·인지적 역동적 증거를 제공하였다. 근대 이전의 영적 경험을 도와주는 이 같은 물질의 사용은 영적 또는 초자연적 세계와의 극적인 만남에 개입하는 일부 공통성을 공유하며, 신화적 세계를 되살아나게 하고, 사람의 영혼 또는 정신이 육체로부터 분리되는 경험을 유도하여 영적 또는 초자연적인 세계로 여행하게 하며, 개인의 내외부에 잠복해 있는 힘을 활성화시키고, 개인적 관계를 설정하는 데 있어서 동물과는 물론 동물로 변신하는 경험, 죽음, 변용 그리고 재탄생의 경험, 시각을 통해 제공되는 정보 그리고 치유 능력을 유발한다(Winkelman & Hoffman, 출판 중).

심현제로 유도된 자아초월적 경험에 관한 비교문화적 문헌을 광범위하게 개관해 보면, 주로 보고되는 것은 내적으로 깊은 신성 경험을 촉진하는 것으로서 본질적으로 영적인 체험이다(Winkelman & Hoffman, 출판 중; Arthur, 1999; Dobkin de Rios, 1984; Furst, 1976; Harner, 1973; Heinrich, 1995; Labate & MacRae, 2010; Rätsch, 2005; Rusk, Hoffman, & Celdrán, 2011; Ruck, Staples, & Heinrich, 2001; Rush, 2011; Schultes, Hoffmann, & Rätsch, 1998; Wasson, 1968, 1980; Wasson, Kramrisch, Ott, &, Ruck, 1986 참조). 이것은 전 세계 어디에서나 모든 시대에 걸쳐서 수백 개의 문화에 기록되어 있는 근본적인 해석이다. 물리적이고 영적인 실체로서 경험되는 것들은 인간 삶의 토대와 문화 그리고 자기에 대한 근본적 개념과 이 우주에서 그들이 존재하는 목적을 제공하였다.

심현제는 전 세계 많은 종교와 영적 전통의 중심일 뿐만 아니라 자아초월심리학의 기초에 중심이 되었으며, 많은 자아초월심리학 창시자의 전문적 저작은 심현제라는 주제를 포함하고 있다. 자아초월심리학 연구에서 심현제의 영향을 과대평가하기는 어렵다. 희망적인 1960년대에 쌍둥이로 태어날 때부터, 심현제를 반대하는 선전활동의 어두웠던 십 수년을 지나 이제 심현제 연구의 21세기 르네상스를 맞이해서 자아초월심리학과 심현제는 긍정적인 지적 상호 의존 속에서 함께 성숙해졌고 서로 지지해 오고 있다.

자아초월심리학과 심현제의 동반 관계

자아초월이라는 단어의 역사적인 선례들이 있지만(Vich, 1988), 현재 심리학에서 사용되는 용법에는 긍정심리학(Compton & Hoffman, 2012), Maslow(1968)의 '초월자transcenders' 그리고 Grof(2012)의 심현제 심리학psychedelic psychology이 섞여 있다. Maslow는 그의 삶이 끝날 무렵 자아실현자를 연구하면서 이들이 두 개의 서로 다른 그룹을 형성했다는 것을 알게 되었다. 자아실현자 너머에는 자아초월자가 있어서 Maslow가 그의 욕구 위계에서 자아실현self-actualization 위에 자아초월self-transcendence을 올려놓도록 하였다(Maslow, 1967, 1968, 1969; Roberts, 1978). 『존재의 심리학을 향하여』(2판, 1968, pp. 3-4)의 서문에서 Maslow는 이것을 그의 욕구 위계설의 새로운 최상위 단계라고 보고하였다.

> 심리학의 제3세력인 인본주의 심리학은 여전히 '더 높은' 제4세력 심리학을 준비하기 위한 과도기로, 다가올 심리학은 인간의 욕구와 관심보다는 초인간적인transhuman, 인간됨과 정체성과 자아실현 혹은 그와 유사한 것들을 넘어선beyond, 우주에 중심을 둔 것이라는 것을 나는 말해야만 하겠다(pp. iii-iv, 추가 강조).

Bugental(1967)이 『인본주의 심리학의 도전』이란 선집에서 보여 준 '자아실현과 그 너머'란 장의 제목처럼 Maslow는 자아실현자와 절정 체험을 한 사람을 구분하였다. Maslow(1969)는 자아실현자와 초월자를 20가지 성격을 근거로 구별하였다.

> 다른 유형(초월자들?)은 존재의 영역에 대한 인지가 훨씬 뛰어나다고 얘기할 수 있겠는데… 합일적인 의식과 '고원plateau 체험'을 대체로 자주하며, 절정 경험을 (신비스런, 신성한, 황홀한) 깨달음이나 통찰력 또는 인지력과 더불어 체험하며, 이로 인해 세상과 자기 자신을 보는 관점이 일시적으로 또는 일상적으로 변화한다. '단지 건강한' 자아실현자에 대해서는 전반적으로 맥그리거Douglas M. McGregor의 Y가설의 예측을 그들이 달성했다고 얘기할 수 있겠다. 그러나 자아실현을 초월한 개인들에 대해서는 그들이 Y가설을 달성했을 뿐만 아니라 Y가설을 초월하거나 넘어섰다고 말해야겠다. 나는 그들이 사는 수준을 편의상 Z가설이라고 이름 붙였는데, 왜냐하면 이것은 가설 X, Y와 연속체로서 하나의 위계를 형성하기 때문이다(p. 32, 내부 인용문 생략).

아주 자연스럽게 자아초월, 신비스런 체험, 성스럽고 황홀한 상태를 촉발시키는 방법은 그의 관심을 끌었으며, Grof의 심현제에 관한 작업은 일단의 증거를 제공하였다. 『**종교, 가치 그리고 절정 경험들**』에서 Maslow(1970)는 Grof의 정신용해제psycholytic 작업(저용량 심현제를 사용한 치료)은 절정 경험의 정반대(p. xiv)인 최악의-경험nadir-experiences 을 제공하는 데 있어서 중요한 업적이라 하였다. 그리고 이후에 그는 "이러한 강렬한 절정 경험의 특성에서 얻은 추론은 LSD와 실로사이빈[3]psilocybin의 일반적인 경험에 의해 지지되었다."(p. 76)라고 언급했다. 많은 인본주의 심리학자는 영성, 우주적 인식, 신비스런 경험 같은 종류의 아이디어를 거부했기 때문에 1967년 Maslow, Grof 그리고 다른 학자들은 새로운 후기-인본주의 심리학post-humanistic psychology을 창립하기로 결정했다. 그들은 함께 자아초월transpersonal이라는 용어를 만들었다(Grof, 2012).

초기『JTP』의 편집위원회로 심현제 심리학자들이 자리 잡고 있었으며, James Fadiman, Stanislav Grof, Walter Pahnke, Huston Smith, Alan Watts 등은 심현제에 관한 주요 간행물을 포함해서 심현제에 관한 많은 저작물을 펴냈다. 몇 해가 지나면서 위원회에 Stanley Krippner, Charles Tart, Frances Vaughan 같은 심현제에 전문적 관심을 갖는 학자들이 합류하였다. Ram Dass[4]의『유일한 춤The only dance there is』(1974)은 1970년, 1971년, 1973년에『JTP』의 연재물로 처음 발행되었으며, Grof의 주요 저서인『인간 무의식의 영역』역시 초안 상태에서 실렸고, 가장 잘 알려진 것은 1972년의『자아초월적 경험의 다양성: LSD 심리치료에서 나온 관찰』이다.

처음 10여 년 동안,『JTP』는 심현제에 대한 연구를 보고하는 매우 드문 전문 간행물이었다. 심현제에 대한 어떠한 긍정적인 내용도 출판하지 못하도록 반대하는 정부와 미디어의 극심한 선전활동의 위협에도 불구하고, 편집자들과 저자들은 명예롭게도 이러한 저작물을 꾸준히 발행하였다. Walsh(1983)는 논문을 제출할 때의 공포감을 다음과 같이 보고했다. "학술지 편집자는 내가 심현제의 긍정적 효과들을 언급한 부분을 제거한다면 원고를 받아들일 용의가 있다"(p. 115). 이처럼 어려운 탄생의 초기 조건과 외면당하던 시기에서 시작하여 심현제는 자아초월적 아이디어를 사상의 세계와 다른 학문 영역으로 전파하고 있다.

---

3) 전 세계적으로 널리 퍼져 있는 버섯류의 일종으로, 대표적인 심현제이다.

4) Ram Dass: 본명은 Richard Alpert이다. 하버드 대학교 심리학과 교수로 동 대학 교수인 Timothy Leary와 함께 1970년대 반문화 운동의 기수였으며, 인도 수행을 마치고 영적 스승이 되어 귀국하였다. 2019년 12월 작고. 영화 〈Ram Dass: Going Home〉이 있다.

심현제의 정신생물학

심현제와 다른 영적 · 자아초월적 경험 간의 흔히 찾아볼 수 있는 관계는 인간의 선사시대와 역사시대에 걸쳐 나타나고 있다. 아프리카 암벽에 새겨진 버섯-모양의 고대의 주술적인 춤을 추는 사람들에서부터 오늘날의 페요테Peyote 신앙/북미 원주민 교회, 산토 다이메Santo Daime, União do Vegetal[5] 같은 현대 종교까지 심현제와 환각제hallucinogens라 불리는 부류의 물질들은 자생적으로 발생하였으며, 이것은 필연적으로 영적 체험들로 이어졌다(Arthur, 1999; Dobkin de Rios, 1984; Furst, 1976; Harner, 1973; Heinrich, 1995; Labate & MacRae, 2010; Rätsch, 2005; Ruch et al., 2011; Ruck et al., 2001; Rush, 2011; Schultes et al., 1998; Wasson, 1968, 1980; Wasson et al., 1986 참조). 이런 깊은 영적 체험을 가능하게 하는 효과는 Griffiths, Richards, McCann과 Jesse(2006, 2008)의 이중-맹검법double-blind 임상 연구에서 단순한 기대 효과가 아니라 본질적인 효과라고 밝혀졌다. 영적 경험을 깊게 만드는 물질 사용의 비교문화적 유사성과 그들의 본질에 관한 믿음과 경험은 인간의 생물학적 근저에 깔린 효과를 공통적으로 반영하며, 신성한 경험 그리고 심현제의 치료적 특성을 유발하는 정신생리학적 · 정신약리학적 기제를 설명한다(예를 들면, Winkelman & Roberts, 2007).

심현제로 유발된 신비한 경험들의 생물학적 근거는 기대와 관계없이 존스홉킨스 대학교 의학 연구소에서 실시한 Griffiths 등(2006)의 연구에서 볼 수 있다. 여기서 실로사이빈psilocybin은 직접적으로 신비한 경험을 유발할 수 있으며, 참가자들의 태도, 기분, 행동에 꾸준히 영향을 끼친다는 객관적 증거를 제공하였다. 실로사이빈이 신비한 대양적 무경계감과 시각적 경험, 내향introvertive 및 외향extrovertive 신비주의, 우주 전체와의 합일, 시간과 공간에 대한 직관성과 초월성, 신성한 감각으로 분류되는 순수지성적noetic 경험 그리고 매우 높은 수준의 평화, 조화, 기쁨, 강렬한 지복감 등을 평가하는 데 있어서 높은 지수를 나타냈다. 이 신중하게 실시된 임상 연구는 심현제로 유발된 자아초월 경험은 이 물질의 내재적 생물학적 성질과 인간 두뇌의 구조 모두를 포함한다는 것을 보여 준다.

자아초월적 변수의 힘

자아초월적 관점에서 존스홉킨스 대학교 의학 연구소에서의 실로사이빈 연구는 실험

5) 식물의 합일: 브라질을 중심으로 세계 도처에 퍼져 있는 아야와스카 심현제 차를 마시면서 행하는 성찬을 말함.

적 자아초월 연구에 넓은 길을 열어 주었다. 개인의 이야기, 신학, 애매한 추측, 관찰, 역사적 사례 등을 책상 위에서 이론화하는 방식을 통해 의미 있음, 신성함, 이타심, 개방된-마음 같은 주제를 성찰하는 대신, 심현제는 그 같은 주제에 있어서 실험적 정확성을 가져다주었다. Griffiths 등(2006)의 14개월에 걸친 후속 연구에서 Griffiths 등(2008)은 11%의 자발적 참가자들이 그들의 신비한 경험은 인생에서 가장 의미 있는 경험이었다고 보고했으며, 추가적 67%는 그들의 인생에서 가장 의미 있는 5대 경험에 들어간다고 보고하였다. MacLean, Johnson과 Griffiths(2011)는 "실로사이빈 회기 동안 완전하게 신비한 경험을 체험한 사람의 기준에 부합하는 참가자 가운데 회기가 끝난 1년 후에도 개방성openness이 기준선보다 의미 있게 유지되었다는 것을 알게 되었다."라고 보고했다(p. 1453). 이렇게 보고된 개방된-마음open-mindedness이 자기-망상이 아니라는 것을 확신하기 위해서 친구와 가족을 회기 전/후에 면담하여 자기-보고를 확인하였다. 그 결과, 그런 차이를 낳게 한 자아초월 변수는 신비mystical 경험이었다.

인간의 기능향상제로서의 정신활성제

Smith(1999)는 향정신성 물질에 반응하던 인류 조상들의 능력의 결과로 축적된 신체 유용성fitness benefits의 증거들을 검토하였다. 인간은 생리적 · 문화적으로 의식-변성 유발 화학물질을 사용함으로써 많은 적응 기제가 편안함, 힘, 걱정 절감, 고통에 대한 인내, 유대감 향상, 영양소 및 기타 여러 효과를 제공하게 되었다. Sullivan과 Hagen(2002; Sullivan, Hagen, & Hammerstein, 2008)은 향정신성 식물 물질psychotropic plant substances과 인간의 인지 능력 사이의 장기간 동안의 진화론적 관계 증거를 조사하여 물질 사용의 선택적 효과가 나타났다고 하였다. 그들은 신경전달물질 유사체를 제공하는 식물의 능력이란 관점에서 이 유용성을 밝혔는데, 즉 이 식물들은 극히 드물거나 아니면 식습관으로 제한된 대체 물질을 제공하는 신경전달물질의 내생적인 전송기 역할을 한다는 것이다. 이들은 기본적으로 세로토닌 같은 모노아민 계열의 신경전달물질로, 아세틸콜린, 노에피네프린, 도파민 같은 두뇌 기능에 꼭 필요한 식이성 전구물질dietary precursor이다.

정신통합제로서의 심현제

신성 경험 촉진entheogenic 물질들이 폭넓고 다양한 식물 종과 속에서 발견되고 있지만, 그것들의 효과는 인돌아민indoleamines으로 알려진 것과 유사한 화학적 복합물들에서 유래되었으며, 이들은 두뇌의 신경전달 시스템에 직간접적인 영향을 끼친다. 인돌아민indoleamins—트립타민tryptamines(예를 들면, DMT, LSD, 사일로신psilocin, 실로사이빈)과 페네틸아민phenethylamine[예를 들면, 메스칼린, MDMA(엑스타시), 2C-B]—류는 세로토닌 촉진serotonergic 신경에 유사한 영향을 가하며(Nichols, 2004; Nichols & Chemel, 2006 참조, Fantegrossi, Mernane, & Reissig, 2008), 비슷한 경험적 효과를 낳는다(관련된 개관을 위해선 Hintzen & Passie, 2010; Passie, Halpern, Stichtenoth, Emrish, & Hintzen, 2008 참조).

신성 경험 촉진 물질의 일반적 거시 효과는 고압 서파high-voltage slow-wave의 동시적 뇌파활동으로, 이것들은 행동 두뇌와 감정 두뇌 사이에, 그리고 이들의 저수준 두뇌 부분과 전두피질 사이에 관여한다(논의를 위해서 Winkelman, 2010 참조). 이런 두뇌 과정의 전반적 역동에 대한 시스템적 변화는 고주파 뇌파의 느린 파동 방전으로 나타난다(대개 세타파, 초당 3~6사이클). 이 생화학적 기반의 신체적 역동성은 기본적으로 다음과 같은 것들에 기초하고 있다. 세로토닌 탈억제와 그 결과로 생긴 도파민과 중간변연mesolimbic 구조물들에 대한 억제 효과의 손실, 특히 주변 신경으로부터 올라오는 정보를 금지시키는 시상thalamic 부위와 관련된 하부 두뇌 구조활동이 증진된다.

심현제 작용의 메커니즘에 관한 Vollenweider(1998)의 연구는 이 주요 대뇌피질 루프, 특히 두뇌의 기본적 구조 네트워크의 하나를 제공하는 전두피하 회로frontal-subcortical circuits에 거시적인 영향을 보여 준다. 이들은 뇌간 시상부의 전두부와 연결된 대뇌피질 루프 그리고 아래쪽 뇌의 기저핵, 중뇌 흑질, 시상으로 피드백 루프를 구성하는 신경망 연결에 관여한다. Vollenweider는 심현제의 의식-변화 속성을 두뇌의 피질-선초체-시상-대뇌피질 피드백 루프brain's cortico-striato-thalamo-cortical feedback loops에 대한 선택적 효과 때문으로 보면서, 시상이 전두 대뇌피질로 환경이나 신체로부터 정보를 올려 보내는 것을 제한하고, 심현제는 이 같은 탈억제 처리 과정을 불능 상태로 만들며, 보통 억제되는 정보 흐름의 접근을 증가시킨다고 보고하였다. 이 정보는 전두피질을 압도하여 자신과 타인, 환경 그리고 심리적 구조와 투사 작용projections의 경험을 변화시킨다.

뇌에 관한 심현제 영향 모델은 의식 변성 모델과 상통한다. Dietrich(2003)는 다양한 변성의식 상태ASCs(장거리 달리기, 꿈꾸기, 최면, 약물로 유발된 상태 그리고 명상)가 두뇌의 전전두엽피질PFC 그리고 그와 연관된 상위 기능들의 잠정적 규제 해제deregulation를 수반한다고 제안했다. 이 같은 혼란의 공통된 효과들은 대뇌의 전두엽 역할의 상실, 특정 신체적 기능이나 경험의 감소, 의식 상태의 위계 내에서 자각 능력을 낮은 조건으로 줄이는 결과를 초래한다. 이런 규제 해제로 이끈 다른 동인들agents과 활동들은 매우 뚜렷한 방법으로 종교적 경험의 독특한 현상학적 특성을 낳는다. Dietrich는 이런 다른 형태의 전두엽 발화 감소[6]hypofrontality는 다음과 같은 일반적인 원칙을 수반한다고 제안하였다. 즉, 보다 세련된 인지 기술과 우선적으로 고려되어야 하는 계획들(예를 들면, 자아-성찰, 시간 감각, 계획하기)이 관여되는 의식 수준들과는 계수준적으로, 그리고 점진적으로 멀어질 수밖에 없고, 결국 낮은-수준의 시스템으로 되어 간다. 전두엽PFC의 규제 해제의 결과로 오래된ancient 두뇌 기능과 더 연관이 있는 특이한 몇 가지 자기-체험이 일어난다.

이 같은 심현제의 효과들은 다른 샤머니즘적인 변성의식 상태ASC와 마찬가지로, 진화적으로 두뇌의 보다 초기 구조와 관련된 의식을 불러일으킨다(Winkelman, 2010 참조). 신경전달neurotransmission에 미치는 깊은 영적 경험을 하게 하는 영신제entheogens의 효과는 근대 이전 시대에 샤머니즘적인 치유 행위의 근저를 이루고 있다. 치유 효과는 기저에 깔린 자아형성, 애착, 사회적 유대 등을 가능하게 하는 대뇌 변연계와 구석기 포유류 두뇌의 정서적 과정의 약리藥理 및 의례儀禮 활성화에 의해 일어난다. Winkleman(2007a)은 이런 조작들이 어떻게 낮은 수준의 두뇌를 작동시켜서, 예를 들면 외상적 기억을 의식에 통합시키는 과정을 통해서 치유 효과를 생성했는지에 대해 검토했다. 이런 효과는 영신제로 인한 생물학적 자극으로 자아와 개인적 무의식의 억압된 측면에 관한 자각을 확장시키는 정신통합을 전형적으로 보여 준다. Winkleman은 이것이 하부 구조의 고양된 의식 과정을 반영하며, 정신과 의사인 Grof(1992)가 논의했던 초생물학적transbiological 영역, 즉 원형 및 신비적 차원을 포함하며, 주산기[7]perinatal 및 자아초월 영역을 수반하는 것이라고 제안했다. 이것이 바로 많은 다른 종류의 영신제의 치유 효과 기저에 있을 수 있는 대뇌 하부 구조의 활성화이다.

'인간 경험의 방대한 집합': 자아초월심리학과 심현제

'자아초월'이라는 용어를 만든 것에 더하여 자아초월 연구소Transpersonal Institute의 창립을 돕고 편집위원회에서 봉사하며『JTP』를 출간하면서, Grof의 심현제 임상치료 연구소는 자아초월심리학의 과학적 신뢰도의 기초를 형성하였다. 그는 프라하에서 저-용량 또는 LSD 심현제 치료를 위한 임상 연구를 하면서 일부 내담자들이 그들의 출생을 기억해 내고, 자아초월 경험까지 하는 것을 발견하고는 그 스스로도 놀랐다. 이후 메릴랜드 정신의학 연구소에서 그와 그의 연구팀은 고용량 심현제 심리치료를 개발하였고, 음악, 안대眼帶,

6) 특히 전전두엽피질의 발화 감소로서 조현병이나 정신분열성의 흔히 있는 신경학적 상관 중 하나이다.
7) 주산기周産期: 출산 전후의 기간으로, 대체로 출생 4개월 전부터 출생 직후까지를 말한다.

편안한 분위기 그리고 오늘날의 실험실과 임상 기술의 선도격인 기술들을 발전시켰다. 자아초월 관점에서 이런 작업은 자아초월 경험을 실험적으로 끌어내는 것이 가능하다는 것을 보여 준 개념 입증 연구proof-of-concept research였다. 이런 결과들은 의미 충만, 영성, 신성, 신비로운 경험들, 정체성, 자아-상실, 원형, 조상의 기억 그리고 신성 인식noetic knowing 등의 자아초월 주제들을 책상머리에서 행하는 추측에서 실험으로 발전시켰다.

Grof의 선구적인 심현제 연구 결과는 인간의 마음을 이해하는 데 있어서 심리치료를 뛰어넘는 의미를 갖는다. 심현제는 인간의 심리적인 경험을 증폭하거나 확대한다. LSD를 일종의 현미경으로 사용하여 마음을 들여다봄으로써 정신과 의사 Grof는 4,000건이 넘는 회기를 진행하였고 이후 수천 회기의 추가적인 기록을 검토하였다. 이처럼 인간의 마음을 표집한 Grof의 자료는 방대하다. 저서 『높은 지혜Higher Wisdom』에서 정신과 의사 Walsh와 Grob(2005)는 인간 마음에 대한 Grof의 지식을 아마도 약간의 과장을 보태서 이렇게 말하였다. "따라서 그는 아마도 역사상 그 누구보다도 많은 인간 경험의 방대한 집합을 보았다"(p. 119). 현미경이 과학자로 하여금 수백 개의 개별적으로 확대된 사진들을 합쳐서 세밀한 인체의 그림으로 조립함으로써—예를 들어, 강의 현미경 지도—생물학과 의학이 혜택을 받은 것처럼, Grof는 심현제에 기초한 인간 마음의 지도를 조립했다. Freud가 비유한 마음의 깊이를 사용하여 Grof는 자신의 자료를 몇 개의 수준으로 정리하였다([그림 25-1] 참조). 이 지도는 프로이트의 정신역동, 랑크Otto Rank의 출생出生 심리분석 그리고 칼 융의 집단 무의식 심리학 전체의 모든 측면을 통합하여 하나의 모델로 통합함으로써 인간 마음의 이해를 진전시킨 지도이다.

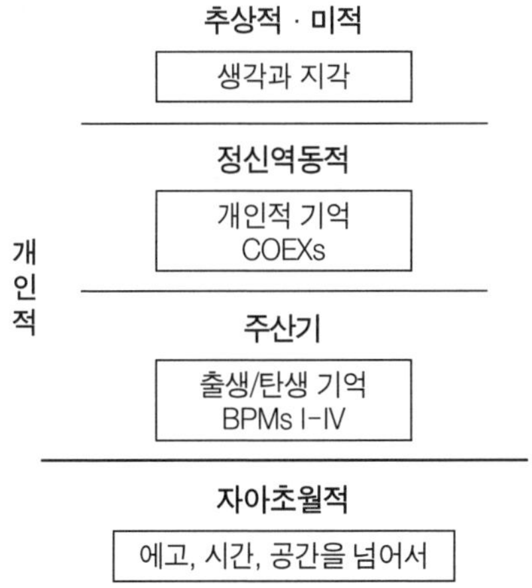

[그림 25-1] Grof의 인간의 마음 지도

추상적 미적 수준

이것은 가장 낮은 수준에서 심현제에 대한 대부분의 생각이다—감각 증폭과 시청각적 왜곡 그리고/또는 생각과 감정의 강렬함이다. 예술, 디자인, 음악과 대중문화가 이렇게 묘사하지만 그것은 심리치료와는 아무런 관계가 없다. 사실 내담자들이 이런 지각적 변화에 주의를 빼앗기지 않게 하기 위해서 심리치료자들은 내담자들에게 안대와 이어폰을 쓰도록 권유한다. 음악을 더욱 강력하게 감상하려는 의도를 갖는 레크리에이션과는 다르게, 치료 회기에서는 음악이 심리치료 과정의 부분이며 내적 의식을 증강시키기 위해 선택된다. 추상적 · 미적 수준의 화학적 자극 경험이 감각 및 지각 과정을 탐구하는 데 유용하겠지만, Grof(2009)는 그것은 "가장 피상적인 수준의 LSD 경험을 대표한다. 그것은 피험자의 무의식을 드러내지 않으며, 정신역동적 의미도 전혀 없다."라고 하였다(p. 40). 다음 세 개의 수준은 중요한 의미로 가득 차 있다.

개인사, 전기적 수준

잘 구성된 이론을 제시하기 위하여 Grof는 각 수준별 지도를 선보였지만, 회기 중에는 어떤 수준에 나타난 느낌, 생각, 기억이 다른 수준과 연결될 수 있으며, 그래서 내담자는 한 수준에서 다른 수준으로 건너뛸 수 있다. 사실 이 같은 이동은 내담자의 감정 구조 내 수준 사이에 이어진 연결 고리들을 추적함으로써 내담자의 마음을 그려 내도록 도와준다.

강력한 정신역동 전통에서 나왔기 때문에 Grof(2001)는 이것을 개인사 수준 또는 프로이트 수준이라고 이름 붙였으며, 일부 정신분석적 생각과 의견이 일치한다고 하였다(p. 66). 그는 "Freud에 의해 기술된 심리성적 역동과 기본적 갈등은 심각하지 않은 내담자의 회기에서조차 유별나게 생생하고 명확하게 묘사되었다."라고 인용하였다. 그러나 그는 Freud의 입장에 덧붙였다. 오이디푸스 콤플렉스와 남근 선망과 같은 프로이트 구조보다는 Grof는 감정, 생각, 상상 그리고 큰 무더기로 모인 경험들, 그가 **응축 경험 체계** systems of condensed experience 또는 **COEX 체계**라고 이름 붙인 것들이 한데 모인다는 것을 발견했다. "COEX 시스템은 개인의 다른 생애 기간에서 온 특정 기억(또는 연관된 공상)의 무리들이라고 정의할 수 있다"(Grof, 2001, p. 68). 각 COEX는 두려움이나 상실 같은 감정적 주제나 사랑과 안전 같은 긍정적 주제를 갖고 있으며, 주로 이 단계의 마음에서 성격 구조를 대체로 결정한다. COEX 체계는 왜 어떤 사람은, 예를 들어 사소한 짜증나는 일을 커다란 위협이라도 되듯이 과잉 대응하는지를 이해하는 데 개인적으로 유용한 시스템인데, 짜증나는 일이 커다란 COEX를 유발한다는 것이다. COEX들은 비슷한 감정적 · 물리적 느낌을 가진 출생 경험에 연결되며 또한 개인사personal history의 특정한 경험은 그와 부합하는 주산기 수준의 부분에 의해서 활성화될 것이다.

주산기 또는 출생 수준

주산기 수준은 4 단계가 있다. Grof(1992) 는 이들을 **기본적 주산기 매트릭스**Basic Perinatal Matrices: BPMs라고 불렀다. 이것은 출산-전 구조를 출산-후 개인사 수준에 맞추고, 거기서부터 이어지는 인생 경험에 그들의 느낌—감정적이든, 신체적이든—을 붙인다. 기본적 주산기 매트릭스를 4개의 컴퓨터 폴더라고 생각하면 쉽다. 출생할 때, 각각의 BPM의 크기와 힘은 주산기 전후의 삶에서 온다. 출생과 관련된 경험으로부터 오는 파일에 덧붙여 한 개인으로서 사는 그들의 새로운 경험들은 각각의 폴더에 정리되는데—즉, 그들이 가장 공명하는 것들에 대한 경험들이 기록된다. 폴더 은유를 연장하자면 기억들이 COEX 폴더에 개인사 수준에서 기록되는 것처럼, BPM 폴더에는 주산기 수준에서 기록된다.

좋은 자궁과 나쁜 자궁 BPM I은 자궁 속의 생명과 연관되어 있으며, 보통 '좋은 자궁' 이며, 전형적으로 휴식하는 느낌을 주고, 모든 필요가 충족된다. 하지만 어떤 태아들은 '나쁜 자궁'을 경험하며, 많은 태아가 나쁜 사건들을 경험할 수 있다.

덫에 걸린 수축 BPM II, '출구 없는 지옥'은 자궁 수축에서 시작되지만, 자궁 경관이 충분히 열리지 않는다면 탈출할 희망 없이 덫에 걸린 전형적인 느낌이다. 이런 덫에 걸린 느낌은 나쁜 애정 관계나 직장의 덫에 걸린 것과 같은 물리적 또는 감정적 느낌이다.

산도産道, 아주 거대한 투쟁 Grof는 BPM III를 '아주 거대한 투쟁'이라고 명명했다. 이것은 태아가 산도를 따라 내려가는 투쟁에서 발생하며, 영화나 TV 드라마에서 주로 보여 주는 액션 넘치는 BPM이다. 그들은 종종 BPM III와 BPM II 사이를 오가며 싸우는 남녀 영웅들이고, 성공적이다가 다시 갇히기를 거듭하는 등의 모습을 보인다.

출현emergence, 성공 결국 아기가 출현할 때 BPM IV가 일어나며, 성공, 영광, 축하와 승리의 느낌이 수반된다. Grof의 BPM 시리즈는 정신의학은 물론 사회과학과 예술에 관한 대단히 풍부한 관찰과 아이디어를 제공하였다.

주산기 아이디어는 인간으로서 우리에 대해 이해하게 하는 풍부한 아이디어들만 제공하는 것이 아니라, 〈Snow White〉와 〈Fight Club〉 같은 영화들을 철학적·역사적 측면에서 해석하는 데 도움을 주며, 정치 지도자들이 사람들을 전쟁 같은 분위기로 몰아넣어 일을 부려 먹는 것 같은 영화를 해석하는 데에도 풍부한 아이디어를 제공한다(Roberts, 2013). 그들이 일련의 주산기 이미지들을 의도적으로 사용한다는 뜻은 아니지만, 이런 이미지들이 떠오른 것은 그것들이 무의식적으로 옳게 느껴졌기 때문이다. Grof(1977)의 '전쟁, 전체주의 그리고 혁명의 주산기적 뿌리들'은 이러한 호전적 웅변을 묘사한다. 예를 들어, 시민들을 전쟁에 준비시킬 때 지도자들은 종종 덫에 걸린 느낌, 쥐어짜이는 느낌, 탈출구가 없는 느낌을 유발함으로써 자궁 통로가 열리기 전에 갇혀 있는 태아 경험의 무의식적 기억을 작동시켜서, 히틀러가 표현했던 것처럼 lebensraum-생활권, 즉 살아갈 공간의 필요/확보를 꾀한다. 여기에 '우주적 투쟁'과 전쟁의 모습, 투쟁 그리고 자궁 통로를 따라 내려오는 전투가 이어진다. 마침내 지도자들의 이미지는 승리, 성공 그리고 실제 출현과 출생과 병행하는 영광을 형상화시키며, 히틀러가 상징화한 '영광스러운 천년 제국'을 시각화한다. 만약 사람들이 자기 자신의 출생 경험과 이런 이미지들의 상호작용이 어떻게 의도적으로 또는 무의식적으로 활성화될 수 있는지를 알게 된다면, 그들은 아마 덜 호전적이 될 것이다.

자아초월 수준

실험적으로 자아초월 경험을 이끌어 내는 심현제 방법을 고안한 후, Grof(2009)는 그 경험들을 자신의 자아초월이란 정의에 의해 범주화하였다. "이같이 풍부하고 세밀하게 구분한 현상의 집합에 대한 공통분모는 개별적으로, ① 자아경계의 영역과 한계를 뛰어넘어, ② 시간과, ③ 공간에 대한 그의 의식이 확장되었다는 느낌이다(p. 157; 숫자 추가됨). 그는 26가지 종류의 자아초월적 경험 목록을 만들었는데, 6개는 객관적 현실의 통상적인 영역에 속하고, 나머지 20개는 그 바깥에 속했다. 대부분의 과학자에게는 우리의 마음이 알 수 있는 것들에 대한 가정은 주류 서양 문화에서 보통의 마음-신체 상태를 가진 사람에게 알려진 것들에 국한된다. 자아초월 경험은 인간의 경험이 상태에 따라 달라질 수 있다는 가정에 기초하며(Roberts, 2013), 이런 인식론적 관점은 Tart(1972)의 '상태-특정 과학 state-specific sciences'이 제공하였다. 따라서 서양 문화와 과학의 단일-상태 가정은 자아초월 심리학의 연구 결과와 현실의 다중 상태multistate 관점 그리고 상태-특정 지식과 능력의 증거에 의해 반박되었다.

심현제 심리치료

마음에 관한 자아초월 이론은 이들 마음의 부분이 정신병리학의 특정 원천이자 그들을 치료하는 각각의 자원이라는 것을 의미한다. 역사적으로, 그리고 현재 심현제에 대한 임상 연구는 연구 자원자와 임상 내담자들이 하루 종일 계속되는 회기 동안 약을 먹으며, 대개 남자 한 사람과 여자 한 사람의 회기 안내자를 동반한다. 이같이 조심스럽게 진행하는 이 절차는 마취약을 투여하는 것과 흡사하다. 마취 전문의가 마취약을 투여하듯이, 마찬가지로 심현제 심리치료를 받는 내담자는 심리치료사가 돌본다. 예외는 심현제의 약학적 사용으로, 다음에서 논의될 것이다. 최선의 가이드라인은 Passie(2007) 그리고 Mithoefer, Wagner, Mithoefer, Jerme와 Doblin(2011)이 제공하였다. Fadiman(2011)의 『심현제 탐험가의 안내』 그리고 Goldsmith(2011)의 『심현제 힐링』은 이 절차들을 자세하게 설명하고 있다.

치료 회기 자체는 보통 4단계 과정의 세 번째 단계이다. 그 이전에 내담자와 연구 자원봉사자는 신체적 · 정신적 건강 상태를 검진받는다. 다음으로, 회기 시작 전 임상 내담자와 연구 자원 봉사자는 친밀한 관계가 되도록 하고, 치료자의 안내를 신뢰할 수 있도록 배운다. 무서워할 만큼 깜짝 놀라는 경험을 피하기 위해서 자원 봉사자와 내담자들은 그들이 갖게 될 경험에 대하여 미리 학습한다. 회기 과정 이후, 같은 날이나 다음날 그들은 그들의 경험이 어떤 것이며, 어떻게 그들의 삶에 통합할 것인지를 설명해 줄 안내자를 만난다.

토착적이고 샤머니즘적인 접근법에 덧붙여(Winkelman, 2007b 참조), 심현제 회기의 네 가지 유형에는 정신용해제psycholytic와 심현제—Grof의 연구에서 개발된 것—신성 경험 촉진 entactogenic 및 약리학적인pharmacological 것들이 있다.

정신용해제

정신용해제Psycholytic의 사용 목적은 기억의 억압을 용해 또는 해소하여 내담자의 무의식에 억압된 자료를 의식하게 하는 것이다. 약물 투여는 내담자가 정신과 의사와 떠오르는 기억들에 대하여 의논할 만큼의 저용량이다. 이런 논의-형식의 치료는 약물 투여 없는 여러 번의 회기로 지속될 수 있으며, 새로운 약물 투여는 더 많은 기억을 끌어내기 위해 필요할 경우에만 사용한다. 정신용해제를 사용할 경우, 심현제는 대화치료의 부가물일 뿐이다. 주산기의 기억 이전에 자전적自傳的 기억이 떠오르는 것 같은 순서는 없지만, 대체로 주산기 기억은 연관된 출산 이후의 기억이 드러나고 다루어진 후에 등장한다. 자아초월 관점에서 주산기의 수준은 의미 있는 것이다. Grof(2009)의 보고에 따르면, 개인의 주산기 수준의 노출은 "인간 정신의 고유한 부분을 형성하며, 개인의 문화 종교적 배경과 프로그램된 것으로부터 독립적인 영적·종교적 경험의 깊은 저장소"를 여는 것이다(p. 97). 누구나 인생의 일부분으로서 출생 경험이 있는데—개인 차원의 사건으로서—주산기의 경험은 다음의 세 가지의 개인적 차원에서부터—추상적/미학적, 전기傳記적 그리고 주산기—자아초월적 차원까지 연속적으로 구성된다.

심현제

심현제Psychedelic의 고용량 치료에는 두 가지 목적이 있다. 첫째, 내담자는 자아-상실감, 자기초월 능력, 시간 왜곡 같은 강력한 신비 체험을 한다. 이러한 경험은 자아초월심리치료의 핵심에 놓인다. 치료는 두세 번 또는 단 한 번만 하기도 한다. 신비스런 최고의 경험은 그 자체로 심리치료적이다. 신비 체험을 생성하기 위하여 심현제를 사용하기 때문에 흔히 쓰는 심리치료적 약물들의 약학적 메커니즘과는 다른 메커니즘 작용을 나타낸다. 현재의 연구는—일부 임상 연구와 임상전preclinical 연구—다음을 주된 대상으로 하고 있다. 우울증 치료(Carhart-Harris et al., 2012), 외상 후 스트레스장애(Mithoefer et al., 2011), 강박장애(Moreno, Delgado, & Galenberg, 2012), 죽음 불안(Grob et al., 2011), 각종 중독 및 알코올 의존증(Kolp, Krupitsky, Friedman, & Young, 2009; www.ibogaine.org), 신경증과 정신증(Grof, 2001). 치유 효과가 있는 신비 체험을 불러일으키는 것으로 연구된 물질들은 북미 인디안 교회에서 사용되는 페요테 선인장을 포함할 뿐만 아니라 LSD, 실로사이빈, 이보가인ibogaine, 케타민ketamines, 아야와스카ayahuasca 그리고 여러 가지 추출물과 화학물질을 포함한다. 이들 의식 내면 탐사를 위한 치료 처치법은 약학적·심리치료적 해결 조치뿐만 아니라 그것을 실행하는 심리적 준비와 치료 환경set and setting의 힘에 의존한다(Johnson, Richards, & Griffiths, 2008). 이들 연구 및 관련된 진단 카테고리에 대한 리뷰는 2권짜리 책으로, 『심현제 의학: 치료제로서의 환각 유발 물질에 대한 새로운 증거』가 나왔으며, Winkleman과 Roberts가 공동 편집하였다(2007). 『LSD의 약리학: 비판적 개관』은 다른 물질에 필요로 하는 철저한 리뷰를 잘 보여 주고 있다(Hintzen & Passie, 2010). 자폐증 또는 오늘날 아스퍼거Aspergers' 증후군(Mogar & Aldrich, 1969) 치료에 쓰이는 심현제에 관한 1960년대부터의 연구는 재검토되고 있으며, 곧 성인들을 대상으로 재개될 수 있다.

21세기 연구는 심현제 모델을 사용해 왔지만, 이제는 실로사이빈(자연산 버섯에서 얻어지는 심현제 물질)이 LSD보다 선호되고 있다. Grob와 동료들(2011)의 죽음 불안 감소에 대한 선행 연구가 이것의 용도를 전형적으로 보여 준다. 덧붙여, 존스홉킨스 대학의 실로사이빈 연구팀은 신비스런 경험, (유)의미성, 영성, 개방성 그리고 이타주의를 살펴보는 일련의 실로사이빈 연구를 수행하였다(Griffiths et al., 2006, 2008; MacLean et al., 2011).

심현제 치료의 두 번째 유형은 자아초월심리학의 경계를 더욱더 확장시킨다. Grof(2006)의 관점에서는 분명한 병리적 증상의 발현은 실제로 치유 과정의 발생으로 볼 수 있는데, 그렇게 보는 것이 객관적 사실에 관한 서양 문화의 통상적 믿음이 아니라고 여겨지기 때문에 하나의 증상으로 잘못 분류되는 경우가 종종 발생한다. 이것은 일부 신경증과 정신증이 기질적이고 외상을 초래할 근거가 있다는 것을 부정하고자 함이 아니라, 때로는 드러난 증상이 실제로 치료적 행위를 발현시키고 있다는 것이다. Grof는 인간에게는 얼마나 괴상하든 간에 문제와 해결을 함께 찾아내는 '내부 레이더rader' 같은 것이 있다고 얘기하였다. 어떤 이유들로 인하여 내담자의 무의식이 그들 자신을 안내하고, 그 과정과 함께 나아가고, 그들의 증상을 충분히 일어나도록 허용할 때, 그 해결책이라는 것이 비록 이상하고 색다르며 왠지 기이하기까지 하다고 하더라도 내담자의 저변에 깔려 있는 원인이 종종 경감되는 것 같다(Grof, 2006). 상한 음식을 토하는 것을 이것과 심리학적으로 평행선상에 놓을 수 있는데, 둘 다 자연적으로 스스로를 제거하는 과정인 만큼 중단할 필요가 없는 것이다.

Grof(2006)가 목격한 비객관적 현실의 자아초월 사건 중 영국 식민지 시절 살렘에서 마녀로 몰린 상황을 다시 체험한 여자가 있었는데, 여러 개의 다른 전생들도 기억해 냈고, 그전에는 나무로 변신하였으며, 또 전생에는 용서의 느낌을 받았다고 하였는데, 이후 몇 마일 떨어진 곳의 어떤 사람이 악마에게 씌웠다가 쫓겨나 용서받은 것으로 확인되었다고 한다. 원래 Grof는 이런 사례들이 '진짜'인지 아닌지를 언급하지 않았는데(꿈에 대한 보고서에서처럼), 2006년 그의 책 『불가능한 일들이 발생할 때』[8]의 제목이 암시하듯이, 그는 다양한 자아초월적 경험에 대해 더욱 신뢰하기 시작하였다.

---

8) 국내에선 『환각과 우연을 넘어서』 또는 『초월의식』(정신세계사)으로 번역되었음.

신성 경험 촉진entactogenic

이 단어는 흔히 '엑스터시'라고 불리우는 MDMA에 적용된다. 치료 목적으로 사용할 때 이 물질을 정확하게 뭐라고 부르는지는 아직 결정되지 않았는데, 엠파토겐empathogen(공감을 유도하는) 또는 불안완화제anxiolytic(근심을 녹이는) 또는 항불안제라고 불린다. MDMA는 적절한 심현제는 아니지만, 그것과 자주 연관되므로 여기서 다루기로 한다. MDMA 심리치료의 목적은 내담자의 심각한 정신적 외상의 기억으로부터 연상되는 두려움이나 스트레스를 경감하거나 완전히 단절시키는 데 있으며, 따라서 외상 후 스트레스 장애에는 다른 무엇보다 중요하다. MDMA는 원래 부부나 관계 치료에 주로 사용되었는데(Holland, 2001), 사우스 캐롤라이나의 정신과 의사 미토퍼Michael Mithoefer가 현재 정부의 허가를 받은 시험적인 임상 연구를 진행 중이다. 원래 일반인 치료로 시작하여 지금은 군, 전쟁 관련 사례들을 다루고 있다(Mithoefer et al., 2011). 두려움으로부터 분리할 수 있는 능력은 자아초월 경험의 치료적 사용을 통해 증진될 수 있으며, '안전한 손safe hands'의 보호를 받는다는 느낌은 신비 체험의 독특한 치료적 특성이라고 할 수 있다. 일화逸話적인 보고에도 불구하고, MDMA 심리치료 회기의 자아초월적 요소들이 무엇인지 추가적인 연구가 필요하다.

약리학적

다른 종류의 심현제 심리치료와 다르게, 이 치료 유형은 심리학적이나 자아초월적이 아닌 약리학적인 치료이다. 이런 의미에서 전형적인 심현제 치료와 다른 예외라고 하겠다. 뜻밖에도 한 다발성 두통 환자는 심현제가 주기적인 '자살 두통'의 재발을 예방함으로써 그의 고통이 끝났다는 것을 발견했다. 이것을 더 연구하기 위한 그룹이 형성되었다(www.clusterbusters.com).

더 넓은 지적 전망

심현제는 자아초월심리학의 실험적 기반을 형성하고, 부가적 연구들이 진행되면서 더욱 확고해지고 있다. 심현제 연구는 자아초월심리학의 더 큰 지적 틀 안에 속해 있다. 자아초월-심현제 조합은 미래의 대규모 지적 프로젝트에 어떤 공헌을 할 것인가? 실험적 증거, 더 넓은 증거 기반, 풍부해진 개념적 기반, 확장된 인문학, 다양한 마음과 몸의 상태를 포함하는 인간의 마음에 대한 관점은 여러 가지 이득을 제공할 것이다(Roberts, 2013).

통섭

저명한 생물학자 Wilson(1998)은 원자 구성 입자로부터 물리학적 · 화학적 · 생물학적은 물론 추상적 개념에 이르는 아이디어와 증거의 범위를 통합하는 지식의 발판을 건설하자는 제안을 하였다. 이 다양한 수준을 연결하는 단계는 한 단계에서 하나의 투입물(독립변수)을 넣고, 그 효과는 다른 데(종속변수)에서 측정하여 그 수준을 맞춘다. 심현제는 특히 여기에 잘 부합된다. 최근 존스홉킨스 의학 연구소의 연구에서 볼 수 있듯이(Griffiths et al., 2006, 2008), 실로사이빈은 생물학적 과정에 효과적일 뿐만 아니라 의미 충만, 영성, 신비 체험, 인격의 개방성 같은 추상적 개념에도 연결되며(MacLean et al., 2011), 다른 의식의 변성 상태에도 효과를 보이는 것으로 알려져 있다(Roberts, 2013). 이 책에서도 설명했듯이, 명상과 같은 자아초월적 심리과학은 비슷한 교차 수준 연결을 제공한다. Naranjo (1996)는 명상의 심리학적 원리에 대한 심현제적 경험의 해석을 제공하였다.

연구 체험

실험 연구 신비 체험, 신성한 느낌, 축복받음, '보살피는 사랑의 손길'에서의 안식, 경외감, 영적 · 종교적 개념 그리고 강렬한 종교적 경험에 대한 연구들은 역사적 기록과 오래된 문서들에 크게 의존한다. 이제 이 같은 자아초월적인 영성의 측면들을 실험할 수 있게 되었다. 종교 연구의 중요성은 유명한 종교학자 Huston Smith에 의해 수십 년 전에 예고되었다(Smith, 2000 참조; Roberts, 2012, 2013 참조).

다중 상태 이론

자아초월심리학의 가정은 평상시의 기본 상태와 더불어 다양한 마음-몸 상태, 즉 의식의 상태들을 개인이 생성하고 사용한다는 점이다(Tart, 1975). 지난 수년간 여러 가지 방법으로 이 중심 주제는 『자아초월심리학 학술지』의 거의 모든 권마다 다루어졌다. 심현제

뿐 아니라 생체 자기제어, 몸 작업body work, 호흡 수련, 무술, 꿈, 최면술 같은 것들이 다루어졌다. 전체 심리학full psychology의 모든 상태 / 단계를 포함시키라는 Tart(1969)의 제언을 바탕으로 한다면, 심현제와 자아초월심리학은 다중 상태 이론의 4개의 주요 개념에 부합된다. ① 모든 상태를 포함, ② 마음-몸 상태는 변수, ③ 다양한 상태를 생성하기 위한 방법-심리공학, 그리고 ④ 상주常住 · residence가 그것이다. 상주는 모든 인간의 능력이 그들의 본래 상태의 표현이며, 상태에 따라 힘과 종류가 달라진다는 것을 인식한다. 나아가, 드물고 흔하지 않은 능력은 보통의 기본 상태보다는 다른 상태에 있을 것이다. 따라서 다중 상태 이론은 자아초월적 관찰과 이론의 지적인 뒷받침을 제공한다(Roberts, 2013).

자아초월의 공헌

종교 연구가 그렇듯이, 심현제는 자아초월 사상을 다른 학문 분야로 전파하는 역할을 하고 있다. 심현제가 예술이나 인문학에 미치는 영향은 인류학, 약학, 심리학 그리고 심리치료만큼 강하지는 않다. 심현제는 의식 변성 상태의 확장이라는 주제에 있어 핵심적인 위치에 있으며, 이것은 인문학 · 사회학 · 물리학 분야 전반에 활용될 수 있는 것이다(Cardeña & Winkelman 2011). 현재 자아초월 이론에 대한 학계의 관심은 예술에서 동물학에 이르기까지 영향을 끼칠 수 있다(Hintzen & Passie, 2010; Roberts, 2011, 2013). 실용적인 면에서는 교육과 상업 또한 영향을 받을 것이다. 자아초월적 관점에 의해 풍요로워지지 않을 분야는 없을 것이며, 심현제도 공통적으로 그러한 역할을 할 것이다.

결론

자아초월심리학이 심현제 없이 존재할 수 있다고 말하는 것도 무방하겠지만, 심현제 없이 자아초월심리학은 존재하지 않을 것이라고 말하는 것도 마찬가지로 과언이 아니다. 자아초월 경험을 유발하는 심현제의 고유한 힘은 전 세계적인 신비 전통과의 연관성을 설명하며, 자아초월 경험과 인간 정신의 본성에 대한 보다 깊은 이해를 위해 심현제의 생리적 · 인지적 특성을 연구할 필요를 제기한다.

인터넷과 정기 간행물 자료

다음의 자료들은 최신 연구와 앞으로의 연구 방향에 대한 최고의 정보를 제공해 줄 것이다.

- 죽음 불안death anxiety. Grob와 Danforth(2013). 『죽음에 임박한 사람들을 위한 심현제 심리치료Psychedelic Psychotherapy Near the End of Life』
- 존스홉킨스 대학교 실로사이빈 연구(2012). 의미 충만, 영성, 개방성, 이타주의. Griffiths 등. www.csp.org/psilocybin.
- 전 세계 심현제 연구Psychedelic Research around the World(2012). 심현제 연구를 위한 다학제간 연구협회Multidisciplinary Association for Psychedelic Studies. www.csp.org/research
- Our Research(2012). 헤퍼 연구협회Heffter Research Institute. http://www.heffter.org/research-hucla.htm
- 버클리 연구재단Beckley Foundation Research(2012). www.beckleyfoundation.org/research/
- 미국 국립건강 연구소(2012). www.clinicaltrials.gov(힌트: 심현제psychedelic보다는 환각제hallucinogen를 찾아보라.)

인정받는 전문적 출판물과 일반적인 간행물에 게재된 심현제에 관한 기사들을 통해서 자아초월적인 아이디어들이 더 넓은 사회로 전해지고 있다. 다음은 몇 가지 예이다.

- 2006. 『고등교육 연혁The Chronicle of Higher Education』. 연구자들은 환각제에서 새로운 비전을 탐색한다. (Brown)
- 2008. 『The Lancet』. 심현제에 대한 연구가 주류가 되고 있다. (Morris)
- 2010. 『미국심리학회 모니터』. 심현제에 대한 연구가 돌아오고 있다. (Novotney)
- 2010. 『Scientific American』. 약으로서의 환각제. (Griffiths와 Grob)
- 2011. 『이코노미스트』. 산성 테스트. 환각제 약물에 대한 수십 년간의 금기가 흔들리기 시작한다.
- 2012. 세계는 의학적 환각제에 대한 준비가 되어 있습니까? 『뉴욕 타임스』 (Slater)

참고문헌

Arthur, J. (1999). *Mushrooms and mankind*. San Diego, CA: Book Tree.

Brown, S. (2006). Researchers explore new visions for hallucinogens. *The Chronicle of Higher Education,* Dec. 8. Retrieved from http://chronicle.com/weekly/v53/i16/16a01201. htm

Bugental, J. (Ed.). (1967). *Challenges of humanistic psychology*. New York, NY: McGraw-Hill.

Cardeña, E., & Winkelman, M. (Eds.). (2011). *Altering consciousness: Multidisciplinary perspectives* (2 Vols.). Santa Barbara, CA: Praeger.

Carhart-Harris, R. L., Leech, R., Williams, T. M., Erritzoe, D., Abbasi, N., Bargiotas, T., & Nutt, D. J. (2012). Implications for psychedelic-assisted psychotherapy: A functional magnetic resonance imaging study with psilocybin. *British Journal of Psychiatry*. Retrieved from http://bjp.rcpsych.org/content/early/2012/01/18/bjp.bp.111.103309. doi:10.1192/bjp.bp.111.103309

Compton, W., & Hoffman, E. (2012) *Positive psychology: The science of happiness and flourishing*. Belmont, CA. Wadsworth. Cengage Learning.

Dietrich, A. (2003). Functional neuroanatomy of altered states of consciousness: The transient hypofrontality hypothesis. *Consciousness and Cognition*, *12*, 231-256.

Dobkin de Rios, M. (1984). *Hallucinogens: Cross-cultural perspectives*. Albuquerque, NM: University of New Mexico Press.

Fadiman, J. (2011). *The psychedelic explorer's guide: Safe, therapeutic, and sacred Journeys*. Rochester, VT: Park Street Press.

Fantegrossi, W., Mernane, K., & Reissig, C. (2008). The behavioral pharmacology of hallucinogens. *Behavioral Pharmacology*, *75*, 17-33.

Friedman, H. L. (1983). The self-expansiveness level form: A conceptualization and measurement of a transpersonal construct. *Journal of Transpersonal Psychology*, *15*(1), 37-50.

Friedman, H. (2006). The renewal of psychedelic research: Implications for humanistic and transpersonal psychology. *The Humanistic Psychologist*, *34*(1), 39-58.

Goldsmith, N. M. (2011). *Psychedelic healing: The promise of entheogens for psychotherapy and spiritual development*. Rochester, VT: Healing Arts Press.

Griffiths, R. R., Richards, W., McCann, U., & Jesse, R. (2006). Psilocybin can occasion mystical-type experiences having substantial and sustained personal meaning and spiritual significance. *Psychopharmacology*, *187*(3), 268-283.

Griffiths, R. R., Richards, W., McCann, U., & Jesse, R. (2008). Mystical-type experiences occasioned by psilocybin mediate the attribution of personal meaning and spiritual significance 14 months later. *Journal of Psychopharmacology*, *6*, 621-632.

Griffiths, R., & Grob, C. (2010). Hallucinogens as medicine. *Scientific American*, *303*(6), 76-79.

Grob, C. S., & Danforth, A. (2013). Psychedelic psychotherapy near the end of life. In T. Roberts (Ed.), *The psychedelic future of the mind* (Chapter 7). Rochester, VT: Inner Traditions/Bear.

Grob, C. S., Danforth, A. L., Chopra, G. S., Hagerty, M., McKay, C. R., Halberstadt, A. L., & Greer, G. R.

(2011). Pilot study of psilocybin treatment for anxiety in patients with advanced-stage cancer. *Archives of General Psychiatry*, *68*(1), 71-78.

Grof, S. (1972). Varieties of transpersonal experience: Observations from LSD psychotherapy. *Journal of Transpersonal Psychology*, *4*(1), 45-80.

Grof. S. (1975). *Realms of the human unconscious: Observations from LSD research*. New York, NY: Viking Press. (Republished in 2009 as LSD: Doorway to the numinous, by Park Street Press, Rochester, VT)

Grof, S. (1977). The perinatal roots of wars, totalitarianism, and revolutions: Observations from LSD research. *The Journal of Psychohistory*, *4*(3), 269-308.

Grof, S. (1992). *The holotropic mind*. San Francisco, CA: Harper Collins.

Grof, S. (2001). *LSD psychotherapy*. Sarasota, FL: Multidisciplinary Association for Psychedelic Studies.

Grof, S. (2009). *LSD: Doorway to the numinous*. Rochester, VT: Inner Traditions.

Grof, S. (2012). Maslow's fourth force: A brief history of transpersonal psychology. In *Healing our wounds: The holotropic paradigm shift*. Newcastle, WA: Stream of Experience.

Harner, M. (Ed.). (1973). *Hallucinogens and shamanism*. New York, NY: Oxford University Press.

Hartelius, G., Caplan, M., & Rardin, M. A. (2007). Transpersonal psychology: Defining the past, divining the future. *The Humanistic Psychologist*. *35*(2), 1-26.

Heinrich, C. (1995). *Strange fruit: Alchemy and religion, the hidden truth*. London, UK: Bloomsbury.

Hintzen, A., & Passie, T. (2010). *The pharmacology of LSD: A critical review*. New York, NY: Oxford University Press.

Hoffman, M., & Ruck, C. A. P. (2004). Entheogens (psychedelic drugs) and shamanism. In M. N. Walter & E. J. N. Fridman (Eds.), *Shamanism: An encyclopedia of world beliefs, practices and cultures* (Vol. 1, pp. 111-117). Santa Barbara, CA: ABC-Clio.

Holland, J. (2001). *Ecstasy: The complete guide*. Rochester, VT: Park Street Press.

Hood, R. W., Jr. (1995). *Handbook of religious experience*. Birmingham, AL: Religious Education Press.

Johnson, M., Richards, W., & Griffiths, R. (2008). Human hallucinogen research: Guidelines for safety. *Journal of Psychopharmacology*, *22*(6), 603-620.

Kolp, E., Krupitsky, E., Friedman, H., & Young, S. (2009). Entheogen-enhanced transpersonal psychotherapy of addictions: Focus on clinical applications of ketamine for treating alcoholism. In A. Browne-Miller (Ed.), *The Praeger international collection on addictions* (Vol. 3, pp. 403-417). Westport, CT: Praeger.

Labate, B., & MacRae, E. (Eds). (2010). *Ayahuasca, ritual and religion in Brazil*. London, UK: Equinox.

Lajoie, D., Shapiro, S., & Roberts, T. (1991). A historical analysis of the statement of purpose in *The Journal of Transpersonal Psychology*. *The Journal of Transpersonal Psychology*, *23*(2), 175-182.

MacLean, K. A., Johnson, M. W., & Griffiths, R. R. (2011). Mystical experiences occasioned by the hallucinogen psilocybin lead to increases in the personality domain of openness. *Journal of*

Psychopharmacology, 25(11), 1453-1462. doi: 10.1177/0269881111420188

Maslow, A. (1967). Self-actualization and beyond. In J. Bugental (Ed.), *Challenges of humanistic psychology* (pp. 279-286). New York, NY: McGraw-Hill.

Maslow, A. (1969). Theory Z. *Journal of Transpersonal Psychology, 1*(2), 31-47.

Maslow, A. (1970). *Religions, values, and peak-experiences*. New York, NY: Penguin, New York.

Mithoefer, M. C., Wagner, M. Y., Mithoefer, A. T., Jerome, L., & Doblin, R. (2011). The safety and efficacy of {+/—.}3,4-methylenedioxymethamphetamine-assisted psychotherapy in subjects with chronic, treatment-resistant posttraumatic stress disorder: The first randomized controlled pilot study. *Journal of Psychopharmacology, 25*(4), 439-452.

Mogar, R. E., & Aldrich, R. W. (1969). The use of psychedelic agents with autistic schizophrenic children. *Behavioral Neuropsychiatry, 1*(8), 44-50. Retrieved at http://www.neurodiversity.com/library_mogar_1969.html

Moreno, F., Delgado, P., & Gelenberg, A. (2012). Effects of psilocybin in obsessive-compulsive disorder [study protocol]. Retrieved from http://www.maps.org/research/psilo/azproto.html

Morris, K. (2008). Research on psychedelics moves into the mainstream. *The Lancet, 371*, 1491-1492.

Naranjo, C. (1996). The interpretation of psychedelic experiences in light of the psychology of meditation. In M. Winkelman & W. Andritzky (Eds.), *Yearbook of cross-cultural medicine and psychotherapy 1995: Sacred Plants, Consciousness and healing* (pp. 75-90). Berlin, Germany: Verland & Vetrieb.

Nichols, D. (2004). Hallucinogens. *Pharmacology and Therapeutics, 101*, 131-181.

Nichols, D., & Chemel, B. (2006). The neuropharmacology of religious experience: Hallucinogens and the experience of the divine. In P. McNamara (Ed.), *Where God and science meet: The psychology of religious experience* (pp. 1-34). Westport, CT: Greenwood.

Novotney, A. (2010). Research on psychedelics makes a comeback. *American Psychological Association Monitor, 41*(10), 10.

Passie, T. (2007). Contemporary psychedelic therapy: An overview. In M. Winkelman & T. Roberts (Eds.), *Psychedelic medicine* (Vol. 1, pp. 45-68). Westport, CT: Praeger/Greenwood.

Passie, T., Halpern, J., Stichtenoth, D., Emrish, H., & Hintzen, A. (2008). The pharmacology of lysergic acid diethylamide: A review. *CNS Neuroscience & Therapeutics, 14*, 295-314.

Rätsch, C. (2005). *The encyclopedia of psychoactive plants: Ethnopharmacology and its applications* (J. Baker, Trans.). Rochester, VT: Park Street Press. (Original work published 1998 as *Enzyklopädie der psychoaktiven Pflanzen,* Aarau, Switzerland: AT Verlag)

Roberts, T. B. (1978). Beyond self-actualization. *ReVision, 1*(1), 42-46.

Roberts, T. B. (2011, December 8). *Psychedelic additions to the house of intellect*. Lecture delivered at MAPS 25th Anniversary Celebration, Oakland, CA. Retrieved from http://niu.academia.edu/ThomasRoberts/Talks/63819/Psychedelic_ Additions_to_the_House _of_Intellect_PowerPoint

Roberts, T. B. (2012). *Spiritual growth with entheogens*. Rochester, VT: Inner Traditions.

Roberts, T. B. (2013). *The psychedelic future of the mind: How entheogens are enhancing cognition, boosting intelligence, and raising values*. Rochester, VT: Inner Traditions.

Ruck, C. A. P., Bigwood, J., Staples, D., Ott, J., & Wasson, R. G. (1979). Entheogens. *Journal of*

Psychoactive Drugs, 11(1-2), 145-146.

Ruck, C., Hoffman, M., & Celdrán, J. (2011). *Mushrooms, myth and mithras: The drug cult that civilized Europe.* San Francisco, CA: City Lights Books.

Ruck, C., Staples, B., & Heinrich, C. (2001). *The apples of Apollo: Pagan and Christian mysteries of the Eucharist.* Durham, NC: Carolina Academic Press.

Rush, J. (2011). *The mushroom in Christian art: The identity of Jesus in the development of Christianity.* Berkeley, CA: North Atlantic Books.

Schultes, R., & Hoffmann, A. (1979). *Plants of the gods.* New York, NY: McGraw-Hill.

Schultes, R., Hoffmann, A., & Rätsch, C. (1998). *Plants of the gods: Their sacred, healing and hallucinogenic powers* (2nd ed.). Rochester, VT: Healing Arts Press.

Slater, L. (2012). Is the world ready for medical hallucinogens? A kaleidoscope at the end of the tunnel. *The New York Times Magazine, April 22*, 56-60, 66.

Smith, E. O. (1999). Evolution, substance abuse, and addiction. In E. S. Trevathan & J. McKenna (Eds.), *Evolutionary medicine* (pp. 375-405). New York, NY: Oxford University Press.

Smith, H. (2000). *Cleansing the doors of perception: The religious significance of entheogenic plants and chemicals.* Los Angeles, CA: Jeremy P. Tarcher.

Sullivan, R., & Hagen, E. (2002). Psychotrophic substance-seeking: Evolutionary pathology or adaptation? *Addiction, 97*, 389-400.

Sullivan, R., Hagen, E., & Hammerstein, P. (2008). Revealing the paradox of drug reward in human evolution. *Proceedings of the Royal Society, B*, 275, 1231-1241.

Tart, C. (Ed.). (1969). *Altered states of consciousness* (3rd ed.). San Francisco, CA: HarperSan-Francisco.

Tart, C. (1972). States of consciousness and state-specific sciences. *Science, 176*, 1203-1210.

Tart, C. (1975). *States of consciousness.* New York, NY: E.P. Dutton.

The Economist. (2011, June 23). Acid tests. Research into hallucinogenic drugs begins to shake off decades of taboo. Author.

Vich, M. (1988). Some historical sources of the term "transpersonal". *Journal of Transpersonal Psychology, 20*(2), 107-110.

Vollenweider, F. (1998). Recent advances and concepts in the search for biological correlates of hallucinogen-induced altered states of consciousness. *Heffter Review of Psychedelic Research, 1*, 21-32.

Walsh, R. (1983). Psychedelics and self-actualization. In L. Grinspoon & J. B. Bakalar (Eds.), *Psychedelic reflections* (pp. 115-120). New York, NY: Human Sciences Press.

Walsh, R., & Grob, C. (Eds.). (2005). *Higher wisdom: Eminent elders explore the continuing impact of psychedelics.* Albany, NY: State University of New York Press.

Wasson, G. (1968). *Soma: Divine mushroom of immortality.* New York, NY: Harcourt Brace Jovanovich.

Wasson, G. (1980). *The wondrous mushroom: Mycolatry in Mesoamerica.* New York, NY: McGraw-Hill.

Wasson, G., Kramrisch, S., Ott, J., & Ruck, C. (1986). *Persephone's quest: Entheogens and the origins of religion*. New Haven, CT: Yale University Press.

Winkelman, M. (2007a). Therapeutic bases of psychedelic medicines: Psychointegrative effects. In M. Winkelman & T. Roberts (Eds.), *Psychedelic medicine: New evidence for hallucinogenic substances as treatments* (Vol. 1, pp. 1-19). Westport, CT: Praeger.

Winkelman, M. (2007b). Shamanic guidelines for psychedelic medicines. In M. Winkelman & T. Roberts (Eds.), *Psychedelic medicine: New evidence for hallucinogenic substances as treatments* (Vol. 2, pp. 143-168). Westport, CT: Praeger.

Winkelman, M. (2010). *Shamanism: A biopsychosocial paradigm of consciousness and healing*. Santa Barbara, CA: ABC-CLIO.

Winkelman, M., & Hoffman, M. (in press). Entheogens. In K. von Stuckrad & R. A. Segal, (Eds.), Vocabulary for the study of religion. Leiden, The Netherlands: Brill.

Winkelman, M., & Roberts, T. (Eds.). (2007). *Psychedelic medicine: New evidence for hallucinogenic substances as treatments* (2 Vols.). Westport, CT: praeger/Greenwood.

번역 출판

Furst, P. (1976). *Hallucinogens and culture*. San Francisco, CA: Chandler & Sharp. (김병대 역. 환각제와 문화. 서울: 대원사, 1992).

Grof, S. (2006). *When the impossible happens: Adventures in non-ordinary realities*. Louisville, CO: Sounds True. (유기천 역. 초월의식: 환각과 우연을 넘어서. 서울: 정신세계사, 2018).

Maslow, A. (1968). Preface to the Second Edition. *Toward a psychology of being*. Princeton, NJ: Van Nostrand. (정태연, 노현정 역. 존재의 심리학 . 서울: 문예출판사, 2005).

Wilson, E. O. (1998). *Consilience: The unity of knowledge*. New York, NY: Knopf. (최재천, 장대익 역. [지식의 대통합] 통섭. 서울: 사이언스북스, 2005).

제 26 장

소마틱치료의 자아초월적 차원

Don Hanlon Johnson

신체에 대한 고착을 말할 때, 우리는 순수하게 육체적인 애착을 말하는 것이 아니다. 말하자면 성욕을 순수하게 물질적 문제로 보지 않는다는 것이다. 우리는 마음-몸 관계에서 마음의 육체적인 측면, 즉 계속 음식을 섭취하며 보강할 필요가 있는 견고한 부분을 말하는 것이다. 그것은 항상 견고하다는 확신이 필요하다. 상좌부 불교Hinayana의 기본 수행은 마음의 모든 활동을 호흡이나 몸의 움직임으로 단순화시켜 몸의 루드라[1]Rudra의 강도를 감소시킨다.

- Trungpa & Guenther(1975, p. 9)

자아초월심리학은 지난 세기 중반 서양심리학의 지배적인 자아개념에 의문을 제기하는 이들이 많아지면서 생겨났다. 이 분야는 힌두교, 불교, 도교와 같은 고대 지혜와 만났던 초기 경험을 바탕으로 형성되기 시작했다. 이러한 가르침에 대한 접근과 끌림은 이후 향정신성 물질의 사용으로 가속화되었다. 토착민의 한층 느리지만 꾸준한 현실earth-중심

1) 루드라Rudra는 '빛나는 자' '외치는 자'라는 뜻이다. 『리그베다』에 등장하는 바람과 폭풍우의 신이며, 사냥의 신이다. 힌두교에서는 시바의 원형으로서 중요한 지위를 차지한다. 화가 나면 폭풍처럼 파괴나 살상을 일으키지만, 신봉자에게는 복을 주고 질병을 낫게 해 주며, 재앙도 막아 준다. 그래서 치유와 생명의 신이기도 하다.

의 영성은 자아의 또 다른 개념을 발달시키는 데 일조해 왔다. 아직은 이 영역의 언저리에 속해 있지만 19세기 후반에서 20세기 초반에 광범위하게 발달한 소마틱 요법 또한 몸 기반에 대한 주류 개념을 근본적으로 변화시키며 자아에 대한 다양한 개념을 뒷받침함으로써 이런 움직임에 합류하고 있다.

우선 신체에 기반을 둔 초월성의 일반적인 영역을 소개한 다음, 다양한 신체중심 요법들이 어떻게 자아초월의 경험과 관련되어 심리치료의 영역을 좀 더 확장시킬 수 있는지 설명하겠다.

영역

> 죽음을 맞선 삶에서 움직임은 몸속으로 확실히 들어가고 있으며, 현실을 오롯이 몸으로 발견하고 있다. 그러나 그러고 나면 또 다른 움직임이 생겨나 이렇게 표현할 수 있겠다. “당신이 발견한 이 몸은 그냥 몸이 아니다.”
>
> - Brown(1970, p. 4)

Norman O. Brown은 1970년에 산타크루스Santa Cruz의 한 지역 신문 인터뷰에서 이런 말을 했다. 이것은 내가 그보다 몇 년 전에 발견한 것을 명료하게 표현한 것이다. 나는 십여 년간 로마 가톨릭의 남자 수도회인 예수회 일원이었다. 우리는 아침마다 한 시간씩 명상했고, 낮에는 간간이 짧은 명상을 했다. 해마다 우리는 8일간의 침묵 피정에 들어갔는데, 나는 30일간 피정을 한 적도 있었다. 내가 배운 수많은 다른 수행들 가운데에는 신체적인 자각, 즉 호흡, 자세, 감각에 집중하기 등이 포함되어 있었다. 십수 년간 수행에 전념했음에도 나는 분열된 삶을 살았다. 내 의식은 주로 신학과 성서의 추상적인 세계에 머물면서 호흡하고, 무릎 꿇고 앉아 있는 내 몸은 거의 느끼지도 못했고, 만질 수 있는 다른 사람들의 몸도 거의 느끼지 못했다.

1967년에 중국에서 망명한 도교 수련자 지아 푸 펭Gia-Fu Feng은 우리의 신학교 바로 위 산타크루스 산 정상에 있는 자신의 센터에서 하는 새벽 명상에 나를 비롯한 예수회 친구 몇 명을 초대했다. 안개가 휘감긴 미국 삼나무 숲이 내다보이는 명상홀에서 우리는 그저 앉아서 호흡에 집중하라는 지도를 받았다. 그곳의 환경과 지도teaching 어휘에는 나로 하여금 실제 호흡에 즉각 조율할 수 있도록 촉진하는 뭔가가 있었다. 그 시간을 통해 내가 십여 년간 명상에 대해 가지고 있던 관념들—신성한 이미지들과 문구들, 신비로운 가르침들, 지적인 의미들—이 전부 깨지고 말았다. 내가 발견한 호흡, 그것은 그냥 호흡이 아니었다.

그 문을 통해 다양한 방식의 신체 요법을 향한 여정을 시작했고, 다음과 같은 경험을 했다.

- 내가 마사지 트레이닝과 롤핑[2)]Rolfing으로 알아낸 손 자극법, 그것은 단순한 손 자극이 아니었다.
- 내가 컨티뉴엄[3)]Continuum과 바디-마인드 센터링[4)]Body-Mind Centering과 같은 요법을 통해 발견한 몸동작, 그것은 단순한 동작이 아니었다.
- 내가 롤핑과 아스톤 패터닝[5)]Aston-Patterning을 통해 발견한 자세, 그것은 단순한 자세가 아니었다.

일찍이 플라톤, 데카르트, 갈릴레오, 후설의 저서로 철학을 공부한 나는 그 문의 형태를 식별할 수 있었다. 나는 몸-마음 이원론이 무엇인지, 그것이 어떻게 생겨났는지, 우리 삶에서 어떤 의미가 있는지 아주 명확하게 말할 수 있었다. 하지만 지금까지도 내 존재 안에서 그것을 직접적이고 의식적으로 느끼지는 못했다. 그로부터 내가 횡단해야 할 영역The Territory에 대한 지도가 눈에 들어왔다.

나는 혼자가 아니었다. 단 하나의 예를 들자면, 대략 50년 전에 태즈메이니아[6)]Tasmanian의 배우 Alexander(1969)가 훗날 창시한 알렉산더 기법Alexander Technique의 모태가 된 실험에 대해 유사한 말을 한 적이 있다.

> 처음 연구를 시작할 때에만 해도 나 또한 대체로 일반적인 사람들과 같았다는 것을 인정해야겠다. 나는 '몸'과 '마음'을 같은 기관의 분리된 부분이라고 생각했고, 따라서 인간의 질병, 어려움, 결점은 '정신적'이거나 '육체적'인 것으로 분류될 수 있어서, 특별히 '정신적'이거나 특별히 '육

---

2) 롤핑Rolfing이라는 말은 롤핑 마사지를 개발한 Ida Rolf의 이름에서 따온 말로, 롤핑은 근육의 심층 부분인 근막을 마사지하여 신체 부위가 제자리를 찾게 해 주고, 뼈와 근육이 정상적으로 움직일 수 있도록 개선해 주어 근육의 통증과 경직을 풀어 주는 치료 방법이다.

3) 컨티뉴엄Continuum은 Emilie Conrad Da'Oud이 창안한 것으로, 관습적인 사고 전반에 퍼져 있는 신체화된 의식의 차원을 발견하도록 돕는 의식적인 신체 움직임의 방법이다.

4) 바디-마인드 센터링Body-Mind Centering은 몸과 마음의 움직임, 인식에 대한 통합적이고 체계화된 접근 방법이다. 이 방법은 Bonnie Bainbridge Cohen이 창시한 기법으로, 해부학, 생리학, 정신물리학, 발달 과정의 원리를 바탕으로 한다.

5) 아스톤 패터닝Aston-Patterning은 마사지에 습관 교정을 더한 신체 조절 요법이다.

6) 태즈메이니아인Tasmanian은 호주의 태즈메이니아의 멸족된 원주민이다.

체적'인 선에서 다룰 수 있다고 믿었다. 그런데 실제 실험을 진행해 보고 그런 관점을 버려야 했다. 독자들은 이 책에 나오는 기법이 정반대의 개념, 즉 어떤 형태의 인간의 행위도 '정신적'인 과정과 '육체적'인 과정으로 분리하는 것은 불가능하다는 개념에 기초했다는 것을 알게 될 것이다 (p. 161).

그런데 몸을 직접 경험하는 여정을 따르면서 내 경험이 보편적인 것이 아니라 근본적으로 서구적이라는 것을 깨닫게 되었다. 그것은 고대 그리스철학, 기독교 이론, 현대 서양 철학, 경험과학의 의식-조형shaping의 힘에 근거를 둔 것이었다. 언뜻 추상적으로 보이는 이런 개념들이 서구 유럽과 미국 특유의 수업, 운동, 춤, 의학 실습, 스포츠의 체계 내에서 살아가는 나의 신경근의 경로에 새겨졌음을 알아차리게 되었다. 결국 이런 행위들이 이 문화에서 성장한 사람들의 감성을 형성하는 까닭에 이 문화권의 사람들은 다른 문화권의 사람들과 다를 수밖에 없다.

최근 일본의 철학자 Yasuo(1987)는 중국, 인도, 한국, 일본에서 무술, 명상, 서예, 음악과 같은 형태의 수행을 불러일으킨 다른 종류의 감성에 대해 광범위하게 기록했다. 그의 연구의 핵심은 한 수행에 걸쳐 이들 수행에 정진하면 필연적으로 의식 자체가 진화하여 성숙한 어른이 된다는 주장이다.

동양의 몸-마음 이론 특징들 중 하나는 다음의 질문들이 우선 주어진다는 것이다. "마음과 몸의 관계는 (수련을 통해) 어떻게 되는가? 또는 그것은 무엇이 되는가?" 한편, 서양철학에서 전통적인 이슈는 "몸-마음 사이의 관계는 무엇인가?"이다. 다른 말로, 동양에서는 몸-마음 양상은 수련, 즉 훈련의 수단으로 마음과 몸의 수행을 통해 변한다는 경험적인 가정에서 출발한다. 이 추정하는 경험의 바탕 이후에만 마음-몸 관계가 무엇인지 묻는다. 즉, 마음-몸 문제는 단순히 이론적인 고찰이 아니라 그것은 본래 실제적이고, 생생한 경험이며, 마음과 몸의 전체성에 대한 집합과 관련된다. 이론적인 것은 이러한 생생한 경험을 반영할 뿐이다(1987, p. 18).

문화에 따라 감성의 개념이 매우 다르다는 것을 알고 나니 내가 몸 쪽으로 돌아선 의미와 시사점을 명확히 표현할 수 있게 되었다. 내가 받은 명상과 학문적인 가르침은 몸의 다양한 잠재력을 장기간 지속적으로 갈고닦아 한 개인의 감수성을 계발하는 아시아의 이런 지적이고 영적인 중요성이 간과되었고, 몸으로 직접 생생하게 경험하는 중요성을 미처 파악하지 못했다는 한계가 있었다. 예수회 수련에는 무릎 꿇고 앉은 자세에서 서 있는 자세로 의도적인 자세 변화가 있음에도, 우리는 각각의 자세와 한 자세에서 다른 자세로 이동할 때 어떤 일이 일어나는지 세심한 주의를 기울이도록 배우지 않았다. 호흡 명상을 할 때, 우리는 만트라의 구절(예를 들면, 예수 기도문)에 주의를 기울였지 호흡 자체에 대한 실제 경험에 주의를 기울인 것은 아니었다.

우리는 태어날 때 인간으로 사는 데 필요한 원재료를 부여받았고, 부모, 양육자 그리고 미디어에 의해 싫든 좋든 그야말로 형상이 만들어졌다. 그래서 가끔 몸의 형성과 의식의 진화 사이의 연결을 조화시키기 위해 기획된 기법들을 받아들임으로써 좀 더 의식적이 된다. 이 자기의 형성과 의식 자체의 형성 과정은 잘 이해되고 있지 않은데, 이는 만연된 이원주의dualism 때문만이 아니라 그것을 이해하고자 특정한 신체 수련을 지속적으로 하기 때문이다. 그것은 마치 학자가 좌선을 수행하지 않고 선禪에 대한 책을 공부한 것으로 권위를 요구하는 것과 같다. 후설의 현상학적 방법에 관한 글에서 개인은 반드시 특별한 경험적인 영역을 구성하는 특정한 태도를 수련해야 한다. 새로이 발견된 영역 내에서 이 탐구의 실재는 이제 그것에 관심을 기울일 준비가 된 사람에게 가능하다.[1] 내가 지아 푸 펭의 선원에서 일어난 일을 더 명료하게 이해할 수 있었던 것도 이전에 후설을 공부했기 때문이다. 내가 앉아서 호흡하는 미묘한 행위에 주의를 옮기는 법을 배웠을 때 이는 선禪 **태도**[7)]Einstellung, 즉 태도를 받아들인 것으로, 그 순간 나는 새로운 경험의 영역에 들어서게 되었다. 내가 몇 년 동안 찾아 헤매던 자아초월의 영역이라는 거대한 보물들이 거기 바로 내 앞에 있었다.

Mauss(1973)는 한 문화나 특정한 공동체의 신체 형성 수행을 명시하기 위해 '몸의 기술'이라는 말을 도입했다. 여기에는 운동, 춤, 스포츠, 물리치료, 신체치료 기법의 실제 대상이 되는 명백한 형태의 몸이 포함된다. 그러나 더 중요한 건 아기를 안는 법, 도구의 사용, 걷기, 앉기같이 그 자체가 목적이 아닌 일상 행위들이 또한 포함된다. 그는 명백하지만 거의 주목하지 않았던 사실에 주의를 촉구했는데, 그것은 '자연스럽다'고 생각하는 경향이 있는 단순한 행동들—앉기, 다이빙, 도랑 파기—이 사실은 그 문화의 특정한 요구와 미학에 따라 개인을 문화와 성에 따른 독특한 방법으로 형성시키며 발달한다는 것이다. 이 기술들은 두 가지로 이루어진다. 객관적인 면에서 변화무쌍한 몸으로 태어난 인간에게 일정한 형태를 부여한다. 주관적인 면에서 그것들은 우리의 신체 이미지, 자기에 대한 감각, 신체도식body schema을 만들도록 돕는다. 이 신체도식은 지각된 세상 안에 우리를 위치시킨다. 그것은 우리의 경계에 대한 감각에 근거하여 형성되는데, 나는 멈추고 당신은 시작하는 곳이다. 즉, 내가 외부 정보에 어떻게 반응할지, 인간관계에 어떻게 스며들지 정하는

---

7) 태도態度 · Einstellung: 후설은 우리의 일상적 삶의 영위나 다양한 이론적 학문을 수행하는 방식이나, 현상학적 방법을 특징지을 때 '태도'라는 개념을 사용하였다(현상학사전).

근거가 된다. 그 형성 과정은 우리의 사회적인 기관, 즉 종교, 군대, 패션과 미디어, 스포츠, 예술, 의학에 규정되고 전달된다. 그것들은 성별, 민족성, 사회 계층의 집요한 힘을 반영한다. 몸을 형성하는 스타일은 건축, 음악, 춤, 예술과 같은 형태에서 보이는 사회 취향 society's tastes의 표현과 아주 유사하다.

심리치료사나 영적 스승으로 성장하려면 경청, 직관, 꿈, 침묵 그리고 이들 작업에 필수적인 감성의 영역에 익숙해질 필요가 있다.

몸의 자아초월적 차원

이 복잡한 문제들을 좀 더 명료하게 하기 위해서 다양한 변용적 신체 요법을 분석하여 세 가닥의 자아초월적인 차원으로 나누고 각각의 구체적인 관계를 살펴보겠다.

1. '나'의 고정성fixity의 붕괴, 그것이 어떤 것이라는 환상
2. 현재 실재와의 충분하고 직접적인 조우를 하지 못하게 하는 신경근이라는 장애물 neuromuscular barriers의 영향
3. 일상적 자각의 초월성the transcendence of ordinary awareness

견고한 개인의 초월성은 앞의 세 가지 면 전체를 수반하기 때문에 이것은 말할 필요도 없이 인위적인 분류이다. 그래도 이렇게 분류하면 다양한 변용적 신체 수행이 몸의 움직임에 내재된 자기초월적이고 치유적인 가치를 어떻게 촉진시키는지 명확하게 보여 주기에 도움이 된다.

신경근 고착

Rolf(1977)의 작업은 종종 신체치료나 대체의학 분야에 포함되지만, 본인은 그런 해석을 늘 거부했다. 롤핑 요법의 복잡한 조작 체계의 목표는 중력장과 조화를 이루지 못하는 신체의 다양한 저항법을 줄이는 데 있다. 저항하는 신체는 결합조직(근막, 인대, 힘줄)의 경직이 늘어나고, 시간이 지나면서 단단히 굳은 물체나 도르래와 지렛대가 달린 기계 또는 컴퓨터가 된 듯한 감각의 착오가 생긴다.

전에도 자주 말했지만 다시 한번 강조한다. 나는 육체적이든 정신적이든 증상의 완화에는 관심이 없다. 인간의 잠재력에 관심이 있을 뿐인데, 인간의 잠재력 그 자체는 증상의 일시적 억제를 포함하지도, 배제하지도 않는다. 의문은 남는다. 롤퍼[8]Rolfer들은 중력장의 영향력에 저항하느라 인간의 귀중한 에너지를 연신 소모하지 않고 중력장 내에서 살 수 있는 작은 집단population을 어느 정도까지 만들 수 있는가? 우리가 그런 집단을 만든다면 그것은 어떤 특징이 있을까?(Rolf, 1977, p. 3)

그렇게 나를 비롯한 아주 많은 사람을 끌어들였던 지구의 장과 벌이는 '끝없는 전쟁'이 중단되었고, 갑자기 말끔히 정돈된 이 세상과 함께 활공하는 놀라운 느낌이 들었다. 나는 수십 년간 되풀이하여 서고 움직이는 동안 여기에 그냥 존재하는 강렬한 쾌감을 느끼고, 시시때때로 나를 지배한 밀고 당기는 느낌에서 벗어나자 롤핑 세션을 그만두었다. 나는 광활하고 생생한 의식의 세계에 있다.

Rolf(1977)의 연구는 정골 요법osteopathy 분야에서 나온 것으로, 19세기에 스틸Andrew Still과 서덜랜드William Sutherland가 복잡한 결합조직 도수 요법 체계로 발전시켰다. 서덜랜드는 인간의 몸과 우주의 에너지 사이의 연결을 강화시키는 이 작업이 유럽의 고대 비전秘傳에서 명맥을 이어 왔다고 했다. 그가 보는 이 연결의 핵심은 뇌척수액으로, 그것이 몸 전체로 퍼지며 만들어 내는 진동은 우주의 보다 큰 장과 우리의 관계를 반영한다고 한다. 주류 의학의 침범 때문에 입지가 좁아졌음에도 일군의 전문가들이 출중한 개발자들의 명맥을 근근이 이어 가고 있다—Eliott Blackman, Viola Frymann, John Upledger(Upledger & Vredevoog, 1983), Fritz Smith, Michael Shea(2007), Hugh Milne(1995), Harold I. Magoun(1983) 등이다. 그들은 이 다수의 젊은 치료자를 어렵게 훈련시켜 이 놀라운 작업을 수행했다. 뇌척수액의 순환과 그것을 자각하는 법을 기르는 그 작업은 고대 생체에너지bioenergy 영역과 깊은 조화를 이루는 경험으로 이끌었다. 일상의 전형적인 번잡함에서 벗어나 완전한 평화와 자유를 누리는 것은 말할 수 없이 감미로운 경험이다. 그 순간은 이 요법의 전문가가 종종 스틸 포인트[9]still point라고 부르는 지점으로 명상할 때에도 이와 똑같은 경험을 하게 된다.

8) 롤퍼Rolfer는 롤핑 요법을 하는 사람을 말한다.
9) 스틸 포인트still point는 두개천골계의 움직임이 없어져 완전히 정지된 상태이다.

있는 그대로 알아차림Naked Awareness

1930년대에 Selver(1977)와 Carola Speads는 획기적인 감각 계발법을 뉴욕에 들여왔다. 이는 본래 베를린의 Elsa Gindler에 의해 개발되었다. 이 작업은 언뜻 보기에 간단하다. 그것은 앉기, 일어서기, 닿기, 접촉하기, 맛보기 같은 단순하기 그지없는 활동에 대한 감각을 탐색하며 수년을 보내는 것이다. 캘리포니아의 Alan Watts는 우연히 그것을 발견했고, 그것을 선禪의 서양 버전으로서 보았다. 그는 Selver를 캘리포니아로 초청했고, Selver의 작업은 샌프란시스코 선 센터의 창립자인 Suzuki Roshi와 에살렌 연구소의 창립자인 Michael Murphy가 열광적으로 받아들였다. 그녀는 인본주의 심리학의 창시자들에게 조용하지만 엄청난 영향을 주었기에 그들 대부분이 그녀의 작업을 공부했다. 그녀는 거의 기록하지 않았고 세심한 주의를 기울여 말했다. 그녀는 자아초월의 예비 버전 격이 되는 말을 다음과 같이 했다.

> 사람들이 흔히 '신비'라고 부르는, 예를 들어 호흡하는 것에서든 균형 잡기에서든, 그게 뭐든 간에 다른 사람과의 접촉에서 우리가 체험하는 신비한 순간은 매우 명료하게 경험할 수 있고, 그래서 또한 놀랍게 경험한다. 바꾸어 말해서, 나는 개인이 어떤 아주 분명한 신비의 순간을 포착할 수 있다면 경이로울 것 같은데, 그것은 경험에서 온 것이고 그 자체가 놀라운 것이다. 그 순간은 아주 작고 작은 경험에서도 올 수 있다. 예를 들어, 먹고 있을 때에도(Selver, 1977, p. 7).

Gindler의 제자인 Ehrenfried(1956)는 프랑스로 가서 90대 후반에 죽을 때까지 가르치는 일에 종사했다. 그녀는 우리 인간의 감각 능력을 한껏 일깨우고자 초과 근무working over time의 영적 차원에 대한 멋진 책을 썼다. 『신체 교육에서 영적인 균형까지From the education of the body to spiritual balance』라는 제목의 이 책은 이 연구의 자아초월 관련성을 요약하여 보여 준다(Ehrenfried, 1956). 애스톤Judith Aston이 창안한 몸 작업법은 바르게 움직이는 법과 마사지법을 지도하고, 결합조직 도수 요법도 사용하여 그녀가 가끔 중립 공간neutral space이라 부르는 것에 우리가 접근할 수 있도록 도와준다. 그러면 여러 원인 때문에 당겨지고 무너진 몸의 배열은 대개 제자리를 찾는다.

> '중립'은 지금 가능한 최적의 정렬을 의미한다. 그것은 당신의 몸에 가장 적은 스트레스를 주면서 몸을 최대한 지탱할 수 있는 자세이다. 자신의 중립을 찾는 것은 언제나 당신 자신을 존중하는 일이다

> 당신의 중립은 당신의 몸과 마음, 영혼에 단 하나밖에 없는 특별한 것이 될 것이다. 당신의 관절, 역사, 수술, 한계, 두려움, 성공, 정서와 사고는 모두 지금 이 순간 당신이라는 한 개인을 구성한다. 중립은 당신에 대한 모든 것을 고려하게 될 것이고, 그것은 당신이 하는 대로 변할 것이다. 그래서 당신이 사랑하는 사람을 잃고 슬퍼하고 있다면, 중립은 그 특별한 시간의 그 느낌을 반영할 것이고, 마찬가지로 다른 시간의 기쁨도 반영할 것이다(Aston, Ross, & Bridgeman, 2007, pp. 16-17).[2]

손과 주의 깊게 공들인 단어들을 사용하는 이 방법은 개인이 바로 여기에 도달하도록 동작을 하느라 긴장하거나 두려움으로 위축되지 않고, 다만 지금 그냥 살아 있도록 한다. 그녀의 이론은 폭넓게 인식된 현재에 대한 자아초월적인 개념을 구체화한 것으로, 기억과 이미지의 범람으로 내면의 대화가 힘을 상실하기 때문에 개인은 지금 여기에 있는 것만이 가능하다. 그녀의 이론은 이 개념에 대한 신체적 차원을 설명한 것으로, 근육, 뼈, 연결조직의 복잡한 모체들이 당면한 현실로부터 사람의 주의를 돌리기 위해 정신의 폐기물을 어떻게 증가시키는지 알려 준다. 그녀의 가르침에 따르면, 컴퓨터 앞에 앉거나 친구들과 대화하거나 자동차를 운전하는 등 극히 단순한 활동으로 유도하는 자멸적 행동이 얼마나 부질없는지를 충격적으로 깨닫는다. 개인이 하고 있는 것을 어떻게 하는지, 어떻게 하고 있는지 배우게 되면 공空의 달콤한 느낌이 있는데, 이는 실재에 대한 우리의 지각을 아주 전형적으로 가리는 자아의 분산이 없는 상태이다. 자신의 작업에서 자아초월 국면을 인식한 그녀는 자신의 책에 Chodron(2007)의 글을 인용하여 소개하였다. "기쁨이 일어난다. 불쾌가 일어난다. 중립이 일어난다. 우리가 점차 배우는 것은 현재에 존재하는 것에서 완전히 물러나지 않는 것이다"(p. 78).

일상을 넘어서

Emilie Conrad Da'Oud의 '컨티뉴엄Continuum'은 관습적인 사고 전반에 퍼져 있는 체화된 의식의 차원을 발견하도록 하는 의식적인 동작법이다(Conrad, 2007). 오랫동안 알아차림을 유지하는 것을 포함해 가끔은 극히 작은 움직임을 일으키는 것인데, 그녀의 말에 따르면 연못에 조약돌을 던져 잔물결이 퍼지는 것을 지켜보는 것이다. 그녀는 뉴욕에서 무용수로 활동하면서 이 기법의 기틀을 마련했고, 아이티에서 4년간 머물면서 아프리카 춤과 영성을 공부했다.

> 나는 인간이 부지불식간에 동의한 한계 때문에 나 자신을 점점 고통스럽게 만들다 보니 뭔가 다른 게 보이기 시작했다. 나는 생명력이 고동치는 유기체의 수준에서 그것을 직감했는데, 인간 존재는 우리의 좀 더 틀에 박힌 자아들이 자각하지 못하는 종과 환경 사이에서 교류하고 있었다.
>
> 나는 인간 존재가 생태 형태적biomorphic으로 보이기 시작했다—우리는 모든 생명체의 형상을 포함하고 있다. 이들 형상의 움직임들은 나의 춤 수업, 국적, 성별, 종에 대한 설명을 뛰어넘었다. 나는 일생을 통해 이들 '공인되지 않은unqualified' 모든 움직임을 찾아다녔다.
>
> 이 방식으로 삶에 합류하려는 것은 무엇인가? 우리 내면에서 조용히 깜빡이고 진동하며 움직이는 이 미묘한 세계를 확대하는 것은 무엇인가? 움직임을 형상이 변하는 우주적인 놀이처럼 느낀다는 것은 무엇인가? 이런 것들이 우리가 컨티뉴엄Continuum에서 탐구하는 것이다(Conrad, 1997, p. 62).

이 방법을 시도할 때 처음에 들었던 느낌은 내가 생각했던 신체 움직임의 기본 틀이 붕괴되는 감미로움이었다. 그녀는 관습적인 동작 체계를 산업시대의 상징인 위-아래-바깥up-down-out으로 움직이는 도르래와 지렛대에 비유했다. 그녀의 지도가 유발한 움직임은 더할 나위 없이 낯선 피조물의 세계, 즉 말미잘, 끈적균, 지네, 조수에 의해 움직이는 미역의 세계로 나를 들어서게 했다. 그곳은 좌표 평면상의 한 지점이 아니다. 이 작업을 하는 중 떠오른 의식은 진정 우주적이다. 그것은 천상의 세계에 있는 느낌이라기보다는 늘 움직이는 유동체, 공기, 지구의 기운찬 파동, 거기 존재하는 것들 그리고 보다 큰 우주 인력 안에서 본격적으로radically 체현된 감각을 말한다.

Bonnie Bainbridge Cohen의 『몸-마음 센터링Body-mind centering』(2008)은 개인을 광활한 세계의 생명체들과 연결하는 체화된 의식의 낯선 상태를 불러일으키는 '컨티뉴엄'과 비슷하다. 그녀는 사람들을 다양한 종류의 독특한 의식의 세계로 안내하는 데 탁월하다. 그 의식들은 다음의 조건에 따라 서로 다르다.

- 의식이 발생하는 곳, 즉 개인이 자각하는 위치는 뼈인가, 림프선인가, 혈액인가, 근육인가? 또는
- 감성이 맡아서 하는 것은 무엇인가? 만지기인가, 보기인가, 목소리인가? 또는
- 주로 쓰는 지각의 수단은 무엇인가? 느낌인가, 감각인가, 정서인가, 사고인가?

그녀가 우리에게 체액으로 존재하는 느낌, 그다음은 뼈, 그다음은 근육으로 존재하는 느낌을 불러일으킬 때, 의식의 변화를 자세히 구별하는 감각은 기적에 가까운 느낌이다.

서구 문화에서 친숙한 언어로 그러한 경험들을 표현하는 것은 매우 어렵다.

> 일반적으로 내가 받은 해부학 수업은 물론 다른 곳에서 진행되는 수업에서도 시각적인 자료가 제시된다. 우리는 해부학에 대한 시각적 이미지는 그려 볼 수 있지만, 우리 내부의 구성 물질의 운동감을 느끼지는 못한다. 아마 우리는 "아, 내 몸 안에 이 뼈와 이 근육이 있네."라고 말할 수는 있겠지만, 그것은 지적인 개념에 불과하지 그 자체의 자기수용성 반사가 신체 내부를 뚫고 나오는 정보는 아니다. 정보는 항상 체내에서 오지만, 사람은 인식하기로 선택하는 것이 저마다 다르다. 우리가 학교(몸/마음 센터링 학교)에서 하는 공부는 감각을 받아들이는 데 있어 매우 선택적이어서 하나의 인체 조직에서 다른 조직으로 옮겨 가며 하나하나 감각한다. 지금 감각으로 들어간다면 이제 골격에서 오는 정보를 인식할 것이고, 이제 눈에서 오는 정보를, 이제 근육에서, 장기에서, 뇌에서, 혈액에서 등등(Cohen, 2008, p. 64).

오센틱 무브먼트authentic movement, 진정한 움직임은 유사한 변성 상태를 포함하는 훈련법으로 현재 널리 퍼져 있다. 이 훈련법은 지각이나 감각뿐만 아니라 느낌, 정서, 꿈 자각, 그 자체를 관통하는 발자취까지도 아우르는 심리학적 관점을 바탕으로 개발되었기 때문에 자아초월심리학에서 특별한 위상을 차지한다. 이 기법은 댄스테라피의 창시자들 중 한 사람인 Whitehouse(1995; Frantz, 1999)의 연구로 시작되었고, 일군의 여타 관계자들이 발달시켰다. 대개 그룹이나 짝을 지어 동작을 오래 지속하는 것이 특징이다. 참가자 중 한 사람은 무비판적으로 지켜보는 역할을 맡는다. 즉, 눈을 뜨고, 일어나고 있는 일 속에 존재하며, 동작하는 사람이 충동이나 이미지, 느낌을 자유롭게 표현할 수 있도록 수용해 주는 분위기를 만든다. 목격자의 존재는 동작하는 사람이 느낄지도 모르는 낯설고 두려운 감정을 안전하게 허용하는 구실을 한다. 동작을 하는 사람은 종종 눈을 감고 움직인다. 이 기법의 마무리에 나누는 몇 분에서 한 시간 또는 그 이상의 이야기 시간은 동작을 할 때와 마찬가지로 떠오르는 대로 말을 하는 것이 목표이다. 경험에 대해 말하는 것도 아니고, 판단도 아니고 해석도 아닌, 다만 동작이 일어났을 때와 똑같은 방식으로 말과 생각이 일어나도록 허용하는 것이다. 판단하지 않는 안전한 분위기에서 진행되는 이야기 시간은 오센틱 무브먼트가 새로운 심리치료 이론으로 발달하는 데 특별한 공헌을 한다. 동작하기, 말하기, 글쓰기는 동작하는 사람이 자신의 잊고 있던 면이나 거부된 면을 되찾을 뿐만 아니라 생각과 행위와 직접적인 경험 사이의 불일치를 메우도록 허용한다.

Whitehouse는 '심층적인 무브먼트movement in depth'라 부르는 이 기법을 발전시킨 과정에 대해 다음과 같이 말했다.

심층적인 무브먼트의 개발 초기에 나는 본능적인 동작을 자유롭게 할 수 있으려면(무브먼트는 그 동작을 하는 사람의 아이디어로 하는 것이 아니고 내 아이디어에 따라 그렇게 시키는 것도 아니다), 동작을 하지 않는 쪽으로 돌아가야 한다는 것을 깨닫기 시작했다. 그러자 동작을 어디에서 시작해야 할지 알게 되었다. 그때 비로소 진정한 동작이 무엇이고, 어떤 동작이 진정하지 않은지, 사람들이 언제 속임수를 쓰는지, 언제 내가 방해를 하는지, 사람들은 언제 자기 내면에서 나오는 동작을 시작하는지, 그리고 언제 머릿속에 하고 싶은 동작을 그려 놓고 무리한 동작을 하게 되는지 보이기 시작했다. 그래서 나는 이렇게 말하게 되었다. "계속하세요, 떠오르는 대로 하세요, 생각에는 절대 신경 쓰지 마세요." 그리고 이렇게도 말했다. "오, 좀 더 기다리세요. 내면에서 느껴질 때까지 기다리세요"(Frantz, 1999, p. 23).

이 기법은 조용히 지켜보는 분위기 속에서 동작이 일어나고 전개되도록 자신을 맡기며 기다리는 법을 가르친다. 그것은 습관적인 동작이나 말이 아닌, 다른 사람의 기대에 따른 동작이나 말이 아닌 자기로부터 나오는 동작 그리고 말을 기다리는 법을 지속적으로 배우고 훈련하는 것이다.

신체로 작업하는 이 방식이 무엇인지에 대해서는 언급이 필요하다. 내면을 개방하는 태도, 내가 정직이라고 부르는 일종의 자기 내면의 목소리를 경청하는 능력이 있어야 한다. 그것은 집중과 인내로만 가능하다. 그런 식으로 몸을 움직이도록 하면, 즉 멋지게 보이려 하거나 해야 한다고 생각해서가 아니라 내면의 충동을 참을성 있게 기다리는 식으로, 어느 날 저녁 마땅히 일어나야 하는 것과 똑같은 반응이 일어나도록 하는 식으로 몸을 움직인다면 새로운 능력이 나타나고, 새로운 행동 방식이 가능하며, 특별한 상황에서 얻은 자각은 자기 자신을 새롭게 느끼게 한다(Whitehouse, 1995, p. 250).

오센틱 무브먼트라는 이름으로 이 작업을 진척시키며 자아초월적인 측면을 공들여 발전시킨 Adler(2007)는 초기 작업에서 오센틱 무브먼트를 활용하게 된 계기가 된 자폐증 아동들과 함께한 경험을 다음과 같이 이야기했다.

아이들과 함께한 오센틱 무브먼트 훈련에서 우리는 여기에 있을 때와 여기에 있지 않을 때를 구별하는 법을 배울 수 있었다. 은총의 시간에는 현존을 나누고 이런 순간에는 … 의례ritual가 나타난다. 이런 일이 일어날 때, 내재된 질서에 대한 즉각적인 감각은 신성한 공간을 느끼는 감각 안에서 뚜렷해진다(p. 25).

유대 맺기: 타인과 세상

소마틱 작업과 자아초월심리학의 결합은 두 가지 특별히 중요한 결과를 낳았다. 첫째, 몸과 땅의 만질 수 있는 세상과 자아초월 영역 사이의 오랜 긴장이 해소되었다. 앞에서 보았듯이, 우리의 신체를 다양한 영역에서 연마하면 의식 속에서 경계가 있다고 착각하는 자기의 변화를 이끌 수 있다. 우리는 사람이 공기나 음식, 박테리아, 세포, 다른 사람들의 시선이나 접촉 같은 환경과 상호작용하는 관계에 있다는 것을 점점 더 자각하게 되는데, 상호작용을 촉진하는 가장 기본적인 핵심은 후설이 말한 "나는 할 수 있다."로 대변할 수 있다(Behnke, 2003). 후설의 제자인 메를로 퐁티Maurice Merleau-Ponty는 이 상호 연결을 '상호 주관성intersubjectivity'을 대신하여 '상호 신체성intercorporeity'으로 설명하면서 참실재the real를 이루는 관계의 망 속으로 들어가려는 우리의 선천적인 경향성을 강조하였다(Merleau-Panty, 1968). 그의 관점, 만연한 소외나 고립, 자기애의 문제는 고태적인archaic 자기형성 과정의 부수적인 현상으로, 타고난 것이 아니라 양육 방식에 그 뿌리가 있다. 개별화는 성인이 하는 성취이며, 사회성은 우리 몸의 탄생이다. 우리의 상호 신체적인 경향의 근원을 바로잡으면 서구의 사고는 육신으로 실현되는 불교의 연기緣起(상호 의존성) 개념과 결합한다. 육신과 세포, 의식의 고차원 상태 사이의 경계가 편안해지면 일상적인 삶의 슬픔 너머 어떤 편안함을 얻으려는 치유적 과제는 크게 문제되지 않는다.[3]

둘째, 이 결합의 직접적인 결과는 우리 시대를 크게 위협하는 생태계와 그것을 살리는 종들의 파괴에 대응하는 능력이 강해졌다는 것이다. 파괴적인 공공정책을 바꾸기 위해 많은 사람을 동원하는 것이 어려워졌다. 그 어려움 중 일부는 육신이 혼적인soulful 연결로부터 문화적으로 소외된 결과인데, 그것은 우리의 의식을 공기, 물, 귀뚜라미 소리, 많은 왜가리의 움직임과 상호 접속시키는 것은 우리 육체의 피부, 폐, 감각들이기 때문이다. 사람들은 우리의 의식, 마음, 영혼, 이상ideals이 우리가 살고 있는 지구와 밀접하게 관련되어 있다고 충분히 느끼지 않는다. 우리가 이 상호 관계를 더욱 인식하게 되면, 아마도 우리가 파괴로부터 성공적으로 돌아설 희망이 있을 것이다.

주석

1 후설의 현상학은 내가 다수의 뛰어난 신체 요법들에 깃든 다층적인 의미를 분명히 표현할 방법을 찾는 데 결정적인 역할을 했다. 그의 미묘한 방법들은 심리학의 영역에서 철저하게 간과되고 있었다. 구조현상학의 방법에 대한 설명에 대해서는 Fred Kersten의 이 주제에 대한 논문(1997)을 참조하라. Elizabeth Behnke(예를 들면, 2003)는 몸의 현상학에 대한 프로젝트 연구에서 다양한 신체 요법에 후설의 이론을 적용하여 이 고전의 전통에서 근본적인 변화의 힘을 보여 줌으로써 크게 기여했다.

2 중립 공간에 대한 그녀의 개념은 후설의 '몸이 없는null-body'에 대한 개념과 비슷하다. Elizabeth Behnke의 (출판되지 않은) '몸이 없는, 변화무쌍한Proteus 육체, 강력한 육체, 중립적 육체, 자연 그대로의 육체'를 참조하라. www.iep.utm.edu/husspemb/#H6〈http://www.iep.utm.edu/husspemb/#H6〉

3 Wilhelm Reich가 시작했고, Stanlely Keleman, Alexander Lowen, John Pierrakos 등 여러 사람이 진척시키며 기반을 잡은 치유에 대한 생체에너지 접근은 생물학적인 유기체로서 자기에 대한 감각을 촉진시킴으로써 자아초월심리학에 점점 더 중요한 공헌을 하게 될 것이라는 조짐들이 증가하고 있다. 창시자들은 전쟁 이전에 독일의 해로울 정도로 신비적이고 영적인 분위기에 저항하느라 지독할 정도로 세속적이었지만, 그럼에도 불구하고 자동적 · 기계적인 자기가 아닌 생물학적 진화의 촘촘한 상호 의존적인 관계망에 내재된 자기에 대한 유물론적 감각을 위한 기틀을 마련했다.

참고문헌

Adler, J. (2007). From autism to the discipline of Authentic Movement. In P. Pallaro (Ed.), *Authentic Movement. Moving the body, moving the self* (Vol. 2, pp. 24-31). Philadelphia, PA: Kingsley.

Alexander, F. M. (1969). *The resurrection of the body*. New York, NY: Dell.

Aston, J., Ross, K., & Bridgeman, K. R. (2007). *Moving beyond posture: In your body on the earth*. Incline Village, NV: Judith Aston.

Behnke, E. (n.d.). Null-body, protean body, potent body, neutral body, wild body. Author. Retrieved from http://www.donhanlonjohnson.com/syllabi/behnkenullbody.html(Available from author sppb@openaccess.org)

Behnke, E. (2003). Embodiment work for the victims of violation: In solidarity with the community of the shaken. In C. -F. Cheung, I. Chvatik, I. Copoeru, L. Embree, J. Iribarne, & H. R. Sepp (Eds.), *Essays in celebration of the founding of the Organization of Phenomenological Organizations*. Author. Retrieved from www.o-p-o.net

Brown, N. O. (1970, September). *Free spaghetti dinner interview*. Unpublished manuscript, Norman O. Brown Papers. University Library Special Collections and Archives, University of California, Santa Cruz, CA.

Cohen, B. B. (2008). *Sensing, feeling, and action: The experiential anatomy of body-mind centering*. Northampton, MA: Contact Editions.

Conrad, E. (1997). Continuum. In D. H. Johnson (Ed.), *Groundworks: Narratives of embodiment*. Berkeley, CA: North Atlantic Press.

Conrad, E. (2007). *Life on land: The story of continuum*. Berkeley, CA: North Atlantic Books.

Ehrenfried, L. (1956). *De l'education du corps à l'équilibre de l'esprit* . Paris, France: Aubier Montaigne.

Frantz, G. (1999). An approach to the center: An interview with Mary Whitehouse. In P. Pallaro (Ed.), *Authentic Movement: Essays by Mary Starks Whitehouse, Janet Adler and Joan Chodorow* (pp. 17-38). Philadelphia, PA: Jessica Kingsley.

Hartley, L. (1989). *Wisdom of the body moving: An introduction to body-mind centering*. Berkeley, CA: North Atlantic Books.

Kersten, F. (1997). Constitutive phenomenology. In L. Embree (Ed.), *The encyclopedia of phenomenology* (pp. 110-114). New York, NY: Springer.

Magoun, H. I. (Ed.). (1983). *Osteopathy in the cranial field*. Author.

Mauss, M. (1973). The techniques of the body (B. Brewer, Trans.). *Economy and Society*, *2*, 70-88.

Milne, H. (1995). *The heart of listening: A visionary approach to craniosacral work*. Berkeley, CA: North Atlantic Books.

Rolf, I. (1977, December). Dr. Rolf Says. *Rolf Lines* (no vol., n.p.).

Selver, C. (1977). Interview with Ilana Rubenfeld. *Somatics*, *1*(2), 13-17.

Shea, M. J. (2007). *Biodynamic sacral therapy*. Berkeley, CA: North Atlantic Books.

Trungpa, C., & Guenther, H. V. (1975). *The dawn of tantra*. Berkeley, CA: Shambala.

Upledger, J., & Vredevoog, J. (1983). *Craniosacral therapy*. Seattle, WA: Eastland Press.

Whitehouse, M. S. (1995). The Tao of the body. In D. H. Johnson (Ed.), *Bone, breath, and gesture* (pp. 241-252). Berkeley, CA: North Atlantic Books.

Yasuo, Y. (1987). *The body: Toward an Eastern mind-body theory*. Albany, NY: State University of New York Press.

번역 출판

Chodron, P. (2007). *Practicing peace in times of war*. Boston, MA: Shambhala. (이윤숙 역. 마음을 열고 평화롭게. 서울: 미지의 코드, 2008).

Merleau-Ponty, M. (1968). The intertwining—the chiasm. In *The visible and the invisible* (A. Lingis, Trans.). Evanston, IL: Northwestern University Press. (남수인, 최의영 역. 보이는 것과 보이지 않는 것. 서울: 동문선, 2004).

제 27 장

최면과 자아초월심리학
- 내면으로부터의 부름에 대한 답

Ian E. Wickramasekera II

지난 두 세기 동안 서구는 오늘날 최면이라고 일컫는 현상이 인간 본성과 궁극적인 잠재성에 대해 드러낼 수 있을지를 이해하고 최면을 이용하기 위해 노력해 왔다(Forrest, 1999). 최면은 오랫동안 비판적인 자기탐구가 없는 방식으로 여겨지거나 주목받을 가치가 없는 것으로 무시되었다. 그러나 많은 연구자가 최면의 위험성을 발견했음에도 불구하고, 인간의 신비를 이해하도록 해 주는 최면의 효용성에 대해서 무시할 수 없다. 특히 자아초월심리학의 전통은 최면을 처음 연구하고 적용한 학자들에게 큰 빚을 지고 있다. 이들은 많은 어려움을 겪으면서 임상심리학, 의식 연구, 심신의학, 초심리학의 영역에서 중요한 진전을 이루었다. 역사적으로 최면의 많은 현상은 오늘날 우리가 자아초월심리학에서 발견하는 핵심 아이디어와 개념을 제공해 왔다.

최면의 역사를 간략히 살펴보면, 의식 탐구, 심신의학, 초심리학, 자아초월심리학의 영역과 최면의 관계를 알 수 있다. 이 여정의 주된 부분은 Abbé Faria의 잊혀진 시대와 함께 시작된다. 그 이후 James Braid, Sigmund Freud, Milton Erickson, Ernest Hilgard, Ian Stevenson, Joseph B. Rhine와 같이 자신의 방식으로 최면 현상을 이해하고 사용한 학자들이 그 뒤를 이었다. 그 이후, 초점은 임상적 효과성의 검토와 최면 현상의 유용성으로 옮겨 갔으며, 이는 모든 자아초월심리학자에게 중요한 내용이 될 수 있다. 임상심리학과 심신의학에서 사용되는 임상 최면에는 네 가지 주요한 전통이 있다. 이 방법들은 인간의 고통을 줄이기 위해 활용된다. 최면은 이전에 최면을 비판했던 가장 회의적인 사람들도 만족시킬 수 있는 경험적으로 검증되는 방식으로, 인간의 몸, 마음, 영혼의 통합을 도울 수 있다. 이러한 분석을 통해 자아초월심리학과 연관해 현재와 미래의 최면에 대한 전망을 예견해 볼 수 있다. 최면 연구는 인간 본성과 인간 잠재력에 대한 기존의 이해에 도전하는 새로운 발견들을 계속해서 내놓고 있다. 최면은 신경과학과 신경현상학을 활용하여 마음의 본성을 연구하는 미래의 연구에 결정적인 도움을 줄 수 있을 것이다(Lutz & Thompson, 2003). 자아초월적 관점에서 본다면 이러한 통합적 노력을 통해 족첸과 티베트 불교와 같은 많은 신비주의적 전통의 가르침과 같은 관점에 도달할 것이다(Varela, Thompson, & Rosch, 1991; Wangyal, 2011).

최면의 자아초월적 역사

자아초월심리학은 매우 다양한 배경을 갖고 있다(Tart, 1975; Walsh & Vaughan, 1993), 그러나 최면의 역사는 아마도 가장 오래되고 가장 다채로운 서구로부터의 공헌 중 하나이다. 최면 연구는 의식 연구의 분야에서, 특히 변성의식에 대한 연구에서 매우 중요하게 여겨져 왔다. 최면은 다른 어떤 접근보다 자아초월심리학이 논의해 왔던 지속적이고 단일한 자기라는 단순한 모델에 의심을 제기하는(예를 들면, Tart, 1975; Walsh & Vaughan, 1993) 다중 정체성 모델polypsychic model of identity에 대한 증거를 제공해 왔다(Frederick, 2005; Hilgard, 1977). 최면 연구를 통해 자아와 무의식 같은 정신역동 용어가 만들어졌다(Breuer & Freud, 1895/1999). 이 용어들은 자아초월심리학 안에서 큰 영향을 미친 동양 신비 전통의 고대 문헌을 해석하는 데 있어 중요한 역할을 한다. 최면의 발달을 언급하지 않고는 자아초월심리학의 역사를 논의할 수 없다. 최면의 진정한 기원은 한 사람의 삶과 함께 시작되었다. 그의 아이디어가 이해받는 데에는 수백 년이 걸렸다(Carrer, 2006)

200년 전 프랑스 파리에 한 남자가 살았다. 그의 임상 작업은 현대의 임상심리학, 심신의학, 초심리학, 초월심리학에서 다루어지고 있다. 그는 최면 역사에서 Abbé Faria로 더 많이 알려져 있지만(Carrer, 2006) 그의 이름은 José Custódio de Faria(1746~1819)다. Faria는 최면에 대한 발견의 시작으로 동물 자기[1]磁氣 · animal magnetism의 현상을 연구했다.

---

1) 최면술을 실시하였을 때 시술자에게서 피술자로 흐른다고 가정되는 액체 또는 힘.

그는 그것에 의식이 명료한 자각몽lucid sleep(Faria, 1819/2006)이라는 이름을 붙였다. 당시 대부분의 학자와 임상가는 동물 자기를 일종의 에너지 의식으로 무비판적으로 받아들이거나 위험한 속임수로 무시했다. Faria는 동물 자기를 연구하기 시작했다. 그는 모임에 참석해서 특별히 훈련된 자기학자들이 환자들의 치료에 에너지를 적용하는 것을 목격했다. 그 환자들은 에너지치료를 받은 후 간질 발작을 일으켰다. 동물 자기의 가장 놀라운 효과는 환자의 발작이 끝난 후 일어났다. 많은 환자는 깊은 의식의 변성 상태를 경험하는 것으로 보였다. 그들은 고통스러운 자극을 극복하고 즉각 질병에서 회복되어 텔레파시적인 의사소통을 했으며, 미래의 일을 예견하고 다른 사람들의 질병을 치료하기도 했다. 자기학자들은 신비하게 보이는 손동작을 사용하고, 때로 양동이와 같은 도구를 사용하면서 동물 자기의 신비를 치료에 적용하였다. 메스머Franz Anton Mesmer(1734~1815)는 화합회Society of Harmony라고 하는 자기학자들의 비밀스러운 모임을 만들었다. 메스머는 이 모임에서 리더의 역할을 하였고, 모임의 구성원은 그에게 동물 자력의 비밀을 배우기 위해 많은 돈과 존경을 바쳤다(Forrest, 1999).

Faria의 탁월한 점은 동물 자기 모임에서 일어나는 일에 대해 더 단순하고 명료하게 설명함으로써 화합회와 의학에 도전하였다는 것이다. Faria는 대담하게도 이들이 경험하는 에너지가 자기磁氣학자에게서 오는 것이 아니라 환자 자신의 몸, 마음, 영에서 온다는 가설을 세웠다. 그는 이들이 이전에는 인간에게서 발견되지 않은 방식으로 자신의 몸과 마음의 관계를 활용하는 특별한 재능을 가지고 있다고 생각했다. Faria는 자각몽(최면)의 현상을 사용하는 이러한 환자들의 능력이 인간 잠재력에 대한 예상을 초월하는 것이라고 그 가치를 높이 평가했으며, 자신들이 기적적인 에너지를 사용하고 있다고 하는 자기학자의 믿음을 무시했다. 그는 최면에 재능이 있는 사람을 epopte,[2] 즉 명료하게 보는 사람들이라고 불렀다(Forrest, 1999). 그는 epopte가 심리생리적 요소와 영적 요소의 결합을 통해 몸-마음 현상을 경험하는 특별한 능력을 가진 사람이라고 주장했다. epopte의 특성에 대한 Faria의 아이디어는 높은 수준의 명상가의 특성에 대한 동양의 아이디어와 흡사하다(Ray, 2000).

그의 작업은 심리학 훨씬 이전에 나온 것이지만, 최면에 대한 Faria의 아이디어는 명백하게 심리학적이며, 몸, 마음, 영혼에 대한 아이디어와 인간 행동에 대한 그의 면밀한 관찰을 통합한 초월적인 이론이기도 하다. 신학 박사 학위를 취득하였고 가톨릭 사제이기도 했던 그는 이러한 과정을 통해 몸, 마음, 영혼에 대해 배웠다. 그가 다른 용어를 사용했지만 그

2) 엘리우시스 제전Eleusinian mysteries의 제사장.

의 원래 저술은 최면 현상에서 언급하는 특별한 영적 요소뿐만 아니라 심리생리적 요소를 강조했다(Faria, 1819/2006). 그의 이론은 인간이 우리 자신의 온전한 잠재력을 모두 발휘하고 살고 있지 못하다는 일반적인 견해와 일치한다. 이러한 가정은 인본주의 심리학과 자아초월심리학 모두에서 공통적인 가정이다(예를 들면, Tart, 1975; Walsh & Vaughan, 1993).

Faria는 또한 처음으로 정체성의 다양한 성격을 탐구한 사람이기도 하다(Frederick, 2005; Hilgard, 1977). Faria는 자신이 함께 작업한, 최면을 통해 평소에는 숨겨져 있던 자신의 인성을 접한 사람들에 대해 언급했다(Faria, 1819/2006). Faria는 연령 퇴행age regression이라는 완전히 새로운 최면 방법을 개발했다. 이 방법에서 그는 피험자들에게 그들의 과거 기억의 장면을 떠올리도록 했다(Faria, 1819/2006). 또한 그는 자신이 발견한 초심리학적 현상을 나누는 데 주저하지 않았으며, 이러한 새로운 현상이 어떻게 일어나는지에 대한 심리생리학적 이론과 영적 이론을 발전시켰다(Carrer, 2006). Faria는 변성의식, 초심리학적 현상, 다중 정신적 성격에 대해 자아초월적인 이해를 가졌으며, 동시에 환자 자신이 스스로의 몸/마음 관계를 사용하여 자신을 치유하도록 돕는 임상 방법을 개발한 첫 번째 인물이다. Faria는 임상심리학, 의식 연구, 초심리학, 자아초월심리학에서 가장 중요한 초기 개척자 중 하나로 불릴 수 있다.

불행히도 Faria는 그의 시대에 동물 자기 전통과 의학계 모두에서 비웃음을 당했다. 설상가상으로 그를 비웃는, 그에 대한 대중적인 희곡이 쓰여져서 일반 대중들도 그에게 등을 돌렸다(Forrest, 1999). 그는 그 연극이 상연된 직후 파리를 떠나 일 년이 채 되지 않아 사망했다. 그의 무덤에는 표식조차 없었다. 그의 책은 희귀했고, 이해하기 어려운 프랑스어로 쓰여졌기 때문에 그는 그 후에도 최면학자들에게 잊혀졌다(Carrer, 2006). 그러나 시간이 흐르자 많은 중요한 학자들이 자신의 아이디어에 그가 영향을 미쳤음을 인정했다.

서구 사회에 최면을 알린 James Braid(1843/1960)를 포함하여 영향력 있는 많은 사람이 Faria의 아이디어와 방법을 받아들였다. Braid는 최면이 대부분의 사람이 어느 정도 갖고 있는 몸/마음 능력을 나타낸다는 Faria의 개념을 따랐다. 또한 Braid는 자신의 시대에 여전히 영향을 미치고 있음에도 불구하고, 초기 동물 자기 이론을 무시했다(Forrest, 1999). 그 이후에 Bernheim(1891/1980)은 최면을 받는 사람이 최면 암시에 성공적으로 반응하기 위해서는 최면을 하는 사람과 신뢰로운 관계를 맺는 것이 매우 중요하다는 것을 발견했다. Bernheim은 최면을 사용하여 환자들의 의학적 문제와 심리생리적 장애를 성공적으로 다루었다. 그는 최면 피암시성에 대해 그가 많은 아이디어를 갖게 된 것에 대해 Faria에게 그 공을 돌렸다.

Freud는 심신상관 질병을 가진 환자들에게 최면을 사용했던 Berenheim과 Jean Martin

Charcot의 최면 방식을 통해 정신분석의 핵심적인 아이디어를 개발했다고 말할 수 있다. 『히스테리아 연구Study on Hysteria』(Breuer & Freud, 1895/1999)에서 저자들은 그들의 환자들이 평상시에는 기억할 수 없었던 것을 최면 동안 기억한다고 썼다. 이것을 통해 Freud는 억압, 무의식, 정체성에 관한 다중 심리polypsychic 이론을 개발했다(Frederick, 2005; Hilgard, 1977). 이 이론에서 자아는 자신에게 알려진 유일한 의식의 부분이며, 다른 무의식적 본성의 부분들과 종종 부딪힌다.

Freud의 이론화가 신비적인 현상을 오염시키는 경향이 있지만, 자아와 같이 Freud가 개발한 용어들은 동양의 신비적인 문헌을 번역하는 사람들과 서양의 오컬트주의자들에게는 매우 익숙하다(Crowley, 1929/1976). 자아에 대한 그의 생각은 명백하게 동양의 신비 현상(Epstein, 1995)들이 마야, 환상, 무지 등과 같은 용어로 다루었던 자기기만의 현상을 지적하고 있다(Ray, 2000). 그러나 환영이라는 자아의 장막 너머로 가서 진정한 본성에 도달하는 전망을 제시하는 동양 전통과는 달리(예를 들면, Wangyal, 2011), Freud는 이러한 가능성에 대해서는 매우 부정적이었다. Freud는 치료자로서 할 수 있는 최선은 고통받는 사람들을 좀 더 견딜 수 있고 정상적인 수준으로 옮기는 것이라고 생각했다(Epstein, 1995).

Freud는 명상과 같은 신비주의 방식을 좋아하지 않았고, 최면도 결국 그에게 별로 내키지 않는 치료 방법이라고 생각했던 것 같다. 그가 자유연상과 꿈의 해석 같은 정신역동치료 방법을 고안해 낸 것은 부분적으로는 최면에서 관찰되는 의식의 변성과 깊은 카타르시스 경험을 회피하기 위해서인 것으로 보인다(Fromm & Nash, 1997). 최면을 버리고 신비주의를 피했을 때, 그는 거의 100여 년간 다시 열리지 않을 문을 닫은 것이다(Epstein, 1995).

Freud가 그의 이론을 정립하는 데 도움을 준 전통을 버렸음에도 불구하고, 소수의 임상가와 학자는 최면 전통을 지켰고, 20세기 동안 최면에 대한 과학적 문헌을 계속 남겼다(Barabasz & Watkins, 2004). 이들 중에는 의술, 심리치료, 연구에 최면을 사용하여 과학적인 연구를 남긴 Clark Hull, Milton Erickson 및 Ernest Hilgard와 같은 학자들이 있다.

수십 년의 연구를 통해 이 학자들과 이들의 동료들은 Freud가 떠났던 그 자리에서 더 발전된 모습으로 최면의 연구를 진행시켰다. 이 연구의 상당 부분은 사람들이 최면에 대해 갖고 있던 전통적인 오해를 완전히 바로잡았다. 현재는 최면 능력이 정상적이며, 대부분의 사람이 갖고 있는 매우 안정적인 특성이라는 상당한 증거가 있다. 또한 이는 신뢰도가 높은 심리도구로 측정이 가능하다(Hilgard, 1965, 1979). 또한 최면은 모든 사람에게는 아니나 어떤 사람에게는 변성의식과 같은 다양한 현상적 경험을 만들어 내는 것으로 알려져 있다. 최면 능력 수준이 높은 사람들이라도 변성의식을 경험하지 않는 사람들이 있다

(Pekala & Kumar, 2000). 연구는 최면이 최면에 잘 속는 경향성, 깨어 있는 상태에서의 피암시성, 낮은 지능과 연관되어 있는 것으로는 보이지 않음을 보여 준다(Nash, 2001). 최면은 불안, 우울, 통증, 심리생리적 장애, 스트레스, 트라우마 및 그 밖의 많은 문제에 대한 심리치료와 의학적 처치의 효과를 증진시키는 것으로 보인다. 이러한 이유 때문에 20세기에 최면은 미국과학학회American Academy of Science, 미국의학협회American Medical Association, 미국심리학회American Psychological Association, 영국의학협회British Medical Association 같은 알려진 단체가 임상과 연구 목적에 합당한 방법임을 승인했다(Barabasz & Watkins, 2005). 이러한 승인은 어렵게 얻어졌으며, 많은 최면 연구자는 지난 100년 동안 있었던 변칙적인 현상에 대한 연구와 같이 논란이 많은 주제에 대해서는 피하려고 한다. 아마도 비과학적으로 보이는 것을 피하기 위해서일 것이다. 그러나 의식 연구나 초심리학 최면 연구에 있어서 많은 발전이 있었다.

최면에 있어서 가장 많이 논의된 주제 중 하나는 변성의식이 최면 행동과 경험에 중요한지에 집중되어 왔다(Kirsch & Lynn, 1995). Faria, Braid, Charcot와 같은 초기 이론가들은 변성의식이 최면 행동이 생겨나는 데 매우 중요하다고 주장했다. 그러나 Libeault와 Bernheim(Forrest, 1999) 같은 다른 초기 이론가들은 이러한 관점에 의문을 제기했다. 이들은 최면의 성격을 설명하는 데 있어서 변성의식보다는 피암시성이 더 중요하다는 관점을 피력했다. 모순되는 결과를 보여 주는 연구들에서는 변성의식이나 비변성의식의 여부가 결과에 영향을 미치는 단일한 요인이 아님을 보여 준다(Kirsch & Lynn, 1995). 예를 들어, 많은 연구에서 어떤 사람들은 변성의식 없이 깊은 최면 현상을 경험할 수 있음을 밝혔다(Barber, 2000; Kirsch & Lynn, 1995; Pekala & Kumar, 2005). 역설적이게도 최면 능력이 깨어 있는 상태에서의 피암시성이나 잘 속는 경향과는 큰 연관성이 없음이 밝혀졌다.

최면계는 변성의식의 중요성을 논의하는 변성의식 상태 이론가들과 최면 현상의 주된 매개로서 역할 맡기와 기대와 같은 다양한 사회적 요인의 중요성을 논의하는 비변성의식 상태 이론가들로 양분되었다(Kirsch & Lynn, 1995). 이 양쪽 상태 모두 자신의 관점을 지지하는 강한 증거들을 밝혀 오고 있으며, 이것은 이 분야의 모든 사람이 받아들이는 방식으로 최면을 정의하는 것을 거의 불가능하게 만들었다. 그러나 최근 가장 존경받는 비변성의식 상태 이론가 중 한 사람이 변성의식 상태의 중요성을 설명하는, 최면 동안의 뇌 fMRA 연구의 결과를 발표했다(Kirsch, 2011). 경험적 관점에서 보면 이 두 입장의 통합이 필요해 보인다. 두 관점이 모순적이거나 비논리적으로 보이더라도 이 두 관점 모두에 강한 증거가 있기 때문이다. 지금까지는 최면에 있어서 변성의식과 비변성의식 현상 모두를 통합한 통합이론은 거의 없었지만(Barber, 2000), 몇몇 연구자는 이 방향의 연구를 시도했다(Pekala & Kumar, 2005; Wickramasekera II, 2007a).

최면과 초심리학적 현상 사이의 가능한 일치점에 대한 연구와 이론화는 20세기 최면 전통에 있어서 매우 중요한 발전이다. 초기의 많은 초심리학 연구자들은 최면 연구가 이례적인 현상의 신뢰도를 높이고 규모를 키워 줄 것이라는 희망으로 연구를 해 왔다. 그러나 많은 뛰어난 초심리학자들은 자신의 실험에 최면을 더하는 것이 초감각적 투시력과 텔레파시와 같은 비범한 현상이 일어나는 것을 증가시키지는 않는다는 것을 보여 주는 내용을 출판하였다. Rhine는 최면에 대해 많은 초심리학적 실험을 했으며, 후에 최면은 "ESP 연구에 있어서 이 단계에서 우리에게 필요한 것은 아니다."라고 기술했다(Rhine, 1952, p. 367). 이러한 결론을 내리게 된 주된 원인은 연구자들이 최면이 어떻게 평범하지 않은 현상이 만들어지는 것을 증진시키는지를 발견하지 못해서이다.

최면 경험자에게 전생과 그 밖의 현상에 대한 인터뷰를 했을 때, 최면은 신뢰할 수 없는 방법으로 밝혀졌다. 이것은 최면과 초심리학 연구자들에게 충격적인 일이었다(Stevenson, 1994). 불행하게도 많은 일반인과 심리치료 전통 안에 있는 사람은 전생 퇴행이 사람들의 과거 기억을 확실히 증진시킬 수 있다는 잘못된 믿음을 가지고 있다. 최면이 사람들로 하여금 자신의 기억이 진실하다는 것에 대해 자신감을 갖게 하지만, 최면이 과거 일에 대한 사람들의 기억을 증진시키지 못한다는 것을 보여 주는 증거는 지난 50년 동안 아주 많이 있었다(Laurence & Perry, 1983). 더 나쁜 것은, 어떤 사람들은 사건에 대한 최면 중 암시적인 질문을 받았을 때, 일어난 적이 없는 사건들의 잘못된 기억(가짜 기억)을 만들어 낸다(Laurence & Perry, 1983).

이것과 관련된 연구는 Laurence와 Perry(1983)가 시작했다. 이 연구에서 그들은 실험 참가자들에게 연령 퇴행을 시켜서 몇 주 전으로 돌아가도록 하고, 연구자들은 참가자들이 잠든 동안 일어났던 약간 특이한 일에 대해 이야기하고 그것에 대한 경험을 말해 달라고 요청했다. 이 실험에서 매우 최면에 잘 걸리는 피험자들은 결코 일어나지 않을 것으로 보이는 사람의 가짜 기억을 만들어 냈다. 도덕적으로도 문제가 되는 것은 일부 참가자들은 이 실험에서 의도적으로 없는 일을 이야기했다는 것을 사후에 듣고도 자신의 가짜 기억이 실제로 일어났다는 것에 대한 확신이 흔들리지 않았다는 것이다. 최면은 이러한 가짜 기억의 진실성에 대해 참가자들이 확신을 갖도록 부풀린다. 그래서 많은 사람이 최면을 사용하여 개인사를 회상하는 것에 대해 의문을 품게 되었다(Barber, 1998). 많은 탁월한 초심리학 연구자가 이러한 이유로 최면 연령 퇴행 기법을 쓰지 않게 되었다(Stevenson, 1994). 그러나 연령 퇴행 기법은 임상적 문제를 해결하는 데 여전히 유용하다. 이것은 다음에서 논의될 것이다.

최면 및 기타 변성의식 상태와 연관된 연구는 변칙적인 현상의 연구에 도움이 되고 있다. 많은 연구자가 최면 현상을 경험하는 경향이 있는 사람들은 변칙적인 현상에 대해서도 더 많이 보고한다는 증거를 보여 주었다(Pekala, Kumar, & Marcano, 1995). 이러한 이유로 어떤 학자들은 최면 능력의 측정을 통해 초능력을 가진 사람들을 걸러 낼 것을 제안했다(Wickramasekera, 1986). Honorton 등(1990)의 전체야Ganzfeld 연구와 같이 많은 연구 패러다임은 변성의식 상태를 사용하는 적절한 방법이 초능력 현상을 실제로 증진한다는 것을 보여 주고 있다.

최면의 역사를 돌아볼 때, 최면의 신비에 대한 설명과 연관되어 많은 연구가 이루어졌다고 할 수도 있고 그렇지 않다고 할 수도 있다. 이 분야는 과학과 의학 안에서 많은 진전을 이루었지만, 이러한 진전은 지난 두 세기 동안 이루어진 것이다. 최면계는 최면을 과학적인 연구 주제로 만들었고, 치료자가 적용할 수 있는 치료 방법으로 받아들이도록 했다. 초점은 오늘날 사용되는 주요한 임상 패러다임을 살펴보는 것이다.

임상 최면의 현재 모습에 대한 자아초월의 관점

임상 최면의 현재 모습은 상당히 진화해 왔다. 이 장에서는 주요한 임상 전통 중 몇몇을 간략히 살펴보고 자아초월의 관점에서 논의하겠다. 최면계 내에서 훈련되는 네 가지 주요 패러다임은 정신분석, 에릭슨파, 사회-인지적 접근, 건강/의료적 접근이다. 각각에 대해 그 아이디어, 방법론, 자아초월의 관점에서 보았을 때의 논의점을 살펴볼 것이다.

임상 최면에 대한 정신분석 전통

여러 사상과 방법론이 눈부시게 진화하는 가운데 20세기는 Freud가 최면의 사용을 포기하면서 시작되었지만, 최면계를 발전시켰던 정신분석가들과 연구자들의 건강하고 영향력 있는 공헌도 이와 함께 끝났다(Fromm & Nash, 1997). Freud 자신도 최면을 완전히 그만두는 것이 어려웠던 것으로 보인다. 그는 1935년에 다음과 같이 썼다.

> 무의식의 존재를 보여 주기에 최면 현상보다 더 좋은 것은 없다. 철학자들이 무의식의 존재를 부인할 때 최면 현상을 보라고 말할 수 있다. 그러나 사람들은 인간의 실체가 보여지는 것을 원치 않는다(Wortis, 1954, p. 160).

20세기의 많은 영향력 있는 정신분석 사상가들이 Freud가 거부했던 최면과 정신분석의 풍부한 기반으로 돌아가고자 했던 것은 그리 놀라운 일이 아니다.

그들 중에는 20세기 자아심리학 모델을 이끈 주요 인물 중 한 사람인 Erika Fromm이 있다(Fromm & Nash, 1997). 그녀는 '자아의 주도 아래 일어나는 퇴행regression in service of the ego'으로서 Gill과 Brenman의 모델을 신뢰해서 정신분석과 최면을 통합하는 접근의 중요한 시작점으로 사용했다. Fromm은 그녀의 학생들에게 최면이 그 자체로 무의식에 접근하도록 도우며 심리치료에서 자아 수용성과 경험에 자신을 여는 능력을 키우는 의식의 변성 상태임을 가르쳤다(Fromm & Nash, 1997). Gill과 Brenman(1959)은 자신의 정신분석 방법이 정신분석치료의 효과성과 속도를 극적으로 향상시킨다는 것을 발견했다. 저자들은 최면이 정신분석에 사용됐을 때 전이 현상의 속도가 빨라져 보통의 정신분석보다 훨씬 효과적이라고 관찰했다. Nash와 Spinler(1989)는 후에 보통 사람들이 최면을 경험했을 때 자신의 최면가를 이상화하여 특별히 현명한 사람으로 보는 것과 같은 전이 현상을 경험하게 된다는 것을 보여 주었다. Fromm은 이러한 최면 치료를 매우 잘 가르쳤으며, 그녀의 학생들에게 심리적 트라우마를 해결하기 위한 연령 퇴행과 같은 방법을 알려 주었다. 최면치료가 사용되어 환자의 자아수용성을 증가시켰을 때, 이러한 환자들은 치료를 더 잘 받아들인다는 것이 보고되었다(Fromm & Nash, 1997). 최면이 자아수용성을 증가시킨다고 믿었던 Fromm의 생각은 최면에 잘 걸리는 사람들이 그렇지 않은 사람들에 비해 경험에 좀 더 열려 있음을 보여 주는 연구들에 의해 지지되었다(Tellegen & Atkinson, 1974). 또한 이들은 공감 지수도 더 높은 경향이 있다(Wickramaksekera II & Szlyk, 2003).

자아심리학 모델은 자아상태 모델과 많은 공통점이 있다(Watkins & Watkins, 1997). 자아상태 모델 또한 자아의 주도 아래 일어나는 퇴행으로서 최면에 대해 많은 생각을 통합했으며, 최면 분석에 있어서 연령 퇴행과 같은 유사한 방법을 사용한다. 그러나 자아상태 모델의 특징을 구분 짓는 것은 인간 본성의 다중 심리적polypsychic 측면에 초점을 맞춘다. 이 모델은 인간의 정신을 다면적으로 본다. 모든 사람은 자아의 단일한 면이 아니라 연속적인 자아상태 안에 있다는 것이 주된 관점이다(Watkin & Watkin, 1997). 이 전통에서 다중 심리라는 용어는 자아가 다른 많은 자아구조(예를 들면, 부분들)로 구성되어 있음을 나타내기 위해 사용되는데, 때로는 이들이 우리를 조종하고 있으며 때로는 이들을 통해 우리의 세상을 살아 내고 경험한다. 사람은 자신의 다양한 부분을 통해 직장에서는 일하는 부분, 집에서는 휴식과 놀이를 즐기는 부분, 다른 사람의 고통을 보았을 때 자비심을 표현하는 부분 등 통합적인 방식으로 다양한 역할을 오간다. 또한 어떤 경우에는 우리가 자신의 어떤 면들을 받아들이지 못할 때와 같이, 이러한 우리의 부분들이 잠재되어 있으면서 상대적으로 덜 통합되어 있는 상태로 있을 수도 있다(Frederick, 2005).

자아상태 모델과 이것의 치료 방법은 환자의 충돌하는 부분들parts(자아상태)을 통합해서 이 부분들이 좀 더 조화롭게 작동하도록 하고, 자아상태들에 걸쳐 있는 외현 기억explicit memories에 접근하는 것을 목표로 한다. 자아상태치료ego states therapy는 해리장애 환자들의 외상 경험과 함께 분열되어 있는 자아경험을 통합하는 데 사용될 수 있기 때문에 이 환자들을 치료하는 임상가들이 이 모델을 매우 유용하다고 여겼다. 그러나 이 방법들은 자신의 어떤 부분을 온전히 받아들이지 못해 어려움을 겪는 경우처럼, 심리치료에서 훨씬 덜 병리적인 상황을 다루는 데에도 사용된다. 자신에 대해 갖고 있는 많은 형태의 판단—진정한 자신이 되는 것을 가로막는 것—때문에 자신의 성생활, 성별, 과거의 행동을 부끄러워할 때 이러한 상황이 생긴다(Rogers, 1957).

자아심리학과 자아상태치료 모델의 초점이 자아수용성을 증진하면서 자기기만으로 가는 자아의 경향성과 맞서는 것이기 때문에 이들이 자아초월심리학에 유용하다고 말할 수 있다. 정신분석적 최면과 자아초월심리치료 모두가 어떤 방식으로든 의식의 변성 상태를 이용하면서 자각, 열려 있는 정도, 통찰의 수준을 높이는 것을 도우려고 한다(Fromm & Nash, 1997; Tart, 1994; Trungpa, 1973). 주요한 차이는 자아초월심리학이 자아는 명상과 같은 방법을 통해 초월될 수 있다는 좀 더 긍정적인 관점을 갖고 있다는 것이다(Trungpa, 1973). 동시에 초기 자아심리학자들은 최면 분석과 함께 LSD를 사용해서 좀 더 자아초월적인 방법을 시도했다(Gill & Brenman, 1959). 그러나 이것은 현재 자아심리학의 전형적인 접근 방법은 아니다.

에릭슨 전통의 임상 최면

Milton Erickson은 20세기 임상 최면에서 가장 훌륭한 학자 중 하나이다(Haley, 1993). Erickson은 미국임상최면학회American Society of Clinical Hypnosis의 공동 창시자이고, 『미국임상최면학술지American Journal of Clinical Hypnosis』의 편집자이며, 다음 세대의 임상가 지도에 수많은 시간을 쏟은 것과 같은 업적을 통해 최면계에 엄청난 영향력을 미쳤다. 많은 사람이 최면을 내담자의 저항을 우회하기 위해 사용할 수 있는 심리치료의 한 형태로 생각한다. 그러나 Erickson은 "최면은 사람들을 통제하는 과정이 아니다. 최면은 사람들이 평상시에는 갖지 못하는 피드백을 제공함으로써 자신을 통제하도록 해 주는 과정이다."라는 가르침을 최면 영역에 펼친 것으로 유명하다(Grinder & Bandler, 1981, p. 13). 에릭슨의 방법과 임상 최면 이론을 잘 분석해 보면 임상 최면의 에릭슨 전통과 인본주의 심리학 및 자아초월심리학이 놀라울 정도로 유사하다는 것을 알 수 있다(Gunnison, 1985; Rogers, 1986). 일부 인본주의 심리학자와 자아초월심리학자들은 최면에 대해 부정적인 관점을 가지고 있다. 예를 들어, Rogers(1957)는 내담자중심치료에 대한 저술에서 최면과 같은 지시적 방법은 불필요하며 도움이 되지 않는다고 썼다. 그러나 Erickson과 Rogers의 유사점은 Erickson이 최면과 함께 사용한 직관적인 공감의 방식에서 드러난다(Rogers, 1985, 1986).

임상 최면과 심리치료에 대한 Erickson의 접근은 내담자에 대한 공감적 헌신에서 비롯되었다. Erickson의 최면 전통에서 그가 가장 많이 사용한 방식 중 하나는 활용utilization이다(Erickson, & Rossi, 1976). 이는 치료에서 내담자가 목표를 이루도록 돕기 위해 내담자 자신의 에너지, 기술, 잠재력을 사용하고자 하는 치료자의 노력을 의미한다(Lankton, 2012a). 에릭슨 전통의 치료자들은 내담자들이 심리치료에서 하고 있는 것을 활용하는 방법을 훈련하기 위해 내담자들에게 매우 깊이 공감하는 법을 배워야 한다. 예를 들면, Erickson은 학생들에게 눈동자의 상태나 호흡과 같은 내담자의 미세한 행동까지도 관찰하도록 가르쳤다(Erikson & Rossi, 1979). 에릭슨 전통에서는 이를 최소 단서minimal cue라고 부른다. Erickson은 내담자의 호흡 상태에 맞추기 위해 목소리 패턴을 집착해서 내담자의 작은 단서를 활용하도록 학생들을 가르쳤다. 에릭슨학파의 최면치료자들은 심리치료에서 매 순간 내담자가 가져오는 것을 공감적으로 활용하기 위해서 표준화된 최면 안내문을 사용하는 일이 드물다. 대부분의 에릭슨학파 최면치료자들은 내담자와 함께 지금 여기의 최면 상태에서 깊은 경험에 들어가 작업한다. 초점은 과거가 아니라 현재이다(Lankton, 2010). 이 분야에 대한 나의 연구는 최면이 놀라울 정도로 공감적인 경험(Wickramasekera II, 2007a; Wickramasekera II & Szlyk, 2003)이고, 에릭슨 전통의 방법론 및 사상과도 일치됨을 보여 주고 있다.

따라서 Rogers 자신도 언급했듯이, 공감과 무조건적인 긍정적 수용이라고 이야기했던 심리치료의 본질적 요소들이 에릭슨치료 안에서 쉽게 발견된다(Gunnison, 1985; Rogers, 1985, 1986; Wickramasekera II, 2005b). Rogers(1985)는 내담자중심치료에서의 매우 높은 수준의 공감은 치료자와 내담자 모두를 최면 상태로 들어가도록 한다고 말했다. 많은 치료자는 내담자와 깊은 공감을 통해 최면 상태로 들어가는 것을 경험한다. Rogers(1985)치료에서 최면을 사용함으로써 무의식의 내용에 접근을 증가시킨 것이 내담자를 돕는 데 있어서 Erickson이 공헌한 바를 언급했다. 그는 다음과 같이 말함으로써 최면적 공감을 사용하는 Erickson의 능력을 칭찬했다.

> 이러한 개념을 통해 내담자의 핵심에 대한 의식적인 지식이 없더라도, 그것과 연결 짓는 방법

을 이해하게 된다. Erickson은 이러한 신비한 의사소통을 하는 데 있어서 매우 뛰어난 사람으로 보인다(Rogers, 1985, p. 566).

에릭슨 전통은 이례적인 경험을 다루는 데 열려 있다. 미국임상최면학회American Society of Clinical Hypnosis 안에서 잘 알려진 두 명의 심리학자는 최근 심리치료에서 이례적인 경험을 통합하는 것을 논의하는 워크숍을 만들었다(Accaria & Appel, 2005). 공감과 이례적인 경험의 고려라는 두 가지 요소 때문에 Erickson의 접근은 자아초월심리학자들에게 매력적으로 여겨지지만, 주요 최면 전통에서 다루는 네 가지 요소를 깊이 이해하는 것은 최면 현상의 잠재력을 온전히 이해하는 데 있어 매우 중요하다.

최면의 사회-인지적 전통

아마도 사회-인지적socio-cognitive 전통이 가장 오해받고 있는 최면의 학파일 것이다(Kirsch & Lynn, 1995). 변성의식을 다루는 학자들은 사회심리적 접근이 강조하는 사회심리적 요소들의 중요성을 간과해 온 경향이 있다(Council, 1999). 반면, 사회-인지적 전통과 같이 비-상태non-state 이론가들은 최면에서의 변성의식 상태의 현상학적 경험을 무시하거나 심지어 거부하는 경향이 있어 왔다(Barber, 2000; Kirsch & Lynn, 1995). 이러한 이유 때문에 자아초월 지향적인 심리학자들이나 치료자들은 사회-인지적 전통을 피한다. 그러나 사회-인지심리학자들이 최면의 성격에 대해 발견한 많은 것이 자아초월 이론가들과 임상가들에게 유용하다.

사회-인지심리학자들은 불안 및 우울과 같은 문제들을 다루는 것에 있어서 최면의 임상적 효과성에 대한 훌륭한 논문들을 발표했다(Kirsch, Montgomery, & Sapirstein, 1995; Schoenberger, Kirsch, Gearan, Montgomery, & Pastyrnak, 1997). 더욱이 이 사회-인지심리학자들은 최면과 인지행동치료CBT를 결합하는 단순하고 우아한 방법이 인지행동치료의 효과를 유의미하게 증가시킨다는 것을 보여 주고 있다. 이와 관련된 한 메타 연구에서는 CBT를 결합한 최면을 받은 내담자들은 최면 없이 CBT를 받은 내담자에 비해 치료 효과가 70% 증가했음을 보여 주었다(Kirsch et al., 1995). 오늘날 CBT와 최면을 결합한 이러한 접근은 CBT 모델의 이론에 대해 비판적인 사람들에게도 효과적이고 도움이 되는 치료법으로 여겨지고 있다(Lankton, 2012b).

최면에 대한 사회-인지심리학자들의 연구는 자아초월심리학과 많은 연관이 있다. Ted Sarbin은 20세기의 가장 영향력 있는 사회-인지심리학자 중 한 사람이다. 그의 연구는 최면의 개인 관계적 맥락과 사회적 맥락이 최면 중의 행동과 경험을 안내하는 사회적 역할 socail role에 사람들을 적응시키는 데 어떤 도움을 주는지에 대해 초점을 맞추었다(Sarbin, 1950). 이러한 아이디어에 대해 표면적인 수준으로 이해한다면 사회-인지심리학자들이 사람들이 자신에게 기대한다고 생각하는 역할과 기대를 사용해서 가짜로 최면에 든 것처럼 한다고 말하고 있다고 여길 수도 있다(Kirsch & Lynn, 1995). 그러나 사회-인지심리학자들의 연구는 사람들이 자신에 대한 역할과 기대를 만들어 내고 그 역할을 빠르게 믿게 되는 과정을 설명한다(Sarbin, 1998). 또한 이 모델은 자기/자아의 모든 경험이 "구성되고, 역할에 의해 이루어지고, 수행된다"는 것(Lynn, Pintar, Stafford, Marmelstein, & Lock, 1998, p. 137)을 보여 준다. 즉, 자신이 상상하고 그것을 믿는 것believed-in imagining이다.

이렇게 스스로 상상하고 그것을 믿는 자기self의 관점은 자아초월심리학의 기반이 되는 동양의 신비 전통에서도 찾아볼 수 있다(Wickramasekera II, 2004a, 2007b). 예를 들면, 족첸 전통에서 자기self는 참된 본성true nature을 모르는 무지에서 비롯된다고 한다. 사람들은 참된 본성을 모르는 무지에서 비롯되는 불안을 달래기 위해서 자기감sense of self을 만들어 낸다는 것이다. 자기감에 매달리기 위해 사용되는 의식의 형태가 이원적이기 때문에 이것은 대개 눈에 보이지 않는다(Wangyal, 2011). 족첸의 큰 스승 Tenzin Wangyal Rinpoche의 글을 살펴보면(Wangyal, 2011) 어떻게 우리가 거짓된 자기감을 만들어 내는지 알 수 있다.

> 우리의 문화, 어린 시절의 양육 방식, 종교적 가르침, 모든 경험, 신체적 · 감정적 민감성은 모두 우리의 희망, 두려움, 관점, 자기감을 형성한다. 진아를 깨달으려면 당신은 한 평생 동안 형성해 온 개념적이고 이원적인 관점을 완전히 벗어 버려야 한다(p. 25).

족첸과 티베트 본-불교Bon-Buddhism에서 변성의식 활용의 핵심은 명상의 방법들을 통해 우리의 타고난 모습을 있는 그대로 받아들이도록 돕는 것이다. 사회-인지심리학은 변성의식 상태가 갖는 가치에 대한 다른 의견을 가졌지만, 자아초월적 틀 안에서 활용될 수 있는 유용한 임상적 방법, 이론, 데이터를 어떻게 만들어 왔는지에 대한 하나의 예에 불과하다.

의료와 보건에서의 최면 전통

지난 50년 동안 최면계에서 가장 두드러진 발전 중 하나는 최면이 건강에 미치는 긍정적 영향력을 보여 준 것이다(Covino, Wexler, & Miller, 2010). 최면이 통증을 완화한다는 것은 수백 년 동안 알려져 왔지만, 뇌에서 그 과정이 어떻게 이루어지는지를 밝힌 것은 불과 20년이 되지 않았다. 1990년대에 Pierre Rainvill과 동료들은 최면이 뇌의 감정 처리 및 감각 통증 처리 센터에 영향을 미침으로써 통증을 경감시키는 과정을 보여 주는 패러다임 전환적 연구 논문을 신경과학계에 발표했다(Rainville, Carrier, Hofbauer, Bushnell, & Duncan, 1999). 더욱이 많은 훌륭한 논문에서 최면이 임상 맥락에서 통증을 경감시키는 데 효과가 있음을 보여 주었다(Montgomery, DuHamel, & Rwdd, 2000; Patterson & Jensen, 2003). 또한 최면을 통해 의료 서비스와 약물의 필요를 줄임으로써 비용 절감의 효과를 거둘 수 있음을 보여 주었다(Lang & Rosen, 2002). 무통증에 관한 이 성공적인 연구는 만성통증 및 여타의 건강 문제를 경감시키기 위한 방법으로 최면을 받아들일 시기가 되었음을 의학계에 제안하였다. 천식, 섭식장애, 장의 문제, 비만, 수면장애, 금연, 상처치료, 환자가 갖는 일반적인 스트레스의 대처 등에 최면이 사용되어 오고 있다(Covino et al., 2010; Ginandes, Brooks, Sando, Jones, & Aker, 2003; Palsson, 2006).

의료 환경에서 효과적으로 최면을 사용하는 것에 관한 연구는 몸/마음의학에 관심을 가지고 있는 자아초월 전통 안에서의 임상가들에게 새로운 영역을 열어 주었다(Achterberg, 2002; Dossey, 1995). 나의 경험으로는 의료인들은 일반적으로 그들의 환자들을 잘 도와줄 수 있는 임상가라면 모두 환영한다. 의료계에 있는 나의 동료들은 내가 최면으로 특정 환자나 특정 질환에 대해 도움을 줄 수 있는지를 묻곤 한다. 그러나 내가 병원에 있을 때에 자아초월심리학에 대한 질문을 하는 사람은 없다. 때로 부정적인 관심을 받기도 하지만, 자아초월심리학은 학계나 정신의학적 맥락보다 의료 환경 안에서 더 잘 받아들이는 것으로 보인다(예를 들면, Ellis & Yeager, 1989).

최면의 미래에 대한 자아초월적 관점

최면 영역 안에는 자아초월 임상가와 학자들의 관심을 끄는 두 가지의 연관된 경향성이 있다. 첫 번째 경향은 족첸, 티베트 본-불교,[3] 도교와 같은 신비적 전통에서 온 개념과 방법이 최면과 통합되고 있다는 것이다. 두 번째 경향은 최면의 활용을 통해 신경과학과 신경현상학의 관점에서 마음과 정체성의 본성에 대해 얻은 통찰을 제공하는 것과 연관되어 있다. 최면의 전통은 사람을 이해하고 돕기를 원하며, 몸, 마음, 영spirit을 온전히 활용하고

3) Bon: 불교 전래 이전의 티베트의 주술呪術 신앙

자 하는 사람을 위한 매우 유용한 방법이기 때문에 이 두 가지 경향을 통해 많은 사람이 자아초월심리학을 새로운 관점으로 보고 있다.

모든 시대의 비밀스러운 지혜와 최면

고대 영적 전통의 방법과 이론을 최면에 통합하는 것에 대한 현재의 조류를 살펴봄으로써 미래를 조망할 수 있다. 수년 동안 Stanly Krippner와 그의 동료들은 최면에 대해 비교문화 연구와 심리생리적 연구, 다양한 문화의 신비주의 및 샤머니즘과의 연관성에 대한 연구를 진행해 왔다(Hageman, Krippner, & Wickramasekera II, 2008; Krippner, 2004). Krippner(2004)는 다양한 신비주의 전통에서의 최면 유사 방법과 최면의 서구 전통 사이에 많은 공통점을 명시했다. 최면 및 최면과 신비주의의 연관성의 이해로 들어가는 문은 이제 이전보다 훨씬 더 많이 넓게 열려 있다.

마음챙김 명상은 아마도 고대의 지혜에서 온 방법 중에 심리치료와 의료 안에서 통합된 가장 널리 알려진 방법일 것이다(Kabat-Zinn, 1990; Walsh & Shapiro, 2006). 심리치료는 마음챙김 수련을 통해 찾을 수 있다고 여기는 궁극적인 마음의 본성에 대해 거의 언급하고 있지 않지만, 거의 모든 심리치료의 주요 전통이 마음챙김 연습을 인식하고 권한다(Trungpa, 1973; Wickramasekera II, 2004b). 물론 자아초월심리학의 전통은 다른 심리학적 관점과는 다르다. 자아초월 관점은 많은 다양한 신비주의적 전통이 마음의 본성에 대해 갖는 관점을 연구한다(Tart, 1975; Walsh & Vaughan, 1993; Wickramasekera II, 2004a, 2004b, 2007b). 심리학계에서 명상 수행을 통해 접할 수 있는 더 깊은 인간 본성에 대한 이해가 커짐에 따라 족첸이나 뚬모gTummo 수행, 쿤달리니 요가, 마하무드라, 마음챙김 명상(Ray, 2000)과 같은 신비주의적 전통에 대한 자아초월적 글은 자아초월학계 밖에서 점점 더 알려질 것이다(Ray, 2000). 최면학계에서는 이미 최면에 대한 아이디어와 명상 전통이 임상 방법, 연구, 이론의 발전에 기여할 수 있다는 것을 인식하고 있다(Barabasz & Watkins, 2005; Hageman et al., 2008; Holroyd, 2003; Spiegel, White, & Waelde, 2010; Wickramasekera II, 2004a, 2007b; Yapko, 2011).

최면의 지식을 통해 고대 지혜 전통의 신비적 기법을 이해하는 예로 만트라 명상 수행을 들 수 있다. 만트라 명상은 신성한 소리나 구절을 수천 번 반복하는 것이다(Wangyal, 2011). 이러한 많은 만트라가 섬세한 심리적·영적 의미를 담고 있다. 예를 들면, 티베트 본-불교 만트라인 OM MA TRI MU YE SA LE DU는 고통의 많은 면에 대해 작업하는 방법에 대한 완전한 로드맵을 담고 있다(Wangyal, 2011). 만트라 안에 있는 모든 작은 소리는 삶의 고통을 경겸시키는 지혜를 다루고 있다. 명상가는 축복을 전하는 성스러운 소리에 대해 명상하면서 만트라를 고통의 본성에 대한 통찰/자각을 얻는 방법으로 사용할 수 있다. 이와 비슷한 방법으로, 수행만을 위한 시간뿐 아니라 일상생활 중에 만트라를 반복함으로써 통찰/자각을 얻을 수 있다. 임상에서도 내담자가 다양한 삶의 갈등을 다루도록 하기 위해 최면 후에 해 볼 수 있는 방법을 권한다. 예를 들면, 나의 내담자들에게 최면 후에 할 수 있는 방법으로 "고요하고, 편안하고, 자유롭다."라는 말을 권한다. 이렇게 함으로써 고요하고 편안하고 자유로운 마음의 상태가 활성화되도록 한다. 나의 내담자들은 최면 후에 언제든 부정적인 감정이 올라올 때 이 방법을 사용할 수 있다. 족첸 수행자들은 최면과 유사한 방식으로 만트라를 사용한다(Krippner, 2004). 그리고 우리는 이들이 하는 경험의 한 부분은 최면 후에 내가 하도록 권하는 연습과 연관이 있다고 생각한다. 그러나 사람들이 최면 후에 하도록 권하는 말은 신성한 소리로 여기지 않기 때문에 만트라는 최면 후에 하도록 권하는 말과는 다르다.

최면 후에 반복할 수 있는 어구와 만트라의 유사점은 최면과 고대 지혜 전통이 공유하는 지점이 있음을 보여 주는 예이다(Holroyd, 2003). 이러한 전통은 마음의 본성에 대한 많은 진보된 이론을 만들어 냈으며, 그것들은 지금 기능적 자기공명영상functional Magnetic Resonance Imaging: fMRI과 같은 신경과학계에서의 진보된 기술을 통하여 검증되고 있다. 따라서 영적 전통과 최면의 통합은 신경과학과 신경현상학 및 연관된 또 다른 영역과 교류하는 것이 필요하다.

신경현상학과 최면

신경현상학적 경험의 생리적 연관성을 탐색하는 방법으로 최면을 사용하는 신경과학적 연구 논문들은 꾸준히 늘어나고 있다. 신경과학의 기술은 매우 정확해서 변성의식과 같은 매우 현상학적 경험까지도 생리적 연관성을 알아보는 것이 가능하다(Lutz & Thompson, 2003). 신경현상학 패러다임은 주관적인 마음의 경험과 그와 동시에 몸에서 일어나는 객관적인 증거를 연결하려고 시도한다(Lutz & Thompson, 2003). 신경현상학은 자아초월인류학자인 Laughlin(1988)과 그의 동료들(Laughlin, McManus, & d'Aquili., 1990)의 선구적인 방법과 아이디어에서 시작되었다. Vela 등(Varela et al., 1991)이 이 접근을 받아들여 구현embodiment의 철학(Merleau-Ponty, 1962와 비교하라.)에서 끌어오면서 뇌와 마음의 작용에 대한 이해와 인지적 접근 안에서 발전시켰다. 신경현상학은 본질적으로 마음의 주관적인 경험이 경험에 대한 객관적인 생리학적 처리와 상호작용하는 방식을 연구하는 학문이다. 신경현상학은 내부의 주관적 경험과 연관된 객관적으로 관찰되는 몸의 처리 과정 사이의 순환적 상호작용에 기반한 철학이다. 마음의 경험은 그 경험 안에서 객관적으로 드러나는 특질로 나타난다. 체화된 마음embodied mind이라는 이러한 아이디어는 체화되지 않은 방식으로in a disembodied way 마음과의 객관적인 연관성을 연구하던 신경과학 안에 있는 이전의 패러다임과는 완전히 다른 것이다. Aanstoos(1991)는 "우리는 제삼자의 관점으로 당사자가 자신의 몸에서 하는 경험을 결코 이해할 수 없다."(p. 1)라고 말하면서 신경과학 안에서의 비구현적 접근의 내재된 한계를 언급했다.

최면과 통증 지각에 대한 Pierre Rainvill의 탁월한 연구(Rainvill et al., 1999)는 최면이 신경과학에 어떻게 유용한지 또한 신경현상학에 어떠한 잠재적인 이로움이 있을지를 보여 주는 좋은 예이다. Rainvill과 그의 동료들은 통증이 여러 다른 상황에서 개인에게 어떻게 느껴지는지에 대한 명료한 현상학적 경험을 연구하기 위해 정확한 통제로서의 최면을 연구했다. 그들은 특정 실험적 상황에서는 통증의 감각적 면을 줄이기 위해 최면을 사용하였고, 또 다른 상황에서는 통증의 감정적인 면만을 막기 위해 최면을 사용하였다. 이 실험의 결과는 최면이 통증의 감정적 면과 감각적 면 모두를 줄일 수 있음을 보여 주었다. 이 실험은 초기 게슈탈트 심리학자들이 시도했던 것과 유사한 방식으로 정확한 정신 현상에 대해 경험하고 보고하는 것을 내담자에게 훈련시키는 것이 가능한지를 보여 준다(Gardner, 1985). Rainvill과 그의 동료들은 뇌의 전측대상회anterior cingulate가 명상 연구에서 발견된 것과 같이, 최면 현상을 중재하는 데 있어서 결정적인 역할을 한다는 것을 보여 준 첫 번째 연구자들에 들어간다(Rainvill et al., 1999; Spiegel et al., 2010). 최면과 명상의 경험이 유사한 방식으로 구현된다는 신경현상학적 논의가 이루어지고 있다. 그러나 이러한 연구는 최면과 명상의 생리신경학적에 대한 미래의 연구에 사용될 수 있는 현상학적 도구의 표면만을 건드리고 있다.

최면계는 최면 현상을 경험한 참가자들로부터 현상학적 자료를 수집하기 위해 두 가지 접근을 만들어 냈다. 그중 한 접근은 참가자를 대상으로 최면 경험에 대해 묻는 자세한 현상학적 인터뷰에 기반을 두고 있다. 이것은 경험적 분석 기법이라고 알려져 있다(Sheehan, 1992). 또 다른 접근은 사람들이 다양한 변성의식 동안 경험했다고 보고한 현상학적 경험의 주요한 형태와 부차적인 형태에 대한 경험적 데이터를 제공하기 위해 20여 년의 연구로 만들어진 경험 질문지를 사용하는 접근법이다(Pekala & Kumar, 2000). 두 번째 접근은 사람들이 의식현상학 검사Phenomenology of Consciousness Inventory: PCI라고 불리는 짧은 경험 검사지로 검사를 해서 경험을 평가한 데이터를 활용한다. PCI는 최면을 경험하는 한 사람의 능력과 같이 변성의식 상태를 측정하는 신뢰도와 타당도를 갖춘 검사임이 밝혀졌다(Pekala & Kumar, 2000).

신경현상학의 방법론과 최면이 결합됨으로써 정체성과 초심리학적 현상에 있어서 새롭고 획기적인 자아초월 모델이 생겨날 수 있다. 해리장애가 없으면서 최면 감수성이 아주 높은 사람들이 고정적이고 지속적이며 단일한 자기self로서 자신을 경험하는 것을 일시적으로 멈추기 위해 최면을 사용하는 것은 수년 전부터 있었던 일이다(Hilgard, 1977). 이제 학계에서는 최면과 신경생리학적 방법을 사용해서 자기의 경험이 인간 존재 안에서 구현되는 방식을 연구하고 있다. 이 분야에서의 연구는 해리장애 안에서 보이는 자기의 혼란스러운 모습 때문에 어려움을 겪는 사람들뿐만 아니라 자기self라는 환상을 초월한, 깨달은 존재의 경험적 구현을 이해하도록 도울 수 있었다. 아마도 이 분야에서의 연구들은 고대 전통이 수천 년 동안 가르쳐 온 자각, 자비심compassion, 현존의 느낌을 사람들이 더 많이 갖도록 하기 위해서 바이오피드백의 방식을 제시할 것이다. 우리의 가장 높은 잠재력이 어떻게 뇌/마음 안에서 구현되는지를 발견하는 것이 가능하다면 이것은 실제로 가능하다. 그리고 그러한 구현을 강화하기 위해서 바이오피드백의 방식을 선택할 수 있다. 초월을 성취하려는 방법과 함께 뚬모gTummo와 같은 정체성 변성을 장려하는 동양적인 방식으로 이 분야에서 연구가 더 이루어진 후에(Benson et al., 1982), 구현된 자기에 대한 이해가 가능해질 것이다. 몇몇 이전의 연구가 보여 주고 있듯이 이러한 형태의 접근을 사용하는 현상의 구현과 연관된 증거가 발견된다면, 그것은 그리 놀라운 일이 아닐 것이다.

결론: 소명에 응답하기

나는 내가 세상에 어떻게 보이는지 모른다. 그러나 나 자신은 발견되지 않은 위대한 진실의 바다 앞에서 매끈한 조약돌이나 예쁜 조개껍데기를 찾는 어린아이와 같다.

- Isaac Newton(1855/2005)

자아초월 배경을 갖고 있는 사람들은 최면의 신비와 최면이 궁극적인 인간 본성에 대해 드러내 줄 것을 이해한다. 최면 전통과 자아초월심리학의 선구자들은 다음 단계로 나아가는 데 필요한 모든 내재된 현상과 방법을 이미 간파하고 있다. 나는 자아초월심리학에 관심 있는 모든 사람에게 이 장에서 논의되었던 최면, 신경현상학, 고대 지혜의 가르침의 영역에 대해 더 배울 것을 당부한다. 모든 치유자, 선구자, 연구자, 교사는 서구 사회가 몸, 마음, 영혼의 진정한 본성에 깨어나도록 돕는 데 기여할 수 있다. 족첸과 같은 고대 지혜와 최면의 전통에 헌신하는 사람들이 줄어들고 있기 때문에 이러한 전통이 사라져 가는 이 시기에 나는 이것을 간절히 요청한다(Wangyal, 2005, 2011; Wickramasekera II, 2010). 그러나 이러한 신비에 대해 과학적인 이해가 이전에 비해 엄청나게 커졌고, 이러한 전통을 되살리기에 좋은 시기가 왔음에도 불구하고 이 전통이 사라져 가는 것은 역설적이다. 인간의 몸, 마음, 영혼이라는 선물을 이해하고 활용하는 역할을 하고 있는 모든 사람이 무엇을 해야 할 지는 명확하다. Faria나 이 분야에 기여했던 많은 사람과 같이 이 길을 가면서 어려움을 만날 수 있다. 그러나 당신이 최면과 자아초월심리학의 소명에 응한다면 당신은 드넓은 지혜의 대양에서 수영을 하는 위대한 일을 할 수밖에 없을 것이다.

참고문헌

Aanstoos, C. (1991). Embodiment as ecstatic intertwining. In C. Aanstoos (Ed.), *Studies in humanistic psychology* (pp. 94–111). Carrollton, GA: West Georgia College.

Accaria, P., & Appel, A. (2005). *A gathering of healers.* Workshop presented at the Annual Meeting of the American Society of Clinical Hypnosis.

Achterberg, J., Cooke, K., Richards, T., Standish, L., Kozak, L., & Lake, J. (2005). Evidence for correlations between distant intentionality and brain function in recipients: A functional magnetic resonance imaging analysis. *The Journal of Alternative and Complementary Medicine, 11*(6), 965–971.

Barabasz, A., & Watkins, J. (2005). *Hypnotherapeutic techniques* (2nd ed.). New York, NY: Routledge.

Barber, J. (1998). Hypnosis and memory: A hazardous interplay. *Journal of Mental Health Counseling, 19,* 305–318.

Barber, T. X. (2000). A deeper understanding of hypnosis: Its secrets, its nature, its essence. *American Journal of Clinical Hypnosis, 42,* 208–272.

Benson, H., Lehmann, J. W., Malhotra, M. S., Goldman, R. F., Hopkins, J., & Epstein, M. D. (1982). Body temperature changes during the practice of gTummo yoga. *Nature, 295,* 234–236.

Bernheim, H. (1980). *New studies in hypnotism.* New York, NY: International University Press. (Original work published 1891).

Braid, J. (1960). *Braid on hypnotism: The beginnings of modern hypnosis.* New York, NY: Julian Press. (Original work published 1843).

Cardeña, E. (2010). Anomalous experiences during deep hypnosis. In M. Smith (Ed.), *Anomalous experiences: Essays from parapsychological and psychological perspectives* (pp. 93–107). New York: Praeger.

Carrer, L. (2006). *José Custódio de Faria: Hypnotist, priest and revolutionary.* New York, NY:

Trafford.

Council, J. R. (1999). Hypnosis and response expectancies. In I. Kirsch (Ed.), *Expectancy, experience, and behavior* (pp. 383-402). Washington, D.C.: American Psychological Association.

Covino, N., Wexler, J., & Miller, K. (2010). Hypnosis and medicine: In D. Barrett (Ed.), *Hypnosis and hypnotherapy* (Vol. 2, pp. 177-196). Santa Barbara, CA: Praeger.

Crowley, A. (1976) *Magick in theory and practice*. New York, NY: Dover. (Original work published 1929).

Ellis, A., & Yaeger, R. (1989). *Why some therapies don't work: The dangers of transpersonal psychology*. Buffalo, NY: Prometheus.

Erickson, M. H., & Rossi, E. L. (1979). *Hypnotherapy: An exploratory casebook*. New York, NY: Irvington.

Erickson, M. H., Rossi, E. L., & Rossi, S. I. (1976). *Hypnotic realities*. New York, NY: Irvington.

Faria, J. C. (1819). *Causas do sono lúcido*. Paris, France. (Translation from Carrer, 2006).

Forrest, D. (1999). *Hypnotism: A history*. New York, NY: Penguin.

Frederick, C. (2005). Selected topics in ego state therapy. *International Journal of Clinical & Experimental Hypnosis*, *53*(4), 339-429.

Fromm, E., & Nash, M. (1997). *Psychoanalysis and hypnosis*. New York, NY: International Universities Press.

Gardner, H. (1985). *The mind's new science*. New York, NY: Basic Books.

Gill, M. M., & Brenman, M. (1959). *Hypnosis and related states: Psychoanalytic studies in regression*. New York, NY: International Universities Press.

Ginandes, C., Brooks, P., Sando, W., Jones, C., & Aker, J. (2003). Can medical hypnosis accelerate post-surgical wound healing? Results of a clinical trial. *American Journal of Clinical Hypnosis*, *45*(4), 333-351.

Grinder, J., & Bandler, R. (1981). *Trance-formations*. Moab, UT: Real People Press.

Gunnison, H. (1985). The uniqueness of similarities: Parallels of Milton Erickson and Carl Rogers. *Journal of Counseling and Development*, *63*, 561-564.

Hageman, J., Krippner, S., & Wickramasekera, I. E., II. (2008). Sympathetic reactivity during meditation. *Subtle Energies and Energy Medicine*, *19*(2), 23-48.

Haley, J. (1993). *Jay Haley on Milton Erickson*. New York, NY: Brunner/Mazel.

Hilgard, E. R. (1965). *Hypnotic susceptibility*. New York, NY: Harcourt, Brace, & World.

Hilgard, E. R. (1977). *Divided consciousness: Multiple controls in human thought and action*. New York, NY: John Wiley & Sons.

Hilgard, E. R. (1979). The Stanford hypnotic susceptibility scales as related to other measures of hypnotic responsiveness. *American Journal of Clinical Hypnosis*, *21*, 68-83.

Holroyd, J. (2003). The science of meditation and the state of hypnosis. *American Journal of Clinical Hypnosis*, *46*(2), 109-28.

Honorton, C., Berger, R. E., Varvoglis, M. P., Quant, M., Derr, P., Schechter, E. I., & Ferrari, D.C. (1990). Psi communication in the ganzfeld: Experiments with an automated testing system and a comparison with a meta-analysis of earlier studies. *Journal of Parapsychology*, *54*, 99-139.

Kirsch, I. (2011). The altered state issue: Dead or alive?. *International Journal of Clinical and Experimental Hypnosis*, *59*(3), 350-362.

Kirsch, I., & Lynn, S. J. (1995). The altered state of hypnosis. *American Psychologist*, *50*(10), 846-858.

Kirsch, I., Montgomery, G., & Sapirstein, G. (1995). Hypnosis as an adjunct to cognitive-behavioral psychotherapy: A meta-analysis. *Journal of Consulting & Clinical Psychology*, *63*, 214-220.

Krippner, S. (2004). Trance and the trickster: Hypnosis as a liminal phenomenon. *International Journal of Clinical and Experimental Hypnosis*, *53*, 97-118.

Lang, E. V., & Rosen, M. P. (2002). Cost analysis of adjunct hypnosis with sedation during outpatient interventional radiologic procedures. *Radiology*, *222*, 375-382.

Lankton, S. (2010). Ericksonian approaches to hypnosis and therapy. In D. Barrett (Ed.), *Hypnosis and hypnotherapy: Applications in psychotherapy and medicine* (Vol. 2, pp. 1-48). Santa Barbara, CA: Praeger.

Lankton, S. (2012a). Ericksonian approaches to hypnosis and therapy. In D. Barrett (Ed.), *Hypnosis and hypnotherapy* (Vol. 2, pp. 1-48). Santa Barbara, CA: Praeger.

Lankton, S. (2012b). Editorial. *American Journal of Clinical Hypnosis*, *54*, 245-246.

Laughlin, C. D. (1988). The prefrontosensorial polarity principle: Toward a neurophenomenology of intentionality. *Biology Forum*, *81*(2), 243-260. (Also published in K. Ikeda (Ed.), *Foundation of structuralist biology*. Tokyo, Japan: Kaimeisha [Japanese]).

Laughlin, C. D., McManus, J., & d'Aquili, E. G. (1990). *Brain, symbol and experience: Toward a neurophenomenology of human consciousness*. New York, NY: Columbia University Press.

Laurence, J. R, & Perry, C. (1983). Hypnotically created memory amongst high hypnotizable subjects. *Science*, *222*, 523-524.

Lutz, A., & Thompson, E. (2003). Neurophenomenology: Integrating subjective experience and brain dynamics in the neuroscience of consciousness. *Journal of Consciousness Studies*, *10*, 31-52.

Lynn, S. J., Pintar, J., Stafford, J., Marmelstein, L., & Lock, T. (1998). Rendering the implausible plausible: Narrative construction, suggestion, and memory. In J. de Rivera & T. R. Sarbin (Eds.), *Believed-in imaginings: The narrative construction of reality* (pp. 23-144). Washington, D.C.: American Psychological Association.

Montgomery, G. H., DuHamel, K. N., & Redd, W. H. (2000). A meta-analysis of hypnotically induced analgesia: How effective is hypnosis?. *International Journal of Clinical and Experimental Hypnosis*, *48*, 138-153.

Nash, M. R. (2001). The truth and hype of hypnosis. *Scientific American*, *285*, 46-55.

Nash, M. R., & Spinler, D. (1989). Hypnosis and transference: A measure of archaic involvement. *International Journal of Clinical and Experimental Hypnosis*, *37*(2), 129-144.

Newton, I. (2005). *Memoirs of Newton* (D. Brewster, Ed.). Edinburgh, UK: Thomas Constable. (Original work published 1855).

Palsson, O. (2006). Standardized hypnosis treatment for irritable bowel syndrome: The North Carolina Protocol. *International Journal of Clinical and Experimental Hypnosis*, *54*, 51-64.

Patterson, D. R., & Jensen, M. P. (2003). Hypnosis and clinical pain. *Psychological Bulletin*, *129*,

495-521.

Pekala, R. J., & Kumar, V. K. (2000). Operationalizing "trance": I. Rationale and research using a psychophenomenological approach. *American Journal of Clinical Hypnosis, 43*(2), 107-135.

Pekala, R. J., & Kumar, V. K. (2005). States, traits, and provocative debates: The state/nonstate controversy with particular reference to operationalizing "hypnotism". *Psychological Hypnosis, 14*, 13-18.

Pekala, R. J., Kumar, V. K., & Marcano, G. (1995). Anomalous/paranormal experiences, hypnotic susceptibility, and dissociation. *Journal of the American Society for Psychical Research, 89*, 313-332.

Rainville, P., Carrier, B., Hofbauer, R. K., Bushnell, M. C., & Duncan, G. H. (1999). Dissociation of sensory and affective dimensions of pain using hypnotic modulation. *Pain, 82*, 159-171.

Ray, R. (2000). *Indestructible truth: The living spirituality of Tibetan Buddhism*. Boston, MA: Shambhala.

Rhine, J. B. (1952). Extrasensory perception and hypnosis. In L. LeCron (Ed.), *Experimental hypnosis* (pp. 359-368). New York, NY: Macmillan.

Rogers, C. R. (1957). The necessary and sufficient conditions of therapeutic personality change. *Journal of Consulting Psychology, 21*(2), 95-103.

Rogers, C. R. (1985). Reaction to Gunnison's article on the similarities between Erickson and Rogers. *Journal of Counseling and Development, 63*, 565-566.

Rogers, C. R. (1986). Rogers, Kohut, and Erickson: A personal perspective on some similarities and differences. *Person Centered Review, 1*, 125-140.

Sarbin, T. R. (1950). Contributions to role-taking theory: I. Hypnotic behavior. *Psychological Review, 57*, 225-270.

Sarbin, T. R. (1998). Believed-in imaginings: A narrative approach. In J. de Rivera & T. R. Sarbin (Eds.), *Believed-in imaginings: The narrative construction of reality* (pp. 15-30). Washington, D.C.: American Psychological Association.

Schoenberger, N. E., Kirsch, I., Gearan, P., Montgomery, G., & Pastyrnak, S. L. (1997). hypnotic enhancement of a cognitive behavioral treatment for public speaking anxiety. *Behavior Therapy, 28*(1), 127-140.

Sheehan, P. W. (1992). The phenomenology of hypnosis and the Experiential Analysis Technique. In E. Fromm & M. R. Nash (Eds.), *Contemporary hypnosis research* (pp. 364-389). New York, NY: Guilford Press.

Spiegel, D., White, M., & Waelde, L. (2010). Hypnosis, mindfulness meditation, and brain imaging. In D. Barrett (Ed.), *Hypnosis and hypnotherapy* (pp. 37-52). Santa Barbara, CA: Praeger.

Stevenson, I. (1994). A case of the psychotherapist's fallacy: Hypnotic regression to "previous lives". *American Journal of Clinical Hypnosis, 36*, 188-193.

Tart, C. (1975). *Transpersonal psychologies*. New York, NY: Harper & Collins.

Tart, C. (1994). *Living the mindful life*. Boston, MA: Shambhala.

Tellegen, A., & Atkinson, G. (1974). Openness to absorbing and self-altering experiences ("absorption"), a trait related to hypnotic susceptibility. *Journal of Abnormal Psychology, 83*,

268-277.

Walsh, R., & Shapiro, S. (2006). The meeting of meditative disciplines and Western psychology: A mutually enriching dialogue. *American Psychologist, 61*(3), 227-239.

Walsh, R., & Vaughan, F. (1993). *Paths beyond ego: The transpersonal vision.* New York, NY: Tarcher.

Wangyal, T. (2005). *The six realms of the wheel of existence.* Unpublished transcript for a 3 week retreat conducted at the Ligmincha Institute in Charlottesville, VA, July.

Wangyal, T. (2011). *Tibetan yogas of body, speech, and mind.* Ithaca, NY: Snow Lion.

Watkins, J. G., & Watkins, H. H. (1997). *Ego states: Theory and therapy.* New York, NY: W. W. Norton.

Wickramasekera, I. E. (1986, November). *Parapsychological verbal reports, hypnotizability, and stress-related disorders.* Paper presented at Parapsychology and Human Nature: The 35th Annual Conference of the Parapsychology Foundation, Washington, DC.

Wickramasekera, I. E., II (2004a, March). *How research in hypnosis illuminates the Tibetan Buddhist philosophy of mind.* Paper presented at the Annual Meeting of American Society of Clinical Hypnosis in Anaheim, CA, USA.

Wickramasekera, I. E., II. (2004b). The kalyanamitra and the three necessary and sufficient conditions of client-centered psychotherapy. *Journal of Humanistic Psychology, 44*(4), 485-493.

Wickramasekera, I. E., II. (2007a). Empathic aspects of absorption and incongruence. *American Journal of Clinical Hypnosis, 50*(1), 59-69.

Wickramasekera, I. E., II. (2007b, August). *How research in hypnosis illuminates the Bön-Buddhist model of self.* Paper presented the 2007 Annual Convention of the American Psychological Association, San Francisco, CA, USA, August.

Wickramasekera, I. E., II. (2010). Pedagogical perspectives on teaching hypnosis. In D. Barrett (Ed.), *Hypnosis and hypnotherapy* (Vol. 1, pp. 145-160). Santa Barbara, CA: Praeger.

Wickramasekera, I. E., II, & Szlyk, J. (2003). Could empathy be a predictor of hypnotic ability?. *International Journal of Clinical and Experimental Hypnosis, 51*(4), 390-399.

Wortis, J. (1954). *Fragments of an analysis with Freud.* New York, NY: Simon & Schuster.

Yapko, M. (2011). *Mindfulness and hypnosis: The power of suggestion to transform experience.* New York, NY: Norton.

번역 출판

Achterberg, J. (2002). *Imagery in healing.* Boston, MA: Shambhala. (신세민 역. 상상과 치유. 서울: 상담과치유, 2005).

Breuer, J., & Freud, S. (1999). *Studies on hysteria* (J. Strachey, Trans.). New York, NY: Basic Books. (Original work published 1895). (김미리혜 역. 히스테리 연구. 서울: 열린책들, 2004).

Dossey, L. (1995). *Healing words.* New York, NY: HarperCollins. (차혜경, 장준원 역. [치료하는] 기도:

과학이 증명한 놀라운 힘. 경기: 바람출판사, 2008).

Epstein, M. (1995). *Thoughts without a thinker*. New York, NY: Basic Books. (전현수 역. 붓다의 심리학: 명상의 정신치료적 적용. 서울: 학지사, 2016).

Kabat-Zinn, J. (1990). *Full catastrophe living*. New York, NY: Delacorte. (장현갑, 김교헌, 장주영 역. 마음챙김 명상과 자기치유. 上, 下. 서울: 학지사, 2015).

Merleau-Ponty, M. (1962). *Phenomenology of perception*. New York, NY: Routledge. (류의근 역. 지각의 현상학. 서울: 문학과지성사, 2002).

Trungpa, C. (1973). *Cutting through spiritual materialism*. Boston, MA: Shambhala. (이현주 역. 초걈 트룽파의 마음 공부. 경기: 열림원, 2004).

Varela, F., Thompson, E., & Rosch, E. (1991). *The embodied mind*. Boston, MA: MIT Press. (석봉래 역. 몸의 인지과학. 경기: 옥토, 1997; 경기: 김영사, 2013).

제 28 장

꿈과 자아초월심리학

Daniel Deslauriers

존재의 보편적인 표현으로서 꿈은 인간 경험의 전체 스펙트럼을 다룬다. 경계 없이 창의적으로 변화하는 꿈은 인간의 영적 탐색의 틀을 만드는 가장 깊은 곳의 갈망과 실존적 투쟁을 발견하게 하는 잠재력을 가지고 있다. 꿈은 준準물질적이며, 몰입형 가상 경험으로 서술적 방식이지만 정확히 규정할 수 없는 시간에 속하는 방식으로 펼쳐진다. 꿈속의 이미지와 느낌은 그 꿈을 꾼 사람의 가장 중요한 감정적 관심사와 밀접하게 결부되어 있으며(Bosnak, 2007; Cartwright, 2010; Kramer, 2007), 꿈 경험에 현실감과 신뢰감을 부여한다.

자아초월심리학을 통해 최근에 과학이 제안한 꿈에 대한 관점을 보완할 수 있다(Lancaster, 2011). 일반적으로 이 관점은 수면의 각기 다른 단계들과 관련된 신경생리학적인 다양한 변화가 심리적 안녕에 필수적인 것은 물론이고, 학습과 신체건강 유지에도 필수적이라고 주장한다. 꿈을 꾸는 것은 자연스럽게 일어나는 것으로 내부의 원인이 만든 환각의 경험인 것으로 묘사되며, 렘REM(급속 안구 운동) 수면에 있을 때와 같이 특정한 신경생리학적인 조건들이 충족되면 일어나는 것으로 알려져 있다. 렘수면은 뇌가 고도로 활성화된 상태로 항중력근antigravity muscles이 일시적으로 마비되는 무無 긴장 상태가 되며, 매일 밤 규칙적인 간격으로 4~5회 또는 매 90~120분마다 반복된다. 밤에 꾸는 꿈은 깨어 있는 상태에서의 정신적인 이미지나 백일몽과 드러나는 생각의 형태가 유사할 수 있지만,

이 때문에 그 둘과는 구별된다. 꿈의 산출물 또는 기억에 영향을 미치는 뇌 손상이 없는 성인은 보통 밤마다 렘수면을 경험하며, 이 단계 동안 깨어 있을 경우 꿈을 보고할 수 있다. 수면이 복원 기능을 하는 것은 분명하지만, 심리적 통합에는 꿈이 결정적인 것으로 보인다. 이를 근거로 우리는 꿈이 영적 경험 및 심리영성의 발달과 연결되어 있는 핵심적인 관심사를 다룰 수 있다는 것을 추론할 수 있다(Bogzaran & Deslauriers, 2012).

생물학적 구조를 강조하는 과학자들의 설명은 꿈 경험의 자아초월적인 본성을 탐구하는 사람들의 이해를 도왔지만(예를 들면, Lancaster, 2004), 꿈과 관련된 현상의 풍요로움을 정확히 포착하지는 못했다. 꿈을 꾸는 동안 일어난다고 알려져 있는 수많은 자아초월적 경험은 두뇌적 사고방식brain-mind의 신경생리학적 관점에 여전히 이의를 제기하고 있다. 꿈의 일반적인 특징에 주목하는 것 외에도(Hobson, 2000), 신경과학자들은 여전히 꿈의 내용에 대한 문제를 이해할 수가 없다. 한 인간의 삶에서 간혹 다가올 사건들의 전조가 되기도 하는 어떤 꿈들을 지정된 시간에 꾸게 되는 이유는 무엇인가? 초자연적 경험에 보다 민감한 꿈을 꾸도록 할 수 있게 하는 것은 무엇인가(Krippner, Bogzaran, de Carvalho, 2002)? 범상치 않은 꿈들의 정신생리학은 무엇인가(Bulkeley, 2011)? 그리고 그런 꿈들의 치유 가능성은 무엇으로 설명할 수 있는가?

꿈을 꾼 사람들이 보고하는 강렬하고 삶을 변용시키는 경험, 특히 신령스러운numinous 꿈이나 영혼이 찾아오는 꿈visitation dream 또는 이원적이지 않은 미묘한 경험 등과 같은 자아초월적 만남을 과학 실험에서는 언제든지 쉽게 소환할 수 없다. 결과적으로 실험실 환경에서 수집된 꿈 보고서는 꿈과 그 꿈이 지닌 잠재력의 더 넓은 스펙트럼을 적절하게 반영하지 못한다(Hunt, 1989a, 2000). 뿐만 아니라 삶이 전개되는 전 기간에 걸친 꿈 기능의 역할에 대하여 실험적으로 거의 알려진 바가 없다. 그것은 꿈의 영향에 대한 연구가 오랜 기간 동안 다루어지지 않았기 때문이다. 매우 강력한 어떤 꿈들은 평생을 살아도 일어나는 경우가 드물지도 모른다. 그러나 펼쳐진 꿈을 이해하는 것과 그 꿈의 영향은 수년에 걸쳐 느껴질 것이다(Bogzaran, 2006; Knudson & Minier, 1999). 자각몽(Hearne, 1978; LaBerge, 2000; Voss, Holzmann, Tuin, & Hobson, 2009; Wehrle et al., 2007), 꿈과 수면 목격(Mason, Alexander, Travis, Gackenbach, & Orme-Johnson, 1995)에 대한 실험실 연구를 제외한 자아초월적 꿈에 대한 대부분의 연구는 많은 자전적 보고(Garfield, 1979; Gillespie, 1987; Hervey de Saint-Denis, 1867/1982; Jung, 1965; Kelzer, 1987; Sparrow, 1976; Waggonner, 2009; Womack, 2002)를 포함한 회고적 보고(Bogzaran, 1989; Esser, 2012)에 의존해 왔다.

꿈에 대한 종합적인 이론은 꿈 생성의 근본적인 수준(예를 들면, 의식이 특정 상태에 있을 때의 신경 관계와 같은)을 다룰 뿐 아니라 넓은 범위를 가져야 한다. 그저 규범적이거나 일반적인 꿈이 아닌 광범위한 꿈 경험에 대해 어떻게 만족스럽게 설명할 것인가? 꿈의 전체 스펙트럼과 전체 존재에 미치는 영향을 이해하기 위해 신경과학은 현상학적으로 정확하도록 노력해야 한다. 자아초월심리학의 공헌은 그것이 고려하는 꿈 경험의 현상학적 범위의 포괄성에 부분적으로 달려 있다.

의식의 한 상태로서 꿈의 역설

깨어 있는 것, 꿈꾸는 것 그리고 잠자는 것은 일반적으로 별개의 의식 상태를 대표하는 것으로 알려져 있다. 그러나 꿈꾸는 상태와 깨어 있는 상태를 분리하는 경계는 고정되어 있지 않다. 역설적으로 초기 렘 상태일 때 꾼 대부분의 꿈은 깨어나기 전에 잊혀져 기억 속에 아무런 흔적을 남기지 않는다. 이런 이유로 의식의 한 상태로서의 꿈의 지위는 문제가 되어 왔다(Hobson, 2009). 다른 한편으로 악몽과 같은 강렬한 인상의 꿈들은 잊혀지지 않을 수도 있다. 이런 꿈들은 깨어 있을 때에도 강한 인상을 남기면서 흘러넘쳐 나오는 경향이 있으며, 따라서 보다 쉽게 기억 속에 남는다. 그러나 회상의 과정은 대부분의 꿈에서 자발적인 주의 집중을 요구한다. 우리는 꿈꾸는 것과 깨어 있는 것이 잠에서 깨어나고 있는 비몽사몽 상태에서 만나는 그 지점에서 항해하는 법을 배우기 때문이다. 꿈 회상은 꿈의 조각 또는 남아 있는 정서에서 시작하는 등 자신의 꿈에 보다 세심한 주의를 기울이기 시작할 때 그 양이 늘어나는 경향이 있다. 보다 완전한 회상을 위하여 나중에 꿈을 기록하기 전에 마음속에 그 꿈의 이미지를 재생하는 형태를 취하면서 자신의 꿈을 기억에 고정한다.

꿈과 깨어나는 것과 관계가 있는 자기성찰 각성 사이의 경계는 꿈 그 자체 안에서도 탐색될 수 있다. 꿈을 꾸는 사람은 일단 한번 꿈 회상 기법이 안정되면 꿈 상태의 성찰적 인지를 증가시키는 것을 배울 수 있고 아마도 꿈 전체를 명료하게 얻을 수 있을 것인데, 그것은 말하자면 꿈을 꾸는 동안 자신이 꿈을 꾸는 중이라는 것을 완벽하게 알고 있다는 뜻이다.

렘REM이 타고난 생리적 프로그램이기는 하지만, 꿈과 꿈 회상은 의식의 상태 사이를 오가는 보다 포괄적인 능력의 일부로서 성장을 필요로 한다. 꿈, 특히 자각몽은 경험 이상의 것일 뿐 아니라 꿈을 꾸는 사람이 평생을 통해 개선할 수 있는 성취이다.

자기체제, 자기참조와 발달적 번영

자아초월적인 것을 지향하는 작가들(예를 들면, Bogzaran, 1991; Cortright, 2007, Wilber, 2000)은 꿈을 자연스럽게 생겨나는 변성의식 상태로, 꿈꾼 사람의 계속적인 심리영성적 성장의 궤적과 교차하는 것으로 보는 경향이 있다. 각 단계들에서 보이고 이해되는 것(깨어 있는 관점에서 보는 꿈꾸는 자아 그리고 그 반대)과 같이, 어떤 이의 경험을 변증법적으로 분명히 표현할 수 있는 것은 영적 지성의 핵심 요소(Deslauriers, 2000)로 인간 성장의 탈인습적postconventional 단계를 특징짓는다(Van den Daele, 1992).

보다 넓은 명상 실제의 맥락에서 볼 때, 꿈은 주의 집중과 자각을 위해 손쉽게 이용할 수 있는 훈련장이다(Gordon, 2006). 꿈속에서의 의식은 자기체제self-organization적이며 자기참조self-reference적이다. 자기체제적 자연 체계는 고유의 내부 과정에 의해 조직되어 있다. 자기체제는 외부의 지시나 규칙이 직접적이지 않아도 저절로 질서가 생기도록 이끈다. 예를 들어, 곤충의 세계에서 개미 무리는 자기체제적 복잡한 체계이다. Lewis(2000)에 의하면, "인간의 성장은 고차원의 일관성을 향한 보편적 경향의 한 전형에 불과하다"(p. 36). 자기체제는 새로운 것의 출현을 가능하게 하며, 어떻게 이런 새로운 형태들이 예정에 없이 점차 발전하면서 복잡해지는지 설명하는 것을 돕는다. 꿈에서의 자기체제는 꿈이 시작할 때 가장 분명하게 포착된다. 꿈은 스스로의 합의에 따라 일어나며, 이때 "꿈꾸는 뇌는 활동의 자연스러운 패턴으로 이완된다"(Combs & Krippner, 2009, p. 49). 아무도 '책임지지 않는' 동안, 고도로 활성화된 렘REM수면 상태의 두뇌는 잔존하는 분위기와 잠들지 않은 삶의 관심사들 주변에 조직된 경험의 패턴들을 형성한다. 후자는 자기체제 과정에서 '끌어당기는attractors' 역할을 한다. "그런 유동성은 두뇌활동이 더 끌어당기도록 하는 데 기여하며, 감정과 기억, 상상의 산물 사이의 관련성을 보다 쉽고 효과적으로 만들도록 허락한다"(Combs & Krippner, 2009, pp. 49-50). 만약 꿈이 자기체제 체계의 표현이라면 앞에 열거된 다른 끌어당기는 것들 내에서 상호작용하는 심리영성적 관심사들은 그 고유의 끌어당기는 것을 담는 그릇으로 어느 정도까지 역할을 하는지에 대한 질문이 생긴다. 문제를 해결하는 통찰이 집중적인 수련과 심사숙고 후에 일어나는 것과 마찬가지로, 꿈에서의 영적 통찰은 깨어 있는 동안의 오랜 훈련 이후에 오는 돌파구가 아닌지 물을 수도 있다.

그 부분에 대하여 자기참조는 자기체제의 특정한 방향을 굴절시킨다. 자기상태self-states는 꿈 이미지 속에서 거울처럼 비친다(Rossi, 1985). 꿈은 경험과 기억으로만 만들어지지 않는다. 꿈의 주목할 만한 측면은 꿈의 서술을 펼치는 가상의 자기virtual self, 꿈꾸는 에고가 존재한다는 것이다. 따라서 꿈 경험은 다른 누군가가 만든 영화를 보는 것과 같지 않다. 전개되는 동안 꿈꾸는 사람이 만들어 낸 가상의 현실에 에워싸여 있는 것이라는 은유가 적당할 수도 있다. 에워싼 듯한 본성은 꿈 경험에 지적으로 몰입하게 하고 스스로 타당하다고 믿는 특성을 부여하는데, 이것은 James(1902)가 신비 체험에 속한다고 간주한 것과 비슷하다.

꿈이 자기the self의 반영이라는 것이 사실이라면, 그 사실의 보다 즉각적인 표현은 자각몽에서 일어난다. 자기가 스스로 만들어진 이미지에 깨어 있는 기술과 능력을 기르고 그 이미지와 상호작용하는 것은 새로운 선택과 잠재 가능성을 가지고 온다. 자기탐구self-inquiry와 자기변용은 자각몽을 꿈꾸는 가운데 성찰활동을 통해 증가하는 것처럼 보인다(Hunt, 2000). 꿈 경험이 결국 덧없고, 순간적이며, 꿈꾸는 마음의 한계 안에서 일어나는 일이라는 것을 꿈꾸는 사람이 알면서 편안하게 잘 수 있다면 두려움이나 걱정과 같은 감정은 인식되고, 분산되며, 심지어 변용될 수도 있을 것이다(Wallace, 2012). 꿈은 자기번영self-flourishing과 연결되어 있는 기술—즉, 철저한 자기수용, 미지의 것에 대한 건강한 복종, 명료함을 목도하고 가상 세계와의 공평무사한 관계를 발전시키는 것—을 위한 훈련장이 될 수 있다. 대신 자각몽을 꾸는 사람은 능력과 한계, 궁극적으로 '나-자기'를 떠나보내는 실험을 할 수 있다.

꿈이 넓은 영역에서 변용의 경험을 보여 주고 있으므로, 꿈을 꾸는 것은 비록 가상의 형태라 하더라도 자아초월적 경험의 형태를 취하고 인식되거나 구현되는 방식에 대한 원초적 지원자이다. 가상에 에워싸이게 하는 특징 때문에 꿈은 솔직한 마음으로 살고, 하나됨oneness을 맛보고, 빈 공간의 충만함에 접촉하고, 다차원의 존재를 느끼는 것에 입문하거나 빛에 항복하는 그것이 무엇과 비슷한지에 대한 분명한 감각을 제공한다(Bogzaran & Deslauriers, 2012). 이런 신성한 경험들은 심오한 지적 통찰의 원천인 동시에 가끔 심층적인 치유에 대한 감각(Corbett, 2007)과 자신의 삶의 목적에 대한 더욱 깊은 이해를 가지고 온다.

꿈의 유망한 기능은 스스로의 가능성을 탐색하는 것과도 연결되어 왔다(Kahan, 2011). 만약 가능성 있는 각본들을 상상 속의 안전한 장소에서 탐사하는 것이 꿈의 중요한 목적 중 하나라는 것이 사실이라면, 꿈 경험은 빛을 주는 몇몇 지혜의 형태와 마찬가지로 목적론적인 것에 대하여 또는 보이는 것과 표면적으로 동시에 일어나고 있는 것과 관계된 최종적인 원인에 대하여 질문하게 만든다. 당연히 Jung(1974)은 이미지의 내용뿐만 아니라 신성한 것과 접촉하는 것은 그 자체가 치유라고 지적해 왔다(Bogart, 2009; Corbett, 2007).

꿈에 대한 사회적 · 문화적 관점은 꿈과 관련된 자기성찰 능력의 발달에 영향을 미칠 수 있다. 아이들은 꿈 경험과 깨어 있는 의식을 구분하는 것을 배우면서 꿈이 무엇인가에 대한 감각을 발달시킨다(Foulkes, 1999; Laurendeau & Pinard, 1962).

꿈 구성에서 복잡성이 증가하는 것 역시 형성 전pre-formal 수준과 형성 수준에서의 발달단계와 관계가 있다(Foulkes, 1999). 성인 발달의 형성 후post-formal 단계는 같은 주목을 받지 못했는데, 아마 그 단계의 특징이나 인간의 잠재력이 완전히 성숙했을 때의 특징에 대한 합의가 없기 때문일 것이다. van den Daele(1992)은 에고 발달과 꿈의 복잡성이 서로를 밀접하게 따르는 것에 반해 인간의 사고 처리에서의 복잡성은 깊어지는 것을 고려한 조판 모형typographical model을 제시했다. van den Daele에 의하면, 더 복잡한 꿈은 내면 세계에 대한 더 큰 일반적인 쟁점들을 다루고 있는 경향이 있다(p. 311).

그러나 보다 복잡한 생각만이 형성 후 발달을 특징짓는 것은 아니다. 보다 깊은 이해는 비지성적인 직관과 함께 올 수 있다. 이 직관은 꿈속에서 혹은 깨어 있을 때 비-이원적 경험(Gackenbach, Cranson, &Alexander, 1986)에서 생겨나는 형언할 수 없지만 역설적인 깊은 자기자각을 포함한 인간 번영의 다른 형태들을 동반한다. 꿈에서의 강력한 신성 체험 그리고 티베트 문학에서 "명료함clarity의 꿈"(Wangyal, 1998, p. 93)이라고 언급하는 것은 자기감각sense of self에 대한 미묘하지만 심오한 재조직을 가져올 수 있다. 꿈에서의 비이원성non-duality 체험은 우리를 존재로부터 분리되지 않은 수용적인 장에, 그리고 그런 깨달음에 요구되고 동반되는 존재론적 조건에 예민하게 만든다. 예를 들어, Tandan(2011)은 한 여자의 꿈에 대해 논했다. 그 꿈의 구성은 여자에게 자기를 마취해서 잠들게 하는 약과 참수형 중 하나를 선택할 것을 강요했다. 여자는 이 강요된 선택을 자기의 에고중심적인 부분의 죽음을 받아들일 때 영적 변용과 함께 동반되는 존재론적 쟁점들의 상징으로 이해했다.

꿈 경험, 꿈 의식

인간의 번영과 자기실현에 있어서 꿈의 역할을 분석할 때 꿈 그 자체가 변용 과정을 어떻게 지원하는지를 살펴보는 것이 중요하다. 다음의 현상학적 범주는 꿈의 두드러진 규칙과 특이점에 대한 안목 있는 시선을 제공한다.

사회적이며 관계적인 면 꿈의 내용을 면밀히 살펴보면, 꿈꾼 사람이 꿈속에 자기 혼자 있다고 여기는 경우는 드물다는 것을 발견할 수 있다. 거의 어디에나 다른 이들이 존재하는 것을 알게 되는데, 꿈꾸는 이는 그들을 관찰하기도 하고 그들과 상호작용하기도 한다.

꿈이 상호 주관적이거나 관계적인 측면을 강하게 가지고 있다는 사실은 꿈의 역할 중 하나이다. 즉, 개인과 콤플렉스 그리고 인간의 삶이 필요로 하는 계속적으로 변하는 감정을 조화시키는 것이며, 이에 대한 단서를 줄 수 있다(Bogzaran & Deslauriers, 2012). 꿈의 이러한 관계적 차원은 또한 수평적 자아초월 체험이라고 부를 수 있는 것의 원천이기도 하다. 그 체험에서 꿈속의 다른 이들과 접촉하면서 자기경계가 확장되는데, 꿈속 다른 이들과의 접촉에는 세상을 떠난 사람들이 찾아와서 만나는 꿈이나 영적 스승으로부터 안내받거나 가르침을 받는 꿈 또는 스승의 어떤 측면을 모방하는 꿈 등 신비한 접촉이 포함된다.

관계적인 연결은 인간 세상에 국한되지 않는다. 많은 꿈이 종말론적인 재앙이나 도움을 애원하는 동물 또는 존재론적 교훈을 전하는 동물이 등장하는 꿈 시나리오에서 보다 광범위한 생태적 고충의 측면을 나타낸다(Jaenke, 2010). 치유의 꿈들은 마치 꿈 자기dream self가 생기 넘치고 새롭게 보이기라도 하는 것처럼 자연 그대로의 환경에서 꿈 자기를 발견한다. 자연환경은 갑자기 한없는 생명력과 함께 번져 나간다. 어떤 사람들, 특히 가위 눌린 상태에 있는 사람들은 가끔 현존하는 형태를 취하는 영적인 존재entity와 대면하게 될 것이다. 이 존재는 꿈꾸는 이의 신념 체계에 따라 천사 같은 존재, 외계의 존재 또는 보이지는 않지만 꿈꾸는 사람에게 전하는 메시지를 통해 자신을 알아보게 하는 존재 등으로 그 정체성이 달라진다(Cheyne, 2001; Hurd, 2011; McNally & Clancy, 2005). 그러한 꿈은 이런 몇몇 경험에 신성의 어두운 측면을 부여하기 때문에 상당히 불길하게 느껴질 수 있다(Dennis, 2001; Hunt, 1989b).

시간과 공간 깨어 있을 때의 의식이 보다 선형적으로 보여 주는 것과 비교했을 때, 꿈은 시공간 인식time-space-awareness의 스펙트럼 변화가 강하게 나타나는 것으로 알려져 있다. 시간과 공간과 의식의 차원들을 비교할 때, 예를 들어 세상을 하직한 연인이 젊고 건강한 모습으로 꿈에 나타나는 것처럼 가끔 꿈이 깨어 있는 사람의 현재 삶과는 다른 시간, 즉 종종 과거, 현재 그리고 미래가 서로 섞인 채 일어난다는 것은 주목할 만하다. 꿈에서의 시간의 선형성은 깨어 있을 때처럼 분명하지 않다. 가끔 모든 것이 동시에 일어나는 것처럼 보이거나 사건의 순서를 정확히 알 수는 없지만, 꿈은 어떤 순서로든 일어날 수 있기 때문에 꿈꾼 이는 사건의 실제 순서를 제대로 말하기 위해 애를 쓰게 된다.

대신 꿈속에서의 공간에 대한 생각은 꿈의 가상의 풍경에 덧입혀진 감각들의 습관과 밀접하게 관계가 있다. 가깝거나 먼 것 같은 거리에 대한 개념은 그것이 정의하는 특징을 상실할 수 있다. 특히 먼 곳을 방문한다는 단순한 생각이 그 사람의 존재를 그곳에서 끌어낼 수도 있는데, 이곳과 저곳을 분리하는 거리를 없애는 자각몽은 더욱 그렇다.

어떤 꿈들은 일반적으로 날아다니는 꿈이나 물속에서 숨쉬는 꿈처럼, 공간에 체화된 존재와 관계 있는 깨어나 있는 한계를 대신하는 능력이나 초공간 자각hyperspace lucidity처럼 공간의 보다 넓은 차원을 탐험하는 것(Bogzaran, 1994, 2003)을 표현하기도 한다. 그런 꿈들은 자아초월의 색조를 강하게 전하는 경향이 있다. 꿈꾼 이는 고무된 느낌을 받지만, 동시에 내면이 고요해지는 느낌이 스며든다. 이런 감각은 가끔 깨어 있을 때까지 이어진다. 꿈꾸는 사람이 자연스럽게 흘러가는 상태에 정착하게 되면 이런 꿈들은 주제별로 개인적인 숙련의 느낌을 수반하게 된다. 이런 꿈과 다른 종류의 인상적인 꿈을 대조하기 위해 Kuiken과 Sikora는 후자를 초월몽transcendent dream이라고 불렀다. 초월몽은 꿈꾸는 이를 그가 이전에는 무시했던 영적인 가능성들, 예를 들어 자기재생의 느낌 또는 형언할 수 없는 평화, 사랑, 경외감 등을 고려하도록 인도한다. 몇몇 보고에 따르면, 꿈의 영향은 황홀한 해방, 삶이 모든 존재를 채우는 깊은 거대함 또는 영원함 그리고 자아와 세상 사이의 구분이 약해지는 것 등의 형태를 포함한다.

서술적 형태 수많은 기이한 요소와 꿈꾸는 동안 일어나는 시간 변형에도 불구하고, 꿈 보고서는 이야기 형태를 띠는 것이 가장 흔하다. 이야기의 도식schema 역시 어떤 의식 상태든 그 안에 내포되어 있는 특정한 관점을 빠르게 기록하는 역할을 한다. 특권을 받은 꿈꾸는 이의 관점에서 볼 때, 꿈은 해설자 역할을 하는 나 또는 보다 정확하게 해설자의 꿈 자아, 꿈 자기 또는 꿈꾸는 몸이 유리한 위치에서 경험될 가능성이 가장 크다. 깨어 있을 때 단 하나의 관점을 취하는 것과 달리, 꿈에서 한 장면을 자신의 눈과 하늘에서 내려다보는 시각으로 동시에 관찰할 수 있는 것처럼, 꿈은 여러 관점의 세계관을 동시에 제시하거나 꿈속의 꿈과 같이 중첩된 유리한 위치에서 관찰할 수도 있다.

관점과 자기인식 꿈속에서 명료한 상태가 아니라면 꿈꾸는 이는 자신의 내재된 의식 상태를 늘 세밀하게 알아차리지 못하는 반면, 자기성찰 인식 또는 초인지는 혼잣말, 목표 지향, 정서적 자기점검, 꿈속에서 한 행동에 대한 유효성 평가, 다른 이들의 행동에 대한 평가 등 여러 가지 형태로 여전히 꿈속에 존재한다(Kahan, 2001). 이러한 자기성찰 기법은 꿈을 명료하게 하는 더 나은 기법, 즉 꿈을 꾸고 있다는 것을 꿈속에서 완전히 알 수 있는 기법을 개발하는 기반이 된다.

가상이지만 사라지는 꿈의 특징은 꿈을 존재론적 관점에서 볼 때 특별히 중요하다. 그 무상한 특징은 꿈 상태의 꿈과 같은 것이다. 이 무상한 특징은 꿈같음dream-likeness을 인용할 때의 깨어 있는 현상들에, 그리고 현실을 구축하는 기관으로서의 마음의 역할에 비슷하게 적용되어 왔다.

꿈속에서 변성 상태들 꿈속에서는 각성, 명상적 목격, 자아성찰, 신비로운 황홀감, 심지어 어떤 실체의 영향 아래에 있는 것을 꿈꾸는 '상위의' 꿈 등 다양한 상태가 보인다(Tart, 1969).

꿈 영향 꿈은 상상한 세계에서 깨어나면 사라지거나, 그 세계는 종종 감성적이고 기억에 남는다. 영향력이 매우 강한 꿈인 경우 특히 더 그렇다. 큰 꿈이라는 Jung의 고전적인 명명에 따라, 종교사학자이며 꿈 연구자인 Bulkeley(2011)는 매우 영향력이 큰 꿈을 기본적인 함수로 만드는 것을 시도했다. 그의 모델에서 보이는 것과 같이, 그는 '원형原型 · prototype'이라 불리는 큰 꿈 경험을 네 범주 두 개의 축으로 파악하였다. 꿈꾸는 이와 다른 인물들 사이의 감정의 특징을 표현하는 수평의 **관계의**relational 축과 수직의 **원소의**elemental 축이 그것이다.

관계의 축은 한 극단의 공격적인 원형과 다른 극단의 성적인 원형 사이를 계속해서 오가는 꿈을 보여 준다. 공격적인 원형이 가장 격렬하게 현현한 것이 악몽, 즉 걱정이나 두려움으로 가득하고 손해를 피하려는 것이 주제인 부정적인 꿈이다. 가끔 부정적인 꿈은 어두운 신비 경험이라고 불려 온 것과 연관된 강한 자아초월적 함축을 가지고 있는 것처럼 보인다. 예를 들어, Hunt(1989a)는 어릴 때 그 자신이 꾸었던 인상적인 꿈을 회상하면서 "이 부정적인 신성은… 무한했다. 그것은 방대하고 전면적이었으며, 악의적이었고 사악했다. 그리고 그것은 매우 강력했다. 그것은 내가 알고 있던 것 중 가장 강력한 것이 틀림없었다."(n.p.)라고 적었다. 수평관계 축의 다른 극단은 성적 본성이 인상적인 꿈을 설명한다.

Bulkeley 모델의 수직선은 원소 축을 상징하는데, 위쪽으로 갈수록 복잡성과 구조를 증가시키고, 아래쪽으로 갈수록 조각과 쇠락이 증가하는 등 꿈의 특징 정도를 반영한다. 후자가 반영된 꿈은 추락하거나 마비되거나 치아나 신체의 다른 부분을 잃거나 파도에 휩쓸리거나 사물들이 망가지는 것을 보는 등 매우 기억에 남고, 거의 항상 중력과 관련된 불쾌한 꿈이다. 이 현실을 종교적으로 표현한 것이 종말과 대재앙의 이미지이다. 이런 꿈들은 삶은 쇠락에 대한 일종의 실존적 저항으로, 죽음 앞에서는 항복할 수밖에 없다는 예측 불허entropy의 진실에 대한 자각을 표현하는 것처럼 보인다.

Bulkeley(2011)는 신비로운 꿈을 축의 위쪽 끝에 위치시켰는데, 다음의 내용을 표현한 꿈들이 그 꿈에 포함된다.

> 중력과 예측 불허, 죽음 등 억압적인 한계를 초월하는 자유를 상상하는 능력으로 하늘을 나는 꿈, 죽은 이가 찾아오는 꿈, 살아 있는 존재가 돌이킬 수 없는 최후로서의 죽음에 저항하는 꿈 그리고 치유하는 꿈, 눈부신 빛과 명철한 자기인식, 신과의 합일 등 황홀한 꿈, 놀라운 아름다움과 우주적 조화가 있는 미학적으로 창의적인 꿈 등이 있다(p. 17).

꿈의 영향은 꿈 **신성화**dream sanctification를 경험할 수 있다. 꿈을 신성한 것으로 인식하면 꿈으로부터 얻을 수 있는 의미와 힘의 양이 증가되는 것으로 보인다(Pargament & Mahoney, 2002). 연구에 의하면, 꿈을 신이나 성스러운 힘의 현현으로 보거나 꿈이 성스러운 특성을 가지고 있다고 보는 것처럼 자신의 꿈에서 성스러운 경험을 한 사람들은 스트레스와 관련된 성장, 영적 성장 그리고 꿈과 관련된 깨어 있는 스트레스 요인을 다루는 데 긍정적인 정서가 더 커지는 것을 보여 주고 있다(Phillips & Pargament, 2002). 그들은 연구에서 "대응의 한 형태로서의 꿈을 탐구할 때 영성과 종교가 고려되어야 한다."라고 제안했다(p. 150).

자아초월 경험의 빛에서 꿈의 목적과 기능

꿈은 여러 가지 기능이 있는 것으로 여겨져 왔다.[1] 이 기능은 깨어 있는 정신과의 기능적인 관계에서 가끔 언급된다. 꿈은 유동적이고 과잉 연결된 인식이 특징인 상태로(Hartmann, 2000), 실생활의 쟁점들, 예술적이고 과학적이거나 구체적인 문제에 통찰을 제공하는 것으로 가정된다. 수면과 꿈 프로세스는 또한 장기 기억 형성과 학습에도 결정적인 것으로 보인다. 단기 기억으로부터 학습이 자리 잡도록 변환하는 대뇌피질로 경험을 이동할 때, 즉 해마가 명상 상태에 있을 때 특히 결정적이다. 이 기능은 신경가소성neuroplasticity 범주 내에서 이해된다.

많은 이가 꿈의 정서적인 내용을 그 꿈의 목적에 대한 단서로 간주한다. 꿈은 사회적 존재로서 인간이 살고 있는 변화무쌍한 사회 영역 안에서 하나를 지향하며, 깨어 있을 때의 정서적 경험을 대사 작용으로 변화시키는 데 기여할 수 있다(Cartwright, 2010; Kramer, 2007; Nielsen, Deslauriers, & Baylor, 1991). Hartmann(2000)에게 꿈은 새로운 경험과 이미 알려져 있는 도식schema을 교차접속하게 하는 것이다. 대부분의 꿈은 꿈꾸는 이의 정서 상태를 은유적으로 더 자세히 설명하는 데 도움을 주는 중심적인 이미지를 가지고 있다. 따라서 꿈은 통합적 메커니즘이 체화된 것으로 표현할 수 있다(Bosnak, 2007).

Revonsuo(2000)는 상상으로 만든 위협에 대항하는 고유의 반응을 정신적으로 예행연습rehearsal해 보는 장점을 설명하는 생명진화론적bio-evolutionary 관점을 선택했다. 그의 이론은 악몽을 포함하여 꿈속에서 부정적인 감정이 널리 퍼지는 현상에 대한 설명을 돕는다. 그에게 꿈은 위협에 대한 예행연습의 기능이 주요하게 표현된 것이다. 자신의 선택에 대한 부정적인 암시나 외부 위협의 잠재적인 결과를 꿈에서 예측할 수 있는 사람들은 현실에서 그것들에 대비할 가능성이 더 많다. 위협에 대한 예행연습 기능이 정말로 진화론적 장점을 제공해 준다고 하더라도, 그 이론은 사실을 과장하고 있으며 영적 변용의 꿈 등 다양한 꿈을 배제시키고 있다. 나는 예행연습 기능이 부정적인 감정이나 위협의 현존에 대해서만 배타적으로 적용되지 않는다고 반박한다. 꿈 내용의 다양성은 꿈꾸는 이가 그 어떤 것도 탐색할 수 있고 예행연습을 할 수 있다는 증거를 제시한다. 예행연습 능력은 위협에 대해 그 능력이 하는 것과 마찬가지로, 각종 능력의 함양(Wangyal, 1998)이나 기량 학습(De Koninck, Christ, Hebert, & Rinfret, 1990)에도 적용된다.

삶의 경험으로부터 직접적으로 도출되는 꿈에 대한 현상학적 연구는 꿈꾸는 것이 일관된 현상이 아님을 시사한다(Hunt, 1989a). 존재하는 많은 종류의 꿈을 감안할 때, 깨어 있는 생각이 그러한 것과 마찬가지로 꿈을 꾸는 것은 수많은 기능을 제공할 가능성이 크다. 인지, 정서 및 행동과 같은 우리 존재 구조의 서로 다른 수준과 관련된 많은 꿈의 기능을 고려하면 이 복잡성을 이해하는 데 도움이 된다(Noreika, Windt, Lenggenhager, & Karim, 2010).

그 대부분이 자아초월적인 경험과 결부되어 있는 상당수의 비범한 꿈들이 대표적인 예이다. Krippner(2002)는 다음과 같이 몇 가지 유형을 찾아냈다.

- 영적이며 망자亡子가 찾아오는visitation 꿈
- 치유하는 꿈
- 예지몽
- 텔레파시와 관련된 꿈
- 투시와 관련된 꿈
- 서로 공유하는 꿈
- 집단적인 꿈
- 유체이탈에 관한 꿈
- 꿈속의 꿈
- 전생에 대한 꿈

- 입문하는initiation 꿈
- 자각몽

확장된 자아관점에서 보았을 때, 꿈이 개인과 더 큰 프로세스를 연결하는 다양한 기능을 제공할 수도 있다는 점을 이 목록은 지적하고 있다. 자아초월의 시각으로 **꿈은 자아초월적 참만남에 대한 정신적 침전물을 표현한 것일 수 있다.** 이 과정을 설명하기 위해 다음과 같은 생물학적 은유를 사용할 수 있다. 세포막이 중첩되고 목적의식이 있는 존재에게 형태를 주는 투과성 교환을 가능하게 하는 것처럼, 꿈은 자아와 다른 이들, 자아의 각 부분들, 자아와 세계, 자아와 비非자아 사이의 유동적인 경계들을 중재할 수도 있다. 정보 교환은 체감somatic felt sense, 느낌, 감정, 원형적이거나 다른 이미지, 이야기의 형태를 취하는데, 의식의 미묘한 표현 속에 정교한 디테일과 함께 주어진다.

과학 또는 전통과 관련된 신념 체계들은 특정한 기능을 꿈에 부여하는 것을 통해, 그리고 어떤 꿈이 가능한지 또는 어떤 꿈이 가장 가치가 있는지를 정의하는 것을 통해 무슨 꿈을 꿀 것인지에 영향을 미친다. 꿈을 개인 마음mind의 내생적인 산출물로 보는 자연주의적 설명에 의존하는 것은 틀린 것이 아니다. 그러나 그것은 개인 정신이 관계들 속에 그룹 또는 보다 세계적인 차원에 중첩되고 상호 의존적인 복잡한 체계 속에 현현하고 있는 보다 큰 집단 정신의 일부라는 것을 최소화하는 경향이 있다. 꿈에 대한 자아초월적인 관점은 우리가 우리 자신만을 위해 **배타적으로** 꿈을 꾸는 것은 아닐 가능성에 대한 진지한 표식일 수 있다. 꿈은 개인에게 나타나는 반면, 그 중요성은 개인을 넘어 확장될 수 있다. 꿈은 집단의 이익을 위해 또는 인간과 생물권biosphere[1]을 공유하거나 우리 손에 운명이 달려 있는 다른 존재들을 위해 꾸는 것일 수도 있다.

비범한 꿈에 대한 현상학적 보고서는 또한 Taylor(2009)가 서술한 무의식의 진화적 측면을 시사하기도 한다. 이 측면은 여기서 보이는 것처럼 중요한 기능을 구축하는 동안 정신의 창의적 표현에 보다 넓은 스펙트럼을 허용하여 꿈의 기능에 대한 대화를 정제하는 것을 돕는다. 이것은 선행 탐구, 은유적 문제 해결과 통찰, 감성적 통합과 자아지각의 깊이(Kuiken, Lee, Eng, & Singh, 2006)를 포함하며 관계적 또는 공감적 지각도 포함된다. 이 기능 중 어떤 것도 정상적인 인간 기능과 다른 것을 필요로 하지 않는다. 그러나 의도적인 적용 영역은 인간 능력에 대한 완전한 이해 그리고 꿈꾸는 마음에 의해 상상되거나 가상으로 표현될 수 있는 방법과 관계가 있다.

---

1) 생물이 살 수 있는 지구 표면과 대기권.

꿈이 자아초월적인 사건의 체화된 인식을 제공하기 때문에 몇몇 비범한 꿈에서는 **환경 설정**configuring 기능뿐 아니라 **예시**prefiguring 기능도 작용한다. 체화된 인식embodied noesis이란 특정한 경험을 **가지는** 것으로부터 직접 바로 생겨나 알아차렸다는 느낌으로 간략히 정의할 수 있다. 다음 글에서 꿈의 이런 차원들을 포착하기 위해 시도되었던 중요한 연구를 실증하였는데, 꿈이 어떻게 존재론적이고 영성적인 통찰을 일으키는지, 그리고 꿈이 어떻게 심리영적psychospiritual 성장 과정에서 중요한 역할을 하는지를 보여 준다.

현상학적 연구: 자아초월적 꿈 실제와 자기 탐구

자아초월적 주제와 직접 관련된 몇 안 되는 출판된 꿈 연구 가운데 Bogzaran(1989)은 연구 기간 동안 자아초월적 현상과 접촉해야 하는 어려움과 같은 몇몇 중요한 방법론적 도전을 해결하고자 시도했다. 그는 유사-실험 설계를 사용했는데, 자각몽을 능숙하게 꾸는 사람들에게 2주일의 실험 기간 동안 자각몽 중 신과 만나기를 요청했다. 배양 문구incubation phrase[2)]를 공식화하는 과정에 참여하기에 앞서, 피험자들은 신에 대한 그들 고유의 개념을 적으면서 깊이 생각할 것을 요청받았다. 뒤이어 의도된 배양 문구를 공식화할 것을 요청받았는데, 일단 자각몽 상태에 들어가게 되면 꿈속에서 그 문구를 기억하고 반복하는 것이 목표였다. 이 복잡한 과제를 완수하는 데 성공한 대부분의 피험자는 인상적이며 매우 혁신적인 경험을 한 것으로 보고되었다. 조사 결과, 피험자들은 인격화 또는 비인격화하는 방식으로 신에 대한 생각을 가지고 있다는 것을 보여 주었다. 배양 문구는 또한 적극적으로 신을 찾거나 신에 대해 수용적으로 열려 있는 경향도 반영하고 있었다. 이것은 내세를 추구하거나 내면 세계를 추구하는 것과 같은 자아초월적 또는 영성적 지향의 두 가지 뚜렷한 태도를 제시하여 현대 영성에 대한 Hunt(2007)의 사회경제적Weberian 분석을 반영하고 있다. Bogzaran은 피험자들의 자각몽에서의 대면이 인격화된 신과 대면했든 그렇지 않든 간에 신에 대한 꿈꾸기 전의 개념과 주제별로 밀접한 연관을 가지는 경향이 있으며, 꿈에서의 활동들이 배양 과제의 적극성 또는 수용성을 반영하는 경향이 있다는 것을 증명했다. 이 연구는 자아초월적인 경험을 꿈속으로 소환할 수 있는 가능성은 물론 신념 체계가 꿈속에서의 경험과 그 꿈의 결과에 영향을 미칠 수 있게 하는 방법

2) 꿈 배양dream incubation과 관련된 용어로, 꿈 배양이란 꿈에 구체적인 주제가 등장하게 하기 위해 또는 재충전이나 문제 해결을 위해 마음속에 씨앗을 심는 것을 수련하는 기법이다. 배양 문구란 꿈이 보여 주리라고 기대하는 것을 모두 담은 한 줄짜리 문장을 말한다.

까지 입증했다.

Esser(2012)는 자신의 이야기 연구narrative study에서 그 연구 규약을 모방했는데, 피험자들에게 자각몽을 꾸는 동안 깨어 있는 상태에서 **쿤달리니**를 일깨워 명상하거나 꿈을 목격할 것을 요청하여 과제를 수정했다. Bogzaran의 연구에서와 같이 피험자들이 공유한 이야기들은 수많은 변용적transformative 체험을 포함하고 있다. 이 체험들은 정체성 변화, 궁극적 실재에 대한 자각 변화, 커다란 성취감 등 이런 종류의 연구가 피험자에게 생기게 할 수 있는 강력하고 장기적인 영향을 보여 준다. 피험자들은 또한 깊은 감사의 마음 같은 강렬한 감정적 해방을 동반한 꿈 자아와 육체적 자아의 에너지 증가, 감각적이거나 성적인 느낌, 신체의 자연스러운 움직임 등과 같은 신체의 그리고 정묘精妙한 몸subtle body의 체험을 꿈이 중재하는 방식에 대해서도 보고했다.

지고의 신비 체험/절정 체험은 깨어 있는 상태에서 경험하는 것으로 가장 많이 보고되고 있기는 하지만, Esser(2012)와 Bogzaran(1989)의 연구는 꿈이 강력하고 삶을 변용시키는 절정의 원천이 될 수 있다는 것을 보여 준다. 그와 같은 수련은 신비스러운 체험[2]을 초대하는 데 매우 효과적일 수 있다. 꿈꾸는 상태에서의 체험은 깨어 있을 때의 체험보다 효과를 감지하는 것이 더 어렵다는 점이 논란이 될 수 있다. 그러나 자각몽은 명상 수련과 함께할 때 정신 영역에서의 명료한 느낌과 참여 의식을 두드러지게 하는 경향이 있다는 것을 기억해야 한다. 그 결과, 이런 꿈들은 가끔 신적인 것으로 느껴지며, 어쩌면 깨어 있는 상태에서의 유사한 종류의 경험보다 더 강력하게 느껴지기도 한다.

이 두 연구 조사는 꿈꾸는 이가 꿈 구축cultivation 전략과 꿈 자각 전략의 조합을 실천할 때 그들이 대면할 수 있는 강력한 변화를 증명하고 있다. 혹자는 연구 규약이 보다 전통적인 종교 환경에서 수행되는 유사한 수련 강도를 모방한 상황을 창출하고 있다고 논박할 수 있다. 그러나 연구의 목표는 제한이 없는 탐구 정신에 부합하고 있다.

꿈 이해와 꿈 수련

여러 문화권에서 꿈에 대한 광범위한 수련을 발견할 수 있다. 이러한 수련은 꿈의 다면적인 본성, 의식의 특별한 형태이며, 창의적인 요소의 원천을 감안하고 있다. 많은 꿈 수련은 명상에서 발견되는 정관靜觀적 자각contemplative awareness과 주시witnessing, 무속 작업journey work과 같은 데에서 볼 수 있는 신들린 듯한shamanic 의식 상태 또는 죽어 가는 과정과 관련된 상태 등과 같이 꿈에서 깨어 있는 상태 너머에 있는 다른 의식 상태들과 더 잘 연결되게 한다. 종교적인 가르침이나 토착과학indigenous science이 전통적인 발달 모델을 포함하는 경향이 있기 때문에(Mason & Orme-Johnson, 2010), 꿈을 꾼 많은 사람이 종종 이들에 의존해 왔다. 예를 들면, 티베트 불교는 마음의 본성을 탐구하는 한 수단으로 특정한 수련을 가르치는 것을 포함하고 있다(Wangyal, 1998). 토착 전통은 꿈꾸는 것을 진단과 치료로 사용해 왔으며(Tedlock, 2005), 꿈은 그들의 예지력을 위한 것으로 높이 평가되고 있다(Irwin, 1996, 2001).

많은 수의 꿈 수련을 이해하기 위해 나는 대부분의 수련을 네 개의 광범위한 범주 중 하나로 나눌 것을 제안해 왔다(Deslauriers, 2009). ① 종종 꿈 배양incubation으로 여겨지는 꿈 구축cultivation 수련, ② 꿈의 명료함과 관련되어 있는 꿈 자각 훈련, ③ 자기 자신의 꿈이나 다른 이들의 꿈에서 의미를 끌어 내는 것을 추구하는 사람들이 하는 꿈 이해 수련, ④ 통찰과 세상 속에서의 활동을 연결하는 실행적 꿈 수련이 그것이다. 이런 수련들은 순차적으로 이해되는데, 수면 전 배양 상태인 꿈이 일어나기 전, 꿈을 꾸는 동안의 자각몽 그리고 꿈 해석이나 꿈활동, 꿈 의례에서 꿈을 기억할 때 의도성을 사용하는 것과 관계가 있다.

꿈꾸는 것에 대한 통합적인 접근은 다른 수련들에 대한 각각의 수련과 한 수련을 다른 수련에 사용할 수 있도록 개발된 기술을 명확하게 설명해 준다. 이러한 접근은 꿈꾸는 이로 하여금 꿈 경험의 모든 것을 펼칠 수 있게 한다. 예를 들어, 꿈꾸는 이는 잠자리에 들기 전에 어떤 의도를 설정하기로 결심할 수 있는데, 그것에는 꿈속에서 명료한 상태로 있으려는 의도가 포함되어 있다. 만약 그가 명료하게 있는 기술을 사전에 완전히 익혔다면 그는 꿈꾸는 동안 사전 설정된 의도를 다룰 것을 결심할 것이다. 깨어났을 때 그는 특정한 양식을 사용해서 꿈을 되돌아볼 것을 선택할 것이다. 마침내 그는 꿈을 표면화하고 구현하는 한 방법으로 또는 그 꿈을 다른 이들과 나누기 위하여 꿈으로부터 영감을 받은 특정한 행동을 취하거나 그 꿈의 내용을 창의적인 형태로 표현할 것을 결심하게 될 것이다. 이 특정한 행동은 꿈꾼 이로 하여금 꿈으로부터 파생된 존재론적 또는 영적 의미를 단단히 고정시키는 것을 돕는 개인 의례의 형태를 취할 수 있다. 이 수련은 꿈 작업의 자아초월적인 맥락에 민감한데, 특히 꿈꾸는 이의 발달적 여정 혹은 영적 신념과 그 수련을 결부시키려는 노력이 행해질 때 그러하다. Davis(2004)는 Hill의 인지적-경험적 꿈 해석 모델(Hill & Rochlen, 2002)을 영성적으로 통합시키는 방법에 대해 논했다.

참여적이고 구체적으로embodied 꿈 경험에 접근하는 방식에 관한 추세는 지난 수십 년 전으로 거슬러 올라갈 수 있다. 자아심리학, 융심리학 또는 원형심리학과 같은 특정 심리학적 관점을 사용하는 전문가가 제공하는 지적인 꿈 해석을 피해서 꿈꾸는 이는 자기탐구의 형태를 설계할 수 있는 치유자나 촉진자가 제기하는 개방적이고 제한 없는 질문에 안내될 가능성이 높은 해석 작업의 중심에 있는 것으로 보인다(Bogart, 2009; Kelzer, 1999).

해석적이고 비해석적인 다수의 접근법이 존재하는데, 이 접근법들은 운동, 음성과 소리(Doehner, 2012), 명상(DeCicco & Murkar, 2012), 꿈 재연과 창의적 표현과 같이 다양화된 양식을 사용한다. Bogzaran과 Deslauriers(2012)는 꿈에 대한 현상학적 접근을 촉진하는 **통합적 꿈 수련**을 제안했다. 이 자세는 해석을 위한 상징적 텍스트로서의 꿈과는 반대되는 경험으로서의 꿈, 꿈을 비해석적으로 접근할 때의 **신체 자각** 촉진, 꿈 경험을 깊은 내면 구조의 자발적인 창작으로 간주하는 **현상학적 창조성**을 강조한다. **통합적 꿈 수련**에 참여하게 되면 꿈꾸는 이는 그 자아의 많은 측면 가운데 함께 만들어 가는 관계를 펼치도록 안내된다. 그것은 꿈꾸는 이를 상상의 영역으로 들어가고, 정신의 자동 현상을 표현하며, 이후 회상을 통해 그 과정을 분명히 표현하도록 독려한다. 이것은 자연스럽게 통찰이 일어나게 하며, 진화하는 의식의 일부로 통합될 가능성이 있는 의미를 허용한다(Bogzaran & Deslauriers, 2012, p. 219).

비해석적이며 구체적인 접근법은 꿈꾸는 이에게 꿈에 가상으로 재진입하는imaginal re-entry 방법을 통해 꿈으로 되돌아갈 것을 요청한다. Jung은 '적극적 상상active imagination' 수련이 수반되는 이런 형태의 자기탐구로 가는 문을 열었다. 꿈의 세계로 다시 빠져드는 느낌을 불러일으킬 수 있는 양식에는 여러 가지가 있는데, 다양한 꿈의 이미지와 연결되어 있는 신체의 감각을 따르는 것도 포함된다. 꿈에서 본 이미지를 꿈꾸는 듯한 상태에서 만나는 꿈으로의 재진입은 꿈 수련에 명료함을 주는 효과적인 방법인 것으로 입증되었다. 꿈으로의 재진입은 꿈의 대안적인 결말을 탐색하는 것을 용이하게 할 수도 있다. 꿈꾸는 이는 꿈에서 제시되는 해결의 경로를 따라 계속 가지만 반드시 그렇게 완료할 필요는 없다.

결론

Kahn과 Gover(2010)는 꿈꾸는 의식이 하나의 사고하기thinking 형태이며, 그 내용과 창의성에는 끝이 없다고 요약했다. 의식은 인류가 알고 있는 변화하는 의식 중 가장 자연스럽게 널리 퍼져 있는 형태일 것이다. 자아초월적 관점에서 꿈을 내용과 과정으로 분석할 때 나는 발달적 관점이 꿈의 복잡성과 성숙함을 증가시키는 것을 어떻게 드러내 보이는지, 그리고 꿈과 꿈 작업이 심리영적 기량 성장을 어떻게 촉진하는지에 주목해 왔다. 꿈은 영적 삶의 폭넓은 윤곽과 그 삶의 더 나은 외형을 드러내는 것을 도울 수 있다. 자아초월심리학의 인식론적이고 존재론적인 관점은 인간 번영의 광범위한 현상학을 보여 주며, 진화와 성숙 과정에서의 꿈의 역할을 밝혀 준다. 은유적으로는 자아와 자기의 수직적 연결로 이해되는 자기참조적 관점에서 보았을 때, 인간 번영의 현상학과 꿈의 역할 또는 수평으로 연결되는 관계적 관점은 복잡한 생태적 · 문화적 · 관계적 기반 내에서 누군가가 어디에 위치하게 됐는지를 보여 준다.

Hunt(2007)에 의하면, 신비 체험과 삶의 과정에서 그 체험이 미친 영향에 초점을 맞춘 심리학은 잘못된 환원주의와 과도한 신념 사이에서 길을 찾아야만 한다. 이 장에서 나는 그 조언에 주의를 기울이는 주장을 기록하기 위해 노력했다. 꿈이 복잡한 마음-두뇌mind-brain 과정과 연결되어 있기는 하지만, 나는 꿈의 기원을 단지 생물학적으로 생산된 것이라고 상정하는 것을 피했다. 마찬가지로 나는 꿈의 기원을 초월적인 원천에 두는 이원론적인 설명도 피하려고 노력했다. 영성은 꿈이 그런 것과 꼭 마찬가지로 스스로 구조화되는 것 같다. 고유의 개인사, 목적론적 지향, 소명 의식은 영적 실재에 접근하는 방법과 그 영적 실재가 스스로를 드러내는 방법에 영향을 미칠 것이다. 꿈은 이 복잡한 대화 과정의 일부이다. 꿈은 자기실현에 있어서의 동반자로 그의 이해의 한계를 보여 주며, 누구에게나 맞는 영성과는 반대로 자신을 위한 진정한 영성이 어떻게 느껴질지에 대한 암시를 준다.

주석

1 REM 꿈의 대부분이 회상되지 않는다는 것을 감안하면, 꿈꾸기는 꿈꾸는 사람이 꿈의 내용을 알지 못한 채로 심리생물학적 기능을 수행하는 것처럼 보인다. 따라서 꿈의 어떤 기능이 꿈의 특정한 내용과 관련이 있는지에 대한 질문이 제기된다(Blagrove, 2011). 사람이 단순히 꿈을 꾸었거나 특별한 꿈을 꾸었기 때문에 특별한 결과를 얻게 되는가(그 결과는 통찰, 학습 또는 기분 조절일까)? 그 답은 과학자들에게는 여전히 수수께끼다.

2 그러나 Bogzaran과 다른 연구자들은 꿈에서의 이례적인 절정 체험이, 특히 (영적 또는 종교적 집단 내에서 제공되는 것과 같은) 적절한 상황이나 감독없이 일어났을 때 나타나는 강한 후유증에 대해 경고했다. 그러한 후유증에는 꿈꾸는 사람이 자신의 경험을 누구와 공유해야 할지 모르기 때문에 심리적 혼란이나 외로움을 겪을 수 있다. 꿈꾸는 사람이 그런 사건을 통해 배운 것을 통합하고 이해하는 데 있어서 시간이 필요한 것은 흔히 있는 일이다. 자각몽의 정관적 목표는 깨어 있는 의식 안에서의 명료함을 배양하는 것일 수 있는 반면에, 임상적 관점에서 보면 우리는 병리적인 비현실감으로부터 이러한 건강한 추구를 구별해야만 한다.

참고문헌

Blagrove, M. (2011). Distinguishing continuity/discontinuity, function, and insight when investigating dream content. *International Journal of Dream Research*, *4*(2), 45-47.

Bogart, G. (2009). *Dreams and self-healing: Unfolding the symbols of the unconscious*. London, UK: Karnac.

Bogzaran, F. (1989). Experiencing the divine in the lucid dream state. *Masters Abstracts International*, *29*(01) 0392 (UMI #1340429).

Bogzaran, F. (1991). Experiencing the divine in the lucid dream state. *Lucidity Letter*, *10*(1 & 2), 169-176.

Bogzaran, F. (1994). Images of the lucid mind: A phenomenological study of lucid dreaming and modern painting. *Dissertation Abstracts International*, *57*(08) 0392A (UMI# 9702150).

Bogzaran, F. (2003). Lucid art and hyperspace lucidity. *Dreaming*, *13*(1), 29-42.

Bogzaran, F. (2006). The spiritual dimensions of lucid dreaming. *Elixir*, *2*, 23-32.

Bogzaran, F., & Deslauriers, D. (2012). *Integral dreaming: A holistic approach to dreams*. Albany, NY: State University of New York Press.

Bosnak, R. (2007). *Embodiment. Creative imagination in medicine, art and travel*. New York, NY: Routledge.

Bulkeley, K. (2011). Big dreams: The science of highly memorable dreams. In S. Kakar (Ed.), *On dreams and dreaming* (pp. 1-20). Delhi, India: Viking.

Cartwright, R. (2010). *The twenty-four hour mind. The role of sleep and dreams in our emotional life*. New York, NY: Oxford University Press.

Cheyne, J. A. (2001). The ominous numinous sensed presence and "other" hallucinations. *Journal of Consciousness Studies*, *8*(5-7), 133-150.

Combs, A. L., & Krippner, S. (2009). Daylife, dreamlife and chaos theory. In S. Krippner & D. Joffe Ellis (Eds.), *Perchance to dream: The frontiers of dream psychology* (pp. 133-145). New York, NY: Nova Science.

Corbett, L. (2007). *Psyche and the sacred. Spirituality beyond religion*. New Orleans, LA: Spring Journal Books.

Cortright, B. (2007). *Integral psychology: Yoga, growth, and opening the heart*. Albany, NY: State University of New York Press.

DeCicco. T. L., & Murkar, A. (2012, June). *Meditative dream re-entry: A protocol for using meditation for dream interpretation*. Presentation at the International Conference for the Study of Dreams. Abstract available at http://asdreams.org/2012/abstracts.html#D

De Koninck, J., Christ, G., Hebert, G., & Rinfret, N. (1990). Language learning efficiency, dreams and REM sleep. *Psychiatric Journal of the University of Ottawa*, *15*(2), 91-92.

Dennis, S. L. (2001). *Embrace of the daimon: Sensuality and the integration of forbidden imagery in depth psychology*. York Beach, ME: Nicolas-Hays.

Deslauriers, D. (2000). Dream in the light of emotional and spiritual intelligence. *Advanced Development Journal, 9*, 105-122.

Deslauriers, D. (2009). Transcultural strategies for working with dreams. In S. Krippner & D. Joffe Ellis (Eds.), *Perchance to dream: The frontiers of dream psychology* (43-57). New York, NY: Nova Science.

Doehner, S. (2012, June). *A sound imagination: When sound transforms images.* Paper presented at the International Conference for the Study of Dreams. Retrieved June 2012 from http://asdreams.org/2012/abstracts.html#D

Esser, T. (2012, June). *Lucid dreaming meditation: Invited experiences of kundalini, the divine, and nonduality.* Paper presented at the International Conference for the Study of Dreams. Retrieved June 2012 from http://asdreams.org/2012/abstracts.html#E

Foulkes, D. (1999). *Children's dreaming and the development of consciousness.* Cambridge, MA: Harvard University Press.

Gackenbach, J., Cranson, R., & Alexander, C. (1986). Lucid dreaming, witnessing dreaming, and the transcendental meditation technique: A developmental relationship. *Lucidity Letter, 5*(2), 34-41.

Garfield, P. (1979). *Pathway to ecstasy: The way of the dream mandala.* New York, NY: Holt, Rinehart & Winston.

Gillespie, G. (1987). Dreamlight: Categories of visual experience during lucid dreaming. *Lucidity Letter, 6*(1), 73-79.

Gordon, D. (2006). *Mindful dreaming: A practical guide for emotional healing through transformative mythic Journeys.* Berkeley, CA: New Page Books.

Hartmann, E. (2000). The psychology and physiology of dreaming: A new synthesis. In L. Gamwell (Ed.), *Dreams 1900-2000: Science, art and the unconscious mind* (pp. 61-76). Ithaca, NY: Cornell University Press.

Hearne, K. M. T. (1978). Lucid dreams: An electro-physiological and psychological study. *UMI Dissertations Publishing* 0722 (UMI #U426618).

Hervey de Saint-Denis, L. (1982). *Dreams and the means of directing them.* In M. Schatzman (Ed.), N. Fry (Trans.). London, UK: Duckworth (original work poublished 1867 [Les Rêves et Les Moyens de les Diriger, Paris: Amyat (French)]).

Hill, C. E., & Rochlen, A. B. (2002). The Hill cognitive-experiential model of dream interpretation. *Journal of Cognitive Psychotherapy, 16*(1), 75-89.

Hobson, J. A. (2000). *Dreaming as delirium: How the brain goes out of its mind.* Cambridge, MA: MIT Press.

Hobson, J. A. (2009). REM sleep and dreaming: Towards a theory of protoconsciousness. *National Review of Neuroscience, 10*(11), 803-813.

Hunt, H. T. (1989a). *The multiplicity of dreams: Memory, imagination, and consciousness.* New Haven, CT: Yale University Press.

Hunt, H. T. (1989b). Lucidity Association Chair, Interviewed by K. Belicki. *Lucidity Letter, 8*(1). Retrieved from http://spiritwatch.ca/lucidity_1989_june.html

Hunt, H. T. (2000). Experiences of radical personal transformation in mysticism, religious conversion, and psychosis: A review of the varieties, processes, and consequences of the numinous. *The Journal of Mind and Behavior, 21*(4), 353-398.

Hunt, H. T. (2007). *Lives in spirit. Precursors and dilemmas of a secular Western mysticism.* Albany, NY: State University of New York Press.

Hurd, R. (2011). *Sleep paralysis: A guide to hypnagogic visions & visitors of the night.* Los Altos, CA: Hyena Press.

Irwin, L. (1996). *The dream seekers: Native American visionary traditions of the Great Plains.* Norman: University of Oklahoma Press.

Irwin, L. (2001). Sending a voice, seeking a place: Visionary traditions among Native women of the Plains. In K. Bulkeley (Ed.), *Dreams: A reader on religious, cultural and psychological dimensions of dreaming* (pp. 93-119). New York, NY: Palgrave.

Jaenke, K. (2010). Earth dreaming. In C. Chalquist (Ed.), *Rebearths: Conversations with a world ensouled* (pp. 187-202). Walnut Creek, CA: World Soul Books.

Jung, C. G. (1974). *Dreams.* Princeton, NJ: Princeton University Press.

Kahan, T. L. (2001). Consciousness in dreaming: A metacognitive approach. In K. Bulkeley (Ed.), *Dreams: A reader on the religious, cultural, and psychological dimensions of dreaming* (pp. 333-360). New York, NY: Palgrave.

Kahan, T. L. (2011). Possible Selves: Dreaming and the liberation of consciousness. In S. Kakar, (Ed.), *On dreams and dreaming* (pp. 109-126). Delhi, India: Viking.

Kahn, D., & Gover, T. (2010). Consciousness in dreams. *International Review of Neurobiology, 92,* 181-195.

Kelzer, K. (1987). *The sun and the shadow: My experiment with lucid dreaming.* Virginia Beach, VA: A.R.E. Press.

Kelzer, K. (1999). *Deep Journey: Experiential psychotherapy with dreams, personal archetypal tales and trance states.* Berkeley, CA: North Atlantic Books.

Knudson, R. M., & Minier, S. (1999). The on-going significance of significant dreams: The case of the bodiless head. *Dreaming, 9,* 235-245.

Kramer, M. (2007). *The dream experience.* A systematic exploration. New York, NY: Routledge.

Krippner, S., Bogzaran, F., & de Carvalho, A. P. (2002). *Extraordinary dreams and how to use them.* Albany, NY: State University of New York Press.

Kuiken, D., Lee, M. N., Eng, T. C., & Singh, T. (2006). The influence of impactful dreams on self-perceptual depth and spiritual transformation. *Dreaming, 16,* 258-279.

Kuiken, D., & Sikora, S. (1993). The impact of dreams on waking thoughts and feelings. In A. Moffitt, M. Kramer, & R. Hoffman (Eds.), *The functions of dreams* (pp. 419-475). Albany, NY: State University of New York Press.

LaBerge, S. (2000). Lucid dreaming: Evidence and methodology. *Behavioral and Brain Sciences, 23*(6), 962-964.

Lancaster, B. L. (2004). *Approaches to consciousness: The marriage of science and mysticism.* New York, NY: Palgrave MacMillan.

Lancaster, B. L. (2011). The cognitive neuroscience of consciousness, mysticism and psi. *The International Journal of Transpersonal Studies*, *30*(1-2), 11-22.

Laurendeau, M., & Pinard, A. (1962). *Causal thinking in the child, a genetic and experimental approach*. New York, NY: International University Presses.

Lewis, M. D. (2000). The promise of dynamic systems approaches for an integrated account of human development. *Child Development*, *71*(1), 36-43.

Mason, L. I., Alexander, C. N., Travis, F., Gackenbach, J., & Orme-Johnson, D. (1995). EEG correlates of higher states of consciousness during sleep. *Sleep Research*, *24*, 152.

Mason, L. I., & Orme-Johnson, D. W. (2010). Transcendental consciousness wakes up in dreaming and deep sleep. Commentary on "The neurobiology of consciousness: Lucid dreaming wakes up" by J. Allan Hobson. *International Journal of Dream Research*, *3*(1), 28-32.

McNally, R. J., & Clancy, S. A. (2005). Sleep paralysis, sexual abuse, and space alien abduction. *Transcultural Psychiatry*, *42*(1), 113-122.

Nielsen, T. A., Deslauriers, D., & Baylor, G. W. (1991). Emotions in dream and waking event reports. *Dreaming*, *1*(4), 287-300.

Noreika, V., Windt, J. M., Lenggenhager, B., & Karim, A. A. (2010). New perspectives for the study of lucid dreaming: From brain stimulation to philosophical theories of self-consciousness. Commentary on "The neurobiology of consciousness: Lucid dreaming wakes up" by J. Allan Hobson. *International Journal of Dream Research*, *3*(1), 36-45.

Phillips, R. E., & Pargament, K. I. (2002). The sanctification of dreams: Prevalence and sanctification. *Dreaming*, *12*(3), 141-153.

Revonsuo, A. (2000). The reinterpretation of dreams: An evolutionary hypothesis of the function of dreaming. *Behavioral and Brain Science*, *23*, 877-901.

Rossi, E. L. (1985). *Dreams and the growth of personality* (2nd ed.). New York, NY: Brunner/Mazel.

Solms, M. (1997). *The neuropsychology of dreams: A clinico-anatomical study*. Mahwah, NJ: Erlbaum.

Sparrow, S. (1976). *Lucid dreaming: Dawning of the clear light*. Virginia Beach, VA: A.R.E. Press.

Tandan, M. (2011). The way leads through yourself to beyond yourself: Dreaming in a Himalayan monastery. In S. Kakar (Ed.), *On dreams and dreaming* (pp. 146-167). Delhi, India: Viking.

Tart, C. (1969). *Altered states of consciousness*. Garden City, NY: Doubleday Anchor.

Taylor, E. (2009). *The mystery of personality: A history of psychodynamic theories*. New York, NY: Springer.

Tedlock, B. (2005). *The woman in the shaman's body: Reclaiming the feminine in religion and medicine*. New York, NY: Bantam.

Van den Daele, L. (1992). Direct interpretation of dreams: Typology. *The American Journal of Psychoanalysis*, *52*(4), 307-326.

Voss, U., Holzmann, R., Tuin, I., & Hobson, J. A. (2009). Lucid dreaming: A state of consciousness with features of both waking and non-lucid dreaming. *Sleep*, *32*, 1191-1200.

Wallace, B. A. (2012). *Dreaming yourself awake: Lucid dreaming and Tibetan dream yoga for insight and transformation*. B. Hodel (Ed.). Boston, MA: Shambhala.

Wehrle, R., Kaufmann, C., Wetter, T. C., Holsboer, F., Auer, D. P., Pollmächer, T., & Czisch, M. (2007). Functional microstates within human REM sleep: First evidence from fMRI of a thalamocortical network specific for phasic REM periods. *European Journal of Neurosciences*, *25*, 863-871.

Womack, Y. (2002). *Guardians of the gate: An investigation of numinous presence, "visions of the Divine" in dreams*. Köln, Germany: Lambert Academic.

번역 출판

Davis, T. L. (2004). Incorporating spirituality into dream work. In C. E. Hill (Ed.), *Dream work in therapy: Facilitating exploration, insight, and action* (pp. 149-168). Washington, DC: American Psychological Association. (주은선, 주은지 역. 꿈 치료: 탐색 · 통찰 · 실행의 촉진. 서울: 학지사, 2010).

James, W. (1902). *The works of William James: The varieties of religious experience*. NY: Random House. (김재영 역. 종교적 경험의 다양성. 서울: 한길사, 2000).

Jung, C. G. (1965). *Memories, dreams, reflections* (A. Jaffé, Ed.). New York, NY: Vintage Books. (이부영 역. C. G. Jung의 회상, 꿈 그리고 사상. 경기: 집문당, 2012).

Pargament, K. I., & Mahoney, A. (2002). Spirituality: Discovering and conserving the sacred. In C. R. Snyder (Ed.), *Handbook of positive psychology* (pp. 646-659). New York, NY: Oxford University Press. (이희경 역. 긍정심리학 핸드북. 서울: 학지사, 2008).

Waggoner, R. (2009). *Lucid dreaming: Gateway to the inner self*. Needham, MA: Moment Point Press. (허지상 역. 자각몽, 꿈속에서 꿈을 깨다: 영화보다 재미있고 심리분석보다 유익한 창조적 꿈꾸기. 서울: 정신세계사, 2010).

Wangyal, T. (1998). *The Tibetan yogas of dreams and sleep*. Ithaca, NY: Snow Lion. (홍성규 역. [게으른 사람을 위한] 잠과 꿈의 명상. 서울: 정신세계사, 2003; 무명거사 역. 잠과 꿈을 통한 수행. 광주: 다래헌, 2011).

Wilber, K. (2000). *One taste: The Journals of Ken Wilber*. Boston, MA: Shambhala. (김명권, 민회준 역. 켄 윌버의 일기. 서울: 학지사, 2010).

제 29 장

표현과 창조적 예술치료

Kim A. Bella, Ilene A. Serlin

창조적 표현예술은 경험의 다양한 차원을 적극적으로 규명하는 것을 지원하고 영성과 자아초월 본질에 대한 질문을 탐구하기 위한 경험적 수련으로 오랫동안 존재해 왔다(Allen, 1995; Coppin & Nelson, 2005; Finley, 2008; McNiff, 1998b). 표현과 창조적 예술치료는 개인적 성장과 발달, 변용과 치유, 자기자각 그리고 정서적 · 영적 안녕에 초점을 둔 심리치료적 기법과 함께 칠하기, 그리기, 음악, 심리극, 드라마, 춤/동작, 이야기 그리고 시 같은 창조적 표현과 상상의 과정을 결합한 치료적 접근에서도 영성과 자아초월적 관점을 포함한다. 예술치료는 의식과 예술-기반arts-based 양식의 의도적 사용을 촉진하며 건강한 인지적 · 정서적 · 신체적 · 영적 그리고 사회적 기능을 양성하려는 노력에서 창조적 과정을 촉진한다. 이것은 임상, 치료, 교육, 공동체, 의료 그리고 재활의 범위를 포함하여 다양한 상황에서 광범위하게 사용되고 있다(International Expressive Arts Therapies Association, 2012; National Coalition of Creative Arts Therapies Association, 2012). 어떤 치료적 과정에서도 본질적인 요소가 해소되지 않는 것에 대한 내담자의 자각을 촉진하는 것이고, 예술치료는 신체적 · 정서적 · 인지적 · 영적 통합의 촉진을 돕는다. 창조적 요소들과 이런 측면들은 조화를 이루고 소통되며 강화된 기능으로 표현될 수 있다.

표현과 창조적 예술치료는 전통적인 치료적 접근이나 장면에 도전하는 방식으로 개인을 표현하는 길을 제공한다. Malchiodi(2005)에 따르면, 다양한 기법과 양식의 표현에서 언어적 · 비언어적 형태의 결합은 내담자의 의사소통 증진과 풍요로움을 도울 수 있다. 시, 이야기, 드라마의 경우에서처럼 엄격하게 비언어적인 것이 아니라고 할지라도 창조적 표현의 언어외적 국면은 비언어에서 언어까지의 설명을 허락하므로 건강과 치유를 위해 풍부하고, 다차원적이고, 확장된 접근을 위한 기회를 제공한다. 예를 들면, 심리적 · 창조적 그리고 영적으로 갇혀 있는 존재의 경험에 대해 행해진 한 최근 연구(Bella, 2011)에서는 방법론의 일부로 활용된 표현예술 기법은 참가자의 즉각적인 경험에 대한 직접적 의사소통의 촉진을 도왔는데, 그것은 언어적 접근으로는 드러나지 않았던 것이었다. 한 참가자가 그의 그림 그리기 경험 후 기술한 것에 의하면,

> 나는 막혀 있는 것을 인정함으로써 변화를 알아차렸다. 어떤 부드러움, 이제는 답답함이 한층 덜함을 느꼈다. 이제 나는 답답함에 대해 좀 더 수용적임을 느낄 수 있다. 나는 내가 원하지 않는 나의 한 부분을 아직도 느낄 수 있다. 그러나 거기에는 또한 그것이 그것대로 그냥 있게 놔두려는 또 다른 부분이 있다(p. 71).

그는 작업의 비언어적인 측면에 관여하는 동안 자신을 향한 또 다른 의미의 층을 발견했다. 또 한 명의 참가자도 그녀의 경험을 기술했다.

> 나는 그것이 화살 같다고 느끼며 그것은 내 머릿 속에 있다. 그리고 그것은 구름처럼 어렴풋하다. 바로 지금 이 순간 나는 막혀 있다고 느끼지 않는다. 나는 그것이 해소된 듯, 해지되고 풀려난 듯, 내가 많은 에너지를 가지고 있는 것처럼 느낀다. 나는 그것에 대해 명료함을 느낀다. 그것은 혼란한 에너지가 아니고 열광적 에너지가 아닌 하나의 경로같이 분명히 느낀다(p. 110).

그녀는 직접적이고 즉각적인 방식으로 순간순간 자신의 경험을 따르며 유동적으로 움직였고, 그녀가 그것을 그리면서 그림활동이 그녀 스스로 자신의 과정에 관여하고 심화시키는 것을 도왔다는 것을 인식하였다. 자신의 내적 상황에 대한 시각적 표현을 소통하는 것이 가능해지면서 그들은 표현에 대한 또 다른 양식 속으로 걸어 들어갔고, 그 과정에서 각각의 개인에게 더 많은 정보가 유용하게 되었다. 이는 그들의 경험과 표현 양쪽에서 전환을 이끌었다.

표현과 창조적 예술치료의 구분

표현예술치료expressive arts therapy와 창조적 예술치료creative arts therapy는 종종 동의어로 사용되어 왔다. 양쪽 접근의 주된 초점은 치유를 위한 수단으로 예술을 사용하는 것(Serlin, 2007b)인 반면, 두 양식 사이에는 차이가 있다. 표현예술치료는 광범위한 매체(예를 들면, 시각 예술, 춤, 음악)를 사용하면서 모든 창조적 과정에 대한 통합을 적용하는 반면, 창조적 예술치료는 특정 예술 양식(예를 들면, 회화/미술치료art therapy)을 사용한다. 양쪽의 접근법은 심리적 · 신체적 · 영적 건강을 통해 전체성과 치유의 육성을 시도한다(IEATA, 2012; NCCATA, 2012; Serlin, 2007b).

창조적 예술치료는 미술치료(미술과 치료에서 훈련된) 같은 특정 양식을 그 분야의 특별히 정해진 프로그램을 통해 전문적으로 교육하는데, 이는 치유를 위한 특별한 접근을 반영한다. 예를 들어, 심리적 외상을 입은 내담자와 작업하는 미술치료사는 언어가 유용하지 않을 때 의사소통의 양식으로 미술 작업art-making을 사용할 수 있다. 이런 과정은 고통스러운 심리적인 외상의 경험에 대해 '목소리를 낼 수 있게give a voice' 해 주고 은유와 상징적 이미지를 사용함으로써 의미를 제공한다. 비교하면, 어떤 표현예술치료사는 예술-기반 양식의 다양성에 대해 훈련받으며 내담자의 요구에 대한 각 사례의 회기에 맞추어 가면서 글쓰기, 그리기 과정, 소리 그리고/또는 동작과 같은 다양한 양식을 통해서 내담자의 문제를 탐구할 수 있다. 일반적으로 표현예술치료사는 '넓이breadth'를 가진 것으로, 창조적 예술치료사는 '깊이depth'를 가진 것으로 이해할 수 있다.

예술치료의 자아초월심리학 접근

예술치료는 정신분석적 · 정신역동적 · 인지적 · 행동적 그리고 신경과학적인 심리학의 관점을 포함한다. 그러나 이 장의 목적을 위해 초점을 자아초월 지향에 맞추었는데, 이는 경험에 대한 심리학적 차원뿐만 아니라 영성을 포함하는 것이다. 전통적인 심리학적 접근이 인간 경험에 대해 정신적 · 정서적 · 인지적 · 신체적인 차원뿐 아니라 일부 신화적인 차원에 대해 작업한다 하더라도 자아초월심리학은 광범위한 영성적 맥락 안에 이 모든 양식의 근거를 두는 철학적이고 심리학적인 관점으로 이 모든 것을 포함한다. 자아초월심리학은 영성에 심리학을 결합한 통합적 학문이며, 이 접근은 의식의 일상과 비일상적인 상태, 자기-실현, 다양한 세계관과 관점, 직접 경험, 분석적 지성을 포함한 '전인whole person' 경험의 다차원성을 구체화하고 포함하는 것을 추구하는데, 이는 '통합적인 인간integrative human심리학'을 제공한다(Hartelius, Caplan, & Rardin, 2007). 예술치료 분야 역시 다차원성, 다양한 양식 그리고 통합을 추구하므로 표현예술치료는 이러한 자아초월심리학의 근거에 잘 맞는다. Serlin(2007b)이 지적한 것에 따르면, "예술은 치유 여정을 위해 매우 중요한데, 그 이유는 마음, 몸 그리고 영의 수준을 포함하고 있는 복합적인 인간, 전인全人에 관여하고 표현하기 때문이다"(p. 107).

예술치료에 대한 이론적 토대는 **복합 양식**intermodality이란 전제에 있는데, 이는 내담자의 능력과 잠재성이 치료 장면에서 감각 양식들을 통해 표현되고 탐구될 수 있다는 것이다(Knill, Levine, & Levine, 2005). 표현예술치료의 두 가지 중요한 요소는 '인간 고통에 반응하는 예술의 능력'과 '의미에 대한 창조적 자원'에서 상상력의 역할이다(Levine & Levine, 1999, p. 11). 또한 예술치료에서 통합은 놀이, 미적 감각, 실험 그리고 창조적 표현인데, 이는 심리적 건강에서 필수이다(Knil et al., 2005; Levine & Levine, 1999). 이런 점에서 예술치료는 고통을 탐구하고 치유가 발생할 가능성을 제공한다.

표현과 창조적 예술치료의 역사

예술치료는 먼 옛날부터 오랫동안 실천되어 왔으며, 그 범위는 고대 그리스에서 예술을 사용한 것부터 정서장애에 대한 작업으로 마음의 정화를 돕고(Serlin, 2007a), 치유를 위한 춤 의식(Backman, 1972)에, 제1차 세계대전의 퇴역 군인에 대한 역할극의 사용과 심리극(Moreno, 1946)에까지 이른다. 예를 들어, 초기의 인간은 춤을 통한 신체 움직임으로 창조의 신비와 신을 이해하고 찬양했는데, 이는 변용과 치유의 가능성, 신성에의 연계, 복잡한 세계에 대한 의미를 제공했다(Serlin, 1993). 어떤 면에서 '인류의 첫 번째 심리치료자'로 여겨지는 샤먼shaman은 치유자였다. 그들은 드러난 질병을 치료하기 위해 현대 표현예술치료의 접근법과 유사한 광범위한 실천 목록—의례, 노래하기, 북 치기, 드라마, 춤, 상징과 표상—을 사용하면서 신체적 · 심리적 요소를 그들의 작업에 포함시켰다(Serlin, 1993).

표현예술치료의 핵심은 창조적 표현이다. May(1975)는 "창조성은 남자나 여자가 세상에서 그들 자신의 존재를 실현하는 가장 기본적인 표현"(p. 40)임을 제시했다. Barrow(1996)는 창조성을 수억만 년 진행 중인 과정이라고 기술했다. Almaas(2004)는 창조성이란 그것 자체를 표현하려는 삶의 근본적인 본질이라고 주장했다. Provencal과 Gabora(2007,

p. 255)는 "예술은 하나의 보편적 언어이며, 사람들은 선천적으로 예술에 참여한다."라고 진술하였다. Bohm과 Peat(1987)는 우주의 근본적인 힘으로서 창조성을 말했다. 창조성과 창조적 표현은 자연스런 과정 안에 있는 자연스런 움직임이다. 창조적 과정과 창조적 표현의 자연스러운 흐름에 대한 방해는 다양한 수준에서 파급 효과를 일으킬 수 있으며, 때로는 심각하고 의도하지 않은 결과로 한 사람의 삶에 충격을 미친다. Von Franz(2001)는 심각한 정신적 질병과 영적 위기 또한 좌절되고 방해받은 창조적 과정의 결과일 수 있다고 주장하였다. 따라서 표현예술치료는 우리 각각의 내면으로 들어가는 우주의 자연스런 흐름을 유지하게 도와주는 가치 있는 도구가 될 수 있다.

표현과 창조적 예술치료의 이득과 지지 연구

미술치료와 창조적 예술의 효과성에 대한 연구는 창조적 과정과 예술적 표현의 건강 이득에 대해 상당한 지지를 제공해 왔다(Allen, 1995; Barath, 2003; Barone & Eisner, 2012; Feder & Feder, 1981; McNiff, 1992; Serlin, 2007a). 이 연구들은 스트레스 감소, 삶의 기대 증가, 면역 체계 기능의 강화 그리고 신체적 · 생리적 건강의 증진을 포함한다(Kiecolt-Glaser, McGuire, Roble, & Glaser, 2002; Pannebaker, 1990; Serlin, 2007a). 표현예술치료는 경미한 것부터 심각한 정신건강의 범위를 포함한 집단과 개인에 대한 광범위한 치료 장면에서 성공적이었다. 예를 들어, 외상 스트레스 연구 국제 학회International Society for Traumatic Stress Studies: ISTSS(2011)에서는 표현예술치료가 외상 후 스트레스장애PTSD의 주요 증상의 경감과 전반적인 기능의 향상을 도울 수 있다는 근거를 인용했다. 근거는 또한 이런 치료들이 정서 조절과 신체 이미지의 증진, 우울, 수면 문제, 불안의 감소에 도움이 된다는 것을 제시하였다. Provencal과 Gabora(2007) 역시 예술 작업의 치료적 이득에 대한 증거를 언급했는데, 이러한 접근은 심리적 외상이든 일상이든 간에 개인적인 문제와 어려움으로 인한 고통스런 기억을 드러나게 허용하고 다루어서 해소시킬 수 있다는 것이다.

표현예술치료는 대부분 과정-기반 접근법으로, 인간 경험에 대한 모든 표현을 허용한다. 표현예술치료의 이득은 구체적인 창작물을 제공하여 차후에라도 지속적인 성찰의 기회를 제공함으로써(Koff-Chapin, 1996) 개인의 경험을 풍요롭게 해 준다. Koff-Chapin (1996)은 표현예술치료는 합리적인 마음에서 빠져나와 과거의 원인, 이유 또는 신념에 대해서보다는 현재 순간에 기초한 직접적이고 즉각적인 경험을 허용하도록 돕는다고 주장했다. 표현예술치료는 치료적 과정에서 직관적이고 본능적인 작업을 허용하며 창작물을 산출하는데, 이것은 다른 치료나 방법론으로는 그동안 가능하지 않았던 깊은 통찰을 발견하고 드러낼 수 있게 한다(Heron & Reason, 1997; Koff-Chapin, 2005; McNiff, 1998a; Rappaport, 2009). 창작물의 중요성은 창작물 자체 때문이 아니라, 창작물이 개인의 치유에 공헌하는 효과성 때문이다.

구조화된 신념 체계가 마음의 렌즈를 통해 걸러진 정보를 받아들일 때 인지 수준에서 왜곡이 발생하는데, 이때 예술-기반 창작물은 정신적으로 잘못 표상된 것을 해결하는 데 도움을 줄 수 있다. 현실에 대한 지각이 왜곡되었을 때 예술 언어는 내적 · 외적 환경으로부터 받아들인 정보를 해석하고 이해하는 것을 돕는다. Sommers-Flanagan(2007)은 심리학자 Natalie Rogers를 인터뷰했다.

> 표현예술에서 우리는 창작물에 대해서만큼이나 과정에 대해 많이 고려한다. 의도—마치 내담자중심치료에서처럼—는 방어의 층을 사라지게 벗겨 내고 우리의 진실한 본성을 찾는 것이다. 예술은 우리가 우리의 고통과 분노 그리고 슬픔으로 들어가게 허용한다. 예술을 사용하는 것은 매우 힘든 정서를 다루는 데 있어서 때때로 언어보다 더욱더 효과적이다(p. 123).

Rappaport(2009)는 "예술은 한 순간의 총체적 경험을 포착한다."(p. 79)라고 말했으며, 경험의 탐구와 통합을 위한 거리와 공간을 제공하는 '내면의 목격자'를 활성화시킨다는 점에 동의했다. 비언어적인 창조적 표현 과정은 명상과 유사한 구체적인 탐구 방식이 될 수 있으며, 자각과 통찰의 확장을 돕는 표현예술을 활용하여 어렵고 혼란스러운 시간 동안 의미를 창출하도록 돕는다. 지각심리학자인 Arnheim(1992)은 다음과 같이 말했다.

> 예술은 인간 존재의 조건을 이해하고, 그런 조건의 무시무시한 국면에 대처하는 수단으로 사용되고, 의미 있는 질서를 창조함으로써 힘든 시간 동안 조력가로서 도움을 준다—고통받는 사람들이 이해되고 그들을 돕는 치유자들이 사용하는 도움이야말로 가장 환영받을 만한 것이다. 그러나 치료에서 경험한 축복은 예술의 기능이 있어 왔고, 앞으로도 언제나 있을 법한 어느 곳에서든지 예술가를 상기시킬 것이다(p. 170).

많은 창조적 치료 접근의 핵심에는 심상과 이미지 작업이 있다. McNiff(1998a)에 따르면, 이미지와 심상은 에너지를 갖고 있다. Levine(2000)은 "우리는 심미적 경험의 활력 있는 차원을 이용하고 예술적 형태의 분명한 표현에 그것을 결합할 필요가 있다."라고 말하였다(p. 10).

이미지를 통해서 사람은 창조적 표현으로부터 방출되는 에너지에 완전하고 역동적으로 참여하도록 요청된다. 이미지는 사람이 인간 존재를 직면하게(그리고 반성하게) 하고 보다 깊은 진리를 발견하도록 이끈다. 이에 대해 Gadamer(2004)의 『진리와 방법Truth and method』에 대한 Levine(2000)의 다음과 같은 논평을 볼 수 있다.

> 진리란 존재의 의미에 대한 발견이다. 이런 발견은 우리가 이해하고자 하는 것과 대화하기를 요구하고, 우리가 연구해야 할 대상뿐만 아니라 우리 자신의 존재에 대해서도 질문하는 관계를 요구한다. 예술 작업의 경험은 Gadamer에게는 진리 발견의 원형이다. 작업을 이해하기 위해서는 분리된 객관성보다 더한 것이 요구된다. 그보다는 우리에게 기존의 편견을 부수는 방법을 말해 주는 열정적인 만남을 통해 자신의 존재에 대한 작업에 직면하는 것이다(p. 12).

Levine(2000)은 진리는 느낌과 형태가 일치될 때 드러나고, 심상은 그러한 진리가 드러나는 통로로 신뢰할 수 있으며, 그러한 진리는 그 자체의 현존을 통한 구체화된 형상 속에서 또는 '세상의 존재로 나타남'을 통해서 드러난다고 말해 왔다. 다양한 대상(예를 들면, 개인, 가족, 공동체, 지구촌)에서 표현예술치료라는 렌즈를 통해 한 개인의 가장 깊숙한 존재에 대한 진리를 드러내는 실천적인 적용은 무수히 많은 상황과 광범위한 치료 영역에서 발견할 수 있다. 주요 정신장애, 학대, 중독, 심리적 외상과 스트레스 그리고 생명-위협 질병은 표현예술치료가 성공적으로 적용되어 온 단 몇몇의 예일 뿐이다. Serlin(2007a)은 암으로 고통받는 환자들에게 표현예술치료를 사용한 그녀의 작업을 기술하였다. "표현적 치료는 환자들이 상징적인 측면으로서 암의 한 부분을 다루고, 그것의 의미를 이해하게 도왔다. 질병의 의미는 심상과 은유를 통해 표현되었다"(p. 88). 다음은 그녀가 암환자 연구에서 예를 든 어떤 집단의 사례이다.

> 자주 나타나는 한 가지 이미지는 속도에 관한 것이었다. 지지집단에서 여성들은 광적인 선의 그림을 그렸고, 현대 생활의 압도적인 속도에 대해 쉬거나 소화시키거나 성찰할 시간의 부족에 대해 말하였다. 참가자들은 암세포를 통제되지 않는, 미친 듯이 과속하는, 그리고 폭증하는 세포로서 상징적으로 이해하였다. 탈근대성의 장애라고 할 수 있는 시공간 그리고 그 결합에 의한 병리들은 몸 안에서 단절과 스피드의 상징적 표현으로 나타난다(Serlin, 2007a, p. 88).

이미지와 은유를 통한 느낌의 이해를 통해 환자들은 그들의 삶에서 다시 통제력을 얻을 수 있었고, 자존감을 증진시켰다(Serlin, 2007a). 다른 연구들에서는 표현예술치료가 환자들의 활력을 증가시키고, 신체 이미지를 향상시키며, 심장병, 암 그리고 HIV 같은 생명-위협 질병으로 인한 위기를 감소시키고, 유방암 생존율을 증가시키며, 고혈압을 조절하고, 통증을 관리하고, 우울을 감소시키는 것을 도울 수 있다는 것을 보여 주었다(Cohen & Walco, 1999; Serlin, 2007a; Serlin, Classen, Frances, & Angell, 2000; Spiegel, Bloom, Kraemer, & Gottheil, 1989). Serlin(2007a)은 상징적인 언어가 어떻게 쉽게 개념화되지 않고 쉽게 표현되지 않는 경험의 측면을 위한 매개물을 제공하는지, 그래서 폭넓은 능력을 허용하고 드러내게 안내하는지에 대해 논의했다. 비언어적 표현, 은유, 상징 그리고 이미지를 통한 경험은 개인, 공동체 그리고 더 큰 전체 세계가 마음, 몸 그리고 영성의 균형을 성취하는 통로를 제공한다(Serlin, 2007a).

Rossi(1986)는 몸과 마음은 상호 관련되어 있으며, 정서를 처리하는 방식에 따라 신체 질병으로 인한 고통의 치유 능력을 도울 수도 방해할 수도 있다고 제안하였다(Pert, 1997). Pert(1997)는 정서가 처리될 때 신경 펩티드 수용체가 면역 세포의 조절력을 촉진하고, 이에 따라 면역 체계를 강화한다고 설명하였다. 춤치료dance therapy는 긍정적인 정서 표현을 통해 면역 체계의 기능을 증진시켰다(Pert, 1997). 암 환자에 대한 동작치료 작업에서 Serlin(2007a)은 다음과 같이 한 환자의 경험을 말하였다.

> 집단에 들어갈 때 내가 실제로 경직되는 것처럼, 나의 몸은 긴장되어 있었다. 당신도 알다시피 나는 스트레스를 받고 긴장했다. 우리는 대화와 움직임을 시작했고, 갑자기 나는 전혀 다른 인간이 되었다. 그것은 나의 세포를 확장시키고 숨쉬게 하며 자유롭게 흐르게 했다. 갑작스러운 자유로운 느낌 때문에 나의 영혼은 확장되고, 기쁨이든 고통이든 그 무엇이든 흘러나온다. 이것이 내가 작업에서 발견한 치유의 장소였다(p. 87).

Serlin(2007a)은 이 연구에서 정서가 표현될 때 신경 펩티드 수용체 연결망에서 균형이 이루어질 수 있다는 것과, 이것이 건강과 치유에 공헌한다는 것을 발견하고 이를 강조하여 제시했다. ISTSS(2011) 역시 뇌 기능, 정서 그리고 개인이 심리적 외상 사건을 처리하는 태도의 중요성을 설명했다. 표현예술치료는 우뇌 기능의 활성화를 도와 비언어적 통로를 제공한다. 표현예술치료의 우뇌와 신체적이고 정서적인 자기표현을 촉발하는 기능은 스트레스 완화를 돕고, 자기신뢰감, 자기존중감 그리고 건강한 신체 이미지의 증진을 돕는다(Serlin, 2007a). 표현예술치료는 또한 어린이와 어른 모두에서 심리적 외상 경험과 관련된 문제를 다루는 데 효과적으로 사용되어 왔다. 창조적 예술 과정의 사용을 통해 심리적 외상 사건을 경험한 개인은 "비언어적 소재 또는 말하는 것이 불가능한 내용에 접근할 방법"을 발견할 수 있다(ISTSS, 2011, p. 603). 과정-지향적인 창조적 표현 양식은 심리적 외상의 영향에 대해 작업할 때 가치 있는 도구가 될 수 있다.

인식론적 관점

자아초월심리학은 앎을 위해 다중-양식의 접근을 취하며(Braud & Anderson, 1998), 표현예술치료는 다양한 앎의 방식으로부터 다양한 수준의 정보와 치유법에 접근한다. 여기에는 절정 체험과 신비 체험, 토착적 방식, 직관적 통찰, 정관적contemplative 전통, 성스러운 약초, 의례rituals, 유도 심상 그리고 의식을 개발하고 자기이해를 증진시킬 수 있는 다른 실천들이 포함될 수 있다. 예를 들어, Gardner(1982)의 다중 지능 모델은 경험에 대한 확장된 자각을 인정하고 시각-공간, 음악, 대인 간, 개인 내, 신체-운동, 언어 그리고 논리-수리 영역에서의 정보에 입각해서 적성과 능력의 다른 수준들에 접근한다. 이에 대한 사례가 춤치료사로서의 Ilene Serlin의 작업인데, 그녀는 소마틱 민감성somatic sensitivity으로부터의 앎과 내적 지혜에 대한 접근을 가능하게 하는 신체-운동 지능the bodily-kinesthetic intelligence 의 양성을 강조하였다(Stern, 1998). 아울러 Vaughan(2002) 또한 영적 지능에 대한 기술에서 다중-관점 접근을 취했는데, 이는 가슴을 열고, 마음을 밝히고, 영성을 고취하기 위해 영적인 내적 세계와 물질적인 외적 삶 사이의 통합을 발견하는 것에 목적을 둔다. Goleman(1995)의 정서 지능은 자기-자각, 자기-조절 그리고 인간관계와 공동체를 세우는 능력을 포함하는 앎과 존재의 방식을 제공한다. 예술치료는 치유와 자기-실현의 과정을 지원하는 지혜를 드러내고 밝히는 것을 실습하고 성찰하는 기회를 제공한다.

Heron(1992)은 앎에 대한 네 가지의 다른 방식을 기술하였다—체험적인experiential, 표상적인presentational, 명제적인propositional 그리고 실천적인practical 앎이 그것이다. 그는 이런 정의를 제안하였다.

> 경험적 앎—에너지, 실체entity, 사람, 장소, 과정 또는 사물의 존재에 대해 상상하고 느끼기—은 표상적 앎의 기반이다. 표상적 앎—그림, 조형, 움직임, 음악과 언어적 예술-형태로 표현된 것의 의미 있는 패턴에 대한 직관적인 이해—은 명제적 앎의 기반이다. 그리고 명제적 앎—어떤 것은 사실이다라는 진술로 표현된—은 실천적 앎—기술을 연습하는 방법을 아는 것—의 기반이다 (p. 122).

앎을 위한 다차원적 접근의 모든 국면은 표현예술치료에서 통합된다. 직접적인 경험(체험적 앎)을 통하여 무언가를 탐구하고 발견하기, 창조적 방법으로 그것을 표현하기(표상적 앎), 그것을 구체화하는 방법으로 분명히 표현하기(명제적 앎) 그리고 통찰을 행동으로 옮기기(실천적 앎; Heron & Reason, 1997)가 그것이다. 표현예술치료는 실제 작업에서 이 네 가지 수준 모두를 적용하지만, 표상적 앎을 일차적인 표현 양식으로 사용한다. McNiff(2008)에 따르면, 표상적 앎은 이해와 통찰을 산출할 수 있고, 표현을 위한 많은 다른 형식보다도 더 이용하기 쉽다. 일군의 학자들은 표상적 앎은 또한 다른 방법으로는 도달하기 어려운 이해와 변용을 산출하는 독창적이고 참신한 접근법을 제공할 수 있다고 주장했다(Barone, 1995; Cole & Knowles, 2008; Greene, 1995). 오직 인지적 이해 하나에 의존하는 것과 비교해 한 사람의 내적 상황에 대한 예술적 표현은 보다 풍부한 정보를 제공할 수 있다. 예를 들면, Rappaport(2009)는 초점-지향 미술치료 참가자로서 묵상활동 후에 자신의 내적 공간에 대한 이미지를 그려 온 한 사람의 경험을 기술했다.

> 내 가슴은 상자 안에 갇혀 있고 눈물은 내면에 파묻혀 있다. 나는 이 모든 고통을 느끼면서도 나는 진정으로 그것을 느끼게 놔두지 않았다. 가슴 주변의 푸른색은 모든 슬픔이고, 검은색은 우울한 감정이다. 나는 매우 울적했다. 내가 울 수 있었더라면 좋았을 텐데……(p. 125).

이 사례에서 그림은 지금까지는 알지 못했던 것에 대한 시각적 묘사를 제공하는데, 이는 창조적 접근을 통해서 알게 된 것이다. 앞에 인용된 경험에서 보이는 것처럼 내적 경험은 언어로 표현하는 것이 어려울 수 있는 개인의 주관적 경험(Seeley & Reason, 2008)에 대한 의미 창출의 방법으로, 때때로 시각적 형태에서 드러난다.

Osterhold, Rubiano와 Nicol(2007)의 연구는 경험적이고 표상적인 앎이 직접적이고 즉각적으로 전인적인 경험을 촉진하게 돕는 통합적 요소임을 제시하였다. 앎에 대한 이런 독특한 방식들은 한 사람의 생각과 신념의 저변에 이를 수 있게 도우며, 말로 충분히 표현할 수 없는 그 자신의 부분들에 대한 접근을 제공할 수 있다. Heron과 Reason(2008)은 이렇게 말했다.

> 표상적 앎은 경험적 앎을 분명하게 하는 앎 이미지 안에서 명백하게 만들어진다. 어설프지만 소통 가능한 형태로, 그리고 그것은 시각 예술, 음악, 춤 그리고 동작을 통해 두서 있게 표현되고… 그리고 탐구 과정의 근본적인 부분이며, 그 표현들은 그 입장에서는 의미 있는 결과이자 명제적 산출물을 위한 중요한 전조이다(p. 24).

Mullett(2008)의 미술, 시 그리고 노래를 이용한 창조적 참여에 대한 연구에서는 경험한 것과 그 경험의 표현 사이에 교량을 만들었다. 그녀는 경험의 창조적 표현이 사람들의 삶에서 변용적 변화를 촉진하는 주요 요소이며, 나아가 앎의 다양한 방식을 인정하고 표현예술치료가 탐구의 유용한 도구이자 변용의 방법이란 것을 발견했다. Seeley와 Reason(2008)은 또한 직접적 탐구의 가치를 발견하였고, 앎에 대해 다중-양식 방법을 사용한 즉시적 경험이 기발한 생각과 창조적 표현의 생생하고 다양한 발견을 가져온다는 것을 발견했다.

Robbins(1986)는 치료의 주요한 목적은 개인 경험의 내적 실재와 외적 실재 간의 통합을 발견하는 것임을 지적하였다. 표현예술치료에서 중요한 요소는 경험의 원자료를 형상화하는 것인데, 종종 정서를 치유를 촉진하는 상징이나 이미지(또는 소리, 또는 동작)로 전환한다(Serlin, 2007a). 어떤 사람이 창조적인 작업을 할 때, 바로 그 행위 자체가 자신과 정서 사이의 공간을 만들어 정서를 객관화할 수 있으며, 자신과 정서를 구분하는 능력을 키워 준다(Feinstein & Krippner, 2009; Jung, 1966; Serlin, 1999). 그러므로 표현예술치료는 인간 경험의 전반적 영역을 탐구하는 데 있어서 가치 있는 수단이 되며, 자기의 자아초월 본성에 대한 넓고 깊은 인식의 토대를 제공한다.

창조적 예술치료

다음은 주요한 창조적 예술치료(실습과 방법은 또한 표현예술치료에서도 사용된다.)의 일부에 대한 약술로, 특별히 미술치료, 음악치료, 춤/동작 치료 그리고 드라마/심리극 치료에 초점을 두었다.

미술치료

미국 미술치료학회American Art Therapy Association(2012)에서는 미술치료를 다음과 같이 정의하였다.

> 전문적 관계 안에서 질병, 심리적 외상 또는 도전을 경험한 사람들에게, 그리고 개인적 발달을 추구하는 사람들에게 그림 그리기를 치료적으로 사용하는 것. 그림을 창작하는 과정에 대한 성찰을 통하여 사람들은 자기와 타인에 대한 자각이 커지고, 증상, 스트레스 그리고 심리적 외상 경험

에 대한 대처를 증진할 수 있다. 인지 능력을 향상하고, 그림을 그리며 삶의 즐거움을 누린다(페이지 없음).

미술치료는 폭넓고 다양한 장면에서 성공적으로 적용되어 왔으며, 신체적 그리고/또는 심리적 측정을 사용한 여러 영역에서 긍정적인 결과를 보여 주었다. 여기에는 조현병(Teglbjaerg, 2011), 슬픔과 상실(Cheng, Lo, Chan, & Woo, 2010), 고문 생존자(Gray, 2011), 우울(Bar-Sela, Atid, Danos, Gabay, & Epelbaum, 2007), HIV/AIDS의 증상 경감(Rao, Nainis, Williams, Langner, & Paice, 2009), 당뇨병(Stuckey, 2009), 암(Serlin, 2007a) 등이 포함된다.

춤/동작 치료

미국 춤치료학회American Dance Therapy Association: ADTA(2009)에서는 춤/동작 치료가 "몸과 마음 그리고 영성은 서로 연결되어 있다는 실증적으로 뒷받침된 전제에 입각하여 개인의 더 나은 정서적·인지적·신체적 그리고 사회적 통합을 위해 동작을 심리치료적으로 사용하는 것(페이지 없음)"으로 정의하였다. ADTA(2009)에서는 이를 다음과 같이 상세하게 설명했다.

> 춤/동작 치료는 치료적 관계에서 드러나는 움직임 행동에 초점을 둔다. 표현적, 소통하는, 그리고 적응적 행동은 집단과 개인 치료를 위해 모두 고려된다. 춤의 핵심 요소인 몸 동작은 춤/동작 치료에서 평가 방법 그리고 개입 방식을 동시에 제공한다(페이지 없음).

Serlin(2007a)은 춤치료가 강력한 치료적 관계 안에서 스트레칭, 리듬, 정서적 표현 그리고 다른 동작들을 끌어내고, 그것을 심상과 통합하여 치료적인 이득을 얻을 수 있다고 설명했다. 예를 들어, 표현치료에 참여한 뇌졸중 환자들은 필요한 운동과 협응 기술을 배우며 자존감이 향상되었고, 움직임의 순수한 즐거움을 통하여 질병과 신체적 고통을 변용시키는 것을 배웠다(Serlin, 2007a).

드라마치료

미국 드라마치료학회National Association for Drama Therapy: NADT(2012)에서는 드라마치료를 다음과 같이 설명했다.

변화를 촉진하기 위한 활동적 · 경험적 접근. 스토리텔링, 투사적 놀이, 의도적 즉흥극 그리고 공연을 통하여 참가자들은 원하는 행동을 시연하고, 관계 속에 존재하는 것을 연습하고, 삶의 역할과 수행 사이의 융통성을 확장하고 발견하며, 그들이 존재하고 이 세상에서 보기를 원하는 변화를 수행하도록 초대받는다(페이지 없음).

드라마치료는 참여하고 관여하는 접근법이다. 이는 "참가자들에게 그들의 이야기를 말하고, 목표를 세우고, 문제를 해결하고, 느낌을 표현하고 또는 카타르시스를 경험하는 상황을 제공한다. 드라마를 통하여 내적 경험의 깊이와 넓이를 활발하게 탐색할 수 있게 되고, 대인관계 기술이 증진될 수 있다. 참가자들은 그들 자신의 삶에서 강화되어 온 역할들을 발견하기 위해 자신의 드라마 역할 목록을 확장할 수 있다"(NADT, 2012, p. 1).

드라마치료는 자발적 · 창의적 · 놀이적 방법이며, 드라마 연기의 방식으로 정서적 상태를 탐구하기 위해 아주 많은 양의 자유, 실험 그리고 변용을 허용한다(Kedem-Tahar & Kellermann, 1996). 드라마치료자는 이야기와 신화를 실연하기 위해 "다양한 무대 소품으로 인형, 가면, 복장, 분장과 무생물"(p. 29)을 사용하면서 "음악, 동작, 소리, 무언극, 신체적 이완, 이야기, 유도된 백일몽, 상상과 놀이를 사용"(p. 29)한다. 드라마치료는 결과-지향적이기보다는 과정-지향적인데, 다양한 무대를 통하여 진행되며, 사전-구성된 주제나 즉석에서의 즉흥극을 필요로 한다(Kedem-Tahar & Kellermann, 1996).

심리극치료

미국 집단심리치료 및 심리극 협회American Society of Group Psychotherapy and Psychodrama: ASGPP(2012)에서는 심리극을 다음과 같이 기술했다.

개인(심리극)이나 집단(사회극)에 의해 제기된 문제 또는 주제를 규명하기 위한 유도된 극적인 행위. 경험적 방법, 소시오메트리, 역할 이론 그리고 집단 역학을 사용하면서 심리극은 인지적 · 정의적 그리고 행동적 수준에 대한 통찰, 개인적 성장 그리고 통합을 촉진한다. 심리극은 주제를 명료화하고 신체적 · 정서적 안녕을 증진시키며 학습을 강화하고 새로운 기술을 발달시킨다(페이지 없음).

심리극은 환자/내담자가 실제-생활 상황, 꿈, 환상, 과거의 기억 그리고 미래 사건을 탐구하기 위해 역할 놀이와 극화dramatization를 사용하여 이러한 장면들을 행동으로 옮기도록 격려한다(Kedem-Tahar & Kellerman, 1996).

Kedem-Tahar와 Kellermann(1996)은 심리극과 드라마 치료의 차이를 기술했는데, "심리극에서 '영혼soul(심혼psyche)'은 목표이고, '행위(드라마)'는 수단인데, 드라마치료에서는 이 반대가 진실이다. 드라마 자체(순수 예술로서)가 목표이고, 영혼은 (표현을 위한) 수단이다"(p. 30). Serlin(2007a)은 드라마치료는 허구적 이야기를 사용하는 연극과 더 밀접하게 관련되어 있고, 심리극은 이야기의 주인공으로서 환자/내담자에게 역할 놀이의 사용을 권장한다고 설명했다.

음악치료

미국 음악치료협회American Music Therapy Association: AMTA(2011)에서는 음악치료를 다음과 같이 정의하였다.

> 개인의 신체적 · 정서적 · 인지적 그리고 사회적 요구를 처리하기 위해 치료적 관계에서 음악을 사용하는 전문적인 작업이다. 내담자의 강점과 요구를 사정한 후에 자격 있는 음악치료사는 창작하기, 노래하기, 음악에 맞추어 움직이기 그리고/또는 음악 듣기를 포함하여 필요한 치료를 제공한다. 치료적 상황에서 음악적 개입을 통하여 내담자의 능력은 강화되고 삶의 다른 영역으로 확산된다. 또한 음악치료는 의사소통을 위한 통로를 제공하여 말로 자신을 표현하기 어려워하는 사람들을 도울 수 있다. 음악치료에 대한 연구는 많은 영역에서 그 효용성을 지지하는데, 여기에는 전반적인 신체적 재활과 동작 촉진, 치료 참여 동기 증진, 내담자와 그들의 가족에게 정서적 지지 제공 그리고 감정 표현의 출구를 제공 등이 포함된다.

음악치료는 노래하기, 즉흥적 기술, 상호적 뮤지컬 공연, 음악-만들기, 상호적인 음악 연주를 포함한다(AMTA, 2011).

요약

표현예술에 대한 자아초월적 접근은 전체성wholeness, 치유 그리고 영적 발달의 통로로서 인간의 지적 · 정서적 · 정의적 · 경험적 · 감각적 그리고 상상적 측면을 사용한다. 표현예술이 다른 자아초월심리학적 접근과 구별되는 점은 표현예술의 다차원성인데, 그로 인해 인간 경험에 대한 더 충만한 이해와 세상에 대한 의미 만들기에 공헌할 수 있는 잠재력을 갖는다. 표현예술-기반 치료는 개인이 "자신의 창조활동을 통해서 개인적 진실과 확장된 진리 양쪽 모두를 의미 있게 (그리고 심미적으로) 표현하면서" 개인적인 일상의 장소와 사건에서의 회복을 추구한다(Seeley & Reason, 2008, p. 17). 개인이 자신의 즉시적 경험을 주의 깊게 탐색하는 것은 풍부하고, 참여적이며, 진실한 발견 과정에 관여하는 행위이며, 이를 통해 자신과 세상에 대한 생산적이고 의미가 있으며 충만한 결과를 얻을 수 있다(Sullivan, 2005). 이런 방식으로 창조적 접근은 인간 존재의 깊이와 잠재력뿐 아니라 인간 경험이 일어나는 창조적인 영적 바탕의 본질에 대한 새로운 지식을 드러낸다. 창조적 표현은 생생한 현재를 탐구함으로써 세계 안에서 창조적인 인간 경험으로 스스로를 표현하고 있는 영적 차원의 다채롭고 깊으며 살아 있고 충만한 존재를 드러낸다. 이러한 더 큰 맥락에서 표현예술과 창조적인 예술치료자는 예술, 의례, 진단, 치료를 결합하여 개인과 세상의 전체성, 건강, 안녕을 회복하도록 돕는 치유자가 될 수 있다.

참고문헌

Allen, P. B. (1995). *Art is a way of knowing*. Boston, MA: Shambhala.

Almaas, A. H. (2004). *Inner Journey home: Soul's realization of the unity of reality*. Boston, MA: Shambhala.

American Art Therapy Association. (2012). Retrieved from http://www.americanarttthera pyassociation.org

American Dance Therapy Association. (2009). Retrieved from http://www.adta.org

American Music Therapy Association. (2011). Retrieved from http://musictherapy.org

American Society of Group Psychotherapy and Psychodrama. (2012). Retrieved from www. asgpp.org

Arnheim, R. (1992). *To the rescue of art*. Berkeley, CA: University of California Press.

Backman, L. (1972). *Religious dances*. London, UK: Allen & Unwin.

Bar̍ath, Á. (2003). Cultural art therapy in the treatment of war trauma in children and youth: Projects in the former Yugoslavia. In S. Krippner & T. McIntyre (Eds.), *The psychological impact of war trauma on civilians: An international perspective* (pp. 155-170). Westport, CT: Praeger.

Barone, T. (1995). The purposes of arts-based education research. *International Journal of Education Research*, *23*(2), 169-180.

Barone, T., & Eisner, E. (2012). *Arts based research*. Thousand Oaks, CA: Sage Publications.

Barrow, J. (1996). *The artful universe: The cosmic source of human creativity*. New York, NY: Oxford University Press.

Bar-Sela, G., Atid, L., Danos, S., Gabay, N., & Epelbaum, R. (2007). Art therapy improved depression and influenced fatigue levels in cancer patients on chemotherapy. *Psychooncology, 16*(11), 980-984.

Bella, K. (2011). The Tao of stuckness: A heuristic art-based inquiry into following the thread of stuck experience. *Dissertation Abstracts Internaitonal, 73*(04) 0392B (UMI #349011).

Bohm, D., & Peat, D. (1987). *Science, order, and creativity: A dramatic new look at the creative roots of science and life.* New York, NY: Bantam Books.

Braud, W., & Anderson, R. (1998). *Transpersonal research methods for the social sciences: Honoring human experience.* Thousand Oaks, CA: Sage Publications.

Cheng, J., Lo, R., Chan, F., & Woo, J. (2010). A pilot study on the effectiveness of anticipatory grief therapy for elderly facing the end of life. *Journal of Palliative Care, 26*(4), 261-269.

Cohen, S., & Walco, G. A. (1999). Dance/movement therapy for children and adolescents with cancer. *Cancer Practice, 7*(1), 34-42.

Cole, A. L., & Knowles, J. G. (2008). Arts-informed research. In J. G. Knowles & A. Cole (Eds.), *Handbook of the arts in qualitative research* (pp. 55-70). Thousand Oaks, CA: Sage Publications.

Coppin, J., & Nelson, E. (2005). *The art of inquiry: A depth psychological perspective* (2nd ed., Rev.). Putnam, CT: Spring.

Feder, E., & Feder, B. (1981). *The expressive arts therapies: Art, music and dance as psychotherapy.* Englewood Cliffs, NJ: Prentice-Hall.

Feinstein, D., & Krippner, S. (2009). *Personal mythology: Using ritual, dreams, and imagination to discover your inner story* (3rd ed.). Fulton, CA: Energy Psychology Press.

Finley, S. (2008). Arts-based research. In J. G. Knowles & A. Cole (Eds.), *Handbook of the arts in qualitative research* (pp. 71-82). Thousand Oaks, CA: Sage Publications.

Gardner, H. (1982). *Art, mind and brain.* New York, NY: Basic Books.

Gray, A. E. L. (2011) Expressive arts therapies: Working with survivors of torture. *Torture, 21*(1), 39-47.

Hartelius, G., Caplan, M., & Rardin, M.-A. (2007). Transpersonal psychology: Defining the past, divining the future. *The Humanistic Psychologist, 35*(2), 1-26.

Heron, J. (1992). *Feeling and personhood: Psychology in another key.* London, UK: Sage.

Heron, J., & Reason, P. (1997). Participative knowing and an extended epistemology. *Qualitative inquiry, 3*(3), 274-294.

Heron, J., & Reason, P. (2008). Extending epistemology within a co-operative inquiry. Retrieved September 18, 2008 from: http://www.human-inquiry.com/EECI.htm

International Expressive Arts Therapy Association. (2012). Retrieved from http://www.ieata.org

International Society for Traumatic Stress Studies. (2011). *Guidelines 16 and 17.* Retrieved at http://www.istss.org/TreatmentGuidelines/3337.htm

Jung, C. (1966). On the relation of analytic psychology to poetry. In R. F. C. Hull (Trans.), *The collected works of C. G. Jung: Spirit in man, art, and literature* (Vol. 15, pp. 131-193). Princeton, NJ: Bollingen.

Kedem-Tahar, E., & Kellermann, P. F. (1996). Psychodrama and drama therapy. *The Arts in*

Psychotherapy, *23*(1), 27-36.

Kiecolt-Glaser, J. K., McGuire, L., Robles, T., & Glaser, R. (2002). Psychoneuroimmunology and psychosomatic medicine: Back to the future. *Psychosomatic Medicine*, *64*, 15-28.

Koff-Chapin, D. (1996). *Drawing out your soul: The touch drawing experience* (2nd ed.). Langley, WA: Center for Touch Drawing.

Koff-Chapin, D. (2005). Autobiographical article. In P. R. Jacobson (Ed.), *Eyes of the soul: Exploring inspiration in art*. Grafenau, Germany: Optimum Druck. Retrieved September 18, 2008 from: http://www.touchdrawing.com/4Deborah/DKCarticles.html

Levine, S. K. (2000). Researching imagination: Imagining research. *Poiesis: A Journal of the Arts and Communication*, *2*, 88-93.

McNiff, S. (1992). *Art as medicine: Creating a therapy of the imagination*. Boston, MA: Shambhala.

McNiff, S. (1998a). *Art-based research*. Philadelphia, PA: Jessica Kinglsey.

McNiff, S. (1998b). *Trust the process: An artist's guide to letting go*. Boston, MA: Shambhala.

McNiff, S. (2008). Art-based research. In J. G. Knowles & A. Cole (Eds.), *Handbook of the arts in qualitative research* (pp. 29-40). Thousand Oaks, CA: Sage.

Moreno, J. L. (1946). *Psychodrama*. New York, NY: Beacon House.

Mullett, J. (2008). Presentational knowing: Bridging experience and expression with art, poetry and song. In T. Reason & H. Bradbury (Eds.), *The SAGE Handbook of Action Research*. doi:10.4135/9781848607934

National Association of Drama Therapy. (2012). Retrieved from http://www.nadt.org

National Coalition of Creative Arts Therapies Association. (2012). Retrieved from http://www.nccata.org

Osterhold, H., Rubiano, E., & Nicol, D. (2007). Rekindling the fire of transformative education: A participatory case study. *Journal of Transformative Education*, *5*(3), 221-245.

Provencal, A., & Gabora, L. (2007). A compelling overview of art therapy techniques and outcomes: A review of art therapy has many faces. *Psychology of Aesthetics, Creativity, and the Arts*, *1*(4), 255-256, doi:10.1037/1931-3896.1.4.255b

Rao, D., Nainis, N., Williams, L., Langner, D., Eisin, A., & Paice, J. (2009). Art therapy for relief of symptoms associated with HIV/AIDS. *AIDS Care*, *21*(1), 64-69.

Rappaport, L. (2009). *Focusing-oriented art therapy: Accessing the body's wisdom and creative intelligence*. Philadelphia, PA: Jessica Kingsley.

Robbins, A. (1986). *Expressive therapy: A creative arts approach to depth-oriented treatment*. New York, NY: Human Sciences Press.

Rossi, E. L. (1986). *The psychobiology of mind-body healing*. New York, NY: W.W. Norton.

Seeley, C., & Reason, P. (2008). Expressions of energy: An epistemology of presentational knowing. In P. Liamputtong & J. Rumbold (Eds.), *Knowing differently: Arts-based & collaborative research* (pp. 25-46). New York, NY: Nova Science.

Serlin, I. A. (1993). Root images of healing in dance therapy. *American Dance Therapy Journal*, *15*(2), 65-75.

Serlin, I. A. (1999). Imagery, movement and breast cancer. In C. Clark (Ed.), *The encyclopedia of complementary health practices* (pp. 408-410). New York, NY: Springer-Verlag.

Serlin, I. A. (2007a). Expressive therapies. In M. Micozzi (Ed). *Complementary and integrative medicine in cancer care prevention: Foundations & evidence-based interventions* (pp. 81-94). New York, NY: Springer.

Serlin, I. A. (2007b). Theory and practices of arts therapies: whole person integrative approaches to healthcare. In I. Serlin (Ed), *Whole person healthcare: The arts and health* (Vol. 3, pp. 107-120). Westport, CT: Praeger Publishers.

Serlin, I., Classen, C., Frances, B., & Angell, K. (2000). Support groups for women with breast cancer: Traditional and alternative expressive approaches. *The Arts in Psychotherapy*, *27*(2), 123-138.

Sommers-Flanagan, J. (2007). The development and evolution of person-centered expressive art therapy: A conversation with Natalie Rogers. *Journal of Counseling and Development*, *85*(1), 120-125.

Spiegel, D., Bloom, J., Kraemer, H., & Gottheil, E. (1989). Effect of psychosocial treatment on survival of patients with metastatic breast cancer. *Lancet*, *2*, 888-891.

Stern, E. M. (1998). The dialogue of movement: An interview/conversation with Ilene Serlin and E. Mark Stern. *Psychotherapy Patient*, *10*(3/4), 47-52.

Stuckey, H. (2009). Creative expression as a way of knowing in diabetes adult health education: An action research study. *Adult Education Quarterly*, *60*(1), 46-64. doi:10.1177/0741713609334139

Teglbjaerg, H. S. (2011). Art therapy may reduce psychopathology in schizophrenia by strengthening the patients' sense of self: A qualitative extended case report. *Psychopathology*, *44*, 314-318. doi:10.1159/000325025

Vaughan, F. (2002). What is spiritual intelligence?. *Journal of Humanistic Psychology*, *42*(2), 16-33.

Von Franz, M. L. (2001). *Creation myths* (Rev. ed.). New York, NY: Shambhala.

Walsh, R. (1990). *The spirit of shamanism*. Los Angeles, CA: Jeremy P. Tarcher.

번역 출판

Gadamer, H.-G. (2004). *Truth and method* (2nd rev. ed., J. Weinsheimer & D. G. Marshall Trans.) New York, NY: Crossroads. (이길우, 이선관, 임호일, 한동원 역. 진리와 방법 1, 2: 철학적 해석학의 기본 특징들. 경기: 문학동네, 2012 [개정판]).

Goleman, D. (1995). *Emotional intelligence*. New York, NY: Bantam Books. (황태호 역. 감성지능 [상/하]. 서울: 비전코리아, 1996; 한창호 역. EQ 감성지능. 서울: 웅진씽크빅, 2008 [10주년 기념판]).

Greene, M. (1995). *Releasing the imagination: Essays on education, the arts, and social change*. San Francisco, CA: Jossey-Bass. (문승호 역. 상상의 나래 펴기: 교육, 예술, 사회 변화에 대한 에세이. 서울: 박영story[피와이메이트], 2019).

Knill, P. J., Levine, E. G., & Levine, S. K. (2005). *Principles and practice of expressive arts therapy: Towards a therapeutic aesthetics*. Philadelphia, PA: Jessica Kingsley. (이모영, 문소연 역. 치료미학: 표현예술치료의 이론과 실제. 서울: 시그마프레스, 2011).

Levine, S., & Levine, E. (Eds). (1999). *Foundations of expressive arts therapy: Theoretical and clinical perspectives*. Philadelphia, PA: Jessica Kingsley. (최은정 역. 표현과 치료: 철학, 이론, 적용. 서울: 시그마프레스, 201).

Malchiodi, C. (2005). *Expressive therapies*. New York: Guildford Press. (나양수, 백용매 역. 표현치료. 서울: 시그마프레스, 2009).

May, R. (1975). *The courage to create*. New York, NY: W. W. Norton. (안병무 역. 창조와 용기. 서울: 범우사, 1991; 신장근 역. 창조를 위한 용기. 서울: 문예출판사, 2017).

Pennebaker, J. W. (1997). *Opening up: The healing power of expressing emotions*. New York, NY: Guilford Press. (김종한, 박광배 역. 털어놓기와 건강. 서울: 학지사, 1999).

Pert, C. (1997). *Molecules of emotion: Why you feel the way you feel*. New York, NY: Charles Scribner & Sons. (김미선 역. 감정의 분자: 심신의학을 넘어선 과학. 서울: 마루벌, 2009).

Sullivan, G. (2005). *Art practice as research: Inquiry in the visual arts*. Thousand Oaks, CA: Sage. (김혜숙, 김미남, 정혜연 역. 예술실행연구: 시각예술에서의 탐구. 서울: 학지사, 2015).

제 30 장

통전적인 심리영적 수행들

Kathleen Wall, Fabrice Nye, Eric FitzMedrud

우리 안의 자아인격은 그 자신만의 힘이나 의지나 지식이나 그 어떤 장점에 의해서도 그 자신을 신의 본질로 변용할 수 없다. 그것이 할 수 있는 것이라곤 그 자신을 그러한 변용에 준비하면서 자신이 되고자 하는 그것에 점점 더 넘겨 주는 것이다.

- Sri Aurobindo(1984/1921, p. 80)

이 장에서 논의하는 통전적統全的 · integrative인 수행들의 목적은 의식과 삶의 모든 측면을 변용하는 것이다. 사람들은 그들 자신과 사회에서 최상의 것들을 이끌어 내기 위하여, 그리고 살 만한 가치가 있는 삶을 창조하기 위하여 이러한 수행들에 참여한다. 이 장은 수행들에 초점이 맞춰지는데, 그것들이 계속적으로 활용되면서 삶으로 스며들고, 촉진자와의 짧은 만남에 제한되지 않는다는 것을 가정한다. 이 장에서는 무엇이 수행을 통전적으로 만드는지 재검토하고, 통전적인 수행들을 조사하고, 그러한 영역의 상태를 설명하기 위하여 통전적인 수행 하나에 대해 상세히 기술하며, 통전적인 수행들을 위한 미래의 방향을 제시한다.

통전적인 심리영적 수행들에 대한 비평을 시도하기 전에 우리는 많은 질문에 직면했다. 어떤 수행이 심리영적인 것으로 간주되는가? 어느 것이 통전적인가? 수행이 치료나 전통tradition과 구별되는 것은 무엇인가? Cortright, Kahn과 Hess(2003)는 몸, 가슴, 마음 그리고 영을 모두 포함하는 전체integral에 대하여 기술하였다. Wilber(2000)의 통합이론integral theory과 온상한 및 온수준All-Quadrants, All-Levels: AQAL(Wilber, 2006, p. 26) 틀은 통합 범위를 더 확장하여 여섯 영역을 포함한다. 육체적, 정서-성性적, 심리적, 명상적/관조적, 공동체 그리고 자연(Ferrer, 2003)이 그것이다. **통합적**integral이라는 단어는 자아초월심리학에서 정식으로 사용되고 있지만, **통전적**integrative이라는 단어는 사회과학과 의학에서 널리 사용되고 있다. 통합 수행에 대한 글들을 보면 수행은 수행자를 변용시킨다고 공통적으로 기술하고 있다. Luskin(2004)이 기술하였듯이, 의도적인 변용은 개인의 의식과 관련이 있다.

> 세계 종교 전통에서 발생한 변용적 수행들은 영적 통찰을 통해 변용을 유발하려고 설계된 특정한 수단들이다. 이러한 수행의 목적은 수행자로 하여금 영에 대한 자각의 향상과 함께 이에 상응하여 생명의 정신적 · 육체적 측면에 대한 동일시를 감소시키도록 이끄는 것이다. 의도적인 변용 수행들은 개인 또는 집단의 마음, 몸 그리고 영 사이의 관계에 대한 지각을 변경시킴으로써 영이 주가 되도록 변화시키는 것을 목표로 한다(p. S-15).

다른 정의를 보면 변용은 "핵심 가치의 극적인 재구조화에 의한 세계관의 변동"(Schlitz, Vienten, & Amorok, 2007, p. 25)을 수반한다. Schlitz와 동료들은 "성스러움에 대한 직감적인 이해는 종종 변용적 경험들과 밀접하게 연결되어 있다."(p. 29)라고 덧붙였다. Wilber(1980)는 **변용**變容 · transformation[1]을 의식의 표면 구조에만 영향을 주는 변화, 즉 자신이 **변형**變形 · translation이라고 부른 것과 구별하였다. 마음과 관련한 이러한 이론적 범주들을 사용하여 우리는 연구 및 비평 과정을 시작하겠다.

통전적인 심리영적 수행들에 대한 비평

문헌 연구

본 비평에서는 '심리영적psychospiritual'을 다음과 같이 정의하였다.

1) '변용'의 사전적 의미는 용모나 형태의 바뀜을 지칭하지만, 여기서 그 의미를 내용의 변화로 확장해서 사용하고자 한다. '용容'이라는 글자에는 '속에 든 것'이라는 의미도 있기 때문이다. 변용과 변형에 대한 더 자세한 설명은 [조옥경, 김철수 역(2016). 켄 윌버의 신A Sociable God: Toward a New Understanding of Religion. 경기: 김영사.] 참조.

인간 존재의 영적 차원을 정신건강과 완전한 인간 발달에 근본적인 것으로 포괄하면서 심리학적 방법과 영적 방법(명상, 요가, 꿈 작업, 호흡작업 등과 같은 것들) 모두를 활용하여 치유와 내적 성장에 전체적이고 통전적인 방식으로 접근하는 폭넓은 치료 체계이다(Gleig, 2010, p. 738).

통전적인 심리영적 수행들을 연구 데이터베이스research database에서 확인하는 작업을 하면서 우리는 수행이 영적 구성 요소를 지닌다는 것을 확실하게 하기 위하여 주제에서 영성spirituality을 먼저 검색하였다. 두 번째 작업으로 우리는 논문에서 다음의 단어들을 검색하였다. 명상, 관상contemplation 또는 관상적인, 통전적인 또는 통합적인, 심리영적인, 변용적인, 변용 또는 변용하는transformational이다. 세 번째로 요약문이나 제목에서 다음의 용어들을 검색하였다. 수행, 개입 또는 치료이다. 다수의 데이터베이스에서 수행한 이 검색은 초기에 잠재적인 37개의 통전적인 심리영적 수행들을 뽑아내었다.

그러고 나서 해당 수행이 진정한 통전적인 심리영적 수행이라는 것을 확실하게 하기 위하여 다음과 같은 기준을 적용하였다. 첫째, 수행은 자기목적적인autotelic 수행이어야 한다—그것은 그 자체 내에 목적을 지니고 있어야 하고, 어떤 질병이나 건강상의 결함을 치료하거나 거기서 회복하려는 것만을 위해 의도되거나 설계된 것이어서는 안 된다는 것이다. 이 기준은 심리영적 수행을 치료법과 구분하는 데 도움이 되었다. 이 기준은 다른 수행들 가운데서 영적 원리와 인지행동치료의 다양한 통합물을 제거하였다. 둘째 기준은 수행은 명시적인 방식의 영성을 포함한다는 것이다. 이러한 기준은 어떤 해석을 요구하는데, 예를 들면 **마음챙김 스트레스 감소**Mindfulness-Based Stress Reduction: MBSR(Kabat-Zinn, 1990) 훈련은 자신의 영적 구성 요소들을 명시적으로 확인하지 않지만, 영적spiritual이라는 용어를 폭넓은 의미에서 볼 때 우리는 그 명상의 유래와 수행들을 본래적으로 영적인 것으로 간주하였다. 이와 대조적으로, **가슴수학**HeartMath[2] 문헌(Childre, Martin, & Beech, 2000)에서는 영성이 **가슴수학** 접근법에 의해 존중받는 것으로 언급하였지만, 그 자체의 접근법 내에서는 영성에 대한 그 어떤 언급도 하지 않고 있다. 이러한 정보에 기초하여 우리는 MBSR이 우리의 기준을 통과하고 **가슴수학**은 그렇지 않은 것으로 간주하였다. 분별 있는 이들은 이러한 평가에 동의하지 않을 수도 있겠다. 셋째 기준은 수행자들이 수행을 배운 후 어떤 독립적 방식으로 그 수행을 시작할 수 있어야 한다는 것이다. 이 기준은 치유나 안내자에 의해 주로 전달되는 문화적으로 뿌리 깊은 몇 가지 수행을 배제하였다. 이 기준은 그와 같은 수행들에 대한 평가가 아니라 수행자의 자율성을 향한 본 비평의 편향을 반

2) 국내에서는 '하트매스'로 불리운다. 이것은 "심장과 뇌 일치성heart-brain-coherence"에 입각하여 긍정적 정서를 강조하며 스트레스 경감을 목적으로 한다. 인간의 정신건강에 있어서 무엇보다도 심장의 역할을 중시한다.

영한다. 마지막 기준은 그 수행이 심리적 유익을 제공할 수 있다는 것을 보여 주는 동료-검토된 양적 연구 발표가 최소한 한 개 있어야 한다는 것이다. 이것은 수행이 심리적 유익을 영적 유익이라 알려진 것과 통합해 준다는 것을 확인하는 데 도움이 되었다.

이러한 기준들이 통전적인 심리영적 수행들 중 다루기 쉬운 부분 집합을 확인하는 것을 돕기는 하지만, 그것이 또한 몇몇 정당한 후보를 배제할 수도 있다는 것을 인식하면서 우리는 연구 기준에 대한 타당성 검토를 실시하였다. 연구에 선행하여 우리는 우리의 연구가 알아낼 수도 있으리라 생각되는 13가지 수행을 확인하였다. 이 중에서 5개가 우리 연구에서 확인된 37개의 잠재적 수행에 있었고, 이 5개 모두가 우리의 기준 조합을 통과하였다. 남은 8개의 타당성 검토 대상 수행은 계획된 대로 각자 독립적으로 연구되었고, 그 수행이 적격 기준을 통과했는지 여부를 결정하기 위하여 모든 문헌이 검토되었는지 확인하였다. 이러한 수행들 중 오직 하나, **호프만 사위일체**四位一體 **과정**Hoffman quadrinity process(Laurence, 2004)만이 그 모든 기준을 통과하였다. **호프만 사위일체 과정**에 대한 논문들과 그와 관련된 핵심어를 분석한 결과, '대안적인 치유'나 '대안적인 치료'에서와 같은 '대안적인alternative'이라는 기술어記述語가 그런 논문을 찾아내곤 했다는 것이 밝혀졌다. 그 용어를 추가하여 다양한 데이터베이스에 대한 조사가 이루어졌지만, 어떤 수행도 추가적인 고려 대상으로 확인되지 않았다.

이와 같이 확인된 37개의 유망한 수행 중에서 12개가 네 가지의 모든 기준을 통과했다. 3개의 요가 수행이 하나의 범주로 합쳐지고, 특정되지 않은 '기도'가 '향심기도centering prayer' 검토에 포함되면서 12개의 수행은 9개의 목록으로 압축되었다.

통전적인 심리영적 수행들

구절句節 **명상의 8가지 요점 과정**The eight point program of passage meditation 구절 명상Passage Meditation: PM은 캘리포니아 버클리 대학교에서 1960년대에 처음 조직화되고 가르쳐졌는데, 인도 풀브라이트 학자인 Eknath Easwaran[3]에 의해서였다. 교육과 훈련 관련 정보는 www.easwaran.org(Blue Mountain Center of Meditation, 2012)와 Flinders, Oman, Flinders

3) 1910년 인도 남부 케랄라주에서 태어났다. 나그푸르 대학에서 학위를 마치고 그곳의 영문과 교수가 되었다. 1959년 풀브라이트 교환 프로그램으로 미국에 갔으며, 1961년 '블루마운틴 명상 센터'를 설립하고, 1967년부터는 버클리 대학교에서 명상 강좌를 개설해 가르쳤다. 이 강좌는 미국 명문 대학교에서 학점을 부여한 최초의 명상 과목으로 알려져 있다. 지은 책으로『죽음이 삶에게 보내는 편지』『마음의 속도를 늦추어라』『비폭력이 가장 위대한 사랑이다』『명상의 기술』『날마다의 삶을 위한 바가바드기타』『인생이 내게 말을 걸어왔다』등이 있다[인터넷 서점 알라딘(http://www.aladin.co.kr/shop/wproduct.aspx?ItemId=8172030; 2016. 08. 29.) 검색].

와 Dreher(2010)에서 이용이 가능하다.

PM은 다음과 같은 것을 포함한다. ① 영적 이상을 구현하는 영감을 주는 영적 구절을 외운 후 30분간의 명상, ② '진언眞言 · mantram'의 반복, 일상활동을 하는 동안 거룩한 이름이나 구절을 반복하는 것은 마음을 고요케 하고 시급함과 부정적 사고를 차단한다. 이것은 공식적인 명상과 일상의 삶 사이를 이어 주는 도구이다. ③ 속도를 늦추기, 내적 반성反省과 타인에 대한 민감성을 위한 시간을 허락하기, ④ 한 점 주의one-pointed attention는 방해와 감정에 대해 마음이 정서적으로 더 안정되고 덜 반응적이 되도록 훈련하기 위하여 한 번에 오직 한 가지에 모든 주의를 쏟도록 한다. ⑤ 감각을 훈련하는 것은 수행자로 하여금 생활양식의 선택에서 식별력 있게 지도하여 과음, 과식, 불건전한 매체를 회피하는 건강한 선택을 하도록 한다. ⑥ 타인을 우선시하는 것은 자기 자신만의 개인적 사리사욕에서 타인의 욕구로 옮겨 가는 것을 촉진한다. ⑦ 다른 수행자들과의 영적 제휴를 통해 지지를 주고받고, 사심 없는 목표를 위해 함께 일하고, 다른 영적 구도자들과 교류 및 교제한다. ⑧ 지혜 전통의 영적 독서를 매일 하는 것이 권장된다.

Flinders, Oman과 Flinders(2007)는 PM에 대한 연구를 비평하였는데, 그 연구는 건강 전문가와 대학생을 대상으로 한 두 개의 무선 할당 통제 연구였다. 스트레스, 안녕well-being, 영성, 자신감 그리고 용서가 증가하는 긍정적 변화가 확인되었다. 진언 반복, 속도 늦추기 그리고 '한 점' 주의에 초점을 둔 PM 단축형은 미국 참전 군인들의 외상 후 스트레스장애 증상의 고통, 즉 심리적 고통을 감소시켰고 삶의 질을 향상시켰다. 공동체에 거주하는 건강한 성인들과 함께한 어느 무선 할당 통제 연구에서는 진언 반복집단에 배치된 이들은 위약僞藥 · placebo 진언 참가자들 및 처치 없는 통제집단들과 비교했을 때보다 적은 스트레스 및 우울과 관련이 있었다(Bormann, 2010). 무선 할당 통제 시험들을 포함하여 PM에 대한 이러한 증가하는 연구의 대부분은 PM이 일정한 범위의 심리적 고통에 대하여, 그리고 단순히 자신의 삶을 향상시키려는 사람들을 위하여 삶의 질의 향상을 약속한다는 것을 보여 준다(Bormann, 2010). (주의: 이 절節에서는 'mantram'이라는 용어가 사용되지만, 이 장의 초월명상 절에서는 'mantra'를 쓰는데, 이는 용어를 해당 수행의 문헌에서 사용하는 대로 각 절에서 사용하기 때문이다.)

호프만 사위일체 과정 Hoffman quadrinity process Laurence(2004)가 기술했듯이, 호프만 사위일체 과정은 부정적 패턴과 정서가 어린 시절 자신의 부모가 비현실적인 기대를 가졌던 것에 뿌리를 두고 있다는 이론에 기초한 하나의 정서 교육 과정이다. 이 과정은 자신의 부모에 대한 용서에 초점을 둔다. 그것은 자아의 네 가지 측면, 즉 신체적 · 정서적 · 지적 그리고 영적 측면에 집중한다. 그것은 다양한 방법을 사용하는 집중 숙박 워크숍으로 8일 동안 진행되고, 참가자의 영적 자아와의 관계를 계발한다.

호프만 사위일체 과정의 심리적 유익을 평가한 조사 연구는 오직 하나이다. Levenson (2003)의 비평은 준실험 설계를 사용해서 호프만 사위일체 과정 훈련에 관심을 표명했지만 참가할 계획이 없었던 참가자들의 통제집단과 그 수행의 훈련에 참가할 계획을 세우고 나서 참가했던 실험집단 사이의 차이를 측정하였다. 그들의 연구 결과는 실험집단은 기준선에 비해 중대한 긍정적 변화를 보고하였으나, 통제 및 실험 집단에 대한 측정을 반복하는 비교 작업을 했을 때 그 결과는 덜 명백해졌다. 그러한 비교에서 실험집단은 우울 점수에서 통제집단에 비해 중대한 차이를 보이지 않았지만, 긍정심리 변수에 대해서는 통제집단에 비해 중대한 차이를 보였다.

이러한 연구 결과는 희망적이지만, 그 결과는 실험집단과 통제집단 간에 도움 추구 행동과 같은 특성의 차이가 원인이 된 가공물일 수 있다. 따라서 이 장에 소개된 다른 많은 수행과 함께 호프만 사위일체 과정의 증거 기반은 극도로 제한되어 있고, 이 훈련 수행에 대해서 어떠한 결론도 아직은 이끌어 낼 수 없다.

통합 변용 수련 통합 변용 수련Integral Transformative Practice®: ITP은 국제 통합 변용 수련Integral Transformative Practice International의 등록상표로서 다음의 것을 포함한다. 일련의 신체운동(요가와 합기도), 이완 그리고 명상을 주 5회 실시하기, 자기 자신만의 수련에 대해 책임지기, ITP 수행자 공동체와 함께 수행하기(대면 또는 전자적으로), 주 3시간의 에어로빅 운동, 자각하며 먹기, 지적 계발, 정신적 · 신체적 · 영적 안녕과 관련한 소망하는 변화를 반영한 장기간의 개인별 확약 그리고 도움이 필요한 이들에게 도움을 제공하고, 세상의 불필요한 낭비와 고통을 개선하며, 우리 종種과 사회의 진화를 좀 더 균형 있고, 평화롭고, 기쁨이 넘치는 상태로 향하게 진보시키는 길을 발견하기가 그것이다.

최근 ITP에 대한 비통제 연구(Vieten, Estrada, Cohen, Radin, & Schlitz, 출판 중; 이 논문의 요약본은 http://www.itp-international.org/library/print/summary-ions-transformation-study 에서 볼 수 있다.)에서는 미국의 7개 ITP 집단에서 1년 과정 이상을 수련한 평균 55세의 ITP 수련자 53명에 대하여 보고하였다. 그 연구는 자기보고된self-reported 전반적인 신체건강, 삶의 질, 심리적 안녕 등에서 통계적으로 유의한 개선을 발견하였다. 그 연구는 또한 참가자의 건강 관련 증상 호소의 감소를 발견하였다. 통합 변용 수련에 더 몰두하는 것은 심리적 안녕, 삶의 질, 자기초월self-transcendence을 예측했지만 신체적 건강을 개선하지는 않았다. 자기초월의 정도는 신체건강을 예측하였고, 신체건강은 결과적으로 심리적 안녕의 개선을 중재하였다. 통합 변용 수련 연구에서 자기초월을 다음과 같이 기술하였다. ① 삶의 의미를 발견하고자 하는 욕구, ② 영성이 성장하면서 자기경계의 확장과 현재 순간의 경험에 대한 감탄의 증가 둘 다를 수반, ③ 관상 전통들에 기술된 지혜의 성장이 그것이다. 이 비통제 연구는 믿을 만한 발견들을 제시하였지만 그 결과들은 확증 편향confirmation bias에 해당되는데, 이 연구는 통제집단이 없고 그러한 결과들을 지지하는 어떠한 추가적인 연구도 없기 때문이다. 연구자들과 수행자들은 이러한 결과들이 지닌 가망성에도 불구하고 그 결과들을 주의 깊게 살펴야 한다.

마음챙김 스트레스 감소 만성 통증을 겪는 환자들을 위해 의료 환경에서 개발되고 Kabat-Zinn에 의해 상표 등록된 마음챙김 스트레스 감소Mindfulness-Based Stress Reduction®: MBSR MBSR는 고대의 불교와 요가 수행에서 유래한 것이다. 마음챙김mindfulness은 현재 순간에 의도를 지니고 개인적 판단을 피하면서 주의를 기울이는 것으로 정의된다.

세 가지 핵심 요소로는 좌식 마음챙김sitting mindfulness(위빠사나Vipassanā), 몸 관찰body scan 명상 그리고 하타hatha 요가이다. 표준 형식은 주 1회씩 8회이고, 대단히 경험적이며, 3시간 동안의 회기와 하루 집중 과정으로 이루어진다. 이 과정은 집에서 수행할 명상 수련을 포함한다. 좌식 마음챙김 훈련은 호흡에 집중하는 것으로 시작하고, 길을 잃었을 때 다시 반복해서 호흡에 주의를 되돌린다. 그리고 나서 마음챙김 훈련은 생각, 감정, 감각, 자극과 같은 것들이 명상자의 의식에 들어올 때 그것들에 대해 비판단적으로 관찰하는 것으로 확장된다.

MBSR 및 관련 치료들은 점증漸增하는 다수의 성과 연구를 가져왔다(예를 들면, Cohen-Katz et al., 2005; Sephton et al., 2007; Shapiro, Schwartz, & Bonner, 1998). 마음챙김과 인지행동치료를 통합하는 다른 분야들, 즉 변증법적 행동치료DBT(Linehan, 1993a, 1993b), 마음챙김 인지치료MBCT(Segal, William, & Teasdale, 2002) 그리고 수용전념치료ACT(Hayes, Strosahl, & Wilson, 1999; Hayes, Strosahl, & Houts, 2005) 등이 등장하였다.

기도 이 비평에서는 향심기도를 포함한 몇 가지 유형의 기도Prayer에 대해 언급하였는데, 그것은 기도에는 기원, 개인적인 예배devotion, 중보기도intercession, 감사기도, 관상기도 등 상이한 유형이 있기 때문이다(Stanley, 2009). 향심기도는 관상기도의 한 형식이다. 기도를 하나의 통전적인 심리영적 수행으로서의 증거 기반을 지지하는 연구는 향심기도와 관상기도 둘을 포함한다. 향심기도는 Meninger, Pennington과 Keating에 의해서 1970년대에 개발되었는데, 3~4세기의 사막의 교부들과 교모들에 의해 수행되었던 수도원의 관상 경험에서 추출된 것이다(Keating, 2005). 이러한 기독교 전통은 여러 방식으로 후세에 전달되었다(Johnston, 1996; Pennington, 1982). **'향심기도'**라는 용어는 Thomas Merton에 의해 만들어졌다(Bourgeault, 2004).

향심기도를 위한 4개의 지침에 대하여는 다른 곳에 기술되어 있다(Keating, 2005). 이에 대한 토론을 위해서 **향심기도**에서 사용되는 거룩한 말씀sacred word을 진언과 혼동해서는 안 된다는 것에 주의하는 것이 중요하다. 진언과 달리 거룩한 말씀은 끊임없이 복창되지 않는다. 그 대신 Blanton(2011)이 썼듯이, "그것은 오직 수행자가 자신이 하나의 생각에 마음이 끌리고 있을 때 사용된다. 거룩한 말씀은 수행자의 주의를 하느님의 현존에 돌리기 위해서 온화하게 사용된다"(p. 136).

관상기도는 심박변이도heart rate variability의 개선(Stanley, 2009) 및 실존적 안녕과 종교적 만족감(Poloma & Pendleton, 1991)과 상관관계가 있고, 우울(Johnson et al., 2009)과 불안(Finney & Malony, 1985) 모두를 감소시키는 데 효과적인 것으로 관찰되었다. 그러나 이러한 각 연구는 적은 연구 참가자 수, 상관관계적 자기보고 방식, 비통제 실험 방식 그리고 준실험 설계 등의 중대한 방법론적 한계를 지니고 있다. 이후의 연구에서는 이러한 수행의 영적 및 심리적 안녕의 효과에 대해 어떠한 결론을 이끌어 내기 전에 **향심기도**와 여타 유형의 기도가 심리치료적 개입에 대해 갖는 효과를 면밀히 검사할 필요가 있다.

통전적인 심리영적 치료 Psychospiritual integrative therapy 이에 대한 자세한 검토는 이 장의 다음 절을 보라.

기공 수련의 한 조합인 기공Qigong 또는 chi gong 수련 중에는 태극권도 있는데, 중국 고대의 영적 수행으로서 다른 많은 형식과 유파가 있다. 그 유파들이 갖고 있는 공통점은 근본적인 생명 에너지를 동원하기 위한 자세 또는 동작을 이용하는 것이다. 다른 많은 유형의 기공의 역사, 유파 그리고 목표에 대한 더 면밀한 검토에 대해서는 Tsang, Cheung과 Lak(2002)를 참조하라. 기공에 대한 영어 문헌들의 상당 부분은 노인 집단에 대해 기공 수련이 갖는 신체적 유익(예를 들면, 심장병heart disease; Ng et al., 2012) 또는 심리적 유익(Chan, Lee, Suen, & Tam, 2010; Lavretsky et al., 2011; Tsang, Mok, Yeung, & Chan, 2003)에 초점을 맞추고 있지만, 기공 수련은 노년층만을 위한 것도 아니고 병의 예방이나 치료만을 위한 것도 아니다.

기공 수련의 유익에 대해서는 정신건강보다는 신체건강에 대한 증거가 대단히 많다. 정신건강 문헌은 긍정적인 심리적 유익(Tsang et al., 2003)과 정신건강 관련 증상의 감소

(Lavretsky et al., 2011) 둘 다를 제안하고 있다. 지금까지 인용된 정신건강 연구와 관련하여 흥미로운 것은 Lavretsky 등(2011), Chan 등(2010)에 의한 연구를 포함한 몇몇은 무선 할당 통제 연구였다. 이것은 신체건강의 유익에 대한 연구로 확장할 때 가용한 엄밀한 연구를 총망라한 목록은 결코 아니다. 그러므로 기공은 고대의 것으로 존경받는 영적 수행인 것에 더해 건강을 증진한다는 것을 제안하는 강력히 부상하는 증거를 지닌 통전적인 수행들 중 하나이다.

초월 명상 초월 명상Transcendental Meditation®: TM은 인도 베다 전통에서 유래한 하나의 기법으로, 마하리시 마헤쉬Maharishi Mahesh 요기Yogi가 1950년대부터 가르쳤다. **초월 명상**이라는 용어는 마하리시에 의해 상표 등록되었다. 그 기법은 주로 마음속으로 하나의 단순한 진언을 반복하는 것으로 구성되어 있다. 진언은 그것의 영적 의미에서 사용되는 것이 아니라 인지활동을 막기 위해 사용된다. 진언 명상은 하루에 두 번 20분간 수행된다(Maharishi Mahesh Yogi, 1963; Orme-Johnson, 1988; Roth, 1994). 진언은 개인 면담 중에 TM 교사에 의해 주어지는데, 명상자의 나이와 성에 기초해 선정된다(Lowe, 2011). 신참 명상자는 그들의 지도자가 그들에게 부여한 진언을 누설하지 말 것을 요구받는다. TM에서 사용되는 진언들은 해를 거듭하며 발전하였고, 지금은 인터넷에서 이용이 가능하다(Doughney, 2004).

TM은 흡연 및 알코올 남용뿐만 아니라 심리사회적 스트레스와 불안에 유익한 영향을 주고(Rainforth et al., 2007), 혈압을 상당히 낮추는(Anderson, Liu, & Kryscio, 2008; Nidich et al., 2009) 것으로 보인다. 비록 TM 메타 분석이 "여타 이완 및 명상 방법에 비하여 초월명상의 우수성을 발견"(Sedlmeier et al., 2012, p. 2)하였지만, 이러한 메타 분석들을 포함한 TM 연구의 대부분이 TM의 전파에 이권을 지닌 마하리시 경영대학에 직접 관여되었거나 연계된 연구자들에 의해 실행되었다(Canter, 2003; Sedlmeier et al., 2012).

요가 요가Yoga는 인도 전통철학의 여섯 분파의 하나이다. **요가**라는 단어는 개별 자아와 **우주적** 자아의 결합과 관련되는 '결합하다join 또는 yoke'에 해당하는 산스크리트어에서 유래한 것이다. 파탄잘리Patanjali는 『요가 수트라The Yoga Sutras』(Satchidananda, 1999)에 철학과 수행법을 체계화하였는데, 그것은 현대 요가 수행에 대한 정의로서 존속하고 있다. 파탄잘리는 여덟 가지 요가 수행을 밝혀냈다. ① 금계禁戒 · yamas(금지 또는 윤리적 규율: 해치지 않음, 정직함, 도둑질하지 않음, 생명력의 올바른 사용 그리고 집착하지 않음), ② 권계勸戒 · niyamas(개인별 준수 규율: 정화, 만족, 수양, 자기탐구, 신성과의 분리감을 포기하기), ③ 아사나asana(체위법), ④ 호흡작업pranayama(호흡 제어), ⑤ 프라티아하라pratyahara(감각을 외부 통제에서 철수하기), ⑥ 다라나dharana(집중), ⑦ 디야나dhyana(명상), ⑧ 삼매samadhi(몰아沒我, 자기실현, 깨달음)가 그것이다.

여러 방식의 요가가 수련되고 있는데, 아헹가Iyengar, 아슈탕가Ashtanga, 비니Vini, 쿤달리니Kundalini, 비크람Bikram, 삶의 기술Art of Living, 전체Integral 등이 있다. 한 연구 개관 논문(Fields, 2011)에서는 몇몇의 무선 할당 통제 연구를 포함해서 요가가 직무 스트레스, 불안, 우울을 감소시키고, 수면의 질을 향상시키며, 다수의 통증 증후군과 신체건강 문제를 개선하는 데 도움이 된다는 것을 보여 주었다. 그 개관 논문에서는 어떤 활동의 가능한 기제에 대해 이론화하였는데, 그 활동에는 미주신경의 활동을 향상시키고 코르티솔cortisol을 감소시키도록 해서, 그 결과 우울을 감소시키고 면역 기능을 향상시키게 하는 압수용기壓受容器 · pressure receptor의 자극이 포함된다. 인도에서 실시된 많은 조사 연구가 있는데, 거기에는 요가철학과 어떤 특정한 계보와 관련 있는 다양한 요가 수행이 개입 요소로 포함되어 있다. 예를 들면, 인도 벵갈루루에 소재한 스와미 비베카난다 요가 연구재단의 14개 센터의 폐경 전후 여성 180명에 대한 무선 할당 통제 연구(Chatta, Nagarathna, Padmalatha, & Nagendra, 2008)가 있었다. 요가집단과 신체운동 통제집단은 8주간 매주 5일 동안 하루 한 시간씩 수련을 하였다. 요가집단은 안면 홍조, 도한盜汗 · night sweat[4] 그리고 원격 기억의 인지 기능, 정신적 균형, 주의와 집중, 지연 및 즉각 회상, 언어적 파지retention 및 재인recognition 등에서 통계적으로 유의한 개선을 가져왔는데, 통제집단은 그렇지 않았다. 건강과 안녕에 대한 환영歡迎 효과salutatory effects를 지적하는 방대한 요가 연구가 존재한다. 주요한 도전은 몇몇의 매우 다른 수행들이 '요가'라는 명칭으로 불리는 것이다. 수행을 명확히 기술하는 것이 효과성을 비교하는 것을 가능케 할 것이다.

통전적인 심리영적 치료: 하나의 통전적인 변용적 수행

통전적인 심리영적 치료 Psychospiritual Integrative Therapy: PSIT(Wall, 2010; Wall, Corwin, & Koopman, 2012)는 최근 부상하고 있는 하나의 통전적인 치료로 이에 대해 좀 더 상세하게 기술하기 위하여 여기서 설명코자 한다. PSIT는 이 영역의 상황에 대해 설명하기 좋은 수행인데, 그것은 통전적인 수행들 가운데서 PSIT의 발달 상태가 좀 더 연구 근거를 갖고 있

4) 잠잘 때 식은땀을 흘리는 것.

는 수행들(예를 들면, MBSR, TM 그리고 기공)과 우리의 타당성 검토에서 사용된 13개의 수행 중 7개 수행이 문헌 연구에 나타나지 않았거나 우리의 포함 기준에 부응하지 못했다는 사실에서 볼 때 근거가 부족하거나 없는 수행들 그 사이에 있기 때문이다. PSIT는 PSIT의 효과를 제안하는 한 실험 연구와 다른 다양한 질적 및 양적 연구 방법을 활용하는 몇 가지 다른 연구들이 있다. PSIT는 통전적인데, 그것은 PSIT가 자아초월적 의도—사람들로 하여금 그들의 가장 높은 열망 또는 삶의 목적을 실현하는 것을 돕고자 한다는 측면에서—와 함께 특정한 심리적 및 영적 과정 둘 다를 지니고 있기 때문이다. 그 심리적 및 영적 과정은 참가자들로 하여금 개인적 패턴을 변용하는 기술을 계발하여 그들이 삶의 열망을 담은 목표를 실현할 수 있도록 돕는다. PSIT의 이론적 토대, 과정 그리고 연구에 대해 토론코자 한다.

PSIT의 이론적 토대

PSIT는 Aurobindo(1984)와 그의 공동 작업자 Alfassa의 『통합요가The integral yoga』에 명료하게 설명된 의식 진화의 우주론에서 영향을 받았다. 이 우주론은 인간 의식이 보다 상위의 영화靈化되고 통합적인 의식으로 진화한다고 상정한다. 더 나아가, 이러한 진화는 모든 생명의 의식을 하나의 통합된 의식으로 변용하는 존재existence의 목적을 달성하는 것으로 간주된다. 따라서 모든 생명의 의식을 변용하는 것을 촉진하기 위하여 이 우주론은 개인을 위한 영적 깨달음만이 아닌, 정신적 · 물질적 삶의 형태를 변용시키기 위하여 이 세상에서의 활동을 요구한다. 통합의식을 추구하는 사람들에게 Aurobindo가 처방한 수행에는 열망aspiration과 내어맡김surrender 외엔 거의 없었다.

PSIT는 개인들이 그들의 삶에서 보다 높은 열망을 실현하도록 돕기 위하여 좀 더 많은 도구와 수련을 제공하고자 개발되었다. PSIT는 분파적이지 않아서 종교적 신념들보다는 신성과 영성 경험의 개인적 맥락에 의존한다. 그런 까닭에 PSIT는 대부분의 종교 전통에서 온 사람에게나 그러한 종교를 갖지 않는 사람에게 적합하다. PSIT는 단지 심리적 신념이 아니라 삶에서의 영성, 의미 그리고 목적에 대한 개인적 경험을 독려한다.

PSIT 수련들

PSIT는 이중 초점을 갖고 있다. 어떤 특성 수준에서 PSIT는 앞에서 정의된 심원한 변용을 촉진하는 것을 목표로 한다. 행동 차원에서 PSIT는 자신의 보다 높은 삶의 목표를 충족하는 것과 조화되는 방식으로 세상에서 행동하기 위하여 반복적으로 활용되는 수련들의 '도구함'이다. PSIT는 집단에도, 개인에도 활용할 수 있는 유연한 개입 방법이다. 이 절에서는 PSIT의 활동들, 즉 그러한 활동들에 대한 한 내담자의 경험을 묘사하는 하나의 간략한 소품문小品文 · vignette을 기술하고, 그러한 과정의 통전적인 질적 측면에 대해 비평할 것이다.

PSIT에는 7개의 주요 과정이 있다. 그것들은 다음과 같다. ① 삶에서의 어떤 열망, 어떤 보다 높은 목적을 반성과 창조적인 표현을 통하여 명료화하기, ② 그러한 열망을 돕는 개인적 양식들(어떤 의인화한 **조력자**helper)과 그러한 열망의 표현을 좌절시키는 개인적 양식들(어떤 의인화한 **방해자**hinderer)을 식별해 내기, ③ MBSR에 기초한 마음챙김 명상과 동작을 통해 목격자 의식witness consciousness을 개발하기, ④ 목격자 의식 속에 있는 가운데 그렇게 의인화한 인격들과의 심상의 연기演技된 대화를 통하여 **조력자**와 **방해자**를 수용하기, ⑤ 구절 명상(Flinders et al., 2010)을 통해 거룩함에 대한 개인적 감각을 배양하기, ⑥ 동작, 그림 그리기, 일기 쓰기 등에 의해 촉진되는 만큼 참가자에 의해 경험되는 신성에 조력자와 방해자의 동기를 내어맡기기surrendering, ⑦ 개인적 열망을 어떻게 행동화할 것인지 계획하기, ⑧ 그 변화를 확인하고 그 내적 과정을 외부화하기 위하여 집단원과 조력자들 그리고/또는 중요한 타인들과 그 변화를 나누기가 그것이다. PSIT에서 촉진자의 훈련과 지침서에 대한 더 자세한 정보를 위해서는 제1저자와 연락하라(또한 Corwin, Wall, & Koopman, 2012; Wall, Corwin, & Koopman, 2012 참조).

PSIT의 단계는 다음과 같은 소품문의 형식으로 제시될 것이다. 첫째, 힐러리(익명)는 PSIT집단을 시작하면서 반성을 통해 자신이 타인을 도울 때 목적적임을 느낀다는 것을 발견했다. 자신의 가장 높은 열망 또는 삶의 목적이 무엇이 될 수 있을 것인지에 대한 약간의 혼란을 극복하려고 애쓰면서 그녀는 '타인을 돕는 것'이 자신의 최고의 열망이라고 결정했다. 영적 글월에 대한 관상, 글쓰기(일기 쓰기)와 그리기 형태의 창조적 표현은 그러한 열망을 명료화하는 것을 도왔다.

둘째, 힐러리는 자신의 열망을 실현하는 것을 돕거나 방해하는 개인적 양식들을 인정하였다. 그녀는 자세, 신체 감각, 느낌, 생각, 심상, 동기 그리고 조력자와 방해자를 표현하는 영의 감각을 마음챙김하며 경험하도록 안내되었다. 힐러리는 자신의 조력자를 정력적이고 친절한 모습으로, 방해자는 억압적이고 심판적인 모습으로 묘사하였다. 그녀는 방해자가 자신의 삶에 그 어떤 좋은 것도 더할 것이 없다는 확신을 했을 때 강한 감정적 반응과 함께 자신의 방해자를 거부하는 자신을 발견하였다.

셋째, 목격자 의식을 계발하기 위하여 설계된 수련들을 통해 힐러리는 자신의 조력자와 방해자를 포함해서 자신의 일시적이고 항상 변화하는 측면들에 대한 동일시를 감소시켰다. 이 목격자 의식은 일종의 관점 변환re-perceiving을 일으키는데(Shapiro, Carlson, Astin, & Freedman, 2006), 이러한 관점 변환은 힐러리로 하여금 자아에 대한 좀 더 유연하고 확장된 관점을 창조해서 행동의 유연성을 가져오도록 돕는다(Hayes, 2004). 목격자 의식은 그가 자신의 방해자에게 정서적으로 덜 반응적이 되도록 허용한다.

PSIT의 네 번째 수련은 힐러리가 조력자와 방해자에 대한 수용을 계발하고, 안내된 대화를 통해 그들의 동기를 이해하도록 이끈다. 힐러리는 자신의 목격자 의식을 활용해서 자신의 조력자가 타인을 돕고자 하는 무한한 에너지에 의해 동기를 제공받고 있다는 비판단적인 수용을 계발했다. 그의 방해자는 힐러리 자신을 지나치게 확장해서 자신의 에너지를 소진시키는 것에서 그를 보호하기를 원했다.

다섯 번째 수련은 개인적으로 의미심장한 시, 기도문 또는 가사로 힐러리를 이끌어서 거룩함에 대한 개인적 감각과 연결되도록 그녀를 준비시킨다. 힐러리는 거룩함에 대한 자신의 개인적 느낌을 생각나게 하는 마음에 드는 시 몇 구절을 나누었다.

이러한 감각이 불러일으켜지면서 PSIT 촉진자는 힐러리를 여섯 번째 단계로 이끌어서 조력자와 방해자의 동기들을 거룩함에 내어맡기도록 한다. PSIT에서 내어맡김은 자아의 통제 관념에 의존하는 것이라기보다는 참가자의 의지를 신성의 의지에 대한 그들의 지각과 일치시키는 적극적인 과정이다(Aurobindo, 1993). 이러한 유형의 내어맡김은 역설적으로 역경을 적극적으로 극복하도록 촉진한다(Cole & Pargament, 1999; Pargament, 1997). 몇몇 PSIT 참가자처럼 힐러리는 내어맡김을 원하는 것에 어느 정도 어려움을 지녔는데, 특히 자신의 조력자의 동기에 대해서 그랬다. 그녀가 거룩함에 내어맡긴다는 것을 충분히 이해한 것은 몇 회기가 지나서야 가능했다. 힐러리는 자신의 영적 연결을 경험하는 것에 의해 조력자가 에너지를 얻음으로써 자신의 조력자의 변용을 경험하고, 자기 자신에게 헌신하여 자기 자신을 타인들과 마찬가지로 자비롭게compassionately 돌보도록 했다. 힐러리가 영적 지지의 느낌을 경험할 때 비록 방해자는 사라지지 않지만, 그의 방해자의 억압은 해제된다. 힐러리가 그 거룩함을 더 신뢰하고, 그의 통제 밖의 사건들에 대해 개인적으로 책임져야 한다고 느끼는 필요성을 놓아 주게 되면서, 그녀가 지고 있는 짐에 대한 부담감이 또한 감소하는 것을 경험했다.

PSIT 과정이 일곱 번째 단계로 끝나 가면서 참가자는 자신의 열망을 매일의 삶에서 일관되게 실현할 계획을 창출해 내도록 격려된다. 힐러리는 자기돌봄을 위한 규칙적인 영적 명상과 타인돌봄과 자기돌봄 사이에서 자신의 에너지를 위한 최적의 균형을 분별하는 것을 돕기 위한 계획을 개발했다.

최종적으로, 힐러리는 이 과정 동안 자신의 열망이 어떻게 변화했는지, 조력자와 방해자의 변화, 자신이 명상 중에 느낀 평화의 느낌 그리고 자신의 열망을 실현할 자신의 계획에 대해 집단과 나누었다.

PSIT 과정에서 집단 또는 개인적으로 수련을 반복하는 것이 권장되는데, 이는 참가자가 지속적으로 자신의 다양한 조력자와 방해자를 변용해서 일관적으로 참가자의 가장 높은 열망을 충족하여 의미 있고 목적적인 삶을 창조하도록 참가자의 능력을 강화시키기 위한 것이다. 연습서workbooks, 녹음된 명상 안내 그리고 일기에 의한 반성은 수련을 반복할 때 구체적인 지원을 해 준다. 공동체에서의 수련을 지지하는 동문alumni 단체를 형성하고 이에 합류하는 것 또한 권장된다.

통전적인 심리영적 치료에 대한 연구

PSIT 연구는 이 장에 소개된 몇몇 통전적인 수행(예를 들면, 통합 변용 수련, 호프만 사위일체 과정)처럼 삶의 질을 개선할 가능성을 제안하는 연구 실적이 적은 수행이다. PSIT에 대한 연구는 암에 걸린 사람들의 소규모 집단에서 실시되었다. 하나의 치료 개입으로서 PSIT의 타당화는 따라서 아직 초기에 있다. 이 절에서는 4개의 PSIT 연구 결과와 방법론적 한계—통전적인 수행들 간에 공통적인 잠재력과 도전 과제—를 간략하게 검토할 것이다.

24명의 유방암 생존자와의 어느 비통제된 타당성 연구 결과, PSIT집단의 참가자들은 심리적 · 신체적 · 기능적 안녕에서 적정한 크기의 효과와 함께 통계적으로 유의한 증가를 경험한 것을 나타내었으나, 사회적 및 가족의 안녕은 유의하게 증가하지 않았다(Garlick, Wall, Corwin, & Koopman, 2011). 참가자들은 그들의 활력감이 증가하는 가운데 기분장애, 특히 우울, 분노, 피로 그리고 긴장의 감소를 경험하였다. 당황함의 유의한 감소는 없었다. 영적 안녕감, 특히 의미감과 평화의 느낌은 참가자에게서 증가하였다. 이들 점수는 외상 후 성장, 특히 새로운 가능성과 개인적 힘을 경험하는 수치에서 증가하였다. 4주 후 추적 조사에서 다른 점수들은 감소하는 가운데 정서적 안녕은 작은 증가를 보였다. 이것은 그러한 개입이 수행의 지속성에 대해 의문을 품는 것을 그친 이후에 참가자들이 PSIT 과정의 다른 것들에 대해서는 그렇지 않지만, 정서적 기술들은 지속적으로 통합하였다는 것을 제안한다.

McDonald, Wall, Corwin, Brooks와 Koopman(출판 중)은 12명의 PSIT 참가자와 12명의 공동체 유방암 지지집단 참가자에 대한 질적 연구를 실시하였다. 그들은 PSIT 참가자의 이야기narratives가 좀 더 실존적이고 영적인 발달 주제들을 포함한다는 것과 그 참가자들이 공동체 지지집단의 참가자들의 이야기에 비해 삶을 충만하게 살고자 하는 욕구를 더 많이 갖고 있다는 것을 발견하였다. PSIT 참가자들은 또한 공동체 지지집단의 참가자들보다 특정한 대처 기술을 더 많이 획득하였다고 보고하였고, 목격자 의식의 초연하고 비심판적인 자각 특성을 개발한 후에 관계를 개선하였으며 영성을 증가시켰다. 하지만 양측 참여집단은 암을 경험하면서 그들의 세계관이 산산이 부서진 후에 정상 상태에 대한 새로운 관점을 복원하는 데 도움을 받았는데, 이 경우 덜 통전적인 수련집단이 암에 대처하는 데 동등하게 촉진적인지 여부에 의문을 제기하게 된다.

12명의 유방암 PSIT집단 참가자의 넘겨줌의 경험에 대한 한 연구(Rosequist, Wall, Corwin, Achterberg, & Koopman, 2012)는 반복을 통해 비록 전부는 아니지만 대부분의 참가자가 PSIT 수련에 의해 촉진되면서 넘겨줌에 대한 완전한 느낌을 경험할 수 있었다는 것을 발견하였다. 이러한 넘겨줌은 개방 질문지에 참가자가 자기보고식으로 기술하였듯이 평화로움, 목적, 낙관주의, 보다 높은 삶의 질Quality of Life: QL의 느낌과 능동적인 대처 과정을 증가시켰다. 영성 측정에서 최고와 최소로 변화했던 4명의 여성 유방암 PSIT 참가자에 대한 다양한 사례 연구 비교에서 PSIT를 위한 구성 요소들은 영적 안녕과 QL의 변화를 촉진하는 것으로 보고되었다(Rettger, 2011). Rettger는 개입 전후의 점수가 영성 측정 점수에 가장 높은 백분율 변화를 보인 사람들이 또한 QL 점수에서 가장 많이 변화했다는 것을 발견하였다. 이와 유사하게 영적 안녕과 자기초월은 31명의 암 집단 참가자에서 QL을 중재하였다(Johnson, 2011). 이 두 가지 PSIT 연구 모두 소규모이고 비통제였다. 하지만 그 연구들은 영성과 QL 사이에 관계가 있음을 제안하였는데, 이는 다음에서 논의할 것으로 다른 연구들에서 보고되었다.

검토된 연구들의 한계는 통제집단이 없다는 것, 일반화의 부족, 적은 수, 요구 특성의 가능성, 편의 표본 추출을 포함한다. 하지만 질적 연구는 경험한 것에 대한 풍부한 기술, 즉 PSIT 참가자에게 어려웠던 것과 촉진적이었던 것에 대해 제공해 준다. 그러한 연구들의 한계에도 불구하고, 앞에서 검토된 연구들은 PSIT가 참가자의 영적 안녕과 심리적 안녕 둘 다에 영향을 줄 가능성을 보여 준다. 다른 통전적인 수행들의 개발자들과 마찬가지로 PSIT 연구자들은 다양한 집단을 대상으로, 특히 주요한 질병과 싸우고 있지는 않지만 삶의 질을 향상시키기를 원하는 사람들의 집단을 대상으로 좀 더 엄격한 연구를 실행하고 싶어 한다. PSIT는 보다 넓은 집단에 대해 실행되었지만 이와 같은 집단에 대해서는 연구되지 않았다. 하지만 PSIT 및 여타 통전적인 수행에서 연구를 위한 자원을 획득하는 것이 쉽지 않은 것으로 알려져 있다.

미래의 방향

여기서 검토했듯이, 통전적인 수행들의 자아초월적 비전은 의식과 삶의 모든 측면의 고결한 변용이다. 자아초월심리학은 통전적인 수행들이 제대로, 그리고 어떻게 작동하는지 연구함으로써 과학을 전진시키고 통전적인 심리영적 수행들을 개선하는 것으로 더 나은 보답을 받게 된다. 심원한 변화의 원인이 되는 요소에 대한 조사는 변화의 원인이 되는 요소들을 정제해 내고 변용적 과정에서 실효성이 없는 요소들은 중요시하지 않도록 해준다. 통전적인 수행들은 앞에서 간략히 검토한 것에서 볼 수 있듯이 다양한 강조점과 함께 개발되고 있다. 이러한 수행들의 효과에 대한 연구는 최근 나타나고 있으나, 그들 연구가 빈약하고 엄격성을 결여하고 있는 점을 배제할 수 없다. 하지만 몇몇 연구가 이러한 수행의 구성 요소에 대해 시작되고 있다. 연구되고 있는 몇몇 통전적인 수행 요소는 다음과 같다. 자비(자비와 이타심 연구와 교육을 위한 스탠퍼드 센터Stanford's Center for Compassion and Altruism Research and Education에서 실시한 것 참조; Goetz, Keltner, & Simon-Thomas, 2010; Simon-Thomas et al., 2011), 용서(Harris et al., 2006) 그리고 명상(Shapiro et al., 2006; Oman, Thoresen, & Hedberg, 2010)이 그것이다. 이러한 연구 결과로 발견한 것은 통전적인 수행들은 참가자의 의식을 긍정적인 방향으로 변화시키는 능력을 가진 구성 요소를 포함한다는 것을 나타낸다. 용서와 자비와 이러한 것들과 결합하여 등장하고 있는 수행들은 비록 참가자 접근에 있어서 자아초월적 비전과 같은 입장이지만(Ferrer, 2011 참조), 그것들이 영적 구성 요소를 명시적으로 포함하고 있지 않기 때문에 이 장에서는 검토하지 않았다. 만약 어떤 수행이 자비, 용서, 고요함 그리고 상호적 연결과 같은 영적 수행의 목표들을 배양한다면 미래의 자아초월 연구는 아마도 그러한 수행을 연구할 수도 있을 것이다.

통전적인 심리영적 수행들의 구성 요소 또는 가능한 기제들에 대한 연구가 최근 등장하고 있다. 예를 들면, 〈어떤 이의 이야기narrative〉라는 드라마에서 스스로가 거리두기를 함으로써 생기는 조망의 변동인 관점 변환reperceiving이 자기조절self-regulation, 인지적 유연성, 가치 명료화 그리고 노출exposure을 촉진하는 마음챙김의 행동기제라고 Shapiro 등(2006)은 가정하였다. Schlitz 등(2007)은 내어맡김의 개념은 역설적으로 "완전히 새로운 존재 방식에 문을 여는 것"일 수도 있다고 제안했다(p. 39). 연구될 가치가 있는 다른 구성 요소는 다음과 같다. 감사, 자기초월 그리고 삶의 목적이다. 영성과 삶의 질에 대한 보다 큰 맥락의 관계에 대한 것도 앞으로 연구할 가치가 충분하다. 이러한 관계는 여기에 검토된 두 가지 수행, 즉 ITP 및 PSIT에 대한 연구에 기술되어 있다. 더 나아가, 영성과 삶의 질 사이에

정적 상관관계에 대한 일단의 문헌들이 증가하고 있다(Plante & Thoresen, 2007). 예를 들어, 두 개의 대규모 연구에서 영성이 암 환자들의 삶의 질을 기저선baseline과 6개월 후에 유의하게 예측하는 것을 발견하였다(Yanez et al., 2009).

안녕의 신경 상관neural correlate은 통전적인 수행들과 함께 마찬가지로 연구되고 있다. Urry와 동료들(2004)은 상전두엽의 좌후배부 영역의 활성화와 "목적, 숙달, 강한 관계 그리고 자기수용으로 이해되는 자기실현적 안녕eudaimonic well-being과 삶이 만족스럽다는 주관적 맥락에서 조작될 수 있는 쾌락적 안녕hedonic well-being 둘 다"(p. 370) 사이에 상관관계가 있음을 증명하였다. Hanson과 Mendius(2009)는 뇌의 신경가소성neuroplasticity이 신경구조에 점증적 변동을 허용한다는 것과 통전적인 수행들에 의해 산출된 긍정적 자료의 축적되는 영향력은 시간이 지나면서 뇌를 변화시킬 것이라는 것을 지적하였다. 하지만 통전적인 수행들에 대한 연구에서는 참가자의 안녕에서 긍정적인 변화를 제안하고(Luskin, Reitz, Newell, Quinn, & Haskell, 2002; Vieten, Estrada, Cohen, Radin, & Schlitz, 출판 중; 이 논문의 한 판본은 다음 주소에서 이용할 수 있다. http://www.itp-international.org/library/print/summary-ions-transformation-study), 신경심리학 연구에서는 안녕의 증가가 신경의 활성화와 상관관계가 있다는 것을 보여 주었지만, 어떤 통전적인 수행에의 참여 결과로서 신경 활성화의 변화를 증명하는 연구는 거의 없다. 통전적인 수행들과 그 구성 요소의 유익에 대한 신경 상관과 기제 연구는 이 영역에 유익할 것이다.

여기 소개된 수행들의 많은 부분이 직간접적으로 수세기에 걸쳐 내려온 전통들에 의해 영향을 받은 것이지만, 새로운 통전적인 수행들조차 고대의 기술들에 의존하고 있다. 하지만 21세기의 기술들 또한 수행자들에게 제공할 것이 많을 수 있다. 예전의 수행자들은 그들의 영성 공동체와 자신들과 함께 작업하고자 하는 스승을 구하기 위하여 멀리 여행을 해야 했지만, 지금은 교육과정이 인터넷에서 이용 가능해서(예를 들면, Hamilton, 2012) 가상 공동체를 창출하고 있다. 책 속에 묻혀 있었던 멀티미디어 링크가 수행을 안내한다(예를 들면, Goldstein, 2012). 가상현실은 또한 치유를 찾는 사람들에게 게임 기술을 사용해서 더 나은 상태가 되도록 해 준다(예를 들면, Kanani, 2011; National Institutes of Health, 2011). 오랜 세월에 걸쳐 유효성이 증명된 수행들과 전파 및 연결의 현대적 도구들의 결합은 통전적인 수행의 범위를 끌어올리는 것을 증명할 수도 있다.

우리의 연구는 명시적인 영적 주제가 없는 수행들은 배제하였지만, 영적 내용을 명시적으로 드러내지 않으면서 영성을 존중하는 것으로 보이는 많은 수행을 확인하였다. 우리는 그러한 수행들 역시 자아초월심리학의 영역 내에서 고려될 수도 있고 후속적으로 검토될 수 있다는 것을 제안한다. 우리는 또한 우리의 비평 작업이 자유롭게 참여될 수 있는 수행들에 한정하였는데, 하지만 이러한 구별은 잘하면 임의적이고 최악에는 차별적인 것이다. 차후의 비평은 12단계 영성, 땀 천막집sweat lodges,[5] 그리고 여타의 문화적으로 뿌리내리고 연결되어 있는 수행들을 각각 분리해서 검토해야만 하는데, 이러한 수행들은 촉진facilitation, 명상, 기타 대인관계 환경을 요청한다.

이 영역에서 극복해야 할 연구 과제는 표준화된 통전적인 수행들을 실행한 것에 대한 보다 장기간의 효과의 결과들을 조사할 종단 연구에 대한 필요성이다. 통전적인 수행의 성격 때문에 어떤 수행자들과 연구자들은 보다 장기간 또는 보다 빈도 높은 수행이 시간이 지나면서 개선의 정도가 증가하는 결과를 산출할 수도 있다고 기대할 수 있겠으나, 개선의 여지가 가장 많이 있을 때 수행의 초기에 보다 큰 효과가 경험될 수 있다는 것과 그 후에 진행되는 개선 비율은 점점 줄어드는 것 또한 가능하다. 통전적인 수행이 안녕에서의 유의미하고 지속적인 개선을 가져오는 데 요구되는 복용량dose(규칙적 수행을 위한 시간의 양 또는 수행처에서 생길 수도 있는 집중수행의 효과)을 조사하는 것도 또한 흥미로울 것이다. 이러한 복용량 연구는, 특히 8주간 마음챙김 명상 과정 뒤에 뇌의 변화를 발견하게 되는 경우 의의가 있다(Davidson et al., 2003). 또 다른 도전 과제는 요가나 기공과 같은 수행에서 활용되는 과정들에 대한 명확한 기술記述이다. 다른 수행들이 사용될 때, 요가나 기공은 모두 분류되어 있기는 하지만 그 결과를 비교하는 것은 어렵다. 하지만 많은 수행은 삶의 다른 시간에 다른 사람들에게 도움이 될 수도 있는 다양한 양식을 활용한다.

통전적인 수행에 대한 많은 질문이 다음과 같이 남아 있다. 어느 정도 많이 해야 충분한가? 보다 장기적인 수행의 효과는 무엇인가? 사람들은 자신이 지각한 진척이 학습 정체기plateaus에 도달했을 때 수행을 어떻게 계속하는가? 신체운동에서와 같은 최적 수준은 무엇인가? 특정 참가자의 욕구에 보다 잘 부응하는 특정 수행이 있는가? 이러한 질문들과 더 많은 질문이 연구에서 조사되어야 할 것이지만, 이러한 수행들 대부분에 대한 근거 기반을 정립한 기초 작업은 적거나 존재하지 않고, 그리고/또는 심각한 방법론적 한계를 지니고 있다. 따라서 이 방법들이 다양한 것처럼, 연속적으로 좀 더 복잡하고 엄격한 연구(예를 들면, 점진적으로 질적 연구에서 준실험으로, 그리고 무선 할당 통제 실험 설계로)를 활용하는 통전적인 수행의 장場을 위한 통합적인 연구 전략이 그 장을 분석 검토하고 또한 그 수행들이 점진적으로 더 많은 청중에게 더 효과적으로 변용을 가져오도록 도울 수도 있을 것이다. 통전적인 수행이 갖는 효과에 대한 효과적인 구성 요소와 수준을 분별해 내는 연구는 이러한 수행들이 독점적인 마케팅도구 그 이상의 것이 되고, 창시자의 수명을 넘어서

5) 북미 원주민 전통에서 종교적 또는 의료적 목적에서 뜨거운 돌에 물을 부어 실내에 있는 사람이 땀을 흘리게 만듦.

장수를 보장하며, 수행자들의 의식을 변용하는 그 수행의 능력을 개선할 수 있을 것이다.

참고문헌

Anderson, J. W., Liu, C., & Kryscio, R. J. (2008). Blood pressure response to transcendental meditation: A meta-analysis. *American Journal of Hypertension, 10*, 1224–1230.

Aurobindo, S. (1984). *The synthesis of yoga*. Pondicherry, India: Sri Aurobindo Ashram Press. (Original work published 1921)

Aurobindo, S. (1993). *The Integral Yoga: Sri Aurobindo's teachings and method of practice*. Pondicherry, India: Sri Aurobindo Ashram Press.

Blanton, P. G. (2011). The other mindfulness practice: Centering prayer & psychotherapy. *Pastoral Psychology, 60*, 133–147. doi:10.1007/s10089-010-0292-9

Blue Mountain Center ofMeditation. (2012). In *Learning how to meditate*. Retrieved, September 11, 2012 from http://www.easwaran.org/learning-how-to-meditate.html

Bormann, J. E. (2010). Mantram repetition: A "portable contemplative practice" for modern times. In T. G. Plante (Ed.), *Contemplative practices in action: Spirituality, meditation, and health* (pp. 35–59). Santa Barbara, CA: Praeger.

Bourgeault, C. (2004). *Centering prayer and inner awakening*. Cambridge, MA: Cowley.

Canter, P. H. (2003). The therapeutic effects ofmeditation. *BritishMedical Journal, 326*(7398), 1049–1050.

Chan, A. W. K., Lee, A., Suen, L. K. P., & Tam, W. W. S. (2010). Effectiveness of a Tai chi Qigong program in promoting health-related quality of life and perceived social support in chronic obstructive pulmonary disease clients. *Quality of Life Research, 19*, 653–664. doi:10.1007/s11136-010-9632-6

Chatta, R., Nagarathna, R., Padmalatha, V., & Nagendra, H. R. (2008). Effect of yoga on cognitive functions in climacteric syndrome: A randomized controlled study. *BJOG: An International Journal of Obstetrics and Gynaecology, 115*(8), 991–1000.

Childre, D., Martin, H., & Beech, D. (2000). *The HeartMath solution*. New York, NY: Harper-One.

Cohen-Katz, J., Wiley, S., Capuano, T., Baker, D. M., Deitrick, L., & Shapiro, S. (2005). The effects of mindfulness-based stress reduction on nurse stress and burnout: A qualitative and quantitative study, part III. *Holistic Nursing Practice, 19*(2), 78–86.

Cole, B. S., & Pargament. K. I. (1999). Spiritual surrender: A paradoxical path to control. In W. R. Miller (Ed.), *Integrating spirituality into treatment: Resources for practitioners* (pp. 179–198). Washington, DC: American Psychological Association.

Cortright, B., Kahn, M., & Hess, J. (2003). Speaking from the heart: Integral T-groups as a tool for training transpersonal psychotherapists. *Journal of Transpersonal Psychology, 35*(2), 127–142.

Corwin, D., Wall, K., & Koopman, C. (2012). Psychospiritual Integrative Therapy: Psychological intervention for women with breast cancer. *The Journal for Specialists in Group Work, 37*(3), 252-273. doi:10.1080/01933922.2012.686961

Davidson, R. J., Kabat-Zinn, J., Schumacher, J., Rosenkranz, M., Muller, D., Santorelli, S. F., … Sheridan, J. F. (2003). Alterations in brain and immune function produced by mindfulness meditation. *Psychosomatic Medicine, 65*(4), 564-570. doi:10.1097/01PSY.0000077505.67574.E3

Doughney, M. (2004). In *The TM and TM-Sidhi techniques*. Retrieved August 25, 2012, from http://minet.org/mantras.html

Ferrer, J. N. (2003). Integral transformative practice: A participatory perspective. *Journal of Transpersonal Psychology, 35*(1), 21-42.

Ferrer, J. N. (2011). Participatory spirituality and transpersonal theory: A ten-year retrospective. *The Journal of Transpersonal Psychology, 43*(1), 1-34.

Fields, T. (2011). Yoga clinical research review. *Complementary Therapies in Clinical Practice, 17*, 1-8.

Finney, J., & Malony, H. (1985). An empirical study of contemplative prayer as an adjunct to psychotherapy. *Journal of Psychology and Theology, 13*, 284-290.

Flinders, T., Oman, D., & Flinders, C. L. (2007). The eight-point program of passage meditation: Health effects of a comprehensive program. In T. G. Plante & C. E. Thoresen (Eds.), *Spirit, science and health: How the spiritual mind fuels physical wellness* (pp. 72-93). Westport, CT: Praeger.

Flinders, T., Oman, D., Flinders, C., & Dreher, D. (2010). Translating spiritual ideals into daily life: The eight-point program of passage meditation. In T. G. Plante (Ed.), *Contemplative practices in action: Spirituality, meditation, and health* (pp. 35-59). Santa Barbara, CA: Praeger.

Garlick, M., Wall, K., Corwin, D., & Koopman, C. (2011). Psycho-Spiritual Integrative Therapy for women with primary breast cancer. *Journal of Clinical Psychology in Medical Settings, 18*(1), 78-90. doi:10.1007/s10880-011-9224-9

Gleig, A. (2010). *Psychospiritual*. In D. A. Leeming, K. Madden, & S. Marlan (Eds.), *Encyclopedia of Psychology and Religion*, (pp. 738-739). New York, NY: Springer.

Goetz, J. L., Keltner, D., & Simon-Thomas, E. (2010). Compassion: An evolutionary analysis and empirical review. *Psychological Bulletin, 136*(3), 351-374.

Goldstein, E. (2012). *The now effect:How this moment can change the rest of your life*. NewYork, NY: Atria.

Hamilton, C. (2012). *Integral enlightenment online course*. Retrieved April 24, 2012, from http://integralenlightenment.com/online-course/info/

Hanson, R., & Mendius, R. (2009). *Buddha's brain: The practical neuroscience of happiness, love and wisdom*. Oakland, CA: New Harbinger.

Harris, A. H. S., Luskin, F., Norman, S. B., Standard, S. S., Bruning, J. J., Evans, S. S., & Thoresen, C. E. (2006). Effects of a group forgiveness intervention on forgiveness, perceived stress, and trait-anger. *Journal of Clinical Psychology, 62*(6), 715-733.

Hayes, S. (2004). Acceptance and Commitment Therapy and the new behavior therapies. In S. Hayes, V. M. Follette, & M.M. Linehan (Eds.), *Mindfulness and acceptance: Expanding the Cognitive-*

Behavioral tradition (pp. 1-29). New York, NY: Gilford Publishing.

Hayes, S. C., Strosahl, K. D., & Wilson, K. G. (1999). *Acceptance and commitment therapy: An experiential approach to behavior change*. New York, NY: Guilford.

Hayes, S. C., Strosahl, K. D., & Houts, A. (Eds.). (2005). *A practical guide to acceptance and commitment therapy*. New York, NY: Springer.

Johnson, A. V. (2011). An investigation of spiritual mediators of quality of life and mood among cancer survivors participating in psycho-spiritual integrative therapy. *Dissertation Abstracts International*, *73*(06) 0669B (UMI #3495279).

Johnson, M., Dose, A., Pipe, T., Petersen, W., Huschka, M., Gallenberg, M., . . . Frost, M. H. (2009). Centering prayer for women receiving chemotherapy for recurrent ovarian cancer: A pilot study. *Oncology Nursing Forum*, *36*, 421-428.

Johnston, W. (Ed.). (1996). *The cloud of unknowing*. New York, NY: Image Books.

Kabat-Zinn, J. (1990). *Full catastrophe living*. New York, NY: Delacorte.

Kanani, R. (2011, September 19). Gaming for social change: An in-depth interview with Jane McGonigal. *Forbes*. Retrieved from http://www.forbes.com

Keating, T. (2005). *Manifesting God*. New York, NY: Lantern Books.

Laurence, T. (2004). *The Hoffman process*. New York, NY: Bantam.

Lavrestsky, H., Alstein, L. L., Olmstead, R. E., Ercoli, L. M., Riparetti-Brown, M., St. Cyr, N., & Irwin, M. R. (2011). Complementary use of Tai chi chih augments escitalopram treatment of geriatric depression: A randomized controlled trial. *The American Journal of Geriatric Psychiatry*, *19*(10), 839-850. doi:10.1097/JGP.oB013e31820ee9ef

Levenson, M. R. (2003, August). *Symptom reduction and positive mental health: Evaluation of an alternative therapy*. Paper presented at the American Psychological Association annual conference, Toronto, Canada. Abstract retrieved from http://web.ebscohost.com

Linehan, M. M. (1993a). *Cognitive-behavioral treatment of borderline personality disorder*. New York, NY: Guilford.

Linehan, M. M. (1993b). *Skills training manual for treating borderline personality disorder*. New York, NY: Guilford.

Lowe, S. (2011). Transcendental meditation, Vedic science and science. *Nova Religio*, *14*(4), 54-76.

Luskin, F. (2004). Transformative practices for integrating mind-body-spirit. *The Journal of Alternative and Complementary Medicine*, *10*(1), S-15-S-23.

Luskin, F., Reitz, M., Newell, K., Quinn, T. G., & Haskell, W. (2002). A controlled pilot study of stress management training of elderly patients with congestive heart failure. *Preventive Cardiology*, *5*(4), 168-172.

Maharishi Mahesh Yogi. (1963). *Science of being and art of living*. New York, NY: Signet.

McDonald, C., Wall, K., Corwin, D., Brooks, C., & Koopman, C. (in press). The effects of Psycho-Spiritual Integrative Therapy and community support groups on coping with breast cancer: A qualitative analysis. *International Journal of Person Centered Medicine*.

National Institutes of Health. (2011). *Clinical trial of a rehabilitation game—SuperBetter*. Retrieved April 24, 2012, from http://clinicaltrials.gov/ct2/show/study/NCT01398566

Ng, S., Wang, C., Ho, R. T., Ziea, E. T., Wong, V. C. T., & Chan, C. L. (2012). Tai chi exercise for patients with heart disease: A systematic review of controlled clinical trials. *Alternative Therapies, 18*(3), 16–22.

Nidich, S. I., Fields, J. Z., Rainforth, M. V., Pomerantz, R., Cella, D., Kristeller, J., . . . Schneider, R. H. (2009). A randomized controlled trial of the effects of transcendental meditation on quality of life in older breast cancer patients. *Integrative Cancer Therapies, 8*(3), 228–234.

Oman, D., Thoresen, C. E., & Hedberg, J. (2010). Does passage meditation foster compassionate love among health professionals? A randomized trial. *Mental Health, Religion, & Culture, 13*(2), 129–154. doi:10.1080/13674670903261954

Orme-Johnson, D. W. (1988). The cosmic psyche—An introduction to Maharishi's Vedic psychology: The fulfillment of modern psychology. *Modern Science and Vedic Science, 2*, 113–163.

Pargament, K. I. (1997). *The psychology of religion and coping: Theory, research, and practice.* New York, NY: Guilford Press.

Pennington, B. (1982). *Centering prayer.* New York, NY: Image Books.

Plante, T. G., & Thoresen, C. E. (Eds.). (2007). *Spirit, science, and health: How the spiritual mind fuels physical wellness.* Westport, CT: Praeger.

Poloma, M. M., & Pendleton, B. F. (1991). The effects of prayer and prayer experiences in measures of general well-being. *Journal of Psychology & Theology, 19*(1), 71–83.

Rainforth, M. V., Schneider, R. H., Nidich, S. I., Gaylord-King, C., Salerno, J. W., & Anderson, J. W. (2007). Stress reduction programs in patients with elevated blood pressure: A systematic review and meta-analysis. *Current Hypertension Reports, 9*(6), 520–528.

Rettger, J. P. (2011). A multiple case study exploration of women coping with primary breast cancer participating in a psycho-spiritual integrative therapy group. *Dissertation Abstracts International, 72*(07) 0669B (UMI #3450900).

Rosequist, L., Wall, K., Corwin, D., Achterberg, J., & Koopman, C. (2012). Surrender as a form of active acceptance among breast cancer survivors receiving Psychospiritual Integrative Therapy. *Supportive Care in Cancer, 20*(11), 2821–2827. doi:10.1007/s00520-012-1406-y

Roth, R. (1994). *MaharishiMahesh Yogi's transcendental meditation* (2nd ed.). New York, NY: Donald I. Fine.

Satchidananda, S. (1999). *The yoga sutras of Patanjali, translation and commentary.* Burkinham, VA: Integral Yoga Publications.

Schlitz, M., Vieten, C., & Amorok, T. (2007). *Living deeply: The art and science of transformation in everyday life.* Oakland, CA: New Harbinger.

Sedlmeier, P., Eberth, J., Schwarz, M., Zimmermann, D., Haarig, F., Jaeger, S., & Kunze, S. (2012). The psychological effects of meditation: A meta-analysis. *Psychological Bulletin,* doi:10.1037/a0028168

Segal, Z. V., Williams, J. M., & Teasdale, J. D. (2002). *Mindfulness-based cognitive therapy for depression: A new approach to preventing relapse.* New York, NY: Guilford.

Sephton, S. E., Salmon, P., Weissbecker, I., Ulmer, C., Floyd, A., Hoover, K., & Studts, J. L. (2007). Mindfulness meditation alleviates depressive symptoms in women with fibromyalgia: Results of a randomized clinical trial. *Arthritis and Rheumatism, 57*(1), 77-85.

Shapiro, S. L., Carlson, L. E., Astin, J. A., & Freedman, B. (2006).Mechanisms of mindfulness. *Journal of Clinical Psychology, 62*(3), 373-386.

Shapiro, S. L., Schwartz, G. E., & Bonner, G. (1998). Effects of mindfulness-based stress reduction on medical and premedical students. *Journal of Behavioral Medicine, 21*(6), 581-599.

Simon-Thomas, E. R., Godzik, J., Castle, E., Antonenko, O., Ponz, A., Kogan, A., & Keltner, D. J. (2011). An fMRI study of caring vs. self-focus during induced compassion and pride. *Social Cognitive and Affective Neuroscience.* Retrieved April 17, 2012, from https://ccare.stanford.edu/sites/default/files/Soc%20Cogn%20Affect%20Neurosci-2011-Simon-Thomas-scan_nsr045.pdf

Stanley, R. (2009). Types of prayer, heart rate variability, and innate healing. *Zygon, 44*(4), 825-846.

Tsang, H. W. H.,Cheung, L., & Lak, D.C.C. (2002).Qigong as a psychosocial intervention for depressed elderly with chronic physical illness. *International Journal of Geriatric Psychiatry, 17*, 1146-1154. doi:10.1002/gps.739

Tsang, H. W. H.,Mok, C. K., Yeung, Y. T. A., & Chan, S. Y. C. (2003). The effect of Qigong on general and psychosocial health of elderly with chronic physical illness: A randomized clinical trial. *International Journal of Geriatric Psychiatry, 18*, 441-449. doi:10.1002/gps.861

Urry, H. L., Nitschke, J. B., Dolski, I., Jackson, D. C., Dalton, K. M.,Mueller, C. J., . . . Davidson, R. J. (2004). Making a life worth living: Neural correlates of well-being. *Psychological Science, 15*, 367-372.

Vieten, C., Estrada, M., Cohen, A. B., Radin, D., & Schlitz, M. M. (in press). Effects of engaging in a community-based integral practice program on health and well-being. *Journal of Community Health.*

Wall, K. (2010). *Psycho-spiritual integrative therapy group facilitator's manual.* Palo Alto, CA: Institute of Transpersonal Psychology.

Wall, K., Corwin, C., & Koopman, C. (2012). Reaping fruits of spirituality through Psycho-Spiritual Integrative Therapy in cancer recovery. In T. G. Plante (Ed.), *Religion and positive psychology: Understanding the psychological fruits of faith* (pp. 233-246). Santa Barbara, CA: Praeger.

Wilber, K. (1980). *The atman project: A transpersonal view of human development.* Chicago, IL: Quest.

Wilber, K. (2000). *Integral psychology: Consciousness, spirit, psychology, therapy.* Boston, MA: Shambhala.

Wilber, K. (2006). *Integral spirituality.* Boston, MA: Shambhala.

Yanez, B., Edmondson, D., Stanton, A. L., Park, C. L., Kwan, L., Ganz, P. A., & Blank, T. O. (2009). Facets of spirituality as predictors of adjustment to cancer: Relative contributions of having faith and finding meaning. *Journal of Consulting and Clinical Psychology, 77*(4), 730-741.

번역 출판

Bourgeault, C. (2004). *Centering prayer and inner awakening*. Cambridge, MA: Cowley. (김지호 역. 마음의 길: 향심기도와 깨어나기. 경기: 한국기독교연구소, 2017).

Childre, D., Martin, H., & Beech, D. (2000). *The HeartMath solution*. New York, NY: Harper-One. (하영목 역. [CEO와 직장인을 위한] 스트레스 솔루션. 서울: 들녘미디어, 2004).

Hanson, R., & Mendius, R. (2009). *Buddha's brain: The practical neuroscience of happiness, love and wisdom*. Oakland, CA: New Harbinger. (장현갑, 장주영 역. 붓다 브레인: 행복 · 사랑 · 지혜를 계발하는 뇌과학. 서울: 불광출판사, 2010).

Hayes, S. (2004). Acceptance and Commitment Therapy and the new behavior therapies. In S. Hayes, V. M. Follette, & M. M. Linehan (Eds.), *Mindfulness and acceptance: Expanding the Cognitive-Behavioral tradition* (pp. 1-29). New York, NY: Gilford Publishing. (고진하 역. 알아차림과 수용: 인지행동 전통의 확장. 서울: 명상상담연구원, 2010).

Hayes, S. C., Strosahl, K. D., & Wilson, K. G. (1999). *Acceptance and commitment therapy: An experiential approach to behavior change*. New York, NY: Guilford. (문성원, 김은선 역. [수용과 참여의] 심리치료. 서울: 시그마프레스, 2009).

Hayes, S. C., Strosahl, K. D., & Houts, A. (Eds.). (2005). *A practical guide to acceptance and commitment therapy*. New York, NY: Springer. (손정락, 이금단 역. 수용전념치료: 실무 지침서. 서울: 학지사, 2015).

Johnston, W. (Ed.). (1996). *The cloud of unknowing*. New York, NY: Image Books. (무지의 구름. 다수 번역본 존재하여 서지사항 생략).

Kabat-Zinn, J. (1990). *Full catastrophe living*. New York, NY: Delacorte. (장현갑, 김교헌, 장주영 역. 마음챙김 명상과 자기치유. 上, 下. 서울: 학지사, 2015).

Keating, T. (2005). *Manifesting God*. New York, NY: Lantern Books. (권희순 역. 센터링 침묵기도와 영적 여정. 서울: 은성출판사, 2007).

Linehan, M. M. (1993b). *Skills training manual for treating borderline personality disorder* New York, NY: Guilford. (조용범 역. [경계선 성격장애 치료를 위한] 다이어렉티컬 행동치료. 서울: 학지사, 2007).

Maharishi Mahesh Yogi. (1963). *Science of being and art of living*. New York, NY: Signet. (이병기 역. 초월의 길 완성의 길. 경기: 범우사, 2005).

Pennington, B. (1982). *Centering prayer*. New York, NY: Image Books. (이승구 역. 향심기도: 그리스도교 전통의 단순기도를 현대적인 방법으로 제시하는. 서울: 기쁜소식, 2006/2007).

Satchidananda, S. (1999). *The Yoga Sutras of Patanjali, Translation and Commentary*. Buckingham, VA: Integral Yoga Publications. (김순금 역. 빠딴잘리의 요가쑤뜨라: 스와미 싸치다난다에 의한 번역과 주석. 서울: 東文選, 2006).

Segal, Z. V., Williams, J. M., & Teasdale, J. D. (2002). *Mindfulness-based cognitive therapy for depression: A new approach to preventing relapse*. New York, NY: Guilford. (이우경, 조선미, 황태연 역. 마음챙김 명상에 기초한 인지치료: 우울증 재발 방지를 위한 새로운 치료법. 서울: 학지사,

2006).

Wilber, K. (2000). *Integral psychology: Consciousness, spirit, psychology, therapy*. Boston, MA: Shambhala. (조옥경 역. [켄 윌버의] 통합심리학: 의식 · 영 · 심리학 · 심리치료의 통합. 서울: 학지사, 2008).

Wilber, K. (2006a). *Integral spirituality*. Boston, MA: Integral Books. (김명권, 오세준 역. 통합영성: 근대와 탈근대 세상에서 종교의 놀라운 새 역할. 서울: 학지사, 2018).

제 31 장

다이아몬드의 길

John V. Davis, Theodore Usatynski, Zvi Ish-Shalom

다이아몬드의 길은 인간 의식을 통해 경험되는 실재reality의 본성을 탐구하는 현대의 영적 가르침이자 길, 즉 내면의 자유와 성숙으로 이끌어 주는 하나의 탐험이다. 이것은 개인의 경험과 개인의 삶 속에서 개인의 잠재력을 충만하게, 자유롭게, 그리고 개인적으로 구현하는 것을 목표로 한다. 다이아몬드의 길은 의식과 실재의 성격을 탐구하기 위해 체계적이고 심리적으로 정교한 방법을 제공함으로써 학생들이 자신의 내면 경험을 조사하고, 자기 존재의 내적 진실을 발견 및 통합하고, 그러한 진실을 자각하고 표현하는 데 존재하는 장애물들에 대해 작업하며, 진정성 있고 창조적이며 충만한 인간으로 발달하는 것을 가능케 한다. 1970년대 중반에 시작한 이래로 수많은 자아초월심리학자와 영적 교사가 경의를 표해 왔고, 공식적 및 비공식적으로 이 방식을 공부하는 학생 집단이 급성장해 왔다. 다이아몬드의 길이 제시하는 의식의 지도, 영적 발달 과정의 명확한 표현, 그리고 관련 기법들은 자아초월심리학자들에게 흥미롭고 가치로울 것이다.

다이아몬드의 길은 그 자체로는 자아초월심리학은 아니지만, 자아초월심리학의 중심적인 질문들 중 많은 부분에 응답하고 있다. 즉, 최적의 인간 발달과 영적 성숙의 실체는 무엇인가? 개인의 정체성과 자기초월의 느낌의 성격과 운명은 어떻게 되는가? 영성의 길에서 만나는 여러 장애물과 어려움을 어떻게 가장 효과적으로 다룰 수 있는가? 이러한 질문들에 대한 대답의 많은 부분에 대해 자아초월심리학자들과 영적 구도자들은 익숙할 것이다. 하지만 다이아몬드의 길은 이러한 질문들에 새롭고 통찰 가득한 대답들을 내놓고 있는데, 내적 발달을 이해하고 그것에 관여하는 데 보다 더 효과적인 방법들을 제공한다. 개념과 직접적 경험 그리고 삶으로의 표현을 통합하는 것으로서의 이해는 그러한 방법들의 핵심에 있다. 다이아몬드의 길의 가르침은 비록 아주 상세하고, 폭넓고, 종종 정묘하며, 실로 심원한 심리학적 통찰들을 제공하지만, 다이아몬드의 길은 근본적으로 하나의 영성의 길로서 세상과 떨어져 있는 것이 아닌 세상에 참여하는 삶을 수반한다.

다이아몬드의 길은 실재를, 드러나거나 드러나지 않은 다양한 차원 안에서의 영원한 진리로 간주한다. 다이아몬드의 길의 관점은 다면적이고, 엄밀하며, 총괄적이다. 다이아몬드의 길은 현대 서구의 가르침으로서 실재가 개별적 존재를 통해 드러내는 특유한 방식들을 가치롭게 여기며 촉진한다. 다이아몬드의 길은 실재를 구별되는 구체적 사상事象들이 일어나는 공유된 장場과 개념과 지각을 넘어선 절대적 비이원성 그 양 측면 모두인 것으로 보는 관점에 기초하고 있다. 그 견해는 구체적 사상이나 보편적인 것, 이원성이나 비이원성, 존재나 비존재, 세상의 풍부한 아름다움이나 초월의 경계 없는 순수 그 어느 쪽에도 특권을 부여하지 않는다는 의미에서 위계적이지 않다. 모든 것은 실재의 전체성에서 오는 무한히 많은 가능성의 표현이다.

다이아몬드의 길은 진정한 본질에 대한 개인의 연결의 **회복**recovery과 개인이 진정한 본질로서 살아갈 수 있는 능력의 **계발**development 그 두 가지를 포괄한다. 개인의 내적 진실 또는 **실체**essence가 조건화, 습관, 정신역동적 방어, 개인의 의식의 선천적 개방성의 구조화 그리고 여타 요인들로 인해 의식에서 이용할 수 없게 된다는 관점에서 첫 번째 목표가 생긴다. 이러한 연결의 점진적 회복과 함께 실체는 여러 구별되는 특성으로 점점 더 경험하게 되는데, 기쁨, 힘, 자비, 열정, 지지, 가치 그리고 세상에 대한 기본적 신뢰의 지각된 느낌 등 많은 것이 있다. 이러한 특성들에 대한 접근 없이는 심리적이고 영적인 계발은 억제되거나 왜곡되고, 결과적으로 자기 자신을 존재의 근원과 그것의 실체적 속성들에서 떼어진, 분리된 존재로 오인하게 된다. 실체와 접촉을 상실한 결과, 고통을 겪게 되고 실체적 속성들을 다시 획득코자 하는 강박적 시도들을 하게 된다. 실체에 대한 개인의 선천적 연결의 회복은 충만감, 자아실현 그리고 이러한 특성들의 구현과 진정성 있는 표현으로 이끈다. 다이아몬드의 길의 두 번째 목표는 개별 의식을 실재에 대한 보다 많은 생생함, 개방성, 역동성, 민감성, 명료성 그리고 투명성으로 나아가도록 성숙시키고 변용시키는 것이다. 실체에 대한 의식적 접근은 개인으로 하여금 발달의 전체적인 잠재력에 다시 참여할 수 있게 해 준다. 이러한 과정의 여러 측면, 단계 그리고 변화는 발달심리학, 자아초월심리학 그리고 영적 지혜 전통에 기술되어 왔다. 발달이라는 측면은 개인의 끝없는 진화적 모험이지만, 이러한 작업에서 회복 국면은 귀향에 대한 깊은 만족감으로 이끌어 준다.

지난 40년이 넘는 기간 동안 A. H. Almaas는 다이아몬드의 길에 대해 방대한 분량의 저술 및 구술 가르침을 명시적으로 펼쳐 왔다. 모든 지혜 전통에 대해서와 마찬가지로, 이러한 지식의 정묘함, 깊이 그리고 풍부함을 단 몇 쪽에 축약하는 것은 어려운 일이다. 더군다나 다이아몬드의 길은 인간 발달에 대한 현대 서구의 가르침이지만 종종 다른 전통의 용어를 빌려 온다. 어떤 경우에는 이러한 용어들의 의미는 원래의 전통적 맥락과는 약간씩 다르다. 우리는 다이아몬드의 길의 개념적 패러다임에 따라 가능한 한 명료하게 이러한 용어들을 설명하고자 한다.

역사 및 발달

다이아몬드의 길을 최초로 개발하고 여러 시리즈의 저술과 자신의 영성 수행 학교인 리드완 학교Ridhwan School를 통해 주창해 온 것은 A. H. Almaas(Hameed Ali의 필명)이다. 다이아몬드의 길은 그 자신만의 로고스이고 이해이며 방법인데, 이는 현상학적 탐색과 그 가르침에 대한 검증을 통해 도달한 것이다. 비록 Almaas와 그의 동료들을 통해 그러한 통찰들이 나왔지만, 다이아몬드의 길은 자신의 발견을 표현하기 위하여 다수의 지혜 전통, 즉 고전 및 현대의 정신역동 이론과 수피즘, 불교, 구르지예프의 제4의 길 작업, 베단타 사상 그리고 관상적 기독교 및 유대교 등의 다양한 영적 지혜 전통, 이 둘 다를 포함한 것들에 기대고 있다. 그러나 Almaas는 다이아몬드의 길이 자신의 직접적 경험을 통해 먼저 나타났고, 그 후에 다양한 개념적 구조에서 표현을 발견했다고 기술하였다.

쿠웨이트에서 1944년에 출생한 Almaas는 실재의 본성을 이해하기 위한 시도로 초기에 물리학을 공부했다고 한다(Schwartz, 1996). 하지만 1970년대 초에 그는 다양한 형태의 심리 및 영성 작업을 탐험하기 시작했다. 진리추구자들seekers after truth이라 불리는 Claudio Naranjo의 집단은 다이아몬드의 길의 초기 발전에 중요한 영향을 끼쳤던 것으로 보인다. 오랜 기간 동안 Almaas는 존슨Karen Johnson 및 무카담Faisal Muqaddam과 공동 작업을 했다. 무카담은 자신의 학교를 세우기 위해 떠났지만 Almaas와 존슨은 지속적으로 함께 작업하였다. 1974년에 Almaas는 귀환 과정Returning Process이라 불리는 것을 가르치기 시작하였는데, 그것은 피셔-호프만 과정Fischer-Hoffman Process에서 끌어온 것이었다. 일단의 학생들이 1975년에도 지속하는 집단을 시작할 것을 그에게 요청하였다. 그 집단은 콜로라도와 캘리포니아에서 지속적으로 성장하였다. 몇 년 후 그는 작은 집단의 학생들을 훈련시키면서 다이아몬드의 길을 가르치기 시작하였고, 리드완 재단Ridhwan Foundation을 교회church로서 설립하였으며, 1983년에 Almaas, 존슨, 무카담 이외의 첫 교사들을 임명하었다. 1987년에는 다이아몬드의 길의 기초적 가르침들을 다이아몬드 핵심 훈련Diamond Heart Training으로 조직화하여 제공하였는데, 때때로 이 작업은 이 명칭으로 불렸다. 리드완 재단은 지속적으로 성장 및 확장하면서(2012년 기준), 북미, 유럽, 호주 그리고 뉴질랜드에서 약 4천 명의 학생과 120명의 임명된 교사들을 통해 집단을 진행하고, 미국과 유럽에서 교사 훈련seminary training 프로그램을 활동적으로 실시하고 있다.

Almaas는 다이아몬드의 길을 소개하기 위하여 여러 시리즈의 책을 펴내는 왕성한 작업을 해 왔다. 그의 초기 저서들은 다이아몬드의 길의 방향과 그 기초적 개념 중의 하나인 실체essence에 대해 기술하였다(Almaas, 1984/1998). 『다이아몬드 가슴Diamond heart』(1~5권; Almaas, 1987/2000a, 1988/2000b, 1990/2000c, 1997/2000d, 2011)은 본래 학생들에게 한 강의를 기록한 것으로서 일련의 심화된 가르침을 제공한다. 『다이아몬드 마음Diamond mind』 시리즈(Almaas, 1986/2000i, 1988/2000g, 1996/2000h)는 영적 발달의 역동에 대한 상세한 기술적 탐색을 제시한다. 『다이아몬드 몸Diamond body』 시리즈(Almaas, 2002, 2006, 2008)는 다이아몬드의 길의 방법론과 실제에 대한 개요를 설명한다. Almaas는 또한 다이아몬드의 길에의 길에 대한 개관(Almaas, 2004), 자서전적 설명(Almaas, 1995/2000f), 영적 깨달음에서 에니어그램enneagram의 활용(Almaas, 1998/2000e) 등을 제시하였다. Almaas의 많은 저서가 번역되어 있다. Davis(1999)는 다이아몬드의 길에 대한 입문서를 저술하였고, 다른 여러 명의 다이아몬드의 길 교사들은 다이아몬드의 길에 영향을 받아서 여러 권을 저술하였다(Brown, 1999; Maitri, 2001, 2005). 다이아몬드의 길의 역사, Almaas와 그의 저술에 대한 더 많은 정보는 그의 누리집(http://ahalmaas.com)을 참조하라.

다이아몬드의 길의 기법들

다이아몬드의 길은 관상적 수행contemplative practices과 체험적 기법을 폭넓게 사용하는데, 전통적 형태의 집중concentration 및 관찰mindfulness 명상들,[1] 신체 자각 수행들body-sensing practices, 영창chanting, 심상화visualization, 동작, 정신역동 기법과 소마틱 작업somatic work을 포

1) 불교 전통에서는 집중 명상을 사마타samatha, 관찰 명상을 위빠사나vipassanā라고 부른다. 한편, 'mindfulness'는 일반적으로 마음챙김, 알아차림 등으로 많이 번역되고 있다.

함한다. 이러한 기법들 중 많은 것이 다른 명상 및 심리치료 접근에서 발견되는 것들과 유사하지만 여기서는 다이아몬드의 길의 맥락에서 사용되는데, 종종 다이아몬드의 길의 로고스와 지향orientation에 독특한 방식으로 활용된다. Almaas의 『다이아몬드 마음』 시리즈는 그가 학생들과 작업한 사례 연구를 포함하는데, 다이아몬드의 길의 주요 기법들의 묘미를 보여 주고 있다.

탐색

탐색inquiry은 내면의 경험과 영성 계발에 대한 다이아몬드의 길의 지도map를 위한 주요한 원천이자 주요한 기법 그 둘 모두이다(Almaas, 2002). 현재 순간의 개인의 경험에 대한 개방적이고 제약 없는 탐사로 묘사되는 탐색은 현재 경험에 대한 보다 큰 자각, 그러한 경험에 대한 보다 충분한 이해 그리고 의식의 전개, 확장, 진화를 위한 자유로 이끈다. 탐색의 실천에는 많은 정묘함이 있고, 학생의 영혼이 성숙해 감에 따라 그 자신만의 발달 과정을 겪게 된다. 우선, 탐색은 현재 경험을 탐색하기 위한 특화된 기법으로 가르쳐지고 수행되는데, 이는 교사나 동료 전문가practitioner와 함께 또는 혼자서 하게 된다. 이 수행에 대해 충분히 경험하고 이해함으로써 탐색은 자연스러워지고, 세상을 살아가는 하나의 존재 방식이 된다. 학생은 탐색을 여전히 하나의 특화된 기법으로 수행하겠지만, 그것은 모든 경험을 더 깊이, 더 자유롭게, 그리고 더 개방적인 방식으로 탐색하는 지속적인 과정으로 인식된다. 궁극적으로 다이아몬드의 길은 탐색과 그것이 이끌어 내는 이해가 개인적 경험과 존재being의 역동적 펼쳐짐과 동반하여 나타난다고 본다.

그 행로의 초기에 탐색을 수행하는 학생은 우선 자신의 경험의 표층들을 탐험하게 되는데, 그것은 특정한 질문이나 주제에 대한 반응으로 떠오르게 되는 생각, 감정 또는 감각을 말한다. 그가 자신을 에고적 자기ego-self와 동일시하는 한 그의 경험 범위는 자기상self-images에 의해 미리 결정된 조합으로 짜일 수 있는 그런 언저리 경험에 한정될 것이다. 탐색은 이러한 범위에 대해 체계적으로 도전한다. 이 수행은 자기동정[2]self-compassion, 호기심, 회복탄력성resilience, 확고함steadfastness, 진실함, 진리 그 자체에 대한 사랑 그리고 여타 특성을 요청한다. 동시에 탐색은 이러한 특성들에 대한 제한과 방해물을 드러내는데, 무의식적 역동과 그것들의 근저에서 그것들을 강화하는 각인들imprints을 노출시킨다. 이러

2) 'compassion'은 일반적으로 자비, 연민, 긍휼 등으로 번역되고 있는데, 여기서는 종교적으로 중립적이면서도 적확하다고 볼 수 있는 '동정'이라는 용어를 택하였다. 동정의 사전적 의미는 다음과 같다. ① 남의 어려움을 딱하고 가엾게 여김, ② 남의 어려운 사정을 이해하고 정신적으로나 물질적으로 도움을 베풂.

한 노출은 이와 같은 한계들을 이해할 수 있게 하고 본질적 특성들의 회복과 보다 깊은 통합으로 이끈다. 이렇게 하여 탐색은 자기강화적self-reinforcing 수행이 된다.

탐색 수행이 성숙해 가면서 학생은 존재의 보다 깊은 상태와 경험에 대해 보다 확장된 능력과 그리고 보다 영적으로 성숙한 의식의 특성에 대해 자신의 의식을 자연스럽게 열게 된다. 탐색이 최적으로 펼쳐질 수 있게 하는 두 가지 최우선 조건이 있다. 첫째는 어느 정도의 실체적 현존essential presence을 가능케 하는 수용 능력이고, 둘째는 진리 그 자체에 대한 진지한 호기심과 사랑이다. 아울러 각각의 본질적 측면은 독특한 수용력에 기여하고 탐색을 지원하는데, 예를 들면 (회복탄력성과 확고함의 특성과 함께하는) 의지Will 측면, (고통을 포함한 모든 경험에 대해 열린 가슴의 관용적 태도와 함께하는) 동정Compassion 측면, (탐색의 과정에서 흥미와 더불어 기쁨을 가지는) 호기심Curiosity 측면 그리고 (자신이 직면하는 경험에 대해 강건하고, 용기 있으며, 열정적으로 관여하는) 힘Strength 측면 등을 포함한다. 탐색의 수행은 존재Being의 이러한 특질들을 필요로 하지만, 동시에 학생들 자신의 존재의 부분으로 존재하는 이러한 특질들을 인식하는 능력을 발달시킨다. Almaas는 그의 저서 『우주선 탐색Space-cruiser inquiry』(2002)에서 탐색의 단계와 함께 탐색을 위해 상기 및 여타의 본질적 측면의 중요성에 대해 기술하였다.

탐색의 수행

탐색은 언제나 현재 경험에 초점이 맞춰진다. 탐색하는 자세는 일어나는 경험이 친숙하든 안 하든, 편안하든 안 하든, 예측되었든 아니든 관계없이, 그리고 경험이 신체적·정서적·인지적으로 어떻게 일어나든지 관계하지 않고 그 경험에 열려 있다. 이러한 개방성은 탐색의 포괄적인 입장을 드러낸다. 탐색은 특정한 목표를 갖지 않는다는 점에서 제약이 없다고 할 수 있다. 탐색이 무조건적 사랑, 의지, 명료성 또는 환희로 이끌 수 있지만, 이러한 것들을 우선적으로 추구하지는 않는다. 오히려 탐색은 보다 더 많은 현존, 생생함, 이해, 자유 그리고 경험에 대한 여타의 제약 없는open-ended 특질을 추구한다.

어떤 경험도 탐색의 시작점이 될 수 있지만, 다이아몬드의 길의 집단 교습이라는 맥락에서는 어떤 탐색을 위한 특정한 초점이 전형적으로 주어진다. 이렇듯 초점화된 탐색은 학생들이 가르침을 개인적으로 탐사하는 것을 지원코자 하는 것이다. 탐색이 특정 주제로 시작하든 아니든, 지각, 기억, 통찰, 정서, 신체 감각, 직관 그리고 정묘한 에너지subtle energies의 자각 등을 포함하는 통합적 방식으로 진행되는 경향이 있다. 기억이 올라오면 학생은 그것을 현재의 경험 속에서, 예를 들면 기억이 촉발하는 감각이나 정서를 통해서 탐사를 한다. 과거 경험에 대한 연상은 패턴을 깊이 있게 이해할 수 있게 한다. 탐색이 하나의 경험에서 다른 경험으로 진행되면서 자각은 경험의 보다 깊은 수준들에 열리게 되고, 결국에는 진정한 본성을 직접 및 즉각 경험하게 된다.

탐색을 통해 드러나는 자각에의 장애물들 중에는 인생 초기의 정신역동적 각인들, 에고적 자기로서의 자신이나 원시적인 본능적 욕동들과 동일시하는 것과 같은 구조적 한계들 또는 진정한 본성에 대한 지각과 경험을 오해한 것에 뿌리를 두고 있는 소위 현상학적 문제들이 있다. 이러한 문제들을 작업하고 이해하면서 그것들에 묶여 있던 에너지를 의식에서 활용할 수 있게 되고 경험의 변동을 가져오게 된다. 이러한 변동을 통찰, 에너지의 방출, 강한(또는 정묘한) 정서적 상태 또는 자각의 광대함으로 느낄 수도 있다. 하지만 이러한 종류의 변동들이 탐색의 목적은 아니고, 그것들이 최종적인 것도 아니다. 그 대신 그러한 것들을 통해 학생은 보다 깊이 진정한 본성을 경험하거나 보다 깊이 문제나 장애물에 열려 있게 된다. 탐색은 경험의 실마리를 따라가지만, 탐색이 드러내는 것은 선형적인 경우는 드물고 종종 놀랄 만한 것들이 있다.

발달적 및 지지적 수행

다이아몬드의 길은 또한 특정한 능력을 계발하기 위하여, 그리고 학생의 의식에 있는 왜곡, 은폐, 불명료함을 조명하는 것을 돕기 위하여 알맞은 수행법들을 사용한다. 지금까지 **현존**presence이 실재의 모든 측면과 차원에 접근하기 위하여 다이아몬드의 길이 사용하는 가장 중요한 관문인데, 현존을 직접적으로 감지하는 능력을 개발하기 위해 특히 강조되는 두 가지 특정한 수행이 있다. **감지하고 바라보고 경청하기**(신체 감지 수행으로 본 여정의 모든 단계에서 지속적으로 수행함)와 **카트**Kath **명상**(집중수행법으로서 많은 기능을 하지만 이 길의 초기 행로에서 가장 중요한 목적은 현존에 뿌리내리는 것을 계발하는 것임.)이 그것이다. 실재의 특정한 본질적 측면 또는 차원들을 학생의 자각 속으로 초대하기 위해 교습의 다양한 지점에서 여타의 기법들을 전략적으로 사용한다. 여기에는 영창, 심상화 그리고 집중 및 자각 수행들이 포함된다. 이러한 기법들은 학생의 의식을 탐색 수행에 좀 더 충실히 관여케 하기 위해 준비시키는 추가적인 역할을 한다. 신체중심의 작업들은 또한 다이아몬드의 길에서 경험의 탐색과 전개를 지원하기에 중요하다. 다이아몬드의 길의 로고스 내에서의 신체적 작업의 사용은 이러한 작업들에 주어진 이름에 반영되어 있는데, 다이아소마틱 탐색 Diasomatic Inquiry, 즉 '몸을 통한 탐색'이 그것이다.

양식

다이아몬드의 길의 가르침을 보급하기 위해 리드완 학교에 의해 사용되는 두 가지 주요 양식formats이 있다. 그것은 우선 다이아몬드의 길로 훈련받고 임명된 교사와 비공개 회기에서 개인적 접촉을 통해 가르쳐진다. (리드완 학교는 미국에서 하나의 교파church로 인정받기 때문에 교사들은 성직자로 간주되고 있고, 장기간의 훈련과 평가 과정을 거친 후에 다이아몬드의 길을 가르칠 수 있게 임명된다.) 이러한 비공개 회기에서 학생의 즉각적인 경험에 초점을 맞추면서 탐색의 개방적이고 제한 없는 성격을 가장 직접적으로 반영하게 된다. 회기는 다양한 시점과 학생의 욕구에 맞추면서, 지지적이거나 직면적이거나 교사-학생 관계에 초점을 맞추거나 고요히 관조적일 수도 있다. 다이아몬드의 길은 또한 비공개 회기의 중요한 부분이다.

일반적으로 학생들은 또한 리드완 학교 내의 진행집단ongoing group의 부분이 되고, 이러한 집단들은 다이아몬드의 길 교사에 의해 진행되는 대규모 집단의 교습 모임과 보다 작은 개방형 집단 두 가지를 포함한다. 교습 모임은 종종 3일 이상 또는 일주일간의 수행 형식으로 수립되는데, 숙박 형식일 수도 있고 아닐 수도 있다. 전형적인 3시간 길이의 대규모 집단 교습 모임에서 집단은 함께 명상을 하고, 교사는 자료에 대한 담화를 하며, 학생들은 다른 이들과 (보통 둘 또는 셋이 한 조가 되어) 초점 탐색 연습에 참여하면서 그 주제를 경험적으로 탐사한다.

비록 이러한 양식들이 이 행로의 핵심적인 조직 구조로서 기여하지만, 가르침 그 자체와 함께 지속적으로 발전해 나가고 있다. 학생들이 자신의 탐색 수행, 명상 그리고 이따금 다른 특정한 수행들을 그들 일상생활에서 지속한다는 것을 또한 강조할 필요가 있겠다. 다이아몬드의 길의 핵심에는 평범한 나날의 삶이 학생이 수행을 하면서 자신을 실현하는 것realization을 충분히 살아 내기 위한 최적의 맥락이라는 인식이 있다.

중요 개념들

다이아몬드의 길에서 가장 중요한 개념들 중 몇 가지를 설명하기 전에 이러한 개념들의 정묘함과 깊이 그리고 풍부함을 몇 마디로 설명하는 것이 도전적인 것임을 되풀이할 필요가 있겠다. 그러한 개념들을 학생들에게 가르치는 데에는 일반적으로 여러 날이 소요되고, 그것들을 개인적 삶과 영적 작업에서 통합해 내는 데에는 오랜 세월이 걸린다. 한 번

더 되풀이하자면, 다이아몬드의 길은 유기적면서 역동적인 드러냄revelation으로 볼 수 있다. 이러한 개념들은 현재로서는 다이아몬드의 길에서 핵심적이며, 하나의 살아 있는 전통으로서 그 개념들은 개정과 확장에 열려 있다.

실체와 현존

Almaas는 첫 번째 책에서 **현존**presence과 **실체**essence, 이들의 다양한 현현 그리고 이들이 의식에서 가려지는 방식들에 대해 다루었고, 이러한 개념들은 다이아몬드의 길에서 지속적으로 핵심적인 중요성을 지녀 왔다(Almaas, 1984/1998). 일반적으로 Almaas는 **실체**와 **진정한 본성**true nature을 상호 교환이 가능한 것으로 사용해 왔지만, 때때로 그는 실체를 개인 내에 존재하는 진정한 본성의 발현으로, 진정한 본성을 모든 경험의 존재론적 본성 및 존재의 근본적인 바탕으로 간주했다. 진정한 본성은 순수하고, 무제약적이고, 절대적이고, 영원하고, 무한하다. 하지만 진정한 본성은 특정한 성질과 차원으로 구별되는데, 마치 백광이 온갖 색상의 스펙트럼으로 분별되는 것과 같다. **현존**은 실체의 중요한 경험적 특성이고, 경험에 대해 자각하는 내적 본성이며, 존재의 바탕이다. 현존은 통상의 경험에서는 일반적으로 희미하거나 존재하지 않지만, 처음에는 경험의 충만감과 풍부함, 현재에 중심을 둔 직접성 그리고 통합된 의식의 매개로 종종 경험된다. 그것은 또한 광대함이나 흐름으로 종종 경험된다.

실체의 구별되는 특성들에는 힘, 동정, 의지, 환희, 능력power, 지성, 호기심, 개인성personhood, 동일성identity 그리고 여타 많은 것이 있다. 다이아몬드의 길은 그것들 각각에 대한 세세한 경험적 특성들과 기능들에 대한 상세한 이해를 제공한다. 예를 들면, 힘 실체는 힘만이 아니라 생명력, 역동성, 에너지, 주도성, 분리 그리고 자율성을 경험하는 토대가 된다. 우선 힘은 붉은색으로 내적 자각에 나타날 수 있다. 실체의 이러한 측면이 좀 더 개방적이고 발달된 의식 속에 떠오를 때, 그것은 또한 자각을 식별해 내고 고착fixations, 사물화reifications, 에고적 자기의 제약보다는 진정한 본성에 따라 살아가는 토대가 된다. 각각의 본질적 측면은 이와 연합된 정서적·인지적·신체적 문제만이 아니라 상기한 것과 유사하게 독특하고 다층적인 특질과 기능을 갖는다. 다이아몬드의 길의 기법들은 본질적 측면들의 자연스러운 현현을 가로막는 무의식적인 갈등과 문제를 학생들이 인식하고 작업할 수 있도록 돕고 성숙을 촉진함으로써 학생들이 실체를 보다 완전하고 자유롭게 경험하고 표현하도록 해 준다.

영혼

다이아몬드의 길은 영혼soul을 의식의 살아 있는 기관器官, 즉 현존, 자각, 지각, 알기knowing 그리고 기능하기의 장場으로 해석한다. 영혼이라는 용어를 이렇게 사용하는 것은 현대의 많은 심리학적 체계에서 사용하는 것보다는 고대 서구 사상에서 자기self로 사용하던 것에 기초한다. 개략적으로 개별 의식에 상당하는 영혼은 모든 개별적 경험이 일어나게 되고, 유정의 생명 에너지를 취하는 매개medium이다. 따라서 영혼은 의식의 기관(또는 유기체)이자 존재의 표현이다. 영혼의 내재적 특성은 민감성, 감수성, 역동성 그리고 잠재성이다. 영혼이 실체에 의해 영향을 받을 때 그녀는 진정한 본성의 특질들을 구현하고 표현하는데, 예를 들면 광대함, 자유 그리고 충만한 생생함이 그것이다.[1] 더 나아가, 의식의 살아 있는 기관으로서 영혼은 발달하고 성숙해진다. 영혼의 잠재력은 본질적 측면들을 통해 드러나는 실재에 따라 발달하는 것이지만, 그 감수성과 잠재성으로 인해 영혼은 또한 에고의 구조와 조건화한 각인들에 의해 조형될 수 있다. 그래서 영혼이 에고적 자기로서 살든지, 실체적 현존으로서 살든지 또는 초월적 비이원성으로 살든지 영혼은 자신의 내재적 특성들을 인간의 모든 경험과 발달의 모든 단계에 존재하는 다양한 수준의 왜곡 또는 투명성으로 표현된다.

우선, 영혼은 초기의 경험들, 그것의 육체적 몸으로서의 현현 그리고 그것의 복잡한 사회적 및 문화적 환경과의 상호작용 등에 의해 독특한 방식들로 패턴화한다. 다이아몬드의 길의 관점에서 볼 때, 이러한 경험들은 영혼으로 하여금 의식 그 자체의 깎은 면이 있는 본성에 대해 좀 더 명백하게 자각하는 것과 존재의 본질적 측면들과 차원들을 좀 더 폭넓게 실현하고 체현하는 데 필요한 수용력을 발달시키도록 해 준다. 자신을 한계가 있고 편협한 에고적 자기로서 경험하는 것은 비록 제한적인 경험이지만, 여전히 영혼의 장에서 일어나고 있는 경험이다. 만약 영혼이 자신을 에고적 자기와 동일시한다면, 영혼의 특성들은 그들 자신을 충분히 표현할 자유를 갖지 못할 것이다. 영혼의 민감성은 둔감해지고, 감수성은 불안정해지고, 역동성은 둔화되며, 잠재력은 실현되지 못한다. 무의식의 자료들이 탐색 수행을 통해 이해되고 소화됨에 따라 영혼은 자신의 실체적 본성에 좀 더 투명해지게 된다. 더 나아가, 여러 차원에서 반영, 지지 그리고 양육에 대한 욕구가 충족될 때 영혼은 진화하면서 성숙해지고, 점진적으로 자각적이면서 자기반성적이 되고, 좀 더 통합되고, 실체에 투명해지고, 충분히 기능하며, 자유롭게 되어 간다.

영혼의 발달과 구멍 이론

다이아몬드의 길의 가장 중요한 공헌 중의 하나는 초기의 어린 시절 경험들이 어떻게 인간 영혼의 선천적인 본질적 특성과 접촉을 잃게 하는 원인이 되는지, 그리고 최적의 정신 건강과 완전한 실현에 대하여 이러한 상실이 의미하는 것에 대한 포괄적이고 체계적인 이해를 제공한다는 것이다. 이러한 아동기의 경험들은 성인기의 영적 발달에 직접적인 영향을 끼친다. 어떤 부모나 초기 환경도 유아나 아동에게 내재하는 본질적 특성들을 충분히 인식하거나 아동의 영혼이 실체에 따라 충분히 발달할 수 있는 필요조건들을 제공하지는 못한다. 실체의 이렇듯 다양한 형태가 지원받지 못할 때 또는 적극적으로 저지되었을 때 아동은 실체에의 접근을 상실하게 되고, 보상적 에고 구조가 그 자리를 차지하게 된다. 이러한 관점은 부모나 아이를 돌보는 사람들을 비난하고자 하는 것은 아니라, 그 결과로 발생한 발육 정지와 사실상 모든 이에게 영향을 미치고 있는 '망각'을 단지 인식하는 것이다.

이러한 실체에 대한 직접적 접근의 상실은 의식 속의 빈 곳, 즉 **구멍**hole이라 불리는 어떤 분열dissociation을 남기게 된다. 그리고 이 구멍은 대부분 무의식으로 남아 있는데, 그것은 어떤 보상적 에고 구조에 의해 가려지기 때문이다. 그 에고 구조의 핵심은 자아상self-image인데, 그것은 생각, 감정, 구현된 에너지 패턴 그리고 개인이 동일시하는 관계맺기 경향의 조합이다. 예를 들면, 어머니는 분리되고자 하는 유아의 자연스러운 시도를 저지할 수 있다. 그 유아는 자신의 강렬한 에너지가 어머니를 향해 불편해하는 것을 지각하면서 스스로를 억제하는데, 이를 취약함, 좌절, 결핍으로 경험한다. 성인의 삶을 살면서 개인이 무의식적으로 작고 취약한 존재라는 자아상과 동일시함으로써 이것은 삶의 많은 상황에서 결핍된 공허감, 무능감 그리고 깊은 충만감의 부족을 느끼는 것으로 발현될 수 있다. 성인은 이러한 취약함을 보상하고자 하는데, 예를 들면 본질적 힘과 생명력의 잃어 버린 특질을 공격성으로 모방하거나 접근하고자 한다.

실체와의 직접적인 접촉을 상실하거나 초기 발달 단계에서 버림받는 방식은 여러 가지인데, 이러한 상실을 극복하고자 하는 성인기 에고 인격ego-personality의 여러 시도가 있다. 하지만 모두 다 실체와의 접촉을 상실한 것에서 초래되는 구멍을 회피하고 있다. 그런 까닭에 다이아몬드의 길의 방법들은 언제나 구멍의 근저에 존재하는 상응하는 실체의 상실을 경험하게 하기 위하여 학생들로 하여금 자아상을 탐색하도록 격려한다. 자아상과 구멍이 현존하는 실재의 조망 속에서 명확하게 경험될 때, 그 자아상 및 구멍 경험은 힘을 잃게 된다. 이러한 과정에서 결핍된 공허감(구멍)처럼 느껴지는 것은 광대한 의식이 축소된 형태라는 것이 드러나고, 에고 구조에 의해 가려졌던 실체의 특정한 형태는 자유롭게 표현될 수 있다. 구멍 이론theory of holes에 대한 사례를 이어 가자면, 학생의 공격적인 반동이나 반동적인 분노에 대한 탐사는 좌절감, 취약함, 결핍된 공허감의 근저에 있는 감정으로 이끌게 되는데, 충분한 성실성과 개방성을 갖고 탐사한다면 공간과 해방의 경험을 드러내게 된다. 다이아몬드의 길은 여기서 탐사 과정을 중단하기보다는 탐사를 계속할 것을 학생들에게 권한다. 전형적으로, 진정 절대적인 힘과 강건한 생명력이 이 공간 속에 솟아오른다. 실체의 각 측면은 그것과 연합된 특정한 문제와 실체의 그러한 측면이 의식에서 잊혀졌을 때 느끼게 되는 구멍에 대한 특정한 경험을 갖고 있다.

개인적 실체, 무한한 가치의 진주

다이아몬드의 길은 일상생활에서 개인이 자각한 것을 살아 내고 표현하는 것을 지향한다. 학생 및 교사는 동시대의 모든 문화활동에 참여할 것을 요청받는다. 이는 인간관계, 가족, 직장, 봉사 그리고 공동체 생활을 포함한다. 이러한 활동에서 자연스럽게 나타나는 다양한 문제, 여러 어려움 그리고 성취한 것들이 탐색의 수행과 영혼의 성숙을 위한 재료가 된다. 다이아몬드의 길은 세상사에 참여할 때 발생하는 공통적인 문제들, 즉 책임, 자율, 친밀, 권력, 섹슈얼리티 그리고 신체성physicality과 같은 것들을 초월해야 할 문제라기보다는 의식의 잠재력을 좀 더 자각하고 발달시키는 지름길로 간주한다.

다이아몬드의 길은 개인들이 아동기에 형성된 다양하고 폭넓은 에고 구조들을 체계적으로 인식하고, 탈동일시하고disidentify, 대사代謝 · metabolize하는 것을 도와준다. 동시에 학생들은 에고 구조들, 자아상, 에고적 자기의 조건화된 표현들(예를 들면, 화, 두려움, 위축) 중 그 어떤 것도 실체로 이끌 수 있다는 것을 깨닫는다. 이러한 탈동일시와 발견의 조합은 다이아몬드의 길의 진행 과정에서 가장 중요하다. 이러한 과정들을 통해 존재의 내적 자율성이 계발될 수 있다. 여기서 진정한 자율성은 무의식적 자아상, 반동성, 관계 패턴 등의 제약적인 영향에서의 해방을 의미한다. 그것은 각 개인 존재의 무한한 가치와 개인의 행동에서의 통전성integrity에 기초하고 있다. 실체의 특질들은 개인적 존재 속으로 통합되고, 그러한 실체의 특질들은 조화롭고 효과적으로 기능하는 것을 가능하게 한다. 영혼은 경의敬意, 충분히 접촉함contactfulness, 개인됨personalness을 자연스럽게 구현하고 표현하게 된다. 다이아몬드의 길에서는 세상 속에서 실체의 성숙하고, 개인적이고, 통합되고, 기능적이며, 일관된 표현을 구현하는 이러한 결과를 개인적 실체personal essence 또는 무한한 가치의 진주pearl beyond price라고 부르며, Almaas는 자신의 저서(1988/2000g)에서 동일한 명칭으로 기술하였다.

이러한 실체적 측면은 어떤 부드럽고 둥글고 충만한 현존으로 종종 경험되는데, 그것은 빛을 내고 진정성 있게 느껴진다. 그 자체로서 온전하고 완전한 다른 본질적 측면들과 대조적으로, 이 진주는 실체에서 발달을 하게 되는 유일한 속성이다. 이것은 영적 여정을 통하여 삶의 더 많은 영역에서 실체의 더 많은 특질과 차원을 통합함으로써 진주의 깊이와 폭이 확장될 수 있다는 것을 의미한다. 이는 영혼으로 하여금 실체의 다중적 측면들을 동시에 경험할 수 있도록 해 준다. 이러한 발달을 통해 영혼은 점증적으로 인격화하고, 고상해지고, 동정적이 되는 것을 느낀다. 더구나 이러한 인격성은 자아상이나 과거의 각인들에 기초하고 있지 않다. 영혼이 그의 무한한 본성에 열릴 때 개인적 실체는 점점 더 존재의 차원들을 통합하게 되고, 이러한 풍부함을 인격적이고 인간적인 표현을 통해 세상에 가져오게 된다. 이러한 방식으로 개인적 실체는 영적 작업의 커다란 역설 중의 하나, 즉 어떻게 개인적인 동시에 무한함으로 존재할 것인가를 해결한다.

자기실현과 존재 지점

다이아몬드의 길은 자기인식self-recognition이 인간 의식의 선천적 잠재력이라고 인식한다. 영혼은 에고에 의해 구성된 전통적인 정체감과는 다른 여러 방식으로 자신의 내적 본성을 직접적으로 자각할 수 있다. 이렇게 스스로 앎self-knowing은 직접적이고, 즉각적이며, 과거의 영향에서 자유로우며, 타인의 견해와 독립적일 수 있다. 자기심리학자들, 특히 Kohut(1971)과 Kernberg(1975)가 가장 주목할 만한데, 그들은 에고적 정체성의 형성이라는 주제에 가장 비중 있게 초점을 맞췄는데, 다이아몬드의 길은 이러한 지식의 상당 부분에 의지하여 에고적 정체성을 넘어선 자기인식의 가능성을 탐사한다. 『존재의 지점: 자기실현self-realization에서 자기애의 변용』에서 Almaas(1996/2000h)는 개인들이 **본질적 정체성** essential identity 또는 **지점**Point을 깨닫는 과정과 이러한 본질적 측면의 현상학에 대해 기술하였다.[3)]

지점은 자기self의 진정한 내적 본성의 현존으로서 직접적으로 경험된다. 에고적 정체성이 발달하면서 개인은 본질적 정체성과의 접촉을 상실하게 되고, 개인의 가치감, 독특성 그리고 중요성을 타인의 반영을 요구하는 자아상에서 도출하게 된다. 지점에 대한 자각은 개인이 공허한 진공 속으로 탐험할 것을 요구하는데, 그곳에서 에고 정체성의 껍데기는 더 이상 에고의 핵심, 즉 정체성의 구멍에 자리한 불안정과 무의미를 은폐할 수 없다.

---

3) 'self-realization'은 보통 '자아실현'으로 번역되지만, 이 글에서는 좀 더 심원한 의미가 있음을 반영하여 '자기실현'으로 번역하였다. 또한 흔히 '본질'로 번역되는 'essence'를 여기서는 '실체實體'로 번역하였고, 이의 형용사인 'essential'은 문맥에 따라 '실체적' 또는 '본질적'으로 번역하였다.

정체성에 대한 자기애적 지원이 사라지면서 에고의 선천적인 결핍된 공허감이 드러날 때, 이것이 본 작업Work의 도전적인 부분이라는 것은 이해할 만하며 고통스런 상처에 직면할 것을 요구하게 된다. 이러한 깊은 결핍감과 공허감에서 최초의 공간 그리고 지점이 떠오르면서 의식에 선천적인 가치감과 의미감을 불어넣게 된다. Almaas는 이 국면을 지점이라고 불렀는데, 그것은 지점이 종종 빛의 초시간적이고 차원도 없는 하나의 지점과도 같이 경험되기 때문이다. 자기표상을 통한 내적 확인의 상응하는 필요성이 사라지듯, 자신의 정체성에 대해 외부에서 확인받을 필요도 사라지게 된다. 그 지점으로서 개인은 스스로가 실체임을 알고, 이러한 본질적 정체성에 대한 자각이 깊어지면서 자기인식에 대한 지각은 육체적 몸의 익숙한 경계들과 과거에 기초한 자아상을 훨씬 더 넘어서 존재의 보다 깊은 차원들로 확장될 수 있다.

다이아몬드 매체(금강승)

개인의 자각이 깊어지고 에고적 자아보다는 실체와 더 동일시함에 따라 보다 깊고 정묘한 형태의 지혜가 영적인 길에서 필요하게 된다. 다이아몬드의 길은 조직화된 지식의 양식樣式 · patterns, 즉 다이아몬드 매체Diamond Vehicles[4)]가 어떻게 영혼 속에 떠오를 수 있는지를 상세하게 설명하고 있다. 다이아몬드 매체는 종종 사자使者 또는 스승으로 경험할 수 있는데, 영적인 행로의 특별히 중요한 시점에 영혼의 발달을 지원한다. 그들은 실체와 그 영혼의 관계에 대한 정확한 지식과 함께 자각을 더 전진시키기 위해 필요한 것들을 밝혀 준다. 이러한 지식은 그 자체를 모두 본질적 측면으로 구성된 구조로 제공하는데, 각각은 그 영적인 길에서의 특정한 관심사와 관련된다. 그들은 영혼의 개화unfolding를 지원하기 위해 본질적 측면들을 수집하고, 실체의 특정한 특질들 각각이 영혼의 발달에 어떠한 기여를 하는가에 대한 이해를 제공하는데, 이와 동시에 자각을 진전시키는 것을 가로막는 장애물을 드러낸다.

본질적 특질들은 이러한 구조들 속에서 이따금씩 심미적 황홀감을 동반하는 빛나는 지혜의 보석들로 경험되는데, 각각의 다이아몬드 매체는 특정한 모습과 기능을 갖고 있다. 이러한 매체의 다이아몬드와 같은 성격은 명료함과 객관성을 반영하고 있는데, 이는 이러한 매체의 지식이 모든 인간 존재에 공통되는 근본적인 문제들, 특히 영적인 길에서의 문제

4) 원래 'Diamond Vehicles'는 밀교를 가리키는 다양한 용어 중에 'vajrayāna(금강승金剛乘)'의 영어 번역어이다. 여기서는 그러한 맥락과 정확히 일치하는 의미로 가져온 것이 아니므로 혼동을 피하기 위하여 '다이아몬드 매체'로 번역한다.

들을 다룬다는 점에서 그러하다. 다양한 종류의 다이아몬드 매체는 각각의 본질적 측면이 진정한 본성으로서의 우리의 정체성에 대한 이해, 기쁨, 사랑, 지식, 인간성, 지원에 어떻게 기여하는지를 보여 준다. 이러한 매체들과 지혜와 같은 여타 매체들이 지금까지 확인되었고 또 다이아몬드의 길의 상급의 가르침의 일부이긴 하지만, Almaas는 또 다른 많은 매체들이 있을 수 있다고 언급하고 있다.

무한한 차원들

존재는 개인적 차원들과 무한한 차원들 모두를 갖고 있다. 후자는 분리된 자아독립체 self-entity의 구조(에고의 구조와 실체의 구조 둘 다)를 넘어서 있는 실재의 무한한 성격을 영혼이 경험하는 방식들에 해당한다. 현상학적으로 무한한 차원들은 모든 경험의 내적 본성에 대해 탐색함으로써 접근된다. 그 어떠한 경험도 실재가 풍부하고 놀랍고 궁극적으로 사랑스럽게 발현한 분화differentiation이다. 탐색을 더 해 나가면 분화 없이 순수한 현존으로서 이러한 풍부한 아름다움의 내적 본성을 드러낸다. 어떤 경험을 통해 순수한 현존을 탐색하게 되면 그것의 내적 본성이 순수한 자각이라는 것이 드러나는데, 그 자각은 모든 개념에서 자유롭다. 각 순간에 존재의 부단한 용승湧昇, 흐름 그리고 완벽하게 신선한 표현이 이러한 무한한 차원들과 함께 동반하여 나타난다. 모든 현상의 근원은 존재와 비존재를 넘어서 있는 절대적인 공空과 신비이다. Almaas는 이렇듯 동반 등장하는 무한한 차원들을 각각 신성한 사랑Divine Love, 지고至高 · Supreme, 비개념성Nonconceptual(또는 이름 없음 Nameless), 로고스Logos, 절대Absolute 등으로 불렀다.

절대라는 가장 근본적이고 정묘한 차원이 있고, 계속해서 이어지는 각각의 차원은 점증적으로 분화되고 인식 가능하게 되지만, 높이, 폭, 길이를 지닌 물리적 차원들처럼 모든 것이 근본적으로는 분리가 불가능하다. 이러한 차원들은 모든 경험과 현상의 존재론적 바탕을 형성한다. 절대는 모든 내적 및 외적 경험에서의 광대함, 개방성 그리고 무한한 잠재력의 기초를 제공한다. 로고스는 전개와 변용의 근원이다. 순수 자각은 지각 능력을 가능케 해 준다. 순수한 현존은 식별과 앎의 능력을 낳는다. 신성한 사랑은 분화된 본질적 특질 그리고, 특히 애정의 근원이다. 개인적 실체는 무한한 차원들 속에서 일어나고, 그러한 차원들을 개인적이지만 에고적이 아닌 방식으로 경험하게 되며, 확실하게 기능하는 가운데 표현하게 된다. 지점이 무한한 차원들 위에 떠오를 때, 개인은 그 자신이 각각의 차원임을 비이원적 방식으로 알게 된다.

다이아몬드의 길은 진정한 본성의 이러한 차원들에 대해 명확히 언급하면서 또한 이들을 자각하고 통합하는 데 관련된 특정한 문제들과 장애물들에 대해 기술하고 있는데, 이들은 이러한 정묘한 차원들에 대한 직접적인 경험과 자각을 위한 잠재력을 증대시킨다. 인간으로서 우리는 실재의 본성에 대해 오해함으로써 우리의 무한한 본성과의 접촉을 잃어버린다. 이러한 오해는 여러 곳에서 나타나는데, 여기에는 외부, 즉 표면적 현상들에 대해서 그것의 내적 본성에 대한 인식이 없는 본능적 성향 그리고 분리된 정체감의 발달과 관련된 다양한 정신역동적 문제가 포함된다. 우리는 직접적인 탐사를 통해 이러한 무한한 차원들을 인식할 수 있고, 각각의 차원에 대한 베일과 장애물에 대해 작업을 한다. 따라서 매우 깊고 정묘한 영적 가르침들이 보다 폭넓은 다수의 학생에게 좀 더 접근 가능하게 된다.

상승과 하강의 여정

다이아몬드의 길은 일반적으로 학생들에게 체계적인 방식으로 가르친다. 좀 더 접근 가능한 본질적 측면들에 대한 가르침에는 진주와 지점의 가르침이 뒤따른다. 이것에는 일반적으로 다이아몬드 매체와 무한한 차원들에 대한 탐사가 뒤따른다. Almaas에 따르면, 이러한 순서는 그의 경험에서 다이아몬드의 길이 전개된 것을 반영한다. 그 가르침 역시 이러한 방식으로 조직되어 있는데, 그것은 보다 정묘한 가르침에 대한 이해를 위하여 상당한 정도의 배움, 성숙 그리고 많은 다양한 영적 특질과 능력의 통합을 요구한다는 것을 축적된 경험이 보여 주고 있기 때문이다. 다이아몬드의 길의 로고스에서 가르침과 영혼의 자각에 대한 이러한 배열은 상승上昇의 여정으로 간주된다. 다이아몬드의 길의 보다 상급의 가르침은 또한 절대가 세상에 현현할 때의 전개와 표현을 반영한다. 이러한 하강下降의 여정의 가르침은 실체의 다양한 특질을 세상에서의 개인의 일상생활에 통합할 것을 강조한다(Almaas, 2004). 이것은 다섯 가지 무한한 차원에 대한 초월적 및 현재적顯在的 · manifest인 조망들 내內로부터의 자유를 이해하는 것을 포함한다.

전체성 관점

Almaas는 어떤 길도 실재에 대한 충분하고 최종적인 기술을 할 수 없다는 것을 지속적으로 인정해 왔고, 이러한 관점은 다이아몬드의 길이 하나의 영적 체계로서 지속적으로 진화하는 것으로 표현되고 있다. 궁극적으로 본성은 어떠한 개념이나 묘사도 넘어서 있고 어떤 체계나 가르침도 넘어서 있다. 가장 일반적인 의미에서 다이아몬드의 길은 영적인 길에 대한 자신의 어떠한 묘사도 최종적인 것이라는 입장을 취하지 않는다. 예를 들면, 무한한 차원들의 조망에서 볼 때 실재의 본성은 분명히 비이원적이다. 동시에 인간 의식은 일반적으로 이원적 구조들을 통해 발생한다. '진정한 개인'이 된다는 것은 스스로를 무한한 현존이자 그러한 현존의 독특한 표현임을 아는 것을 의미한다. 다이아몬드의 길은 모든 경험, 조망, 차원이 함께 떠오르며, 언제나 존재한다고—최소한 잠재력으로—인식한다. 다이아몬드의 길은 어떤 것을 다른 어떤 것보다 더 우위에 두지 않는다. 어린아이의 조망이 현실적인 어른의 조망보다 덜 타당한 것은 아니다. 어떤 측면에서는 어린아이의 의식이 더 개방적이고 유동적이지만, 다른 측면에서는 덜 계발되고 능력이 떨어진다. 가장 위축되고 고통스런 경험은 가장 장엄한 경험과 마찬가지로 실재를 표현한다. 이 둘 모두 실재가 취할 수 있는 형태들이다. 이와 마찬가지로 절대의 초월적 공空이 세상에 현현한 아름다움이나 샤워를 하는 것과 같은 통상의 경험보다 더 근본적으로 실재하거나 가치 있는 것은 아니다. 실재는 존재와 비존재의 모든 잠재력을 포함하는, 그 어떤 개인의 의식이나 영적 길에 의해서도 포괄될 수 없는 불가항력적인 신비이다. 실재는 매우 근원적으로 열려 있기 때문에 이 관점은 다른 모든 관점, 즉 개인의 자각, 깨달음, 신비적 합일 그리고 해방 등을 포함한다. Almaas는 이렇듯 모든 걸 포함하는 조망을 **전체성 관점**View of Totality이라고 불렀고, 일상생활과 영적 여정 모두에 대해 이것이 갖는 함의는 무한하다. 전체성 관점은 어떠한 영적 또는 물질적 조건에서도 독립된 무조건적 자유에 대한 이해를 열어 놓는다.

평가

공헌

다이아몬드의 길이 계속해서, 그리고 종종 새롭고 놀라운 방식으로 발전해 나가고 있기 때문에 그 창시자나 학생 모두 이 길이 공헌한 것이나 당면한 과제를 평가하는 것은 어려운 일이다. 간단히 말해, 아마도 이 길의 가장 중요한 공헌은 하나의 핵심 수행, 즉 탐색과 함께 엄밀하고 명확히 표현된 관점을 제공하는 것인데, 이는 개인적 및 영적 발달에서 다양한 수준에 있는 많은 학생이 참여할 수 있게 한다. 따라서 이 길은 영적 작업을 좀 더 폭넓게 할 수 있도록 해 준다. 이렇듯 광범위한 공헌 속에서 몇 가지 특정한 공헌을 확인할 수 있겠다.

심리적 및 영적 작업의 비이원성 다이아몬드의 길은 영적 자각과 성숙을 추구하는 사람들과 자아초월심리학자들에게 여러 가지 독특한 기여를 하였다. 그것은 심리적 및 영적 작업을 이음매 없이 매끈히 연결한 것에 기초한다. 다이아몬드의 길은 이러한 영역들을 순차적이거나 평행적으로 보는 대신 하나의 전체를 구성하는 측면들로서 작업한다. 이러한 관점은 여러 가지 의미를 지닌다. 그것은 발달에 대한 실체의 영향—생애 초기의 것에도—을, 그리고 정신역동의 영향—자아초월적 발달의 보다 상위 단계에서도—을 보다 쉽게 자각하게 해 준다. 예를 들면, 앞서의 예에서 언급했던 힘 실체는 우선 유아의 생존을 위해 기능한다. 이것은 유아가 먹임과 돌봄을 받고자 시끄럽고 떠들썩한 시도를 하는 것에서 확인할 수 있는데, 어느 정도 후에 유아는 자신을 독립적이고 자율적인 사람으로 알게 된다. 실체의 이러한 측면은 전 생애에 걸쳐 비슷한 방식으로 기능하는데, 삶의 변천과 건강한 관계를 지원하는 것을 예로 들 수 있다. 발달의 자아초월적 단계에서 힘 실체는 역동적이고 용감한 탐색과 여타의 영적 수행들 속에서, 그리고 식별력과 영적 성숙에서 지혜 특성을 구별해 내는 가운데 자신을 표현한다(Walsh, 2000). 다른 한편으로 힘, 대담함, 배짱 그리고 분노와 관련된 초기 각인들은 (다른 본질적 측면들과 마찬가지로) 영적 자각의 매우 세련된 단계에서조차 영혼의 성숙을 제한한다. 때로는 인간 발달의 심리적 요소와 영적 요소를 구별하는 것이 유용하지만, 다이아몬드의 길의 관점에서 볼 때 각각은 특정 발달 단계에서의 영혼의 욕구를 반영하고 지원한다. 이 발달은 하나의 통합된 과정이다.

심리적인 것과 영적인 것의 통합은 내면비판자inner critic 또는 초자아에 대한 다이아몬드의 길의 이해에서 또한 분명하게 나타난다(Brown, 1999). 몇몇 자아초월적 및 영적 접근법도 또한 영적 초자아가 평가적이고 비판적으로 비교하기 때문에 영적 발달을 방해하고, 더 나아가 에고적 자기의 자기애적 경향을 강화한다는 것을 인식하고 있다. Washburn(1994)과 Wilber(1997) 둘 다 자기비판에 의해 형성된 **억압적 장애물**repressive barrier이 인간 발달에서 자아초월 단계로 가는 데 중요한 장애물이라는 것에 주목하였다.

초자아와 자기심판self-judgment의 여타 기제들은 심리학에서 잘 알려져 있지만, 다이아몬드의 길은 그것이 지닌 한계에서 의식을 해방시키는 것을 중요시하지 단지 고통의 근원을 제거하고자 하는 것은 아니다. 다이아몬드의 길 작업의 초기에 학생들은 초자아의 인지적·정서적·신체적 억제를 인식하고 그것들에 대해 방어하도록 가르침을 받는다. 이것은 영적 발달에 필요한 현재 경험의 개방적이고 즉각적인 탐험을 가능케 한다. 더 나아가 다이아몬드의 길은 실체에 대한 이해를 초자아와의 작업에 가져간다. Brown(1999)은 동정, 힘, 가치 등과 같은 다양한 실체적 측면이 이러한 장애물들의 완전한 해소에 얼마나 필요한가를 보여 주었다. 초자아와 그것이 주는 영향에 대해서는 많은 심리 이론가와 몇몇 영적 교사가 기술해 왔지만, 그것들을 단지 장애물로서 보았을 뿐이다. 하지만 다이아몬드의 길의 지향은 모든 현상이 진정한 본성True Nature의 표현이고, 그것들이 우리의 경험에 어떻게 나타나는가와는 관계가 없다는 것이다. 이러한 관점에서 볼 때 초자아는 안내, 지지, 보호와 같은 본질적 특질의 왜곡 또는 접근 시도로 볼 수 있다. 이러한 관점은 초자아를, 그리고 진정 모든 에고적 구조를 매우 다르게 비추게 된다. 초자아는 (자기심판의 경향을 더 부채질하게 되는) 거절되어야 할 구조라기보다는 실체의 왜곡을 반영한다. 스스로를 방어하고 초자아의 뿌리에 대한 이해를 결합함으로써 영혼은 그것의 타고난 깊이 그 이상을 개척할 수 있다.

초자아의 억압적인 영향들을 감소시키는 데 이렇게 잘 확립된 기법들은 다이아몬드의 길이 제공하는 폭넓은 메타 심리적 통찰의 한 예이다. 다이아몬드의 길의 최고 강점 중 하나는 에고가 어떻게 발달하고 기능하는가에 대하여 다방면의 지식을 끌어오는 방식들이다. 에고와 그것의 시기별로 적합한 구조들은 필요한 발달적 성취로 간주되고, 그것들은 효과적인 역할과 영적 발견을 위한 능력들을 제공한다. 그것은 이러한 지식에 에고가 어떻게 영혼의 발달적 진전을 방해하는가와 학생들이 영혼을 좀 더 정화하고 발달시키기 위하여 에고를 어떻게 체계적으로 대사시키고 방출할 것인지에 대한 이해를 추가한다. 요약하면, 이러한 관점과 수행들은 자아초월적 수행의 실천적 방법론에 중요한 공헌을 하고 있고, 심리적인 것과 영적인 것의 비이원성을 예증하고 있다.

개인성과 개인적 실체 많은 영적 지혜 전통에서 (일부는 명시적으로, 다른 일부는 암묵적으로) 자각된 상태realized condition는 전통적 세계에서 풍부한 개인적 삶을 사는 것과 불화한다는 관점을 지니고 있다. 많은 전통에서 개인적 경험 영역을 궁극적인 비개인적 진리를 깨닫기 위해 초월될 필요가 있는 에고적 자기의 제한된 표현으로 간주한다. 다이아몬드의 길이 개인적 실체 또는 무한한 가치의 진주에 대해 이해하고, 이러한 실체적 측면에 대한 자각과 발달에 대해 강조하는 것은 개인성에 대한 인간적 경험, 진정한 접촉 그리고 비이원의 무한한 경험과 함께 세상에서 기능하는 것 사이의 관계를 명료하게 해 준다. 완전한 인간이 되기 위하여 개인적인 것은 비이원으로서 경험되어야 하고, 비이원적인 것은 개인적으로 경험되어야 한다(Almaas, 1988/2000g). 따라서 진주의 발달에 대한 강조는 어떠한 전통의 현역에게든 다이아몬드의 길이 기여한 중요한 공헌인데, 왜냐하면 영적 발달에 대한 이러한 접근이 서구 세계의 현대적 라이프 스타일에 더 잘 맞춰진 구체적인 조망을 제공하기 때문이다.

무한한 차원들 앞서 기술했듯이, Almaas는 실재의 다섯 가지 근본적인 차원을 확인하였다. 이러한 차원의 각각에 대해서는 다른 영적 지혜 전통에서 기술해 왔고, 종종 이것 또는 저것을 실재의 궁극적 본성으로 간주하였다. 하지만 다이아몬드의 길은 각 차원에 대해 특별한 우위를 부여하지 않는 것으로 인식하는 포괄적인 관점을 제공한다. 이러한 다섯 가지 차원은 동반하여 등장하고, 다이아몬드의 길 관점에서는 실재를 충분히 설명하기 위해서 모두 포함되어야 한다.

전체성 관점 다이아몬드의 길에서 설명된 전체성 관점의 조망에서 볼 때, 다른 어떤 것보다 더 실재하거나 궁극적인 그 어떤 특정한 최종 상태는 없다. 이러한 관점은 다양한 영적 전통의 가장 심원한 가르침의 몇몇과 일치하는 것이지만, 영적 발달에 대한 많은 대중적 관점과는 대조적인 것이다. 전체성 관점은 이러한 맥락에서 나타났고, 영성의 진화적 필요에 대한 응답이자 이를 향한 더 진전된 공헌으로 간주될 수 있다. 이것은 삶의 모든 발걸음에서 모든 전통과 길에 대한 통찰과 자각을 포함하는 관점이다. 사실 이것은 근본적으로 모든 가능한 경험들—알려졌든, 알려지지 않았든—에 대한 개방성이다. 이 관점은 깨달음의 어떤 특정 조건에 대한 신앙이나 충성, 또는 함양을 요구하지 않기에 동시대의 현실과 좀 더 조화된 영적 여정에의 지향을 제공한다. 더군다나 전체성 관점은 위계적이지 않기에 그것은 또한, 예를 들면 에고의 경험을 숭고한 비이원적 영역의 드러냄만큼이나 실재의 표현으로서 가치 있다고 인식한다. 이러한 관점은 많은 전통적 체계가 포함하지 않는 모든 범위의 경험—이원과 비이원 둘 다의—을 아우르는 지향을 제공한다. 이러한 전체성 관점을 순진한 상대주의와 구분하기 위하여 Almaas는 그의 최근 가르침에서 오직 개인이 실체의 개인적인 차원과 초월적인 차원 모두를 통합하기 시작한 이후에만 전체성 관점이 실현될 수 있다는 것을 강조하였다.[2]

과제

Almaas의 저술은 자아초월심리학의 대화에 기여해 왔다(예를 들면, Cortright, 1997). Wilber는 다이아몬드의 길에 대해 충심으로 그 진가를 인정하면서도 날카로운 비평을 가했다(Wilber, 1997). 이러한 논쟁의 상당 부분은 아동기 동안의 영적 경험의 성격에 중심을 둔 것이다. Almaas는 이 주제에 관한 Wilber의 비평에 대해 이론적이면서 경험적인 조망에서 폭넓게 응답하였다(Almaas, 2004). Almaas에 따르면, 이 대화가 다이아몬드의 길에 대한 구체적인 이해와 다른 자아초월심리학과의 관계를 명확히 하는 데 도움을 주었다. 이 논쟁은 또한 하나의 체계를 다른 체계와 비교하는 것이 얼마나 어려운지 알게 하였다. 일반적으로 이러한 토론들은 이 분야 전체가 자아초월적 발달의 역동성에 대해 더욱더 정확한 이해를 필요로 한다는 것을 깨닫도록 도움을 주었다. 이러한 정확함은 자아초월심리학의 다양한 패러다임 사이에 존재하는 많은 근본적인 공통점에 밑줄을 긋는 것과 마찬가지로 명백한 차이점들을 두드러지게 하는 것을 돕는다.

다이아몬드의 길에 대한 주요한 비판 중의 하나는 그것이 제설諸說 혼합주의적이라는 것과 실제로 독특한 로고스와 이해를 갖고 있지 않다는 것이다. Almaas는 다이아몬드의 길이 정확한 논리, 구성 그리고 인간 영혼을 발달시킬 능력을 갖춘 고유한 가르침이고, 그것은 자신의 직접 경험한 것에서 (아울러 그의 동료들과 학생들의 경험에 더하여) 나왔다는 것을 지속적으로 강조해 왔다. 현대의 가르침의 하나로서 다이아몬드의 길은 다른 많은 심리학적 및 영적 방법론과 병존하고 있다. Almaas는 다양한 학문, 심리학, 영성 전통에서 그의 가르침에 사용할 개념과 용어를 신중하게 선택하였는데, 이러한 용어들이 다이아몬드의 길의 가르침을 전달하는 가장 정확한 개념적 및 언어적 수단을 제공한다고 느꼈기 때문이다. 그는 다른 체계에서 가져온 특정한 용어와 개념을 사용함으로써 자신의 가르침에 도용이라는 비난을 지웠다. 하지만 그는 다이아몬드의 길이 지닌 경험적 지혜를 그 자체의 로고스 내에서 명확히 표현하기 위하여 이러한 개념들을 사용하고 있고, 그는 특정 용어를 사용하는 것이 그러한 용어들이 사용된 원래의 맥락과 같은 방식으로 완전히 맞추려고 의도하지는 않았다고 표명하였다.

Almaas는 자신이 실시하는 훈련에서와 마찬가지로 자신의 출판된 저술에서도 자신이 이해한 다른 영적 전통의 개념과 패러다임을 다이아몬드의 길에 비교하고 대조해 왔다. 그와 같은 비교는 도상途上에 있는 학생들을 가르치는 특정한 기능을 수행했지만 자연스럽게 비판을 초래했는데, 특히 학자집단에서 그러했다. 그는 단순히 도용한 것이 아니라 잘못 도용한 것인지 모른다. 이 점에 대해서도 마찬가지로 Almaas는 자신의 의도는 다른 전통을 그 자체로 해석하는 것이라기보다는 다이아몬드의 길의 가르침을 보다 명확히 설명하기 위한 수단으로 그러한 개념들과 수행들을 사용한다고 표명하였다. 이것은 현대의 그 어떤 자아초월 또는 영성 체계도 쉽게 해결하지 못하고 있는 바로 그런 특정한 이론적 및 실천적 문제를 수반한다. 이처럼 다른 전통의 개념과 수행을 사용하는 것은 다이아몬드의 길의 문제로 남아 있다.

여전히 Almaas의 지도하에 있지만, 다이아몬드의 길의 가르침을 제공하고, 교사를 훈련하며, DA 교사와 학생을 감독하는 책임을 지고 있는 조직인 리드완 학교는 변화와 성장을 지속하고 있다. Almaas는 여전히 활동적으로 가르치면서 저술을 하고 있지만, 조직 자체에서는 덜 직접적인 역할로 옮겨 가고 있다. 동시에 이 조직은 증가 추세로 성장을 지속하고 있다. 그와 같은 많은 다른 조직과 마찬가지로 이 조직 역시 다음 세대의 지도자와 교사들에게 어떻게 대응할 것인지, 그리고 이것이 다이아몬드의 길의 가르침에 어떠한 영향을 미칠 것인지 지켜봐야 할 것이다. 결론으로서 다이아몬드의 길은 폭넓은 수준에서 수용되고 영향력을 발휘하고 있으며, 전반적인 인류의 발달과 더불어 자아초월심리학이라는 분야에 지속적으로 활력을 줄 것이다.

주석

1 Almaas는 영혼을 지칭할 때 전형적으로 여성형을 사용하였다. 이러한 선택에 대한 철저한 논의는 그의 저서 『집으로의 내적 여정』(2004)에서 볼 수 있다.

2 이러한 저술에 관한 것으로서 Almaas는 이러한 주제를 광범위하게 다룰 **전체성 관점**에 대한 원고를 준비하고 있다.

참고문헌

Almaas, A. H. (1998). *Essence: The diamond approach to inner realization/The elixir of enlightenment*. York Beach, ME: Samuel Weiser. (Original work published 1984).

Almaas, A. H. (2000a). *Diamond heart book one: Elements of the real in man*. Boston, MA: Shambhala. (Original work published 1987).

Almaas, A. H. (2000b). *Diamond heart book two: Freedom to be*. Boston, MA: Shambhala. (Original work published 1988).

Almaas, A. H. (2000c). *Diamond heart book three: Being and the meaning of life*. Boston, MA: Shambhala. (Original work published 1990).

Almaas, A. H. (2000d). *Diamond heart book four: Indestructable innocence*. Boston, MA: Shambhala. (Original work published 1997).

Almaas, A. H. (2000f). *Luminous night's Journey: An autobiographical fragment*. Boston, MA: Shambhala. (Original work published 1995).

Almaas, A. H. (2000g). *The Pearl Beyond Price: The integration of personality into being: An object relations approach*. Boston, MA: Shambhala. (Original work published 1988).

Almaas, A. H. (2000h). *The point of existence: Transformations of narcissism in self-realization*. Boston, MA: Shambhala. (Original work published 1996).

Almaas, A. H. (2000i). *The void: Inner spaciousness and ego structure*. Boston, MA: Shambhala. (Original work published 1986).

Almaas, A. H. (2002). *Space-cruiser inquiry: True guidance for the inner Journey.* Boston, MA: Shambhala.

Almaas, A. H. (2004). *The inner Journey home: Soul's realization of the unity of reality.* Boston, MA: Shambhala.

Almaas, A. H. (2006). *Brilliancy: The essence of intelligence.* Boston, MA: Shambhala.

Almaas, A. H. (2011). *Diamond heart book five: Inexhaustible mystery.* Boston, MA: Shambhala.

Brown, B. (1999). *Soul without shame: A guide to liberating yourself from the Judge within.* Boston, MA: Shambhala.

Cortright, B. (1997). *Psychotherapy and spirit: Theory and practice in transpersonal psychotherapy.* Albany, NY: State University of New York Press.

Davis, J. (1999). *The Diamond Approach: An introduction to the teachings of A. H. Almaas.* Boston, MA: Shambhala.

Schwartz, T. (1996). *What really matters: Searching for wisdom in America.* New York, NY: Bantam.

Washburn, M. (1994). *Ego and the dynamic ground: A transpersonal theory of human development.* Albany, NY: State University of New York Press.

번역 출판

Almaas, A. H. (2000e). *Facets of unity: The enneagram of holy ideas.* Boston, MA: Shambhala. (Original work published 1998). (윤운성, 박현경, 황임란 등 역. 통합의 측면: 신성한 사고로서의 에니어그램. 서울: 한국에니어그램연구소, 2014).

Almaas, A. H. (2008). *The unfolding now: Realizing your true nature through the practice of presence.* Boston, MA: Shambhala. (박인수 역. 늘 펼쳐지는 지금. 경기: 김영사, 2015).

Kernberg, O. (1975). *Borderline conditions and pathological narcissism.* New York, NY: Jason Aronson. (윤순임 외 공역. 경계선 장애와 병리적 나르시시즘. 서울: 학지사, 2008).

Kohut, H. (1971). *The analysis of the self.* New York, NY: International Universities Press. (이재훈 역. 자기의 분석. 서울: 한국심리치료연구소, 1999).

Maitri, S. (2001). *The spiritual dimension of the enneagram: Nine faces of the soul.* New York, NY: Tarcher. (황지연, 김세화 역. 에니어그램의 영적인 지혜: 진정한 '나'는 성격 너머에 있다. 서울: 한문화, 2016).

Maitri, S. (2005). *The enneagram of passions and virtues: Finding the way home.* New York, NY: Tarcher. (이정섭 외 공역. 에니어그램의 격정과 덕목. 서울: Fornurse[포널스출판사], 2016).

Walsh, R. (2000). *Essental spirituality: The 7 central practices to awaken the heart and mind.* New York, NY: John Wiley & Sons. (김명권, 문일경, 백지연 역. 7가지 행복 명상법. 경기: 김영사, 2007)

Wilber, K. (1997). *The eye of spirit: An integral vision for a world gone slightly mad.* Boston, MA: Shambhala. (김철수, 조옥경 역. 켄 윌버의 아이 오브 스피릿: 영적 관조의 눈. 서울: 학지사, 2015).

제 32 장

자아초월심리치료

Victor Rodrigues, Harris L. Friedman

자아초월심리학의 적용 분야 중 하나는 심리치료를 통해 정신건강 문제를 경감하고 최적의 성장을 촉진하는 것이다. 자아초월심리치료는 다른 심리치료와 많은 공통점을 공유하지만 동시에 중요한 차이점들도 있다. 여타 접근법과의 공통점을 찾는다면 그것은 관계적인 것인데, 이는 치료자와 한 명 또는 그 이상의 개인이 어떤 치료적 결과를 함께 지향한다는 것을 의미한다. 그것은 또한 인간 발달, 인간의 장애 그리고 이 두 가지가 상호작용하는 방식을 의미한다. 이에 더하여 그들은 어떤 특정한 방법이나 기법들을 채용하고 있다. 치료적 관계 내에서 평가(공식 또는 비공식적일 수 있고, 진단을 포함할 수도 아닐 수도 있다.)가 이루어지고, 목표가 설정되며, 치료적 과정이 잇따라 이루어진다. 자아초월심리치료자는 또한 전문적인 훈련을 받게 되는데, 이는 전형적으로 그들이 배워서 차후에 내담자들에게 시행하게 될 치료 과정을 개인적으로 경험하는 것을 포함한다. 하지만 이렇듯 폭넓게 공유하는 공통점들에 더하여 자아초월심리치료와 대부분의, 모두는 아닌, 다른 심리치료들과의 현저한 차이점이 몇 가지 있다.

의식의 본질적 역할

자아초월심리치료자들은 의식의 본질적 역할에 초점을 맞추는 경향이 있는데 그것은 의식 상태를, 여기에는 축적된 의식 상태가 반영되는 정체성을 포함해서 변화시킴으로써 심리치료적 변화를 추구하는 가운데 이루어진다. 의식은 내적인 정신 과정(예를 들면, 정서, 심상心像, 생각)과 외적인 지각 경험(예를 들면, 청각, 미각, 후각, 촉각, 시각)을 특정한 사람으로 존재하는 것과의 관련성이라는 관점에서 자각하는 능력으로 정의할 수 있다(Presti, 2011). 자아초월심리치료는 인간으로 존재한다는 것의 의미의 핵심에 의식이 놓여 있다는 가정에 기초한다. 자아초월심리치료는 인간을 폭넓게 정의하여 생리적 · 정서적 · 지성적 · 사회적 · 영적 의식 체계라는 전체로서 존재하는 것으로 본다. LeShan(1984)은 매우 불완전하고 추하고 불구이고 성마르지만 자기를 인식하는 존재와는 달리, 가장 완벽하고, 수준 높은 기능을 수행하고, 지능적인 인조인간android은 결코 인간으로서의 자격을 인정받지 못할 것이라는 주장을 하였다.

자아초월심리치료자는 그들의 임상적 유의점을 내담자 자신의 정체성 구조 내에 있는 인지, 정서, 행동을 포함하는 내담자 자신에 대한 내담자의 의식적 경험에 초점을 맞추고자 한다. 결과적으로 정체성은 매우 구체적이고, 관찰할 수 있는 의식의 표현manifestation으로 생각될 수 있는 동시에 주요한 경험 조직자main experience organizer이기도 하다(Louchakova & Lucas, 2007). 정체성은 또한 현실에 대한 이해와 행동 둘 다의 능동적 형성자로서 개념화되어 왔다(McCombs, 1989). 이런 방식으로 각 개인의 핵심적 동일성이 정서 · 신체 · 인지 · 내적 지각 등등을 포함하기 위하여 변할 수 있다는 사실을 인정할 때 자아초월심리치료자들은 통전적統全的 · integrative[1]이다. 영성은 또한 정체성의 핵심적 부분이다(Griffith & Griggs, 2001). 따라서 자아초월심리치료자들은 가능한 한 정체성의 각 영역에 특화한 다양한 심리치료 모델의 공헌을 환영하고, 또 많은 경우 활용한다. 여러 방면의 자아초월심리치료가 정체성에 기반하여 개념상으로 어떻게 통합될 수 있는가를 보여 주는 하나의 모델은 자기확장치료self-expansiveness therapy이다(Friedman, 이 책에서).

자아초월 운동이 시작한 이래로 그전에는 심리학의 범위 밖에 존재했던 비일상적 경험들이 중요한 심리적 과정으로 점차 간주되기 시작했는데, 특히 환각 물질을 통해 많은 사람이 그러한 경험을 하게 되면서 그러했다(Friedman, 2006). 내담자의 보고와 심리

---

1) '통전統全'이라는 용어에 대해서는 이 책 제30장 '통전적인 심리영적 수행들'을 참조하기 바란다.

학자들 자신의 개인적 경험을 통해서 많은 심리학자에게 아주 명백해진 것이 있는데, 자신의 의식의 강렬함과 질적 측면 그리고 그 경험의 범위와 내용에서 커다란 변화를 정신병리로 생각하지 않으면서도 경험할 수도 있다는 것이다. 비범한 인간 경험은 심지어 인간의 최고 경지를 제시하는 것으로 보이게 되었다(Cardeña, Lynn, & Krippner, 2000; Cardeña & Winkelman, 2011 참조). 더 많은 사람이 긍정적인, 단지 정신병리적인 것만이 아닌 사후 효과를 종종 산출하는 매우 강력하고 확장적인 의식의 상태를 보고하기 시작하면서 자아초월심리치료는 인정받기 시작하였고, Assagioli(1970)의 정신통합psychosynthesis과 Jung(1952)의 심층심리학에서 볼 수 있듯이 유럽의 초기 선구적인 심리치료자들을 끌어들였다.

영성을 위한 특별한 역할

자아초월심리치료자는 또한 일반적으로 넓은 의미에서 영성이라 불리는 것이 의식과 정체성의 중요한 부분이라고 추정한다. Walach(2009)는 영성을 "공통적인 본래적 핵심으로서 어떤 초월적 실재와 어떤 경험적·개념적·행동적 또는 의도적 관계를 갖는 것이고, 거기서 개인을 위한 의미, 위로 또는 동기가 생긴다."라고 기술하였다(p. 2). 지구의 인구 중 약 50억 명이 영적 지지adherence 또는 수행practice의 어떤 형태를 행하고 있고(Hitchcock & Esposito, 2004), 심리치료를 책임감 있게 행함에 있어 이 점을 반드시 인정해야만 한다. 최근 연구에서는 또한 영성이 신체 및 정신건강에 매우 긍정적일 수 있음을 보여 주고 있다(Comer, 2004; Koenig, McCullough, & Larson, 2001). 주류 심리학자들이 오랫동안 대부분의 경우 영성을 무시하고/하거나 가면을 벗기려고 해 왔는데(그리고 많은 이가 여전히 그렇다), 그들 내담자의 막대한 다수가 그들 삶의 중요한 요소로서 신앙생활을 하거나 어떤 영적 수행을 하고 있음에도 그렇다. 자아초월심리치료자들은 영적 경험과 개념들을 명시적으로 심리치료에 결합시킴으로써 이러한 태만을 교정코자 하는데, 내담자들이 영적 딜레마를 다루도록 돕고 영성을 그들의 삶 속에서 잠재적으로 도움이 될 어떤 힘으로서 통합하도록 한다.

자아초월심리치료 과정의 설명 틀

하나의 관계적 과정으로서 자아초월심리치료 회기 중에 전형적으로 일어나는 것은 치료자와 내담자 양측 모두의 조망과 그 양측 사이의 상호작용적인 사건들의 성격을 고려함으로써 기술될 수 있다. 다음은 자아초월심리치료가 하나의 과정으로서 어떻게 작동하는가를 설명하는 틀을 제공한다. 하지만 모든 자아초월심리치료자가 이러한 접근을 따르는 것은 아니다.

언급할 필요가 있는 한 가지 근본적인 측면은 자아초월심리치료가 의식을 변환하는 어떤 기술을 단지 사용하는 것으로 정의되는 것이 아니라, 심리치료적 관계, 평가로 시작하기, 목표 설정, 자기탐색과 치료적 성과를 위한 회기의 전개, 아울러 지속적 및 최종적 평가를 포함하는 하나의 과정으로 통합하는 것을 요구한다. 이 모든 것은 치료자가 내담자의 자기 이해와 치유를 위한 촉매로서 대부분 행동하는 어떤 협동적 과정 안에서 일어난다. 이러한 관계는 하나의 치유적 장으로 보일 수도 있는 안전한 환경에서 생기는데, 거기서는 최소한 어느 정도의 시간 동안 치료자와 환자 모두의 의식이 변환된 상태a modified state of consciousness에 있을 수 있고, 낮은 무의식, 정상 의식 그리고 높은 무의식을 포괄할 수 있는 수준들에서 정보와 에너지를 교환하게 된다. 이것이 우리가 자아초월심리치료자들이 그들 자신을 모니터하는 동시에 여러 수준에 있을 수 있도록 하고, 그들의 내담자와 동조同調할 수 있는 능력을 증가시키기 위하여 힘든 수련을 거쳐야 한다고 생각하는 한 가지 이유이다.

심리치료자 측면

자아초월심리치료자들은 의식 상태를 다루는 측면에서 전문가일 수 있는데, 여기에는 Roberts(1989)가 생각을 생각하는 제3의 사고tertiary thinking thinking[2)]를 행하는 능력이라고 불렀던 것도 포함된다. 그들은 다양한 영적 전통에 참여하거나 의식 상태 변환을 위한 현대판 기법들을 통해 이러한 전문적 기술을 습득한다. 자아초월심리치료자들은 일상적 의식이나 교호적交互的 의식 상태alternate states of consciousness에서 작업할 수 있고, 그것은 그들로 하여금 내담자들과 더 잘 공명할 수 있게 해 주는데, 특히 그들의 내담자들 또한 교호

2) '초인지metacognition'를 가리키는 것으로 보인다.

적 의식 상태에 있거나 그와 같은 교호적 상태의 후유증을 다루고 있다면 그럴 수 있다. 교호적 상태에의 접근은 자아초월심리치료자들로 하여금 창조성, 지혜, 공감 그리고 사랑을 위한 그들의 최고의 능력에 접촉할 수 있게 해 주고, 내담자들의 고통과 장애를 그들 자신의 빛나는 건강과 함께 다룰 수 있도록 해 준다(Wegela, 2003). Rodrigues(2008)도 또한 이것을 무조건적 사랑이라고 칭했고, 그와 같은 사랑은 정신 및 신체 차원에서 건강을 보호하는 동시에 건강을 촉진한다고 주장하였다. 자아초월심리치료자들은 내담자들의 내적 치유자의 촉매로서 기능할 수 있고(Grof, 2000), 변환된 의식 상태를 통해 접근할 수 있는 통찰과 자기치유를 위한 그들의 가장 깊은 곳에 있는 지혜와 능력들을 꺼내 올 수 있다. 자아초월심리치료자들은 언어적 대화를 통해 그들의 내담자들이 경험과 통찰을 처리하도록 도울 수 있지만, 자아초월심리치료자들은 또한 내담자들이 보다 깊고 빠르게 그들 자신에 대한 통찰을 얻도록 돕기 위하여 단지 언어적 기법을 사용하는 것을 넘어서 종종 전통과 현대의 모든 범위의 변용[3]적 기법들을 활용한다. 이것은 그들의 개인적 자아self와 그들의 보다 깊은 곳의 참나Self 둘 다를 다룸으로써 그들의 정체성을 재구조화하는 것으로 보일 수 있다(Rodrigues, 2010). 자아초월심리치료에서 종종 사용되는 다양한 기술은 심리 기술psychotechnologies이라 불려 왔고(예를 들면, Grof, 2000), 명상, 최면, 북 연주와 영창chanting, 무아의 춤trance dance, 호흡작업, 적극적 상상, 지시적 심상화, 깊은 이완, 생체 자기제어biofeedback, 입체 음향 음조binaural tones 등과 같은 매우 다양한 기법을 포함한다. 자아초월심리치료자들은 내담자의 보다 높은 참나에서 오는, 그리고 성장하고, 확장하고, 건강한 표현을 찾아내려는 의식의 전형적인 성향에서 오는 내담자의 내적 잠재력과 내적 지혜를 신뢰하는 경향이 있다.

그와 동시에 자아초월심리치료자들은 그들과 내담자에게서 일어나는 의식 과정의 낮은 수준과 높은 수준 간에 중요한 구분을 함으로써 평가할 수 있는 것이 필요한데(Assagioli, 1970), 전前개인pre-personal, 개인personal, 초超개인transpersonal[4] 상태의 묘사에서처럼(Wilber, 2000) 틀을 사용하는 것을 포함한다. 이는 또한 다양한 측정 방법을 포함할 수 있는데(Friedman & MacDonald, 2002; MacDonald & Friedman, 2002), 그러한 측정 방법들은 (깨달음과 같은) 높은 수준 상태와 (정신증과 같은) 낮은 수준 상태를 구분하는 데에서 특히 중요하다(Johnson & Friedman, 2008).

3) '변용變容'이라는 용어에 대해서는 이 책 제30장 '통전적인 심리영적 수행들'을 참조하기 바란다.

4) 이 책에서 'transpersonal'은 기본적으로 '자아초월'로 번역하였지만, Wilber가 'pre-personal' 'personal' 'transpersonal'로 구분하여 제시한 체계에 대한 독자의 이해를 돕기 위하여 여기서는 '초개인'으로 번역한다.

내담자 측면

자아초월심리치료에 참여하는 내담자는 다양한 심리 기술의 적용을 통하여 변환된 의식 상태에 들어갈 수도 있고 아닐 수도 있다. 그러한 기술들이 사용되었을 때, 이러한 교호적 의식 상태는 내담자가 창조성과 마음의 명료함을 증가시키도록 도울 수 있을 뿐만 아니라 영감과 직감을 발견할 수 있도록 도울 수 있다. 그러한 기술들은 또한 내담자가 과거의 고통스런 상처에 거리두기를 할 수 있도록 도울 수도 있고, 정반대로 이러한 상처를 탐색하도록 도움으로써 자아초월심리치료자들이 내담자에게 작업하고 있는 것에 대한 보다 나은 이해를 할 수 있도록 도울 수도 있다. 이것은 내담자로 하여금 그들 자신, 자신의 증상과 심리적 과정, 필요한 변화를 만들어 내는 방법 등에 대한 보다 빠르고 깊은 이해를 얻을 수 있도록 해 준다.

이러한 기법들은 치료자에 의해 제공되는 안전한 공간에서 사용할 수 있는데, 이때 치료자는 정신의 보다 깊은 수준들(무의식, 의식 또는 초의식까지도 가능한)에의 접근을 촉진할 수 있는데, 여기에는 보다 높은 지혜의 가능한 자원들뿐만 아니라 과거 기억들, 억압된 자료 그리고 언어 능력 습득 전의 과정들에 접근하는 것을 포함한다. 내담자들은 감정과 그와 관련된 신체 현상들(예를 들면, 긴장, 피로)에 초점을 맞춰서 그러한 현상들을 증폭 및 경감하고, 그것들의 기원을 이해하며, 그 교란된 패턴들을 변화시킬 수 있을 뿐만 아니라 여타의 많은 성과를 얻을 수 있는 방법들을 배울 수 있다. 의식의 변화를 이끌어 내는 기술들이 갖는 한 가지 매우 긍정적인 측면은 그러한 기술들이 그 자체로 매우 즐거운 정서적 경험을 생성한다는 것인데, 여기에는 내담자들이 새로운 안녕well-being의 가능성들을 발견하도록 해 주는 마음의 고요함과 명료함의 상태를 포함한다.

때로는 특정한 자아초월적 관련 사항들이 내담자를 자아초월심리치료자들에게 이끄는데, 이들은 영적인 경험, 곤경, 위기에 대하여 전통적인 심리치료자들보다 전문성을 지닐 가능성이 좀 더 많고(Geels, 2011), 아울러 전통적인 심리치료자들이 정신병리에 불과한 것으로 치부할 수 있는 비일상적 경험들을 다루는 데 있어 더 뛰어나다. 영적 위기의 중요성에 대한 최근의 인식을 보여 주는 한 예로 『정신질환의 진단 및 통계 편람 4판-TR Diagnostic and Statistical Manual of Mental Disorder IV-TR』(American Psychiatric Association, 1994)에 종교 및 영적 문제에 대한 범주가 신설되었다. 자아초월심리치료는 심리학과 영성에 다리를 놓는 것이고, 해당 전문가들은 현대 및 토착 수행에 참여하면서 생기는 걱정과 같이 영적 경험에서 발생하는 다양한 의문과 문제를 지닌 내담자들과 함께 때때로 작업을 한다(Rodrigues, 2010). 이러한 경험들은 내담자의 정신건강에 긍정적인 방향으로뿐만 아니라 때때로 도전적인 방향으로 영향을 끼칠 수 있다. 예를 들면, 이러한 경험들은 다양한 형태의 영적 위기로 이어질 수 있는데, 다음과 같은 것들을 포함한다. ① 샤먼적 위기, ② 쿤달리니kundalini 각성, ③ 통합적 의식(절정 경험peak experiences) 삽화, ④ 중심(우리의 깊고 '진실한' 본성)으로의 회귀를 통한 심리적 재생renewal, ⑤ 심령 현상의 개시에 따른 위기, ⑥ 전생 경험, ⑦ 영적 안내자와의 교통 및 채널링channeling, ⑧ 근사체험近死體驗 · near-death experience[5], ⑨ 미확인 비행물체와의 근접 조우close encounters with UFO 경험, ⑩ 사로잡힘possession 상태가 그것이다. 임상적 정신병리 그리고 영적 응급spiritual emergency—Grof와 Grof(1990)가 개척한 영역인—으로 진단되는 것이 더 타당한 것 사이의 차이점들을 식별해내는 것과 관련한 자아초월 접근법들이 매우 많이 있다.

각 치료 회기를 위해 정의되어야 할 목표들과 관련하여 내담자와 치료자는 그들 자신만의 의제를 가질 것이고, 이러한 의제들은 협의된 것일 수도 있고 아닐 수도 있다. 하지만 일반적으로 말하자면, 치료자의 의제는 심리치료에 대한 좀 더 전통적이거나 인본주의적 접근들과 관련된 목표, 즉 최적으로 기능하는 것과 안녕을 지지하는 인간의 특성 및 특질을 함양하는 것과 같은 것들을 따를 수 있겠는데, 이러한 것들에는 행복, 낙관주의, 희망, 회복탄력성resilience, 용서, 창조성, 몰입flow 및 절정 경험, 정서 지능, 인내력, 자기효능감, 자부심 등과 아울러 보다 덜 전통적인 자아초월 목표들을 추구하는 것이 포함된다. 이런 관점에서 보면 자아초월심리치료는 인본주의 및 긍정심리학의 목표들과 매우 밀접하게 관련되어 있다고 할 수 있지만, 동시에 자기확장성self-expansiveness(Friedman, 이 책에서)이나 보다 높은 수준에서 기능하는 것higher functioning(Wilber, 2000)을 증진시키는 것과 같은 자아초월적 목표들을 다루는 것이 통상적으로 인본주의 및 긍정 심리학의 목표인 것은 아니다.

관계

내담자와 자아초월심리치료자 간의 관계는 자주 언어적 대화를 포함하는데, 자기탐색을 하는 동안 내담자들이 자신의 감정과 지각에 대해 피드백하는 것과 같은 것들이다. 이 관계는 치료 회기가 전개되면서 상호 간의 피드백을 포함할 수 있고, 또한 전이, 역전이, 저항과 같이 모든 심리치료에 공통적으로 잘 알려진 관계 현상을 인정하고 다룰 수도 있다(Descamps, 2006). 자아초월심리치료에서 핵심적인 부분은 치료자와 내담자가 서로 상

5) 본 용어에 대해서는 이 책 제4장 '자아초월심리학 비판과 그 너머'의 각주 참조.

호작용하면서 그들의 내적 세계(내 세계의 감정, 상징, 사고, 감각을 포함하여)와 더불어 내담자 및 심리치료자의 의식 둘 다에 면밀한 주의를 기울이는 것이 될 것이다. 이것은 또한 자주 문화적 및 사회적 환경에 주의를 기울이는 것을 지향하는 대부분의 심리치료보다 더 나아가는 것을 포함하는데, 특히 그러한 것들이 영성과 비일상적 경험에 해당할 때 그러하다. 비록 심리치료에 대한 상이한 접근들이 공통적인 관계 요인들에 의지함으로써 상대적으로 비슷한 영향을 갖는 것처럼 보이지만, 자아초월심리치료에서 종종 구축되는 강력한 심리치료 동맹은 영적이고 이상한 현상들을 수용하기 때문일 수도 있는데, 그러한 현상들은 전통적인 심리치료자들에 의해 다른 식으로 폄하될(또는 비현실적인 것으로 단순히 무시될) 수도 있다. 사실 이러한 동맹은 그와 같은 현상들을 경험하는 내담자에게 자아초월적 접근을 활용함으로써 치료 효과를 내는 데 핵심적일 수 있다.

몇몇 자아초월심리치료자는 또한 여러 가지 미묘한 에너지 경험을 하게 되면서 자신과 내담자 사이에 일어날 수 있는 정보 전달에 주의를 기울일 수도 있다고 주장하는데, 이러한 정보 전달은 에너지의 전이와 역전이로 보일 수 있다. 몇몇 자아초월심리치료자에게는 자아초월심리치료를 위한 환경이 신성한 공간처럼 느껴질 수도 있는데, 여기서 그들은 내담자의 가장 깊숙한 곳, "내담자의 내적 존재를 일깨우고 개방하도록 도울 수 있는… 그리고 내담자의 영혼의 중심psychic center을 개방하는 방향으로 작업을 할 수 있게 하는 공명을 통해"(Cortright, 2007, pp. 156-157) 경험되는 영혼의 영역을 만날 수 있다. 정말 몇몇 연구는 에너지 현상을 인식하면서 환자와 깊게 현존하는 것을 배우는 것과 더불어 미묘한(심령적인 것일 수도 있는) 현상들을 다루기 위하여 치료자가 일사불란하게 준비하는 것에 대한 자아초월심리치료의 강조는 또한 핵심적으로 중요한 것일 수 있다는 것을 증명하고 있는 것으로 보인다. 예를 들어, McCraty, Atkinson과 Tomasino(2001)는 몸에서 수피트feet 길이로 뻗쳐서 치료자와 내담자 간에 정서적 정보를 이전할 수도 있는 심장의 전 자기장이 존재한다고 언급하였고, Carpenter(2002)는 치료 회기 중에 치료자와 내담자 사이에 이례적인 교신이 발생할 수도 있다는 것을 보여 주었다.

자아초월심리치료 관계에서 또 다른 흥미로운 영역은 종종 시간의 경험과 관계되는데, 그것은 내담자와 치료자가 함께 주관적 수준에서 시간의 감속 또는 가속의 가능성을 수반한다. 이러한 유형의 현상들은 최면치료사들 사이에서는 일반적인 것으로 인정되는데, 최면 상태는 자주 시간 왜곡을 가져온다(Nash & Barnier, 2008 참조).

치료 회기

자아초월심리치료 회기는 Saldanha(1997)에 의해 확인된 몇 가지 일어날 수 있는 단계를 통해 다음과 같이 전개될 수 있다. 내담자는 증상 또는 고민을 **인정**acknowledge한다. 그것에 대한 어느 정도의 **확인**identification(예를 들면, 정서에 색깔, 무게, 모양, 크기를 부여하기)과 **직접적인 경험**direct experience을 통해 그것을 특성 짓는다. (과거의 외상과 신체의 긴장과 연합되어 있는 깊게 묻혀 있는 정서를 표현하는 것과 같은) 어떤 **정화**catharsis를 한다. 증상과 **비동일시함**de-indentifying으로써 어느 정도 거리를 만들고, (의식의 변환을 통해 발견되는) 내면의 지혜를 활용하여 골치 아픈 내용 또는 경험을 변형하며, 통찰, 새로운 의미 또는 삶의 새로운 자세를 발견하기 시작한다. 변화를 느끼는 것에 수반되는 어떤 개인적 **변용**transformation을 경험한다. 끝으로, 그 경험과 그 함의를 **상술**elaborate하고, 그 경험을 자신의 삶에 **통합**integrate한다. 치료 회기 동안 간단한 이완 기술은 내담자가 스트레스를 줄이는 것뿐만 아니라 내적 차원들(예를 들면, 신체적 느낌)에 마음을 열고 방어를 낮추도록 도울 수 있는데, 더 나아가 명상 기술은 더 나은 이득을 가져올 수도 있다(Donovan, Murphy, & Taylor, 1997). **홀로트로픽 호흡작업**Holotropic Breathwork과 같은 여타 심리 기술들은 내담자로 하여금 깊숙이 변환된 의식 상태에 접근하도록 도울 수 있다. 요약하면, 다수의 고전 및 현대 영성 수행은 자아초월심리치료 회기에서 이용될 수 있다.

정체성 및 발달

자아초월적인 그러나 정신병리적이지 않은 의식 상태는 인간의 자아개념의 다양한 수준에 깊은 변화를 만들어 낼 수 있다는 것을 최근의 작업이 보여 주고 있다(예를 들면, Cardeña & Winkelman, 2011). Ellsworth, Scherer와 Goldsmith(2009)는 감정이 사고에 영향을 끼치고, 또한 유기체가 자신의 환경에 대해 우호적인가 비우호적인가, 새로운가 익숙한가, 유쾌한가 불쾌한가, 조화되는가 모순되는가 등과 같이 평가하는 결과에 영향을 끼친다는 사실을 강조하였다. 실제로 감정은 외부의 물리-사회적 세계와 감각, 느낌, 인지, 의지 등과 같은 내면적 세계 둘 다에 대한 인간의 모든 평가evaluation에서 중요한 것으로 보인다. 하나의 유기체는 유쾌-고통과 위협-안전을 지각함에 따라 어떤 자극에 대해 다르게 반응할 것이다(Everly & Lating, 2002). 결론적으로, 감정은 언제나 평가와 연관되어 있고, 평가는 오직 어떤 기준standard에 대해서만 가능하다(예를 들면, 유기체의 생존을 위한 어떤 것의 중요성).

이 측면에서 정체성은 인간에게 중요한 것에 대한 가장 기본적인 기준을 구성하는 요소로 볼 수 있는데, 그것은 인간이 자신의 자기 개념self-concept에 대비되는 내부 및 외부의 거의 모든 것을 평가하기 때문이다. 예를 들면, 사람들이 그 자신을 도덕적인, 정서적인, 인지적인, 생물학적인 또는 영적인 존재로 지각하고 생각하는 방식은 다른 모든 것의 기본이 된다. 따라서 사람들이 자신을 오로지 자신의 몸으로만 믿고 느낀다면 그들을 습격하기 위하여 쥐어진 칼은 그들이 자신을 불멸의 영혼으로 믿고 느끼는 경우보다 더 정신적 외상을 입게 만들 것이다. 비슷하게, 누군가의 핵심적인 정체성이 우선적으로 아내라고 본다면 이혼의 가능성은 그 사람의 정체성이 이러한 사회적 역할이기보다 동정적이고 사랑하는 것에 주된 흐름이 있는 경우에 훨씬 더 고통스러울 것이다. 우리 각자가 의식적으로 신체, 감정, 인지를 통합하는 독특한 방식을 보여 주는 주요하게 눈에 띄는 단위는 정체성이다. 자아초월심리치료 접근법들은 종종 의식 상태의 변화는 정체성의 (적어도) 일시적인 변화를 동반하는데, 의식의 변화가 강력할수록 정체성의 가능한 변화는 보다 깊게 된다.

정체성은 저절로 일어나는 의식에서의 극적인 변환을 통해서 변화할 수 있다. Maslow(1968)가 자아초월심리의 발달에서 일찍이 논의하였듯이, 절정 경험은 사람들이 자신이 어떤 존재인가에 대해 생각했던 것을 강렬하면서도 긍정적으로 변화시킬 수 있다. 그와 같은 의식 변화의 가능성이 극적으로 발견될 수 있는 한 영역에 근사체험Near-Death Experiences: NDEs(Atwater, 2011)이 포함된다. 근사체험자NDErs는 종종 그들 자신에 대해 생각하는 방식을 바꾸고, 그들이 자신의 육체적인 몸 이상이라는 것 그리고 그들이 의식 있고 생각하는 존재로서 육체적 죽음에서 살아남으리라는 것을 빈번하게 느낀다. Belschner(2005)는 자아초월심리치료가 실재에 대한 현대의 표준적인 시각에 대립적으로 보이는 근사체험과 같은 비일상적 경험을 어떻게 다룰지에 대해 논의했는데, 근사체험자들은 종종 일상적인 삼차원을 넘어서는 비선형 시공 경험에 대해 기술하곤 한다. 근사체험자 그리고 다른 비일상적 경험자들은 종종 다른 이례적인 경험들에 대해 기술하는데, 물체와의 합체, 무한한 공간으로의 확장, 안정성이나 어떤 환경 의존에 대한 필요에 의해 필연적으로 제약되지 않는 상태와 같은 것들이다. 이런 측면에서 자아초월심리치료는, 특히 삶과 죽음에 대한 문제와 씨름하는 내담자를 돕는 데 잘 준비되어 있다(Hennezel & Leloup, 1997; Kubler-Ross, 1995; LeLoup, 2001; Simonton, 2002).

자아초월심리치료의 일환으로서 의도적으로 의식 상태를 변환하는 것은 정체성을 변화시키는 기회에 보다 깊고 빠르게 접근시킬 수도 있다. 자아초월심리치료를 위한 많은 방식과 기술은 이런 방식으로 작업하는 데에서 발견될 수 있다. 하나의 예로서 홀로트로픽 호흡작업(Grof & Grof, 2010)은 자아초월 영역에서 그 누구도 무시할 수 없는 하나의 접근법이다. Grof의 방식이 (시간이 흐르면서 심리치료 관계의 전형적인 발달과 함께) 어떤 전체적인 심리치료 접근법을 대표하는 것은 아니지만, 의식 상태의 극적인 변화를 진전시키기 위한 그리고 깊은 내적 경험을 위한 질적으로 수준 높은 방편들을 도입하고 있다. 이 개념들은 주산기周産期 · perinatal 경험의 중요성을 중심으로 하고 있는데, 이는 몇몇 연구에서 확인되었다(Chamberlain, 1998; Holmes, Morris, Clance, & Putney, 1996).

Grof(2010)의 작업은 일단의 퇴행 치료 방식과 관련된 것으로 볼 수 있는데, 그와 같은 것에는 TenDem(1996), Netherton과 Shiffrin(1979) 그리고 Woolger(2004) 등에 의해 개발된 것들이 있다. 이러한 방식들은 내담자들로 하여금 (그들의 전기적傳記的 삶이나 아마도 전생前生의 어떤 순간에서 비롯되는) 과거의 기억들을 경험할 수 있도록 해 준다. 이것은 외상 또는 즐거운 기억을 포함할 수 있는데, 이것들은 아마도 내담자의 개인적 성격을 더 잘 이해할 수 있도록 해 줄 것이다. 이러한 것들을 이끌어 내는 기술들은 변할 수 있겠지만(예를 들면, 최면, 호흡작업, 신체 접촉, 신체 증상의 과장, 심상화, 핵심 감정 또는 가정의 언어화), 그 기술들은 모두 치료 회기 동안 치료자가 내담자와 매우 밀접한 상태에서 상호작용을 유지한다는 것은 똑같다. 그러한 것은 현재 어떤 중요한 역할을 수행하고 있는 것으로 보이는 과거의 깊은 감정, 기억, 경험을 내담자가 탐색할 수 있도록 해 준다. 그다음에 치료자가 보조하는 가운데 그 내용과 경험은 내담자 내에서 어떤 지혜와 재再프로그래밍을 산출하는 데 활용되는데, 이러한 모든 순간에 내담자는 변환된 의식 상태에 있게 된다. 거기서 일어나는 강렬하고 밀접한 상호작용은 전형적인 자아초월심리치료 회기가 어떤 것이 될 것인지 보여 주는 좋은 본보기인데, 그것은 의식 변환, 즉 굉장히 감정적으로 될 수 있고 정화를 포함할 수 있는 치료 회기 동안의 깊은 통찰, 강렬한 상호작용, 재프로그래밍에 중점 두기, 삶의 새로운 의미 찾기 그리고 새로운 결정하기를 포함한다. 많은 경우 퇴행regression치료자들은 내담자들이 그들의 소위 내면의 치유자에게 진실로 접촉하게 된다는 것이지, 단지 정서적 문제에서 어떤 쉬운 탈출구를 찾거나 그들의 개인적인 에고의 두려움의 구조, 욕망, 여타의 정서적 내용물들을 확인해 주는 것에서 그치는 것이 아니라는 것을 확실히 함으로써 내담자들을 돕고자 노력할 것이다.

그와 같은 의식 변환의 치료적 효과의 하나는 아마도 전생을 포함할 수도 있는 심층 기억을 탐색할 수 있는 능력과 관련된다(Bowman, 1997; Stevenson, 1997; Woolger, 2004). 전통적인 심리치료자들이 그와 같은 가능성을 무시할 수도 있는 것에 반하여, 자아초월심리치료자들은 그와 같은 것들에 대한 가능성에 열려 있을 수 있다. 또한 주산기 경험에 따른 것일 수 있는 부적응적 양식들을 내담자가 조사하고 변화시킬 수 있도록 자아초월심리치료는 도울 수 있는데, 그와 같은 주산기 경험에 대해서는 Grof(2000)가 농축 경험Condensed Experience: COEX이라는 그의 체계를 통해 기술하였다. 이러한 COEX는 역동적인 기억 배열들constellations로 구성되어 있는데, 이들은 유사한 주제를 지닌다(Blin & Chavas, 2011). 자아초월심리치료에서 변환된 의식 상태 동안의 심리치료 관계는 내담자가 COEX 양식들을 현재의 경험으로 가져와서 내담자들이 그것들을 바꾸길 원하는지 여부와 언제 그렇게 하길 원하는지를 결정하도록 돕는다. 자아초월심리치료자들은 주산기 경험을 다루든 전생 경험을 다루든 그와 같은 변화를 촉진하는 것을 돕는 적절한 기술들을 제공하는 독특한 위치에 있다. 하지만 자아의 적응 및 증상 개선을 제외하고, 강조점은 내담자의 핵심인 **참나**Self 를 통한 심층적인 치유로 빛나는 건강을 얻는 것에 있는데(Wegela, 2003), 그것은 내적 확장, 지혜, 창조성, 환희를 포함할 수도 있다.

Grof(2000)를 비롯하여 퇴행치료를 다루는 여타 저자들의 중요한 공헌 중 하나는 자아초월심리학에서 전형적인 인간 발달에 대한 특별한 관점을 임상 현장에 제공하는 방식이다. Kasprow와 Scotton(1999, p. 12)은 자아초월 관점이 "유아기에서 성인기에 이르는 인간 발달의 통상적 단계들과 연계된 정신병리의 진단 및 치료"뿐만 아니라, "성인 자아의 단계를 넘어선 발달 단계들과 연계된 곤경들과도" 관련된다고 기술하였다. 예를 들어, Armstrong(2007)은 인간 생애의 12단계(출산 전부터 죽음, 죽어 감, 죽음 이후까지 포함)를 기술하였는데, 우리의 아기 몸으로의 여정을 '영의 하강spirit down' 부분으로, 인간 발달을 '몸의 상승body up'으로 묘사하였다. 그의 관점에서는 우리가 개인으로서 세상과 세상의 방식에 적응하고 우리가 영혼으로서 우리 내면의 유산을 기억해 내는 것을 우리가 경험하는 동안 우리의 발달은 두 가지 영향력, 즉 생물학과 영의 영향 아래에 있다. 우리는 여기에 자아초월의 관점은 실로 자아 이전의 시기, 즉 주산기周産期 · perinatal 또는 심지어 있을 법한 전생과 같은 시기까지에도 뿌리를 둔 병의 진단과 치료 또한 고려할 수 있다는 점을 추가하고자 한다.

Wilber(2000)의 모델은 임상가에게서 도출된 것은 아니지만 다수의 자아초월심리치료에 강력한 영향을 끼치고 있다. 그는 의식의 기능(지각하기perceiving, 욕망하기desiring, 원하기wanting, 행위하기acting), 의식의 구조(신체, 마음, 영혼, 영), 의식의 상태(경계vigilance, 잠, 꿈, 명상), 의식의 양태(심미적인, 도덕적인, 과학적인) 그리고 의식의 발달(전개인에서 개인, 초개인까지, 그리고 잠재 의식에서 의식, 초의식까지)을 연구하는 임무를 자신의 통합심리학integral psychology의 소임으로 삼고 있다. 이 이론은 임상가들이 그들 자신 및 내담자들의 경험을 다양한 발달 단계에 배열할 수 있는 조망을 제공한다. 감각운동, 정서적 환영, 표상적 마음(Piaget 용어로는 전조작기), 역할/규칙의 마음(Piaget 용어로는 구체적 조작기), 형식적 · 반성적reflective 마음(또는 Piaget 용어로는 형식적 조작기), 비전 논리vision logic, 심령psychic, 정묘subtle, 원인causal 그리고 최종적으로 비이원非二元 · nondual이 그것이다.

관련 연구와 미래의 동향

자아초월심리치료에 대한 증거는 보다 많은 전통적인 심리치료와 비교할 때 상대적으로 부족하다. 하지만 사례 연구들(예를 들면, Clinton, 2006; Deatherage, 1975; Galegos, 1983; Miller, 2005; Segall, 2005; Urbanowski & Miller, 1996)과 함께 여타의 조사 연구들(예를 들면, Clinton, 2006; Deatherage, 1975; Grepmair et al., 2007; Holmes et al., 1996; Peres & Nasello, 2007; Peres, Newberg et al., 2007; Peres, Simão, & Nasello, 2007)이 존재한다. 하나의 예로서 Grof(2000)의 모델은 박사 학위 논문에서 그 모델의 이론적 가치, 치료적 효능, 어떻게 자기발견을 도와줄 수 있는지, 두려움을 감소시키면서 동시에 자기확신, 사랑, 동정을 증가시킴으로써 유익한 삶의 변화를 가져오는지, 그리고 인간 정신의 원형적 심층을 밝히는 Grof 모델의 힘에 대한 지지적인 증거를 보여 주었다(Archambault, 2010; Binns, 1997; Brouillette, 1997; Cervelli, 2009; Hanratty, 2002; Pressman, 1993).

명상은 자아초월심리치료에서 가장 강력한 도구 중의 하나인데, 의식 상태를 변화시키고 확장하는 중요한 방법으로서, 그리고 내담자가 자기자각self-awareness을 증가시키고 그들이 정체성 구조에 거리를 두게 함으로써 동일시와 탈동일시를 익히도록 돕는 절차의 일부분으로서 활용된다. 예를 들어, Grepmair 등(2007)은 마음챙김 훈련이 치료의 유효성을 증가시킬 수 있다는 것을 증명하였는데, 동시에 그 훈련은 치료자에게서도 강한 자각의 현존을 낳는다. 이와 유사하게 연구에서는 초인지적 자각metacognitive awareness이 정서조절을 배우는 데 매우 중요한 역할을 할 수 있다는 것을 보여 주었다(Wells, 2000). 명상은 또한 치료자와 내담자 사이의 신뢰 관계 발달에 기여할 수 있다. 신경가소성neuroplasticity 및 인지행동 연구에서 증가하고 있는 증거는 심리 및 심신psychosomatic 장애에 대한 명상의 효용성을 증명하고 있다(Begley, 2008; Davidson, 2004; Davidson et al., 2003; Hirai, 1989; Johanson, 2006; Mace, 2007; Segall, 2005; Travis, 2006).

미래에는 자아초월심리치료에 대한 연구가 사전/사후 회기로 평가될 무선비교집단에 대한 좀 더 표준화된 연구에서 유익을 얻을 수 있을 것인데, 그러한 연구는 전통적인 심리측정도구와 분명하게 자아초월적인 심리측정도구 둘 다를 사용할 것이다(MacDonald,

Kuentzel, & Friedman, 1999a, 1999b). 이러한 연구들과 함께 치료 회기의 현상학을 상세하게 드러내면서 그 회기들을 심리학, 신경생물학 그리고 에너지 차원에서 진행되고 있는 현상들에 연결할 수도 있는 질적 연구는 유용한 것이 될 것이다. 진단 · 관찰monitoring · 성과 평가를 위한 질적 및 양적 도구의 도움으로 혼합 방법 연구는 내담자들이 서비스를 받을 때 일어날 수도 있는 과정들을 산출되는 결과물들을 포함하여 훨씬 더 상세하게 이해하는 데 또한 도움이 될 것이다.

의식 연구와 신경생물학의 전반적 영역에서 급성장하고 있는 연구는 미래에 자아초월 심리치료에 대한 이해를 위한 많은 희망을 제공하고 있다. 의식 상태와 아마도 에너지 상태 둘 다에 대한 새로운 측정 장치들은 자아초월심리치료자들로 하여금 더 나은 연구를 실행할 수 있도록 허용할 수도 있다. 자아초월심리치료 그리고 전반적인 자아초월 연구는 생체 자기제어biofeedback 및 관련 마음-뇌 기계들(예를 들면, 소리, 디자인 음악, 섬광 등을 활용하는 뇌파 동조 기계들; Haung & Charyton, 2008), 에너지 스캐닝 장치들(Korotkov, 2002 참조), 부양 탱크와 같은 강력한 환경 변화 장치들(Kjellgren, Lyden, & Norlander, 2008) 그리고 뇌 및 면역계 양측의 매개 변수에 대한 정교한 실시간 측정기들의 활용을 통해 진전하고 있는 기술에 의해 더 추동될 것으로 보인다. 더 많은 새로운 물질이 개발되고 활용됨에 따라 의식의 치료적 변경을 돕기 위한 가능한 후보로서 아마도 새로운 의식 변경 약제들이 기존의 것들에 추가될 것이다(Kolp, Krupitsky, Friedman, & Young, 2009; Mishor, McKenna, & Callaway, 2011; Nichols & Chemel, 2011). 이 모든 것이 또한 사회에 영향력을 가질 것으로 보이는데, 이는 아마도 단지 뼈와 세포의 구조물 내부에서 정보를 처리하는 신경neurons 덩어리 그 이상의 존재로서 인간에 대한 개념을 깊이 변화시키는 데 기여할 것이다.

마찬가지로, 자아초월심리치료는 실로 생리적으로 치료 효과를 증진시키는 데 선도적인 접근이 될 수도 있는데, 정신신경면역학psychoneuroimunology 및 관련 신경과학 영역의 지식은 급속하게 증가하고 있다. 의약품의 이중 맹검법에 의한 위약僞藥 · placebo 통제집단의 3분의 1 내외는 통상적으로 연구되는 약품이 제공할 것으로 기대되는 동일한 결과를 얻는 것으로 알려져 있다(Dienstfrey, 2005). 이는 내담자의 기대가 의료 처치의 성과에 깊은 영향을 끼친다는 것을 강력하게 시사하는 바이다(Simonton, 2002). 내담자는 또한 병을 촉진하는(부약否藥 · necebo) 믿음만이 아니라 건강을 촉진하는 믿음도 개발할 수 있다. Pert, Dreher와 Ruff(2005)에 따르면, 우리 몸은 신경펩타이드neuropeptides(뇌와 비非신경 조직에서 동시에 발견되는 작은 아미노산 사슬)의 심신 연결망을 지니고 있는데, 그것은 "살아 있는 정보처리기, 즉 의미를 지닌 메시지를 기관, 조직, 세포 그리고 DNA를 가로지르며 전달하는 수단으로서 기능한다"(p. 62). 신경펩타이드 수용기는 몸 어디에나 존재하고, 상기의 저자들은 정서가 "마음과 몸 사이를 연결하는 다리"(p. 63)라고 결론지었다. 따라서 면역 세포가 정서 기능과 정서 정보를 전달하는 것으로 알려져 있는 동일한 신경펩타이드들을 생산하고 수용하듯이, 의식 및 무의식의 정서가 건강에 영향을 끼친다고 주장할 만한 근거가 존재한다. 이러한 미개척 영역들은 자아초월심리치료를 포함할 수 있다. 예를 들면, Lancaster(2004)는 영적 전통들과 신경과학 사이의 대화가 의식과학의 발달에 매우 풍부한 결실을 가져올 수 있는데, 특히 의식 상태의 수많은 다양성과 미묘함의 특성을 기술할 필요성 차원에서 그렇다는 것을 지적하였다.

개인 및 사회적 차원에서 사랑 및 그것이 정신 및 신체 건강에 미치는 영향에 대한 가용한 지식은 또한 점점 더 정교해지고 있다(Rodrigues, 2008). 이것은 정치나 교육과 같은 기본적인 제도에 변화를 가져올 수도 있는데, 이는 의사 결정자들이나 교사들이 만약 사랑이 계발되고 촉진되고 훈육된다면 정신과 신체의 질병뿐만이 아니라 (사회적 질병인) 범죄를 감소시킬 수 있다는 것을 인시하기 시작하면서일 것이다. 또한 자아초월적 존재로서 특징짓는 인간에 대한 관점은 정치와 교육의 목표에 대한 주요한 개념들에 변화를 가져올 수 있을 것인데, 그것은 자각을 확대하는 방향으로 변화하고, 자유의지를 촉진하고, 의식을 확장하며, 문화적 협력을 발전시키는 것이다. 끝으로, 자아초월심리치료에서 얻게 되는 의식 확장의 정상적인 부산물(Maslow, 1968)로서의 가치 변화, 그것은 Roberts(1989), Kasprow와 Scotton(1999) 같은 저자들에게도 꽤 익숙한 것인데, 그러한 제휴concert에 추가될 것이다. 특히 보다 큰 사랑과 정신적 명료성을 향한 정체성과 가치의 변화는 지구의 자원을 모두 써 버리면서 환경 재앙을 점점 더 부추기는, 그 모든 대가를 치르면서도 자원에 대해 끝없이 자행하고 있는 착취(그리고 개인 및 기업의 부를 위한 경쟁)를 인류로 하여금 중단케 할 수도 있을 것이다. 그러한 것들 대신에 우리는 보다 위대한 협력, 연대, 나눔, 제품 재활용, 지식 등 이 모든 것이 자아초월적 치유에 의해 촉진되는 것을 발견할 수도 있을 것인데, 자아초월심리치료가 단지 개인 및 가족의 임상적 적용을 넘어서 사회 체제라는 보다 넓은 적용을 향해 폭넓게 적용될 수 있듯이 말이다. 그리고 임상적 영역에서 자아초월 경험은 더 이상 정신병리와 동의어가 아니라, 오히려 개인적 성장과 사회적 변화를 위한 시작 지점으로 취급될 것이다.

참고문헌

American Psychiatric Association (1994). *Diagnostic and statistical manual of mental disorders IV-TR*. Washington, DC: Author.

Archambault, D. R. (2010). Inner work is the hero's journey: Mythic interpretations of holotropic breathwork. *Dissertation Abstracts International*, *72*(11) 1142b (UMI #3475554).

Armstrong, T. (2007). *The human odyssey*. New York, NY: Sterling Publishing.

Assagioli, R. (1970). *Psicoss'intese*. São Paulo, Brazil: Editora Cultrix Ltda.

American Psychiatric Association (1994). *Diagnostic and statistical manual of mental disorders IV-TR*. Washington, DC: Author.

Archambault, D. R. (2010). Inner work is the her's journey: Mythic interpretations of holotropic breathwork. *Dissertation Abstracts International*, *72*(11) 1142b (UMI #3475554).

Armstrong, T. (2007). *The human odyssey*. New York, NY: Sterling Publishing.

Assagioli, R. (1970). *Psicoss'intese*. São Paulo, Brazil: Editora Cultrix Ltda.

Everly, G., & Lating, J. (2002). *A clinical guide to the treatment of the human stress response* (2nd ed.). New York, NY: Kluwer Academic Publishers.

Friedman, H. (2006). The renewal of psychedelic research: Implications for humanistic and transpersonal psychology. *The Humanistic Psychologist*, *34*(1), 39-58.

Friedman, H. (this volume). Transpersonal self-expansiveness as a scientific construct(Chapter 11).

Friedman, H. & MacDonald, D. (2002). Using transpersonal tests in humanistic psychological assessment. *The Humanistic Psychologist*, *30*, 223-236.

Galegos, E. (1983). Animal imagery, the chakra system and psychotherapy. *The Journal of Transpersonal Psychology*, *15*(2), 125-136.

Geels, A. (2011). Altered consciousness in religion. In E. Cardeña & M. Winkelman (Eds.), *Altering consciousness: A multidisplinary perspectives* (Vol. 1, pp. 255-276). Santa Barbara, CA: Praeger.

Grepmair, L., Mitterlehner, F., Loew, T., Bachler, E., Rother, W., & Nickel, M. (2007). Promoting mindfulness in psychotherapists in training influences the treatment results of their patients: A randomized, double-blind, controlled study. *Psychotherapy and Psychosomatics*, *76*(6), 332-338.

Griffith, B. A., & Griggs, J. C. (2001). Religious identity status as a model to understand, assess, and interact with client spirituality. *Counseling & Values*, *46*, 14-25.

Grof, C., & Grof, S. (1990). *The stormy search for the self: A guide to personal growth through transformational crisis*. Los Angeles, CA: Jeremy P. Tarcher.

Grof, C., & Grof, S. (2010). *Holotropic breathwork: A new approach to self-exploration and therapy*. Albany, NY: State University of New York Press.

Grof, S. (2000). *Psychology of the future*. Albany, NY: State University of New York Press.

Hanratty, P. M. (2002). Predicting the outcome of holotropic breathwork using the high-risk model of threat perception. *Dissertation Abstracts International, 63*(01) 0795B (UMI#3034572).

Hennezel, M., & Leloup, J. (1997). *L'art de mourir.* Paris, France: ′ Editions R. Laffont.

Hirai, T. (1989). *Zen meditation and psychotherapy.* Tokyo, Japan: Japan Publications.

Hitchcock, S. T., & Esposito, J. L. (2004). *Geografia da religiao.* Lisbon, Portugal: Lusomundo Editores.

Holmes, S. W., Morris, R., Clance, P. R., & Putney, R. T. (1996). Holotropic breathwork: An experiential approach to psychotherapy. *Psychotherapy, 33*(1), 114-120.

Huang, T., & Charyton, C. (2008). A comprehensive review of the psychological effects of brainwave entrainment. *Alternative Therapies in Health and Medicine, 14*(5), 38-50.

Johanson, G. (2006). A survey of the use of mindfulness in psychotherapy. *Annals of the American Psychotherapy Association, 9*(2), 15-24.

Johnson, C., & Friedman, H. (2008). Enlightened or delusional? Differentiating religious, spiritual, and transpersonal experience from psychopathology. *Journal of Humanistic Psychology, 48*(4), 505-527.

Jung, C. G. (1952): *Psychologie de l'inconscient.* Genève, Switzerland: Librairie de L'Université Georg & Cie.

Kasprow, M., & Scotton,B. (1999). A review of transpersonal theory and its application to the practice of psychotherapy. *Journal of Psychotherapy Practice and Research, 8*(1), 12-23.

Kjellgren, A., Lyden, F., & Norlander, T. (2008). Sensory isolation in flotation tanks: Altered states of consciousness and effects on well-being. *The Qualitative Report, 13*(4), 636-656. Retrieved from http://www.nova.edu/ssss/QR/QR13-4/kjellgren.pdf

Koenig, H. G., McCullough, M. E., & Larson, D. B. (2001). *Handbook of religion and health.* Oxford, UK: Oxford University Press.

Kolp, E., Krupitsky, E., Friedman, H., & Young, S. (2009). Entheogen-enhanced transpersonal psychotherapy of addictions: Focus on clinical applications of ketamine for treating alcoholism. In A. Browne-Miller (Ed.). *The Praeger International Collection on Addictions* (Vol. 3, pp. 403-417). Westport, CT: Praeger.

Korotkov, K. (2002). *Human energy field: Study with GDV bioelectrography.* New York, NY: Backbone Publishing.

Kubler-Ross, E. (1995). *Death is of vital importance.* New York, NY: Station Hill Press.

Lancaster, B. L. (2004). *Approaches to consciousness.* New York, NY: Palgrave MacMillan.

LeLoup, J. (2001). *Além da luz e da sombra.* Petrópolis, Brazil: Editora Vozes Ltda.

LeShan, L. (1984). *De Newton à percepc¸ ão extra-sensorial.* São Paulo, Brazil: Summus Editorial Ltda.

Louchakova, O., & Lucas, M. (2007). Self as the clinical category: Reflections on culture, gender and phenomenology. *Journal of Transpersonal Psychology, 39*, 111-136.

MacDonald, D. A., & Friedman, H. (2002). Assessment of humanistic, transpersonal and spiritual constructs: State of the science. *Journal of Humanistic Psychology, 42*, 102-125.

MacDonald, D. A., Kuentzel, J., & Friedman, H. L. (1999a). A survey of measures of spiritual and transpersonal constructs: Part one-research update. *Journal of Transpersonal Psychology,*

31(2), 137-154.

MacDonald, D. A., Kuentzel, J., & Friedman, H. L. (1999b). A survey of measures of spiritual and transpersonal constructs: Part two-additional instruments. *Journal of Transpersonal Psychology*, *31*(2), 155-177.

Mace, C. (2007). Mindfulness in psychotherapy: An introduction. *Advances in Psychiatric Treatment*, *13*, 147-154.

Maslow, A. (1968). *Toward a psychology of being*. Princeton, NJ: Van Nostrand.

McCombs, B. L. (1989). Self-regulated learning and academic achievement: A phenomenological view. In D. J. Zimmerman & D. H. Schmeck (Eds.), *Self-regulated learning and academic achivement. Theory, research, and practice* (pp. 51-82). New York, NY: Springer-Verlag.

McCraty, R., Atkinson, M., & Tomasino, D. (Eds.). (2001). *Science of the heart. Exploring the role of the heart in human performance*. Boulder Creek, CA: HeartMath Research Center.

Miller, D. (2005). Mandala symbolism in psychotherapy: The potential utility of the Lowenfeld Mosaic Technique for enhancing the individuation process. *Journal of Transpersonal Psychology*, *37*(2), 164-177.

Mishor, Z., McKenna, D., & Callaway, J. (2011). DMT and human consciousness. In E. Cardeña & M. Winkelman (Eds.), *Altering consciousness: Multidisplinary perspectives* (Vol. 2, pp. 85-120). Santa Barbara, CA: Praeger.

Nash, M., & Barnier, A. (2008). *The Oxford handbook of hypnosis*. New York, NY: Oxford University Press.

Netherton, M., & Shiffrin, N. (1979). *Past lives therapy*. New York, NY: Ace Books.

Nichols, D., & Chemel, B. (2011). LSD and the serotonin system's effects on human consciousness. In E. Cardeña & M. Winkelman (Eds.), *Altering consciousness: Multidisplinary perspectives* (Vol. 2, pp. 121-146). Santa Barbara, CA: Praeger.

Peres, J., & Nasello, A. (2007). Psychotherapy and neuroscience: Towards closer integration. *International Journal of Psychotherapy*, *43*(6), 943-957.

Peres, J., Newberg, A., Mercante, J., Simao, M., Alberquerque, V., Peres, M., & Nasello, A. (2007). Cerebral blood flow changes during retrieval of traumatic memories before and after psychotherapy: A SPECT study. *Psychological Medicine*, *32*, 1481-1491.

Peres, J., Simão,M., & Nasello, A. (2007). Espiritualidade, religiosidade e psicoterapia. *Revista de Psiquiatria Clinica*, *34*(supl. 1), 136-145.

Pert, C., Dreher, H., & Ruff, M. (2005). The psychosomatic network: Foundations of mindbody medicine. In M. Schlitz & T. Amorok, *Consciousness & healing*, (pp. 61-92). St. Louis, MO: Elsevier Churchill Livingstone.

Pressman, T. E. (1993). The psychological and spiritual effects of Stanislav Grof's holotropic breathwork technique: An exploratory study. *Dissertation Abstracts International*, *54*(08) 0795B (UMI #9335165).

Presti, D. E. (2011). Neurochemistry and altered consciousness. In E. Cardeña & M. Winkelman (Eds.), *Altering consciousness: A multidisplinary perspectives* (Vol. 2, pp. 20-41). Santa Barbara, CA: Praeger.

Roberts, T. (1989). Multistate education: Metacognitive implications of the mind/body psychotechnologies. *Journal of Transpersonal Psychology*, *21*(1), 83-102.

Rodrigues, V. (2008). L'Amour, la santé et l'ethique. *Synodies, Automne*, 36-45.

Rodrigues, V. (2010). On consciousness-modifying (transpersonal) psychotherapy. *Journal of Transpersonal Research*, *2*, 44-61.

Saldanha, V. (1997). *A psicoterapia transpessoal*. Campinas, Brazil: Editora Komedi.

Segall, S. R. (2005). Mindfulness and self-development in psychotherapy. *The Journal of Transpersonal Psychology*, *37*(2), 143-163.

Simonton, C. O. (2002). *The healing journey*. Lincoln, NE: Authors Choice Press.

Stevenson, I. (1997). *Reincarnation and biology: A contribution to the etiology of birthmarks and birth defects* (Vol. 1: *Birthmarks;* Vol. 2: *Birth defects and other anomalies*). Santa Barbara, CA: Praeger.

TenDam, H. (1996). *Deep healing: A practical outline of past-life therapy*. Vinkenbuurt, The Netherlands: Tasso Publishing.

Travis, F. (2006). Are all meditations the same? Comparing the neural patterns of mindfulness meditation, tibetan buddhism practice "unconditional loving-kindness and compassion", and the transcendental meditation technique. Paper presented at the Science of Consciousness Conference, Tucson, AZ. Retrieved from http://drfredtravis.com/Other%20Meditations.html

Urbanowski, F. B., & Miler, J. L. (1996). Trauma, psychotherapy, and meditation. *Journal of Transpersonal Psychology*, *28*(1), 31-48.

Walach, H. (2009). Spirituality: The legacy of parapsychology. *Archive for the Psychology of Religion*, *31*, 277-308.

Wegela, K. (2003). Nurturing the seeds of sanity: A Buddhist approach to psychotherapy. In S. Mijares (Ed.) *Modern psychology and ancient wisdom*. (pp. 17-42). New York, NY: Haworth Integrative Healing Press.

Wells, A. (2000). *Emotional disorders and metacognition*. Hoboken, NJ: John Wiley & Sons.

Wilber, K. (2000). *Integral psychology*. Boston, MA: Shambhala.

Woolger, R. (2004). *Healing your past lives*. Boulder, CO: Sounds True.

번역 출판

American Psychiatric Association (1994). *Diagnostic and statistical manual of mental disorders IV-TR*. Washington, DC: Author. (이근후 등 역. 정신장애의 진단 및 통계 편람. 서울: 하나의학사, 1995; 권준수 등 역. 정신질환의 진단 및 통계 편람: DSM-5. 서울: 학지사, 2015).

Assagioli, R. (1970). *Psicossíntese*. Sãn Paulo, Brazil: Editora Cultrix Ltda. (김민예숙 역. 정신통합: 원리와 기법에 대한 편람. 울산: 춘해대학출판부, 2003).

Begley, S. (2008). *Train your mind, change your brain*. New York, NY: Ballantine Books. (이성동, 김종옥 역. [달라이라마] 마음이 뇌에게 묻다: 당신의 뇌를 바꾸는 마음혁명. 서울: 북섬, 2008).

Grof, S., & Grof, C. (2010). *Holotropic breathwork: A new approach to self exploration and therapy*. Albany, NY: State University of New York Press. (김명권 등 역. 홀로트로픽 숨작업[가제]. 서울: 학지사, 근간).

Jung, C. G. (1952). *Psychologie de l'inconscient*. Genève, Switzerland: Librairie de L'Université Georg & Cie. (정명진 역. 무의식의 심리학: 우리도 모르게 우리를 지배하고 있는 무의식의 세계를 탐험하다. 서울: 부글북스, 2015).

Maslow, A. (1968). *Toward a psychology of being*. Princeton, NJ: Van Nostrand. (정태연, 노현정 역. 존재의 심리학 . 서울: 문예출판사, 2005).

Wegela, K. (2003).Nurturingtheseeds of sanity: A Buddhist approach to psychotherapy. In S. Mijares (Ed.) *Modern psychology and ancient wisdom*. (pp.17-42). New York, NY: Haworth Integrative Healing Press. (김명식, 최정윤, 이재갑 역. 현대 심리학과 고대의 지혜: 동・서양의 종교적 전통에서 유래한 심리학적 치유의 실제. 서울: 시그마프레스, 2006).

Wilber, K. (2000). *Integral psychology: Consciousness, spirit, psychology, therapy*. Boston, MA: Shambhala. (조옥경 역. [켄 윌버의] 통합심리학: 의식・영・심리학・심리치료의 통합. 서울: 학지사, 2008).

제 VI 부

자아초월적인 연구들

제33장 생태심리학과 자아초월심리학

제34장 자아초월심리학에 대한 페미니스트와 문화의 기여도

제35장 범위 넓히기
– 자아초월적인 사회 참여의 출현

제36장 고대 의학에서 나온 현대의 기적
– 자아초월적인 의학 접근들

제37장 자아초월적 경험과 예술
– 쇼베 동굴에서 월가 점령 시위까지

제38장 자아초월 교육

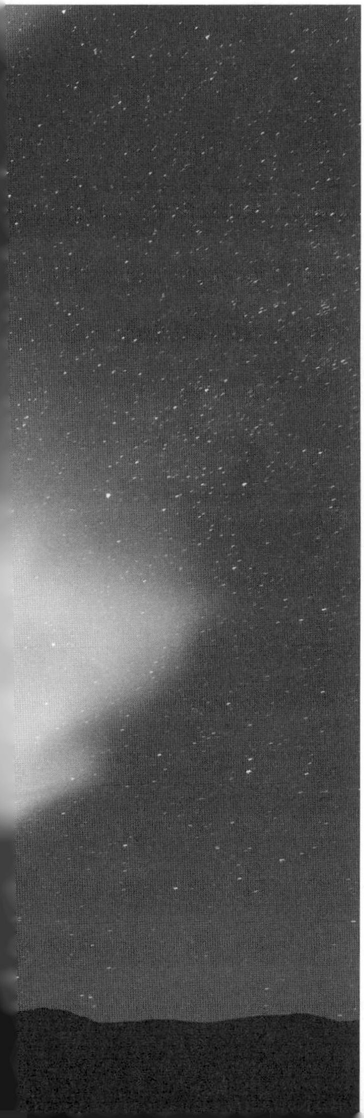

제 33 장

생태심리학과 자아초월심리학

John V. Davis, Jeanine M. Canty

생태심리학은 인간-자연 관계에 초점을 맞춘 연구와 수행의 분야들 중 하나이다. 생태심리학은 환경심리학, 보존심리학, 심층생태학deep ecology, 환경정의environmental Justice, 인간-자연 관계에 초점을 맞춘 다른 분야들과 공통점이 많지만, 인간과 환경 사이의 기본적인 연관 관계가 있다고 보는 관점과 **생태적 자기**와 **생태적 무의식** 같은 관계에 기초한 개념을 사용한다는 점, 자연계와 현상학적이고 감각적인 연결을 지향한다는 점, 자연을 몸소 체험함으로써 기대되는 치유 효과에 기초한 요법들(즉, 환경 요법ecotherapy)을 환경적인 행동과 생태적이고 개인적이며 공동체의 유지 가능성을 지향하는 수행과 통합한다는 점에서 구별된다. 이 장은 생태심리학의 역사적인 근원과 핵심 주제, 처음에는 급진적인 심리학으로 출현해서 더 공식적이고 포괄적인 영역으로 발달한 과정, 생태심리학에서 영성과 자아초월적인 개념의 역할을 탐색한다.

급진적 교육학처럼 생태심리학은 세계화된 사회를 적극 비판적으로 분석한다. 특히 서구 '선진국' 내의 사람들, 자연과 보다 친밀한 조화를 이루며 살고 있는 사람들과 단절되거나 그들을 지배하는 관계를 점검한다. 적절한 비판적인 분석은 기본적인 세계관의 변화와 깨어남, 아니 다시 깨어남을 위한 기틀을 제공하여 기계적인 세계관 내에서 침묵하다가 자연과 직접 만나는 순간 다시 새로워지는 자아정체성, 몸, 정서, 영혼의 국면을 포함하는 자연계와의 본래의 결속을 회복시킨다. 심오한 자기와 자연의 단절을 드러내고 (인간을 포함하는) 자연계와 다시 건강한 관계로 통합한다면 한 개인의 작은 자기와 이 세계의 보다 큰 참나 사이가 회복될 수 있는 길이 열린다.

생태심리학은 환경 교육과 활동에 보다 세련된 심리학적인 원리와 기법들을 접목하고, 자연계의 가치에 알맞은 심리치료적이고 교육적인 사고와 기법을 개발시켰으며, 생태적으로도 심리적으로도 건강한 생활 양식을 조정하는 데 기여했다(Doherty, 2009; Esbjörn-Hargens & Zimmerman, 2009; Roszak, 1992; Roszak, Gomes, & Kanner, 1995; Winter, 1996). 핵심 주제는 자기정체성을 다른 존재들에, 자연계에, 우주에까지 확장시키는 것이다. 생태심리학과 자아초월심리학이 공통된 기반을 가장 명확하게 공유하는 것이 여기다. 간략하게 말하면, 인간과 자연 모두는 자아초월의 전체성의 부분이다. 이런 정체성이 깊어지면 자아초월성, 자기실현, 최상의 인간 성숙에 이르게 되는 한편, 환경적으로 지속 가능한 태도와 행동을 보이게 된다.

기원과 역사

생태심리학의 뿌리는 세 가지가 얽혀 있다. 어떤 면에서 생태심리학은 환경적인 행동에 대한 관찰과 환경을 위한 태도와 행동을 변화시키는 데 보다 심리학적으로 세련된 접근을 하려는 필요성 때문에 성장했다. 특히 Roszak(1992)을 비롯한 생태심리학자들은 대개의 환경 운동가들이 그러하듯, 두려움과 수치심에 호소하는 행위는 장기간의 변화를 이끌어 내지 못한다고 생각했다. 오히려 사랑, 헌신, 자연과의 "심리-정서적인 결속"에 호소하는 것(Swan, 1992)이 필요했다. 동시에 자연계와 직접적인 접촉에 담긴 치유적 속성은 Greenway(1991, 1995), Foster와 Little(1980/1989a, 1989b)과 같은 사람들이 이끄는 인간 잠재력 운동으로 통합되고 있다. 이 접촉 자체에 대한 인식은 심리학적인 치유와 인간 발달 효과가 있어 이 연결을 깊어지게 하는 기법들로 이어진다. 생태심리학의 탄생에 기여한 세 번째 요인은 현대 산업화의 문화(Fisher, 2002; Roszak, 1992)적 변화에 대한 요구와 대개의 토착 문화는 이미 인식하고 있는 자연계와의 깊은 결속(Gray, 1995)에 대한 인식에서 비롯했다.

생태심리학의 근본적인 관점은 고대에서 비롯한 것이 틀림없지만, 생태학이라는 아이디어가 처음 명시적으로 부상한 것은 1960년대와 1970년대에 사회적 · 생태학적인 위기에 대한 자각이 일어나면서이다. 그 시기는 첫 **지구의 날**Earth Day과 시민의 권리와 여성주의 운동을 포함하여 계급적이고 압제적이었던 체계와 구조에 대한 일반적으로 비판적인 교육학적 분석이 특징이었다. 개인적인 것이 정치적이 되는 새로운 이야기narrative가 나오고 숱한 생태계 파괴를 목격하면서 그런 것들이 자신과 다른 사람들에게도 심리적인 두려움과 장애를 일으킨다는 것을 깨달았다(Conn, 1995; Glendinning, 1994; Macy, 1983, 1995). 환경 운동이 총력적으로 펼쳐졌고, 인간을 포함한 자연의 인간 지배에 대한 비판적인 분석에 뿌리를 둔 대안적인 분야들이 나타나고 있다. 이들 이야기narrative는 심층생태학, 에코페미니즘ecofeminism, 사회적인 생태학을 포함한다(Biehl & Bookchin, 2003; Chalquist, 2007). 이 환경 운동 분야들은 자연계와 우리의 파괴적인 관계를 보여 주었지만, 인간의 파괴적인 행동 이면의 심리적인 이유는 물론 치유를 시작하는 방법도 언급하지 않았다.

생태심리학 분야는 1970년대에 Theodore Roszak, Mary Gomes, Allen Kanner와 Robert Greenway의 연구로 가장 현저하게 명시적으로 발달했는데, 이로써 생태학과 심리학 사이가 좁혀지는 계기가 되었다. 이 이론가들은 환경보호론자들의 생태과학에 대한 지나친 의존과 심리적인 차원을 고려하지 않고 생태학의 위기를 언급하는 정치적인 행동 사이의 단절을 발견했다. 반대로 주류 심리학은 불안이나 병리적 증상, 다른 형태의 정신 질환들을 개인적인 영역으로 치부하면서 증가하는 지구의 황폐화나 자연을 직접 접촉하는 이로움에 대한 효과는 거의 고려하지 않았다. 생태심리학은 이런 두 가지 단절에 대한 응답으로 나타났다.

생태심리학의 이론과 실습이 처음 주안점을 둔 것은 자연과의 단절에 대한 원인과 결과를 밝히고, 자연계와의 타고난 관계 회복을 위해 나아갈 길을 제안하는 것이었다. 예를 들어 Fisher(2002)는 생태학을 심리학, 철학, 비판적인 분석, 치유 수행이라는 방법을 통해 전체 삶에 도움이 되는 급진적인 변화를 위해 진화하는 프로젝트로서 제안했다. 생태심리학은 환경의 위기를 현대의 산업화되고 기술적으로 문명화된 인간의 정체성이 자연계와 분리되어 이 행성을 인간이 소비하는 (단지) 물질적인 자원으로만 보도록 이끄는 데에서 겪는 심리적 위기에 뿌리가 있다고 본다. 그렇다면 주요 가설은 **이 위기는 현대 역사와 문화에, 대부분의 서구 문명을 포함하는 산업화 문명에 깊이 새겨져 있다고** 추정할 수 있다. 생태심리학의 비판 이론은 서구 문명이 자국 농업의 제도화에서 언어와 추상적인 사고의 역할, 기계과학의 역할로 식민지화에 이르기까지 단절을 초래함으로써 어떻게 환경 위기를 가중시켰는지 고찰한다(Abram, 1996; Anthony, 1995; Glendinning, 1994; Gomes & Kanner, 1995; Shepard, 1995). 생태심리학자들은 각각의 인간 정신을 자연계로 다시 내재화할 세계관과 수행으로의 변화를 요구한다.

개인 정신과 지구 정신의 통합은 인간성의 근본적인 개혁과 같이 보일 수도 있겠지만,

이 관계는 예나 지금이나 토착민의 근본이 되었다. Roszak(1995)에 따르면, "옛날의 모든 심리학은 '생태심리학'이었다"(pp. 5-6). 생태심리학은 이런 관계의 회복을 추구하고, 어떤 서술narrative에서는 현대 인류 역사에서 자연과의 유대를 가로막은 사건에 초점을 맞춘다. 특히 Shepard(예를 들면, 1995, 1998)와 Glendinning(1994)의 연구는 인간이 대규모 농업의 창안으로 성숙이 가로막혔고, 그 결과 우리와 자연계와의 공생에 금이 생겼다고 제시했다. Shepard는 이것을 **개체 발생의 손상**ontogenetic crippling이라고 이름 붙이고, 이것이 인간의 발달을 방해한다고 언급했다. 반면 Glendinning은 **근원적인 트라우마**original trauma의 개념으로 더 나아갔는데, 자연으로부터의 이 분리가 집단 트라우마가 되었다고 주장하였다. Doherty(2009)는 이런 관점들이 생태심리학의 첫 세대가 현대 문화를 비평하는 데 어느 정도 초점을 맞춘 것으로 보았다.

생태심리학의 두 번째 세대는 연구와 치유 요법에 좀 더 주목했다. 2009년에 창간된 『생태심리학 학술지』는 인간과 행성의 편안한 관계를 학문적으로 집중 연구 조사한 포럼을 제공하였다 2010년에 『유럽 생태심리학 학술지European Journal of Ecopsychology』가 뒤를 이었으며 또한 생태치료, 자연에 기초한 인간 발달 모델, 환경활동과 회복의 심리적 치유와 성장의 통합에 대한 수많은 독창적인 연구 프로젝트가 최근 몇 년 사이에 나타났다 (Buzzell & Chalquist, 2007; Chalquist, 2007; Louv, 2005; Plotkin, 2003, 2007). 이 작업은 생태심리학의 개념을 구체적인 치유 기법에 적용시키며, 자연에 기초한 현실로 재통합시키고 있다. Doherty(2009)는 생태심리학이 두 번째 세대의 조사, 이론, 응용에 적용되면서 반문화적이고countercultural, 전체론적이며holistic, 낭만적이고, 좀 더 자기 반영적이며, 다원적이고, 실용적이라는 인상이 덜해지고 있다고 제안했다. Doherty는 생태심리학에 대한 초기의 이런 견해를 거부하고 말 것이 아니라 확장할 것을 요구했다.

어떤 점에서 연구와 수행 중심의 이 운동은 Roszak을 비롯한 생태심리학자들이 초기에 발표한 생태심리학의 대단히 영적이고 신비로운 취향에 대한 과거 관심사를 충족시킨다. 예를 들어, Reser(1995)는 "유사 종교적인—그리고 종종 명시적으로 종교적인—담론의 특성"(p. 241)과 관련한 원인을 발견했고, "이 미사여구rhetoric는 영적인 연결과 변형에 대한 것으로 신성함과 의식의 사용에 대한 명료한 탐구가 있고, 이는 흔히 흙 마법earth magic과 정령 숭배 / 선험론 등으로"(p. 242) 나타난다. 비록 Reser를 비롯한 동조자들은 생태심리학에 지속적인 영향을 끼치는 자아초월주의의 가치에 대해 회의를 품었지만, 자아초월심리학과의 만남은 생태심리학의 다원성을 형성하는 중요한 측면이다. 생태심리학이 환경 요법, 환경심리학, 보존심리학, 환경에 초점을 맞춘 기타 심리학들과 유용한 접점을 발견한 것처럼, 자아초월심리학을 접목한 발전도 결실을 거둘 것이다. 최근의 약진으로 생태심리학은 보다 공식적인 반열에 올라섰지만, 현대 사회를 과격하게 비판하던 힘을 잃고 생태적인 자아의 변형적인 잠재력을 상실한 채 자연을 치유의 방편으로 보게 될 위험이 있다.

핵심 주제

인간-자연 관계의 이미지

생태심리학이 자연계와 인간의 정체성을 재통합하는 이미지와 개념을 옹호하는 것처럼, 자아초월심리학에도 그와 유사한 면이 있다. 대부분 생태심리학은 인간과 자연의 관계에 대해 두 가지 이미지가 나타난다. ① 가정으로서, 그리고 그 거주자인 가족으로서의 자연(예를 들면, 형제나 지구 어머니)과, ② 자기로서의 자연으로, 이는 비인간 세계를 포함하려는 넓어지고 깊어진 자기정체성이다. 이는 자연이 위험해서 통제하고 지배할 필요가 있다고 보거나, 자연은 개발하고 보호하고 보존하고 관리하는 유용한 자원이라고 보는 관점과 대조적이다. Jung은 인간 정신과 자연의 연결에 대해 비슷한 관찰을 했다(Jung & Sabini, 2002; Perluss, 2006). 이들 이미지는 또한 생명애生命愛 · biophilia의 개념, 인간이 자연에 느끼는 깊은 결속감과 유사하다(Kahn, 1999; Wilson, 1984).

Fox(1990)는 인간-자연 관계의 다양한 위상을 정리하여 **자아초월 생태환경**transpersonal ecology이라 불렀는데, 거기서 인간과 자연계 모두 보다 포괄적인 전체성의 일부이다. 인간-자연 관계에 대한 자아초월적인 관점은 이들 이미지를 포함할 수 있고, 그것들을 초월할 수 있다. 확장되고 보다 포괄적인 자기로서 자연을 생각하는 것은 인간-자연 관계의 좀 더 자아초월적인 관점을 개발하는 데 필요한 단계가 될 것이다. 그러나 이 확장된 자기가 궁극적인 이해는 아니다. 자아초월적인 관점은 유효하게 자기로서의 자연nature-as-self을 초월하여 가는 것이다. 그러한 자아초월적인 관점은 인간과 자연 모두 동일한 근거를 가진 존재라는 표현이다. 단일의, 즉 비이원의 상태에 대한 이해와 이 이해를 발전시키기 위한 수행practice은 따라서 자아초월심리학과 생태심리학을 효과적으로 통합하는 토대가 된다.

생태학적인 무의식, 자기, 정체성

이 용어는 인간과 자연이 다를 수 있음에도 인간과 자연은 근본적으로 분리되지 않는다는 이해를 말한다. Roszak(1992)은 인간의 정신을 생물계의 정신과 연결시키는 **생태학적인 무의식**의 개념을 소개했다. 전체론적이고 자아초월적인 의미에서 생태심리학은 생태학적인 위기의 맥락 안에서 개인의 영혼과 집단의 영혼에 대한 이야기이고, 모든 생명과 우리 내면과의 관계 회복에 대한 이야기이다. 이 **생태학적인 자아**는 생태학적인 무의식과 관련된 중심 개념이다. 최근에 몰두한 생태심리학자인 Naess(1989)가 만들었고, 생태심리학자들(Conn, 1995; Sewall, 1995)이 좀 더 발전시킨 생태학적인 자아는 **나**와 **다른 사람들** 그리고 **나**와 **자연** 사이의 경계를 없애거나 초월하는 방식으로 개인이 자신을 모든 생명과 동일시하는 것으로 자아초월심리학에서 말하는 참나의 개념과 유사하다. 자각, 자연에의 몰두, 여러 형태의 알아차림mindfulness을 통한 생태학적인 자기에 대한 성공적인 개발과 치유 수행은 자연계와의 재통합 그리고 개발되지 않은 인간의 자아초월적인 능력을 회복시키는 열쇠를 쥐고 있다. Thomashow(1996)의 연구는 그가 **생태학적인 정체성**ecological identity이라고 말한 것을 발전시킴으로써 생태학적인 자기를 지지하는데, 이는 자연 공간에서 거주했던 개인의 이야기를 밝히는 것이다. 이 개인적인 접근은 자연과 우리의 친밀한 관계에 대해 더 깊은 자각을 증진시키고, 그 결과 생태학적인 정신을 고무시킨다.

트라우마trauma,[1] 슬픔, 치유

비판적인 생태심리학은 단절되고 파괴적인 결과로 자연이 자연계와 동떨어져 사는 사람들에게 집단 트라우마를 드러내 보인다고 생각한다. 본질적으로는 이 집, 즉 보다 큰 자기로부터 분리된 이 사회는 그들의 참본성으로부터 분리를 지지한다. Glendinning(1994)은 이 과정을 **근원적인 트라우마**the original trauma(단절의 지점)와 **근원적인 모체**the primal matrix(건강한 인간 상태, 단절 이전)의 개념을 사용하여 설명했다. 근원적인 모체는 의식과 존재의 유동적인 상태로, 이는 "세상에서의 소속감, 안전, 믿음, 신뢰" "개인적인 통합의 느낌, 중심성, 능력" 그리고 "비일상적인 의식 상태에서 비전과 의미를 끌어내는 능력"을 포함한다(pp. 20-21).

공허감, 자아도취, 중독은 생태심리학 내에서 중요한 주제이다. 자연과의 관계 상실은 참나의 상실과 유사한데, 이는 자아를 "깊숙하게 자리 잡은 가면이지만 무가치하고 공허하다고 의식하지 못하는…자아도취"(Kanner & Gomes, 1995, p. 79)에 뿌리를 둔 잘못된 자기로 대체한 것이다. 본질적으로 본성과의 분리는 과도한 소비, 알코올과 물질 중독, 습식

1) 트라우마trauma는 외부에서 일어난 충격적인 사건으로 인해 발생한 심리적 · 신체적 · 정신적 외상을 말한다.

장애, 공동의존[2]共依存 · codependency, 기계중독, 다른 기타 형태의 학대와 자기비난 같은 병리적인 행동과 상처를 야기한다. 이들 중독은, ① 최소한 부분적으로 자연계와의 단절에서 발생하고, ② 환경에 극히 부정적인 영향을 끼친다는 점에서 생태심리학과 관련된다.

치유 과정을 시작하기 위해서 정서적인 고통과 슬픔을 경험하는 것은 또 다른 중요한 생태심리학의 주제이다. 이 과정은 생태학의 위기와 개인이 자연과 단절된 현실을 보고 받아들임으로써 자극된다. Macy(1983; Macy & Brown 1998)는 생태학적 위기와 그 고통을 차갑게 거부하는 태도의 위험에 정서적으로 반응할 필요가 있다고 했다. 고통은 그것을 느낄 때보다 큰 체계의 일부로 해소되고, 그것을 향한 자비심을 수행하는 것으로 절망은 권능으로 변형될 수 있다. O'Conner(1995)는 이 위기를 받아들여야만 우리가 생태학적인 위기가 발생하게 내버려 두는 이유를 포함하여 우리 인간 조건을 더 잘 이해할 수 있다고 했다. 이 과정은 Conn(1995)도 주장하는데, 그는 생태 지향 심리치료 작업으로 자각, 정서적인 반응, 이해, 행동의 네 가지 수행을 사용했다(pp. 166-170 참조). Windle(1995)은 환경주의자들이 성공하려면 자연에 정서와 같은 다양한 차원을 끌어들여야 하는데, 이는 사랑하는 대상을 애도하는 생태학적인 절망의 과정과 관련이 있다고 주장했다. 환경의 황폐가 인간 정신에 주는 충격, 보다 전반적으로 인간이 자연계와 단절되어 받는 상처와 충격은 많은 생태심리학자의 관심사이다.

수행

생태심리학은 수행보다 인간-자연 관계를 지향하는 특징이 있는데, 이는 대부분 다른 맥락에서 발견할 수 있다. 생태심리학은 인간과 자연계의 재연결을 요구하는데, 보다 정확하게는 재각성과 이 연결의 계발, 수행으로 이런 요구를 표현한다. 수행이 심리학과 자연계의 통합을 반영하고, 환경적 정의justice, 생태학적인 유지 가능성, 인간의 발달을 촉진시키는 면에서 생태심리학이라고 할 수 있다. 그렇듯 광범위한 접근이 가능하기에 넓고 다양한 수행법이 생태심리학의 틀로 나타나는 것은 놀라운 일이 아니다. 이 다양성은 크게 세 가지 범주, 즉 알아차림 수행, 환경적인 작업, 생태 요법으로 나눌 수 있다.

자연계와 인간 본성의 관계에 대한 자각 증진이 목표인 이 수행은 감각 자각, 알아차림

2) 공동의존codependency은 가족 중에서 알코올/마약 의존증 환자가 있을 때 그 가족에게서 볼 수 있는 생활 문제 해결의 기능 부전으로, 남에 대한 과도한 책임감 등을 특징으로 한다. 또한 내면의 깊은 공허감을 채우려는 시도로 사람들에게 집착하는 것을 말한다. 그것은 상실된 정체성이며, 자기와의 관계가 없는 상태로 역기능적인 산물이다.

수행, 지도 만들기, 자연계, 동물, 식물, 지형과 소통을 가능케 하는 기술이 포함된다(예를 들면, Abram, 1996; Coleman, 2006; Devereux, 1996; Metzner, 1999; Plotkin, 2007, 2013; Sewall, 1999). 알아차림 수행에 관련하여 은유와 상징으로 작업하는 방법, 확장된 자각의 수단으로 자연을 사용하는 방법도 있는데, 자연을 투영 장치와 반영 장치로 사용하는 것이 그에 해당한다. 그중에는 자연에 대해, 자연 속에서 자각을 증진시키는 수단으로 전통적인('원초적인' 또는 '생존적인') 기술을 훈련하는 것도 포함시킬 수 있다. 생태심리학은 또한 환경적인 행동의 근원을 더 깊이 이해하는 데 이바지한다. 이것은 다음과 같은 환경 교육에 반영되어 왔다. 복원과 재건 작업, 환경적인 태도와 생활 양식의 촉진, 경제적 · 사회적 · 심리적인 유지 가능성, 생태계 우선주의, 적절한 기술에 근거한 재지역화의 옹호와 입증이 그것이다. 이런 활동의 명확한 예는 심리적인 치유와 발전을 동시에 추구하는 환경의 복원에서 찾을 수 있다. 좁은 의미에서 생태 요법은 자연을 심리 평가의 요소로 사용하기(예를 들면, 심리 평가에 개인이 자연과 함께한 역사와 자연계에 대한 태도 포함하기), 자연의 대상과 심리치유에 대한 은유를 사용하기, 자연에 대한 힘든 정서 다루기(자연에 대한 두려움, 절망, 슬픔 그리고 환경 황폐에 대한 분노 포함하기), 자연과의 직접적인 접촉을 장려하기 같은 방법으로 자연계를 상담과 심리치료 장면에 통합시키는 것이다. 넓은 의미에서 생태 요법은 자연을 치료와 발달의 자원으로 이용하고 자연계와 더 깊은 결속을 촉진하는 여러 방법을 포함한다. 그러한 수행은 정원 가꾸기와 원예치료, 동물원호援護 요법[3]animal-assisted therapy과 교육, 지역 유대place-bonding 실습, 야생 요법wilderness therapy과 야외 모험 상담, 야생에 근거한 통과 의례와 같은 야생 집중, 자연과 관련된 무속 의례 작업을 포함한다. 아주 많은 수집물을 체계적으로 정리해 놓았을 때처럼 많은 요법은 이 세 가지 범주의 경계를 넘나든다. 예를 들어, 지구-중심 축제와 계절 축제, 인간-자연 관계에 중점을 둔 표현 예술, 생태심리학의 맥락 내에서 사용될 생태 극장 등이 그렇다.

아주 광범위하고 포괄적인 요법 목록 때문에 생태심리학은 집중력과 의미를 상실할 위험에 처한다. 그런 까닭에 생태중심주의처럼 생태심리학적 가치의 증진을 강조하고 가족, 가정 또는 좀 더 포괄적인 자기의 은유에 근거한 인간-자연 관계의 관점을 강조하는 것을 지극히 중요하게 여긴다. 자연에 근거한 알아차림 수행은 그것이 인간 의식과 자연의 근본적인 상호 연결이 바탕이 될 때 생태심리적이고 전통적인 생존 기술을 배우는 것이 학습자와 자연계 사이에 보다 깊은 결속을 촉진시키는 정도까지를 생태심리학으로 간주할 것이며, 환경의 복원은 개인의 행동이 하나의 전체성에 대한 두 면처럼 자연의 영역과 내

3) 동물원호 요법animal-assisted therapy은 동물의 도움을 받는 치료이다.

면의 발전을 지지할 때 생태심리학을 반영한다. 이런 가치들을 명심해야만 생태심리학의 수행은 창조적이고, 논리적이며, 유용한 방식으로 계속될 것이다.

생태심리학의 자아초월적인 면

공통 이론의 기반

생태심리학 내의 다수 영향력 있는 목소리들이 영성과 자연 신비주의를 빈번하게 언급하며 그 핵심에 자아초월적인 관점을 포함시켰다. 최근 출간된 생태심리학 책(Kahn & Hasbach, 2012)은 생태심리학의 다섯 가지 핵심 지향 중 하나로 자아초월적인 측면을 인정했다. "자연과의 상호작용은 최상의 정신건강으로 이끌고, 내면의 평화와 자비심, 봉사로 향하도록 떠미는 믿음을 개발하도록 도와 우리로 하여금 마침내 자아초월에 이르게 한다"(Hasbach, Kahn, & Doherty, 2012, p. 2).

생태심리학과 자아초월심리학의 연결이 늘 인정받거나 받아들여지는 것은 아니지만, 비이원성의 관점은 양쪽이 공유하는 듯하다(Davis, 2011). 자아초월심리학의 기저에는 분리된 독립체로서 개인을 초월하는 자기동일시가 깔려 있다. 비록 자연과 이 초월성의 범위에 대해 이견이 있을지라도, 그것은 자아초월심리학의 다양한 핵심 개념의 근간이고, 비이원성, 전체론holism, 통합의식, 신비 경험, 절정 경험, 자기초월, 집단 무의식, 영적 지성, 자아초월이 포함된다(예를 들면, Caplan, Hartelius, & Rardin, 2003 참조).

생태심리학에서 비이원성의 역할은 일반적으로 덜 명시적으로 말하고 있지만, 그것이 핵심이다. 생태심리학의 주안점에서 인간과 자연의 관계는 매끄러운 상호 연결이 특징이다. 인간과 비인간계의 차이점은 중요하지만, 이 상대적인 차이는 참나무와 단풍나무의 차이가 중요하지 않은 것과 같다. 같은 나무에서 달린 다른 잎들이나 하나의 바다에서 일어나는 개별적인 파도의 생태학적 이미지는 인간-자연 관계의 생태심리학적인 관점을 묘사하는 데 종종 사용된다. **생태학적인 자기**, **생태학적인 동일시**, **생태학적인 무의식** 같은 생태심리학의 핵심 개념은 개별성을 초월한 자기동일시의 증거가 된다.

Theodore Roszak의 『지구의 목소리The voice of the earth』(1992)는 생태심리학에서 중요한 책인데, 그것을 자연신비주의, 페미니스트 영성에 연관시키고 다음과 같이 결론지었다. "행성의 안녕과 개인적인 안녕 사이의 상호작용은 전통 신학의 함축적 의미로 신중히 선택된 표현이다"(p. 321). Snell, Simmonds와 Webster(2011)는 생태심리학에 대한 Roszak

의 연구를 재검토했고, 영적인 경험은 생태심리학에 대한 그의 발표에서 중요한 주제라고 결론 내렸다. 그들은 또한 Roszak이 자신의 주장이 수용되지 못할까 봐 영성이라는 말을 피했다고 지적했다. 그들은 "생태심리학에서 Roszak의 기여도나 생태심리학과 관련한 그의 표현에서 영적 경험의 중요성을 설명하는 것은 신중해야 할 것"(p. 112)이라고 결론지었다. Warwick Fox의 『자아초월적인 생태환경을 향하여Toward a transpersonal ecology』(1995)도 생태심리학과 자아초월심리학의 교차점을 말하고 있다. 비록 이 책의 1990년 초판이 Roszak(1992)의 생태심리학의 주요 발표보다 앞설지라도 Fox(1990)가 Roszak의 초기 연구에서 몇 가지 점을 인용했고, "생태학적인 의식의 형성을 '영적인' 또는 '준종교적인' 용어로 보는"(p. 52) 작가들의 목록에 Roszak을 포함시켰다. Greenway(1995)는 자연계로부터 "단절된 존재에 대한 스며든 느낌의 근원"으로서 이원론을 지적(p. 131)했고, (비이원성이나 통합 지각과 대조되는) 그러한 이원론은 서구 문화의 지배와 착취, 인간 거주지 파괴의 근원에도 있으며, 이는 "종으로서 생존에 대한 매우 기본적인"(p. 131) 것이다. Fisher의 『급진적인 생태심리학Radical ecopsychology』(2002)은 또 다른 생태심리학 분야에 대한 공식적인 연구로, 몇몇 예에서 영성을 인간과 나머지 자연의 재결합과 사실상의 동의어로 생각했다(p. 97). 이는 효율적인 환경활동에 종사하기 위해서 환경적인 고통을 깊이 마주하는 데 필수적인 기초이다(pp. 190-191). Deborah Winter의 『생태환경심리학Ecological psychology』(1996)에서는 '행성과 자기의 분열 치유Healing the split between planet and self'라는 소제목으로 이 분리가 근원이 아니라고 제안하였는데, 이는 치유가 필요한 상처이고, 이 분리를 합하는 게 인간과 비인간인 행성 모두에게 도움이 된다고 마무리하였다. 그녀는 Roszak의 생태심리학과 Fox의 자아초월적인 생태환경을 생태심리학과 자아초월심리학의 통합이 발전하는 예로서 인용했다. Winter는 다음의 방식으로 이 분야에 대한 논의를 요약했다.

> 게슈탈트와 자아초월 심리학(그리고 생태심리학과 자아초월적인 생태환경의 최근의 형태) 양쪽에서 끌어낸 이 기본적인 원칙은 자율적인 존재를 분리시키는 것만큼 우리 자신의 일상적인 경험이 불완전하고 부정확하다는 것이다. (이것을 인식하는 것은) 더 작고, 자율적이고, 에고중심적인 자기에서 더 넓고 더 깊은 생태학적인 자기로의 의식(자아초월의 강조) 전환… 을 요구할 것이다. 자아초월심리학자, 생태심리학자, 자아초월생태학자는 그런 변화가 인식의 문제 이상이라고 주장한다. 이 또한 직접적인 인식 또는 영적인 문제이다(p. 264).

자아초월심리학자에 대한 특별한 관심에 대해 Wilber(1996)는 자연의 신비주의를 자아초월적인 발달의 첫 수준에 대한 표준사례라고 언급했고, 보다 넓은 장소를 "자아의 탐욕을 이완"하고 최상의 심리적인 건강과 변형을 추구하도록 "초대하는 장소"라고 알아보았으며 (p. 291), 자연에 대한 깊은 경험을 신비로운 경험과 매우 건강한 인간 발달의 예로서 인용했다. 그는 자아초월적이고 생태학적인 자기에 대한 심오한 생태학자(그리고 아마 생태심리학자)의 관점에 대한 글쓰기를 자기 자신이라 불렀다.

> 그들의 연구에 대한 엄청난 팬. 그들은 현대 세계에 중요한 메시지를 던진다. 모든 본성을 받아들이는 깊은 참나를 발견하는 것, 따라서 당신 자신의 존재를 경외하듯 그런 똑같은 마음으로 자연을 대할 것이다(Wilber, 1996, p. 204).

그가 심오한 생태학자들은(그리고 아마도 생태심리학자들 역시) "기본적으로 반은 옳고 반은 틀렸다(아니면 정말 불완전하다)."라고 생각했다는 것 또한 언급해야겠다. 그의 비판에 응답하는 것은 이 장의 범위를 벗어나지만, 그것들은 자아초월적인 사고와 생태심리적인 사고의 관계에서 주목할 가치가 있다(Davis, 1998과 비교하라, pp. 77-79 참조).

자연에서의 자아초월적인 경험에 대한 연구

생태심리학과 자아초월심리학의 공통점은 경험 연구에서도 증명되었다. 많은 연구에서 인지적 회복, 스트레스 완화, 활력, 이타주의 같은 다양한 정신건강의 척도와 자연 경험 사이의 관련성을 확인했다. 이들 정신건강의 요소들이 반드시 자아초월적이라고 할 수는 없지만, 생태심리학자들의 관심사인 것만은 분명하다. 이와 관련하여 자연이나 영성, 종교와 관련된 각종 문헌에서 자연 경험의 영적・자아초월적인 측면과 유사한 점을 찾아내어 상세히 분류하고 확증하는 연구를 보면 알 수 있다.

Kaplan과 Talbot(1983; Kaplan과 Kaplan, 1989 참조)은 도시 젊은이와 성인을 대상으로 하는 일련의 야생 프로그램을 평가했다. 참가자의 일지를 내용 분석한 결과는 다음과 같다.

- [배낭여행 동안] 많은 참석자가 신의 계시를 받는 듯한 놀라운 느낌을 받게 되었는데, 이는 환경과 자기가 모두 새삼 새롭고 경이롭게 느껴지는 경험이다. 야생은 경외심과 놀라운 느낌을 불어넣어 주고, 환경과 개인의 친밀한 만남은 영적인 의미와 영겁에 대한 사색으로 안내한다. 사람들이 자신의 생각과 느낌에 더 친숙해지고, 뭔가 '다

른' 느낌, 고요하고 자신과의 관계가 평화롭고, '내면이 더 아름다워지고 시원해지는 느낌'을 경험한다(Kaplan & Talbot, 1983, p. 178).

- [여행 직후] 자연의 아름다움에 대한 감수성이 증가하고, 자연과 하나된 느낌과 함께 항구한 자연의 리듬에 비하면 인간의 걱정이 얼마나 부질없는지 깨닫게 되면서 영적 의미에 대한 복잡한 의식이 생긴다(pp. 179-180).
- [이후에] 야생은 경외로 기억되고, 야생에서 진짜 세계를 짧지만 강렬하게 접촉할 수 있었고, 주변 환경을 이해하고 일상의 기회와 도전에 응답하는 방법을 얼핏 알게 된 듯 느껴지는데, 그것은 대단한 만족감을 준다(p. 182).

다른 경험 연구 또한 자연 경험과 자아초월심리학의 중심 개념이 연관되어 있음을 보여 준다. 몇몇 경험 연구는 자연 경험과 절정 경험peak experience(Maslow와 다른 사람들에 의한 자아초월 경험에 대한 표준 사례) 사이의 관계를 검증했다. Wuthnow(1978)는 대규모의 표본 조사에서 절정 경험에 대해 세 가지 정의를 사용했다. 그들은 '당신이 어떤 신성한 존재를 아주 가까이에서 대한 듯한 느낌을 받은 적이 있는지' '자연의 아름다움을 아주 감동적으로 경험한 적이 있는지' 또는 '우주와 조화를 이룬' 느낌이 있었는지에 대한 응답을 요구했다(p. 61). 표본의 82%가 자연의 아름다움에 감동할 때 세 가지 경험을 하는 것이 가장 보편적이었고, 49%는 이 경험이 삶에 지속적인 영향을 끼친다고 느꼈다. Keutzer(1978)가 대학생들에게 초월의 경험을 한 적이 있는지 물었을 때 65%가 긍정적인 대답을 했는데, 여기서 주목할 점은 '석양과 같은 자연의 아름다움'이 그 계기였다는 공통된 응답이 대부분이었다(p. 78). 이 결과를 비교문화적인 차원에서 확인한 Hoffman과 Muramoto(2007)에 따르면, 일본 대학생들의 표본은 자연 경험이 절정 경험의 첫 번째 또는 두 번째 계기였다는 공통된 응답을 했다. Shiota, Keltner와 Mossman(2007)은 자연이 경외의 경험에 대해 대부분 공통적인 계기가 된다고 밝혔고, 이는 절정 경험과 영적인 경험의 특징이다. Rudd, Vohs와 Aaker(2012)는 경외의 경험은 행복과 같은 다른 긍정적인 정서와의 비교에서 사람들을 현재의 순간으로 데려갔고, 시간 감각을 확장시켰으며, 친사회적인 행동 자발성을 높이고, 물질적인 대상보다 경험을 더 선호하게 하고, 삶에 대한 만족도를 높였다고 밝혔다. 특히 이 연구는 경외감을 이끌어 내기 위해 (다른 기법 사이에) 폭포나 고래 같은 자연의 이미지를 사용했다.

Lukoff와 Mancuso(2009)에 따르면, 캘리포니아 전역에서 실시한 정신건강서비스 조사 결과 정신건강에 가장 도움이 되는 영적 수행은 (23가지 선택 중에서) 기도, 명상, 종교 봉사에 참여하기, 자연에서 시간 보내기 순이었다. 응답자의 43%가 정신건강에 이르는 영적 수행으로 자연에서 시간을 보내는 것을 꼽은 것은 자연 경험과 영성, 정신건강 사이의 밀접한 관계를 보여 준다. 다른 경험 연구(예를 들면, Frederickson & Anderson, 1999; Stringer & McAvoy, 1992)에서는 거친 자연에서 행하는 모험활동이 주는 영적인 경험을 밝혔다. 전반적으로 모험 요소와 거친 자연 둘 다 자아초월 유발의 역할을 하는 듯하고, 사람들이 거친 자연 경험에 참여하는 근본 이유 중 하나는 자아초월 경험의 추구이다(Brown, 1989).

처음부터 생태심리학자들(그리고 다른 사람들)은 자연과 연결된 느낌과 환경적인 행동 사이의 관련성을 제안했지만, 이 연결성을 여전히 잘 이해하지 못하는 터에 그에 대한 연구가 그 증거를 보여 주고 있다. '자연과의 연결성'(Mayer & Frantz, 2004)과 '자연과의 관련성'(Nisbet, Zelenski, & Murphy, 2009)에 대한 경험 측정은 비인간 종non-human species에 대한 가치가 강해지고, 환경에 대한 걱정도 커지고, 환경활동이 더 활발해질 것으로 예견한다(Schultz, 2001). **생태학적인 자기**와 **생태학적인 동일시**의 개념이 자연과 좀 더 깊고, 좀 더 심오한 관계를 제안할지라도 정서적인 연결감과 자연과의 관련성은 여전히 생태심리학과 관계가 있다. Friedman(1983)은 자기에 대한 확장된 감각은 전체 세계, 즉 우주와의 동일시를 포함할 수 있다고 밝혔고, St. John과 MacDonald(2007)는 자연 포괄적 척도nature inclusive measure를 사용하여 **생태심리학적인 자기**를 구체적으로 측정함으로써 이 확장에 자연계를 포함할 수 있음을 보여 주었다. 이 전도유망한 연구가 제기하는 것이 바로 자아초월적 발달의 중요한 측면이다. 자연계까지 포함하는 자아정체성과 자연과의 일체감 또는 하나된 느낌은 생태심리학의 핵심 주제를 실증적으로 입증하는 것이다.

이런 경험들은 자아초월심리학의 토대이자 생태심리학과 자아초월심리학이 연관되어 있다는 것을 입증한다. Griffin(1978) 역시 그처럼 매우 자아초월적인 통찰을 시적으로 표현했다.

> 우리는 우리 자신이 이 지구에서 만들어졌다고 알고 있다. 우리는 이 지구가 우리의 몸들로 만들어졌다고 알고 있다. 우리에게서 우리 자신을 본다. 그리고 우리는 자연이다. 우리는 자연이 보고 있는 자연이다. 우리는 자연의 개념과 일치하는 자연이다. 자연이 눈물을 흘리고 있다. 자연은 자연에 대한 자연의 말씀이다(p. 226).

우리는 인간이지만 자연을 돌보는 자연이기도 하다. 이것은 인간-자연 관계와 친환경 행동을 발달시키는 기법에 대한 비이원적인 관점의 환경책임 행동 모델을 제안하는 것으로, 앞으로 생태심리학이 나아갈 방향이다.

결론

생태심리학은 주류 심리학과 기술을 포함한 관습적인 문화 그리고 자연을 점점 더 낭만적인 관점으로 보는 풍조를 거부하는 등의 다양한 이유로 시작되었다. 그리고 발전을 거듭하여 이제는 환경 요법과 환경 행동을 강조하는 데까지 관점을 넓히게 되었다. 이 반가운 성장은 환경 유린의 문화적 뿌리에 대한 사려 깊은 비평과 인간-자연 간 자아초월적 차원의 중요성을 가치 있게 여기는 한에서만 유용할 것이다. 자아초월 차원과 거리를 두는 것 자체가 인간과 자연 사이의 신비한 연결의 중요성을 거부하며 기계적인 세계관과 인간-자연의 이원성이 되풀이될 것이다. 포괄적인 생태심리학은 문화-정치 비평, 양적 연구와 질적 연구를 두루 섭렵해서 얻은 결론, 환경 요법의 풍부한 응용, 환경 태도와 행동에 심리적으로 성숙한 접근을 포함할 것이다. 결론적으로 이 두 영역은 공통점이 많으며 서로 잠재적인 기여를 한다. 자아초월심리학이 생태심리학에 기여한 부분 중에는 방법론적으로 정밀하고, 개념적으로 세련되며, 보다 효과적인 방법으로 인간-자연 관계의 영적인 차원을 탐색하기 위한 개념적인 틀과 수행이 있다. 반대로 자아초월심리학은 냉담과 폭력, (자신이나 타인을 향한 것이든, 환경을 향한 것이든) 트라우마로 이끄는 요인에 대한 생태심리학의 비평 그리고 자아초월의 통로로서 자연계를 알아차리기 위한 생태심리학의 관점과 방법을 채택하여 도움을 받을 수 있다.

참고문헌

Abram, D. (1996). *The spell of the sensuous: Perception and language in a more-than-human world*. New York, NY: Vintage Books.

Anthony, C. (1995). Ecopsychology and the deconstruction of whiteness. In T. Roszak, M. E. Gomes, & A. D. Kanner (Eds.), *Ecopsychology: Restoring the earth, healing the mind* (pp. 263-278). San Francisco, CA: Sierra Books.

Biehl, J., & Bookchin, M. (2003). Theses on social ecology and deep ecology. Retrieved from the Institute for Social Ecology http://www.social-ecology.org/1995/08/ these-son-social-ecology-and-deep-ecology/

Brown, M. (1989). Transpersonal psychology: Facilitating transformation in outdoor experiential education. *Journal of Experiential Education*, *12*, 14-21.

Buzzell, L., & Chalquist, C. (2007). *Ecotherapy: Healing with nature in mind*. San Francisco, CA:

Sierra Club Books.

Caplan, M., Hartelius, G., & Rardin, M. A. (2003). Contemporary viewpoints on transpersonal psychology. *Journal of Transpersonal Psychology, 35*, 143-162.

Chalquist, C. (2007). *Terrapsychology: Reengaging the soul of place.* New Orleans, LA: Spring Journal.

Coleman, M. (2006). *Awake in the wild: Mindfulness in nature as a path of self-discovery.* Novato, CA: New World Library.

Conn, S. A. (1995). When the earth hurts, who responds?. In T. Roszak, M. E. Gomes, & A. D. Kanner (Eds.), *Ecopsychology: Restoring the earth healing the mind* (pp. 156-171). San Francisco, CA: Sierra Books.

Davis, J. (1998). The transpersonal dimensions of ecopsychology: Nature, nonduality, and spiritual practice. *The Humanistic Psychologist, 26* (1-3), 69-100.

Davis, J. (2011). Ecopsychology, transpersonal psychology, and nonduality. *International Journal of Transpersonal Studies, 30*(1-2), 89-100.

Devereux, P. (1996). *Revisioning the earth: A guide to opening the healing channels between mind and nature.* New York, NY: Fireside.

Doherty, T. J. (2009). Editorial: Leading ecopsychology. *Ecopsychology, 1*(2), 53-56.

Esbjörn-Hargens, S., & Zimmerman, M. E. (2009). *Integral ecology: Uniting multiple perspectives on the natural world.* Boston, MA: Integral Books.

Fisher, A. (2002). *Radical ecopsychology: Psychology in the service of life.* Albany, NY: State University of New York Press.

Foster, S., & Little, M. (1989a). *The book of the vision quest: Personal transformation in the wilderness.* New York, NY: Simon & Schuster. (Original work published 1980).

Foster, S., & Little, M. (1989b). *The roaring of the sacred river: The wilderness quest for vision and self-healing.* New York, NY: Simon & Schuster.

Fox, W. (1990). *Toward a transpersonal ecology: Developing new foundations for environmentalism.* Boston, MA: Shambhala. (Also published 1995 by State University of New York Press, Albany, NY).

Frederickson, L., & Anderson, D. (1999). A qualitative exploration of the wilderness experience as a source of spiritual inspiration. *Journal of Environmental Psychology, 19*, 21-39.

Friedman, H. (1983). The self-expansiveness level form: A conceptualization and measurement of a transpersonal construct. *Journal of Transpersonal Psychology, 15*, 37-50.

Glendinning, C. (1994). *My name is Chellis and I'm in recovery from Western civilization.* Boston, MA: Shambhala.

Gomes, M. E., & Kanner, A. (1995). The rape of the well-maidens: Feminist psychology and the environmental crisis. In T. Roszak, M. E. Gomes, & A. D. Kanner (Eds.), *Ecopsychology: Restoring the earth healing the mind* (pp. 111-121). San Francisco, CA: Sierra Books.

Gray, L. (1995). Shamanic counseling and ecopsychology. In T. Roszak, M. E. Gomes, & A. D. Kanner (Eds.), *Ecopsychology: Restoring the earth healing the mind* (pp. 172-182). San Francisco, CA: Sierra Books.

Greenway, R. (1991). Mapping the wilderness experience. *Circles on the Mountain, 5*, 19-23.

Greenway, R. (1995). The wilderness effect. In T. Roszak, M. E. Gomes, & A. D. Kanner (Eds.), *Ecopsychology: Restoring the earth healing the mind* (pp. 122-135). San Francisco, CA: Sierra Books.

Griffin, S. (1978). *Woman and nature: The roaring inside her*. New York, NY: HarperCollins.

Hasbach, P., Kahn, P., & Doherty, T. (2012). Ecopsychology roundtable: Patricia Hasbach and Peter Kahn. *Ecopsychology*, *4*(1), 1-9.

Hoffman, E., & Muramoto, S. (2007). Peak experiences among Japanese youth. *Journal of Humanistic Psychology*, *47*, 497-513.

Jung, C., & Sabini, M. (2002). *The Earth has a soul: C. G. Jung on nature, technology, and modern life*. Berkeley, CA: North Atlantic Books.

Kahn, P. (1999). *The human relationship with nature: Development and culture*. Cambridge, MA: MIT Press.

Kahn, P., & Hasbach, P. (Eds.). (2012). *Ecopsychology: Science, totems, and the technological species*. Cambridge, MA: MIT Press.

Kanner, A. D., & Gomes, M. E. (1995). The all consuming self. In T. Roszak, M. E. Gomes, & A. D. Kanner (Eds.), *Ecopsychology: Restoring the earth healing the mind* (pp. 77-91). San Francisco, CA: Sierra Books.

Kaplan, S., & Kaplan, R. (1989). *The experience of nature*. Cambridge, UK: Cambridge University Press.

Kaplan. S., & Talbot, J. (1983). Psychological benefits of a wilderness experience. In I. Altman & J. Wohlwill (Eds.), *Behavior and the natural environment* (pp. 163-203). New York, NY: Plenum Press.

Keutzer, C. (1978). Whatever turns you on: Triggers to transcendent experiences. *Journal of Humanistic Psychology*, *18*, 77-80.

Lukoff, D., & Mancuso, L. (2009). Survey of individuals receiving mental health services and their families. Sacramento, CA: California Institute for Mental Health. Retrieved from http://www.mhspirit.org

Macy, J. (1983). *Despair and personal empowerment in a nuclear age*. Gabriola Island, BC: New Society.

Macy, J. (1995). Working through environmental despair. In T. Roszak, M. E. Gomes, & A. D. Kanner(Eds.), *Ecopsychology: Restoring the earth healing the mind* (pp. 240-259). San Francisco, CA: Sierra Books.

Macy, J., & Brown, M. (1998) *Coming back to life: Practices to reconnect our lives, our world*. Gabriola Island, BC: New Society.

Mayer, F., & Frantz, C. (2004). The connectedness to nature scale: A measure of individuals' feeling in community with nature. *Journal of Environmental Psychology*, *24*(4), 503-515.

Metzner, R. (1999). *Green psychology: Transforming our relationship to the earth*. Rochester, VT: Park Street Press.

Naess, A. (1989). *Ecology, community, and lifestyle* (D. Rothenberg, Trans.). New York, NY: Cambridge University Press.

Nisbet, E., Zelenski, J., & Murphy, S. (2009). The nature relatedness scale: Linking individuals' connection with nature in environmental behavior. *Environment and Behavior*, *41*(5), 715-740.

O'Connor, T. (1995). Therapy for a dying planet. In T. Roszak, M. E. Gomes, & A. D. Kanner (Eds.), *Ecopsychology: Restoring the earth healing the mind* (pp. 149-155). San Francisco, CA: Sierra Books.

Perluss, E. (2006). Touching Earth, finding spirit: A passage into the symbolic landscape. *Spring Journal*, *76*(2), 201-222.

Plotkin, B. (2007). *Nature and human soul: Cultivating wholeness and community in a fragmented world*. Novato, CA: New World Library.

Plotkin, B. (2013). *Wild mind: A field guide to the human psyche*. Novato, CA: New World Library.

Reser, J. (1995). Whither environmental psychology? The transpersonal ecopsychology crossroads. *Journal of Environmental Psychology*, *15*(3), 235-257.

Roszak, T. (1995). Where psyche meets Gaia. In T. Roszak, M. E. Gomes, & A. D. Kanner (Eds.), *Ecopsychology: Restoring the earth healing the mind* (pp. 1-17). San Francisco, CA: Sierra Books.

Roszak, T., Gomes, M. E., & Kanner, A. D. (Eds.). (1995). *Ecopsychology: Restoring the earth healing the mind*. San Francisco, CA: Sierra Books.

Rudd, M., Vohs, K., & Aaker, J. (2012). Awe expands people's perception of time, alters decision-making, and enhances well-being. *Psychological Science*, *23*(10), 1130-1136.

St. John, D., & MacDonald, D. (2007). Development and initial validation of a measure of ecopsychological self. *Journal of Transpersonal Psychology*, *39*(1), 48-67.

Schultz, P. (2001). The structure of environmental concern: Concern for self, other people, and the biosphere. *Journal of Environmental Psychology*, *21*, 327-339.

Sewall, L. (1995). The skill of ecological perception. In T. Roszak, M. E. Gomes, & A. D. Kanner (Eds.), *Ecopsychology: Restoring the earth healing the mind* (pp. 201-215). San Francisco, CA: Sierra Books.

Sewall, L. (1999). *Sight and sensibility: The ecopsychology of perception*. New York, NY: Penguin-Putnam.

Shepard, P. (1995). Nature and madness. In T. Roszak, M. E. Gomes, & A. D. Kanner (Eds.), *Ecopsychology: Restoring the earth healing the mind* (pp. 21-40). San Francisco, CA: Sierra Books.

Shepard, P. (1998). *Coming home to the Pleistocene*. Washington, D.C.: Island Press.

Shiota, M., Keltner, D., & Mossman, A. (2007). The nature of awe: Elicitors, appraisals, and effects on self-concept. *Cognition and Emotion*, *21*, 944-963.

Snell, T., Simmonds, J., & Webster, R. S. (2011). Spirituality in the work of Theodore Roszak: Implications for contemporary ecopsychology. *Ecopsychology*, *3*, 105-113.

Stringer, L., & McAvoy, L. (1992). The need for something different: Spirituality and wilderness adventure. *Journal of Experiential Education*, *15*, 13-20.

Swan, J. (1992) *Nature as teacher and healer. How to reawaken your connection to nature*. New

York, NY: Villard Books.

Thomashow, M. (1996). *Ecological identity: Becoming a reflective environmentalist*. Boston, MA: MIT Press.

Windle. P. (1995). The ecology of grief. In T. Roszak, M. E. Gomes, & A. D. Kanner (Eds.), *Ecopsychology: Restoring the earth healing the mind* (pp. 136-145). San Francisco, CA: Sierra Books.

Winter, D. (1996). *Ecological psychology: Healing the split between planet and self*. Boston, MA: Allyn & Bacon.

Wuthnow, R. (1978). Peak experiences: Some empirical tests. *Journal of Humanistic Psychology, 18*, 59-75.

번역 출판

Louv, R. (2005). *Last child in the woods: Saving our children from nature-deficit disorder*. Chapel Hill, NC: Algonquin Books. (김주희, 이종인 역. 자연에서 멀어진 아이들. 서울: 즐거운상상, 2017).

Macy, J., & Johnstone, C. (2012). *Active hope: How to face the mess we're in without going crazy*. Novato, CA: New World Library. (양춘승 역. 액티브호프: 암울한 현실에서 새로운 미래를 여는 적극적 희망 만들기 프로젝트!. 수원: 벗나래, 2016).

Plotkin, B. (2003). *Soulcraft: Crossing into the mysteries of nature and psyche*. Novato, CA: New World Library. (문종원 역. 혼Soul 만남으로 가는 길: 자연과 정신의 신비 안으로 건너가기. 서울: 기쁜소식, 2012).

Roszak, T. (1992). *The voice of the earth: An exploration of ecopsychology*. New York, NY: Simon & Schuster. (오휘영, 이강석 역. [지구의] 외침. 서울: 조경, 2002).

Wilber, K. (1996). *A brief history of everything*. Boston, MA: Shambhala. (조효남 역. 모든 것의 역사. 경기: 김영사, 2015).

Wilson, E. (1984). *Biophilia. Cambridge*, MA: Harvard University Press. (안소연 역. 바이오필리아: 우리 유전자에는 생명 사랑의 본능이 새겨져 있다. 서울: 사이언스북스, 2010).

제 34 장

자아초월심리학에 대한 페미니스트와 문화의 기여도

Christine Brooks, Kendra Ford, Anne Huffman

자아초월심리학은 개인의 심리영성적인psychospiritual 발달과 개인의 성장을 증진시키는 기술과 수행의 탐색에 집중적으로 초점을 맞춘다. Hartelius, Caplan과 Rardin(2007)은 이 개인의 성장이 종종 사회적인 맥락에서 일어나고 개인의 변용뿐 아니라 사회의 변용을 위해서도 이루어질 것이라고 언급했지만, 이 사회의 구조적 상황과 영향은 보통 자아초월심리학 분야에서 다루어지지 않았다. 페미니즘feminism(예를 들면, Brooks, 2010; Brook & Crouch, 2010; 또한 다른 저자는 다음의 사이트에서 보라.)과 문화심리학(예를 들면, Markus & Kitayama, 2003) 같은 학파와 사회구성주의social constructionism(예를 들면, Gergen, 2008) 같은 철학의 발달은 인간 경험의 상황적 속성을 탐구할 필요성과 그 경험을 자아초월 연구 영역 내에서 맥락화할 필요성을 제기했다. 앞에서 언급한 학문들의 공통되는 핵심 개념은 개인과 집단의 주관적인 경험의 평가, 관계성과 인간 경험의 상호 연결적 속성에 대한 초점, 정적이거나 독특하기보다 유동적이고 변화하며 복잡한 구성 요인들(예를 들면, 생물학적 성, 지역성, 계층, 성적 지향)로 이루어진 정체성을 포함한다. 이들 학문에서 탐색된 정체성에 대한 복잡함은 최근 수십 년 동안 심리학 문헌에 많이 기고되었다. 자아초월 연구 내에서 개인 정체성은 종종 명확한 탐구의 영역보다는 오히려 초월하기 위한 문제로서 멀리했거나 또는 그렇게 생각되었다. 이는 종종 자아초월transpersonal에서 '초월trans'의 개념이 자아를 통한through 것보다는 오히려 자아를 초월하거나 넘어서는 것으로 해석되었기 때문이다. 다음에 설명되어 있는 것처럼 개인 정체성에 대한 이 구시대적 개념은 최근 자아초월 경향의 학자들이 의문을 제기하고 있다.

자아초월심리학의 전문 문헌은 아주 다양한 저자의 기고문과 인식론적이고 방법론적이며 존재론적인 틀을 포함하면서 그 영역이 점차 확장되고 있다. 특히 『자아초월 연구의 국제저널International Journal for Transpersonal Studies』의 편집자는 최근에 페미니즘, 관계의 영성, 생태심리학에 대한 특별한 주제 부분을 발표했다(Brook & Crouch, 2010; Hartelius & Harrahy, 2009; Schroll & Hartelius, 2011). 사회 상황적 자아초월 연구의 본보기로서 성장과 변용에 대한 페미니스트 고려 사항은 여성중심적으로 접근한다.

> 수많은 형태로 연구의 대상이 되는 페미니즘은 여성의 경험에 관한 학문과 여성의 삶과 안녕에 지극히 중요한 문제로 경제 정의, 출산의 자유, 손해와 차별에서의 해방과 같은 것들에 중점을 둔다. 자아초월 학문의 주 관심 분야인 의식의 상태, 심리영성적인 발달, 비일상적인 인간의 경험, 심리적인 안녕감은 남녀가 서로 다르게 경험할 수 있는데, 문헌에서는 이를 실제보다 적은 비중으로 다룬다. 사회-문화적 위치와 개인이나 집단의 실제 일상 경험이 성정체성에 미치는 영향은 여성과 남성이 연구의 대상으로서뿐만 아니라 자아초월적 지향 학문의 저자로서도 각기 상이한 대우를 받게 하는 실제 요인이 된다(Brooks & Crouch, 2010, pp. 28-29).

최근의 참여적 경향(Ferrer, 2002; Ferrer & Sherman, 2008)이 자아초월 연구와 페미니스트(Fernandes, 2003), 상호 교차적(Crenshaw, 1991) 또는 문화적(Markus & Kitamaya, 2003) 변증법적 틀에 영향을 주면서 영성적이고 예외적인 인간 경험을 **원래 위치**in situ 또는 문화적인 맥락 안에서 새롭게 바라보게 되었다(Brooks, 2010). 그와 같은 맥락화는 시각을 변화시켜 영원 또는 우주적 관점으로 보던 영적 경험을 보다 포괄적이고 다양한 관점으로 볼 수 있도록 하고 영적 경험에 깃든 의미들을 해석하는 데 영향을 준다. 참여주의 철학의 일환으로 수십 년간 포스트모던 여성주의 신학과 종교학을 연구해 온 Ferrer와 Sherman(2008)은 신성한 존재와 신적인 존재들의 체현과 편재 경험에 초점을 맞췄다. 그들은 "포스트모던 여성주의가 남성주의적이고 육체에서 떨어져 나갔으며, 보편적이고 주체적인 **데카르트주의 정신의 에고**를 성별 반영적이고 신체 구현적이며 상황적이고 사회 참여적이고 종교를 추구하는 주체로서 상호 주관적인 자기로 대체한 것이다."(p. 13)라고 언급했다. 이런 관점에서 정체성이 속한 위치는 영적인 경험의 중심 또는 **다위치 자아초월 사건**multilocal transpersonal event의 중심(Ferrer, 2002)으로서 받아들여진다. "내가 참여하는 앎participatory knowing이라고 부르는 활동에 인간을 끌어들이는 이 참여는 정신의 창조적 힘뿐만 아니라 몸과 마음, 영혼까지 참여할 수 있는 현실에 다차원적으로 접근하는 것이다"(Ferrer, 2002, p. 3).

멕시코계 미국인 페미니스트 Anzaldua(2002)는 "많은 사람이 지식의 이해에 있어 중요한 문화적 변화가 진행되고 있음을… 지금 가치 있는 종류의 지식에서 21세기에 간절한 (영적인) 종류의 지식으로 변화하고 있음을 목격하고 있다."(문단 16)라고 진술했다. 페미니스트심리학을 포함한 주류 심리학 전체는 최근에 심리학의 연구와 수행에 영적 필요성이 있음을 자인하는 중대한 시기에 이르렀다. 그러나 자아초월심리학의 하위 영역은 의식의 여러 다른 상태, 심리영성적 과정, 변용적인 수행들을 연구해서 문서화한 지 40년이 넘었다. 이 귀중한 자료는 심리학에서 충분히 이용되지 않고 있다. Fernandes(2003)는 주류 페미니스트가 공적인 생활에서 영성을 포용하는 데 "신중함"(p. 9)을 보이며, 여성학과 페미니스트심리학이 학계와 수행 모두에서 이 주제 분야와 관련된 상호 교류가 부족하다고 언급했다. 확실히 여성 대다수는 정의와 평등, "신성의 개념과 밀접하게 관련된 [것으로서] 진정한 페미니즘을 가치 있게" 여긴다(Fernandes, 2003, pp. 9-10). 그러나 주류 페미니스트 대부분은 공적인 생활과 정치 생활에서 영성을 포용하는 데 신중함을 유지한다. 페미니스트 교육자 Fernandes(2003)는 수업에서 보이는 냉담한 여성학 학생들에 대해 언급했다. 또한 페미니스트의 사생활과 공생활 차이를 이야기하면서, 그것을 페미니즘이 장차 이 세상에서 오래 지속되는 변용을 창조하는 데 걸림돌이 될 것으로 보았다.

> 페미니즘은 현대의 세속적인 개념 때문에 자신이 사는 세상과 몸과 자기 자신과의 관계를 이해하지 못하는 세상 여성 대부분의 믿음과 그 의미를 간과한다. 그런 여성들에게 정의와 평등, 진정한 페미니즘의 개념이 신성에 대한 개념과 밀접하게 연결된다(Fernandes, 2003, pp. 9-10).

학계와 사회 정의 운동에서 페미니스트의 수행이 영적인 인식을 통합하지 못한다는 점은 이 시대에 페미니즘이 해결해야 할 과제 중 하나이다.

이 과제를 해결하고자 Fernandes(2003)는 페미니스트가 영적인 위치에서 공생활과 사생활에 접근하여 지속 가능한 사회 변화를 끌어낼 수 있는 방법으로 **영적인 페미니즘**을 제안했다. Fernandes는 페미니스트들이 일상의 삶에서 좀 더 자비와 겸손을 개발하도록, 그리고 오래 지속하는 사회적인 변용을 효과적으로 만들기 위해서 자기와 탈동일시를 확립하도록 촉구했다. 페미니즘에 필요한 영적인 페미니즘의 개념을 제안은 했지만 저자는 그런 수행에 참여하는 방법의 구체적인 예는 제공하지 못했다. Fernandes의 간과는 페미니스트심리학과 자아초월심리학 사이의 교류의 부족을 확인하고 영속시킨다. Fernandes가 사회 변화의 도구로 영성을 소개할 때 자비와 자기탐구 수행(예를 들면, 요가나 위빠나사 명상의 통합)에 기초한 구체적인 영적 수행을 포함시켰더라면 더 잘 받아들여졌을지도 모른다. (불교심리학, 요가철학, 비교秘敎 · esoteric 수행을 포함하는) 그런 영적 전통과 자아초월심리학에 근거한 명상적인 수행의 몇몇 예는 Walsh(1999), Metzner(1998), Durgananda(2002), Louchakova(2005)와 Moore(1992)가 쓴 연구에서 찾을 수 있다. 다른 저자들 사이에서 이 저자들은 영적이고 자아초월적인 철학에 기반을 둔 과학적인 심리학 연구에 40년 이상을 공헌했다.

Fernandes는 또한 Plaskow와 Christ(1989), Spretnak(1981) 또는 페미니스트 영성활동가들(예를 들면, Starhawk, 1987)과 같은 페미니스트 영성학자(Brooks, 2010)를 저서에 누락시켰는데, 그러지 않았더라면 영적인 페미니스트의 수행을 구성하는 데 부가적인 통찰을 제공했을지도 모른다. 페미니스트 영성에서 영감을 받아 구현한 소수의 영적인 수행법들은 여성 샤머니즘을 포함하는 수행을 보여 준 Fernandes의 접근에 기반을 둔 것일 수도 있다(Noble, 1991). 예를 들면, 의례의 사용(Starhawk, 1987), 페미니스트 연구 방법(Clements, Ettling, Jennett, & Shields, 1998), 영적 탐구 글쓰기(Christ, 1986/1995), 종교에 대한 페미니스트 접근(Plaskow & Christ, 1989), 어둠의 여신Dark Goddess에 대한 변용적인 특징(Woodman & Dickson, 1996) 등이 있다. 종교와 더 나아가 영성을 탐구했던 페미니스트 저자들을 포함시키지 않은 것은 인간 경험의 영역과 관련한 페미니스트 진영 내의 분열을 나타내고, 심리학을 포함한 대다수 주류 학문에서 거시적인 인식에 대한 미시적인 예이며, 페미니스트 대담에 대한 자아초월적인 기여를 할 여지가 많다는 것을 의미한다.

페미니스트 영성의 저자들은 여성의 다양한 자아초월적인 경험을 언급하면서 종종 심리영성적인 과정에서의 경험과 현실에 기반을 둔 개념에 그 경험의 근거를 찾는다. 그런 행동주의적 접근은 만물이 상호 연결되어 있다는 의식을 통해서인데, 이는 Starhawk(1982)가 "내재론immanence이라 말했던 것으로, 이 세상과 살아 있는 모든 것, 역동적이고 독립적이며 상호작용하는 것에 대한 알아차림, 움직이는 에너지로 스며든 것, 즉 살아 있는 존재, 여럿이 다양한 형태를 만들며 추는 춤"(p. 177)이다. 게다가 내재론은 모든 살아 있는 것의 상호 의존을 존경하고 존중하는 철학적인 기초로, 이는 사회 변화를 활성화하는 데 참여하는 공동체와 방법을 위한 보다 큰 능력을 유지시키는 것이다.

현대 페미니스트 문헌에 강하게 나타난 또 다른 개념은 페미니스트 영성 내의 다양한 정체성의 공통점이 어떻게 독특하고 복잡한 인식을 허용하는지를 포함한다. 그런 공통점을 관련짓기 위한 여성중심 자아초월적인 인식의 구체적인 예는 뒤에서 논의할 것이다(예를 들면, Holiday, 2010).

페미니즘/문화 이론과 자아초월주의의 공통점에 대한 이 탐색 전반에서 언급된 것처럼, 주관성은 이론과 실천에서 수렴의 구체적인 위치처럼 규율과 봉사 모두의 안에서 지식과 발달의 위치로서 존중된다(Anderson & Braud, 2011; Jacob & Licona, 2005; Reinharz, 1992). 그러한 공통점에 대한 본보기의 수단으로서 살았던 주관적인 경험을 설명하기 위한 다음 구절은 자아초월적인 환경에서 이 저자(Kendra Ford)의 교육에서 그동안 일어난 페미니스트 의식에 대한 개인적인 이야기의 명백한 예를 포함하고 있다.

전全 페미니스트 세대를 동일시하고, 페미니즘으로 성장하지는 않았지만 성인기에 페미니스트를 정체성으로 받아들인 사람으로서 나에게 Kinser(2004)의 "나 자신에 대한 페미니즘으로서 페미니즘으로 되는(되고 있는)"(p. 127) 것에 대한 설명이 와닿는다. 나는 페미니스트 가정에서 자라지 않았고, 미국의 대학에서 여성학의 경험도 없다. 지난 10년 동안 페미니즘에 깊이 몰두했고, 20대 후반은 그 이전에 검토하지 않았던 나의 세계관이 완전히 허물어지기 시작했던 깊은 개인적인 도전에 직면했을 때이다. 그것을 검토해 보니 가부장제에서 강화된 구조의 가치에 근거를 두고 있었다.

이 구조 변경 과정은 미국 사회에 살고 있는 여성으로서 나 자신에 대한 기본적인 가치와 신념에 의문을 제기한 정체성의 위기 때문에 시작되었다. 이 경험을 하는 동안 나는 그 전까지 종종 나 자신을 권한을 가진 여성으로 보았지만, 이제는 삶 속의 모순을 알아차리기 시작했다. 어떤 의미에서 내가 권한을 가진 건 사실이었다. 나는 직계 가족 중 대학을 처음 졸업한 사람(뿐 아니라 여성)이었고, 이어서 대학원을 다녔으며, 공동체에서 존중받는 직업이 있었다. 그런데 남성들과의 관계를 맺게 될 때 나는 몸매와 몸가짐, 관계 속 여성의 역할에 대한 가부장제의 강요로 인한 불안으로 마비되었다. 통합되지 못한 삶 때문에 내 결정에 영향을 주는 사회 구조가 어떤지 더 잘 이해할 수 있었고, 그것을 더는 내 실제 정체성에 적용하지 않았다. 그러자 내 삶 속의 가부장제의 패러다임을 따로 떼어 놓고 볼 수 있었고, 의식적으로 내가 창조하는 패러다임 속으로 들어가는 데 적합한 언어를 개발하는 것이 수월해졌다.

대학원 교육을 거쳐 지지받았을지라도, 페미니즘에 대한 나의 연구는 처음에는 개인적인 탐구였고 실제적이었으며 수행 쪽이었다. 나에게 페미니즘 연구의 실용성은 심오한 변화의 시기에 나 자신의 삶에서 내가 느끼고 경험하고 있었던 것에 대한 이해를 발달시키는 것이었다. 내가 페미니스트의 관점으로 나 자신의 삶을 이해하기 시작했을 때 나는 결정을 하는 데에서, 특히 나의 몸에서 보다 큰 자유의 느낌을 경험했다. 나는 또한 Eve Ensler의 여성 운동인 V-day 운동과 같은 사회 정의 발기에 참여하는 열정을 발달시켰고, 사회 정의 연구에 대한 참여의 열정을 향상시켰으며, 사회 정의 작업에서 나의 참여를 향상시키기 위해 수행(시각화와 같은)을 받아들이는 것이 중요하다고 느꼈다. 영적인 문제에서 일생 동안 나의 개인적인 관심은 나를 자아초월을 지향하는 대학원 프로그램으로 안내했고, 그래서 나는 페미니즘을 영적이고 자아초월심리학 구조로 동화시키는 자연스런 경향이 있었다. 자아초월적인 관점을 통한 페미니스트 이론 공부와 수행중심 지향은 자아초월적인 수행과 페미니스트의 수행 모두에서 수렴의 기회로서 통찰을 제공했다.

내가 받은 교육뿐만 아니라 수행에서도 나는 행동주의에 대한 자아초월심리학의 이해를 채택했는데, 이는 사회 정의 문제에 접근하는 의식의 상태(앞에서 언급된 것처럼)는 그 행동의 결과에 영향을 준다. 예를 들어, 보복적인 행동이나 이기적인 동기에 근거한 행동에 이끌린 사람은 단지 자신이 변하기를 열망하는 압박의 형태를 영속시킬 수도 있다(Fernandes, 2003). 오래 지속하는 영적인 변용을 만들기 위해 반드시 겸손과 자비로운 마음가짐으로 행동에 접근해야 하고, 그런 행동의 결과를 수용하는 마음으로 접근해야 한다. Fernandes(2003)는 "자비와 겸손은 반드시 느낌이나 아이디어로서가 아니라 실제 수행으로서 이해되어야 하고, 수행은 이 변용적인 사회 행동에 필요한 부분이다."(p. 59)라고 말했다.

자비롭고 겸손한 마음가짐은 Deikman(2000)의 "수용적인 의식receptive consciousness"(p. 306)의 기본적인 구성 요소이고, 봉사지향적인(수용하는) 의식의 기제는 "보다 깊은 수준에서, 즉 우리의 객관적인 자아보다 훨씬 더 큰 실재와 함께"(p. 303) 영성을 촉진시킨다. 수용적인 의식은 '도구적인 의식instrumental consciousness'(Deikman, 2000, p. 303)에 비해 주변 환경을 의도적으로 수용하고, 구별하지 않으며, 영성에 개방적이고, 직관적인 자아와 연결하며, 종종 창조적인 예술을 통해 소통한다. 수용적인 의식은 반드시 일상에 기초하여 개발되어야 하고 그러면 모든 활동에 의식의 수준이 스며드는데, 이는 소우주와 대우주 모두에서 긍정적인 사회 변화를 촉진시키는 것이다(Fernandes, 2003). Deikman은 명상을 수용하는 의식의 능력을 개발하기 위해 실행 가능한 수행으로서 설명했다.

나는 자아초월심리학을 이해할 때 인간 잠재력, 영적인 개발의 연구에 대한 과학의 영역으로서 받아들였고, 이는 "자각과 인식에 대한 다른 동향의 가능한 존재를 수용하는(수용하기 위해서) 자기의 자아중심 지향의 부분을"(Cunningham, 2007, p. 43) 부술 수 있다. 페미니스트심리학과 자아초월심리학의 통합은 이 두 분야 내에서 보다 깊은 개인적인 의미를 설립하도록 촉구했고, 나 자신을 치유하고 공동체에 봉사하기 위해 나의 정체성 안에서 그 두 영역을 교차시키도록 촉구했다.

Holiday(2010)는 자아초월과 우머니즘womanism[1]의 유용성을 탐색하는 한편, 건강과 치유의 심리영성적인 모델은 반드시 상황, 정체성, 지역 특수성이 되어야 한다고 주장했다. 우머니스트womanist 는 1979년 Alice Walker가 만들어 낸 용어로, 유색인종 여성의 직접 겪은 경험을 탐색하고 그것을 토로하는 운동으로 꽃을 피웠다. 따라서 우머니스트 심리학적인 수행은 다음에 집중한다.

> 우머니스트 가치관과 공명하는 정서 치유에 대한 세 통로는 말, 몸, 킨포크kinfolk[2]이다. 이 길은 이야기와 증거 사용하기, 동맹으로서 몸에 관여하기, 좀 더 문화적으로 유능한 치료의 도구 개발에서 공동체의 맥락으로 개인을 기억하기의 중요성을 인정한다(Holiday, 2010, p. 112).

우머니스트 사상의 중요한 구성 요소는 '영성을 사랑하는' 우머니스트이다(Holiday, 2010, p. 103). 마지막에 Holiday는 자아초월주의와 우머니즘은 둘 다 인간 경험의 핵심 요소로 영성을 중요시하기 때문에 학파로서 자연스런 친근감이 있다고 주장했다. 게다가 그녀는 공통점에 대해 세 가지 다른 분야를 언급했다.

> 우머니스트와 자아초월의 접근은 모두, ① 자료의 타당한 원천으로서 산 경험을 중시하고, ② 주류 가설(예를 들면, 심리학이나 영신제entheogen[3]의 연구에 영성을 포함시키는 것의 타당성을 고려하는 것)에 특혜를 주는 패러다임에 도전하며, ③ 종종 병리화된 경험에 대해 맥락을 부여한다(Holiday, 2010, p. 105).

Holiday는 또한 자아초월적인 우머니스트 인식에 대해 영성과 해방심리학liberation psychology(Comas-Diaz, 2007; Martín-Baró, 1994)을 관련시킨 개념을 끌어냈다. 그것은 영적인 삶이나 영적인 수행을 통해서 개인적인 변용도 또 사회적인 행동과 압력에 대한 저항도 일어날 수 있다는 것이다.

앞에서 언급된 것처럼, 그러한 개인적 이야기를 통해 자아초월심리학과 페미니스트 철

1) 우머니즘womanism은 스티븐 스필버그 감독의 영화 〈칼라 퍼플The Color Purple〉의 원작자로서 퓰리처상 수상자이자 21세기 여성주의를 꽃피운 민권운동가인 Alice Walker가 백인 중산층 중심의 페미니즘을 비판하고 그 대안으로 'womanism'이라는 단어를 처음 사용했다. 이는 제3세계 유색인종 페미니즘을 촉발시켰다.

2) 킨포크kinfolk는 자연 친화적이고 건강한 생활 양식을 추구하는 사람들을 가리킨다.

3) 영신제迎神劑 · entheogen는 1979년 민속식물학자들ethnobotanists, 즉 인간 집단과 식물 간의 관계를 연구하는 학자들에 의해 만들어진 신조어로, 글자 그대로의 뜻은 개인의 마음속에 신神적 영감entheos이 생겨나게 하는 천연 심현제이다(이 책 25장 참조).

학 및 수행은 현재 담론을 주도하며 개인과 집단의 상황에 따른 영적 경험에 대한 명료한 관점을 차단할 수 있는 과학과 기술의 기계적이고 합리적인 사고에 의문을 제기했다(Haraway, 1985; King, 2002). 앞에서 언급한 대로 페미니스트와 문화적인 관점은 사회적 구성 조직 내에서 겪는 경험을 자아초월적인 맥락/상황으로 명확히 볼 수 있도록 해 준다. 그러한 관점은 행동과 경험을 비판적으로 검토할 기회를 주는데, 가톨릭 교회의 성직 위계질서에서 남성의 특권과 여성의 종속된 위치를 비평하는 것이 그 예이다(Henold, 2008). 이렇게 사회적 현실을 주목하여 이름을 붙여 공론화시키면 다루기 어려운 문제들을 개인이 통합하도록 촉진시키는 한편(Mustakova-Possardt, 1998), 공동체와 폭넓은 대화의 창구를 열게 된다.

데카르트의 진리와 확실성에 대한 탐구로 현대과학시대의 철학이 시작되었다. 데카르트의 관점에서 자연계를 아는 것은 마음과 합리성과 함께 관찰과 반영이 요구된다. 그는 직관이나 감각을 배제한 것이 아니라 오히려 그것들을 진실로 알 수 있도록 타당한 어떤 형태로 지지되어야 한다고 느꼈다(Ramazanoğlu & Holland, 2002). 특히 데카르트는 전체와 부분 사이에 관계가 있고, 전체는 그 부분들로 설명되는 위계의 일부로 자연계를 보고 이해하는 방식을 계발했다(Fehr, 2004). 이 새로운 과학적인 세계관은 자연계를 설명하기 시작한 몹시 놀라운 많은 자료를 생산했다. 현대과학은 더 나아가 그 복잡함에서 질서를 보는 새로운 방식을 개발하고, 특히 카오스 이론chaos theory[4]을 통해 자연의 예측 불가능성을 연구함으로써 카오스적인 자연을 인식했다(Fehr, 2004; Werndl, 2009). 따라서 합리적인 정신은 무의식적인 동물적인 마음보다 우선하고 소중하다. 즉, 기능적인 사고와 합리성은 세계에 단지 반응하기보다 세계를 감각할 수 있는 주된 도구가 되었다. 계몽주의와 마음-몸-영혼의 관계를 간파하는 시대에 분리는 합리적이고 환원주의적reductionist[5]인 사상가들의 보편적인 표준과 영역이 되었다. 시간과 공간으로부터 사건이나 경험을 분리시키면 인식된 객관성이 생겨나서 주체와 객체, 연구자와 피관찰자 사이가 축소되고, 합리적-기계론적인 설명이 생겨난다. 그러면 공감은 관찰자가 가슴이 아닌 마음으로 조사하고 탐구한 것만큼 줄어들고, 정서적으로 초연한 시각으로는 포착할 수 없을 풍부한 데이터를 잃게 된다. 생리통에 관해 Rosser(2002)가 지적한 것처럼, "여성이 보고하는 이 증

---

4) 카오스 이론chaos theory은 무질서하고 혼돈 상태에 있는 것으로 보이는 현상들 속에도 질서와 규칙성을 지배하는 논리적 법칙이 존재한다는 이론이다. 이 이론의 연구 목적은 무질서하고 예측이 불가능한 현상 속에 숨어 있는 정연한 질서를 밝혀내어 세계에 대한 새로운 사고방식이나 이해 방법을 제시하는 것이다. 경제, 기상, 물리, 전기, 천문 등 여러 분야에서 다양하게 연구되고 있다. '나비 효과'라고 부르는 현상은 카오스 이론의 한 예이다.

5) 환원주의還元主義는 철학에서 복잡하고 높은 단계의 사상이나 개념을 하위 단계의 요소로 세분화하여 명확하게 정의할 수 있다고 주장하는 견해를 말한다.

상에 생물학적인 요소가 있다는 것이 남성 의료 기관에 널리 수용된 것은 프로스타글란딘[6]이 '발견'된 직후였다"(p. 231). 이렇듯 여성이 꽤 오랫동안 이런 신체 증상이 나타난다고 보고하는데도(Fehr, 2004), 그것을 생물학적인 호르몬의 영향으로 보기보다 여성의 불평으로 치부했다. 이런 불평을 하는 것으로 관찰된 여성에 대한 미세한 공감과 그 증상을 직접 겪은 경험은 무시되었지만, 마침내 타당한 과학적인 문제라는 것이 증명되었다.

그러나 과학 자체도 또는 과학적인 아이디어도 사회적으로 구성된 현실이고, 실증적으로 그것을 체계화시킨 사람들에게 달려 있다. 과학자들에게 전문가 지위를 부여하면 과학적 권위가 과학 기술 연구의 유효한 형태에 대한 사회적 권위가 되는 결과를 야기하는 수가 있다. de Beauvoir(1949/1989)는 "이 세상의 표현은 이 세상 자체와 같이 남성의 작품이다. 그들은 그것을 자신들의 관점으로 설명하는데, 절대적인 진리 때문에 혼란스럽다."(p. 143)라고 지적했다. 이 비평은 몇몇 훈련에서 페미니스트 학자 사이에서 공감되었으며, 그들은 Harding(1986, 1991), Haraway(1988), Keller(1982), Longino(1991) 같은 이들로, 과학과 페미니즘에 대한 그들의 저술에서 서구 남성의 역사적인 특권과 여성과 유색인종의 그저 그런 지위에 대해 지적했다. 더구나 페미니스트 관점의 이론은 정치 사회적인 힘과 지식 사이의 관계를 중심 무대에 올려놓는데, 특히 권력 관계에 집중하면서 과학에서의 힘이 취약 계층보다는 특권 계층을 향하는 경향이 있다고 지적했다(Bowell, 2011). 무엇인가를 이름 붙이고 결정하는 힘을 가진 사람들은 이내 그 분야가 정당하든 말든, 진짜 과학이든 말든 상관하지 않고 최고의 결정을 내리는 힘을 행사한다.

그러므로 문화적 기반 그리고 영성의 주관적 경험과 특별한 인간의 경험을 존중하는 자아초월심리학의 특별한 관점이 제거된다면 이 분야의 독특한 정체성과 이야기는 상실되고 논리에 맞지 않게 된다. 장소와 문화에 대한 태도를 복원하고, 더불어 성별, 성, 민족성, 다른 정체성의 위치를 되찾으면 자아초월 지향의 연구에 다시 활기를 불어넣을 수 있다. Mayoral, Laca와 Mejía(2010)가 바스크족Basques(스페인)[7]과 멕시코인의 일상에서의 영적인 경험과 삶의 만족감에 대해 수행한 연구만 살펴봐도 알 수 있다. 두 다른 국가와 문화에서 일상을 살았던 영성 경험을 연구함으로써 이 저자들은 그들의 연구에서 다양성으

---

6) 프로스타글란딘prostaglandin은 20개의 탄소로 이루어진 지방산 유도체로서 5개의 탄소로 이루어진 고리를 포함하고 있다. 이 물질은 1935년에 스웨덴의 생리학자 Ulf Svante von Euler가 인간의 정액에서 발견했는데, 그는 이 물질이 전립선에서 분비된다고 생각하여 프로스타글란딘이라 명명했다. 현재는 동물의 조직 내에 널리 존재하며, 여기서 다불포화지방산이 형성되어 재빨리 대사된다고 알려져 있다. 프로스타글란딘은 심장혈관 질환과 바이러스 감염을 억제할 수 있는 강력한 효과로 큰 관심을 끌고 있다. 이들은 피임약으로도 유용하며, 사람과 가축을 유산시킬 수도 있다. 프로스타글란딘의 합성을 억제하는 물질은 동통, 천식발작, 아나필락시를 억제하고 혈액의 응집력을 감소시킨다.

7) 바스크족Basques은 스페인 북부와 프랑스 남서부에 사는 소수 민족이다.

로서 차이점을 이용할 수 있었고, 더 나아가 문화적으로 매우 다른 반면 각각의 참석자의 일상에서의 영성은 삶의 객관적인 조건에 대해 비교적 자주적이고 독립적인 경험이었음을 보여 준다(Mayoral, Laca, & Mejía, 2010). 바스크족과 멕시코인 모두 그들이 살고 있는 현지에서 연구되었고, 이는 그 나라와 문화, 종교 또는 영성, 참가자들의 성별에 따른 차이를 이해할 수 있는 실제 시간과 장소를 제공했다. 이들 관점을 제거하는 것은 이 연구에 결정적으로 영향을 줄 수 있다.

현지 문화에 토대를 둔 연구는 페미니스트 연구의 중요한 부분으로, 이는 해당 연구의 위치적 배경을 바꾸지 않고, 연구자와 연구 대상 모두에게 사회적으로 구성된 현실을 요구하도록 허용하는 것이다. 지리학 분야의 페미니스트는 연구를 목적으로 하는 장소와 문화를 재통합시키는 방법뿐만 아니라 일에서도 타인을 연구하는 데서도 공감의 필요성을 이끌었다. Bondi(2003)는 다음을 주장했다.

> 내사와 투사, 공감과 동일시의 개념은 무의식적인 차원을 포함시킴으로써 관계 연구에 생산적으로 반영하여 연구를 더 풍성하게 만들 수 있다. 이것은 무의식적인 의식을 만드는 것이 아니라, 특히 현장 조사에서 상호작용을 반영할 때 우리의 일상 경험을 더 완전하게 사용하기 위해서 유사점과 차이점의 문제를 재구성하는 일이다(p. 73).

Nightingale(2003)은 Donna Haraway가 부분적이고 상황적인 지식에 대해 계발한 개념들과 절대적이고 유일한 진실이란 없는 까닭에 모든 지식은 부분적이고 상황적이라 그것이 생겨난 맥락과 관련되어 있다는 중심 아이디어에 의견을 냈다. 그러므로 앞에서 참여철학의 고려에서 언급한 것처럼, 심리영성의 문제에 대해 사회적으로 구성된 가설은 지식, 문화, 성별, 인종/민족성 그리고 그것이 자리한 사회에 머무르고 있으며, 무분별한 맥락으로부터 그것을 분리시키려는 시도를 나타내는 것이다. 참여 관점을 지지하는 학자들은 현장에서 떼어 낸 영적인 경험은 더 이상 그 상황에서 보았을 때의 사건이 아니고, 그러므로 더 이상 알고자 했던 사건에 대한 지식이 아니라고 주장한다. 그것은 이제 다른 상황에 속한 새롭고 다른 현상이 되었으며, 연구자와 연구 대상 모두의 중요성을 떨어뜨리는 조화롭지 못하고 잘 떨어지는 맥락이 생긴 것이다(2012년 4월 30일에 G. Hartelius와 나눈 개인 대화).

자아초월 이론과 수행을 통한 마음-몸-영성을 연결하기 위한 노력은 다양한 지식에 대해 문을 연다. 페미니스트와 문화심리학은 영적 경험에 대해 사회 구조적 관점을 결합시켜 자아초월의 훈련에 기여한다. 자아초월심리학을 논의할 때 Daniels(2005)는 주로 내재하는 것으로서 생각할 수 있는 다양한 이론적인 접근을 지적했는데, 변용을 향한 수평적 또는 하강의 과정, 또는 초월적인 접근에서 보이는 수직적 혹은 상승의 과정이 그것이다. 하강이나 수평의 과정에서 변용은 자연계, 몸, 여성과의 연결을 통해 발견되었는데(Daniels, 2005), 이 경우에 이전에 낮은 지위로 내려앉았으나 지금은 총체적 지식을 만들기 위해서 회복될 필요가 있는 역사적으로 여성과 연관된 것들의 복구로 보았다(Wilshire, 1989). 따라서 Daniels의 주장은 데카르트철학의 논리적인 연구를 알리는 한편, 페미니스트들이 마음-몸-영성을 다시 연결하고 내재하는 앎을 되찾으며 앞으로 나아갈 수 있도록 이원론을 진전시키는 것까지 목표로 한다. 현대 페미니스트가 여성의 몸과 일반화된 융합에 내재하는 문제와 함정을 지적하면서 그것은 종종 남자인지 여자인지보다는 남성과 여성에 대한 개념과 특성에 대해 더 관계가 있다는 비평이 타당하다(Wilshire, 1989). 미묘하지만 그렇다고 아주 미묘하지는 않은 이 입장으로부터 생겨난 성차별은 또한 사회가 그 특징에 인식된 바람직함에 무게를 둔 가치관과 결부된다. 그래서 이것은 종종 과학의 영역 안에서 점검되지 않은 가설(Wilshire, 1989)이 된 것으로, 오늘날 계속되는 연구에서 성이분법gender-binary의 이론적인 구성을 복제하는 것이다.

연구에서 주관적이고 질적인 접근의 가치를 강조하는 페미니스트 연구 방법의 소개로 내면과 외부의 연구 모두가 되는 연구자는 경험적인, 단수와 복수의, 의도적인 연구의 맥락 내에서 자기 자신과 다른 사람들을 보는 것이다. 이는 편파적인 것보다는 풍부한 자료로서 문화와 상황의 전후 관계의 아이디어에 대한 특별한 연구를 위해 완전히 허용하는 것이다.

유기체의 조사Organic inquiry: OI는 질적이고, 영적인 것에 근거하며, 페미니스트-지향의 연구 방법으로, 이는 성스럽고 서로 연결된 것으로 연구를 존중하는 것이다. OI는 신성한, 개인적인, (땅속) 지하의, 관계적인, 변용적인 것의 다섯 원칙에 근거한다(Clements et al., 1998). 페미니스트와 문화의 관점의 공통점은 OI에서 명백하다. 이 방법의 핵심 목적은 연구에서 심리적이고 영적인 이해를 통합하는 것으로, 관련된 모든 사람, 즉 연구자, 연구 대상 그리고 이 연구의 소비자 모두를 존중하는 것이다. OI는 가슴과 마음의 변용 또 정보 제공을 강조하고 권한다(Clements, 2011).

Bondi(2003)는 치료자이며 사회지리학 교수로, 관찰과 참여의 중요성과 그들 사이의 경계 공간liminal space[8]의 중요성을 언급했는데, 이는 " 연구자와 연구 주제 사이의 유사점과

---

8) 경계 공간liminal space은 자극에 의하여 감각이나 반응이 일어나는 경계閾를 말한다. 시간, 공간, 존재 사이에서 일어나는 '모호함 혹은 혼미함'을 뜻하는 말로, 관념적으로 정의되는 영역 사이에 존재하는 불명확하고 오묘한 공간 사이로 겨우 지각할 수 있는 것을 뜻한다. liminal은 라틴어 limen에서 파생된 단어로, 이는 '의식의 한계'를 의미한다.

차이점의 맥락에서 다른 사람들의 경험을 이해하는 방법을 제공하는"(p. 64) 것이다. 더구나 관찰과 참여는 공감과 이해와 관련되고 또 OI와 같은 연구 방법에서 직관의 가치와 관련된다.

> 공감은 사람들에게 다종다양한 경험의 측면을 이해하고 소통하는 작업에 참여시킨다. 우리가 끌어들인 유사성은 이런 종류의 대인관계에 대한 작업의 다양한 경험에 근본적으로 존재하는 것이다. 즉, 우리는 다른 사람들과의 유사성과 차이점을 느끼는 것에서 의식적이지 않더라도 무의식적으로 안다. 우리는 어떤 특별한 상호작용에서 두드러지는 그런 유사성과 차이점의 국면이 무엇인지 알지 못한다. 이런 식의 관점에서 유사성과 차이점의 전체 맥락에서 다른 사람들과 상호작용하는 우리 자신의 경험을 사용하는 능력은 성별, 지위, 인종, 연령, 성 등등의 유사성과 차이점의 독특성을 다루는 것만큼 중요하다(Bondi, 2003, p. 73).

OI에 참여한 연구자의 개체 발생은 연구자가 개인 정신의 강점과 약점에 대한 이해를 발전시키도록 요구하는 방법으로, 개인의 화제와 개인이 자료를 활용하는 자발성과 함께 시작한다(Clements, 2011). 연구자는 주관성과 객관성, 영성과 물질, 자기와 타인을 구별할 필요가 있는데(Clements, 2011), 이는 몰입한 사람의 내적인 자료와 외적인 자료에서 연구자에게 일어나고 말하는 것으로 현재에 머무르고 있는 동안이다. 연구자의 지각과 그 연구의 사회적이고 문화적인 환경에 대한 비판적인 대화에 참여하는 OI 연구자의 능력은 OI를 사용하는 연구자의 권한을 나타낸다. 이런 질적인 방법의 형태에서 연구자는 주요한 설명도구인데, 사회적으로 구성된 가설은 명백하게 만들어졌고, 성별, 시간, 장소 그리고 문화적인(다른 것들 사이에서) 구조인 스토리 아크story arc[9]를 만든다(Mustakova-Possardt, 1998). 개인적으로 살아온 경험은 연구의 요점이 되고 연구자와 연구 대상뿐 아니라 독자까지도 심리영성적인 성장을 이루는 게 OI의 중심 목표이다.

이런 맥락에서 "사람들이 가지고 사는 가장 심오한 가치관과 의미"(Sheldrake, 2007, pp. 1-2)로서 사용된 영성과 자아초월적 경험은 모든 인간 존재의 잠재적인 차원과 그 능력의 실현과 수행하는 연구를 통한 그 차원의 연구 또한 참조할 수 있다(King, 2002). 그러므로 자아초월적인 사건이나 순간은 경험한 사람들(Daniels, 2005)에게 나타나는 변용적인 효과나 의미에서 명확해질 수 있고, 기계적인 모형에 맞지 않기 때문에 이전에 무시했거나 버린 풍부한 자료를 제공할 수도 있다. 인간의 경험에 대한 연구에서 자아초월적인

9) 스토리 아크story arc란 각 에피소드가 줄거리 구조를 따르는 텔레비전 프로그램, 만화책, 연재만화, 보드게임, 비디오게임, 영화처럼 에피소드식의 스토리텔링 매체 내에서 연장되거나 이어지는 줄거리를 말한다.

자료를 사용하는 이점은 세 가지이다. ① 조사는 사회 변화에 대해 가져올 수 있는 자신과 다른 사람들을 위한 변용의 수단이 된다. ② 사회적 · 정치적 · 문화적 맥락은 연구 풍토의 부분이 되는데, 이는 시간과 장소(연구자와 연구 대상이 사는 현실)의 영향에 대한 고려와 인정을 허용하는 것이다. ③ 확실성과 합리성의 붕괴는 개연성은 있지만 불가능해 보이는 연구 방법의 새로운 가능성을 허용하며, 자아초월적인 경험과 수행 또는 신념을 아우르는 이론을 건설하고자 하는 도전을 환영한다.

Anderson과 Braud(2011)가 다음과 같이 주장한 것과 같다.

> 정보에 추가하여 연구는 변용을 위한 기회를 제공할 수 있다. 그런 변용은—중요하고, 의미 있고, 가끔 심오한 형태에서 일반적으로 자기 자신과 세계에 대한 개인의 태도와 관점에서 변화하는—연구자나 학자에게서 나타날 수 있다. 즉, 동료와 연구 참가자를 포함하여 다른 참가자는 이 보고의 독자나 청취자, 자리 잡고 있는 연구자나 학자의 사회와 문화에서도 나타날 수 있다. 일반적으로 수행되는 이 연구의 형태에서 변용적인 변화는 가끔 자연스럽게 나타날 수 있는데, 이는 연구 프로젝트의 의도하지 않은 부수적인 효과와 예후로서 나타날 수도 있다(p. xv; 원저에서 강조).

자아초월 분야 내에서 개발되었고 페미니스트 개념에 영향은 받은 또 다른 연구 방법은 직관적인 조사Intuitive Inquiry: II이다. 이 방법은 과학적인 조사에 자비심을 개입시켜 과학의 의도를 쇄신한다(Anderson, 1998). II는 직관이 알려 주는 반복적인 해석의 다섯 주기를 사용하여 접근하는 해석학적 연구이다. 이 다섯 주기는 선택한 주제와 그것이 드러내는 것에 대해 깊은 전념을 권고하는 귀납적인 이론을 세우는 환경을 만든다. 연구는 유연하고 창조적으로 진행되는데, 주기가 반복되는 동안 가능한 한 가장 작고 가장 낮은 수준에서도 자료를 단 하나의 인과 관계로 축소시키지 않는다. II에서는 연구자가 연구의 다양한 국면에 참여하며 깊이 연루되는데, 주제의 초기 발견에서 자료의 마지막 설명까지 탐구하고 움직이는 것이다. 주기를 알리는 열정은 독특한 형태의 직관적인 나선형 조사와 연구로 이끄는데, 이는 연구 과정에서 아이디어와 자료가 어느 특정한 지점에 다시 돌아오게 한다. 연구자의 특별한 문화적인 관점은 그것이 어떤 연구인지, 어떻게 연구하는지, 왜 연구하는지 정보를 제공할 뿐 아니라 연구의 범위를 깊고 넓게 확장시킨다. "직관과 또 하나의 의식 상태와 같은 자아초월적인 기술"(Braud & Anderson, 1998, p. 258)의 사용은 연구자에게, ① 대개 전통적인 연구에서는 걸러 내지만 여기서는 환영받는 자료를 포함시키고, ② II의 경우에는 가설을 명확하게 세워 그 자체를 연구의 부분으로 다루며, ③ 상황, 위치, 특수성은 연구자가 거주하고 그 과정에서 만들어진 결정을 알리도록 허용한다. 자기 지식과 외부 지식은 II의 과정에서 발견된 지식의 전체성의 부분이 된다.

OI와 II 모두에서 연구자의 주제 선택에 대한 중요한 국면이 있다. 사실 Hume의 심리적인 해석에서 이성(신념)의 능력은 열정과 갈등할 수 없다(Phillips, 2005). 따라서 개인이 심리영성적인 추구 과정에 자신의 열정을 따른다면 자신의 신념과 갈등할 수 없고, 그것이 연구자와 연결되었기 때문에 그 자체로 연구할 가치가 있다. 그다음 이것이 연구에 참여하도록 초대된 사람들과 갈등하지 않으면 그들은 또한 연구와 연구자와 연결된다. 열정은 과학을 배제하는 것이 아니라 오히려 조사, 철학적인 참여, 방법 선택을 제공한다. 열정은 나아가 연구자, 주제, 참가자와 사회적으로 구성된 연구의 궁극적인 소비자 사이의 대화를 만들고, 그것은 이 변증법적인 공동 창조의 속성에 의해 사회적으로 구조화된다. 연구 주제의 고려에 정보를 모으고 영성을 초대하는 데 열정을 기울이면 과학의 합리적인 방법을 적용할 대상이 많아지고, 컴퓨터나 로봇 같은 기계적인 모형으로 축소시키는 일 없이 앎은 순수한 지적 사색으로 밀고 나간다.

앞에서 설명한 대로 자아초월심리학의 분야에 의미 있는 페미니스트와 문화의 기여는 연구, 이론, 수행, 문헌 출판에서 나타났다. 다양한 현대 학자가 주도한(이미 언급한 대로) 자아초월의 연구를 수용하는 움직임은 개인적인 변용을 탐구하고 보고하는 이야기와 목소리를 가치 있게 이용하며, 변용의 경험을 연구할 때에는 본래의 위치에서 머물러 조사하기를 요구하고, 변용의 속성과 특성들을 이해하는 다양한 방법을 발전시킨다. 자아초월심리학은 이런 공로들 때문에 풍요로워질 것이다. 여기서 이 작업은 이 세상의 다양성을 적절하게 반영하는 좀 더 유용한 훈련으로 이끌고, 계속해서 성장과 지식이 필요한 대화를 허용하는 것으로 나타난다.

참고문헌

Anderson, R. (1998). Intuitive inquiry: A transpersonal approach. In W. Braud & R. Anderson (Eds.), *Transpersonal research methods for the social sciences: Honoring human experience* (pp. 69-94). Thousand Oaks, CA: Sage.

Anzaldua, G. E. (2002, October 11). Beyond traditional notions of identity. *The Chronicle of Higher Education Review: The Chronicle of Higher Education*, *49*(7), B11-B13.

Bondi, L. (2003). Empathy and identification: Conceptual resource for feminist fieldwork. *ACME: An International E-Journal for Critical Geographies*, *2*(2), 64-76.

Bowell, T. (2011). Feminist standpoint theory. In C. M. Bellon (Ed.), *Internet encyclopedia of philosophy*. Retrieved from http://www.iep.utm.edu/fem-stan/

Braud, W., & Anderson, R. (1998). *Transpersonal research methods for the social sciences: Honoring human experience*. Thousand Oaks, CA: Sage.

Brooks, C. (2010). Unidentified allies: Intersections of feminist and transpersonal thought and potential contributions to social change. *International Journal of Transpersonal Studies*, *29*, 33–57.

Brooks, C., & Crouch, C. (2010). Transpersonal feminism: Introduction to special topic section [Special Issue]. *International Journal of Transpersonal Studies*, *29*(2), 28–32.

Christ, C. (Ed.). (1995). *Diving deep and surfacing: Women writers on spiritual quest*. Boston, MA: Beacon Press. (Original work published 1986)

Clements, J., Ettling, D., Jennett, D., & Shields, L. (1998). Organic research: Feminine spirituality meets transpersonal research. In W. Braud & R. Anderson (Eds.), *Transpersonal research methods for the social sciences: Honoring human experience* (pp. 114–127). Thousand Oaks, CA: Sage.

Comas-Diaz, L. (2007). Spirita: Reclaiming womanist sacredness into feminism. *Psychology of Women Quarterly*, *32*, 13–21.

Crenshaw, K.W. (1991). Mapping the margins: Intersectionality, identity politics, and violence against women of color. *Stanford Law Review*, *43*(6), 1241–1299. doi:10.2307/1229039

Cunningham, P. F. (2007). The challenges, prospects, and promise of transpersonal psychology. *International Journal of Transpersonal Studies*, *26*, 41–55.

Daniels, M. (2005). *Shadow, self, spirit: Essays in transpersonal psychology*. Charlottesville, VA: Imprint Academic.

Deikman, A. J. (2000). Service as a way of knowing. In T. Hart, P. Nelson, & K. Puhakka (Eds.), *Transpersonal knowing: Exploring the horizon of consciousness* (pp. 303–318). Albany, NY: State University of New York Press.

Durgananda, S. (2002). *The heart of meditation*. South Fallsburg, NY: SYDA Foundation.

Fehr, C. (2004). Feminism and science: Mechanism without reductionism. *NWSA Journal*, *16*(1), 136–156.

Fernandes, L. (2003). *Transforming feminist practice: Non-violence, social Justice, and the possibilities of a spiritualized feminism*. San Francisco, CA: Aunt Lute Books.

Ferrer, J. N. (2002). *Revisioning transpersonal theory: A participatory vision of human spirituality*. Albany, NY: State University of New York Press.

Ferrer, J. N., & Sherman, J. H. (Eds.). (2008). Introduction. *The participatory turn: Spirituality, mysticism, and religious studies* (pp. 1–80). Albany, NY: State University of New York Press.

Gergen, K. (2008). Social construction: Revolution in the making. Retrieved from http://www.swarthmore.edu/x20607.xml

Haraway, D. (1985). Manifesto for cyborgs: Science, technology, and socialist feminism in the 1980s. *Socialist Review*, *80*, 65–108.

Haraway, D. (1988). Situated knowledge: The science question in feminism and the privilege of partial perspectives. *Feminist Studies*, *14*, 575–599.

Hartelius, G., & Harrahy, M. (2009). Relational spirituality and developmental spirituality: Introduction to special topic section. *International Journal of Transpersonal Studies*, *29*(1), 17-19.

Hartelius, G., Caplan, M., & Rardin, M. A. (2007). Transpersonal psychology: Defining the past, divining the future. *Humanist Psychologist*, *35*(2), 1-26. Retrieved from http://www.informaworld.com/smpp/title~content=t775653705

Henold, M. J. (2008). *Catholic and feminist: The surprising history of the American Catholic feminist movement*. Chapel Hill, NC: University of North Carolina Press.

Holiday, J. M. (2010). The world, the body, and the kinfolk: The intersection of transpersonal thought with womanist approaches to psychology. *International Journal of Transpersonal Studies*, *29*, 103-120.

Jacob, K., & Licona, A. (2005). Writing the waves: A dialogues on the tools, tactics, and tensions of feminisms and feminist practices over time and place. *NWSA Journal*, *17*(1), 197-205.

Keller, E. F. (1982). Feminism and science. *Signs*, *7*(3), 589-602.

King, U. (2002). Is there a future for religious studies as we know it? Some postmodern, feminist, and spiritual challenges. *Journal of the American Academy of Religion*, *70*(2), 365-388.

Kinser, A. E. (2004). Negotiating spaces for/through third-wave feminism. *NWSA Journal*, *16*(3), 124-153.

Longino, H. E. (1991). Multiplying subjects and the diffusion of power. *Journal of Philosophy*, *88*(11), 666-674.

Louchakova, O. (2005). On advantages of the clear mind: Spiritual practices in the training of a phenomenological researcher. *The Humanistic Psychologist*, *33*(2), 87-112.

Markus, H. R., & Kitayama, S. (2003). Culture, self and the reality of the social. *Psychological Inquiry*, *14*(3-4), 277-283.

Martín-Baró, I. (1994). *Writings for a liberation psychology* (A. Aron & S. Corne, Eds.). Cambridge, MA: Harvard University Press.

Mayoral, E. G., Laca, F., & Mejía, J. C. (2010). Daily spiritual experiences in Basques and Mexicans: A quantitative study. *Journal of Transpersonal Research*, *2*(1), 10-25.

Metzner, R. (1998). *The unfolding self: Varieties of transformative experiences*. Novato, CA: Origin Press.

Mustakova-Possardt, E. (1998). Critical consciousness: An alternative pathway for positive personal and social development. *Journal of Adult Development*, *5*(1), 13-30.

Nightingale, A. (2003). A feminist in the forest: Situated knowledges and mixing methods in natural resource management. *ACME: an International E-Journal for Critical Geographies*, *2*(1), 77-90.

Noble, V. (1991). *Shakti woman: Feeling our fire, healing our world, the new female shamanism*. New York, NY: HarperCollins.

Phillips, D. (2005). Hume on practical reason: Normativity and psychology in Treatise 2.3.3. *Hume Studies*, *31*(2), 299-316.

Plaskow, J., & Christ, C. (Eds.). (1989). *Weaving the visions: New patterns in feminist spirituality*. New York, NY: HarperCollins.

Ramazanoğlu, C., & Holland, J. (2002). *Feminist methodology: Challenges and choices*. London, UK: Sage.

Reinharz, S. (1992). *Feminist methods in social research*. New York, NY: Oxford University Press.

Rosser, S. (2002). Androcentric bias in clinical research. In J. A. Kourany (Ed.), *The gender of science* (pp. 228-236). Upper Saddle River, NJ: Prentice Hall.

Schroll, M., & Hartelius, G. (2011). Introduction to special topic section on ecopsychology. *International Journal of Transpersonal Studies, 30*(1-2), 82-88.

Sheldrake, P. (2007). *A brief history of spirituality*. Malden, MA: Blackwell Publishing.

Spretnak, C. (Ed.). (1981). *The politics of women' spirituality: Essays by founding mothers of the movement*. New York, NY: Anchor.

Starhawk. (1982). *Dreaming the dark: Magic, sex and politics*. Boston, MA: Beacon Press.

Starhawk. (1987). *Truth or dare: Encounters with power, authority, and mystery*. San Francisco, CA: Harper & Row.

Werndl, C. (2009). What are the new implications of chaos for unpredictability?. *The British Journal for the Philosophy of Science, 60*(1), 195-220. doi:10.1093/bjps/axn053

Wilshire, D. (1989). The uses of myth, image, and the female body in re-visioning knowledge. In A. M. Jaggar & S. R. Bordo (Eds.), *Gender/body/knowledge: Feminist reconstructions of being and knowing* (pp. 92-114). New Brunswick, NJ: Rutgers University Press.

Woodman, M., & Dickson, E. (1996). *Dancing in the flames: The dark goddess in the transformation of consciousness*. Boston, MA: Shambhala.

번역 출판

Anderson, R., & Braud, W. (2011). *Transforming self and others through research: Transpersonal research methods and skills for the human sciences and humanities*. Albany, NY: State University of New York Press. (서광, 문일경, 서승희 역. 자아초월 연구방법론: 명상심리학, 불교상담, 영성심리학 연구. 서울: 학지사, 2019).

Clements, J. (2011). Organic inquiry: Research in partnership with spirit. In R. Anderson & W. Braud (Eds.), *Transforming self and others through research: Transpersonal research methods and skills for the human sciences and humanities* (pp. 131-159). Albany, NY: State University of New York Press. (서광, 문일경, 서승희 역. 자아초월 연구방법론: 명상심리학, 불교상담, 영성심리학 연구. 서울: 학지사, 2019).

De Beauvoir, S. (1989). *The second sex* (H. M. Parshley, Trans.). New York, NY: Vintage Books. (Original work published 1949). (제2의 성』. 다수 번역본 존재하여 서지사항 생략).

Harding, S. G. (1986). *The science question in feminism*. Ithaca, NY: Cornell University Press. (이재경, 박혜경 역. 페미니즘과 과학. 서울: 이화여자대학교출판부, 2002).

Harding, S. G. (1991). *Whose science? Whose knowledge? Thinking from women's lives*. Ithaca, NY: Cornell University Press. (조주현 역. 누구의 과학이며 누구의 지식인가: 여성들의 삶에서 생각하기. 경

기: 나남, 2009).

Moore, T. (1992). *Care of the soul: A guide for cultivating depth and sacredness in everyday life.* New York, NY: HarperCollins. (김영운 역. 영혼의 돌봄: 날마다 거룩하고 깊이 있는 삶으로 이끄는 영성 지도 필독서. 서울: 아침영성지도연구원, 2007).

Walsh, R. (2000). *Essental spirituality: Exercises from the world's religions to cultivate kindness, love, Joy, peace, vision, wisdom, and generosity.* New York, NY: John Wiley & Sons. (김명권, 문일경, 백지연 역. 7가지 행복 명상법. 경기: 김영사, 2007).

제 35 장

범위 넓히기

- 자아초월적인 사회 참여의 출현

Donald Rothberg, Katherine E. Coder

2007년에 Hartelius, Caplan과 Rardin은 '변용transformation의 심리학'(p. 1)을 자아초월심리학에 대한 세 가지 비판적인 요소 중 하나로 규정했다. 그리고 개인과 공동체의 성장을 윤리적인 사고, 인류에의 봉사, 올바른 행동 그리고 자비로운 사회활동 같은 "보다 큰 잠재력"(p. 8)을 가진 측면들에 적용해야 한다고 주장했다. 자아초월심리학이 초점을 맞추는 사회 참여의 중요성은 특히 경제적 · 정치적 · 사회적 · 생태학적인 불안정과 위기가 증가하는 이때에 매우 중요하다. 비록 몇몇 자아초월 이론가가 집단변용과 자아초월심리학의 결합(Ferrer, 2008; Rothberg, 1986; Walsh, 1984; Wilber, 1995)을 처음으로 진지하게 시도했지만, 자아초월심리학의 사회 참여 측면은 아직 논리적인 지식 체계로 확립되지 않았기 때문에 출현emergent이라는 묘사가 최선이다. 이 장에서는 이 출현의 접근을 탐색하고 정의定義에 대한 질문 부분과 다양한 개념적인 틀의 사용을 다루는데, 그런 접근의 이유, 그것의 심리적 · 사회적 · 영적인 근거, 자아초월적인 사회 출현의 몇몇 주요 사례와 이론들, 이 분야에 대한 연구, 그러한 접근에 대한 비판적인 질문들이 그에 해당한다.

자아초월적인 사회 참여의 규정짓기와 위치 정하기

자아초월적인 사회 참여Transpersonal Social Engagement: TSE는 여기서 심리적 · 사회적 · 영적인 차원을 연결하는 조사와 행위의 형태로서 규정하는데, 그것은 이 세 가지 독특한 차원을 모두 포함하고 연결하는 것이다. 이 세 가지 차원 중 두 가지를 연결한 방법들은 다양한데—예를 들어, 사회심리학, 심층심리학에 근거를 둔 비판적인 사회 이론, 사회 참여 영성, 대부분 심리영성 해석에서의 자아초월심리학 같은 학문들—TSE는 그런 접근을 발판삼아 더 나아가고자 한다.

이런 의미에서 TSE는 심리영성적 발달과 사회 참여와의 관계에 명시적으로 관여한다. TSE의 표현은 사회의 관심에 대해 심리적—그리고 영적—으로 기반을 둔 반응을 제공하는 수많은 현대 방법 내에 위치해 있다. 좀 더 전통적인 종교나 영적인 접근에 근거를 둔 TSE의 버전을 발견할 수 있는데, 그것은 Gandhi와 King의 비폭력 시위, 해방 신학, 기독교 그리고 이슬람교와 같은 것이다. 이들 버전에서 심리적인 차원은 전통적인 영성심리학에 근거를 둘 수도 있다. 또한 TSE의 표현을 현대심리학적 · 사회적 그리고 영적인 접근의 결합에서 발견할 수 있다. TSE의 그러한 예들은 페미니즘이나 여성의 영성과 다양하게 연합된다. 그것은 생태심리학과 생태학에 근거를 둔 영성(Rothberg, 2011a), Ken Wilber와 다른 사람들의 통합적이고 진보적인 접근, Jorge Ferrer와 다른 사람들의 참여 지각, 세계종교에 대한 좀 더 다양한 현대적인 표현, Michael Lerner와 Tikkun의 분명한 해방의 영성, 다른 현대 영성에 기반을 둔 심리학에 근거한 다양한 접근으로, 이는 신체심리학(예: 생식적 신체), 융학파의 접근, 그리고 자아초월심리학 자체를 포함하고 있다.

TSE는 근본주의와는 뚜렷하게 다르다. 근본주의는 TSE의 많은 모형과 마찬가지로 현대 세속화를 질문하고, 통합된 영적인 삶을 열망하며, 종종 현대 사회 문제에 대한 영적인 근원을 분석한다(Rothberg, 1993). 그러나 대부분의 근본주의자와 달리 앞의 TSE의 모형들은 일반적으로 현대나 최첨단의 틀에 그들 자신을 배치하고 현대 서양의 파생물인 과학, 민주주의, 독단적인 중세 종교적인 세계관에서 벗어난 주관성을 (종종 그것의 한계를 언급하긴 하지만) 확신한다.

자아초월적인 사회 참여의 이유와 필요성

TSE는, 특히 현대성의 한계와 문제에 대한 현대의 염려와 관련한 반응이다. 현대는 서양의 심리적이고 영적인 자아도취가 만연하고, 주류 심리학에 심리적 · 사회적 · 영적 연결이 발달하지 못했으며, 사회봉사와 활동 참가자들에게 심리적 · 영적 발달이 필요하다는 문제가 있다. 이런 점에서 이들 문제에 관해서는 모두 심리적 · 사회적 · 영적인 차원과의 연결이 중요하다. 심리학자들을 위해, 다양한 방식으로 사회적으로 참여하고 있는 사람들을 위해, 영적인 실천가들을 위해, 일반 사람들을 위해서도 그렇다.

현대성의 한계

현대성modernity은 16세기와 17세기에 나타났고, 과학과 자본주의, 산업주의, 민주주의와 개인주의, 세속화의 출현과 관련 있다. Weber와 Habermas에 따르면, 그 기원은 삶의 모든 영역을 하나로 통일시키는 중세의 종교적인 틀에서 출발한다고 이해할 수 있다. 현대성과 함께 Habermas가 (경험과학으로 연구했던) 객관적인 세계라 일컬었던 것에서 분화된 것이 있다. 그것은 (민주주의 발달을 촉진한) 실제적이고 상호 주관적인 세계, (특히, 현대 예술, 심리치료, 친밀한 관계, 영성의 현대 표현에서 탐색된) 주관적인 세계이다. 이들 세계의 분화 때문에 그들의 자주적인 발달이 가능하고, 독단적인 종교에서 분리할 수 있으며, 앞에서 언급한 프로젝트, 즉 현대성의 성취라 부를 수도 있는 것이 발달했다(Rothberg, 1993, 2008).

그러나 여전히 현대성과 함께 또한 이 세 세계의 통합 부족이 있고, 모든 종교에 대한 일반적인 비평이 있다. 그 결과, 기껏해야 주관적으로 남아 있는 종교나 영성은 모든 과학으로부터 민주주의와 사회 정의를 위한 일을 포함한 사회적이고 정치적인 실천으로부터 다양하게 분리되며 소외되어 버렸다. 또한 심리학은 전형적으로 과학의 형태로서 해석되는데, 그것은 상호 주관적인 세계와 주관적인 세계 모두에서 분리된 것과 같다. 다른 말로, 현대성과 함께 분열이 있다. 이 맥락에서 (과학적인 것으로서) 심리학적 · 사회적 · 영적인 사이의 분열이다. 이렇게 보면 TSE는 현대성의 성취를 지지하고 통합할 수 있는 방법을 제공하며, 동시에 현대성에서 부족한 일종의 통합을 개발하는 하나의 방법을 제공한다.

현대성의 세계적인 위기

또한 주장하건데 TSE는 가장 강력한 자원들 중 하나로 생태학적 위기, 특히 세계 기후 변화, 수위 높은 폭력적 충돌 세계화 속의 빈부 격차 심화, 광범위한 빈곤(오늘날 대략 10억 명의 사람이 '생사의 기로'에 있다; United Nations Development Programme, 2008, p. 25), 세계적인 약한 정부와 세계 정의 및 세계 시민 사회의 더 나은 발전을 위한 필요성과 같이 우리 시대의 주요한 **세계적인 실제 우려와 위기**—현대성의 구조적인 문제와 크게 연결되는—에 우리가 적절히 반응하도록 도울 것이다. 우리는 TSE로 우리 자신과 우리 세계를 이해하는 탈근대적 방법을 계발할 수 있고, 과도한 개인주의와 사회 병폐에 대한 기계적이고 자본주의적인 반응 같은 현대의 비효율적인 접근 태도를 넘어설 수 있다(Kaplan, 1996; Loy, 2003).

서양의 심리적이고 영적인 자아도취

특히 자아초월심리학과 관련한 서양의 수많은 영적인 열망 경향은 세계의 다른 한쪽(그런 고립된 곳에서 멀지 않은 장소를 포함하는)에서 광범위하게 겪고 있는 고통과 분리된 중산층 집단에 한정되어 있는데, 개별적인 탐구와 수행에 몰두하여 개인적인 구원이나 깨달음을 얻으려는 목적이 있는 것(Harvey, 2009; Nangle, 2008)이다. 어떤 아시아의 전통을 해석해 보면 이 세상을 종종 환영이나 덫, 혼란, 유혹으로 본다(Woods, 1996). 이 점에서 영성은 자아도취적(Stanczak, 2006)으로 볼 수 있는데, 이는 과잉 개인주의 문화에 대한 심리적인 자아도취(Lasch, 1979)에 근거를 두고 왜곡되며 이단적(Rakoczy, 2006)인 것이다. TSE는 사회 참여의 필요성을 강조함으로써 그런 자아도취적인 영성을 향한 경향을 바로잡고, '영적인 우회'라고 부르는 것도 포함한 그런 자아도취의 어떤 심리적이고 영적인 근원을 지적한다(Masters, 2010).

주류 심리학의 한계

Watkins와 Shulman(2010)은 주류 심리학의 모형이 그들의 사회문화적 · 경제적 · 환경적인 맥락에서 개인 또는 가족을 배치하는 것에 실패한 것으로 설명했다. 이 저자들은 심리학이 "이 현재 질서가 인간의 고통이나 심리적인 문제 등등을 크게 일으킬 때 개인과 가족을 이 현상에 적응하도록 돕는"(pp. 13-14) 역할을 해서는 안 된다고 주장했다. 자연과학에 스며든 대다수의 현대 주류 심리학은 이른바 '의학적인 모형'을 바탕으로 폭넓은 정보를 제공하는 위치에 있는데, 그로 인해 심리적인 문제를 유사한 의학적인 문제로 이해하므로 "고착된 권력 구조나 남녀 관계, 계속되는 문화적인 트라우마"(p. 14)에서 비롯한 정보를 해석하여 치료할 기회를 거듭 놓치고 있다. TSE는 해방심리학이나 다른 접근법들처럼 압박하는 사회적 위기의 맥락에서 심리적인 모형과 수행을 수정하고, 아울러 영성의 자원까지 제공한다.

사회 참여를 위한 심리적이고 영적인 발전의 중요성

순전히 세속적인 관점의 활동을 포함하여 사회에 참여하는 대다수는 사회복지나 사회변화 사업에 개인적인 내적 작업과 다양한 종류의 심리영성적인 발전을 결합시키는 일의 가치와 그 필요성을 안다(예를 들면, Zimmerman, Pathikonda, Salgado, & James, 2010). 그러한 발전은 많은 이유로 중요하다. 자비심, 알아차림, 신념, 평정심과 같은 특성은 힘든 상황에서 균형을 유지하는 능력을 지원한다. '핵심 상처'를 통한 작업과 보다 큰 심리적인 성장과 개별화는 개인과 조직의 역량을 강화시켜 고차원적으로 반응하고 기능할 수 있도록 한다.

자아초월적인 사회 참여의 유래

TSE는 그 뿌리를 사회 문제, 진보적인 사회의 변용의 전통, 종교 또는 영적인 전통에 대한 반응과 연결된 심리적인 접근에서 찾는다. 이들 수많은 전통과 접근법은 비록 그 자체가 심리학, 사회 참여, 영성을 성숙하게 통합시키지는 못하지만, 가치 있는 자원과 분석적인 틀, 실질적인 도구를 제공한다.

심리학의 전통

오늘날 비록 덜 알려졌을지라도 몇몇 심층심리학은 "사회의 불균형에 대한 예리한 의식"(Watkins & Shulman, 2010)과 심리적인 건강과 치료에 대한 그들의 영향으로 형성되었다. Freud, Fromm과 Horney를 포함하는 많은 초기 심리학자는 심층심리학을 "사회적이고 심리적인 분야 모두에서 해방의 바람"(p. 55)으로 실천했고, 이 둘을 매우 밀접하게 관련된 것으로 비슷하게 보았다(Jacoby, 1986). Fromm과 Marcuse를 포함하여 프랑크프루트학파와 관련된 비판적인 사회 이론가들은 심층심리학을 사회 비평과 관련시켰다. 해방심리학의 현대 발전은 가끔 영적인 차원과 함께 그러한 접근을 계속한다. 공동체심리학은 공동체의 안녕과 사회 정의를 비슷하게 관련시켰다(Nelson & Prilleltensky, 2010). 그 중심 목표는 해방과 안녕을 위한 모든 문제를 모든 수준에서 작업하고 모든 것을 수반하는 것이다. 덧붙여 생태학적-마음심리학은 자아초월심리학과의 통합으로 종종 발전되었다(Esbjörn-Hargens & Zimmerman, 2009; Fox, 1990; Plotkin, 2003).

사회적인 변용의 움직임

유대인 예언자에게서 시작한 사회 정의 운동의 서양 전통에 널리 뿌리박혀 있는 자아초월적인 사회 참여는 특히 사회 변화와 사회 변용을 위한 움직임에 대한 현대의 세속적인 표현인 민주주의, 사회주의, 무정부주의, 페미니스트, 생태 운동, 시민 권리 운동 등에서 나타난다. 좀 더 최근에 Hawken(2007)은 우리가 "인류 역사에서 가장 큰 사회 운동"(p. 4)의 가운데에 있다고 주장했는데, 이는 "천만 명의 사람이 변화에 헌신하는 … 이 세상에 은총과 정의가 가득하고 아름다운 외관을 회복하려는 시도로 절망과 힘, 무수한 이상한 것에 직면하려는"(p. 4) 노력이 포함된다.

종교와 영적 전통

최고의 종교와 영적 전통은 자아초월적인 사회 참여에 대한 강력한 자원을 제공한다. 그런 전통에서 정의, 비폭력, 상호 독립, 평등의 원칙이 나온다. 거기에는 평화와 화해, 공동체 사랑에 대한 비전, 고통과 불의의 근원에 대한 분석, 사랑과 성실, 자비, 용기, 인내, 평정, 지혜, 자각과 같은 핵심 덕목 함양을 강조하고, 다양한 모범적인 인물의 생애 이야기가 담겨 있다(Rothberg, 2011b). 아프리카와 미국 토착민의 전통에서 사람은 단지 공동체 안에서 다른 사람들의 도움으로 완전한 인간이 되고 조화를 이룰 수 있다(Mankiller, 2004). 이 점에서 개인과 집단은 상호 독립적이다(Bangura, 2005). 서양 문화와 학문적인 영역에 비교적 덜 알려지긴 했지만, 토착민의 영적 전통은 기독교나 이슬람교 전도사들이 그 땅에 들어가기 수세기 전부터 평화와 비폭력을 가르치고 존중해 왔다(Smith-Christopher, 2007).

세계의 많은 종교와 영적 전통은 자비로운 사회를 건설하고 인간의 고통을 호소하려는 사회 운동으로 시작되었다(Hawken, 2007). 예를 들어, 보리수나무 아래에서 해탈한 붓다는 이윽고 자신의 개인적인 평화에 머물지 않고, 소위 그의 추종자들에게 가르침과 조언을 주고자 세상으로 들어갔다. "그러고는 떠돌아다녔다… 중생의 안녕을 위해, 중생의 행복을 위해, 세상을 향한 자비심의 발로로"(Bodhi, 2000, p. 198). 다른 사람들을 위한 자비로운 행동을 강조하는 대승불교에서는 모든 존재를 위한 이타적인 깨달음을 구하는 보살이 발전하게 되었다(Śāntideva, 1997), 이것은 힌두에서 카르마 요가의 모형으로, 특히 **바가바드 기타**[1]에서 분명하게 보이는데, 이는 일과 봉사를 통한 깨달음의 길을 가리킨다. 수행자들에게 용기, 회복력, 도전 가운데 고요함을 불어넣어 주는 카르마 요가는 Gandhi의 삶과 일을 떠받쳤다.

유대교, 기독교 그리고 이슬람교의 유일신 종교 전통에서 봉사와 사회 정의는 종종 예언을 통해 명령되는데(DeYoung, 2007), 이는 말씀과 행동에 묵상을 결합한 것이다(Ruffing, 2001). 예를 들어, 유대교 예언자들은 "신의 의지를 실현하는 사회"(Armstrong, 1993, p. 352)를 촉구하며, "그들 입장에서는 기본적인 윤리 원칙을 위반한 죄, 자기중심성, 탐욕, 고통받는 사람들에 대한 자비심의 부족, 도덕적이고 영적인 위선"(p. 353)에 동의하지 않는다고 힘차게 말했다. 예수는 그 예언자들의 뒤를 이어, 보편적인 자비심을 강조하고 "이 세상의 고통에 사랑으로 반응"(Rothberg, 2006, p. 100)하기를 설파했다. 비슷하게 대부분의 이슬람교도에게 예언자 무하마드는 도덕성, 사회 정의, 탄압, 인도주의의 문제를 염려하는 성향이 매우 발달한 인간의 원형이다. 예언가이자 도덕적이고 사회적인 개혁가로서 정의와 평등을 가르친 그는 모든 이슬람교도가 추종하는 본보기를 보이고 있다.

자아초월적인 사회 참여의 몇몇 주요 접근

적어도 일반적으로 TSE에 공감할 수 있는 구조가 발달한 사람들은 다음과 같은 접근 방법들도 받아들인다. 그것은 참여 영성(Stanczak, 2006), 행동 묵상(Rohr, 2009), 행위에서의 의식(Quiñones Rosado, 2007), 해방심리학(Watkins & Shulman, 2010), 심층생태학(예를 들

1) 바가바드 기타는『마하바라타』라는 인도 서사시 제6권에 속하며, 전사 아르주나와 그의 친구이자 마부인 크리슈나가 대화하는 형식으로 쓰였다. 이 시는 AD 1~2세기에 지어진 것으로 보이며, 700개의 산스크리트송이 18장으로 나누어져 있다. 이 시는 윤리 문제로 출발하지만 그것을 훨씬 넘어서서 신의 본질과 인간이 어떻게 신을 알 수 있는가 하는 문제를 광범위하게 고찰한다. 이 시의 위대함은 목적과 수단 두 가지를 모두 서술하고 있다는 것이며, 인도 전 시대의 종교 사상과 실천의 개요를 제시하였다. 이 시는 흔히 궁극적 실재를 크리슈나와 동일시되는 인격신으로 묘사하였다.

면, Gottlieb, 2001), 생태페미니즘(예를 들면, Diamond & Orenstein, 1990), '재연결 작업'(Macy & Johnstone, 2012), 통합생태학(Esbjörn-Hargens & Zimmerman, 2009), 미묘한 행동주의(Nicol, 2010), 사회 참여적 불교와 통합영성(Rothberg, 2006, 2008), 영적으로 진보한 사회 변화(Coder, 2011)이다. 이들 접근 중 몇 가지를 간단히 살펴보면 다른 것들도 미루어 알 수 있을 것이다.

해방심리학

Watkins와 Shulman(2010)은 해방심리학을 "사회적 · 경제적 · 생태학적인 운동으로 전환하고 심리적인 고통을 다룰 수 있도록 함께 생각하고 행동하는 방법들을 상상하는 능력을 기르는 아이디어, 수행, 프로젝트"(p. 3)로 규정한다. 해방의 해방심리학적 개념은, 심리학적 접근은 반드시 역사적이고 문화적인 맥락을 염두에 둬야 하고, "치유는 심리적인 안녕에 대한 가족이나 작은 그룹, 공동체에 기반을 둔 대화적 접근"(p. 6)에서 비롯한다는 생각에 근거하여 발전한다. 해방심리학자들은 "평화롭고 공정하며 심리적인 안녕을 지지하는 생태적으로 진동하는 공동체"(p. 10)를 위한 독립과 희망의 패러다임에서 연구한다. 개인의 해방은 모두의 해방에 통합하는 것으로 보인다. 비록 해방심리학이 일반적으로 영적 가르침에 분명한 기초를 포함하지 않을지라도, 이 저자들은 "tikkun nefesh, 즉 우리의 영혼 회복과 tikkun olam, 즉 다른 사람들과 자연과의 관계를 통한 이 세상의 회복"(p. 335)을 결합시키는 이 영역에 대한 보다 큰 영적인 구조를 분명히 말한다.

신성한 행동주의

신성한 행동sacred activism은 Harvey(2009)가 말한 것으로, "자비로운 봉사의 즐거움… 급진적이고 잠재적인 모든 변용하는 신성한 힘[으로] 경제적 · 사회적 · 정치적인 기관과 실제적이고 실용적인 추진을 결합시키는"(p. xviii) 것으로 규정한다. 신성한 행동은 급진적인 개인과 집단의 변용을 지향하고 "초월적이고 내재적인 신성한 의식과 축복 의식과 평화를 깨달은 자비의 행동"(p. 70)의 결합이다. 신성한 행동은 일상적인 영적인 수행에 전념하고, 신성에 항복하며, 분노를 변용시키고, 그림자 작업에 전념하며, Harvey가 "은총의 그물망"(p. 209)이라 일컬었던 것에 참여하는 것을 통해 가능하게 만든다. 은총의 그물망 구성원은 개인적인 영적 수행과 집단 수행에 전념하고, 서로 고양시키기 위해 노력하며, 함께 대의명분을 지키기로 맹세하고, 실체 없는 자료를 다루는 방법을 발견한다.

재연결 작업

심리적 · 사회적 · 영적인 인식을 연결하는 가장 영향력 있는 접근들 중 하나는 Joanna Macy와 동료들의 작업이었는데, 최근 수년간 '재연결하는 작업'으로 정리했다(Macy & Johnstone, 2012). 집단 문제(처음에 1970년대와 1980년대의 핵전쟁의 위협)의 고통과 관련된 거부와 억압에 대한 심리적인 통찰을 토대로 그런 고통에 접근할 수 있는 이론과 실천을 통하여 종종 개인이나 공동체와 관련하여 오랫동안 봉인되었거나 접근하기 어려웠던 집단 자료를 표면으로 드러나게 하는 것이다. 고통에 대한 이 접근은 엄청난 혁신적인 실천뿐만 아니라 고통스러운 현실에 접근하기 전에 존중과 감사를 불러일으키는 우아한 변용의 이론 또한 제공하는데, 이는 넓은 관점에서 세상을 보는 새로운 방식을 배우고, 세상에 실제 적용하는 법을 발전시키는 것이다.

통합이론의 적용

통합이론은 Ken Wilber와 기타 학자들이 영성, 심리학, 철학, 인류학, 생물학, 사회과학을 포함하는 광범위한 지식을 30여 년에 걸쳐 통합해 내놓은 초학문적인 학문이다(Brown, 2006). 이 통합의 틀은 다섯 가지 주요 구성 요소인 상태, 단계, 노선, 사분면, 유형의 결합으로, 이는 네 가지 주요 영역에서 검토할 수 있다. 즉, 개인 내부(예를 들면, 심리적인, 영적인), 집단 내부(문화적인), 개인 외부(예를 들면, 행동적인), 집단 외부(예를 들면, 체계적인, 사회 구조와 관련된)이다. 덧붙여 통합이론은 경험적인 연구를 위한 다각적인 틀을 제공한다. 개인은 심리적 · 사회적 · 영적인 차원을 연결하는 통합이론의 적용을 발견할 수 있는데, 예를 들면 행동에서의 의식에 대한 접근이다(Quiñones Rosado, 2007). 그것은 통합의 국제적인 발달(Hochachka, 2007), 통합 생태환경(Esbjörn-Hargens & Zimmerman, 2009), 통합 유지 가능성(Brown, 2006)이다.

사회 참여적 불교와 통합영성

Rothberg(2006, 2012)는 불교에 근거한 사회 참여 영성의 모형을 약술했는데, 개인, 관계, 집단의 세 가지 수행 분야가 있다. 그는 10가지 핵심 변용 분야를 부각시켰다. 그것은 윤리적인 실천, 행동에서 알아차리는 습관 들이기, 의도를 분명하게 두기, 고통에 열려 있기, 자기를 보살피고 다른 사람을 돕는 일에 균형 맞추기, '상대'와 작업하기, 상호 의존의 감각 계발하기, 분노를 변용시키기, 침착하게 행동하기다. 영적인 수행의 결정적 요소는 개인, 관계, 집단 각각의 수행 요소가 다른 영역에 깊이 스며들어 아홉 가지 유형의 모체를 만들어 내는 것으로, "우리의 영적 수행이 점점 **매끄럽게** 되는"(Rothberg, 2008, p. 362) 것과 같다. 예를 들어, 개인은 감각이나 정서, 사고 등을 탐색하는 데 초점을 맞추는 순전히 '내적인' 수행을 하거나, 관계(예를 들면, 가족이나 공동체)와 집단 경험과 이념(예를 들면, 인종차별, 성차별, 소비자 운동)이 내적 경험에 어떤 영향을 주는지 탐색하는 수행을 할 수 있다.

영적으로 진보한 사회적인 변화

Coder(2011)는 자아초월적인 사회 참여의 잠재적인 형태를 제시했는데, 이는 "신비적인 행동"이라 불릴 수 있는 모형에 대한 그녀의 연구에 근거한다. Coder가 "영적으로 진보한 사회 변화"라고 부른 것은 내면 개별화, 외부 개별화, 건강한 개인적이고 사회문화적인 변용을 강력하게 하는 사회문화적인 환경의 상호 의존 과정으로 구성된다. Coder의 모형은 사회 참여에서의 개인적이고 영적인 발전의 중요성을 강조하면서, 건강한 대인관계를 유지하고 도전적인 상황을 이겨 내는 힘을 기르며 스트레스의 영향을 완화시키는 데 필요하다고 했다. 이 모형은 사회 행동과 심리영성적인 발전의 결합이 상승 작용을 하여 자아초월적인 사회 참여의 타당성에 근거를 제공한다고 제안한다.

자아초월적인 사회 참여에 관한 연구 결과들

자아초월적인 사회 참여의 경험적인 연구가 드문(Coder, 2011) 반면, 수많은 연구가 이 출현한 분야에 대한 중요한 발견을 보여 준다. 예를 들어, DeYoung(2004)은 세 사람의 신비주의 행동가의 삶을 검토하기 위해 역사 연구, 자서전, 사회과학적 인물 묘사를 동원했다. 그는 다음의 네 가지 주요 주제를 발견했다.

> ① 그들은 그들의 종교적인 신념에 동기화되었다. ② 그들은 사회의 한계에서 벗어난 세계관이 있었다. ③ 그들의 정체성은 우리가 보통 인류애를 공유한다는 신념에 근거를 두었다. ④ 그들은 구조적인 변화를 요구한 개혁의 윤리를 받아들였다(p. 10).

이 연구는 신비주의 행동가들이 사회 정의나 정치적인 행위에서 자신의 신념을 분리시키지 않았고, 희망의 상태에 있으며, 자신의 외부에서 신념에 접근했고, 영적인 수행에서 평안과 회복을 찾았다는 것을 보여 준다.

Burdge(2006)는 이스라엘에서 네 사람의 모범적이고 종교적인 평화 행동가를 연구하면서, 문화적 차이로 갈등하는 지역 내에서 영성 지향적인 평화 행동가의 본질적인 경험을 식별하기 위해 심리적인 현상학을 활용했다. Burdge는 평화 행동과 종교나 영적 경험 사이의 관계를 살폈다. 결과는 다음과 같은 공통적인 현상학의 구조를 보여 주었다.

> 가슴을 사용하면 자기와 타인, 신성한 경험에 대한 감수성이 열린다. 그러면 기억이나 경험을 심리적으로 구분할 수 없는 상태, 보다 심오한 영성과 자기이해를 향한 길로서 의견이 다른 사람들로부터 배우려는 열망, 깊은 내적 자각과 보편적인 인간 이해로 신성의 고취를 경험한 내적 자기감각과의 연결, 영성 기반 필터를 통해 끊임없이 작동하는 행동의 평가, 뚜렷한 방향으로 나뉘는 것들 속에서 유사함을 알아채는 능력, 어떤 동기로서 잠재적인 행동의 평가자로서 지속적인 사랑의 연결이 가능해진다(pp. iii-iv).

Walworth(2008)의 연구는 현대의 두 사람의 "영성에 기반을 둔 사회활동가"(p. iii)의 삶을 연구하기 위해 자서전 조사를 활용하였는데, 이는 사회에 참여하는 영적인 삶의 현상을 이해하기 위해서였다. 자아초월적인 사회 참여와 관련하여 Walworth의 발견은 사회 참여 영성은 "상호 연결되고 다각적이며 문화 교차 운동"(p. 356)으로, 이는 "영성과 사회 변용의 불가분성"(p. 357)을 가리킨다.

Coder(2011, 2012)는 전형적인 영적으로 진보한 세 사람의 사회 변화 매개자를 구성주의에 기반을 둔 이론과 다양한 사례 연구의 복합적인 방법론을 사용하여 연구했다. 앞서 언급한 결과에 덧붙인 사례 교차분석에 의하면, 개인적인 변화는 개인의 경험과 변화 매개자의 성격 특성이 사회적 맥락의 외부 행동을 만났을 때 촉진된다. 개인적인 변화를 촉진시키는 것은 본래 내재된 과정으로서 확인되었는데, 이는 사회문화적인 변화의 촉진과 결합될 때 개인적이고 사회적인 변용을 지속적으로 초래하는 역동적인 삶의 거시 과정으로 이끄는 듯하다. 그 사회 변화 매개자들은 영성과 사회 참여의 결합이 자신의 욕구를 충족시키는 데 중요하다고 믿었고, 제각기 참여하는 사회 운동에서 이 연결을 충족했다. 이 분석에 따르면, 그들은 복원력을 통해 스트레스를 완화시키고 자비 피로(그리고 소모)의 경험을 극복했다. 즉, 장기간에 전념한 영적 수행은 그러한 복원력 개발의 핵심 구성 요소였다.

Brenner와 Homonoff(2004)는 기초 이론을 활용하여 임상사회사업에 대한 불교의 선

명상 수행의 영향을 탐색하고 실천가들의 "수행 구조, 임상 실습, 보다 큰 체제 내에서의 상호작용"(p. 261)을 검토했다. 자료 분석은 증가된 자각과 조율에 대한 주제를 보여 주었다. 그것은 내담자들과 동료들을 다양한 관점으로 수용하기와 판단하지 않는 태도, 명료하게 보고 적절한 행동을 취하는 것과 관련된 책임감이다.

Golden, Piedmont, Ciarrochi와 Rodgerson(2004)은 세 가지 질문지와 위계적인 다양한 회귀 분석의 복합적인 지수를 사용하여 성직자의 소모를 연구했다. 그 결과는 영성을 보여 주었는데, 특히 "신과의 관계를 인식한 개인"(p. 123)으로, "성격과 작업 환경을 통제할 때에도 소모를 예측하는 것에서 의미 있는 증가를 보여 주었다"(p. 115). 그들의 연구는 영성이 스트레스를 다루고 복원력을 개발하도록 사회 변화 활동가를 도울 수 있다는 견해를 지지한다.

행동 영성(2005)은 변화의 범주들Circles of Change 프로그램을 평가하여 행동 영성의 의미를 자세히 설명하고 사회 변화 연구에서 그 결합에 대한 장애물을 상세히 밝혔다. 이 분석은 성령Spirit과의 연결이 포괄적인 환경을 초래하고, 연결성을 유지하고 내면의 지지 근원에 접근하는 개인적인 의식으로 전환시킨다는 것을 보여 주었다. 연구에 따르면, 제한적인 개념의 성령의 존재, 동성애 공포증 또는 성차별주의자의 종교 메시지, 다른 사람을 해치는 것에 대한 종교인의 두려움 같은 많은 행동주의 문화 관련 측면은 행동주의에 영성을 포함하는 데 장애물로 작용한다. Stanczak과 Miller(2002)의 질적 연구는 사회적인 변화와 영성 사이의 연결을 확인하고 검토했는데, 이는 영성에 대한 학계에서 영성에 대한 대화를 시작하고 있으며, 심리치료, 심리학, 비즈니스에서 일어난 가장 최근의 몇몇 발전에 의해 촉진되었다는 것을 보여 주고 있다. 이 연구는 참여 영성이 '개인, 지역, 일상'의 분야에 또한 사회적인 네트워크에 영향을 주고, "이 개인적인 전념에 대해 실행 가능한 출구가 없는 보다 큰 기반 사이에서 잠재적인 사회의 자원"(Stanczak, 2006, p. 162)으로서 존재한다고 결론지었다. 영성과 사회적인 변화는 상승 작용이 되는 것으로 결정되지만, 영성은 반드시 "수행을 통해, 다른 사람을 통해, 기관을 통해, 사회적인 구조를 통해, 변화를 만들기 위한 직접 행동을 통해 성립"(p. 174)되어야 한다.

자아초월적인 사회 참여에 관한 비판적인 질문

TSE가 비교적 발전의 초기 단계에서 나타나는 현상임을 고려한다면, 그에 대한 대부분의 비판적인 논평은 TSE의 근거에 대해 앞에서 언급한 몇몇 숭고한 의도를 만나거나 만나지 못하는 것에 동의하는 것과 관련이 있을 수 있다. 예를 들어, 변용에 대한 수행의 길은 비교적 개발되지 않았다. Rothberg(2008)는 가능한 아홉 가지 방법의 영적 수행 대부분은 통합적인 영성의 기반에서 아직 분명히 개발되지 않았다는 것을 확인했다고 밝혔다. 더구나 앞에 언급된 TSE에 대한 대부분의 표현은 보다 더 상세하게 다룬 접근들을 포함하여 이론적 · 실제적 · 심리적 · 사회적 · 영적인 차원에서 완전히 통합하지 못한다. 많은 경우에 세 가지 차원 중 다른 두 차원의 좀 더 미발달된 결합으로 하나에 좀 더 기반을 두고 있다.

또한 TSE는 조금밖에 연구되지 않았다. 앞서 언급한 두 연구만이 자아초월심리학에 적합했고, 사회 행동과 영성의 결합을 검토하는 대부분의 연구는 모범적인 인물들에 대한 질적 연구였다. 전반적으로 여전히 사회 참여와 영성에 대한 학문적인 연구는 거의 없고, 더구나 TSE의 세 차원 모두에 대한 연구는 덜하다. 이 현상에 대해 훨씬 많은 검토가 필요하다. 또한 방법적이고 이론적이며 실제적인 도전이 남아 있다. 보다 큰 사회적인 구조와 이념에도 주의를 기울이면서 내적인 발달과 외부 행동 양쪽을 모두 연구하기 위한 다양한 방법(예를 들면, 현상학적이고 사회적인 분석)을 어떻게 통합할 것인가? 이론적으로 심리학과 영성, 심리학과 사회, 사회와 영성 사이의 관계를 이해하는 방법에 대해 종종 명료함이 부족했을 때 심리적이고 사회적이며 영적인 인식을 연결하는 것이 어떻게 가능한가? 그러나 실제로는 이 세 차원을 통합시키는 수행이 매우 혁신적인 개발로 좀 더 진행되었을 수도 있는데, 이는 TSE의 예로 언급된 많은 사람의 연구에서도 입증되었다.

TSE에 대한 또 다른 염려는 좀 더 혜택받은 사람들 또는 서양의 학문적인 위치에 있는 사람들에게서 나온 것이 아니라 전통적으로 취약한 공동체에서 나온 이론이나 발견, 수행을 포함할지의 여부이다. 자아초월심리학이 이제는 페미니스트, 비평가, 초현실주의, 다른 비전통적인 방법들과 취약한 공동체의 연구를 받아들이지만, 장학금과 연구 보조금, 고가의 공식적인 학문 연구(바로 이 순간에도 학계에서 주변으로 소외되고 있는)의 부족 때문에 특권적 위치로 남아 있다. TSE는 넓고 다양한 세계 공동체의 대화와 발견을 계속 포함하는 한에서 상대적으로 유지되는 듯하다.

더 나아가 TSE에서 심리학, 사회, 영적인 차원의 통합이 그 깊이—이론적이고 실제적으로—각각 분리하여 차원마다 최대한으로 유지할지, 아니면 이들 각각의 영역에서 좀 더 피상적으로 표현할지가 과제로 남아 있다. TSE에서 그 깊이나 발전된 차원을 어떻게 관련지을 것인가? TSE의 건강한 형태는 그 자원이 치유와 조사의, 사회적인 분석과 행동의, 영적인 전통의 심리적인 형태에서 온 것이고, TSE의 실천가가 변용적인 깊이를 얻도록 돕는다면 번창할 것이다.

결론

점차 범위를 넓혀 가고 있는 자아초월심리학은 보다 많은 사회와 집단에 적용되는 중이고, TSE의 현상은 부분적으로 개인의 심리영성적인 발전에 관심이 거의 쏠려 있는 자아초월의 과도기에서 나타나고 있다. 사회 참여를 포함시키고 심리학과 사회 참여, 영성의 상호 의존성의 국면을 탐색한다면 자아초월심리학은 물론 사회 참여와 영성, 무엇보다도 이 세계의 장래는 매우 밝을 것이다.

참고문헌

Bangura, A. (2005). Ubuntogogy: An African educational paradigm that transcends pedagogy, androgogy, ergonagy, and heutagogy. *Journal of Third World Studies*, *22*(2), 13-44. Retrieved from http://gsw.edu/~atws/journal.htm

Brenner, M. J., & Homonoff, E. (2004). Zen and clinical social work: A spiritual approach to practice. *Families in Society*, *85*(2), 261-269.

Brown, B. (2006). Theory and practice of integral sustainable development: Part 1-Quadrants and the practitioner. *AQAL: Journal of Integral Theory and Practice*, *1*(2), 366-405.

Brudge, S. (2006). The relationship between spirituality and peace activism: Phenomenological inquiry into the experience of peace activists in Israel. *Dissertation Abstracts International*, *67*(02) 0669B (UMI #3207583).

Coder, K. E. (2011). "Shaking the world awake": An interfaith multiple case study of spiritually advanced social change agents. *Dissertation Abstracts International*, *72*(11) 0669A (UMI #3468891).

Coder, K. E. (2012). "Shaking the world awake": A constructivist cross case analysis of the phenomenon of spiritually mature activism. *The Australian Community Psychologist*, *2*(24), 111-132.

DeYoung, C. P. (2004). Mystic-activists: Faith-inspired leaders working for social Justice and reconciliation. *Dissertation Abstracts International*, *65*(10) 1064A (UMI #3149884).

DeYoung, C. P. (2007). *Living faith: How faith inspires social Justice*. Minneapolis, MN: Fortress Press.

Diamond, I., & Orenstein, G. (Eds.) (1990). *Reweaving theworld: The emergence of ecofeminism*. San Francisco, CA: Sierra Club Books.

Esbjörn-Hargens, S., & Zimmerman, M. (2009). *Integral ecology: Uniting multiple perspectives on the natural world*. New York, NY: Random House/Integral Books.

Ferrer, J. N. (2008). Spiritual knowing as participatory enaction: An answer to the question of religious pluralism. In J. N. Ferrer & J. H. Sherman (Eds.), *The participatory turn: Spirituality, mysticism, religious studies* (pp. 135–169). Albany, NY: State University of New York Press.

Fox, W. (1990). *Toward a transpersonal ecology*. Boston, MA: Shambhala.

Golden, J., Piedmont, R. L., Ciarrochi, J. W., & Rodgerson, T. (2004). Spirituality and burnout: An incremental validity study. *Journal of Psychology and Theology, 32*(2), 115–125. Retrieved from https://wisdom.biola.edu/jpt/

Gottlieb, R. S. (2001). The transcendence of Justice and the Justice of transcendence: Mysticism, deep ecology, and political life. In J. K. Ruffing (Ed.), *Mysticism and social transformation* (pp. 179–194). Syracuse, NY: Syracuse University Press.

Hartelius, G., Caplan, M., & Rardin, M. A. (2007). Transpersonal psychology: Defining the past, divining the future. *The Humanistic Psychologist, 35*(2), 1–26. doi:10.1080/088 73260701274017

Harvey, A. (2009). *The hope: A guide to sacred activism*. New York, NY: Hay House.

Hochachka, G. (2007). An introduction to integral international development. *Journal of Integral Theory and Practice, 2*(1), 102–119.

Jacoby, R. (1986). *The repression of psychoanalysis*. Chicago, IL: University of Chicago Press.

Kaplan, A. (1996). *The development practitioner' handbook*. London, UK: Pluto.

Loy, D. (2003). *The great awakening: A Buddhist social theory*. Boston, MA: Wisdom.

Mankiller, W. (2004). E*very day is a good day: Reflections by contemporary indigenous women*. Golden, CO: Fulcrum.

Masters, R. (2010). *Spiritual bypassing: When spirituality disconnects us from what really matters*. Berkeley, CA: North Atlantic.

Nangle, J. (2008). *Engaged spirituality: Faith life in the heart of empire*. Maryknoll, NY: Orbis.

Nelson, G., & Prilleltensky, I. (2010). *Community psychology: In pursuit of liberation and well-being* (2nd ed.). New York, NY: Palgrave Macmillan. (Original work published 2005)

Nicol, D. (2010). Subtle activism: The inner dimension of social transformation. *Dissertation Abstracts International, 72*(03) 0392A (UMI #3434800).

Quiñones Rosado, R. (2007). *Consciousness-in-action: Toward an integral psychology of liberation and transformation*. Caguas, Puerto Rico: ilé.

Rakoczy, S. (2006). *Great mystics and social Justice: Walking on two feet of love*. New York, NY: Paulist Press.

Rothberg, D. (1986). Philosophical foundations of transpersonal psychology: An introduction to some basic issues. *Journal of Transpersonal Psychology, 18*(1), 1–34.

Rothberg, D. (1993). The crisis of modernity and the emergence of socially engaged spirituality. *ReVision: A Journal of Consciousness and Transformation, 15*(3), 105–114.

Rothberg, D. (2006). *The engaged spiritual life: A Buddhist approach to transforming ourselves and the world*. Boston, MA: Beacon Press.

Rothberg, D. (2008). Connecting inner and outer transformation: Toward an expanded model of Buddhist practice. In J. N. Ferrer & J. H. Sherman (Eds.), *The participatory turn: Spirituality, mysticism, religious studies* (pp. 349–370). Albany, NY: State University of New York Press.

Rothberg, D. (2011a). The spirit of change: Spiritual and religious resources for peace and social Justice movements. In M. Pilisuk & M. Nagler (Eds.), *Peace movements worldwide* (3 vols.)*: History and vitality of peace movements* (Vol. 1, pp. 113-128). Santa Barbara, CA: Praeger.

Rothberg, D. (2011b). Socially engaged Buddhist contemplative practices: Past and potential future contributions at a time of cultural transition and crisis. In M. Bush (Ed.), *Contemplation nation* (pp. 109-130). Kalamazoo, MI: Fetzer Institute.

Ruffing, J. K. (2001). Introduction. In J. K. Ruffing (Ed.), *Mysticism and social transformation* (pp. 1-25). Syracuse, NY: Syracuse University Press.

Smith-Christopher, D. L. (2007). Indigenous traditions of peace: An interview with Lawrence Hart, Cheyenne peace chief. In D. L. Smith-Christopher (Ed.), *Subverting hatred: The challenge of nonviolence in religious traditions* (pp. 76-85). Maryknoll, NY: Orbis Books.

Spirit in Action (2005). Circles of change: Transforming the way we do change. [Report]. Retrieved from http://www.spiritinaction.net/Resources/circlesreport.pdf .

Stanczak, G. C. (2006). *Engaged spirituality: Social change and American religion*. New Brunswick, NJ: Rutgers University Press.

Stanczak, G. C., & Miller, D. E. (2002). *Engaged spirituality: Spirituality and social transformation in mainstream American religious traditions*. Los Angeles, CA: Center for Religion and Spiritual Culture, University of Southern California. Retrieved from http://crcc.usc.edu/resources/publications/engaged-spirituality-2002- spirituality-and-social-transformation-in-mainstream-american-religious- tr.html

United Nations Development Programme. (2008). *Fighting climate change: Human solidarity in a divided world. Human Development Report 2007/2008*. Retrieved from http://hdr.undp.org/en/reports/global/hdr2007-8/

Walsh, R. (1984). *Staying alive: The psychology of human survival*. Boulder, CO: Shambhala.

Walworth, C. L. (2008). Crossing borders with Elias Amidon and Elizabeth Roberts: A biography of engaged spiritual lives. *Dissertation Abstracts International*, *69*(02) 1414A (UMI #3302966).

Watkins, M., & Shulman, H. (2010). *Toward psychologies of liberation*. Houndsmills, UK: Palgrave Macmillian.

Wilber, K. (1995). *Sex, ecology, spirituality: The spirit of evolution*. Boston, MA: Shambhala.

Woods, R. (1996). Mysticism and social action: The mystic's calling development, and social activity. *Journal of Consciousness Studies*, *3*(2), 158-171.

Zimmerman, K., Pathikonda, N., Salgado, B., & James, T. (2010). *Out of the spiritual closet: Organizers transforming the practice of social Justice*. Oakland, CA: Movement Strategy Center.

번역 출판

Armstrong, K. (1993). *A history of God: The 4,000-year quest of Judaism, Christianity, and Islam.*

New York, NY: Ballantine Books. (배국원, 유지황 역. 신의 역사 1-2. 서울: 동연, 1999).

Bodhi, Bhikkhu (Trans.) (2000). *The connected discourses of the Buddha: A new translation of the Samyutta Nikaya* (2 Vols.). Boston, MA: Wisdom. (각묵 역. 상윳따니까야 = Saṁyutta Nikāya: 주제별로 모은 경: 빠알리 경장.제1권-제6권. 울산: 초기불전연구원, 2009; 전재성 역. 쌍윳따니까야 = Saṁyutta-nikāya.1권-7권. 서울: 한국빠알리성전협회, 2006-2007).

Hawken, P. (2007). *Blessed unrest: How the largest social movement in history is restoring grace, Justice, and beauty to the world*. New York, NY: Penguin. (유수아 역. 축복받은 불안. 서울: 에이지21, 2009).

Lasch, C. (1979). *The culture of narcissism: American life in an age of diminishing expectations*. New York, NY: Warner Books. (최경도 역. 나르시시즘의 문화. 서울: 문학과 지성사, 1989).

Macy, J., & Johnstone, C. (2012). *Active hope: How to face the mess we're in without going crazy*. Novato, CA: New World Library. (양춘승 역. 액티브호프: 암울한 현실에서 새로운 미래를 여는 적극적 희망 만들기 프로젝트!. 경기: 벗나래, 2016).

Plotkin, B. (2003). *Soulcraft: Crossing into the mysteries of nature and psyche*. Novato, CA: New World Library. (문종원 역. 혼Soul 만남으로 가는 길: 자연과 정신의 신비 안으로 건너가기. 서울: 기쁜소식, 2012).

Rohr, R. (2009). *The naked now: Learning to see as the mystics see*. New York, NY: Crossroad. (이현주 역. 벌거벗은 지금: 리처드 로어 신부가 말하는 그냥 바라보기. 서울: 바오로딸, 2017).

Sāntideva (1997). *A guide to the bodhisattva way of life* (V. A. Wallace & B. A. Wallace, Trans.). Ithaca, NY: Snow Lion. (Original work published in 8th century, CE). (입보리행론 또는 입보살행론. 다수 번역본 존재하여 서지사항 생략).

제 36 장

고대 의학에서 나온 현대의 기적
- 자아초월적인 의학 접근들

G. Frank Lawlis

Campbell(1972)이 말한 것처럼, 사람들은 자신의 신화myths에 따라 살아간다. 신화는 인생을 의미 있게 만들어 주고, 질환illness 및 질병disease을 포함한 인생의 어려움들을 인생과 목적에 대해 소통하는 사건들로서 볼 수 있게끔 해 준다. 현재 서구 사회는 의학이 실행되고 인식되는 방식을 규정하는 일련의 신화를 가지고 있는데, 그것은 의학이 양호한 건강보다는 그것의 종말에 더 기여하고 있을 수도 있다는 것이다. 동시에 자주 터무니없는 것으로 무시되었던 고대의 치유 신화들은 건강 관리의 미래에 대한 기틀을 마련할 수 있다.

유감스럽게도 부인된refuted 신화들은 어쩌면 생명과 심지어 영혼을 살릴 수 있는 가능성이 있다. 세계보건기구의 2011 세계 보건 통계(2012)에 의하면, 미국은 전 세계에 있는 어느 나라보다 1인당 건강 관리 비용을 2배나 더 지출하고 있었다. 또한 그 보고서에서 미국은 유아 사망률 39위, 성인 여성 사망률 43위, 성인 남성 사망률 42위, 그리고 기대 수명 36위를 차지하였다고 보고하였다. 이것은 건강 관리 시스템이 2배나 더 많은 비용을 지출하는데도 불구하고, 미국에서 실행되고 있는 현재의 건강 프로토콜/신화들이 존재하는 건강에 대한 요구들을 효과적으로 보살피지 않고 있다는 것을 의미한다. 사실 패러다임에 대한 변화가 없다면 사회는 더 증가된 비율로 악화될 것이다. 견고한 모델은 적절한 결과를 만들지 않으면서 그 자체의 완전히 새로운 문제들을 만들어 내는 '알약'을 받아들이는 사회를 만들어 왔다. 매년 미국에서는 약물 부작용으로 대략 770,000명의 상해자와 사망자가 발생하고 있다(Ehrenberg, 2012).

지난 세기 동안 일련의 서양의 치유 신화들 안에서 인간의 영혼은 인생을 변화시킬 수 있는 원리에서 제외되어 있었다. 대신에 사람들에게는 오로지 실험실과 학문적인 교실들에서 배운 메커니즘만을 믿는 것이 남았다. 지난 몇 세기 동안, 치유에 관한 다양한 모델은 권위의 강요, 종교 또는 과학 기반의 합리성에 의해 사회적으로 용인되는 규범들로부터 물들어 왔다. 현재의 건강 신화에 의해 영감을 얻은 방법론은 가장 많은 수의 전문가들이 관여할 수 있는 방식으로 보살핌을 위축시킨다. 이러한 접근을 균형 잡히게 해 주는 것은 아마도 실험실이나 교실에서의 고립된 존재 대신에 전일적 인간이라는 관점 내에서 치유적인 요소들이 통합될 때 치유적인 요소들이 더 강력해질 것이다.

현재의 의료 체계에는 두 가지 모델이 보편화되어 있다. 그 첫 번째이자 가장 중요한 것은 생물학적 모델이다. 생물학적 모델은 질병이 생물학적인 교정repair 메커니즘에 있으며, 치유는 몸속에 존재한다고 주장한다. 두 번째 모델은 질병의 원인이 정신질환으로서 분리되는 정신 모델mental model이다. 정신 모델은 질병을 결함이 있는 정신적인 과정을 가지고 있는 것으로 묘사한다.

이 장에서는 인류 역사 최초의 기록 이후에 치유의 기본이 되어 온 모델을 다루고 있다. 그것은 현대의 질병을 치료하기 위한 현대적인 방법론에 일관된 기준 역할을 한다. 이것은 여기서 자아초월의학 모델the transpersonal medicine model로 언급된다(Lawlis, 1996). 자아초월의학의 궁극적인 목표는 내재된 완벽함과 신성함을 깨닫는 것이다. 또한 각각의 사람에게 존재하며, 그것이 배양되고 양육될 수 있다면 다른 사람들과 스스로를 치유할 수 있는 능력을 펼치는 것을 돕는—영성이라고 부르는—추가적인 근원이 존재한다.

이상적으로 의학적 치료는 환자가 생존을 촉진하기 위해 설계된 자연적인 내부의 근원에 의지하면서 치유하도록 허용하는 것일 수 있으며, 잘 설계된 외부 자원들을 통해 이를 뒷받침하는 것일 수 있다. 이 두 영역을 분리하는 것과 어느 요인이 이로운 결과의 원인이 되는지를 정확하게 결정하는 것은 때때로 꽤 어렵다. 예를 들어, 문제 해결을 위해 알약을 복용하는 것의 긍정적인 결과는 알약 자체의 실제 성분보다 누가 알약을 투약하고 그것이 어떻게 투여되었는지에 대해 더 많이 의존적일 수 있다. 많은 경우에, 관리자는 긍정적인 기대감을 형성하는 것과 같은 세심한 방식으로 알약의 작용을 설명하는 데 시간을 할애할 것이다. 이것은 의료 전문가에 의해 약이 투여되는 의례적인 과정에 내재된 힘과 함께 그 자체로 치료 효과를 가질 수 있다. 『한 나폴레옹 보병들의 일기』(Walter, 1991)라는 책에서 저자는 그와 두 명의 친구가 무서운 병으로 죽어 가고 있으며, 군의관은 약이 바닥났다고 설명하는 상황을 묘사했다. 그러나 그는 종이에 약의 이름을 썼으며, 그들은 그 종이를 먹음으로써 힘을 얻게 되었다. 그다음 날 그들은 집으로 향하는 여정을 계속하기에 충분할 만큼 회복되었다.

치유는 잠재적인 웰빙의 방향으로의 변화에 대한 환자의 의지를 필요로 한다. 그것은 영감이라 불리는 것을 필요로 한다. 어떤 근원에서 인간의 영성이 자양분을 공급받을 수 있겠는가? 자아초월의학의 정의를 보면, 'trans'는 '넘어서'를 'personal'은 '자아self'를 'medicine'은 '치유healing'를 의미하며, 또는 자아를 넘어섬을 통한 치유라고도 할 수 있다. 또한 아마도 이 용어는 의학의 에고를 넘어서 치유에 적용하도록 확장될 수 있을 것이다.

자아초월의학/변용의 길

『자아초월의학Transpersonal Medicine』(Lawlis, 1996)이라는 책의 출간 이후 10년 반 이상이 지났으며, 열정을 가진 치유자들에 의한 흥미로운 구성 요소들로 새로운 발견들이 더해지고 있다. 그 이후에 나타난 통찰 중 하나는 개입의 입문initiation of intervention이라고 언급된다. 이것은 치유하고 행동 계획을 수용하겠다는 중대한 결정이다.

일반적으로 의학에서 이것은 '진단diagnosis'이라고 불린다. 일단 진단이 있으면 시스템에서 어떤 메커니즘(신체적 또는 정신적)이 잘못된 것인지에 대한 결론이 내려지고, 계획이나 프로토콜은 선택되고 따라오게 된다. 의사는 무엇이 관찰된 증상을 바로잡을 수 있을 것인지에 대한 결론을 토대로 논리적인 계획을 세운다. 자아초월의학에서 '진단명'은 '변용적 과제'로 대체되고, '프로토콜'은 변용으로 이끄는 단계 또는 의식으로 대체된다. 그 결정은 수많은 방법으로 이루어질 수 있다. 그러나 그 결정은 변용의 길 위에서의 삶에 그 사람의 유일한 초점을 설정한다. 이러한 변용 그 자체로는 질병에 대한 취약성과 연관될 수도 있고 연관되지 않을 수도 있지만, 그것은 누군가의 인생을 바꿀 수 있는 절박함을 가지고 있다. 하나님이 모세에게 리더로서 봉사하고 자유로운 노예들을 인도하기 위해 그를 보내겠다고 이야기한 것처럼 보이는 불타는 덤불(출애굽기 2~4장)과 같이, 변용을 위한 촉매는 비전일 수도 있다. 그것은 하나의 꿈이 될 수도 있으며, 또는 사람들의 삶을 재건해 주는 닥터 필Phil과 그의 '정신 차리는 전화wake-up calls'와 같이[1] 누군가가 치유적인 행위를 하도록 이끌어 주는 안내자가 될 수 있다.

---

1) 미국의 인기 있는 일반인들 대상의 고민상담 토크쇼 프로그램 이름이 〈닥터 필 쇼〉임. 거기서 닥터 필이 사용하는 방법을 '정신 차리는 전화wake-up calls'라고 함.

자아초월적인 순간은 변화에 대한 촉매제 역할을 하는 질병의 형태로 나타날 수 있다. 이러한 변화들은 다른 생각들과 인식의 패턴들을 통해 표현된다. 교정된 행동이 일어났을 때, 암 종양 감소, 심장의 회복, 신경 재생과 같은 생리학적 변화가 보고되었다(Doidge, 2007).

인간 신체의 모든 조직에 의식이 존재한다. 이 의식은 우리 몸속에 있는 것뿐만 아니라, 우리 주변의 모든 것 속에 있는 것이기도 하다. 이러한 의식은 비전, 꿈, 다른 사람들 또는 심지어 당신에게 중요한 일들이 갑자기 발생하는 '우연의 일치' 또는 심지어 의학 전문가를 통해 우리와 소통할 수 있다. 의학 전문가들은 건강을 위해 들어 주고 돌보며 실행 계획을 제공하는 데 시간을 할애한다. 아마도 이것은 '자아초월적 순간'의 본질이거나 근원일 것이다.

질병 상태에서 사람은 내부와 외부의 가용한 자원들을 만들고, 변화하기로 결정하는 중요한 순간이 나타나게 된다. 질병에 대해 변화를 일으키는 그 분야에서 힘 때문에 그 결정 자체가 자아초월의학에 있어 엄청난 관심의 대상이다. 알코올 중독에 있어 인생을 바꿀 만한 선택의 순간은 종종 '바닥을 치는 것'으로 일컫는다. 신중한 의사 결정과 습관의 변화를 지속적으로 유지하려는 동기가 회복의 모든 차이에 대해 설명할 수는 없겠지만, 모든 재활의 성과에 있어서 중요한 요소이다.

변용의 순간으로 데려가는 선행 작업들

이러한 변용의 순간들로 이어지는 선행 조건은 많은 것이 공통 요인들을 가지고 있겠지만 다음과 같이 분류된다.

일어날 일들에 대한 미래의 선지자 Dickens(1843)의 『크리스마스 캐럴』이라는 책 또는 영화에서 봤듯이, 미래의 크리스마스 유령은 스크루지가 부를 축적하는 방식을 바꾸고, 사랑을 주고받을 수 있는 관대한 사람으로 변하도록 하기 위해 그를 두렵게 만들었다. 극도로 건강하지 않은 생활 방식을 가지고 있는 사람에게 그들의 삶과 다른 사람들의 삶에 끼치고 있을 해로움을 보여 주기 위하여 미래의 부정적인 이미지를 전달하는 것은 자주 사용되는 심리적 전략이다.

신입 인턴일 때 나는 아주 어려운 환자를 받았는데, 그것은 그 프로그램에서 관습이었다. 나는 치료를 시작하기 위한 통상 의식으로서 그녀에게 초기 검사를 시행하였다—이전의 치료사들이 그녀의 성품을 두려워하며 떠났기 때문에, 그녀가 그 프로그램에 참여하는 것은 네 번째였다. 그녀가 알고 싶어 하는 경우, 평가 즉시 나는 그녀에게 해석을 해 주었다. 그녀는 즉시 긍정적으로 반응했다.

나는 점수를 빠르게 살펴보았고, 환자는 충분히 이해할 수 있는 사람임에도 불구하고 요약해 줄 것을 요구했다. 솔직한 얼굴로 나는 그녀에게 이 점수들이 그녀가 분노로 가득 차서 독기를 품고 있음을 보여 주고 있으며, 만약 그녀가 그에 맞춰 행동을 계속한다면 그녀의 장례식에 어떤 친구도 없이 죽게 될 것임을 보여 주고 있다고 말하였다. (그 점수들은 이 해석을 지지했다.) 그 환자는 당황하였으며, 걱정스러워 보였다. 나는 그녀에게 테스트 결과가 틀렸을 수도 있고, 결과가 바뀔 수도 있다는 점을 상기시켜 주었다.

다음 날 그녀는 내 팔을 잡고 가능하다면 또 다른 약속을 잡아 달라고 요청했다. 그녀는 자신의 미래를 바꾸기 위해 무엇을 해야 할지 알고 싶어 했다. 정직하지만 지지적인 피드백을 이용하여, 직원들의 지원에 대해 칭찬하는 것을 포함하여, 우리는 병원 안에서의 그녀의 태도와 행동에 대해 작업했다. 그녀가 사회적 기술을 배우자 직원들은 자신을 힘들게 했던 이 환자를 잘 응대해 주었다. 나는 직원들에게 어떠한 피드백도 주지 않았고 어떤 특별한 강화 도식도 만들지 않았다. 열흘 후에 그녀는 입원 환자에서 외래 환자로 병원에서 나갔고, 직원들은 조촐한 송별회를 해 주었다. 그 환자는 변화되었고, 몇 명의 친구들을 사귀었으며, 많은 경우에 그러하듯 더 행복해지는 법을 배웠다. 연말에 나는 그녀에게서 자신의 삶이 달라졌다는 카드를 받았다.

더 높은 근원에서 본 잠재력 아마도 내 인생에서 가장 인상적인 순간은 내가 15세 때였을 것이다. 그때 나는 좌절감과 여드름으로 최악의 상태였고, 미식축구 대표팀이 되고 싶다는 강렬한 열망을 가지고 있었다. 그때까지 보여 준 최고의 모습은 경기 마지막 순간에 교체 선수로 뛴 것이었다. 새로운 코치는 나에게 다가와 내가 원한다면 미식축구 대표팀이 될 수 있다고 말했다. 내게 있어서 그것은 마치 불가능한 꿈과 같았다. 그러나 나는 믿었고, 그 선택과 코치의 영감 그리고 엄청난 노력에 힘입어 사흘 후에 팀에 들어갔다. 어쨌든 그 코치는 내가 할 필요가 있었던 내적인 선택에 닿을 수 있게 했으며, 나에게 그것을 알려 주었다. 나에게 있어서 그 경험은 기적과도 같은 일이었다. 동일한 관점에서 더 잘 알려진 이야기는 요한복음(5장 1~8절)에서 찾을 수 있다. 이 이야기는 다음과 같다.

예수는 유대인의 축제를 위해 예루살렘으로 올라갔다. 거기 예루살렘에 있는 양의 문Sheep Gate 근처에 아람어Aramaic로 베데스다Bethesda라고 하는 연못이 있었다. 그리고 그것은 다섯 개의 돌기둥으로 둘러싸여 있었다. 여기에는 수많은 장애인—장님, 절름발이, 마비된 사람들—이 누워 있

> 었다. 거기에는 38년 된 병자가 있었다. 예수는 그가 거기에 누워 있는 것을 보고 오랜 기간 동안 그가 이런 상태로 있었음을 알았다. 예수는 그에게 물었다. "너는 낫고 싶으냐?" "네," 병자는 대답하였다. "물이 움직일 때, 저를 연못에 들어가도록 도와주는 사람이 없습니다. 제가 들어가려는 순간 다른 사람이 먼저 내려갑니다." 그러자 예수가 그에게 말하셨다. "일어나라! 네 매트를 들고 걸어라." 즉시 그 남자는 치료되었다. 그는 매트를 집어 들고 걸어갔다.

기독교 전통은 이것을 기적의 치유로 간주하지만, 타고난 치유의 힘이 어떤 방식으로 전면으로 나타나더라도 그 결과는 동등하게 강력할 수 있다.

내면에 살아 있는 또 다른 자아 마을 너머에 있는 미지의 땅으로 청소년기의 아이들을 내보내는 것은 많은 문화에서, 특히 아메리카 원주민 부족에 있어서는 일반적으로 행해지는 의식이다. 원을 그리거나 3미터 직경의 원 모양으로 밧줄을 놓아두고, 성인이 되는 아이들은 단지 물 한 통만을 가진 채 자신들의 삶의 임무로 삼아야 하는 비전을 가질 때까지 기다리면서 거기에 남겨진다(Harner, 1980). 그것이 꿈이든 비전이든, 아니면 다른 형태의 의사소통이든지 간에 젊은 성인들은 답을 가지고 막사에 돌아온다. 대개 심상이나 실제 경험은 토템 동물과 함께하며, 각 개인이 여러 가지 도전을 다룰 수 있도록 해 주는 것은 바로 동물의 영과 강점과 재능의 특성이다. 예를 들어, 만약 늑대가 방문해서 동물의 영이 되는 것을 선택하였다면 그것은 가까운 팀 동료, 가족을 연결하는 사람, 연민심으로 돌보는 자, 강력하고 영리한 사냥꾼의 자연스러운 특성들을 가리킬 것이다. 그 후 그 젊은 부족민은 그 의식에서 늑대의 춤을 추고, 늑대에게 경의를 표하는 의상을 입는다.

많은 암 환자는 그들의 진단을 다루는 데 있어 비슷한 길을 따른다. 가장 좋은 예는 몇 주만 살 수 있었던 4기 흑색종[2] 환자이다. 그는 나에게 와서 이와 같이 설명하였다. 그의 꿈에서 "한 늙은 남자가 나타나서는 만약 내가 살고 싶다면 나는 사라졌다가 암이 나를 알아보지 못하게 아주 다른 모습으로 돌아와야 한다고 말했어요". 그리고 그는 물었다."어떻게 그렇게 할 수 있을까요?" 나는 그에게 그가 가장 강하다고 생각하는 동물이 될 수도 있겠다고 말했다. 나중에 나는 그것이 호랑이라는 것을 알았다. 그는 호랑이처럼 걷고, 호랑이처럼 보이고, 호랑이처럼 느끼게 되었다. 이것은 하나의 시험대가 되었는데, 왜냐하면 그는 그를 만난 모든 사람에게 사랑받는 부드러운 남자였기 때문이다. 그러나 그는 이 일에 전념했다.

---

2) 피부암의 일종.

약간의 연구 후에 그는 호랑이 티셔츠를 입고 나타났는데, 매우 '호랑이'다운 방식으로 발끝을 세우며 걸었다. 그는 우호적이었지만 전과 같은 방식은 아니었다. 그는 활짝 웃지 않았고, 마치 우리가 하지 않는 무언가를 알고 있는 것처럼 이유 없이 빙그레 웃었다. 그는 마치 무언가를 몰래 쫓는 것처럼 반쯤 감은 눈으로 응시하였다. 그는 바닥에서 잠을 잤다. 그리고 정말, 그의 종양은 사라졌다.

감각 박탈 이 개입법에서 환자는 자신 외에는 어느 누구에게도 또는 무엇에게도 귀 기울일 수 없는 환경에 놓인다. 이 접근법은 대부분의 사람이 그들의 부모와 가족에 대한 의존적이거나 반항적인 예민한 반응으로 그들의 성격과 행동을 발달시킨다는 사실에 근거한다. 자신의 운명을 인식할 수 있고, 그들이 어떻게 최대의 행복에 기여할 수 있는지를 인식할 수 있을 정도로 이러한 반응의 패턴들을 충분히 부드럽게 만드는 것은 그 사람의 외부로부터 오는 정보의 흐름을 방해하는 것에 의해서 이루어진다.

내가 많은 시간을 보냈던 텍사스의 사우스 파드레 아일랜드의 근원 회복 센터Origins Recovery Center에서 나의 경험과 필요를 바탕으로 감각 박탈 공간sensory deprivation chamber을 만들었다. 나는 촉각 박탈을 위해 양모 이불과 물침대 매트리스를 사용하였다. 나는 내부에서의 접촉과 소음을 가리기 위해서 그 공간 아래 쪽으로 아주 낮은 음의 드럼 리듬을 전송하였다. 그곳은 빛이 통하지 않았고 냄새도 없었다.

나는 중독 환자들에게서 단지 15분 이내에 그들의 영성이라고 불릴 수 있는 무언가가 놀라운 결과로 나타나는 것을 보았다. 많은 환자, 특히 12단계 과정에 참여한 사람들은 4단계 정도에서 자신과 다른 사람들에 대한 용서를 발견했다고 말하였다. 하지만 그들의 일생을 통해 지속된 것은 그들이 그들에게 위로와 온전함integrity을 주는 개인적인 자기self를 인식했다는 발견이다. 가장 중요한 것은 그들이 이 내면의 지혜와 소통하는 법을 배우고 심지어는 개인적인 책임감의 관점에서 삶과 변화를 위해 결정하는 법을 배우는 것이다.

해로운 신화의 파괴 아마도 나의 관찰 중 가장 흥미로운 것은 개인이 지닌 일단의 신화가 노출되고 어려움을 겪는 순간에 대응하는 방식일 것이다. 텔레비전의 유명 인사인 닥터 필은 사람들이 그들의 신화 구조를 빠르게 파악할 수 있도록 하는 재능을 가지고 있는 것 같다. 물론 닥터 필의 말이 확실히 현자나 수도승의 말처럼 들리지는 않는다. 성관계에 대한 남편의 생각을 통제하려고 노력하고 있다는 이야기를 하던 한 여자의 얼굴을 나는 기억한다. 그때 필은 놀란 표정으로 그녀를 중단시켰다. "당신이 누군가의 생각을 통제할 수 있다고요? 그것은 정말 굉장한 일이군요!" 그러고는 그녀의 남편에게 이렇게 말했다.

"만약 로빈이 당신의 생각을 읽을 수 있다면 그것은 정말 흥미로울 것 같아요. 특히 그녀가 그것들을 통제할 수 있다면요." 그녀는 자신의 진술에서 물러섰지만, 그렇게 함으로써 그녀는 자신이 선택할 수 있다는 통찰에 (작은 도움을 받아서) 이를 수 있었다. 그녀는 자신이 옳다고 주장하고, 남편의 생각을 통제할 수 있다고 믿을 수도 있고, 결혼 생활에 대한 완전히 새로운 규칙들에 기초한 관계를 맺을 수도 있다는 것이었다. 후자는 그녀에게 신념의 전체적인 구조와 관계에 존재하는 그녀의 모든 방식을 바꿀 것을 요구했을 것이다.

트라우마를 통한 관점의 변화 트라우마는 긍정적인 생활 패턴에서 무서운 전환이며, 사랑하는 사람에게는 결코 일어나지 않기를 기도하는 어떤 것이다. 끔찍한 일들이 일어날 때, 그것들은 또한 긍정적인 변용의 기회가 될 수도 있다(Wissler, 1921). 아마도 이 이야기가 사실이 아닐 수도 있겠지만, 수세기 전에 이집트인들은 왕을 추대하는 의례를 발달시켰으며 그것은 다른 사람들의 공감하는 상태에서의 변화를 기반으로 하여 인간을 신으로 변용하게 하는 의례였다는 이야기가 있다(Knight & Lomas, 1998). 이 이야기에 의하면, 예비 파라오는 그가 익사할 때까지 물속에 머물러야 했고, 그 뒤에 소생되었다. 이 유명한 이야기의 진실이 무엇이든지 간에 August Reader 박사(1995)는 질식과 익사 상황에서 생존 준비로 뇌가 혈액 경로의 우선순위를 어떻게 재조정하는지에 대한 이론을 만들었다. 이것은 현명하고 사심 없는 방식으로 다른 사람들을 공감하고 도움을 줄 수 있도록 행동적인 측면에서 바뀌면서 삶에서 이타적인 태도를 영구적으로 갖도록 한다.

다양한 문화에서 유사한 결과를 얻기 위해 육체적으로 도전적인 의례를 치르게 한다는 이야기들이 있다. 예를 들어, 아일랜드의 무당들은 우울증으로 고통받는 사람들을 배의 뒤에 묶고 그들이 익사할 지경까지 바다를 누비며 끌고 다녔다고 한다. 그들이 다시 돌아온 후에(만약 그랬다면) 그들은 더 이상 우울하지 않았고 회복되는 것 이상이었다(1990년 9월에 M. Harner와 나눈 개인 대화).

변용적 의사 결정의 순간 뒤에 무엇이 오는가

일단 마술 같은 의사 결정에 대한 변용의 순간이 일어난 후에는 새로운 전망vista에 초점을 맞추는 탐구 단계가 있다. 그것은 생활 방식의 변화에 있어 무엇을 의미하는가? 내 인생을 바꾸려면 어디로 가야 하는가? 나는 전에 시도해 보았지만 분명히 그것을 잘못된 방식으로 했다. 이것은 왜 다른가? 이러한 것들과 다른 의문점들은 사람이 어렸을 때부터 형성되어 온 것들의 경계에 다가갈 때 떠오른다. 질문은 다음과 같다. 새로운 역사를 어떻게 시작할 것인가? 다음의 것들은 가장 오래된 시대에서부터 현재에 이르기까지 실천되고 있는 새로운 삶에 대한 자아초월의학의 방식들이다.

의례 만약 당신이 의례rituals를 습관적인 행동이라고 정의한다면 거의 모든 사람은 매일 의례를 실천하고 있는 것이다. 변용 의례transformative ritual를 사용하는 것은 습관과는 동떨어진 것이다. 변용 의례는 마음에서 변용이 일어나도록 의도적으로 만들어진다(Lawlis, 1996). 그것은 그것의 목적에 맞는 독특한 형태를 가지고 있다. 내가 사용하는 의례에는 변용의 필요에 대한 보편성을 인정하는 최초의 단계가 있다. 그리고 그는 자신의 통찰력과 의례 과정에 기꺼이 자신을 낮추고자 하는 의지에 대해 인정함으로써 영예를 얻는다. 두 번째 단계는 개인이 말로 고지하고 행동함으로써 변화하려는 노력을 하는 것이다. 그들이 그 단계를, 그래서 그들의 역사를 완수했다는 것을 증명하기 위해서 행동과 심지어는 겉으로 드러나는 옷차림에서의 차이점을 보여 준다.

롤리스 PNP 센터Lawlis Peavey[3] PsychoNeuroPlasticity Center(롤리스 피비 심리신경가소성 센터)에서는 특히 죄책감과 우울한 생각으로 자신에게 짐을 지우는 강한 후회를 하는 사람들에게 의례들이 아주 많이 사용된다. 참가자들은 사무실에서 멀지 않은 곳에 있는 아름다운 나무 아래에 작은 구멍을 파기 위해 내가 금색으로 색칠하고 깃털로 장식한 삽을 사용한다. 이것은 그 기억들에서 해방되어 문제를 벗어나 날아오르는 것을 상징한다. 의례를 하기 전에 개인들은 그들의 후회와 두려움을 어떤 식으로든 적어 두거나 상징으로 표현해야 한다. 그 상징은 한 묶음의 머리카락 또는 뒤에 남게 될 '정신적인 짐'의 일부 조각에 대한 작은 모델이 될 수 있다. 센터의 직원들이 지원 그룹으로 참석해서 '잃어버린 희망의 묘지Lost Hope Cemetery'로 알려진 간단한 의례에 작은 꾸러미를 묻는다. 참가자들은 흙을 채우고 자신들의 짐에 작별 인사를 하면서 어머니 지구Mother Earth로 그것들을 보낸다. 가죽 팔찌 또는 목걸이와 같이 옷에서는 항상 바뀌는 것들이 있다. 이러한 의례는 개인의 변용을 이루는 삶을 변화시키는 결정 및 통찰을 확립하게 하는 중요한 도구이다.

심상화 연습 심상화imagery는 많은 변용 프로토콜의 기초이다. 그러나 이 적용에서는 실질적인 변화의 어려움을 헤쳐 나가는 방법으로 사용된다. 참가자는 눈을 감고, ① 문제나 질병에 주의를 집중한다. 그리고 ② 개인의 강점과 물, 의약품 등과 같은 환경 자원을 포함하는 자신의 개인적인 상황에 있는 자연스러운 옵션들에 주의를 집중한다. 일단 이것

3) 원목 이동 시 방향 전환, 정지와 굴림에 쓰는 튼튼하고 뾰족한 스파이크spike를 갖는 목제 지렛대이다. 주로 벌채 작업장에서 쓰인다. 길이는 2.5~8피트이고, 선단에 철제 갈고리와 창이 부착되어 있다.

들이 옵션으로 드러나면 심상화는 전형적인 시나리오로 시작한다.

예를 들어, 당신이 알코올 중독자(이 기법으로 가장 자주 연구되는 그룹)라고 가정한다면 당신은 술의 유혹을 받고 있는 시나리오를 상상할 수 있다. 촉발된 계기는 권위 있는 사람에 의한 잔소리 때문이라고 가정해 보자. 당신은 그 스트레스로부터 탈출하기 위해 술을 마시러 가고 싶어 안달이 난 시나리오를 떠올릴 수 있을 것이다. 다음 단계는 스트레스를 줄이면서도 술을 마시지 않는 적어도 세 가지의 건설적인 방법을 생각하는 것이다. 예를 들어, 그 사람이 떠날 때까지 호흡에 집중함으로써 그 사람을 무시할 수 있는 방법을 찾았다고 가정해 보라. 또는 당신이 다음과 같이 건설적인 말을 했다고 가정해 보라. "당신은 저를 너무 많이 불편하게 하고 있습니다. 저는 혼자서도 열심히 일을 잘할 수 있습니다." 아니면 당신은 각각의 음이나 호흡으로 스스로를 더 무장하면서 혼자 노래를 부르거나 흥얼거리기도 하는 것을 생각해 낼 수 있다. 건설적인 옵션 세트들을 얻은 후에는 심상화를 통해 마음속에서 각각을 수행해 보고 그 전략을 얼마나 많이 사용할지에 대해 평가한다. 일단 좋은 옵션들이 있다면 많은 사람은 그들의 자신감이 크게 증가할 것을 알게 된다.

때때로 이러한 시나리오는 질병에 대항하는 전투가 된다. Simonton 등(1978)과 Achterberg(1985)는 임상 연구에서 그들의 탁월한 연구를 통해 암 환자들을 위한 강력한 심상화 연습rehearsal imagery을 개발했다. Achterberg와 Lawlis(1984)는 심상화 등급 척도imagery rating scale를 개발하였는데, 높은 심상화 점수를 받았던 92명의 4기 암 환자들은 평가 시점부터 2개월 동안 증상이 완화되거나 종양이 줄어들었다는 것을 발견하였다. 반면에 낮은 심상화 점수를 받았던 환자들은 같은 기간 동안에 사망하였다.

변성의식 상태 Altered states of consciousness 가장 오래된 치유 방법 중 하나는 자신의 삶에 대한 새로운 관점을 찾기 위해 다른 수준의 의식으로 들어가는 것이다. 특정 유형의 변형된 상태는 예상하지 못한 이미지를 제공하여 참가자가 문제에 대한 인식을 바꾸고 해결책을 찾도록 도와준다. 예를 들어, 만성 요통을 다룰 때 참가자는 축복으로 볼 수도 있는 적어도 하나의 좋은 점을 찾는 것을 목표로 하여 고통에 대해 명상할 수 있다. 이 연습의 성공은 프로그램 성공의 효과적인 판별 요인임이 입증되었다. 왜냐하면 그들의 상태에 대해 하나라도 긍정적인 부분을 찾지 못한 사람들 중 90%는 성공적인 결과를 얻지 못했기 때문이다. 하지만 용서와 새로운 삶의 목표를 개발하는 것과 같이 그들의 고통을 덜어 주는 몇 가지 단서를 찾은 사람들이 많이 있었다.

결혼에서의 갈등은, 특히 의식 상태가 변성된 경우에 해결하기가 쉽다. 어쨌든 사랑은 위기와 다른 의식 상태이며, 부부가 다른 관점에서 이슈를 파악할 수 있을 때 통찰은 분명히 일어난다. 일정 기간 동안 나는 상담을 더 명상적인 상태로 만들기 위해서 손가락 온도 모니터finger temperature monitor를 바이오피드백 장치로 사용하였다. 어떤 사람이 스트레스를 받으면 바이오피드백 프로그램의 경보기가 울리고, 경보기가 멈출 때까지 이것은 오로지 그 사람이 이완 상태를 회복했을 때에만 일어났다. 회기는 중단되었다. 나는 그 사람이 거짓말을 할 때 경보기가 주로 울리는 것을 발견했으며, 그로 인해 상담이 더 정직한 태도로 이루어지기 시작했다. 나는 변성된 상태의 사용을 통해 치유를 증진하는 이러한 과정이 일부 전근대적인 원시 문화의 치유 의식에서 사용된 것과는 많이 다르다고 믿는다. 다음에 열거된 것들을 포함하여 건설적인 변화를 위한 변성의식 상태를 달성하는 데에는 여러 가지 방법이 있다.

- 감각 박탈(Leiderman, 1964)
- 장기간의 사회적 박탈 및 격리(Byrd, 1938)
- 극단적인 지루함(Heron, L957)
- 집단 황홀 상태group trance(LaBarre, 1962)
- 불 위 걷기의 트랜스 상태firewalkers' trance(Thomas, 1934)
- 신비하고 계시적인 경험(Wright, 1994)
- 심호흡의 경험(Weil, 1999)
- 수면 박탈(Tart, 1977)
- 춤(Buzsuki, 2006)
- 음악 듣기(Levitin, 2006)

자아초월의학을 위한 오래된 새로운 리듬

우리의 심장이 뛰는 순간부터 우리 인간의 삶과 신체는 리듬에 맞춰 움직인다. 나는 음악과 리듬을 치유의 수단으로 사용하는데, 지난 10년 동안 매료되었다. 나는 그 이야기를 여러 번 되풀이했지만, 여기에 내가 어떻게 노래의 힘을 알게 되었는지에 대한 간단한 이야기가 있다.

당시 나는 남서부 의과 대학의 정형외과 부서의 한 부문인 통증 클리닉을 이끌기 위해 새로 임명되었지만, 이 환자들을 돕기 위한 나의 노력에 매우 실망했다. 우연히, 그리고 필사적인 마음으로 나는 Harner(1980)가 이끄는 샤머니즘 워크숍에 참석했고, 그는 통증 관리를 위한 드럼 리듬을 나에게 가르쳐 주었다. 나는 실험실 환경에서 그것을 연구하였고, 그 개입 과정이 뇌와 엔도르핀 생산의 자극과 관련이 있음을 발견했다. 임상의 성공으로 그것은 내 프로그램의 초석이 되었다.

나는 치유에 영향을 미치는 음향적인 요인에 대한 연구에 몰두하면서 아메리카 원주민의 노래, 하와이안 노래와 리듬, 남미, 시베리아, 아프리카 샤먼 드럼을 포함하여 수백 가지의 '치유 노래들'과 찬트chants를 현지에서 녹음하였다. 주제의 복잡성으로 인해 나는 주파수와 리듬을 포함하도록 나의 연구 분야를 나누었다.

삶의 리듬 주의력 결핍장애를 위한 프로그램을 만들면서 나의 아들과 나는 두뇌의 전두엽을 자극할 수 있는 소리 장치(생체음향 이용 장치BioAcoustical Utilization Device: BAUD)—ADD의 테마음악을 모방해서—를 개발했다(Lawlis, 2008). 우리는 사람들의 두뇌가 실제로 자극받고, 더 높은 수준의 인지 기능을 수행할 수 있음을 보여 주었다.

어느 창조적인 오후에 나는 그 결과가 암 환자의 반추적인 우울증에 도움이 될지를 알아보기 위해 동일한 템포로 여러 리듬과 악기를 통합하면서 키보드를 프로그래밍하였다. 마치 지휘자를 잃어버린 상태에서 오케스트라가 소리를 내는 것과 같이, 그들의 뇌는 몇 가지 촉발되는 걱정거리들을 해결하려고 노력하지만 초점을 잃어버린 상태라고 나는 생각했다. 나는 각각의 사람이 22분짜리 녹음을 적어도 하루에 두 번씩은 듣도록 했다. 그들은 녹음을 듣는 동안 다른 주파수를 만들어 내는 텔레비전을 보는 것을 제외하고는 원하는 모든 것을 할 수 있었다. 그들은 원한다면 심지어 음악에 맞춰 춤을 출 수도 있었다. 그들은 이 기간 동안 보통 두 번의 치료 회기를 가졌으며 평가를 받았다. 그 성과는 긍정적인 결과가 명백하다는 점에서 매력적이었지만, 그 차이를 보는 데에는 2~3주가 걸렸다. 다른 입원 프로그램으로 넘어오게 된 환자조차도 새로워진 에너지로 꽃을 피웠고 반응은 매우 일관되었다. 엄청난 성공을 거두면서 나는 4년 동안 이 녹음을 듣는 것을 권장해 왔다.

나중에 나는 다양한 리듬을 녹음하기 위해 악기를 연주한 심리학자 그룹에게 우리 집에 와 달라고 부탁했다. 이 중 하나는 약 18분 동안 지속되는 심장 박동 리듬이었다. 나는 이 리듬이 우리 삶의 시작에서 처음으로 들었던 것—자궁에서 들었던 어머니의 심장 박동—이라면 그것은 이완과 안전감을 창조하는 데 강력할 것이라고 생각했다.

자폐증에 대한 나의 인식은 그것이 다루어질 수 있는 뇌 발달 문제라는 것이다. 그러나 부모가 두려워하는 것은 '발작'이고, 아이들이 행복하지 않을 때 표현이 떼쓰는 것tantrums이다. 그러나 나의 경험상 이 아이들은 그런 경우 90% 이상이 두려움이나 고통에서 벗어나기 위해 그렇게 행동하고 있는 것이다. 부모가 훈계하려고 할 때 그들은 아이들을 더 두렵게 만들게 되고, 따라서 아이는 극도로 불안해진다. 부모가 아이들을 진정시키는 법을 배울 수 있다면 떼쓰는 문제를 해결할 수도 있다. 자폐아의 두뇌는 감각 통합 문제가 있는데, 이것은 자폐증이 없는 사람처럼 정보를 처리할 수 없다는 것을 의미한다. 한쪽 귀는 다른 쪽보다 더 빠르거나 느릴 수 있다. 한쪽 눈은 다른 쪽 눈보다 더 느릴 수 있다. 신체의 한 부분은 다른 신체보다 더 민감할 수 있다. 그들의 언어에 대한 이해는 느릴 수도 있으므로 그들의 뇌가 이해할 때까지 천천히 말해야 한다. 기본적으로 그들은 학습에 있어 다른 속도를 필요로 한다. 그리고 이것을 할 수 있는 훌륭한 교사들이 있다.

자폐증 아동을 위한 리듬 작업이 어떻게 일어났는지에 대한 좋은 예는 마리(가명)가 평가받았을 때 일어난 일에서 볼 수 있는데, 그때 무언가가 그녀를 두렵게 했다. 그녀는 사람들을 밀어내고는 미친듯이 소리치며 뛰어다니기 시작했다. 이것은 그녀의 어머니가 묘사한 전형적인 행동이었다. 우리는 매트리스 바닥에 스피커가 있는 침대가 있는 방에 그녀를 넣었고 녹음된 심장 박동 소리를 틀어 주었다. 마리는 그 리듬을 듣고 호기심이 생겼다. 그녀는 침대와 진동을 느꼈고, 침대에 기어 올라가서 태아 자세를 취하고는 매우 조용해졌다. 그녀는 평온한 순간을 발견했다. 나머지 시간 동안 평가가 진행되면서 두려워질 때마다 마리를 그 침대로 데려갔다—항상 같은 결과였다. PNP 센터에서 우리는 자녀를 진정시킬 때 비슷한 지시 사항과 함께 부모에게 CD를 주었다. 거의 모든 부모는 성공을 보고하였으며 더 나은 관계를 유지하고 있다고 말하였다.

리듬에 대한 나의 관심은, 특히 특정 문제들을 위해 고안된 다른 리듬과 함께 계속되었다. 예를 들어, 한번은 행진 리듬을 사용하였다. 왜냐하면 이러한 종류의 리듬은 군대가 개인을 통합된 공동체로 이끌기 위해서 사용하기 때문에 외롭고 분리된 느낌을 갖는 사람들에게 도움이 될 수 있다는 생각을 했기 때문이다. 랩 노래의 가사와 통합되었을 때, 그것들은 몇 가지 매력적인 결과를 낳았다. 노스텍사스 대학교University of North Texas의 Susan Franks 박사(2012년 1월에 나눈 개인 대화)는 이 개념을 채택했으며, 우리는 6학년 학생들을 위한 영양 프로그램에 대해 3세트의 가사를 준비했다. 이 프로그램은 어린이들의 식습관을 바꾸기 위한 프로그램으로 첫 해에 코카콜라에서 후원했으며, '인생을 위한 쿵쾅거림Stomp for Life'이라고 불렸다. 첫 번째 노래의 가사는 "먹어요, 음식go food"을 지지하고, 두 번째 노래는 "먹지 마, 음식no foods", 세 번째 노래는 "가끔 먹어요, 음식slow foods"이었다. 먹어요*go* 음식은 건강한 선택들이며, 먹지 마*no* 음식은 건강하지 못한 음식들이며, 가끔 먹어요*slow* 음식은 매일 먹으면 안 되는 음식이다. 아이들은 3세트의 노래 각각에 대해 짧은 춤을 배우고 다양한 종류의 가정용품(변기 뚫는 도구, 빗자루 등 또는 드럼 스틱)을 사용하여 리듬을 만들었다.

그 결과는 놀라웠다(2012년 1월에 S. Franks와 나눈 개인 대화). 놀라운 점은 이 아이들이 실제로 수업을 좋아했다는 것이고, 자발적으로 다시 수업을 요청했다는 것이다. 매일 수조 달러짜리 패스트푸드 산업들이 경쟁할 때, 아이들이 실제로 건강한 음식의 영양적인 가치에 관한 수업을 즐긴다는 것을 상상할 수 있는가? 두 번째 결과는 이 아이들이 그 내용을 배웠고 의도한 내용을 암송할 수 있다는 것이다. 그리고 셋째는 부모들의 보고에 따르면, 아이들이 가장 좋아하는 음식에 대해 스스로 바꿔기 시작하였으며 건강한 음식을 요청하기 시작하였다.

치유의 주파수 BAUD는 내가 치유에 주파수를 사용하는 측면에 관심을 유지하게 한 일종의 직관적인 도약으로 두려움, 갈망, 통증을 치료하기 위한 장치로 국제적으로 부상했다(Lawlis, 2010). BAUD는 갈망, 통증 및 불안 문제에 대해 둔감하게 만들기 위해 신경 항류성neuro homeorhesis이라고 불리는 것을 기반으로 작동한다. 항류성homeorhesis은 지속적인 패턴 및/또는 동일한 흐름을 의미하는 용어이며, 신경학적 용어에서 유사한 신경학적 패턴을 의미한다. 심리학 문헌에서 설명하는 바와 같이, 항상성homeostasis은 각성의 사건이 지나갈 때 치유/각성 활동 주기healing/arousal activity cycles를 회복하기 위해 몸과 마음이 균형 패턴으로 되돌아가는 것을 나타낸다. 예를 들어, 한 여성이 강간을 당하거나, 고문당하거나, 자신의 자녀에게 행해지는 매우 나쁜 일을 목격했다고 가정해 보자. 그 사건은 너무나도 끔찍해서 마음은 그러한 사건을 이해할 수 없다. 그녀는 살아가기 위해 그것을 부인하거나 왜곡해야만 한다. 하지만 만약 그녀의 뇌가 계속해서 높은 주파수를 유지하고 있고 그녀의 균형 상태로 돌아갈 수 없다면, 그녀는 항류성 상태에 있을 것이다. 몇 년 동안 그녀는 이 순환을 멈추기 위해 발버둥치는 것 외에는 아무것도 할 수 없다. 그녀는 악몽을 꾸게 될 것이고, 두려운 일이 다시 일어날 것이라는 공포에 휩싸일 것이고, 술이나 마리화나 같이 그녀의 마음을 다른 곳으로 돌릴 수 있는 무언가로 스스로를 치료할 것이다.

본질적으로 BAUD는 이 항류성 패턴을 방해하고 마음과 신체가 균형 잡힌 방식으로 다시 시작되도록 한다. 이러한 해석을 뒷받침하는 바이오피드백 판독치가 있으며, 외상 후 스트레스장애와 같은 불안 상태의 신속한 해결은 회복 상태가 만족스럽고 잘 학습되었다는 점을 분명하게 한다. 2010년 콜로라도주 덴버의 국제 신경연구학회International Society on Neurological Research에서 나는 미국, 스위스, 포르투갈, 덴마크의 19명의 치료사가 치료 한 86명의 환자가 한 번 이상의 회기 동안 BAUD치료를 받았다고 보고하였다. 증상의 심각도는 모든 환자에 대해 치료 전후에 리커트Likert 등급으로 기록되었고, 치료 후 3주 후에는 환자 중 일부만 기록되었다. 3회기 이내로 대부분 더 이상의 증상이 나타나지 않음에 따라 모두 다 유의미하게 개선되었다.

윤리 및 그 너머의 여정

자아초월의학의 힘을 활용하는 방법을 배우는 학습의 여정은 계속된다. 그리고 나는 이런 맥락에서 '활용한다harness'[4]라는 단어의 선택에 관해 아마도 질문을 받게 될 것이다. 만약 그것이 자기self를 넘어서는 거라면 나는 어떻게 그것을 활용할 수 있을까? 그리고 나는 그것을 원할 것인가? 실제로 나는 할 수 없지만, 자아초월의학의 신화는 사람들이 이 힘이 작용할 수 있는 통로를 여는 것을 도울 수 있다고 한다. 그러나 그 힘을 소유할 수 있다고 생각하는 것에 대한 반작용이 있다. 그러한 힘을 사용하는 것의 의미와 그것을 존중하는 마음으로 사용하는 방법을 이해하는 데에는 훈련이 필요하다. 몇 년 전 나는 **특정 인간 감정 연합**Specific Human Emotional Nexus(Pavek, 1987)이라고 불리는 연습에서 손으로 접촉하는 것에 관여하게 되었다. 그것은 신체의 균형을 다시 맞추기 위해 다른 사람이 그 또는 그녀의 에너지의 흐름을 여는 것을 돕도록 하는 인간 에너지의 사용을 필요로 하는 시스템이다. 나는 그것을 아주 잘했다. 종양은 사라지고 통증은 내 손의 민감성과 함께 증발하였다. 사람들은 나를 보기 위해 먼 거리를 여행하곤 했다. 어떻게든 내가 이 힘을 소유하고 있다는 것을 문득 알게 됐다. 하지만 나는 나의 에고를 위해 그것을 여러 번 잘못 사용했다. 그들이 항상 되돌아왔기 때문에 내가 아무도 '치료'하지 않았다는 것이 분명해졌을 때 전설이 생겼다. 내가 증상을 처리했을 수는 있지만, 삶의 역동이 여전히 거기에 있었기 때문에 같은 문제를 된 것은 사람을 계속해서 봐야 했다. 문제가 되는 부분은 내가 문제의 일부가 되었다는 것이다.

내가 관여했기 때문에 많은 사람이 자신의 문제에 대한 책임을 지는 것을 회피했다. 내가 강조해야 했던 이러한 책임감의 부족 때문에 환자들 중 한 명이 죽었다는 사실이 분명해졌을 때, 나는 마술적인 치유자의 역할에서 벗어나 교사의 역할로 돌아갔다.

자아초월의학 분야는 내부로부터의 치유의 기초를 제공하며, 최신 기법의 사용으로 인한 그 결과에 대해 종종 책임을 지도록 한다. 이것은 치유 행위의 특별함에 대한 신화가 될 수도 있다. 그 비밀은 하나의 치료법에 하나의 분석이 아니라 치유의 모든 부분에 대한 시너지적인 총합에 있다. 이것은 모든 것에 대한 가장 심오한 진술이다. 사람들은 자신의 참조 틀과 신념 체계의 틀 안에서 치유된다.

---

4) ① [말 등의 동물에(을)] 마구를 채우다(마구로 연결하다), ② (동력원 등으로) 이용(활용)하다.

참고문헌

Achterberg, J., & Lawlis, G. F. (1984). *Imagery and disease*. Champaign, IL: IPAT.

Buzsuki, G. (2006). *Rhythms of the brain*. New York, NY: Oxford Press.

Byrd, R. (1938). *Alone*. New York, NY: G. P. Putnam Sons.

Ehrenberg, R. (2012). Network analysis predicts drug side effects. *Science News, 181*(2), 12.

Harner, M. (1980). *The way of the shaman*. New York, NY: Harper & Row.

Heron, W. (1957). The pathology of boredom. *Scientific American, 196*, 52-56.

LaBarre, N. (1962). *They shall take up serpents*. Minneapolis, MN: University of Minneapolis Press.

Lawlis, F. (1996). *Transpersonal medicine*. Boston, MA: Shambhala.

Lawlis, F. (2008). Using sonic stimulation to regulate symptoms of ADD. In *Proceedings of International Society for Neurofeedback and Research,* San Antonio, Texas.

Lawlis, F. (2010). An international study on effectiveness of sonic management (BAUD), *Proceedings of International Society for Neurofeedback and Research,* Denver, Colorado.

Leiderman, P. (1964). Imagery and sensory deprivation. *Proceedings of the Third World Congress in Psychiatry,* 227-231. Montreal, Canada.

Pavek, R. (1987). *The handbook of SHEN*. Sausalito, CA: SHEN Therapy Institute.

Reader, A. (1995). The internal mystery plays: The role and physiology of the visual system in contemplative practices. *Alternative Therapies, 1*(4), 54-63.

Tart, C. (1977). Putting the pieces together: A conceptual framework for understanding discretestates of consciousness. In N. E. Zinberg (Ed.), *Alternate states of consciousness* (pp. 158-219). New York, NY: Macmilliam.

Thomas, E. (1934). The fire walk. *Proceedings of the Society for Psychological Research, 42*, 292-309.

World Health Organization. (2012). *World health statistics: 2011*. Geneva, Switzerland: WHO Press. Retrieved from: http://www.who.int/whosis/whostat/2011/en/index.html.

Walter, J. (1991). *The diary of a Napoleonic foot soldier*. New York, NY: Penguin.

Weil, A. (1999). *Breathing*. Boulder, CO: Sounds True.

Wissler, C. (1921). The sun dance of the blackfoot indians. *American Museum of Natural History Anthropology Papers, 16*, 437-444.

Wright, P. (1994). A psychobiological approach to shamanic altered states of consciousness. *ReVision, 16*(4), 164-172.

번역 출판

Achterberg, J. (2002). *Imagery in healing*. Boston, MA: Shambhala. (신세민 역. 상상과 치유. 서울: 상

담과치유, 2005).
Campbell, J. (1972). *Myths to live by*. New York, NY: Penguin. (이은희 역. 신화와 함께하는 삶. 서울: 한숲출판사, 2004).
Dickens, C. (1843). *A Christmas carol*. Lexington, KY: SoHo Books. (크리스마스 캐럴. 다수 번역본 존재하여 서지사항 생략).
Doidge, N. (2007) *The brain that changes itself: Stories of personal triumph from the frontiers of brain science*. New York, NY: Viking. (김미선 역. 기적을 부르는 뇌: 뇌가소성 혁명이 일구어 낸 인간 승리의 기록들. 경기: 지호출판사, 2008).
Knight, C., & Lomas, R. (1998). *The Hiram key*. New York, NY: Barnes & Noble. (임경아 역. 히람의 열쇠와 프리메이슨: 파라오와 프리메이슨, 그리고 밝혀진 예수의 비밀. 서울: 루비박스, 2009).
Levitin, D. (2006). *This is your brain on music*. New York, NY: Plume. (장호연 역. 뇌의 왈츠: 세상에서 가장 아름다운 강박. 서울: 마티, 2008).
Simonton, C., Matthews-Simonton, S., & Creighton, J. (1978). *Getting well again*. New York, NY: Bantam. (박희준 역. 마음의 의학과 암의 심리치료: 사이몬튼 심리요법을 중심으로. 서울: 정신세계사, 1988; 이영래 역. [칼 사이먼튼의] 마음 의술醫術. 경기: 살림출판사, 2009).

제 37 장

자아초월적 경험과 예술
- 쇼베 동굴에서 월가 점령 시위까지

Lisa Herman

음악에는 인간을 가장 고귀한 행동으로 상승시키는 불가해한 방식이 있다. 음악은 가장 지속적인 '문화 상품'이고 세월의 시련을 견뎌 낸다. 예술은 종교나 다른 문화적인 삶의 형태처럼 영감을 주고 변용시킨다. 즉, 우리의 '피조물'로서의 자아들을 물질적이고 동물적이며 세속적인 자아들 너머로 우리를 고양시키고, 우리를 창조의 위대한 모험에 참여하도록 허용하는데, 전능자의 파트너로서가 아니라 말할 것도 없이 전능자의 의지의 도구로서이다. 음악가가 연주하는 모든 것은 신성한 영감의 표현이고, 바로 그 이유로 변용적이다. 인간은 전능자와 의식적인 연결을 열망하는데, 예술이 그것을 가능케 한다.

- Youssou N'Dour(세네갈의 문화관광부 장관)

태고로부터 인간은 초월적인 현상을 우리의 몸/마음으로 받아들이고 예기치 못한 신기한 일들을 공유하려고 노력했다. 그림, 음악, 글 등 수많은 매체를 통해 우리는 예술을 만들었고, 그렇게 형언할 수 없는 곳에 거주하는 동안이나 이후에 떠오른 이미지들을 물질세계에 드러나도록 하였다. 그것들이 우리 마음에서 시각적으로 느껴졌든, 청각적으로 느껴졌든, 다른 어떤 이미지로 경험했든, 우리는 예술 행위를 할 때 우리의 작품이 다른 사람들에게서 특별한 경험의 순간을 불러일으키기를 바란다. 우리는 조각이나 사진을 응시하는 동안 또는 춤이나 합창에 참여하는 동안 예술의 수혜자가 될 수도, 참가자가 될 수도, 창조자가 될 수도 있다. 우리는 창조자나 목격자로서의 참여를 통해 개인적 · 문화적 구조물을 초월하고 일상 너머의 현상과 마주할 때 경험하는 자아초월에 접근할 수 있다. 과정에 참여하거나 생산하는 작품으로서 예술은 우리가 그것에 영향을 받을 때 변화의 매개로서 작용한다. 우리는 다른 매체를 통해 미지의 것을 접할 때 전혀 다른 상태의 의식이 열린다. 종종 사회 변두리에 사는 예술가와 그들의 작품은 기존의 편견에 도전하고 우리의 수용력을 기르도록, 더 포괄적인 패러다임을 받아들이도록, 새로운 방식을 창조하도록 고무시킨다. 예술은 우리가 시간과 문화를 가로질러 자아초월에 들어가도록, 그리고 우리가 누구인지, 우리가 될 수 있는 사람이 누구인지를 재정립하도록 촉구한다.

석유지질학자이며 자선가로 브래드쇼 재단을 운영하는 Robert A. Hefner 3세는 〈잊혀진 꿈의 동굴〉[1] 영화 제작에 투자했다(Herzog, 2010). 이 영화는 30,000년에서 32,000년 전 쇼베Chauvet 동굴 벽에 만들어진 예술을 이해하기 쉽게 해 준다. 그것은 1994년에 동굴 탐험가가 암석들 더미 뒤에서 발견했다. 사람의 입김이 작품을 파괴할까 봐 소수의 사람들만이 그 동굴에 들어갈 수 있었다. Hefner(2005)는 그림들이 창조자들로 하여금 초인이 된 느낌을 받게 했을 것으로 추측했다. 고고학자 Clottes(2010)는 이들 그림에 마법적이고 샤먼적이며 또는 의례ritual의 의미가 있다고 제안했다. 영화 제작자들은 동굴의 그림들이 현대에 발견되기 수천 년 전에 만들어진 것을 목격하면서 경험한 자신들의 변용에 대해 증언했다. 그들이 그런 것처럼 영화를 보는 수많은 사람도 자아초월의 영역으로 들어간다.

예술품을 만들거나 목격하는 것으로 개인은 자아초월을 경험할 수 있고 또한 그 경험을 다른 사람들과 공유할 수 있으며 그들 또한 그것을 이해할 수 있게 된다. 예술가들은 신성한 순간을 상상으로 물질세계에 구현하고 그 순간을 다른 사람들에게 가져가 그들 또한 익숙하게 초월할 수 있도록 해 주고, 그래서 그들도 어쩌면 예술적인 순간을 구현할 수 있도록 해 준다. 관객 역시 영감이 고취될 수 있는 것이다.

과학, 언어 그리고 예술

현대과학자와 수학자들은 쇼베 동굴의 예술가들이 이미 표현할 수 있었던 것과 같은 종류의 작업을 할 때, 그들이 아는 것을 설명하려면 그 예술의 언어를 사용해야 한다는 것을

---

1) 〈잊혀진 꿈의 동굴Cave of forgottend dream〉은 프랑스 남부 아르데스 협곡에서 발견된 쇼베 동굴의 벽화를 3D 카메라로 촬영한 2010년에 제작된 다큐멘터리 영화이다.

알아냈다. 놀라운 속도로 데이터를 만들어 내고, 그것들을 설명하기 위한 이론들이 더욱 복잡해짐에 따라 이들 설명을 강력하게 만드는 데 필요한 우아함을 불어넣는 것은 전체를 의미 있게 연결하는 자아초월적 감성과 예술이다. 무소속 학자인 Ellen Dissanyake가 자신의 인류학의 걸작인 『미학적 인간: 예술은 어디에서 오고 왜 오는가Homo aestheticus: where art comes from and why』(1992)에서 주장한 대로, 예술은 무언가를 **특별하게** 만들고 생물학적인 인간의 변화와 진화에 필수적이다. 몸/마음은 삶 자체가 다르게 될 수 있다고 가정했던 것을 알 필요가 있다. 이것은 예술의 중요한 목표이다.

양자물리학자들과 카오스 이론가들은 물질적인 우주를 예술적이라고 인지한다. 우리는 장엄하게 울리는 교향곡과 비슷한 우주에 살고 있다고 수학자 Greene(1999)은 말했다. "끈 이론에 따르면, 우주는 입자 덩어리와 힘의 변화의 미시적인 발생으로 진동하는 공명 패턴의 작은 끈으로 만들어져 있다"(p. 206). 그는 다음과 같이 말했다. "[우주는] 모든 것이 우아하게 어울리는 시적인 아름다움의 전형이고, 다중 우주와 인류 지향anthropic 원리[2)]는 탐욕스러운 다양성 추구 취향으로 과도하게 수집된 우주를 하나의 그림으로 그리는 것이다"(p. 368). 과학은 우주의 다양성과 예술가들이 아는 것을 표현하는 방식을 통해 보여 주는 열정을 설명하기 위해 예술에 근거한 지식으로부터 도움을 받는다.

양자물리학자들과 이론적인 수학자들은 가끔 이 몸에 배인felt-sense 지식을 다른 사람들에게 설명하기 위해 노력한다. 그들은 질서가 나타나는 무질서의 장소에 대해 말한다. 그들의 언어에서 그들은 카오스, 형태적이고 통합된 장, 생명 망web of life, 속삭이는 연못, 전체와 유사한quasitotal 비전, 절대적 질서와 같은 이름을 사용하여 시적이 된다(Bohm, 1998; Briggs & Peat, 1999; Capra, 1996; Greene, 1999; Laszlo, 1996; Sheldrake, 1981). 자아초월심리학자들은 역설적이게도 좀 더 평범한 용어를 사용하고 에고를 초월하여 움직이는 것을 자아초월이라 했다(Winnicott, 1971). 시인은 뮤즈에 의해 시상이 떠오르는 것을 자아초월이라 말할 수 있고, 종교는 그것은 믿음이라 부를 것이다(Carson, 1997; Eigen, 1993). 물리학자 Bohm(1998)은 과학적인 언어인 '이론'과 예술적인 언어인 '극장theater'을 똑같이 '전망to view'이나 '광경spectacle'(p. 43)을 의미하는 그리스어에 기원한다는 것을 상기하라고 제안했다.

예술과 과학에서 자아초월에 대해 알려진 것을 이미지를 통해 표현하려고 언어를 찾는 노력은 마치 설명이 불가능한 것을 설명하려고 훈련하는 것에 더 가깝다. "그것은 한편으로 더 이상 생물학적이고 물리화학적이며 에너지로 넘치는 강렬함을 하나의 집단으로 모

2) '인류 지향 원리anthropic principle'란 1974년 천문학자인 브랜든 카터Brandon Carter가 처음 제시함.

으는 것은 적절하지도 않고, 다른 한편으로… 수학적이고, 미학적이고, 언어적이며, 정보를 포함하며, 기호적인 강렬함을 하나의 집단으로 모으는 것도 적절하지 않다"(Deleuze & Guattari, 1987, p. 109). 전체 다중 우주와 마찬가지로 다중적인 우리 인간은 진동하는 입자로 만들어졌고, 저마다 자신의 타자성他者性 속에서 개별적인 발달 과정의 춤에 참여하고 있다. 예술을 만들고 그것을 지켜보는 과정은 변용의 과정이다.

> 아마 두 국면이나 또는 그 국면에 대해 개념화하는 두 가지 방식이 있을 것이다. 그 국면은 숨겨진 원칙으로, 그것은 보았던 것을 보이게 만들고, 들었던 것을 들리게 만드는 것 등이다. 그것은 주어진 것을 즉각 유발시키는 모든 것에 이 상태나 저 상태에서, 이 순간이나 저 순간에 주어지게 한다. 그러나 그 국면 자체는 주어지지 않는다. 그것은 본래 숨겨져 있다. 그것은… 생겨난 것에서 추론되고 유발되고 완결될 뿐이다. 이 종류의 국면은 발달에 대한 것처럼 조직에 대한 많은 계획(국면)과 같다. 즉, 그것은 구조적이거나 발생적이고, 동시에 구조와 발생 둘 모두이고, 그들의 발달과 함께 형성된 조직의 구조적인 계획(국면), 그들의 조직 내에서 진화한 발달의 유전적인 계획(국면)…그것은 초월적인 계획(국면)이고… 그것은 신의 마음에 있을 수 있고, 또는 삶의, 영혼의 또는 언어의 무의식에 있을 수 있다. 그것은 항상 그 자체의 영향으로 완결된다(Deleuze & Guattari, 1987, p. 265).

초월성에 대한 위치로서 숨겨진 자아초월적 계획이나 국면이라 불렀던 것은 다른 분야에 유사한 구성 개념이 있다. 이들 몇몇은 다음과 같다. 그것은 배열 차원(Ployani, 1983 참조), 내포질서(Bohm, 1998 참조), 양자장(Capra, 1996 참조)이다. 우리가 인간으로서 우리의 삶에서 지각하는 것은 알려질 수 있는 것에 대한 단서뿐이다. 우리와 우리를 둘러싼 모든 것은 입자와 파동이고 "입자와 파동은 전체성의 흐름에서 추상적인 형태이다"(Arnheim, 1966, p. 157). 입자와 파동은 과학자들의 은유이다. 수학자들은 "카오스"(예를 들면, Li & Yorke, 1975)의 은유로 말하고, 이는 무질서의 상태에 대한 공식적인 용어이다. 예술가들은 무질서의 상태가 창조와 일시적인 평형 상태로 인도한다고 알고 있다. 예술가들은 그들의 작품에서 이 (불)평형 상태를 표현한다. 모든 것이 되어 가는 과정이나 나타난 결과물은 예술가들 자신이 알고 있는 것의 경계를 규정하고 그것을 구체적으로 표현할 때 예술이 된다. "경계는 뭔가를 멈추는 것에 있는 것이 아니라… 뭔가가 그것의 나타남이 시작하는 것에 있다"(Heidegger, 1975, p. 154). 예술은 올바른 리듬과 음표를 찾는 것이다. 그것은 질서와 무질서, 입자와 흐름이다. 항상성 홀로는 진화의 생존을 설명하지 못한다. 우리는 그것들을 흔들 필요가 있다. 생명체로서 우리는 그것들의 "혼란스러운 복잡성"(Arnheim, 1966, p. 183)이 필요하다. 그것은 질서와 무질서이다. "인간 경험의 최고치를 반영하는 예술은 항상, 그리고 자발적으로 충만함의 요구에 부응해 왔다"(Arnheim, 1971, p. 56).

과학자들과 수학자들 역시 예술가들처럼 물질적으로 지각된 세계를 설명하고 있다(예를 들면, Laszlo, 1996). 그것은 물질적인 현실이 "놀라울 정도로 상호작용하고 소통하는 네트워크, 즉 미묘하지만 영원히 존재하는 속삭이는 연못"(p. xx)으로서 보일 수 있다. 예술가들은 종종 과학의 발견을 예견한다. 즉, "공간과 시간, 빛과 중력, 질량과 에너지는 물리학자와 예술가들이 가끔은 동시에, 가끔은 한쪽이 다른 쪽보다 앞서 탐구했지만 좀처럼 서로의 지식에 대해 의식하지 않는다"(Shlain, 1991, p. 117).

그래도 예술가와 과학자는 자아초월의 탐구를 통해서 서로 여전히 관련을 맺고 있고, 우리가 누구이고 어디에 있는지 알기 위한 새로운 방법을 함께 찾는 사이이다. 자아초월적 공간에서 부딪힘과 다툼은 우리를 창조한 그 이미지들과 마주하는 것이다. 우리가 탐구하는 몸/마음은 서로 진동하는 구조에 관여하는 구조를 진동시키고 있다. "인간의 몸은… 이 … 분야에 내재되어 있고, 그것과 계속 상호작용하고 있다"(Laszlo, 1996, p. 211). "이미지, 사고, 인상 및 느낌이라는 끊임없는 양방향의 흐름을 통한 연결이 있고, 그것들은 깨닫든 깨닫지 못하든 (다른 사람들의) 마음을 형성한다"(p. 221). 예술가의 힘은 우리가 구성한 자기와 현재 세계관을 초월하여 통합하는 이미지들을 실어 나르는 역량에 있다.

Fritzof Capra는 논문 『쉬바의 춤: 현대 물리학의 관점에서 본 힌두교의 물질The dance of shiva: The Hindu view of matter in the light of modern physics』(1972)과 이후 『물리학의 도The tao of physics』(1991)에서 현대 물리학과 나타라자[3]Nataraja의 춤을 아름답게 관련지었다. 그는 "모든 아원자 입자는 에너지 춤을 행할 뿐 아니라 에너지 춤이다. 그것은… 끝이 없는… 창조와 파괴의 진동하는 과정… 현대 물리학자들에게, 그러면 쉬바의 춤은 아원자 물질의 춤, 힌두 신화에 따르면, 그것은 전체 우주를 포함하는 창조와 파괴의 연속적인 춤, 즉 모든 존재와 모든 자연의 현상에 대한 기초"(p. 244)라고 말했다. 여전히 Capra의 비교는 비록 그것이 과학과 힌두 영성 모두에서 이용했을지라도, 그 자체는 과학도 아니고 영성도 아니다. 그것은 자연과학과 고대 전통들로부터 나온 이미지들 사이의 공명에 관한 영감을

3) 나타라자Nataraja는 불꽃으로 된 원형이 상징하는 우주의 중심에서 춤을 추고 있다. 위의 오른손은 북을, 위의 왼손에는 불을 들고 있고, 앞의 오른손은 시무외인을 하고, 앞의 왼손은 들어 올린 왼발을 가리키고 있다. 오른발은 악과 무지의 화신인 난장이 아파스마라푸루샤Apasmārapuruṣa를 딛고 서 있다. 춤의 목적은 인간을 미망迷妄에서 벗어나게 하는 것이고, 춤을 추고 있는 곳을 나타낸 원 모양은 우주의 중심 치담바람chidambaram으로, 인간의 마음속에 실제로 존재한다고 한다. 춤추는 모습은 시바의 5가지 행위를 상징한다. 북은 창조를, 시무외인施無畏印: abhaya mudra은 보호를, 불은 파괴를, 땅을 밟고 있는 발은 화신化身을, 위로 들어 올린 발은 해탈을 나타낸다.

받은 비전이다. 즉, 그것은 자아초월적 예술이다.

예술가와 자아초월의 경험

자신이 세계 최초의 자아초월 예술가로 공인된 아프라카계 미국인이라고 주장한 James e. Woody(날짜 없음.)는 이렇게 선언했다.

> 나는 페인트와 물감을 의식의 대상이자 마법적인 에너지 물질로 이용할 수 있고, 우리는 표현하는 공간을 창조한다. 우리는 마음으로부터 발명하거나 고안할 필요가 없다. 그림 또는 그림을 소유하는 행위는 명상적인 의식, 확언과 표현의 의식이 될 수 있다. 내가 의식의 대상인 페인트와 도화지 또는 캔버스를 가지고 숨을 쉬며 내가 하고 있는 실제 현실에 현존할 때 그때만이 내 앞에 있는 것이 명확해진다(페이지 없음).

이것은 자아초월 예술에 대한 그의 정의이다.

> 자아초월 예술은 추상적인 상상의 상징적인 재연이자 시간을 초월해서 내재하는 우주의 이미지로, 영원한 마법에 걸린 인간의 조건을 나타내는 우리의 시간, 그것을 표현하는 유기체적 한계에 대한 인식을 조화롭게 반영한다. 자아초월 예술은 현대의 예술 운동으로 우리 현실의 다양성을 정밀하게 반영한 것인데, 우리의 근본적인 의미의 영역, 즉 삶을 신성한 것으로 그리는 보편적인 의식의 형태를 표현한다. 이들 이미지는 글자 그대로 또는 개념적으로 신비롭게 나타날 수도 있는데, 추상적인 요소는 알려진 것, 덜 알려진 것, 알려지지 않은 것의 나타남으로 다양하기 때문이다. 당신이 자아초월 예술을 일상적인 생물학적인 요구로서 보든지 생물로 가득 찬 다른 세계와의 접촉으로 보든지 간에, 확실한 것은 그들이 우리의 집단적인 꿈과 비전이고, 우리 자신의 상상의 드라마의 인물이 그 자체의 삶으로 독립적인 존재로서 현실화된 것이다(날짜와 페이지 없음).

상상하는 과학자요, 수학자인 예술가들에게 자아초월은 이 세계에 대한 조건화된 물질적인 경험 이상의 것을 이해하는 방식이다. 이 다른 앎은 가끔 직관이라 불리는데, 이는 육감이나 영감으로 접근한다. 그것은 누군가가 당신 뒤에 서 있다고 아는 느낌이거나 또는 당신의 연인이 바로 그 순간에 전화할 것이라는 느낌이다.

Mtshali(2008)는 전승 구전에 대해 말하면서 시적인 정신은 인간에게 다른 생명체의 수준을 초월하게 해 주고, 정신적 · 육체적 · 영적인 재능을 사용하여 우주의 복잡성을 다룰 수 있게 해 준다고 했다. 시적인 정신은 어떤 극단적인 외부 압력이 있다 해도 시학의 실천가와 그 신봉자 모두를 보호할 수 있다.

> [그것은] 온갖 삶의 조건을 다룰 수 있도록 우리를 준비시키는 중요한 기술이다. 우리의 오감–또한 균형의 육감과 상상의 제7감각–으로 유지되는 언어 묘사는 우리에게 안정감을 주고, 삶의 요구에 직면할 수 있게 해 주며, 존재의 어려움을 다룰 수 있게 해 준다. 시는 우리 주변과 조화롭도록 우리를 데려가고, 이 우주와 리듬을 만들도록 돕는데, 그래서 우리는 이상적인 환경에서 다른 생명과 조화롭게 살 수 있다. 우리는 태양, 달, 별, 산, 강의 도움을 기원한다(페이지 없음).

화가이자 조각가이고 행위 예술가인 Alex Grey는 Steve Brooks(1999)와의 인터뷰에서 예술과 자아초월의 관계를 다음과 같이 묘사했다.

> 나는 예술의 임무는 자아초월에 대한 어떤 개인적인 감각을 받아들이는 것이라고 생각합니다. 신성한 예술은 우리가 삶의 의미와 현재 곤경의 의미를 더 깊이 느낄 수 있도록 하는 일종의 계시의 힘을 확고히 합니다. 예술은 단순히 작은 Self를 표현하는 것이 아니라 보다 큰 집단 영혼을 표현하고 사람들을 보다 큰 현실로 끌고 갈 수 있을 때 도움이 됩니다. 예술은 가장 깊은 수준에서 고찰하는데, 이는 강도 높은 자기점검과 이 세상에 대한 점검을 포함하고, 그래서 영적인 영역에서 적응할 수 있습니다(페이지 없음).

자아초월은 수학자들이 상상의 숫자를 두는 곳이 될 수 있고, 뮤즈와 그 아이들인 이미지들이 사는 곳일 수도 있다. 그것은 선형적인 시간에 존재하지 않는 장을 창조하고, 영원히 존재하며, 예술가/관람자/과학자가 그 결과물들–이미지–을 표현하도록 기다려 주기에 그 결과물들이 이론이나 그림이나 춤으로 존재할 수 있게 한다. 예술가들에게 자아초월은 진동하고 살아 있고 진화하는 공간으로, 이는 패턴을 만들고 새로운 패턴을 만들기 위해 무질서하게 된다. 그것은 시적인 공간이다. 자아초월은 다성음악多聲音樂 · polyphony이다. 즉, 시끄럽고, 흥분시키고, 놀랍고, 위험하며, 비논리적/논리적이고, 사랑하고, 파괴하며, 매우 매력적이다.

자아초월은 강렬/조밀하다. 그것은 무한하고 모든 것을 포함할 수 있다. 예술가들은 "따라서 고착되거나 도달할 최후 목표가 없이 영원히 변하는 현실에 적합한 행위 속에 있다. 오히려 마지막 순간마다, 그리고 그 의미는 모두 행위를 모든 국면에 부합하게 만드는 것으로 묘사된다"(Bohm, 1998, p. 86). 예술가들에게 자아초월은 미학적인 공간이다. 그것은 야생적인 아름다움이다.

> 그것은 실용성이 없다. 즉, 그것은 결코 우리에게 해야 하는 것을 말하지 않는다. 그것은 직접적인 행동을 지시하지는 않지만, 유용함을 초월하라고, 예기치 않음을 만나라고, 우리의 존재에 대한 해결되지 않은 수수께끼에 대해 깨어 있으라고 촉구한다. 우리는 아름다움이 존재할 때 통제권을 상실하는데, 계속 유지할 통제권이 없기 때문이다. 통제권은 거기에 존재하고 행동하는 것이다(Jacoby, 1999, p. 61).

패턴이 있고 또한 혼돈과 무질서가 있는 이 공간에서 이미지가 우리에게 자발적으로 충돌하고, 우리는 춤추고 노래하며 경탄과 경외심으로 그것들로 도약한다. 동시성의 사건은 자아초월에서 나타난다. 그것은 경험의 매우 감동적인 수준에서 놀라운 연결(Hopke, 1991)이다. 예술가들은 그들이 자아초월에서 느꼈고, 들었고, 보았고, 접촉했고, 냄새 맡았고, 맛보았고, 생각했던 것을 표현하기 위한 방법들을 찾는데, 그들은 경험한 것을 기록하고 공유할 필요가 있기 때문일 것이다. 내부와 외부는 자아초월적 공간/시간에서 관계가 덜하다. "개인이 가장 활동적이고 실제적일 때, 경험의 위치가 내부인지 외부인지 콕 집어낼 수 있을까?"(Eigen, 1991, p. 70)

예술가에게 자아초월적 공간/시간은 극적인 비전이나 비일상적인 감각에 접근하는 곳이다. 그것은 준비의 상태, 되어 감의 상태이다. "예술적인 기술은 마음—무의식, 의식, 외부—의 많은 수준을 합하여 결합 상태로 만드는 것이다. 그것은 하나의 수준을 표현하는 문제가 아니다"(Bateson, 1972/2000, p. 470).

> 그것들 사이에서 예술가들이 그들의 이미지를 받아들이기 위해 자아초월적 것과 접촉하는 곳으로, 그것은 하나에서 다른 데까지, 그리고 다시 돌아오는 것까지 지역화의 관계를 지정하는 것이 아니라, 수직적인 방향으로, 하나를 조사하고 그리고 다른 것을 떠나는 횡단적인 움직임으로, 그 둑을 손상시키고 그 가운데에서 속도를 올리는 시작이나 끝이 없는 하천이다(Deleuze & Guattari, 1987, p. 15).

"정확하게 예술은 어디에 있는가?"라고 철학자 Wilber(1997, p. 112)가 물었다. Wilber에게 예술은 우주에 있는 모든 것처럼 홀로닉holonic이다. 모든 예술 작품은 홀론holon으로,

"이는 전체이면서 동시에 수없이 많은 다른 전체의 일부를 의미한다"(p. 112). 모든 인간의 상황은 그 자체의 의미를 예술 작품에 부여하고 각각의 상황은 또 다른 상황에 깃든다. 그렇다면 이 모든 상황이 아름다움에 깃든다면 어찌 되겠는가?

어쨌든 개인이 위대한 예술 작품처럼 절묘하게 아름다운 존재로서 전체 우주의 모든 것을 볼 수 있게 된다면 어떨까? 삶이 자아초월의 지식과 함께 경험될 수 있다면 어떨까? 지금 당장 세상의 모든 사건, 사물을 하나도 빠짐없이 비범하게 아름다운 대상으로 볼 수 있다면 어떨까?(Wilber, 1997, p. 136)

『영혼의 음유시인Minstrels of soul』을 지은 Knill, Barba와 Fuchs(1995)에 의하면, 아름다움은 주제나 대상이 보여 주는 유쾌함과는 상관없다고 한다. 아름다움은 개인이 자아초월적인 것—알지 못함—에 마음을 열 때, 놀라움을 느낄 때 다다른다. 아름다움은 끔찍할 수 있다. 그것은 참을 수 없는 것을 참게 하므로 끔찍한 상황일 수 있다.

아름다움은 그것이 불시에 출현할 때 우리가 받아들이는 과정과 방법을 통해 뿜어 나온다. 그것은 우리가 예술적인 과정의 그림, 움직임, 소리, 리듬, 행동과 말… 등을 목격할 때, 우리의 주의와 공감적인 호기심을 끌어당기는 아픔이 주제일 때 우리를 감동시킨다. 예술적인 과정은 우리가 고통스럽고, 고생스럽고, 추하고, 혐오스럽고, 파괴적인 것에 다가설 수 있게 하는 힘이 있다(p. 115).

이렇게 자아초월은 어디에나 잠재해 있다. 예술로 존재하는 또는 되어 가는 어떤 순간이 목격될 때마다 거기에는 신체적인 반응이 뒤따른다. 배우가 됐든 관객이 됐든(Boal, 1995), 반응하는 개인은 예술적인 창조와 자기 자신 사이의 공간으로 적극 초대되고(Gadamer, 1998), 아름다움에 사로잡혀 그것과 관계를 맺는다. 그것은 "모든 작곡이나 그래픽, 뮤지컬, 드라마나 독서에서도 필요한 어떤 것이다. 여기에는 지속적인 협력 행동이 있다"(p. 27). 이런 종류의 미학적인 반응은 존재의 상태를 없애는 것이 아니라 무한한 대상에 대한 조용한 응시이다. "미학적인 드라마는… 관객에게 드라마 속의 극단적인 사건에 감각이 맞닿아 세상에 대한 관점을 바꾸라고 강요하는데… (그것은) 의식의 변용이 일어나는 동안 시간에 대한 감각이 최소화되는 현상을 반영한다"(Schechner, 1988, p. 172). 시공의 연속체에서 자아초월은 '지금-시간'이다.

인식과 변용의 '시간의 공간', 그것은 우리를 이상향이나 낙원을 초월하도록, (초월의) 미학적인 명상을 '제거'하도록 데려가지 않는다. 오히려 지금-시간에서 우리는 분명히 유사하게 우리의 사회적인 존재의 기록되지 않은 역사에 몰입된다. 갈등시키는 고리, 얼어붙은 구조, 사라지는, 분열된 기억, 바로 "(전통적) 미학의 시간을 떨쳐버리는… 사건과 반복"에서(Diamond, 1997, p. 147).

생각은 지각에 근거하고, 지각 또한 예술적인 추구이다. Bohm(1994)은 지각을 텔레비전 시청에 비교했다.

분명히 텔레비전 화면 시청과 관련한 종류의 상상력이 있다. 당신이 주의 깊게 살펴본다면, 단지 번쩍이는 빛을 볼 뿐이다. 그러나 당신은 사람, 나무, 인물을 본다. 그래서 당신은 정서적인 갈등과 위험을 본다. 당신은 분노, 두려움, 즐거움을 보지만, 그것은 모두 당신 자신이다. 그것은 모두 그림을 화면에 우러나게 한 상상이다. 그것은 마치 상상을 지각에 불어넣은 것과 같다. 그래서 텔레비전을 볼 때, 당신이 경험하는 것은 그 상상과 같은 뭔가에서 온 것이다. 그렇지 않다면 달리 어디에서 오겠는가?(p. 160)

생각이 상상이나 시적으로 접촉될 때, 개인은 초월적인 상태에서 생각 자체를 이미지로 떠올릴 수 있는데, 이는 자아초월에서 발견된 것을 의식적으로 형상화한 것이다. 그 사고, 인상, 감정의 이미지들은 예술가들이 재료로 활용하기 위해 모색한 것으로, 그것을 바탕으로 예술가는 자신이 발견할 것을 표현할 수 있다. 그러나 이런 식의 자아초월 추구는 여전히 현실로부터의 도피는 아니다. "시는 위로 날지 못하고 거기서 도망치기 위해 현실을 극복하고 그 곁을 맴돈다. 시는 인간을 지상으로 먼저 끌어내려 거기에 속하도록 하며, 그렇게 거주시키는 것이다"(Heidegger, 1975, p. 218).

자아초월 예술치료사이자 교육자이며 연구자인 Netzer(2008)는 개인을 초월하는 인지에 새로운 자각과 지식을 통합시키는 연구 논문에서 다음과 같이 묘사했다.

심상을 통해 영적인 자유에 대한 자아초월적 자각의 고취는 신비로운 시를 선택하도록 이끈다. 그 심상은 영spirit과 인지를 연결하는 다리로 보였다. 영적인 자유에 대한 자아초월적 자각의 경험은 개인적인 경계(자기 자신, 보이는 것과 보이지 않는 것, 아는 것과 모르는 것을 포함)를 초월하여 무한히 확장하는 것에 대한 인식으로서 규정되었다. 그것은 참여하고, 공동 창조하는 경험으로서 의도적인 활동이며 세련되고 생생한 체험이다(p. iii).

자아초월에 대한 예술가의 개념에서 우리는 인간으로서 우리의 몸에 있으며, 느끼고, 접촉하고, 냄새 맡고, 맛보고, 보고, 듣는다. 자아초월은 상호 연결되고 상호 주관적인 장에서 존재하고, 공간/시간 연속체는 이미지가 예술가들을 통해 물질적인 표현에서 인간에 의해 구체화되도록 요구하는 곳으로, 그들이 거기에서 일어난 것을 다른 사람들에게 표현하려고 노력하는 것과 같다. 예술가들은 종종 그들의 몸을 자아초월에 대한 앎의 자료로서 주의를 기울인다. 그들은 영감에 대한 자아초월적 자료의 영적인 앎은 육체를 가진 세상에서 분리된 것이 아니라, 그들 자신의 감각하는 자기에서 분리된 것이라고 이해한다.

예술가이자 무용가인 Steinman(1995)은 『몸 알기: 현대 공연에서 이야기 작가로서의 예술가The knowing body: The artist as storyteller in contemporary performance』에서 개인이 일상의 삶을 통해 고유 수용성 감각proprioceptive 체계를 인식한 것을 경험하고 표현하기 위해 몸에 머무를 필요성과 그를 위한 세 가지 투입 요소를 공유했다.

> 운동감각kinesthesis은 모든 골격과 근육 구조에서 기인한 움직임에 대한 느낌으로, (그리고) 고통의 느낌, 공간에 대한 우리의 방향성, 시간의 경과, 리듬을 포함한다. 내장visceral의 반응은 우리의 내적 기관에서의 잡다한 인상으로 구성되어 있다. 평형labyrintine이나 전정前庭, vestibular 반응은 공간에 있는 우리의 위치에 대한 느낌으로, 내이內耳의 기간인 달팽이관에 의해 제공된다(p. 11).

Steinman(1995)은 예술은 이 세상에서 벗어나는 것이 아니라 이 세상에 대한 것이라고 강조했다. 인간 존재로서 우리는 현재의 삶을 살고, 그 밖의 어떤 가능성을 경험할 의무가 있다. 우리는 양쪽 모두를 인지하기 위해, 또한 "통찰, 익숙하지 않음과 놀라움, 우리가 매일 보는 것의 익숙함과의 공존"(p. 71)을 알아차리기 위해 우리 자신을 발전시켜야 한다. 인간 문제에서의 자아초월적 조사는 예술을 통해 수행된다. 예술가/연구자(그리고 모든 예술가는 연구자로서 보일 수 있다.)는 "원초적 문화 시민으로서 몸 전체가 꿈꾸고 몸 전체가 기억하는, 그런 몸 전체로 보는 능력을 개발시킨다"(p. 73). 배우이며 작가인 Spalding Gray는 즉흥적인 과정으로서 자아초월 경험(비록 그가 이 용어를 사용하지 않았을지라도)을 다음과 같이 묘사했다.

> 느낌의 흐름이라고 명명할 수 없는 게, 흐름은 몸의 움직임이라는 물질적인 흐름과 직접 연결되어 있는데, 너무 빠르게 일어나서 파악하고 이름 붙이기가 더 어려운 연속체이기 때문이다. 단지 직접적이고 자연 발생적인 표현이 있는데… 처음으로 나는 말보다는 다른 어떤 것으로 다른

연기자들과 연결되는 경험을 했다. … 마침내 나는 내면을 반영할 여유가 있었다. 나는 내가 움직인 것만큼 생각할 수 있었다. 나는 나 자신과 대화하기 시작했다. 생각이 특정한 맥락의 심리적인 흐름에 얽매이지 않으니 생각이 더 자유로웠다. 일단 움직이고 나서 바고 그 느낌을 경험하고 있었다. 그런데 계속 그렇게 하고 또 그게 익숙해지니까 반영할 여유가 더 많이 생겼다(Steinman의 인터뷰, 1995, p. 110).

예술가가 변용을 경험하게 할 뿐만 아니라 관객들에게 그것을 전할 수 있는 예술은 사회의 의식 변화에 영향을 주기 위해 필요하다.

이 세계는 어찌 될 것인가

국제 예술계는 자아초월적 예술의 가치, 즉 예술이 더 많은 인간을 개인적 문화의 구성을 초월한 비일상적인 경험과 인식으로 이끈다는 점을 인식하고 있다. 다음은 2011년 베니스Venice 박람회에 대한 설명이다(Fondazione Musei Civici di Venezia, 날짜 없음).

〈박람회, TRA: **되어 감의 위력**Edge of Becoming〉

'장소, 역사, 창조적인 유산과 우주적인 지혜 사이의 횡단적인 연결'을 탐구하는 오늘날의 300명의 멀티미디어 예술가들. 제목 TRA는 많은 의미를 지닐 수 있어서 선택되었다. 첫째, 그것은 '예술art'의 철자를 거꾸로 읽을 수 있다. 이탈리아에서 그것은 '중간에', 그리고 '내부에'를 나타내고 또한 '초월' 또는 '보다 앞서서' 가는 행동을 암시한다. TRA는 또한 '만트라' '탄트라' '얀트라'와 같은 많은 산스크리트어에서 공통적인 접미사이다. 만트라Mantra는 글자 그대로 '사고의 도구'로 해석되는데, man은 생각하는 것이고, tra는 도구 또는 기구이다. '탄트라Tantra'는 성적이고 우주적인 에너지와 연결된 지식의 고대 체계이다. '얀트라Yantra'는 에너지 힐링을 위한 문door과 같은 활동의 상징과 그림이다.

세계적인 교육기관들은 예술을 자아초월로 가는 살아 있는 통로로서 존중하고 있다. 캘리포니아의 팰로앨토에 있는 소피아 대학교Sofia University(이전에 자아초월심리학 전문대학)는 설립 취지 중 하나로 표현예술을 꼽았고, 대다수 학생에게 그들 자신과 그들이 영향을 미칠 다른 사람들의 삶을 위해 자아초월을 알고 표현할 수 있게 창조적인 표현에 관한 강의를 수강하도록 요구했다. 그중 '음악과 영성' 강좌는 미시간 주립대학교 학교공동체

Community School of Michigan State University—MSU 학교의 음악 봉사활동부—에 개설되었고, 이론이나 객관적인 분석을 넘어서는 예술을 움직이는 것으로, 이 학교는 시공을 초월하기 위한 예술의 변용적인 힘을 인식하게 되었다. 그 과정은 다음과 같다.

마음으로 듣는 연습을 하도록 격려해서 새로이 음악을 이해하고 존중하는 습관을 들인다. 음악이 몸, 마음, 영성에 어떻게 영향을 주는지 배운다. 육체적이고 정서적인 감각에 집중하는 다양한 방법의 듣기 경험을 통해 여러분은 음악적인 인식과 영적인 알아차림의 공통점을 탐색할 것이다. 이곳에서 다룰 음악은 문화와 역사를 고려하여 다양하게 선택했는데, 그것은 세계 민속 음악, 그레고리안 성가Gregorian Chant, 수피 스승들로부터 구스타프 말러[4]와 아르보 패르트[5]까지이다 (Michigan State Universtity, 2012).

지루한 일상 너머 변용적인 경험과 깨달음을 찾는 사람은 누구든지 인터넷을 검색하면 예술을 기반으로 한 워크숍이나 세미나, 강좌를 넘쳐 나게 만날 수 있다.

모든 문화는 예술과 자아초월 사이의 연결을 인지했고, 그것을 존중하기도 금기하기도 했다. 예술가들은 항상 자신과 사회의 창조적인 변용을 옹호하면서 문화의 극단까지 밀어붙였다. 그들은 예술 행위를 통해 평화를 깨고 다가오는 시대를 예언한다. 그들은 자아초월에 접근하는 사람들에게 영감을 줄 수 있기에 모든 이는 존재의 방식과 존재에 대한 질문을 좀 더 많이 하는 존재로 진화할 수 있다. 그들은 몸/마음을 움직여 좀 더 나은 세계를 만들도록 자극할 수 있다. 자아초월적 예술은 새로운 기반을 발견하여 우리가 인간으로서 도달할 수 있는 가능성에 좀 더 다가가기를 원한다.

예술과 자아초월적 일상의 경험을 되찾기

산업화된 문화에서 소위 예술이라는 것은 종종 일상의 경험에서 분리되어 많은 돈을 지불해야 들어갈 수 있는 미술관이나 연주회장, 극장, 영화관, 박물관에 자리 잡았다. 거기로 들어간다 해도 이미지 옆에 붙어 있는 작은 카드에 쓰여 있는 글을 찬찬히 살펴보는 관

4) 구스타프 말러Gustav Mahler는 독일 후기 낭만주의시대의 대표적인 작곡가로, 특히 교향곡과 가곡 분야에 중요한 작품을 남겼다.

5) 아르보 패르트Arvo Part는 에스토니아 최초의 12음계 작품인 〈네크롤로그〉의 작곡가로, 거룩한 미니멀 아트 예술가라는 평가와 네오바로크 음악가라는 상반되는 평가를 동시에 받았다.

람객이나, 아마도 끝내지 못한 과제가 생각나거나, 예술가가 표현하는 바를 받아들인다고 생각하는 듯 문자를 주고받는 사람들을 볼 때, 이것들은 많은 사람이 예술 관람으로 더 이상 감동받지 않는다는 것을 시사한다. 서양에서 예술은 소비되는 상품이 되었고, 어떤 특정한 사람들만이 만들고 그것을 감상하는 것이라고 기대한다.

가끔 종교적인 환경에서 개인은 성가를 부르거나 들으면서 변성을 느낄 수 있다. 움직임이나 향냄새에서, 스테인드글라스를 통해 빛이 쏟아지거나 또는 몸을 우아하게 가린 긴 옷이 '휙' 하며 움직이는 소리에서 이미지를 경험하는 것이 가능하고, 개인은 초월의 느낌을 받을 수 있다. 그러나 이들 이미지의 의미는 규정된 것이다. 미술관에서든 교회에서든 예술은 사회의 지배적인 인식에 의해 성문화되었다. 사람들은 기존 경험 체계를 벗어난 것은 보려 하지 않는다. 이런 경우 예술은 행동과 사고를 위한 지침을 제공할 뿐, 다른 것이 존재할 여지를 주지 않는다.

자아초월적 예술은 새로움을 가져올 것이다. 그것은 자기 자신에게서, 그리고 이 세상에서 일상을 초월하여 생각하고/느끼고/알도록, 혼란에 빠뜨리고 벗어나도록 도울 것이다. 자아초월적 예술은 또한 자아초월의 마음 산란한 경험에 머물게 할 것이고, 그로부터 새로운 형태로 가다듬은 아이디어를 가지고 평범한 일상으로 돌아가 공동체에 좀 더 봉사하고 공동체의 변화를 돕게 할 것이다. 자아초월적 예술은 새로운 형태의 출현을 기다리는 동안 발생하는 미지에 대한 긴장감을 잠시 견디도록 놔둘 것이다. 자아초월적 예술의 경험 안에서 한 개인은 자신이 사는 세상을 확장하도록 배운다.

Krippner(2002)는 인본주의 심리학자로, 음악을 듣는 경험에서 예술의 변용적 잠재력을 설명했다. 그는 그것이 정말로 자아초월적이라면 개인의 정체성은 그 경험에 의해 변화한다고 지적했다.

> 1950년대에 위스콘신 대학교에서 위대한 칠레 피아니스트 클라우디오 아라우의 연주회를 듣는 동안 학생들과 내 친구와 나는 '일종의 절정 경험에 대한 이례적인 개인적 경험'을 하였다. 나는 음악으로 그렇게 강렬하게 '몰입했던' 적이 없었다. 내 친구는 무대를 향해 달려 나가서 아라우의 발에 엎드리고 있는 자신을 상상했다! 다른 청중들은 그렇게 감동받지 않았지만 우리 두 사람에게 그 음악회는 대단히 특별했고, 그때 우리가 어떤 평가 기준으로 그랬는지는 설명할 수 없다. 나의 지각에서 많은 자아초월적 경험은 '이례적'이라고 할 수 있는데, 인식하고 있는 자기self에 대해 의문을 가져왔기 때문이다. 그러나 대부분의 이례적인 경험들은 자아초월적이 아니다. 그것들은 경험의 세계관에 의문을 가져올지언정(예를 들면, 예지에 대한 증거를 의심하는 사람이 실현하려는 꿈을 가지고 있을 때) 정체성의 감각은 온전히 남아 있기 때문이다(p. 3).

21세기에서 자아초월적 예술의 창조는 개인적인 정체성, 사고, 지각에 대한 질문을 계속해서 불러일으킨다. 아마 쇼베 동굴에서 수천 년 전에 그림을 만든 예술가들의 정신에서 오늘날 예술가들은 이전부터 존재하는 사회의 개념들에 도전할 것이다. 자아초월적 예술은 인간을 자기와 인간계 모두를 변화시킬 수 있도록 일깨우는 통로로서 우리가 좀 더 수용적이고 다양하게 되도록 자극하는 강력한 속성이 있다. 오늘날 자아초월적 예술은 늘 그렇듯 인류에게 상상하지 못한 가능성을 향해 눈뜨게 한다. 그것은 여전히 정상성을 인식하고 그로부터 이탈하는 통로를 창조한다. 그것은 인간의 태생적 권리로서 현재의 것들에 대해 도전하기 위해 재건되고 있다.

> 시에 있어서 민속적 전통은 회귀하고 있다. 나는 당신이 '영원'이라고 말할 것이라고 생각한다. 말의 힘은 항상 모든 사람에게 유용한 힘이기 때문이다. 그것은 소수의 특권이 아니고, 모든 사람과 공유할 의미 있는 뭔가를 만들도록 모든 사람에게 유용한 말이다. 언제든지 사람들은 저항하고 리듬이 있거나 운율이 있는 노래를 부르는데, 그 뒤에는 시의 힘이 있다(Wilder, 2008, 페이지 없음).

대중매체시대의 자아초월적 예술은 사회에 직면하고 전지구적으로 참여한다. 그것은 기존 질서를 위협할 수 있다. 그것은 '예술행동주의artivism'[6]로, 즉 인터넷 환경에서 확산되고 있는 사회적 의식-고취이다. 다음은 artivista 홈페이지에서 예술행동가artivist[7]의 진술이다.

> 상상은 해방을 위한 가장 강력한 힘이다. 극장, 스토리텔링, 공동체 참여를 통해 우리는 실제 세계의 문제를 창조적으로 말하고 상호작용과 대화와 좀 더 깊은 참여를 위해 공간을 만든다. 나의 작업은 예술 작품을 통해 인간의 연 결과 연대의 그림을 제공하는 것이다(Irani, 날짜와 페이지 없음).

우리가 살고 있는 세계의 위기를 고려할 때, 인간은 현재의 생각과 존재 방식을 변용하도록 반드시 서로 연결될 필요가 있다. 자아초월적 예술은 이 연결을 가능하게 할 뿐만 아니라 현재 인간의 지식을 초월하는 영역과도 연결하게 해 준다. 2010년대는 월가 시위 운동의 이미지가 연대에 대한 자각을 확장시키고 정상성을 초월/이탈하는 힘으로 전 세계를 또다시 자극했다.

---

6) 광고의 훼손과 같이 예술이라고 여기는 행위를 통해 정치적 아젠다를 홍보하는 관행.

7) artivist는 예술art과 행동가activist의 조어造語이다.

Elam(2011)은 마틴 루터 킹 주니어 백주년 기념 영문학부 교수이며 스탠퍼드 대학교의 아프리카와 미국학 연구소의 전 소장으로, 예술의 자아초월적 역할에 대해 강력하게 지적했다. 포스터에서 보여 준 '젊은 흑인 여성 앤젤라 데이비스Angela Davis'에게서 영감을 받은 그녀는 예술이 '월가 시위가 어떻게 예술을 나아가게 하는가'라는 제목 아래 변화하기를 요구했다.

> 1926년에 유명한 흑인 지성인 뒤 부아W. E. B. Du Bois는 예술은 사회 정의를 위해 사용되어야 하고, 아름다움은 다수의 선善을 위해 선도할 수 있고 선도되어야 한다고 열렬하게 주장했다. "나는 진리를 말하는 사람이고, 죄를 드러내고 아름다움을 추구하며, 아름다움은 세계 정의를 위해 설정되어야 합니다."
>
> … 점유 운동Occupy movement 캠프와 시위와 행진은 계속해서 그러한 예술을 생성하도록 해야 한다. 그것은 여전히 존재하지 않을 다른 인종 간의 결합을 고무시키는 예술, 소외된 목소리를 우리에게 상기시키는 예술, 아무것도 제공되지 않을 때 실제적인 사회 변화를 자극시키는 예술, 뒤 부아가 말했듯이 예술은 세상을 아름답고 올바르게 만들려고 시도한다(Elam, 2011, 페이지 없음).

참고문헌

Bohm, D. (1994). *Thought as a system*. New York, NY: Routledge.

Bohm, D. (1998). *On creativity*. London, UK: Routledge.

Briggs, J., & Peat, D. F. (1999). *Seven life lessons of chaos: Timeless wisdom from the science of change*. New York, NY: HarperCollins.

Brooks, S. (1999). Alex Grey: The mission of a visionary artist. *Shambhala Sun* (July), n.p. Retieved from http://alexgrey.com/press-media/articles/shambhala-sun-july-1999/

Capra, F. (1972). The dance of Shiva: The Hindu view of matter in the light of modern physics. *Main Currents in Modern Thought*, *29*(1), 15.

Clottes, J. (2010). *Cave art*. Paris, France: Phaidon Press.

Diamond, E. (1997). *Unmaking mimesis*. London, UK: Routledge.

Eigen, M. (1991). Winnicott's area of freedom: The uncompromisable. In N. Schwarz-Salant & M. Stein (Eds.), *Liminality and transitional phenomena* (pp. 67-88). Wilmette, IL: Chiron.

Eigen, M. (1993). *The electrified tightrope*. Northvale, NJ: Jason Aronson.

Elam, M. (2011, November). How art propels Occupy Wall Street. CNN Opinion [Electronic Version]. Retrieved from http://www.cnn.com/2011/11/01/opinion/elam-occupy-art/index.html.

Fondazione Musei Civici di Venezia. (n.d.). TRA Edge of Becoming, Venice, Italy: Author. Retrieved from http://www.visitmuve.it/en/2011/07/1402/tra-edge-of-becoming-2

Gadamer, H. G. (1998). *Praise of theory: Speeches & essays.* (C. Dawson, Trans.). New Haven, CT: Yale University Press.

Hefner, R. A. (2005). Art paintings of the Chauvet Cave. Retrieved from http://www.bradshawfoundation.com/chauvet/robert-hefner.php

Heidegger, M. (1975). *Poetry, language, thought.* (A. Hofstadter, Trans.). New York, NY: Harper & Row.

Herzog, W. (Dir.). (2010). *Cave of forgotten dreams* [Film].

Hopke, R. H. (1991). On the threshold of change: Symbolization and transitional space. In N. Schwarz-Salant & M. Stein (Eds.), *Liminality and transitional phenomena* (pp. 115-132). Wilmette, IL: Chiron.

Irani, K. (n.d.). *Artivista.org.* New York, NY: Author. Retrieved from http://www.artivista.org/tellingstories.php

Jacoby, M. (1999). The necessity of form: Expressive arts therapy in the light of the work of K. E. Logstrup. In S. K. Levine & E. G. Levine (Eds.), *Foundations of expressive arts therapy: Theoretical and clinical perspectives* (pp. 53-66). London, UK: Jessica Kingsley.

Knill, P., Barba, H., & Fuchs, M. (1995). *Minstrels of soul.* Toronto, ON, Canada: Palmerston Press.

Krippner, S. (2002) Dancing with the trickster: Notes for a transpersonal autobiography. *International Journal of Transpersonal Studies*, *21*, 1-18.

Laszlo, E. (1996). *The whispering pond: A personal guide to the emerging version of science.* Boston, MA: Element Books.

Li, T. Y, & Yorke, J. A. (1975). Period three implies chaos. *American Mathematical Monthly*, *82*, 985-992.

Michigan State University. (2012). *Music and spirit/sound and silence.* East Lansing, MI: Author.

Mtshali, O. M. (2008). The light of the poetic spirit. *SGI Quarterly: A Buddhist Forum for Peace, Culture and Education*, *9*(1), n.p. [Electronic Version]. Retrieved from http://www.sgiquarterly.org/feature2008Jan-6.html

Netzer, D. (2008). Mystical poetry and imagination: Inspiring transpersonal awareness of spiritual freedom. *Dissertation Abstracts International*, *69*(08) 0669B (UMI #3316128).

Sheldrake, R. (1981). *A new science of life.* London, UK: Blond & Briggs.

Shlain, L. (1991). *Parallel visions in space, time and light.* New York, NY: Quill William Morrow.

Steinman, L. (1995). *The knowing body: The artist as storyteller in contemporary performance.* Berkeley, CA: North Atlantic Books.

Walsh, R., & Vaughn, F. (1993). *Paths beyond ego: The transpersonal vision.* New York, NY: G. P. Putnam's Sons.

Wilder, S. (January, 2008). The Poetic Heart: Connecting Humanity. In *SGI Quarterly: A Buddhist Forum for Peace, Culture and Education.* *9*(1), n.p. [Electronic Version]. Retrieved from http://www.sgiquarterly.org/feature2008Jan-2.html

Woody, J. e. (n.d.). Transpersonal artist, James e. Woody. Retrieved from http://www.besensitive.com

번역 출판

Arnheim, R. (1966). *Toward a psychology of art*. Berkeley, CA: University of California Press. (김재은 역. 예술심리학. 서울: 이화여자대학교출판부, 1995).

Arnheim, R. (1971). *Entropy and art: An essay on disorder and order*. Berkeley, CA: University of California Press. (정용도 역. 예술과 엔트로피: 질서와 무질서에 관한 에세이. 서울: 눈빛, 1995; 오용록 역. 엔트로피와 예술: 질서와 무질서에 관한 시론. 서울: 전파과학사, 1996).

Bateson, G. (2000.), *Steps to an ecology of mind*. Chicago, IL: University of Chicago Press. (Original work published 1972). (박대식 역. 마음의 생태학. 서울: 책세상, 2006).

Boal, A. (1995). *The rainbow of desire: The Boal method of theatre and therapy*. London, UK: Routledge. (이효원 역. 아우구스또 보알의 연극 메소드: 욕망의 무지개. 서울: 현대미학사, 1998).

Capra, F. (1991). *Tao of physics*. Boston, MA: Shambhala. (김용정, 이성범 역. 현대 물리학과 동양사상. 경기: 범양사, 2006).

Capra, F. (1996). *The web of life: A new scientific understanding of living systems*. New York, NY: Anchor Books. (김용정, 김동광 역. 생명의 그물: 생물 시스템에 대한 새로운 과학적 이해. 서울: 범양사 출판부, 1998).

Carson, R. (1997). *Witness for nature*. New York NY: Henry Holt. (김홍옥 역. 레이첼 카슨 평전: 시인의 마음으로 자연의 경이를 증언한 과학자. 서울: 샨티, 2004).

Deleuze, G., & Guattari, F. (1987). *A thousand plateaus: Capitalism & schizophrenia*. Minneapolis, MI: University of Minnesota Press.(김재인 역. 천 개의 고원, 자본주의와 분열증 2. 서울: 새물결출판사, 2001).

Dissanyake, E. (1992). *Homo aestheticus: Where art comes from and why*. New York, NY: Free Press. (김한영 역. 미학적 인간: 호모 에스테티쿠스. 경기: 위즈덤하우스, 2009; 경기: 연암서가, 2016).

Greene, B. (1999). *The elegant universe: Superstrings, hidden dimensions, and the quest for the ultimate theory*. New York, NY: W. W. Norton. (박병철 역. 엘러건트 유니버스: 초끈이론과 숨겨진 차원, 그리고 궁극의 이론을 향한 탐구 여행. 서울: 승산, 2002).

Polyani, M. (1983). *The tacit dimension*. Gloucester, MA: Doubleday. (김정래 역. 암묵적 영역. 서울: 박영사, 2015).

Schechner, R. (1988). *Performance theory*. New York, NY: Routledge. (이기우, 김익두, 김월덕 공역. 퍼포먼스 이론. 1-2. 서울: 현대미학사, 2001-2004).

Wilber, K. (1997). *The eye of spirit: An integral vision for a world gone slightly mad*. Boston, MA: Shambhala. (김철수, 조옥경 역. 켄 윌버의 아이 오브 스피릿: 영적 관조의 눈. 서울: 학지사, 2015).

Winnicott, D. (1971). *Playing and reality*. London, UK: Tavistock Press. (이재훈 역. 놀이와 현실. 서울: 한국심리치료연구소, 1997).

제 38 장

자아초월 교육

Nancy Rowe,[1] William Braud

최적의 교육—앎, 교수, 학습이라고 불리는 심오한 인간 행위—은 단지 정보에 관한 것이거나 직업의 획득에 대한 것만은 아니다. 교육은 치유에 대한 것이다. 교육은 전체성wholeness에 대한 것이다. 교육은 힘 북돋우기empowerment, 자유, 초월에 대한 것이다. 교육은 삶의 활력을 재생하는 것에 관한 것이다.

- Palmer(1997, p. 10)

"반성하지 않는 삶은 살 가치가 없다."(Plato, 『대화편』 변명, para. 38a)라는 소크라테스의 격언이 시사하듯이, 개인이 자신의 진정한 본성을 이해하고 성장하고 발달하기 위해서는 자기 자신을 총체적으로 잘 아는 것이 필수적이다. '나는 누군가 또는 나는 무엇인가?' '내가 왜 여기에 있는가?' '나는 다음에 무엇을 할 수 있는가?' '삶과 의식과 죽음의 본질은 무엇인가?' '물리적 세계는 유일한 실재인가?'와 같은 질문처럼, 전체적인 세계의 외적 · 내적 실재를 주의 깊게 성찰하는 것은 가장 핵심적인 개인적 · 집단적 필요를 충족시키고 개인적 발달과 변용을 촉진하는 데 도움을 줄 수 있다.

자기와 초월적 과정을 이해하는 데 초점을 맞추는 교육은 학생들이 학술적인 주제를 탐구할 때 내적 · 외적 실재의 자각, 의식, 성장을 가져오는 학습을 촉진할 수 있다. 자아초월 교육은 더 큰 사회와 세계를 변화시키는 잠재력을 가지는 실천과 체계를 포함한다.

이 장에서는 자아초월 교육의 개념, 교육자의 역할, 학교와 교실에서 자아초월 교육을 뒷받침하고 교육의 수준을 높이는 절차와 실천을 탐색한다. 저자들은 자아초월 교육의 과정, 장애물, 도전을 논의하고, 미래를 위한 제언을 할 것이다.

자아초월 교육의 본질

어원으로 볼 때, 자아초월 교육은 문자 그대로 **감추어진 것 너머로 이끌어 냄**drawing out from beyond the mask을 의미한다. 가장 보편적인 형태의 교육에 대해 플라톤은 "배울 수 있는 힘과 능력은 이미 영혼에 존재"하며, 진정한 교육은 "온전한 영혼이… 될 세계world of becoming로부터 존재의 세계로 돌아와 존재의 시야, 존재의 가장 빛나는 최선의 시야, 다른 말로 선善의 시야를 점점 더 지속하는 것을 배울 때에만 일어날 수 있다."라고 주장했다(『국가론』 VII, 문단 518). 이 두 가지 의견을 종합해 보면, 자아초월 교육이란 **일상적인 자아의 가면에 가리워진 존재의 본질적인 핵심인 영혼을 이끌어 내는 것**으로 간명하게 설명할 수 있다. 이 장의 나머지 부분의 목적은 이러한 이끌어 냄을 효과적으로 달성할 수 있는 몇 가지 방법을 기술하는 것이다.

Braud(2006)는 자아초월 전인holistic 교육을 다룬 논문에서 '자아초월'을 다음과 같이 설명했다.

> 개인, 사회, 학문이 자신의 범위를 증대시켜 더 포괄적이고 확장적인 정체성(전형적인 자아중심적 양식을 넘어서는 존재의 방식과 기능하는 방식을 포함하여), 발달과 변용, 의식의 상태, 앎, 가치, 봉사를 향해 나아가는 것. 자아초월은 또한 자기 존재, 행위, 사고방식의 영적 측면을 인식하고 존중하는 것을 포함한다(p. 135).

자아초월 교육의 본질을 이해하기 위해서는 긴밀히 관련되어 있지만 충분히 서로 다른 용어이자 개념들인 **자아초월심리학**, **변용적 교육**, **영성/영성교육**을 구분하는 것이 중요하다.

자아초월심리학

자아초월심리학은 자아초월 과정을 통합, 구체화, 적용하고 자아초월 주제들을 주의 깊게 탐구하는 학문을 의미한다. 자아초월심리학은 자아초월 자료와 관련된 정보와 발견들을 학습, 연구, 이론화, 적용하는 학문적 특징을 갖는다. 일부 자아초월 연구자들은 자아초월심리학이 과학의 한 영역으로 범주화될 수 있는 설득력 있는 사례를 제공해 왔다. 이는 적절한 연구 방법에 달려 있는데, 여기에는 전통적인 방법론뿐 아니라 직관적 탐구intuitive inquiry나 해석학hermeneutics과 같은 자아초월 방법론도 포함된다(예를 들면, Daniels, 2005; Friedman, 2002). 이런 연구자들은 자아초월심리학과 **자아초월 연구**를 구분하는데, 후자는 보다 일반적으로 심리학뿐 아니라 자아초월 주제에 대한 다른 접근들을 포함하며, 인류학, 사회학, 철학, 여타의 인문학, 시, 영적이고 민속적인 전통, 예술과 같은 분야로부터의 자료를 사용한다(Boucouvalas, 1999; Daniels, 2005; Friedman, 2002). Friedman과 Pappas(2006)는 최근 자아초월 이론이 단순히 상대적인 의미로서가 아니라 절대적인 의미에서 타당성을 인정받으려면 전통적인 과학적 접근과 보다 넓게는 다른 지식 전통과 문화로부터의 통찰로부터 나온 접근 모두와 일치하는 기법들을 채택해야 한다고 주장했다(p. 48).

이미 제시된 160개의 자아초월심리학 정의에 대한 광범위하고 세심한 내용 분석을 통해 Hartelius, Caplan과 Rardin(2007)은 이런 정의들이 세 가지 주요 주제를 제시하고 있음을 발견했다. ① 자아초월심리학은 **기성의 자아심리학을 넘어서는** 어떤 것(자아를 넘어서는 상태, 단계, 경로, 영감, 능력, 지각, 실재)을 제공한다. ② 실천에서 **통합적이고 전인적**이다(현실로의 구현embodiment과 사회적 · 생태적 · 맥락적 요인을 강조한다). 그리고 ③ 자아초월심리학의 목적은 개인과 사회의 **변용**에 있다.

Anderson과 Braud(2011)는 보다 최근에 자아초월심리학의 또 다른 간명한 특징을 제시했다. "자아초월심리학은 개인, 공동체 그리고 세계에서 가장 최고의 변용적인 인간 가치와 잠재력을 연구하고 육성하며, 이는 우주 안에서 인간 여정을 포함한 생명의 신비와 상호 연관성을 반영한다"(p. 9). Anderson과 Braud의 정의는 Friedman과 Pappas(2006)가 제시한 자아초월심리학 지도 제작법cartography의 좋은 예이다. 이것은 "가장 최고의 변용적인 인간 가치와 잠재력"이라는 정의가 반영하는 초월성transcendence과 초월성이 반드시 확장적이기만 한 것이 아니라, 또한 "자연, 몸, 또는 여성성을 통하여 개인적 자기로 하강"할 수 있으며(Daniels, 2005; Friedman & Pappas, 2006), "경외, 믿음, 신비 또는 참여적인 앎"을 통해 경험될 수 있다는 개념인 내재성immanence을 결합한다. 내재성은 생명의 신비와 상호 연결성이라는 정의에 반영된다(p. 48).

변용적 교육은 개인, 조직, 공동체, 사회와 지구의 변용에 그 목적이 있다(Markos & McWhinney, 2003; O'Sullivan, Morrell, & O'Connor, 2002). 변용적 교육은 세계 내 존재의 의식 자각 능력을 고양시키며, 개인 또는 공동체의 참조 틀frame을 지속적으로 변화시키고자 한다. 변용이 자아초월 교육의 중요한 측면이기는 하지만, 변용적 교육은 본질에 있어 자아초월적일 수도 아닐 수도 있다. 변용적인 프로그램은, ① 새로운 경력 훈련, ② 인도주의적 봉사, ③ 영적 갱신spiritual renewal, ④ 변용적 학습, 그리고 ⑤ 조직적 실행organizational implementation을 포함한다. 사람들이 더 이상 자신에게 도움이 되지 않는 가정, 사고방식과 존재 방식에 대해 재검토하는 기회를 줌으로써 학습자들은 사고 과정에서 또는 세상에 존재하는 방식에서(O'Sullivan et al., 2002) 새로운 목표와 전망을 세울 수 있다(Markos & McWhinney, 2003).

자아초월 교육과 가장 유사한 변용적 교육 분야인 **변용적 학습**은 많은 렌즈를 가지고 있다. Mezirow(2003)는 교육과정에 처음으로 변용적 학습이라는 용어를 소개했다. 그는 변용적 학습을 일련의 고정된 가정과 기대(마음의 습관, 의미를 제공하는 관점, 사고방식)로 구성된 잘못된 참조 틀을 더 포괄적이고, 분별력 있고, 개방적이며, 반성적이고, 정서적으로 변화할 수 있게 만드는 학습이라고 기술했다(p. 58). 그로부터 변용적 교육자들은 영혼 작업(Dirkx, Mezirow, & Cranton, 2006), 차별(Schugurensky, 2002; Shahjahan, 2004), 생태적 의식(O'Sullivan & Taylor, 2004; Selby, 2002), 여성주의(Miles, 2002), 창조적 표현 그리고 영성(Duerr, Zajonc, & Dana, 2003; O'Sullivan et al., 2002; Tisdell & Tolliver 2003; Yorks & Kasl, 2006)과 관련된 문제들을 다루기 위해 그 용어를 확장하여 사용하였다.

보다 최근에 변용적 학습의 정의는 다음과 같은 내용을 포함한다.

> 변용적 학습은 사고, 감정, 행동의 기본적 전제에 있어 깊고 구조적인 변화를 경험하게 하는 것이다. 그것은 세계 안에서 우리의 존재 방식을 극적이며 영구적으로 변화시키는 의식의 전환이다. 그러한 전환은 우리 자신과 자기-위치, 즉 타인과 자연 세계와의 관계, 계급, 인종, 성의 상호 연결 구조에서 권력 관계에 대한 이해, 몸의 자각, 대안적 삶의 방식에 대한 비전, 사회 정의, 평화, 개인적 기쁨의 가능성에 대한 이해를 포함한다(O'Sullivan, 2002, p. 11).

자아초월심리학 프로그램의 교육과정을 밝힌 논문에서 Netzer와 Rowe(2010)는 O'Sullivan의 정의를 확장하여 초개인적 경험을 포함했다.

전인적 · 변용적 학습은 개인적 그리고 초개인적 수준에서 새로운 자각을 개발하고 통합함으로써 학습자가 새롭게 얻은 지식과 자신의 내적인 삶을 지각하고 처리하는 방식에 있어 의미와 목적이 충만한 전환을 경험하는 과정이다. 이 과정은 주의 깊고, 직관적이며, 구체적이고, 창의적이다(p. 126).

영성과 영성 교육

영spirit이란 무엇인가? 이 단어는 '숨' 이나 '바람'을 의미하는 라틴어로부터 나왔다. 그것은 호흡이나 영감과 같이 … 생명을 주는 본질인 어떤 보이지 않는 힘으로서 우리를 깊은 곳으로 이끌며 모든 것을 내면으로부터 변화시키는 원천이다.

- David Bohm(1993)

영성 영성 교육의 의미가 무엇인지 이해하기 위해서는 영성spirituality의 개념을 기술하고, 이를 규정이나 의식ceremony에 의해 조직된 의례, 전통, 믿음, 교리 등으로 구성되는 종교와 구별짓는 것이 중요하다(Daniels, 2005). 여기서는 영성의 개념에만 논의의 초점을 맞출 것이다.

영성은 매우 다양한 의미와 연관되어 있으며, 수많은 렌즈를 통해서 조명된다. 자아초월심리학자인 Vaughan(2002)은 영적 경험의 다양성을 다음과 같이 기술했다.

영성은 존재의 초월적 바탕으로의 궁극적인 소속이나 연결로 기술될 수도 있다. 어떤 사람들은 영성을 신, 동료 인간 또는 지구와의 관계와 관련하여 정의한다. 다른 사람들은 특별한 신념이나 수행에 대한 헌신과 전념과 관련하여 영성을 정의한다. 영성이 어떻게 좋은 삶—인본주의적 관점에서 인간의 완전한 가능성을 진정성 있게 사는 삶—에 기여하는가를 이해하기 위해서는 필히 건강한 영성과 안녕을 해롭게 하는 신념이나 수행을 구분해야 한다(p. 17).

Lindholm과 Astin(2006)은 다음과 같이 영적 과정을 고찰했다.

그 핵심에서 영성은 개인적 진정성, 진실성, 전체성을 추구하고, 자기중심성을 초월하며, 관계와 공동체를 통해 자신과 타인의 보다 큰 연결감을 개발하고, 삶의 의미, 목적, 방향을 이끌어 내고, 인간 존재와 삶을 초월하는 보다 높은 힘과의 관계를 탐색하는 데 개방적이며, 신성을 고귀하게 여기는 내적 과정을 포함한다(p. 65).

앞의 정의에서 언급되었지만 충분히 강조되지 못한 것은 관계적이고 공동체적이며 상호 연결되고 체화된embodied 땅에 토대를 둔, 자연과 관계된 측면이다. 이는 여성적이고 토착적인 형태의 영성이나 다른 문화권에서 존속되는 영성에서 중요한 특징이다. Ferrer (2002)는 이러한 영성을 **체화된 영성**으로 정의했다. "체화된 영성은 … 신체, 활력, 가슴, 마음 그리고 의식을 포함하는 모든 인간 차원을 자기, 공동체, 세계를 모든 것이 일어나는 신비와의 보다 완전한 일치로 이끄는 동등한 파트너로 간주한다"(Ferrer, 2008, p. 2).

학교, 특히 세속적인 교육에서 영성은 다양한 이름으로 불려 왔는데, 여기에는 영혼, 영혼/영, 가슴, 가슴-마음heart-mind, '느껴진 가슴-몸feelinged heart-body' 등이 포함된다(Miller, 2005).

영성 교육 영성 교육spirituali education은 많은 형태로 경험될 수 있다. 한 수준에서 영성 교육을 주장하는 교육자들은 영성과 관련된 내용, 과정, 실천에 대한 직접적인 지도를 제공한다. 이는 아우로빈도 고시Sri Aurobindo, 사이 사바Sai Baba, 바하이 종교Bahai religon 또는 기독교와 같은 특별한 전통이나 교사와 관련이 있다. 이 경우 영성은 주로 믿음, 영적 발달, 특별한 교사나 신앙의 가치 등과 관련되어 있다.

영성은 또한 세속 교육과 통합될 수 있다(Glazer, 1999; Kessler, 2000; Miller, Karsten, Denton, Orr, & Kates, 2005; Tisdale & Tolliver, 2003). Kessler(2005)는 종교적 믿음을 강요하지 않은 채 영성을 교실 수업에 도입하는 방법을 제안했다. 그녀의 글은 교사가 다음과 같은 영역에서 청소년의 영적 발달을 촉진시킬 수 있는 통찰력 있는 방법을 제공한다. ① 의미와 목적의 탐색, ② 고요와 고독의 추구, ③ 초월을 향한 충동, ④ 즐거움과 기쁨에 대한 갈구, ⑤ 창조적 충동, ⑥ 입문식initiation에 대한 요구, ⑦ 깊은 연결감이 그것이다. 그녀는 또한 "우리는 '누군가를 가르치기' 때문에 가슴과 영혼을 교실에 초대하는 교사들은 또한 그들 자신의 영적 성장을 돌보는 것이 필수적임을 발견한다."(p. 102)라고 설명했다. 자아초월심리학은 기술적으로 '영성 교육'이 아니지만, 자아초월 교육과정의 많은 부분에는 영적 수행과 심리학에 대한 정보를 제공하는 다양한 영적 전통에 관한 탐구가 포함된다.

자아초월 교육

자아초월적 · 변용적 · 영적 형태의 교육은 상호 관련되어 있다. 각각의 교육은 탐구자가 변용의 여정 중에 있다고 가정한다(Barker, 2012; Braud, 2006; Dirkx et al., 2006; Markos & McWhinney, 2003). 이 여행의 궁극적 목적은 개인적 진정성, 전체성, 관계성의 감각 그리고 자기, 공동체, 지구에 대한 확장된 의식을 이끌어 내는 것이다(Braud, 2006; Clark, 1974). 각 교육은 고유하고 의미 있는 내용을 포함하며, 다양한 앎의 방식을 통합한다. 각각의 경로는 다양한 이해의 렌즈와 출입구를 통해 이러한 목적에 도달한다.

자아초월 교육은 영성교육의 요소를 포함하는 변용적 교육의 한 형태라고 할 수 있다(Baker, 2012; Braud, 2006; Clark, 1974; Duerr et al., 2003; Miller, 2002, 2005; Rowe, 2011). 자아초월 교육이 다른 형태의 교육과 구분되는 것은 자아초월 이론, 세계의 지혜 전통 그리고 자아초월적 앎의 방식에 근거한 과정과 실천의 통합적 측면 때문이다(Braud, 2006; Clark, 1974; Duerr et al., 2003; Hart, Nelson, & Puhakka, 2000; Rowe, 2011; Sarath, 2003/2010a). 자아초월 교육은 가슴과 지성의 인식론을 결합한다(Anderson & Braud, 2011; Braud, 2006; Clark, 1974; Duerr et al., 2003; Hart et al., 2000; Rowe, 2011; Sarath, 2010b).

다른 말로 하면, 자아초월 교육에는 핵심적인 **자아초월적 내용**content과 **특성**qualities이 포함된다. 자아초월 교육은 이러한 특성들이 발견되거나 재발견되고, 확인되며, 함양되고, 적용되는 과정과 실천을 포함한다. 다음 절에서는 이러한 과정을 제시하고 자아초월 교육자의 특성을 탐색하며, 이것이 어떤 내용 영역 안에서 통합될 수 있는가를 기술하고자 한다.

자아초월 과정과 앎의 방식

자아초월 교육은 전인적이고 확장적이며 성장을 지향하고 변용적인 과정으로서, 경험적이고 반성적이며 포괄적이고 통합적이다. 자아초월 교육은 전통적인 형태의 지적 기능, 비판적 사고, 분석과 종합뿐 아니라 많은 형태의 지능(정서적 지능, 영적 지능, 다중 형태의 지능), 구술 대화oral dialog, 다원적인 앎의 방식, 개인 경험의 정보적이고 교육적인 가치, 몸의 지혜, 위대한 영적 지혜 전통(사실상 세계심리학인), 진정한 철학real philosophy, 시, 신화, 이야기, 예술, 사색적인 탐구 그리고 모든 형태의 창조적 표현을 강조한다. 자아초월 교육은 공동체에 대한 봉사를 포함하여 생생하고 즉각적이며 구체화되고 특별하며 실체가 있는 경험적인 형태의 학습을 옹호한다. 자아초월 교육의 목표는 개인이 자신의 고유하고 진정한 본성, 잠재력, 목소리를 발견하고, 이러한 앎과 지혜를 자신과 타인의 이익을 위해 최대한으로 표현하고 적용하게 하는 것이다(Anderson & Braud, 2011; Braud, 2006; Gardner, 1999; Hart et al., 2000; Netzer & Rowe, 2010; O'Sullivan et al., 2002; Root-Bernstein & Root-Bernstein, 1999; Sarath, 2010b).

체화된 영적 또는 자아초월적 가치, 특성 그리고 실천의 육성은 자아초월 교육의 핵심이다(Baker, 2012; Braud, 2006; Clark, 1974; Frager, 1974; Netzer & Rowe, 2010; Sarath, 2010b). 이런 특성과 가치는 차이의 인식, 타인과 우주에 대한 감사, 보살핌, 진정성, 동정심, 창조성, 깊은 의미, 분별력, 공감, 관대함, 감사, 통찰, 영감, 의도, 상호 연결성, 직관, 마음챙김, 자기관찰, 영성, 자발성 그리고 지혜를 포함한다(Baker, 2012; Braud, 2006; Brussat & Brussat, 1996; Clark, 1974; Hart et al., 2000).

자아초월 실천은 더 큰 전체와의 관계 속에서 자신에 대한 자각을 촉진할 뿐 아니라 때로는 학습자에게 놀라움과 경외의 감정을 일깨워 그들을 우주와 연결시킨다(Miller, 2002, 2005). 자아초월 교육에서 학습자는 다양한 지혜 전통으로부터 영적 실천을 탐구하고, 자신의 교육과 삶에 필요한 직접적인 앎과 통찰을 고취하도록 격려받는다(Braud, 2006; Clark, 1974; Netzerr & Rowe, 2010; Sarath, 2010b).

미시간 대학의 음악 교수이며 자아초월 교육에 다양한 내용을 제공하는 조직인 자아초월 교육을 위한 학생, 교사, 행정가Students, Teachers, and Administrators for Transpersonal Education: STATE의 설립자인 Sarath(2010b)는 다음과 같이 설명했다.

> 자아초월 교육의 핵심은 다양한 영성의 길을 분리하는 경계를 초월함으로써 여러 전통의 탐구와 분석의 공통적인 토대에 접근하는 과정이다. 다양한 영적 실천 간의, 그리고 영적 · 자아초월적 경험과 전통적인 앎의 형태 간에 다리를 놓음으로써 우리는 이러한 영역들이 어떻게 연결되고 또한 서로 다른가를 이해할 수 있다. 전례가 없는 유형의 변용과 발달을 촉진하고, 우리 세계에서 상당한 문제가 되는 영성의 길과 다른 지식 분야 간의 경계를 해소하는 데 도움을 주는 완전히 새로운 교육적 광경이 등장하고 있다(Sarath, 2010b, FAQ절의 4번째 단락).

궁극적으로 자아초월 교육은 자기발견, 자기수양, 변용을 포함한다. 자아초월 교육의 목적은 사회와 세계에 공헌하는 것이다.

> 사실상 근대 사회에서 직면하는 모든 도전은 개인의 생각하고 행동하는 방식의 근본적인 변화의 필요성을 지적하고 있다. 이는 의식의 변화를 의미한다. 교육을 하나 또는 그 이상의 분야의 실천적인 숙달로 정의하는 것은 충분하지 않다. 우리 시대에 만연한 분리감을 초월하고 보다 확장되고 통합적인 자각을 경험하는 내적인 숙달이 또한 필요하다. 우리의 교육 시스템은 이러한 방향으로의 변화를 통해 이러한 종류의 발달을 제공하기 위한 역량과 책임을 가져야 한다(Sara, 2010b, FAQ절의 5번째 단락).

발견의 여정 공유shared Journey of discovery 자아초월 교육자들은 자기실현과 심리영적 변용을 향한 자기발견의 여정에서 자신의 학생, 제자, 멘티(탐구자들)를 안내할 때 스스로의 자각과 내적 변화의 과정을 민감하게 알아차린다(Partho, 2007). 일대일 또는 집단 형태의 만남을 통해 교육자와 학생은 자기변용의 길을 공유한다. 교사는 자신의 오랜 경험을 통해 숙련된 안내를 제공하지만 각각의 학생과 집단과의 독특한 만남으로부터 일어나는 배움에 열려 있다. 학습자, 교사 그리고 학생은 자기, 타인 그리고 지구 공동체의 연결을 촉진하는 방식으로 서로 간에 상호작용하고 반응하며, 각 개인의 여정에 맞게 교육과정의 내용을 통합해 간다.

이런 상호성은 만남의 신성한 특성과 동시성에 대한 인식으로부터 나오며, 각 개인의 고유성, 내적 지혜 그리고 세계에 공헌할 수 있는 역량에 가치를 부여한다. 영혼이 담긴 학습의 교환은 자신과 타인의 이익을 위한 변화를 향해 개인의 진정한 목소리와 움직임을 증폭시킨다. 동시에, 모든 탐구자는 자신의 참조 틀에 도전하고 세상을 바라보는 새로운 렌즈를 통해 새로운 자각을 얻도록 격려된다(Anderson & Braud, 2011; Mezirow, 2003; Netzer & Rowe, 2010). 학생들은 공감적인 공명(Anderson, 2011)을 통해 서로에게 봉사하면서도, 다양한 조망과 자신의 고유성 간의 긴장을 유지하고 모순과 역설과 함께 살아가도록 요청된다(Duerr et al., 2003; Moore, 2005). 학생들은 초월성과 내재성 모두의 경험인 자아초월의 본성에 개방할 수 있는 능력을 연마하기 위해 심상 영역과 공감적 연결성(Anderson & Braud, 2011; Netzer & Rowe, 2010)을 체험하고 학습한다. 여기서 예기치 않은 방식으로 앎이 떠오르며 구체성과 형언불가성의 체험이 서로 엮이는 가운데 지혜가 생성된다.

자아초월 교육의 과정과 실제

많은 접근에서 자아초월 교육의 여러 측면을 발견할 수 있다. 이 절에서는 두 가지 비교-문화적인 접근(하나는 동양적, 다른 하나는 토착적 접근)을 탐구할 것이다. 이 두 접근은 교육 내용뿐 아니라 조직과 교실 수업 모두 자아초월 교육의 규준에 잘 부합된다.

비교-문화적인 세계관

일반적인 통합교육의 특징을 포함하는 아우로빈도 통합교육(Esbjörn-Hargens, Reams, & Gunnlaughson, 2010)과 전통적인 푸에블로Pueblo 교육(Cajete, 1994, 2004)은 자아초월 관점과 특징에 걸맞은 교육적 접근의 두 가지 사례이다. 이 두 가지 접근은 특정한 영적·문화적 관점에 토대를 두고 있다. 통합교육은 우선적으로 초월성transcendence을 강조하는 변용의 지도를 사용하는 동인도 요가심리학에 기반을 두고 있다. 반면, 푸에블로 교육은 토착적 우주론에 기초해 있으며, 내재성immanence과 연결성transmission의 가치를 반영하는 교육 시스템이다.

아우로빈도 통합교육

> 단 하나의 본질적이고 진정한 삶의 이유는 자기 자신을 아는 것이다. 우리는 우리가 무엇이고, 왜 여기에 있으며, 무엇을 해야 하는가를 배우기 위해 여기에 있다. 우리가 이것을 알지 못한다면 우리의 삶은 자신과 타인 모두에게 완전히 공허한 것이다(Huppes, 2001, p. 205).

통합교육은 자아초월 교육의 탁월한 사례이다. 그것은 아우로빈도Sri Autobindo와 말파시Mirra Alfassa('어머니'; 자아초월 교육센터, 연도 없음; Partho, 2007)의 영적 가르침과 초월적 과정에서의 지속적인 영적 변용에 대한 자각을 강조하는 요가심리학과 수행(Cornelissen, Misra, & Varma, 2011)에 기초해 있다. 두 가지 가정이 이 시스템에 스며들어 있다. ① 인간은 진화하는 존재이다. 인간은 더 큰 전체성과 종국의 신성을 향한 진화의 과정에 있다. ② 영적 진화는 전체로서의 사회의 진보the betterment of society as a whole를 위한 창조적인 힘으로 변용된다(Partho, 2007).

통합교육은 마음, 몸, 감정, 영혼, 영의 발달을 강조하는 전인적 과정이다(자아초월 교육센터, 연도 없음). 이 교육의 주요 목적은 심리-영적 변용과 참 자기의 실현이다. 이는 자기와 공동체의 깊고 넓은 균형과 조화를 향한 자기-통제력self-mastery과 사회적인 참여를 통해 이루어진다(Partho, 2007). 자기에 대한 앎과 세계에 대한 앎은 성공적인 삶에 있어서 가치 있고 필수적이다(자아초월 교육센터, 연도 없음). 이 접근법은 학생과 교사 모두 진화하는 영적 여정에 기꺼이 참여하여 사고와 행위에서 확장된 의식을 향해 성장하고자 하는 평생의 학습자라고 가정한다(Cornelissen et al., 2011; 자아초월 교육센터, 연도 없음; Partho, 2007). 학습은 반성과 명상, 지속적인 진리의 탐구를 포함한다.

통합교사들은 학생의 전반적인 성장과 발달의 안내자, 촉진자, 양육자이다. 교육과정은 학생의 필요와 역량에 따라 매우 개별적이고, 자기-관찰, 자기-반성, 자기-자각, 자기-완성의 과정을 강조하며, 세속적이고 영적인 지식 모두를 제공하는 이중의 목표를 갖는다. 교육과정은 또한 마음, 가슴, 영혼의 치유 과정이라고 할 수 있다. 이러한 이유로 인해 교육자는 학습자, 학습의 과정 그리고 학생들이 자신의 내적 여정을 향해 출발하도록 도울 수 있는 열정과 학습의 경험을 제공하는 방식에 대해 더 잘 이해할 수 있도록 자기 자신 스스로 지속적인 탐구의 여정에 있는 사람이다(자아초월 교육센터, 연도 없음; Cornelissen et al., 2011). "그러므로 교사는 지식의 추구라는 소명에 참여하는 진정한 **카르마 요가** Karma Yogi가 되어야 하며, 자신과 학생들의 발달에 헌신해야 한다"(Cornellissen et al., 2011, p. 104).

통합교육자들은 학생들이 자기에 대한 지식을 함양하고 자신의 참된 본성을 명확히 이해하도록 돕는다(Baveja, 2011; Partho, 2007). 이를 통해 학생들은 세계 속에서 자신의 보다 진실하고 고유한 표현에 도달할 수 있다. 통합교육센터(자아초월 교육센터, 연도 없음.)의 웹사이트 저자들은 다음과 같이 제안했다. "진실로 모든 사람이 자기존재의 중심에 신성의 불꽃을 가진다면 통합적인 교육은 그것을 무시하거나 수동적으로 인식하는 이상의 어떤 것을 해야 한다. 통합교육은 아동의 교육을 위한 지도 원리로서 신성의 불꽃인 영혼을 강조한다"(페이지 없음).

이와 같은 아우로빈도의 비전과 통합교육을 반영하여 샌디에이고 카운티의 통합교육센터에서는 자아초월 교육센터 유치원과 초등학교를 위한 다음과 같은 교육 강령을 만들었다.

> 통합교육센터의 사명은 아동이 자기 스스로를 인식하여 의식적이고 창조적이며 책임감 있는 개인, 사회의 참가자, 미래 공동체의 기여자로 성장할 수 있는 아름답고 매력적인 교육 환경을 만들어 내는 것이다.
>
> 센터의 모든 것은 다음과 같은 일에 대해 학생들을 돕는다. ① 자신의 고유하고 특별한 삶의 목적을 발견한다. ② 자기 자신을 위한 학습의 즐거움을 경험한다. ③ 삶의 모든 측면에서 통합, 조화, 아름다움을 구현한다(자아초월 교육센터, 연도 없음, 사명, 1~3번째 단락).

푸에블로 교육 Pueblo education 자기 자신을 토착 교육자이자 산타클라라 푸에블로Santa Clara Pueblo 출신의 테와 인디언Tewa Indian이라고 소개한 Cajete(2004)은 변용 교육에 관한 4차 국제회의 연설에서 토착 교육의 여러 원리와 관계를 설명했다. 이 원리들은 변용적이고 자아초월적이며 전인적인 교육을 안내한다.

Cajete(2004)은 독자들을 초청해서 뉴멕시코 푸에블로 사람들의 토착적인 세계관을 생각해 보게 했다. 그는 푸에블로 교육의 핵심은 "상호 의존성, 상호 연결성 그리고 그들의 역사와 땅과 서로 간의 관계"에 대한 가치라고 주장했다(p. 103). Cajete은 자기 고향의 산과 사막으로부터 시작해서 자신의 공동체의 신화를 언급했다. 공동체에게 세상을 바라보는 관점을 제공하는 신화는 세대에서 세대로 내려오는 자신의 땅을 존중하고 지속 가능하게 하는 삶에 대한 책임감을 일깨운다. 신화는 전적으로 비밀스런 의식에서만 들을 수 있는 신성한 이야기이다.

일반적으로 신화 이야기는 인간을 진화하는 존재, 즉 완전히 생기 넘치는 인간이 되어가는 여정에 있는 사람으로 말한다. 이런 주된 가르침은 토착 사회에서 여러 가지 방식으로 공유되고, 이야기되고, 노래되고, 춤춰지고, 표현된다. 신화는 세계의 진화 과정을 묘사하고, "우리가 세계를 바라보는 방식이 우리가 세계를 다루는 방식에 얼마나 많은 영향을 미치는가를" 보여 준다(Cajete, 2004, p. 104). 푸에블로 영성과 교육은 모든 사물은 서로 엮여 있고 연결되어 있다는 생태학적 관점에 기초해 있다. 푸에블로 가르침은 "그들의 이야기 속에, 그들의 예술과 춤의 전통 안에, 그리고 그들의 언어, 공동체, 과학과 기술의 표현 안에 내재되어 있다"(p. 105). 이야기와 스토리텔링은 토착 교육의 기초이며, 창조적 영의 원형인 코코펠리Kokopelli와 같은 원형적 이미지를 통해 탐구자가 스스로를 어떻게 창조할 수 있는지 더 잘 이해할 수 있도록 돕는다.

Cajete(2004)은 이 교육 시스템이 이야기와 의미로 가득 차 있다고 기술했다. 그는 이야기는 서로 간의 관계와 지구와의 관계, 사회적 생태와 관련된 문제를 다루는 방식, 식물과 동물을 존중하는 것의 중요성, 모든 생명의 상호 연결성에 대해 가르친다고 설명했다. 모든 것은 의미를 담고 있다. 그는 옥수수 한 알은 단순히 생명을 유지시키는 음식이 아니라 생명의 상징이라고 설명했다. 알갱이 하나하나는 모든 인간과 마찬가지로 개별적이지만 각각의 알갱이는 옥수숫대, 즉 집단 또는 공동체의 일부이다. 공동체 안에는 다양한 알갱이가 있지만 모든 알갱이는 다양성 안의 통합성을 표현하며 결속되어 있다.

Cajete(2004)은 또한 청중들에게 태와Tewa족의 언어는 영어와는 매우 다르다는 사실을 상기시켰다. 서구의 교육 개념을 테와족의 언어로 번역하면, '경로pathways' '다시 모으기 위해 기억하기remembering to remember' '앎에 다가가기' 또는 '숨을 들이마시기'이다(p. 107).

마지막으로, Cajete은 하지의 여명과 그것이 어떻게 키바kiva의 동쪽 면에 나 있는 창문을 통해서 뚫고 들어오는지에 대해 이야기했다. 낮이 가장 긴 날의 여명은 창문 반대편의 벽에 빛의 원주를 만들고 중요한 위치에 있는 자리를 비춘다. 이런 패턴은 하지 동안 차코Chaco 협곡 전역에서 반복된다. Cajete에게 이러한 패턴은 토착적인 앎의 방식과 세계 속에 존재하는 방식을 확인시켜 주는 것이다. 그는 그것을 자기, 지구, 태양 그리고 전체 우주 간의 **공감적인 공명**sympathetic resonance이라고 기술했다. 그것은 고대인들에 의해 제정된 삶의 축제이다.

논평 아우로빈도의 통합교육과 푸에블로 교육의 사례에서 사람들은 자아초월 교육에 상응하는 것을 볼 수 있다. 이 두 접근은 특정한 훈련을 통해 전인적 교육을 실시하고 가치를 함양하는 데 관심을 둔다. 이 두 교육은 전체성을 향한 여정의 중요성과 더 큰 공동체의 부분으로서의 개인을 강조한다. 자아초월심리학, 통합교육 그리고 푸에블로 교육은 자기보다 더 큰 존재와의 영적 공명과 성장에 관심이 있다. 이 세 가지 모두는 사람들이 더 나은 세계에 공헌하기 위해 진화하고 있다는 깊은 철학적 신념에 기반하고 있다.

자아초월 학교와 기구

변용적 · 영적 교육에 대한 연구(Duerr et al., 2003)는 개개의 교사가 자신의 교실수업에서 영적이고 변용적인 측면을 통합하는 경우는 있지만, 변용적인 측면을 실제로 담고 있는 교육을 실시하는 학교나 프로그램은 거의 없다는 것을 보여 준다. 변용적인 교육 프로그램을 실시하는 그룹 중에서도 일부만이 자신의 교육을 자아초월적이라고 생각한다. 실제로, 학교 수준에서 자아초월 교육은 흔하지 않다. 자아초월 프로그램은 의도를 갖고 자아초월적인 내용과 수련 및 가치에 관심을 두며, 이는 프로그램의 강령에서 드러난다. 이러한 강령은 학교나 기관이 어떤 목적에 토대를 두고 있는가를 밝힌다.

이 절에서는 자아초월 교육에 토대를 두고 있는 두 개의 기관을 소개한다. 소피아 대학(이전의 자아초월심리학 연구소)과 용기와 회복 센터Center for Courage and Renewal이다. 다음으로 자아초월적 방법을 활용하는 세 가지 코스와 자기-교육과정으로서 자아초월적 앎의 방식을 함양하는 Rhea White의 전략을 소개하고자 한다.

소피아 대학교 자아초월 교육에 대한 헌신은 기관의 창립 이념과 강령에서 나타난다. 이러한 강령은 그 기관이 원래의 창립 의도와 교육 내용에서 벗어났는가를 평가하는 기준이 된다. 소피아 대학교는 자아초월 교육의 이념과 훈련을 구현할 의도를 갖고 설립된 학교이다.

소피아 대학교는 사립학교로서 독립적이고 비영리적인 자아초월심리학 대학원 과정을 운영하는 학교이다. 이 학교는 자아초월심리학, 임상심리학 및 관련 주제에 관한 석사와 박사 수준의 프로그램을 제공하며, 상주residential, 혼합, 온라인 형식으로 운영된다. 프레이저Robert Fraser와 파디먼James Fadiman은 '자아초월심리학 연구소ITP[2]'라는 이름으로 1975년에 소피아 대학교를 설립하였고, 전인적 교육과 자아초월심리학의 기조를 통합하는 접근을 통해 인간 본성을 탐구하는 프로그램을 제공한다. 그들은 학생들에게 깊은 개인적 성장과 학습 주제에 대한 생생한 체험의 기회뿐 아니라 확실한 지적 기초를 제공하기를 원한다. 소피아 대학교는 영적 차원을 포함한 인간의 모든 측면이 인간 경험의 일부라는 설립 이념에 기초해 있다(소피아 대학교, 연도 없음). 이러한 초기 이념은 다음의 2012년 강령에서 볼 수 있듯이 현재까지 지속적으로 공표되고 있다.

> 심리학과 영성이 맞닿은 지점에 대한 학문적 탐구를 통해 ITP(소피아 대학교)는 개인, 조직, 사회의 보다 완전한 지혜, 건강, 전체성의 실현을 추구한다. … 우리는 마음챙김, 분별력, 자비, 차이의 존중과 같은 자질에 가치를 두며, 개인과 공동체의 변용을 지원하는 전인적 교육을 수용한다. 우리는 다양성에 가치를 두며 다문화 공동체 내에서 사람들이 평화롭게 공존할 수 있는, 즉 우리 세계의 내적인 통합을 이룰 수 있는 지식과 기술을 전파하고자 하며 모든 존재의 상호 연결성에 대한 의식을 함양시키고자 한다. 우리는 지역, 국가 그리고 국제 공동체에 대한 봉사를 격려하고 고취한다. 우리는 모든 생명을 귀중하게 여기며 모든 존재를 존경심으로 대하고 자연과 조화를 이루는 삶을 살도록 학생들을 교육한다. 우리는 의식과 의식의 진화에 관심을 두며 다양한 앎의 방식을 포함하는 엄격한 연구에 참여한다(발행지와 연도 없음).

처음 소피아 대학교를 설립했을 때 의도했던 개인적 성장, 영성, 세계에 대한 봉사, 의식의 확장, 전체성을 향한 작업을 포함한 자아초월심리학의 기조는 현재 진화되고 변화된 학교의 모습에도 여전히 반영되고 있다. 이와 같은 강령은 초기의 의도를 반영하고 있을 뿐 아니라, 전前 총장이자 작가인 포터필드Thomas Potterfield는 강령의 실현을 위해 자아초월적이고 포함하는 판별 절차inclusionary discernment process를 사용했다. 모든 교수와 행정직원의 목소리는 학교의 사명에 포함되고 통합되었다.

1995년부터 2000년까지 수행된 6면의a six-faceted 종단 연구에서는 ITP에 참여한 학생들의 경험과 변화를 조사함으로써 프로그램의 자아초월적 본질을 평가했다(Braud, 2006; ITP는 지금의 소피아 대학교이다). 이 연구의 설계에는 상호 보완적인 양적 및 질적 연구 방법이 포함되었고, 법칙정립적nomothetic인 목표와 개별기술적idiographic인 목표 모두에 가치를 두었다. 양적 결과는 다음과 같은 특성의 측정에서 유의한 변화를 보여 주었다. 자아중심적 집착과 추구의 감소, 수용의 증가, 더 큰 자기-초월, 영적 조망의 증가, '더 얇아지고' 투과성 있는 자아경계, 현재-중심성의 증가, 내면-지향성의 증가가 그것이다. 실질적인 긍정적 변화가 가치, 의미, 영성, 태도, 신념, 지성, 신체, 정서, 영, 창조적 표현, 공동체, 개방성, 연결성의 영역에서 또한 보고되었다. 질적인 연구 결과, 학생들은 개인적 성장, 마음챙김, 신체 관련 영역, 학업적/학문적 영역, 상호 연결성의 인식, 차이의 인식, 자비, 분별력, 변용, 개방성, 승복surrender/수용, 전문적 영역에서의 증진된 자각과 변화를 보고했다. 퇴행, 인지적 부조화, 환멸을 경험했다는 보고도 일부 있었다(Braud & Schmitt, 2000).

변용적, 자아초월 교육transformative, transpersonal education 또 하나의 혼합 연구(Baker, 2012)는 온라인 석사 프로그램에 참여한 학생들의 생생한 변용 경험을 탐구했다. Baker는 92%의 참가자가 자신이 변용 경험을 했다고 믿는다는 것을 발견했다. 여기서 변용 경험은 "보다 큰 전체성과 진정성을 향한 지속적이고 심원한 변화"로 정의되었다(p. iii). 주제 내용 분석은 변용의 움직임이 세 가지 형태로 나타난다는 점을 보여 주었다. ① 사회적으로 구성된 정체성으로부터 본질적 자기의 실현을 향해, ② 신체, 마음, 영성의 분리로부터 더 큰 통합과 전체성을 향해, ③ 자기, 타인, 자연 세계와의 더 큰 연결성을 향해, 그리고 자각, 감사, 인식, 현존 능력의 증가가 수반된다. 연금술적인 변용의 과정이 일어나는 공간은 '도구'와 '조건'의 조합을 담고 있는 그릇vessel으로 표현된다. "조건으로는 교육과정에 의해 창조되는 **안전**과 **사랑**의 경험과 충분한 기간 동안 지속된 교수들의 지지에 의한 존재감이 포함된다"(p. iii). 자신의 능력을 신뢰할 수 있다는 것을 보고 듣고 수용되는 경험을 한 학생들은 결과적으로 자신의 삶에 중요한 변화를 만들어 냈다. 교육 참가자들이 제시한 변용을 촉진하는 다른 요소들로는 체험적 · 창조적 · 구체적 학습, 영적 수련, '행위'와 더불어 '존재'에 대한 강조, 개인적 동기와 규율, 준비도readiness, 진정성과 재능의 발휘에 대한 격려, 수용, 유기적 학습, 지구중심적 활동, 학교가 의도하여 만든 핵심적인 영적 가치, 다양한 관점의 학습이 포함된다.

용기와 회복 센터 소규모의 비영리 조직인 용기와 회복 센터Center for courage and Renewal는 자아초월 교육의 원리와 실천을 구현하는 또 다른 기관이다. 이 센터는 개인적 · 전문적 회복을 증진시키기 위해 Parker Palmer에 의해 10여 년 전에 시작되었다. 센터에서는 참가자들이 "일터, 직업, 공동체와 자신이 봉사하는 사람들의 삶 속에서 긍정적인 변화"를 창조할 수 있도록 지원한다(Center for courage and Renewal, 2006-2012).

이 센터에서는 영적 수행과 전문적 훈련을 제공한다. 촉진자들은 이야기, 명상적 고독, 깊은 경청, 시 등을 활용하여 참가자의 마음을 열어 줌으로써 열정과, 헌신, 진실성을 회복해서 직장에 복귀할 수 있도록 해 준다. 이 센터에서는 의사 결정과 문제 해결의 수단으로서 퀘이커Quaker 영성에 기반을 둔 전략인 명료화 위원회Clearness Committee(Palmer, 2006-2012)를 활용한다. 이런 판별 과정은 내적 · 공동체적 자원에 의존하여 진행된다.

용기와 회복 센터가 제공하는 프로그램과 훈련들은 다양한 이유에서 자아초월 형태의 교육이다. 센터의 사명과 철학은 영적 원리와 가치에 따른다. 변용의 여정에 초대된 참가자들은 자신이 사는 공동체에 대한 깊은 이해에 도달하게 된다. 촉진자들은 깊은 경청, 명상, 분별력, 내적 세계와 외적 행위의 세계 간의 대화와 같은 자아초월적 이해의 방식을 활용한다. 마지막으로, 이 센터의 가장 중요한 목표는 개인, 공동체, 사회를 변용시키는 것이며, 이 목표는 명확히 달성되어 왔다. 이 센터는 전국적으로 수만 명의 사람들에게 영향을 미치고 있다.

자아초월적 앎의 방식을 지원하는 교실수업

자아초월 교육은 개별적인 교실수업에서도 발견할 수 있다. 이 절에서는 자아초월적이고 변용적인 교육과정 모델에 기반을 둔 하나의 수업과 교사가 자아초월적인 앎의 방식을 전통적인 학업 세팅의 교실수업에 통합한 두 가지 사례를 서술한다.

창의적이고 혁신적인 교육과정 탐구inquiry into creative and innovative process 창의성 교육은 여러 가지 방식으로 진행될 수 있지만, 다음의 자아초월 접근은 매우 성공적이었다. 이 수업에서는 심층적이고 자아초월적인 훈련과 변용을 위한 잠재력을 이끌기 위해 직관적 탐구intuitive inquiry(Anderson, 2011) 방법을 모방한 학습 구조를 사용하여 창의성 이론을 가르친다.

창의성, 창의적 과정, 영성으로서의 창의성, 자기가 선택한 주제에 대한 6주 온라인 연구 과정인 '창의성과 혁신 탐구'(Netzer & Rowe, 2010)는 직관적 탐구의 다섯 주기(Anderson, 2011)로 구성되어 있다. 직관적 탐구는 연구자가 직관, 공감적 공명, 상상력을 이용한 학습, 창의적 분석을 포함한 자아초월적 앎의 방식과 학문적 연구를 균형 있게 조합하여 탐구하게 한다.

학생들은 창의성을 일깨우고 자신의 마음 안에 잠재된 연구 주제들을 깨닫는 데 도움을 주는 명상적 활동에 참가함으로써 이 과정을 시작한다. 여기서 학생들은 자신의 마음을 움직이는 연구 주제를 선정한다. 두 번째 주에 학생들은 연구 주제에 대해 이전에 가지고 있던 관점이나 선입견을 상세하게 기술함으로써 이 주제에 대한 가정과 이해에 자신이 어떻게 도달하게 되었는가에 대한 상위 인지적인 자각metacognitively aware(앎에 대한 앎)을 하게 된다. 동시에 학생들은 창의성 이론과 자신이 선정한 주제와 관련된 논문, 책, 여타의 정보들을 읽는다. 학생들은 일련의 질문을 개발하고 자신의 주제에 대해 정보를 줄 수 있는 전문가와 인터뷰를 한다. 학생들은 자신의 연구에 대한 이해를 깊게 하고 자신의 직관이 발휘될 수 있도록 자아초월적이고 창조적인 탐구를 지속한다. 이와 같은 학술적 탐구와 직관적 탐구 간의 춤은 논문이 완성되는 마지막 주까지 계속된다.

네 번째 주에 학생들은 연구 주제에 대해 자신이 이전에 가지고 있던 관점을 다시 검토하면서 자신의 이해가 올바른가 그렇지 않은가를 식별하고, 독서와 인터뷰 그리고 체험적 학습으로부터 얻은 통찰을 통합한 새로운 인식의 목록을 작성한다. 학생들은 자신이 학습하고 새롭게 인식한 통찰을 포함한 창의적인 통합 프로젝트를 개발하고 자신의 새로운 인식을 창조적으로 표현한다. 이후 학생들은 논문을 작성한다.

이러한 자아초월적 탐구 방법은 연구를 진행하는 동안 개인적 변용과 탐구의 여정으로 학생들을 이끈다. 학생들은 자신의 이해에 대해 질문을 제기하며, 자신의 인식을 변화시키고, 이러한 변화가 어떻게 일어나는가를 알기 위해 분별력, 철저한 정직성과 진실성 같은 자아초월적 가치들을 연구에서 활용한다. 학생들은 탐구의 각 단계에서 자신의 느낌 감각felt sense과 직관적 자각에 대한 점검을 하면서 상상력, 꿈, 명상, 지구와의 연결성 같은 자아초월적 앎의 방식을 활용하여 자신의 주제를 탐색한다. 이 교육과정은 변용의 여정으로 학생들을 초대한다.

자아초월적 앎의 방식과 전통적 교실수업의 통합

학교에서 자아초월심리학을 가르치는 교육자들은 자아초월적 자료들을 다양한 분야의 연구에 쉽게 혼합한다(Davis, 1998; Ferrer, 2002). 이는 자아초월 교육을 증진시키는 데 도움을 주어 왔다. 다른 교육자들은 자아초월적 앎의 방식을 전통적인 교육과정에 통합하는 방식을 발견했다. 학생들은 이러한 방식을 배움으로써 보완적인 연구 방법에 대해 인식하게 된다. 다음 절에서는 두 명의 교육자를 소개한다.

통합 학습integrated learning: **교사 교육**teacher education 샌 버너디노San Bernardino에 있는 캘리포니아 주립대학의 샘 크로웰Sam Crowell은 통합교육 프로그램을 사용하는 교사 교육자이다(Duerr et al., 2003). 그는 자신이 "우리는 우리가 누구인가를 가르친다."(p. 193)라고 믿고 있으며, 이런 가정은 학생들로 하여금 자기에 대한 진실한 탐구를 일깨우고 교육자들을 진정한 가르침으로 인도한다고 말했다. 그는 영적 수행, 자기탐색 그리고 다른 자아초월적 훈련을 교육과정에 통합하는 여러 방법을 기술했다. 그는 자신이 경험의 신성함 그리고 침묵, 고요와 같은 다양한 영적 수행과 영적 주제에 대한 숙고를 위한 공간을 만들었다고 설명했다. 그는 선승Zen monk인 시각 예술가와의 협력 교육을 기술했다. 그 시간 동안 학생들은 다양한 예술 양식을 통해 생각하는 법을 배웠고, 고대인들이 집단적 · 개인적인 의식 안으로 들어가는 방식을 보여 주기 위해 미로를 만들었으며, 자신의 중심과 '질문하는 삶living within the question'(p. 193)으로의 여정에 관해 탐색했다. 그는 학생들이 진실되고, 솔직하게 반성하며, 내면을 성찰하고, 명상에 참여할 것을 요구했다.

미술사art history 보든 대학Bowdoin College의 미술사 조교수인 웽거Susan Wegner는 연구 주제와 직접 관련된 자신의 미술사 세미나에 명상적인 수행을 통합했다. 그녀는 때로 영적인 맥락 없이 수행을 가르치는 것에 대해 어려움을 느끼기도 했다(Duerr et al., 2003).

특히 웽거는 학생들이 중세 문헌과 그 시대의 예술에 관한 수업을 할 때, **성독**聲獨 · Lectio Divina, **기도**Oratio, 미로 걷기, **미지의 구름**Cloud of Unknowing으로부터의 묵상과 같은 명상적 수행을 수업과 통합했다(Duerr et al., 2003). 이런 수행을 통해 그녀는 학생들이 생각과 말을 삼가고 무슨 일이 일어나든 간에 침묵하고 개방하고 수용하도록 격려했다. 학생들은 조용한 장소에서 '사랑'이나 '하느님'과 같은 단어를 되뇌이며 침묵 속에 앉아 있는 것이 무엇을 의미하는지 경험했다. 웽거는 명상적인 수행을 경험하는 것이 중세의 종교 예술 연구에서 필수적이라는 믿음을 표현해 왔다. 이러한 수행 결과, 학생과 교수는 서로 간에 더 친밀한 연결감과 새로운 학습의 방법을 경험했다.

자아초월적 자기-교육

멘토에게 도움과 지도를 받는 것에 더해서 자아초월과 관련해서 자기 자신을 스스로 교육하는 것도 가능하다. 이는 독서, 성찰, 묵상이나 명상, 기도와 같은 정기적인 영적 수련의 참여 등을 통해 가능하다. 또 다른 방법은 자기 자신의 **예외적 인간 경험**Exceptional Human Experiences: EHEs에 대해 작업하는 것이다. EHEs는 신화적 / 합일적, 심령적, 조우encounter,[1] 비범한 죽음-관련 및 '예외적인 통상의' 경험이다. 그것은 충분히 작업이 된다면 체험자들에게 변용적 변화를 촉진시킬 수 있다.

White(1997)가 제안한 모델은 자아초월 교육과 큰 연관성이 있다. 이 모델은 EHEs와 작업하는 것은 삶에 심원한 영향을 미치며 중대한 변용적 변화를 불러올 수 있다는 것을 보여 준다. 그녀는 이를 EHE **과정**이라고 불렀다. 이것은 본질적으로 **자아초월적 자기교육**

1) 초월적 존재자와의 만남.

과정이다. 이 과정은 전통적인 물리학적 · 생물학적 · 심리학적 · 사회학적 과정의 용어로 설명할 수 없는 비일상적 경험을 무시하고 묵살하는 태도를 거부함으로써 시작된다. 이 과정에 참여하는 사람은 EHE에 더 많은 관심을 기울이고 그것의 의미를 탐구하려 한다. 사람들이 더 깊고 광범위하게 자신의 비일상적 경험과 작업을 지속할 때, 그들은 다른 유사한 경험을 인식하기 시작하며, 경험의 의미와 중요성은 깊어지고, 경험자들은 자신의 진정한 잠재력을 더 많이 발견하고 표현하며 실현하기 시작한다. 경험자들의 자기-도식, 삶의 관점, 세계관은 변용되기 시작한다.

경험자들은 이전의 자기-이야기self-narrative를 새로운 것으로 바꾸기 시작한다. 그들은 이전의 제한적이고, 고립되고, 분리된 자아-자기ego-self ('작은 자기little self')와 탈동일시하고 White가 보다 포괄적인 '모든 자기All-Self'라고 부른 것과 새롭게 동일시하기 시작한다. 이와 유사한 개념으로, James(1902/1985)는 다음과 같이 썼다. "(사람들은) 이 상위 부분이 동일한 속성을 가진 **더 큰 존재**MORE와 인접해 있고 이어져 있다는 것을 의식하기 시작한다. 이것은 (사람들) 외부의 우주에서 작동하고 있으며, [사람들은] 이것과 접촉하는 작업을 지속할 수 있다"(p. 508). 사람들은 새로운 '초월의 프로젝트'에 따라 살기 시작하고, 세계 속에서 새로운 존재의 방식을 개발한다. 이런 새로운 방식은 자기 이야기의 변화를 포함하는데, 비일상적 경험을 가치절하하고 이상하거나 병리적인 맥락에서 바라보는 **삶을 약화시키는** 이야기로부터 예외적인 경험을 긍정하고 의미 있는 것으로 사용하는 **삶을 강화시키는** 이야기로 전환된다. 새로운 삶을 강화하는 이야기는 보다 생산적이고 행복하며 건강하고 열정적이며 흥미 있는 삶과 관련된다.

White(1997)는 EHEs의 이점을 현실화하는 가장 좋은 방법 중 하나는 자신의 EHEs에 대한 지속적이고 상세한 글쓰기라고 제안했다. 그녀는 이를 EHE **자서전**이라고 불렀다. EHE 자서전에서 사람들은 전형적인 자서전에서 일반적인 외적 사건이 아니라 자신의 내적 삶, 즉 자신이 경험했던 EHEs에 의해 자신의 삶의 이야기를 말한다. EHE 자서전 작업을 하면서 사람들은 자신의 EHEs에 더 큰 주의를 기울이고, 더 잘 기억하려고 하며, 보다 완전하게 EHEs 각각의 경험과 자신의 전체 삶을 통합하게 된다. 체계적인 방식으로 EHEs와 작업하는 것은 다른 방식으로는 불가능한 형태의 성장과 발달을 위한 촉매를 제공한다. 어떠한 자아초월 수련에서와 마찬가지로, 새로운 심령적 자료를 받아들이고 통합할 수 있는 심리적 준비도는 매우 중요하다.

앞으로의 방향

이 장에서는 자아초월 교육의 접근법에 대한 기술과 사례를 소개하고자 했다. 자아초월 교육은 더 큰 소통과 이론 형성에 영감을 줄 수 있으며, 어쩌면 이 분야의 학문을 위한 연구와 지원의 필요성에 대한 Cunningham(2006)의 관심사 중 일부를 설명한다. 우리는 그 의미를 너무 엄격하게 제한하지 않으면서 자아초월 교육이 무엇인지 명확히 하고자 했으며, 동시에 자아초월 교육을 다른 교육 형태와 구분하고자 했다. 자아초월 교육이 표현되고 적용된 많은 방식을 설명했다. 자아초월 교육은 확장성, 상호 연결성, 예외적 인간 경험, 심리영적 변용을 전면으로 가져오는 교육의 한 관점이다. 그러나 자아초월 교육을 지나치게 경직된 방식으로 정의하는 것은 역동적이고, 유연하며, 적응적이고, 폭넓고, 상상력이 풍부하고, 확장적인 자아초월 교육의 본질을 제한한다. 미래를 향해 나아가기 위해 교육자, 학자 그리고 연구자들은 대화를 지속하여 자아초월 교육이 유치원으로부터 성인 교육에 이르는 모든 학생에게 전달될 수 있는 방식을 개선하는 노력이 필요하다.

이미 일부 교육자들은 앞에서 언급한 자아초월 교육과 변용적 교육의 가치와 목표에 부합하는 교육을 개선하기 위해 구체적인 제안을 제공해 왔다. 예를 들어, 작가, 교수, 편집자이자 교육자인 Lorimer(1990)는 현재 존재하는 교육 시스템에 더하여 학생들의 더 큰 정서적 · 심리적 · 영적 성장과 발달을 촉진할 수 있는 11가지 접근을 제안했다. 여기에는 인간을 생물적 · 생태적 · 사회적 · 심리적 · 영적 수준에서 상호 연결성, 상호 의존성, 책임성을 가진 존재로 보는 것, 모든 생명에 대한 존중의 함양, 상호 관용과 이해를 증진하기 위한 비교 세계관, 각 개인 안의 남성성과 여성성에 대한 강조, 침묵과 명상을 통해 내적 평화를 얻는 방식의 학습, 상상력과 공감을 이끌어 내는 미적 감각의 배양, 가장 넓은 의미에서 사랑의 본질을 깊이 있게 연구할 필요성과 세계 내의 시너지를 최대화하기 위해 친절, 신뢰, 협동을 어떻게 함양할 수 있는가에 대해 작업할 필요성의 강조 등이 포함된다 (pp. 282-283).

자아초월심리학 내에는 자아초월 교육의 본질에 대한 많은 관점이 존재한다. 예를 들어, 2000년대에 자아초월 연구의 쟁점을 논의하면서 자아초월철학자이자 영성 교사인 Rothberg(1999)는 자아초월 교육이 취할 수 있는 7가지 가능한 미래의 방향을 주장했다. 여기에는 연구와 행위 간, 이론과 실천 간의 연결 강화, 주어진 현장에서 모든 경험은 학습과 변용에 관련되어 있다는 의식적인 감각과 수행에 의한 교육의 안내, 다양한 양식의 영적 탐구를 명료화하고, 이것을 다른 형태의 탐구와 통합하며, 경험적 지식에 도달하기 위한 확립된 탐구 방식만큼 진지하게 영적 통찰과 지혜를 목표로 연구, 다양한 수준의 발달과 다양한 훈련 간의 연결을 강조, 경험적 · 실천적 · 지성적 · 영적 차원의 교육을 통합 그리고 "궁극적으로 자아초월 교육의 의도는 영적 변용, 지혜와 사랑의 배양, 가슴과 마음의 열림, 삶과의 깊은 교감"(p. 56)이라는 인식이 포함된다.

다음의 진술은 자아초월 교육의 본질과 목적에 잘 부합되는 결론이다.

> 교육은 많은 문을 열어서 많은 방으로 인도하는 것을 의미한다. 감각적 경험이 이성과 결합할 때, 환상이 실제와 연결될 때, 직관이 지성과 조화를 이룰 때, 가슴의 열정이 정신의 열정과 일치될 때, 한 학문에서 얻은 지식이 다른 모든 학문을 위해 문을 열 때 상상력은 확장된다. 교육의 초점은 자신의 전체성wholeness을 통해 축적된 인간 경험의 지혜를 빛나는 광휘의 조각으로 변화시킬 수 있는 전인적 인간을 양성하는 것이다(Root-Bernstein & Root-Bernstein, 1999, pp. 325-326).

주석

1 나는 이 장을 친구이자 동료인 William Braud에게 바친다. 그는 우리가 이 장을 쓴 다음 몇 주에 걸쳐 검토해 주었다. 자아초월심리학에 미친 William의 기여는 전설적이라고 할 만한 것이었다. 영성에 대한 그의 깊이는 훨씬 더 컸다. 그는 우리에게 교육, 저술, 학문적 공유가 어떻게 영적 수행이 될 수 있는지를 보여 주었다. 많은 동료와 학생은 그의 이러한 점들을 놓치게 될 것이다(Nancy Rowe).

2 ITPInstitute of Transpersonal Psychology는 명칭이 바뀌기 이전에 완성된 연구에 사용했다.

참고 문헌

Baker, V. (2012). The alchemy of change: A mixed-methods study of transformation in an online master's program in transpersonal psychology. *Dissertation Abstracts International*, *74*(02) 0669B (UMI #3522527).

Baveja, B. (2011). Situating teacher education in the Indian context: A paradigm shift. In R. M. M. Cornelissen, G. Misra, & S. Varma (Eds.), *Foundations of Indian psychology: Practical applications* (Vol. 2, pp. 132-146). New Delhi, India: Pearson.

Bohm, D. (1993). Science, spirituality, and the present world crisis. *Revision: A Journal of Consciousness and Transformation*, *15*(4), 147-152.

Boucouvalas, M. (1999). Following the movement: From transpersonal psychology to a multidisciplinary transpersonal orientation. *Journal of Transpersonal Psychology, 31*(1), 27-39.

Braud, W. (2006). Educating the "more" in holistic transpersonal higher education: A 30+ year perspective on the approach of the Institute of Transpersonal Psychology. *Journal of Transpersonal Psychology, 38*(2), 133-158.

Braud, W., & Schmitt, R. (2000, April). *Educating the whole person: Assessing student learning and transformative changes in an academic-experiential graduate psychology program.* Paper presented at the 76th Annual Meeting of the Association of Colleges and Universities, Western Association of Schools and Colleges, San Diego, CA.

Brussat, F., & Brussat, M. (1996). *Spiritual literacy: Reading the sacred in everyday life.* New York, NY: Simon & Schuster.

Cajete, G. (1994). *Look to the mountain: An ecology of indigenous education.* Skyland, NC: Kivaki Press.

Cajete, G. (2004). A Pueblo story for transformation. In E. O'Sullivan & M. Taylor (Eds.), *Learning toward an ecological consciousness: Selected transformative practices* (pp. 103-114). New York, NY: Palgrave.

Center for Courage and Renewal. (2006-2012). CourageRenewal.org. Retrieved from http://couragerenewal.org/about

Center for Integral Education. (n.d). Retrieved from http://www.integraleducation.org/vision_integral.htm

Clark, F. V. (1974). Rediscovering transpersonal education. *Journal of Transpersonal Psychology, 6*(1), 1-7.

Cornelissen, R. M. M., Misra, G., & Varma, S. (Eds.). (2011). *Foundations of Indian psychology: Practical applications* (Vol. 2). New Delhi, India: Pearson.

Cunningham, P. F. (2006). Transpersonal education: Problems, prospects and challenges. *International Journal of Transpersonal Studies, 25*, 62-68.

Daniels, M. (2005). *Shadow, self, and spirit: Essays in transpersonal psychology.* Exeter, UK: Impact Academic.

Davis, J. V. (1998). The transpersonal dimensions of ecopsychology: Nature, nonduality, and spiritual practice. *The Humanistic Psychologist, 26*(1-3), 60-100.

Dirkx, J. M., Mezirow, J., & Cranton, P. (2006). Musings and reflections on the meaning, context, and process of transformative learning: A dialogue between John M. Dirkx and Jack Mezirow. *Journal of Transformative Education, 4*(2), 123-139.

Duerr, M., Zajonc, A., & Dana, D. (2003). Survey of transformative and spiritual dimensions of higher education. *Journal of Transformative Education, 1*(3), 177-211.

Esbjörn-Hargens, S., Reams, J., & Gunnlaughson, O. (2010). *Integral education: New directions for higher learning.* Albany, NY: State University of New York Press.

Ferrer, J. N. (2002). *Revisiting transpersonal theory: A participatory vision of human spirituality.* Albany, NY: State University of New York Press.

Ferrer, J. N. (2008). What does it mean to live a fully embodied spiritual life?. *International Journal of Transpersonal Studies, 28*(1-2), 1-11.

Frager, R. (1974). A proposed model for a graduate program in transpersonal psychology. *Journal of Transpersonal Psychology*, *6*(2), 163-166.

Friedman, H. L. (2002). Transpersonal psychology as a scientific field. *International Journal of Transpersonal Studies*, *21*, 175-187.

Friedman, H. L., & Pappas, J. (2006). Self-expansiveness and self-contraction: Complementary processes of transcendence and immanence. *Journal of Transpersonal Psychology*, *38*(1), 41-54.

Gardner, H. (1999). *Intelligence reframed: Multiple intelligences for the 21st century*. New York, NY: Basic Books.

Glazer, S. (Ed.). (1999). *The heart of learning: Spirituality in education*. New York, NY: Jeremy P. Tarcher/Putnam.

Hart, T., Nelson, P., & Puhakka, K. (Eds.). (2000). *Transpersonal knowing: Exploring the horizon of consciousness*. Albany, NY: State University of New York Press.

Hartelius, G., Caplan, M., & Rardin, M. A. (2007). Transpersonal psychology: Defining the past, divining the future. *The Humanistic Psychologist*, *35*(2), 1-26.

Huppes, N. (2001). *Psychic education: A workbook*. Pondicherry, India: All India Press.

Kessler, R. (2000). *Soul of education: Helping students find connection, compassion, and character at school*. Alexandria, VA: Association for Supervision and Curriculum Development.

Kessler, R. (2005). Nourishing adolescents' spirituality. In J. P. Miller, S. Karsten, D. Denton, D. Orr, & I. C. Kates (Eds.), *Holistic learning and spirituality in education: Breaking new ground* (pp. 101-108). Albany, NY: State University of New York Press.

Lindholm, J. A., & Astin, H. A. (2006). Understanding the "interior" life of faculty: How important is spirituality?. *Religion & Education*, *33*(2), 64-90.

Lorimer, D. (1990). *Whole in one: The near-death experience and the ethic of interconnectedness*. London, UK: Penguin/Arkana.

Markos, L., & McWhinney, W. (2003). Editor's perspective: Auspice. *Journal of Transformative Education*, *1*(1), 16-37.

Mezirow, J. (2003). Transformative learning as discourse. *Journal of Transformative Education*, *1*(1), 58-63.

Miles, A. (2002). Feminist perspectives on globalization and integrative transformative learning. In E. V. O'Sullivan, A. Morrell, & M. A. O'Connor (Eds.), *Expanding the boundaries of transformative learning: Essays on theory and praxis* (pp. 59-76). New York, NY: Palgrave.

Miller, J. P. (2002). Learning from a spiritual perspective. In E. V. O'Sullivan, A. Morrell, & M. A. O'Connor (Eds.), *Expanding the boundaries of transformative learning: Essays on theory and praxis* (pp. 95-102). New York, NY: Palgrave.

Miller, J. P. (2005). Conclusion: Seeking wholeness. In J. P. Miller, S. Karsten, D. Denton, D. Orr, & I. C. Kates (Eds.), *Holistic learning and spirituality in education: Breaking new ground*. Albany, NY: State University of New York Press.

Miller, J. P., Karsten, S., Denton, D., Orr, D., & Kates, I. C. (Eds.) (2005), *Holistic learning and spirituality in education: Breaking new ground*. Albany, NY: State University of New York

Press.

Moore, T. (2005). Educating for the soul. In J. P. Miller, S. Karsten, D. Denton, D. Orr, & I. C. Kates (Eds.), *Holistic learning and spirituality in education: Breaking new ground* (pp. 9–16). Albany, NY: State University of New York Press.

Netzer, D., & Rowe, N. (2010). Inquiry into creative and innovative processes: An experiential, whole-person approach to teaching creativity. *Journal of Transformative Education, 8*(2), 124–145.

O'Sullivan, E. (2002). The project and vision of transformative education: Integral transformative learning. In E. V. O'Sullivan, A. Morrell, & M. A. O'Connor (Eds.), *Expanding the boundaries of transformative learning* (pp. 1–12). New York, NY: Palgrave.

O'Sullivan, E., Morrell, A., & O'Connor, M. A. (Eds.). (2002). *Expanding the boundaries of transformative learning*. New York, NY: Palgrave.

O'Sullivan, E., & Taylor, M. (2004). *Learning toward an ecological consciousness: Selected transformative practices*. New York, NY: Palgrave.

Palmer, P. (1997). The grace of great things: Reclaiming the sacred in knowing, teaching, and learning. *Holistic Education Review, 10*(3), 8–16.

Palmer, P. (2006–2012). *The Clearness Committee: A communal approach to discernment*. Seattle, WA: Center for Courage and Renewal. Retrieved from http://www.couragerenewal.org/parker/writings/clearness-committee

Partho (2007). *Integral education: A foundation for the future*. Pondicherry, India: Sri Aurobindo Society in association with UBSPD.

Rothberg, D. (1999). Transpersonal issues at the millennium. *Journal of Transpersonal Psychology, 31*(1), 41–67.

Rowe, N. (2011). *Comparison of the Master's of Transpersonal Psychology (MTP) program to characteristics of transpersonal psychology and transformative education*. Unpublished manuscript for the Program Review of Sofia University, Palo Alto, CA.

Sarath, E. (2010a). *Students, Teachers, and Administrators for Transpersonal Education (STATE): Integrating creativity, consciousness, & conventional academic studies*. Retrieved from http://state.edsarath.com/faq.html (Original work published 2003).

Sarath, E. (2010b). *Students, teachers, and administrators for transpersonal education* (Website). Ann Arbor, MI: Author. Retrieved from http://www.edsarath.com

Schugurensky, D. (2002). Transformative learning and transformative politics: The pedagogical dimensions of participatory democracy and social activism. In E. V. O'Sullivan, A. Morrell, & M. A. O'Connor (Eds.), *Expanding the boundaries of transformative learning: Essays on theory and praxis* (pp. 59–77). New York, NY: Palgrave.

Selby, D. (2002). The signature of the whole: Radical interconnectedness and its implications for global and environmental education. In E. V. O'Sullivan, A. Morrell, & M. A. O'Connor (Eds.), *Expanding the boundaries of transformative learning: Essays on theory and praxis* (pp. 77–94). New York, NY: Palgrave.

Shahjahan, R. A. (2004). Centering spirituality in the academy: Toward a transformative way of teaching and learning. *Journal of Transformative Education, 2*(4), 294–312.

Sofia University. (n.d.). History (n.p.). Author. Retrieved from http://www.sofia.edu/about/history.php

Tisdell, E. J., & Tolliver, D. E. (2003). Claiming a sacred face: The role of spirituality and cultural identity in transformative adult higher education. *Journal of Transformative Education*, *1*(4), 368-392.

Vaughan, F. (2002). What is spiritual intelligence?. *Journal of Humanistic Psychology*, *42*(2), 16-33.

White, R. A. (1997). Dissociation, narrative, and exceptional human experience. In S. Krippner & S. Powers (Eds.), *Broken images, broken selves: Dissociative narratives in clinical practice* (pp. 88-121). Washington, D.C.: Brunner-Mazel.

Yorks, L., & Kasl, E. (2006). I know more than I can say: A taxonomy for using expressive ways of knowing to foster transformative learning. *Journal of Transformative Education*, *4*(1), 43-64.

번역 출판

Anderson, R. (2011). Intuitive inquiry: The way of the heart in human science research. In R. Anderson & W. Braud, *Transforming self and others through research: Transpersonal research methods and skills for the human sciences and humanities* (pp. 15-70). Albany, NY: State University of New York Press. (서광, 문일경, 서승희 역. 자아초월 연구방법론: 명상심리학, 불교상담, 영성심리학 연구. 서울: 학지사, 2019).

Anderson, R., & Braud, W. (2011). *Transforming self and others through research: Transpersonal research methods and skills for the human sciences and humanities*. Albany, NY: State University of New York Press. (서광, 문일경, 서승희 역. 자아초월 연구방법론: 명상심리학, 불교상담, 영성심리학 연구. 서울: 학지사, 2019).

Gardner, H. (1999). *Intelligence reframed: Multiple intelligences for the 21st century*. New York, NY: Basic Books.(문용린 역. 다중지능: 인간 지능의 새로운 이해. 서울: 김영사, 2001).

James, W. (1985). *The varieties of religious experience*. New York, NY: Penguin. (Original work published 1902). (김재영 역. 종교적 경험의 다양성. 서울: 한길사, 2000).

Root-Bernstein, R., & Root-Bernstein, M. (1999). *Sparks of genius: The thirteen thinking tools of the world's most creative people*. Boston, MA: Houghton Mifflin. (박종성 역. 생각의 탄생: 다빈치에서 파인먼까지 창조성을 빛낸 사람들의 13가지 생각도구. 서울: 에코의서재, 2008).

부록

자아초월 자료들

이 부록은 세 가지 범주로 구성된다. 그것은 학술지, 학위-수여 대학원 및 기관이다. 여기에 수록된 자료는 모든 가능한 리스트를 포함하는 것은 아니며, 자아초월심리학에 대해 더 배우고 참여하고 싶어 하는 사람들을 위한 출발점을 제공하기 위한 것이다.

자아초월 학술지

자아초월 연구 국제 학술지

『자아초월 연구 국제 학술지International Journal of Transpersonal Studies: IJTS』는 전 세계 자아초월 커뮤니티를 통합하는 출판 연구를 위해 창간되었다. 이 학술지는 연 2회로 출간되며, 온라인상으로도 이용할 수 있는 누구나 접근이 가능한 학술지이다(그리고 요청에 따라 인쇄 자료로도 제공된다).

- Website: http://www.transpersonalstudies.org(자유롭게 인쇄 가능)
- 연락 정보: 편집자 Glenn Hartelius(Email: payattention1@mac.com)
  고문 편집자 Harris Friedman(Email: harrisfriedman@hotmail.com)

의식 연구 학술지

『의식 연구 학술지Journal of Consciousness Studies』는 의식을 주제로 한 다양한 분야의 논문과 연구의 출판을 위해 창간되었으며, 자아초월 내용의 논문도 여기에 포함된다. 이것은 매우 초기 연구 영역이므로 학술지를 몇 개만 열거하자면 철학, 인지 과학, 및 생물학에 이르는 분야를 망라하는 영감 있는 논의를 촉진한다.

- Website: http://www.imprint.co.uk/jcs.html
- 연락 정보: 편집자 Valerie Gray Hardcastle(Email: valerie.hardcastle@uc.edu)

인본주의 심리학 학술지

『인본주의 심리학 학술지Journal of Humanistic Psychology』는 자아초월 주제 논문을 포함하는 인본주의 심리학 분야와 관련 있는 다양한 주제의 출간을 위해 창간되었다.

- Website: http://jhp.sagepub.com
- 연락 정보: 편집자 Shawn Rubin(Email: srubin@saybrook.edu)

자아초월심리학 학술지

『자아초월심리학 학술지Journal of Transpersonal Psychology』는 자아초월심리학 분야를 망라하는 정보의 전달에 집중되어 있다. 이 학술지는 1972년에 자아초월심리학 협회의 발전과 함께 창간되었으며, 인간 체험에 관한 가치-지향 접근을 통합하고 이론과 응용에 관한 연구를 촉진한다.

- Website: http://www.atpweb.org/journal.aspx
- 연락 정보: 편집자 Marcie Boucouvalas(Email: Jtpsych@vt.edu)

자아초월 연구 학술지

『자아초월 연구 학술지Journal of Transpersonal Research』의 목적은 이 분야와 관련 있는 대상들뿐 아니라 자아초월심리학과 심리치료의 탐구를 보급하고 촉진하려는 데 있다.

- Website: http://www.atpweb.org/journal.aspx

- 연락 정보: 편집자 Marcie Boucouvalas(Email: Jtpsych@vt.edu)

리비전: 의식과 변용에 관한 학술지

『리비전ReVision』은 현대 및 전통적 사유와 실천에 관한 변용적 차원에 관심을 갖고, 철학, 종교, 심리학, 사회이론, 과학, 인류학, 교육, 조직 변용 및 예술과 같은 분야 내에서 성찰과 탐구를 발전시키려고 한다. 이것은 특히 초학문적 · 학제 간 · 다문화적 · 대화적 · 사회적 참여 탐구 및 첨단과학 등에 관심이 있다.

- Website: http://www.revisionpublishing.org
- 연락 정보: 편집자 Jürgen Kremer(Email: editor@revisionpublishing.org
  또는 subscriptions@revisionpublishing.org)

인본주의 심리학자

『인본주의 심리학자The Humanistic Psychologist』는 APA 32분과인 인본주의 심리학 협회의 공식적인 학술지이다. 이 상호-심사 학술지는 자아초월 내용을 포함하는 인본주의 심리학 분야를 아우르는 폭넓은 영역에 대해 출간한다.

- Website: http://www.apadivisions.org/division-32/publications/journals/index.aspx
- 연락 정보: 편집자 Scott Churchill(Email: bonobo@udallas.edu)

자아초월 프로그램을 제공하는 박사-인가 대학원

통합 연구를 위한 캘리포니아 연구소

통합 연구를 위한 캘리포니아 연구소California Institute of Integral Studies는 철학과 종교, 동-서심리학, 인류학과 사회 변혁 및 변용 연구 분야의 철학 박사Ph. D. 프로그램을 포함하는 자아초월심리학과 관련 있는 폭넓은 과정과 학위를 제공한다. 석사 수준에서는 박사 과정에서 제공하는 프로그램 외에 드라마 치료, 표현예술치료 및 소마틱심리학이 특화된 상담심리학 과정이 있다. 부가적으로, 창조적 탐구와 작문과 의식Creative Inquiry and Writing and Consciousness 영역의 순수예술 석사MFA 과정이 있다.

- Website: http://www.ciis.edu

ITA 프로페셔널 (미들섹스 대학교 인가)

ITA Professional은 다음의 내용을 통하여 인간 잠재력을 함양시키려는 미션을 가진 비영리 기관으로, 경영, 코칭, 건강 및 복지 분야에서 자아초월심리학으로부터 나온 통찰들을 적용하는 코스, 프로젝트 및 기획을 한다. '의식, 영성 및 자아초월심리학' 분야의 전문적 발달Professional Development 이학석사MSc를 제공하고 미들섹스 대학교가 인정하고 학점을 부여하며, 코칭, 치료 및 경영 영역에서 자아초월적 관점의 적용을 위한 인가받은 임상실제-지향의 노선들을 제공하고, 경영학 박사의 기회도 가능하다.

- Website: http://www.transpersonalstudies.org.uk 또는 PDF.net
- 연락 정보: B. Les Lancaster 교수(Email: les.lancaster@ita-professional.org)

세이브룩 대학교

세이브룩 대학교는 인본주의와 자아초월심리학을 오랫동안 제공해 왔다. 세이브룩은 학생들이 연구자, 학자/교사 및 임상가가 될 수 있도록 준비시킨다.

- Website: http://www.saybrook.edu
- 연락 정보: Louis Hoffman(Email: lhoffman@saybrook.edu)

소피아 대학교

전신이 자아초월심리학 연구소Institute of Transpersonal Psychology인 소피아 대학교는 가장 오래된(1975년 설립) 자아초월-지향의 교육기관이며, 자아초월 교육과 학문을 위한 가장 오래된 센터이다. 현재는 자아초월심리학 박사, 심리학의 자아초월-지향 철학 박사를 위한 원격-교육, 임상심리학 내 영성-지향심리학 박사, 원격 혹은 연수 프로그램으로 자아초월심리학 석사, 자아초월 임상심리학 석사, 영적 지도 석사, 여성 영성 석사 등을 제공한다. 이 대학교는 지성, 감성, 영성, 신체, 창의성 및 지역사회를 포함하는 전인whole-person 학습을 강조한다. 학교 및 대학 서부 협회Western Association of Schools and Colleges의 인가를 받고 있다.

노샘프턴 대학교

노샘프턴 대학교는 자아초월심리학과 의식 연구 박사후 과정을 제공하며, 강의, 세미나 그리고 체험적인 워크숍 등을 활용하는데, 이것은 의식의 자아초월 상태의 속성과 본질에 대한 현재의 과학적 이해와 경험들을 비판적으로 성찰하고, 수업 과정 중에 소개되는 개인적 체험 실제 범위에 똑같이 비판적인 검토를 적용하기 위함이다. 프로그램은 국가적으로 인정되고 정규적으로 HEFCE(영국의 고등교육 재단 협의회)와 BPS(영국심리학협회)에 의해 검토를 받는다. 교수진은 영국심리학협회의 자아초월심리학 부문에 가깝게 참여하고 있다.

- Website: http://www.northampton.ac.uk/courses/286/transpersonal-psychology-and-consciousness-studies-msc/
- 연락 정보: Chris Roe 교수(Email: chris.roe@northampton.ac.uk)

웨스트 조지아 대학교

웨스트 조지아 대학교는 두 개의 대학원심리학 학위를 제공한다. 즉, 의식과 사회 철학 박사 및 인본적의/자아초월심리학 석사이다.

- Website: http://www.westga.edu/psydept
- 연락 정보: Donadrian Rice 학과장(Email: drice@westga.edu)

자아초월 기관

국제자아초월협회

국제 자아초월 협회International Transpersonal Association: ITA는 전 세계 자아초월 커뮤니티를 연결하는 데 초점을 두는 기구이다. 즉, 기구들을 통합하는 전 세계 기구이며, 다른 자아초월 기구들을 찾아 나서는 출발점으로서 기여할 수 있다. 가장 최근의 수치로 국가 및 지역 단체 규모의 자아초월협회는 약 20개 정도가 된다. 몇 개만 제시한다면 다음과 같다. Alubrat(http://www.alubrat.org.br/), Association for Transpersonal Psychology (http://atpweb.org/), 그리고 EUROTAS(http://www.eurotas.org/)가 그것이다. ITA의 비전은 교육, 연구, 장학제도 및 학술회의 등을 통해 자아초월 관점들을 촉진하는 것을 포함하며, 전 세계 자아초월협회들을 조직화하기도 한다. 이것은 또한 자아초월 관점의 코칭, 자문 및 치료 등을 포함한 넓은 범위의 자아초월적 서비스를 하기 위한 통로 역할을 한다. ITA에 관한 추가적인 정보는 다음을 참조하기 바란다.

- Website: http://www.transpersonalassociation.org
- 연락 정보: itacontactpoint@gmail.com

또 다른 연락 정보는 다음과 같다.

- Les Lancaster(ITA 회장; Email: les.lancaster@ita-professional.org)
- Harris Friedman(ITA 운영위원회 회장; Email: harrisfriedman@hotmail.com)

찾아보기

인명

L

M

N

내용

ㅇ

ㅍ

ㅎ

집필자 소개

Adam J. Rock 박사: 국제자아초월협회, 초심리학 리서치 호주 연구소 회장, 『자아초월 연구 국제 학술지』 『의식의 인류학』 및 『호주 초심리학 학술지』 운영위원이다. 그는 많은 저서뿐 아니라 학술지 논문도 여러 편 게재했다.

Alan G. Vaughan 박사: 철학 및 법학 박사이며, Saybrook 대학교 융학파 연구 내 심리학 박사 프로그램 책임자이다. 그는 임상-자문 심리학자와 융학파 분석가로 개업을 하였으며, 『문화와 정신의 융 학술지』 국제 편집위원이다.

Albert P. Garcia-Romeu 박사: Johns Hopkins 의과대학의 박사후 연구원으로, 현재 인간 피험자를 대상으로 환각제 복합체의 효과에 관한 연구 중이다. 중독을 위한 잠재적 치료로서 실로사이빈psilocybin이라는 버섯 환각 물질을 중점적으로 연구하고 있다. 그는 **자아초월심리학 연구소**Institute of Transpersonal Psychology[1)]에서 건강한 성인들의 자기-초월 경험과 측정 연구로 박사 학위를 취득했다.

Allan Combs 박사: 자아초월심리학자, 의식 연구자, 신경심리학자, 시스템 이론가이다. 그는 **통합 연구를 위한 캘리포니아 연구소**California Institute of Integral Studies 교수이다. 여기서 그는 **의식연구센터**Center for the Study of Consciousness 소장이며, Saybrook 대학교에도 관여하고 있고, 자아초월심리학과 의식에 관하여 200편 이상을 출판하였다.

Andrew Kornfield: Santa Cruz의 California 대학교 대학원생이며 신경과학과 심리학 분야에서 두 개의 학위가 있다. 그는 **뇌, 마음 및 의식 협회**를 공동 창설했는데, 이것은 신체적 · 생물학적 및 사회 과학 간의 연결을 탐색한다.

Anne Huffman 박사: Sofia 대학교의 교수 요원이다. 그녀의 연구 관심은 영성, 자아초월 연구, 성소수자 쟁점, 다양성, 및 세대 차이 연구 등이다. 그녀는 영성 안내에 관한 개업을 하였으며, Sofia 대학교의 영성 안내 프로그램 석사 과정 운영을 Robert Frager 박사와 함께하고 있다.

Arthur Hastings 박사: Palo Alto 소재 Sofia 대학교의 **자아초월 프로그램 내 의식 연구를 위한** William James **센터** 소장이며 정교수이다. 그의 전문 분야는 의식의 상태, 예외적 인간 경험과 이론 등이며, 그는 또한 치유적 사별 작업으로 알려져 있다.

B. Les Lancaster 박사: 영국 Liverpool John Moores 대학교 자아초월심리학 명예교수이며, Manchester 대학교 **유대교**Jewish **연구** 명예 리서치 펠로우이다. 그는 Middlesex 대학교 **전문적 발달 재단**의 자아초월심리학 학장이며, **영국심리학협회 자아초월심리학 섹션의 의장**이다.

---

1) 현재의 Sofia 대학교이다.

Brant Cortright 박사: 통합 연구를 위한 캘리포니아 연구소 교수이다. 그는 『통합심리학: 요가, 성장 및 가슴의 확장 및 심리치료와 영성: 자아초월 심리치료의 이론과 실제』(SUNY)의 저자이다.

Bruce Greyson 박사: Virginia 의학 대학교의 지각 연구소 소장이며, 신경행동과학과 정신의학과의 Chester Carlson 교수이다. 그는 미국정신의학협회의 평생 공로 특별회원Distinguished Life Fellow이며, 『근사近死 연구 학술지*Journal of Near-Death Studies*』의 전임 편집자이다.

Chales D. Laughlin 박사: Carleton 대학교(Ottawa, Ontario, Canada) 인류학과 명예교수이며, 『두뇌, 상징 및 체험: 인간 의식의 신경현상학을 향하여』 『의례의 스펙트럼 및 신들과 소통하기: 의식, 문화 및 꿈꾸는 뇌』의 저자이다. 그는 6년간 티베트 승려로서 노련한 명상가이며, 훗설 초월 현상학 수련자Husserlian transcendental phenomenology이다.

Charles T. Tart 박사: Sofia 대학교 이사이며, California Davis 대학교 심리학과 명예교수이다. 변성 상태, 자아초월심리학 및 초심리학 연구로 국제적으로 알려져 있으며, 그의 책은 『의식의 변성상태와 자아초월심리학』 그리고 최근에는 『유물론의 종말: 초자연적 증거가 과학과 영성을 결합시키는 방식』이 있다.

Cheryl Fracasso 박사: Seattle에 있는 Antioch 대학교에서 결혼 및 가족 치료자 자격을 갖고 있다. 그녀는 Saybrook 대학교에서 심리학 분야의 철학 박사 학위를 취득하였으며, Phoenix 대학교에서 교수로 재직 중이다. 그녀는 또한 신경양자학 학술지와 미국영성변용체험센터NeuroQuantology Journal and the American Center for the Integration of Spiritually Transformative Experiences: ACISTE의 자문 위원으로 활동하고 있다.

Christine Brooks 박사: Sofia 대학교의 자아초월심리학 전일제 석사와 박사 과정 프로그램 책임자이며 부교수이다. 그녀는 성스러운 여성을 위한 자문위원회 회원이며, 이 대학교의 다양성 실천 팀의 위원장이다. 그녀의 연구는 자아초월심리학과 관련 분야 그리고 사회적 변용과 자아초월적 관점에서의 사회 정의 탐색 등에 관한 주제들에 집중해 있다.

Daniel Deslauriers 박사: 통합 연구를 위한 캘리포니아 연구소 교수이다. 그는 『통합적 꿈꾸기*Integral Dreaming*』(SUNY)의 공저자이며, 꿈 연구를 위한 Montreal 센터Montreal Center for the Study of Dreams의 공동 창설자이다.

David Lukoff 박사: Sofia 대학교(Palo Alto, CA) 심리학과 교수이며, 미국자아초월협회의 공동 회장이고, Sofia 대학교의 면허가 있는 심리학자이다. 그의 작업은 영적 주제와 정신건강에 집중되어 있다. 그는 80개 논문 및 챕터의 저자이며, *DSM-IV*의 종교 혹은 영적 문제 범주의 공저자이다.

Donald Rothberg 박사: California 내 스피릿 록 명상 센터Spirit Rock Meditation Center의 교사 위원회에 속하며, 이전에는 Kenturky 대학교, Kenyon 대학 및 Saybrook 대학원에서 가르쳤다. 그는 명상, 영성과 심리학 및 사회적 참여 영성 등에 대해 저술하고 가르치고 있다. 『참여 영성 삶』의 저자이며, 『*Ken Wilber*와의 대화』의 공동 편집자이다.

Don Hanlon Johnson 박사: 통합 연구를 위한 캘리포니아 연구소 심리학과 건강 전문 대학원 소마틱스

교수이다. 그는 소마틱somatic 심리치료 분야의 대학원 과정 프로그램의 창설자이며, 네 권의 책, 네 개의 총서를 제작했다. 탐구 역할에 초점을 맞춘 여러 논문의 저자이며, 개인적 세계와 사회적 질서 조직 내에서 직접 신체적 경험을 실제 함양하고 탐구 역할에 초점을 맞춘 여러 논문의 저자이다.

Douglas A. MacDonald 박사: Detroit Mercy 대학교 심리학과 부교수이며, Saybrook 대학교 파트-타임 교원이다. 그는 측정과 평가를 중심으로 지난 20년간 영성 분야에서 연구를 해 왔으며, 많은 학술지의 편집자를 해 왔다.

Eric FitzMedrud 박사: 통합 연구를 위한 캘리포니아 연구소의 동-서 심리학과 교수이다. 그는『자아초월 이론을 재조명하기: 인간 영성의 참여적 비전*Revisioning Transpersonal Theory: A Participatory Vision of Human Spirituality*』(SUNY, 2002) 및『참여적 전환: 영성, 신비주의, 종교 연구*The Participatory Turn: Spirituality, Mysticism, Religious Studies*』(SUNY, 2008)의 공동편집자이다.

Fabrice Nye 박사: 자아초월심리학 연구소Institute of Transpersonal Psychology를 졸업했으며, Palo Alto(California)에 있는 건강과 복지를 위한 지역사회 센터의 박사후 펠로우로서 임상심리학 업무를 하고 있다. 그는 스트레스 감소에 대한 박사 과정 연구를 했었다.

G. Frank Lawlis 박사: Texas 공과 대학교에서 심리학 박사를 취득한 이래로, 영성-마음-신체 분야에서 임상 및 연구 방법에 관심을 두고 있다. 그는 미국심리학협회의 펠로우이며, Dr. Phil Show의 고문이자 미국 Mensa의 검사 소장Director of Testing, American Mensa이다.

Geffen Rothe 석사: 자아초월 심리학 연구소ITP에서 석사 학위를 취득했다. 우수-정의 해결책Well-Defined Solutions의 소유자 및 책임자이며, 이 회사는 경영 자문 서비스를 국제적으로 제공한다. 그녀의 열정은 개인과 회사를 수익이 있는 전문적 수행을 추구할 수 있도록 힘을 실어 주는 것인데, 이것은 개인 및 집단적으로 의식적이며 자비로운 삶의 길을 존중한다.

Genie Palmer 박사: Sofia 대학교의 운영 핵심 교원이며, 자아초월 연구 기술과 방법 내 과정을 가르치고 있다. 그녀의 연구 및 저술 영역은 예외적 인간 경험의 효과와 의식의 다양한 상태(영적 깨달음, 절정 체험 및 이차적 트라우마) 탐구를 포함한다.

Glenn Hartelius 박사: Palo Alto에 있는 Sofia 대학교의 핵심 교수였으며,『자아초월 연구 국제 학술지』편집자이고, 국제자아초월협회의 총무이다. 그는 명상과 주의 훈련 기술을 국제적으로 가르치며, 자아초월 심리학과 의식 연구에 관해 출간하고 있다.

Harald Walach 박사: 독일 Frankfurt 내 Viadrina 유럽 대학교 횡문화적 건강 과학 연구소의 책임자이다. 여기서 그는 대체 의술과 문화 연구의 박사 학위를 위한 박사후 훈련 프로그램을 운영한다. 임상심리학과 역사와 과학 이론 두 분야에서 박사 학위를 취득하였고, 100개가 넘는 상호-심사 논문들, 몇 권의 서적 및 많은 책의 챕터를 출간했다.

Harris L. Friedman 박사: Florida 대학교 심리학과 연구교수로 있었으나 은퇴하였으며, Saybrook 대학교의 명예교수로서 임상 및 산업 심리학자로 일하고 있다. 그는 『자아초월 연구 국제 학술지*International Journal of Transpersonal Studies*』의 원로 편집자 및 인본주의 심리학자 학술지 편집위원Associate Editor of The Humanistic Psychologist이며, 자아초월심리학에서 광범위한 저술을 하고 있다.

Harvey J. Irwin 박사: 초심리학 연구에서 국제적인 명성을 쌓고 있다. 출판물로는 백여 건의 학술 논문과 네 권의 저서가 있는데, 높이 인정받고 널리 읽히는 교과서로 『초심리학 입문*Introduction to Parapsychology*』이 있다. 그는 호주 New England 대학교 심리학과 명예 연구 펠로우Honorary Research Fellow이며, 여기서 30년 이상 가르쳤다.

Ian E. Wickramasekera II 박사: Colorado Springs의 Rockies 대학교 임상심리학 교수이다. 그는 미국 심리학협회의 심리최면협회(분과 30) 회장을 역임했으며, 평생 정동적Affective 신경과학, 좋은-불교Bon-Buddhism, 공감, 최면, 통합 의학 및 자각몽自覺夢 등의 분야에 관심을 가졌다.

Ilene A. Serlin 박사: 환각제 전공 화학 학사, 심리학자이며 San Francisco와 Marin 내 인가받은 춤/동작 치료자이다. 또한 San Francisco 심리학협회의 전직 회장, 미국심리학협회APA 펠로우 및 인본주의 심리학 APA 분과 전직 회장이다. 그녀는 Say-brook, Lesley 대학교, California Los Angeles 대학교, New York 게슈탈트 연구소, Zurich의 C. G. Jung 연구소에서 근무하였으며, 『전인 건강케어』(2007, 3권, Praeger) 편집자이다.

Jacob Kaminker 박사: John F. Kennedy 대학교의 전체론적Holistic 상담 프로그램의 핵심 교원이다. 『자아초월 연구 국제 학술지』 협력 운영 편집자이며 국제표현예술치료협회의 운영 위원이다. 그의 작업은 임상 실제에서의 영적 다양성 주제, 신비주의, 초심리학, 및 상상력 분야에 걸쳐 있다.

James D. Pappas 박사: 면허 있는 임상심리학자로서 동-서양의 치료적 접근을 수행하며, 여기에는 마음챙김, 자비, 수용, 인지-행동 및 신체 경험하기가 포함된다. 그는 마음챙김과 자비에 기초한 문헌을 위한 Philotimo 출판사를 운영하고 있다.

James Fadiman(Harvard 대학교 학사, Stanford 대학교 박사): Brandeis, San Francisco State 및 Stanford 대학교에서 가르쳤으며, 자아초월심리학 연구소the Institute for Transpersonal Psyhcology: ITP를 공동 창립했고, 현재는 Sofia University에서 가르치고 있다. 최근 저서로 『심현제 탐사자의 안내: 안전하고 치료적이며 성스러운 여행*The Psychedelic Explorer's Guide: Safe, Therapeutic and Sacred Journeys*』이 있는 그는 경영 자문가로 일해 왔고, 순수정신 연구소의 책임자Director of Noetics이며, 두 자연 자원 회사의 회장이다.

Jeanine M. Canty 박사: Boulder에 있는 Naropa 대학교 부교수이다. 그녀의 교육은 자연 세계, 정의, 관상적 수행 및 변용적 학습을 넘나든다. 환경 연구 및 환경 리더십 프로그램에서 가르치며, 그 과정은 생태심리학, 심화된 생태학, 환경 관련 리더를 위한 다문화적 관점 및 8일간 황야Wilderness 체험을 포함한다.

Jenny Wade 박사: 의식 연구와 변화에 관한 자아초월 이론가이며 연구자이다. Sofia 대학교 교수이며 조직 발달 전문가로서, 그녀의 연구는 고대 북유럽 이교 신앙과 같은 비전秘傳으로부터 우수한 조직 성과 예측치와 같은, 내담자를 위해 발달된 등록된 지적 자산에까지 이른다.

John V. Davis 박사: Naropa 대학교의 교수이며『다이아몬드 접근: *A. H. Almaas*의 저작 입문*The Diamond Approach: An Introduction to the Teachings of A.H. Almaas*』(Shambhala)의 저자이다. 그는 다이아몬드 접근 교수 자격자이며, School of Lost Borders의 스태프 멤버로서 황야 통과 의례wilderness rites of passage 안내자이다.

Jorge N. Ferrer 박사: 샌프란시스코에 있는 통합 연구를 위한 캘리포니아 연구소California Institute of Integral Studies의 동서심리학 전공 교수이다. 그는『자아초월 이론을 재전망하기: 인간영성의 참여적 전망』(SUNY, 2002)의 저자이며『참여적 전환: 영성, 신비주의, 종교 연구』(SUNY, 2008)의 공동편집자이다.

Julie Beischel 박사: Windbridge 연구소의 공동창립자이며 연구책임자이다. Arizona 대학교에서 VERITAS 연구 프로그램의 공동 책임자를 역임했으며, 그녀의 연구는 다음과 같은 상호-심사 학술지에 게재되어 왔다.『*Journal of Parapsychology, Journal of Scientific Exploration, Transpersonal Psychology Review, Australian Journal of Parapsychology,and Explore: The Journal of Science and Healing*』.

Katherine E. Coder 박사: 지역사회 및 자아초월 심리학자로서 상담하고, 자문하며, 가르치고, 저술하고, 치유와 변용을 위해 지역사회를 건립해 왔다. Miami 대학교의 교환 교수이며, 그녀의 연구 관심은 신비주의 운동mystic activism, 전체론적holistic 복지 개입 및 사회 변화의 혁신적 모델 등에 있다.

Kathleen Wall 박사: Palo Alto(California주)에 있는 Sofia 대학교 부교수이며, California에 있는 Santa Clara 대학교 내 영성과 건강 연구소 공로자이다. 그녀는 영적으로 통합된 심리학적 치료 실제에 관한 여러 출판물의 저자이며, 심리-영성 통합 치료Psycho-Spiritual Integrative Therapy: PSIT의 공동 설계자이고, 이에 대한 연구와 훈련을 이끈다.

Kendra Ford 석사: Palo Alto, California에 위치한 Sofia 대학교의 조교수이며, 자아초월심리학 박사 과정생이다. 그녀는 정신 건강 사회 사업과 시민 참여casework and advocacy 배경을 갖고 있으며, 현재 자아초월심리학, 특화된 사회 정의, 연구, 교육 및 예술을 통한 페미니스트 쟁점들을 알리는 작업에 헌신하고 있다.

Kim A. Bella 박사: Massachusetts 남서부에 있는 Bristol Community College 심리학과 및 사회학과 조교수로 재직 중이다. 연구 관심과 전문 분야는 창조성, 영양 및 정신건강의 상호 연관성 및 탐사에 관한 것이며, 그녀는 또한 자아초월적 접근의 표현예술치료 및 기타 치료적 기술들에 특화된 임상적 수련을 실시하고 있다.

Lance Storm 박사:『수수께끼의 수학』(2008)과『심리 활용 이론에 관한 초심리학적 탐구』(2010)를 저술하였으며, 수많은 상호-심사 학술지 및 편집/공동-편집 학술 저서들을 출간해 왔다. 그는 초심리학협회 우수 연구 기여 수상 및 Frances P. Bolton 장학금 수혜 업적이 있다.

Lisa Herman 박사: Sofia 대학교의 정교수이며 창조적 표현 소장Director Creative Expression이다. 또한 Meridian 대학의 핵심 교원이며 ISIS-Canada의 조교수이다. 그녀는 자격 있는 표현예술치료자, 결혼 및 가족 치료자 및 임상 감독이며, 아울러 소설가 및 행위 예술가이기도 하다.

Michael Daniels 박사: 『자아초월심리학 리뷰』의 편집장Editor of Transpersonal Psychology Review이다. 그는 Liverpool John Moores 대학교의 의식과 자아초월심리학을 위한 이학 석사 과정MSc in Consciousness and Transpersonal Psychology의 프로그램 리더를 역임했다. 자아초월심리학에서의 그의 수많은 출판물에는 다음 두 권의 책 『융의 길을 스스로 발견하기*Self-Discovery the Jungian Way*』(Routledge, 1992), 『그림자, 자기, 영성*Shadow, Self, Spirit*』(Imprint Academic, 2005)이 포함된다.

Michael J. Winkelman 박사: 샤머니즘의 횡문화, 생물학 및 진화 모델의 선구자이다(샤머니즘, 성직자 및 마녀, 1992; 의식과 치유의 생물심리사회적 패러다임으로서 샤머니즘, 2010). 그는 2009년에 Arizona 주립대학교 인간 진화 및 사회 변혁 대학원에서 은퇴하여 현재는 Brazil 중심에 거주하고 있다.

Nancy Rowe 박사: Sofia 대학교 자아초월심리학 프로그램 석사 과정의 의장이며 부교수이다. 표현예술치료, 영적 안내 및 교사 교육에서의 체험을 그녀의 교육, 전문적 기여, 피정/세미나 촉진, 교과과정 발달/프로그램 디자인 및 저술에 활용하고 있으며, 변용적 학습, 지구-중심 영성 및 창조성에 주된 관심을 갖고 있다.

Paul J. Roy 박사: Sofia 대학교의 교무처장이다. 17년 동안 대학 상담 센터의 책임자였으며, 임상 교원 책임자 및 캠퍼스 프로그램On-Campus Programs의 학장으로 재직했다. 면허 있는 심리학자이고 영적 안내자인 그는 임상심리학, 평화심리학 및 영성에 관한 한 권의 책과 여러 책의 챕터 및 논문들을 저술했다.

Roger Walsh 박사: 의학 및 철학 박사이며 또한 히브리 문헌 박사DHL[2]로서, Irvine 내 California 대학교 정신의학, 철학 및 인류학과의 교수이다. 그는 『영성의 정수: 일곱 개 핵심 수련』[3] 『세계의 샤머니즘』의 저자이며, 『자아 너머의 길: 자아초월 비전, 상위 지혜』 및 최근에는 『세계의 위대한 지혜』를 공동 편집했다.

Rosemarie Anderson 박사: Sofia 대학교 심리학과 교수이다. 직관적 탐색, 체화된 글쓰기, 신체 통찰 척도 및 심리영성적 발달에 관해 광범위한 저작을 하였다. 그녀의 현재 관심은 신화와 신비한 지형에 반영된 여성주의 신비에 있으며, William Baud와 함께 자아초월 연구 방법론에 관해 두 권의 책을 저술했다.

Shauna L. Shapiro 박사: Santa Clara 대학교 상담 심리학과 부교수이며, 마음챙김 분야에서 국제적으로 인정받은 전문가이다. 그녀는 마음챙김의 효과에 관해 광범위한 임상적 연구를 수행하였으며 70편이 넘는 논문을 공동-심사하였다. 아울러 『마음챙김의 예술과 과학』이라는 엄격한 전문 교과서를 공저한 바 있다.

Stanislav Grof 의학 박사: 자아초월심리학의 창설자 및 주요 이론가들 중 한 명이며, 국제자아초월협회International Transpersonal Association의 창립 회장으로, 심리치료와 의식의 비일상적 상태에 관한 연구를 50년 이상 지속해 왔다. 그는 Maryland 정신의학연구센터의 전임 소장, Johns Hopkins 의과대학 정신의학과 부교수, Esalen 연구소의 거주-학자scholar-in-residence였으며, 자아초월 주제에 관한 많은 책을 출판하였다.

---

2) Doctor of Hebrew Literature: 히브리어 문헌 박사.

3) 우리말로는 『7가지 행복명상법』(김명권 등 역, 김영사)으로 번역되었다.

Theodore J. Usatynski 석사: 『본능적 지능』의 저자이며 본능적 지능 자문 회사의 책임자이다. Harvard 및 Naropa 대학교에서 석사 학위를 취득했으며, 그의 전문적 훈련에는 외상 프로그램을 위한 감각운동 심리치료 연구소 치료가 포함되어 있고 또한 다이아몬드 접근 수련생이다.

Thomas B. Roberts 박사: 북부 Illinois 대학교의 특별 프로그램Honors Program 명예교수이며, 1981년부터 환각제에 관한 교과과정을 가르쳐 왔다. 그의 주된 출판물은 『환각제 의학』(Michael Winkel-man과 함께 저술한 2권), 『영적 성장과 영신제*Entheogens*』,[4] 『마음과 환각제를 활용하는 미래』 등이다.

Vitor Rodrigues 박사: 심리학 박사를 취득했으며, 12권의 저서를 출간했고, 심리치료자이며, 유럽 자아초월협회EUROTAS 회장(2005~2009년)이었다. 그는 17년 동안 포르투갈의 여러 대학에서 가르쳤으며, 내담자의 요구에 따라 퇴행치료, 최면, 명상, 안내된 심상 작업 및 심령 방어psychic defence 기술을 활용하고, 현재 포르투갈과 유럽 등지에서 강의, 워크숍과 수업 등을 수행하고 있다.

William Braud 박사: 2012년에 작고한 그는 Sofia 대학교 명예교수였으며 자아초월심리학, 초심리학, 예외적 인간 체험 및 의식 연구에 관해 광범위한 저술을 했다. 그의 웹사이트에는 그의 저작물이 많이 수록되어 있다. Rosemarie Anderson과 함께 자아초월 연구 방법에 관한 두 권의 책을 저술했다.

Zvi Ish-Shalom 박사: Boulder에 있는 Naropa 대학교의 종교연구학과의 부교수이며, 연구 및 교육 영역은 카발라,[5] 하시디즘,[6] 비교 신비주의, 종교 체험 심리학 및 영적 수련의 체화된 형태 등이다. 그는 또한 인가받은 랍비rabbi이고 자격 있는 롤퍼Rolfer이며 다아아몬드 수련Diamond Approach의 수련자이다.

---

4) 영신제迎神製: 신성 경험을 촉진하는 물질. 이 책 19장에서 다룸.

5) 유대교 신비주의.

6) 철학자 M. Buber에 의해 재평가된 것으로 유대교 경건주의 운동이다.

역자 소개

김명권
교육학 박사(상담심리학), 한국영성심리상담센터 대표, 한국집단상담상담학회 회장 역임, 트랜스퍼스널 숨작업(트숨) 촉진자, 상담심리사 1급(한국상담심리학회), 임상심리사 1급(한국임상심리학회), 수련감독 전문상담사(한국상담학회), 자아초월상담학 교수 역임

김혜옥
상담학 박사(자아초월상담학), 자연심리상담센터 소장, 상담심리사 1급(한국상담심리학회), 명상심리전문가

박성현
심리학 박사(상담심리학), 서울불교대학원대학교 상담심리학과 자아초월상담학 교수, 상담심리사 1급(한국상담심리학회), 명상지도전문가 R급(한국명상학회)

박태수
교육학 박사(교육심리), 제주국제명상센터 이사장, 명상지도자, 한국상담학회 이사 · 부회장 · 회장 역임, 한국 초월 · 영성상담학회 회장 역임(고문), 수련감독전문상담사(초월영성상담학회), 비하르 요가대학 요가명상 지도자 자격 취득

신인수
상담학 박사 수료(자아초월상담학), 참나통합심리연구소 소장, 내면가족체계치료IFS Therapist & Program Assistant, 정회원(한국심리학회, 한국상담심리학회, 초월영성상담학회)

이선화
교육학 박사(상담심리학), 우리들심리상담센터 대표, 한국상담학회 초월영성상담학회 고문, 상담심리사 1급(한국상담심리학회), 전문상담사 1급(초월영성상담학회)

이혜안
교육학 박사(상담심리 전공), 마더명상심리치유센터 대표, 한국상담학회 수련감독전문상담사(초월영성상담학회), MMS 공인힐러

정미숙
교육학 박사(상담심리학), 동방문화대학원대학교 자연치유학과 초월영성상담 전공 교수, 아유르베다연구소 소장, 한국아유르베다학회 회장, 전문상담사 1급(초월영성상담학회), 요가 & 명상 1급 전문가, 아유르베다 1급 전문가

주혜명

상담학 박사(자아초월상담학), 주혜명마음챙김연구소 소장, 명지대학교 산업대학원 객원교수, 상담심리사 1급(한국상담심리학회)

황임란

교육학 박사(교육심리 및 상담), 한남대학교 상담교육 전공 강사, 한국에니어그램교육연구소 교육연수국장 및 전임교수, 한국상담학회 수련감독전문상담사(초월영성상담학회, 심리치료상담학회)

자아초월심리학 핸드북

The Wiley-Blackwell Handbook of Transpersonal Psychology

2020년 3월 1일 1판 1쇄 인쇄
2020년 3월 10일 1판 1쇄 발행

엮은이 • Harris L. Friedman · Glenn Hartelius
옮긴이 • 김명권 · 김혜옥 · 박성현 · 박태수 · 신인수
이선화 · 이혜안 · 정미숙 · 주혜명 · 황임란
펴낸이 • 김진환
펴낸곳 • (주) 학지사
04031 서울특별시 마포구 양화로 15길 20 마인드월드빌딩
대표전화 • 02)330-5114 팩스 • 02)324-2345
등록번호 • 제313-2006-000265호

홈페이지 • http://www.hakjisa.co.kr
페이스북 • https://www.facebook.com/hakjisa

ISBN 978-89-997-2036-9 93180

정가 36,000원

이 도서의 국립중앙도서관 출판시도서목록(CIP)은 서지정보유통지원시스템 홈페이지(http://seoji.nl.go.kr)와 국가자료공동목록시스템(http://www.nl.go.kr/kolisnet)에서 이용하실 수 있습니다.
(CIP 제어번호: CIP2020004989)